XIE HE PING YUANSHI
DAXUE
KETANG BIJI

四川大学馆藏精品集萃丛书

# 谢和平院士大学课堂笔记

党跃武　主编

四川科学技术出版社

图书在版编目（CIP）数据

谢和平院士大学课堂笔记 / 党跃武主编 . -- 成都 : 四川科学技术出版社 , 2025. 8. -- ( 四川大学馆藏精品集萃丛书 ). -- ISBN 978-7-5727-1914-1

Ⅰ. O3-53

中国国家版本馆 CIP 数据核字第 2025V2V541 号

**四川大学馆藏精品集萃丛书**

SICHUANDAXUE GUANCANG JINGPIN JICUI CONGSHU

**谢和平院士大学课堂笔记**

XIE HEPING YUANSHI DAXUE KETANG BIJI

主　　编　党跃武
出 品 人　程佳月
责任编辑　朱　光
助理编辑　王睿麟　张　晨
选题策划　鄢孟君
封面设计　四川看熊猫杂志有限公司
责任出版　石永革
出版发行　四川科学技术出版社
成都市锦江区三色路 238 号　邮政编码　610023
官方微信公众号　sckjcbs
传真　028-86361756
成品尺寸　210 mm × 285 mm
印　　张　40.5
字　　数　810 千
制　　作　四川看熊猫杂志有限公司
印　　刷　成都市兴雅致印务有限责任公司
版　　次　2025 年 8 月第 1 版
印　　次　2025 年 8 月第 1 次印刷
定　　价　328.00 元

ISBN 978-7-5727-1914-1

邮　购：成都市锦江区三色路 238 号新华之星 A 座 25 楼　邮政编码：610023
电　话：028-86361770

# 谢和平院士简介

谢和平，力学与能源工程专家，2001 年当选中国工程院院士。1978 年进入中国矿业学院（今中国矿业大学）数学与力学系力学专业学习，1982 年获得工学学士学位。同年考取中国矿业学院北京研究生部数学与力学系研究生，先后获得矿山工程力学专业硕士学位（1985 年）、博士学位（1987 年）。现任四川大学教授、深圳大学特聘教授、深地科学与能源研究院院长、深地工程智能建造与健康运维全国重点实验室主任、广东省深地科学与地热能开发利用重点实验室主任、教育部科学技术委员会主任、国务院学位委员会学科评议组召集人、国家碳中和科技专家委员会委员等职务。曾任原煤炭工业部科技教育司司长、中国矿业大学校长、中国矿业大学（北京校区）校长、四川大学校长、四川省科学技术协会主席，为中共第十七届中央委员会候补委员、第十二届全国人大代表。为 *Geomechanics and Geoengineering* 国际期刊荣誉主编、*Geomechanics and Geophysics for Geo-Energy and Geo-Resources*、*Deep Underground Science and Engineering* 和 *Energy Reviews* 国际期刊主编、《工程科学与技术》期刊主编，并兼任岩石力学领域顶级期刊 *International Journal of Rock Mechanics and Mining Sciences* 等 10 余种期刊编委。

谢和平院士是国家重点基础研究发展计划（973 计划）首席科学家（2 次），国家自然科学基金委员会“创新研究群体”首席科学家，“十三五”国家重点研发计划“深部岩体力学与开采理论”项目负责人，国家自然科学基金委员会重大科学仪器研制项目“深部岩石原位保真取芯与保真测试分析系统”项目负责人。曾荣获国家自然科学二等奖（2007）、国家科学技术进步二等奖（2000）、国家

科学技术进步三等奖（1999）、国家自然科学三等奖（1995），首届“中国青年科学家奖（技术科学）”（1992）、孙越崎能源大奖（2001）、何梁何利基金科学与技术进步奖（2004）和省部级二等以上奖励多项。2007年被德国克劳斯塔尔工业大学授予荣誉博士学位，2008年获香港理工大学“杰出中国访问学人计划”表彰，2012年10月被香港理工大学授予荣誉博士学位，2012年11月被英国诺丁汉大学授予荣誉博士学位，2017年5月被牛津大学圣艾德蒙学院授予“牛津大学圣艾德蒙 Fellow”学术称号，2018年9月获得“IET杰出大学校长奖”，2018年9月获得国家教学成果特等奖。

谢和平院士长期从事岩石力学、深地科学与绿色能源（地热、CCUS与低碳技术、海水制氢）等基础研究及工程实践。在国际上开创了分形岩石力学新理论，开拓了裂隙岩体损伤力学新领域；提出了深部原位岩石力学全新构想，构建了深部固体资源流态化开采颠覆性技术体系；开创了海水直接电解制氢全新原理技术，解决了困扰全球科技界半个世纪的难题；研究且形成一系列 $CO_2$、能源化利用、海水直接电解制氢等全新原理和方法。研究成果已出版10余部中英文专著；在 *Nature*、*Nature Energy* 等顶级期刊发表500余篇学术论文，研究成果入选中国科学十大进展。

# 目　录

**“材料力学”课堂笔记** / 1

第一章　绪论 / 5
第二章　拉伸、压缩 / 8
第三章　剪切 / 56
第四章　扭转 / 65
第五章　应力和应变的分析 / 89
第六章　强度理论 / 125
第七章　梁的内力、切力和弯矩 / 142
第八章　平面弯曲梁的应力 / 156
第九章　梁的变形 / 186
第十章　静不定梁（超静定梁） / 204
第十一章　非弹性弯曲（极限设计） / 214
第十二章　压杆稳定、柱 / 221
第十三章　交变应力、重复应力，在交变应力下构件的强度计算 / 229

**“塑性力学”课堂笔记** / 247

绪　论 / 250
第一章　金属材料在拉压作用下的力学性质 / 252
第二章　应力状态理论 / 259
第三章　应变分析 / 269
第四章　塑性基本理论 / 275
第五章　弹塑性的变形理论 / 296
第六章　梁的弹塑性弯曲 / 301
第七章　轴对称问题 / 310
第八章　平面变形的滑移场解法 / 318

**“断裂力学”课堂笔记** / 335
第一章　绪论 / 339
第二章　裂纹尖端附近区域的应力场和位移场 / 340
第三章　应力强度因子 $K$ 的计算 / 348
第四章　具有小范围屈服时 $K$ 的修正 / 367
第五章　平面应变断裂韧性 KIC 的测试原理方法 / 372
第六章　复合型裂纹的断裂准则 / 383
第八章　裂纹张开位移原理和方法 / 406
第九章　J 积分原理 / 422
第十章　断裂力学在疲劳裂纹扩展中的应用 / 437

**“有限元法”课堂笔记** / 461
第一章　求泛函极值的一些基本概念 / 464
第二章　小位移弹性力学变分原理 / 480
第三章　分割插值和基函数 / 498
第四章　静态线性弹性力学有限元法 / 532
第五章　薄板有限元法 / 571
第七章　载荷阵的形成 / 606
第十章　非线性静力平衡方程的求解 / 609

**附　录** / 631
校长谢和平院士致全校教授和专家的一封信 / 631
笔记、教案，来看老师们的那些年 / 633
川大向全校征集手写版教案笔记 / 635

**编后记** / 639

# “材料力学”课堂笔记

作为固体力学的分支，材料力学（Mechanics of Materials）与理论力学、结构力学并称三大力学，是一门研究结构构件和机械零件承载能力的基础学科。1638年意大利科学家伽利略《关于两门新科学的谈话及数学证明》的出版被通常认为是材料力学开始形成一门独立学科的标志。

谢和平院士“材料力学”课堂笔记主要包含以下内容：

第一章　绪论

第二章　拉伸、压缩

第三章　剪切

第四章　扭转

第五章　应力和应变的分析

第六章　强度理论

第七章　梁的内力、切力和弯矩

第八章　平面弯曲梁的应力

第九章　梁的变形

第十章　静不定梁（超静定梁）

第十一章　非弹性弯曲（极限设计）

第十二章　压杆稳定、柱

第十三章　交变应力、重复应力，在交变应力下构件的强度计算

# 材料力学

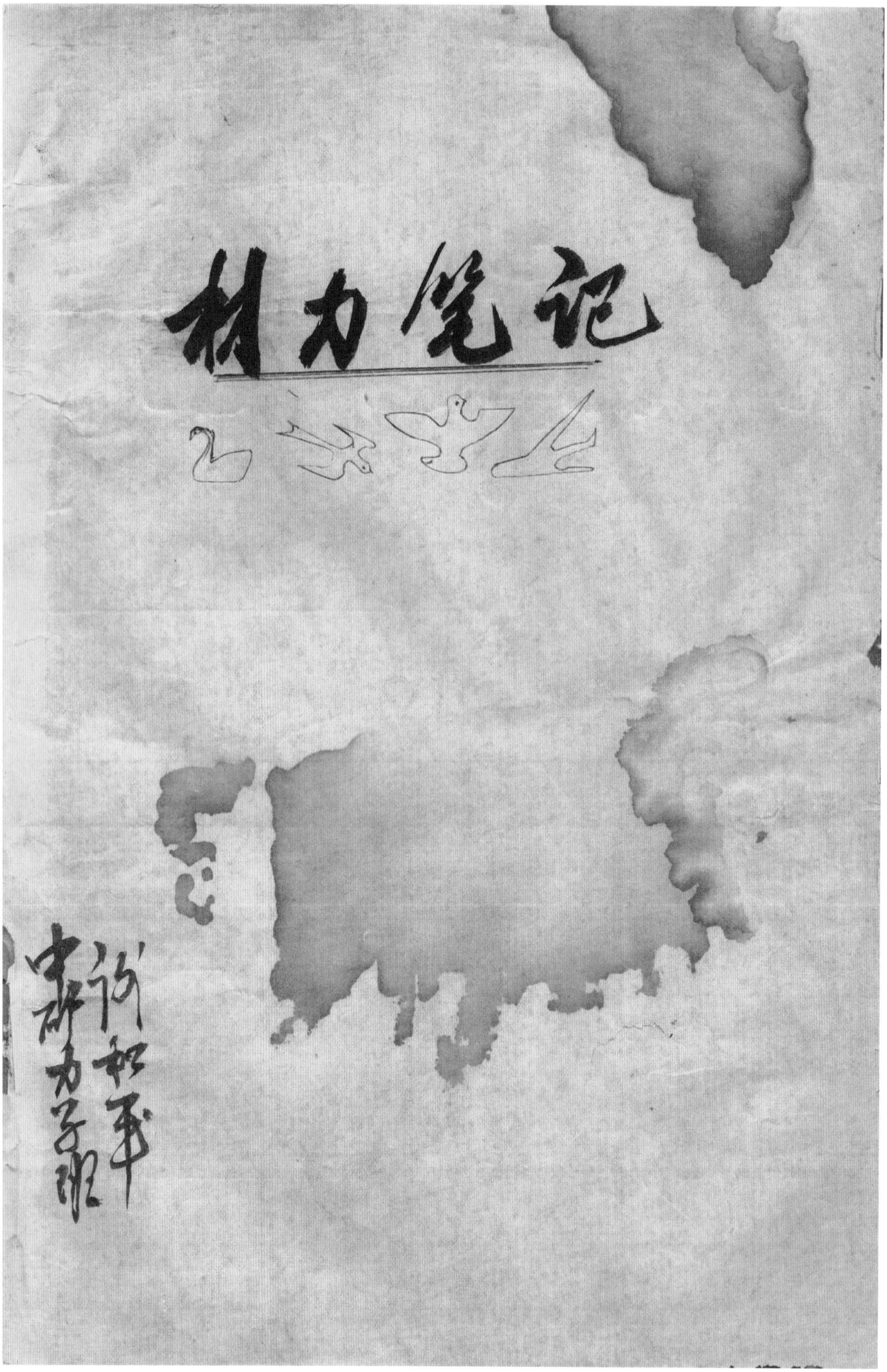

材力笔记

许和平
中科力学班

郑照北教授讲授

# 第一章 绪论

此学科于1638年提出. Gilileo. 强度问题.

杆轴为中直杆件. 杆轴为 {直线 曲线 (对应曲杆)}

## §1. 材力的任务

(1) 材力研究的对象.

{ 杆件.
平板 {薄板 厚板}
壳. {薄壳 厚壳}
实体结构. 如坝.

l >>

b >>

中面 (对称面) {平面. (平板) 曲面. (壳)}

(2). 材力的任务. 研究构件的承载能力.

承载能力 {
a. 强度问题. 抵抗载荷破坏的能力. 或抵抗残余变形的能力. (残余: 塑性)
b. 刚度问题. 抵抗载荷变形的能力.
c. 稳定性问题. 保持原有平衡形态的能力.

主要矛盾. 经济与安全.

材力任务. 保证强度. 刚度. 稳定性等要求的前提下. 为设计构件选择材料. 确定合理的形状和尺寸. 为设计提供必要的理论和计算方法.

## §1-2. 变形的基本概念

① 两种变形的属性. 外力作用下发生的变形.

{ 弹性变形. 外力去除. 物体恢复原来形状. 变形消失.
塑性变形 (永久变形. 残余变形) 残余变形. (变形不能消失)

力的大小是外因条件. 这二种变形是材料的属性. 内因条件。

1°. 弹性体.

2°. 弹塑性体.

3°. 塑性体.

② 变形体的基本假设:

a). 均匀连续性. 即几何空间被物质均匀地充满.

b). 各向同性. 各个方向具有相同的力学性质 (或机械性质)

c). 1. 小变形假设. 保持原来尺寸和形状. 即按原来的尺寸形状计算. 力的作用保持原来作用方向与力的作用次序无关。

注. 大变形. 物体形状就是与力的作用次序有关.

机械性质. 主要是指材料在外力作用下. 变形与所受外力之间的关系

(3). 位移与变形

位移 —— 物体各部分位置的移动（改变）。 位……（改变）

变形 —— 物体各部分几何形状和尺寸的改变

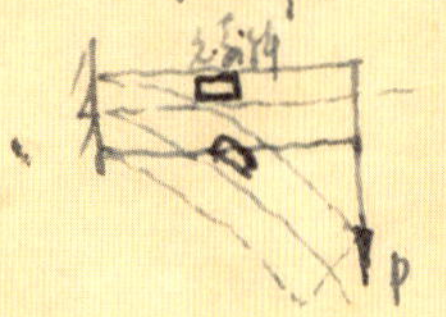

小变形（Cauchy 变形）

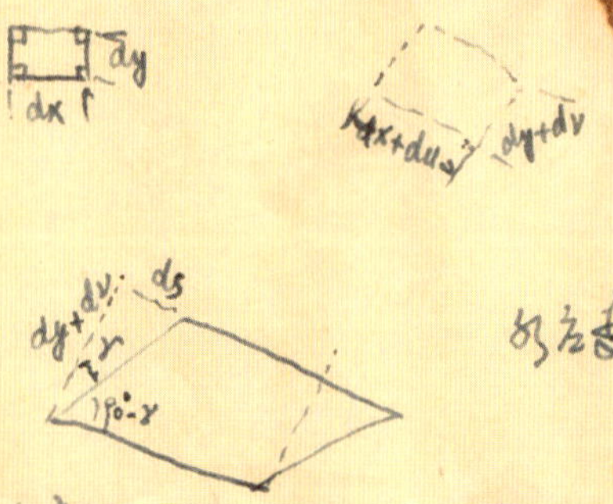

角应变 $\gamma = \operatorname{tg}\gamma = \frac{ds}{dy}$.

2. 基本变形状态 { 线应变（strain 即单位长度伸长量）
角应变

基本位移状态 { 线位移
角位移

内力：材料力学中的内力是指外力作用下物体各部分之间相互作用力的变化量，因此是物体内部各部分之间因外力而引起的附加的相互作用力，即附加内力。

§1-3. 外力、截面法、内力、应力的概念。

(1). 外力及其分类

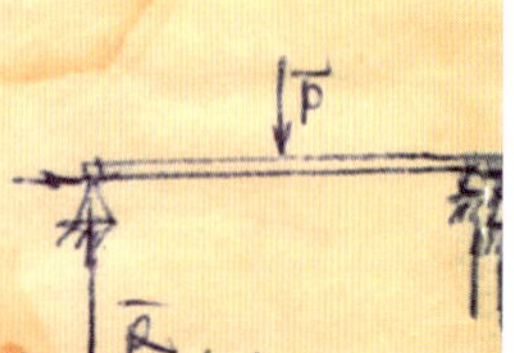

外力 { 载荷（荷载、荷重）load 即主动作用的外力。
反力（Reaction）约束作用力。

外力分类

(1) 按作用分 { 表面力（作用在表面上）{ 集中力（分布于一点上）
分布力
体力，或体积力（如惯性力、重力）

(2) 按作用性质分 { 静载荷（常载）：即载荷缓慢地由零增加到某一定值以后保持不变，或变动不显著。
动载荷（变载）{ 交变载荷（载荷随时间之变化而周期性地或不规则地变化）
冲击载荷（引起物体之运动在瞬时内发生突然变化所引起的载荷。）（按速度之加速度）
突加载荷（以很大加速度作用在物体上，是冲击载荷之特例）

~~活动载荷（移动载荷）~~
~~（如汽车在桥上走过）~~

(3) 按作用位置分 { 活动载荷（移动载荷）（作用位置移动，如汽车在桥上走）
定载荷（作用位置一定）。

(2). 截面法.. 是求截面内力的一种方法。[illegible]

截面 (cross section) 的[illegible]

是力系平衡.

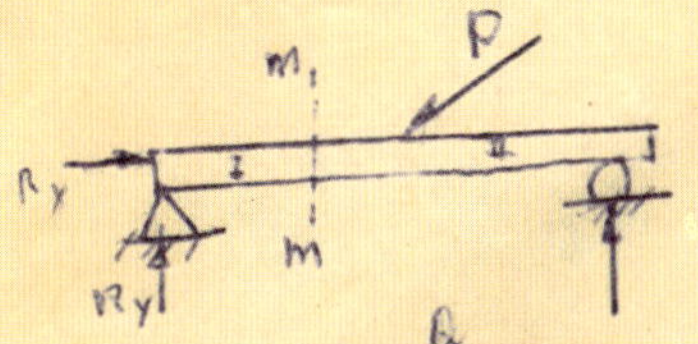


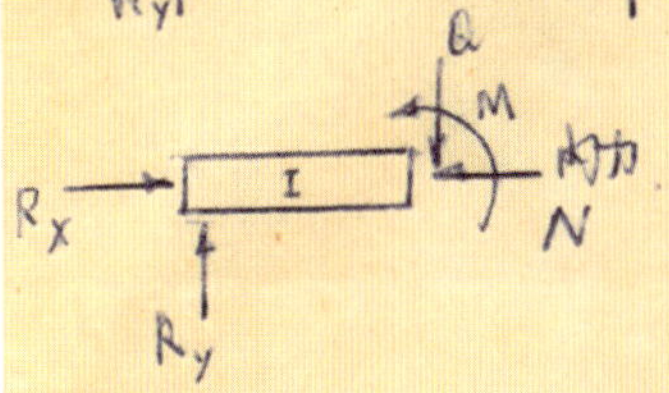


N. — 轴向力.

Q — 切力 (剪切力).

M — 弯矩.

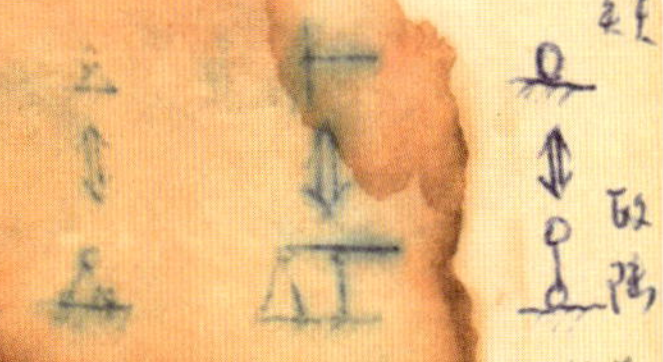


[illegible]截面[illegible]

[illegible]面[illegible]

[illegible]

[illegible]截面上的内力[illegible]

[illegible]面[illegible]

[illegible]面[illegible]

[illegible]

左边同右截面的内力不一致.

此外要注意.. ①.外力要清楚. ②.截面要清楚..

(3).. 应力.. 单位面积上的内力..

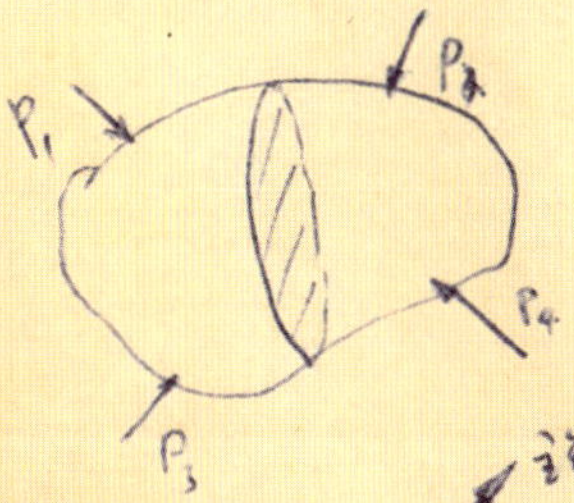


面积 Area (英美)

Fläche (欧陆).

力. Force. (英美)

P. (欧陆.)

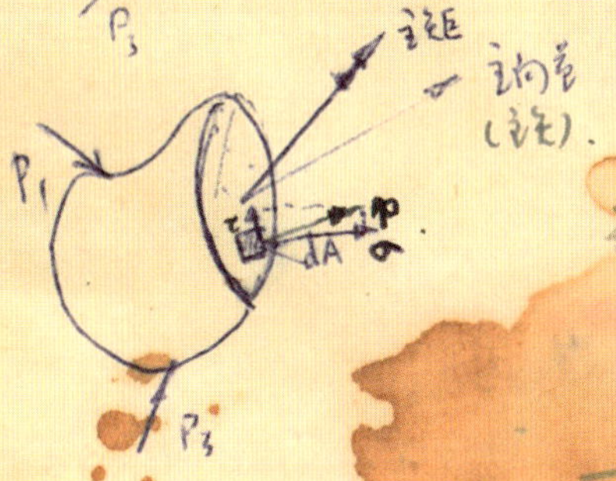


$p$ — 全应力. $p = \lim \frac{\Delta P}{\Delta A} = \frac{dP}{dA}$

[illegible] ⊥dA — σ [illegible] — τ.

σ — 正应力 ([illegible]) 为法应力.. σ = Sigma

τ — 切应力 ([illegible]) [illegible]应力. τ = Tau.

$\overline{\Delta P} = \overline{\Delta N} + \overline{\Delta T}$

$\sigma = \lim_{\Delta A \to 0} \frac{\Delta N}{\Delta A} = \frac{dN}{dA}$. [illegible]极限[illegible]

$\tau = \lim_{\Delta A \to 0} \frac{\Delta T}{\Delta A} = \frac{dT}{dA}$. dA[illegible]上的极限. ([illegible]是dA上[illegible])

变形部分的可能性不受限制

应变 strain (单位长度的伸缩量) { 线应变 ε 或 ϵ; 角应变 (切应变) γ. (无单位量).

应力. stress { 正应力 σ; 切应力. τ } (单位面积上的内力) kg/cm², kg/cm².

# 第二章 拉伸、压缩、剪切

## Tension, Compression, Shear

### §2-1. 拉伸的应力和应变

简单拉伸(轴向拉伸)

由 $\sum X=0$， $N=P$

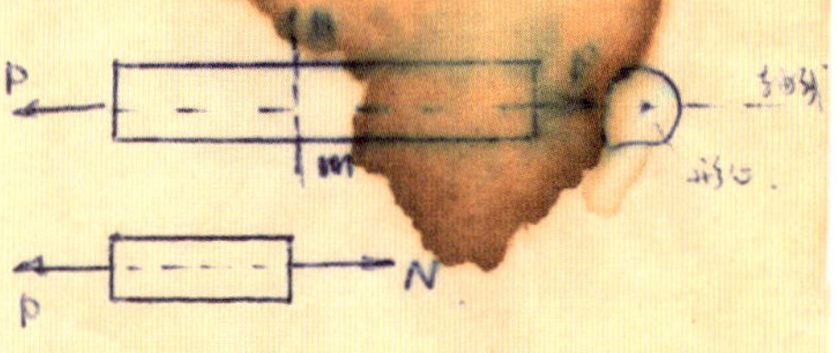

求应力：实验、认识

通过直交线中，变形是可以观察的

并且：变形是均匀的。(从表面上看)

从表性一致性：假设：平面保持平面假设。(可里外变形均匀)

$\Delta a \quad \Delta a$

变形是均匀的。

应力是均匀的。

从而，

$N=\sigma \cdot A$ $\therefore \sigma=\frac{N}{A}=\frac{P}{A}$

Area

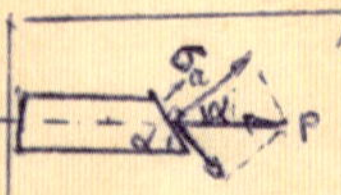

斜截面上的拉伸应力： $A'=A/\cos\alpha$

正应力 $\sigma_\alpha=\frac{P\cos\alpha}{A/\cos\alpha}=\sigma_0\cos^2\alpha$ 注 $\sigma_0$ 为横截面上的应力。

剪应力 $\tau_\alpha=\frac{P\sin\alpha}{A/\cos\alpha}=\frac{\sigma_0}{2}\sin 2\alpha$

求应变：实验。

$\Delta L$ 为绝对伸长量。

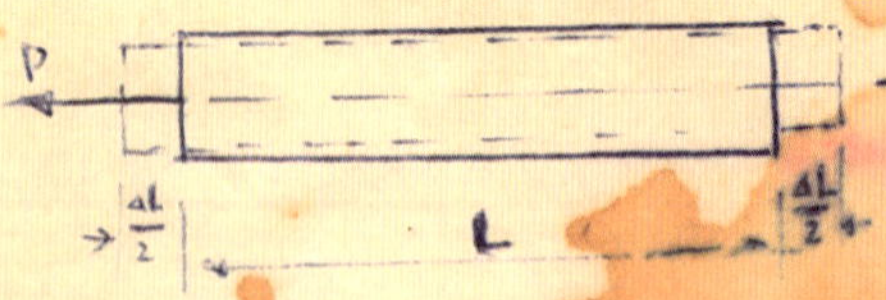

$\frac{\Delta L}{L}$ 相对伸长量

$\varepsilon=\frac{\Delta L}{L}=\epsilon$

应变 $\varepsilon=\frac{\Delta l}{l}$

∴ 拉伸 ... { 均匀[illegible]; 均匀应力。

### §2-2 拉伸试验。The tensile test

试验：圆形试件：$\begin{cases} l_0=5d_0 & (\text{短时间}) \\ l_0=10d_0 & (\text{长时间}) \end{cases}$ $\begin{cases} l_0=11.3\sqrt{A_0} & (\text{长时}) \\ l_0=5.65\sqrt{A_0} & \end{cases}$ (外国截[illegible]

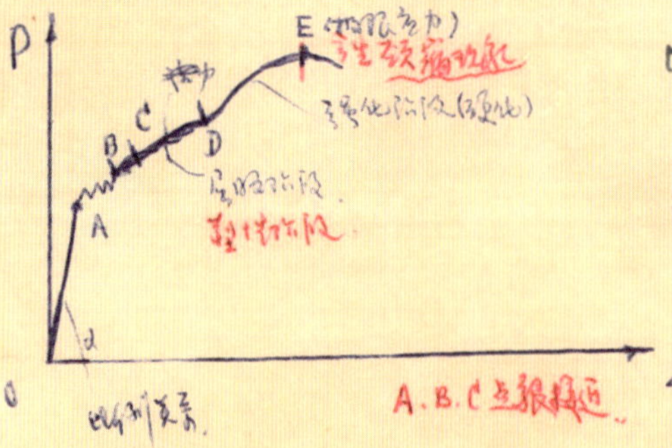


比例关系。

直线关系

斜率 $\tan\alpha=E$ 弹性模量

比例极限 — A 点。

弹性极限 — B 点。

流动极限 — C 点。

屈服[Fließen]

屈服(yield)极限(上屈服点即屈服的开始)。

D 点为下屈服点(屈服的终点)。

E 点. 强度极限(最大抗力)。

$\sigma = \frac{P}{A_0}$ —— 原来的面积 $A_0$

$\frac{\Delta l}{l_0}$ 原长 $= \varepsilon$

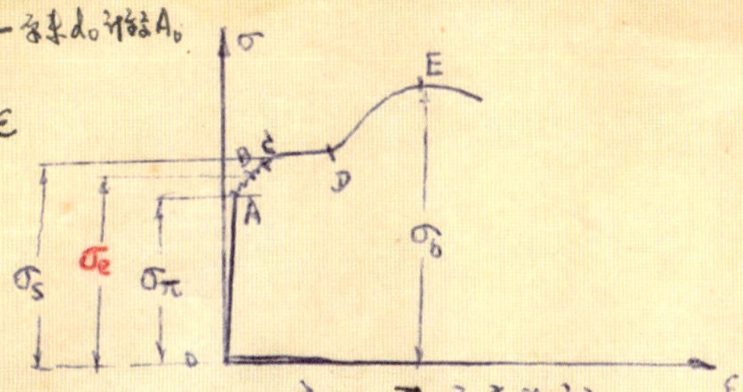


应力—应变曲线.

$\sigma_e$ 叫 [illegible] 应力. (或比例极限)

$\sigma_\pi$ [illegible]

$\sigma_s$ [illegible] 应力.

[illegible] 极限应力.

$\sigma_b$ [illegible]

材料的强度指标:

{ 屈服(流动)极限 $\sigma_s$ ($\sigma_y$).
 强拉极限 $\sigma_b$.

现象解释: (一). 流动(屈服). [材料发生的一切流动].

原因是晶格(金属内部结构)的滑移(位错).

而又材料发生滑移, 该是最大切应力(载荷45°时)引起. 滑动的原动力是最大切应力。

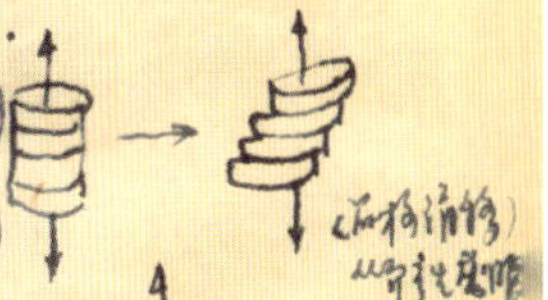

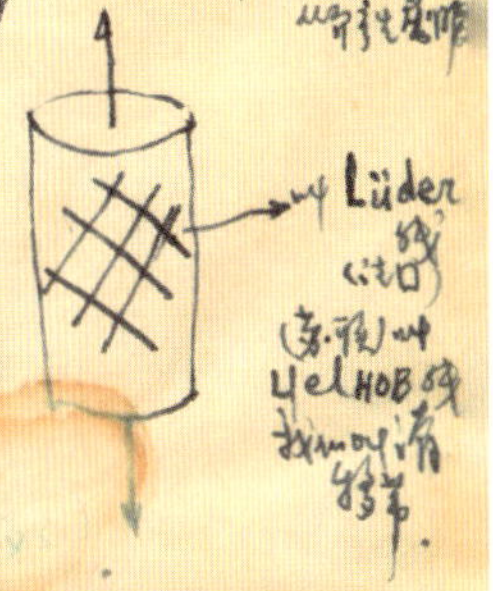


(二). 强化(硬化).

原因是: 晶格不能再继续滑移.

∵ 滑移带相互交叉. 交叉后的滑移带就不能再 [illegible]

(三). 颈缩. (脆性材料是不发生颈缩的)

(四). 冷作强化. (加工硬化).

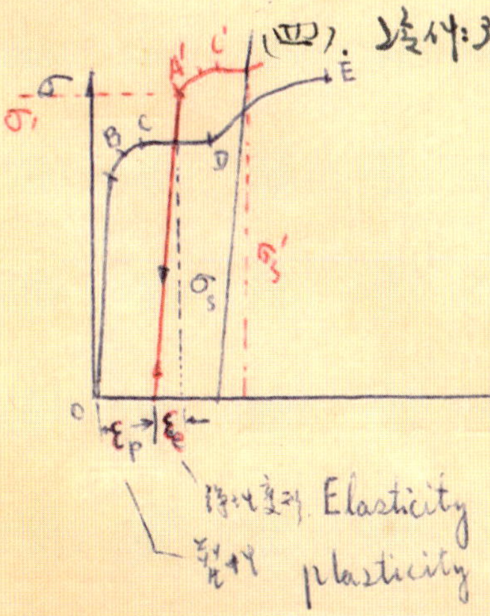


加工 逐渐提高比例极限. 屈服极限.

注: 如铆孔 指加工硬化的作用. 在孔附近强度比远离孔处强.

塑性指标.（塑性指标好，抗冲击载荷好

二个塑性指标

伸长率 $\delta=\frac{l_{断}-l_0}{l_0}\%$

$\delta>5\%$ 定为塑性材料. $\delta<5\%$ 定为脆性材料

面积收缩率. $\psi=\frac{A_0-A_{断}}{A_0}\%$.

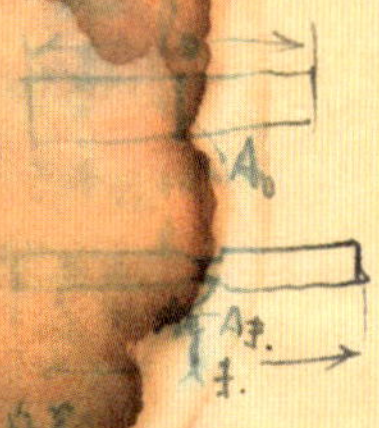

注. 量 $l_{断}$ [illegible] 试件拉断后的长度

∴ 强度指标. $\sigma_s$ → yield stress. $\sigma_b$ — ultimate stress.

塑性指标. $\delta$, $\psi$

（一般说强度高. 塑性就低）.

注、塑性指标是反映材料产生塑性变形的能力.（它与刚度指标区别）

(六) 真正应力应变图.（指瞬时的应变）.

$\sigma=\frac{P}{F_0}$ $\varepsilon=\frac{\Delta l}{l_0}$ 一般 （$F_0$和$l_0$随拉伸过程而变更）

$\bar\sigma=\frac{P}{F(t)}$ 真的 变的. $\bar\varepsilon=\frac{\Delta l}{l(t)}$ 真的 变的.

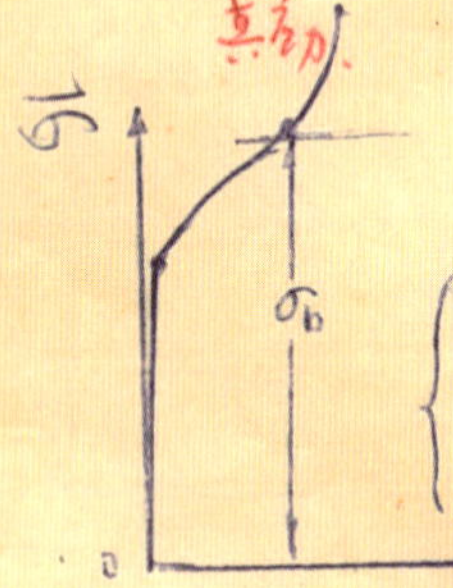

(1) 直线关系（线弹性关系）

(2). 流动阶段 特点. 体积不变. 形状改变.（即 incompressibility）

（因为塑性时体积改变很小可以忽略）

(3). 强化.

(4) 局部变形

$\bar\varepsilon=\psi\neq\varepsilon$ （在流动阶段）

证明. $\bar\varepsilon=\psi$

$d\bar\varepsilon=\frac{dl}{l}$ $\bar\varepsilon=\int_{l_0}^{l_t}\frac{dl}{l}=\ln\frac{l_t}{l_0}$

即: $\int_{F_0}^{F_t}\frac{dF}{F}=\ln\frac{F_t}{F_0}$

∵ $\frac{F_0-F_t}{F_0}=\psi$. ∴ $\psi=1-\frac{F_t}{F_0}$ ∴ $\frac{F_t}{F_0}=1-\psi$

∴ $\ln\frac{F_t}{F}=\ln(1-\psi)$

∵ $\psi<1$ ∴ $\ln(1-\psi)=-(\psi+\frac{\psi^2}{2}+\frac{\psi^3}{3}+\cdots)$

流动时（屈服时）体积不变 $F_0l_0=F_tl_t=\text{constant}$

∴ $l_t\,dF_t+F_t\,dl_t=0$ ∴ $\frac{dl_t}{l_t}=-\frac{dF_t}{F(t)}$

即 $\frac{dl}{l}=-\frac{dF}{F}$ $\int_{l_0}^{l_t}\frac{dl}{l}=-\int_{F_0}^{F_t}\frac{dF}{F}=-\ln(1-\psi)$

$=+(\psi+\frac{1}{2}\psi^2+\frac{1}{3}\psi^3+\cdots)\neq\psi$

∵ $\psi<1$ 亦近似等于 $\psi$

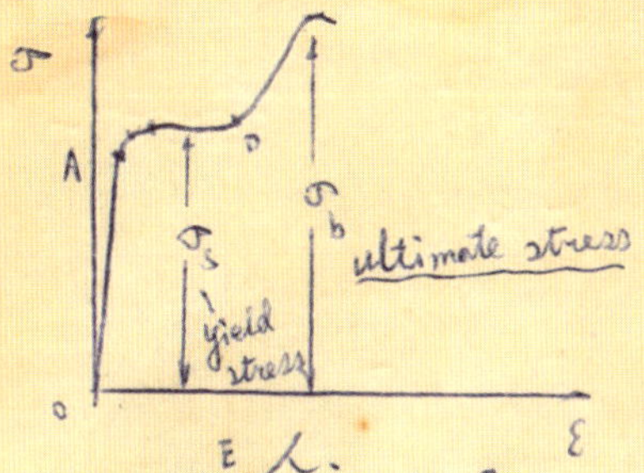


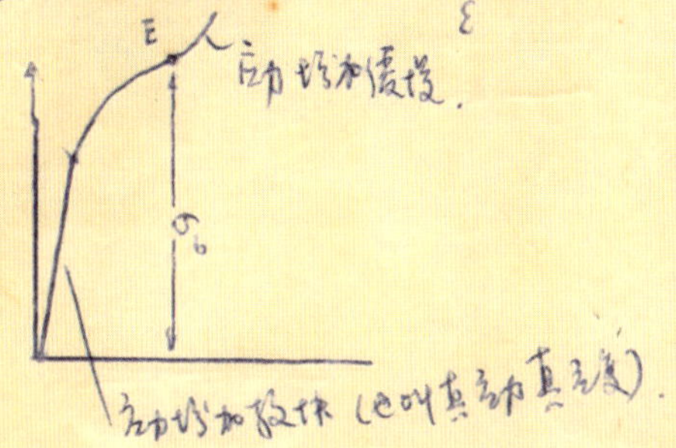


直线阶段 σ …

$\sigma = \frac{P}{F_0}$　　$\varepsilon = \frac{\Delta l}{l}$

一般应变　$d\varepsilon = \frac{dl}{l_0}$　（conventional strain or … strain）

真应变　$d\bar{\varepsilon} = \frac{dl}{l}$　（natural strain, or logarith strain, true strain）

∵ 一般应变

$$\varepsilon = \int d\varepsilon = \int_{l_0}^{l} \frac{dl}{l_0} = \frac{1}{l_0}\int_{l_0}^{l} dl = \frac{l-l_0}{l_0}$$

而真应变

$$\bar{\varepsilon} = \int_{l_0}^{l} \frac{dl}{l} = \ln\frac{l}{l_0}$$　（也叫对数应变）

$\because \frac{l}{l_0} - 1 = \varepsilon$　　$\therefore \ln\frac{l}{l_0} = \ln(1+\varepsilon)$

$\therefore \bar{\varepsilon} = \ln(1+\varepsilon)$　　∴ 真应变不等于一般应变

一般面积收缩　$d\psi = \frac{-dA}{A_0} = -\frac{dA}{A_0}$

$$\psi = -\frac{1}{A_0}\int_{A_0}^{A} dA = \frac{A_0 - A}{A_0}$$

真正面积收缩　$d\bar{\psi} = \frac{-dA}{A}$，　$\bar{\psi} = -\int_{A_0}^{A} \frac{dA}{A} = \ln\frac{A_0}{A}$

由此两式　$\frac{A}{A_0} = 1 - \psi$

$\therefore \bar{\psi} = -\ln(1-\psi)$

Sign

| | | |
|---|---|---|
| ⇔ | 当仅 | |
| ⇒ | 蕴含 | |
| ∃ | 存在 | = Existence |
| ∀ | 所有 | = All |
| ∈ | 属于 | |

直线阶段 体积不变（拉长缩细）（是塑性变性中最重要的假设 即不能压缩性，或者说不可压缩性）

$Al = constant$

$l\,dA + A\,dl = 0$　　$\frac{dl}{l} = -\frac{dA}{A}$

$$-\int_{A_0}^{A} \frac{dA}{A} = \int_{l_0}^{l} \frac{dl}{l} \Rightarrow \bar{\psi} = \bar{\varepsilon}$$

# 其他塑性材料的力学性能（机械性能）Mechanical properties

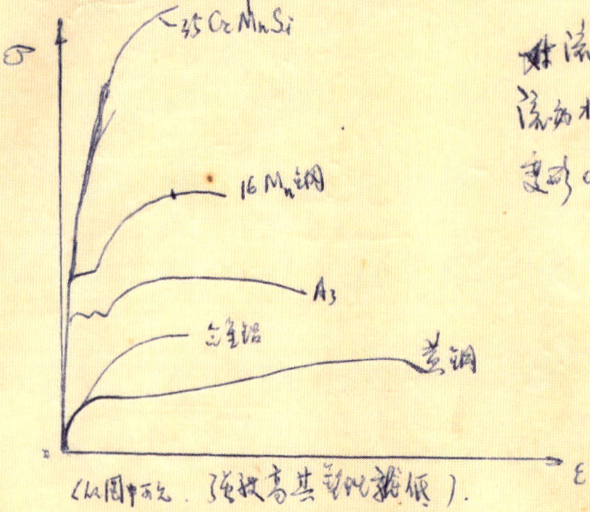


对流动阶段不明显的塑性材料，以……
流动极限 $\sigma_s$（$\sigma_{0.2}$）……塑性
变形0.2时的应力……$\sigma_{0.2} = \sigma_s$

~~铸铁（cast）拉伸~~

（从图中可见，强度高其塑性就低）。

铸铁拉伸试验。

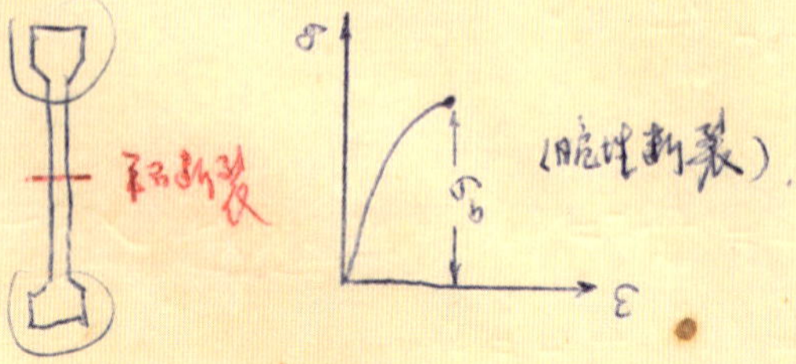


（脆性断裂）

压缩试验

试件

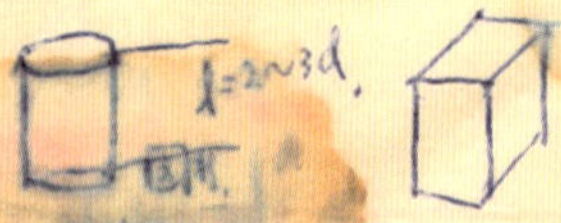


~~一般是金属试件~~
一般是 concrete，wh…

……
（为了避免弯曲，……）

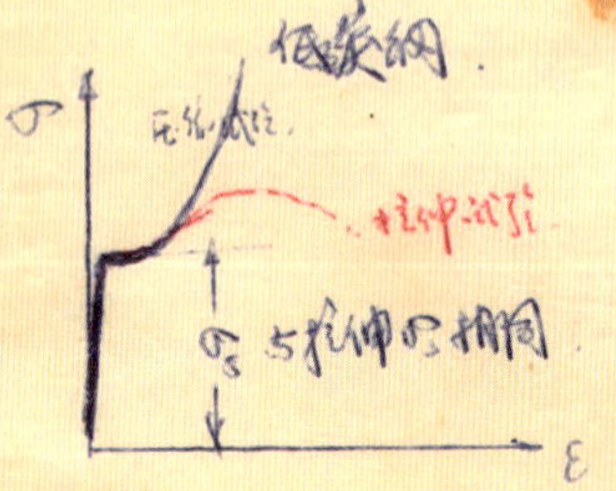


塑性材料多作拉伸试验（一般不作压缩试验，拉伸时的可代表压缩时的）。

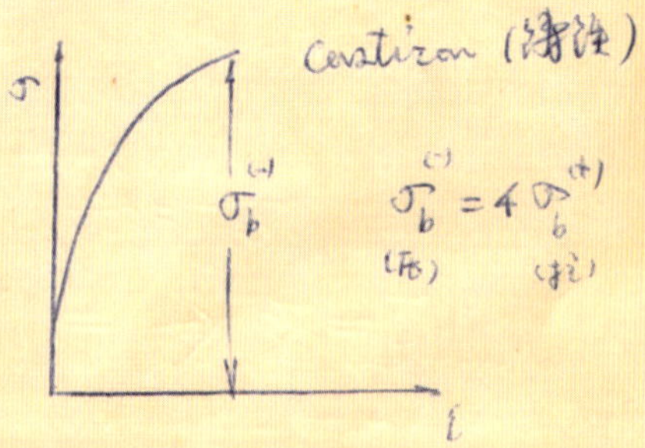


Cevatizon（铸铁）

$\sigma_b^{(-)} = 4\sigma_b^{(+)}$
（压）　（拉）

∴铸铁抗压强度
铸铁压坏时，以45°角揭开。

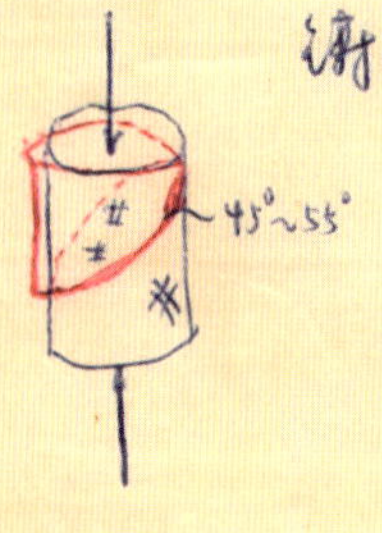


混凝土（concrete）岩石受压
破坏情况

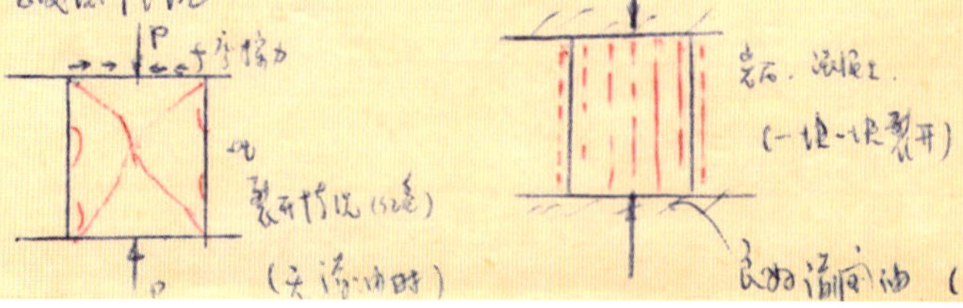

注：(1) 塑性材料在压缩时不会断裂……[illegible]……对于一般塑性材料，[illegible]……拉伸……（[illegible]）

由此可知：塑性材料是以拉伸为主。
脆性材料是以压缩为主。

塑性材料在低温状况下如受冲击载荷，材料就会变脆。

## §2-3 许用应力（容许应力）与安全系数

Allowable stress or permissible stress

许用应力 $[\sigma] = \sigma_p = \dfrac{\sigma_s}{n_s}$ （$n$ 为安全系数）

$\sigma_p = [\sigma] = \sigma_w$ （working，工作应力）

又可 $[\sigma] = \sigma_p = \sigma_w = \dfrac{\sigma_b}{n_b}$ （$n_s < n_b$）

$n_s$，$n_b$ 叫安全系数，$n_b > n_s > 1$ （是两种不同的安全系数）

一般 $\begin{cases} n_b & 2\sim5 \text{ 或 } 3\sim9 \\ n_s & 1.5\sim2.0 \end{cases}$

$[\sigma] = \dfrac{\sigma^\circ}{n}$ $\sigma^\circ$ 为破坏应力

一般 $\sigma^\circ \begin{cases} \sigma_s & \text{塑性材料} \\ \sigma_b & \text{脆性材料} \end{cases}$

安全系数 factor of safety 的选择

(1) 材料有关
(2) 载荷有关
(3) 结构尺寸和计算方法有关
(4) 构件的重要性

$\sigma = \dfrac{P}{F} \leq [\sigma]$ 计算应力 / 工作应力

(1) 强度校核 $\sigma = \dfrac{P}{F} \leq [\sigma]$
(2) 截面设计 $F \geq \dfrac{P}{[\sigma]}$
(3) 估计载荷 $P \leq [\sigma] \cdot F$

# §2-4. 线弹性和Hooke定律

## Linear Elasticity and Hooke's Law

虎克(胡克) Hooke's law 在弹性范围内 ($\sigma < \sigma_p$)

$\Delta l \propto \frac{P \cdot l}{A}$

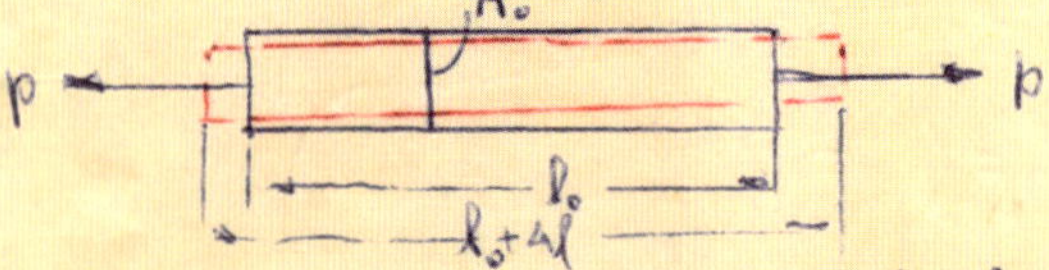


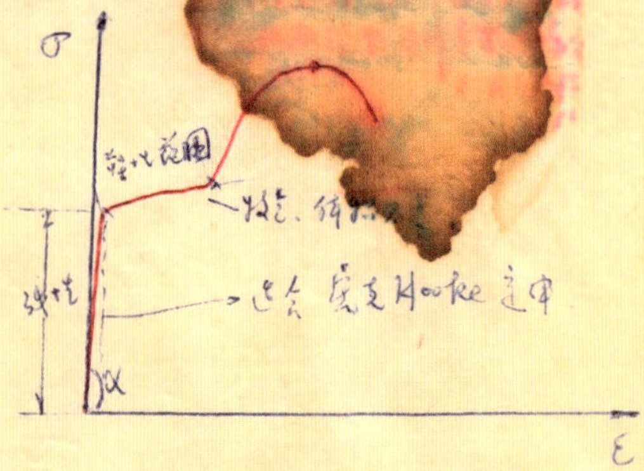


Young 杨 比例系数 E (弹性模量) 也叫 → Modulus of Elasticity or 杨氏弹性模量

$\Delta l = \frac{Pl}{EA}$

上式也可写成 $\frac{P}{A} = E\frac{\Delta l}{l}$ 即 $\sigma = E\varepsilon$ (也叫虎克定理)

$tg\alpha = \frac{\sigma}{\varepsilon} = E$ 即弹性模量是比例极限前段线的斜率。

在公式 $\Delta l = \frac{Pl}{EA}$

知 $EA \to$ 大 $\Delta l \to$ 小 故 $EA$ 叫抗拉刚度 axial Rigidity

$\Delta l = \left(\frac{l}{EA}\right) \cdot P$

$\frac{l}{EA} \to$ 大 $\Delta l \to$ 大 故 $\frac{l}{EA}$ 叫柔度 flexibility

$P = \left(\frac{EA}{l}\right) \cdot \Delta l$ $\frac{EA}{l} \to$ 大 $P \to$ 大

故 $\frac{EA}{l}$ 叫刚度 (或者称劲度) stiffness

刚度和柔度互为倒数。英文中 $\begin{cases} EA \to \text{rigidity} \\ \frac{EA}{l} \to \text{stiffness} \end{cases}$

应用 力法 ⇒ 柔度法 force method ⇒ flexibility method

位移法 ⇒ 刚度法 displacement method ⇒ stiffness method

Poisson 比 (泊松比) 即 poisson ratio

1. 横向收缩变形 (在弹性范围内)

纵向伸长变形 $\varepsilon = \frac{\Delta l}{l}$

横向收缩变形 $\varepsilon' = -\frac{\Delta b}{b}$

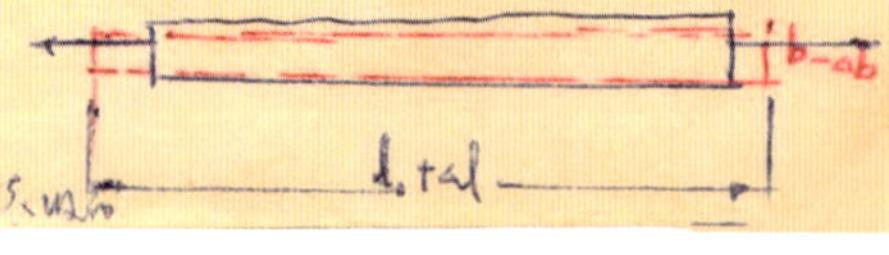

$\mu = \left|\frac{\varepsilon'}{\varepsilon}\right|$ called poisson ratio. [illegible]

μ 是材料弹性性质的一个量，一种材料一个值。[illegible]

弹性常数 $\begin{cases} E \\ \mu \end{cases}$

各向同性材料只有二个独立的弹性常数。(E, μ)

弹性范围内的体积变化 （注：塑性变形时总是体积不变）

原 $V_0$ $A_0$ $l_0$ 则 $V_0 = Al$

变后 $V = (l+\Delta l)(1-\varepsilon')(1-\varepsilon')A$ —— ~~(A-ΔA)(A-ΔA)~~ 取单位体积研究..

$l+\Delta l = l(1+\varepsilon)$

$= Al(1+\varepsilon)(1-\varepsilon')^2$

$= Al(1+\varepsilon)(1-\mu\varepsilon)^2$

$= Al(1+\varepsilon)(1-2\mu\varepsilon+\mu^2\varepsilon^2)$

$\doteq Al[1+\varepsilon(1-2\mu)]$

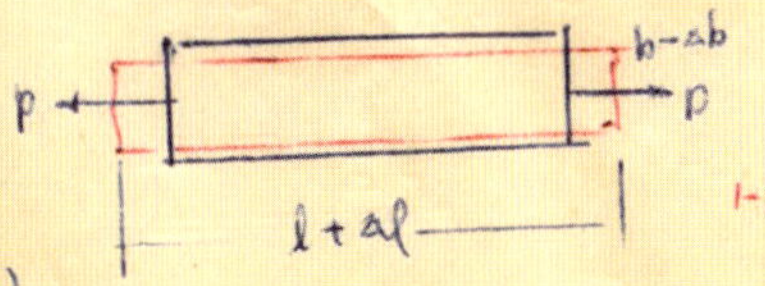


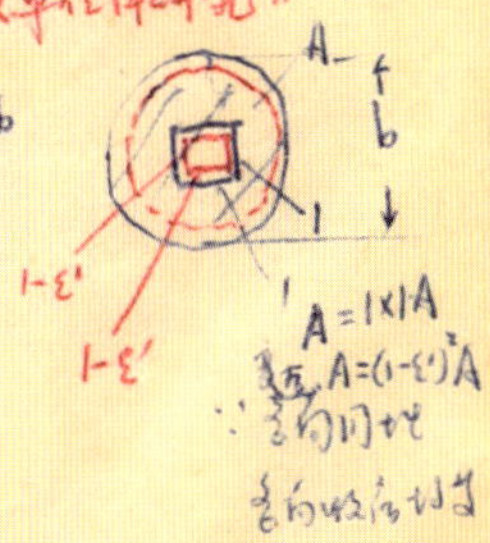


体积变化 $\frac{\Delta V_0}{V_0} = \frac{Al[1+\varepsilon(1-2\mu)] - Al}{Al} = \varepsilon(1-2\mu)$

单位体积变化（体积应变） $\vartheta = \varepsilon(1-2\mu) = \frac{\Delta V}{V}$ （[illegible]单向拉伸体积变化）

$1-2\mu > 0$ $\mu < \frac{1}{2}$ ∴ $0 \le \mu \le \frac{1}{2} = 0.5$

μ不可能大于 0.5

钢材. $\mu = \frac{1}{3} \sim \frac{1}{4}$. 一般用 $\mu = 0.3$

特殊.. $\begin{cases} 橡皮 & \mu = \frac{1}{2} \\ 软木 & \mu = 0 \end{cases}$

# §2-5. 杆的变位（位移）计算

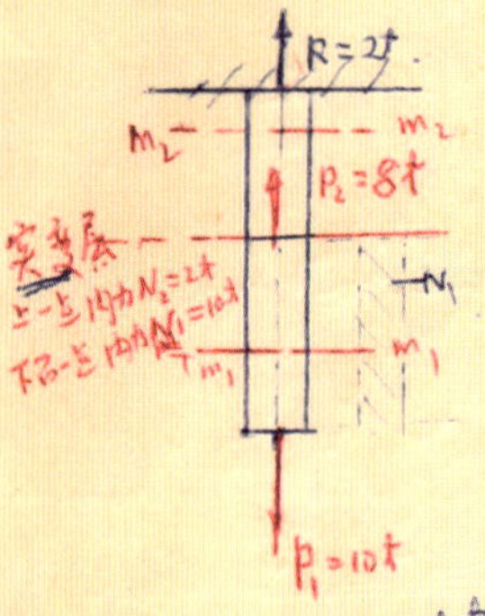


（受力分析（由理论力学）得约束反力 R = 2t.

求内力：
- 外力法是
- 截面法是
- 拉、压法是

截面 $m_1-m_1$：$N_1 = P_1$ 或 $N_1 = P_2 + R$ 拉.

$m_2-m_2$：$N_2 = P_1 - P_2$ 或 $N_2 = R$ 拉.

轴力图

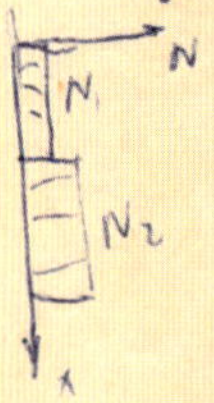


$$\Delta l = \sum_{i=1}^{n} \Delta l_i = \frac{N_1 l_1}{E_1 A_1} + \frac{N_2 l_2}{E_2 A_2} = \sum_{i=1}^{2} \frac{N_i l_i}{E A_i}$$

## 考虑杆的自重.　γ 为容重.

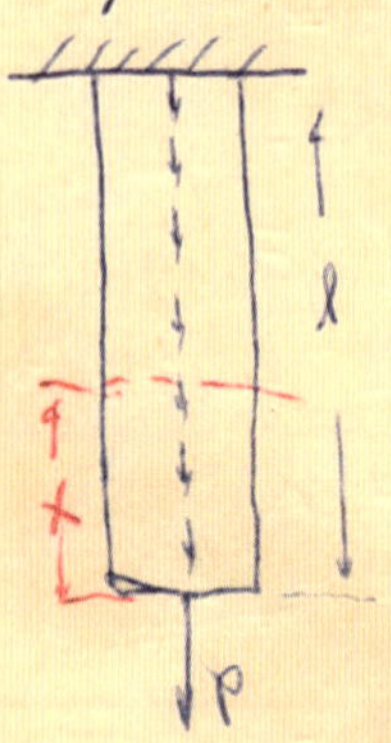


$$N_x = P + \gamma A \cdot x$$

$$N_{max} = P + \gamma \cdot A l$$

$$\sigma_{max} = \frac{P}{A} + \gamma l$$

$$\sigma_x = \frac{P}{A} + \gamma \cdot x$$

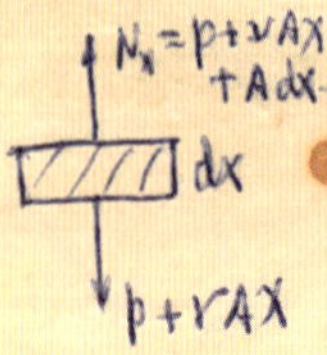


∴ 在 dx 内的伸长：

$$\Delta(dx) = \frac{N_x \cdot dx}{EA}$$

$$\therefore \Delta l = \int \Delta(dx) = \int \frac{N_x dx}{EA} = \int_0^l \frac{(P + \gamma A x + \gamma A dx) dx}{EA}$$

省去高阶无穷小

$$= \frac{Pl}{EA} + \frac{\gamma A l^2}{2EA}$$

$$\therefore \Delta l \xlongequal{W = \gamma A l} \frac{(P + \frac{1}{2}W) \cdot l}{EA}$$

## 锥形杆. tapered bar.

α ≤ 20° 时，应力均匀分布

按 $\sigma = \frac{P}{A}$ 算，但 α 的误差在 5% 内

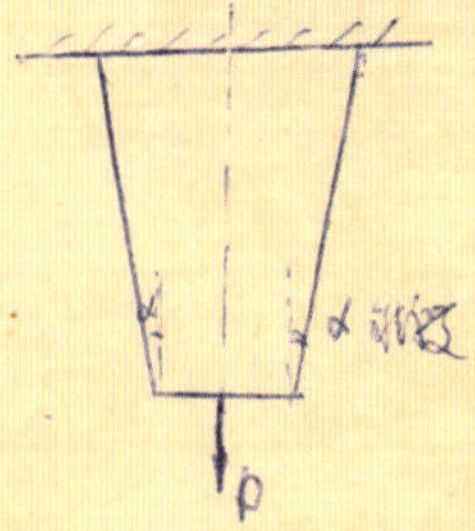


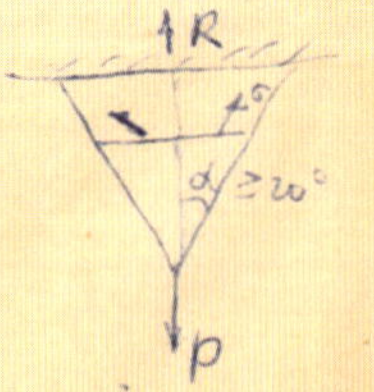


应力分布不均匀
不能用 $\sigma = \frac{P}{A}$ 算

# 桁架的位移(displacement)(挠度 deflection)

杆系结构用铰链联结组成之格框结构

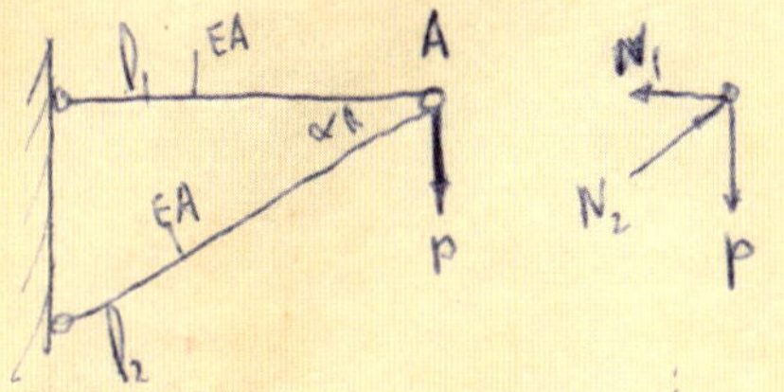

$N_2 \sin\alpha = P$　　$N_1 = N_2 \cos\alpha$

$N_2 = P\csc\alpha$　　$N_1 = P\,\mathrm{ctg}\,\alpha$

$\therefore\ \Delta l_1 = \dfrac{N_1 l_1}{EA}$ (+)

$\Delta l_2 = \dfrac{N_2 l_2}{EA}$ (−)

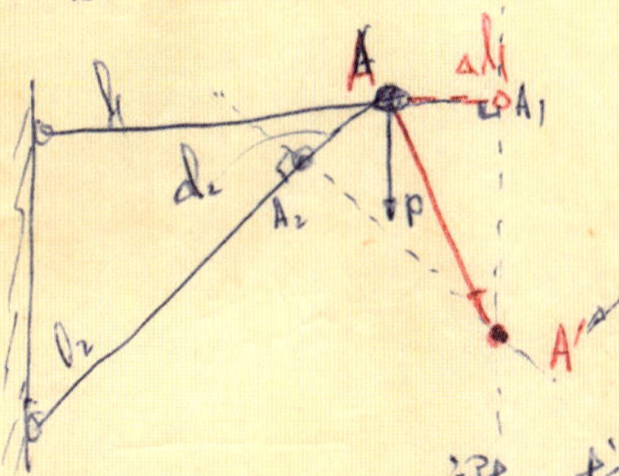

位移协调 compatibility of displacement

$\overline{AA'}$ 为 displacement (所求)

方法① 求桁架位移的数解法.

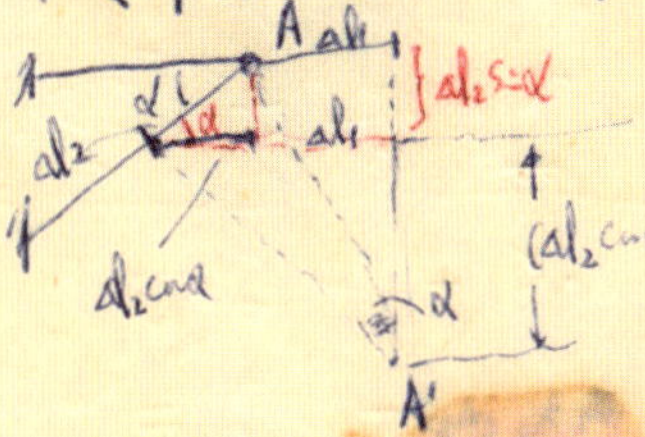

$\therefore\ |\overline{AA'}| = \sqrt{(\Delta l_1)^2 + [\Delta l_2 \sin\alpha + (\Delta l_2 \cos\alpha + \Delta l_1)\,\mathrm{ctg}\,\alpha]^2}$

即 A之水平位移 $\Delta l_1$. A之垂直位移 $\Delta l_2 \sin\alpha + (\Delta l_2 \cos\alpha + \Delta l_1)\,\mathrm{ctg}\,\alpha$.

方法② 桁架位移图解法 Williot (法文) — Mohr

威氏图解　　摩尔校正.

1° 结构图, 按比例画.　　2° 桁架(truss)位移图 (按比例画)

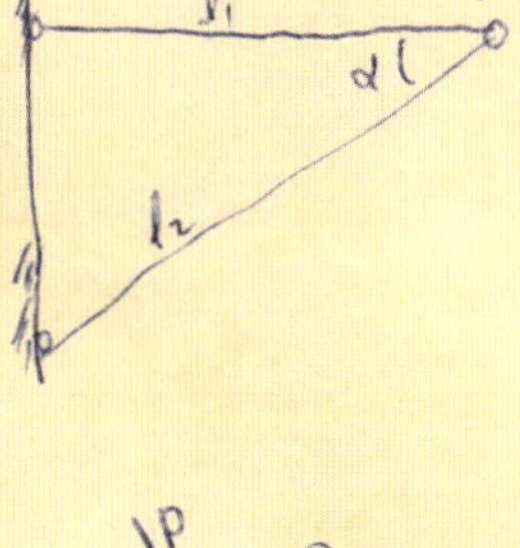

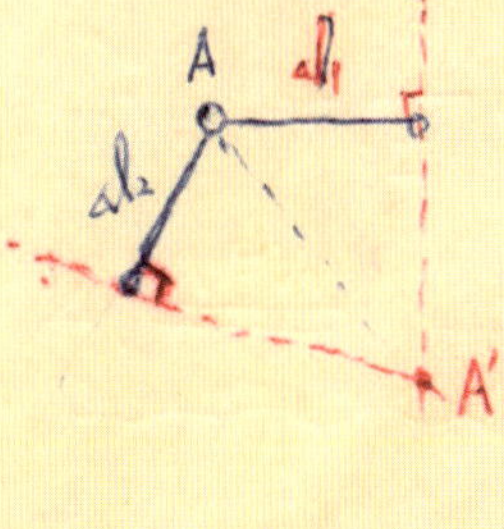

可以量出 $\overline{AA'}$ 之方位和计算出 $\overline{AA'}$ 之大小

例.

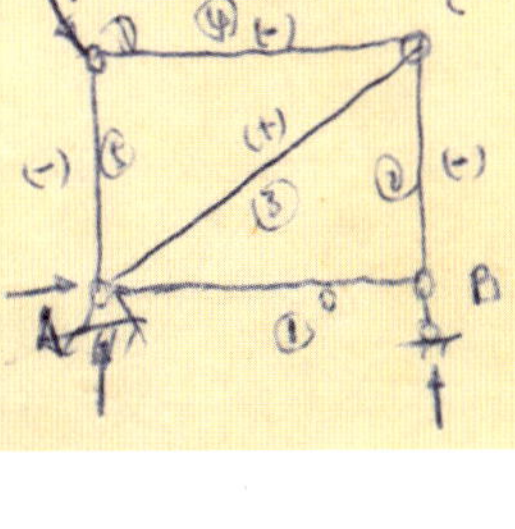

$\Delta l_1 = 0$　$\Delta l_2 = (-)$　$\Delta l_3 (+)$　$\Delta l_4 (-)$　$\Delta l_5 (-)$

displa. diagram:

§2-6. 拉伸压缩超静定问题

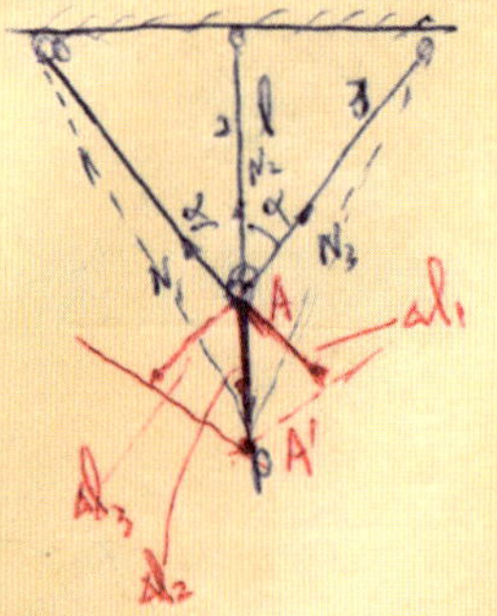


① 平衡 $\Sigma X = 0$ 　 $N_1 \cos\alpha = N_3 \cos\alpha$ ①

$\Sigma Y = 0$ 　 $2N_1 \cos\alpha + N_2 = P$ ②

静不定问题（静不定）

② 位移协调方程（补充方程）

由小变形原理，用切线代替弧 　 $\Delta l_1 = \Delta l_2 \cos\alpha$

③ 物理方程

$\Delta l_1 = \dfrac{N_1 l_1}{E_1 A_1}$ 　 $\Delta l_2 = \dfrac{N_2 l_2}{E_2 A_2}$

故如 $E_1A_1 = E_2A_2$ 　则 $N_1 l_1 = N_2 l_2 \cos\alpha$ —— ③

①②③式联解 　得 $N_2 = \dfrac{P}{2\frac{l_2}{l_1}\cos^2\alpha + 1}$ 　 $N_1 = N_3 = \left(\dfrac{P}{2\frac{l_2}{l_1}\cos^2\alpha + 1}\right)\dfrac{l_2}{l_1}\cos\alpha$.

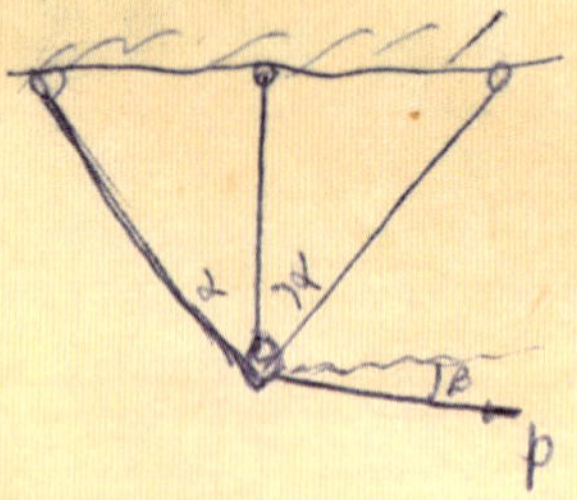


此题位移协调关系不好找

此可引入了

广义位能原理（广泛）

利用 Lagrange 乘子法

如上例，须分考虑（三步曲）
- 平. $2N_1\cos\alpha + N_2 = P$
- 协. $\Delta l_1 = \Delta l_2 \cos\alpha$
- 物. $\Delta l_1 = \dfrac{N_1 l_1}{EA}$ 　 $\Delta l_2 = \dfrac{N_2 l_2}{EA}$

现在把协、物两部分放在一起即为位能，使得平衡方程[illegible]

这样是以多余[illegible]（多余[illegible]）

$U = \frac{1}{2}N_1\Delta l_1 + \frac{1}{2}N_2\Delta l_2$ （∵ $N_1$ 从 $0 \to N_1$ 取平均值为 $\frac{1}{2}N_1$ 　 $A_{功} = 力 \times S$ 　∴ $U = \frac{1}{2}N_1 \cdot \Delta l_1$）

（位能）

$= 2 \cdot \frac{1}{2}\left(\frac{EA}{l_1}\right)\Delta l_1^2 + \frac{1}{2}\left(\frac{EA}{l_2}\right)\Delta l_2^2$ 　 $U = \min$ 是正确解

一般地. $U = \sum_{i=1}^{n} \frac{1}{2} N_i \Delta l_i$ 　 ∵ $N_i = \frac{EA}{l_i}\Delta l_i$. $\Delta l_i = \frac{N_i l_i}{EA}$

$U_{(\Delta l_i)} = \sum_{i=1}^{n} \frac{1}{2}\left(\frac{EA}{l_i}\right)(\Delta l_i)^2$ 　 potentional Energy

位能形式. 位移的函数.

也可.. $U_{(N_i)} = \sum_{i=1}^{n} \frac{l_i}{2EA} N_i^2$ 　余能形式. Complementary Energy

即 $\sum_{i=1}^{n}\frac{1}{2}N_i\Delta l_i \Longrightarrow \begin{cases}\sum_{i=1}^{n}\frac{EA}{2l_i}(\Delta l_i)^2 = U(\Delta l_i) & \text{位移形式} \\ \sum_{i=1}^{n}\frac{l_i}{2EA}N_i^2 = U(N_i) & \text{余能形式}\end{cases}$

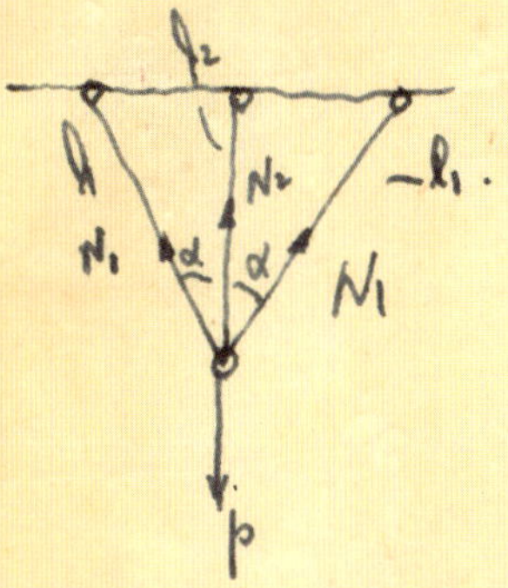


$EA = ct.$

现在是。

$$U(\Delta l_i) = 2\cdot\frac{1}{2}\frac{EA}{l_1}(\Delta l_1)^2 + \frac{1}{2}\frac{EA}{l_2}(\Delta l_2)^2 > 0$$

（正定。$>0$ 只有极小值）positive definite 正定）

定义：$U > 0$ 正定
$U \geq 0$ 半正定
$U < 0$ 负定。

由平衡方程：$2N_1\cos\alpha + N_2 - P = 0$。$N_1 = N_1$：

这样之话：对 $U(\Delta l_i)$ 以平衡方程为条件 进行 Lagrange 乘子法 $\lambda_1, \lambda_2, \lambda_3$，求条件极值。

以等价极小化方法：

$$U^*_{(\Delta l_i)} = U_{(\Delta l_i)} + \lambda_1(2N_1\cos\alpha + N_2 - P)$$

$$U^*_{(\Delta l_i)} = U_{(\Delta l_i)} + \lambda_1\left(2\frac{EA}{l_1}\Delta l_1\cos\alpha + \frac{EA}{l_2}\Delta l_2 - P\right)$$

广义位能原理

极小化方法。（注：将平衡条件引入位能函数）

$$\frac{\partial U^*}{\partial \Delta l_1} = \frac{\partial U}{\partial \Delta l_1} + 2\lambda_1\left(\frac{EA}{l_1}\cos\alpha\right) = 2\frac{EA}{l_1}\Delta l_1 + 2\lambda_1\left(\frac{EA}{l_1}\cos\alpha\right) = 0$$

$$\frac{\partial U^*}{\partial \Delta l_2} = \frac{\partial U}{\partial \Delta l_2} + \lambda_1\left(\frac{EA}{l_2}\right) = \frac{EA}{l_2}\Delta l_2 + \lambda_1\frac{EA}{l_2} = 0$$

$\therefore\ \lambda_1 = -\Delta l_2$。

$2\Delta l_1 + 2\lambda_1\cos\alpha = 0$，即 $2\Delta l_1 - 2\Delta l_2\cos\alpha = 0$。

$\Delta l_1 - \Delta l_2\cos\alpha = 0$

从而 $\Delta l_1 = \Delta l_2\cos\alpha$ 位移协调条件。

注：$U^*(\Delta l_i, \lambda_i)$ 是 $\Delta l_i, \lambda_i$ 之函数

如 $\frac{\partial U^*}{\partial \lambda_i} = 0$ 即平衡方程。

如：$\frac{\partial U^*}{\partial \lambda_1} = 2N_1\cos\alpha + N_2 - P = 0$。

例：一如图所示（静不定）

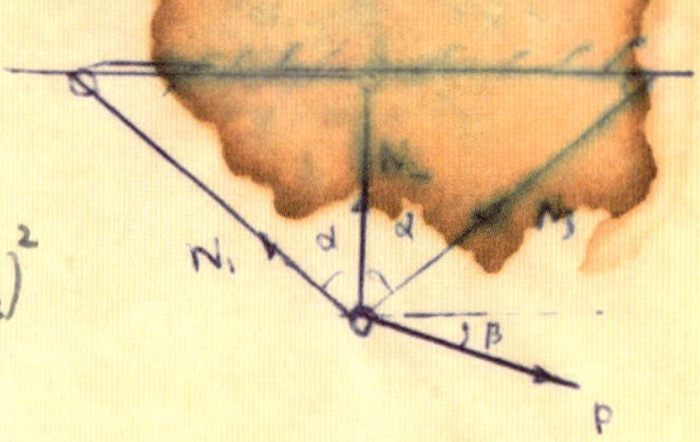


① 建立平衡方程：$N_1\sin\alpha - N_3\sin\alpha - P\cos\beta = 0$

$N_1\cos\alpha + N_3\cos\alpha + N_2 - P\sin\beta = 0$

② 写成位能形式：$U(\Delta l_i) = \frac{1}{2}\frac{EA}{l_1}(\Delta l_1)^2 + \frac{1}{2}\frac{EA}{l_2}(\Delta l_2)^2 + \frac{1}{2}\frac{EA}{l_3}(\Delta l_3)^2$

③ 广义位能形式：$U^*_{(\Delta l_i, \lambda_i)} = U(\Delta l_i) + \lambda_1(N_1\sin\alpha - N_3\sin\alpha - p\cos\beta) + \lambda_2(N_1\cos\alpha + N_3\cos\alpha + N_2 - p\sin\beta)$

$\therefore U^*_{(\Delta l_i, \lambda_i)} = U(\Delta l_i) + \lambda_1\left(\frac{EA}{l_1}\Delta l_1\sin\alpha + \frac{EA}{l_3}\Delta l_3\sin\alpha - p\cos\beta\right) + \lambda_2\left(\frac{EA}{l_1}\Delta l_1\cos\alpha + \frac{EA}{l_3}\Delta l_3\cos\alpha + \frac{EA}{l_2}\Delta l_2 - p\sin\beta\right)$

$= \frac{1}{2}\sum_{i=1}^{3}\frac{EA}{l_i}(\Delta l_i)^2 + \lambda_1\left(\frac{EA}{l_1}\Delta l_1\sin\alpha + \frac{EA}{l_3}\Delta l_3\sin\alpha - p\cos\beta\right) + \lambda_2\left(\frac{EA}{l_1}\Delta l_1\cos\alpha + \frac{EA}{l_3}\Delta l_3\cos\alpha + \frac{EA}{l_2}\Delta l_2 - p\sin\beta\right)$

④ 求全体极值：（拉氏乘方法）

$\frac{\partial U^*}{\partial \Delta l_1} = 0 \qquad \frac{EA}{l_1}\Delta l_1 + \lambda_1\frac{EA}{l_1}\sin\alpha + \lambda_2\frac{EA}{l_1}\cos\alpha = 0$

$\frac{\partial U^*}{\partial \Delta l_2} = 0 \qquad \frac{EA}{l_2}\Delta l_2 + \lambda_2\frac{EA}{l_2} = 0 \qquad \lambda_2 = -\Delta l_2$

$\frac{\partial U^*}{\partial \Delta l_3} = 0 \qquad \frac{EA}{l_3}\Delta l_3 - \lambda_1\frac{EA}{l_3}\sin\alpha + \lambda_2\frac{EA}{l_3}\cos\alpha = 0$

⑤ 得到协调方程：$\Delta l_1 - 2\Delta l_2\cos\alpha + \Delta l_3 = 0$

即：$\frac{N_1 l_1}{EA} - 2\frac{N_2 l_2}{EA}\cos\alpha + \frac{N_3 l_3}{EA} = 0$

从而
$$\begin{cases} N_1 l_1 - 2N_2 l_2\cos\alpha + N_3 l_3 = 0 \\ \frac{\partial U^*}{\partial \lambda_1} = N_1\sin\alpha - N_3\sin\alpha - p\cos\beta = 0 \\ \frac{\partial U^*}{\partial \lambda_2} = N_1\cos\alpha + N_3\cos\alpha + N_2 - p\sin\beta = 0 \end{cases} \xrightarrow{\text{求解}} N_1,\ N_2,\ N_3$$

⇓ 写成矩阵形式

$$\begin{bmatrix} \sin\alpha & 0 & -\sin\alpha \\ \cos\alpha & 1 & \cos\alpha \\ l_1 & -2l_2\cos\alpha & l_3 \end{bmatrix}\begin{bmatrix} N_1 \\ N_2 \\ N_3 \end{bmatrix} + \begin{bmatrix} -p\cos\beta \\ -p\sin\beta \\ 0 \end{bmatrix} = 0$$

如. $\alpha=45^\circ$. $\beta=30^\circ$. 结果. $N_1=0.647P(+)$. [illegible]

$N_3=0.583P(-)$

例. 1.6-9..

$N_1(+)$. $N_2(+)$. $N_3(-)$.

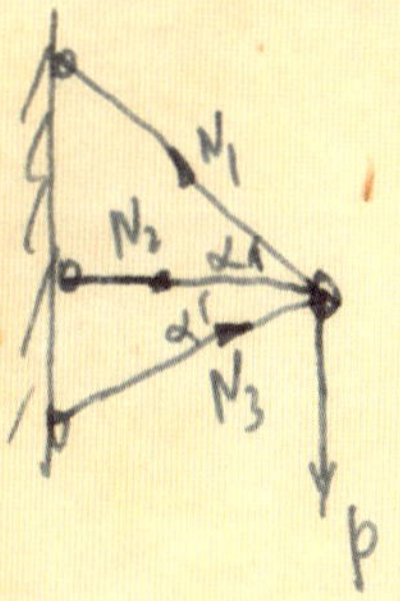


设 $U^*_{(\Delta l_i,\lambda_i)} = \sum_{i=1}^{3}\frac{1}{2}\frac{EA}{l_i}\Delta l_i^2 + \lambda_1(N_1\cos\alpha + N_2 - N_3\cos\alpha)$

$+\lambda_2(N_1\sin\alpha + N_3\sin\alpha - P)$

由极小原理 $\begin{cases}\frac{\partial U^*}{\partial \Delta l_1}=0\\ \frac{\partial U^*}{\partial \Delta l_2}=0\\ \frac{\partial U^*}{\partial \Delta l_3}=0\end{cases}$ $\Longrightarrow$ 协调方程.

$\Delta l_1 - 2\Delta l_2\cos\alpha - \Delta l_3 = 0$

然后由 $\begin{cases}\frac{\partial U^*}{\partial \lambda_1}=0.\\ \frac{\partial U^*}{\partial \lambda_2}\\ \text{+协调方程}\end{cases}$ $\Longrightarrow$ 求解 $\begin{cases}N_1=\frac{P(l_3+2l_2\cos^2\alpha)}{l_3+l_1\sin\alpha+2l_2\cos^2\alpha(1+\sin\alpha)}\\ N_2=0\\ N_3=\frac{[illegible]\,2l_2\cos^2\alpha)}{l_3+l_1\sin\alpha+2l_2\cos^2\alpha(1+\sin\alpha)}\end{cases}$

# Williot – Mohr 位移转动图解法

位移图 1877年 1881年 人名…过引入转动图解…

~~如图所示。~~

EA = ct.

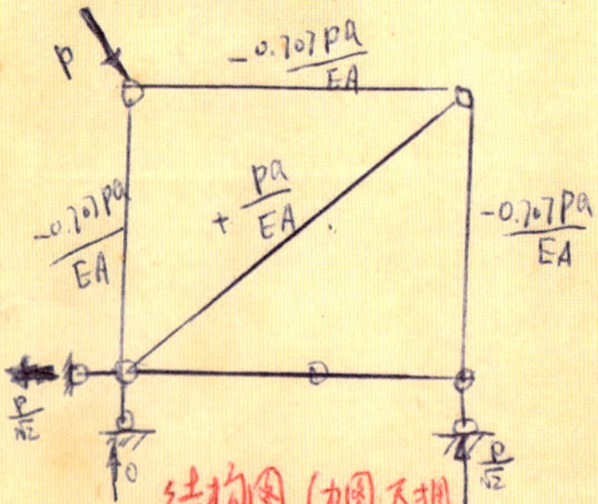


结构图（力图、尺寸图、伸缩量图）

注：按比例画。

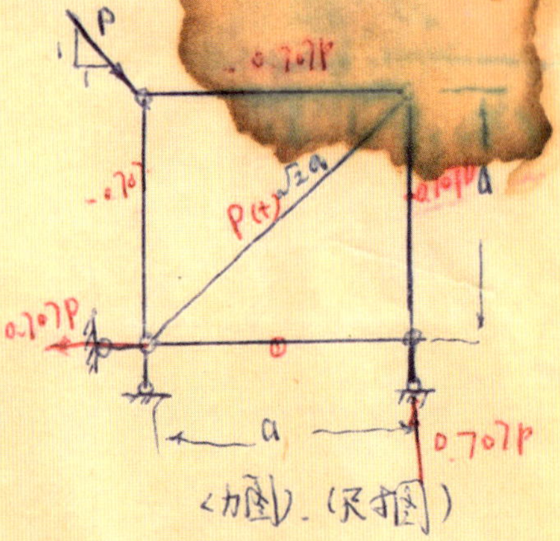


〈力图〉、〈尺寸图〉

## AB方向固定

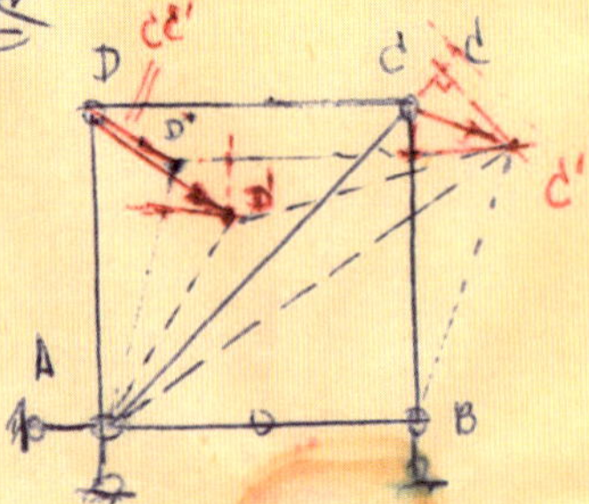


CC' ⇒ C点位移

DD' ⇒ D点位移

小变形 以原有尺寸和位置为准绳

$$\frac{\Delta l}{l} = \frac{1}{2000} \sim \frac{1}{10000}$$

## Williot 位移图 （不设转动）

比例尺 $1\text{cm} = \frac{Pa}{\sqrt{2}EA}$

1° 结构图 （见上）

2° 位移图 （如下）

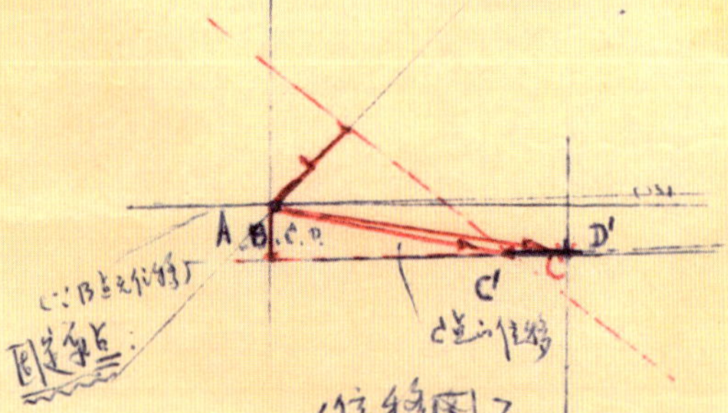


〈位移图〉

〈DD' 即D点位移由二部分组成：一部分随C点动的位移CC'，一部分D点自己的位移）

AC' ⇒ C点位移 $4.5\frac{Pa}{\sqrt{2}EA}$ ↘（量出来）

AD' ⇒ D点位移 $5.5\frac{Pa}{\sqrt{2}EA}$ ↖

〈步骤 ABC 定出C点位移，ACD 定D点位移〉

D点水平位移 $5.3\frac{Pa}{\sqrt{2}EA}$ → } 量取从图中

　　垂直位移 $\frac{Pa}{\sqrt{2}EA}$ ↓

C点水平位移 $4.3\frac{Pa}{\sqrt{2}EA}$ →

　　垂直位移 $\frac{Pa}{\sqrt{2}EA}$ ↓

例. Howe 桁架 (truss) （有转动）

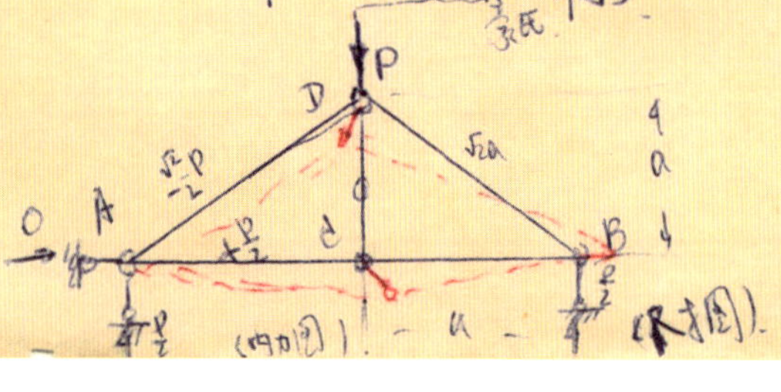


1° 大对称性 一边作尺寸图，一边作内力图（写出内力）

2° 画结构图（按比例）

3° 位移分析图

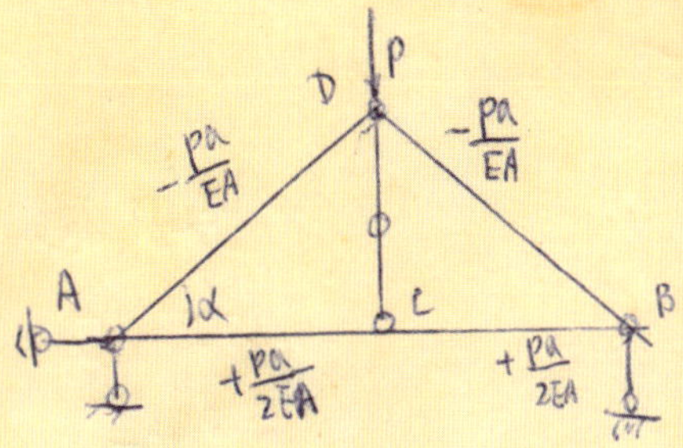


（结构图）

1°° AC杆偏移……以A点为转动，方向转不变

首先先作 Williot 位移图

$\longmapsto = \frac{Pa}{2EA}$

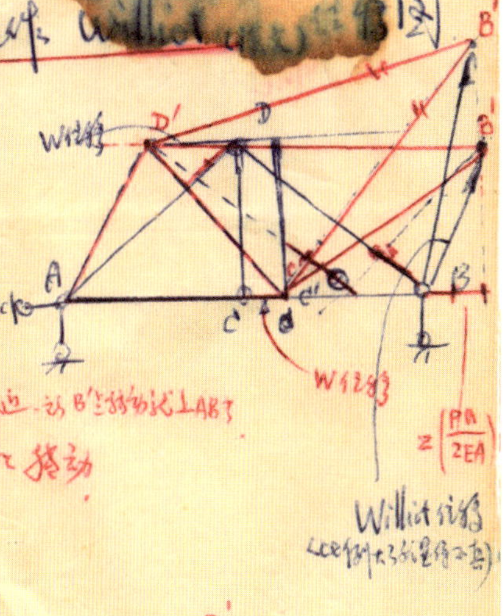


2°° 转动改正 1) 刚性转动（绕A点 ∵A点固结）

∵A点不动
各点均绕A点转动

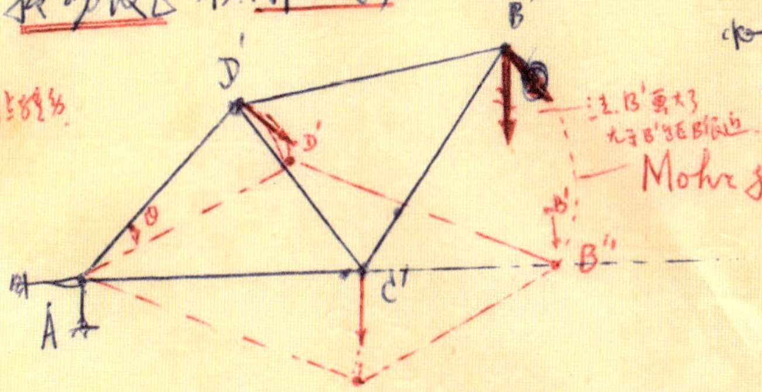


尤于转角很小 Mohr转动改正图

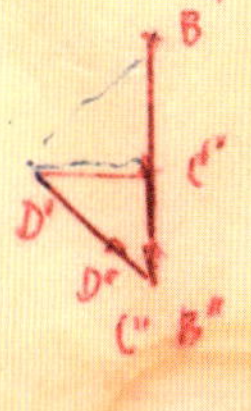


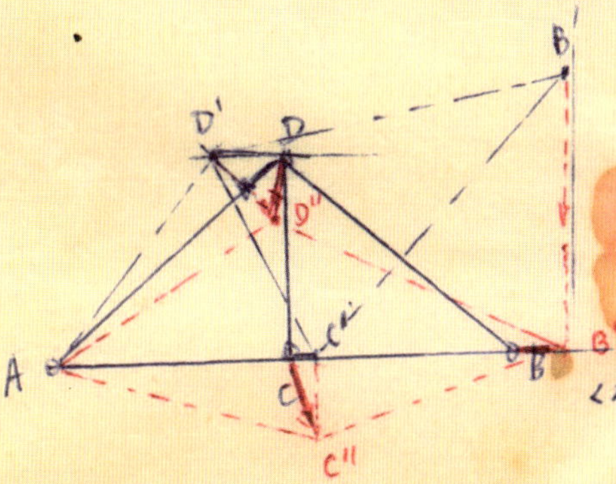


兰虚线图为 Willion 位移

Mohr 转动改正图

红虚线

红线 —— 实际位移

$\overline{DD'}$、$\overline{CC'}$、$\overline{BB'}$ 均为 Williot 位移值

而 $\overline{D'D''}$、$\overline{C'C''}$、$\overline{B'B''}$ 均为 Mohr 转动改正值

而 $\overline{DD''}$、$\overline{CC''}$、$\overline{BB''}$ 就是位移真实值。

3°° 得出实际位移值

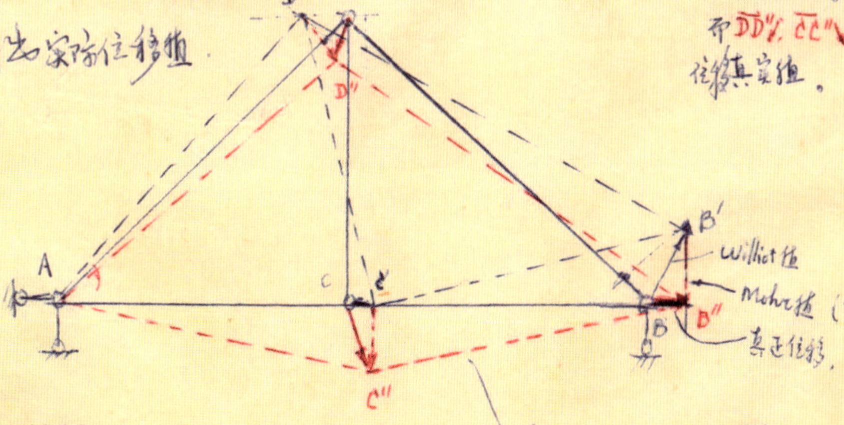


真实位移值

$\overline{DD''}$，$\overline{CC''}$，$\overline{BB''}$

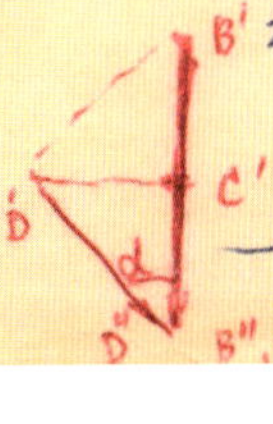


桁架变位后的形状图。

—— Mohr 转动改正图。

## 丙 williot – Mohr 图. 桁架位移的图

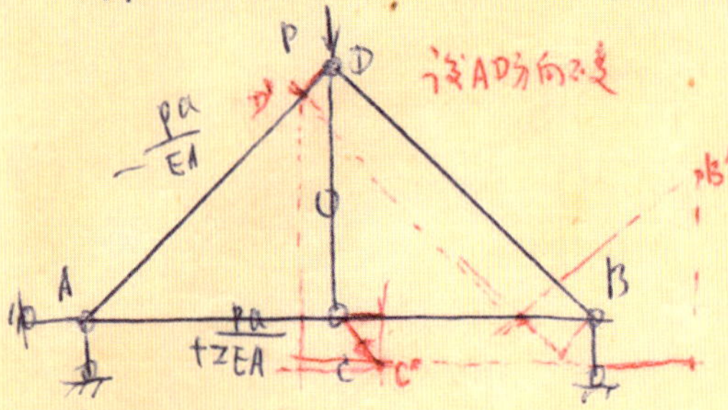


(一). williot 图

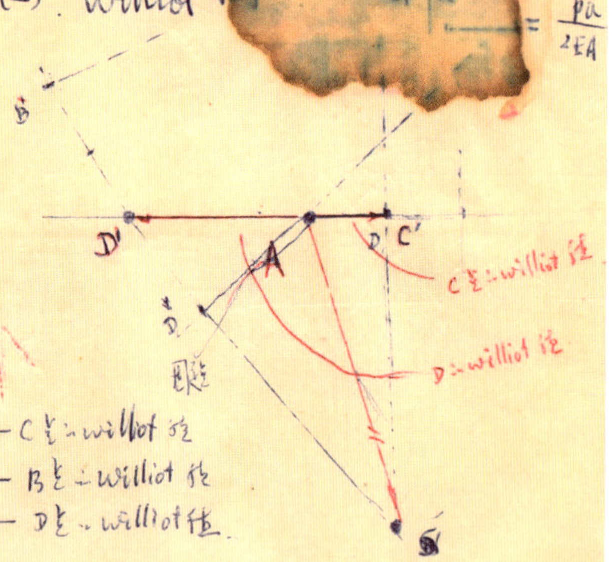


AC′ — C点之williot位

AB′ — B点之williot位

AD′ — D点之williot位.

(二) Mohr转动改变.

Mohr位 AC″、AB″、AD″

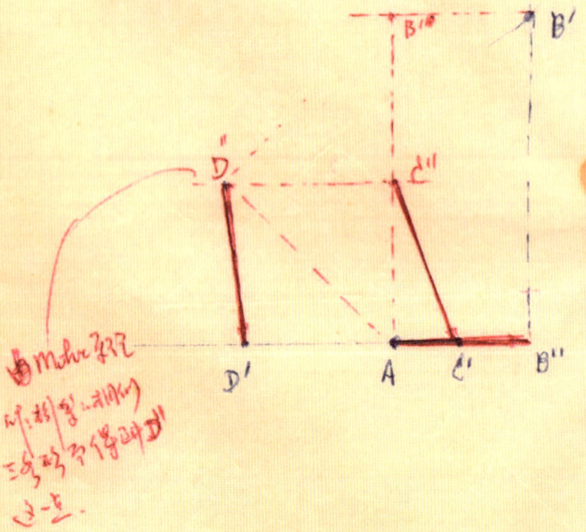


实际位移. D′D″ 1.875 $\frac{pa}{EA}$ ↘

C′C″ 1.875 $\frac{pa}{EA}$ ↘

A B″ = $\frac{pa}{EA}$ ⟶

frame

# 超静定结构解法..

方法：

1° 能量法.. 最小位能原理. 最小余能原理
虚功原理..

2° 力法 .. 以多余力为未知量. 以变形协调条件为根据求解未知力.. (应用广泛).

3° 位移法(变位法). 以位移(或变位)为未知量. 以平衡条件为根据.求解变位(位移).

一般说.. 力法 ⟹ 柔度法 (阵含 $\frac{l}{EA}$)
变位法 ⟹ 刚度法. (含 $\frac{EA}{l}$).
随着发展 —电子计算机→ 超静定结构 ⟹ 有限元法 { 矩阵结构法 ⇒ 直接法. 区域变分法. 加权余量法.

## §.2~7. 力法.. forced method

结构是几何不变的杆系.

超静定结构.. 几何不变+多余联系.

1° 取掉多余联系. 结构变为几何不变的静定结构(静定基本体系). 多余联系杆的未知力 作为未知量.

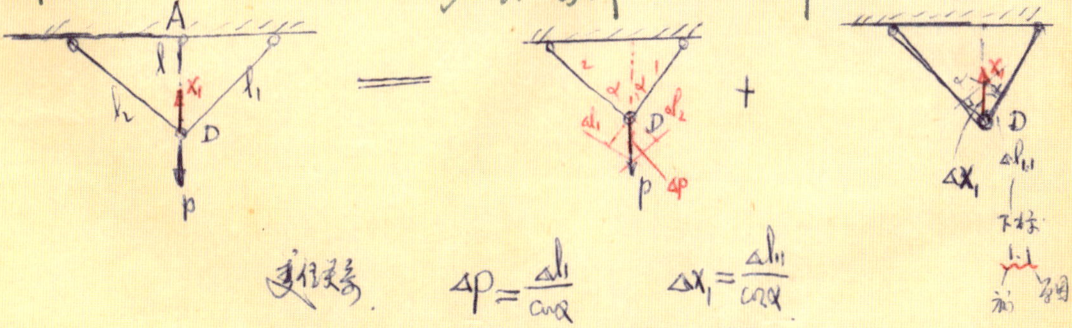


变位关系 $\Delta p=\frac{\Delta l_1}{\cos\alpha}$ $\Delta X_1=\frac{\Delta l_{11}}{\cos\alpha}$

2° 变位协调 unity

$$\Delta p-\Delta X_1=\Delta AD=\frac{X_1 l}{EA}$$

又 $\Delta l_1=\frac{pl_1}{2\cos\alpha EA}$ $\Delta p=\frac{pl_1}{2\cos^2\alpha EA}$ $\Delta l_{11}=\frac{X_1 l_1}{2\cos\alpha EA}$

$\Delta X_1=\frac{X_1 l_1}{2\cos^2\alpha EA}$ $\therefore pl_1-X_1 l_1=2\cos^2\alpha X_1 l$.

$\therefore X_1 = \frac{P l_1}{l_1 + 2 l \cos^2\alpha}$.

## 柔度法, flexibility method (力法)

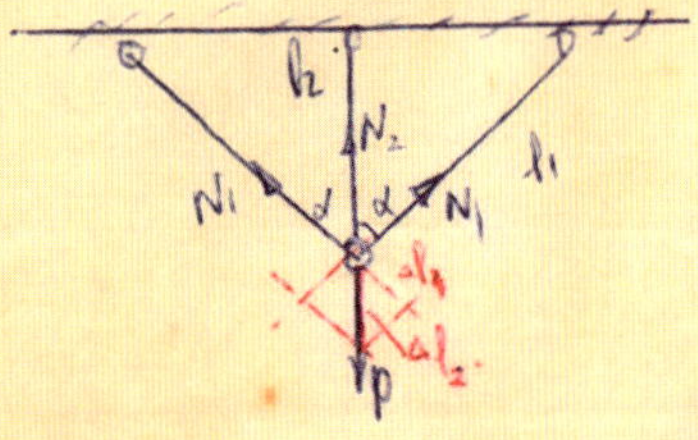

平: $2N_1\cos\alpha + N_1 = P$.

協: $\Delta l_1 = \Delta l_2 \cos\alpha$

物: $\frac{N_1 l_1}{EA} = \Delta l_1$ . $\frac{N_2 l_2}{EA} = \Delta l_2$ .

$$\frac{N_1 l_1}{EA} = \frac{N_2 l_2 \cos\alpha}{EA}$$

$$\begin{cases} N_1\left(\frac{l_1}{EA}\right) - N_2\left(\frac{l_2}{EA}\right)\cos\alpha = 0 \\ 2N_1\cos\alpha + N_2 - P = 0 \end{cases}$$

⟹ 写成矩阵 $\begin{bmatrix} 2\cos\alpha & 1 \\ \frac{l_1}{EA} & -\frac{l_2}{EA}\cos\alpha \end{bmatrix}\begin{bmatrix} N_1 \\ N_2 \end{bmatrix} + \begin{bmatrix} -P \\ 0 \end{bmatrix} = 0$

柔度矩阵 flexibility matrix

$$\begin{bmatrix} 2\cos\alpha & 1 \\ \frac{l_1}{EA} & \frac{-l_2}{EA}\cos\alpha \end{bmatrix}\begin{bmatrix} N_1 \\ N_2 \end{bmatrix} + \begin{bmatrix} -P \\ 0 \end{bmatrix} = 0$$

例: 平: $R_A + R_B = P_1 + P_2$.

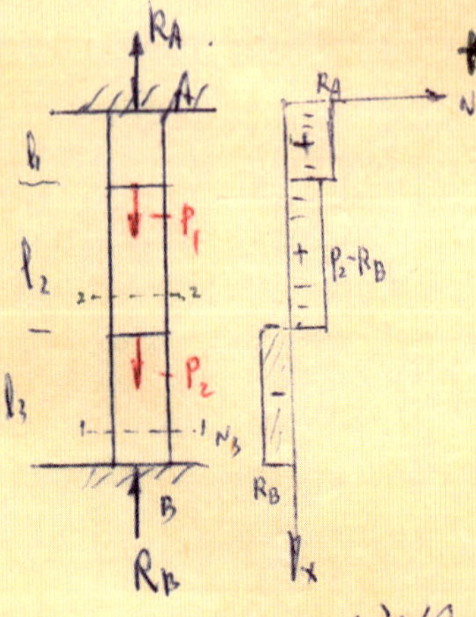

截面法: $N_3 = R_B$ (−)

$N_2 = P_2 - R_B$ (+)

$N_1 = R_A$ (+)

协调: $\Delta l_1 + \Delta l_2 - \Delta l_3 = 0$

$$\frac{N_1 l_1}{EA} + \frac{N_2 l_2}{EA} - \frac{N_3 l_3}{EA} = 0$$

$$R_A l_1 + (P_2 - R_B) l_2 - R_B l_3 = 0$$

力法解 P18 例:

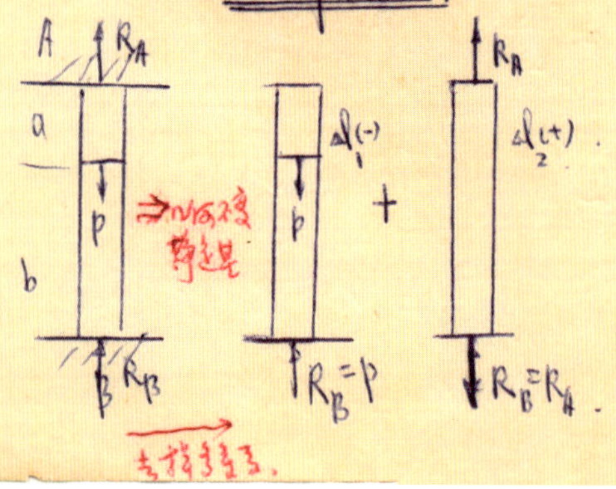


$\Delta l_2 - \Delta l_1 = 0$

$\frac{R_A(a+b)}{EA} - \frac{Pb}{EA} = 0$　$R_a = \frac{Pb}{l}$.

由平衡方程 $R_b = \frac{Pa}{l}$.

从前．**力法** ⟹ 1°．将未知內力之一选为赘余力，其后将切开的构件要位移去变求使结构放松。（即去掉多余联系）

2°．分别将实际荷载P和赘余力作用到放松结构上去，计算出由于这两种力所引起的位移。

3°．由数据建立协调方程（和所求的位移），联立平衡方程从而解出未知力。

$(\Delta l_p - \Delta l_x = 该点实位移)$

（注：多余，赘余，冗杆，均是一个意思）

2°．力的传递是从近走近路的，刚度大的杆，内力就大。即内力按刚度 $\frac{EA}{l}$ 分配，按刚度比分配。

超静定结构：优点，力按分配按刚度 $\frac{EA}{l}$ 分配

缺点 1°．装配应力 制造误差引起

不利因素转变为有利因素 优点

2°．温度应力 由于温度改变

3°．材料收缩引起的应力

4°．支座沉陷引起应力。

装配应力

$\delta = 1^{mm}$ 制造误差（杆2短了）

装配起来 杆2必拉长 $\Delta l_2$，二边杆必缩短 $\Delta l_1$

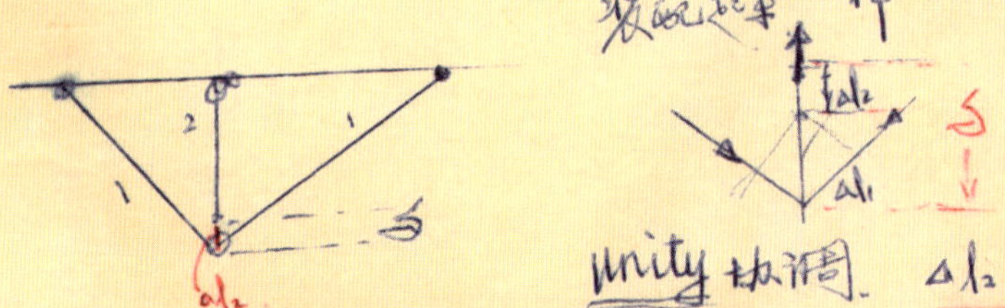

$$\frac{N_2 l}{EA} = \delta - \frac{\Delta l_1}{\cos\alpha} = \delta - \frac{\Delta l_1}{\cos\alpha}$$

unity 协调 $\Delta l_2 + \frac{\Delta l_1}{\cos\alpha} = \delta$

这种在没加载时之应力叫创应力（但内力）或初应力。

平衡方程 $2N_1\cos\alpha = N_2$

物理方程，$\Delta l_1 = \frac{N_1 l_1}{EA}$　$\Delta l_2 = \frac{N_2 l_2}{EA}$

$\therefore$ unity：$\frac{N_2 l_2}{EA} + \frac{N_1 l_1}{EA\cos\alpha} = \delta$

$$\therefore N_1 = \frac{\delta EA}{2(l_2 + 2l_1\cos^2\alpha)} \quad (-)$$

$$N_2 = \frac{\delta EA}{l_2 + 2l_1\cos^2\alpha} \quad (+)$$

∴ $\delta = 1^{mm}$ 制造误差 （杆2长δ）

温台装以上题 杆2比……伸长 $\Delta l_1$

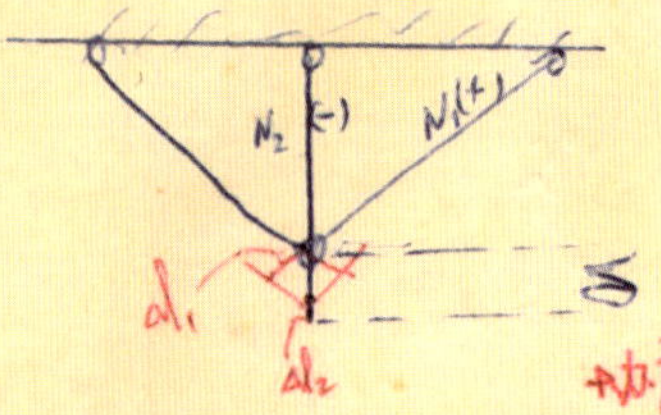


$$N_1 = \frac{\delta EA}{2(l_2 + 2l_1\cos^3\alpha)} \quad (+)$$

$$N_2 = \frac{\delta EA}{l_2 + 2l_1\cos^3\alpha} \quad (-)$$

协调：$\Delta l_2 = \delta - \frac{\Delta l_1}{\cos\alpha}$　　平：$2N_1\cos\alpha = N_2$

## 温度应力

刚性支承可以无外变同时不变形

$\Delta t = t - t_0$　温度改变

$$\Delta l_{(t)} = \alpha(t - t_0)\cdot l \quad cm/cm\,F^\circ$$

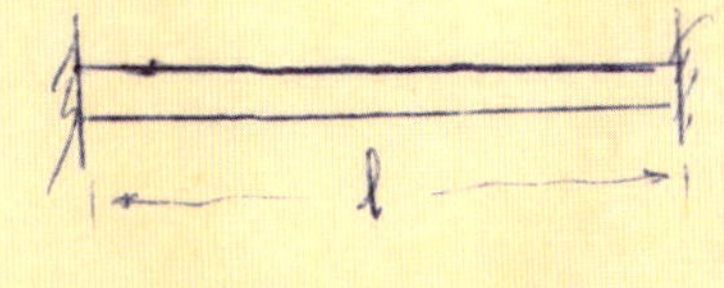


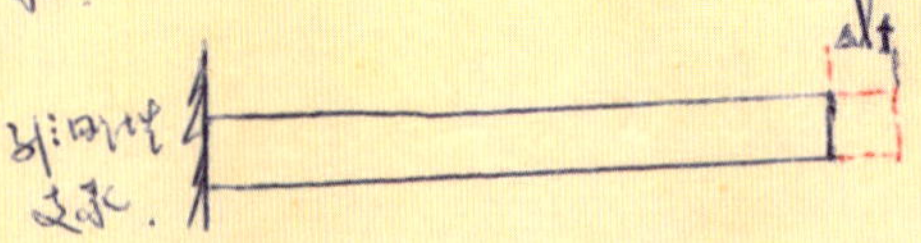


$$\Delta l_R = \frac{Rl}{EA}$$

Unity　$\Delta l_R = \Delta l_{(t)}$

$R = \alpha(t - t_0)\cdot EA$

$$R = \alpha EA\cdot(t - t_0)$$

$\Delta t = 0$　$R = 0$
$\Delta t > 0$　$R > 0$ 压力
$\Delta t < 0$　$R$ 拉力

例：$\alpha_b$ 铜 > $\alpha_s$ 钢

$9.3\times10^{-6}/F^\circ > 6.5\times10^{-6}/F^\circ$

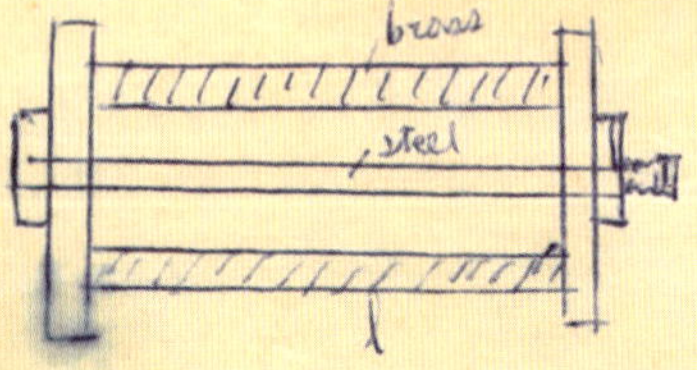


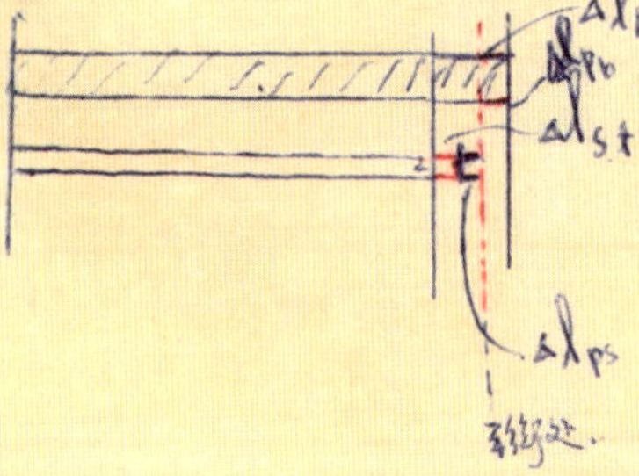


$\Delta l_{bt} = \alpha_b(t - t_0)l$

$\Delta l_{st} = \alpha_s(t - t_0)l$

协调 unity　$\Delta l_{ps} + \Delta l_{ts} = \Delta l_{tb} - \Delta l_{pb}$

相同力　$P = P$

$$\Delta l_{ps} = \frac{Pl}{E_sA_s}, \quad \Delta l_{pb} = \frac{Pl}{E_bA_b}$$

Unity equation：$Pl\left(\frac{1}{E_sA_s} + \frac{1}{E_bA_b}\right) = (\alpha_b - \alpha_s)(t - t_0)l$

$$\therefore P = \frac{(\alpha_b - \alpha_s)(t - t_0)E_bE_sA_bA_s}{E_sA_s + E_bA_b}$$

$t = t_0$　$P = 0$
$\alpha_b = \alpha_s$　$P = 0$

## §2-8. 位移法 (Displacement method) (变位法)

1° 以变位（位移）为未知量 2° 以平衡条件为[illegible]求未知量。

由本构关系建立 $N_2 = N_2(\Delta l)$

超静定结构。

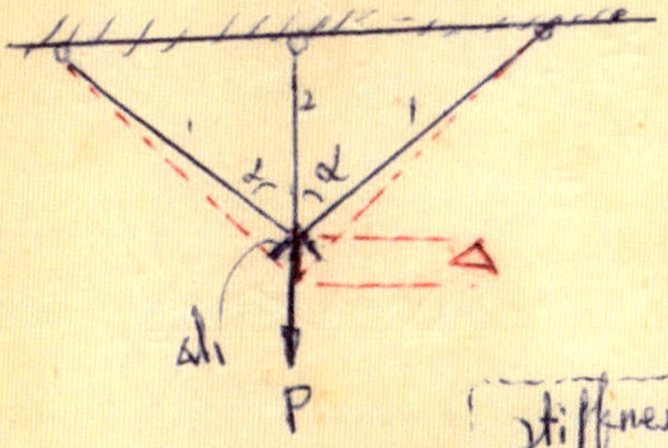


设杆伸长 Δ，∴ 未知量 Δ

$\Delta l_1 = \Delta \cos\alpha = \dfrac{N_1 l_1}{E_1 A_1}$

$\Delta l_2 = \Delta = \dfrac{N_2 l_2}{E_2 A_2}$

stiffness. 刚度 $K = \dfrac{EA}{l}$

$N_2 = \left(\dfrac{E_2 A_2}{l_2}\right)\Delta l_2 = K_2 \Delta l_2 = K_2 \Delta$

$N_1 = \left(\dfrac{E_1 A_1}{l_1}\right)\Delta l_1 = K_1 \Delta l_1 = K_1 \Delta \cos\alpha$

平，$2N_1\cos\alpha + N_2 = P$

∴ $2K_1\Delta\cos^2\alpha + K_2\Delta = P$

$\Delta = \dfrac{P}{2K_1\cos^2\alpha + K_2}$ （以之可求 $N_1$、$N_2$）

即，$N_1 = \dfrac{K_1 P\cos\alpha}{2K_1\cos^2\alpha + K_2}$ (+)，$N_2 = \dfrac{K_2 P}{2K_1\cos^2\alpha + K_2}$ (+)

## 矩阵结构——有限元的直接法

有限单元法（有限元素法）简称有限元法 Finite Element Method，Or for short，FEM。

典型元

分三个单元，

节点编号 1.2.

节点总编号 1.2.3.4

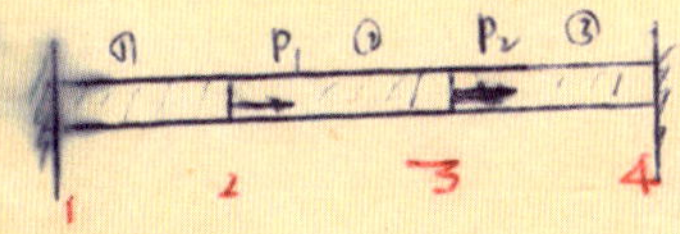


局部编号

| 单元号 | 局部编号 | 总体编号 |
|---|---|---|
| ① | 1 | 1 |
| | 2 | 2 |
| ② | 1 | 2 |
| | 2 | 3 |
| ③ | 1 | 3 |
| | 2 | 4 |

即，节点编号。

1.6–7.8

分析典型元(e)。

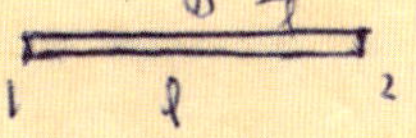


$N_1 = \dfrac{EA}{l} = K_{11}$ $\Delta_1$ $-\dfrac{EA}{l} = N_2$ $K_{21}$ 拉一拉

$N_1 = \dfrac{EA}{l}\Delta_1$ $\Delta_1 = 1$，单位位移

$N_1 = \dfrac{-EA\Delta_2}{l}$ $\xrightarrow{\Delta_2=1时}$ $K_{12}$ $\Delta_2$ $N_2 = \dfrac{EA}{l}\Delta_2$ $\xrightarrow{\Delta_2=1时}$ $K_{22}$ （注，这里 $K_{12} = K_{21}$）

$N_1 = K_{11}\Delta_1 + K_{12}\Delta_2$
$N_2 = K_{22}\Delta_2 + K_{21}\Delta_1$ 典范

排成矩阵，令 $[K]^e$

$$\begin{bmatrix} N_1 \\ N_2 \end{bmatrix}^{(e)} = \begin{bmatrix} \frac{EA}{l} & -\frac{EA}{l} \\ -\frac{EA}{l} & \frac{EA}{l} \end{bmatrix}^{(e)} \begin{bmatrix} \Delta_1 \\ \Delta_2 \end{bmatrix}^{(e)} = \begin{bmatrix} K_{11} & K_{12} \\ K_{21} & K_{22} \end{bmatrix}^{(e)} \begin{bmatrix} \Delta_1 \\ \Delta_2 \end{bmatrix}^{(e)}$$

设 $[K]^e = \begin{bmatrix} \frac{EA}{l} & -\frac{EA}{l} \\ -\frac{EA}{l} & \frac{EA}{l} \end{bmatrix} = \dfrac{EA}{l}\begin{bmatrix} 1 & -1 \\ -1 & 1 \end{bmatrix}$ 叫单元刚度矩阵。（每一个单元都有这个[illegible]

有几个单元，就有几个单元刚度矩阵。 $\begin{bmatrix}N_1\\N_2\end{bmatrix}^{②}=[k]^{②}[\Delta]^{②}$（局部表示）

~~单元刚度矩阵~~：

把局部坐标换成总坐标： $\div$

$$\begin{cases}\begin{bmatrix}N_1\\N_2\end{bmatrix}=\begin{bmatrix}K_{11}, & K_{12}\\K_{21}, & K_{22}\end{bmatrix}\begin{bmatrix}\Delta_1\\\Delta_2\end{bmatrix}\\[2ex]\begin{bmatrix}N_2\\N_3\end{bmatrix}=\begin{bmatrix}K_{22}, & K_{23}\\K_{32}, & K_{33}\end{bmatrix}\begin{bmatrix}\Delta_2\\\Delta_3\end{bmatrix}\\[2ex]\begin{bmatrix}N_3\\N_4\end{bmatrix}=\begin{bmatrix}K_{33}, & K_{34}\\K_{43}, & K_{44}\end{bmatrix}\begin{bmatrix}\Delta_3\\\Delta_4\end{bmatrix}\end{cases}$$

（第二个单元）

（第三单元）

（注意：$K_{ij}\equiv K_{ji}$ 同一单元对称的）

$K_{22}^{②}\neq K_{22}^{③}$

**总刚度矩阵**

$$\begin{bmatrix}N_1\\N_2\\N_3\\N_4\end{bmatrix}=\begin{bmatrix}K_{11} & K_{12} & & 0\\K_{21} & K_{22}^{①}+K_{22}^{②} & K_{23} & \\ & K_{32} & K_{33}^{②}+K_{33}^{③} & K_{34}\\0 & & K_{43} & K_{44}\end{bmatrix}\begin{bmatrix}\Delta_1\\\Delta_2\\\Delta_3\\\Delta_4\end{bmatrix}$$

（对号入座）

由局部组成全体，由单元刚度阵组成总体刚度阵。

单元一边生成，总刚度一边组合。

**总刚度矩阵**（简记）

$$K=\begin{bmatrix}K_{11} & K_{12} & 0 & 0\\K_{21} & K_{22} & K_{23} & 0\\0 & K_{32} & K_{33} & K_{34}\\0 & 0 & K_{43} & K_{44}\end{bmatrix}$$

对角线阵

稀疏阵

对称、正定的。

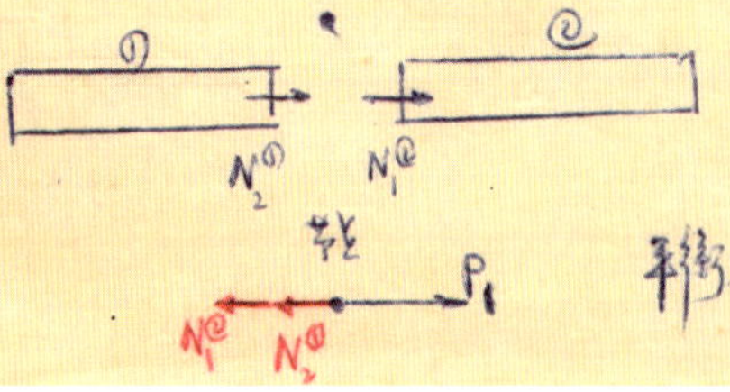


平衡方程： $N_1^{②}+N_2^{①}=P_1$

$N_1^{②}+N_2^{①}$ 对节点平衡 $N_2^{①}+N_2^{②}=P_1$

而由矩阵计算，$N_2^{①}=K_{21}\Delta_1+K_{22}\Delta_2$

$N_2^{②}=K_{22}\Delta_2+K_{23}\Delta_3$

∴ $N_2^{①}+N_2^{②}=K_{21}\Delta_1+(K_{22}^{①}+K_{22}^{②})\Delta_2+K_{23}\Delta_3=P_1$

$P_2$，$P_1$ 是已知外力。

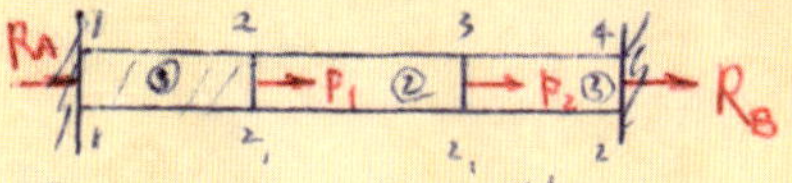


$N_1=R_A$.　$N_2^{③}=N_4=R_B$

类似地有 $N_1^{③}+N_2^{②}=P_2$

总刚度矩阵方程（平）

$$\begin{bmatrix} K_{11} & K_{12} & 0 & 0 \\ K_{21} & K_{22} & K_{23} & 0 \\ & K_{32} & K_{33} & K_{34} \\ \text{对称} & & K_{43} & K_{44} \end{bmatrix} \begin{bmatrix} \Delta_1 \\ \Delta_2 \\ \Delta_3 \\ \Delta_4 \end{bmatrix} = \begin{bmatrix} R_A \\ P_1 \\ P_2 \\ R_B \end{bmatrix}$$

刚度矩阵法 ⟺ 位移法　　（支座反力）

满足强加边界条件的求定解。

① 总刚度矩阵消行消列修正法（消行修正法）。

例：强加边界条件 $\Delta_2=\bar{\Delta}_2$ （$\bar{\Delta}_2$ 即表示 $\Delta_2$ 是已知）

将上矩阵化为（~~……~~），修正总刚

$$\begin{bmatrix} K_{11} & 0 & 0 & 0 \\ 0 & 1 & 0 & 0 \\ 0 & 0 & K_{33} & K_{34} \\ 0 & 0 & K_{43} & K_{44} \end{bmatrix} \begin{bmatrix} \Delta_1 \\ \bar{\Delta}_2 \\ \Delta_3 \\ \Delta_4 \end{bmatrix} = \begin{bmatrix} R_A-K_{12}\bar{\Delta}_2 \\ \bar{\Delta}_2 \\ P_2-K_{32}\bar{\Delta}_2 \\ R_B \end{bmatrix}$$

例：

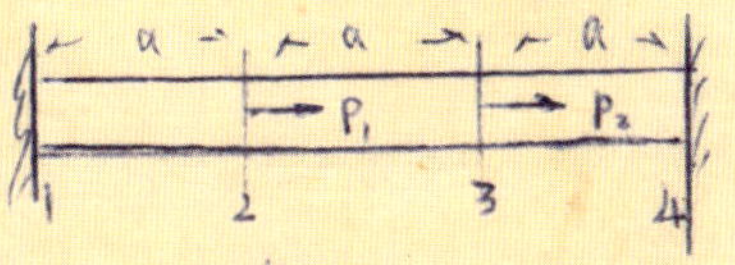


解：典型元分析。

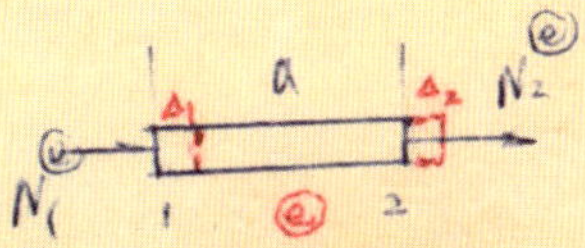


$\begin{bmatrix} N_1 \\ N_2 \end{bmatrix}^e=[K]^e\begin{bmatrix} \Delta_1 \\ \Delta_2 \end{bmatrix}$

对于各单元 有 ① $\begin{cases} N_1 = \frac{EA}{a}\Delta_1 - \frac{EA}{a}\Delta_2 & (乙) \\ N_2 = -\frac{EA}{a}\Delta_1 + \frac{EA}{a}\Delta_2 & (甲) \end{cases}$ ② $\begin{cases} N_2 = \frac{EA}{a}\Delta_2 - \frac{EA}{a}\Delta_3 \\ N_3 = -\frac{EA}{a}\Delta_2 + \frac{EA}{a}\Delta_3 \end{cases}$ ③ $\begin{cases} N_3 = \cdots \\ N_4 = \end{cases}$

对于各段一般 写成矩阵：

$$\begin{bmatrix} N_1 \\ N_2 \end{bmatrix}^e = \begin{bmatrix} \frac{EA}{a} & -\frac{EA}{a} \\ -\frac{EA}{a} & \frac{EA}{a} \end{bmatrix}^e \begin{bmatrix} \Delta_1 \\ \Delta_2 \end{bmatrix}^e = \frac{EA}{a}\begin{bmatrix} 1 & -1 \\ -1 & 1 \end{bmatrix}\begin{bmatrix} \Delta_1 \\ \Delta_2 \end{bmatrix}^e$$

总刚矩阵：

$$\frac{EA}{a}\begin{bmatrix} 1 & -1 & 0 & 0 \\ -1 & 1+1 & -1 & 0 \\ 0 & -1 & 1+1 & -1 \\ 0 & 0 & -1 & 1 \end{bmatrix}\begin{bmatrix} \Delta_1 \\ \Delta_2 \\ \Delta_3 \\ \Delta_4 \end{bmatrix} = \begin{bmatrix} R_A \\ P_1 \\ P_2 \\ R_B \end{bmatrix}$$

即：

$$\frac{EA}{a}\begin{bmatrix} 1 & -1 & 0 & 0 \\ -1 & 2 & -1 & 0 \\ 0 & -1 & 2 & -1 \\ 0 & 0 & -1 & 1 \end{bmatrix}\begin{bmatrix} \Delta_1 \\ \Delta_2 \\ \Delta_3 \\ \Delta_4 \end{bmatrix} = \begin{bmatrix} R_A \\ P_1 \\ P_2 \\ R_B \end{bmatrix}$$

固定边界条件：$\Delta_1 = \overline{\Delta}_1 = 0$，$\Delta_4 = \overline{\Delta}_4 = 0$（二边固定不能动）

则

$$\frac{EA}{a}\begin{bmatrix} 1 & 0 & 0 & 0 \\ 0 & 2 & -1 & 0 \\ 0 & -1 & 2 & 0 \\ 0 & 0 & 0 & 1 \end{bmatrix}\begin{bmatrix} \overline{\Delta}_1 \\ \Delta_2 \\ \Delta_3 \\ \overline{\Delta}_4 \end{bmatrix} = \begin{bmatrix} \overline{\Delta}_1 \\ P_1+\overline{\Delta}_1 \\ P_2+\overline{\Delta}_4 \\ \overline{\Delta}_4 \end{bmatrix} = \begin{bmatrix} \overline{\Delta}_1 \\ P_1+\overline{\Delta}_1 \\ P_2+\overline{\Delta}_4 \\ \overline{\Delta}_4 \end{bmatrix}$$

∴ 解矩阵：$\overline{\Delta}_1 = \overline{\Delta}_1 = 0$，$\overline{\Delta}_4 = \overline{\Delta}_4 = 0$

$$\frac{EA}{a}(2\Delta_2 - \Delta_3) = P_1 + \overline{\Delta}_1 = P_1$$

$$\frac{EA}{a}(-\Delta_2 + 2\Delta_3) = P_2 + \overline{\Delta}_4 = P_2$$

从而有：

$$2\Delta_2 - \Delta_3 = \frac{P_1 a}{EA}$$

$$-\Delta_2 + 2\Delta_3 = \frac{P_2 a}{EA}$$

∴ $\Delta_2 = \frac{(P_2+2P_1)}{3}\frac{a}{EA}$，$\Delta_3 = \frac{(P_1+2P_2)}{3}\frac{a}{EA}$

$N_2 = R_A = \frac{P_2+2P_1}{3}$，$N_3 = R_B = \frac{P_1+2P_2}{3}$

总刚微修正法

② 对应对角线项放大倍数（$N=10$ … ）法（适用电子计算机）

① 消行消列修正法

方法①　已知 $\Delta_2=\bar{\Delta}_2$（边界条件）

$$\begin{bmatrix} K_{11} & K_{12} & K_{13} \\ K_{21} & K_{22} & K_{23} \\ K_{31} & K_{32} & K_{33} \end{bmatrix}\begin{bmatrix} \Delta_1 \\ \bar{\Delta}_2 \\ \Delta_3 \end{bmatrix}=\begin{bmatrix} P_1 \\ P_2 \\ P_3 \end{bmatrix}$$

修正

$$\begin{aligned} K_{11}\Delta_1+0+K_{13}\Delta_3 &= P_1-K_{12}\bar{\Delta}_2 \\ 0+\bar{\Delta}_2+0 &= \bar{\Delta}_2 \\ K_{31}\Delta_1+0+K_{33}\Delta_3 &= P_3-K_{32}\bar{\Delta}_2 \end{aligned}$$

$$\begin{bmatrix} K_{11} & 0 & K_{13} \\ 0 & 1 & 0 \\ K_{31} & 0 & K_{33} \end{bmatrix}\begin{bmatrix} \Delta_1 \\ \bar{\Delta}_2 \\ \Delta_3 \end{bmatrix}=\begin{bmatrix} P_1-K_{12}\bar{\Delta}_2 \\ \bar{\Delta}_2 \\ P_3-K_{32}\bar{\Delta}_2 \end{bmatrix}$$

（此可求 $\Delta_1$、$\Delta_3$ 的真解）

又例：

$$\begin{bmatrix} K_{11} & K_{12} & K_{13} & K_{14} \\ K_{21} & K_{22} & K_{23} & K_{24} \\ K_{31} & K_{32} & K_{33} & K_{34} \\ K_{41} & K_{42} & K_{43} & K_{44} \end{bmatrix}\begin{bmatrix} \Delta_1 \\ \Delta_2 \\ \Delta_3 \\ \Delta_4 \end{bmatrix}=\begin{bmatrix} P_1 \\ P_2 \\ P_3 \\ P_4 \end{bmatrix}$$

边界条件 $\Delta_1=\bar{\Delta}_1$，$\Delta_4=\bar{\Delta}_4$。

消行修正。

（对角线相应列行也均消去）

修正

$$0+K_{i2}\Delta_2+K_{i3}\Delta_3+0=P_i-K_{i1}\bar{\Delta}_1-K_{i4}\bar{\Delta}_4$$

$$\begin{bmatrix} 1 & 0 & 0 & 0 \\ 0 & K_{22} & K_{23} & 0 \\ 0 & K_{32} & K_{33} & 0 \\ 0 & 0 & 0 & 1 \end{bmatrix}\begin{bmatrix} \bar{\Delta}_1 \\ \Delta_2 \\ \Delta_3 \\ \bar{\Delta}_4 \end{bmatrix}=\begin{bmatrix} \bar{\Delta}_1 \\ P_2-K_{21}\bar{\Delta}_1-K_{24}\bar{\Delta}_4 \\ P_3-K_{31}\bar{\Delta}_1-K_{34}\bar{\Delta}_4 \\ \bar{\Delta}_4 \end{bmatrix}$$

方法② 对应对角线元放大倍数（N 极大，取定义）

$N=10^{10}$

已知 $\Delta_2=\bar{\Delta}_2$

$$\begin{bmatrix} K_{11} & K_{12} & K_{13} & K_{14} \\ K_{21} & K_{22}N & K_{23} & K_{24} \\ K_{31} & K_{32} & K_{33} & K_{34} \\ K_{41} & K_{42} & K_{43} & K_{44} \end{bmatrix}\begin{bmatrix} \Delta_1 \\ \bar{\Delta}_2 \\ \Delta_3 \\ \Delta_4 \end{bmatrix}=\begin{bmatrix} P_1 \\ P_2 \\ P_3 \\ P_4 \end{bmatrix}$$

$P_2 \Rightarrow K_{22}N\bar{\Delta}_2$

$$K_{21}\Delta_1+K_{22}N\bar{\Delta}_2+K_{23}\Delta_3+K_{24}\Delta_4=K_{22}N\bar{\Delta}_2$$

$$\frac{K_{21}\Delta_1}{K_{22}N}+\bar{\Delta}_2+\frac{K_{23}\Delta_3}{K_{22}N}+\frac{K_{24}\Delta_4}{K_{22}N}=\bar{\Delta}_2$$

∵ N 极大

∴ 上式为 $0+\bar{\Delta}_2+0+0=\bar{\Delta}_2$

$$\begin{bmatrix} K_{11} & K_{12} & K_{13} & K_{14} \\ 0 & 1 & 0 & 0 \\ K_{31} & K_{32} & K_{33} & K_{34} \\ K_{41} & K_{42} & K_{43} & K_{44} \end{bmatrix}\begin{bmatrix} \Delta_1 \\ \bar{\Delta}_2 \\ \Delta_3 \\ \Delta_4 \end{bmatrix}=\begin{bmatrix} P_1 \\ \bar{\Delta}_2 \\ P_3 \\ P_4 \end{bmatrix}$$

此法，电算程序比消去修正法简单。

## §2-9. 非线性状态 塑性分析

极限载荷设计。超过弹性极限进入塑性状态的载荷设计。

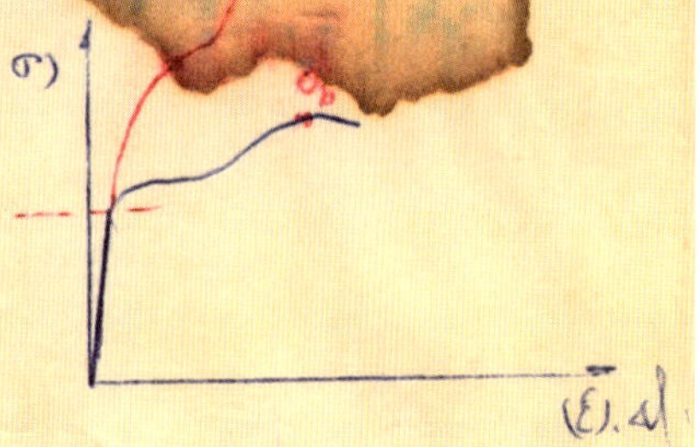


理想化模型。

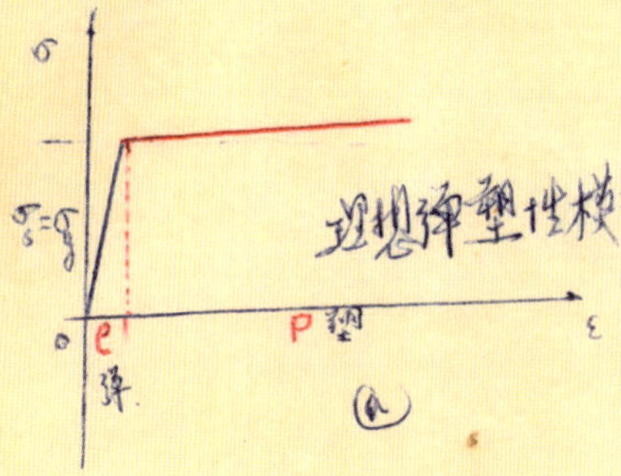


理想弹塑性模型。

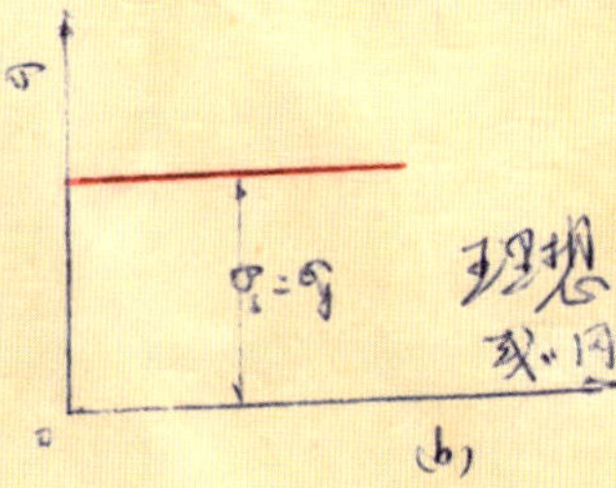


理想塑性模型
或刚塑性模型

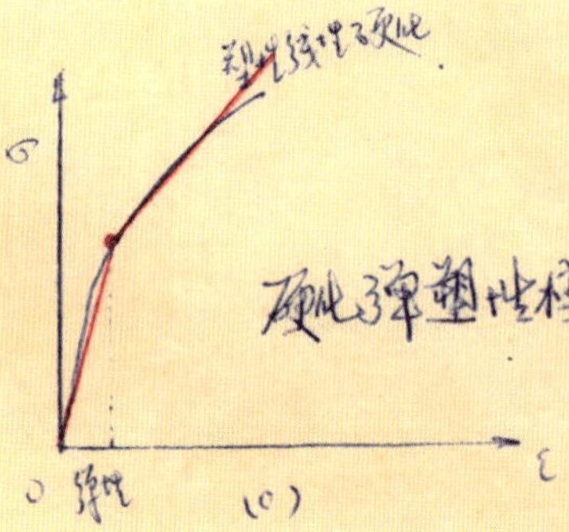


硬化弹塑性模型。

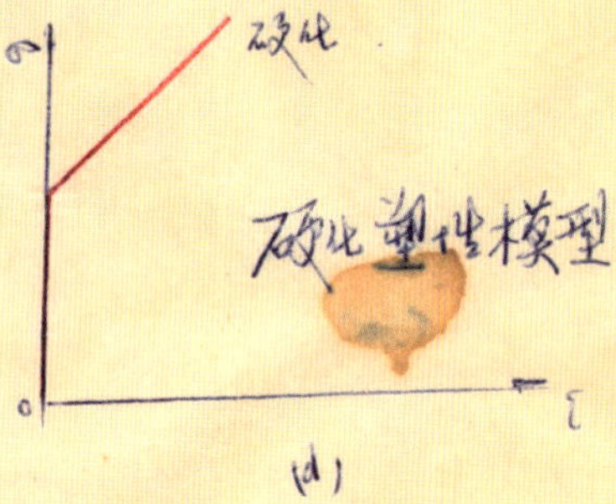


硬化塑性模型。

塑性理论 { 形变理论（以a模型）
　　　　　 流动理论（增量理论）（用c.d模型）。

弹性载荷（弹性内）

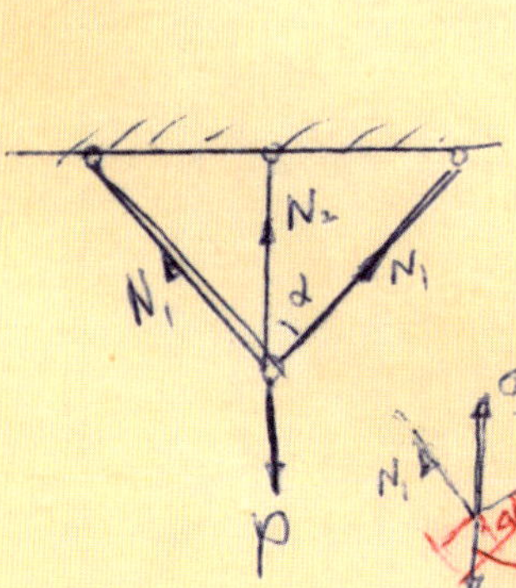


$$N_1=\frac{P\cos^2\alpha}{1+2\cos^3\alpha}\qquad N_2=\frac{P}{1+2\cos^3\alpha}$$

屈服载荷 $P_s$（开始有一个杆屈服）

$$N_2=\sigma_s A=\sigma_y A.$$

$$P_s-\sigma_s A=2N_1\cos\alpha\qquad N_1=\frac{P_s-\sigma_s A}{2\cos\alpha}$$

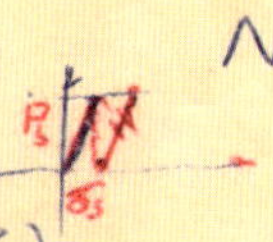


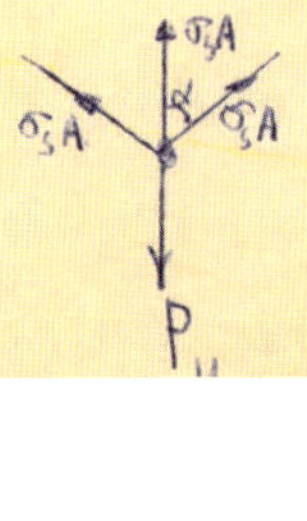


极限载荷 $P_u$（全部塑性）。

$$P_u=(2\cos\alpha+1)\sigma_s A$$

## 容许极限载荷 $[P_u]$ （主设计时……

$$[P_u]=\frac{P_u}{n}$$ （一般大于弹性载……

—— 极限载荷安全系数……

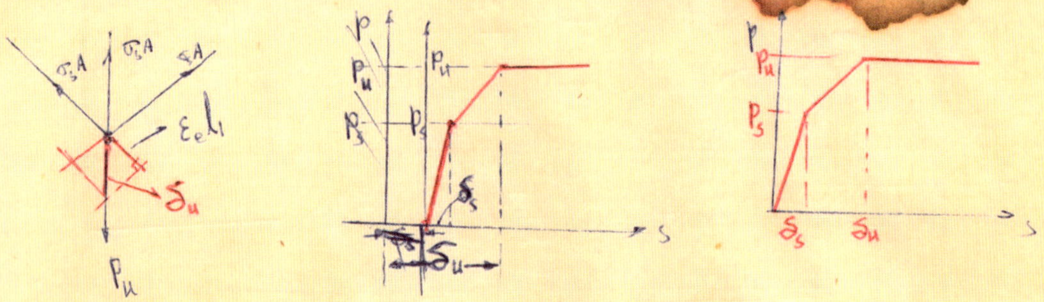


## §2-10 应变能

能是物体运动的一种形态，它表示物体在运动过程中具有作功的能力。

动能 —— 物体在机械运动中所具有的一种运动形式。

势能（位能）是动能的一种特殊形态。（因为它是绝对的，而势能是相对的：位能是相对的，是动能的特殊形态）。

功 —— 是能的一种度量。

保守系统 —— 能量守恒，是指能转化，可以有形态的变化。

$\because\ dU=S=P_1\,d(\Delta l)+\frac{1}{2}dp\cdot d(\Delta l)$ （二阶微量可略去不计）

$dU\approx P_1\,d(\Delta l)=P_1\,d(\Delta l)$

$\therefore\ U=\int_0^P P_1\,d(\Delta l)=\int_0^P P_1\frac{dpl}{EA}=\frac{l\int_0^P p\,dp}{EA}=\frac{P^2 l}{2EA}$

$=\frac{P}{2}\Delta l$

$\therefore\ U=\frac{P}{2}\Delta l=\frac{P^2 l}{2EA}$ ……①

以应变能，或弹性位能，弹性应变位能。

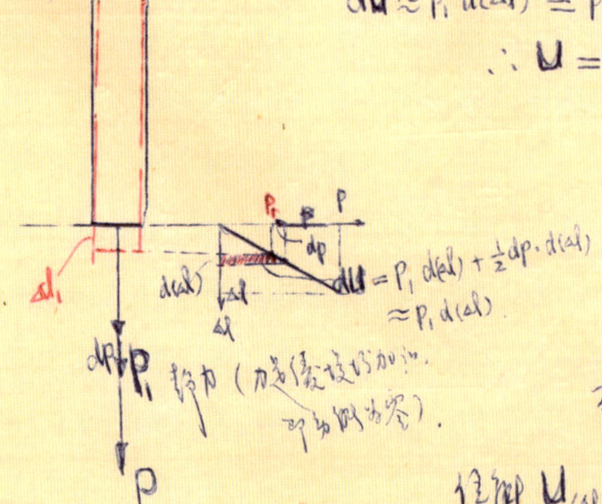


或 $U=\int_0^{\Delta l}p\,d(\Delta l)=\int_0^{\Delta l}\frac{EA}{l}\Delta l\,d(\Delta l)=\frac{EA(\Delta l)^2}{2l}$

位能 $U_{(\Delta l)}=\frac{EA}{2l}(\Delta l)^2$ ……②

卡氏第一定律 (1879) $\frac{\partial U}{\partial \Delta l}=\frac{EA}{l}\cdot\Delta l=P$

Castigliano I Law. $\frac{\partial U}{\partial \Delta l}=P_i$

$U_{(\Delta l)}=\frac{EA}{2l}(\Delta l)^2>0$ 正定 (70x (正定).

$\frac{d^2U}{d(\Delta l)^2}>0$. $U_{(\Delta l)}=\frac{EA}{2l}(\Delta l)^2=\min$

⇕

平衡条件 (力平衡 其位能中极小)

[illegible] $dU=\frac{\partial U}{\partial \delta_i}d\delta_i$
[illegible] 外力功 $dW=P_i\,d\delta_i$
[illegible] $dW=dU$
$\therefore \frac{\partial U}{\partial \delta_i}=P_i$
[illegible] $P_i$ 是广义力
$\delta_i$ 是广义位移
$P_i$ 可以是力, 力偶. $\delta_i$ 可以是 $L,\theta$..

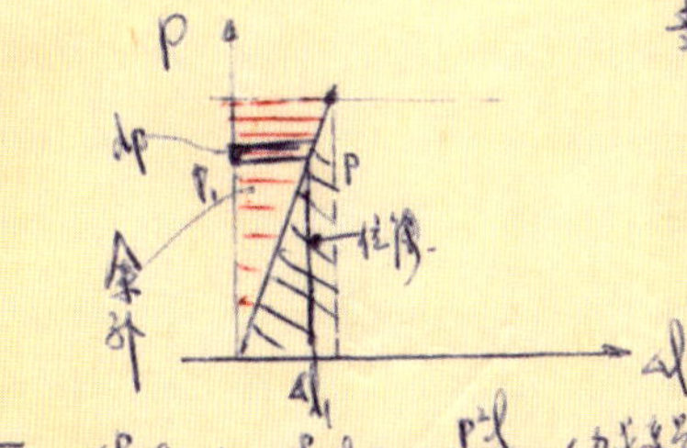


当P纵坐标加以 $\Delta l$ 纵坐标伸长

则 $U_{(总能)}=P\cdot\Delta l\neq\frac{1}{2}P\Delta l$ (外力总功)

余能 (Complementary Energy) (或应力能)

$\overline{\overline{U}}_{(P)}=U_{(总)}-U_{(位)}=\frac{1}{2}P\Delta l=\frac{P^2l}{2EA}$

$\overline{\overline{U}}_{(P)}=\int_0^P\Delta l_1\cdot dp=\int_0^P\frac{pl}{EA}dp=\frac{P^2l}{2EA}$ (力是变量积分的余能)

卡氏第二定律. Castigliano II Law

$\frac{\partial U_{(P)}}{\partial p}=\frac{Pl}{EA}=\Delta l$ 普遍形式 $\frac{\partial U_c}{\partial P_i}=\delta_i$. ($U_c$ 为余能) (适用于非线性)

$U=\int_0^L U^*A\,dx$
应变能
应变能密度

↓

在线性中
$U^*=\frac{1}{2}\sigma_x\cdot\varepsilon_x$
在非线性中
$U^*_{(\varepsilon)}=\int_0^\varepsilon\sigma_x\,d\varepsilon_x$
$U^*_{(\sigma)}=\int_0^\sigma\varepsilon_x\,d\sigma_x$
间含变上限, $\varepsilon=\frac{\Delta l}{L}$
$\sigma=\frac{P_x}{A}$, $\varepsilon_x$ 与 $\sigma_x$ 一般是正的

应变能密度 (比能) (单位体积内之应变能)

$u_{(\varepsilon)}=\frac{U}{Al}=\frac{1}{2}\frac{P\Delta l}{Al}=\frac{1}{2}\sigma\cdot\varepsilon=\frac{1}{2}E\varepsilon^2$

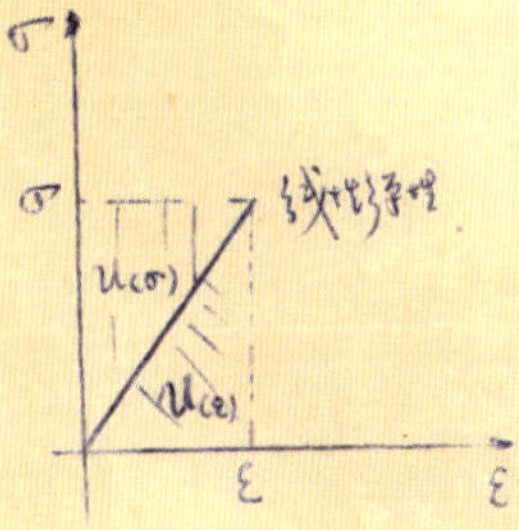


记以应变能密度 $u_{(\varepsilon)}=\frac{1}{2}E\varepsilon^2$

$\frac{\partial u}{\partial \varepsilon}=E\varepsilon=\sigma$ 卡氏I定律

余能(应力能)密度

$u_{(\sigma)}=\frac{1}{2}\frac{\sigma^2}{E}$

$\frac{\partial u_{(\sigma)}}{\partial \sigma}=\frac{\sigma}{E}=\varepsilon$

卡氏第II定律

$u_{(\varepsilon)}+u_{(\sigma)}=\sigma\varepsilon$. $\frac{1}{2}E\varepsilon^2+\frac{1}{2}\frac{\sigma^2}{E}=\sigma\varepsilon$ (线性弹性关系)

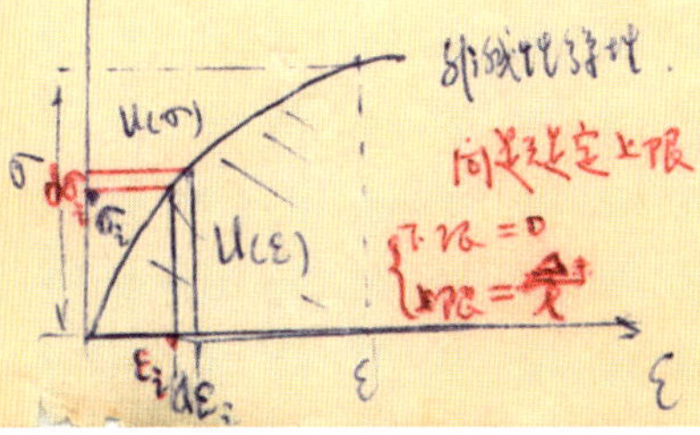


间是变量定上限 $\varepsilon_i$
下限 = 0
上限 = ε

$u_{(\varepsilon)}$, $u_{(\sigma)}$ 不是直线关系 即处于非线性弹性

则. $u_{(\varepsilon)}=\int_0^\varepsilon\sigma_i\,d\varepsilon_i$ 应变能密度 (比能)

$\frac{\partial u_{(\varepsilon)}}{\partial \varepsilon_i}=\sigma_i$ (卡氏I定律)

$u_{(\sigma)}=\int_0^\sigma\varepsilon_i\,d\sigma_i$ 应力能(余能)密度

$$\frac{\partial u(\sigma)}{\partial \sigma} = \varepsilon_i$$ 卡氏Ⅱ定律.

$$u_{(\varepsilon)} + u_{(\sigma)} = \sigma\varepsilon$$

$$\therefore \int_0^{\sigma} \varepsilon_i d\sigma_i + \int_0^{\varepsilon} \sigma_i d\varepsilon = \sigma\varepsilon$$

(弹性体…时)

例 P37 ..

作用于杆上的冲击荷载.. (拉伸冲击)

W 冲击下去 产生动变形 $\delta_{dy}$ (dynamic effect)

W 静置B处后 (v=0时) 只产生静力变形 $\delta_{st} = \frac{WL}{EA}$.
static effect

(注意 $\delta_d$ 是总的变位, 包括了 $\delta_s$).

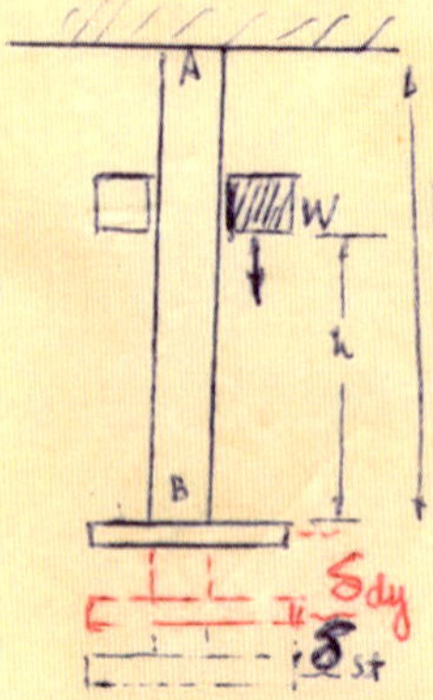


动力位能 $W(h+\delta_{dy}) = \frac{EA}{2l}(\delta_{dy})^2$

$$\delta_{dy}^2 - 2\delta_{st}(h+\delta_d) = 0$$

$$\delta_d = \delta_{st} + \sqrt{\delta_{st}^2 + 2h\delta_{st}}$$

$$\delta_{dy} = \delta_s\left[1+\sqrt{1+\frac{2h}{\delta_s}}\right] = K_d\delta_{st}$$

$K_d = 1+\sqrt{1+\frac{2h}{\delta_s}}$ 为动荷系数 以动荷影响系数

$\therefore$ $\delta_{dy} = K_d\delta_{st}$.  $\delta_{st} = \frac{Wl}{EA}$  动荷变形.

$\sigma_d = K_d\sigma_s$  $\sigma_s = \frac{W}{A}$  动荷应力.

$h =$ 已知  $K_d = \left(1+\sqrt{1+\frac{2h}{\delta_s}}\right) \xrightarrow{h=\frac{v^2}{2g}} \left[1+\sqrt{1+\frac{v^2}{g\delta_s}}\right]$

$h = 0$  $K_d = 2$,  突加载荷 $v=0$. $K_d = 2$

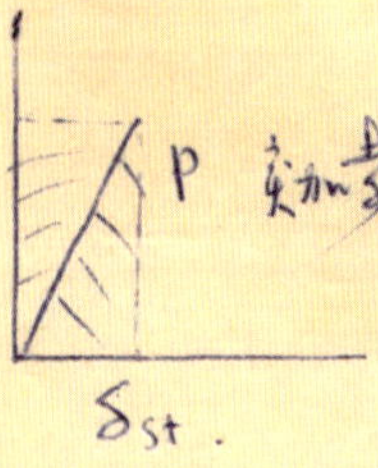


P 突加载荷.. $P\delta_{st} = \frac{P}{2}\delta_{st} + \frac{1}{2}P\delta_s$

动力作之功 → 位能 ⇓ 动能 (在往复振动中消失掉了)

注. (载加运动计算方法只能获得杆件位移下限的最大值. 其它情况不了.)

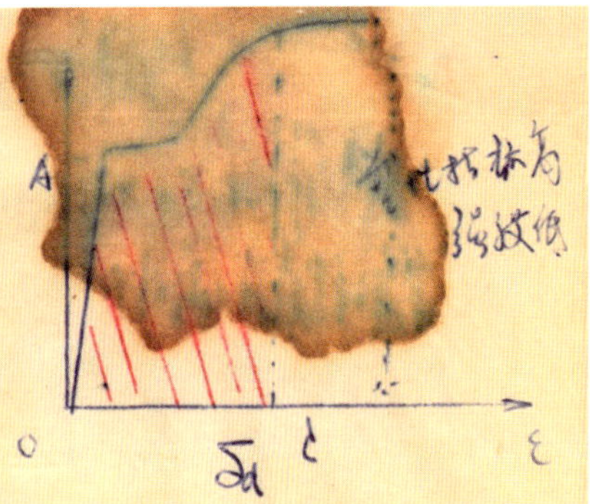


例. 突然刹车. $v \longrightarrow 0$.

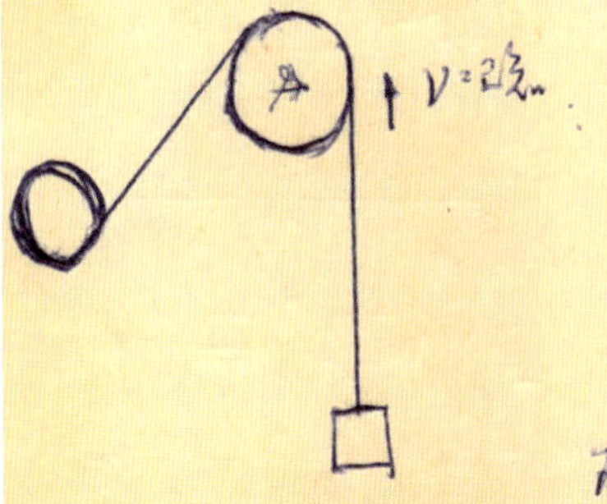


静伸 $\delta_s = \frac{Wl}{EA}$　应力 $\sigma_s = \frac{W}{A}$.

$U_s = \frac{1}{2} W \delta_s$　加速度 $a$ 不知道

惯性力未知

但惯性力作用(未知)、继续产生 $\delta_{dy}$ (总位移)

根据能量守恒定理. $\frac{1}{2} W \delta_s + W(\delta_d - \delta_s) + \frac{1}{2}\frac{W}{g} v^2 = \frac{1}{2} W \delta_d$

原位能.　势能　动能　总位能

如 $a$ 已知道
则 $F_{惯性力} = \frac{W}{g} a$
则 $N = W + \frac{W}{g} a$
$\delta = \frac{Nl}{EA}$

## §2-11. 圣维南(Saint-Venant)原理. (假定).

力之局部作用原理.

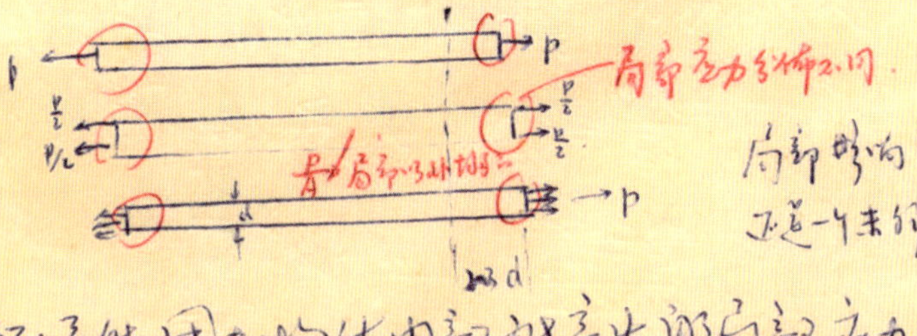


局部影响范围是多少?
这是一个未解决的问题.

平衡力系作用在物体内部时产生的局部应力只局限于平衡力系附近区域. 离开力之作用点相当远之区域. 这种影响急剧减小.

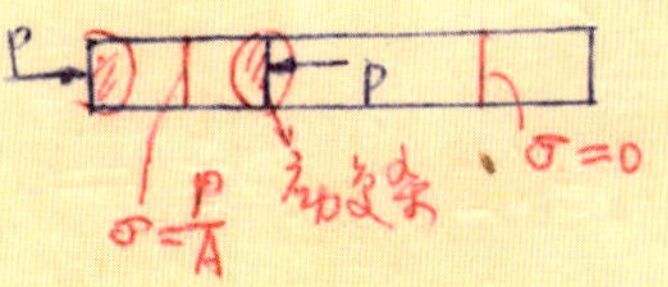

# §2-12. 应力集中概念

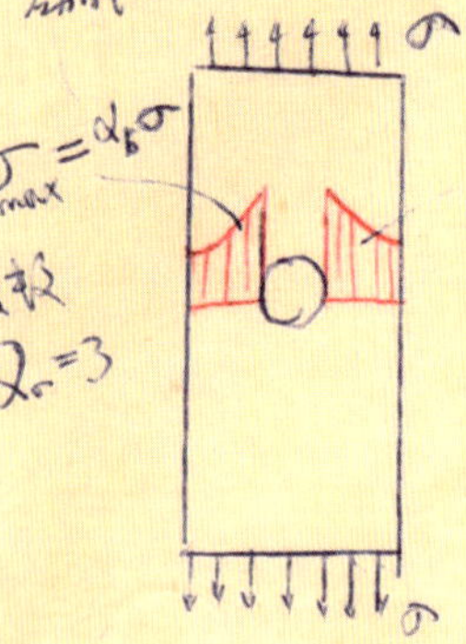


应力集中测定方法
① 弹性力学求解——解析
② 实验测试 {光弹性、Moiré法 / 电测、脆性涂层法
③ 比拟法 {流体力学比拟 / 电场比拟 / 薄膜比拟.

流场比拟法

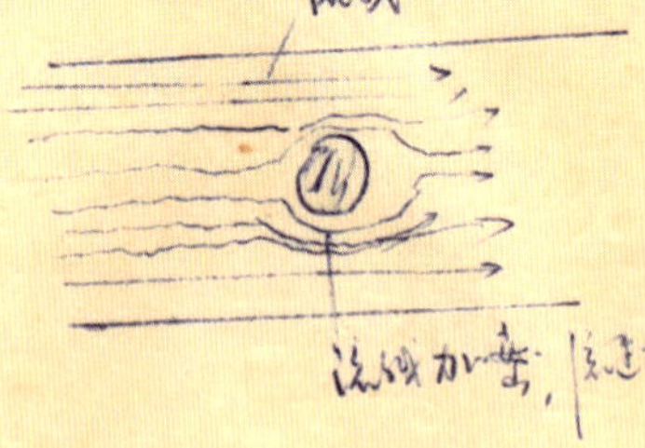


总结: 拉伸时.

扭转时.. 重要方法 (变形比较法.) (简单力系)

广义位移原理 (对复杂力系)

# 拉伸压缩问题小结

（一）材料机械性质 Mechanical properties of materials

Hooke 定律 $\sigma = E\varepsilon$ . $\Delta l = \frac{Pl}{EA}$ 　E, μ 两个独立的弹性常数

Poisson 比 $\mu = \left|\frac{\varepsilon'}{\varepsilon}\right|$ （ε′为横向变位）

强度指标 1° $\sigma_s = \sigma_y$ 屈服极限（注：比例极限（除外））2° $\sigma_b = \sigma_u$ 强度极限

塑性指标 $\delta = \frac{l - l_0}{l_0}$ , $\psi = \frac{F_0 - F_1}{F_0} \times 100\%$ 收缩率

（二）应力与强度计算（stress and strength count）

平面变形假设（对变形的设想）平面保持平面

应力计算 $\sigma = \frac{P}{A}$

强度计算 $\sigma_{max} = \frac{N_{max}}{A} \leq [\sigma]$ （注：$N_{max}$是杆件中某一截面的最大轴力）

刚度计算 只要强度满足，刚度也能满足，无刚度计算问题。

Because $\varepsilon = \frac{\Delta l}{l} = \frac{\sigma}{E}$

（三）位移（变位）

卡氏定理 II Castigliano's II Law

$$\frac{\partial U_{(P)}}{\partial P} = \Delta l \quad 即 \quad \frac{\partial U_{(P_i)}}{\partial P_i} = \Delta_i \Leftrightarrow （虚功原理）$$

桁架变位图解法 Williot - Mohr 位移图

（四）超静不定（超静定）问题

1. 力法（简述用法、有缺陷）

| 未知量 | 依据 | 仍求量 |
|---|---|---|
| $N_1 . N_2 . N_3$ | 变位协调 | $N_1 . N_2 . N_3$ |

1° balanced equation, 2° displacement unity equation

2. 位移法（变位法）. displacement

未知量. 依据. 解求法

$\Delta_1, \Delta_2, \Delta_3$ 平衡条件. $\Delta_1 . \Delta_2$ ...

位移法 ⇒ 形成刚度矩阵 …… 刚度法.

$$\left[\frac{EA}{l}\right]\begin{bmatrix}\Delta_1\\ \Delta_2\\ \Delta_3\end{bmatrix}=\begin{bmatrix}载\\荷\\…\end{bmatrix}$$

3. 广义位能原理
（余能）原理.

| | 未知量 | 依据 | 解求法 |
|---|---|---|---|
| 广义位能原理 | $\Delta_1, \Delta_2, \Delta_3$ | 条件极值（平衡方程） | Lagrange 乘子法. |
| …… 余能 …… | $N_1 . N_2 . N_3$ | …… | |

例. 如图 当绳上端突然停止时 其中产生的最大应力多大. (P41)

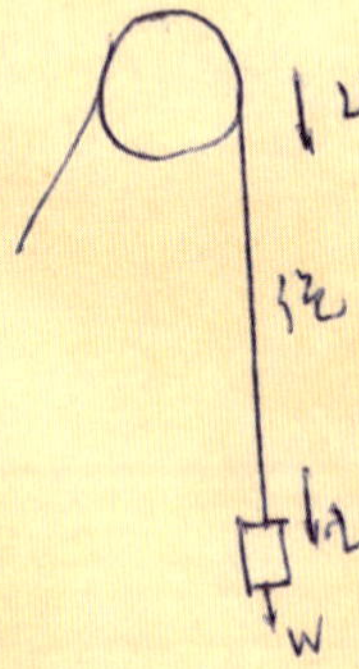


此a产生惯性力 $F=\frac{W}{g}a$，并不作用到物体上

$N = W + \frac{W}{g}a$

如a已知了…

则 $\delta_d$ = 动态拉伸量

$$U_d = \frac{1}{2}\frac{EA}{l}\delta_d^2$$

W

$F=\frac{W}{g}a$

设a未知

静力平衡

$N_1 = W$

$\delta_s$

$U_s = \frac{1}{2}\frac{EA}{l}\delta_s^2$

W

+

$\frac{W}{g}a$

$\delta_d-\delta_s$（惯性力产生引起的）

$U_{d-s} = U_d - U_s = \frac{1}{2}\frac{EA}{l}(\delta_d^2-\delta_s^2)$

由惯性力引起的位能

$\frac{W}{g}a$

令 外功势 $W(\delta_d-\delta_s)$（由惯性力引起）

动能 为 $\frac{1}{2}\frac{W}{g}v^2-\frac{1}{2}\frac{W}{g}0^2=\frac{1}{2}\frac{W}{g}v^2$（由惯性力引起）.

能量守恒：

$$W(\delta_d-\delta_s)+\frac{1}{2}\frac{W}{g}v^2=\frac{1}{2}\frac{EA}{l}(\delta_d^2-\delta_s^2)$$

$$\delta_d = \delta_s + \sqrt{\frac{WV^2 l}{gEA}}$$

而 $\sqrt{\frac{WV^2 l}{gEA}} = \sqrt{\frac{\delta_s V^2}{g}}$ ， $\sqrt{\frac{WV^2 l}{gEA}} = \sqrt{\frac{\frac{1}{2}\frac{W}{g}V^2 \cdot \delta_s^2}{\frac{1}{2}\left(\frac{EA}{l}\right)\delta_s^2}} = \sqrt{\frac{T_0 \delta_s^2}{U_s}}$

$$\therefore \delta_d \overset{\text{可表为}}{=\!=} \delta_s\left(1+\sqrt{\frac{V^2}{g\delta_s}}\right) = K_d \delta_s$$

（动荷系数）

$$= \left(1+\sqrt{\frac{T_0}{U_s}}\right)\delta_s = K_d \delta_s$$

（动荷系数）

$\begin{cases} T_0 \text{ 为动能} \\ U_s \text{ 为位能} \end{cases}$

$$\therefore \begin{cases} \delta_d = K_d \delta_s \\ \sigma_d = K_d \sigma_s \\ W_d = K_d W \end{cases}$$

（惯性力 $F = \sqrt{\frac{V^2}{g\delta_s}}\, W = \sqrt{\frac{T_0}{U_s}}\, W$ ）

例2： $P_{59}$. 1-10-10.

$$\delta_s = \frac{Wl}{EA} + \frac{W}{K} = \left(\frac{KL+EA}{KEA}\right)W \quad (\because N = Kal)$$

故支持：

$$= CW$$

（C 为系统的柔度）
（$\frac{1}{C}$ 为系统的刚度）

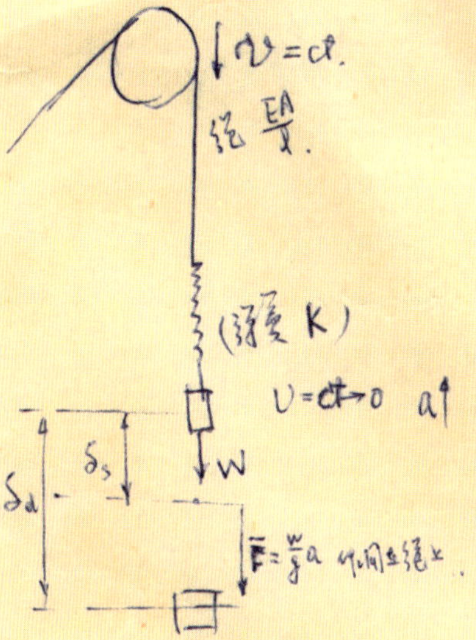


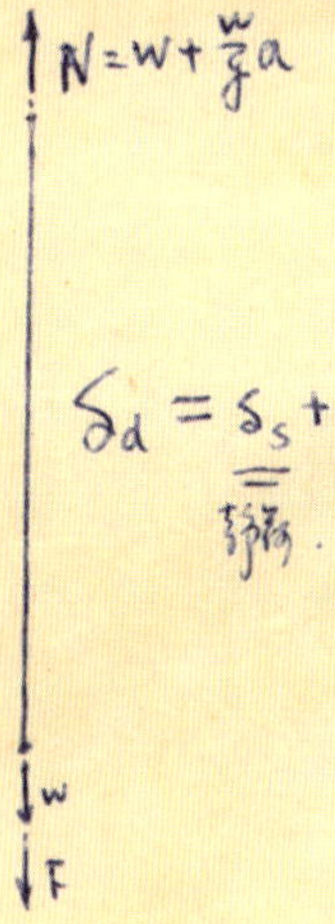


$$\delta_d = \underset{\text{静荷}}{\delta_s} + \underset{\text{惯性力}}{(\delta_d - \delta_s)}$$

由 $\delta_d = \left(1+\sqrt{\frac{V^2}{g\delta_s}}\right)\delta_s$

这里 $\delta_s = CW$

$\therefore K_d = \left(1+\sqrt{\frac{V^2}{gCW}}\right)$

如绳未装弹簧时

$K_{d_0} = 1 + \sqrt{\frac{V^2}{g\frac{l}{EA}W}}$

而 $K_{d_0} > K_d$

$\therefore \delta_{d_0} > \delta_d$

弹簧起缓冲作用

注 K 系总刚度（弹簧）

不用公式，可分别考虑 $\begin{cases} \text{弹簧受动加惯性力产生的 } \delta_d' \text{，今若重为 } W \therefore \delta_s' = \frac{W}{K} \\ \text{绳子 } \cdots\cdots \delta_d \cdots\cdots \delta_s = \frac{WL}{EA} \end{cases}$

有 $W[(\delta_d + \delta_d') - (\delta_s + \delta_s')] + \frac{1}{2}\frac{W}{g}V^2 = \frac{1}{2}\frac{EA}{l}(\delta_d^2 - \delta_s^2) + \frac{1}{2}K(\delta_d'^2 - \delta_s'^2)$

~~$\delta_d = \left(1+\sqrt{\frac{V^2}{g\frac{l}{EA}W}}\right)\delta_s$~~ ，再由上式求出 $\delta_d'$ （有二个未知数）

则可求 ~~$\delta = \delta_d + \delta_d'$~~

# 碰撞问

质量小，不考虑质量（一个质量大、一个质量小）

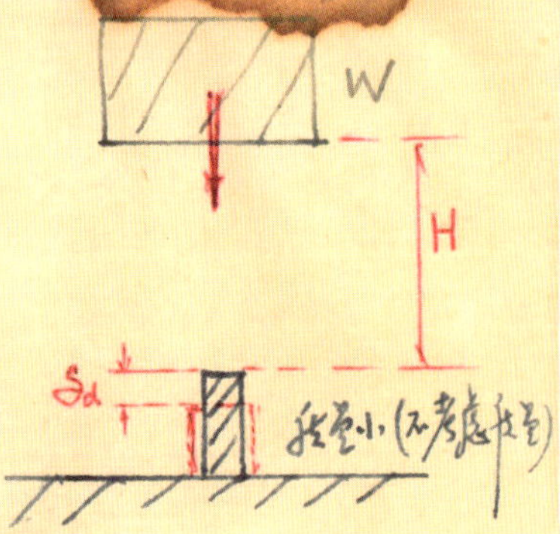


由 $W(H+\delta_d)=\frac{1}{2}\frac{EA}{l}\delta_d^2$

$\delta_d=\left(1+\sqrt{1+\frac{2H}{\delta_s}}\right)\delta_s$

$=K_d\delta_s$

$K_d = 1+\sqrt{1+\frac{2H}{\delta_s}}$

$K_d = 1+\sqrt{1+\frac{v^2}{g\delta_s}}$ （v为碰时之速度）

$K_d = 1+\sqrt{1+\frac{T_0}{U_s}}$

∴ $\delta_d=K_d\delta_s$

$\sigma_d=K_d\sigma_s$  ∴ $\sigma_s\le\frac{[\sigma]}{K_d}$ （强度计算式）

$W_d=K_dW_s$

## 二、同量级质量之碰撞

冲击前速度是 $v$. $v=\sqrt{2gH}$

冲击物之动能 $\frac{1}{2}m_1v^2=\frac{1}{2}\frac{W_1}{g}v^2$

冲击瞬时两物体具有相同的速度 $v_1$

（即非弹性碰撞）

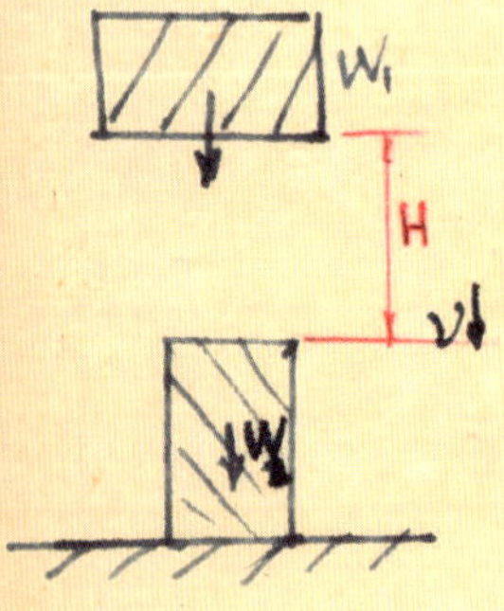


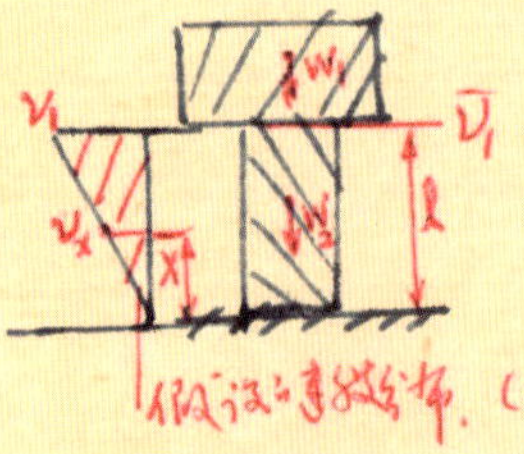


冲击后，冲击物不许回弹。现在存在一个速度 $v_1$ 待定。

冲击后，冲击物之动能 $T_1=\frac{1}{2}\frac{W_1}{g}v_1^2$

被冲击物之动能 $T_2=$ ~~$\frac{W_2}{g}v_1^2$~~ $\frac{1}{2}(\ ?\ )v_1^2$（物$W_2$各点速度$v_1$传递，各点速度不一致）

问：① 求 $T_2=?$ ② 求 $v_1=?$

① 求 $T_2 = ?$

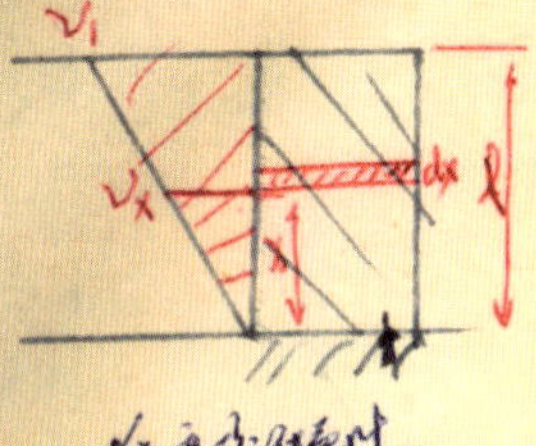


$$dT_2 = \frac{1}{2}\left(\frac{A\gamma dx}{g}\right) v_x^2$$

$$而\ v_x = \frac{v_1 x}{l}$$

（三角相似比更易）

$$\therefore T_2 = \int_0^l dT_2 = \int_0^l \frac{A\gamma}{2g}\left(\frac{v_1 x}{l}\right)^2 dx$$

$$= \frac{1}{2}\left(\frac{A\gamma l}{3g}\right) v_1^2 = \frac{1}{2}\left(\frac{W_2}{3g}\right) v_1^2$$

$$\therefore T_2 = \frac{1}{2}\left(\frac{W_2}{3g}\right) v_1^2$$

② 求 $v_1 = ?$

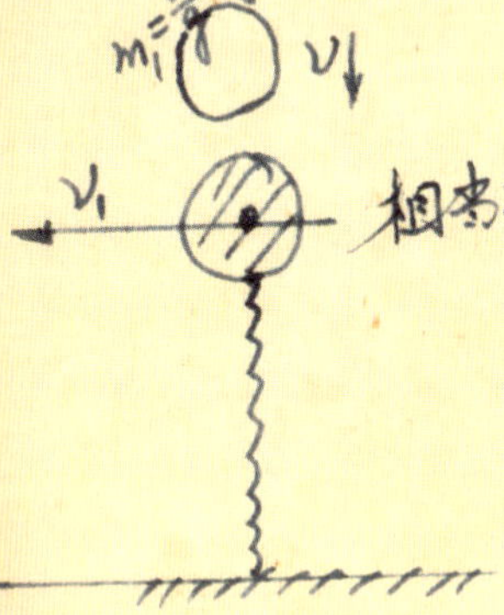


相当质量$\frac{W_1}{g}$，相当质量$\frac{W_2}{3g}$

由动量守恒. $m_1 v = (m_1 + m_2) v_1$

$$\frac{W_1}{g} v = \left(\frac{W_1}{g} + \frac{W_2}{3g}\right) v_1$$

$$\therefore v_1 = \left(\frac{W_1}{W_1 + \frac{W_2}{3}}\right) v = \left(\frac{1}{1 + \frac{W_2}{3W_1}}\right) v$$

$$令\ \frac{W_2}{W_1} = \beta' \qquad v_1 = \left(\frac{3}{3+\beta}\right) v = \left(\frac{3}{3+\beta'}\right) v.$$

$W_2 = 0$. $\beta' = 0$. $v_1 = v$

$W_2 = 3W_1$. $\beta' = 1$ $v_1 = \frac{1}{2} v$.

$$取\ \frac{W_2}{3W_1} = \beta. \qquad 则\ v_1 = \left(\frac{1}{1+\beta}\right) v$$

$$T_{碰后} = T_1 + T_2 = \frac{W_1}{2g}[1+\beta] v_1^2 = \frac{(W_1 v^2)}{2g} \cdot \frac{1}{(1+\beta)}$$

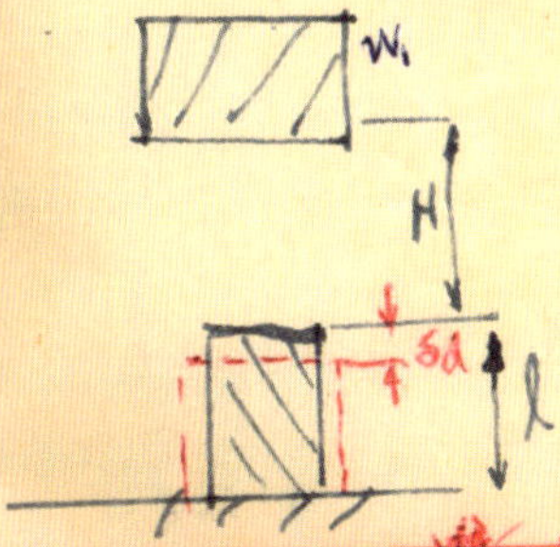


由能量守恒..

$$W(H + \delta_d) = \frac{1}{2}\frac{EA}{l}\delta_d^2$$

$$\therefore \frac{W_1}{2g} v^2 \left(\frac{1}{1+\beta}\right) + W_1 \delta_d = \frac{1}{2}\frac{EA}{l}\delta_d^2$$

$$\delta_d = \left(1 + \sqrt{1 + \frac{v^2}{g\delta_s(1+\beta)}}\right)\delta_s$$

$$= K_d \delta_s$$

注：这里WH是冲击物动能量，如：被冲击物的质量不考虑，则能量来是：$WH = \frac{1}{2}\frac{W_1}{g}V^2$，考虑冲击质量是：$WH = \frac{1}{2}\frac{W_1}{g}V^2\frac{1}{1+\beta}$

$K_d$ 三种形式..

$$K_d = 1 + \sqrt{1 + \frac{2H}{\delta_s(1+\beta)}}$$

$$K_d = 1 + \sqrt{1 + \frac{v^2}{g\,\delta_s(1+\beta)}}$$

$$K_d = 1 + \sqrt{1 + \frac{T_0}{U_s(1+\beta)}} \quad \left( T_0 = \frac{1}{2}\frac{W}{g}v^2 \right)$$

(冲击载荷系数)

例1.. 卡氏 law 应用

$$\frac{\partial U(p)}{\partial p} = \Delta_p$$ —— 变位是 P 加之方向..

卡氏 II law

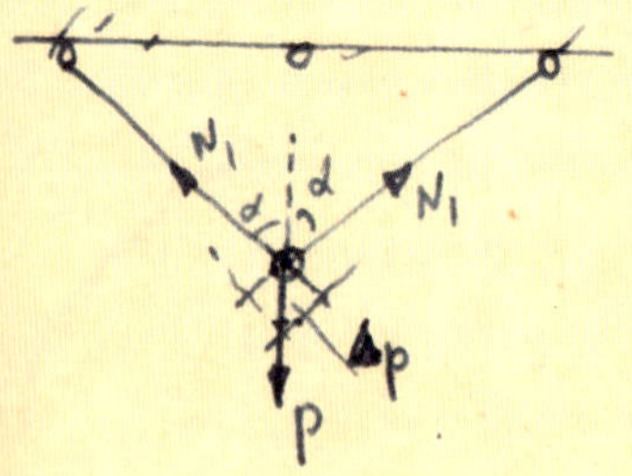


$$U = 2\left(\frac{1}{2}N_1 \Delta l_1\right)$$

$$\because N_1 = \frac{P}{2\cos\alpha}$$

$$U = 2 \cdot \frac{1}{2}\frac{N_1^2 l_1}{EA} = \left(\frac{P}{2\cos\alpha}\right)^2 \frac{l_1}{EA}$$

$$\frac{\partial U}{\partial P} = \frac{P}{2\cos^2\alpha} \cdot \frac{l_1}{EA} = \Delta p.$$

$$\therefore \Delta_p = \frac{P l_1}{2EA\cos^2\alpha}.$$

例2 卡氏 II 定理求超静定问..

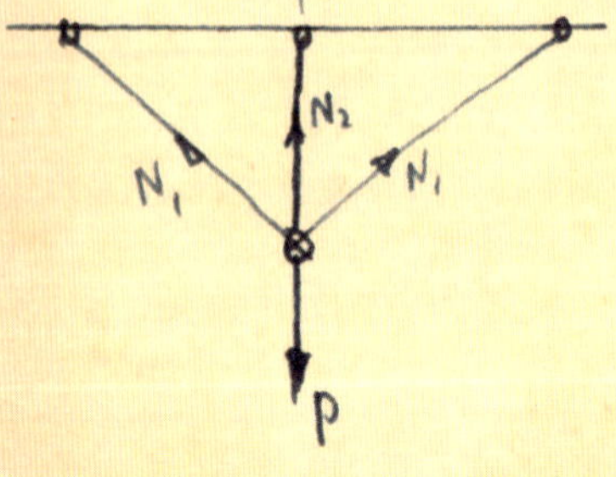


平.. $2N_1\cos\alpha = P - N_2$.

$$U_{(P,N_2)} = 2\left(\frac{1}{2}N_1\Delta l_1\right) + \frac{1}{2}N_2\Delta l_2$$

$$= \frac{N_1^2 l_1}{EA} + \frac{N_2^2 l_2}{2EA} = \frac{(P-N_2)^2 l_1}{4EA\cos^2\alpha} + \frac{N_2^2 l_2}{2EA}.$$

去掉中间杆..

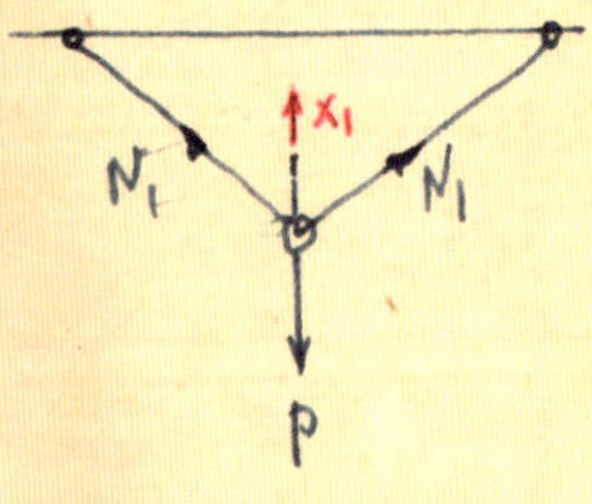


$$U_{(P,X_1)} = 2\left(\frac{1}{2}N_1\Delta l_1\right)$$

$$= \frac{(P-N_2)^2 l_1}{4EA\cos^2\alpha} = \frac{(P-X_1)^2 l_1}{4EA\cos^2\alpha}.$$

$$\frac{\partial U_{(P,X_1)}}{\partial P} = \frac{P l_1 - X_1 l_1}{2EA\cos^2\alpha} = \Delta_P \overset{\text{协调}}{=\!=} \frac{X_1 l_2}{EA}.$$

# 能量法（不是全部内容）

一、计算变位

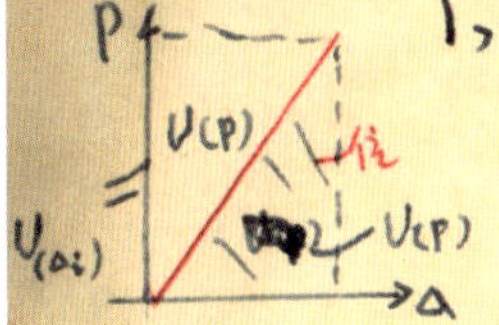


1、卡氏定理Ⅱ（用于线性关系）

$$\frac{\partial U_{(P)}}{\partial P}=\Delta_P$$（变位$\Delta_P$沿力P的方向）

2、余能定理（用于非线性关系，如用于线性与卡氏Ⅱ一致）

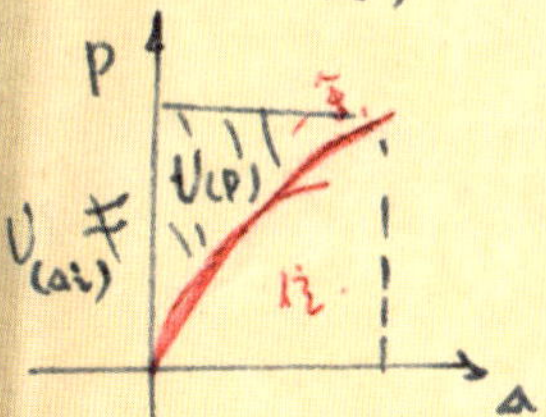


$$\frac{\partial U_{(P)}^{余能}}{\partial P}=\Delta_P$$ [Crotti－Engesser定理]

3、虚功原理（用于线性、非线性、小变形、大变形）

二、计算力

1、卡氏定理Ⅰ（用于线性关系）

$$\frac{\partial U_{(\Delta_i)}}{\partial \Delta_i}=P_i$$

2、虚功原理

（注：余能原理不能求力）

三、解超静定——（力法）＝平衡余能原理（或者为力法原理）

1、最小功原理（线性）（就是线性余能原理形式的表相值）

设 $U_{(P)}^{余}=U_{(\Delta)}-P\Delta_P$（位能）

$$\frac{\partial U_{(P)}}{\partial P}=0,\quad \frac{\partial^2 U_{(P)}}{\partial P^2}>0$$

2、最大（最小）余能原理（用于非线性）

例. 用卡氏定理Ⅱ计算位移

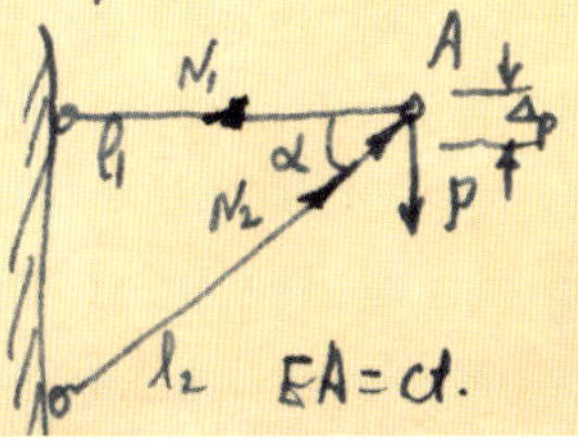


解. $N_2\sin\alpha=P$，$N_1=N_2\cos\alpha$

$N_2=\frac{P}{\sin\alpha}$，$N_1=P\,\mathrm{ctg}\,\alpha$

1. 解 $U_{(P)} = \frac{1}{2}N_1 \Delta l_1 + \frac{1}{2}N_2 \Delta l_2$

$= \frac{1}{2}\frac{N_1^2 l_1}{EA} + \frac{1}{2}\frac{N_2^2 l_2}{EA}$ （线性……）

$= \frac{P^2 ctg^2\alpha\, l_1}{2EA} + \frac{P^2 \cdot l_2}{2EA\sin^2\alpha}$

$$\Delta_P = \frac{\partial U_{(P)}}{\partial P} = \frac{P\, ctg^2\alpha \cdot l_1}{EA} + \frac{P l_2}{EA\sin^2\alpha} = \frac{P(l_1 \ldots + l_2)}{EA\sin^2\alpha}$$

$\Delta_P$ 方向是沿 P 之方向. 则 $\Delta_P$ 是 D 点位移的垂直位移. $\Delta_P = \Delta_{D\perp}$

求 $\Delta_{D\parallel}$ 即 D 点之水平位移. 则设 $X_1$ 如图.

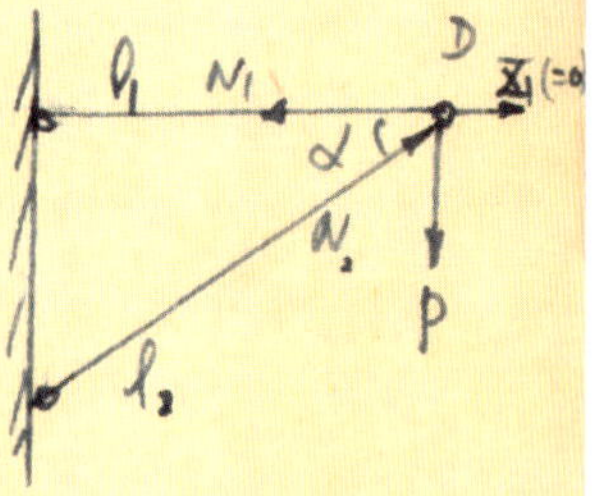


则平衡 $N_2 = \frac{P}{\sin\alpha}$. $N_1 = N_2\cos\alpha + X_1$

$= P\, ctg\alpha + X_1$

$U_{(P,X_1)} = \frac{1}{2}\frac{(P\, ctg\alpha + X_1)^2 l_1}{EA} + \frac{1}{2}\frac{P^2 l_2}{EA\sin^2\alpha} + \frac{1}{2}\frac{X_1^2 \cdot 0}{EA}$

$= \frac{(P\, ctg\alpha + X_1)^2 l_1}{2EA} + \frac{P^2 l_2}{2EA\sin^2\alpha}$

$$\frac{\partial U_{(P,X_1)}}{\partial P} = \frac{(P\, ctg\alpha + X_1) l_1\, ctg\alpha}{EA} + \frac{P l_2}{\sin^2\alpha\, EA}$$

取 $X_1 = 0$.（本为虚设之力） $\therefore \Delta_P = \frac{P\cos^2\alpha\, l_1}{EA\sin^2\alpha} + \frac{P l_2}{EA\sin^2\alpha}$

$$\frac{\partial U_{(P,X_1)}}{\partial X_1} = \frac{(P\, ctg\alpha + X_1) l_1}{EA} = \Delta_{X_1} = \Delta_{D\parallel}.$$

取 $X_1 = 0$. $\Delta_{X_1} = \Delta_{D水平} = \frac{l_1 P \cdot ctg\alpha}{EA} = \frac{N_1 l_1}{EA}$.

例2. 用卡氏Ⅱ定理求 D 点水平位移 $\Delta_{D\parallel}$ 和垂直位移 $\Delta_{D\perp}$.

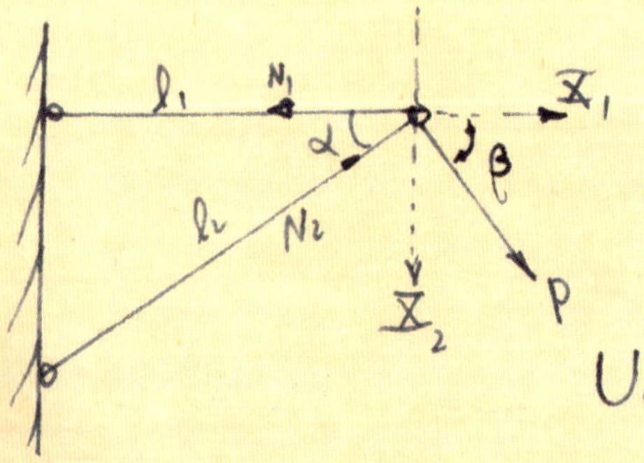


设 $X_1$ $X_2$. 方向如图.

平衡. $N_2 = \frac{P\sin\beta + X_2}{\sin\alpha}$.

$N_1 = (P\sin\beta + X_2)ctg\alpha + P\cos\beta$

$U_{(X_1,X_2)} = \frac{1}{2}\frac{N_1^2 l_1}{EA} + \frac{1}{2}\frac{N_2^2 l_2}{EA}$

$= \frac{l_2}{2EA}\left[\left(\frac{P\sin\beta + X_2}{\sin\alpha}\right)^2\right] + \frac{l_1}{2EA}\left[(P\sin\beta + X_2)ctg\alpha + X_1 + P\cos\beta\right]^2$

$$\frac{\partial U_{(X_1,X_2)}}{\partial X_1} = \frac{l_1}{EA}\left[P\frac{\sin\beta\cos\alpha}{\sin\alpha} + X_1 + P\cos\beta\right] = \Delta_{X_1} = \Delta_{D\parallel}$$

$$\Delta_{D\parallel} = \Delta_{X_1} \xlongequal{取 X_1 = 0} \frac{P l_1 \sin(\alpha+\beta)}{EA\sin\alpha}.$$

同理. $\frac{\partial U_{(X_1,X_2)}}{\partial X_2} = \frac{l_2}{EA}\left[\frac{P\sin\beta + X_2}{\sin^2\alpha}\right] = \Delta_{X_2} = \Delta_{D\perp}$

$\therefore$ 取 $X_2$ $\Delta_{D\perp} = \frac{P l_2 \sin\beta}{EA\sin^2\alpha}$.

例3. 用余能原理求位移.. (Crotti-Engesser.)

如图是

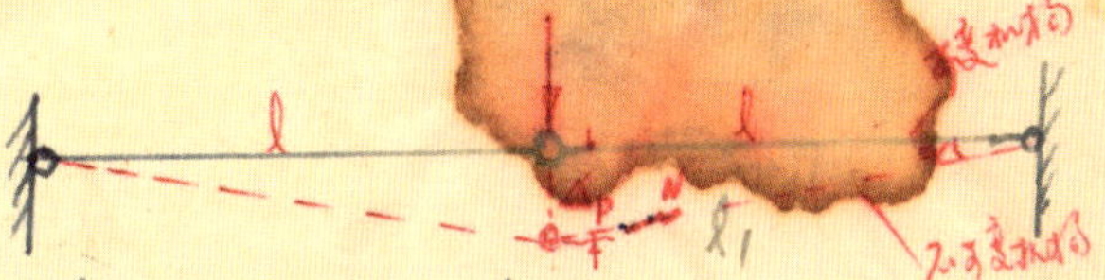


瞬变结构：瞬时几何可变，过了瞬时是几何不变结构。

由于是非线性关系。

用最大余能定理.. 总能量为 $P\Delta_p$ $\quad l_1=\sqrt{l^2+\Delta_p^2}$

位能.. ∵ $dl = l_1 - l = l\left[1+\frac{\Delta_p^2}{l^2}\right]^{\frac{1}{2}} - l \overset{级数}{=} l\left[1+\frac{\Delta_p^2}{2l^2}+\cdots\right]-l \approx \frac{\Delta_p^2}{2l}$

平. $2N\sin\alpha = P$

$N=\frac{P}{2\sin\alpha}\approx\frac{P\cdot l}{2\Delta_p}$

$\Delta=\frac{Nl}{EA}=\frac{Pl^2}{2EA\Delta_p}$

∵ $\Delta=\sqrt{l^2+\Delta_p^2}-l \approx \frac{\Delta_p^2}{2l}$

∴ $\frac{\Delta_p^2}{2l}=\frac{Pl^2}{2EA\Delta_p}$

$\Delta_p^3=\frac{Pl^3}{EA}$

∴ $\Delta_p = l\cdot\sqrt[3]{\frac{P}{EA}}$.

对于内位能为 $2\cdot\frac{1}{2}Ndl=\frac{1}{2}Ndl+\frac{1}{2}Ndl=Ndl=\frac{EA}{l}(dl)^2$

∴ 余能 $U_{(\Delta p)}=P\Delta_p-\frac{EA}{l}(dl)^2=P\Delta_p-\frac{EA}{4l^3}\Delta_p^4$

∴ $U_{(\Delta p)}=P\Delta_p-\frac{EA}{4l^3}\Delta_p^4$.

$\frac{\partial U_{(\Delta p)}}{\partial \Delta_p}=P-\frac{EA\Delta_p^3}{l^3}=0$

∵ $\frac{\partial^2 U_{(\Delta p)}}{\partial \Delta_p^2}=-3\frac{EA\Delta_p^2}{l^3}<0$.

∴ $U_{(\Delta p)}=\max$. ∴ $\Delta_p=l\cdot\sqrt[3]{\frac{P}{EA}}$

例4.. 用卡氏II定理计算超静定问题。

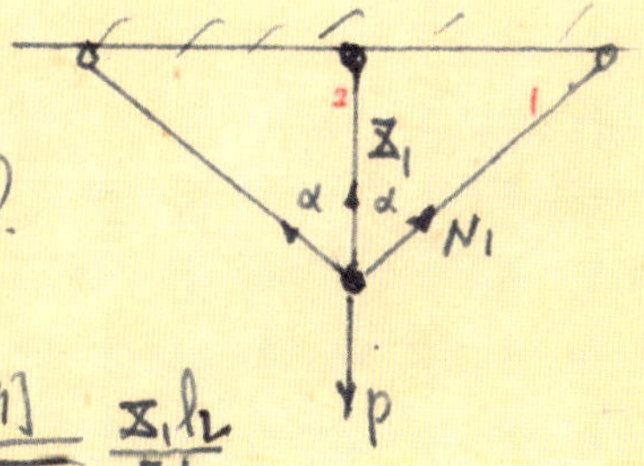


平.. $2N_1\cos\alpha = P - X_1$

$U_{(P.X_1)} = 2\cdot\frac{1}{2}N_1\Delta l_1$ (去掉中间杆3)

$= \frac{(P-X_1)^2 l_1}{4EA\cos^2\alpha}$

$\frac{\partial U_{(P.X_1)}}{\partial P}=\Delta_p=\frac{(P-X_1)l_1}{2EA\cos^2\alpha}\overset{协调}{=}\frac{X_1 l_2}{EA}$.

$X_1=\frac{Pl_1}{l_1+2l_2\cos^2\alpha}$

如求出 $\frac{\partial U_{(P.X_1)}}{\partial X_1}=\Delta_{X_1}\overset{协调}{=}\frac{N_1 l_1}{EA\cos\alpha}=-\frac{X_2 l_2}{EA}$.

这时杆是受压

例5. 用~~最小功~~原理解超静定[illegible]

最小余能（或最小功）

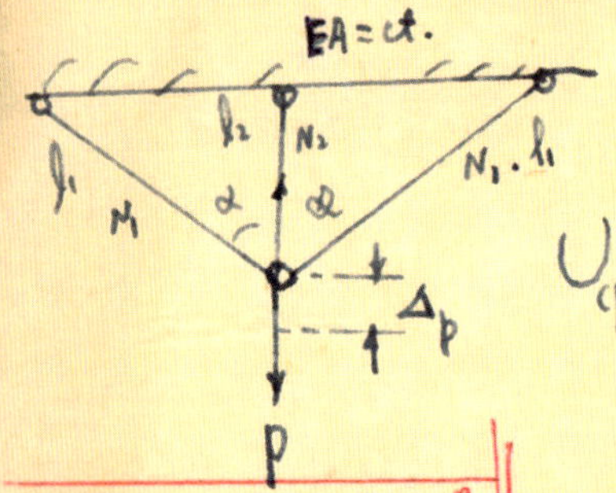


$\underline{P\Delta_p} = P\Delta_p$

外力势能 负的外力功 [illegible]
的余能之功.（总余能）

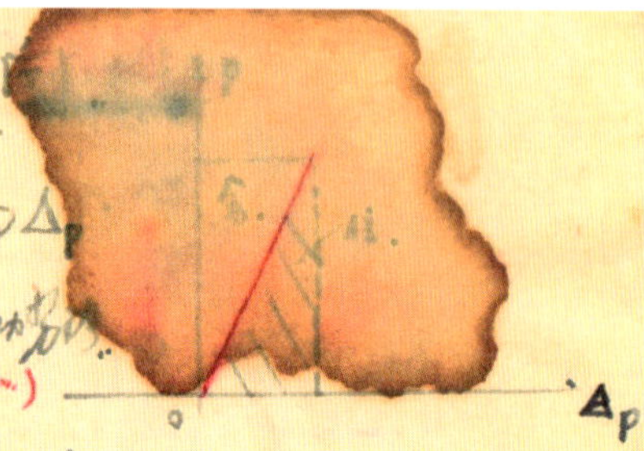


$$U_{(P,N_2)} = -P\Delta_p + \left[2\cdot\frac{1}{2}N_1\Delta l_1 + \frac{1}{2}N_2\Delta l_2\right]$$

（变形能）

平衡 $2N_1\cos\alpha + N_2 = P$. $\quad N_1 = \dfrac{P-N_2}{2\cos\alpha}$

$$\therefore\ U_{(P,N_2)} = -P\Delta_p + \left[\frac{(P-N_2)^2 l_1}{4EA\cos^2\alpha} + \frac{1}{2}\frac{N_2^2 l_2}{EA}\right]$$

〈外力P的位能[illegible]减少的功为 $-P\Delta_p$.〉

各杆件的变形能 $U_{(\Delta)} = \left(\frac{1}{2}N_2\Delta l_2 + 2\cdot\frac{1}{2}N_1\Delta l_1\right)$

是内力的功.

$\therefore$ 总的势能 $\overline{U}_{(p)} = U_{(\Delta)} - P\Delta_p$

$\because$ 线性材料 $U_{(\Delta)} = U_{(p)}$

$\therefore\ \overline{U}_{(p)} = U_{(p)} - P\cdot\Delta_p$

$$\frac{\partial U_{(P,N_2)}}{\partial N_2} = 0 \iff \text{相容}$$

$$\therefore\ \frac{\partial U_{(P,N_2)}}{\partial N_2} = -\frac{(P-N_2)l_1}{2\cos^2\alpha\cdot EA} + \frac{N_2 l_2}{EA} = 0.$$

$$\therefore\ N_2 = \frac{Pl_1}{l_1 + 2l_2\cos^3\alpha}$$

~~$\dfrac{\partial^2 U_{(P,N_2)}}{\partial N_2^2} =$~~

$$\frac{\partial U_{(P,N_2)}}{\partial P} = -\Delta_p + \frac{(P-N_2)l_1}{2EA\cos^2\alpha} = 0.$$

$$\frac{\partial^2 U_{(P,N_2)}}{\partial P^2} > 0$$

$$\therefore\ \Delta_p = \frac{(P-N_2)l_1}{2EA\cos^2\alpha}.$$

$\therefore\ U_{(P,N_2)} = \min$

# 补充：能量法的概述

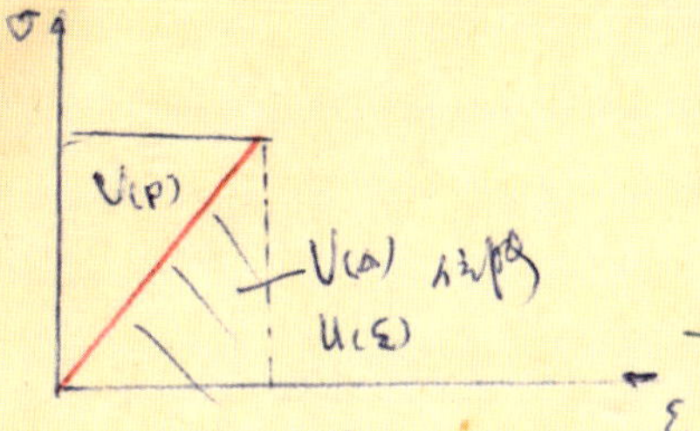


$U_{(P)}$ 余能

$U_{(\Delta)}$ 位能

1. 线性应力变

1°. 线性：

在线性位能与余能是相同可以互换。

$$P\cdot\Delta = U_{(P)} + U_{(\Delta)}$$

2° 在非线性关系位能与余能

不相同，不可以互换。

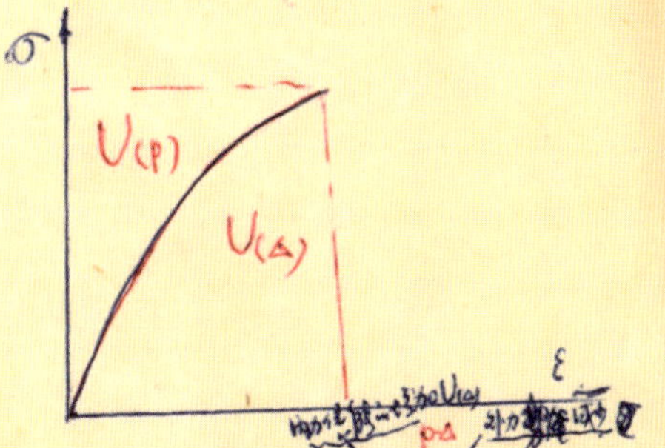


内力位能一般为加$U_{(\Delta)}$　P·Δ　外力势能
总位能

$\overline{U}_{(\Delta)} = U_{(\Delta)} - \Delta\cdot P$ （见$P_{532}$）

总之说来：

位能 $U_{(\Delta)}$, $U_{(\varepsilon)}$ —卡氏I. 线性中和非线性中 Crotti-Engesser定理→ $\dfrac{\partial U_{(\Delta)}}{\partial \Delta_i} = P_i$, $\dfrac{\partial U_{(\varepsilon)}}{\partial \varepsilon_i} = \sigma_i$ —最小位能原理→ $\overline{U}_{(\Delta)} = U - \sum_i P_i \Delta_i$（内力位能，外力位能）

$\dfrac{\partial U_{(\Delta)}}{\partial \Delta} = 0 \Rightarrow \overline{U}_{(\Delta)} = \min \Leftrightarrow$ 平衡　稳定

这也叫超静定结构之位移法.（求节点的未知位移）结构必定是平衡的.

$\Leftrightarrow$ 刚度矩阵法.（结构力学）

余能 $U_{(P)}$, $U_{(\sigma)}$ —卡氏II. 线性中（在非线性中形式上也相同叫.恩格斯定理）→ $\dfrac{\partial U_{(P)}}{\partial P_i} = \Delta_{P_i}$, $\dfrac{\partial U_{(\sigma)}}{\partial \sigma_i} = \varepsilon_i$ —最小余能原理（最小功原理）→

$\overline{U}_{(P)} = U_{(P)} - P\Delta$

$\dfrac{\partial U_{(P)}}{\partial P} = 0 \Rightarrow \overline{U}_{(P)} = \min \Leftrightarrow$ 协调

力法.（力为未知量）.

$\dfrac{\partial U_{(P)}}{\partial P} = 0$ 为变形协调条件.

$\Leftrightarrow$ 柔度矩阵法.（结构力学）

由上可

最小位能原理 $\overline{U}_{(\Delta)} = U_{(\Delta)} - P\Delta$, $\dfrac{\partial U_{(\Delta)}}{\partial \Delta} = 0$. —广义位能原理（St.值原理 stationary value 驻值，稳定值）→

$\overline{U}^{*}_{(\Delta)} = P\Delta - U_{(P)} + \lambda_1(条件_1) + \lambda_2(条件_2)$（在这里 $U_{(P)}$ 为 $U_{(\Delta)}$：在这线性中 P 可换成 Δ.）

$\dfrac{\partial \overline{U}^{*}_{(\Delta)}}{\partial \Delta} = 0$.（驻极值，可能最大、最小、拐点）.

Hillinger-Reissner
1914　1950

⇒ 力的平衡条件满足的（在也不一定满足）.（边界位移条件不满足）.（但均也要条件）也叫强迫边界条件

近似解法. Rayleigh-Ritz法.
先满足强迫位移边界条件. 后满足边界平衡条件
再满足最小位能原理.（平限法）

最小余能原理. $\overline{U}_{(P)} = U_{(P)} - P\Delta$, $\dfrac{\partial U_{(P)}}{\partial P} = 0$ —广义余能原理 generalized principle of complementary energy →

$\overline{U}^{*}_{(P)} = P\Delta - U_{(\Delta)} + \lambda_1(\ ) + \lambda_2(\ )$

$\dfrac{\partial \overline{U}^{*}_{(P)}}{\partial P} = 0$.

⇒ 变形协调与边界上位移满足（力的边界条件不满足.

近似解法：
先满足强迫力的平衡条件. 后满足变形协调条件. 再满足最小余能原理.（平限法）

例：讨论如图所示的桁架，假定设此桁架由四根杆由具有弹性模量E的同样线性弹性材料构成。每一根杆长度为L，横截面积为A，其β角为30°，荷载$P_1$和$P_2$作用于桁架上节点E处。

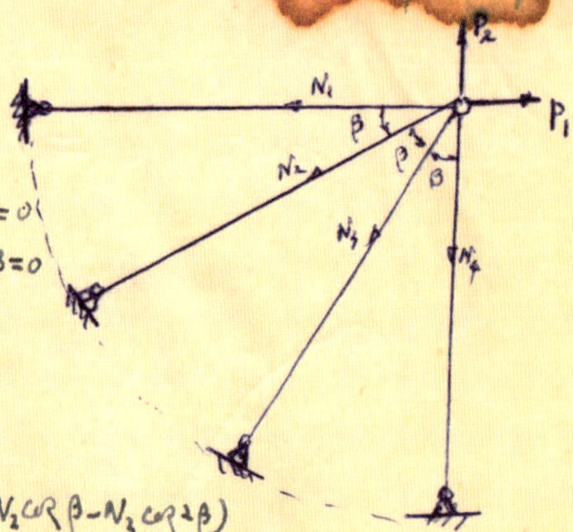


解：设各杆内力如图。

且$P_1$方向位移$D_1$，$P_2$方向位移$D_2$。

则：由广义位能原理：

平衡条件：

$P_1-N_1-N_2\cos\beta-N_3\cos 2\beta=0$

$P_2-N_4-N_3\cos\beta-N_2\cos 2\beta=0$

（强迫条件）

$$U_{(P_i,N_j)}=\frac{1}{2}(N_1^2+N_2^2+N_3^2+N_4^2)\frac{l}{EA}-P_1D_1-P_2D_2+\lambda_1(P_1-N_1-N_2\cos\beta-N_3\cos 2\beta)+\lambda_2(P_2-N_4-N_3\cos\beta-N_2\cos 2\beta)$$

$$\frac{\partial U_{(P_i,N_j)}}{\partial N_1}=0.\quad \frac{N_1 l}{EA}-\lambda_1=0.\quad \lambda_1=\Delta l_1.$$

$$\frac{\partial U_{(P_i,N_j)}}{\partial N_4}=0.\quad \frac{N_4 l}{EA}-\lambda_2=0.\quad \lambda_2=\Delta l_2.$$

$$\frac{\partial U_{(P_i,N_j)}}{\partial P_1}=0.\quad -D_1+\lambda_1=0.\quad \lambda_1=D_1$$

$$\frac{\partial U_{(P_i,N_j)}}{\partial P_2}=0\quad -D_2+\lambda_2=0.\quad \lambda_2=D_2.$$

$\Delta l_1=D_1$

$\Delta l_2=D_2$

$$\frac{\partial U_{(P_i,N_j)}}{\partial N_2}=0.\quad \Delta l_2-\lambda_1\cos\beta-\lambda_2\cos 2\beta=0.\quad \Delta l_2=D_1\frac{\sqrt{3}}{2}+D_2\cdot\frac{1}{2}=\frac{D_2+\sqrt{3}D_1}{2}$$

$$\frac{\partial U_{(P_i,N_j)}}{\partial N_3}=0.\quad \Delta l_3-\lambda_1\cos 2\beta-\lambda_2\cos\beta=0.\quad \Delta l_3=D_1\cdot\frac{1}{2}+D_2\cdot\frac{\sqrt{3}}{2}=\frac{D_1+\sqrt{3}D_2}{2}$$

我们可以把位能写成$D_i$的函数

$$U_{(D_1,D_2)}=\frac{1}{2}\frac{EA}{l}\left[\Delta l_1^2+\Delta l_2^2+\Delta l_3^2+\Delta l_4^2\right]=\frac{EA}{2l}\left[2D_1^2+\sqrt{3}D_1D_2+2D_2^2\right]$$

由卡氏I定理：

$$\frac{\partial U_{(D_1,D_2)}}{\partial D_1}=P_1.\quad \therefore P_1=\frac{EA}{2l}(4D_1+\sqrt{3}D_2)$$

$$\frac{\partial U_{(D_1,D_2)}}{\partial D_2}=P_2\quad \therefore P_2=\frac{EA}{2l}[\sqrt{3}D_1+4D_2]$$

$$\therefore D_1=\frac{2L}{13EA}(4P_1-\sqrt{3}P_2).\quad D_2=\frac{2L}{13EA}(4P_2-\sqrt{3}P_1)$$

把结果代入上式，及 $N_2=\frac{EA}{l}\Delta l_2$ 求得：$N_1=\frac{8P_1}{13}-\frac{2\sqrt{3}}{13}P_2$，$N_2=\frac{3\sqrt{3}P_1}{13}+\frac{P_2}{13}$，$N_3=\frac{P_1}{13}+\frac{3\sqrt{3}}{13}P_2$，$N_4=-\frac{2\sqrt{3}}{13}P_1+\frac{8}{13}P_2$

※

这里，如果我们应用最小位能原理，只……

$$\overline{U}_{(D_1,D_2)}=\frac{EA}{2l}\left(2D_1^2+\sqrt{3}D_1D_2+2D_2^2\right)-P_1D_1-P_2D_2$$

内力（杆内）位能之和　　外力势能之和

$$\frac{\partial U_{(D_1,D_2)}}{\partial D_1}=0,\quad \frac{\partial U_{(D_1,D_2)}}{\partial D_2}=0 \xrightarrow{\text{整理得}} \begin{cases} P_1=\frac{EA}{2l}\left(4D_1+\sqrt{3}D_2\right) \\ P_2=\frac{EA}{2l}\left(4D_2+\sqrt{3}D_1\right) \end{cases}$$

（与上面所得的结果完全一致）

本例小结：

**位能法概述**

1°. 最小位能法表达之原理在于：结构处于稳定平衡时其总势能为一最小值。

2°. 表达式为 $\overline{U}_{(\Delta)}=U_{(\Delta)}-\sum_i^n P_iD_i$（$U_{(\Delta)}$：结构杆件内力势能；$\sum P_iD_i$：荷载势能）

$$\frac{\partial \overline{U}_{(\Delta)}}{\partial \Delta_i}=0$$

注：1°. $D_i$ 为在 $P_i$ 方向 $P_i$ 作用下之位移。

2°. 外力 $P_i$ 之势能 $P_iD_i$ 与结构加载过程中 $P_i$ 所作之功 $\int_0^{S_1}P_i\,ds$ 不相同（$S_1$ 为结构最大位移）

3°. 结构分析应用：

① 其应变能必须以未知节点位移 $D_i$ 来表达。

② 将应变能与荷载之势能相结合得出总势能。（注：荷载之势能是负值）

③ 用最小位能原理导出与各节点位移一样多的联立方程（为位能法之平衡方程），从而解出未知位移。

位能 potentional Energy.

余能 Complementary Energy.

广义位能原理

Generalized principle of P.E.

generalized principle of C.E. 广义余能原理

最小余能原理：满足平衡条件（以及满足边界中满足）再使总余能为最小的就是平衡问题之解。

固体力学（弹塑性+动力学+结构力学等）

之间的变分法关系.

stationary value

驻值原理 ⇓

近似解法. ⇓

最小值原理 ⇓ §11.10

potentional Energy.

位能 → 位能原理. → 总位能 → 最小位能原理 → 位移法. ⟹ [刚度矩阵法] → 广义位能原理 → Rayleigh-Ritz 下限解

$U_{(\Delta)}$. $\frac{\partial U_{(\Delta)}}{\partial \Delta}=P$ $\overline{U}_{(\Delta)}=U_{(\Delta)}-P\Delta$. $\frac{\partial \overline{U}_{(\Delta)}}{\partial \Delta}=0$ → 平衡方程能满足（自然条件） 变形协调不满足（强迫条件）. → 变形协调条件作为条件极值 用Lagrange乘子法. （以变形协调条件 作为平衡方程） （大于精确解）.

---

complementary Energy

generalized principle of C.E.

余能 → 余能原理 → 总余能 → 最小余能原理 → 力法 ⟹ [柔度矩阵法] → 广义余能原理 → Trefftz 上限法 （小于精确解）

$U_{(P)}$ （$\frac{\partial U_{(P)}}{\partial P}=\Delta$ $\overline{U}_{(P)}=U_{(P)}-P\Delta$. $\frac{\partial \overline{U}_{(P)}}{\partial P}=0$ → 变形协调满足（自然条件） 平衡方程条件不满足（强加条件） 平衡条件作为条件极值 用Lagrange乘子法.

§11.12. P549-551.

总位能 $\overline{U}_{(\Delta)}=U_{(\Delta)}-P\Delta=\min \Leftarrow \frac{\partial U_{(\Delta)}}{\partial \Delta}=0$
总余能 $\overline{U}_{(P)}=U_{(P)}-P\Delta=\min \Leftarrow \frac{\partial U_{(P)}}{\partial P}=0$ } 最小值原理..

再回到上 例

解题方法、步骤。

## 一、余能法

1° 余能 $\overline{U}_{(P_i \cdot N_j)}=\frac{1}{2}(N_1^2+N_2^2+N_3^2+N_4^2)\frac{l}{EA}-P_1D_1-P_2D_2$

2° 平衡 $\begin{cases}P_1-N_1-N_2\cos\alpha-N_3\cos2\alpha=0\\P_2-N_4-N_3\cos\alpha-N_2\cos2\alpha=0\end{cases}$ 平衡附加条件（用Lagrange乘子）

最小余能原理：满足平衡方程，使总余能为最小，就等于能得到正确解。

3° 使平衡附加条件满足：

广义余能原理：

$\overline{U}^*_{(P_i \cdot N_i \cdot \lambda_i)}=\frac{1}{2}(N_1^2+N_2^2+N_3^2+N_4^2)\frac{l}{EA}-P_1D_1-P_2D_2+\lambda_1(P_1-N_1-N_2\cos\alpha-N_3\cos2\alpha)+\lambda_2(P_2-N_4-N_3\cos\alpha-N_2\cos2\alpha)$

$\frac{\partial\overline{U}^*_{(P_i,N_j,\lambda_k)}}{\partial N_1}=0$　$\lambda_1=\frac{N_1 l}{EA}$

$\frac{\partial\overline{U}^*_{(P_i,N_j,\lambda_k)}}{\partial N_2}=0$

$\frac{\partial\overline{U}^*_{(P_i,N_j,\lambda_k)}}{\partial N_3}=0$

$\frac{\partial\overline{U}^*_{(P_i,N_j,\lambda_k)}}{\partial N_4}=0$

即使之满足平衡条件，定出 $P_1$、$P_2$、$P_i$ 与各力之间的关系，从而可把 $N_i=N_i(P,D)$ 代入余能方程，以最小余能原理求解。

4° $\frac{\partial\overline{U}_{(P_i \cdot D_i)}}{\partial P_i}=0$　$P_i=f_i(D_i)$，从而 $N_i=N(P \cdot D_i)$

最小余能原理

## 二、位能法

1° 位能 $\overline{U}_{(D_i \cdot \Delta_j)}=\frac{1}{2}\frac{EA}{l}(\Delta l_1^2+\Delta l_2^2+\Delta l_3^2+\Delta l_4^2)-P_1D_1-P_2D_2$

2° 平衡 $\begin{cases}P_1-\frac{EA}{l}\Delta l_1-\frac{EA}{l}\Delta l_2\cos\alpha-\frac{EA}{l}\Delta l_3\cos2\alpha=0\\P_2-\frac{EA}{l}\Delta l_4-\frac{EA}{l}\Delta l_3\cos\alpha-\frac{EA}{l}\Delta l_2\cos2\alpha=0\end{cases}$ 变形条件是平衡附加条件（用Lagrange乘子）

最小位能原理：

在满足变形协调条件，使总位能为最小的就是正确解。

3° 使平衡附加条件满足：

广义位能原理：

$\overline{U}^*_{(D_i \cdot \Delta_j \cdot \lambda_k)}=\frac{1}{2}\frac{EA}{l}(\Delta l_1^2+\Delta l_2^2+\Delta l_3^2+\Delta l_4^2)-P_1D_1-P_2D_2+\lambda_1(P_1-\frac{EA}{l}\Delta l_1-\frac{EA}{l}\Delta l_2\cos\alpha-\frac{EA}{l}\Delta l_3\cos2\alpha)+\lambda_2(P_2-\frac{EA}{l}\Delta l_4-\frac{EA}{l}\Delta l_3\cos\alpha-\frac{EA}{l}\Delta l_2\cos2\alpha)$

$\frac{\partial\overline{U}^*_{(D_i,\Delta_i,\lambda_k)}}{\partial\Delta_i}=0$

$\frac{\partial\overline{U}^*}{\partial\Delta_i}=0$

使平衡附加条件满足，得到 $\Delta_i$ 与 $D_i$ 之间的关系，再以 $\Delta_i=\Delta(D_i,P)$ 代入位能方程，以最小位能原理求解之。

4° $\frac{\partial\overline{U}_{(D_i \cdot P_i)}}{\partial D_i}=0$（最小位能原理）　$D_1=f_1(P)$，$D_2=f_2(P)$，从而求出 $\Delta_i=f_i(D_i)$

## 等强度杆、变截面杆

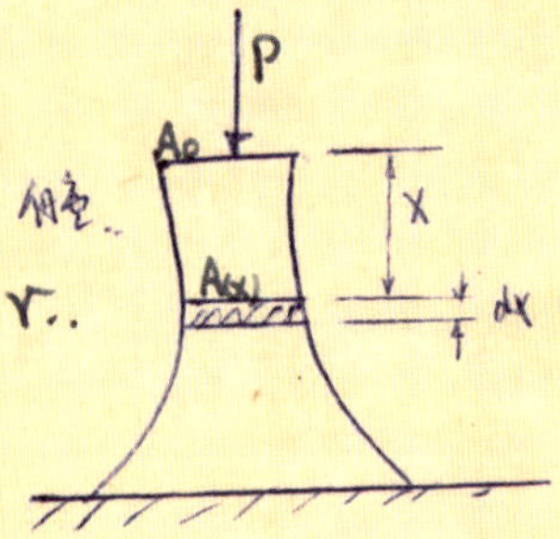


等强度设计 [σ].

$$\sigma \le [\sigma]$$

$$A_{(x)} = A_0 e^{\frac{\gamma}{[\sigma]} x}$$

∴ 等强度必然是变截面

变截面不一定等强度的

取单元体，重量为 $\gamma A_{(x)} dx$.

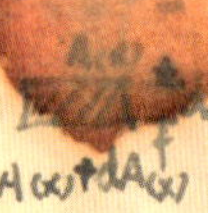


由平衡方程.

$$[\sigma]\cdot A_{(x)} + \gamma A_{(x)} dx - [\sigma]\cdot[A_{(x)} + dA_{(x)}] = 0$$

$$\therefore \frac{dA_{(x)}}{A_{(x)}} = \frac{\gamma}{[\sigma]} dx$$

$$\therefore A_{(x)} = A_0 e^{\frac{\gamma}{[\sigma]} x}$$

# 第三章 剪切.

（一）. 工程中常用（假定）剪切计算.

1) 剪板

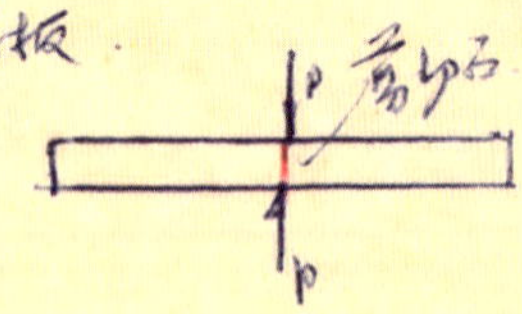


2) 铆接　搭接 Lap-joint

对接 butt joint

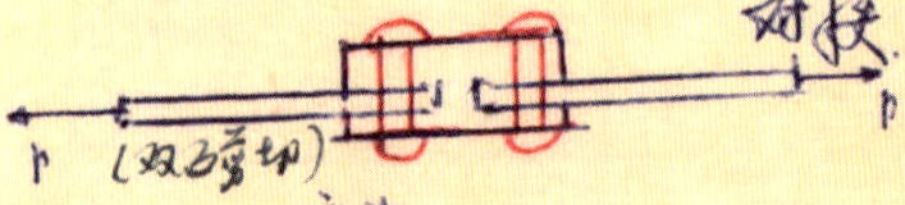


铆接的 { 弯曲 拉伸 剪切

铆接本身随意产生，是很复杂的问题，一直很难精确计算，在工程上采取假定计算，用试验来求以及平衡保证。

假定计算：应力认为平均分布

用试验来求安全系数保证。

剪切 { 单面剪切. 多面剪切.

单面剪切.

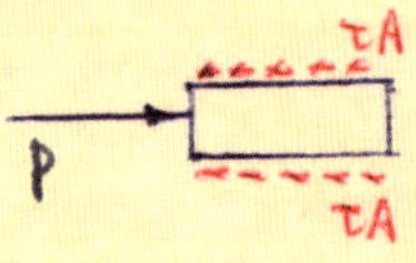


剪切面积

$$2\tau A = P \quad \therefore \tau = \frac{P}{2A}$$

3>. 冲孔.

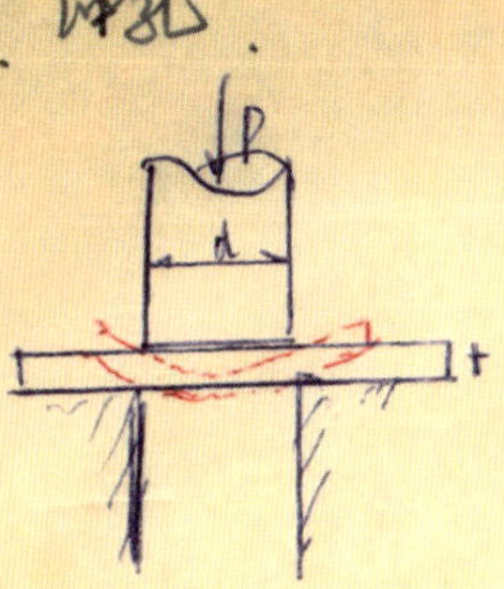


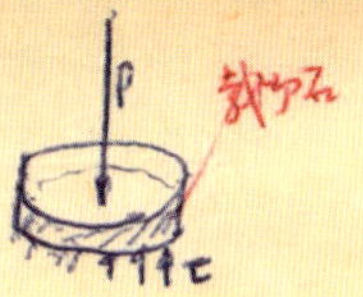


$$\therefore \pi d t\cdot\tau = P.$$

$$\tau = \frac{P}{\pi d t}.$$

4.. 键 Key.

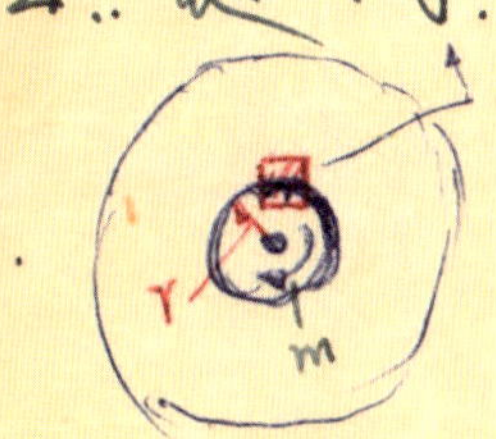


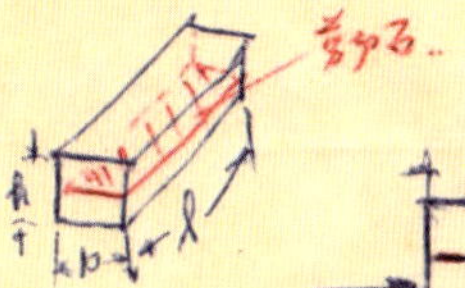


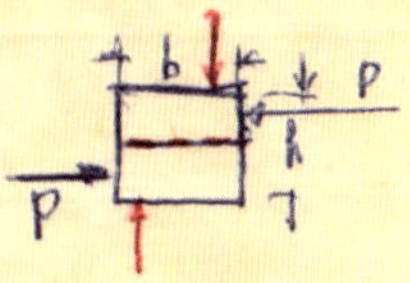


$$\tau = \frac{P}{bl}$$

$$\tau bl\cdot r = m$$

$$\therefore \tau = \frac{m}{bl\cdot r}.$$

5> 焊接. Welded joint

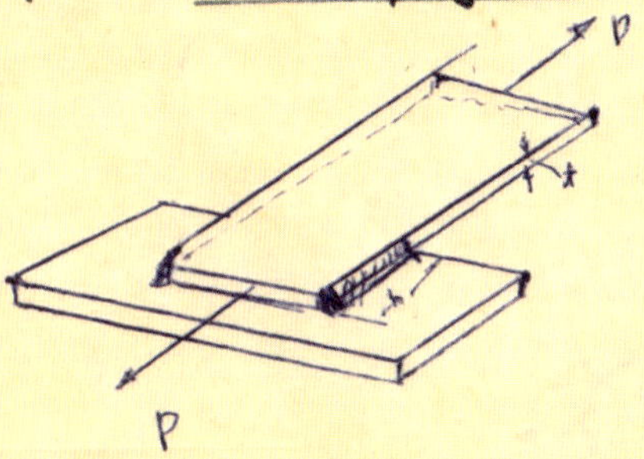

$A = 0.707t\cdot b.$

$$2\times0.707t\cdot b\tau = P$$

$$\therefore \tau = \frac{P}{2\times0.707tb}$$

$\tau \leq [\tau]$ { 许用假定切应力. …… 实用切应力 …… 名义切应力.

$[\tau]$之选择. 由切断实验测得之极限 $\tau^{\circ}$.. (假定计算中) 再除一安全系数 $n$. (由工作实际定).

$$[\tau] = \frac{\tau^{\circ}}{n}.$$

一般之许用切应力 $[\tau] = 0.5 \sim 0.6\,[\sigma]$ (对塑性材料)

(与正应力(拉应力)之关系) $[\tau] = 0.8 \sim 1.0\,[\sigma]$ (脆性材料).

## 挤压·应力计算

Bearing Strength

Bearing stress → $\sigma_{bs}$ (…)

Bearing area → $A_{bs}$ (…)

挤压 jiya

接触应力 Contact stress (Hertz应力) 是通过变形求其应力。。难于工程上计算简略。认为应力在接触面上均匀分布。也可以挤压应力替代之。

**挤压应力**。。认为是均匀分布的接触应力。。

① 平面接触。

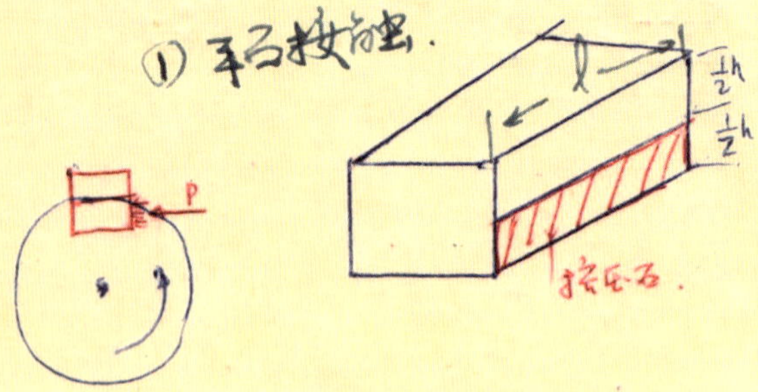


$$\sigma_{bs}\cdot\frac{h}{2}\cdot l = P$$

$$\therefore \sigma_{bs} = \frac{2P}{hl} \le [\sigma_{bs}]$$

② 圆面接触。。

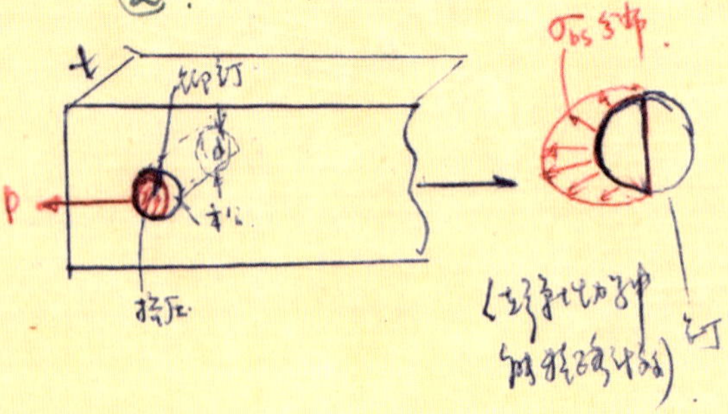


（近似计算）（在材力中）

$$\sigma_{bs}\, dt = P$$

$$\sigma_{bs} = \frac{P}{dt} \le [\sigma_{bs}]$$

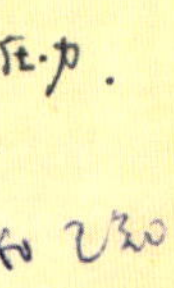


一般许可挤压应力与拉伸应力的关系为。。

$$[\sigma_{bs}] = 1.7 \sim 2.0\,[\sigma]$$ 拉压力

注。铆钉是传递力的。。

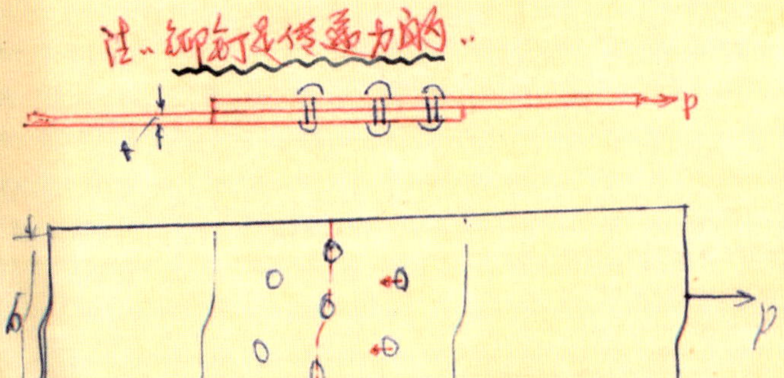


如已知 $[\tau]$ d (铆钉)

① 计算铆钉个数 n (number)

$$\frac{P}{面积\cdot n} \le [\tau]$$

求出 n。

11个铆钉怎样安装时才最是板的强度最好

② 如图绕板的强度计算

$$(b-3d)t\cdot\sigma = P - \frac{2}{7}P = \frac{5}{7}P$$

$$\sigma = \frac{5P}{7(b-3d)t} \le [\sigma]$$ (书上说明对称性求得)

例.. 给定铆钉(riveted joint) $d = 2^{cm}$ $[\tau] = 1000\ kg/cm^2$.
$[\sigma_{bs}] = 2000\ kg/cm^2$. 板的 $[\sigma] = 1600\ kg$. $P = 10000\ kg$.

① 剪切计算..

设铆钉个数 n..

$$A = \frac{\pi}{4}d^2 = \pi^{cm^2}$$

$$\therefore n = \frac{P}{[\tau]A} = \frac{1000}{1000\pi} \approx 3.1\ (4).$$

∴ 应选 4 个铆钉..

选定铆钉排法如图并校核板的强度.

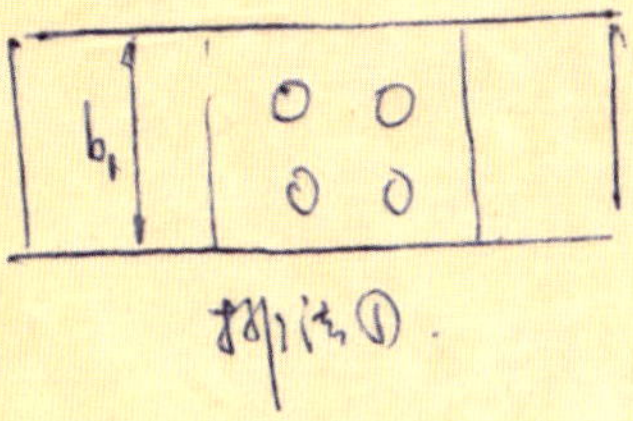


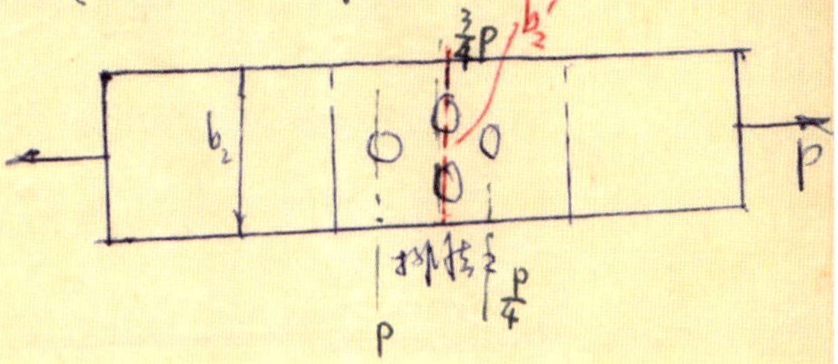


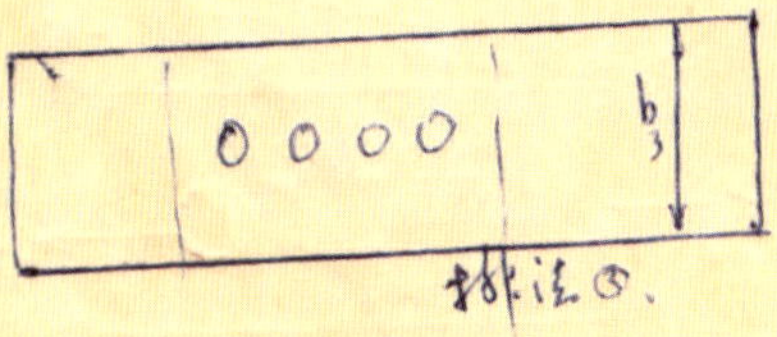


② 挤压计算.

said 板的挤压强度.

$$\because \sigma_{bs} = \frac{P}{4 \cdot dt} \le [\sigma_{bs}]$$

$$\therefore t = \frac{P}{4d \cdot [\sigma_{bs}]} = 0.7^{cm}. \quad 选\ t = 1.0^{cm}.$$

③. 板的强度计算,

$$\sigma\,(b_1 - 2d) \cdot t = P \qquad \sigma = \frac{P}{(b_1 - 2d)t} \le [\sigma]$$

$$\therefore b_1 = \frac{P}{t \cdot [\sigma]} + 2d = 8.68^{cm}.$$

$$\sigma\,(b_2 - d)t = P. \qquad b_2 = \frac{P}{t[\sigma]} + d = 6.68^{cm}.$$

$$\sigma\,(b_2' - 2d)t = \frac{3}{4}P \qquad b_2' = \frac{3P}{4[\sigma]t} + 2d = 7.52^{cm}.$$

$$b_3 = 6.68^{cm}.$$

〈二〉. 纯剪切问题.. (Pure Shear)

纯剪切 — 绝对没有拉压问题. (若不同方向的…)

元素体(单元体). 我们处理问题的理想模型. (cauchy).

(1) 元素体(Element)取之极小. 小的元素

面(…)的应力是均匀分布的. 没有应力梯度. (包括正应力、剪应力)

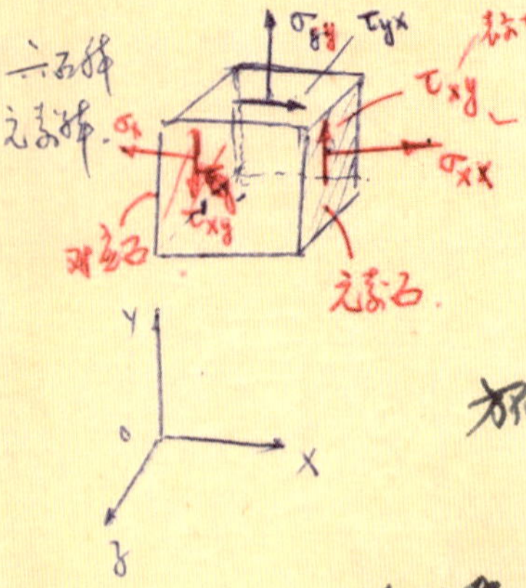


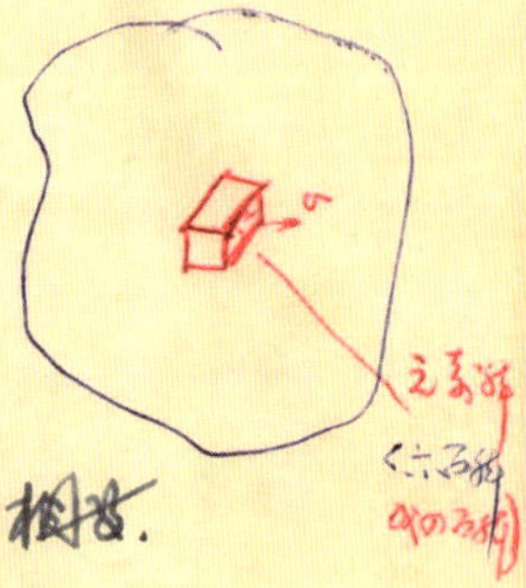


(2). 对应元素面上的应力.. 大小相等.

方向相反. 保持元素体平衡.

(3). 剪应力互等定理. 或剪应力成对性. —

互相垂直元素面上的剪应力大小相等. 指向相对或相离

(如 $\tau_{yx}=\tau_{xy}$ 指向相对. $\tau'_{yx}=\tau'_{xy}$ 指向相离)

張量表示.. 張量. 一群量(数)的集合. 它反映某一物理量值的物理特征。

$$\sigma_{i,j}=\begin{pmatrix}\sigma_{xx}, & \tau_{xy}\\ \tau_{yx}, & \sigma_{yy}\end{pmatrix}$$

(i.j=x.y 叫下标符号).

把上元素体画成平面图.

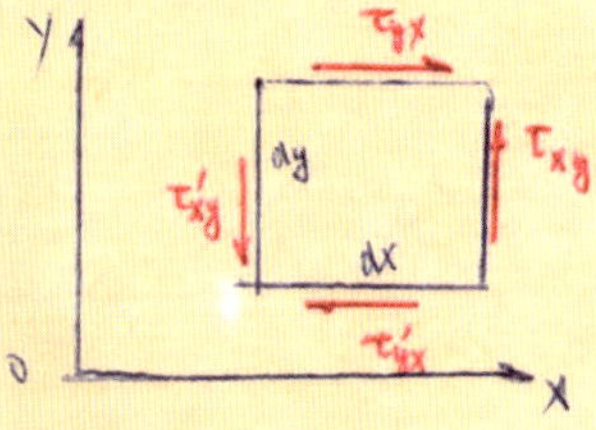


$\Sigma X=0$. $\tau dydx=\tau' dzdx$ ($\tau_{ij}=\tau_{ji}$)

$\Sigma Y=0$ $\tau=\tau$.

$\Sigma M=0$. $\tau dydzdx=\tau dydzdx$.

这种纯剪切一般是很难作到的. 只有在薄壁圆筒的扭转方有可能

纯剪切相当于一个方向为拉应力另一垂直方向为相当压应力的形成的应力状态。 [图] 剪

# 薄壁圆筒的扭转实验和剪切胡克(Hooke)定律..

thin-walled cylinder

$t \ll R$

假定.. $t \ll R$.

变形的观察..(应力和应变)

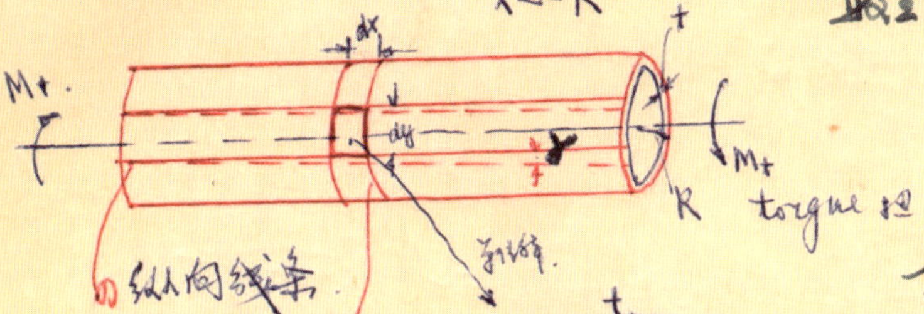


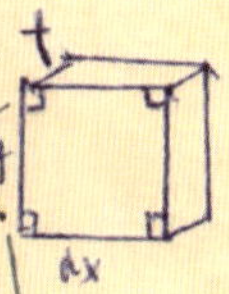


1. compressive buckling of a column
refer 398. 3.. Buckling of a cylinder under torsion.
4. crumpling of a cylinder under a compressive force.
5. twist buckling of a shaft in torsion.

Buckling (失稳)

观察变形..

①. 纵向线条都一样倾斜γ

②. 圆周线形状大小保持不变

③ 圆周线之间的距离保持不变。

从∴观察.. 假设.. ①. 圆截面保持平面——平面保持平面假设.

②.. 半径R的大小仍保持不变。(R. 大小. 直线形状保持不变)

③. 圆截面之间间距保持不变..

$\gamma = R\theta$

假定.. ① 薄壁时. ($t \ll R$) γ沿着壁厚都一样。(其实是不一样的. 薄壁. 越薄精确度就越大些) accuracy

② 切应力沿圆周沿壁厚均匀分布.

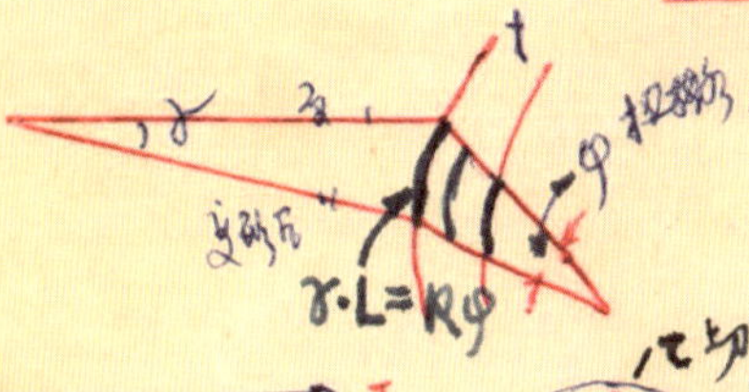


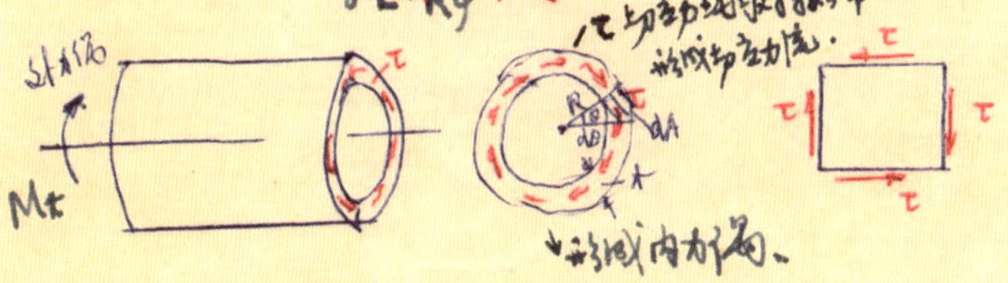


$dA = Rd\theta \cdot t$

内力偶 $= \int_0^{2\pi} \tau \cdot Rd\theta \cdot t \cdot R = M_t$

$\therefore \tau R^2 t \cdot 2\pi = M_t$

$\therefore \tau = \dfrac{M_t}{2\pi R^2 \cdot t}$

$\because \gamma \cdot L = R\varphi$. $\therefore \gamma = \dfrac{R}{L}\varphi$

角变形 (切应变)

扭转角

注.. $M_t$ (torque) 与φ扭转角在实验中是被量测的 measure

# 剪切Hooke定律

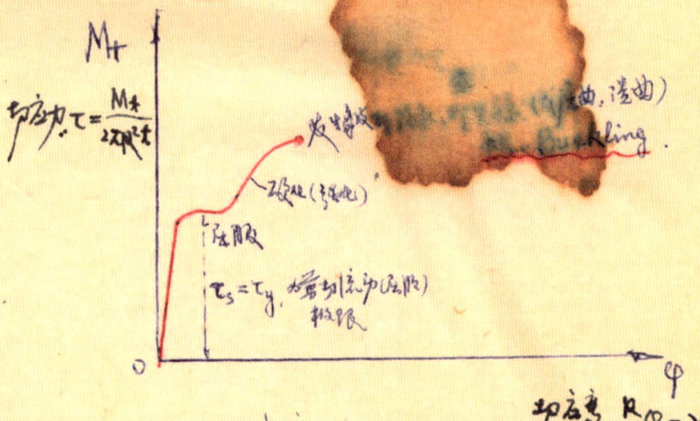


切应变 $\frac{R}{l}\varphi = \gamma$

剪切屈服极限 $\tau_y = \tau_s \approx (0.5\sim0.6)\sigma_s$

$[\tau] = (0.5\sim0.6)[\sigma]$

大如右图之直线阶段，

有剪切Hooke定律。

$\tau = G\gamma$

$G$ 剪切弹性模量。

$G$是剪切弹性模量与$E$（拉压弹性模量）的量纲一致 dimension

由实验测定。

(1) 剪切的主应力（有一些面，只有正应力，没有切应力，则此正应力称为主应力）。（这应力是比较可能是最大或最小）

应力随着元素面而变化而变化。（应力分析）

( The stress varies with the changes of element surface. )

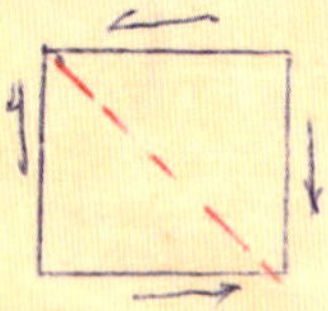

纯剪切一般是在45°面上首先拉坏。（可拿粉笔扭一下试验一下）。说明，纯剪切中45°面上拉应力最大。

（在拉压中45°面上的切应力最大）

证明：45°面上拉应力 $\sigma_{45}$ 最大。

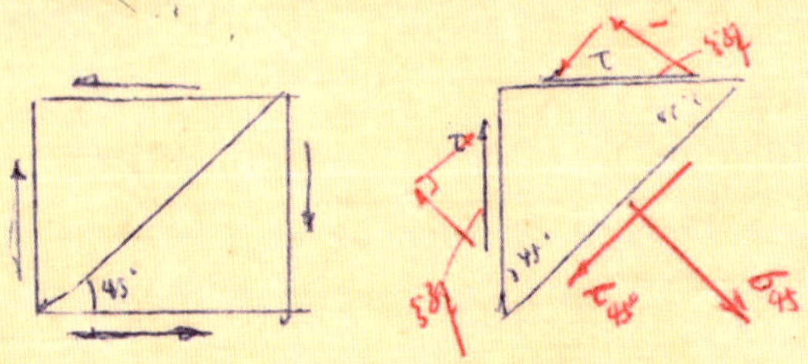

① 把两个τ合用。

由平衡。

$\sqrt{2}\times1\,\sigma_{45} = 2\tau\sin45^\circ\cdot1\times1$（面积）

$\therefore \sigma_{45} = \tau$

$\therefore \tau_{45} = 0$

$\therefore \sigma_{45} =$ 主应力（拉）

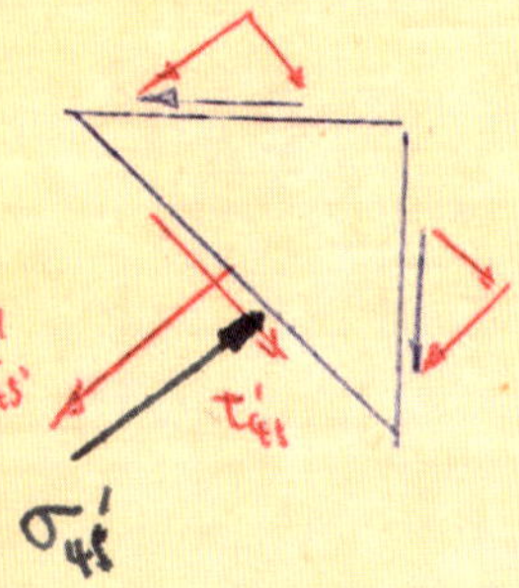

② 分解。

平衡。

$\sqrt{2}\times1\,\sigma'_{45} = -2\tau\times1\times1\times\sin45^\circ$

$\therefore \sigma'_{45} = -\tau \quad \tau'_{45} = 0$

$\therefore$ 主应力 $\sigma'_{45} = -\tau$（压）

以上说明，两个主应力互相垂直。

分析单位元
elementary volumn

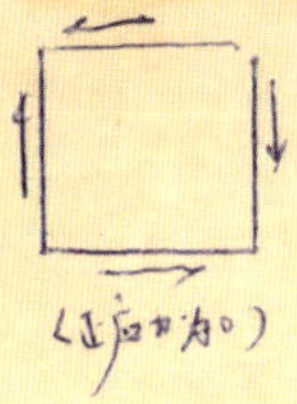


相似变换 ⟹

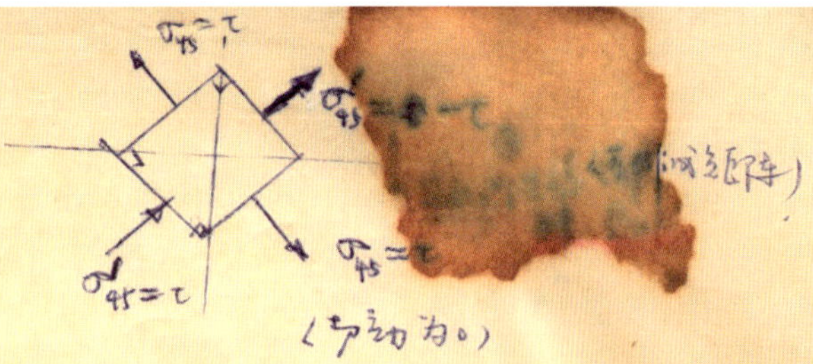


$$\begin{bmatrix} 0 & \tau \\ \tau & 0 \end{bmatrix} \xrightarrow{\text{相似变换}} \begin{bmatrix} \tau & 0 \\ 0 & \tau \end{bmatrix}$$

对称阵　　　　对角阵

$$\begin{bmatrix} \tau & 0 \\ 0 & \tau \end{bmatrix} \xleftarrow{\text{张量变换}} \begin{bmatrix} 0 & \tau \\ \tau & 0 \end{bmatrix}$$

对角阵　　　　对称

(所谓张量，就是一组代数量、物理量之数)

(注：分析推出，塑性流动阶段体积不变)

(7). 纯剪切体积不变

(体积不变——即不可压缩性)

但纯剪切形状要改变　　但 $\varepsilon_x=\dfrac{\gamma}{2}$

以应力表示应变之广义Hooke定律

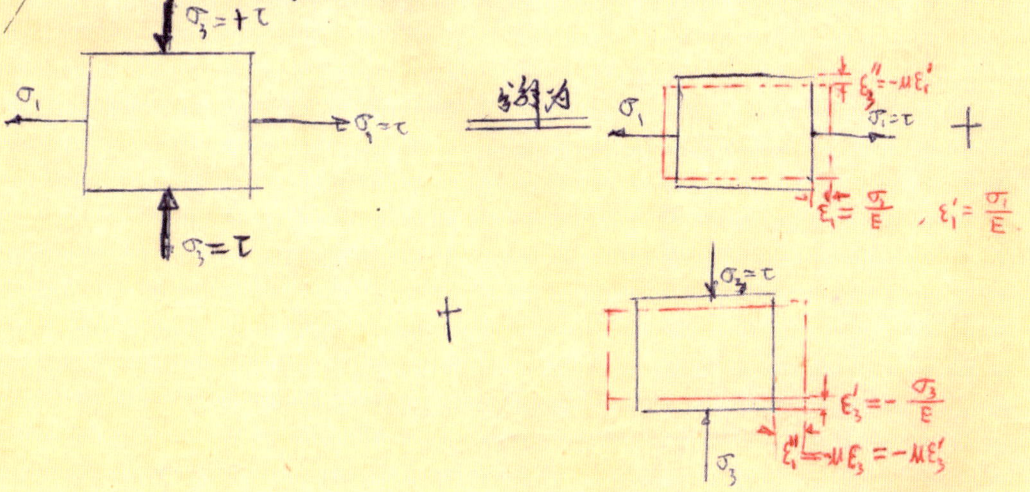


$$\therefore\quad \varepsilon_1=\varepsilon'_1+\varepsilon''_1=\frac{\sigma_1}{E}+\mu\frac{\sigma_3}{E}=(1+\mu)\frac{\tau}{E}$$

$$\varepsilon_3=\varepsilon'_3+\varepsilon''_3=-\frac{\sigma_3}{E}-\mu\frac{\sigma_1}{E}=-(1+\mu)\frac{\tau}{E}$$

$$\begin{cases}\varepsilon_1=(1+\mu)\dfrac{\tau}{E}\\ \varepsilon_3=-(1+\mu)\dfrac{\tau}{E}\end{cases}\qquad \therefore\ |\varepsilon_1|=|\varepsilon_3|$$

单位体积元分析。

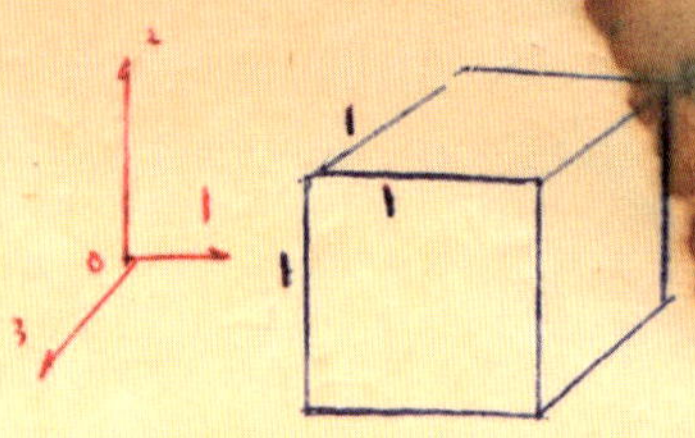

体积变化。

$V_0=1\times1\times1$.

$V=(1+\varepsilon_1)(1+\varepsilon_2)(1+\varepsilon_3)$

$=1+\varepsilon_1+\varepsilon_2+\varepsilon_3+\varepsilon_1\varepsilon_2+\varepsilon_3\varepsilon_2+\varepsilon_1\varepsilon_3+\varepsilon_1\varepsilon_2\varepsilon_3 \approx 1+\varepsilon_1+\varepsilon_2+\varepsilon_3$

$\Delta V=V-V_0=\varepsilon_1+\varepsilon_2+\varepsilon_3$

$\theta=\frac{\Delta V}{V_0}$. （体应变）。

∴ $\theta=\varepsilon_1+\varepsilon_2+\varepsilon_3$.

对于纯剪切来说有。

$\varepsilon_2=0$.　$\varepsilon_1=(1+\mu)\frac{\tau}{E}$.　$\varepsilon_3=-(1+\mu)\frac{\tau}{E}$.

∴ 纯剪切 $\theta=\frac{\Delta V}{V_0}=\varepsilon_1+\varepsilon_2+\varepsilon_3=0$.

∴ 纯剪切体积不变。（即不可压缩性）。

纯剪切的形状改变分析。

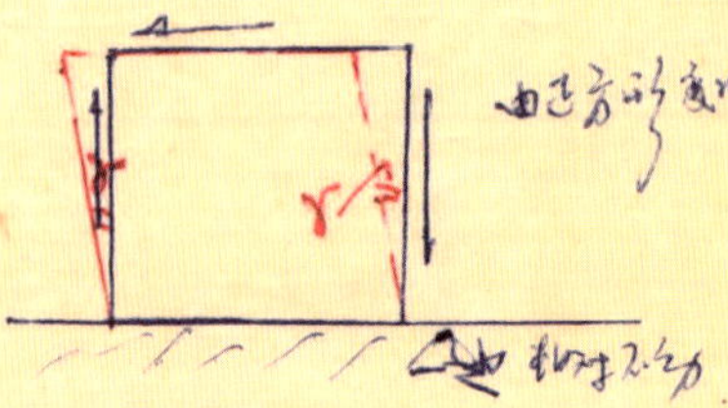


(3). E. μ. G 三者关系：

（注：三者各向同性弹性只有二个独立常数。）

$$G=\frac{E}{2(1+\mu)}$$

E为拉压弹性模量。
G为剪切弹性模量。
μ为横向比

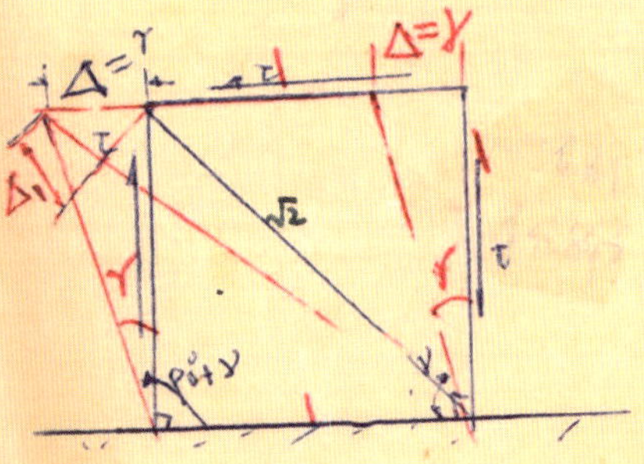

证明：如左图。变形协调：

$\Delta_1=\Delta\cos45^\circ=\frac{\Delta}{\sqrt2}$.

$\varepsilon_1=\frac{\Delta_1}{\sqrt2}=\frac{\Delta}{2}=\frac{\gamma}{2}$ （边长为1）

~~应力应变关系　$\varepsilon_1=$~~

广义Hooke定理。$\varepsilon_1=(1+\mu)\frac{\tau}{E}$

应力应变关系。$\tau=\gamma\cdot G$　$\sigma_1=\varepsilon_1 E$

$\varepsilon_1 E=(1+\mu)G\cdot\gamma=E\cdot\frac{\gamma}{2}$

∴ $G=E/2(1+\mu)$

# 第四章. 扭转..

# Chapter IV. Torsion

## §4-1. 等直圆杆扭转时应力和变形.

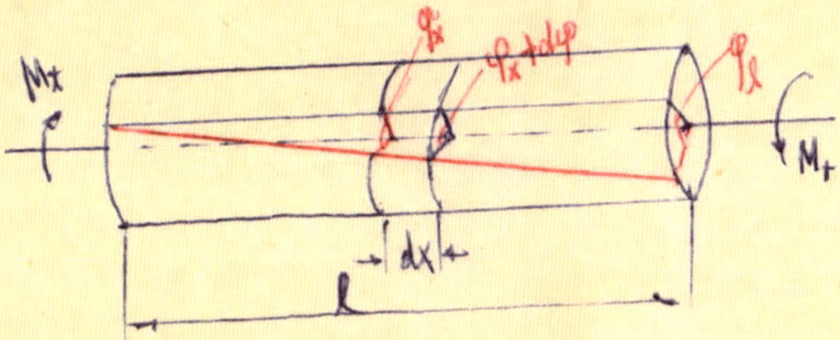


假设 (assume).

①. 圆截面变形后仍为平面.
平面保持平面假设.

②. 半径R保持不变.

③. 两相邻圆截面距离不变
(因无拉压问).

一.. 应力计算.

(一).. 变形的变化规律..(变形条件)
(二) 应力与应变关系 (物性条件)
(三) 平衡方程 (平衡条件)
} 解决方法 问

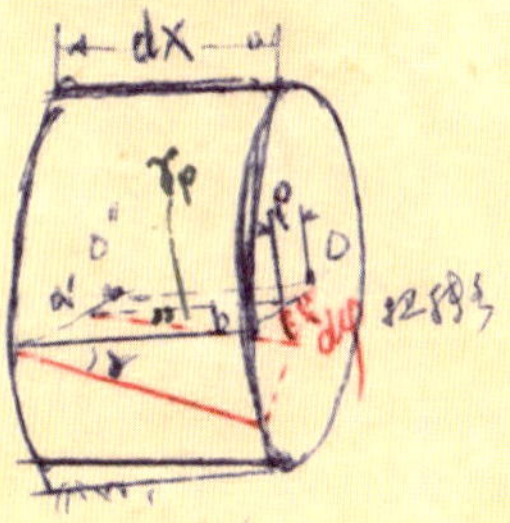


(一). 变形条件. Deformation condition

取单元分析..

$$\gamma_\rho \cdot dx = \rho\, d\varphi.\qquad \begin{cases}\gamma_\rho=0. & \rho=0\\ \rho=R. & \gamma_\rho=\gamma.\end{cases}$$

$$\gamma_\rho = \rho\frac{d\varphi}{dx}.$$ $\gamma_\rho$ 只与$\rho$有关. 对一个截面

$\frac{d\varphi}{dx}$ = 常数 (ct.). 但 $\frac{d\varphi}{dx}$ 值不知道

(二). 应力与应变关系. (物理条件)

the ~~rotation~~ relation strain and stress.

$$\tau_\rho = G\gamma_\rho = G\rho\frac{d\varphi}{dx}.$$ $\tau_\rho$ 随$\rho$而变 $\begin{cases}\rho=0. & \tau_\rho=0\\ \rho=R & \tau_\rho=\tau_{max}.\end{cases}$

(应力$\tau_\rho$与$\rho$成正比).

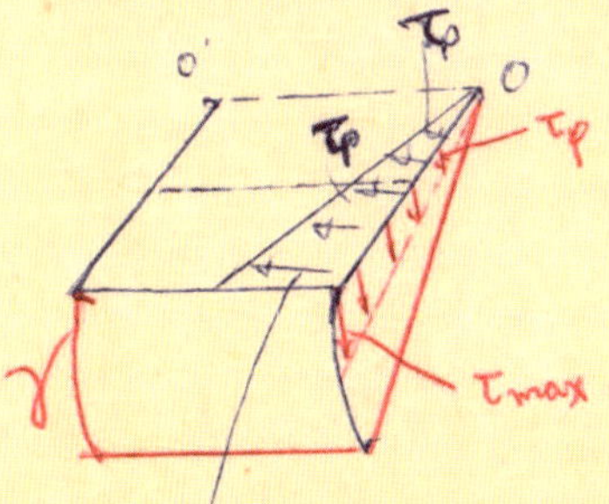


剪应力互等定理

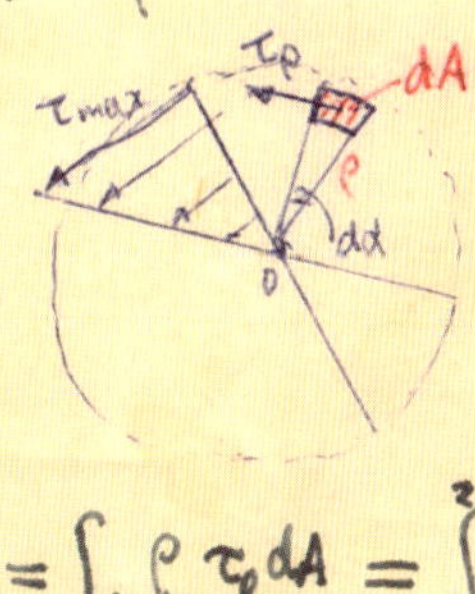


$dA = \rho\, d\alpha\, d\rho = \rho\, d\alpha\, d\rho$

(平衡方向)

剪应力互等定理
(在两垂直面上)

(三) 平衡条件..
$$M_x = \int_A \rho\,\tau_\rho\, dA = \int_0^{2\pi}\int_0^R \rho\, G\rho\frac{d\varphi}{dx}\cdot\rho\, d\alpha\, d\rho$$
$$= G\frac{d\varphi}{dx}\int_0^{2\pi}\int_0^R \rho^3\, d\alpha\, d\rho = G\frac{d\varphi}{dx}\left(\frac{\pi R^4}{2}\right)$$

在上积分中 $M_t = \int_0^{2\pi}\int_0^R G\rho^2\frac{d\varphi}{dx}\rho\, d\alpha\, d\rho = \int_A \rho^2 dA\cdot\left(G\frac{d\varphi}{dx}\right)$

取 $J_\rho = \int_A \rho^2 dA = \int_0^{2\pi}\int_0^R \rho^3 d\alpha\, d\rho = \frac{2\pi R^4}{4}$ 极惯性矩

∴ $M_t = G\frac{d\varphi}{dx}\cdot J_\rho$ ∴ $\frac{d\varphi}{dx} = \frac{M_t}{GJ_\rho}$ 单位长之扭转角..

compare.. 此段 $\frac{\Delta dx}{\Delta x} = \frac{N}{EA}$ 单位长之伸缩量.

∴ $\tau_\rho = G\rho\cdot\frac{d\varphi}{dx} = \frac{M_t\cdot\rho}{J_\rho}$

∴ $\tau_\rho = \frac{M_t\cdot\rho}{J_\rho}$ 为圆轴扭转剪应力公式..

当 $\rho = R$. $\tau_{max} = \frac{M_t}{\frac{J_\rho}{R}} = \frac{M_t}{W_\rho}$. (compared as $\sigma = \frac{N}{A}$)

$W_\rho = \frac{J_\rho}{R} = \frac{\pi}{2}R^3$ 为抗扭截面系数.

二、圆轴扭转变形计算.

$d\varphi = \frac{M_t\, dx}{GJ_\rho}$ ∴ $\varphi = \int_0^l d\varphi = \int_0^l \frac{M_t\, dx}{GJ_\rho} = \frac{M_t L}{GJ_\rho}$

φ为L长之扭转角. compared as.. $\Delta l = \frac{NL}{EA}$

∴ $\varphi = \sum_{i=1}^{n}\frac{M_{ti} l_i}{GJ_{\rho i}}$ (为阶梯轴时).. 其中 $GJ_\rho$ 为圆杆抗扭刚度

三、空心圆轴与实心圆轴之对比.

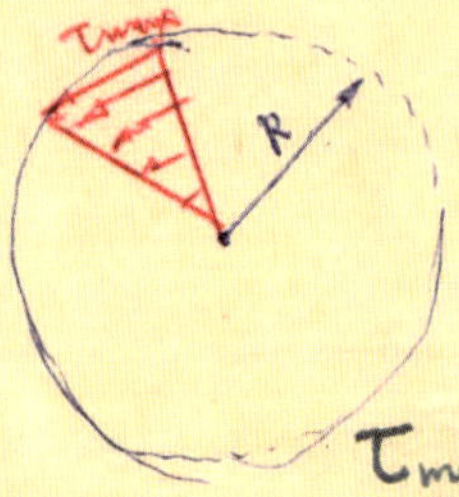


$\tau_{max\,实心} = \frac{M_t}{W_\rho(实心)}$

$\tau_{\rho实} = \frac{M_t\rho}{J_{\rho实}}$

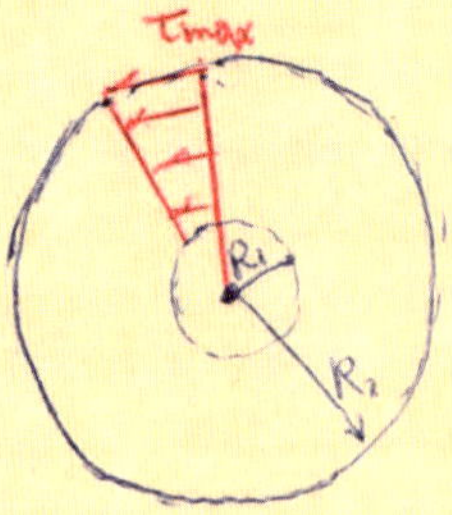


$J_{\rho实} \neq J_{\rho空心}$.

$\tau_{max\,空心} = \frac{M_t}{W_\rho'(空心)}$

$\tau_{\rho空} = \frac{M_t\rho}{J_{\rho空}}$

$J_{\rho空} = \int_A \rho^2 dA = \frac{\pi}{2}R_2^4\left(1-\frac{R_1^4}{R_2^4}\right)$

$J_{\rho实} = \frac{\pi}{2}R^4$

$W_{\rho空} = \frac{J_{\rho空}}{R_2} = \frac{\pi R_2^3}{2}\left(1-\frac{R_1^4}{R_2^4}\right)$

## §4-2. 圆轴强度计算. Strength count

$$\tau_{max} = \frac{M_t}{W_\rho} \le [\tau] \qquad [\tau] = 0.5\sim0.6[\sigma]$$

$$W_\rho = \frac{\pi}{2}R^3 = \frac{\pi}{16}d^3 \approx 0.2d^3$$

解决问题

① 强度校核. $\tau_{max} = \frac{M_t}{W_\rho} \le [\tau]$

② 设计截面. $W_\rho \ge \frac{M_t}{[\tau]}$. ∴ $d \ge \left[\frac{M_t}{0.2[\tau]}\right]^{\frac{1}{3}}$

$$d \ge \sqrt[3]{\frac{16M_t}{\pi[\tau]}}$$

③ 估计扭矩. $M_t \le W_\rho[\tau] = \frac{\pi d^3}{16}[\tau]$

对于空心圆柱.

$\frac{r_1}{r_2} = \alpha$. 则 $W_{\rho空心} = \frac{\pi r_2^3}{2}[1-\alpha^4] = \frac{\pi d_2^3}{16}[1-\alpha^4]$

$$d_2 \ge \sqrt[3]{\frac{16M_t}{\pi[1-\alpha^4][\tau]}} \quad (空心圆柱)$$

## 圆轴的刚度计算. (先满足强度计算 再满足刚度计算.)

Stiffnace count

① 精密机轴. $[\theta] = (0.25\sim0.5)°/1m$. (取单位长的转角)

② 传动轴. $[\theta] = (0.5\sim1.0)°/m$.

③ 一般轴. $[\theta] = (1.0\sim2.5)°/m$.

其中 $[\theta]$ 为每米许可扭转角. $GJ_\rho$ 为抗扭刚度.

每米扭转角. $\theta = \frac{\varphi}{L} = \frac{M_t}{GJ_\rho}\cdot\frac{180}{\pi}$ degree/m

$$\therefore \theta = \frac{M_t}{GJ_\rho}\cdot\frac{180}{\pi} \le [\theta] \qquad J_\rho \le \frac{M_t\cdot 180}{G\pi[\theta]}$$

$$\theta_{max} = \frac{M_{t\,max}}{GJ_\rho}\times\frac{180}{\pi} \le [\theta]°/m$$

注. NOTE. 以上导出的公式是以平面假设为基础的。实验证明. 平面假设只有当杆件为圆截面直杆时才是正确的. 因此这些公式只适用于直圆杆. 此外. 导出公式时还使用了虎克定律. 所以公式只适于材料的弹性阶段. [即 $\tau_{max} < \tau_p$ 比例极限]

小结。

## TORSION

扭转 Torsion

Equation.

**STRENGTH:** $\tau_\rho = \frac{M_t \rho}{J_\rho}$

$$\tau_{max} = \frac{M_t}{W_\rho} \le [\tau]$$

$\frac{J_\rho}{R} = W_\rho$ → 抗扭截面系数。

$J_\rho$ → 极惯性矩。

**STIFFNACE.**

$$\frac{d\varphi}{dx} = \frac{M_t}{G J_\rho}$$

$GJ_\rho$ → 抗扭刚度。

$$\varphi = \frac{M_t L}{G J_\rho}$$ (扭转角)(长为 L 的)

$$\varphi = \sum_{i=1}^{n} \frac{M_{ti} L_i}{G J_{\rho i}}$$ (阶梯轴)

$$\theta = \frac{\varphi}{L} = \frac{M_t}{G J_\rho} \cdot \frac{180}{\pi} \quad \text{degree/m}$$

θ为单位长度的两截面之间的相对扭转角

$$\theta_{max} = \frac{M_{t\,max}}{G J_\rho} \cdot \frac{180}{\pi} \quad °/m$$

设计轴时，先考虑扭转的强度问题，再来考虑刚度问题。由于刚度是大多数机床的主要矛盾，所以用刚度作为控制因素的轴是很普遍的。

**AS COMPARED WITH**

## TENSION AND COMPRESS

拉压。draw and compress

$$\sigma = \frac{N}{A} < [\sigma]$$

$$\frac{\Delta(dx)}{dx} = \frac{N}{EA}$$

EA为抗拉(压)刚度

$$\Delta l = \frac{NL}{EA}$$

$$\Delta l = \sum_{i=1}^{n} \frac{N_i L_i}{EA_i}$$ (阶梯杆)

$$\varepsilon = \frac{\Delta l}{L} = \frac{N}{EA}$$

设计问题一般就考虑了强度的话，也使得刚度也考虑了。

注：这里 $\tau_\rho = \frac{M_t \rho}{J_\rho}$ 为扭转剪应力，$\gamma_\rho = \frac{M_t \rho}{G J_\rho}$ 扭转剪应变，扭转角 $\varphi = \frac{M_t L}{G J_\rho}$ 与剪切剪应力是两码事。

剪切剪应力 $\tau = \frac{Q}{A}$，剪切剪应变 $\gamma = \frac{\tau}{G} = \frac{Q}{GA}$。

## §4-3 外力偶的计算.

1. 扭矩（Moment of torsion）功率（power）与转速之间的关系.

扭矩的功 $A = M_t \cdot \alpha$

扭矩的功率 $W = \frac{A}{t} = M_t \cdot \frac{\alpha}{t} = M_t \omega$

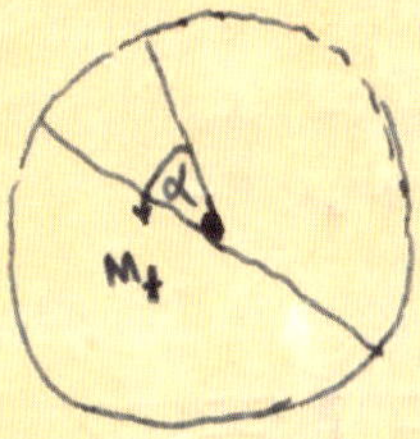


$\therefore M_t = \frac{W}{\omega}$ [kg-m]　$\left[\omega = \frac{\alpha}{t} = \left(\frac{rad}{sec.}\right)\right]$

W 功率单位 KW or HP（马力）—— 以N表示.

$1\,HP = 75\,\frac{kg\text{-}m}{sec} = 75 \times 9.8\,\frac{N\text{-}m}{sec}$

$1\,HP = 550\,\frac{ft\text{-}P}{sec.} = 550 \times 12\,\frac{in\text{-}P}{sec.}$

$\omega = \frac{2\pi n}{60}$ $\left(\frac{rad}{sec.}\right.$, $n = r/min.\left.\right)$

$M_t = \frac{75\,N}{\frac{2\pi n}{60}} = 716.2\,\frac{N}{n}$ (kg-m)　(N以KW计)

$= 716.2 \times 9.8\,\frac{N}{n}$ (牛-m)

$= 9549\,\frac{N}{n}$ (牛-m)

$M_t = 7024\,\frac{N}{n}$ (N-m)　(N以HP计)

$M_t = 5250\,\frac{N}{n}$ (ft-P) $= 63000\,\frac{N}{n}$ (in-P)　(N以KW计)

2. 传动轴·扭矩图.

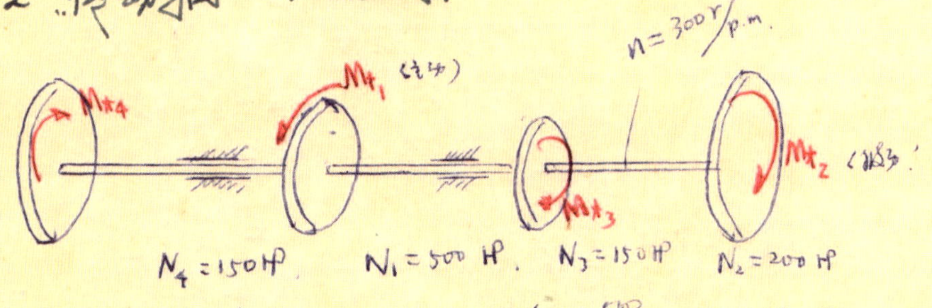


$M_{t_1} = 716.2\,\frac{N_1}{n} = 716.2 \times \frac{500}{300} = 1190$ kg-m.

$M_{t_2} = 716.2\,\frac{N_2}{n} = 476$ kg-m.

$M_{t_3} = 716.2\,\frac{N_3}{n} = 357$ kg-m　　$M_{t_4} = 357$ kg-m

力矩矢量表示.

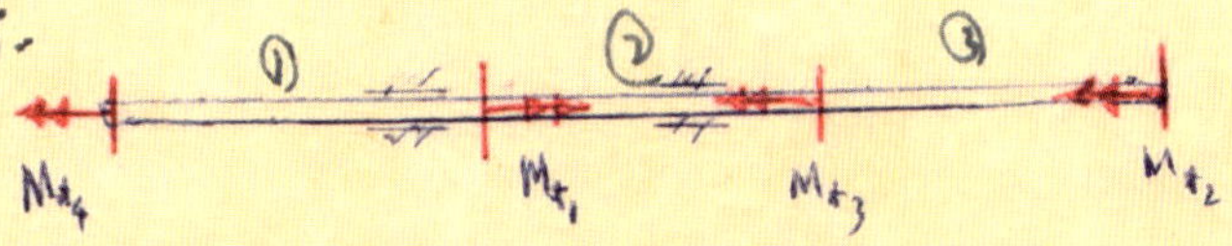

一截面法求内力图．（扭矩方程）

$M_{③} = -476$ (kg-m)

$M_{②} = -833$ (kg-m)

$M_{①} = 357$ (kg-m)

**扭转角计算．．**

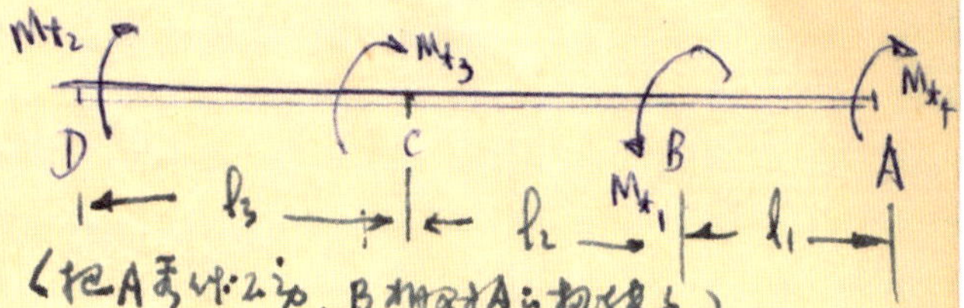


$$\phi_{BA} = \frac{M_{①} \cdot l_1}{GJ_\rho} \ (+)$$ （把A看作不动，B相对于A的扭转角）

$$\therefore \phi_{CB} = \frac{-M_{②} l_2}{GJ_\rho} \ (-)$$

$$\phi_{CA} = \phi_{CB} + \phi_{BA} = \frac{-M_{②} l_2}{GJ_\rho} + \frac{M_{①} l_1}{GJ_\rho}$$

$$\phi_{DA} = \phi_{DC} + \phi_{CA} = \frac{-M_{③} l_3}{GJ_\rho} - \frac{M_{②} l_2}{GJ_\rho} + \frac{M_{①} l_1}{GJ_\rho}$$

也就是总扭转角．

例．$M_{t\,max} = 833$ kg-m．　$[\tau] = 400$ kg/cm²．　$G = 8\times10^5$ kg/cm²

$[\theta] = 0.3°/m$．　求轴的直径．

解．①．强度计算．．

$$\tau_{max} = \frac{M_{t\,max}}{W_\rho} \le [\tau]$$

$$d \ge \sqrt[3]{\frac{16 M_{t\,max}}{\pi[\tau]}} = \sqrt[3]{\frac{16\times833\times100}{\pi\times400}} = 9.9 \text{ cm}.$$

②．刚度计算．

$$\theta = \frac{M_t}{GJ_\rho} \cdot \frac{180}{\pi} \le [\theta] \qquad J_\rho = \frac{\pi r^4}{2} = \frac{\pi d^4}{32}$$

$$\therefore d \ge \sqrt[4]{\frac{32\times180\times M_t}{\pi^2 [\theta] G}} = \sqrt[4]{\frac{32\times180\times833\times100}{8\times10^5\times[0.3]\pi^2}} = 11.9 \text{ cm}$$

## §4-4 超静定扭转

( $\mathscr{M}$ (外力) = $M_t$ ) ...

① 平

$$\mathscr{M}_A + \mathscr{M}_B = \mathscr{M}$$

② 变形协调条件

1° 截面法求内力矩

$$M_b = -\mathscr{M}_B \qquad M_a = \mathscr{M}_A$$

2°

$$\phi_{cA} = \frac{\mathscr{M}_A \cdot a}{G J_\rho} \qquad \phi_{BC} = \frac{-\mathscr{M}_B \cdot b}{G J_\rho}$$

$$\phi_{BA} = \phi_{Bc} + \phi_{cA} = \frac{\mathscr{M}_A \cdot a}{G J_\rho} - \frac{\mathscr{M}_B \cdot b}{G J_\rho} = 0 \text{ (条件)}$$

$$\therefore \begin{cases} \mathscr{M}_A \cdot a = \mathscr{M}_B b \\ \mathscr{M}_A + \mathscr{M}_B = \mathscr{M} \end{cases} \qquad \therefore \begin{cases} \mathscr{M}_A = \dfrac{b}{a+b}\mathscr{M} \\ \mathscr{M}_B = \dfrac{a}{a+b}\mathscr{M} \end{cases}$$

力法

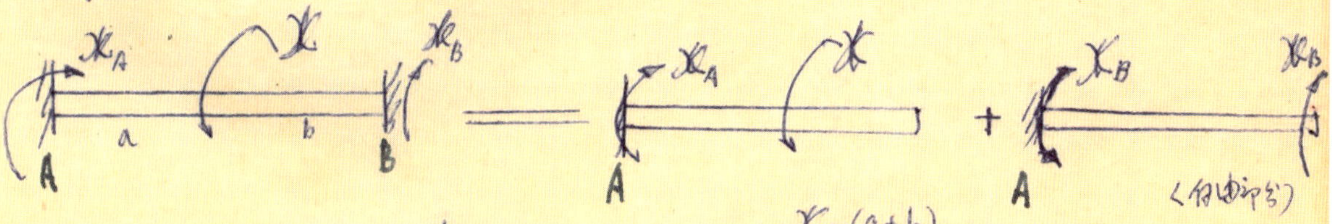


$$\varphi_{BA} = \frac{\mathscr{X} a}{G J_\rho} \qquad \varphi_{BA} = \frac{-\mathscr{X}_B (a+b)}{G J_\rho}$$

$$\phi_A = \varphi_{BA} + \varphi_{BA} = \frac{\mathscr{X} a}{G J_\rho} - \frac{\mathscr{X}_B (a+b)}{G J_\rho} = 0$$

$$\therefore \mathscr{X}_B = \frac{a\mathscr{X}}{a+b}$$

## §4-5. 扭转的受力分析..

铸铁（脆性）

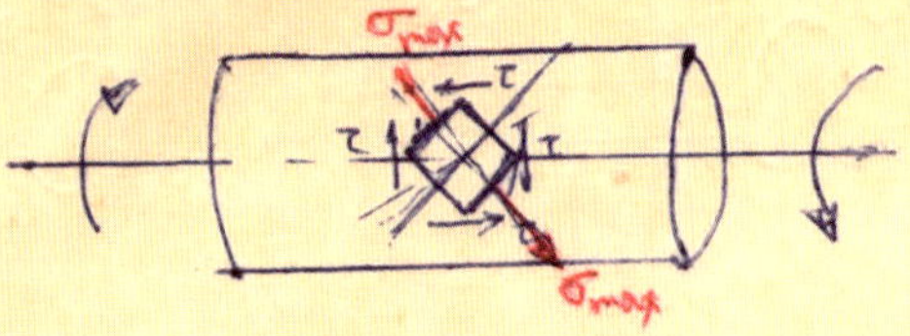


铸铁（脆性材料）

在扭中在45°处断坏.

抗拉差. 抗压强

抗拉< 抗剪切 < 抗压.

钢材（塑性材料）

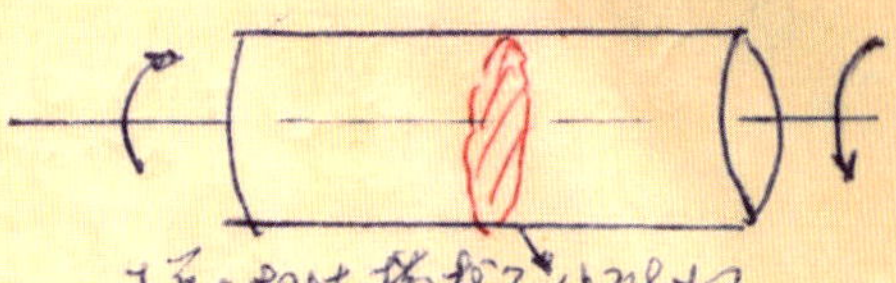

在剪切在横截面处破坏

说明钢材抗剪切差.

抗剪切 < 抗拉或抗压

木材

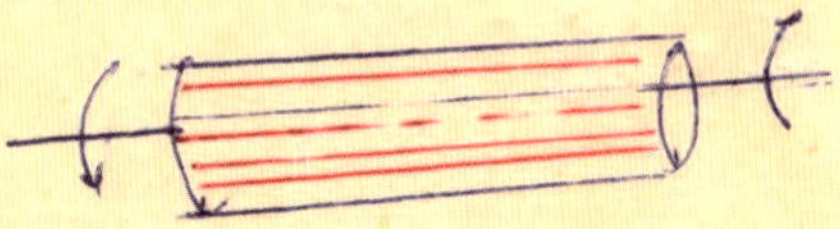

在顺纹处开裂

∴ 顺纹抗剪切差

## §4-6. 扭转的应变能.

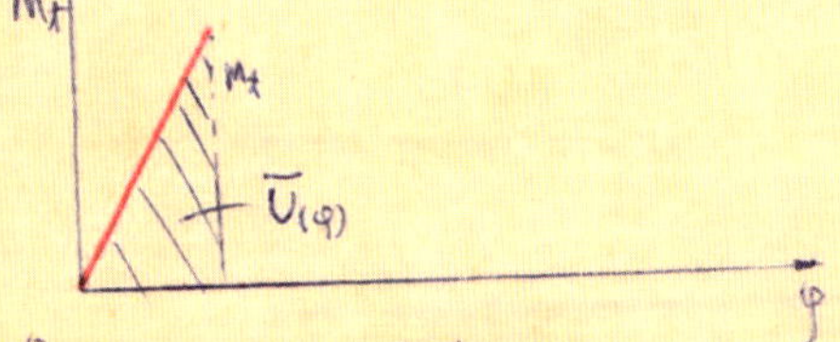


$$\overline{U} = \frac{1}{2} M_t \varphi = \frac{M_t^2 l}{2GJ_p} = \frac{GJ_p}{2l}\varphi^2 \quad \cdots ①$$

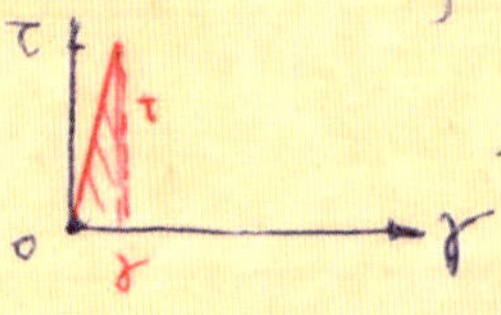


应变能密度.（单位体积的应变能）

$$u = \frac{1}{2}\tau\gamma = \frac{1}{2G}\tau^2 \quad \cdots ②$$

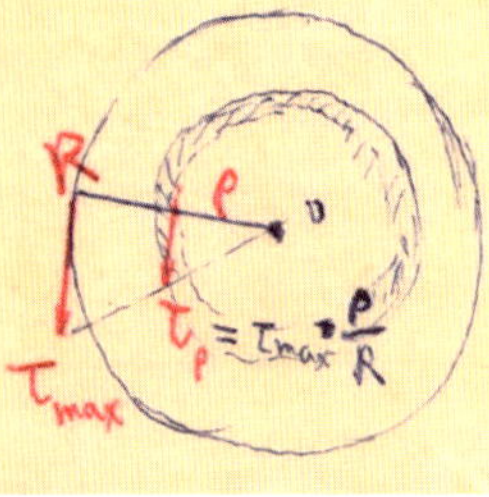


对于圆筒来说.. $\tau = \frac{\rho}{R}\tau_{max}$.

$$u = \frac{\tau^2}{2G} = \frac{\tau_{max}^2\rho^2}{2R^2G}$$

$$d\overline{U} = u\cdot 2\pi\rho L d\rho = \frac{\pi\tau_{max}^2\rho^3 L}{R^2G}d\rho$$

$$\overline{U} = \int_0^R u\, 2\pi L\rho\, d\rho = \int_0^R \frac{\pi L\tau_{max}^2}{GR^2}\rho^3 d\rho$$

∴ 圆周之扭应变能.

$$\bar{U}=\frac{\pi\tau_{max}^2R^2L}{4G}$$ 而 $\tau_{max}^2=\left(\frac{M_t}{W_\rho}\right)^2=\left(\frac{M_t}{[illegible]}\right)^2$

$$=\frac{\pi M_t^2R^2L}{4G\frac{\pi^2R^6}{4}}=\frac{M_t^2L}{2GJ_\rho}$$ (与5.22式同一致)

例. 利用能量法求解超静定扭转问题.

① 利用卡氏第二定理.

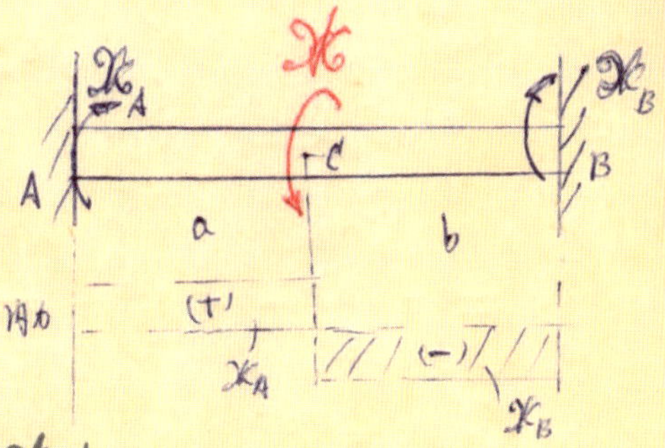


$$\bar{U}=\frac{1}{2}\frac{\mathfrak{M}_A^2a}{GJ_\rho}+\frac{1}{2}\frac{\mathfrak{M}_B^2b}{GJ_\rho}$$

而. $\mathfrak{M}_A+\mathfrak{M}_B=\mathfrak{M}$

$$\therefore\ \bar{U}=\frac{1}{2}\frac{(\mathfrak{M}-\mathfrak{M}_B)^2a}{GJ_\rho}+\frac{1}{2}\frac{\mathfrak{M}_B b}{GJ_\rho}$$

$\frac{\partial\bar{U}}{\partial\mathfrak{M}_B}=\phi_B=0$ (由题意知无扭转角). (也叫变位条件)

$$\therefore\ \frac{-(\mathfrak{M}-\mathfrak{M}_B)a}{GJ_\rho}+\frac{b\mathfrak{M}_B}{GJ_\rho}=0.$$

$$\therefore\ \mathfrak{M}_B=\frac{a}{a+b}\mathfrak{M}.$$

同理. $\frac{\partial\bar{U}}{\partial\mathfrak{M}_A}=\phi_A=0$ (固定端) 求出 $\mathfrak{M}_A=\frac{\mathfrak{M}\cdot b}{a+b}$

② 最小位能定理.. (这种方法可求位移即转角 $\phi_c$)

总位能 = 应变能 − 外力功 = min. ⟺ 平衡方程.

$$\bar{\bar{U}}=\frac{1}{2}\frac{\mathfrak{M}_A^2a}{GJ_\rho}+\frac{1}{2}\frac{\mathfrak{M}_B^2b}{GJ_\rho}-\mathfrak{M}\cdot\phi_c$$

$$=\frac{1}{2}\frac{(\mathfrak{M}-\mathfrak{M}_B)^2a}{GJ_\rho}+\frac{1}{2}\frac{\mathfrak{M}_B^2b}{GJ_\rho}-\mathfrak{M}\phi_c.$$ (由平衡条件)

取. $\frac{\partial\bar{\bar{U}}}{\partial\mathfrak{M}}=0$ $\xrightarrow{\text{求}}$ $\phi_c=\frac{(\mathfrak{M}-\mathfrak{M}_B)a}{GJ_\rho}=\frac{\mathfrak{M}_Aa}{GJ_\rho}$.

$\frac{\partial\bar{\bar{U}}}{\partial\mathfrak{M}_B}=0$. $\mathfrak{M}_B=\frac{\mathfrak{M}\cdot a}{a+b}$

③. 广义位能原理

$$\bar{\bar{U}}^* = \bar{\bar{U}} + \lambda_1(\text{束}_1) + \lambda_2(\text{束}_2)$$

$$\therefore\ \bar{\bar{U}}^* = \frac{1}{2}\frac{X_A^2 a}{GJ_\rho} + \frac{1}{2}\frac{X_B^2 b}{GJ_\rho} + \lambda_1(X - X_A - X_B)$$

$X\cdot\varphi_c - X_A\cdot 0 - X_B\cdot 0$

$$\frac{\partial \bar{\bar{U}}^*}{\partial X_A} = 0. \qquad \frac{X_A a}{GJ_\rho} - \lambda_1 = 0. \qquad \lambda_1 = \frac{X_A a}{GJ_\rho}$$

$$\frac{\partial \bar{\bar{U}}^*}{\partial X_B} = 0. \qquad \frac{X_B b}{GJ_\rho} - \lambda_1 = 0. \qquad \lambda_1 = \frac{X_B b}{GJ_\rho}$$

从而得协调方程： $X_A a = X_B b$. …①

$$\frac{\partial \bar{\bar{U}}^*}{\partial \lambda_1} = 0. \qquad X - X_A - X_B = 0 \quad \cdots ②.$$

求解①.②. 得 $X_A = \dfrac{X\cdot b}{a+b}$. $X_B = \dfrac{X\cdot a}{a+b}$.

例：如图。

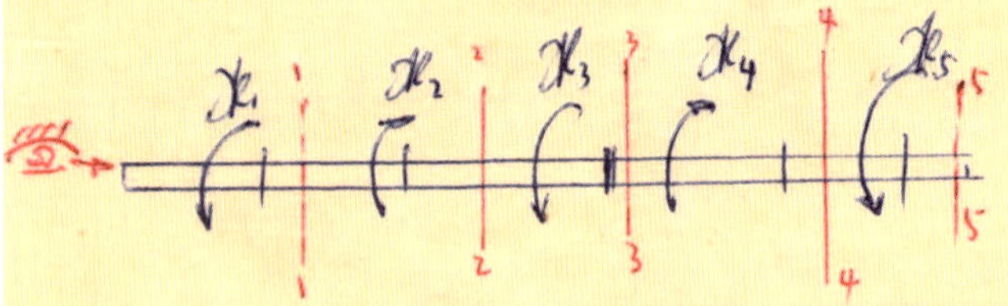


解题要求：
- 外力清楚．
- 截面清楚
- 符号规定清楚．

《符号可任意规定，但必一致》

内力：截面 1-1． $M_{k1} = X_1$.

2-2． $M_{k2} = X_1 - X_2$.

3-3 $M_{k3} = X_1 + X_3 - X_2$

4-4 $M_{k4} = X_1 + X_3 - X_2 - X_4$

5-5 $M_{k5} = X_1 + X_3 + X_5 - X_2 - X_4 = 0$

# §4-7. 密圈螺旋弹簧 Close coiled Helical Spring

圆柱螺旋弹簧..

(法向应力和正应力不计)

α: 簧丝的倾角α.

$\alpha<5°$ 时为密圈

$\alpha>5°$ 时为松圈或疏圈 open coiled Helical spring. (有正应力)

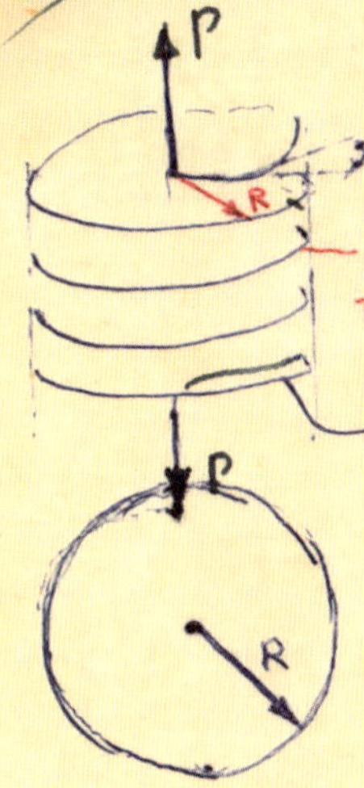


$\frac{R}{r}=\frac{D}{d}$ 为弹簧指数.

取一截面. 如图

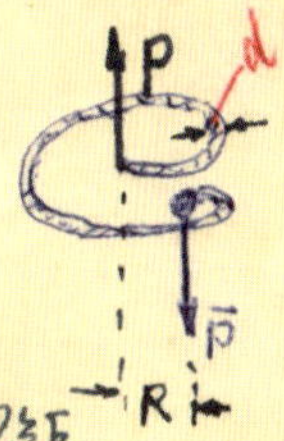


$Q=P$ 与截面相切—切力.

$M_t$ 与截面轴线垂直. 扭矩.

假定切应力均匀分布. $\tau_1=\frac{P}{\frac{1}{4}\pi d^2}$

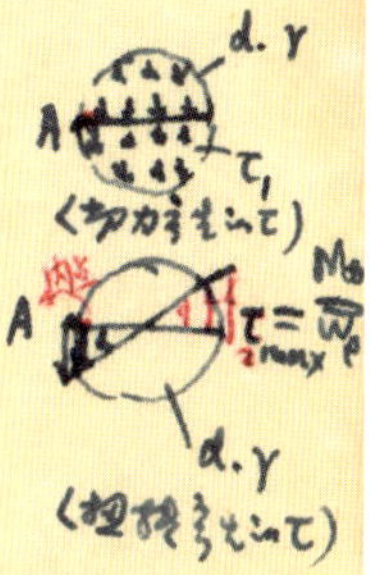


$\tau_1=\frac{P}{\pi r^2}$

在截面处 即有切力 $Q=P$. 还有扭矩 $PR$ ($=M_t$) 产生的切应力 $\tau_1$ (均匀分布) 和 $\tau_\rho=\frac{M_t\rho}{J_\rho}$ (线性分布). 从而

可见在截面处 A点切应力最大 $\tau_A=\tau_1+\tau_{2max}=\frac{P}{\pi r^2}+\frac{M_t}{W_\rho}$.

所以 A点是危险点 内应力最大. $\tau_A=\frac{4P}{\pi d^2}+\frac{16PR}{\pi d^3}=\frac{8PR}{\pi d^3}\left(2+\frac{d}{2}\right.$

$$\therefore\ \tau_A=\frac{8PD}{\pi d^2}\left(1+\frac{d}{2D}\right)$$

∴ 弹簧丝的最大切应力 $\tau_{max}=\frac{8PD}{\pi d^2}\left(1+\frac{d}{2D}\right)$

(1: 扭转产生项; $\frac{d}{2D}$: 切力产生项.)

细丝弹簧.. $d\ll D$ . 则 $\tau_{max}=\frac{8PD}{\pi d^2}$ (用于钟表机关上).

粗丝弹簧 $d<D$ 则 $\tau_{max}=\frac{8PD}{\pi d^2}\left(1+\frac{d}{2D}\right)$. (用于受较大的力, 如火车上等)

## 弹簧的变形.. 设 λ 为弹簧之变形量

最小位能原理.. (没有考虑簧丝曲率对扭转的影响)

$$\bar{U}=U-P\lambda\quad(=\min.\ 则 \Leftrightarrow 平衡).$$

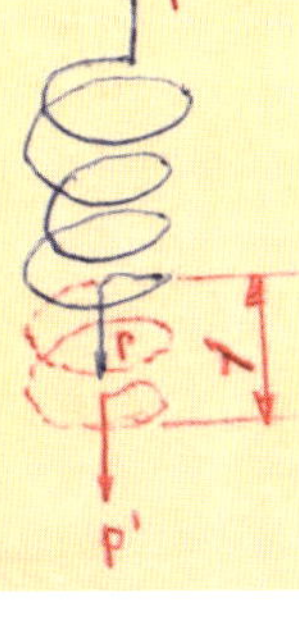


单元分析.

elementary length..

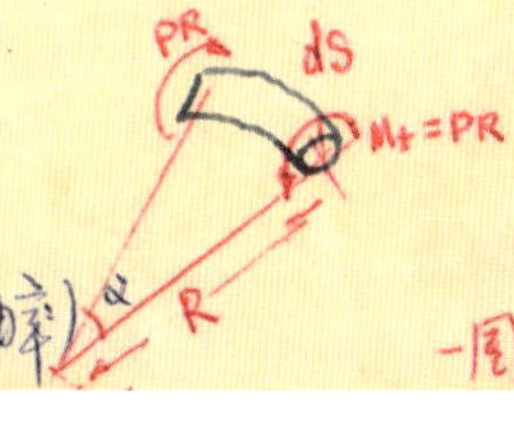


$$dU=\frac{M_t^2\,ds}{2GJ_\rho}$$

$\therefore\ U=\int_0^{2n\pi R}\frac{M_t^2}{2GJ_\rho}ds$ (没考虑曲率)

一周长 $2\pi R$ . n圈 ...

$$\therefore U=\int_0^{2\pi R n}\frac{M_t^2}{2GJ_\rho}ds=\frac{M_t^2}{2GJ_\rho}\cdot 2\pi nR=\frac{\pi n R M_t^2}{GJ_\rho}=\frac{n\pi P^2R^3}{GJ_\rho}$$

$$d\varphi=\frac{M_n ds}{GJ_\rho}=\frac{16PD\,ds}{\pi G d^4}$$

$$d\lambda=\frac{D}{2}\cdot d\varphi=\frac{8PD^2ds}{G\pi d^4}$$

见材力P89.

$\therefore \lambda=P/C$（不用能量法）

$$\therefore \bar{\bar{U}}=\frac{n\pi P^2R^3}{GJ_\rho}-P\lambda$$

$\frac{\partial \bar{\bar{U}}}{\partial P}=0.$ 则 $\frac{2n\pi PR^3}{GJ_\rho}-\lambda=0.$

$\frac{\partial^2\bar{\bar{U}}}{\partial P^2}=\frac{2n\pi R^3}{GJ_\rho}>0.$ $\therefore \bar{\bar{U}}=\min.$（$\Longleftarrow$ 平衡）

$$\therefore \lambda=\frac{2\pi nPR^3}{G\cdot\frac{\pi r^4}{2}}=\frac{P}{G\frac{d^4}{64nR^3}}=\frac{P}{C}$$

$C=G\frac{d^4}{64nR^3}$，为弹簧常数。

则：$P=C\lambda$.

如：要求λ大，则C必小，即d小，即线细。则 $\tau_{max}=\frac{8PD}{\pi d^3}(1+\frac{d}{2D})$ 必要求高强度的弹簧钢。
- 一般 $[\tau]=4000$ kg/cm²
- 铬钒合金钢 $[\tau]=7000$ kg/cm²

讨论：① 考虑簧丝的曲率对扭转的影响。

② 考虑切应力非均匀分布。

则：$\tau_{max}=\frac{8PD}{\pi d^3}\left(\frac{4C-1}{4C-4}+\frac{0.615}{C}\right)=K\frac{8PD}{\pi d^3}$

$C=\frac{D}{d}=\frac{R}{r}$. 弹簧指数

$K=\frac{4C-1}{4C-4}+\frac{0.615}{C}$ 叫曲率系数。（考虑曲率影响）

小结：

计算公式：

$$\begin{cases}\lambda=\frac{64PR^3n}{Gd^4}=\frac{P}{C} & \text{（圆柱密绕弹簧变形）}\\ \tau_{max}=K\frac{8PD}{\pi d^3}<[\tau] & \text{（强度计算）}\end{cases}$$

$k=\frac{4C_0-1}{4C_0-4}+\frac{0.615}{C_0}$　　$C_0$为$\frac{D}{d}$

$$C=\frac{Gd^4}{8D^3n}$$

## §4-8. 扭转冲击

1.

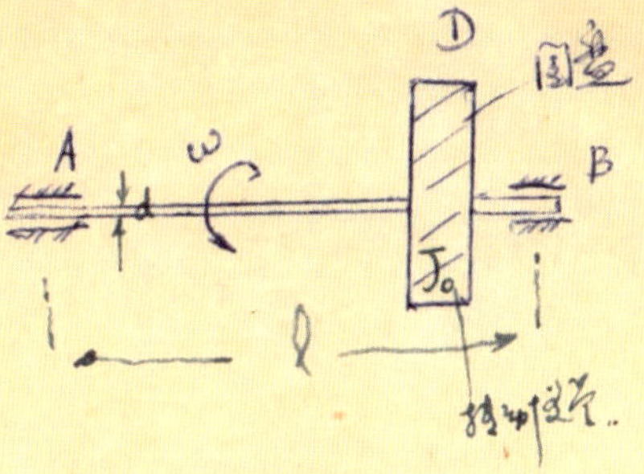


当突然刹车　ω —— 突然 —— D

就会产生一个惯性力 $P^H=J_0\varepsilon$，这惯性力就产生冲击作用。（因冲击时间甚短），尤其 ε 无法求得，因而惯性力也无从求得。故可以用能量法来讨论。

圆盘动能 $T_0=\frac{1}{2}J_0\omega^2$　（轴不考虑质量）。

轴内受冲击之扭转位能 $U_{dy}=\frac{1}{2}M_{dy}\varphi_{dy}$ —（dynamic load 动载荷）

$$=\frac{M_{dy}^2\, l}{2GJ_p}$$

不考虑能量消耗，$T_0=U_{dy}$

即 $\frac{M_{dy}^2\, l}{2GJ_p}=\frac{1}{2}J_0\omega^2$　（能量守恒）。

$$M_{dy}=\sqrt{\frac{GJ_pJ_0\omega^2}{l}}$$　则 $\tau_{maxdy}=\frac{M_{dy}}{W_p}$

$$\therefore\ \tau_{maxdy}=\sqrt{\frac{2GJ_pJ_0\omega^2}{l\,W_p^2}}=\omega\sqrt{\frac{2GJ_0}{lA}}=\omega\sqrt{\frac{GJ_0 2}{V}}$$

其 $A=\frac{\pi}{4}d^2$

$$\therefore\ \tau_{max\,dy}=\omega\sqrt{\frac{2GJ_0}{lA}}$$

$\begin{cases} lA\ 大，\tau_{max}\ 小。\\ G=\frac{E}{2(1+\mu)}\ 大，\tau_{max}\ 也大。\end{cases}$

$\tau_{maxdy}$ 是轴受冲击时扭转剪应力。

## §4-9. 非圆截面扭转

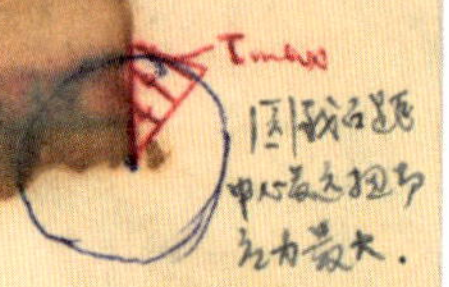


Compared as

圆截面扭转 ==平面假设==> 平面保持平面

非圆截面扭转 ==不成立==> 平面不保持平面，平面翘曲为曲面

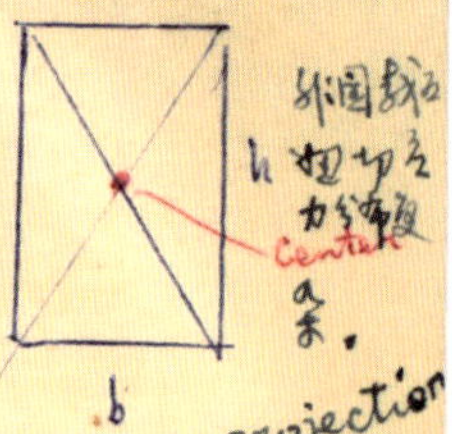


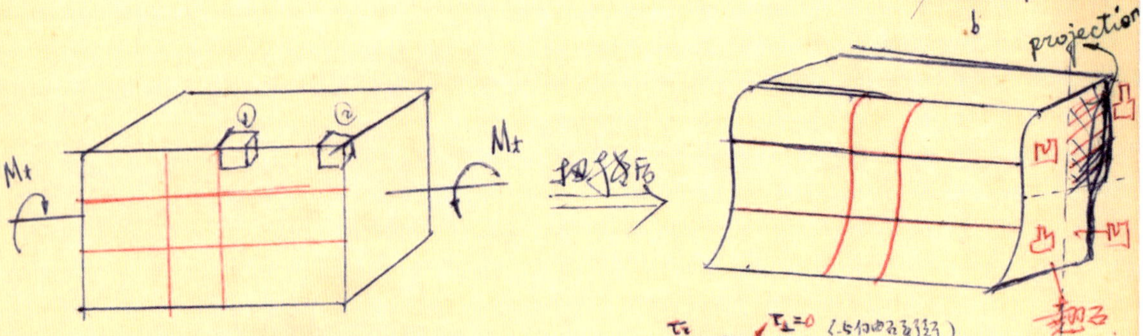


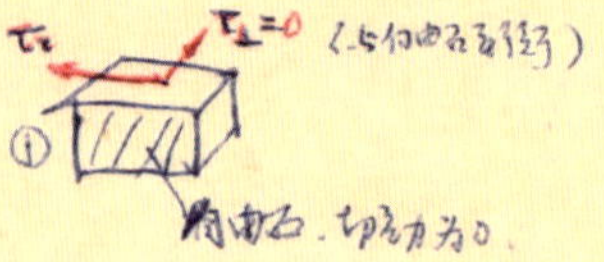


特征：

1) 切应力与周边相切. 取元素体

2) 切应力在凸角上为零.

取角边单元体.

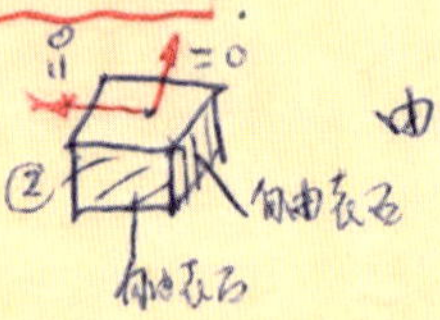


由于两个表面是自由表面无切应力，由平衡可知在凸角上的切应力为零.

### 1. 矩形截面切应力和扭转角的计算

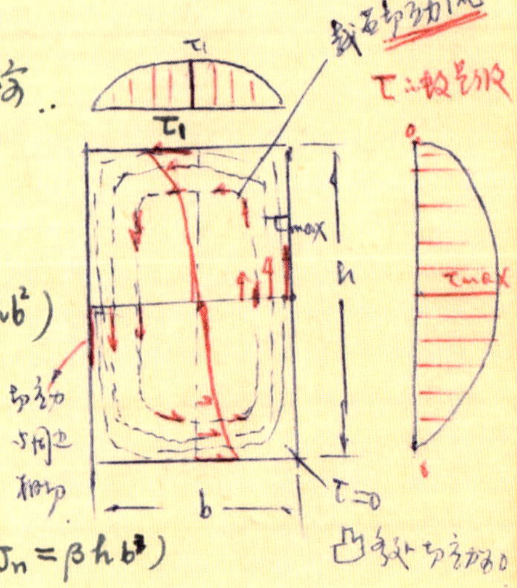


最大切应力在长边的中点

$$\tau_{max}=\frac{M_t}{\alpha hb^2}=\frac{M_t}{W_n}\quad (W_n=\alpha hb^2)$$

在短边的中点切应力 $\tau_1=\nu\cdot\tau_{max}$

截面扭转角 $\varphi=\frac{M_t l}{G\beta hb^3}=\frac{M_t l}{G J_n}$ $(J_n=\beta hb^3)$

矩形截面扭转时的系数 $\alpha$、$\beta$ 和 $\nu$：

| $h/b$ | 1.0 | 1.2 | 1.5 | 2.0 | 2.5 | 3.0 | 4.0 | 6.0 | 8.0 | 10.0 | ∞ |
|---|---|---|---|---|---|---|---|---|---|---|---|
| $\alpha$ | 0.208 | 0.219 | 0.231 | 0.246 | 0.258 | 0.267 | 0.282 | 0.299 | 0.307 | 0.313 | 0.333 |
| $\beta$ | 0.141 | 0.166 | 0.196 | 0.229 | 0.249 | 0.263 | 0.281 | 0.299 | 0.307 | 0.313 | 0.333 |
| $\nu$ | 1.000 | 0.930 | 0.858 | 0.796 | 0.767 | 0.753 | 0.745 | 0.743 | 0.743 | 0.743 | 0.743 |

1° 强度计算. $\tau_{max} = \frac{M_t}{W_n} \le [\tau]$

2° 刚度计算. $\frac{\varphi}{l} = \frac{M_t \cdot 180}{G\beta h b^3 \pi} \le [\theta]$

3° 在长形截面上剪应力流. 详图

当 $\frac{h}{b} > 10$ 时, 为薄壁截面.

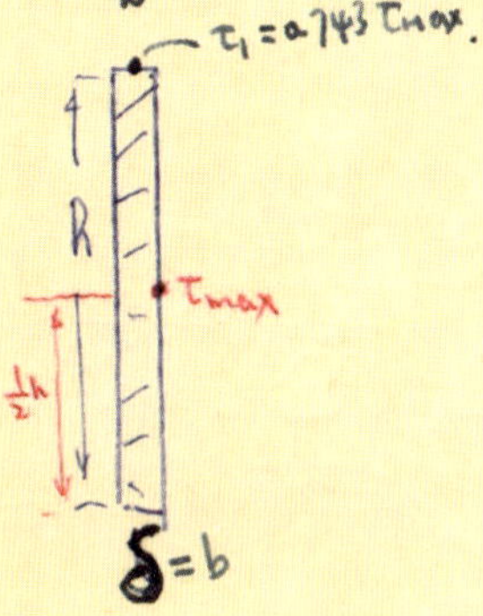


∵ $\frac{h}{b} > 10$ 查表 $\alpha = \frac{1}{3}$. $\beta = \frac{1}{3} \approx 0.313$.

则 $\tau_{max} = \frac{M_t}{\frac{1}{3} h b^2} = \frac{M_t}{\frac{1}{3} h \delta^2}$

$\tau_1 = 0.743\,\tau_{max}$

$\varphi = \frac{M_t l}{G \frac{1}{3} h b^3}$

2. 椭圆截面.

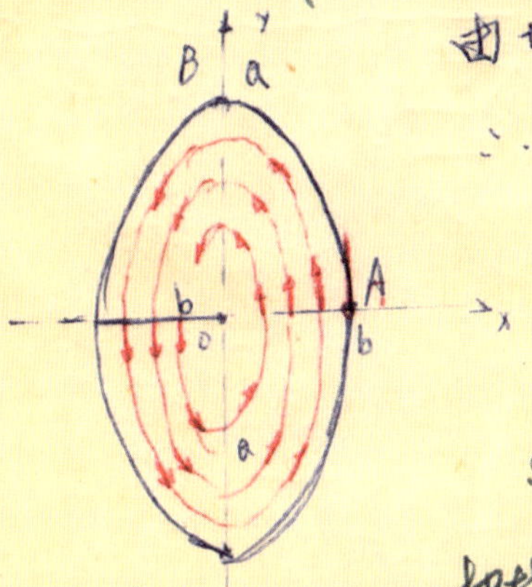


由切应力与周边相切理论. 在边中点切应力最大.

∴ A点切应力最大

$\tau_A = \tau_{max} = \frac{M_t}{\frac{\pi}{2} a b^2} = \frac{2M_t}{\pi a b^2}$

$\tau_B = \frac{M_t}{\frac{\pi}{2} b a^2} = \frac{2M_t}{\pi b a^2}$

也同样形成剪切应力流

扭转角. $\varphi = \frac{M_t \cdot l}{G\pi \frac{a^3 b^3}{a^2 + b^2}}$

(公式以推导见弹性力学里).

3. 等边三角形.

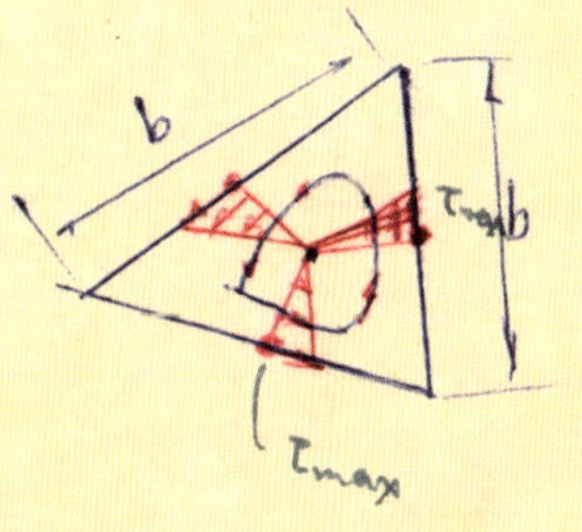


由薄膜比拟理论.

各顶角处切应力为零.

∴ 各边之中点切应力最大.

$\tau_{max} = \frac{M_t}{\frac{1}{20} b^3} = \frac{20 M_t}{b^3}$

扭转角. $\varphi = \frac{M_t \cdot l}{G \cdot \frac{\sqrt{2}}{80} b^4} = \frac{80 M_t l}{G\sqrt{2} b^4}$. 切应力也形成环流.

# §4-10. 薄壁截面的自由扭转

开口薄壁：截面中线是不封闭的曲线

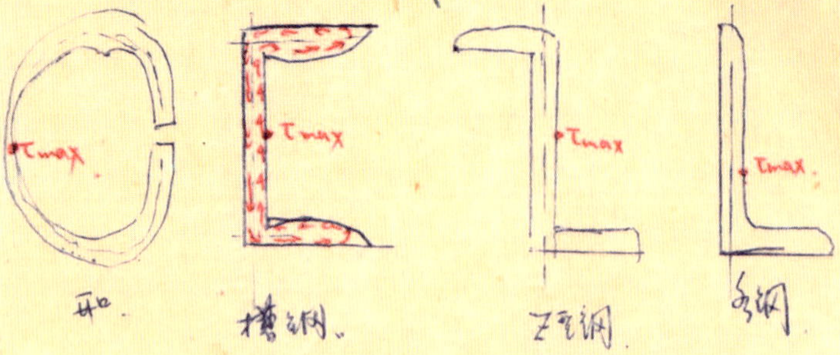


开口薄壁的剪应力流与壁中线的形状不一致（如图）。

闭口薄壁：截面中线是一条封闭的曲线或折线。

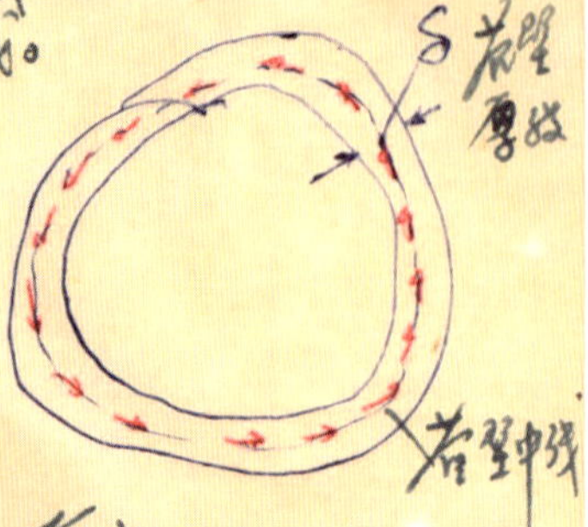


闭口薄壁的剪应力流的形状与壁中线的形状一致。

一、开口：如图形状

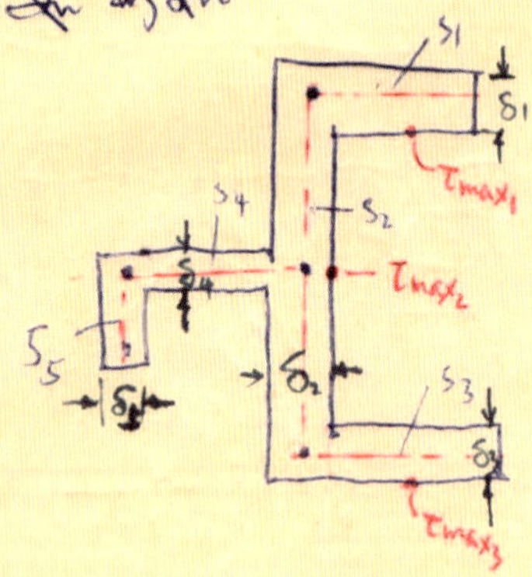


把它的形状看成由5个矩形组成

各矩形的长度 $S_i$，边宽 $\delta_i$（i=1,2…5）

各部分的最大剪应力发生在 $\frac{S_i}{2}$ 处。

$$\tau_{max_1}=\frac{M_{t_1}}{\frac{1}{3}S_1\delta_1^2}\quad\left(\text{认为 }\frac{h}{b}>10\right)$$

$$\tau_{max_2}=\frac{M_{t_2}}{\frac{1}{3}S_2\delta_2^2},\quad \tau_{max_3}=\frac{M_{t_3}}{\frac{1}{3}S_3\delta_3^2}$$

⋮……

一般地说：开口薄壁形状均把其看作矩形的，则最大剪应力在其长边的中点。

自由扭转：没有任何约束下的扭转，认为只产生剪应力不产生正应力（受约束扭转不但产生剪应力而且产生正应力）

在自由扭转中，截面本身不保持平面，

部分的扭转角是一致的，只产生刚性平面转动。

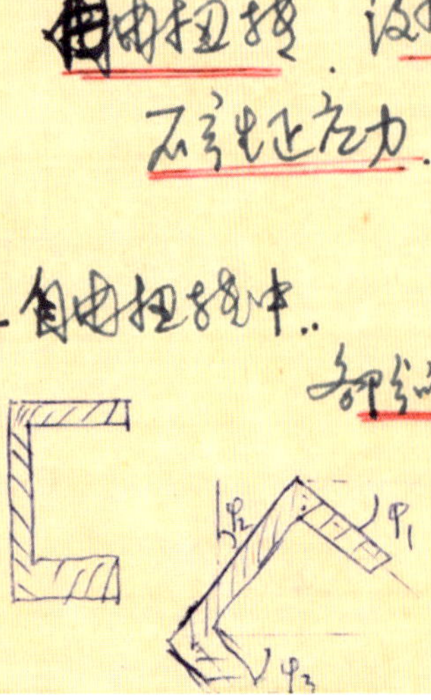


即 $\varphi_1=\varphi_2=\varphi_3=\varphi$ ⇒ 刚性平面转动。

如上图形（5个矩形） $\varphi_1=\frac{M_{t_1}l_1}{G\frac{1}{3}S_1\delta_1^3}=\varphi_2=\frac{M_{t_2}l_2}{G\frac{1}{3}S_2\delta_2^3}=\varphi$..

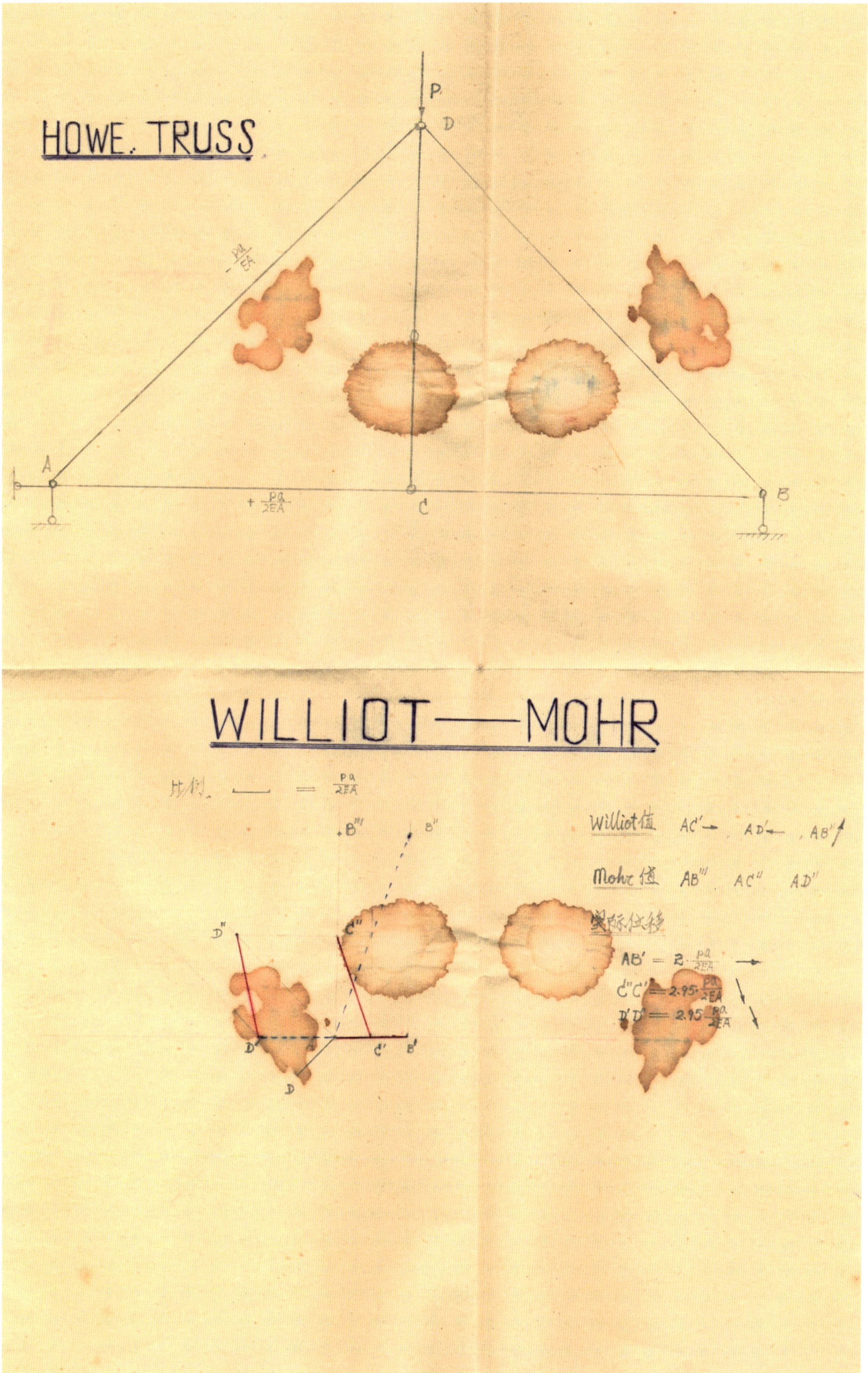
HOWE. TRUSS
P
D
A
C
B
+ pa/2EA
WILLIOT——MOHR
比例 —— = pa/2EA
B'''
B''
D''
C''
D'
C'
B'
D
Williot值 AC'→, AD'←, AB''↗
Mohr值 AB''', AC'', AD''
实际位移
AB' = 2·pa/2EA →
C''C' = 2.95·pa/2EA ↘
D''D' = 2.95·pa/2EA ↘

从而就进到上图形之计算.

$$M_{t_1}=\frac{\varphi G}{l_1}\left(\frac{1}{3}s_1\delta_1^3\right). \quad M_{t_2}=\frac{G\varphi}{l_2}\left(\frac{1}{3}s_2\delta_2^3\right), \quad M_{t_i}=\frac{G\varphi}{l_i}\left(\frac{1}{3}s_i\delta_i^3\right)$$

则 $\tau_{max\,i}=\dfrac{M_{t_i}}{\frac{1}{3}s_i\delta_i^2}$. 且总的扭矩 $M_t=M_{t_1}+M_{t_2}+\cdots+M_{t_i}$

$$=\frac{G\varphi}{l}\left[\sum_i^n\left(\frac{1}{3}s_i\delta_i^3\right)\right]$$

($l_1=l_2=\cdots=l_i$ 得之总扭矩)

$$\tau_{max}=\frac{M_t\,\delta_{max}}{J_e} \quad (\text{由}\ \varphi_1=\varphi_2=\varphi\ \text{推得})$$

$$\therefore\ \varphi=\frac{M_t\,l}{G\sum_i^n\left(\frac{1}{3}s_i\delta_i^3\right)}=\frac{M_t\,l}{G\,J_n}$$

(对矩形截面和薄壁)

$$J_n=\frac{1}{3}\sum_{i=1}^n\left(s_i\delta_i^3\right) \quad (\text{为抗扭刚度})$$

整体中的最大切应力 $\tau_{max}=\dfrac{M_t\,\delta_{max}}{J_n}\le[\tau]$ 而

$$M_t=\frac{G\varphi}{3l}\sum_{i=1}^n\left(s_i\delta_i^3\right)$$

## 二. 闭口薄壁

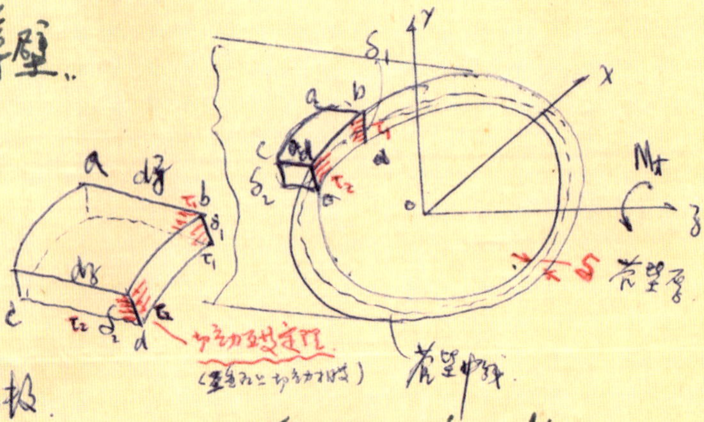


取一小单元体.

由平衡方程

$\delta_1\tau_1\,dx=\delta_2\tau_2\,dx$

$\therefore\ \delta\tau=$ 常数.

$\therefore\ \tau\delta=ct.$ 剪力流 Shearflow

可见 $\delta_大\rightarrow\tau_小$, $\delta_小\rightarrow\tau_大$. 记为 $f=\tau\delta$

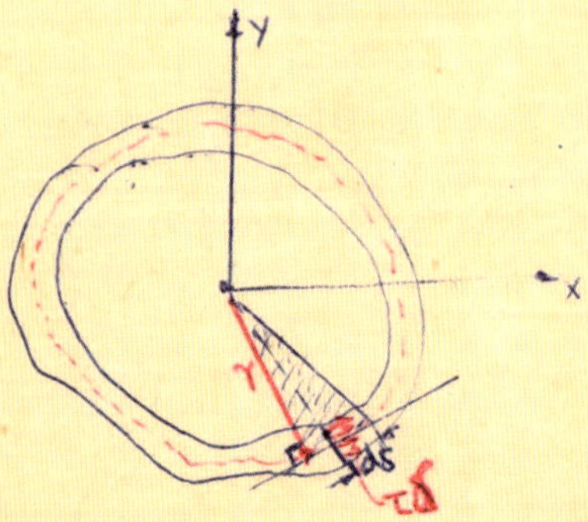

求 $M_t$.

$$r\cdot\tau\cdot\delta ds=dM_t$$

$$\therefore\ M_t=\int_0^{L_m}r\tau\delta\,ds \quad (L_m\ \text{为中线长})$$

$$M_t=\tau\delta\int_0^{L_m}r\,ds=2A_m\tau\delta$$

(二倍中线所围的面积 $A_m$)

$$2A_m=\int_0^{L_m}r\,ds$$

$\therefore \quad M_t = 2A_m \tau \delta$

$$f = \tau\delta = \frac{M_t}{2A_m} \qquad \tau_{max} = \frac{M_t}{2A_m \delta_{min}}$$

刚度计算..

~~利用能量法求扭转角~~..

$U = \frac{1}{2} M_t \phi$ 　　而应变能密度 $u = \frac{1}{2}\tau\gamma = \frac{1}{2}\tau^2 \cdot \frac{1}{G} = \frac{\tau^2}{2G}$

取单元体.. $z = l$. $A = ds \cdot \delta$

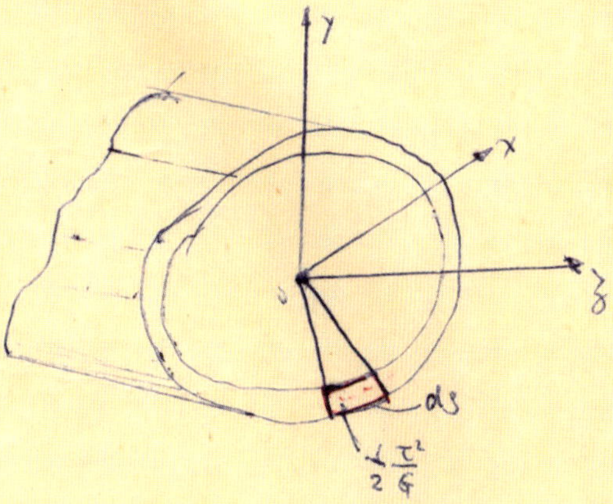


$$\therefore \bar{U} = \int_0^{L_m} l \cdot ds \cdot \delta \cdot \frac{\tau^2}{2G}$$

$$= \frac{l}{2G} \int_0^{L_m} \frac{\tau\delta^2}{\delta} ds$$

$$\overset{\tau\delta = ct.}{=\!=\!=} \frac{l(\tau\delta)^2}{2G} \int_0^{L_m} \frac{ds}{\delta}$$

$$= \frac{M_t^2 l}{8GA_m^2} \int_0^{L_m} \frac{ds}{\delta} = U = \frac{1}{2} M_t \phi$$

$$\therefore \phi = \frac{M_t l}{4GA_m^2} \int_0^{L_m} \frac{ds}{\delta} \qquad 而 \ \phi = \frac{M_t l}{G J_\rho}$$

$$\therefore J_\rho = \frac{4A_m^2}{\int_0^{L_m} \frac{ds}{\delta}}.$$

例. 薄壁圆筒扭转.. 　（与前的理论）

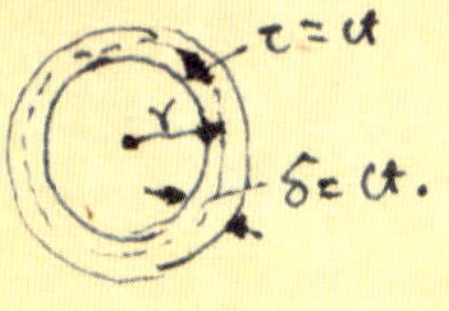


$\tau\delta = ct.$

$2A_m = 2\pi r^2$. 　　$\therefore M_t = 2\pi r^2 \delta \tau$.

$L_m = 2\pi r$. 　　$\tau = \frac{M_t}{2\pi r^2 \delta}$

$$\phi = \frac{M_t l}{4GA_m^2} \int_0^{L_m} \frac{ds}{\delta_{=ct}} = \frac{M_t l}{4G\delta \cdot (\pi r^2)^2} \int_0^{2\pi r} ds$$

$$= \frac{M_t l}{2G\delta\pi r^3} = \frac{M_t l}{2G\pi\delta r^3}$$

如按 $\tau_{max} = \frac{M_t}{W_\rho}$ 計算.（较精确计算）

计算公式

$\tau_{max}=\frac{M_t}{W_\rho}$

$\varphi=\frac{M_t l}{G J_\rho}$

| 截面形状 | 实心截面形状 | | | | 薄壁截面形状 | | |
|---|---|---|---|---|---|---|---|
| | 圆 | 矩形 | 椭圆 | 等边三角形 | 开口截面 | 组合截面 | 闭口截面 |
| 形状 |  | 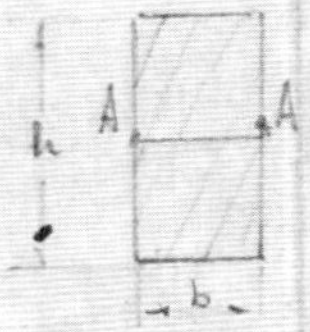 | 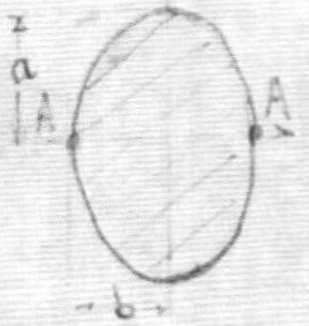 | 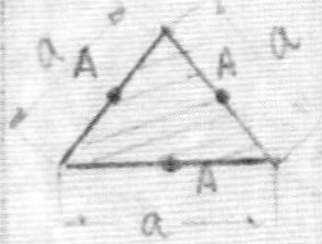 | 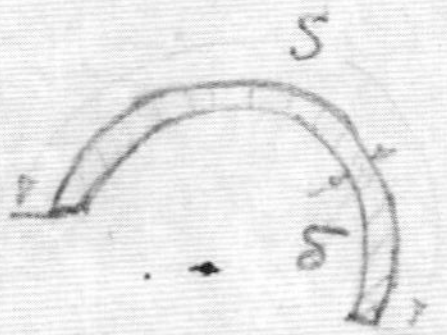 | 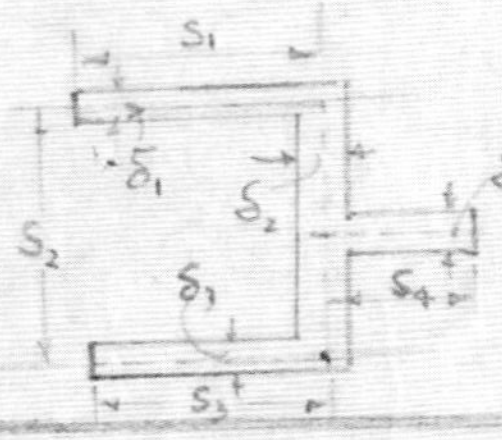 | 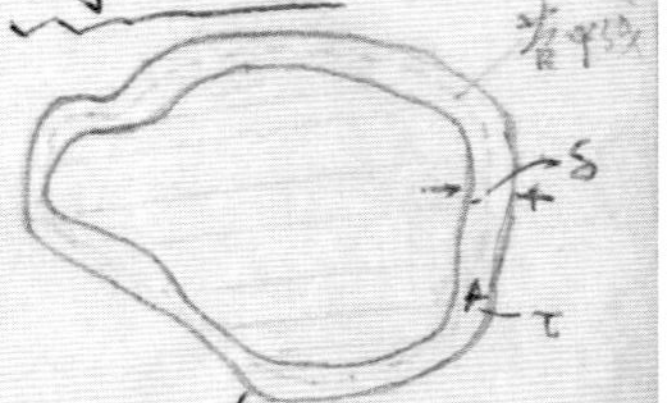 $f=\tau\delta=ct.$ |
| $W_\rho$ | $\frac{\pi}{16}D^3(1-\alpha^4)$ $\alpha=\frac{d}{D}$ | $\alpha h b^2$ α为比例系数 | $\frac{\pi a b^2}{2}$ | $\frac{a^3}{20}$ | $\frac{1}{3}\delta^2 S$ | $\frac{J_\rho}{\delta_{max}}$ | $2A_m\delta_{min}$ $A_m$为管壁中线所围成的面积 |
| $J_\rho$ | $\frac{\pi}{32}D^4(1-\alpha^4)$ $\alpha=\frac{d}{D}$ | $\beta h b^3$ | $\frac{\pi a^3 b^3}{a^2+b^2}$ | $\frac{\sqrt{3}}{80}a^4$ | $\frac{1}{3}\delta^3 S$ | $\frac{1}{3}\sum_{i=1}^{4}\delta_i^3 S_i$ | $\frac{4A_m^2}{\int_0^{L_m}\frac{ds}{\delta}}$ $L_m$为管壁中线长 |

注 扭转中：

开口薄壁下 $\tau_{max}=\frac{M_t\delta_{max}}{\sum\frac{1}{3}S_i\delta_i^3}$

闭口薄壁下 $\tau_{max}=\frac{M_t}{2A_m\delta_{min}}$

例2、近似的解与精确解的对比.

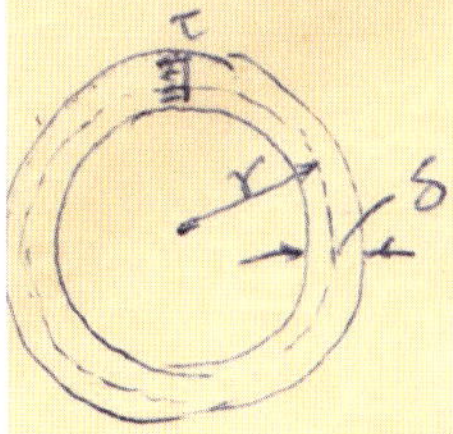


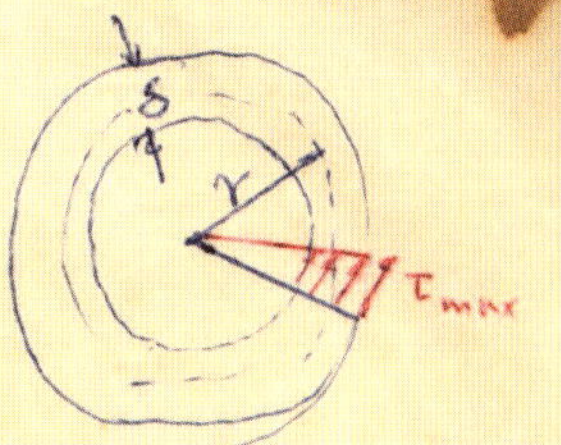


精确理论..

近似的理论..

$$W_\rho = 2A_m\delta_{min} = 2\pi r^2\cdot\delta$$

$$J_\rho = \frac{4A_m^2}{\int_0^{L_m}\frac{ds}{\delta}} = \frac{4\pi^2r^4\delta}{2\pi r} = 2\pi r^3\delta$$

$$\therefore\ \tau = \frac{M_t}{W_\rho} = \frac{M_t}{2\pi r^2\delta}$$

$$\phi = \frac{M_t l}{2G\pi r^3\delta}$$

引入 $\beta = \frac{r}{\delta}$

$$\tau = \frac{M_t}{\delta^3 2\pi\beta^2}$$

$$\phi = \frac{M_t l}{G\delta^4 2\pi\beta^3}.$$

$$J_\rho = \frac{\pi}{2}(r_2^4 - r_1^4) = \frac{\pi}{2}\left[(r+\frac{\delta}{2})^4 - (r-\frac{\delta}{2})^4\right]$$

$$= \frac{r\pi\delta}{2}(4r^2+\delta^2)$$

$$W_\rho = \frac{r\pi\delta(4r^2+\delta^2)}{2(r+\delta)}$$

$$\therefore\ \tau_{max} = \frac{2M_t(r+\frac{\delta}{2})}{r\pi\delta(4r^2+\delta^2)}$$

$$\phi = \frac{M_t l}{GJ_\rho} = \frac{2M_t l}{Gr\pi\delta(4r^2+\delta^2)}$$

引入 $\beta = \frac{r}{\delta}$. $\begin{cases}\beta\text{大，薄壁圆筒}\\ \beta\text{小，厚壁圆筒}\end{cases}$

$$\tau_{max} = \frac{M_t(2\beta+1)}{\pi\delta^3\beta(4\beta^2+1)}$$

$$\phi = \frac{M_t l}{G\frac{\pi r\delta}{2}(4r^2+\delta^2)}$$

**as compared with**

$$\frac{\tau}{\tau_{max}} = \frac{(4\beta^2+1)}{2\beta(2\beta+1)} \neq 1 < 1$$

（分子：近似；分母：精确.）

| | |
|---|---|
| $\beta = 5$ | $\frac{\tau}{\tau_{max}} = 0.92.$ |
| $\beta = 10$ | $= 0.96$ |
| $= 20$ | $= 0.98$ |
| $= 60$ | $= 0.99.$ |

# 薄壁圆环

## 开口

1)

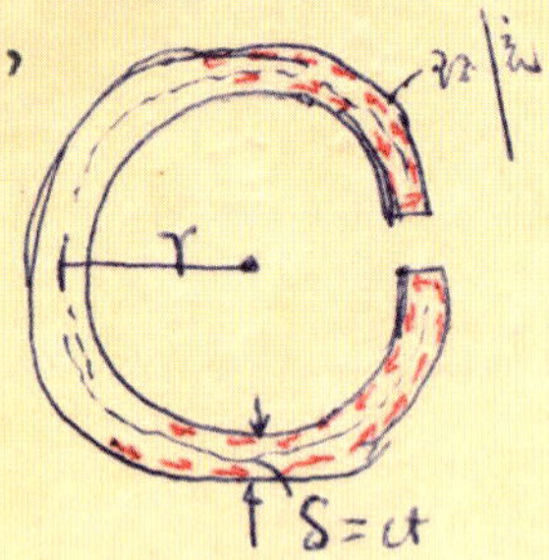


切应力流是
闭合的不同于
闭口的切应力流

$$\tau_1 = \frac{M_t}{W_\rho} = \frac{W_t}{\frac{1}{3}\delta^2 S} = \frac{W_t}{\frac{1}{3}\delta^2 \cdot 2\pi r} = \frac{3W_t}{2\pi r \delta^2}$$

$$\varphi_1 = \frac{M_t l}{G J_\rho} = \frac{M_t l}{G \frac{1}{3}\delta^3 S} = \frac{3M_t l}{2\pi r G \delta^3}$$

## 闭口

2)

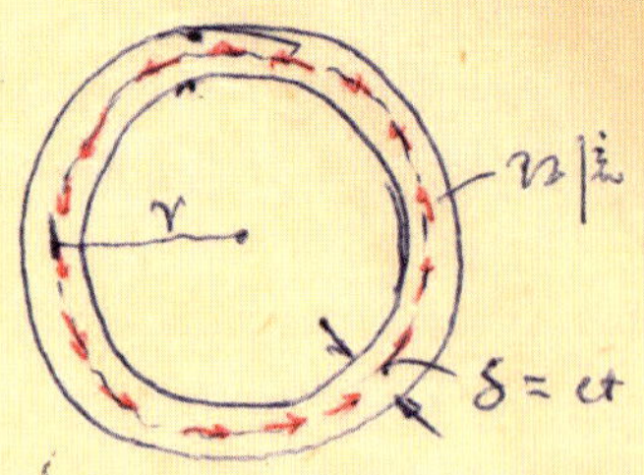


$A_m = \pi r^2$. $L_m = 2\pi r$.

$$\tau_2 = \frac{M_t}{2A_m \delta} = \frac{M_t}{2\pi r^2 \delta}$$

$$\varphi_2 = \frac{M_t l}{G J_\rho} = \frac{4 M_t l \delta \cdot \pi^2 r^4}{2\pi r}$$

$$= \frac{M_t l}{G \frac{4A_m^2}{\oint_0^{2\pi r} \frac{ds}{\delta}}} = \frac{2M_t l \delta \pi r^3}{} = \frac{M_t l}{2\pi r^3 G \delta}$$

$$\varphi_2 = \frac{M_t l}{2\pi r^3 G \delta}$$

比较

强度. $\frac{\tau_1}{\tau_2} = 3\left(\frac{r}{\delta}\right)$ ∵ $\delta << r$. ∴ $\tau_1 >> \tau_2$.

(∵开口强度低，工程上一般不使用开口)

刚度.. $\frac{\varphi_1}{\varphi_2} = 3\left(\frac{r}{\delta}\right)^2$. ∴ $\varphi_1 >> \varphi_2$

(开口扭转变形大，刚度很低，故不宜使用开口).

∴ 闭口薄壁圆环..

具有 { 强度高
刚度高

∴ 工程实际中尽量不使用开口薄壁圆环。

计算.

(1)

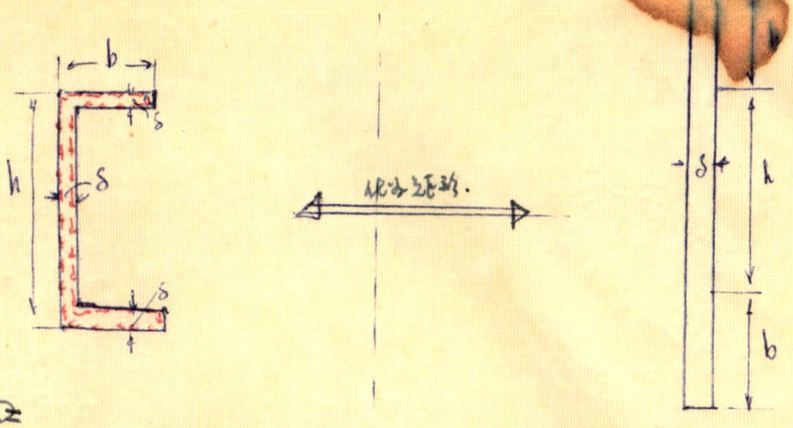


矩形计算公式

$\tau = \dfrac{M_t}{\frac{1}{3}\delta^2 s}$

$\varphi = \dfrac{M_t l}{\frac{1}{3}\delta^3 s}$.

$$\tau_1 = \frac{M_t}{\frac{1}{3}\delta^2(2b+h)}$$

$$\varphi_1 = \frac{M_t l}{G\cdot\frac{1}{3}\delta^3(2b+h)}$$

(2)

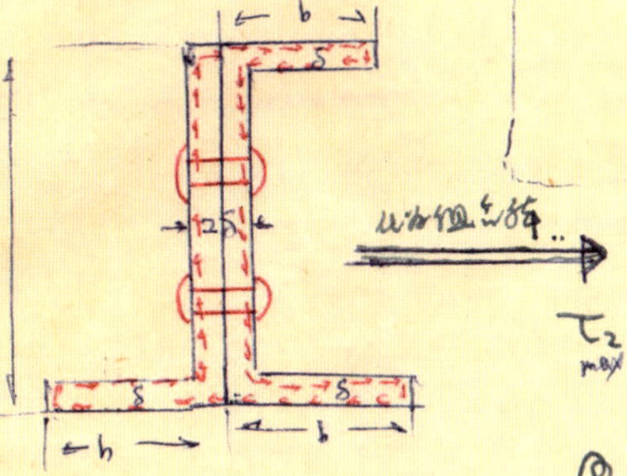


$$\tau_{2\,max} = \frac{M_t\,(2\delta)}{3\cdot\frac{1}{3}\delta^3 b + \frac{1}{3}(2\delta)^3 h} \quad (\tau_2 = \tau_{max})$$

$$\varphi_2 = \frac{M_t l}{G\left[3\cdot\frac{1}{3}\delta^3 b + \frac{1}{3}(2\delta)^3 h\right]}$$

习题:
3.3-6
3.4-1
3.4-4

由上可比较.

$$\frac{\tau_2}{\tau_1} = \frac{4b+2h}{3b+8h} \leq 1 \qquad \tau_2 < \tau_1 \text{ 减小 } \frac{4b+2h}{3b+8h} \text{ 倍}$$

$$\frac{\varphi_2}{\varphi_1} = \frac{2b+h}{3b+8h} < 1 \qquad \varphi_2 < \varphi_1 \text{ 刚度增大 } \frac{3b+8h}{2b+h} \text{ 倍}$$

例: 哪一形状(受扭)受力好. 设两者截面面积一致

已知 $A_1 = 2\pi r\delta = A_2 = 4b\delta$.

则 $b = \dfrac{\pi r}{2}$

①

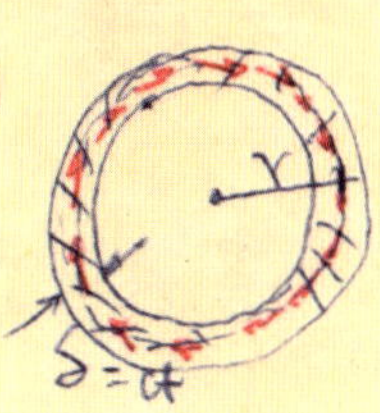


(受扭好)

②

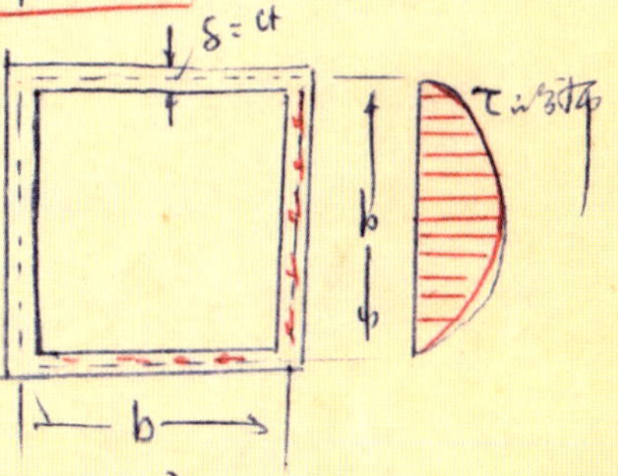


(受弯好)

① 受力均匀 均是τ,

薄壁中线围成的面积: $A_{m1} = \pi r^2$.

② 受力不均匀

$A_{m2} = (b)^2 = b^2 = \dfrac{\pi^2}{4} r^2$

$$\tau_{max1} = \frac{M_t}{2A_{m1}\delta}, \qquad \tau_{max2} = \frac{M_t}{2A_{m2}\delta}$$

$$\frac{\tau_1}{\tau_2}=\frac{A_{m2}}{A_{m1}}=\frac{\pi}{4}=0.781 \qquad \tau_1<\tau_2 \quad \text{圆管强度高}$$

$$\varphi_1=\frac{M_t l}{G\,4A_{m_1}^2}\int_0^{L_m}\frac{ds}{\delta}=\frac{M_t l\cdot 2\pi r}{4A_{m_1}^2\cdot\delta}$$

$$\therefore \varphi_2=\frac{M_t l\cdot 4b}{G\cdot 4A_{m_2}^2\cdot\delta} \qquad \frac{\varphi_1}{\varphi_2}=\frac{\pi r}{2b}\cdot\frac{A_{m_2}^2}{A_{m_1}^2}=\frac{\pi^2 r}{32b}=\frac{\pi^2}{16}=0.617$$

$$\therefore \varphi_1<\varphi_2$$

∴ 圆管受扭比方形管，{ 强度高 / 刚度高

# 扭转小结（本章）

1、主要公式：$\tau=\frac{M_t r}{J_p}$，$\phi=\frac{M_t l}{GJ_p}$（扭转角） $\gamma_{(应变)}=\frac{M_t r}{GJ_p}$

虎克定律中 $\tau=G\gamma$ 、 ~~$\tau_x=\frac{E}{2}$~~ $G=\frac{E}{2(1+\mu)}$

应该记住的是：极惯性矩 $J_p$ { $J_p=\frac{\pi}{2}r^4$（实圆柱） $W_p=\frac{\pi}{2}r^3=\frac{J_p}{r}$ ; $J_p=\frac{1}{2}\pi r^4(1-\alpha^4)$（空心圆柱） $\alpha=\frac{d}{D}=\frac{r_1}{r_2}$

其定义 $J_p=\int_A\rho^2 dA$ ——推导中推理

极限薄壁 表示开口 ① { $J_p=\sum\frac{1}{3}s\delta^3$ ; $\tau_{max}=\frac{M_t\delta_{max}}{J_p}$ } ，$M_t=\frac{G\phi}{3l}\sum s\delta^3$

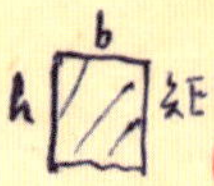

矩形 ② { $J_p=\beta hb^3$ ; $W_p=\alpha hb^2$ }

③ 闭口薄壁：$J_p=4A_m^2\Big/\int_0^{L_m}\frac{ds}{\delta_x}$ 。 $W_p=2A_m\delta_{min}$

注意：1°.单计算 $\phi$ 时 $M_t$ 是各部件中之内力矩。2°.自由扭转中平面不保持平面，但是刚性平面转动，即 $\phi=\varphi_1=\varphi_2=\varphi_i$

2、能量计算：$U=\frac{1}{2}M_t\phi=\int_V\frac{\tau_x^2}{2G}dV=\frac{M_t^2 l}{2GJ_p}\overset{推广}{=}\int_0^L\frac{M_x^2 dx}{2GJ_{px}}$

和另一公式：$U=\int_0^L\frac{G}{2}J_x\left(\frac{d\phi}{dx}\right)^2dx$

3、密圈弹簧：理解原理：$\tau_{max}=\frac{4P}{\pi d^2}+\frac{PR}{W_p}=\frac{8PR}{\pi d^3}\left(1+\frac{d}{2D}\right)$（近似）
（剪切力） （扭转力）

精确地 { $\tau_{max}=K\frac{8PD}{\pi d^3}$ ; $\lambda=\frac{8D^3nP}{Gd^4}=\frac{P}{c}$ } 其 $K=\frac{4c-1}{4c-4}+\frac{0.615}{c}$ ，$c=\frac{D}{d}$

$c=$ ~~$\frac{8D^3n}{}$~~ $\frac{Gd^4}{8nD^3}$（n为有效圈数）

4、扭转冲击问：用能量法推证 $\underset{\text{轮上之动能}}{\frac{1}{2}J_0\omega^2}=\underset{\text{轴上之[illegible]}}{\frac{M_{dy}^2 l}{2GJ_p}}$

$$\therefore \tau_{max\,dy}=\sqrt{\frac{2GJ_0}{lA}}\cdot\omega \quad \text{（扭转冲击剪切应力）}$$

# 第五章 应力和应变的分析

## Stress analysis and strain analysis

### §5-1 拉伸斜截面上的应力

### Stress of extended incline section

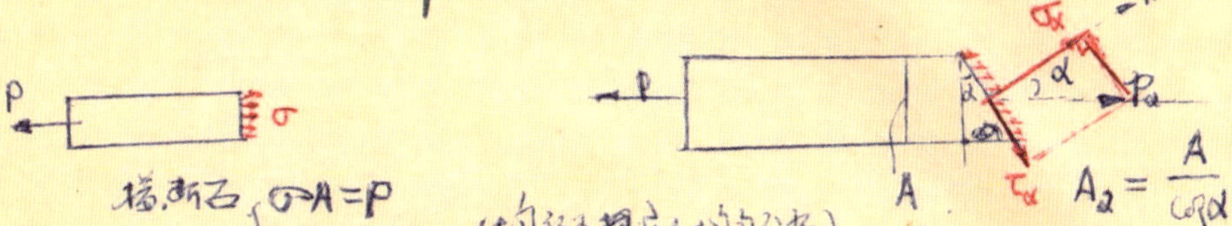

横断面 $\sigma A = P$
$\begin{cases} \sigma = \frac{P}{A} \\ \tau = 0 \end{cases}$ （认为应力均匀分布）

$A_\alpha = \frac{A}{\cos\alpha}$

$p_\alpha \cdot A_\alpha = P$

$p_\alpha = \frac{P}{A_\alpha} = \frac{P}{A}\cos\alpha$

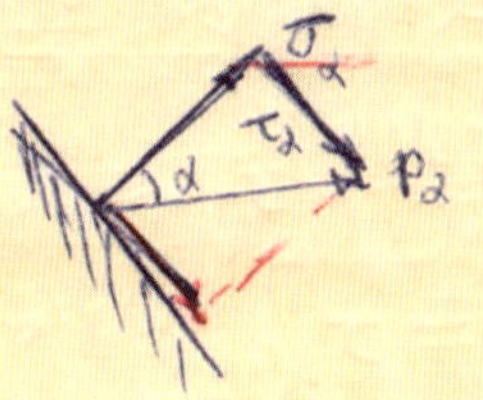

将 $p_\alpha$ 分解为 $\sigma_\alpha$、$\tau_\alpha$

$\sigma_\alpha = p_\alpha \cos\alpha = \sigma\cos^2\alpha = \sigma\frac{1+\cos 2\alpha}{2}$

$\tau_\alpha = p_\alpha \sin\alpha = \sigma\sin\alpha\cos\alpha = \frac{\sigma}{2}\sin 2\alpha$

∴ 斜截面上 $\begin{cases} \tau_\alpha = \frac{\sigma}{2}\sin 2\alpha \\ \sigma_\alpha = \sigma\cos^2\alpha \end{cases}$

∴ $\tau_\alpha$、$\sigma_\alpha$ 随截面变化，$\alpha$ 不同，截面不同，应力也不相同。

$\alpha = 0$，$\sigma_0 = \sigma$（主应力），$\tau_0 = 0$ （横截面）

$\alpha = \frac{\pi}{4}$ $\sigma_{45°} = \frac{\sigma}{2}$ $\tau_0 = \frac{\sigma}{2} = \tau_{max}$ （斜截面）

$\alpha = \frac{\pi}{2}$ $\sigma_{90°} = 0$ $\tau_{90°} = 0$ （水平面）

∴ 1° 最大正应力，在横截面上，$\alpha = 0°$，$\sigma_\alpha = \sigma_{max}$。

$\sigma_0$ 为主应力，即最大正应力就是主应力，主应力也就是最大正应力。 （不适用于塑性材料）

2° 最大切应力 $\frac{d\tau_\alpha}{d\alpha} = 0$，$\sigma\cos 2\alpha = 0$，$2\alpha = \frac{\pi}{2}$，$\alpha = \frac{\pi}{4}$

$\alpha = 45°$ 时 $\tau_{45} = \tau_{max} = \frac{\sigma}{2}$ （拉伸的特性）

最大切应力是造成晶格滑移的原动力，故滑移常产生于45°斜面上。 （不适用于脆性材料）

单轴应力讨论。

分别取A、B二单元讨论。

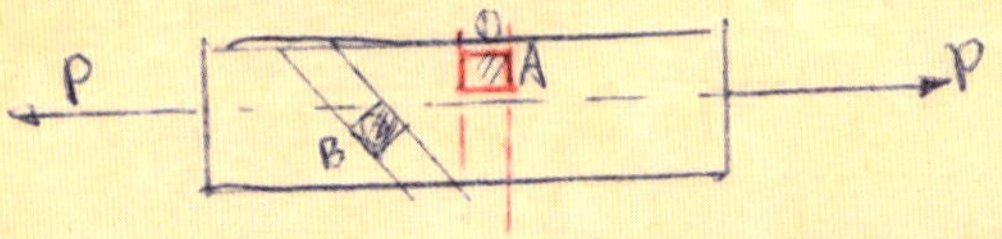

**取元素体 elementary volume。** （设体内部各点应力均匀分布）

A ①.

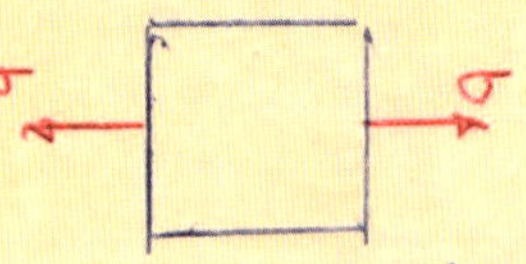

这种情况为 { 为单向应力状态（只一个方向有应力）；主应力=最大正应力（$\tau=0$） }

B ②

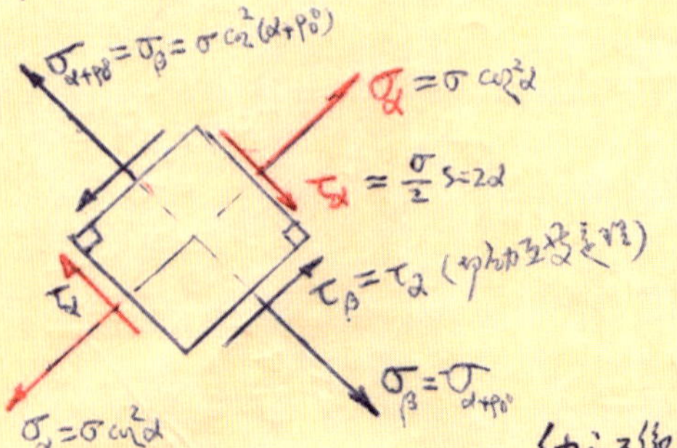

采取截面法平衡

（求 $\sigma_\alpha$、$\tau_\alpha$ 是符号一致，但适用于普通一般性）

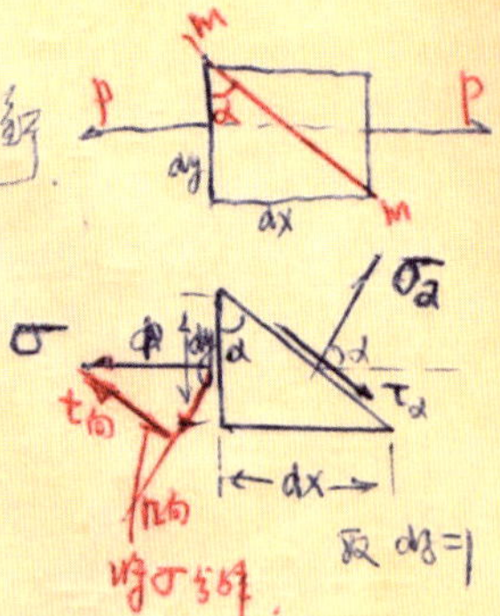

$\Sigma P_n=0$

（力的平衡）。 $\sigma_\alpha=\sigma\cos^2\alpha$

$\Sigma P_t=0$ $\quad \tau_\alpha=\frac{\sigma}{2}\sin 2\alpha$

## §5-2. 平面应力（二维应力）状态 （第三节上段相应力）

一、斜截面上的应力。

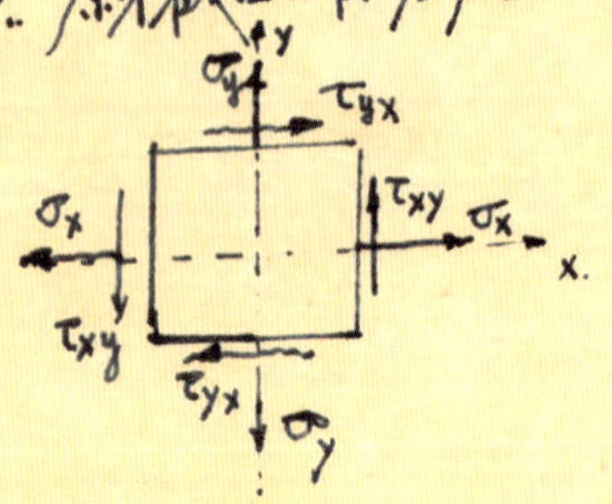

应力正负号在平面应力状态下的规定。

①. 拉应力为正，压应力为负。

②. 元素面法线方向右旋一致的剪应力为正。（如 $\tau_{yx}$、为正，$\tau_{xy}$ 为负）。

或者说，绕元素体右旋的剪应力为正，左旋为负。（顺时针向为正）

应力正负按坐标系规定。（弹性力学问题）。$\tau$、$\sigma$ 沿坐标正向者为正，…负……负。

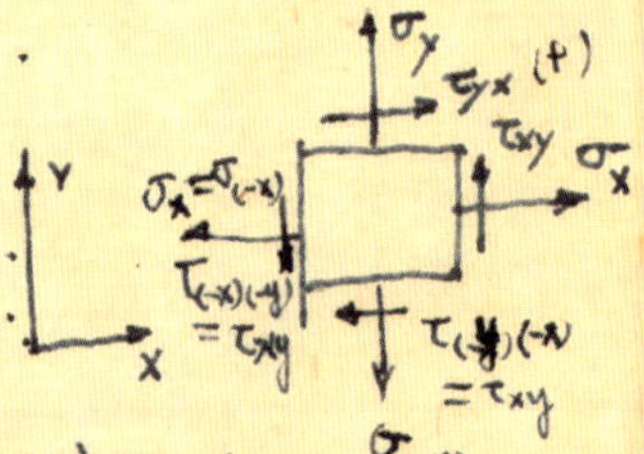

再讨论。

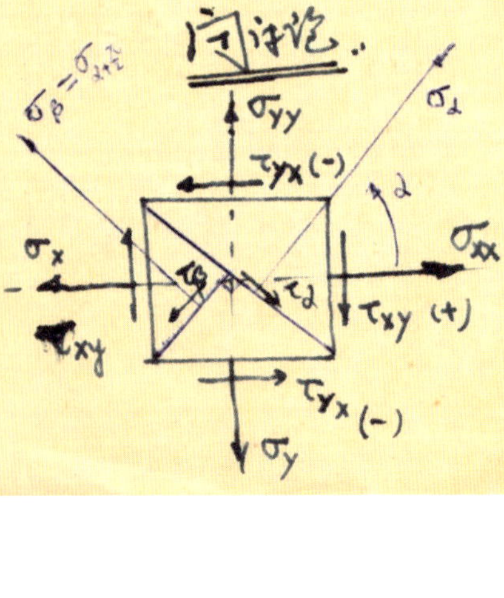

$\begin{pmatrix}\sigma_x & \tau_{xy}\\ \tau_{yx} & \sigma_y\end{pmatrix}$ 已知。求任一斜切面上的应力 $\begin{pmatrix}\sigma_\alpha & \tau_\alpha\\ \tau_\beta & \sigma_\beta\end{pmatrix}$。

利用。切面法平衡方程求解。

平衡。$\sigma_\alpha dA=\sigma_x dA\cos\alpha\cdot\cos\alpha+\sigma_y dA\sin\alpha\cdot\sin\alpha-\tau_{xy}dA\cos\alpha\sin\alpha-\tau_{yx}dA\sin\alpha\cdot\cos\alpha$

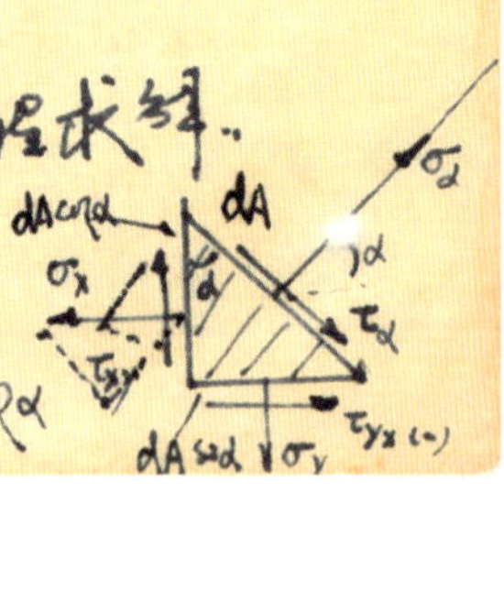

单元分析. 将斜面上 $\sigma_x$. $\sigma_y$. $\tau_{xy}$. $\tau_{yx}$ 分别分解..

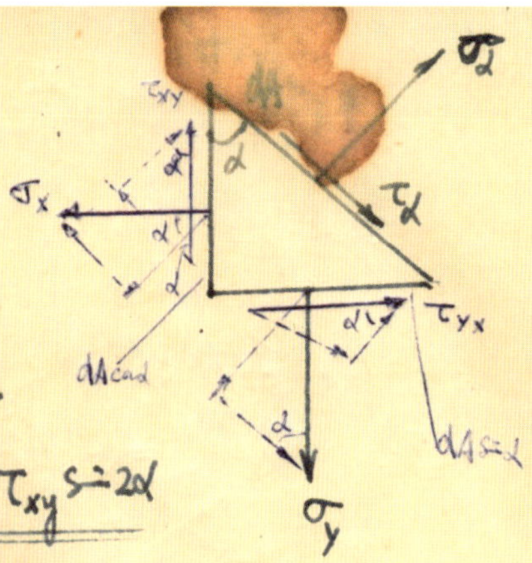


列平衡..

$$\sigma_\alpha dA = \sigma_x dA\cos\alpha\cdot\cos\alpha + \sigma_y dA\sin\alpha\cdot\sin\alpha + \tau_{xy} dA\cos\alpha\cdot\sin\alpha + \tau_{yx}\sin\alpha\cdot dA\cdot\cos\alpha.$$

$$\therefore \sigma_\alpha = \frac{\sigma_x+\sigma_y}{2} + \frac{\sigma_x-\sigma_y}{2}\cos2\alpha + \tau_{xy}\sin2\alpha$$

$$\tau_\alpha dA = \sigma_x dA\cos\alpha\sin\alpha - \sigma_y dA\sin\alpha\cdot\cos\alpha + \tau_{xy} dA\cos\alpha\cdot\cos\alpha - \tau_{yx} dA\sin\alpha\cdot\sin\alpha$$

（注τ分解之方向注意正负号）

$$\tau_\alpha = \frac{(\sigma_x-\sigma_y)}{2}\sin2\alpha - \tau_{xy}\cos2\alpha.$$

$$\therefore \begin{cases} \sigma_\alpha = \dfrac{\sigma_x+\sigma_y}{2} + \dfrac{\sigma_x-\sigma_y}{2}\cos2\alpha + \tau_{xy}\sin2\alpha \\ \tau_\alpha = 0 + \dfrac{\sigma_x-\sigma_y}{2}\sin2\alpha - \tau_{xy}\cos2\alpha \end{cases}$$ ①（比较记忆）

（这得由后旋法） $\beta = \alpha + 90^\circ$

$$\therefore \begin{cases} \sigma_\beta = \dfrac{\sigma_x+\sigma_y}{2} - \dfrac{\sigma_x-\sigma_y}{2}\cos2\alpha + \tau_{xy}\sin2\alpha \\ \tau_\beta = 0 - \dfrac{\sigma_x-\sigma_y}{2}\sin2\alpha - \tau_{xy}\cos2\alpha. \\ \quad = -\tau_\alpha \end{cases}$$

注.. 这里有一有趣公式.

$$\boxed{\sigma_\alpha + \sigma_\beta = \sigma_x + \sigma_y}$$ 叫应力第一不变量..

即.. 在任一相互垂直元素面上正应力之和为一常量（或不变量）.

可有

$$\boxed{\begin{array}{ll} \sigma_\beta = \sigma_x + \sigma_y - \sigma_\alpha. & \text{应力第一不变量} \\ \tau_\beta = -\tau_\alpha & \text{切应力互等定理} \end{array}}$$ ②（注. $\alpha+\frac{\pi}{2}=\beta$ 才成立）

## （二）、Mohr 圆（求应力的图解法）

从上述式①. 有

$$\left.\begin{array}{l} \left(\sigma_\alpha - \dfrac{\sigma_x+\sigma_y}{2}\right) = \left(\dfrac{\sigma_x-\sigma_y}{2}\cos2\alpha - \tau_{xy}\sin2\alpha\right) \\ (\tau_\alpha - 0) = \left(\dfrac{\sigma_x-\sigma_y}{2}\sin2\alpha + \tau_{xy}\cos2\alpha\right) \end{array}\right\}③$$

∴ ③式两边分别平方. 再二式相加..

$$\left(\sigma_\alpha - \frac{\sigma_x+\sigma_y}{2}\right)^2 + \tau_\alpha^2 = \left(\frac{\sigma_x-\sigma_y}{2}\right)^2 + \tau_{xy}^2$$ 圆方程

比较圆方程 $(x-a)^2+(y-b)^2=R^2$

∴ Mohr圆.. 圆心在 $\left(\frac{\sigma_x+\sigma_y}{2},\ 0\right)$. 圆半径 $R=\sqrt{\left(\frac{\sigma_x-\sigma_y}{2}\right)^2+\tau_{xy}^2}$

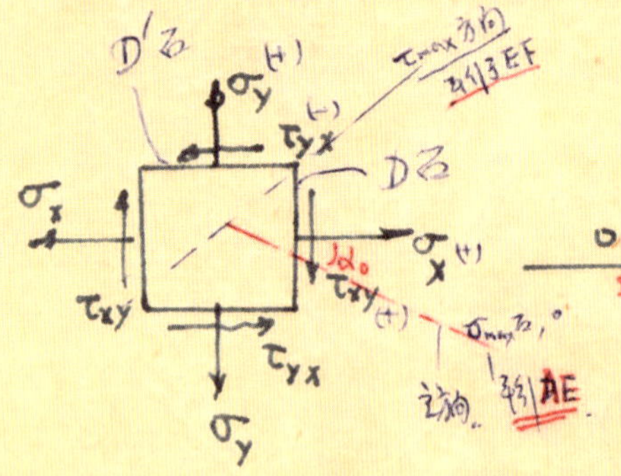


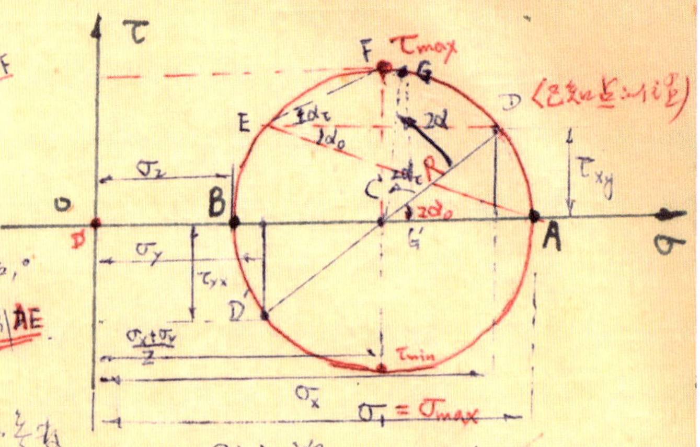


（圆上……元素面上是α，在圆上的弧长就是2α。所以元素体上是D⊥D′，在圆上D、D′相差2×90°=180°，则$\overline{DD'}$就是圆的直径了）

从圆上定应力方向..

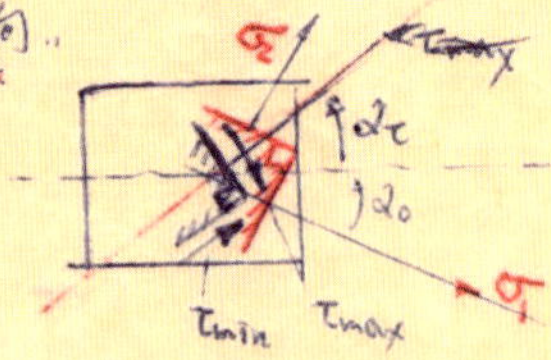


1). 主应力.. 最大最小正应力.. 切应力为零的元素面上的正应力为主应力.（或特征值、或本征值）

$$\sigma_{1,2}=\frac{\sigma_x+\sigma_y}{2}\pm\sqrt{\left(\frac{\sigma_x-\sigma_y}{2}\right)^2+\tau_{xy}^2}$$

$$\sigma_3=\sigma_0=\sigma_D=0$$

（注意. $\sigma_{1,2,3}$ 按其排列是由其大小而定的. 按 $\sigma_1\geq\sigma_2\geq\sigma_3$. 此式成立 $\sigma_1=\sigma_2=\sigma_3$ 时. 为等轴应力）.

2). 最大切应力.. $\tau_{max}=+\sqrt{\left(\frac{\sigma_x-\sigma_y}{2}\right)^2+\tau_{xy}^2}$

$$\tau_{min}=-\sqrt{\left(\frac{\sigma_x-\sigma_y}{2}\right)^2+\tau_{xy}^2}$$

3). 主应力元素面的方向——主方向——特征向量（或本征向量）

$$tg\,2\alpha_0=+\frac{2\tau_{xy}}{\sigma_x-\sigma_y}\ \Longrightarrow\ \alpha_0$$

注. 求得$\alpha_0$二个值. $\alpha_{01}$与$\alpha_{02}$（相差90°）所以可将$\alpha_{01}$、$\alpha_{02}$分别代入$\sigma_\alpha$方程中求出$\sigma_{max}$与$\sigma_{min}$. 从而可确定最大主应力之方向是$\alpha_{01}$或$\alpha_{02}$

4). 最大切应力元素面的方向.

$$tg\,2\alpha_\tau=\frac{\sigma_x-\sigma_y}{2\tau_{xy}}\ \longrightarrow\ \alpha_\tau.$$

∵ $tg\,2\alpha_\tau\cdot tg\,2\alpha_0=-1$ ∴ $2\alpha_0\pm2\alpha_\tau=\frac{\pi}{2}$ ∴ $\alpha_0\pm\alpha_\tau=45^\circ$

即主方向与最大切应力作用面之方向相差45°.

## 5、任意斜截面上的应力

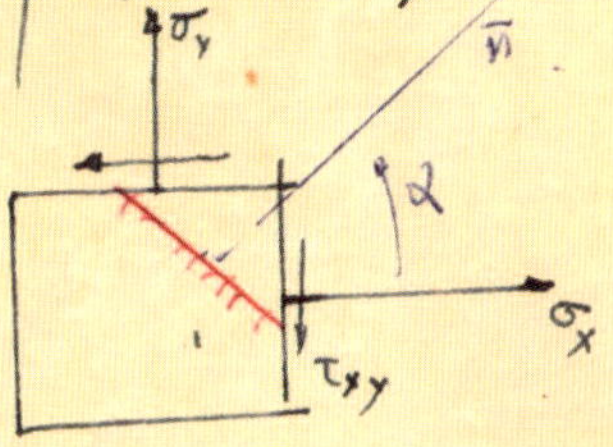


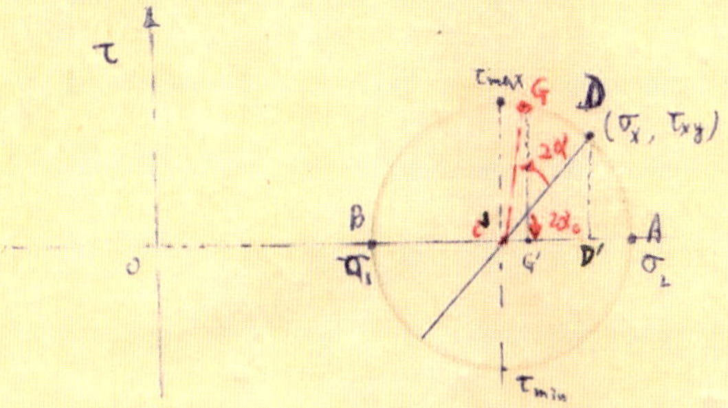


在图上 2α处 G点代表了任意斜截面上的应力.

$$\sigma_\alpha = CG' + OC$$
$$= OC + CG\cos(2\alpha + 2\alpha_0)$$
$$= OC + CG(\cos 2\alpha \cos 2\alpha_0 - \sin 2\alpha \sin 2\alpha_0)$$
$$= OC + CG\left[\frac{CD'}{CD}\cos 2\alpha - \frac{DD'}{CD}\sin 2\alpha\right]$$
$$= \frac{\sigma_x+\sigma_y}{2} + CD'\cos 2\alpha - DD'\sin 2\alpha$$

（CG：CD 均为半径）

$$= \frac{\sigma_x+\sigma_y}{2} + \frac{\sigma_x-\sigma_y}{2}\cos 2\alpha - \tau_{xy}\sin 2\alpha$$

与公式一致

$$\tau_\alpha = CG\sin[2\alpha + 2\alpha_0] = CG[\sin 2\alpha\cos 2\alpha_0 + \cos 2\alpha \sin 2\alpha_0]$$
$$= CG\cdot\left(\frac{CD'}{CD}\sin 2\alpha + \frac{DD'}{CD}\cos 2\alpha\right)$$
$$= CD'\sin 2\alpha + DD'\cos 2\alpha$$
$$= \frac{\sigma_x-\sigma_y}{2}\sin 2\alpha + \tau_{xy}\cos 2\alpha.$$

例。拉伸。

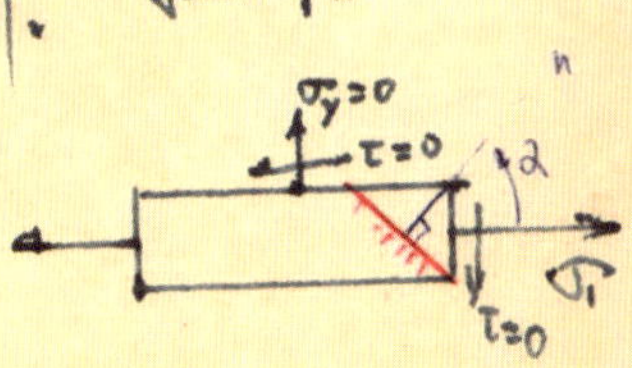


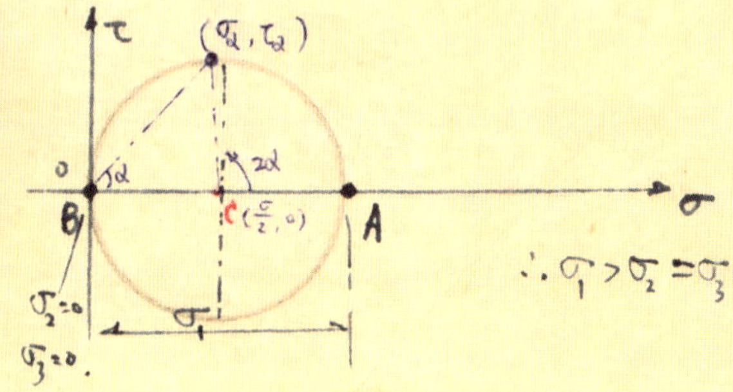


$\therefore \sigma_1 > \sigma_2 = \sigma_3 = 0$

$$\therefore \begin{cases} \sigma_\alpha = \dfrac{\sigma}{2} + \dfrac{\sigma}{2}\cos 2\alpha \\ \tau_\alpha = \dfrac{\sigma}{2}\sin 2\alpha \end{cases}$$

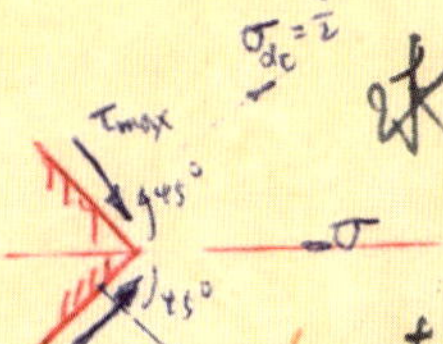


求最大切应力 $\tau_{max}$. 则 $\tau_{max} = R = \dfrac{\sigma}{2}$

且 $2\alpha_\tau = \dfrac{\pi}{2}$. $\alpha_\tau = \dfrac{\pi}{4}$

在该截面 $\sigma_{\alpha_\tau} = \dfrac{\sigma}{2}$

例. 纯剪切.

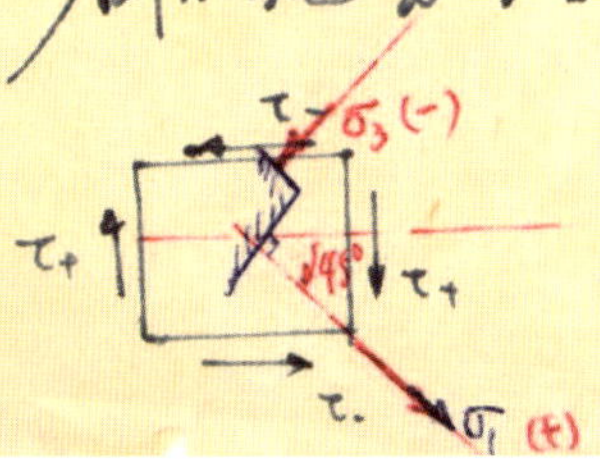


确定其主应力

并确定作用面方向.

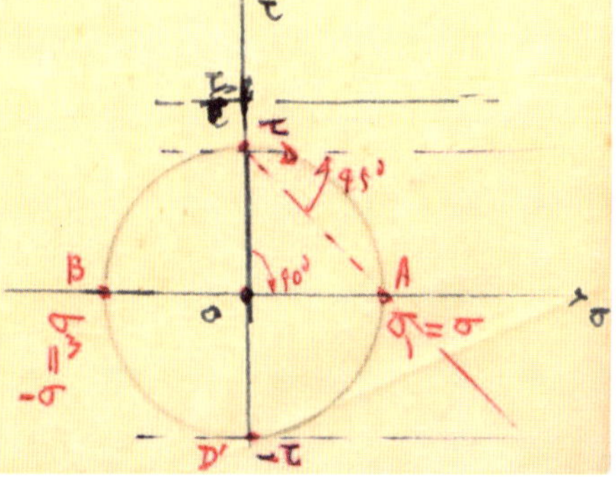

例：$\sigma_y > \sigma_x$　　求主应力及主方向。[illegible]及其方向。

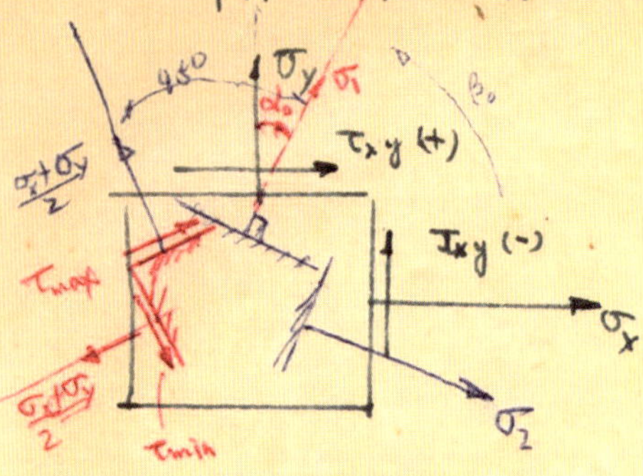


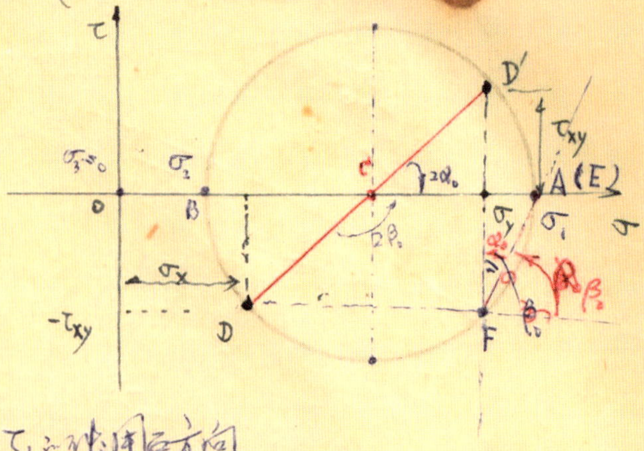


利用莫尔圆作图法定 $\sigma_\alpha$, $\tau_\alpha$ 之作用面方向

1. 由已知点 D($\sigma_x$, $\tau_{xy}$) D'($\sigma_y$, $\tau_{yx}$) 作出 Mohr 圆。

2. 在圆上定出 ($\sigma_\alpha$, $\tau_\alpha$) 点 E （特殊地为主应力点。）

3. 过 D 点（或 D' 点）作平行已知之 ($\sigma_x$, $\tau_{xy}$) 作用面之法线之平行射线交于圆上之另一点 F （~~射线与面之法线方向一致~~ 指向）

4. 过 F 点作与所求点 E ($\sigma_\alpha$, $\tau_\alpha$) 之连线 $\overline{FE}$，则 $\overline{FE}$ 与 ($\sigma_x$, $\tau_{xy}$) 作用面之法线正向之夹角 $\alpha_0$（或 $\beta_0$）就为所求之夹角。

5. 将连线 $\overline{FE}$ 平移到元素面上，就得到所求作用面的法线。

（注意，莫尔圆上之指向应与元素体上的指向一致）。

## 〈三〉. 任意斜截面上的应力——用矩阵表示..

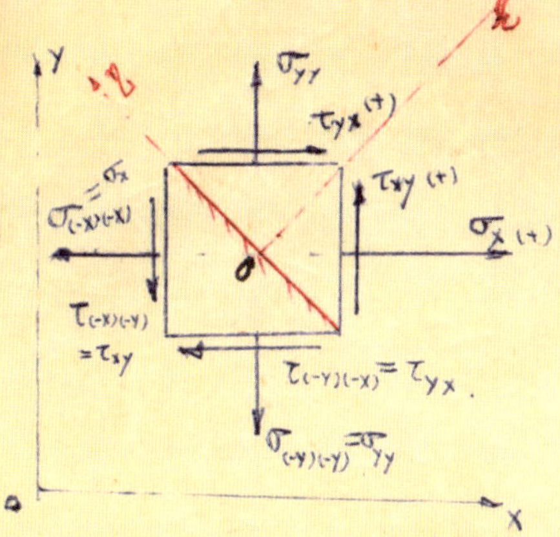

(方向按坐标轴规定)

$Oxy$ 为老坐标轴

$O\xi\eta$ 为新坐标轴

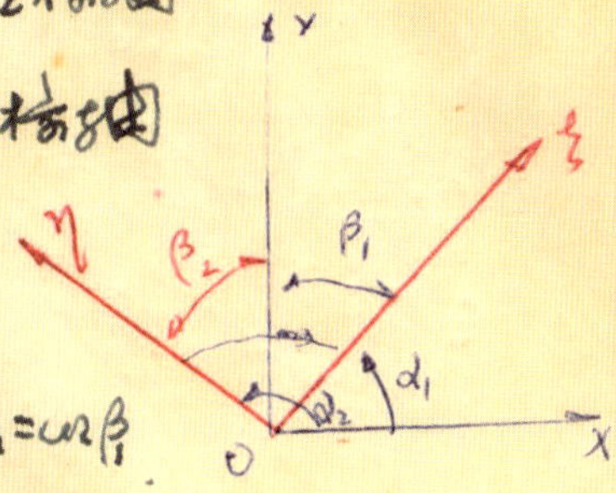

$\xi$ 轴方向余弦.

$l_1=\cos\alpha_1$. $m_1=\cos\beta_1$.

$\eta$ 之方向余弦.

$l_2=\cos\alpha_2$ $m_2=\cos\beta_2$

新老坐标变换关系..

| | $x$ | $y$ |
|---|---|---|
| $\xi$ | $l_1=\cos\alpha_1$ | $m_1=\cos\beta_1$ |
| $\eta$ | $l_2=\cos\alpha_2$ | $m_2=\cos\beta_2$ |

互余关系.

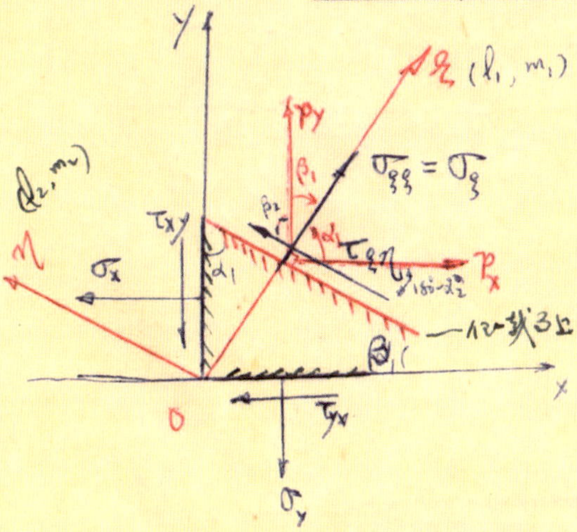

由左图. 建立平衡方程..

$\sum X=0$. $p_x dA=\sigma_x l_1 dA+\tau_{yx} m_1 dA$

$\therefore\ p_x=\sigma_x l_1+\tau_{yx} m_1$

$\sum Y=0$.

$p_y dA=\sigma_y m_1 dA+\tau_{xy} l_1 dA$

$\therefore\ p_y=\sigma_y m_1+\tau_{xy} l_1$

$=\tau_{xy} l_1+\sigma_y m_1$

写成矩阵.

$$\begin{bmatrix}p_x\\p_y\end{bmatrix}=\begin{bmatrix}\sigma_x & \tau_{yx}\\ \tau_{xy} & \sigma_y\end{bmatrix}\begin{bmatrix}l_1\\m_1\end{bmatrix}$$

从图中可见. $\sigma_\xi$. $\tau_{\xi\eta}$ 是 $p_x$. $p_y$ 之合成..

$$\sigma_\xi=p_x\cos\alpha_1+p_y\cos\beta_1=l_1p_x+m_1p_y=[l_1,m_1]\cdot\begin{bmatrix}p_x\\p_y\end{bmatrix}$$

$$\therefore\ \sigma_\xi=[l_1,m_1]\cdot\begin{bmatrix}\sigma_x & \tau_{xy}\\ \tau_{yx} & \sigma_y\end{bmatrix}\cdot\begin{bmatrix}l_1\\m_1\end{bmatrix}$$

展开就得到 $\sigma_\xi=\sigma_\alpha$

$=\sigma_x l_1^2+\sigma_y m_1^2+2\tau_{xy}l_1m_1$

$=\sigma_x\cos^2\alpha+\sigma_y\sin^2\alpha+\tau_{xy}\sin 2\alpha$

$$\tau_{\xi\eta} = p_x\cos\alpha_2 + p_y\cos\beta_2$$
$$= p_x l_2 + p_y m_2$$

（注：这……并非平行的）

$$\therefore\ \tau_{\xi\eta} = [l_2, m_2]\begin{bmatrix} p_x \\ p_y \end{bmatrix}$$

也即：

$$\tau_{\xi\eta} = [l_1, m_2]\begin{bmatrix} \sigma_x & \tau_{xy} \\ \tau_{yx} & \sigma_y \end{bmatrix}\begin{bmatrix} l_1 \\ m_1 \end{bmatrix}$$

展开后同材料力学解

$$\tau_{\xi\eta} = \tau_\alpha$$
$$= \frac{\sigma_x+\sigma_y}{2}\sin 2\alpha_1 - \tau_{xy}\cos 2\alpha_1$$

矩阵可写成：

$$\begin{bmatrix} \sigma_{\xi} \\ \tau_{\xi\eta} \end{bmatrix} = \begin{bmatrix} l_1 & m_1 \\ l_2 & m_2 \end{bmatrix}\begin{bmatrix} \sigma_x & \tau_{yx} \\ \tau_{xy} & \sigma_y \end{bmatrix}\begin{bmatrix} l_1 \\ m_1 \end{bmatrix}$$

新坐标　　老坐标

再考虑 $\eta$ 方向面上：

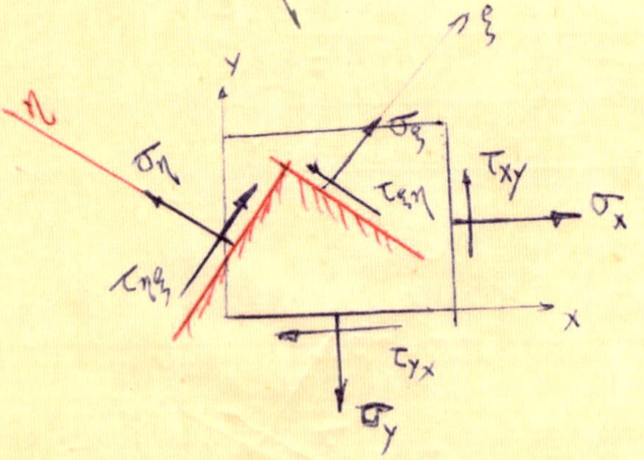


与上面分析一样地解得：

$$\begin{bmatrix} \tau_{\eta\xi} \\ \sigma_\eta \end{bmatrix} = \begin{bmatrix} l_1 & m_1 \\ l_2 & m_2 \end{bmatrix}\begin{bmatrix} \sigma_x & \tau_{yx} \\ \tau_{xy} & \sigma_y \end{bmatrix}\begin{bmatrix} l_2 \\ m_2 \end{bmatrix}$$

总的矩阵为：

$$\begin{bmatrix} \sigma_\xi & \tau_{\eta\xi} \\ \tau_{\xi\eta} & \sigma_\eta \end{bmatrix} = \begin{bmatrix} l_1 & m_1 \\ l_2 & m_2 \end{bmatrix}\begin{bmatrix} \sigma_x & \tau_{yx} \\ \tau_{xy} & \sigma_y \end{bmatrix}\begin{bmatrix} l_1 & l_2 \\ m_1 & m_2 \end{bmatrix}$$

新应力张量（新的应力状态）　　老应力张量（即给定的应力状态）

方记 $\sigma_{\xi\eta}=[l][\sigma_{ij}][l]^T$

应力张量的坐标变换

所谓张量（Tensor）指一群量的集合，它表示某种既定物理状态的本体。（不随坐标选择而改变的物理量）

张量分析：就是把给定的张量改变成另一状态下的张量。就如我们上面应力状态的改变：$\sigma_{\xi\eta}=[l][\sigma_{ij}][l]^T$

张量分析的主要任务：是寻找一群量的物理特征的本体。

例..

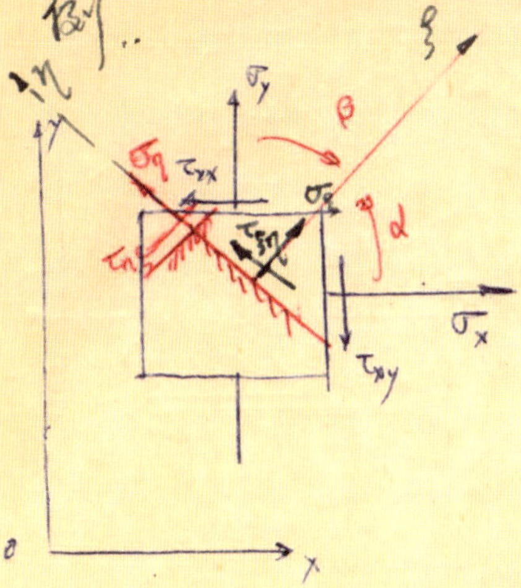


建立坐标系.（此[illegible]）

| | x | y |
|---|---|---|
| ξ | $\cos\alpha$ | $\cos\beta=\sin\alpha$ |
| η | $-\sin\alpha$ | $\sin\beta=\cos\alpha$. |

$$\therefore \begin{bmatrix}\sigma_\xi & \tau_{\xi\eta}\\ \tau_{\eta\xi} & \sigma_\eta\end{bmatrix}=\begin{bmatrix}\cos\alpha, & \cos\beta\\ -\sin\alpha, & \sin\beta\end{bmatrix}\begin{bmatrix}\sigma_x & -\tau_{xy}\\ -\tau_{yx} & \sigma_y\end{bmatrix}\begin{bmatrix}\cos\alpha, & -\sin\alpha\\ \cos\beta. & \sin\beta\end{bmatrix}$$

$$=\begin{bmatrix}\cos\alpha. & \sin\alpha\\ -\sin\alpha. & \cos\alpha\end{bmatrix}\begin{bmatrix}\sigma_x. & -\tau_{xy}\\ -\tau_{yx}. & \sigma_y\end{bmatrix}\begin{bmatrix}\cos\alpha & -\sin\alpha\\ \sin\alpha. & \cos\alpha\end{bmatrix}$$

$$=\begin{bmatrix}\sigma_x\cos\alpha-\tau_{xy}\sin\alpha. & -\tau_{xy}\cos\alpha+\sigma_y\sin\alpha\\ -\sigma_x\sin\alpha-\tau_{xy}\cos\alpha, & +\tau_{xy}\sin\alpha+\sigma_y\cos\alpha\end{bmatrix}\begin{bmatrix}\cos\alpha, & -\sin\alpha\\ \sin\alpha, & \cos\alpha\end{bmatrix}$$

$$=\begin{bmatrix}\sigma_x\cos^2\alpha-\tau_{xy}\sin 2\alpha+\sigma_y\sin^2\alpha, & -\tau_{xy}\sin^2\alpha+\tau_{xy}\cos^2\alpha -\sigma_x\cos\alpha\sin\alpha+\sigma_y\sin\alpha\cos\alpha\\ \text{对称..} & \sigma_x\sin^2\alpha+\tau_{xy}\sin 2\alpha+\sigma_y\cos^2\alpha\end{bmatrix}$$

§5-3. 三向应力（三维或三轴应力）

## 三维应力.

### (一). 应力分布.

按坐标规定正负.

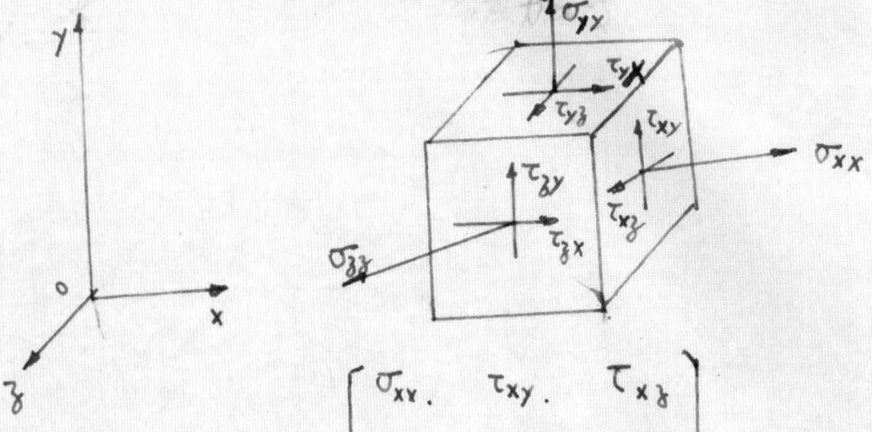


$$\sigma_{ij}=\begin{bmatrix}\sigma_{xx}. & \tau_{xy}. & \tau_{xz}\\ \tau_{yx} & \sigma_{yy} & \tau_{yz}\\ \tau_{zx} & \tau_{zy} & \sigma_{zz}\end{bmatrix}$$

后三面.

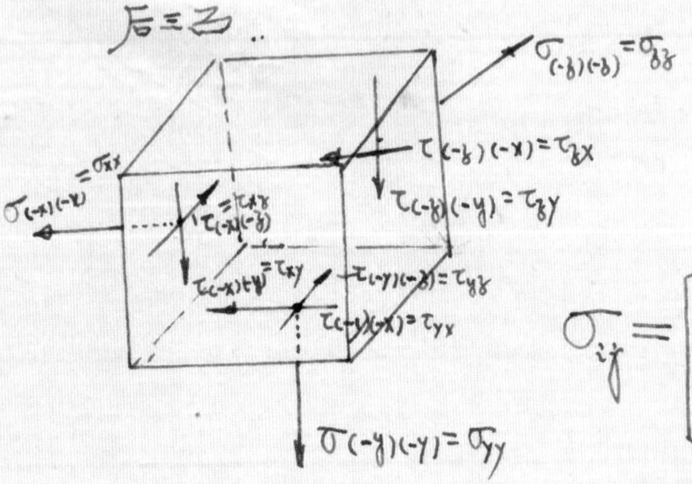


$$\sigma_{ij}=\begin{bmatrix}\sigma_{(-x)(-x)}, & \tau_{(-x)(-y)}. & \tau_{(-x)(-z)}\\ \tau_{(-y)(-x)}, & \sigma_{(-y)(-y)}. & \tau_{(-y)(-z)}\\ \tau_{(-z)(-x)}. & \tau_{(-z)(-y)}. & \sigma_{(-z)(-z)}\end{bmatrix}$$

$$=\begin{bmatrix}\sigma_{xx}. & \tau_{xy}, & \tau_{xz}\\ \tau_{yx}. & \sigma_{yy}. & \tau_{yz}\\ \tau_{zx} & \tau_{zy}. & \sigma_{zz}\end{bmatrix}$$

故以前三面与后三面

一一对称.

全部面上总共只有九个独立应力分量.（实际18个）

在两个垂直面上，$\tau_{yx}=\tau_{xy}$，$\tau_{zx}=\tau_{xz}$，$\tau_{yz}=\tau_{zy}$。

（即剪切应力互等定理。）

所以，$\tau_{ij}$ 的矩阵是对称阵，有 $\tau_{ij}=\tau_{ji}$。

∴ 在九个应力分量中，由于剪应力互等，应力张量为对称，故只有六个独立应力分量。

## (二)三向主应力状态时的最大切应力. 〈设 $\sigma_1>\sigma_2>\sigma_3$ 则 $\tau_{max}=\frac{\sigma_1-\sigma_3}{2}$〉

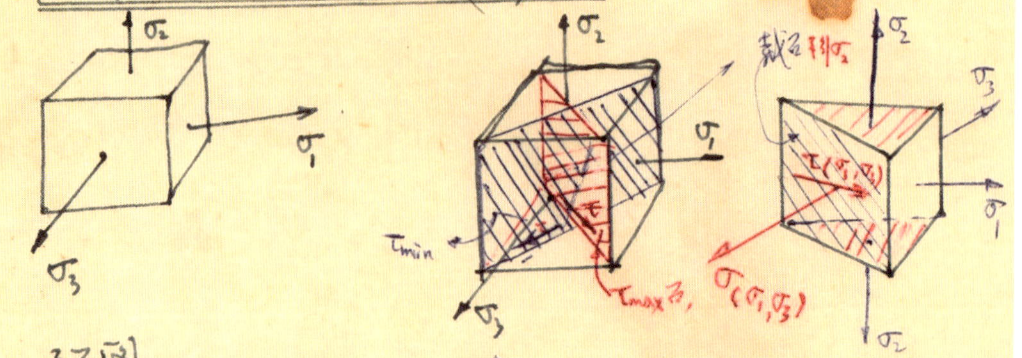


平面图.

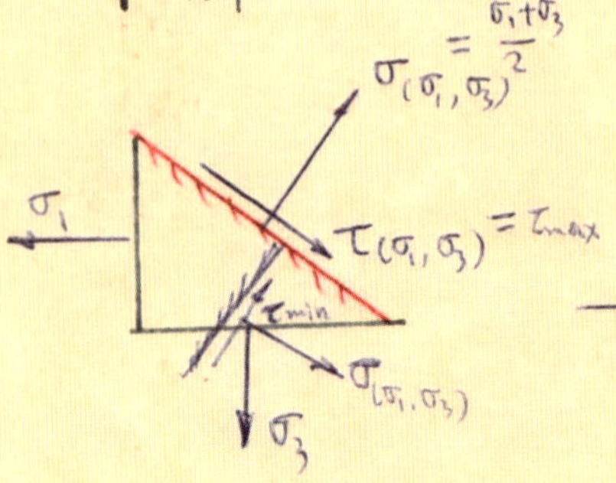


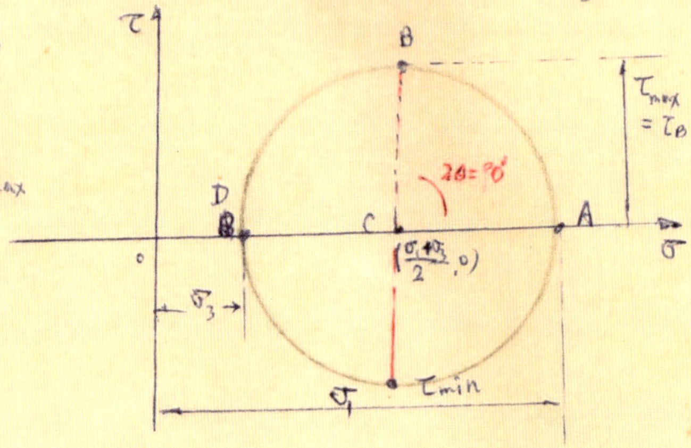


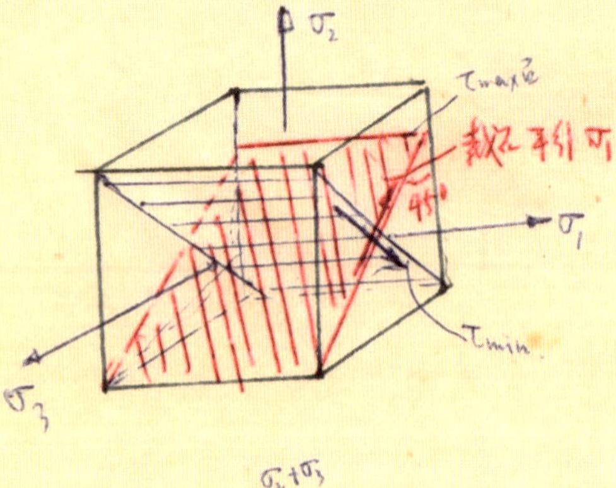


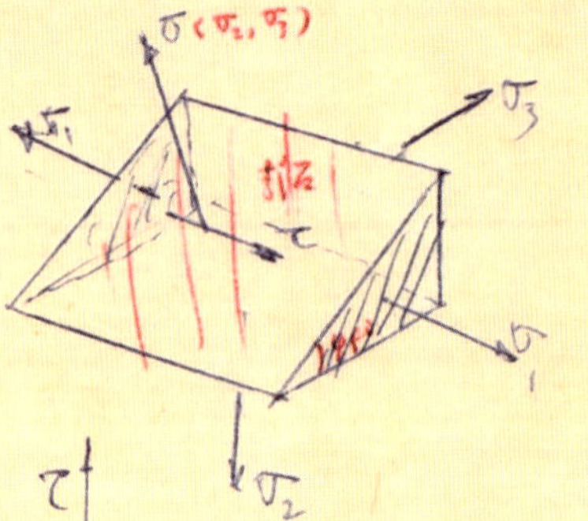


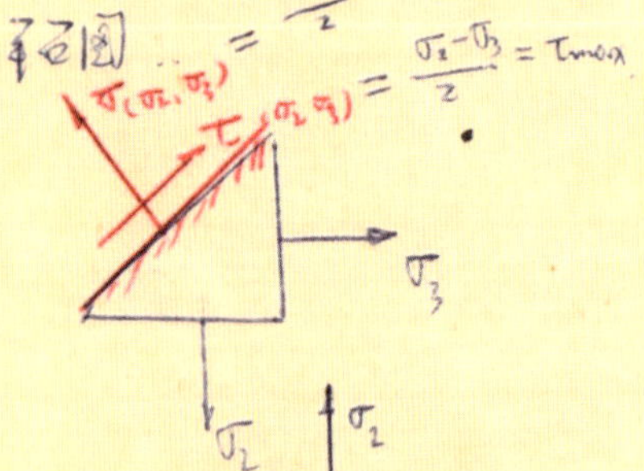


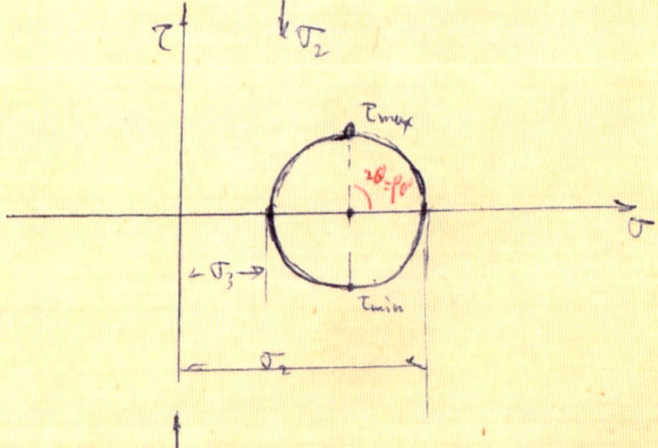


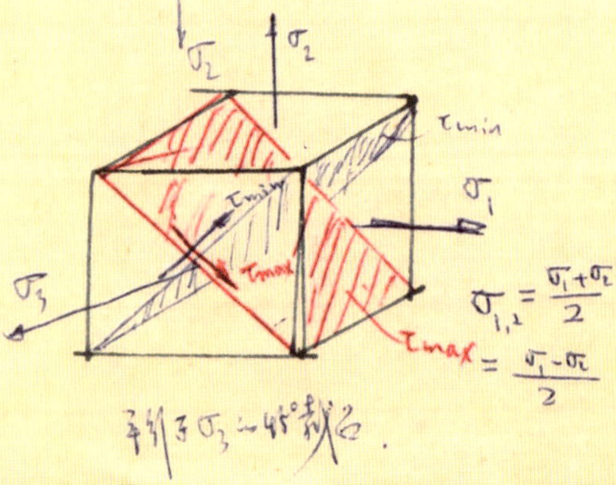


平行于σ3の45°截面.

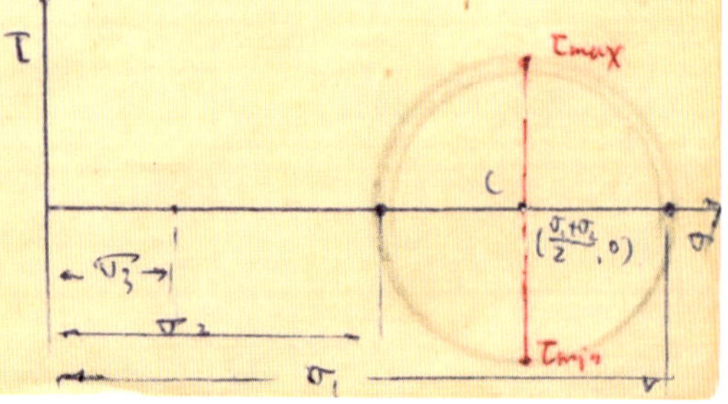

如：1° 简单拉伸时

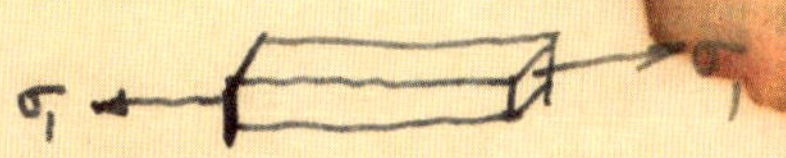


有 $\sigma_1>0$，$\sigma_2=\sigma_3=0$

（任何三向应力均能作三个莫尔圆.）

- $\sigma_2$ 与 $\sigma_3$ 作一个点圆，在原点
- $\sigma_1$ 与 $\sigma_2$、$\sigma_1$ 与 $\sigma_3$ 作一个大圆，见图.

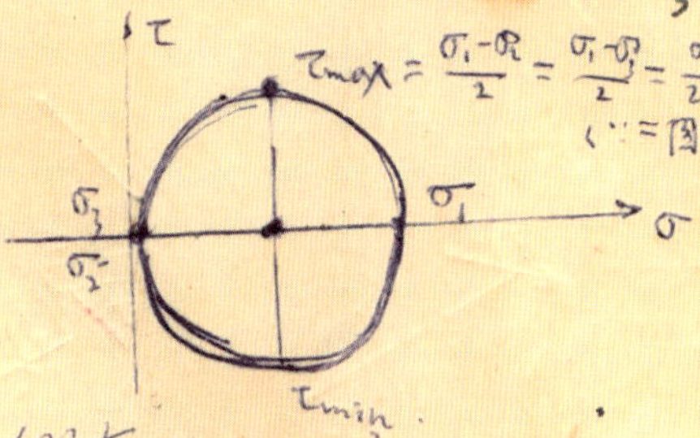


$\tau_{max}=\frac{\sigma_1-\sigma_2}{2}=\frac{\sigma_1-\sigma_3}{2}=\frac{\sigma_1}{2}$（∵二圆同心）

问. 有几个面 45° 产生剪切破坏？（即有几个 45° 面上产生 $\tau_{max}$）

（从上看. 有二个大圆. 即两个面上产生 $\tau_{max}$）.

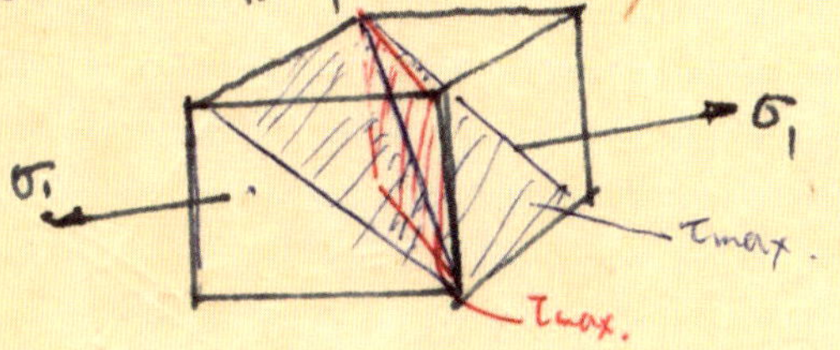


在这二个面上拉伸产生破坏

2°. 纯剪切.

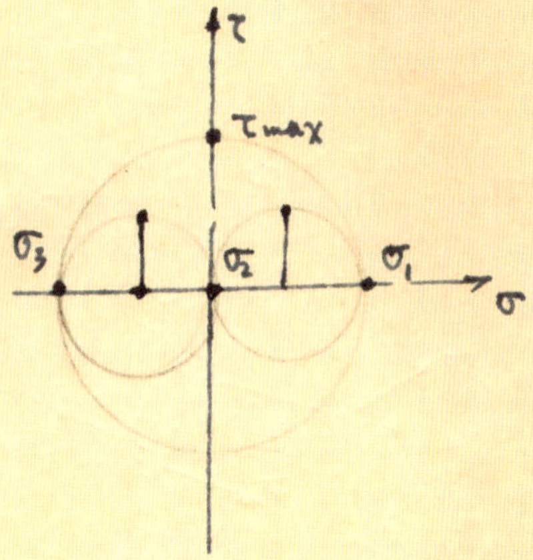


3°. 平面应力.

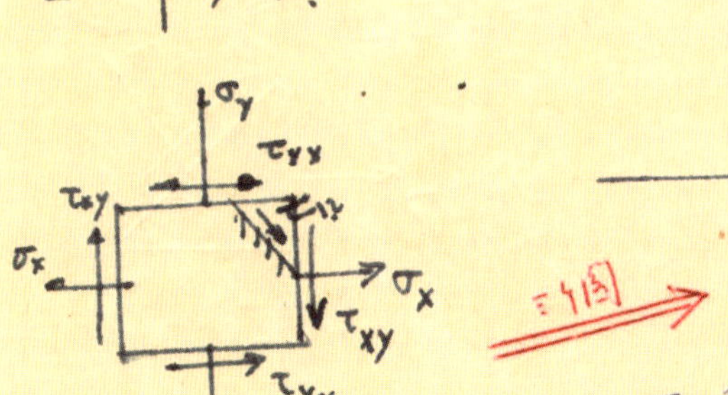


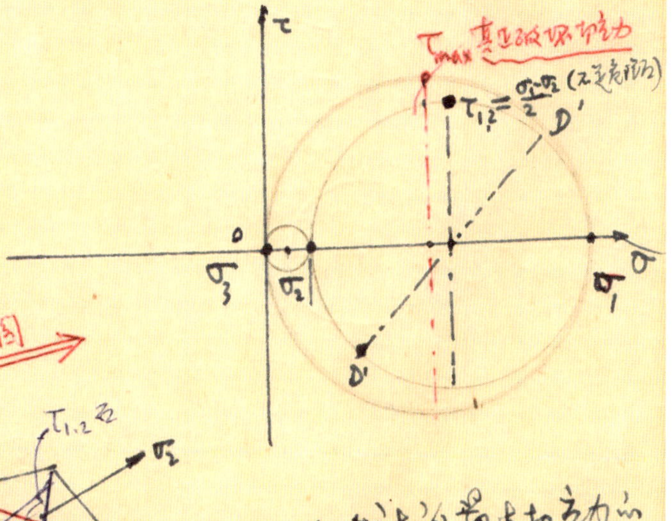


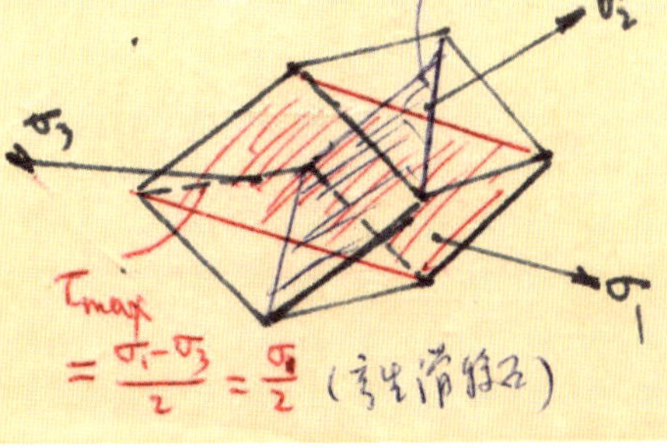


$\tau_{max}=\frac{\sigma_1-\sigma_3}{2}=\frac{\sigma_1}{2}$（产生滑移面）

∴ 在讨论最大切应力时，任一问题中，均须将 $\sigma_1$、$\sigma_2$、$\sigma_3$ 这三个主应力都作三个相应的莫尔圆，寻找真正破坏切应力 $\tau_{max}$.

## §5-4. 三向应力状态应力应变关系. 体积变化 (纯体积改变 / 纯形状改变)

① 以应力表示应变的广义 Hooke 定律. (Generalized Hooke's Law)

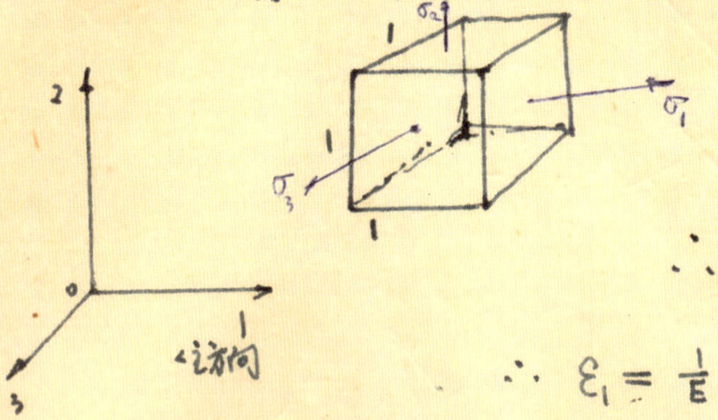


由各向同性:

$\therefore \varepsilon_1' = \frac{\sigma_1}{E}$, $\varepsilon_1'' = -\mu\varepsilon_2' = -\mu\frac{\sigma_2}{E}$

$\varepsilon_1''' = -\mu\frac{\sigma_3}{E}$

$\therefore \varepsilon_1 = \frac{1}{E}[\sigma_1 - \mu\sigma_2 - \mu\sigma_3] = \varepsilon_1' + \varepsilon_1'' + \varepsilon_1'''$

$\therefore \varepsilon_1 = \frac{1}{E}[\sigma_1 - \mu(\sigma_2+\sigma_3)]$

同理其它方向: $\varepsilon_2' = \frac{\sigma_2}{E}$. $\varepsilon_2'' = -\mu\frac{\sigma_1}{E}$. $\varepsilon_2''' = -\mu\frac{\sigma_3}{E}$

$\therefore \varepsilon_2 = \frac{1}{E}[\sigma_2 - \mu(\sigma_1+\sigma_3)]$

$\varepsilon_3 = \frac{1}{E}[\sigma_3 - \mu(\sigma_1+\sigma_2)]$

∴ Generalized Hooke's Law.

$$\begin{cases} \varepsilon_1 = \frac{1}{E}[\sigma_1 - \mu(\sigma_2+\sigma_3)] \\ \varepsilon_2 = \frac{1}{E}[\sigma_2 - \mu(\sigma_1+\sigma_3)] \\ \varepsilon_3 = \frac{1}{E}[\sigma_3 - \mu(\sigma_1+\sigma_2)] \end{cases}$$

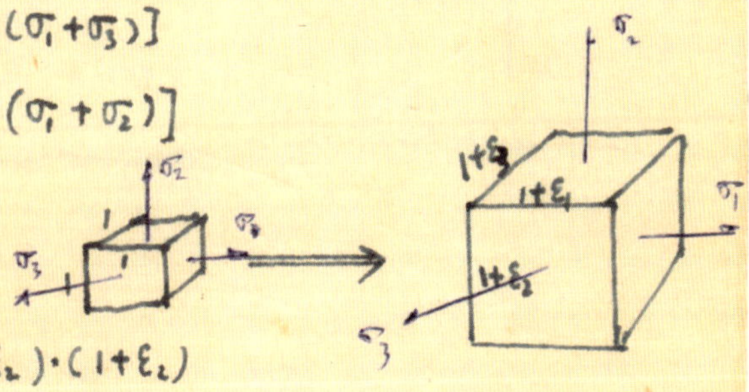


体积变化:

原体积 $V_0 = 1\times1\times1$.

变化后. $V = (1+\varepsilon_1)\cdot(1+\varepsilon_2)\cdot(1+\varepsilon_2)$

$\doteq 1+\varepsilon_1+\varepsilon_2+\varepsilon_3$. (略去高阶无穷小)

$\Delta V = V - V_0 = \varepsilon_1+\varepsilon_2+\varepsilon_3$ (体积改变量).

体应变. $\frac{\Delta V}{V_0} = \frac{\varepsilon_1+\varepsilon_2+\varepsilon_3}{1} = \varepsilon_1+\varepsilon_2+\varepsilon_3 = \frac{1}{E}[\sigma_1+\sigma_2+\sigma_3-2\mu(\sigma_1+\sigma_2+\sigma_3)]$

$= \frac{1}{E}(\sigma_1+\sigma_2+\sigma_3)(1-2\mu)$

$\therefore \frac{\Delta V}{V_0} = \frac{(1-2\mu)}{E}(\sigma_1+\sigma_2+\sigma_3) = \theta$ (体应变).

$\therefore \theta = \frac{1-2\mu}{E}\cdot(\sigma_1+\sigma_2+\sigma_3)$. 三个主应力和.

∴ θ 仅与三个主应力和有关.

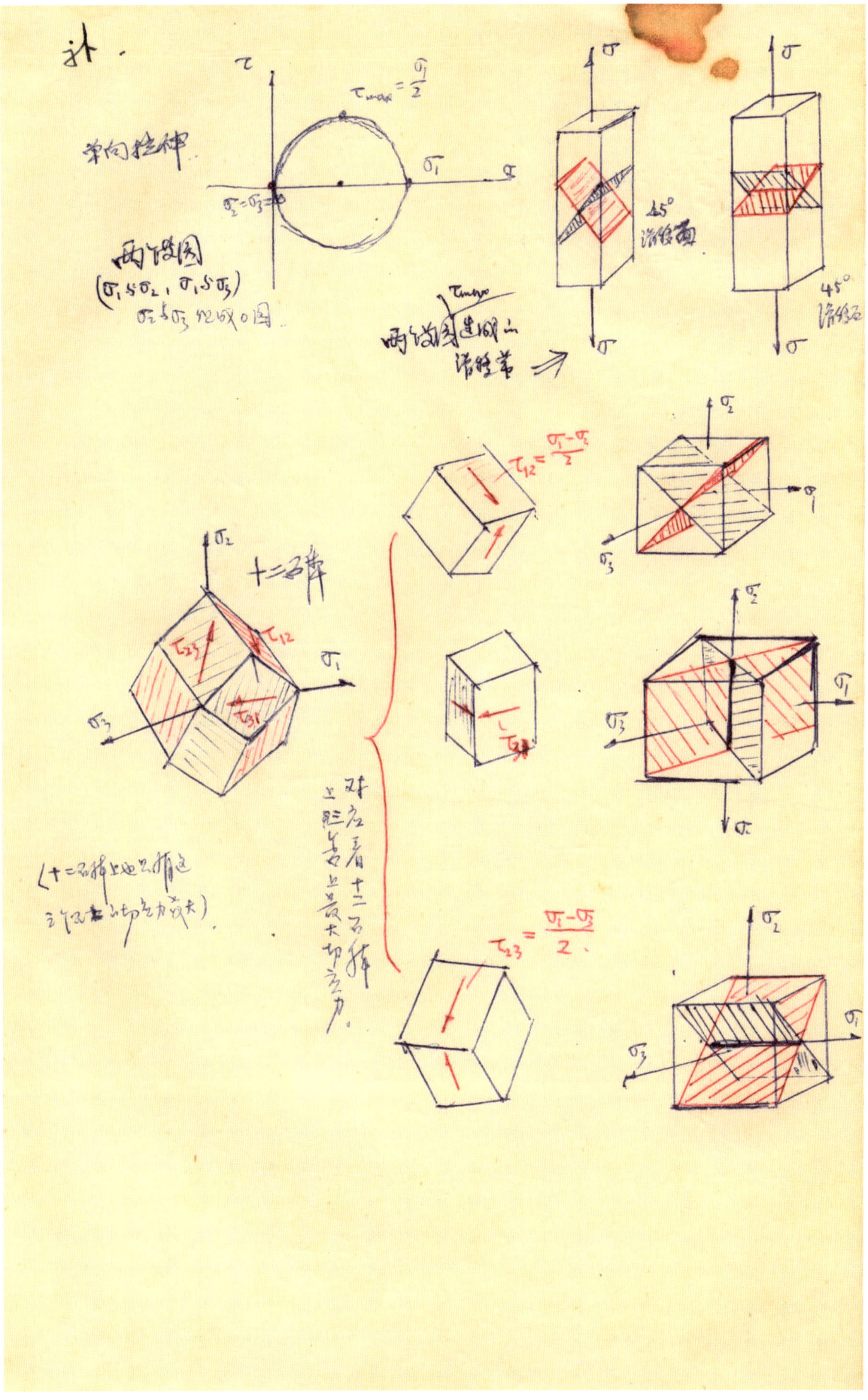
补。
τ
σ
$\tau_{max}=\frac{\sigma_1}{2}$
单向拉伸
$\sigma_1$
45°
$\sigma_2$
$\sigma_3$
十二面体
$\tau_{12}=\frac{\sigma_1-\sigma_2}{2}$
$\tau_{23}=\frac{\sigma_2-\sigma_3}{2}$
$\tau_{31}$

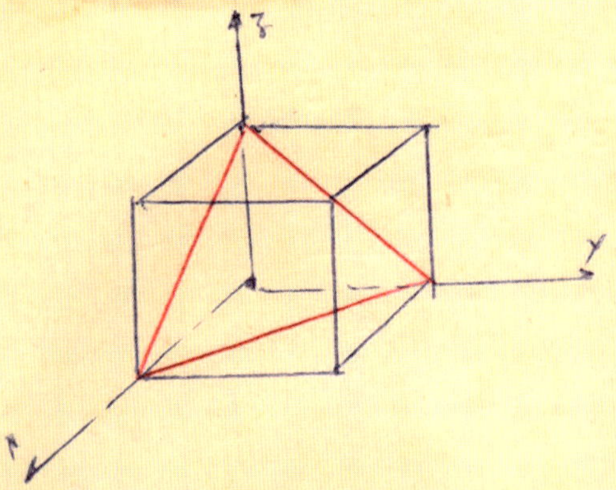


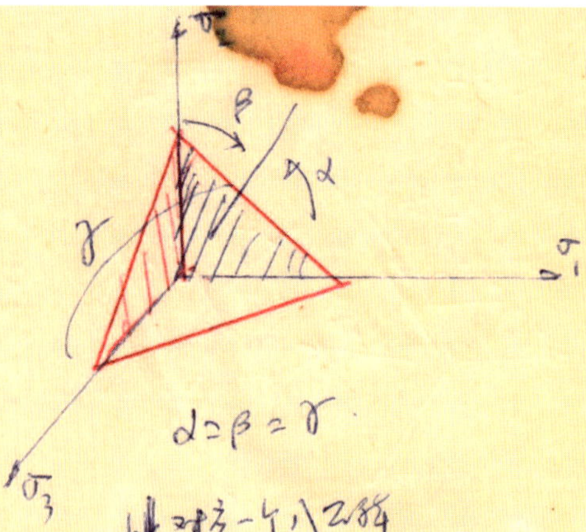


对应一个八面体.

八面体面上的剪应力之平

十二面体面上剪应力 $\tau_{12}$. $\tau_{23}$ $\tau_{31}$ 的完全计算均值(或均方根).

$$\tau_{oct}=\frac{2}{3}\sqrt{\tau_{12}^2+\tau_{23}^2+\tau_{31}^2}$$

体应变：$\theta=\frac{\Delta V}{V}=\varepsilon_1+\varepsilon_2+\varepsilon_3=\frac{1-2\mu}{E}(\sigma_1+\sigma_2+\sigma_3)$

设：$\sigma_{平}=\frac{\sigma_1+\sigma_2+\sigma_3}{3}$

则 $\theta=\frac{\Delta V}{V}=\frac{1-2\mu}{E}3\sigma_{平}=\frac{3(1-2\mu)}{E}\sigma_{平}$.

$\therefore\ \sigma_{平}=\frac{E}{3(1-2\mu)}\theta$ ⇒ 体应变

平均应力

（比较 $\sigma=E\varepsilon$，$\tau=G\gamma$）

线弹性模量　剪切弹性模量

引入 $K=\frac{E}{3(1-2\mu)}$ 叫体弹性系数（模量）。

$\therefore\ \sigma_{平}=K\theta$

我们现在已有4个弹性模量 K. G.（剪弹性模量）. E.（线弹性模量）

$\mu$.（泊松比）. $K=E/3(1-2\mu)$. $G=\frac{E}{2(1+\mu)}$.

注：由各向同性，这4个弹性模量中，只有二个是独立的。

## 体积改变讨论：

纯体积改变处于三向受拉（均拉状况）。

纯形状改变处于纯剪切状况。

而任一个三向应力均可分解为这二大部分。

并且三向均拉、压（$\sigma_{平}$）引起的体积变化与原三向应力引起的体积变化一致。

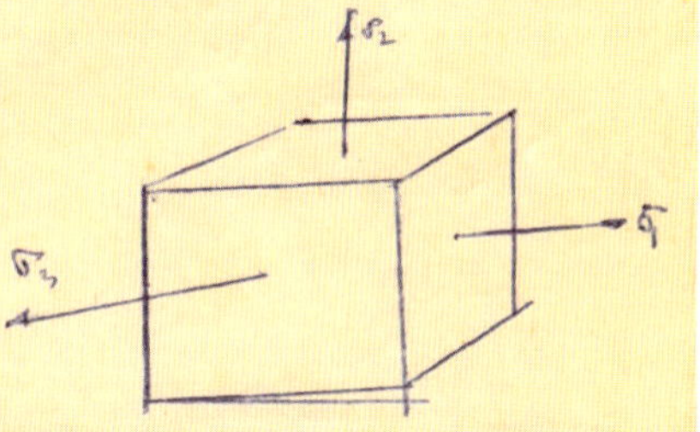

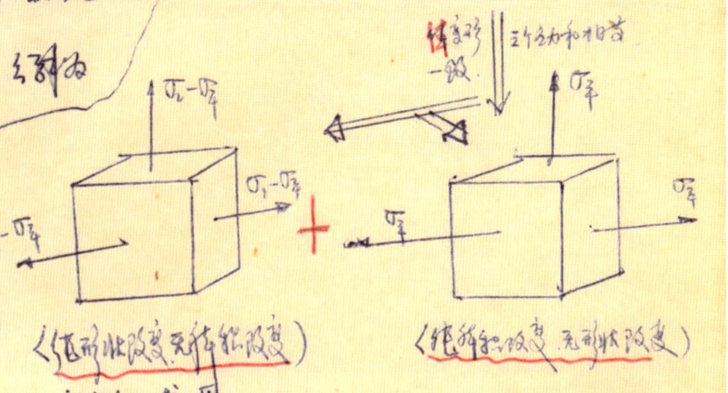

（纯形状改变无体积改变）

存在有拉有压

（纯体积改变无形状改变）

例：

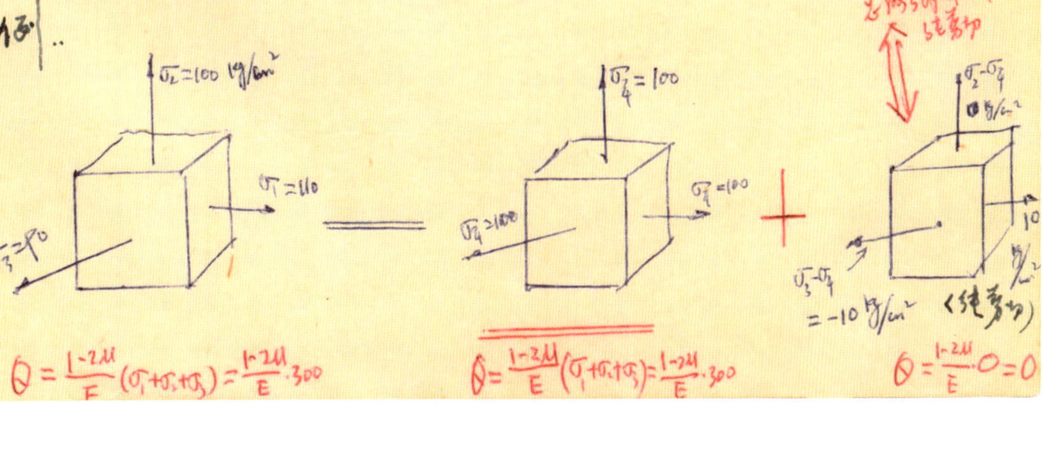

$\theta=\frac{1-2\mu}{E}(\sigma_1+\sigma_2+\sigma_3)=\frac{1-2\mu}{E}\cdot300$　　$\theta=\frac{1-2\mu}{E}(\sigma_1+\sigma_2+\sigma_3)=\frac{1-2\mu}{E}\cdot300$　　$\theta=\frac{1-2\mu}{E}\cdot0=0$

所以，(任何)三向应力可分为三向受拉(受压)与纯形状改变二部分..

而纯形状改变也就是纯剪切.. → 形状改变体积不变.
(应力为受拉压状态)

## Например..2.. (Example 2)

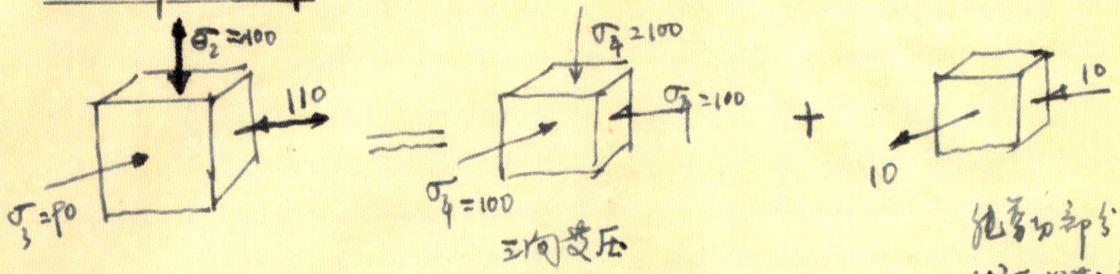


实验得知..

三向受压.无论压力多大.实验结果不破坏.

(Bridgemen 做过很多实验..论出:高压塑性).

三向受拉要破坏.且是拉断破坏.

(实验室很难做到这个实验)

注..受拉.受压.均没有剪应力 (在莫尔图上是三个相同的点圆.)

所以三向受拉破坏不会由剪应力引起破坏.只能拉断。

在任一三向应力中..

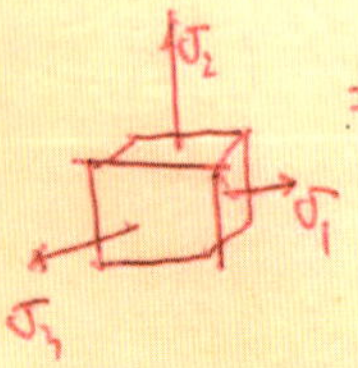


(分解) 平均应力 + 应力偏量 Deviator stress

$\sigma_平$. $\sigma_1-\sigma_平$. $\sigma_2-\sigma_平$. $\sigma_3-\sigma_平$.

## Например 3.. (拉伸)

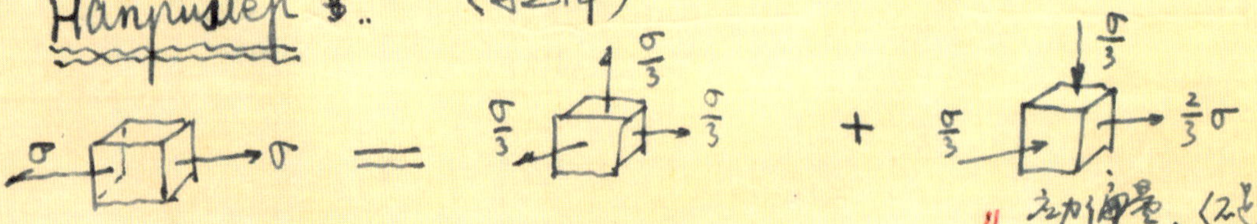


$\sigma_2=\sigma_3=0.$ 应力偏量..(不是纯剪)

$\theta=\frac{1-2\mu}{E}\cdot\sigma$  $\theta=\frac{1-2\mu}{E}(3\cdot\frac{\sigma}{3})$  分为二个纯剪切.

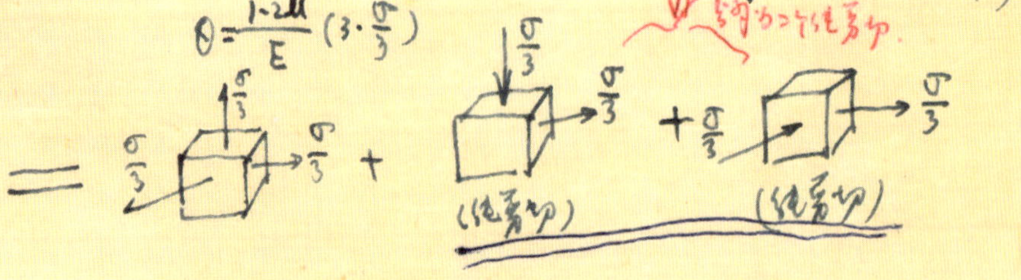

对于莫尔圆来说

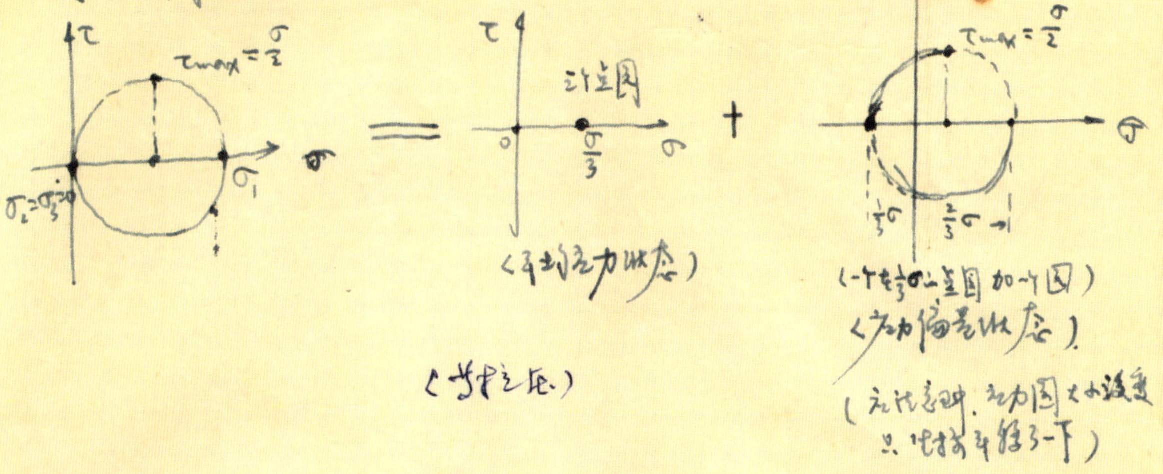


## 三、以应变表示应力的物理方程—拉梅(Lamé)方程.

$$\varepsilon_1 = \frac{1}{E}[\sigma_1 - \mu(\sigma_2+\sigma_3)] = \frac{1}{E}[\sigma_1 + \mu\sigma_1 - \mu(\sigma_1+\sigma_2+\sigma_3)]$$

$\Theta = \frac{1-2\mu}{E}(\sigma_1+\sigma_2+\sigma_3)$

$$= \frac{1}{E}\left[(1+\mu)\sigma_1 - \mu\cdot\frac{E}{1-2\mu}\Theta\right]$$

$$= \frac{(1+\mu)}{E}\sigma_1 - \frac{\mu}{1-2\mu}\Theta$$

$$\therefore \sigma_1 = \frac{E\mu}{(1-2\mu)(1+\mu)}\Theta + \frac{2E}{2(1+\mu)}\varepsilon_1$$

$$= \lambda\cdot\Theta + 2G\cdot\varepsilon_1$$

$\lambda = \frac{E\mu}{(1-2\mu)(1+\mu)}$ (拉梅系数)

λ、G，K、E、μ 均叫弹性常数。)

(以前引进了5个弹性常数，其实只有二个是独立的。)

∴ Lamé方程.

$$\begin{cases} \sigma_1 = \lambda\Theta + 2G\varepsilon_1 \\ \sigma_2 = \lambda\Theta + 2G\varepsilon_2 \\ \sigma_3 = \lambda\Theta + 2G\varepsilon_3 \end{cases} \qquad \Theta = \varepsilon_1+\varepsilon_2+\varepsilon_3.$$

∴
$$\left.\begin{aligned} \sigma_x &= \lambda\Theta + 2G\varepsilon_x \\ \sigma_y &= \lambda\Theta + 2G\varepsilon_y. \\ \sigma_z &= \lambda\Theta + 2G\varepsilon_z. \end{aligned}\right\}$$ 没有切应力.

$$\left.\begin{aligned} \sigma_x &= \lambda\Theta + 2G\varepsilon_x & \tau_{yz} &= G\gamma_{yz}. \\ \sigma_y &= \lambda\Theta + 2G\varepsilon_y & \tau_{xz} &= G\gamma_{xz} \\ \sigma_z &= \lambda\Theta + 2G\varepsilon_z & \tau_{yx} &= G\gamma_{yx} \end{aligned}\right\}$$ 有切应力的Lamé方程..

$\Theta = \varepsilon_x + \varepsilon_y + \varepsilon_z$

## §5-5 八面体面（Octahedral plane）上的切应力 $\tau_{oct}$

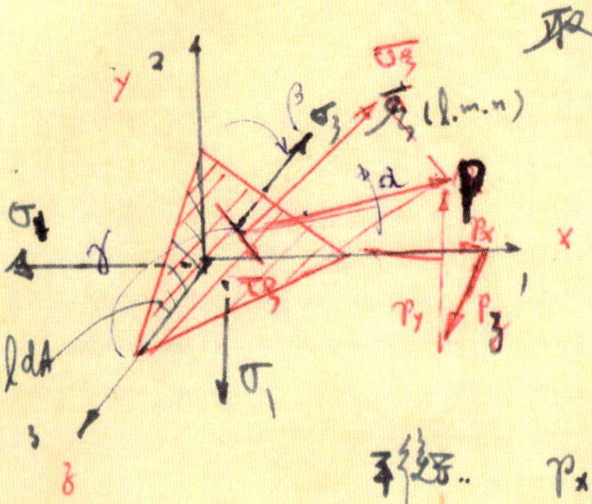


取一个面分析：

$\xi = (l = \cos\alpha,\ m = \cos\beta,\ n = \cos\gamma)$

设面之面积 $dA$。

设面上应力 $p$，可分解 $\sigma_\xi$ 与 $\tau_\xi$，也可分解为 $p_y$ 与 $p_z$ 和 $p_x$：

平衡：

$$\left.\begin{aligned} p_x dA &= \sigma_1 l\, dA \\ p_y dA &= \sigma_2 m\, dA \\ p_z dA &= \sigma_3 n\, dA \end{aligned}\right\} \quad \begin{aligned} p_x &= \sigma_1 l \\ p_y &= \sigma_2 m \\ p_z &= \sigma_3 n \end{aligned}$$

$$\sigma_\xi = p_x l + p_z n + p_y m \quad \text{（投影到 } \xi \text{ 上）}$$

$$= \sigma_1 l^2 + \sigma_2 m^2 + \sigma_3 n^2 \qquad \tau_\xi^2 = p^2 - \sigma_\xi^2 \quad \text{（直接将 } p \text{ 分解 } \sigma_\xi \text{ 与 } \tau_\xi\text{）}$$

$$\therefore\ \tau_\xi^2 = p^2 - \sigma_\xi^2 = (\sigma_1 l)^2 + (\sigma_2 m)^2 + (\sigma_3 n)^2 - (\sigma_1 l^2 + \sigma_2 m^2 + \sigma_3 n^2)^2$$

由于 $l^2 + m^2 + n^2 = 1$。

对于八面体，$l = m = n = \frac{1}{\sqrt{3}}$，$\alpha = \beta = \gamma = $ [illegible]

同上，$\therefore$

$$\tau_{oct}^2 = \frac{1}{3}[\sigma_1^2 + \sigma_2^2 + \sigma_3^2] - \left(\frac{1}{3}\right)^2 [\sigma_1 + \sigma_2 + \sigma_3]^2$$

$$= \frac{1}{3}[\sigma_1^2 + \sigma_2^2 + \sigma_3^2] - \frac{1}{9}[\sigma_1^2 + \sigma_2^2 + \sigma_3^2 + 2\sigma_1\sigma_2 + 2\sigma_2\sigma_3 + 2\sigma_3\sigma_1]$$

$$= \frac{1}{9}[3(\sigma_1^2 + \sigma_2^2 + \sigma_3^2) - (\sigma_1^2 + \sigma_2^2 + \sigma_3^2) - 2(\sigma_1\sigma_2 + \sigma_2\sigma_3 + \sigma_3\sigma_1)]$$

$$= \frac{1}{9}[(\sigma_1 - \sigma_2)^2 + (\sigma_2 - \sigma_3)^2 + (\sigma_3 - \sigma_1)^2]$$

$$= \frac{4}{9}\left[\left(\frac{\sigma_1 - \sigma_2}{2}\right)^2 + \left(\frac{\sigma_2 - \sigma_3}{2}\right)^2 + \left(\frac{\sigma_3 - \sigma_1}{2}\right)^2\right]$$

$$= \frac{4}{9}[\tau_{12}^2 + \tau_{23}^2 + \tau_{31}^2]$$

$$\therefore\ \tau_{oct} = \frac{2}{3}\sqrt{\tau_{12}^2 + \tau_{23}^2 + \tau_{31}^2}$$

其中 $\tau_{12}$、$\tau_{23}$、$\tau_{31}$ 为十二面体面上的切应力。$\sqrt{\tau_{12}^2 + \tau_{23}^2 + \tau_{31}^2}$ [illegible]

∴ 八面体面上的切应力与十二面体面上的切应力有关。

其关系：$\tau_{oct} = \frac{2}{3}\sqrt{\tau_{12}^2 + \tau_{23}^2 + \tau_{31}^2}$ （方根平均值）

## §5-6. 应变能密度

纯体积改变的应变能密度. $U_{体}=u_V$.

纯形状改变的应变能（或畸变能 distortion Energy）

密度 $U_{形}=U_\varphi$.

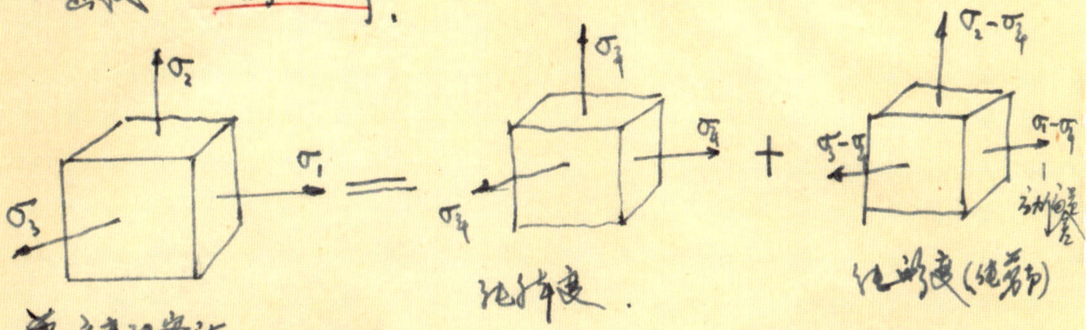


总应变能密度

$$U = U_V(U_{体}) + U_\varphi(U_{形})$$

$$\therefore U_\varphi(U_{形}) = U - U_V(U_{体})$$

$$U=\frac{1}{2}[\sigma_1\varepsilon_1+\sigma_2\varepsilon_2+\sigma_3\varepsilon_3]$$

$$=\frac{1}{2}\left\{\sigma_1\left[\frac{\sigma_1}{E}-\mu\left(\frac{\sigma_2+\sigma_3}{E}\right)\right]+\sigma_2\left[\frac{\sigma_2}{E}-\mu\left(\frac{\sigma_1+\sigma_3}{E}\right)\right]+\sigma_3\left[\frac{\sigma_3}{E}-\mu\left(\frac{\sigma_1+\sigma_2}{E}\right)\right]\right\}$$

$$=\frac{1}{2E}[\sigma_1^2+\sigma_2^2+\sigma_3^2]-\frac{\mu}{E}[\sigma_1\sigma_2+\sigma_2\sigma_3+\sigma_3\sigma_1]$$

$$U_{体}=U_V=\frac{1}{2}[3\sigma_{平}\varepsilon]=\frac{3\sigma_{平}}{2}\left[\frac{\sigma_{平}}{E}-\mu\left(\frac{\sigma_{平}+\sigma_{平}}{E}\right)\right]$$

$$=\frac{3}{2}\frac{1-2\mu}{E}\sigma_{平}^2=\frac{3}{2}\frac{(1-2\mu)}{E}\left(\frac{\sigma_1+\sigma_2+\sigma_3}{3}\right)^2$$

$$U_{体}=\frac{1}{2}[\sigma_{平}\varepsilon_0+\sigma_{平}\varepsilon_0+\sigma_{平}\varepsilon_0]$$

$$\therefore U_{体}=U_V=\frac{(1-2\mu)}{6E}(\sigma_1+\sigma_2+\sigma_3)^2=U_{体}.$$

$$U_{形}=U-U_{体}$$

$$U_{形}=U_\varphi=U-U_V=\frac{1}{12G}[(\sigma_1-\sigma_2)^2+(\sigma_2-\sigma_3)^2+(\sigma_3-\sigma_1)^2]$$

$$\therefore U_\varphi=\frac{1}{3G}[\tau_{12}^2+\tau_{23}^2+\tau_{31}^2]$$

$$U_{形}=\frac{3}{4G}\tau_{oct}^2 \quad \left(\because \tau_{oct}=\frac{2}{3}\sqrt{\tau_{12}^2+\tau_{23}^2+\tau_{31}^2}\right)$$

即：形状改变能与八面体面上剪应力有关．也即与十二面体面上的统计平均剪应力有关。

## §5-7. 平面位移．平面应变． <P83>

### 〈一〉. 平面位移与位移分量．

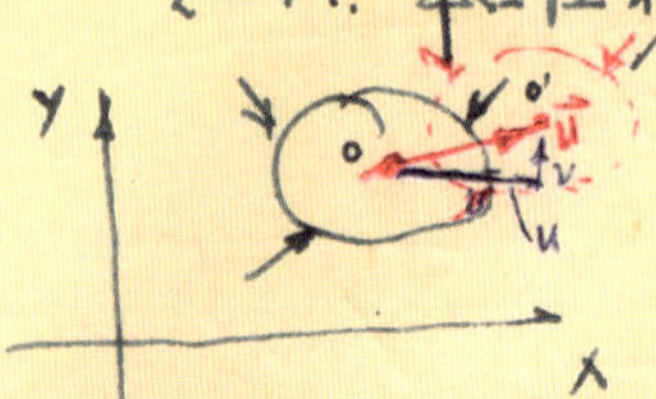


位移. displacement

应变（变形．形变）deformation．

位移与变形是同时发生的．〈在本讨论中〉

位移 $\vec{u}=\overrightarrow{OO'}$ —— 位移向量 位移分量 $(u, v)$．或 $(u_x, u_y)$

$$O'(x', y') = O'(x+u,\ y+v)$$

$$\therefore\ x' = x+u. \quad y' = y+v.$$

### 〈二〉. 平面应变分析．

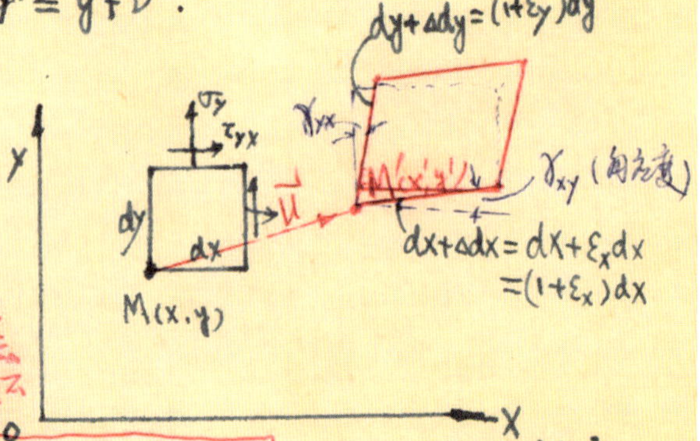


平面应力张量 $\begin{bmatrix}\sigma_x & \tau_{xy}\\ \tau_{yx} & \sigma_y\end{bmatrix}$

注：平面应力状态不一定就会产生平面应变状态．即平面应力和平面应变通常是不同时发生的．

对应的应变张量．

$$\begin{bmatrix}\varepsilon_x & \frac{1}{2}\gamma_{xy}\\ \frac{1}{2}\gamma_{xy} & \varepsilon_y\end{bmatrix}.$$

而仅只发生应变 $\varepsilon_x, \varepsilon_y$ 和 $\gamma_{xy}$（角应变）的材料科学充论成处平面应变状态．有 $\varepsilon_z=\gamma_{yz}=\gamma_{xz}=0$
一般有指 $\sigma_z$ [illegible] 总得 $\varepsilon_z=0$

$\varepsilon_x$ 为 x 方向的线应变．
$\varepsilon_y$ 为 y 方向的线应变．

已讨论过，经过坐标变换可找任意面上的应力．

$$\begin{bmatrix}\sigma_\xi & \tau_{\xi\eta}\\ \tau_{\eta\xi} & \sigma_\eta\end{bmatrix} = \begin{bmatrix}l_1 & m_1\\ l_2 & m_2\end{bmatrix}\begin{bmatrix}\sigma_x & \tau_{xy}\\ \tau_{yx} & \sigma_y\end{bmatrix}\begin{bmatrix}l_1 & l_2\\ m_1 & m_2\end{bmatrix}.$$

现在我们来分析．坐标变换后应变与原应变张量的关系．

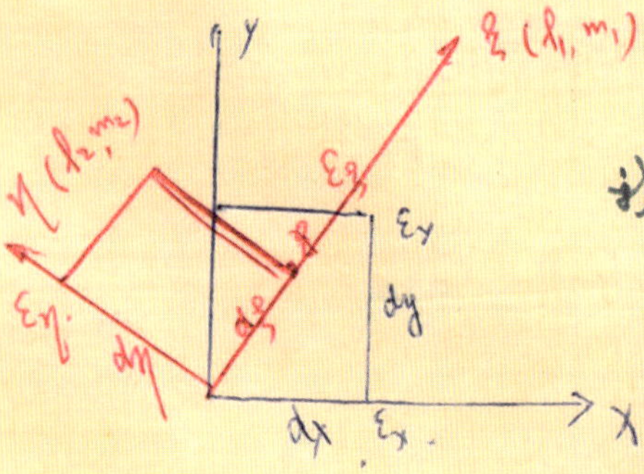


类似平面上讨论应力张量分析．

我们有结论．

$$\begin{bmatrix}\varepsilon_\xi & \frac{1}{2}\gamma_{\xi\eta}\\ \frac{1}{2}\gamma_{\xi\eta} & \varepsilon_\eta\end{bmatrix} = \begin{bmatrix}l_1 & m_1\\ l_2 & m_2\end{bmatrix}\begin{bmatrix}\varepsilon_x & \frac{1}{2}\gamma_{xy}\\ \frac{1}{2}\gamma_{xy} & \varepsilon_y\end{bmatrix}\begin{bmatrix}l_1 & l_2\\ m_1 & m_2\end{bmatrix}$$

新应变张量　　　　旧应变张量

注．$\begin{bmatrix}\varepsilon_x & \gamma_{xy}\\ \gamma_{xy} & \varepsilon_y\end{bmatrix}$ 不是应变张量．因其不满足正交变换．只叫应变矩阵．

推导应变分量变换关系.

$$\begin{bmatrix}\varepsilon_\xi & \frac{1}{2}\gamma_{\xi\eta}\\ \frac{1}{2}\gamma_{\xi\eta} & \varepsilon_\eta\end{bmatrix} = \begin{bmatrix} l_1 & m_1 \\ l_2 & m_2\end{bmatrix}\cdot\begin{bmatrix}\varepsilon_x & \frac{1}{2}\gamma_{xy}\\ \frac{1}{2}\gamma_{xy} & \varepsilon_y\end{bmatrix}\begin{bmatrix} l_1 & l_2 \\ m_1 & m_2\end{bmatrix}$$

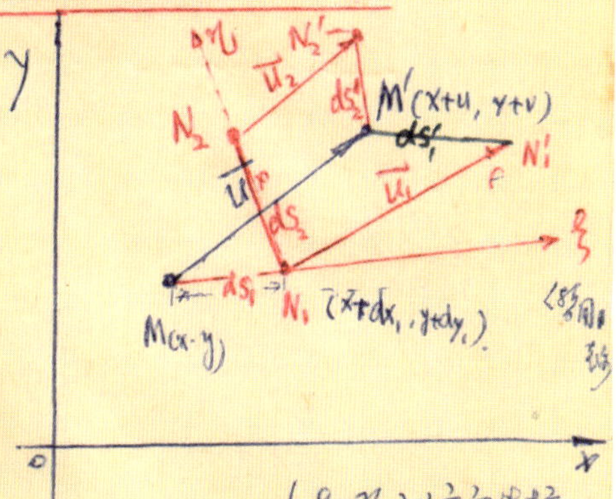


(ξ, η) 为方向坐标.
此仿射坐标, 不一定是垂直
$ds_1^2 = dx_1^2 + dy_1^2$. $ds_1'^2 = dx_1'^2 + dy_1'^2$

见图.. $M(x\cdot y)$ $M'(x+u.\ y+v)$

$ds_1\ (dx_1,\ dy_1)$

~~$N_1\ (x+ds$~~

$\therefore N_1\ (x+dx_1\ .\ y+dy_1)$

$\therefore N_1'\ (x+dx_1+u_1,\ y+dy_1+v_1)$

如.. $ds_1'\ (dx_1'\ .\ dy_1') = \overline{M'N_1'}$

则.. $N_1' = (x+u+dx_1'\ ,\ y+v+dy_1')$

$\because N_1' = N_1'$. $\therefore \begin{cases} x+dx_1+u_1 = x+u+dx_1' & \cdots ① \\ y+v+dy_1' = y+dy_1+v_1 & \cdots ② \end{cases}$

由①式.. $\therefore$ $\left.\begin{aligned} u_1 &= u+dx_1'-dx_1 \\ v_1 &= v+dy_1'-dy_1 \end{aligned}\right\}$ ③
由②式

因位移是连续变化的. 所以. u. v. 是 (x.y) 的单值连续函数..

按泰勒级数在邻域里展开.. [ $f_{(x+\delta,\ y+\delta)} - f_{(x,y)} = \frac{\partial u}{\partial x_1}dx_1 + \frac{\partial u}{\partial x}dy_1 + \cdots\cdots$ ]

Taylor series.. $\left.\begin{aligned} u_1 &= u + \frac{\partial u}{\partial x_1}dx_1 + \frac{\partial u}{\partial y_1}dy_1 + \frac{1}{2}\left(\frac{\partial^2 u}{\partial x_1^2}dx_1^2 + \cdots\right) + \cdots \\ v_1 &= v + \frac{\partial v}{\partial x_1}dx_1 + \frac{\partial v}{\partial y_1}dy_1 + \cdots \end{aligned}\right\}$ ④.

③式与④式 比较.. $\frac{\partial u}{\partial x_1}dx_1 + \frac{\partial u}{\partial y_1}dy_1 = dx_1' - dx_1$

$\therefore$ $\left.\begin{aligned} dx_1' &= \left(1+\frac{\partial u}{\partial x_1}\right)dx_1 + \frac{\partial u}{\partial y_1}dy_1 \\ dy_1' &= \frac{\partial v}{\partial x_1}dx_1 + \left(1+\frac{\partial v}{\partial y_1}\right)dy_1 \end{aligned}\right\}$ ⑤.

写成矩阵.. $\begin{bmatrix} dx_1' \\ dy_1' \end{bmatrix} = \begin{bmatrix} 1+\frac{\partial u}{\partial x_1}, & \frac{\partial u}{\partial y_1} \\ \frac{\partial v}{\partial x_1}, & 1+\frac{\partial v}{\partial y_1} \end{bmatrix}\cdot\begin{bmatrix} dx_1 \\ dy_1 \end{bmatrix}$. (对应⑤式).

$\begin{Bmatrix} u_1 \\ v_1 \end{Bmatrix} = \begin{bmatrix} u \\ v \end{bmatrix} + \begin{bmatrix} \frac{\partial u}{\partial x_1}, & \frac{\partial u}{\partial y_1} \\ \frac{\partial v}{\partial x_1}. & \frac{\partial v}{\partial y_1} \end{bmatrix}\begin{bmatrix} dx_1 \\ dy_1 \end{bmatrix}$ (对应④式)

同理，在η方向。 $ds_2(dx_2, dy_2)$.

$$ds'_2=(dx'_2, dy'_2)$$

类似在ξ方向微分析：

$$\begin{bmatrix} dx'_2 \\ dy'_2 \end{bmatrix}=\begin{bmatrix} 1+\frac{\partial u}{\partial x_2}, & \frac{\partial v}{\partial y_2} \\ \frac{\partial v}{\partial x_2}, & 1+\frac{\partial v}{\partial y_2} \end{bmatrix}\begin{bmatrix} dx_2 \\ dy_2 \end{bmatrix}$$

$$\begin{bmatrix} u_2 \\ v_2 \end{bmatrix}=\begin{bmatrix} u \\ v \end{bmatrix}+\begin{bmatrix} \frac{\partial u}{\partial x_2}, & \frac{\partial v}{\partial y_2} \\ \frac{\partial v}{\partial x_2}, & \frac{\partial v}{\partial y_2} \end{bmatrix}\begin{bmatrix} dx_2 \\ dy_2 \end{bmatrix}.$$

1) 计算线应变： a) Lagrange 坐标法，

线应变（任一方向）$=\frac{ds_1'-ds_1}{ds_1}$ 线段之长度改变量比原来长度：

或 $\varepsilon_0=\frac{ds_1'}{ds}-1$.

b) Euler 坐标法： $\frac{ds_1'-ds_1}{ds_1'}=$ 应变。线段长度改变量比后来之长度：

$$\varepsilon_0=1-\frac{ds_1}{ds_1'}.$$

注：Lagrange 与 Euler 坐标法结果相差一个负号：

我们现讨论 Lagrange 坐标法：

线性关系。 $\varepsilon_\xi=\varepsilon_1=\frac{ds_1'-ds_1}{ds_1}$. $\therefore ds_1'=ds_1+\varepsilon_1 ds_1=(1+\varepsilon_1)ds_1$.

$$\because ds_1'^2=dx_1'^2+dy_1'^2=[dx_1', dy_1']\cdot\begin{bmatrix} dx_1' \\ dy_1' \end{bmatrix}$$

而 $$\begin{bmatrix} dx_1' \\ dy_1' \end{bmatrix}=\begin{bmatrix} 1+\frac{\partial u}{\partial x} & \frac{\partial u}{\partial y} \\ \frac{\partial v}{\partial x} & 1+\frac{\partial v}{\partial y} \end{bmatrix}\cdot\begin{bmatrix} dx_1 \\ dy_1 \end{bmatrix}.$$

$$[dx_1', dy_1']=\begin{bmatrix} dx_1' \\ dy_1' \end{bmatrix}^T=\begin{bmatrix} 1+\frac{\partial u}{\partial x} & \frac{\partial v}{\partial x} \\ \frac{\partial u}{\partial y} & 1+\frac{\partial v}{\partial y} \end{bmatrix}\cdot[dx_1, dy_1]$$

$$\therefore ds_1'^2=[dx_1, dy_1]\cdot\begin{bmatrix} 1+\frac{\partial u}{\partial x} & \frac{\partial v}{\partial x} \\ \frac{\partial u}{\partial y} & 1+\frac{\partial v}{\partial y} \end{bmatrix}\cdot\begin{bmatrix} 1+\frac{\partial u}{\partial x} & \frac{\partial u}{\partial y} \\ \frac{\partial v}{\partial x} & 1+\frac{\partial v}{\partial y} \end{bmatrix}\cdot\begin{bmatrix} dx_1 \\ dy_1 \end{bmatrix}$$

记为：$ds_1'^2 = [dx_1, dy_1]\begin{bmatrix}1+2e_{11} & 2e_{12}\\ 2e_{21} & 1+2e_{22}\end{bmatrix}\cdot\begin{bmatrix}dx_1\\ dy_1\end{bmatrix}$.

这里：

$$\begin{bmatrix}1+2e_{11}, & 2e_{12}\\ 2e_{21}. & 1+2e_{22}\end{bmatrix} = \begin{bmatrix}1+\frac{\partial u}{\partial x} & \frac{\partial v}{\partial x}\\ \frac{\partial u}{\partial y} & 1+\frac{\partial v}{\partial y}\end{bmatrix}\cdot\begin{bmatrix}1+\frac{\partial u}{\partial x}, & \frac{\partial u}{\partial y}\\ \frac{\partial v}{\partial x}. & 1+\frac{\partial v}{\partial y}\end{bmatrix}$$

略去高阶项 $\begin{bmatrix}1+2\frac{\partial u}{\partial x}+\left(\frac{\partial u}{\partial x}\right)^2+\left(\frac{\partial v}{\partial x}\right)^2, & \frac{\partial u}{\partial y}+\frac{\partial v}{\partial x}+\frac{\partial u}{\partial x}\frac{\partial u}{\partial y}+\frac{\partial v}{\partial x}\cdot\frac{\partial v}{\partial y}.\\ 对称. & 1+2\frac{\partial v}{\partial y}+\left(\frac{\partial u}{\partial y}\right)^2+\left(\frac{\partial v}{\partial y}\right)^2\end{bmatrix}$

从而 Lagrange 坐标法（+号）：

Euler 坐标为负号（-号）

$$\therefore\begin{cases}e_{11} = \frac{\partial u}{\partial x} \pm \frac{1}{2}\left[\left(\frac{\partial u}{\partial x}\right)^2+\left(\frac{\partial v}{\partial x}\right)^2\right]\\ e_{21} = e_{12} = \frac{1}{2}\left[\frac{\partial u}{\partial y}+\frac{\partial v}{\partial x}\right] \pm \frac{1}{2}\left[\frac{\partial u}{\partial x}\cdot\frac{\partial u}{\partial y}+\frac{\partial v}{\partial x}\cdot\frac{\partial v}{\partial y}\right]\\ e_{22} = \frac{\partial v}{\partial y} \pm \frac{1}{2}\left[\left(\frac{\partial u}{\partial y}\right)^2+\left(\frac{\partial v}{\partial y}\right)^2\right]\end{cases}$$

这里 $e_{11}$. $e_{21}$. $e_{22}$ 称为 Green 应变：（或称：非线性应变，有限变形，大变形，中等应变）

当我们只讨论线性关系，去掉后面二阶非线性项，

从而引入柯西应变（或线性应变）。

Cauchy small strain：

$$\begin{cases}\varepsilon_x = \frac{\partial u}{\partial x} \approx e_{11}\\ \varepsilon_y = \frac{\partial v}{\partial y} \approx e_{22}\\ \frac{1}{2}\gamma_{xy} = \frac{1}{2}\left(\frac{\partial u}{\partial y}+\frac{\partial v}{\partial x}\right) \approx e_{21}\end{cases}$$

写出应变张量 $\begin{bmatrix}\varepsilon_x. & \frac{1}{2}\gamma_{xy}\\ \frac{1}{2}\gamma_{xy}. & \varepsilon_y\end{bmatrix}$.

单元分析：

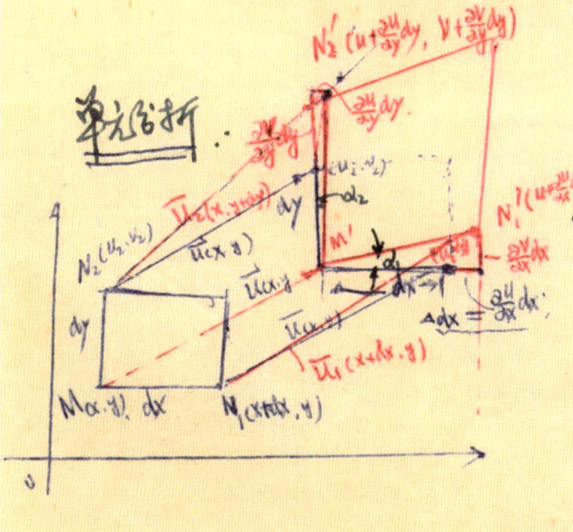


考虑 $N_1$ 点之位移 $N_1\to N_1'$

∵ $\overrightarrow{U}(x,y)$ 单值连续.

∴ $\overrightarrow{U_1}(x+dx,y)$ 也单值连续.

$$\begin{cases}u_1(x+dx,y) = u(x,y)+\frac{\partial u}{\partial x}dx+\frac{1}{2}\frac{\partial^2 u}{\partial x^2}dx^2\\ v_1(x+dx,y) = v(x,y)+\frac{\partial v}{\partial x}dx+\cdots\end{cases}$$

$$\varepsilon_x = \frac{\frac{\partial u}{\partial x}dx}{dx} = \frac{\partial u}{\partial x}.\quad\left(\Delta dx = \frac{\partial u}{\partial x}dx\right)$$

$$\alpha_1 = \frac{\frac{\partial v}{\partial x}dx}{dx} = \frac{\partial v}{\partial x}.$$

再考虑 $N_2$ 点位移： $\overline{U_2}(x, y+dy)$ 位移 ($N_2$ 点) 函数，[illegible]，级数展开..

$N_2 \to N_2'$

$$\because \begin{cases} U_2(x, y+dy) = U(x, y) + \dfrac{\partial u}{\partial y}dy + \cdots \\ V_2(x, y+dy) = V(x, y) + \dfrac{\partial v}{\partial y}dy + \cdots \end{cases}$$

$$\therefore \varepsilon_y = \frac{\frac{\partial v}{\partial y}dy}{dy} = \frac{\partial v}{\partial y}. \qquad \left(\text{这里 } \Delta dy = \frac{\partial u}{\partial y}dy\right)$$

$$\alpha_2 = \frac{\frac{\partial u}{\partial y}dy}{dy} = \frac{\partial u}{\partial y}$$

$$\therefore \gamma_{xy} = \alpha_1 + \alpha_2 = \frac{\partial u}{\partial y} + \frac{\partial v}{\partial x} \quad \text{(工程应变，角应变)}.$$

为使用张量计算..

$$\frac{1}{2}\gamma_{xy} = \frac{1}{2}\left(\frac{\partial u}{\partial y} + \frac{\partial v}{\partial x}\right) \simeq e_{12}$$

$$\begin{cases} \varepsilon_x = \dfrac{\partial u}{\partial x} \simeq e_{11} & \text{线应变.} \\ \varepsilon_y = \dfrac{\partial v}{\partial y} \simeq e_{22}. \end{cases}$$

(与前讨论一致)

$$\therefore ds_1'^2 = [dx_1, dy_1] \cdot \begin{bmatrix} 1+2\varepsilon_x, & 2\gamma_{xy} \\ 2\gamma_{xy}, & 1+2\varepsilon_y \end{bmatrix} \cdot \begin{bmatrix} dx_1 \\ dy_1 \end{bmatrix}$$

同理.. $ds_1^2 = [dx_1, dy_1] \begin{bmatrix} dx_1 \\ dy_1 \end{bmatrix}$

$$\therefore ds_1'^2 - ds_1^2 = [dx_1, dy_1] \begin{bmatrix} 1+2\varepsilon_x, & \gamma_{xy} \\ \gamma_{xy} & 1+2\varepsilon_y \end{bmatrix} \cdot \begin{bmatrix} dx_1 \\ dy_1 \end{bmatrix} - [dx_1, dy_1] \begin{bmatrix} dx_1 \\ dy_1 \end{bmatrix}$$

$$= 2[dx_1, dy_1] \begin{bmatrix} \varepsilon_x, & \frac{1}{2}\gamma_{xy} \\ \frac{1}{2}\gamma_{xy}, & \varepsilon_y \end{bmatrix} \begin{bmatrix} dx_1 \\ dy_1 \end{bmatrix}.$$

又. $\because ds_1' = (1+\varepsilon_1)ds_1$.

$$\therefore ds_1'^2 = (1+\varepsilon_1)^2 d^2 s_1$$

$$ds_1'^2 - ds_1^2 = 2\varepsilon_1 ds_1^2 \quad \text{(略去高阶)}.$$

$$\therefore \varepsilon_1 = \frac{ds_1'^2 - ds_1^2}{2ds_1^2} = \left[\frac{dx_1}{ds_1}, \frac{dy_1}{ds_1}\right] \begin{bmatrix} \varepsilon_x, & \frac{1}{2}\gamma_{xy} \\ \frac{1}{2}\gamma_{xy}, & \varepsilon_y \end{bmatrix} \cdot \begin{bmatrix} \frac{dx_1}{ds_1} \\ \frac{dy_1}{ds_1} \end{bmatrix}$$

这里 $l_1 = \cos\alpha = \frac{dx_1}{ds_1}$. $m_1 = \cos\beta = \frac{dy_1}{ds_1}$..

$$\therefore \varepsilon_\xi = \varepsilon_1 = [l_1, m_1] \begin{bmatrix} \varepsilon_x, & \frac{1}{2}\gamma_{xy} \\ \frac{1}{2}\gamma_{xy}, & \varepsilon_y \end{bmatrix} \begin{bmatrix} l_1 \\ m_1 \end{bmatrix}.$$

类同于，$\sigma_\xi = \sigma_1 = [l_1, m_1]\cdot\begin{bmatrix}\sigma_x, & \tau_{xy}\\ \tau_{yx}, & \sigma_y\end{bmatrix}\cdot\begin{bmatrix}l_1\\ m_1\end{bmatrix}$.（沿 ξ 方向之正应力）

$$\varepsilon_\eta = \varepsilon_2 = [l_2, m_2]\begin{bmatrix}\varepsilon_x, & \frac{1}{2}\gamma_{xy}\\ \frac{1}{2}\gamma_{xy}, & \varepsilon_y\end{bmatrix}\begin{bmatrix}l_2\\ m_2\end{bmatrix}$$

∴ 线应变计算

$$\begin{cases}\varepsilon_\xi = [l_1, m_1]\begin{bmatrix}\varepsilon_x & \frac{1}{2}\gamma_{xy}\\ \frac{1}{2}\gamma_{xy} & \varepsilon_y\end{bmatrix}\begin{bmatrix}l_1\\ m_1\end{bmatrix}\\ \varepsilon_\eta = [l_2, m_2]\begin{bmatrix}\varepsilon_x, & \frac{1}{2}\gamma_{xy}\\ \frac{1}{2}\gamma_{xy}, & \varepsilon_y\end{bmatrix}\begin{bmatrix}l_2\\ m_2\end{bmatrix}\end{cases}$$

## 2、角应变（切应变 shear strain）

$\theta_{12} \xrightarrow{\text{变成}} \theta'_{12}$. 　则 $\theta_{12} = \theta'_{12} + \gamma_{12}$. 　$\begin{cases}\text{如 } \theta_{12} > \theta'_{12},\ \gamma_{12} > 0\\ \theta_{12} < \theta'_{12},\ \gamma_{12} < 0\end{cases}$

$\gamma_{12} = \gamma_{\xi\eta}$ 称为角应变.

补加：内积的计算（点积）

$$\cos\theta_{12}\cdot ds_1\, ds_2 = dx_1\, dx_2 + dy_1\cdot dy_2 = [dx_1, dy_1]\begin{bmatrix}dx_2\\ dy_2\end{bmatrix}$$

$$\cos\theta'_{12}\cdot ds'_1\, ds'_2 = dx'_1\, dx'_2 + dy'_1\cdot dy'_2 = [dx'_1, dy'_1]\begin{bmatrix}dx'_2\\ dy'_2\end{bmatrix}$$

$$= [dx_1, dy_1]^{\tau}$$

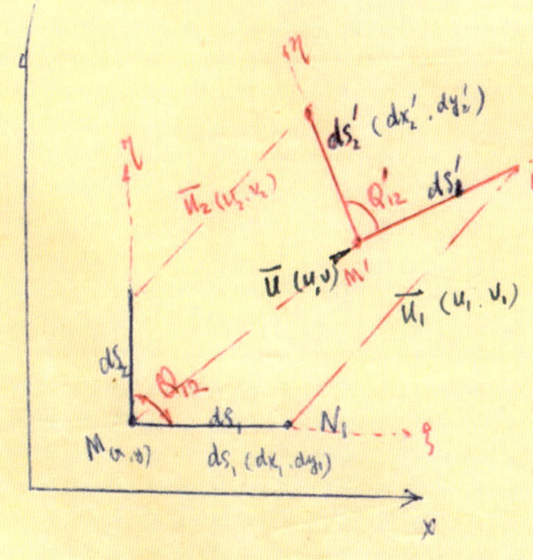


$$= [dx_1, dy_1]\begin{bmatrix}1+\frac{\partial u}{\partial x}, & \frac{\partial u}{\partial y}\\ \frac{\partial v}{\partial x} & 1+\frac{\partial v}{\partial y}\end{bmatrix}\begin{bmatrix}1+\frac{\partial u}{\partial x}, & \frac{\partial v}{\partial x}\\ \frac{\partial u}{\partial y} & 1+\frac{\partial v}{\partial y}\end{bmatrix}\begin{bmatrix}dx_2\\ dy_2\end{bmatrix}$$

$$= [dx_1, dy_1]\begin{bmatrix}1+2e_{11}, & 2e_{12}\\ 2e_{21}, & 1+2e_{22}\end{bmatrix}\begin{bmatrix}dx_2\\ dy_2\end{bmatrix}$$

$$\xlongequal{\text{Cauchy 小应变}} [dx_1, dy_1]\begin{bmatrix}1+2\varepsilon_x, & 2\cdot\frac{1}{2}\gamma_{xy}\\ 2\cdot\frac{1}{2}\gamma_{xy} & 1+2\varepsilon_{xy}\end{bmatrix}\begin{bmatrix}dx_2\\ dy_2\end{bmatrix}$$

$$\cos\theta'_{12}\, ds'_1\cdot ds'_2 - \cos\theta_{12}\, ds_1\, ds_2$$

$$= [dx_1, dy_1]\begin{bmatrix}1+2\varepsilon_x, & 2\cdot\frac{1}{2}\gamma_{xy}\\ 2\cdot\frac{1}{2}\gamma_{xy} & 1+2\varepsilon_y\end{bmatrix}\begin{bmatrix}dx_2\\ dy_2\end{bmatrix} - [dx_1, dy_1]\begin{bmatrix}dx_2\\ dy_2\end{bmatrix} \xlongequal{\text{矩阵计算}}$$

$$= 2\,[dx_1,\ dy_1]\begin{bmatrix}\varepsilon_x & \frac{1}{2}\gamma_{xy}\\ \frac{1}{2}\gamma_{xy} & \varepsilon_y\end{bmatrix}\begin{bmatrix}dx_2\\ dy_2\end{bmatrix} = \cos\theta'_{12}\,ds'_1\,ds'_2 - \cos\theta_{12}\,ds_1\,ds_2.$$

$\because\ \theta_{12} - \gamma_{12} = \theta'_{12}.\qquad ds'_1 = (1+\varepsilon_1)ds_1,\qquad \left(\frac{ds'_1 - ds_1}{ds_1} = \varepsilon_1\right)$

$\qquad\qquad ds'_2 = (1+\varepsilon_2)ds_2.$

$$\therefore\ \cos\theta'_{12}\,ds'_1\,ds'_2 = \cos(\theta_{12}-\gamma_{12})\cdot(1+\varepsilon_1)ds_1\cdot(1+\varepsilon_2)ds_2.$$

$$= \cos(\theta_{12}-\gamma_{12})\,(1+\varepsilon_1)(1+\varepsilon_2)\,ds_1\,ds_2$$

$$= [\cos\theta_{12}\cos\gamma_{12} + \sin\theta_{12}\sin\gamma_{12}]\,\underbrace{(1+\varepsilon_1)(1+\varepsilon_2)}_{\Downarrow\,(1+\varepsilon_1+\varepsilon_2)}\,ds_1\,ds_2.$$

$$= \cos\theta_{12}\cos\gamma_{12}\,ds_1\,ds_2 + \cos\theta_{12}\cos\gamma_{12}\,(\varepsilon_1+\varepsilon_2)\,ds_1\,ds_2$$
$$+ \sin\theta_{12}\sin\gamma_{12}\,ds_1\,ds_2 + \sin\theta_{12}\sin\gamma_{12}\,(\varepsilon_1+\varepsilon_2)\,ds_1\,ds_2.$$

则 $\therefore\ \cos\theta'_{12}\,ds'_1\,ds'_2 - \cos\theta_{12}\,ds_1\,ds_2 = \cos\theta_{12}\cos\gamma_{12}\,ds_1\,ds_2 + \cos\theta_{12}\cos\gamma_{12}(\varepsilon_1+\varepsilon_2)\,ds_1\,ds_2$
$\qquad + \sin\theta_{12}\sin\gamma_{12}\,ds_1\,ds_2 + \sin\theta_{12}\sin\gamma_{12}(\varepsilon_1+\varepsilon_2)\,ds_1\,ds_2 - \cos\theta_{12}\,ds_1\,ds_2$

如上图，选用直角坐标 $\xi,\eta$. $\quad\theta_{12} = 90°.$

$\sin\theta_{12} = 1.\qquad \cos\theta_{12} = 0$

$\sin\gamma_{12} \approx \gamma_{12}.$ 且略去高阶.

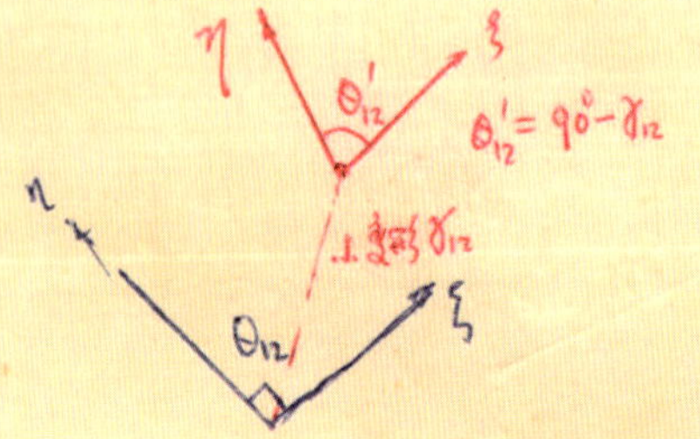


则 $\therefore\ \cos\theta'_{12}\,ds'_1\,ds'_2 - \cos\theta_{12}\,ds_1\,ds_2$

$$= \gamma_{12}\,ds_1\,ds_2.$$

$$\therefore\ \gamma_{12}\,ds_1\,ds_2 = 2\,[dx_1,\ dy_1]\begin{bmatrix}\varepsilon_x & \frac{1}{2}\gamma_{xy}\\ \frac{1}{2}\gamma_{xy} & \varepsilon_y\end{bmatrix}\begin{bmatrix}dx_2\\ dy_2\end{bmatrix}$$

$$\therefore\ \frac{1}{2}\gamma_{12} = \left[\frac{dx_1}{ds_1},\ \frac{dy_1}{ds_1}\right]\begin{bmatrix}\varepsilon_x & \frac{1}{2}\gamma_{xy}\\ \frac{1}{2}\gamma_{xy} & \varepsilon_y\end{bmatrix}\begin{bmatrix}\frac{dx_2}{ds_2}\\ \frac{dy_2}{ds_2}\end{bmatrix}$$

$$\frac{1}{2}\gamma_{\xi\eta} = \frac{1}{2}\gamma_{12} = [l_1,\ m_1]\begin{bmatrix}\varepsilon_x & \frac{1}{2}\gamma_{xy}\\ \frac{1}{2}\gamma_{xy} & \varepsilon_y\end{bmatrix}\begin{bmatrix}l_2\\ m_2\end{bmatrix}$$

同理 $\frac{1}{2}\gamma_{\eta\xi}=\frac{1}{2}\gamma_{21}=\begin{bmatrix} l_2 & m_2\end{bmatrix}\begin{bmatrix}\varepsilon_x . & \frac{1}{2}\gamma_{xy}\\ \frac{1}{2}\gamma_{xy} & . \varepsilon_y\end{bmatrix}\begin{bmatrix} l_1\\ m_1\end{bmatrix}$ （摘要）

(b)、∴、应变张量 坐标变换 公式．（此时 $\varepsilon_\xi$. $\varepsilon_\eta$ $\frac{1}{2}\gamma_{12}$. $\frac{1}{2}\gamma_{21}$ 写成一个总矩阵）

$$\therefore \begin{bmatrix}\varepsilon_\xi & \frac{1}{2}\gamma_{\xi\eta}\\ \frac{1}{2}\gamma_{\eta\xi} & . \varepsilon_\eta\end{bmatrix}=\begin{bmatrix} l_1 & m_1\\ l_2 & m_2\end{bmatrix}\begin{bmatrix}\varepsilon_x , & \frac{1}{2}\gamma_{xy}\\ \frac{1}{2}\gamma_{xy} & . \varepsilon_y\end{bmatrix}\begin{bmatrix} l_1 , & l_2\\ m_1 , & m_2\end{bmatrix}$$

以及前面所说的应力张量坐标变换．．（要点）

$$\begin{bmatrix}\sigma_\xi . & \tau_{\xi\eta}\\ \tau_{\eta\xi} & . \sigma_\eta\end{bmatrix}=\begin{bmatrix} l_1 & m_1\\ l_2 & m_2\end{bmatrix}\begin{bmatrix}\sigma_x . & \tau_{xy}\\ \tau_{yx} . & \sigma_y\end{bmatrix}\begin{bmatrix} l_1 & l_2\\ m_1 & m_2\end{bmatrix}.$$

Например 1．．单向拉伸．．（均匀应力均匀应变）

按弹性分析．．

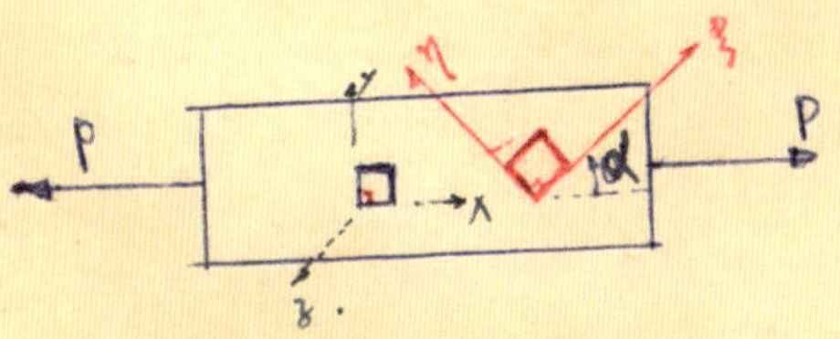


$$\begin{cases}\varepsilon_x=\frac{\sigma}{E}.\\ \varepsilon_y=-\mu\frac{\sigma}{E}\\ \varepsilon_z=-\mu\frac{\sigma}{E}.\\ \gamma_{xy}=0.\end{cases}\qquad \sigma=\frac{P}{A}.$$

若轴应变张量．． $\begin{bmatrix}\varepsilon_x . & \frac{1}{2}\gamma_{xy}\\ \frac{1}{2}\gamma_{yx} . & \varepsilon_y\end{bmatrix}=\begin{bmatrix}\sigma/E & 0\\ 0 & -\mu\sigma/E\end{bmatrix}$

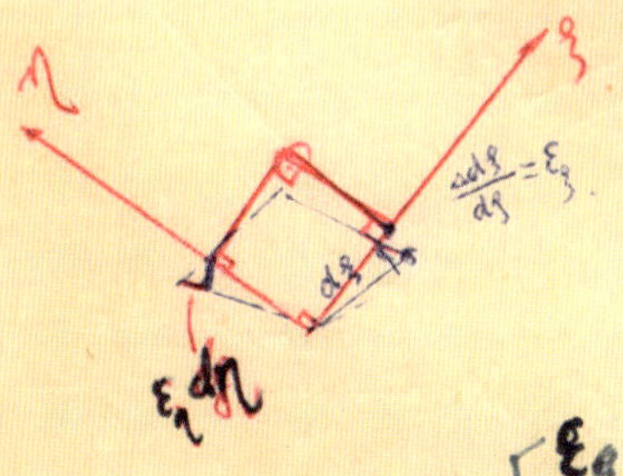


| | x. | y, | z |
|---|---|---|---|
| ξ | cosα | sinα | 0 |
| η | -sinα | cosα | 0 |
| z | 0 | 0 | 1 |

表明 ξ.η 与 x.y 之间的方向余弦 $l_1$. $l_2$. $m_1$. $m_2$

$$\therefore \begin{bmatrix}\varepsilon_\xi . & \frac{1}{2}\gamma_{\xi\eta}\\ \frac{1}{2}\gamma_{\eta\xi} , & \varepsilon_\eta\end{bmatrix}=\begin{bmatrix}\cos\alpha & \sin\alpha\\ -\sin\alpha . & \cos\alpha\end{bmatrix}\begin{bmatrix}\varepsilon_x . & \frac{1}{2}\gamma_{xy}\\ \frac{1}{2}\gamma_{yx} & \varepsilon_y\end{bmatrix}\begin{bmatrix}\cos\alpha , & -\sin\alpha\\ \sin\alpha , & \cos\alpha\end{bmatrix}$$

$$=\begin{bmatrix}\cos\alpha & \sin\alpha\\ -\sin\alpha . & \cos\alpha\end{bmatrix}\begin{bmatrix}\frac{\sigma}{E} . & 0\\ 0 . & -\mu\frac{\sigma}{E}\end{bmatrix}\begin{bmatrix}\cos\alpha . & -\sin\alpha\\ \sin\alpha . & \cos\alpha\end{bmatrix}$$

$$=\begin{bmatrix}\varepsilon_x\cos^2\alpha+\varepsilon_y\sin^2\alpha , & -\varepsilon_x\sin\alpha\cos\alpha+\varepsilon_y\sin\alpha\cos\alpha .\\ \text{对称}. & \varepsilon_x\sin^2\alpha+\varepsilon_y\cos^2\alpha\end{bmatrix}$$

对于拉伸向．．

$$\therefore \begin{aligned}\varepsilon_\xi&=\varepsilon_x\cos^2\alpha+\varepsilon_y\sin^2\alpha\\ \varepsilon_\eta&=\varepsilon_x\sin^2\alpha+\varepsilon_y\cos^2\alpha.\end{aligned}\quad \text{互补}.$$

$$\frac{1}{2}\gamma_{\xi\eta}=\frac{1}{2}\gamma_{\eta\xi}=-\varepsilon_x\sin\alpha\cos\alpha+\varepsilon_y\sin\alpha\cos\alpha \Leftarrow$$

从上可见，在平面应变中，$\varepsilon_\xi+\varepsilon_\eta=\varepsilon_x+\varepsilon_y$.

∴ 应变第一不变量 $\varepsilon_\xi+\varepsilon_\eta=\varepsilon_x+\varepsilon_y$.　表明 $\sigma_\xi+\sigma_\eta=\sigma_x+\sigma_y$.

对于~~平面应变中~~.

∴ 单向拉伸

$$\begin{cases}\varepsilon_\xi=\dfrac{\varepsilon_x+\varepsilon_y}{2}+\dfrac{\varepsilon_x-\varepsilon_y}{2}\cos 2\theta+\dfrac{\gamma_{xy}}{2}\sin 2\theta \\ \dfrac{1}{2}\gamma_{\xi\eta}=-\dfrac{\varepsilon_x-\varepsilon_y}{2}\sin 2\theta+\dfrac{\gamma_{xy}}{2}\cos 2\theta\end{cases}$$

（对于 $\varepsilon_\eta$ 以 $\theta+\frac{\pi}{2}$ 代入即可）

（这说明，这表示 $\xi$、$\eta$ 之间夹角变小时 $\gamma_{\xi\eta}$ 为正值，如 $\xi$、$\eta$ 之间二夹角变大时，$\gamma_{\xi\eta}$ 为负值）

转轴变换时不能用平面应变转换，应该是.

$$\begin{bmatrix}\varepsilon_\xi & \frac12\gamma_{\xi\eta} & 0\\ \frac12\gamma_{\eta\xi} & \varepsilon_\eta & 0\\ 0 & 0 & \varepsilon_\zeta\end{bmatrix}=\begin{bmatrix}\cos\alpha & \sin\alpha & 0\\ -\sin\alpha & \cos\alpha & 0\\ 0 & 0 & 1\end{bmatrix}\begin{bmatrix}\varepsilon_x & \frac12\gamma_{xy} & 0\\ \frac12\gamma_{yx} & \varepsilon_y & 0\\ 0 & 0 & \varepsilon_z\end{bmatrix}\begin{bmatrix}\cos\alpha & -\sin\alpha & 0\\ \sin\alpha & \cos\alpha & 0\\ 0 & 0 & 1\end{bmatrix}$$

Например 2. 纯剪切.

纯剪切状态

$$\begin{cases}\varepsilon_x=0\\ \varepsilon_y=0\\ \frac12\gamma_{xy}=-\dfrac{\tau_{xy}}{2G}\end{cases}\qquad (\sigma_x,\ \sigma_y=0)\quad \sigma_z=0.$$

所以 原应变张量

$$\begin{bmatrix}\varepsilon_x & \frac12\gamma_{xy}\\ \frac12\gamma_{yx} & \varepsilon_y\end{bmatrix}=\begin{bmatrix}0 & -\frac12\frac{\tau_{xy}}{G}\\ -\frac12\frac{\tau_{xy}}{G} & 0\end{bmatrix}$$

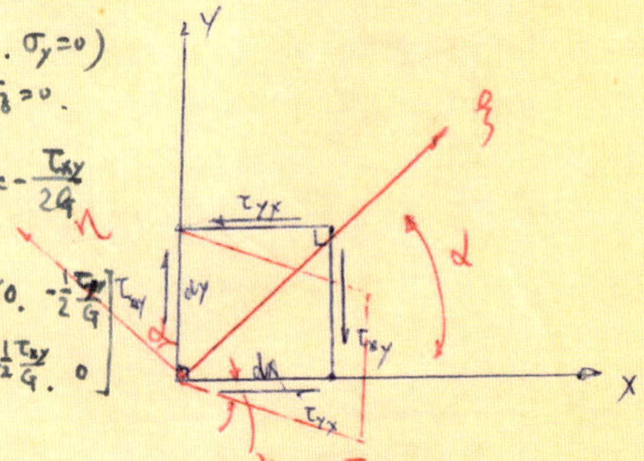


$\gamma_{xy}=-\dfrac{\tau_{xy}}{G}$ （取负值）

$$\therefore\begin{bmatrix}\varepsilon_\xi & \frac12\gamma_{\xi\eta}\\ \frac12\gamma_{\eta\xi} & \varepsilon_\eta\end{bmatrix}=\begin{bmatrix}\cos\alpha & \sin\alpha\\ -\sin\alpha & \cos\alpha\end{bmatrix}\begin{bmatrix}0 & -\frac12\frac{\tau_{xy}}{G}\\ -\frac12\frac{\tau_{xy}}{G} & 0\end{bmatrix}\begin{bmatrix}\cos\alpha & -\sin\alpha\\ \sin\alpha & \cos\alpha\end{bmatrix}$$

$$=-\frac12\frac{\tau_{xy}}{G}\begin{bmatrix}+\sin\alpha & \cos\alpha\\ +\cos\alpha & -\sin\alpha\end{bmatrix}\begin{bmatrix}\cos\alpha & -\sin\alpha\\ \sin\alpha & \cos\alpha\end{bmatrix}$$

$$=-\frac12\frac{\tau_{xy}}{G}\begin{bmatrix}2\sin\alpha\cos\alpha & -\sin^2\alpha+\cos^2\alpha\\ \cos^2\alpha-\sin^2\alpha & -2\sin\alpha\cos\alpha\end{bmatrix}$$

$$=-\frac12\frac{\tau_{xy}}{G}\begin{bmatrix}\sin 2\alpha & \cos 2\alpha\\ \cos 2\alpha & -\sin 2\alpha\end{bmatrix}$$

$$=\begin{bmatrix}-\frac12\frac{\tau_{xy}}{G}\sin 2\alpha & -\frac12\frac{\tau_{xy}}{G}\cos 2\alpha\\ -\frac12\frac{\tau_{xy}}{G}\cos 2\alpha & \frac12\frac{\tau_{xy}}{G}\sin 2\alpha\end{bmatrix}$$

∴ 纯剪切

$\varepsilon_\xi=-\dfrac{\tau_{xy}}{2G}\sin 2\alpha$

$\frac12\gamma_{\xi\eta}=-\dfrac{\tau_{xy}}{2G}\cos 2\alpha$

$$\therefore\quad \varepsilon_\xi+\varepsilon_\eta=-\frac12\frac{\tau_{xy}}{G}(\sin 2\alpha-\sin 2\alpha)=\varepsilon_x+\varepsilon_y=0.$$

$$\frac12\gamma_{\xi\eta}=\frac12\gamma_{\eta\xi}=-\frac{\tau_{xy}}{2G}\cos 2\alpha.$$

## §5-8. 应变圆

在平面应变中.
$$\begin{bmatrix}\varepsilon_\xi & \frac{1}{2}\gamma_{\xi\eta}\\ \frac{1}{2}\gamma_{\eta\xi} & \varepsilon_\eta\end{bmatrix}=\begin{bmatrix}\cos\alpha & \sin\alpha\\ -\sin\alpha & \cos\alpha\end{bmatrix}\begin{bmatrix}\varepsilon_x & \frac{1}{2}\gamma_{xy}\\ \frac{1}{2}\gamma_{yx} & \varepsilon_y\end{bmatrix}\begin{bmatrix}\cos\alpha & -\sin\alpha\\ \sin\alpha & \cos\alpha\end{bmatrix}$$

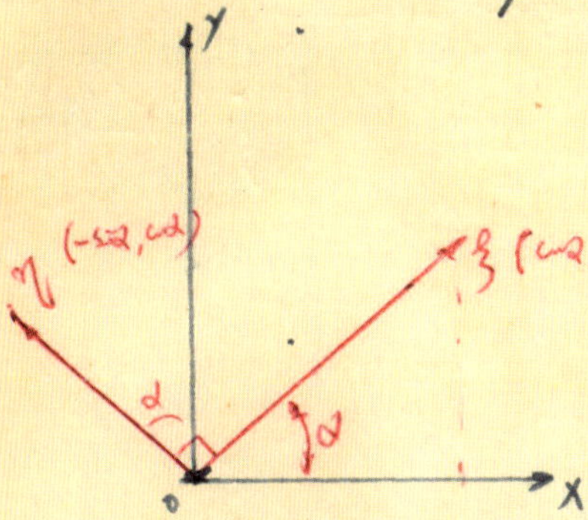


$$=\begin{bmatrix}\frac{\varepsilon_x+\varepsilon_y}{2}+\frac{\varepsilon_x-\varepsilon_y}{2}\cos2\alpha+\frac{1}{2}\gamma_{xy}\sin2\alpha, & -\frac{\varepsilon_x-\varepsilon_y}{2}\sin2\alpha+\frac{1}{2}\tau_{xy}\cos2\alpha\\ -\frac{\varepsilon_x-\varepsilon_y}{2}\sin2\alpha+\frac{1}{2}\tau_{xy}\cos2\alpha, & \frac{1}{2}(\varepsilon_x+\varepsilon_y)-\frac{\varepsilon_x-\varepsilon_y}{2}\cos2\alpha-\frac{1}{2}\gamma_{xy}\sin2\alpha\end{bmatrix}$$

即.
$$\begin{cases}\varepsilon_\xi=\frac{\varepsilon_x+\varepsilon_y}{2}+\frac{\varepsilon_x-\varepsilon_y}{2}\cos2\alpha+\frac{1}{2}\gamma_{xy}\sin2\alpha\\ \varepsilon_\eta=\frac{\varepsilon_x+\varepsilon_y}{2}-\frac{\varepsilon_x-\varepsilon_y}{2}\cos2\alpha-\frac{1}{2}\gamma_{xy}\sin2\alpha\\ \frac{1}{2}\gamma_{\xi\eta}=-\frac{\varepsilon_x-\varepsilon_y}{2}\sin2\alpha+\frac{1}{2}\gamma_{xy}\cos2\alpha\end{cases}$$

互余

$$\left.\begin{aligned}\varepsilon_\xi-\frac{\varepsilon_x+\varepsilon_y}{2}&=\frac{\varepsilon_x-\varepsilon_y}{2}\cos2\alpha+\frac{1}{2}\gamma_{xy}\sin2\alpha\\ \frac{1}{2}\gamma_{\xi\eta}-0&=-\frac{\varepsilon_x-\varepsilon_y}{2}\sin2\alpha+\frac{1}{2}\gamma_{xy}\cos2\alpha\end{aligned}\right\}$$

上式两边平方相加.

$$\left(\varepsilon_\xi-\frac{\varepsilon_x+\varepsilon_y}{2}\right)^2+\left(\frac{1}{2}\gamma_{\xi\eta}-0\right)^2=\left(\frac{\varepsilon_x-\varepsilon_y}{2}\right)^2+\frac{1}{4}\gamma_{xy}^2$$
——圆方程

注. 其中消去的参数是 $2\alpha$. 不是 $\alpha$.

∴ 应变圆
$$\begin{cases}\text{参数 } 2\alpha.\\ \text{圆心. } \left(\frac{\varepsilon_x+\varepsilon_y}{2},0\right)\\ R=\sqrt{\left(\frac{\varepsilon_x-\varepsilon_y}{2}\right)^2+\frac{1}{4}\gamma_{xy}^2}\end{cases}$$

为了作应变圆. 规定 $\gamma_{xy}$ 方向.
在应变圆上. 切应变 $\gamma_{xy}$ 与切应力正负规定一致.
切应变 $\gamma_{xy}$. x与y轴夹角
以90°变到大于90°. $\gamma>0$
以90°变到小于90°. $\gamma<0$
(与前面规定恰相反)
且. $\gamma_{xy}=\frac{\tau_{xy}}{G}$

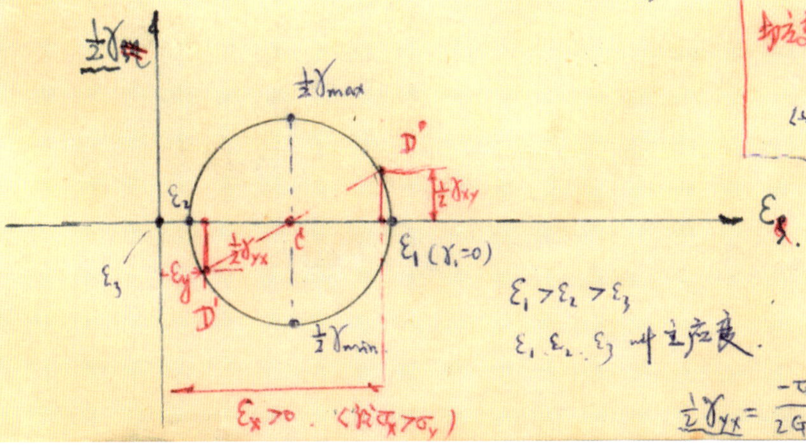


$\varepsilon_1>\varepsilon_2>\varepsilon_3$

$\varepsilon_1$ $\varepsilon_2$ $\varepsilon_3$ 叫主应变.

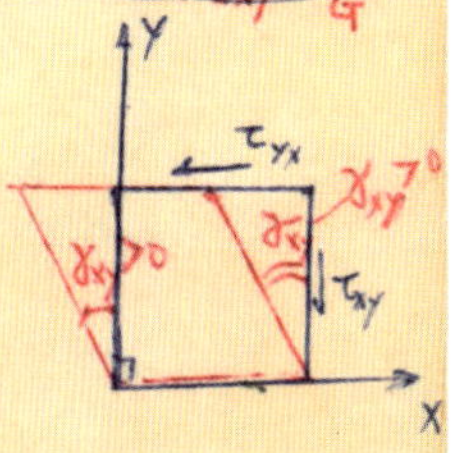


$\frac{1}{2}\gamma_{yx}=\frac{-\tau_{xy}}{2G}=-\frac{1}{2}\gamma_{xy}$ (∵ $\tau_{yx}=-\tau_{xy}$)

切应变正负号规定—与切应力一致.

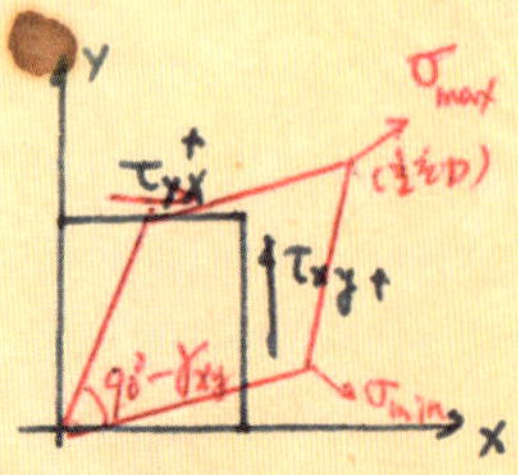


用应变张量转换公式计算时.

$90° \doteq 90-\gamma_{xy}$.　　$\gamma_{xy}=+$

(大角 ⇒ 小角)

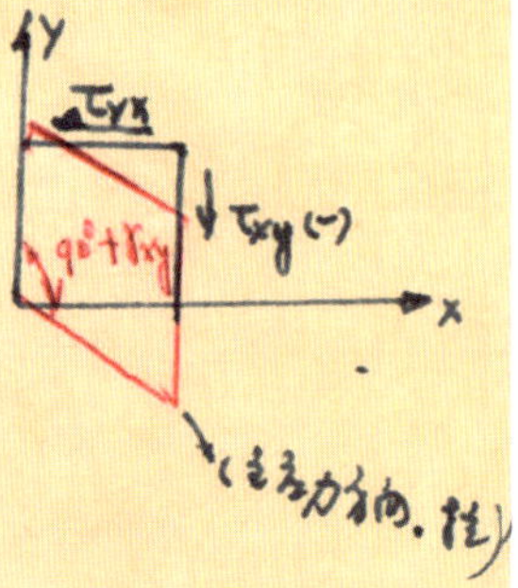


$90° \doteq 90+\gamma_{xy}$.　　$\gamma_{xy}=-$.

(小角变大角).

用应力圆时规定.(与上相反)

绕单元体右旋的切应力为正

(与上相反)　此时 $\gamma_{xy}=\frac{\tau_{xy}}{G}$，$\gamma_{yx}=\frac{\tau_{yx}}{G}$

∴ $\gamma_{yx}=-$，$\gamma_{xy}=+$

由 $\tau_{xy}$ 之正负决定.

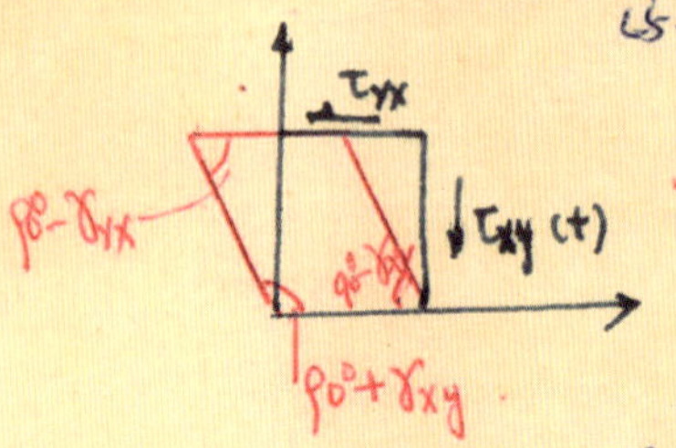


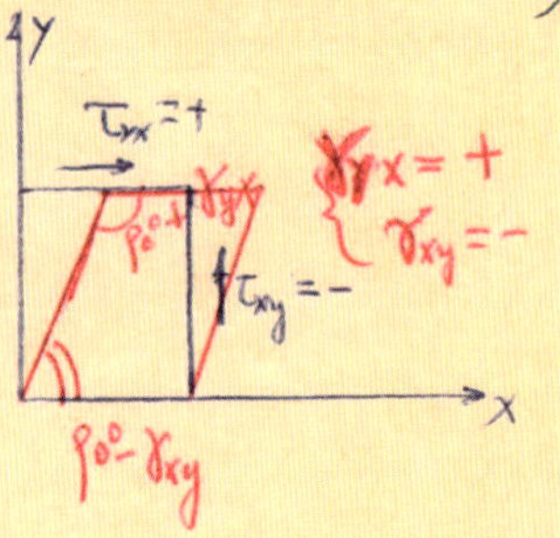


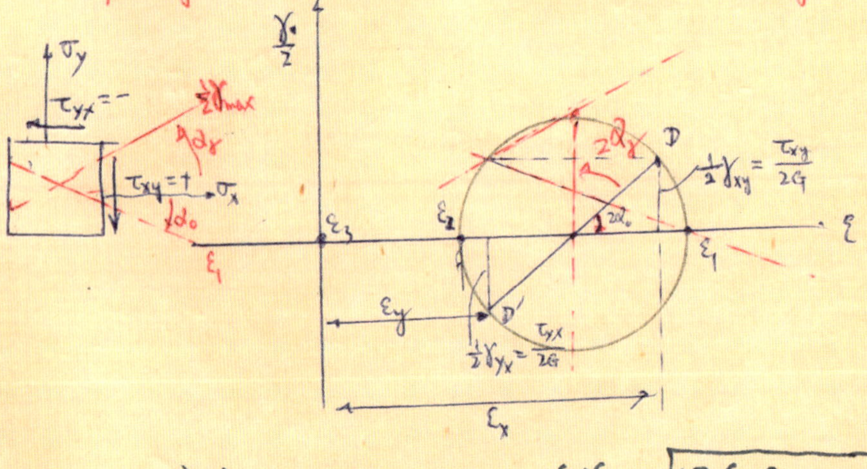


主应变 ($\gamma_{xy}=0$)　$\varepsilon_{1,2}=\frac{\varepsilon_x+\varepsilon_y}{2}\pm\sqrt{\left(\frac{\varepsilon_x-\varepsilon_y}{2}\right)^2+\left(\frac{\gamma_{xy}}{2}\right)^2}$

$=\frac{\varepsilon_x+\varepsilon_y}{2}\pm\frac{1}{2}\sqrt{(\varepsilon_x-\varepsilon_y)^2+\gamma_{xy}^2}$

$\varepsilon_3=0$.

主方向.　$tg2\alpha_0=-\frac{\gamma_{xy}}{\varepsilon_x-\varepsilon_y}$　(与应力符号差个负号).

最大切应变.　$\frac{1}{2}\gamma_{xy}=\sqrt{\left(\frac{\varepsilon_x-\varepsilon_y}{2}\right)^2+\left(\frac{\gamma_{xy}}{2}\right)^2}=\frac{\varepsilon_1-\varepsilon_2}{2}$

最大切应变方向　$tg2\alpha_\gamma=\frac{\varepsilon_x-\varepsilon_y}{\gamma_{xy}}$

$tg2\alpha_0\cdot tg2\alpha_\gamma=-1$.　　∴ $\alpha_0\pm\alpha_\gamma=45°$

例. 纯剪切应变图.

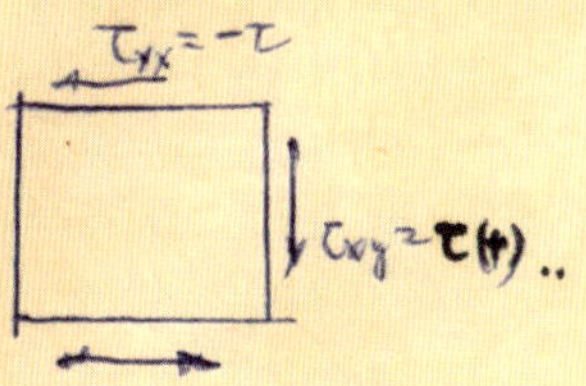


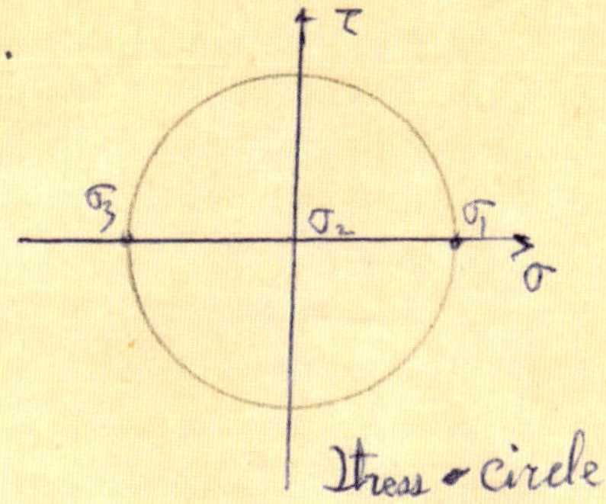


$\sigma_1 = +\tau$

$\sigma_2 = 0$

$\sigma_3 = -\tau$

$$\varepsilon_1 = \frac{\sigma_1}{E} - \mu\frac{\sigma_2+\sigma_3}{E} = \left(\frac{1+\mu}{E}\right)\tau$$

$$\varepsilon_2 = \frac{\sigma_2}{E} - \mu\left(\frac{\sigma_1+\sigma_3}{E}\right) = 0$$

$$\varepsilon_3 = \frac{\sigma_3}{E} - \mu\left(\frac{\sigma_1+\sigma_2}{E}\right) = -\left(\frac{1+\mu}{E}\right)\tau$$

$$\varepsilon_1 + \varepsilon_2 + \varepsilon_3 = 0$$

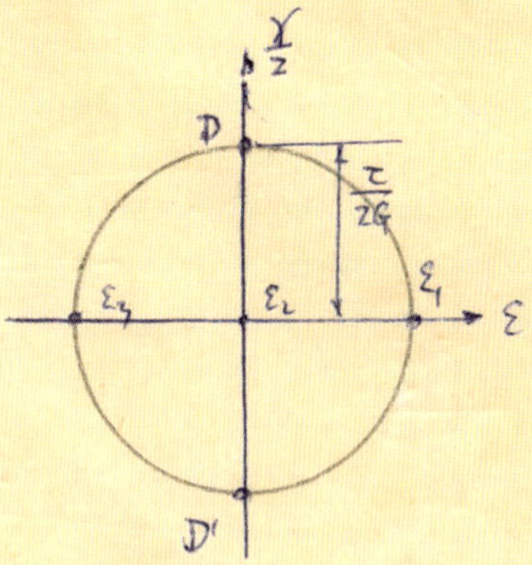


$\varepsilon_1 = +R$

$= +\frac{\tau}{2G}$

$= \left(\frac{1+\mu}{E}\right)\tau$

$\varepsilon_2 = 0$

$\varepsilon_3 = -\frac{\tau}{2G}$

注. 1°. 剪应变 $\gamma_{xy}$ 的符号完全取决于剪应力 $\tau_{xy}$ 可根据 $\gamma_{xy} = \frac{\tau_{xy}}{G}$ 来确定. 而在画莫尔圆时. $\tau_{xy}$ 是按顺时针转定为正的。

2°. 主应变的方向为 $tg2\alpha_0 = -\frac{\gamma_{xy}}{\varepsilon_x - \varepsilon_y}$ 与轴转角相差一个符号。主要由于我们选取的是右旋直角坐标系 ($o \to x$, $y$) 如是选取左旋坐标 ($o \to x$, $y$ 向下)

($\alpha_0$ 的正负规定是 X 正向转向 y 正向的 $\alpha_0$ 为正)

3°. 我们讨论的应变张量(是以平面应变状态)可推广到三维应变 即

$$\begin{bmatrix} \varepsilon_\xi & \frac{1}{2}\gamma_{\xi\eta} & \frac{1}{2}\gamma_{\xi\zeta} \\ \frac{1}{2}\gamma_{\eta\xi} & \varepsilon_\eta & \frac{1}{2}\gamma_{\eta\zeta} \\ \frac{1}{2}\gamma_{\zeta\xi} & \frac{1}{2}\gamma_{\zeta\eta} & \varepsilon_\zeta \end{bmatrix} = \begin{bmatrix} l_1 & m_1 & n_1 \\ l_2 & m_2 & n_2 \\ l_3 & m_3 & n_3 \end{bmatrix} \begin{bmatrix} \varepsilon_x & \frac{1}{2}\gamma_{xy} & \frac{1}{2}\gamma_{xz} \\ \frac{1}{2}\gamma_{yx} & \varepsilon_y & \frac{1}{2}\gamma_{yz} \\ \frac{1}{2}\gamma_{zx} & \frac{1}{2}\gamma_{zy} & \varepsilon_z \end{bmatrix} \begin{bmatrix} l_1 & l_2 & l_3 \\ m_1 & m_2 & m_3 \\ n_1 & n_2 & n_3 \end{bmatrix}$$

其中 $l_i = \cos\alpha_i$　$m_i = \cos\beta_i$　$n_i = \cos\gamma_i$

表示新轴的三个方向余弦.

试如单向拉伸.

$$\begin{bmatrix} \varepsilon_\xi & \frac{1}{2}\gamma_{\xi\eta} & \frac{1}{2}\gamma_{\xi\zeta} \\ \frac{1}{2}\gamma_{\eta\xi} & \varepsilon_\eta & \frac{1}{2}\gamma_{\eta\zeta} \\ \frac{1}{2}\gamma_{\zeta\xi} & \frac{1}{2}\gamma_{\zeta\eta} & \varepsilon_\zeta \end{bmatrix} = \begin{bmatrix} \cos\alpha, & \sin\alpha, & 0 \\ -\sin\alpha, & \cos\alpha, & 0 \\ 0, & 0, & 1 \end{bmatrix} \begin{bmatrix} \varepsilon_x, & 0 & 0 \\ 0 & \varepsilon_y & 0 \\ 0 & 0 & \varepsilon_z \end{bmatrix} \begin{bmatrix} \cos\alpha, & -\sin\alpha, & 0 \\ \sin\alpha, & \cos\alpha, & 0 \\ 0 & 0 & 1 \end{bmatrix}$$

例.. Cauchy 应变的几何解释..

Cauchy small stress

讨论.. 大位移小应变

认为位移函数是单值连续的.(即是在位移中并不存在物质在一个位置上不同时间同时在二个位置上.并是连续的和那些无缝隙的)。

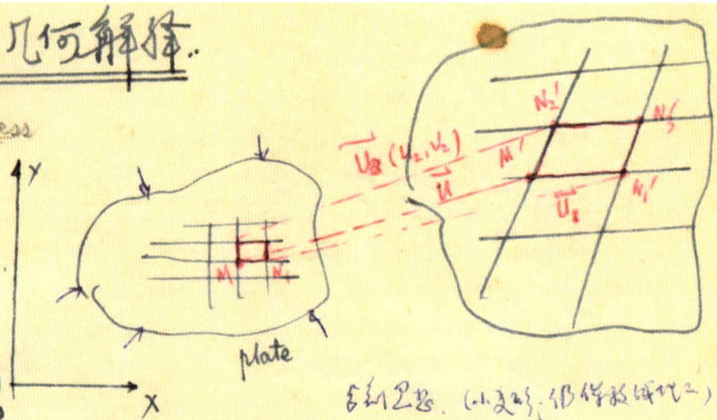


分析思路.(小变形,但位移函数线性化)

位移 $\vec{u}=(u,v)=\overrightarrow{MM'}$

$\overrightarrow{N_1N_1'}=\vec{u}_1=(u_1,v_1)$

$\vec{u}_2=(u_2,v_2)$ $\quad\vec{u}_3=(u_3,v_3)$

分割. 讨论小单元..

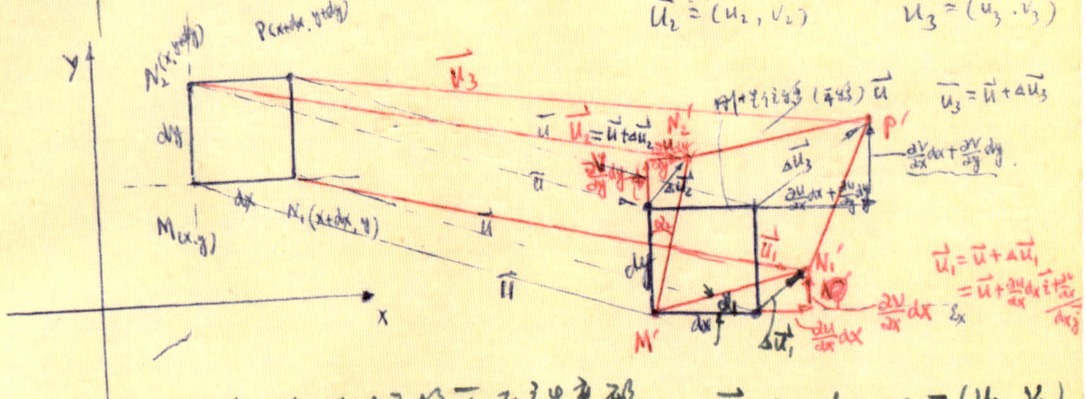


单元除刚性平移 $\vec{u}$ 还引起变形..

∴ $\vec{u}_1$, $\vec{u}_2$ 已不是 (x, y) 的函数.

$$\begin{cases}\vec{u}_1(x+dx,\ y)=(u_1,v_1)\\ \vec{u}_2(x,\ y+dy)=(u_2,v_2)\\ \vec{u}_3=\overrightarrow{PP'}=\vec{u}_3(x+dx,\ y+dy)=(u_3,v_3)\\ \vec{u}=\vec{u}(x,y)=(u,v)\end{cases}$$

按照 Taylor 级数展开..

$$u_1=u+\frac{\partial u}{\partial x}dx+\cdots \qquad v_1=v+\frac{\partial v}{\partial x}dx+\cdots$$

$$u_2=u+\frac{\partial u}{\partial y}dy+\cdots\ (x方向) \qquad v_2=v+\frac{\partial v}{\partial y}dy+\cdots\ (y方向)$$

$$u_3=u+\frac{\partial u}{\partial x}dx+\frac{\partial u}{\partial y}dy+\cdots \qquad v_3=v+\frac{\partial v}{\partial x}dx+\frac{\partial v}{\partial y}dy+\cdots$$

$$\therefore\begin{cases}\varepsilon_x=\dfrac{\Delta dx}{dx}=\dfrac{\frac{\partial u}{\partial x}dx}{dx}=\dfrac{\partial u}{\partial x}\\ \alpha_1\doteq tg\,\alpha_1=\dfrac{\frac{\partial v}{\partial x}dx}{dx}=\dfrac{\partial v}{\partial x}\end{cases}$$

同理. $\varepsilon_y=\dfrac{\Delta dy}{dy}=\dfrac{\frac{\partial v}{\partial y}dy}{dy}=\dfrac{\partial v}{\partial y}=\dfrac{\partial v}{\partial y}$ } 线应变

$$\alpha_2\doteq\frac{\frac{\partial u}{\partial y}dy}{dy}=\frac{\partial u}{\partial y}=\frac{\partial u}{\partial y}$$

$$\therefore\ \gamma_{xy}=\alpha_1+\alpha_2=\frac{\partial u}{\partial y}+\frac{\partial v}{\partial x}$$

$\Delta \vec{u}_3$ 的二个位移分量: $\frac{\partial u}{\partial x}dx + \frac{\partial u}{\partial y}dy$. 和 $\frac{\partial v}{\partial x}dx + \frac{\partial v}{\partial y}dy$.

∴ Cauchy 小应变 $\begin{cases} \varepsilon_x = \frac{\partial u}{\partial x}. \quad \varepsilon_y = \frac{\partial v}{\partial y} & (线应变) \\ \gamma_{xy} = \gamma_{yx} = \frac{\partial v}{\partial x} + \frac{\partial u}{\partial y} & (角应变) \end{cases}$

平均旋转 (average curl, rotation)

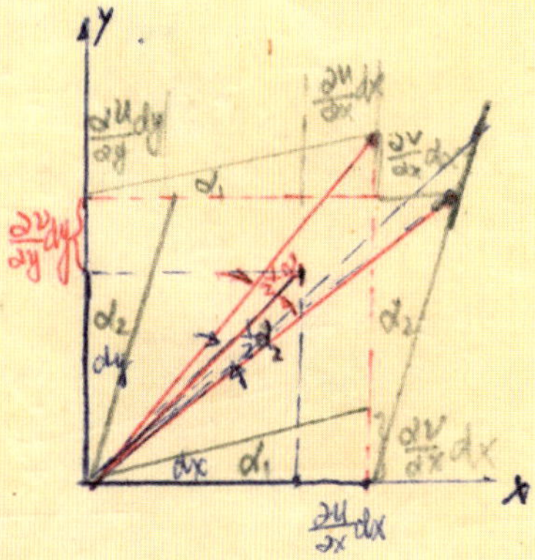


$$\omega = \frac{1}{2}\left(\frac{\partial v}{\partial x} - \frac{\partial u}{\partial y}\right) \xlongequal{可以写成} \frac{1}{2}\mathrm{rot}\,\vec{u}$$

($\omega = \frac{1}{2}(\alpha_1 + \alpha_2)$ 这里 $\alpha_1$ 为正. $\alpha_2$ 为负

可 $\alpha_1 = \frac{\partial v}{\partial x}$. $\alpha_2 = -\frac{\partial u}{\partial y}$ )

# 本章—应力应变分析、小结

一、平面应力 （注：单向拉压、双轴应力均是平面应力的特例）

$$\begin{bmatrix}\sigma_\xi & \tau_{\xi\eta}\\ \tau_{\eta\xi} & \sigma_\eta\end{bmatrix} \xlongequal{\text{坐标变换}} \begin{bmatrix}\cos\theta, & \sin\theta\\ -\sin\theta, & \cos\theta\end{bmatrix}\begin{bmatrix}\sigma_x & \tau_{xy}\\ \tau_{yx} & \sigma_y\end{bmatrix}\begin{bmatrix}\cos\theta, & -\sin\theta\\ \sin\theta & \cos\theta\end{bmatrix}$$

（$\tau_{xy}$ 按坐标轴规定）

公式：

$$\begin{cases}\sigma_\theta = \dfrac{\sigma_x+\sigma_y}{2} + \dfrac{\sigma_x-\sigma_y}{2}\cos 2\theta + \tau_{xy}\sin 2\theta \\ \tau_{\xi\eta} = \dfrac{\sigma_x-\sigma_y}{2}\sin 2\theta - \tau_{xy}\cos 2\theta\end{cases} \qquad tg 2\theta_p = \frac{2\tau_{xy}}{\sigma_x-\sigma_y}$$

$$\sigma_{max} = \frac{\sigma_x+\sigma_y}{2} + \sqrt{\left(\frac{\sigma_x-\sigma_y}{2}\right)^2+\tau_{xy}^2} \qquad \tau_{max} = \sqrt{\left(\frac{\sigma_x-\sigma_y}{2}\right)^2+\tau_{xy}^2}$$

二、平面应变（注，平面应变与平面应力是一般不同时发生的，是二种不同的应力状态）

$$\begin{bmatrix}\varepsilon_\xi & \frac{1}{2}\gamma_{\xi\eta}\\ \frac{1}{2}\gamma_{\eta\xi} & \varepsilon_\eta\end{bmatrix} = \begin{bmatrix}\cos\theta & \sin\theta\\ -\sin\theta & \cos\theta\end{bmatrix}\begin{bmatrix}\varepsilon_x & \frac{1}{2}\gamma_{xy}\\ \frac{1}{2}\gamma_{yx} & \varepsilon_y\end{bmatrix}\begin{bmatrix}\cos\theta, & -\sin\theta\\ \sin\theta, & \cos\theta\end{bmatrix};$$

其中

$$\begin{cases}\varepsilon_x = \dfrac{\sigma_x}{E} - \mu\dfrac{\sigma_y}{E} \\ \varepsilon_y = \dfrac{\sigma_y}{E} - \mu\dfrac{\sigma_x}{E} \\ \varepsilon_z = 0 \\ \frac{1}{2}\gamma_{xy} = \dfrac{\tau_{xy}}{2G}\end{cases}$$

$$\begin{cases}\varepsilon_\theta = \dfrac{\varepsilon_x+\varepsilon_y}{2} + \dfrac{\varepsilon_x-\varepsilon_y}{2}\cos 2\theta + \frac{1}{2}\gamma_{xy}\sin 2\theta \\ \frac{1}{2}\gamma_{\xi\eta} = -\dfrac{\varepsilon_x-\varepsilon_y}{2}\sin 2\theta + \frac{1}{2}\gamma_{xy}\cos 2\theta\end{cases} \qquad tg 2\theta_p = \frac{-\gamma_{xy}}{\varepsilon_x-\varepsilon_y}$$

（$\gamma_{xy}$ 由 $\tau_{xy}$ 决定，而 $\tau_{xy}$ 由坐标轴定）

三、应力应变圆

1°. $\tau_{xy}$，$\gamma_{xy} = \dfrac{\tau_{xy}}{G}$ 正负由 $\tau_{xy}$ 决定，$\tau_{xy}$ 由左旋法规定（即顺时针向为正）

2°. 圆的方程：

$$\begin{cases}\text{应力圆} & \left(\sigma_\theta - \dfrac{\sigma_x+\sigma_y}{2}\right)^2 + (\tau_{\xi\eta}-0)^2 = \left(\dfrac{\sigma_x-\sigma_y}{2}\right)^2 + \tau_{xy}^2 \\ \text{应变圆} & \left(\varepsilon_\theta - \dfrac{\varepsilon_x+\varepsilon_y}{2}\right)^2 + \left(\frac{1}{2}\gamma_{\xi\eta}-0\right)^2 = \left(\dfrac{\varepsilon_x-\varepsilon_y}{2}\right)^2 + \left(\frac{1}{2}\gamma_{xy}\right)^2\end{cases}$$

3°. 熟练地掌握作圆方法，注意：是 $2\theta$，先找出已知点 D、D′，而后连线作圆即得。注意在圆上的转向应与单元体上相一致才能确定所求应力应变的值。

四、三向应力（简化：三个莫尔圆）

1°. 任一三轴应力均可分解为三轴等拉（或压）（体积改变）和剪切（形状改变）二大部分。

2°. 应力应变关系：$\sigma_m = \sigma_{平} = K\theta$（体应变），$K = \dfrac{E}{3(1-2\mu)}$

$$\theta = \frac{\Delta V}{V} = \varepsilon_1 + \varepsilon_2 + \varepsilon_3$$

3°. 应变能密度

$$\begin{cases}\text{体积改变}:\ u_{体} = \dfrac{1-2\mu}{6E}(\sigma_1+\sigma_2+\sigma_3)^2 \\ \text{形状改变}:\ u_\varphi = \dfrac{1}{3G}\left[\tau_{12}^2+\tau_{23}^2+\tau_{31}^2\right]\end{cases}$$

4°. 广义虎克定理

$$\begin{cases}\varepsilon_x = \dfrac{\sigma_x}{E} - \mu\left(\dfrac{\sigma_y+\sigma_z}{E}\right) \\ \varepsilon_y = \dfrac{\sigma_y}{E} - \mu\left(\dfrac{\sigma_x+\sigma_z}{E}\right) \\ \varepsilon_z = \dfrac{\sigma_z}{E} - \mu\left(\dfrac{\sigma_x+\sigma_y}{E}\right)\end{cases} \qquad \gamma_{ij} = \frac{\tau_{ij}}{G}$$

注意：在求任一应力状态下三个方向上的应力时一定要找准三个莫尔圆。任一应力状态均能作三个莫尔圆，以确定出 $\sigma_1$、$\sigma_2$、$\sigma_3$，规定了 $\sigma_1>\sigma_2>\sigma_3$ 时，我们有 $\tau_{max} = \dfrac{\sigma_1-\sigma_3}{2}$

5°. Lame方程——以应变表示应力。 $\sigma_i = \lambda\theta + 2G\varepsilon_i$ $\quad \tau_{ij} = G\gamma_{ij}$

五、平面应力和平面应变张量均可推广到三维空间

$$\begin{bmatrix}\sigma_\xi & \tau_{\xi\eta} & \tau_{\xi\zeta}\\ \tau_{\eta\xi} & \sigma_\eta & \tau_{\eta\zeta}\\ \tau_{\zeta\xi} & \tau_{\zeta\eta} & \sigma_\zeta\end{bmatrix} = \begin{bmatrix}l_1 & m_1 & n_1\\ l_2 & m_2 & n_2\\ l_3 & m_3 & n_3\end{bmatrix}\begin{bmatrix}\sigma_x & \tau_{xy} & \tau_{xz}\\ \tau_{yx} & \sigma_y & \tau_{yz}\\ \tau_{zx} & \tau_{zy} & \sigma_z\end{bmatrix}\begin{bmatrix}l_1 & l_2 & l_3\\ m_1 & m_2 & m_3\\ n_1 & n_2 & n_3\end{bmatrix}$$

# 第六章 强度理论

强度理论：就是关于材料失效的主要因素的假设，通过这些假设，可以根据简单受力状态的试验结果来推测一般应力状态下材料失效的强度条件。

## §6-1 引言 ——强度和塑性理论 ——对强度问题的种种假设学说

一）两种强度破坏（失效）的基本性质

塑性问（塑性理论）—— 1）塑性流动 主要是由于剪应力造成的滑移、滑移。
（以此 塑性理论或塑性条件）

强度问（强度理论） 2）断裂 { 拉断 最大正应力造成（或最大线应变造成）；剪断（剪断）铸铁在扭转下约45°斜截面上剪断（剪应力造成）

故 强度主要包含 ①塑性条件 ②强度条件（即危险强度）
塑性材料通常以流动极限作为危险应力，脆性材料通常以断裂强度作为危险应力。

二）困难性

复杂应力状态 $\begin{bmatrix} \sigma_x & \tau_{xy} & \tau_{xz} \\ & \sigma_y & \tau_{yz} \\ 对称 & & \sigma_z \end{bmatrix}$

可以找出三个主应力状态（对称阵）（简单受力状态）

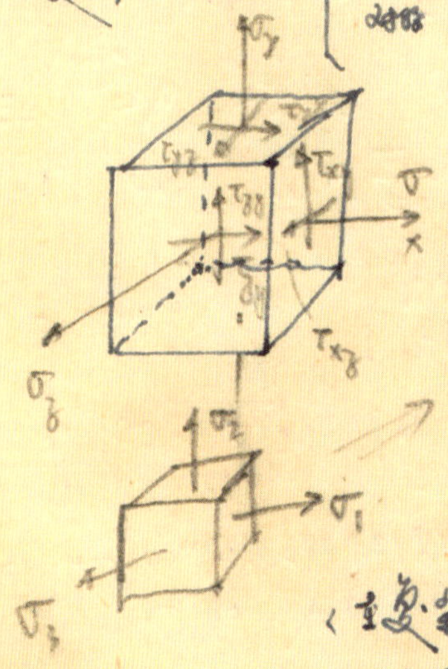

$$\begin{bmatrix} \sigma_1 & 0 & 0 \\ & \sigma_2 & 0 \\ 对称 & & \sigma_3 \end{bmatrix} = \begin{bmatrix} l_1 & m_1 & n_1 \\ l_2 & m_2 & n_2 \\ l_3 & m_3 & n_3 \end{bmatrix} \begin{bmatrix} \sigma_x & \tau_{xy} & \tau_{xz} \\ & \sigma_y & \tau_{yz} \\ 对称 & & \sigma_z \end{bmatrix} \begin{bmatrix} l_1 & l_2 & l_3 \\ m_1 & m_2 & m_3 \\ n_1 & n_2 & n_3 \end{bmatrix}$$

建立复杂应力状态下的强度条件和塑性条件。
（主复杂应力状态 实验很难得到结果，只有对复杂应力状态下材料破坏的强度各种假设）

要从简单受力状态的实验结果建立复杂应力状态的强度条件和塑性条件

三）基本想法和任务

寻找破坏的共同的决定因素，认为有规律可寻。任务是确定断裂和塑性流动的统一规律。

四）几种强度理论

古典强度理论

第一强度理论 (1638年 Galileo. 材力以之事示社).

最大正应力强度理论.

第二强度理论 (1682年. Mariotte) 最大线(伸长)变形强度理论.

这二个理论叫拉断破坏理论或断裂理论. (这个时期只适用于钢材 理论已被修正了).

第三强度理论 (1773年 Coulomb). 最大剪应力强度理论.

近代强度理论

第四强度理论 最大形状改变比能(或叫畸变能或变形能)强度理论.

第三、四强度理论适用于塑性材料破坏. 故叫塑性流动理论或塑性条件.

莫尔 Mohr 强度理论 (是第三强度理论的发展. 用于拉断破坏理论)

联合强度理论 (苏二位人).

## §6-2. 三个古典强度理论.

(一). 最大正应力强度理论 (最大拉应力强度理论. 因不适用压)

该理论认为: 不论是复杂应力状态或者简单应力状态引起断裂破坏的原因是相同的, 均是最大拉应力 $\sigma_1$

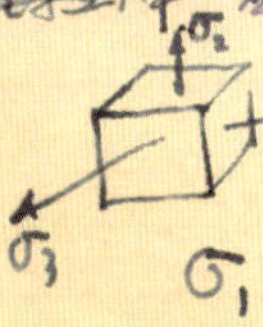


强度条件(拉): $\sigma_1 \le \frac{\sigma^0}{n^0} = [\sigma]$ ($n^0$ 安全系数)

$\sigma_1 > \sigma_2 > \sigma_3 > 0$ 最大拉应力 $\sigma_1$

$\sigma_3 = \sigma^0_{(压)}$ (不成立)

$0 > \sigma_1 > \sigma_2 > \sigma_3$ 最大压应力 $\sigma_3 < 0$

检验理论标准是实践: ①事实 ②实验.

i). 脆性压缩是剪切破坏. 不是最大压应力 (不是 $\sigma_3$ 作用)

ii). 塑性压缩. 压应力很大. 不压断

iii). 三向受压. 压力很大. 不产生破坏. 而三向受拉是会拉断的

iii). 该理论未考虑$\sigma_2$、$\sigma_3$。实际上$\sigma_2$、$\sigma_3$对强度是有影响的..

注.. 该理论即第一强度理论符合拉断破坏。

对于脆性材料的拉断在纯剪切下适合于实验结果.(对塑性材料只塑性流动不适用)

〈二〉. 最大线伸长强度理论.. Mariotte

{该理论认为：无论是复杂应力状态或是简单应力状态引起断裂破坏的因素都是最大伸长线应变$\varepsilon_1$.

注.线应变 不导致破坏

拉. $\sigma_1>\sigma_2>\sigma_3>0$. ⇒ 最大伸长 $\varepsilon_1=\frac{\sigma_1}{E}-\mu\left(\frac{\sigma_2+\sigma_3}{E}\right)$

$0>\sigma_1>\sigma_2>\sigma_3$ ⇒ 最大缩短.. $\varepsilon_3=\frac{\sigma_3}{E}-\mu\left(\frac{\sigma_1+\sigma_2}{E}\right)$

拉.. 破坏时.. $\varepsilon_1=\varepsilon_+^{\circ}=\frac{\sigma_+^{\circ}}{E}$ 则 $\sigma_1-\mu(\sigma_2+\sigma_3)=\sigma_+^{\circ}\leq[\sigma_+]$

压. ...... $-\varepsilon_3=+\varepsilon_-^{\circ}=+\frac{\sigma_-^{\circ}}{E}$ 则. $[\sigma_3-\mu(\sigma_2+\sigma_1)]=\sigma_-^{\circ}\leq[\sigma_-]$

(∵材料拉压强度不一致 ∴$\sigma_+^{\circ}$、$\sigma_-^{\circ}$不相同)

i) 符合..岩石、混凝土压缩时产生伸长破坏。

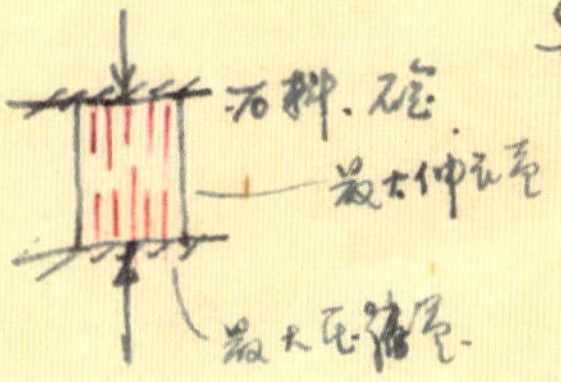


ii) 三向等压.

$\sigma_1=\sigma_2=\sigma_3<0$

变形很大(弹性变形). 不破坏..

(没有伸长、这说明只是体积缩小的变形)

该理论不能解释三向受压不破坏. 能解释三向受拉要破坏.

iii).. 但是三向受力比单向受力要安全.

三向. $\sigma_1-\mu(\sigma_2+\sigma_3)=\sigma_0$.

单向. $\sigma_1^*=\sigma^0$ (第一强度理论)..

$\sigma_1=\sigma_1^*+\mu(\sigma_2+\sigma_3)>\sigma_1^*$

(该理论与第一强度理论比较的结果有矛盾,与实验也不符)

历史上第二强度理论主机器制造上用到50年代..

iv) 理论考虑了$\sigma_2$、$\sigma_3$对强度影响..

总之.. 第二强度理论符合于拉断破坏. 不适于压(剪断)

∴ 第一、二强度理论统称拉断破坏理论.

〈三〉.. 最大剪应力强度理论 (1773. coulomb 库仑.)

认为无论复杂应力状态或是简单应力状态最大剪应力都是引起流

动的破坏的因素。

即：压缩是剪断破坏，最大切应力。　　1773年 Coulomb 试验得出

压缩向：$\tau_{max} = \frac{\sigma_1-\sigma_3}{2} = \tau^{\circ}_{max} = \frac{\sigma^{\circ}}{2}$ —流动极限 $\sigma_s$

强度条件：$\sigma_1-\sigma_3 \le \frac{\sigma^{\circ}}{n^{\circ}} = [\sigma]$

$\sigma_1-\sigma_3 \le [\sigma]$

1864年，Tresca（一层密新加）做了多次实验，证明该理论适合适于塑性破坏，从而引用为塑性条件（塑性屈服准则）。（适用于塑性材料）

在塑性理论，Tresca理论准则就是指第三强度理论。

即：$\sigma_1-\sigma_3=\sigma^{\circ}$（流动极限）$=\sigma_s$ 就发生塑性变形（也叫Tresca条件）

检验：

i）能说明三向受压不破坏

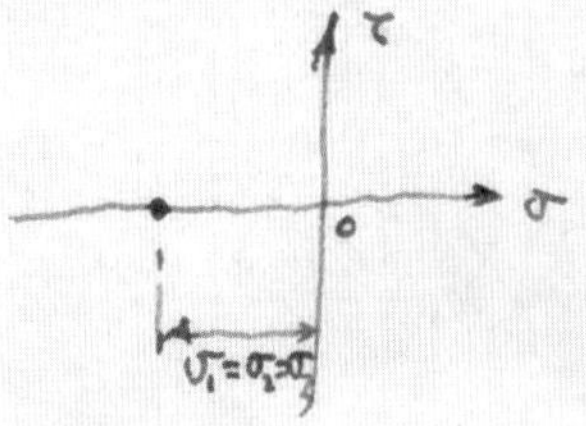


∵ $\sigma_1=\sigma_2=\sigma_3<0$

三个莫尔圆为点圆，$\tau_{max}=0$。

即 $\tau_{12}=\tau_{23}=\tau_{31}=0$。

$\tau_{max}=\frac{\sigma_1-\sigma_3}{2}=0<\frac{\sigma^{\circ}}{2}$

ii）这里不能说明三向受拉要破坏。

iii）由第三强度理论不能说明，脆性材料拉、压强度（流动极限）不同的原因。（塑性材料拉压强度是一致的）

iv）该理论没有考虑 $\sigma_2$ 对强度的影响，没有考虑其他面上的剪应力对强度的影响。劳代（Lode）在1925年实验指出中间主应力 $\sigma_2$ 的大小对材料的塑性流动是有影响的，但只差约百分之几。

四、第四强度理论：最大畸变能（畸变能、形状改变能）强度理论

最早：开始叫最大能量理论（1885年 Beltrami）。　$u=\frac{1}{2}\sigma_1\varepsilon_1+\frac{1}{2}\sigma_2\varepsilon_2+\frac{1}{2}\sigma_3\varepsilon_3 = \frac{1}{2E}[\sigma_1^2+\sigma_2^2+\sigma_3^2-2\mu(\sigma_1\sigma_2+\sigma_2\sigma_3+\sigma_3\sigma_1)]$

当 $u=u_{单向}=\frac{1}{2E}[\sigma^{\circ 2}]$ 就破坏。

即 $\frac{1}{2E}[\sigma_1^2+\sigma_2^2+\sigma_3^2-2\mu(\sigma_1\sigma_2+\sigma_2\sigma_3+\sigma_3\sigma_1)] = \frac{1}{2E}\sigma^{\circ 2}$

∴ $\sigma_1^2+\sigma_2^2+\sigma_3^2-2\mu(\sigma_1\sigma_2+\sigma_2\sigma_3+\sigma_3\sigma_1)=(\sigma^{\circ})^2$　　但与试验不符

大家均不过提它（与实际不符）。图形·作改变全在其内。但若在破坏过提它-与实际相符。

在1904年，Huber（胡勃）（波兰力学家）提出，最大歪形能强度理论。

最大歪形能 —— $u_\varphi = u - u_{体} = u - u_v$

$$= \frac{1}{2E}[\sigma_1^2+\sigma_2^2+\sigma_3^2-2\mu(\sigma_1\sigma_2+\sigma_2\sigma_3+\sigma_3\sigma_1)] - \frac{3}{2E}[\sigma_m^2](1-2\mu)$$

$$= \frac{1+\mu}{6E}[(\sigma_1-\sigma_2)^2+(\sigma_2-\sigma_3)^2+(\sigma_3-\sigma_1)^2]$$

破坏时，$u_\varphi = u_\varphi^0 = \frac{1+\mu}{3E}\sigma_0^2 = \frac{1+\mu}{6E}(2\sigma^{0\,2})$

$$\therefore \frac{1}{2}[(\sigma_1-\sigma_2)^2+(\sigma_2-\sigma_3)^2+(\sigma_3-\sigma_1)^2] = \sigma_0^2 \le [\sigma]^2$$

$$\therefore \sqrt{2[\tau_{12}^2+\tau_{23}^2+\tau_{31}^2]} = \sigma^0$$

统计平均切应力。

八面体，$\tau_{oct} = \frac{2}{3}\sqrt{\tau_{12}^2+\tau_{23}^2+\tau_{31}^2}$

$$\therefore \frac{3}{\sqrt{2}}\tau_{oct} = \sigma^0. \qquad \therefore \sqrt{\frac{9}{2}}\,\tau_{oct} = \sigma^0.$$

故，该理论又叫，统计平均剪应力强度理论，或八面体之切应力强度理论。也就是说，歪形能理论就考虑的是统计平均剪应力或八面体剪应力（而不是最大剪应力）。

强度条件：$\sqrt{\frac{1}{2}[(\sigma_1-\sigma_2)^2+(\sigma_2-\sigma_3)^2+(\sigma_3-\sigma_1)^2]} \le [\sigma]$

或，$\sqrt{2[\tau_{12}^2+\tau_{23}^2+\tau_{31}^2]} \le [\sigma]$

or，$\sqrt{9/2}\;\tau_{oct} \le [\sigma]$.

在1913年，Mises（米赛斯），将该理论作为塑性屈服准则，或塑性流动条件，屈服准则，$\sqrt{\sigma_1^2+\sigma_2^2+\sigma_3^2-\sigma_1\sigma_2-\sigma_2\sigma_3-\sigma_3\sigma_1} = \sigma_s$

在塑性理论中叫米赛斯（Mises）条件（也即第四强度理论）。

检验：

i）能说明三向受压不破坏。

ii）不能说明三向受拉要破坏。

iii）该理论不能说明脆性材料拉压强度不等之事实。

iv）考虑了 $\sigma_2$ 对强度理论的影响，考虑了其他面上最大切应力对强度的影响。（这是优于第三强度理论的地方）。

这里第三、四强度理论均叫塑性条件理论。（适合塑性材料的塑性流动）

许多实验证明，第四强度理论是最好的一个塑性条件强度理论。

四个强度理论比较。

例。纯剪切。$(\mu=0.3)$

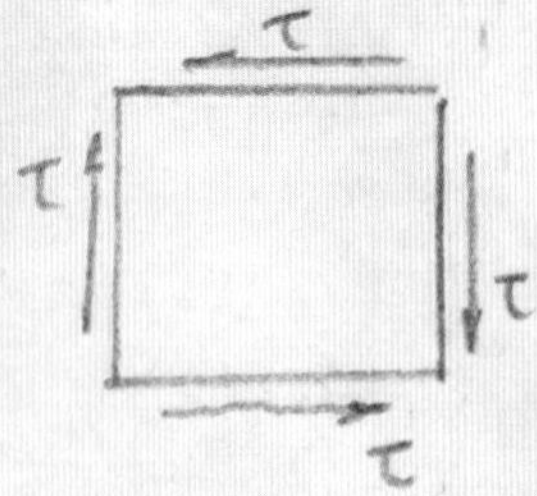


解。$\sigma_1=\tau$. $\sigma_2=0$. $\sigma_3=-\tau$.

第一强度理论。$\sigma_1=\sigma_s$ $\therefore \tau=\sigma_s$

第二强度理论。$\sigma_1-\mu(\sigma_2+\sigma_3)=\sigma_s$

$$\therefore \tau+\mu\tau=\sigma_s$$

$$\tau=\frac{\sigma_s}{1+\mu}=0.76\sigma_s$$

第三强度理论。

Tresca条件。$\sigma_1-\sigma_3=\sigma_s$ $2\tau=\sigma_s$

$$\tau=0.5\sigma_s$$

第四强度理论。

$$\sqrt{\sigma_1^2+\sigma_2^2+\sigma_3^2-\sigma_1\sigma_2-\sigma_2\sigma_3-\sigma_3\sigma_1}=\sigma_s$$

$$\sqrt{3\sigma_1^2}=\sqrt{3\tau^2}=\sigma_s. \quad \therefore \tau=\frac{\sigma_s}{\sqrt{3}}=0.577\sigma_s$$

我们已知，在纯扭转实验中（薄圆管）

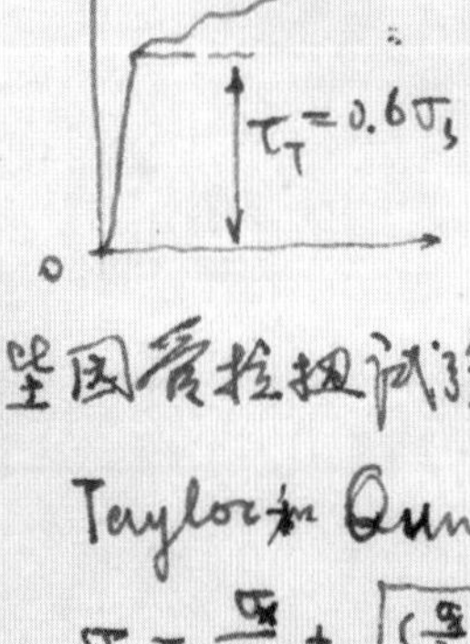


∴ 实验检验知第四强度理论比较理想。

例。薄壁圆管拉扭试验。验证塑性条件。（实现方法以1900年Guest开始一试验）

1931年。Taylor和Quinney试验。一钢管

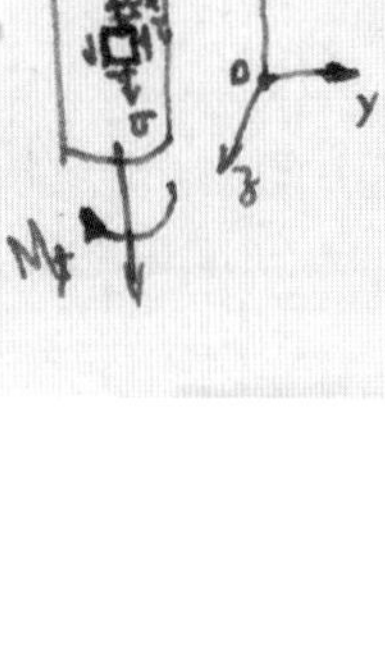


$$\sigma_1=\frac{\sigma_x}{2}+\sqrt{\left(\frac{\sigma_x}{2}\right)^2+\tau_{xy}^2}$$

$$\sigma_2=0$$

$$\sigma_3=\frac{\sigma_x}{2}-\sqrt{\left(\frac{\sigma_x}{2}\right)^2+\tau_{xy}^2}$$

这里 $\sigma_x=\frac{P}{A}$.

$$\tau_{xy}=\frac{M_t\rho}{J_\rho}.$$

1°。由Tresca屈服(yeild)准则。

$$\sigma_1-\sigma_3=\sigma_s.$$

$$2\sqrt{\left(\frac{\sigma_x}{2}\right)^2+\tau_{xy}^2}=\sigma_s$$

$$\therefore \left(\frac{\sigma_x}{\sigma_s}\right)^2+4\left(\frac{\tau_{xy}}{\sigma_s}\right)^2=1.$$

2°。Mises屈服准则

$$\sqrt{\sigma_1^2+\sigma_2^2+\sigma_3^2-\sigma_1\sigma_2-\sigma_2\sigma_3-\sigma_3\sigma_1}=\sigma_s$$

∴ $\left(\frac{\sigma_x}{\sigma_s}\right)^2 + 3\left(\frac{\tau_{xy}}{\sigma_s}\right)^2 = 1$. —Mises准则.

理论上.

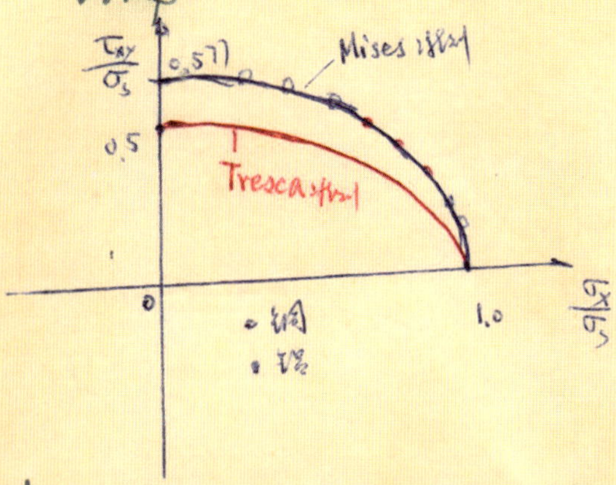


实验验证..

Mises屈服准则较好.

此外, 苏可夫(Жуков)用25号钢作实验也证明了这一点。

总之.. 对于塑性材料, Mises条件所定的危险状态比Tresca条件更与实验数据相接近。但二者差别并不太大。

例.. 从19世纪至20世纪50年代. 机械工业上使用第二强度理论. 该理论对于塑性材料是不对的.. 属于断裂理论..

如 钢3.. $[\sigma]=1000\ kg/cm^2$. $\sigma_s=2400$. $\sigma_b=4000$.

$[\sigma] = \frac{\sigma_s}{2.4} = \frac{\sigma_b}{4}$ 安全系数

由第一强度理论.. $\tau_s = \sigma_s$ $[\tau]=[\sigma]=1000\ kg/cm^2$

第二强度理论.. $\tau_s = \frac{\sigma_s}{1+\mu}$ $[\tau] = \frac{[\sigma]}{1+\mu} = 800\ kg/cm^2$.

第三强度... $\tau_s = \frac{\sigma_s}{2}$. $[\tau] = \frac{[\sigma]}{2} = 500\ kg/cm^2$

第四..... $\tau_s = \frac{\sigma_s}{\sqrt{3}}$. $[\tau] = \frac{[\sigma]}{\sqrt{3}} = 577\ kg/cm^2$

当时. 普认为第二强度是最合理 (也有认为第一强度理论有矛盾).

但 $[\tau]_2 < [\tau]_1$, 在实际中不适用. (该规范的安全系数过大的因素)

故该理论就被使用了一个时期。

当钢3.. $[\sigma]=1700$.

第二.. $[\tau] = \frac{[\sigma]}{1+\mu} = 1300$ (不应该再使用该理论就过高了)

第三. $[\tau] = \frac{[\sigma]}{2} = 850$

第四. $[\tau] = \frac{[\sigma]}{\sqrt{3}} = 980$.

现在当安全系数降低 $[\sigma]=1700$. 就适用第三.四强度理论.

第二强度理论就不大对了。

## §6-3.. Mohr强度理论.. (1900年) (是最大切应力理论的改进)

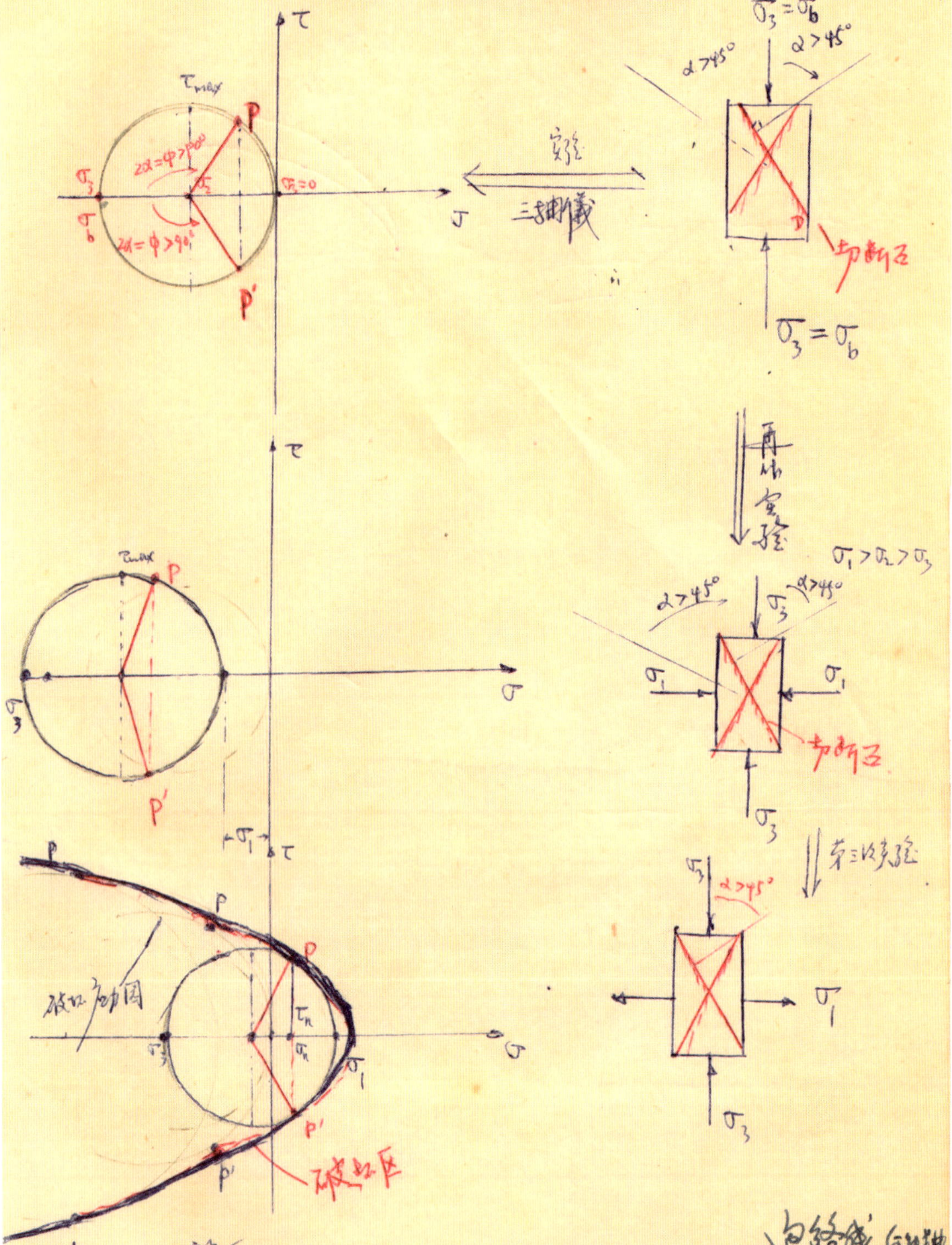


把三次实验(可以n次)所作一个个圆上之莫尔圆(破坏应力) 就得到 P. P' 点组成一条包络线 (可能是曲线…)

从图上可见. 三向受压 $\sigma_1=\sigma_2=\sigma_3<0$. 总是在破坏区以外的应力圆 从而不能进入破坏区曲线——包络线 ——即三向受压不破坏。

从图上可知..

## 切断面上的破坏条件..

$$\tau_n = f(\sigma_n)$$

{ $\tau_n$. 切断面上的剪应力.
$\sigma_n$ 切断面上的正应力. $\sigma_n$与$\sigma_2$无关

此关系与滑动摩擦力关系 $F=f(N)$一致..

说明.. 破坏面上应力圆上组成的包络线可能是直线.抛物线或其他曲线。

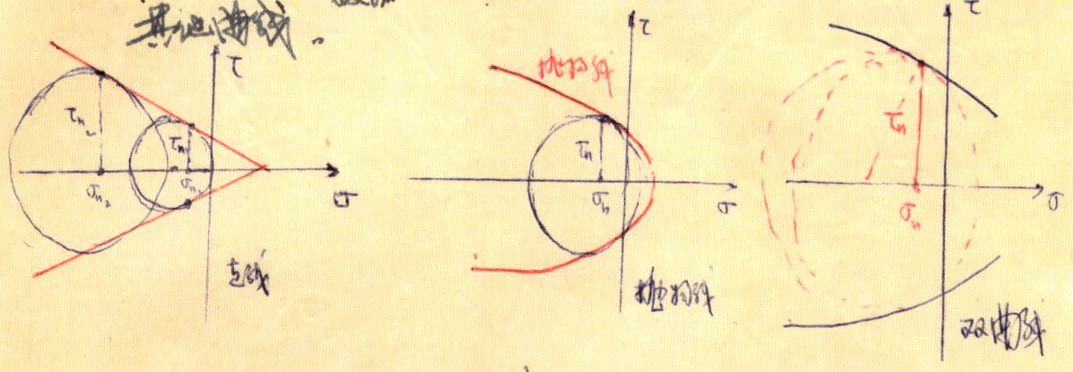


包络线为直线(或我们把它简化为直线)的计算.

我们可以作二次破坏实验.. 从而得到两个破坏应力圆.

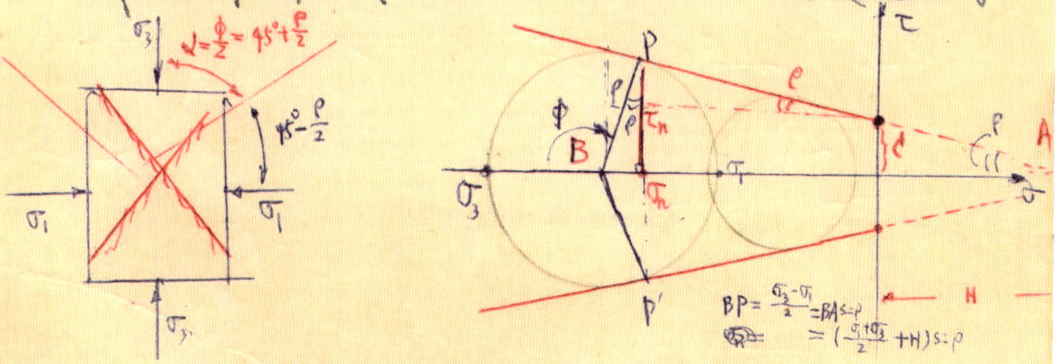


由 $\tau_n = f(\sigma_n)$

∵ 曲线包络线 → 直线. $\tau_n = \sigma_n \operatorname{tg}\rho + C$ (因此二者关系得到)

{ C为粘结力
$\rho$为摩擦角.

用正应力表示.. $\tau_n =$

1). 理想粘性体 ..($\rho=0$)

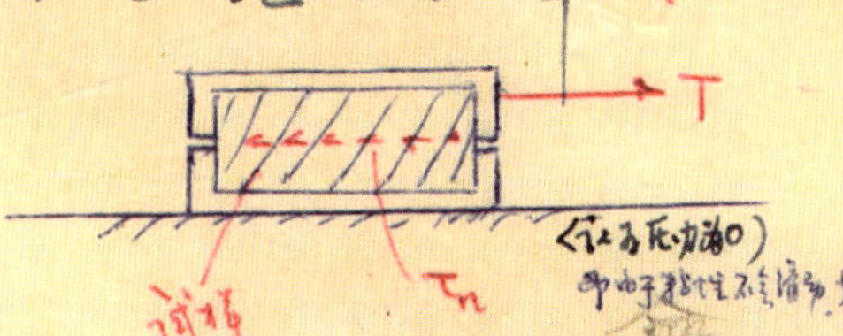


$\tau_n = \frac{T_n}{A}$ —— 剪切面

粘结力 $c = \tau_n$ (即对上表达一个力只是 $T_n$来破坏试件)

2) 理想松散体(一些散砂) ($C=0$)

$\tau_n = f\sigma_n = \sigma_n \operatorname{tg}\rho$ —— 摩擦系数

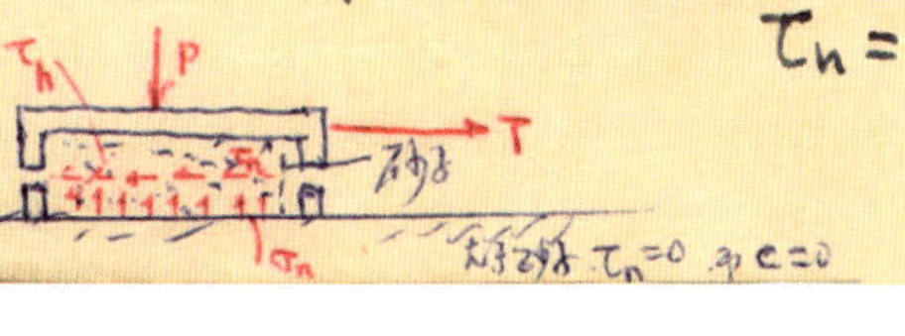


$\rho$为一内摩擦角.

## 四、Mohr之强度条件

从图上：$BP = BA\sin\rho = \left(\frac{\sigma_1+\sigma_3}{2} + H\right)\sin\rho = \frac{\sigma_3-\sigma_1}{2}$

$$\therefore \sigma_3-\sigma_1 = (\sigma_1+\sigma_3+2H)\sin\rho.$$

$$\because c = H\,tg\rho. \quad H = c\cdot ctg\rho.$$

$$\therefore \sigma_3-\sigma_1 = (\sigma_1+\sigma_3)\sin\rho + 2c\cos\rho$$ 莫尔强度条件.

从而，1° 对于理想粘性体，$\rho=0$.

1773年 Coulomb

$$\sigma_3-\sigma_1 = 2c$$

最大切应力理论（第三强度理论）

包络线为平行线

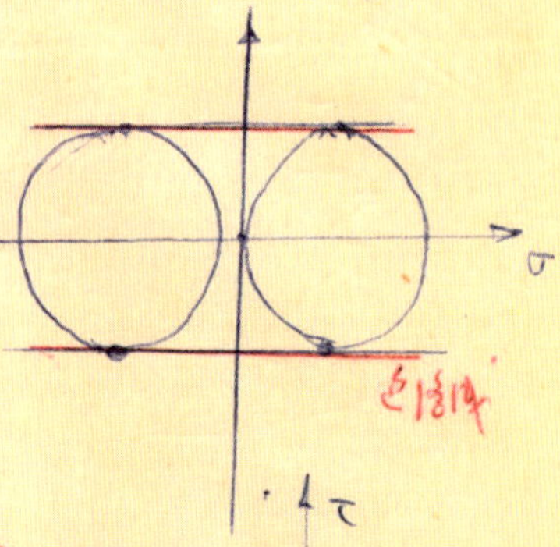


2°. 对于理想散体，$c=0$.

则 $\sigma_3-\sigma_1 = (\sigma_1+\sigma_3)\sin\rho$

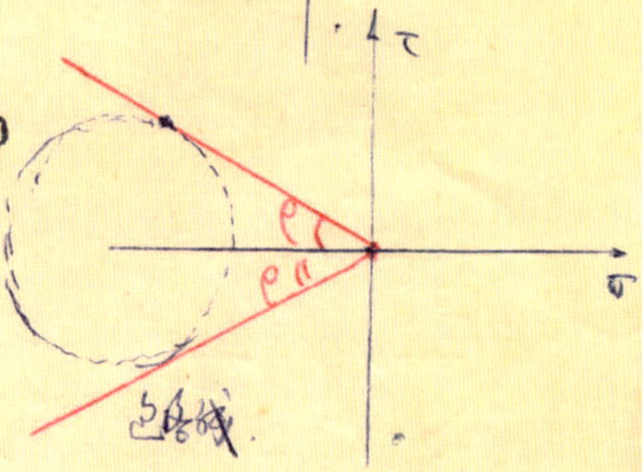


∴ 莫尔（O. Mohr）在1900年提出之强度理论实质上是最大切应力理论之修正理论。他认为：

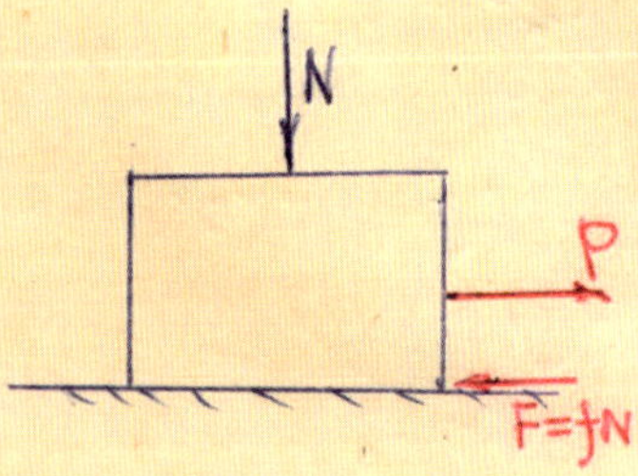


决定材料之断裂或塑性流动除了主要是由于某一截面上的剪应力达到某一限度外，而且还与该截面上的正应力有关。如果正应力愈大，则材料愈不容易沿着该截面滑动（或剪断）。反之，若拉应力较大，则沿着该面滑动（或剪断）就容易。其道理可以滑块摩擦原理相比拟。

从而，材料之失效（破坏）决定于剪应力和同一面上的正应力。因此材料之破坏（失效）不一定沿着最大剪应力之方向。（实验证实也是 $\alpha>45°$）因为最大剪应力面上之正应力可能是较大之压应力。（从而不易滑移）。

## 关于破坏区试验

一. Kärmax 实验。一σ 增加比 -p 增加为大，称为轴向压缩型实验。

〈1911年大理石试验〉：

$|\sigma_1| > |\sigma_2| = |\sigma_3|$

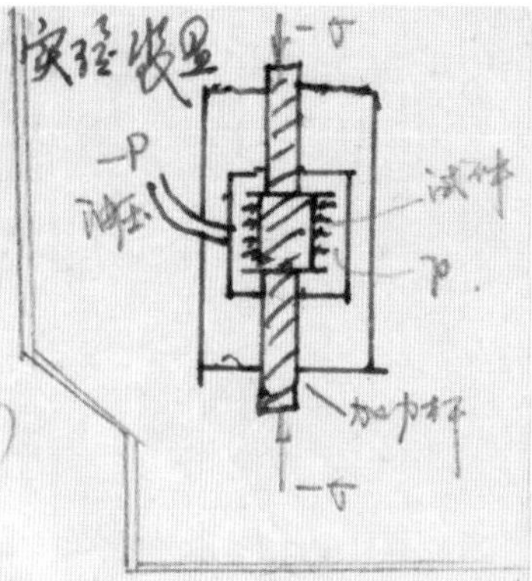


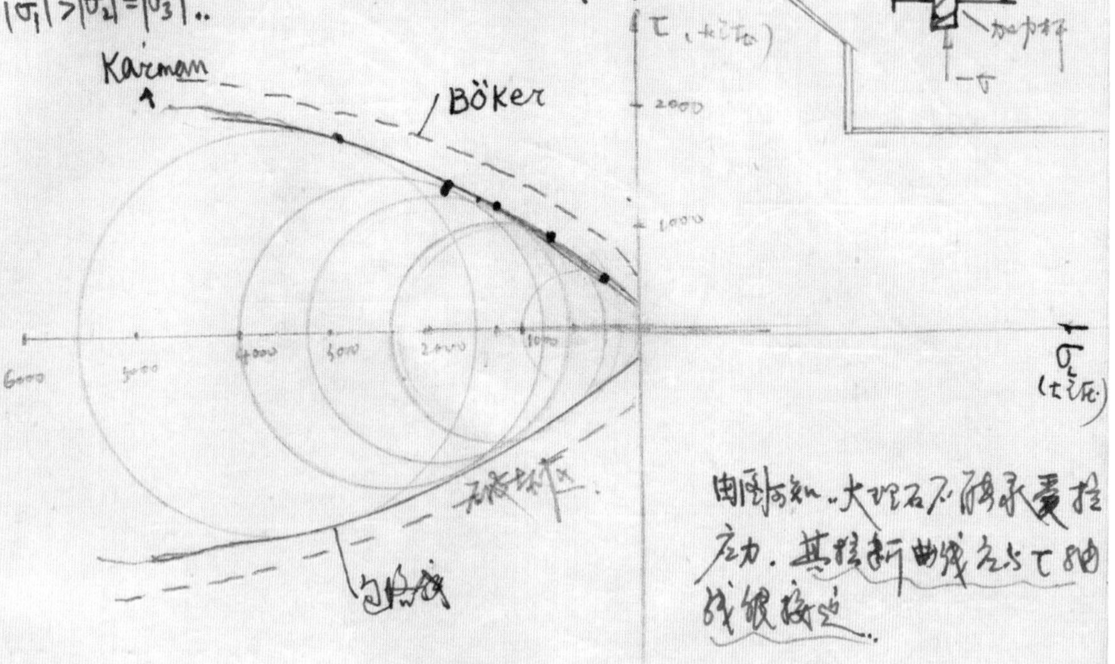


由图可知，大理石不能承受拉应力，其极限曲线在与τ轴线很接近。

二、Böker 实验。一σ 不变增加 -p，称为围压实验。

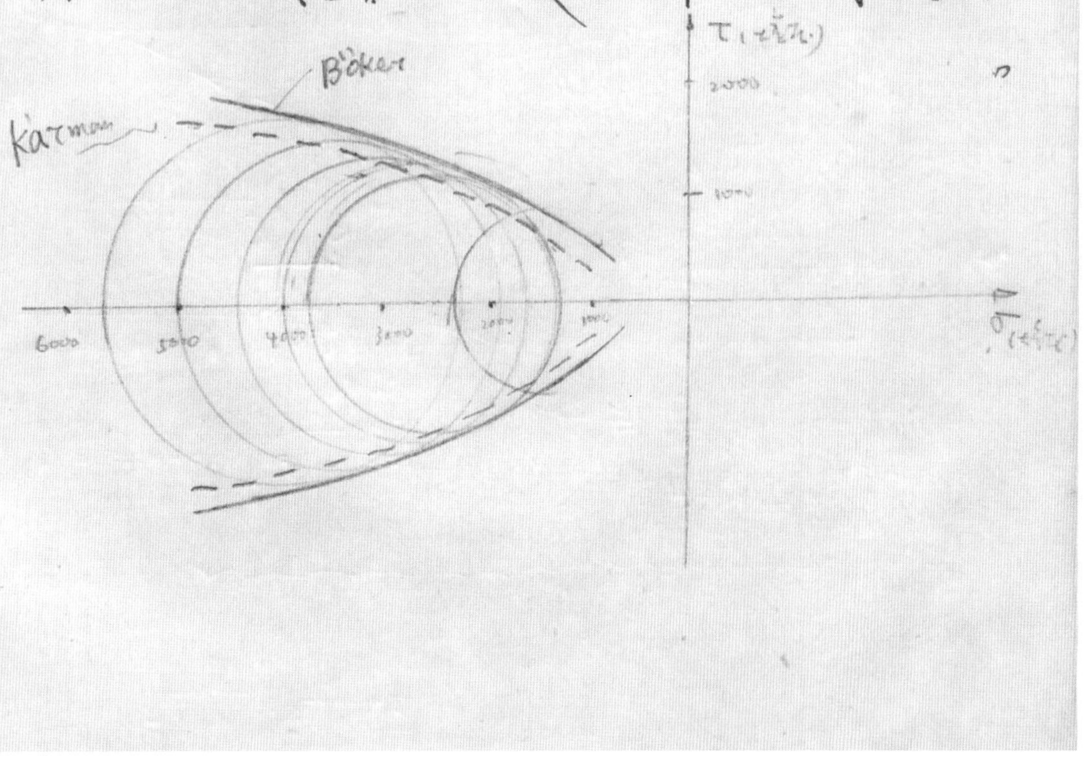

为了简化起见，对于包络线的绘制，我们采取一种近似的方法，对一种材料，只做二、三个简单试验中实验（简单拉伸、压缩、剪切），由这三个实验得出的二、三个极限应力圆而作包络线。

如图：

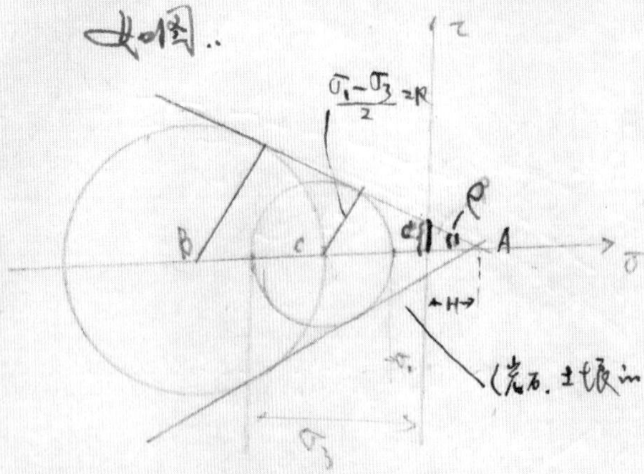


C —— 粘结力，

ρ —— 内摩擦系数。

在岩石土壤（经非连续）强度的计算：

引入安全系数 n，许可 $[C]=\frac{C}{n}$，$[\rho]=\frac{\rho}{n}$。

强度条件：

$$\sigma_1-\sigma_3 \le (\sigma_1+\sigma_3)\sin[\rho]+2[C]\cos[\rho]$$

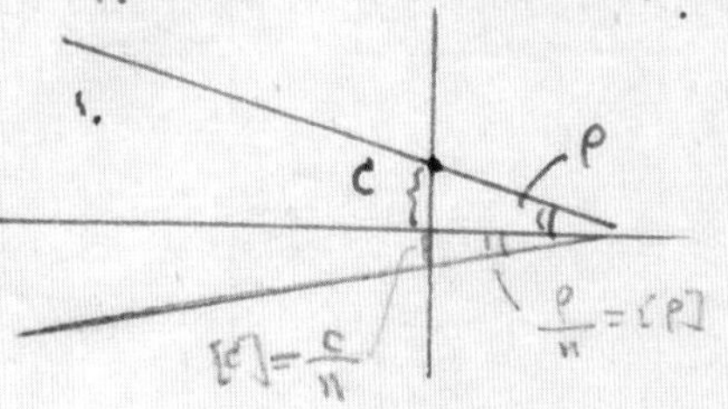


总之：

Mohr 强度理论说明了剪断和拉断的破坏形式（拉、压破坏、破坏形式，比其它理论更合理）。

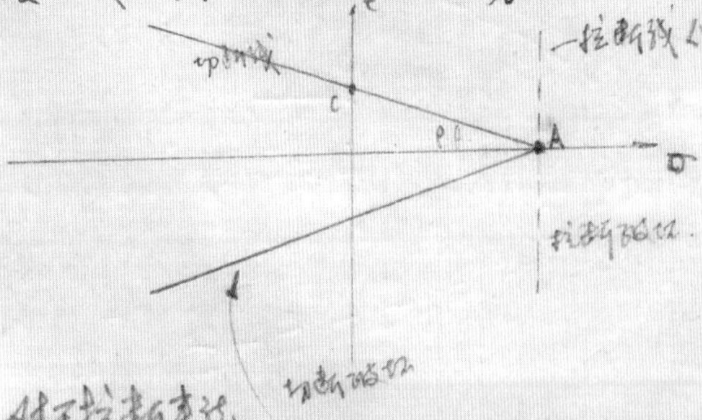


应至 A 之时，为三向等拉破坏（拉断）

对于拉断来说：

这理论不能给出一致性解释（剪断线即包络线是一条曲线）

（实验上很难绘制，即剪断线由实验方法来定是很困难的）

Leon（1933）年意见，认为 ① 包络线是抛物线，② 与 σ 轴正（包络线）

又(宜)有一个AB之曲率圆.. 则有情况..

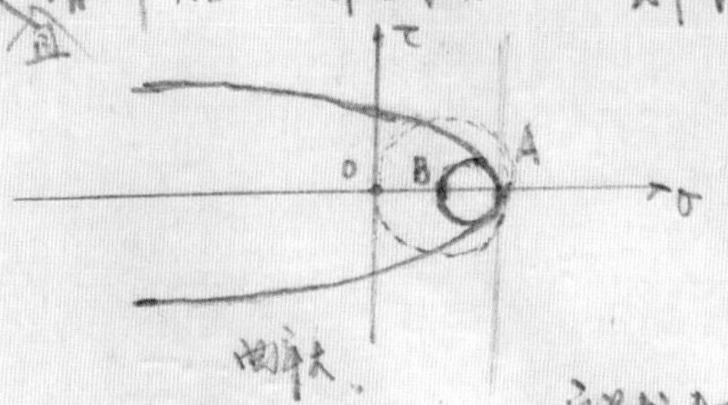


a) 如果极限应力圆在 OA与BA之间.. 它的破坏是切断.
即 应力圆小于OA圆 大于BA圆..

b) .. 如果极限应力圆在AB之内.
它是拉断破坏..

即 Leon意见认为最主要的是找一个AB曲率圆就能以此量地把切断与拉断分开。

对于另一种曲率小的包络线来说.. Leon意见..

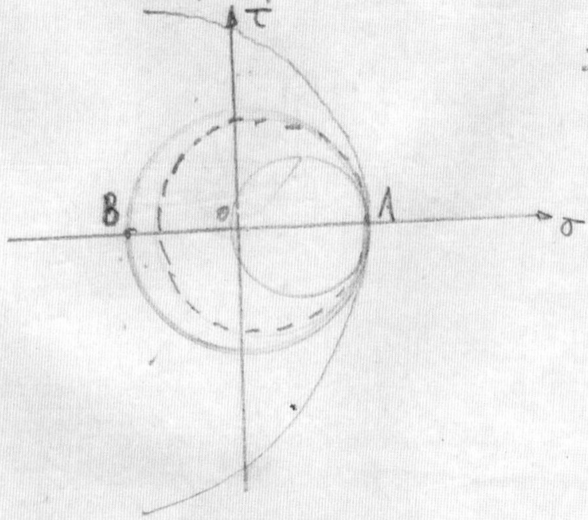


1. 如极限应力圆在曲率圆AB之内就是拉断破坏。

2. 如极限应力圆在曲率圆AB之外就是切断破坏。

## Mohr理论强度计算

$\sigma_+^0 = \sigma_b$ 拉.

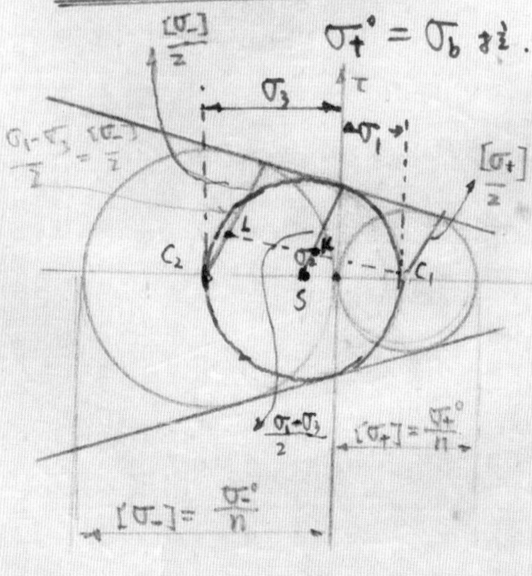


$\sigma_-^0 = \sigma_b$ 压. (铸铁 $\sigma_-^0 = 4\sigma_+^0$)

$[\sigma_+]$ 许用拉应力

$[\sigma_-]$ 许用压应力..

强度条件..

$$\sigma_1 - \frac{[\sigma_+]}{[\sigma_-]}\sigma_3 \le [\sigma_+]$$

证明.. $SK = \frac{\sigma_1-\sigma_3}{2} - \frac{[\sigma_+]}{2}$

$C_2L = \frac{[\sigma_-]-[\sigma_+]}{2}$

$SC_1 = \frac{[\sigma_+]}{2} - \left(\frac{\sigma_1+\sigma_3}{2}\right)$

$C_1C_2 = \frac{[\sigma_-]+[\sigma_+]}{2}$

相似三角形的比例.

$$\frac{SK}{LC_2} = \frac{SC_1}{C_1C_2} \Longrightarrow \sigma_1 - \frac{[\sigma_+]}{[\sigma_-]}\sigma_3 \le [\sigma_+]$$

莫尔理论较全面地表达了失效情况，例如它反映了拉压不同的情况。但是由于决定包络线是极限应力圆，而极限应力圆又是由$\sigma_1$及$\sigma_3$确定（$R=\frac{\sigma_1-\sigma_3}{2}$），与中间主应力值$\sigma_2$的影响完全无关。一般由于忽略了$\sigma_2$所引起的误差可达15%～17%

## §6-3 联合强度理论

1946年｛苏联教授 Фредман 在达维德柯夫 Пaвeдeнкoв 的概念上建立的。该理论联合了最大伸长理论（或最大应变理论）及最大剪切应力理论，故称为联合理论。

该理论认为材料失效可能有二种形式：

塑性流动和断裂。决定①受力状态，②材料机械性质。

①受力状态 ⟹ ｛塑性受力状态 ⟹ 剪引起塑性流动最后剪断。脆性受力状态 ⟹ 剪引起拉断。

联合强度理论的基本情况可用"材料机械情况图"来表示。每一种材料都有一个"材料机械图"。

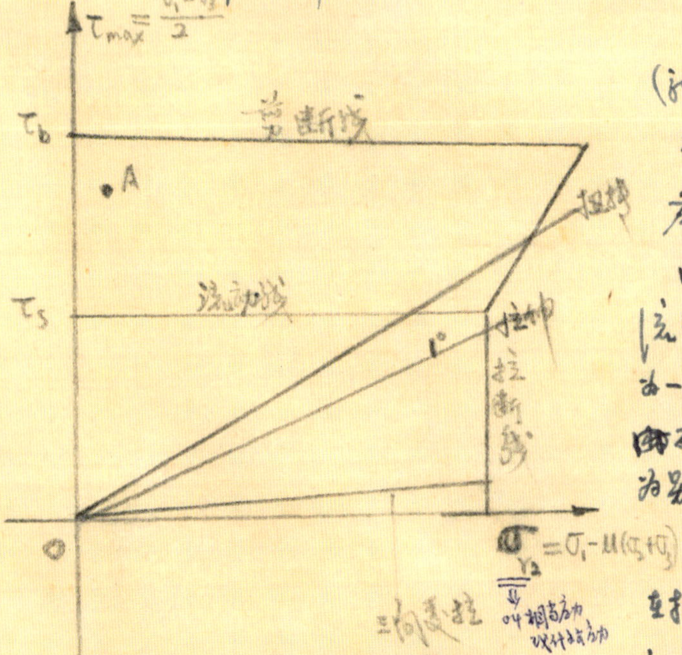


这表明了同一种材料，如受力状态不同则变形及破坏过程可以完全不同

图中，纵标，$\tau_{max}=\frac{\sigma_1-\sigma_3}{2}$（就为最大切应力强度理论）

横标，$\sigma_{r2}=\sigma_1-\mu(\sigma_2+\sigma_3)$（最大线应变强度理论）。

由最大切应力理论，材料开始流动时，$\tau_{max}=\frac{\sigma_1-\sigma_3}{2}=\frac{\sigma_s}{2}=\tau_s$为一水平线（叫流动线）在发生剪切破坏（切断）时$\tau_{max}=\frac{\sigma_b}{2}=\tau_b$为另一水平线（切断线）。

然而，由最大线应变理论，在拉断时，$\sigma_{r2}=\sigma_1-\mu(\sigma_2+\sigma_3)=\sigma_b$

$\therefore\ \sigma_{r2}=\sigma_b$为一垂直线（拉断线），该线在流动线以上部分往往由于材料的剪应力的影响而变成斜线，以上三条线皆由实验得出。

每一种应力状态（$\sigma_1, \sigma_2, \sigma_3$）在图上可以用一点A表示，如三个主应力同时按同一比例增加，于是在图上得出的点均在一条通过原点的射线上，其斜率 $tg\beta = \dfrac{\frac{\sigma_1-\sigma_3}{2}}{\sigma_1-\mu(\sigma_2+\sigma_3)} = \dfrac{\sigma_1-\sigma_3}{2[\sigma_1-\mu(\sigma_2+\sigma_3)]}$ （应力状态斜率）

如：1° 简单拉伸，$\sigma_1>0$，$\sigma_2=\sigma_3=0$。（从图上可见，

$$tg\beta = m = \frac{1}{2}$$

2° 纯剪切 $\sigma_1=\tau$，$\sigma_2=0$，$\sigma_3=-\tau$。

$$tg\beta = m = \frac{1}{1+\mu}$$

3° 三向等拉，$\sigma_1=\sigma_2=\sigma_3>0$，$tg\beta=m=0$，$\beta=0$。

4° 单向压缩

$\sigma_1=0$，$\sigma_2=0$，$\sigma_3<0$

$$tg\beta = m = \frac{1}{2\mu}$$

5° 三向等压，

$\sigma_1=\sigma_2=\sigma_3<0$

∵ 最大线应变理论

若存在 $\sigma_1-\mu(\sigma_2+\sigma_3)>0$

不存在 $\sigma_1-\mu(\sigma_2+\sigma_3)\le 0$

故在图上对于各种情况的压缩受力状态，

认为 $\sigma_1-\mu(\sigma_2+\sigma_3)\doteq 0$，（一般设 $=0$）

∴ $tg\beta=\infty$，$\beta=90^\circ$。

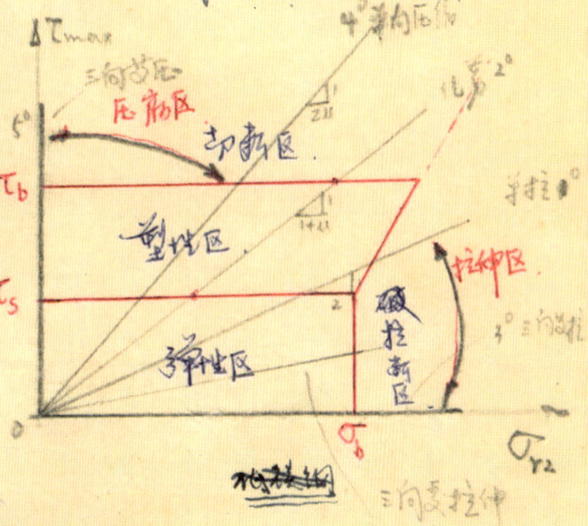


② 材料的机械性质，$\sigma_b$ 拉断强度极限，$\sigma_s$—流动极限，

$\tau_s$ —流动切剪极限　$\tau_b$ 剪切强度极限。

从机械状况图可知，纯剪、单压受力状态是经过流动而后剪断，在三向受拉时可以不经过流动而拉断。

因此位于射线靠近于垂直线的受力状态称为塑性受力状态，而位于射线靠近于水平线的受力状态叫脆性受力状态。

材料机械性质的斜率 $= \dfrac{\tau_b}{\sigma_b}$ $\begin{cases} > tg\beta & \text{—— 拉断} \\ < tg\beta & \text{—— 切断（或塑性变形）} \\ = tg\beta & \text{—— 拉断或切断} \end{cases}$

注、联合强度理论由2、3强度理论的联立，故也具有第二、第三强度理论具有的缺点。

强度理论是个复杂的问题。影响它的主要因素有：

① 材料的机械性质。

② 受力状态。($\sigma_1$, $\sigma_2$, $\sigma_3$)。

③ 受力条件。1°温度影响。(高温、低温、常温)。

在高温下脆性材料可以变塑性材料，

在低温下，塑性材料也可以变脆。

2°变形速度。(静载、动载、冲载)。

我们上面所讨论的六个强度理论是在常温、静载的受力条件下所讨论的。

④ 构件的几何形状构造上的影响。

如

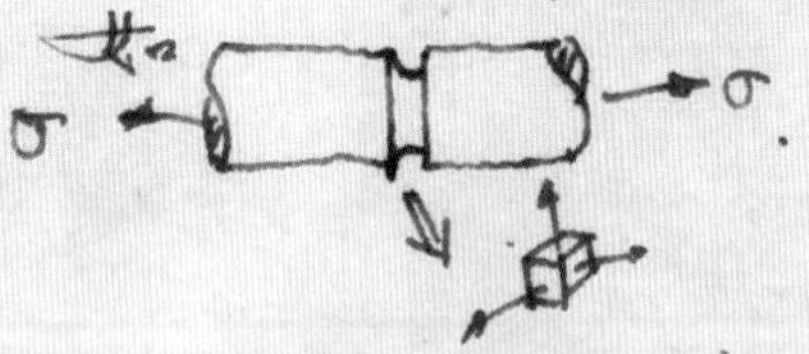


本来是单向拉伸，在有切口的那一单元就为三向受拉应力状态了。(从而不会有明显的流动就拉断于有切口的地方了)。

⑤ 加工工艺的影响。(产生残余应力)。

(加工过程，冷加工、热加工)。

## 本章小结

强度理论就是关于材料破坏的主要因素的假设。通过这些假设，可以根据简单受力状态的试验结果来推测一般应力状态下材料破坏的强度条件。

# 强度理论

| | 名称 | 破坏原因 | 适用范围 | 强度条件的一般形式 |
|---|---|---|---|---|
| 断裂理论 | 最大拉应力理论（第一强度理论） | 材料破坏的主要因素是最大拉应力。 | 承受拉应力为主断裂（拉断）的破坏情况的，一般适用于脆性材料。和三向拉伸应力状态的材料 | $\sigma_{r1}=\sigma_1\leq[\sigma]$ |
| 断裂理论 | 最大伸长线应变理论（第二强度理论） | 材料破坏的主要因素是最大伸长线应变 $\varepsilon$ | 承受压应力为主的断裂破坏情况的，一般适用于脆性材料。 | $\sigma_{r2}=\sigma_1-\mu(\sigma_2+\sigma_3)\leq[\sigma]$ |
| 塑性流动理论 | 最大剪应力理论（第三强度理论） | 材料破坏的主要因素是材料剪应力（$\tau_{max}$） | 材料的流动破坏情况，一般适用于塑性材料。 | $\sigma_{r3}=\sigma_1-\sigma_3\leq[\sigma]$<br>Tresca条件. $\sigma_1-\sigma_3=\sigma_s$ |
| 塑性流动理论 | 最大形状改变比能理论（第四强度理论） | 材料破坏的主要因素是最大形状改变比能（$u_\varphi$）<br>$u_\varphi=\frac{3}{4G}\tau_{oct}^2$ | 材料的流动破坏情况，一般适用于塑性材料。及三向受压应力状态。（较接近于实验结果） | $\sigma_{r4}=\sqrt{\sigma_1^2+\sigma_2^2+\sigma_3^2-\sigma_1\sigma_2-\sigma_2\sigma_3-\sigma_3\sigma_1}\leq[\sigma]$<br>mises条件. $\sigma_{r4}=\sigma_s$ |
| | Mohr强度理论 | 材料破坏的主要因素是由于某一截面上的剪切应力达到某一极限值，但也与该截面上的正应力有关。 | 岩石、土壤、铸铁、高强度钢的力学中。抗拉与抗压强度不等的材料 | $\sigma_{r5}=\sigma_1-\frac{[\sigma_+]}{[\sigma_-]}\sigma_3\leq[\sigma_+]$<br>注：$\sigma_{r}$为相当应力或计算应力 |

注：1°. 不论是脆性材料或塑性材料，在三向拉伸应力状态下，都会发生脆性断裂，并宜于采用最大拉应力理论（第一强度理论）。

2°. 无论是脆性材料或塑性材料，在三向压缩应力状态下，通常都发生屈服破坏，故一般使用形状改变能理论（第四强度理论）。

3° 三向受压应力状态下的材料不易破坏。

# 第七章.. 梁的内力. 切力(Shear)和弯矩(Bending Moment)

§7-1.. 平面弯曲..(plane Bend)

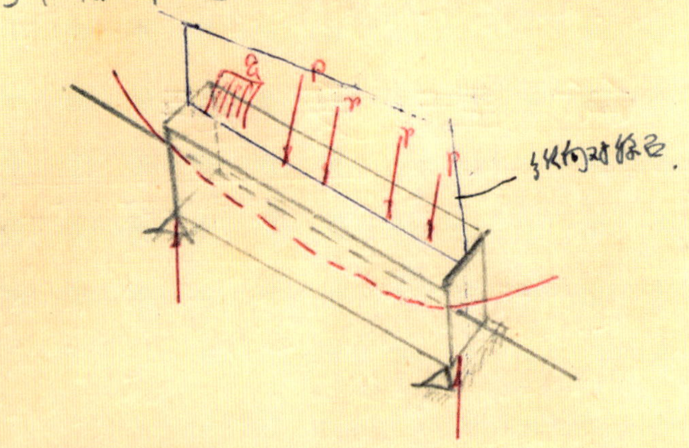


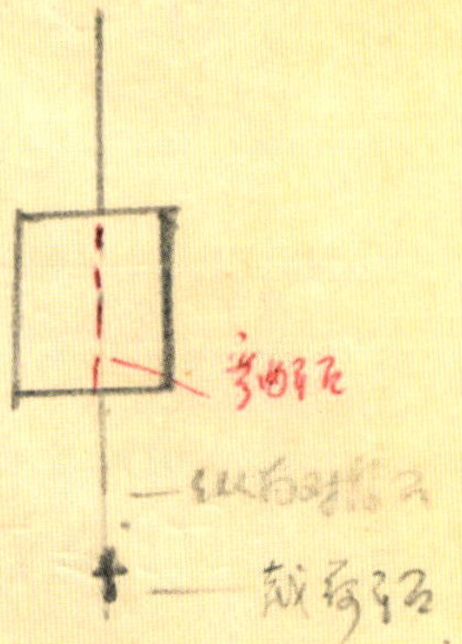


纵向对称平面
载荷平面.
弯曲平面(轴线弯曲后与原来轴线构成之平面)
} 重合 ——称之——> 梁的平面弯曲..

平面弯曲图示简图..

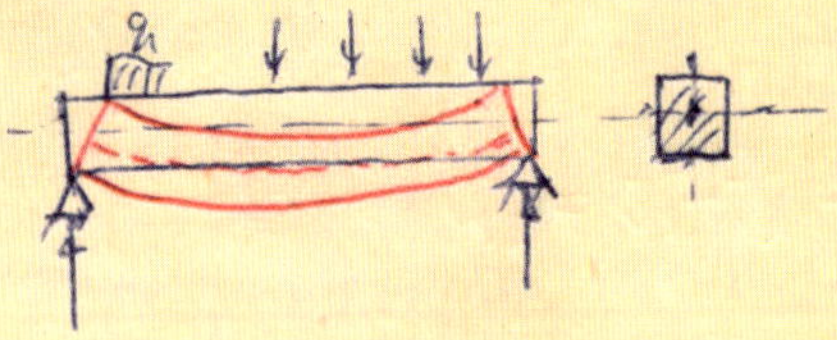

梁的支承和类型..

英美(国)的表示法..　　　　欧陆(国)家.(苏联)

悬臂梁.

简支梁

外伸梁

这三种梁支座反力都不超过三个. 而外力均作用在同一平面(对称轴面).. 这一类梁统称为静定梁。

## §7-2. 梁的内力——剪力与弯矩.

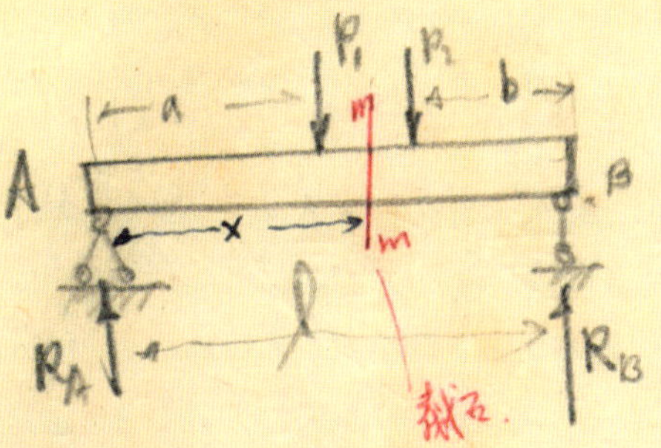

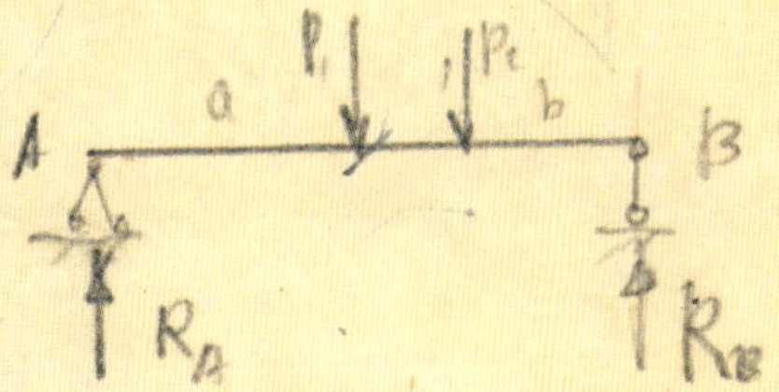

内力——由外力作用引起梁的各横截面的内力. 就是梁的一部分与另一部分之间的相互作用力. (剪切力. 弯矩)

外力——载荷和反力.

取截面法:

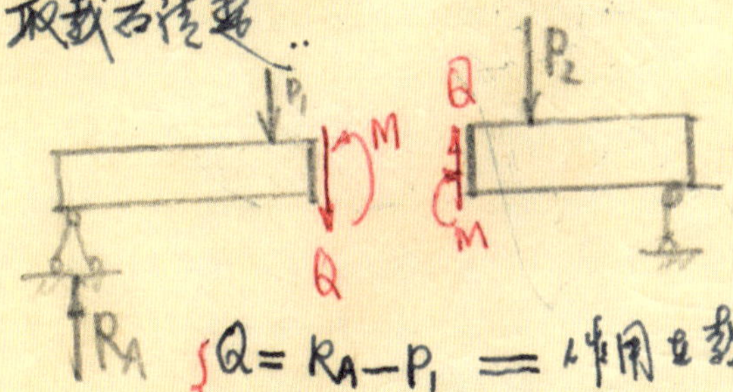

$$\begin{cases} Q = R_A - P_1 = \text{作用在截面 } m\text{–}m \text{ 左段外力的代数和.} \\ M = R_A x - P_1(x-a) = \text{截面 } m\text{–}m \text{ 左段梁的外力对于该截面形心中心的力矩的代数和..} \end{cases}$$

求内力 Q. M. 可由在截面处静力平衡求得.

**Q, M. 正负号规定..**

一. ~~按~~ 内力规定正负号..

—与切应力的方向法一致..

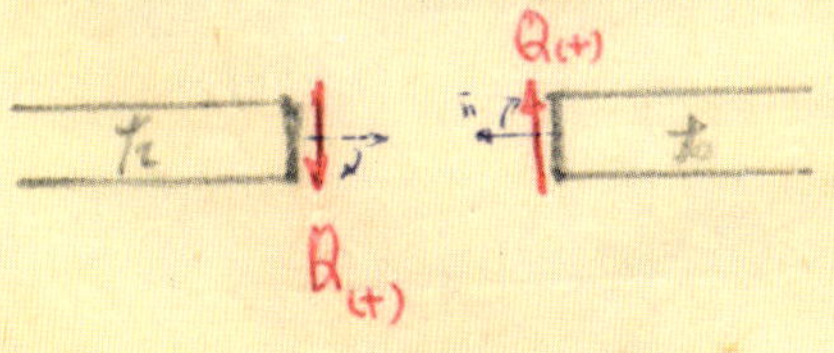

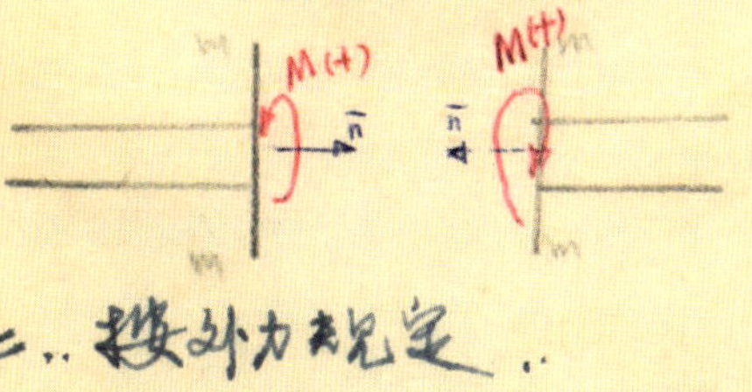

~~弯矩M的方向与截面法线方向一致为正. 反之为负.~~

二. 按外力规定..

左段. 的外力向上. Q为正.
右段 的外力向下. Q为正.

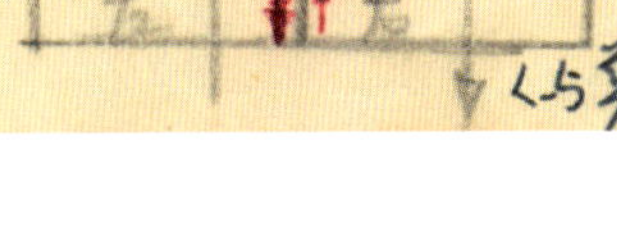

(与剪力一致)

故 弯矩M之规定，由外力矩而定。

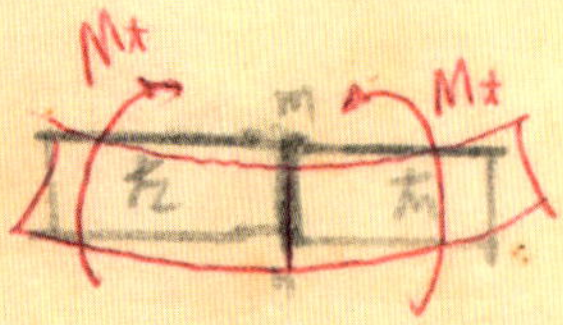

⇒ 弯矩M为正。即截面左段上的外力对该截面形心之力矩是顺钟向的则该截面之弯矩为正，相对于截面右段外力之力矩是逆钟向，截面弯矩为正。

弯矩正负也可这样理解：凡使梁向上凹而弯曲之弯矩为正，使梁向下凹而弯曲之弯矩为负。即如图所示：

要求：① 外力（载荷、反力）清楚。
② 截面清楚。
③ Q、M正负符号规定清楚。

例1

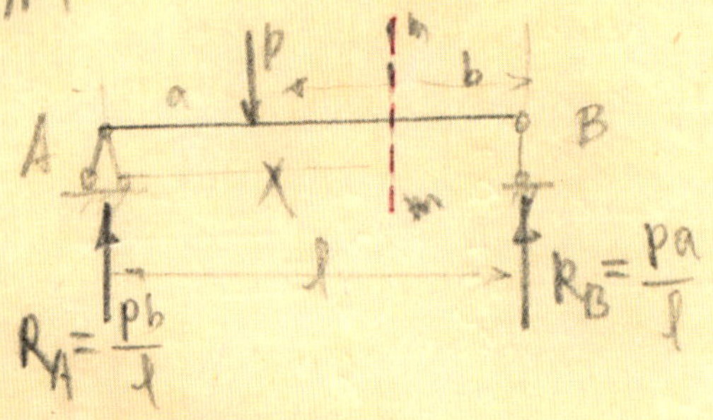

按正负号规定计算：

$$Q = R_A - P = \frac{Pb}{l} - P = \frac{-Pa}{l}$$

$$M = R_A x - P(x-a)$$

例2 外力偶作用

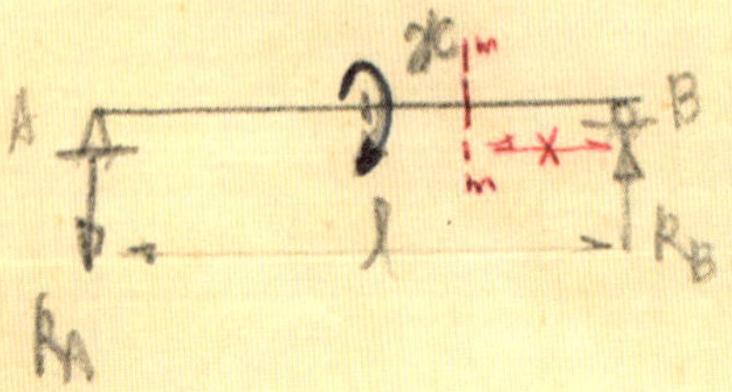

则 $R_A l = \mathfrak{M}$

$$R_A = R_B = \frac{\mathfrak{M}}{l}$$

$$Q = -R_B = -\frac{\mathfrak{M}}{l}$$

$$M = R_B x = \frac{\mathfrak{M}}{l} \cdot x$$

或：

$$Q = -R_A = -\frac{\mathfrak{M}}{l}$$

$$M = -R_A(l-x) + \mathfrak{M}$$

例3 分布载荷

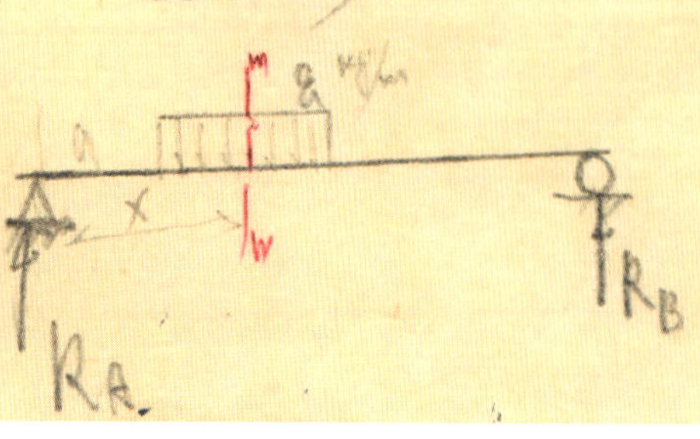

$$Q = R_A - q(x-a)$$

$$M = R_A x - q(x-a) \cdot \frac{(x-a)}{2}$$

## §7-3. 切力、弯矩、与载荷集度之间的微分关系。

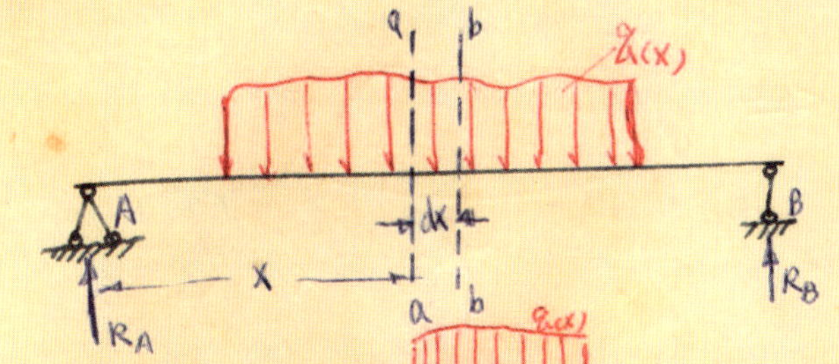


用垂直于梁轴且相距为 dx 的两截面 a-a，b-b，从梁中截取一微小段 dx。

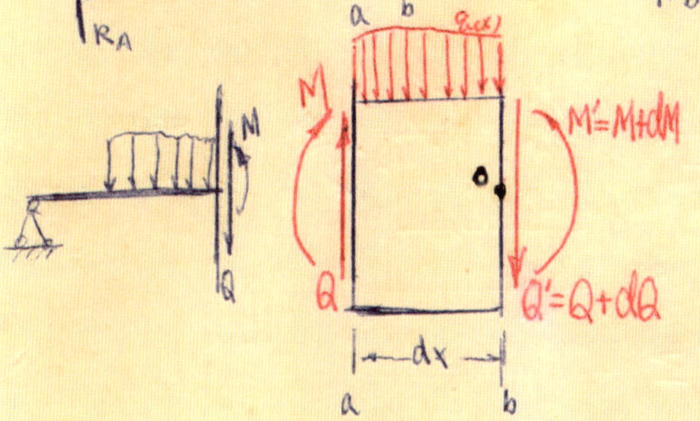


单元平衡 $\Sigma Y=0$

$$Q-(Q+dQ)-q\,dx=0$$

$$dQ=-q\,dx$$

$$\therefore \frac{dQ}{dx}=-q_{(x)}$$

这表示切力的变化率等于载荷集度 q。

由 $\Sigma M_0=0$ 即诸力对 b-b 截面中心 O 点之力矩代数和为零。

$$M-(M+dM)+Q\,dx-\frac{q(dx)^2}{2}=0$$

$$dM=Q\,dx. \qquad \frac{dM}{dx}=Q. \quad \text{(略去高阶微量)}$$

$$\therefore \frac{d^2M}{dx^2}=-q \qquad \text{或} \quad \frac{dM}{dx}=\left(Q-\frac{q\,dx}{2}\right)$$

我们规定 q 的符号，当 q 向上为正，q 向下为负。

作业. 14.4—1.3.4.5.11.15.

## §7-4. 切力图和弯矩图. 并利用微分关系画图.

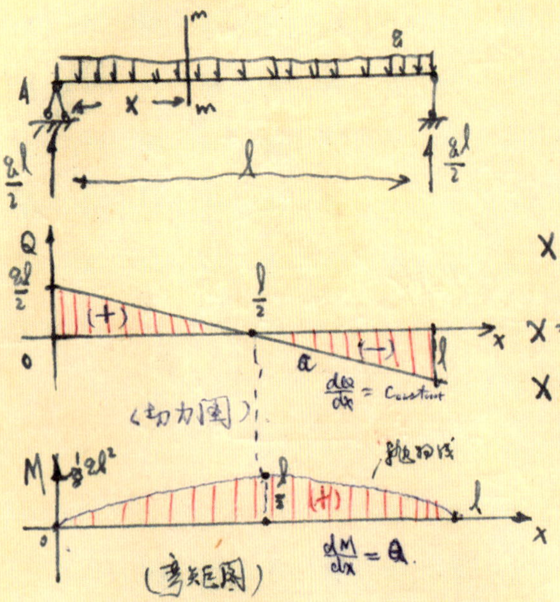


$Q=\frac{ql}{2}-qx$ 切力方程.

$M=\frac{ql}{2}x-q\frac{x^2}{2}$ 弯矩方程(二次式)

$0\le x\le l$

$x=0$ 时. $Q=\frac{ql}{2}$. $M=0$

$x=\frac{l}{2}$. $Q=0$. $M=\frac{ql^2}{8}$

$x=l$ 时. $Q=\frac{-ql}{2}$. $M=0$

利用微分关系画图. 检查画图的正确性.

图上. 切线斜率. $\frac{dQ}{dx}=-q$ (↘)

$\frac{dM}{dx}=\frac{ql}{2}-qx=Q$ (↗) (Q=0. M极值)

由 $\frac{d^2M}{dx^2}=-q$ 判断 M—x曲线的凹凸性与极值.

①.

②

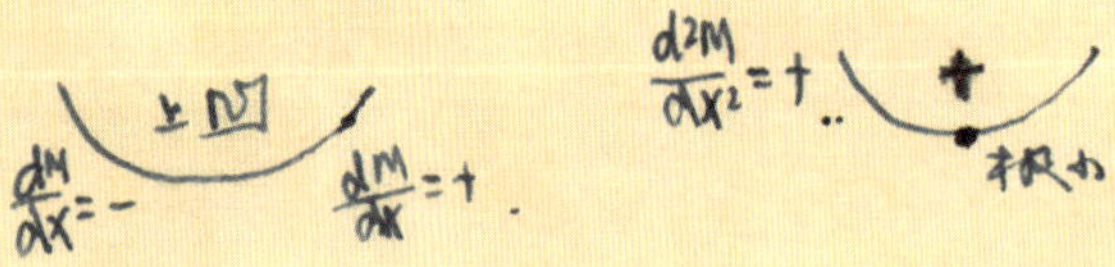


③. 求最大切力. 最大弯矩.

我们根据上述计算结果总结以下关系.

(A). 由分布载荷 q 的变化检查和绘制剪力图和弯矩图.

①. 若分布载荷 $q=0$. 则 $\frac{dQ}{dx}=q=0$. 知切力为一常数. 剪力图为平行于X轴的一条直线. 弯矩 M的斜率 $\frac{dM}{dx}=Q=$ Constant. 故弯矩图为一斜直线. 当$Q>0$. 弯矩图直线上升为↗图形. 反之 $Q<0$ 弯矩图直线下降为↘图形.

②. 若分布载荷 $q<0$（载荷向下）. 即 $\frac{dQ}{dx}<0$. 剪力减小. 则弯矩的二阶导数（$\frac{d^2M}{dx^2}<0$）为负. 故弯矩图为一向上凸（∩）的曲线.

③. 若分布载荷 $q>0$.（载荷向上↑）. $\frac{dQ}{dx}>0$. $\frac{d^2M}{dx^2}>0$. 弯矩图为一个向上凹（∪）的曲线。

(B) 由剪力Q的变化检查和绘制剪力图和弯矩图.

①. 若剪力 $Q>0$. 即 $\frac{dM}{dx}>0$. 弯矩上增.

②. 若剪力 $Q<0$. 即 $\frac{dM}{dx}<0$. 弯矩下减.

③. 若剪力Q变号时. 即弯矩的斜率 $\frac{dM}{dx}=Q$ 变号. 弯矩M在此取极值（极大值或极小值）.（$Q=0$. M必有极值）

(C). 集中外力（力. 力偶）作用处剪力图和弯矩图的变化.

① 在集中力作用处. 剪力有一突变. 突变的数值等于该集中力的大小. 剪力图成为不连续的. 弯矩的斜率在此有改变. 故弯矩图有一转折点. 形成一尖点。

② 在集中力偶作用处. 弯矩有一突变. 突变的大小等于该集中力偶的大小. 故弯矩在此成为不连续的。而对剪力图无影响.

例.

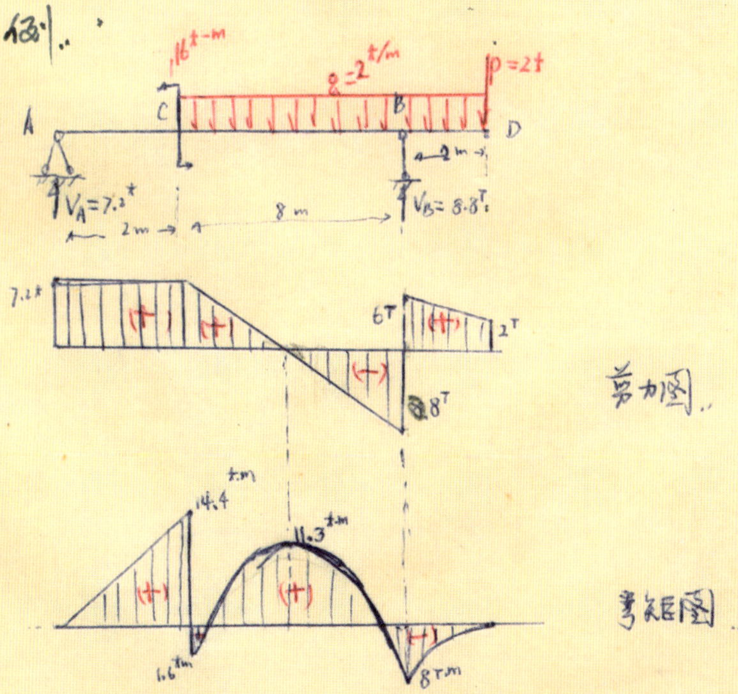

例1：

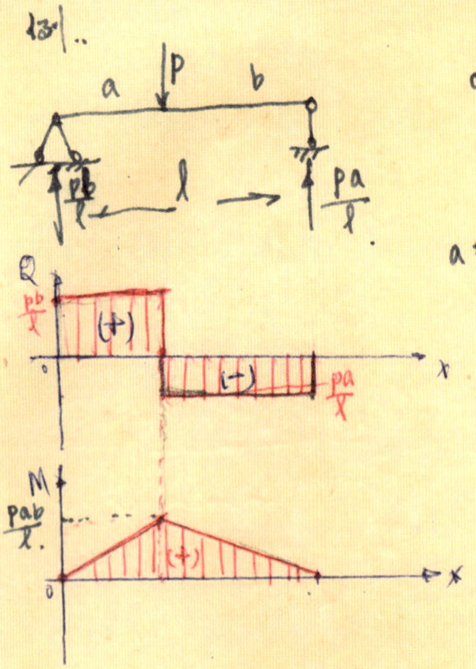


$0 \le x \le a$ $\begin{cases} Q = \frac{pb}{l} \\ M = \frac{pb}{l}x \end{cases}$

$a \le x \le l$ $\begin{cases} Q = \frac{pb}{l} - p = -\frac{pa}{l} \\ M = \frac{pb}{l}x - p(x-a) \\ \quad = \frac{pa}{l}(l-x) \end{cases}$

当 $b>a$．$Q_{max} = \frac{pb}{l}$．

$a<b$．$Q_{max} = \frac{pa}{l}$

$M_{max} = \frac{pab}{l}$．

例2：

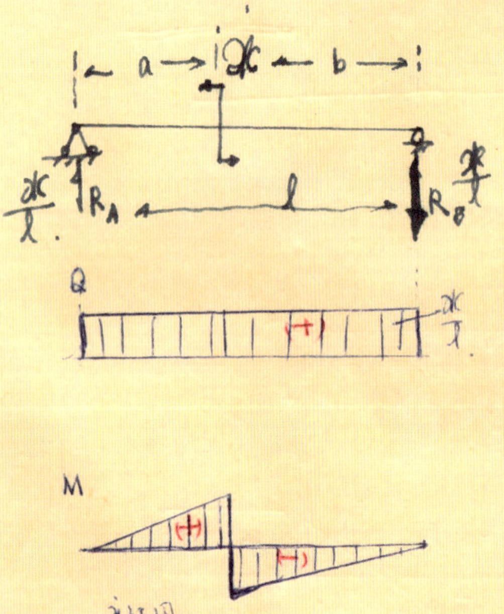


弯矩图

（注：力偶之位置不影响支反力．因其作用效果不变．）

$0 \le x \le a$ $\begin{cases} Q = \frac{\mathfrak{M}}{l} \\ M = \frac{\mathfrak{M}}{l}x \end{cases}$

$a \le x \le l$ $\begin{cases} Q = \frac{\mathfrak{M}}{l} \\ M = \frac{\mathfrak{M}}{l}x - \mathfrak{M} \end{cases}$

例3：

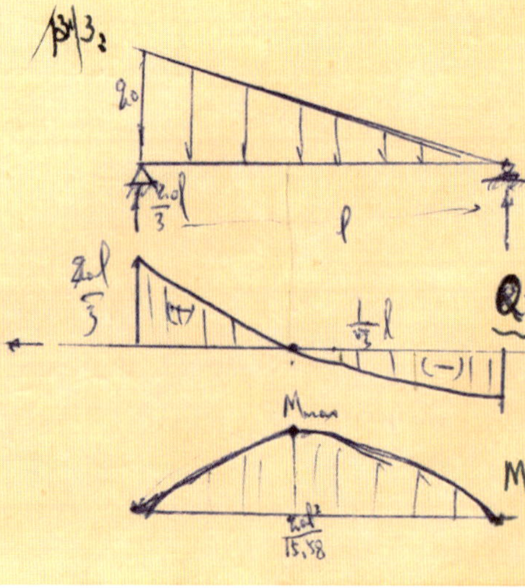


$Q = \frac{q_0 x^2}{2l} - \frac{q_0 l}{6}$

$C^1$ 连续函数

$M = \frac{q_0 x^3}{2l} - \frac{q_0 l}{6}x$

$C^2$ 连续函数

例.. 已按二次抛物线分布.

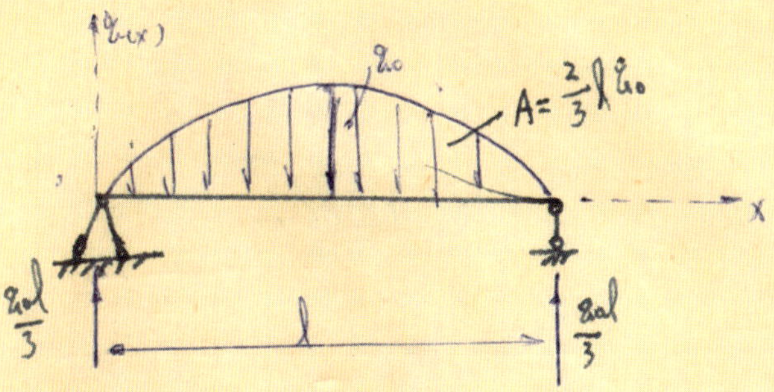


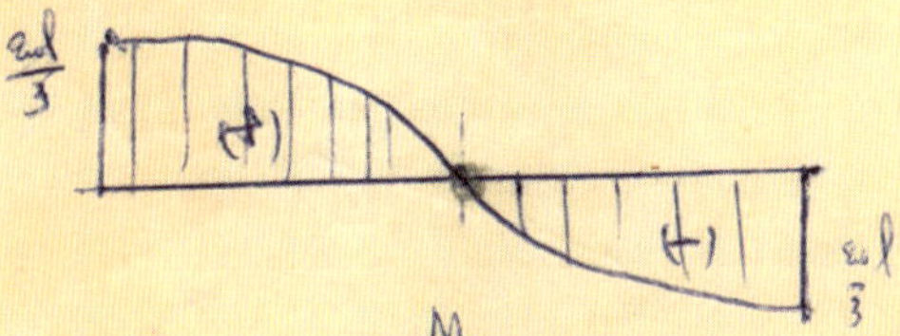


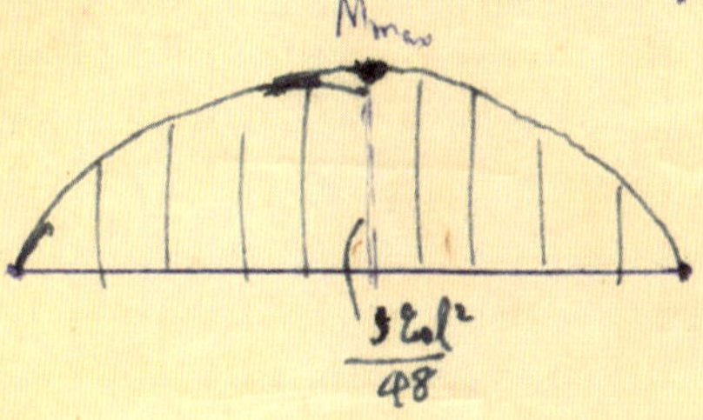


设.. $q_{(x)}=Ax^2+Bx+C$ (二次抛物线式)

$q_{(x)}\Big|_{x=0}=0 \qquad q_{(x)}\Big|_{x=l}=0$

$q_{(x)}\Big|_{x=\frac{l}{2}}=q_0$

$\therefore \begin{cases} C=0 \\ A\left(\frac{l}{2}\right)^2+B\frac{l}{2}=0 \\ Al^2+Bl=0 \end{cases}$

$\therefore A=-\frac{4q_0}{l^2} \qquad B=\frac{4q_0}{l}$

$\therefore q_{(x)}=-\frac{4q_0}{l^2}x^2+\frac{4q_0}{l}x$

$=4q_0\left(\frac{x}{l}-\frac{x^2}{l^2}\right)$

$M_{max}=M_{\left(\frac{l}{2}\right)}=\frac{q_0l}{3}\frac{l}{2}-\left(\frac{2}{3}q_0\frac{l}{2}\right)\left(\frac{3}{8}\frac{l}{2}\right)$
载荷. 力臂.

$=\frac{5q_0l^2}{48}$

讨论 $M_{(x)}$

$Q_{(x)}=\frac{q_0l}{3}-\frac{4q_0}{2}\left(\frac{x^2}{l}-\frac{2x^3}{l^2}\right)-\frac{2}{3}4q_0\frac{x^3}{l^2}$

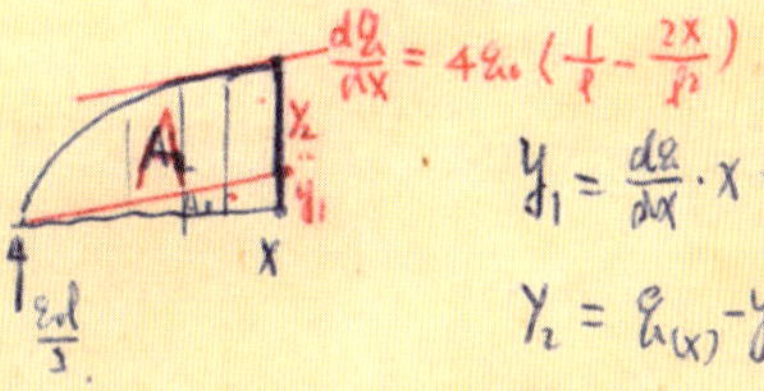


$y_1=\frac{dq}{dx}\cdot x=4q_0\left(\frac{x}{l}-\frac{2x^2}{l^2}\right)$

$y_2=q_{(x)}-y_1=4q_0\frac{x^2}{l^2}$

$\therefore M_{(x)}=\frac{q_0l}{3}x-\frac{4q_0}{2}\left(\frac{x}{l}-\frac{2x^2}{l^2}\right)\cdot x\cdot\frac{x}{3}$

$-\left(\frac{2}{3}\cdot4q_0\frac{x^2}{l^2}\cdot x\right)\cdot\frac{3}{8}x$

$=\frac{q_0l}{3}x-\frac{q_0x^3}{3l^2}(2l-x)$

我的方法

证明

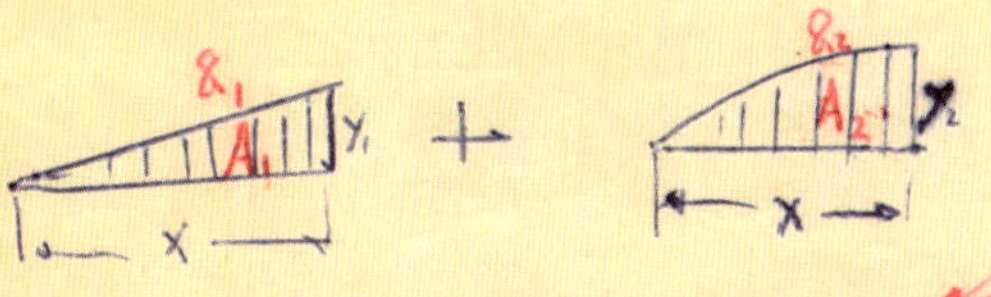


$\because q_2=q-q_1$ (按线性迭加)

$A=\int_0^x q_{(x)}dx=\int_0^x 4q_0\left(\frac{x}{l}-\frac{x^2}{l^2}\right)dx=4q_0\left(\frac{x^2}{2l}-\frac{x^3}{3l^2}\right)=\frac{2q_0x^2}{l}-\frac{4q_0x^3}{3l^2}$

$A_1=\int_0^x q_1dx=\frac{1}{2}xy_1=\frac{4q_0}{2}\left(\frac{x}{l}-\frac{2x^2}{l^2}\right)x=\frac{2q_0x^2}{l}-\frac{4q_0x^3}{l^2}$

$A_2=A-A_1=\frac{2q_0x^2}{l}-\frac{4q_0x^3}{3l^2}-\left(\frac{2q_0x^2}{l}-\frac{4q_0x^3}{l^2}\right)=\frac{8q_0x^3}{3}$

$=\frac{2}{3}\cdot\left(\frac{4q_0x^2}{l^2}\right)\cdot x=\frac{2}{3}x\cdot y_2$

4.4—12

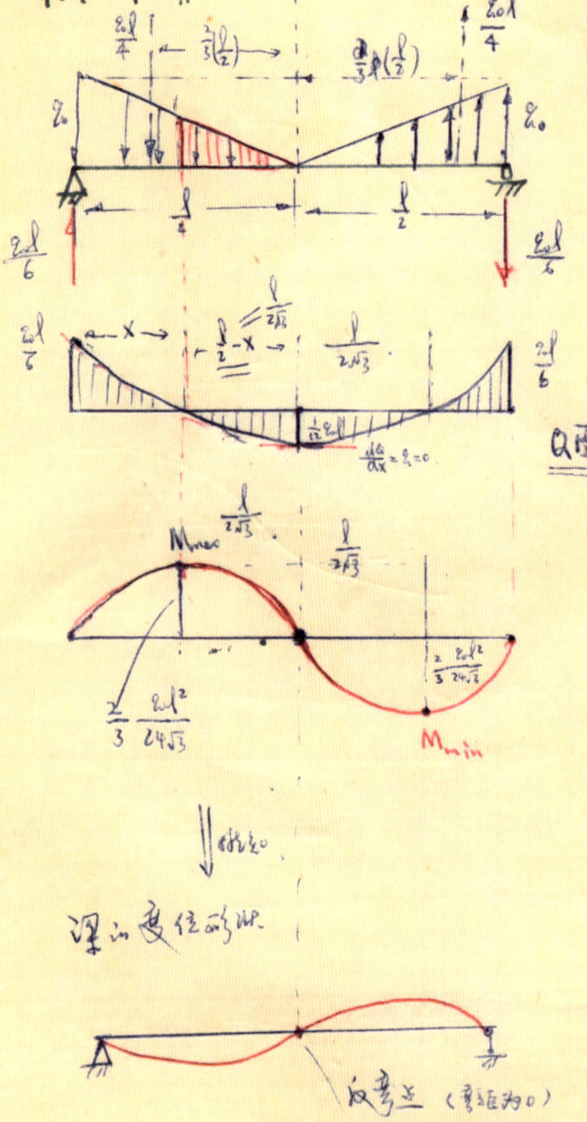


解。两个附加载荷组成力偶。

$$\mathfrak{M} = \frac{q_0 l}{4}\cdot 2\cdot \frac{2}{3}\left(\frac{l}{2}\right) = \frac{q_0 l^2}{6}$$

$$R_A = R_B = \frac{q_0 l}{6}$$

隔单元分析

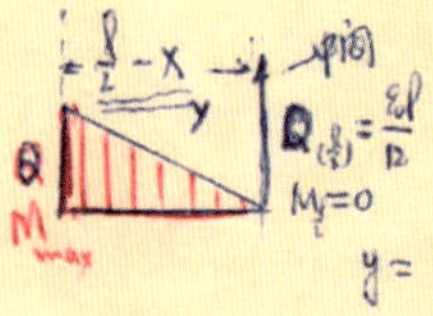


$$Q = \frac{2q_0 y^2}{2l} - \frac{q_0 l}{12} = 0$$

$$y = \frac{l}{2\sqrt{3}} = \left(\frac{l}{2}-x\right) = \frac{l}{2\sqrt{3}}$$

$$M_{max} = \frac{q_0 l}{12}\frac{1}{\sqrt{3}}\left(\frac{l}{2}\right) - \frac{2q_0}{2l}\left(\frac{1}{\sqrt{3}}\frac{l}{2}\right)^2\frac{1}{3}\left(\frac{l}{2\sqrt{3}}\right)$$

$$= \frac{2}{3}\frac{q_0 l^2}{24\sqrt{3}}$$

$$M_{(\frac{l}{2})} = \frac{q_0 l}{4}\frac{2}{3}\left(\frac{l}{2}\right) - \frac{q_0 l}{6}\cdot\frac{l}{2}$$

$$= 0$$

$$M_{max} = M_{(\frac{l}{2}-\frac{l}{2\sqrt{3}})} = \frac{2}{3}\frac{q_0 l^2}{24\sqrt{3}}.$$

## §7-5.. 作Q.M图的数值迭加法（不是图形迭加法）

1) Q是q.p的线性函数
M是q.p.的线性函数 } 线性关系用数值迭加
（找代表性的几点，在数值上迭加，见例1.2）.

2) q，p分别进行分解，分解后线性关系成立 ⟹ 数值迭加成立.

例. 1) 线性关系用数值迭加

$$Q=\frac{ql}{2}+\frac{P}{2}-qx$$ （q.p一次函数）

$$M=\left(\frac{ql}{2}+\frac{P}{2}\right)x-\frac{qx^2}{2}$$ （q.p一次函数）

~~将q、p分解~~

$$Q=\left(\frac{ql}{2}-qx\right)+\frac{P}{2}$$

q引起　　p引起

$$M=\left(\frac{ql}{2}x-\frac{qx^2}{2}\right)+\frac{P}{2}x$$

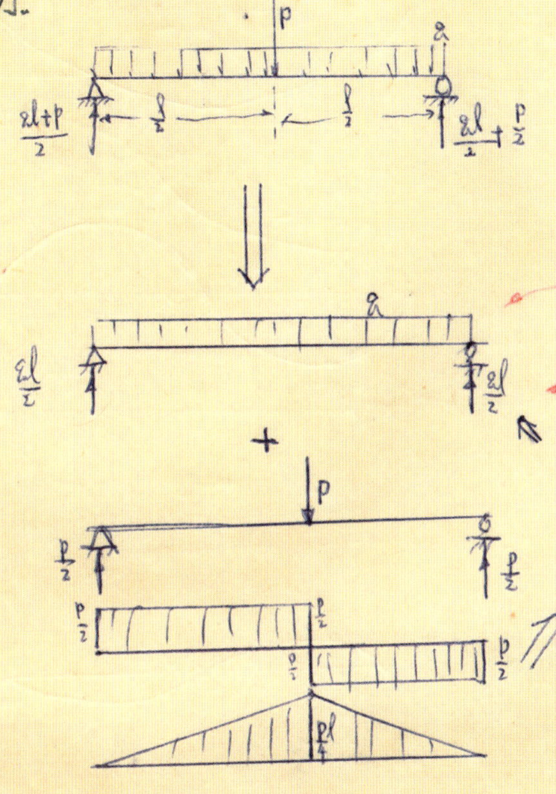

数值迭加

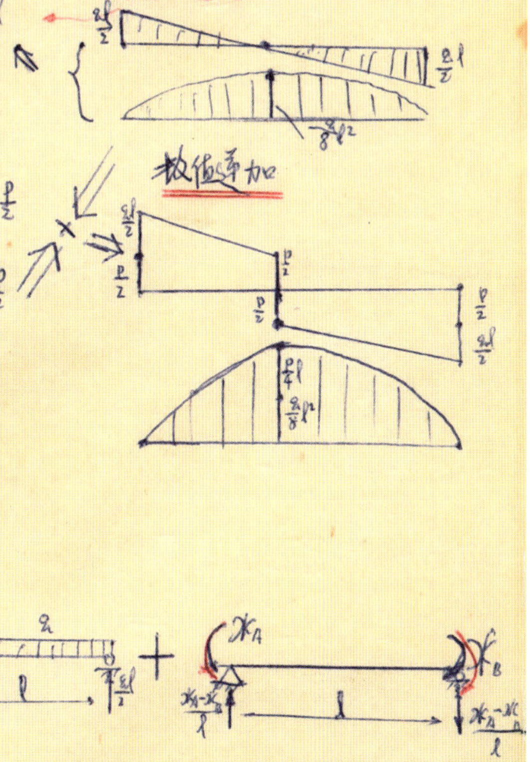

例2.. 简支梁.

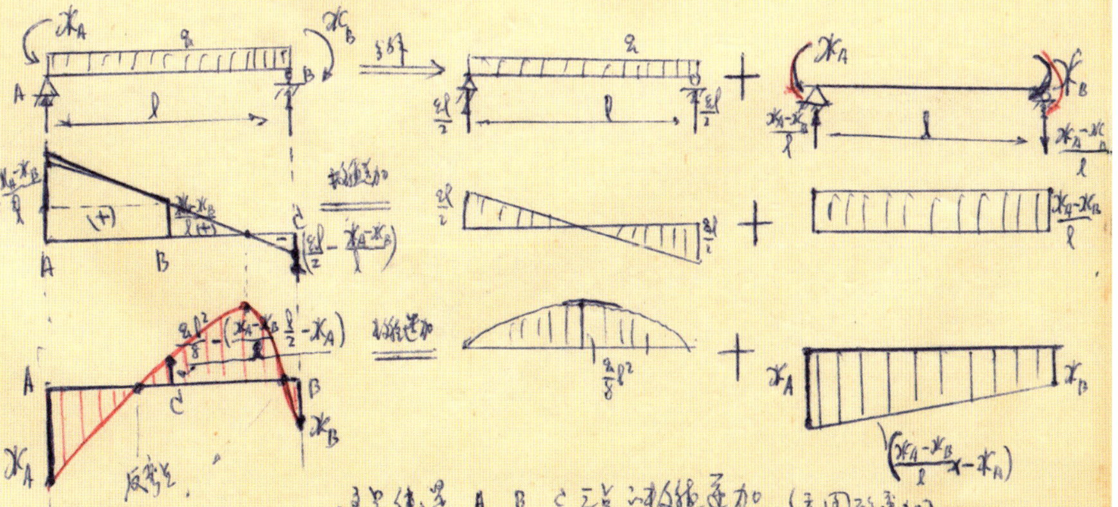

这只是A.B.C三点的数值迭加.（无图形迭加）.

2、q、P互为分解、数值迭加：当给定较复杂之载荷分布时，我们将力q、P分解（像分解力一样），因q、P方向不变，故只在数值上迭加而已。

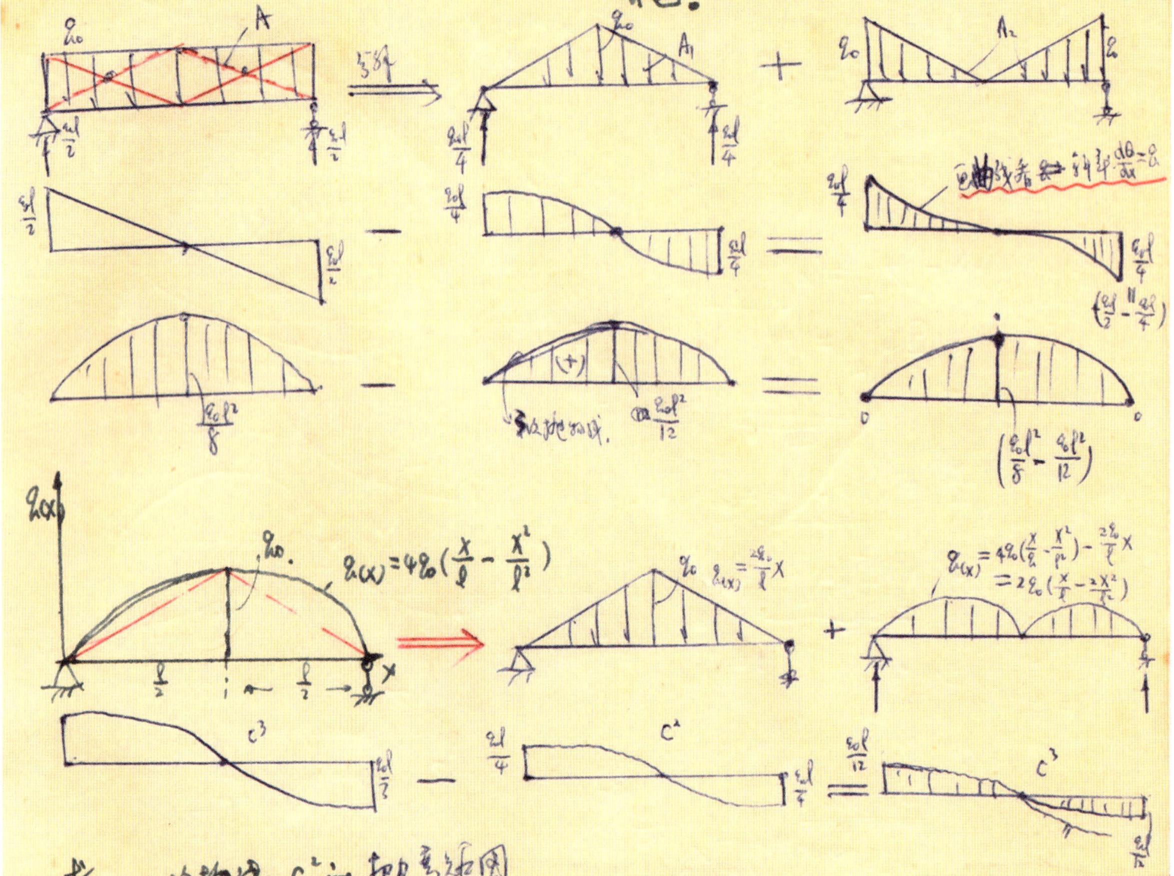

求：二次抛物线 $C^2$ 之切力、弯矩图。

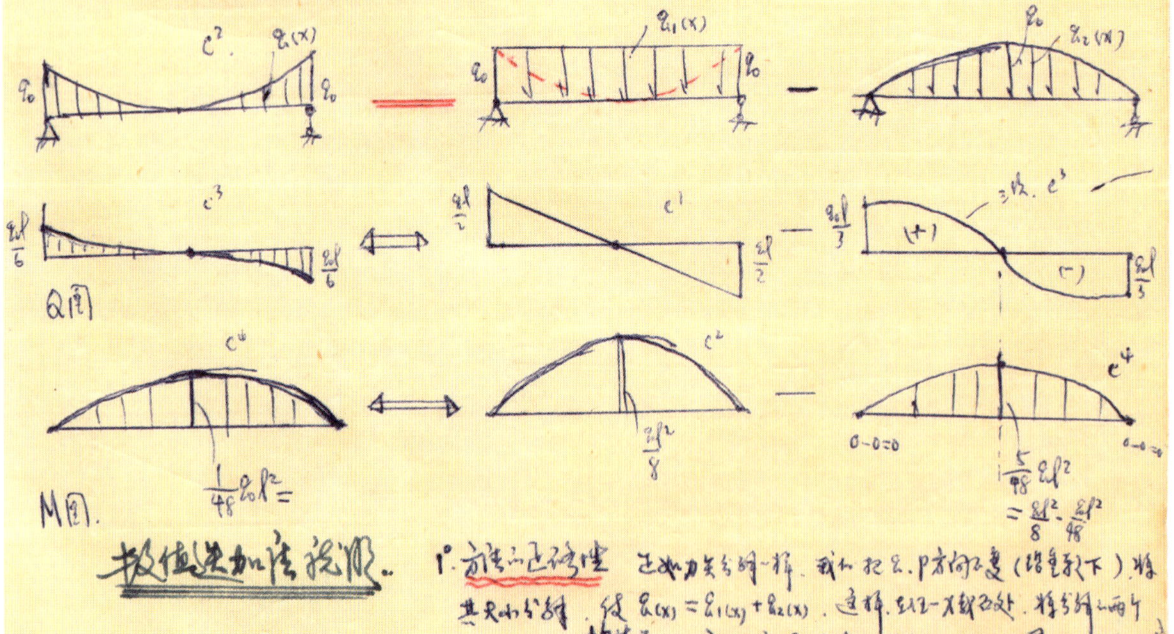

数值迭加法说明：1° 方法之正确性：正如力矢分解一样，我们把q、P方向不变（始终向下），将其大小分解，使 $q(x)=q_1(x)+q_2(x)$，这样，在任一x截面处，将分解之两个 $q_1(x)$、$q_2(x)$ 数值迭加，产生之效果恒等于未分解时（Q、M）。因此q、P面积也就相等，实际上 $A_1+A_2=A$，∵ $\int_0^x q_1dx+\int_0^x q_2dx=\int_0^x q\,dx$。

2° 应用：当碰到较复杂之荷载分布时，就可将其分解成几个简单之荷载分布之数值迭加。注意是数值迭加，并非图形迭加。总之每x处q、P之大小保持不变（因方向我们事先就未改变）。

## §7-6. 作Q、M图的图解法..

复杂载荷分布..

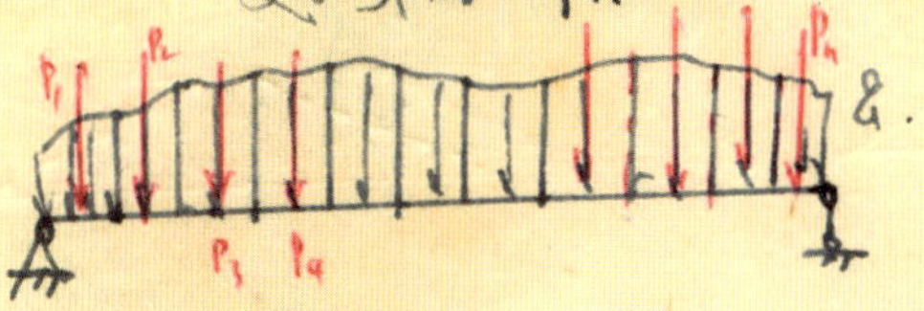


分割因数. $P_1$. $P_2$ ⋯ $P_n$

更复杂的载荷作Q.M图只好用图解法..

由平衡条件.. 力多边形 / 索多边形 } 闭合..

从简单入手..

比例尺 { 结构图. 长按比例 $?^m = ?^{cm}$ 表示 / 力图. 力比例. $1^T = ?^{cm}$ 表示

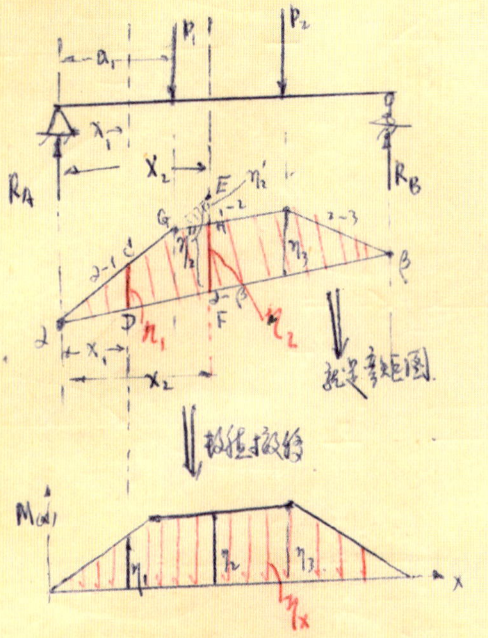


步骤..

1.. 画力多边形.. 通过索多边形闭合 而求出反力.. (任找极点O.)

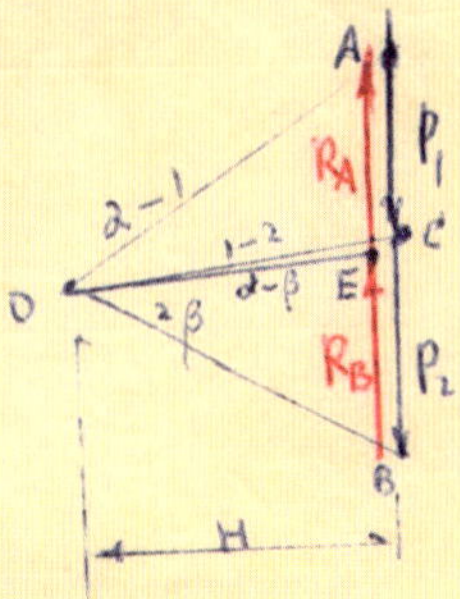


∵ $M_1 = R_A x_1$

∵ $\Delta \alpha CD \backsim \Delta OAE$

$$\frac{\eta_1}{R_A} = \frac{x_1}{H}$$

∴ $\eta_1 H = R_A x_1 = M$

∴ $M_1 = \eta_1 H$.

又 $M_2 = R_A x_2 - P_1(x_2 - a)$

$\Delta \alpha EF \sim \Delta OAE$

$$\frac{\eta_2''}{R_A} = \frac{x_2}{H} \qquad \eta_2'' H = R_A x_2$$

又 $\Delta GEH \sim \Delta OAC$

$$\frac{\eta_2'}{P_1} = \frac{x_2 - a}{H} \qquad \therefore \eta_2' H = P_1(x_2 - a)$$

∵ $\eta_2 = \eta_2'' - \eta_2'$

∴ $\eta_2 H = M_2$

类推之 $M_x = H\eta_x$ 竖向坐标.

右示说明说明.. 主梁上任何截面的弯矩$M_x$等于索多边形的纵坐标值$\eta_x$与极距H的乘积 $M_x = \eta_x H$

说明. 如果在作图时. 比例尺.. $1^{cm} = a^{cm}$, ~~kg~~ 力$1cm = b^{kg}$,

我们就可从图中量取$\eta_x$及H之长度. 按比例算出$M_x$之值.

$$M_x = (H \cdot b)(\eta_x \cdot b) = \eta_x Hab \quad kg\text{-}cm\ (或 t\text{-}m).$$

为了便于计算. 我们在选取极点时. 应使得极矩H为cm之整数倍. 从而就使在索多边形上的$\eta_x$的1cm当作Hab kg-cm (或t-m) 来计算了.

例：如图所示的梁用图解法来绘剪力图和弯矩图。并用计算所得的极值来核图解法所得 $M_{max}$、$Q_{max}$ 的极值。

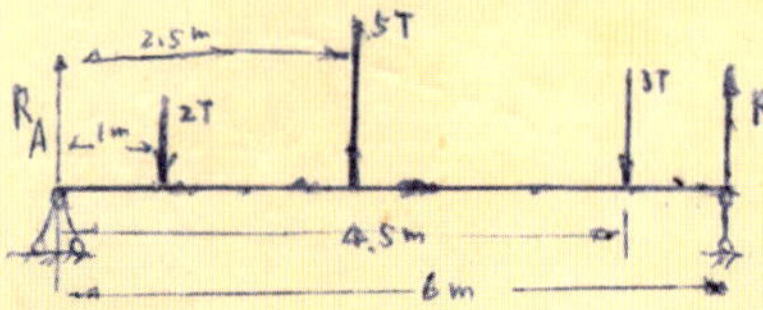


解：1° 比例尺 $1^{cm}=1^{m}$，$1^{cm}=2^{T}$

取 $H=3^{cm}$

2° 绘出力多边形、索多边形。

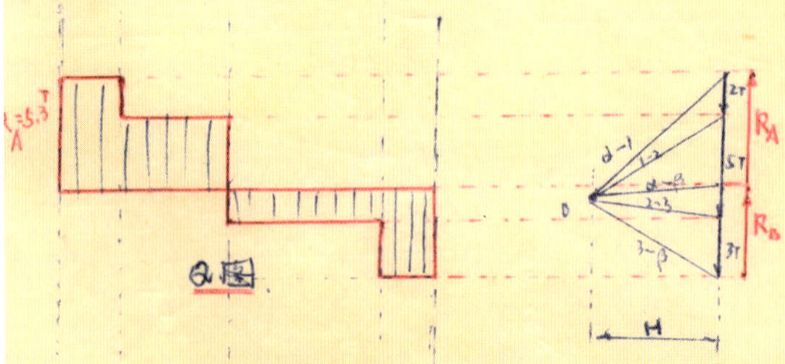


3° 剪力图：将力多边形 $R_A$、$P_1$、$P_2$ … $P_n$、$R_B$ 各平行线与梁上各力相对应的竖直线交得出。

4° 由索多边形绘出弯矩图。从图中量取 $\eta_{max}=1.75$

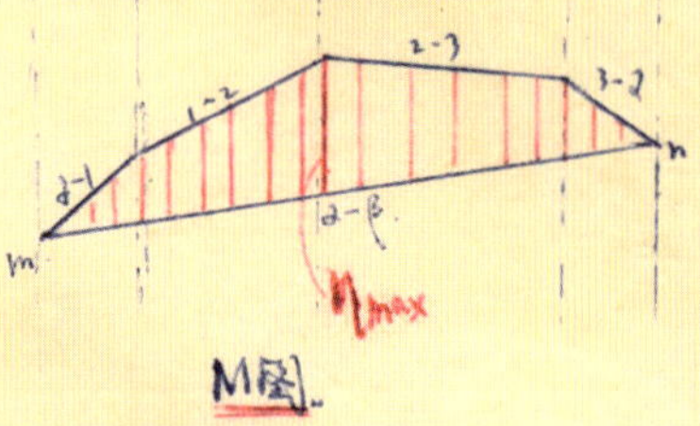


$\therefore M_{max}=\eta_{max} H a b=1.75\times3\times1\times2=10.5\ T\text{-}m$

从图上可见 $Q_{max}$ 位于支座A处

$Q_{max}=R_A=5.3\ T$.

检验：

1. 由平衡：$\Sigma M_B=0$. $R_A l-P_1(l-a_1)-P_2(l-a_2)-P_3(l-a_3)=0$

$R_A=5.34\ T.=Q_{max}$

误差为 $\dfrac{5.34-5.3}{5.34}=0.8\%$.

2. 最大弯矩发生 $P_2$ 力作用点上。

$M_{max}=R_A a_2-P_1(a_2-a_1)=5.34\times2.5-2(2.5-1)=10.75\ T\text{-}m$

误差为 $\dfrac{10.75-10.5}{10.75}=2.3\%$.

可见，由图解法所得者，有良好的精确度。

说明：遇到复杂的载荷分布，以分割思想，将载荷分为若干段，每段载荷以其合力P代替这段分布载荷，同样以图解法画得剪力图和弯矩图。因分布力不以集中力代替，所得到的剪力图是阶梯形的，弯矩图是折线形的。要与原来情况相符，须将折线的弯矩图修改为和各段折线相切的光滑曲线，即得正确的弯矩图。将阶梯形的剪力图修改为和各阶梯斜线中点相交的光滑曲线，即得正确的剪力图。

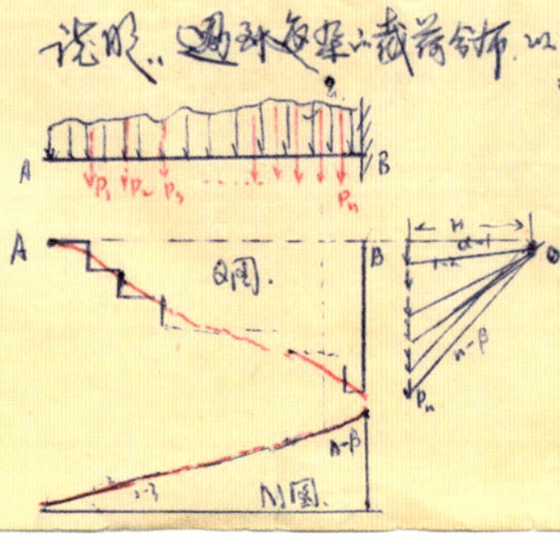

注意.. Q.M.外力..

1) Q.M与外力之间是对立统一的关系.

求Q.M.利用平衡关系. $Q=R_A$. $M=R_A x$. 利用外力系对截面的简化求Q.M. 故求Q.M转化为外力系对截面形心的简化。

2) 力的相互作用原理.. 作用反作用关系.. 对立统一的.

3) 画剪力图.弯矩图. 一定要作到三清楚.
- ① 外力(载荷.反力)清楚
- ②.截面(cross section)清楚
- ③.规定Q.M正负符号清楚.

# 第八章 平面弯曲梁的应力

历史：Galileo 于1638年（两种新科学的对话）
考虑该问题。

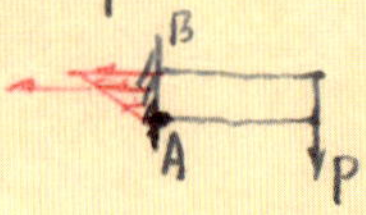


以A点取力矩。
认为只拉没压（在AB面上）

1680年 Mariotte 进了一步，认为在AB面上，既有拉又有压的问题。
1705年 Jocob Bernoalli 认为拉压存在，平面保持平面假设。
1776年 coulomb 解决了这个梁的正应力问题。（花了138年时间）
1855年 Журавский 提出了梁的切应力问题。
儒拉夫斯基。

## §8-1 纯弯曲的正应力

设：梁的一端 $Q=0$
$\therefore \frac{dM}{dx}=Q=0$
$\therefore M=$常数
} 叫纯弯曲。

$Q\neq0$
$M=0$
} 纯剪切。（在梁上作不到。$\because \frac{dM}{dx}=Q$）

从而可见：梁上无剪切，梁的主要问题是弯曲。弯曲问题称为梁。

梁⇒横向弯曲——横向力作用产生的弯曲。又叫剪切弯曲。

柱⇒纵向弯曲。

纯弯曲的正应力。

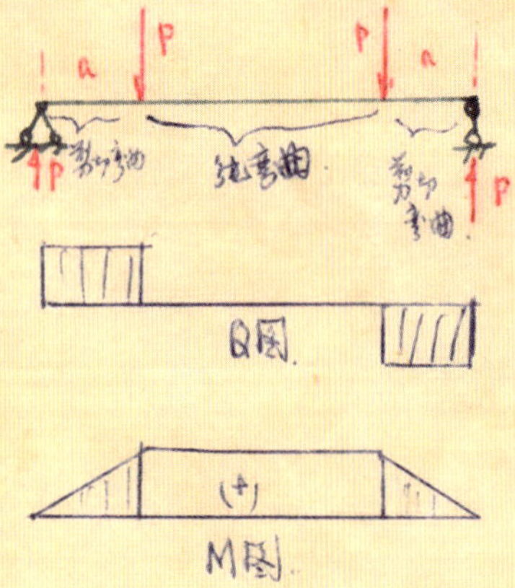


在纯弯曲中取一段来。

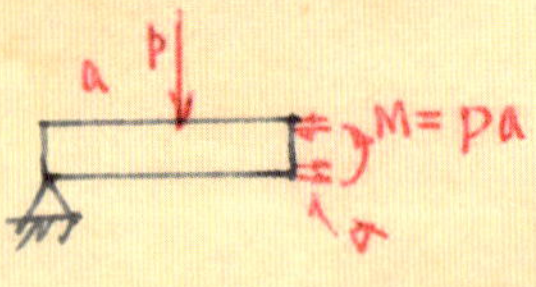


问：正应力分布不知道
只知道 $M=Pa$。

一、通过实验，观察变形，从而提出了假设，理论计算公式。

1. 观察变形。

实验……

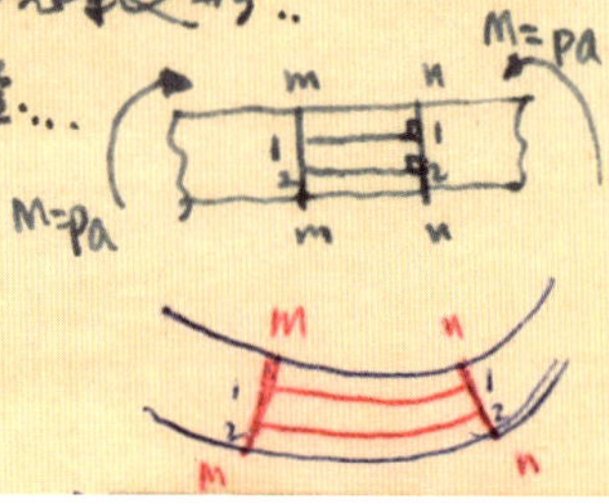


纵向线条 1-1，2-2
横向—— m-m，n-n。

① m-m，n-n 保持直线。
② 1-1，2-2 不保持直线，1-1 缩短，2-2 伸长

(Ⅰ). 有一条即不伸长又不缩短之纤维叫中性层之线条（不保持直线）
(Ⅱ). 直线保持直线.

③ 横截面. 上边宽度加宽. 下边宽度变小. 存在一个中性层. 凸边以上之纤维受压. 以下之纤维受拉.

也叫中性面

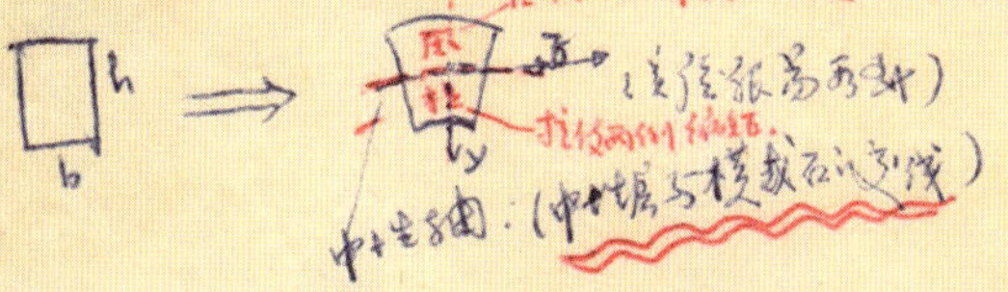


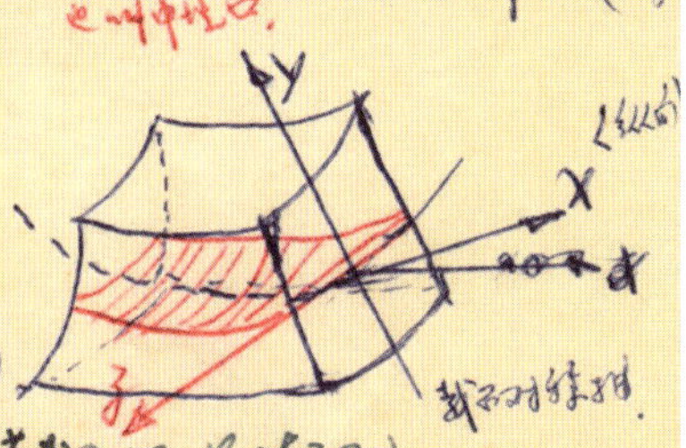


由实验提高到理论..

假设.. ①. 平面保持平面. （但垂直于梁之纤维）纵向 （横截面仍保持平面）.

——平面假设. 主要是几何上的假设.（Jocob Bernoulli. 1705年提出的）

这假设说明了.. 无剪切变形. 只有线应变.（直角保持直角）.

② 纵向纤维互不挤压 —— 受力假设.

这假设说明了.. 是单向应力状态. 单向Hooke定律. $\sigma_x = E\varepsilon_x$

③.. 距离中心层同一高度变形相同..

这假设说明.. 即正应力只随高度改变. ~~在同一宽度上是相等的.~~ 在同一宽度上是相等的.

## 二、理论公式推导..

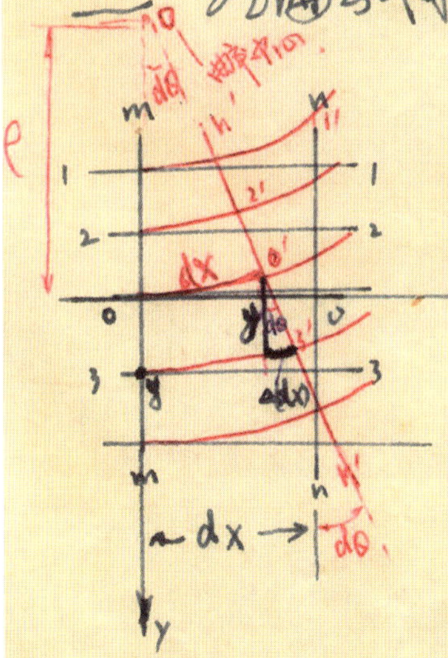


o — 曲率中心

ρ — 曲率半径

$k = \frac{1}{\rho} = \frac{d\theta}{dx}$

1. 变形关系.. $dx = \rho d\theta$. $\Delta(dx) = y d\theta$

① 应变. $\varepsilon_x = \frac{\Delta(dx)}{dx} = \frac{y d\theta}{dx} = \frac{y d\theta}{\rho d\theta}$

$\therefore \varepsilon_x = \frac{y}{\rho}$ （相当于线性）

存在问题.. 中性层不知道. $y = ?$ （中性轴的位置）

曲率程度不知道 $\rho = ?$

②.. 应力应变关系.（物理方程）.

由假设ⅱ.. $\sigma_x = E\varepsilon_x = E\frac{y}{\rho}$.

ρ —— 在保持平面假设下. 对于同一横截面 ρ = 常数

y —— 为距中心轴的距离.（有正负）

规定以纤维低于中性轴. 距离为正.

③. 平衡方程：

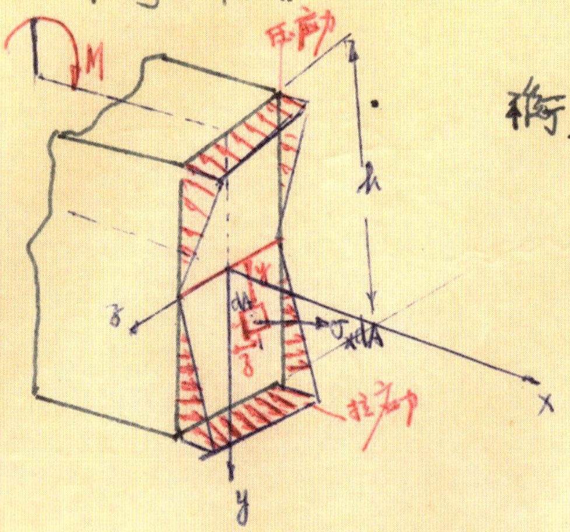


自动满足：

$$\text{平衡}\begin{cases}\Sigma Z=0 & \Sigma Y=0 & \Sigma M_x=0\\ \Sigma X=0 & \Sigma M_y=0 & \Sigma M_z=0\end{cases}$$

$\Sigma X=0$：　$\int_A \sigma_x dA=0$

（M+被视为0）

$\therefore \int_A E\frac{y}{\rho}dA=0$.

$\because E_{拉}=E_{压}=\text{contant}$

$\therefore \frac{E}{\rho}\int_A y dA=0$

其 $\frac{E}{\rho}\neq 0$，　$\therefore \int_A y dA=0$

对于均质材料　$\int_A y dA = M_z = A\cdot\bar{y} = 0$

A——横截面面积，　$\bar{y}$——该截面形心至中子轴的距离。∵我们是选中性轴为z轴的。

又 $A\neq 0$，　$\therefore \bar{y}\equiv 0$，说明中性轴通过截面形心。

中性轴通过横截面的形心。　这种特性可用来确定任意横截面形状的某些中心轴位置。但受到限制。即y轴必须为对称轴。从而y和z轴的原点是位于形心处。且也均为该横截面的主轴。

又：$\Sigma M_z=0$

$$\int_A y\sigma_x dA - M=0$$

$$\therefore M=\int_A y\sigma_x dA=\int_A y\cdot E\cdot\frac{y}{\rho}dA=\frac{E}{\rho}\int_A y^2 dA$$

$$=\frac{EI_z}{\rho}$$

$I_z=\int_A y^2 dA$　叫惯性矩。——亦叫截面惯矩

Inertia moment.

$\therefore K=\frac{1}{\rho}=\frac{M}{EI}$　　（可见：曲率 $K\propto M$，$\propto\frac{1}{EI}$）

EI——叫抗弯刚度，与材料有关。　$\sigma_x=\frac{My}{I_z}$

注：公式与前比较

| | | |
|---|---|---|
| 拉 | $\frac{\Delta l}{l}=\frac{P}{EA}$ | $\sigma=\frac{P}{A}$ |
| 扭 | $\frac{\varphi}{l}=\frac{M_t}{GJ_p}$ | $\tau=\frac{M_t\rho}{J_p}$ |
| 弯 | $\frac{1}{\rho}=\frac{M}{EI}$ | $\sigma_x=\frac{My}{I}$ |

$$\therefore \sigma_x = E\cdot\varepsilon_x = E\frac{y}{\rho} = \frac{My}{I}.$$

$$\boxed{\sigma_x = \frac{My}{I_z}}$$

梁纯弯曲正应力公式（138页）

{ 1° 与材料无关，弹性常数…
{ 2° 也适用于非纯弯曲（横力弯曲）一般情况…

$$\sigma_{max} = \frac{My_{max}}{I_z} = \frac{M}{\frac{I_z}{y_{max}}} = \frac{M}{W_z}$$

$$W_z = \frac{I_z}{y_{max}}$$ 叫抗弯截面系数

$$\sigma_{min} = \frac{M(-y_{max})}{I_z} = -\frac{M}{W_z}.$$

注：比较：
拉 $\sigma = \frac{P}{A}$　　A —— 抗拉截面系数
扭：$\tau_{max} = \frac{M_t}{W_\rho}$　　$W_\rho = \frac{J_\rho}{\rho}$ 抗扭截面系数.
弯：$\sigma_{max} = \frac{M}{W_z}$　　$W_z = \frac{I_z}{y_{max}}$ 抗弯截面系数.

又 $\Sigma M_y = 0$.　即 $\Sigma M_y = \int_A z\sigma_x dA = 0$

$$\therefore \int_A \frac{E}{\rho} yz\,dA = \frac{E}{\rho} I_{yz} = 0$$

$$\therefore I_{yz} = \int_A yz\,dA = 0$$ . 说明 y、z 轴为主轴.（平面一致的）

从而可知.. y 轴 z 轴是过形心的主轴..（∵过过形心，y是对称轴）

对称轴是主轴.　反之，主轴不一定是对称轴..

对于矩形截面..

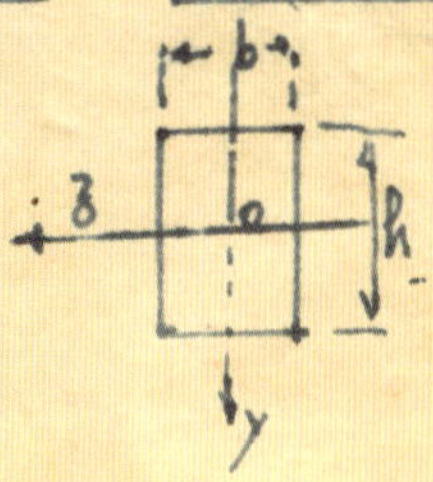


$$I_z = \frac{bh^3}{12}\qquad W_z = \frac{bh^2}{6}$$

$$I_y = \frac{hb^3}{12}.\qquad W_y = \frac{hb^2}{6}$$

圆形截面..

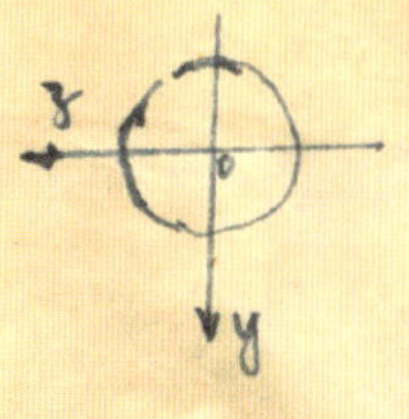


$$I_y = I_z = \frac{I_\rho}{2} = \frac{\pi}{64}d^4.\qquad W_z = \frac{\pi d^3}{32}$$

角钢

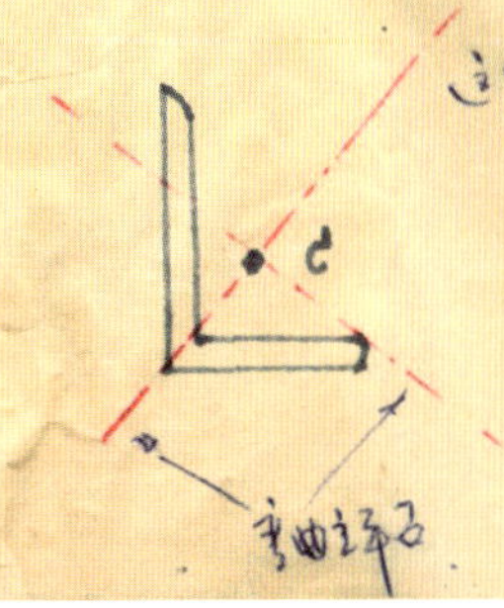


弯曲平面

这种情况，要找 $I_{yz}=0$ 的形心主轴.. 画惯性矩圆（类似于应力圆）找主轴方向和 $I_y$、$I_z$ 的大小。

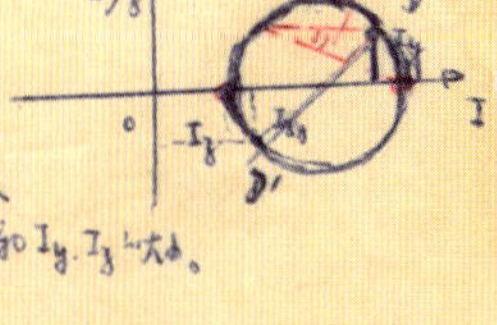


一般可查表得知..
主轴方向 找α。和主轴惯性矩 $I_y$、$I_z$

以后要主轴与[illegible]平面不平行
只适用应力公式计算.

## 纯弯曲正应力公式的限制和推广.. $\sigma_x = \frac{My}{I_z}$

限制.. 1). 梁的横截面有一(纵向)对称轴.

对称轴与轴线组合的平面为纵向对称面.

载荷作用在这平面内, 产生平面弯曲. 所以平面假设成立的。

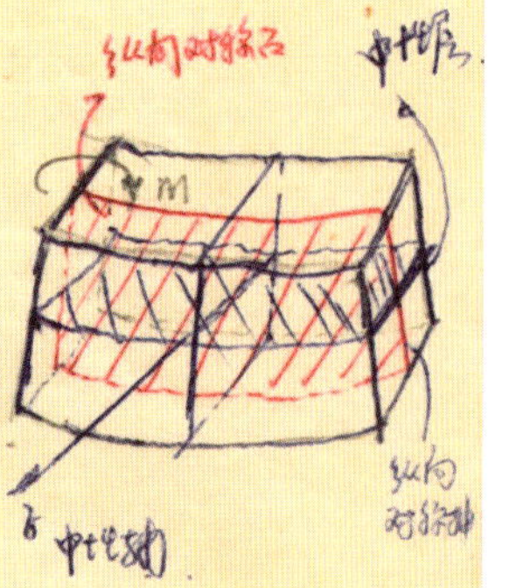


梁的横截面没有对称轴时, 只要载荷作用在弯曲主平面(主轴与轴线组成的弯曲平面)也产生平面弯曲。——即限制在弯曲主平面的平面弯曲。(主惯性平面..)

2). 拉伸. 压缩 Hooke定律相同.

即 $E_{拉} = E_{压}$. $\therefore \int_A \frac{E}{\rho} y\,dA = \frac{E}{\rho}\int_A y\,dA = 0$. (否则E不能提出积分号)

如 $E_{拉} \neq E_{压}$. 以[illegible].

[illegible]. 设 $E_{拉} = K E_{压}$. 才能使E从积分符号中提出来。

3). 梁是一个细长杆. (slender bar)

h (高度) b. (宽度). l. (长度).

$h \ll l$. $b \ll l$.

h与b同量级. l 高量级.

$\sigma = \frac{My}{I}$ 对于细长杆应力公式误差较小..

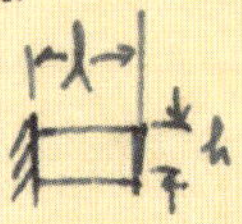


剪切是次要的.
弯曲是主要的.

不能用于..

1° 如.. $l < 5h$ 或.. $\frac{h}{l} > \frac{1}{5}$. 短梁..

2° 如 $l > 5h$. 长梁.

3° 如 $h = 3b$. 高梁. (深梁)

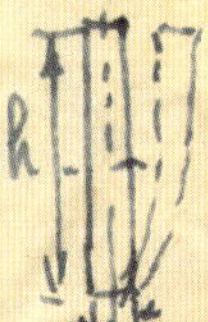


侧向失稳.. 一般 $\frac{h}{b} = \frac{3}{2} \sim \frac{4}{3}$

4° 如. $h \ll b$
$h \ll l$. 平板.

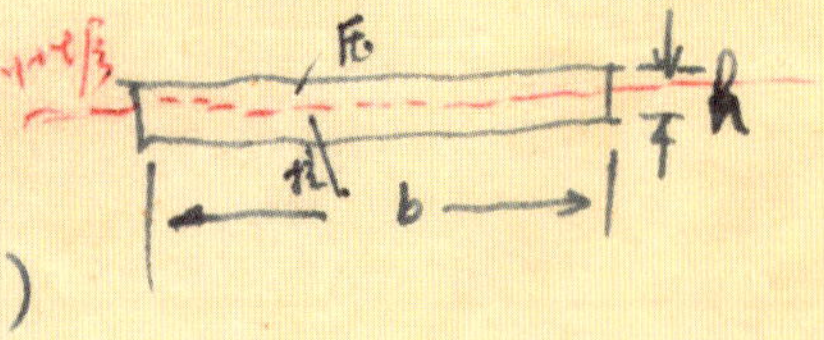


(板的纵向纤维有互相挤压的。)

推广：(1) 剪切弯曲：

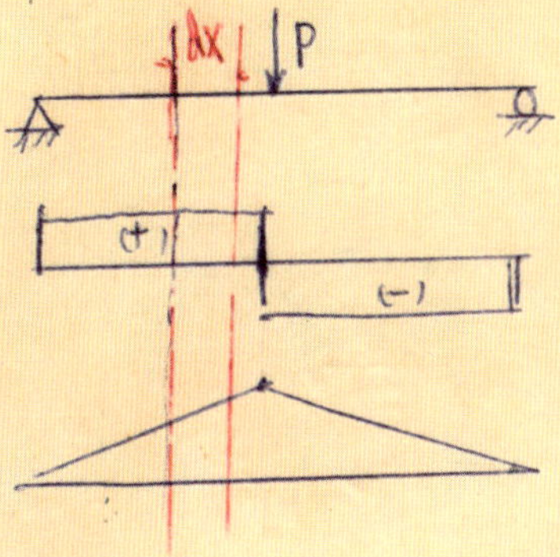


纯弯曲：平面保持平面假设 —— 无切变形（$\gamma=0$）
主要前提 —— 矛盾的假设

有剪切时：

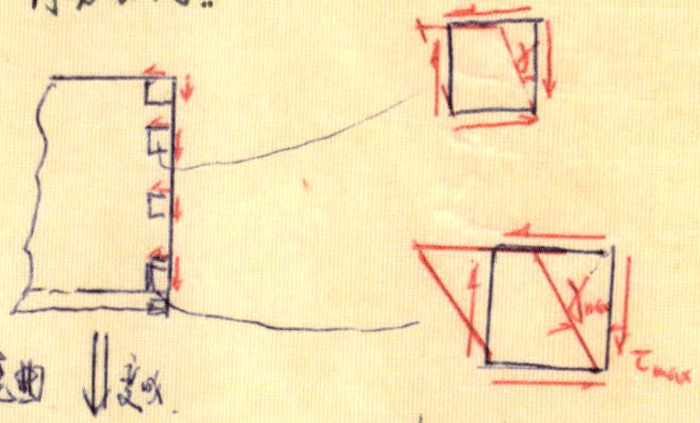


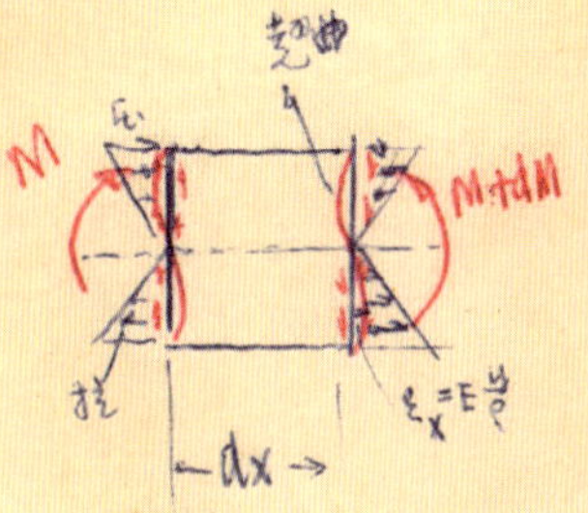


剪切造成平面翘曲。（与平面保持平面假设产生矛盾）。

但实验证明这是次要方面 —— 矛盾的次要方面。

由于翘曲用公式 $\sigma=\frac{My}{I}$ 误差为 2% < 5%（工程上是允许的）

故：在剪切弯曲中：平面保持平面假设是主要的。

平面翘曲是次要的，切变形很小。

由于平面翘曲产生的误差只有 2%，小于工程上许可误差 5%。

故 正应力公式可以用于剪切弯曲。

2) 微微弯曲梁可用梁的正应力公式：

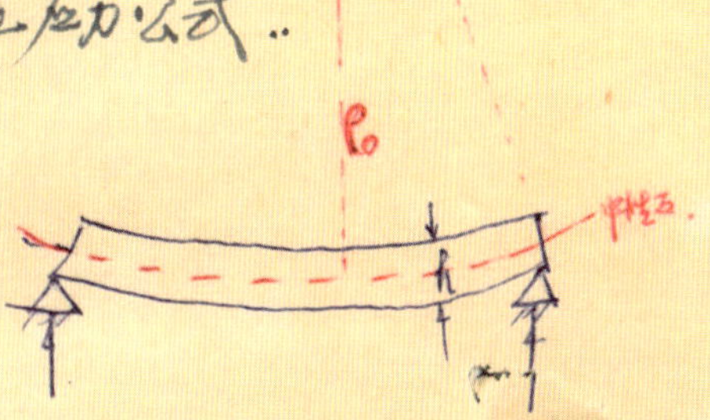


$\rho_0>5h$ —— 为微弯。

即 $\frac{1}{\rho_0}\cdot 5\frac{1}{\rho}=\frac{M}{EI}$ 为同量级。

$\rho_0<5h$ —— 为曲梁（曲杆）。

如

（不能用正应力公式）。

## §8-2 梁的正应力强度计算（梁的设计）

$$\sigma = \frac{My}{I} \qquad \left(\frac{1}{\rho} = \frac{M}{EI}\right)$$

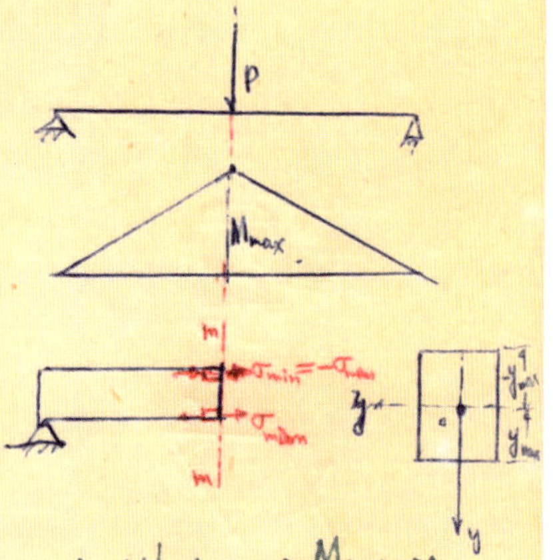

梁的危险点在弯矩最大和最小的截面上。

梁的最大应力

$$\sigma_{max} = \frac{M_{max}\,y_{max}}{I_z} = \frac{M_{max}}{W_z} \le [\sigma]$$

$$\therefore \sigma_{max} = \frac{M_{max}}{W_z} \le [\sigma]$$

最大弯矩 $M_{max} \le W_z[\sigma]$

工程要求 { 1°. $W_z$ 大 → $M_{max}$ → 大；2°. 面积 A 小，省材。

理想截面（或合理截面）。W→大，A→小

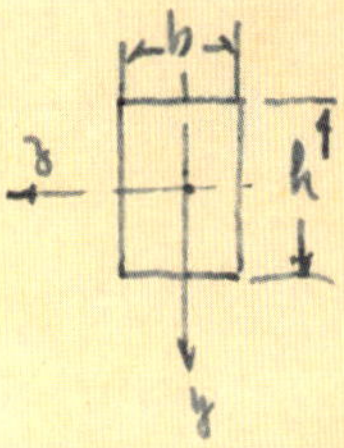

$$W_z = \frac{I_z}{y_{max}} = \frac{bh^2}{6}$$

$A = bh$

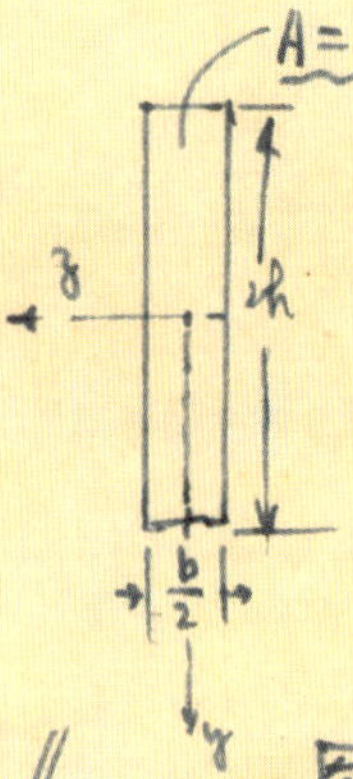

$A = bh$

$$W_z = \frac{\left(\frac{b}{2}\right)(2h)^2}{6} = \frac{bh^2}{3}$$

故同一截面形状愈高愈好。

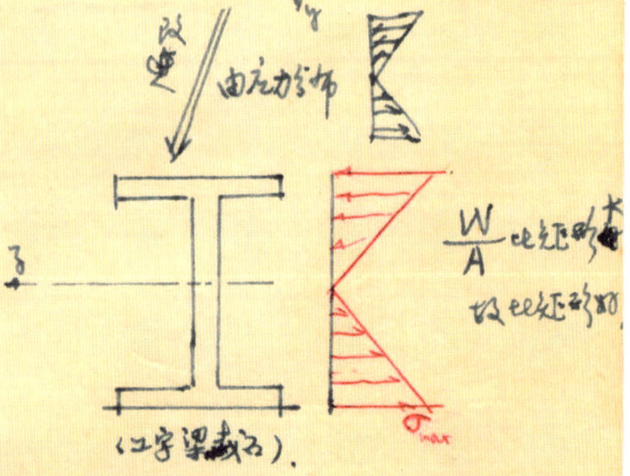


而对于不同截面形状：

$\frac{W}{A} = kh$。K愈大愈好。

$$\frac{W}{A} = \frac{\frac{\pi}{4}r^3}{\pi r^2} = \frac{1}{8}d = 0.125d = kd$$

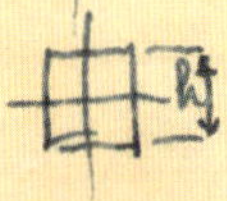

$$\frac{W}{A} = \frac{\frac{bh^2}{6}}{bh} = \frac{h}{6} = 0.167h = kh$$

$$\frac{W}{A} = 0.28 \sim 0.35h = kh$$

（工字梁截面）

$\frac{W}{A}$ 比矩形大，故比矩形好。

故对于不同截面形状，工字形较合理。

对于原木作梁

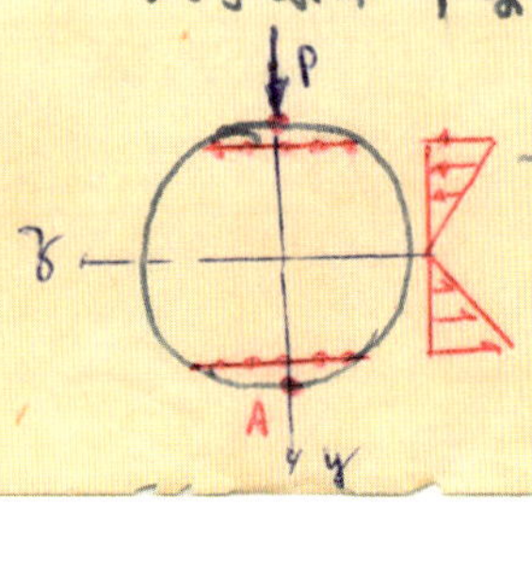

$$W = \frac{I_z \text{ 小慢}}{y_{max} \text{ 减小快}} \xrightarrow{\text{砍去一部分}} \text{大}$$

且未砍前 $\sigma_{max}$ 只作用于 A 点

砍后，$\sigma'_{max} < \sigma_{max}$ 作用于线上各点。

拉压强度不相同，选T、⊥形截面..

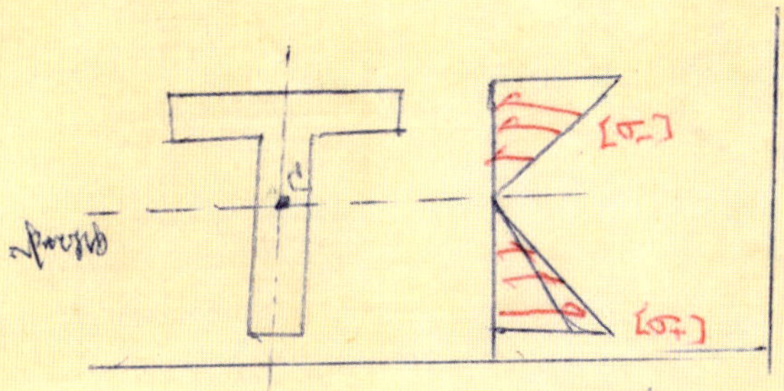


$[\sigma_-] \neq [\sigma_+]$

铸铁.. $[\sigma_-] = 4[\sigma_+]$

$\sigma_+ = \dfrac{M_{max}}{W_1} \leq [\sigma_+]$.  $W_1 = \dfrac{I}{y_1}$

$\sigma_- = \dfrac{M_{max}}{W_2} \leq [\sigma_-]$  $W_2 = \dfrac{I}{y_2}$

$y_2 = 4y_1$.  $y_2 = \dfrac{[\sigma_-]}{[\sigma_+]} y_1$

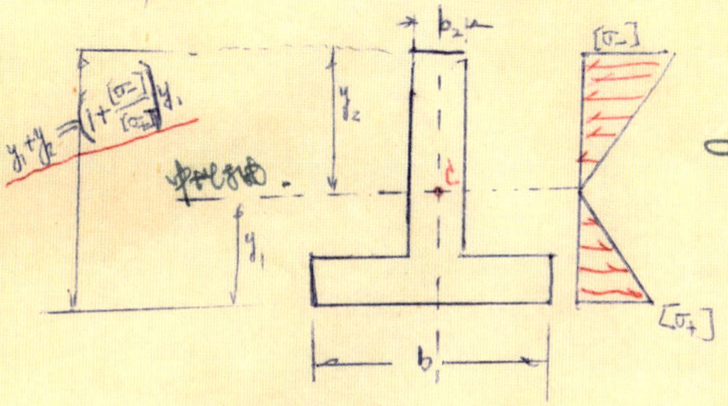


截.. ①.中性轴靠近[σ+]一侧。

②.中性轴过形心，决定三个尺寸中的一个尺寸。

管子比实心圆截面经济..

$A_1 = A_2$ .时.  $W_2 > W_1$ .

[σ] = 1600 kg/cm². 设计截面..

$M_{max} = 5^{t\text{-}m} = 5\times10^{5}$ kg-cm.

例..

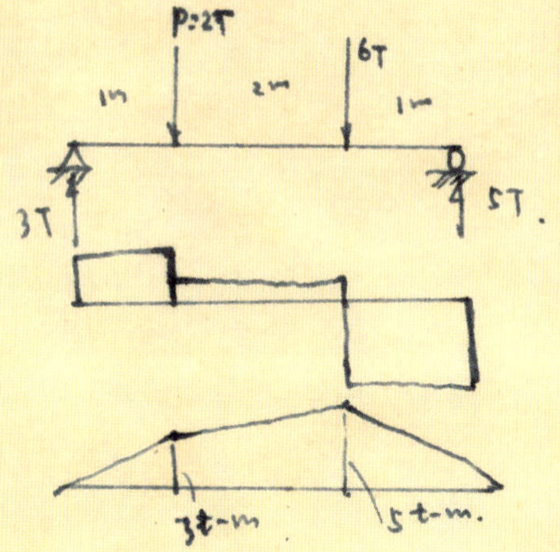


①.. 矩形截面

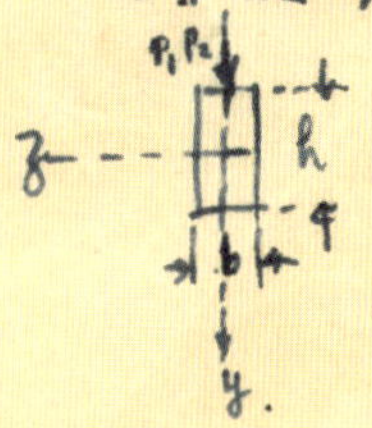


$W \geq \dfrac{M_{max}}{[\sigma]} = 315^{cm^3}$

$\dfrac{b}{h} = \dfrac{2}{3}$.  $w = \dfrac{bh^2}{6} = \dfrac{1}{9}h^3$

$h^3 \geq \dfrac{9M_{max}}{[\sigma]}$

$h \geq \sqrt[3]{9\times315} = \sqrt[3]{9}\cdot6.72^{cm}$

$b = \dfrac{2}{3}h = \dfrac{2}{3}\times6.72\sqrt[3]{9}$ cm

②.工字形..

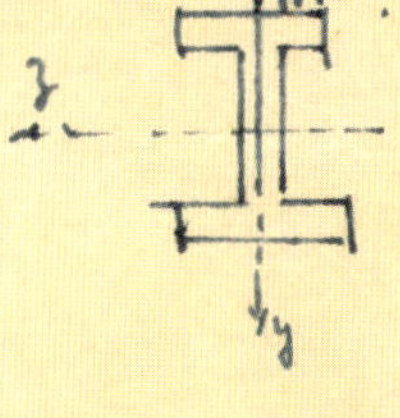


查表.. 工截 W=315 cm³

选用工字形. I22b. 依给W=325 cm³

$\sigma_{max} = \dfrac{M_{max}}{W} = \dfrac{5\times10^5}{325} = 1540 \leq [\sigma]$

③.角钢截面  查表. W=315 cm³

(无筋)

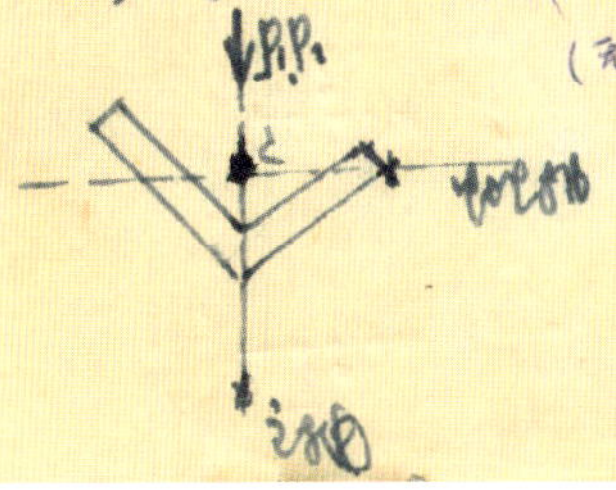

④

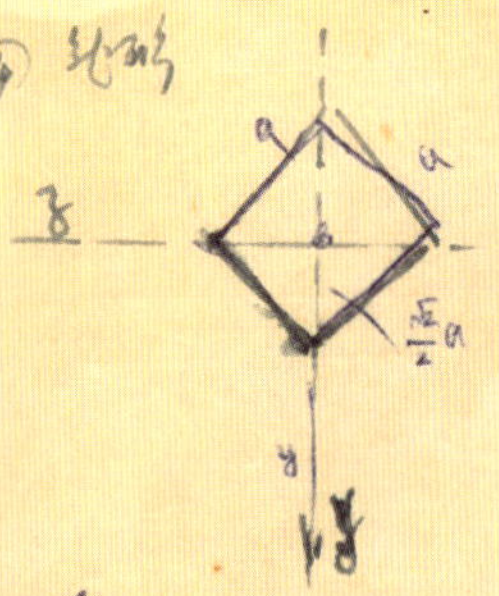

$I_z = \frac{a^4}{12}$　　$I_y = \frac{a^4}{12}$

$W_z = \frac{I_z}{y} = \frac{a^4/12}{\frac{\sqrt{2}}{2}a} = \frac{a^3}{6\sqrt{2}} = \frac{a^3}{8.48}$

$w \geq \frac{M_{max}}{[\sigma]}$　　$\therefore a \geq \sqrt[3]{\frac{8.48 M_{max}}{[\sigma]}}$

$a \geq \sqrt[3]{8.48 \times 315}$

$a \geq 6.45$ cm

⑤.

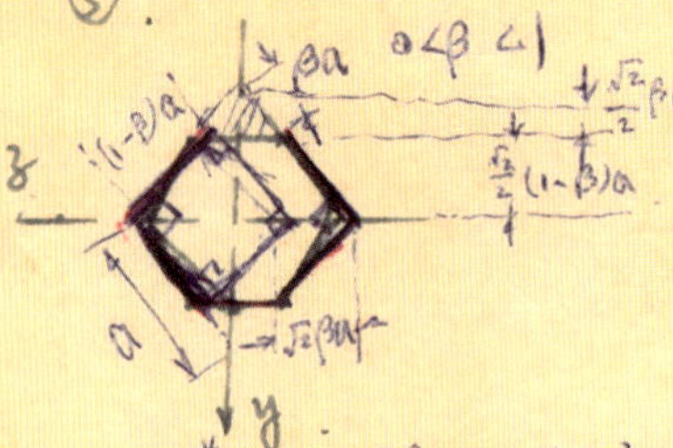

$I_z = \frac{(1-\beta)^4 a^4}{12} + 2 \cdot \frac{\sqrt{2}\beta a}{3} \cdot \left[\frac{(1-\beta)a}{\sqrt{2}}\right]^3$

$= \frac{a^4(1-\beta)^3(1+3\beta)}{12}$

$W = \frac{I_z}{\frac{\sqrt{2}}{2}(1-\beta)a} = \frac{\sqrt{2}\, a^3(1-\beta)^2(1+3\beta)}{12}$

$\frac{dw}{d\beta} = 0$.　$1 - 10\beta + 9\beta^2 = 0$

$\beta = 1$ 或 $\beta = \frac{1}{9}$.

$\therefore \beta = \frac{1}{9}$. $W \rightarrow$

$\therefore \beta = \frac{1}{9}$. $W = \frac{\sqrt{2}}{12} a^3 (1.053)$

$\therefore W_{⑤} > W_{④}$　大 5.3%

⑥

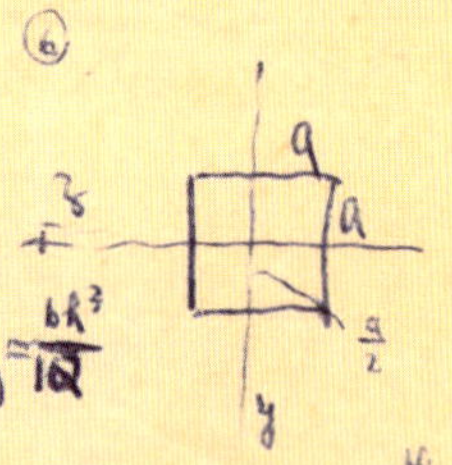

$I_y = \frac{bh^3}{12}$

$I_y = I_z = \frac{a^4}{12}$.

$w = \frac{I_z}{y} = \frac{a^3}{6}$

$a \geq \sqrt[3]{6 \times 315}$.

## §8-3. 梁的切应力计算..

纯剪 $M=0$. $Q\neq 0$. 而 $\frac{dM}{dx}=Q\neq 0$. $M\neq 0$.

这种条件是不能处理的..

在1855年. Журавский 在正应力基础上 $\sigma=f(M)$. 给切应力两个假设..

①. 切应力的方向与切力Q的方向一致..

②. 截面内的切应力在整截面上沿同一高度均匀分布. 即剪切应力只与y有关. 即距中性轴同一高度切应力均相同.

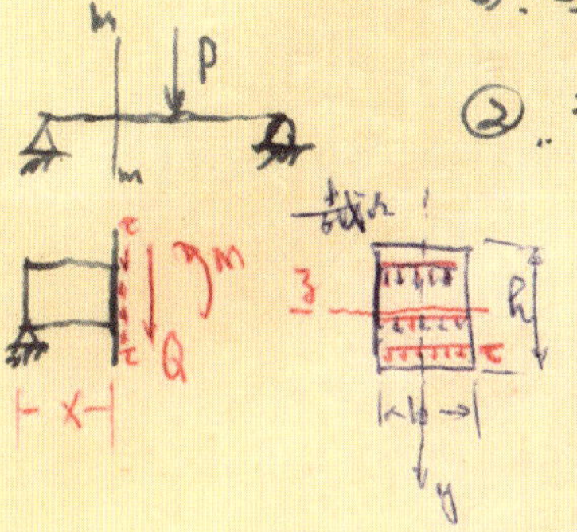

由于.. 梁的侧面是自由表面. 无切应力作用.. 故由切应力成对性地产生. ($\tau_{xz}=0$.)

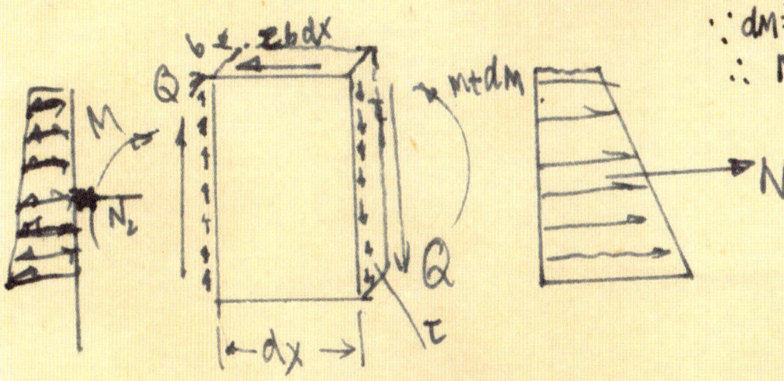

∵ $dM\neq 0>0$. ∴ $N_1>N_2$ 故必在纵截面上产生切应力τ.

平.. $\tau b dx = N_1 - N_2$

$\tau b dx = N_1 - N_2$.

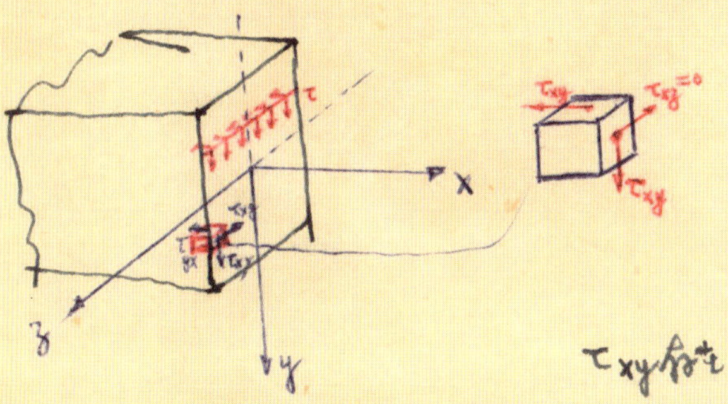

由横梁的横截面上某一点的剪应力为 $\tau_{xy}$. 由切应力互等. 则经过该点的纵截面上亦必有大小相等方向相离的切应力 $\tau_{yx}=\tau_{xy}$ 发生。

∠分析单元切应力. $\tau_{xz}=0$. 只有 $\tau_{xy}$ 存在 且切平行于Q. 故第①假设成立).

从上面单元分析. ∵单元上未受荷载. 故切力均为Q. 而弯矩不同.

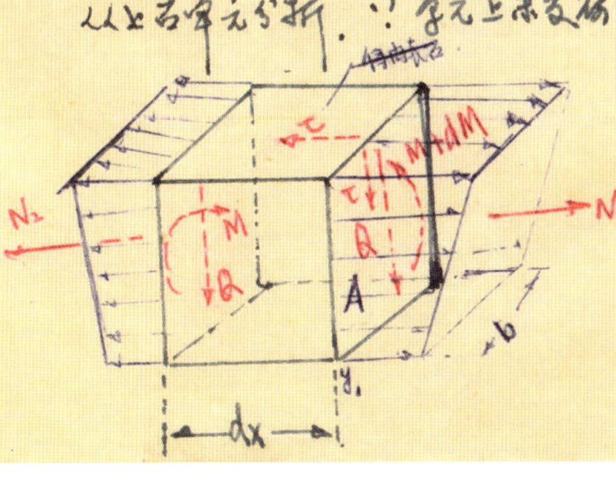

∵ $N_1>N_2$.. 故必在纵截面上产生切应力τ 线平衡.

$\tau b\cdot dx = N_1 - N_2$.

$N_1=\int_A \sigma dA = \frac{(M+dM)}{J_z}\int_A y dA = b\frac{(M+dM)}{J_z}\int_{y_1}^{\frac{h}{2}} y dy$

$N_2=\int_A \sigma dA = \frac{M}{J_z}\int_A y dA$

$N_1 - N_2 = \tau b dx$.

$$\therefore \tau b\,dx = \frac{M+dM}{J_z} b\int_{y}^{\frac{h}{2}} y_1 dy_1 - \frac{M}{J_z} b\int_{y}^{\frac{h}{2}} y_1 dy_1 = \frac{dM}{J_z}\int_{y_1}^{\frac{h}{2}} b y\,dy$$

$$\therefore \tau = \frac{dM}{bJ_z dx}\int_{y}^{\frac{h}{2}} b y_1 dy_1 = \frac{Q}{bJ_z}\int_{y}^{\frac{h}{2}} \underbrace{b y_1 dy_1}_{y_1 dA} \quad \left(\because \frac{dM}{dx} = Q\right)$$

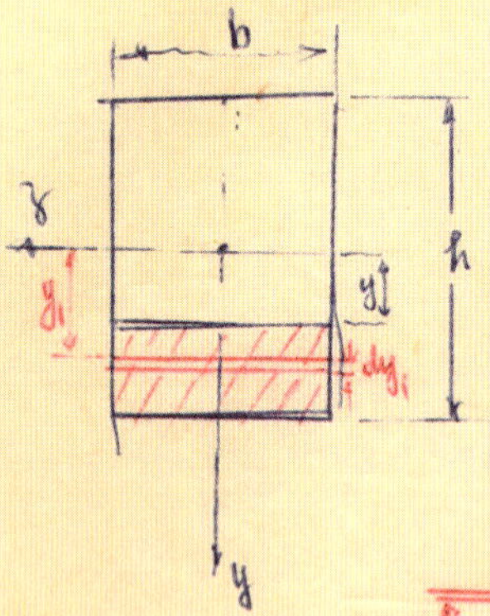

$$S_{(y)} = \int_{y}^{\frac{h}{2}} y_1 dA$$ ——— 的面矩。 $S_{(y)} = \int_A y\,dA = A y_c$ （面积矩定义）

截面对矩 $$\int_{y}^{\frac{h}{2}} y_1 b\,dy_1 = \frac{b}{2}\left(\frac{h^2}{4} - y^2\right) = b\left(\frac{h}{2} - y\right)\cdot\frac{1}{2}\left(\frac{h}{2} + y\right)$$ 面积矩

$S_{(y)}$ ——— 为所求切应力层以下面积对于中性轴之静面矩。（注：这里 $S_{(y)}$ 是对整个截面而言的）

$$\therefore \boxed{\tau_{(y)} = \frac{Q S_{(y)}}{b J_z}}$$

$\tau$ 之正负号与 $Q$ 之正负号一致。（$S_{(y)}$ 取绝对值）

$J_z$ 为截面对于中性轴的惯性矩

b — 截面宽度

S — 截面上所求剪应力处以上至边缘部分面积对中性轴面之静面矩

$J_z$ 为截面对于中性轴之惯性矩

1) 矩形截面切应力计算：

$$S_{(y)} = \frac{b}{2}\left(\frac{h^2}{4} - y^2\right) = A\cdot\frac{1}{2}\left(\frac{h}{2}+y\right) = A\cdot y_c$$ （形心距离）

$$\therefore \tau = \frac{Q}{bJ_z}\cdot\frac{b}{2}\left(\frac{h^2}{4} - y^2\right)$$

$$\tau_{max}\Big|_{y=0} = \frac{Qh^2}{8J_z}$$

注：对于任一截面：$S_{(y)} = A\cdot y_c$

A — 面积（y以上边缘部分）

$y_c$ — 形心至中性轴距离

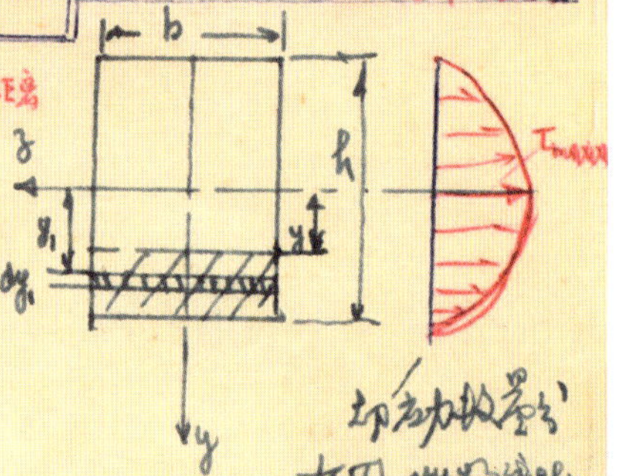

切应力按抛物线分布图，抛物线规律。

2) 工字型截面切应力计算：

原文（Wide-Flange Beams 宽翼缘梁）

这里 b小，$\tau$ 与弹性力学求解误差更小。

b大，$\tau$ 与弹性力学求解误差更大。

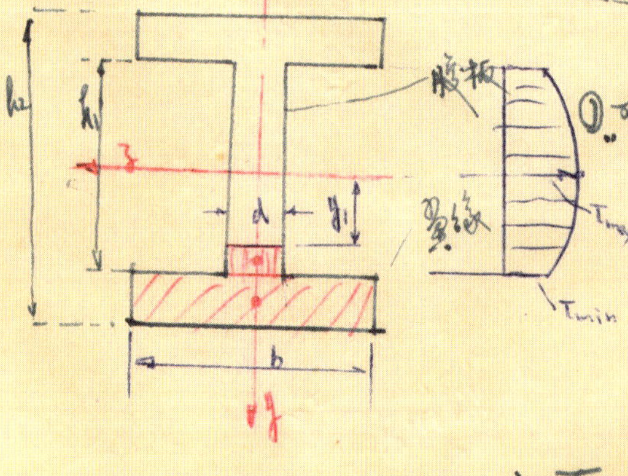

① 对腹板：由于 d 小，对于两个假设很符合。

$$S_{(y)} = A_1 y_{c_1} + A_2 y_{c_2}$$
$$= d\left(\frac{h_1}{2} - y_1\right)\cdot\left[\frac{1}{2}\left(\frac{h_1}{2} - y_1\right) + y_1\right] +$$
$$+ b\left[\frac{1}{2}(h - h_1)\right]\cdot\left[\frac{1}{4}(h - h_1) + \frac{h_1}{2}\right]$$
$$= \frac{d}{2}\left[\frac{h_1^2}{4} - y_1^2\right] + \frac{b}{8}\left(h^2 - h_1^2\right)$$

$$\therefore \tau_{腹} = \frac{QS}{dJ_z} = \frac{Q}{dJ_z}\frac{1}{8}\left[b(h^2 - h_1^2) + d(h_1^2 - 4y_1^2)\right]$$

$\therefore \tau_{腹}$ 也是 $y_1$ 的抛物线函数。

$y_1 = 0$，$\tau_{腹} = \tau_{max} = \frac{Q}{dJ_z}\frac{1}{8}\left[b(h^2 - h_1^2) + dh_1^2\right]$

$y_1 = \frac{h_1}{2}$，$\tau_{腹} = \tau_{min} = \frac{Q}{dJ_z}\frac{1}{8}\left[b(h^2 - h_1^2)\right]$

② 翼缘的切应力计算。 $S(y_1)=b(\frac{h}{2}-y_1)\cdot[\frac{1}{2}(\frac{h}{2}-y_1)+y_1]=\frac{b}{2}(\frac{h^2}{4}-y_1^2)$

$$\tau_{翼}=\frac{QS}{bJ_z}=\frac{Q}{bJ_z}\cdot\frac{b}{2}[\frac{h^2}{4}-y_1^2]$$

$y_1=\frac{h_1}{2}$. $\tau_{翼}=\tau_{max}=\frac{Q}{bJ_z}\frac{b}{8}[h^2-h_1^2]$

$y_1=\frac{h}{2}$ $\tau_{翼}=0$.

## 3、圆形截面梁的切应力。

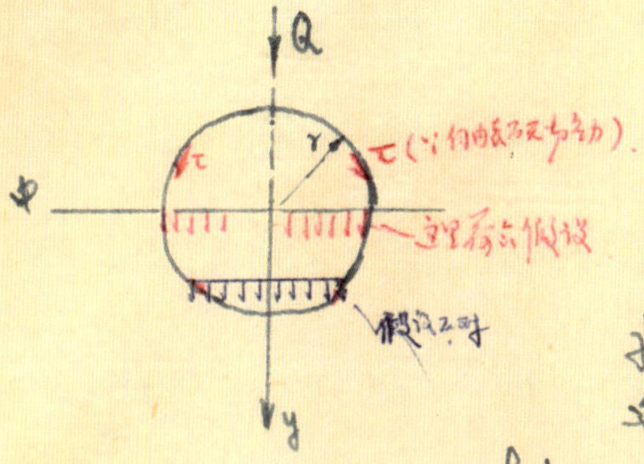


圆截面假设。（切应力）

①. 距离中性轴同一高度处切应力汇交于一点。

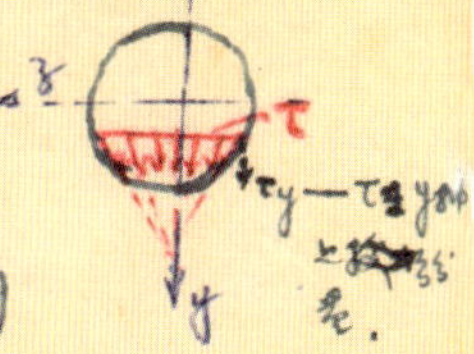

② 距离中性轴同一高度切应力假设竖向分量均匀分布。（一般不大）

可把截面上的切应力τ分解为垂直分量$\tau_y$和水平分量$\tau_z$。

$(\Sigma\tau_z=0)$。

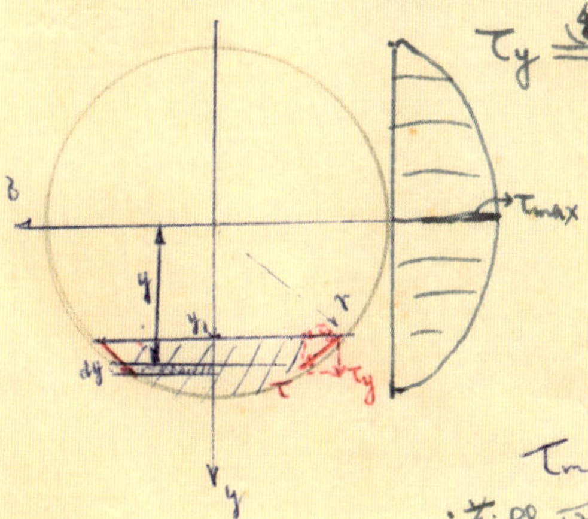


$$\tau_y \overset{由假设①②}{=} \frac{QS}{bJ_z}=\frac{Q}{2\sqrt{r^2-y_1^2}J_z}\cdot\int_{y_1}^{r}y\,dA$$

$$=\frac{Q}{2\sqrt{r^2-y_1^2}J_z}\int_{y_1}^{r}y\cdot2\sqrt{r^2-y^2}\,dy$$

$$=\frac{Q}{3J_z}(r^2-y_1^2)$$

$y_1=0$. $\tau_y=\tau_{max}=\frac{Qr^2}{3J_z}=\frac{Qr^2}{3\cdot\frac{\pi r^4}{4}}=\frac{4}{3}\frac{Q}{A}$

$\tau_{max}=\frac{4}{3}\frac{Q}{A}$

说明最大切应力为平均切应力的$\frac{4}{3}$倍，且位于中性轴上。这种引起误差很小。

## 薄壁圆管最大切应力。

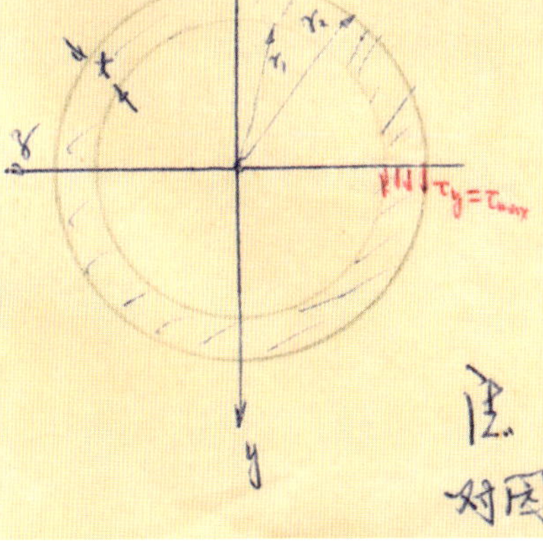


$$\tau_{max}=\frac{QS}{2tJ_z}.\qquad S=\frac{\pi r_2^2}{2}\cdot\frac{4}{3}\frac{r_2}{\pi}-\frac{\pi r_1^2}{2}\cdot\frac{4}{3}\frac{r_1}{\pi}=\frac{2}{3}(r_2^3-r_1^3)$$

$$=\frac{Q}{3tJ_z}(r_2-r_1)(r_2^2+r_1r_2+r_1^2)$$

$$=\frac{Q}{3J_z}[r_1^2+r_1r_2+r_2^2]$$

注. 对于其他截面形状，如椭圆形及梯形等，同样可用对圆截面所作的假设以计算之。

薄壁筒最大切应力计算

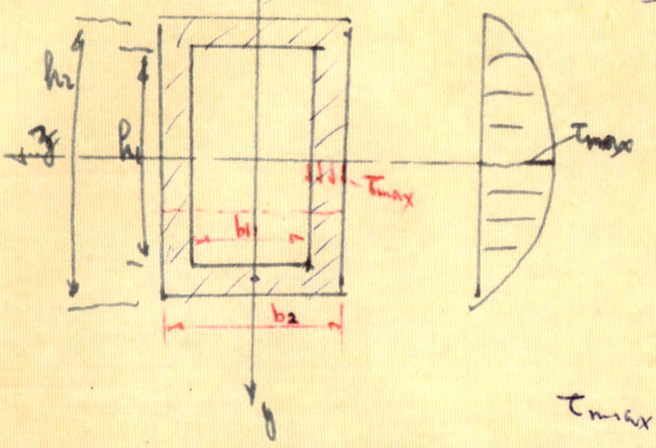


这里 $J_z = \frac{b_2h_2^3}{12} - \frac{b_1h_1^3}{12} = \frac{1}{12}(b_2h_2^3 - b_1h_1^3)$

$$\tau_{max} = \frac{3Q}{2(b_2h_2 - b_1h_1)}$$

$$S_{(0)} = 2\cdot\frac{(b_2-b_1)}{2}\cdot\frac{h_1}{2}\cdot\frac{h_1}{4} + b_2\cdot\frac{h_2-h_1}{2}\cdot\left(\frac{h_2-h_1}{4}+\frac{h_1}{2}\right)$$
$$= \frac{1}{8}[b_2h_2^2 - b_1h_1^2]$$

$$\tau_{max} = \frac{3Q(b_2h_2^2 - b_1h_1^2)}{2(b_2-b_1)(b_2h_2^3 - b_1h_1^3)}$$

近似计算：$\tau_{max} = \frac{3Q}{2A} = \frac{3Q}{2(b_2h_2 - b_1h_1)}$

## §8-4. 切应力强度校核

正应力强度计算：$\sigma_{max} = \frac{M_{max}}{W} \le [\sigma]$。 $W \ge \frac{M_{max}}{[\sigma]}$ 决定截面尺寸

一般讲正应力强度满足，切应力强度也满足。

特殊情况：1°. 跨度小，而载荷大（薄壁组梁）引起切应力大。

2°. 载荷靠近支座处（Q大，M小）。

3°. 木材料梁（∵木材顺纹抗切能力差，在中性层上发生切断破坏）。

切应力要求作强度校核。

切应力强度校核：$\tau_{max} = \frac{Q_{max} S_{max}}{b J_z} \le [\tau]$

由塑性强度理论：第三：$[\tau] = \frac{[\sigma]}{2} = 0.5[\sigma]$

第四：$[\tau] = \frac{[\sigma]}{\sqrt{3}} = 0.577[\sigma]$

式：$S_{max}$ —— 最大的静面矩。

$b_0$ —— 在最大静面矩处截面的宽度。

1）矩形截面

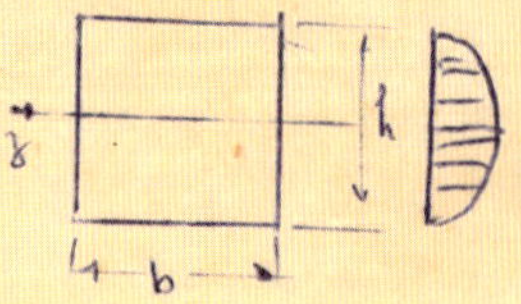


$$\tau_{max} = \frac{3}{2}\frac{Q_{max}}{bh} = \frac{3}{2}\frac{Q_{max}}{A} \le [\tau]$$

2）圆截面

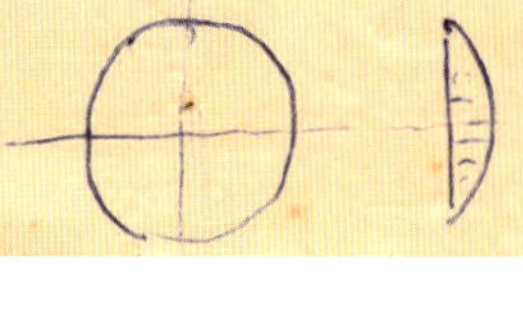

$$\tau_{max} = \frac{4}{3}\frac{Q_{max}}{A} \le [\tau]$$

3）工字形截面

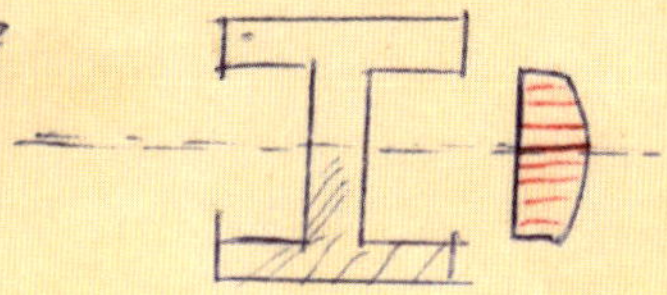

腹板承担0.95～0.97的切力．腹板承担切力．翼缘承担弯矩．

$$\tau_{腹max}=\frac{Q_{max}}{b\left(\frac{I_z}{S_{max}}\right)}=\frac{Q_{max}}{b\left(\frac{I_z}{S}\right)}\le[\tau]$$ —— 查表．

## §8-5．梁的主应力强度校核．（全面强度校核）

一、哪些截面要进行全面强度校核．

1）．$M_{max}$ 同时 $Q_{max}$ 的截面．

2）．$M_{max}$ 同时 $Q_{相当大}$ 的截面．

3）$M_{相当大}$ 同时 $Q_{max}$ 的截面．

4）$M_{相当大}$ 同时 $Q_{相当大}$ 截面．（如工字梁．腹板．翼缘交界处）

二、哪些点要进行主应力强度校核．

对于矩形．圆形截面的梁 可不必以主应力来校核梁的强度．

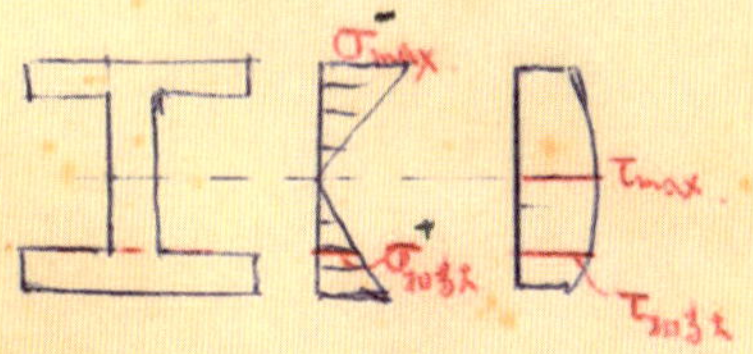


截面突然变化处．切应力突然增大的一点上要进行主应力强度校核．

如工字形．腹板与翼缘交界处．

三、以钢材作成的梁设计时．．

以第三．四强度理论校核． $\begin{cases}\sigma_1-\sigma_3\le[\sigma]\\ \sqrt{\frac{1}{2}[(\sigma_1-\sigma_2)^2+(\sigma_2-\sigma_3)^2+(\sigma_3-\sigma_1)^2]}\le[\sigma]\end{cases}$

对于梁．． $\sigma_1=\frac{\sigma}{2}+\sqrt{\frac{\sigma^2}{4}+\tau^2}$ $\quad\sigma_2=0$

$\sigma_3=\frac{\sigma}{2}-\sqrt{\frac{\sigma^2}{4}+\tau^2}$

从而 梁的主应力校核公式 $\begin{cases}\sqrt{\sigma^2+4\tau^2}\le[\sigma] & (3)\ 第3\\ \sqrt{\sigma^2+3\tau^2}\le[\sigma] & (4)\ 第四\end{cases}$

$$\sigma_{r3}=\sqrt{\sigma^2+4\tau^2}\le[\sigma]$$

$$\sigma_{r4}=\sqrt{\sigma^2+3\tau^2}\le[\sigma]$$

例：一简支梁 A.B. 受对称载荷 $P=6.4T$ 之作用，其中 $a=50cm$，许用应力 $[\sigma]=1400\ kg/cm^2$，见图，$[\tau]=?$ 试选一工字形截面并进行强度校核。

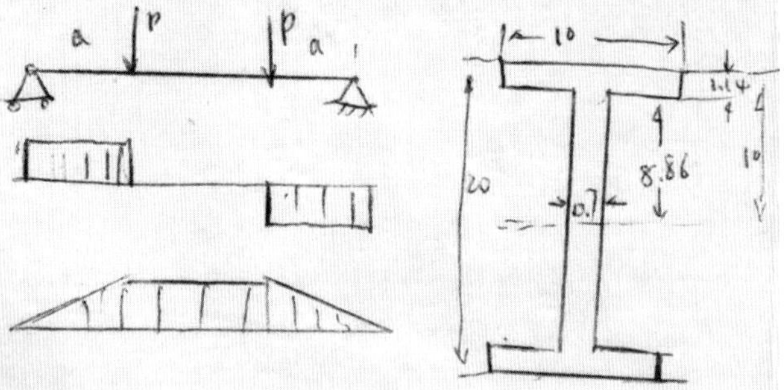


解 1° 正应力校核计算

$$M_{max}=Pa=3.2^{T\text{-}m}$$

$$Q_{max}=6.4^{T}$$

$$W \geq \frac{M_{max}}{[\sigma]}=\frac{320000}{1400}=229\ cm^3$$

采用 No 20a 工字形梁，$W=237\ cm^3$，$J_z=2370\ cm^4$，尺寸如上图所示。

2° 在危险截面上，剪应力计算校核。

$$\tau_{max}=\frac{Q_{max}}{0.7\cdot\left(\frac{J_z}{S}\right)} \leq [\tau]$$

3° 主应力校核。$\sigma_{max}=\frac{M_{max}}{W}=\frac{320000}{237}=1350\ kg/cm^2$

在翼与腹交界处 $\sigma=\frac{M_{max}\,y}{J_z}=\frac{320000\times 8.86}{2370}=1195\ kg/cm^2$

$$\tau=\frac{Q_{max}S}{bJ_z}=\frac{6400\times107}{0.7\times2370}=413\ kg/cm^2$$

$$S=10\times1.14\times9.43=107\ cm^3$$

$$\therefore\ \sqrt{\sigma^2+4\tau^2}=\sqrt{1195^2+413^2\times4}=1450\ kg/cm^2 \cong 1400\ kg/cm^2$$

$$\sqrt{\sigma^2+3\tau^2}=\sqrt{1195^2+3\times413^2}=1392\ kg/cm^2<1400\ kg/cm^2$$

故选择此工字形钢是可以的。

## §8-6. 梁的主应力迹线

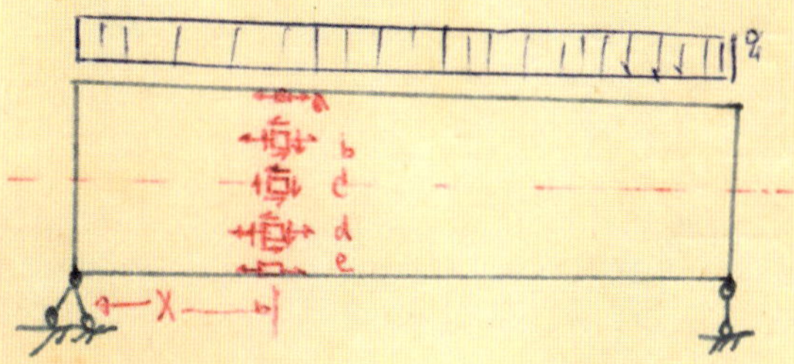

$$\sigma_{(x)} = \frac{My}{J_z} = \frac{y}{J_z}\left(\frac{ql}{2}x - \frac{qx^2}{2}\right)$$

$$\tau_{xy} = \frac{QS}{bJ_z} = \frac{h^2}{8J_z}\left(\frac{ql}{2} - qx\right)\left(1 - \frac{4y^2}{h^2}\right)$$

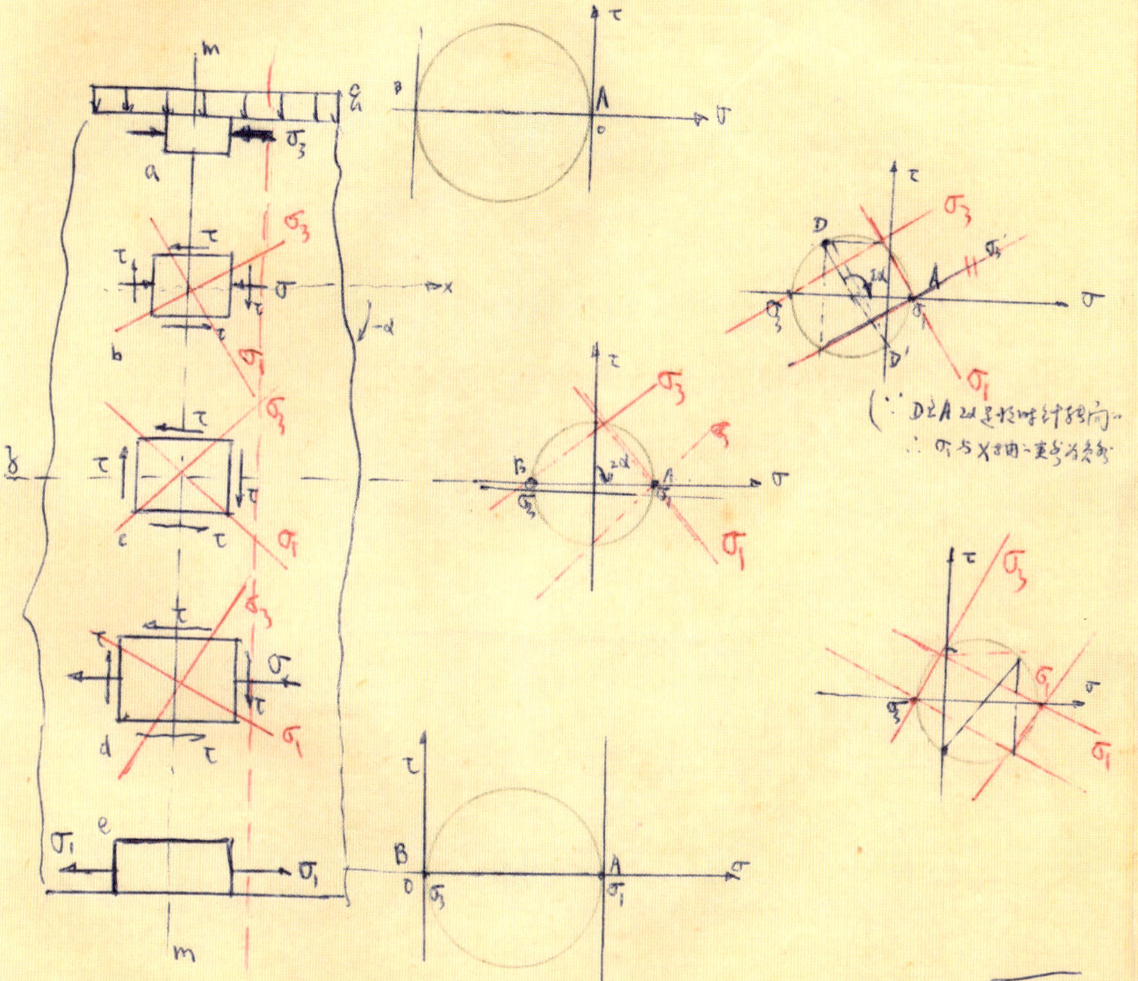


这里求得 $\sigma_1$ 总是拉应力. $\sigma_3$ 总是压应力.

$$\begin{cases} \sigma_1 = \sigma_{max} = \frac{\sigma}{2} + \sqrt{\frac{\sigma^2}{4} + \tau^2} \\ \sigma_3 = \sigma_{min} = \frac{\sigma}{2} - \sqrt{\frac{\sigma^2}{4} + \tau^2} \\ \sigma_2 = 0 \end{cases}$$

主应力 $\sigma_1$ 作用的主平面与x轴的夹角为 $tg\,2\alpha_0 = -\frac{2\tau}{\sigma}$ (负号表示 $\alpha_0$ 是由x轴顺时针向转)

这时该点切应力 $\tau_{max} = \sqrt{\frac{\sigma^2}{4} + \tau^2} = \frac{\sigma_1 - \sigma_2}{2}$

梁内的任一点均有二个主应力. 一为拉应力 $\sigma_1$, 另一则为压应力 $\sigma_3$. 它们均作用在互相垂直的平面上。由此我们就可绘出两组互相正交的曲线。在一组曲线上的每一点的切线方向即为该点主应力 $\sigma_1$ 方向. 另一组曲线上每一点的切线方向为该点主应力$\sigma_3$的方向。这两组曲线皆称为主应力轨迹线。

即：$\sigma_1$与$\sigma_3$的轨迹线相互正交

轨迹线之绘制。任取梁内一横截面，又选该面任一点（如上a.b.c.d.e.）

并计算出该点的任一主应力$\sigma_1$（或$\sigma_3$）的方向。（如上以解析图法或计算法）。将这一方向与相邻的横截面交于一点，又计算出该交点的主应力$\sigma_1$（或$\sigma_3$）的方向，同样又将这方向延长与另一相邻横截面交于一点，并计算出该交点的主应力$\sigma_1$（或$\sigma_3$）的方向。如此继续下去即可绘出一折线。然后可绘出一条与该折线相切的曲线——即得一条主应力轨迹线。而与该主应力轨迹线正交曲线就为另一条主应力轨迹线。

如图表简支梁受均布载荷作用时主应力轨迹线。实线表$\sigma_1$轨迹线，虚线表$\sigma_3$轨迹线。

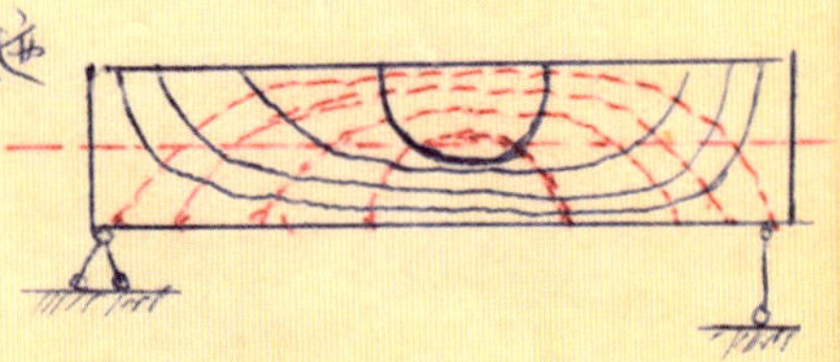

主应力轨迹线在工程设计中是十分有用的。如钢筋混凝土梁，必须按主拉应力轨迹来排列钢筋，使钢筋担负着梁内各点的最大拉应力，因混凝土无法抵抗拉应力。（对于压应力不需排钢筋。）

## 用数值法求主应力轨迹线和主应力大小

从上（示例）简支梁受均布载荷下，有

$$\begin{cases}\sigma_x = \frac{My_1}{J} = \frac{1}{J}\left(\frac{ql}{2}x - \frac{qx^2}{2}\right)y_1 \\ \tau_{xy} = \frac{QS}{bJ} = \frac{1}{2J}\left(\frac{ql}{2} - qx\right)\left[\left(\frac{h}{2}\right)^2 - y_1^2\right]\end{cases}$$

$$S = \frac{b}{2}\left(\frac{h}{2} - y_1\right)\left(\frac{h}{2} + y_1\right)$$

主应力方向 $\tan 2\alpha_0 = \frac{-2\tau_{xy}}{\sigma_x - 0} = -\frac{2\tau_{xy}}{\sigma_x} = -\frac{\left(\frac{l}{2}-x\right)}{\left(\frac{l}{2}x - \frac{x^2}{2}\right)}\left(\frac{\frac{h^2}{4} - y_1^2}{y_1}\right)$

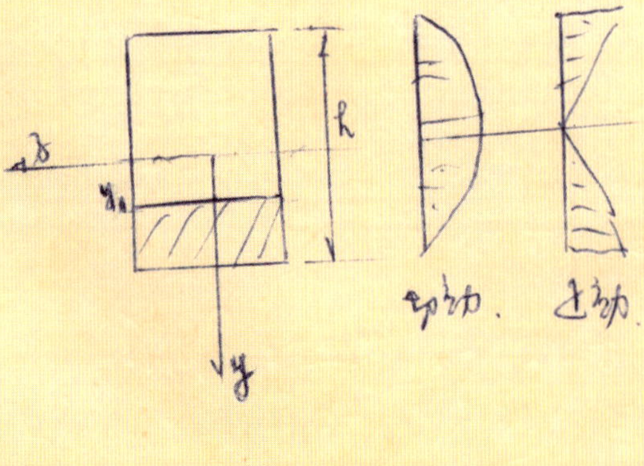


$$\begin{cases}\sigma_1 = \frac{\sigma_x}{2} + \sqrt{\frac{\sigma_x^2}{4} + \tau_{xy}^2} \\ \sigma_2 = 0 \\ \sigma_3 = \frac{\sigma_x}{2} - \sqrt{\frac{\sigma_x^2}{4} + \tau_{xy}^2} = \frac{q}{2J_z}\left[(lx - x^2)y_1 - \sqrt{\cdots}\right]\end{cases}$$

$$\sqrt{(lx - x^2)^2 y_1^2 + \frac{1}{16}(h^2 - 4y_1^2)^2}$$

$y_1 = 0$ $\quad \tan 2\alpha_0 = -\infty$ $\quad \alpha_0 = 45°$

$y_1 = \pm\frac{h}{2}$ $\quad \tan 2\alpha_0 = 0$ $\quad \alpha_0 = 0$

## §8-7. Built-Up Beams（译：构造梁、钢梁、拼装梁，或两种组合梁。）

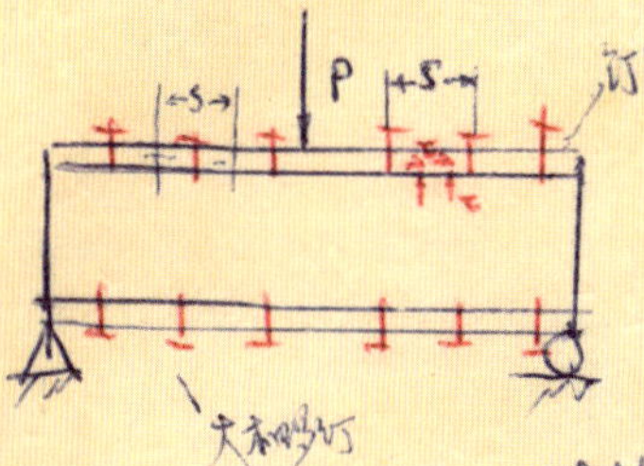


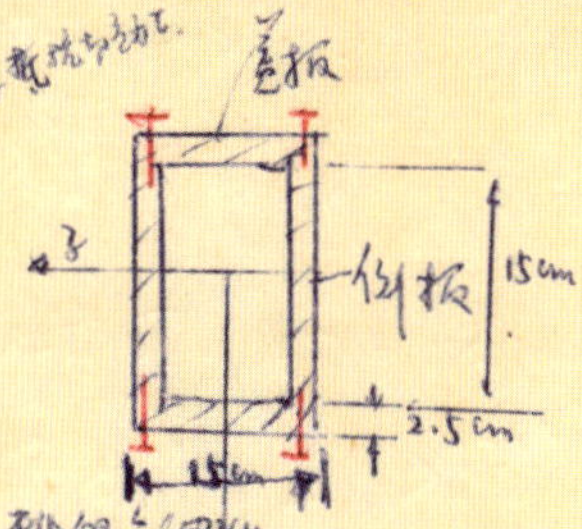


木材的组合梁

木材组成梁：

① $\sigma_{max}=\dfrac{M_{max}}{W}\le[\sigma]$（kg/cm²）

② $\tau_{max}=\dfrac{Q_{max}S_{max}}{bJ_z}\le[\tau]$（kg/cm²）

③ 大木螺钉，许用剪力 $[P]=250^{kg}$

每个螺钉承担剪力的距离为 $\frac{S}{2}+\frac{S}{2}$，即为 S（两钉之距离）。

设 $Q=4000^{kg}$，

$b=2\times2.5=5^{cm}$

$J_z=\dfrac{15\times20^3}{12}-\dfrac{10\times15^3}{12}=8440^{cm^4}$

$S=15\times2.5\times8.75$
$=325^{cm^2}$

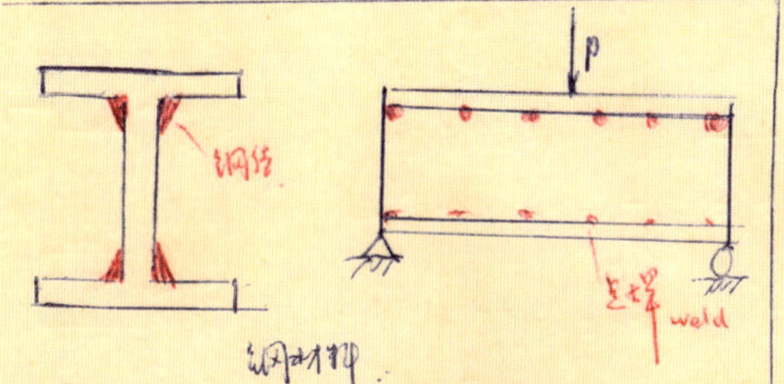


钢材的

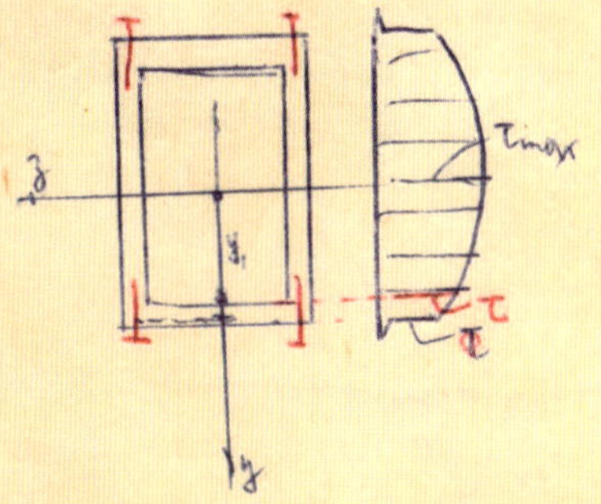


$$\tau=\frac{QS}{bJ_z}$$

$$b\tau=\frac{QS}{J_z}=154^{kg}$$

$\tau bS=2[P]$（每截面有二个钉子）

S 为钉的距离

$$S=\frac{2[P]}{\tau b}=3.3^{cm}$$

总之：

组合梁的计算分两部：

①. 把梁看作一个整体进行强度设计或校核。

②. 计算铆钉，以保证组合梁的各部分能够很好的固结。

注：在计算第一部分①时，用梁的正应力公式 $\sigma=\frac{My}{J_z}$ 和梁的剪应力公式 $\tau=\frac{QS}{bJ_z}$，但须将铆钉孔除去，这就是只计算截面的净面积 $A_净$。净面积 $A_净$ 就是毛面积 $A_毛$ 减去铆钉孔的面积。即 $J_净$ 就是净面积对截面中性轴的惯性矩。在用梁的正应力公式时就得将 $J_净$ 引入计算。但应用剪应力公式时就不必这样，因为 $\frac{S_毛}{J_毛}\cong\frac{S_净}{J_净}$，所以就无需考虑铆钉削弱截面对剪应力公式的影响。

# §8-8. Non-prismatic Beams.（非均匀棱柱杆梁. 变截面梁）

## Non-uniform prismatic Beams

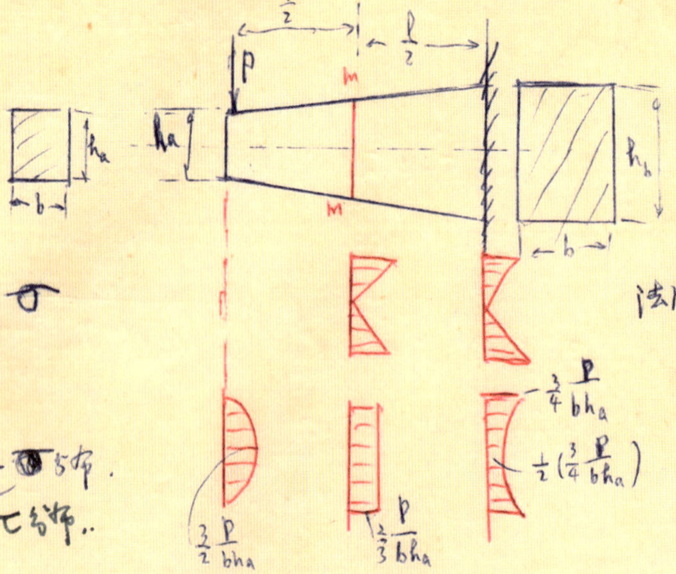


法向应力 仍可运用于 $\sigma = \frac{My}{J_z}$

切应力已不再适用了

取单元分析..

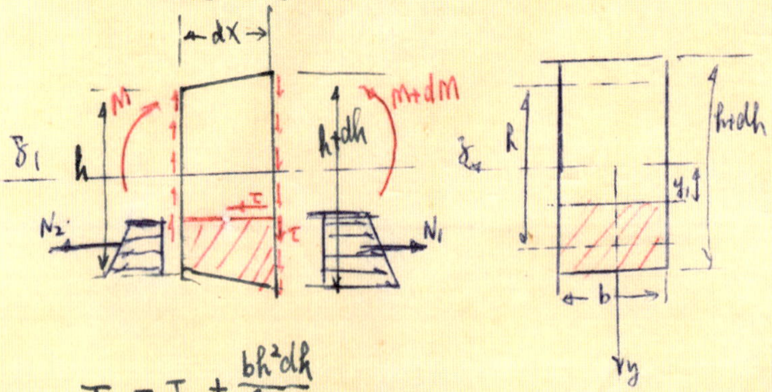


$$N_1 = \int_{y_1}^{\frac{h}{2}+\frac{dh}{2}} b\left(\frac{M+dM}{J_{z_1}} y\right) dy$$

$$N_2 = \int_{y_1}^{\frac{h}{2}} b \frac{My}{J_{z_2}} dy$$

这里. $J_{z_2} = \frac{bh^3}{12}$

$$J_{z_1} = \frac{b}{12}(h+dh)^3 \approx \frac{bh^3}{12} + \frac{3bh^2dh}{12}$$

$$J_{z_1} = J_{z_2} + \frac{bh^2dh}{4}$$

平衡方程.. $\tau b dx = N_1 - N_2$

$$= \frac{M+dM}{J_{z_1}} \int_{y_1}^{\frac{h}{2}+\frac{dh}{2}} b\, y\, dy - \frac{M}{J_{z_2}} \int_{y_1}^{\frac{h}{2}} b\, y\, dy.$$

$$= \frac{(M+dM)b}{J_{z_1}} \left[\frac{y^2}{2}\right]_{y_1}^{\frac{h+dh}{2}} - \frac{Mb}{J_{z_2}} \left[\frac{y^2}{2}\right]_{y_1}^{\frac{h}{2}}$$

$$= \frac{M+dM}{J_{z_1}} S_1 - \frac{M}{J_{z_2}} S_2$$

$$S_1 = \int_{y_1}^{\frac{h}{2}+\frac{dh}{2}} b\, y\, dy$$

$$S_2 = \int_{y_1}^{\frac{h}{2}} b\, y\, dy.$$

$$S_1 = S_2 + \frac{bh\,dh}{4}$$

$$\therefore \tau b J_{z_1} dx = (M+dM)\left(S_2 + \frac{bh\,dh}{4}\right) - \frac{MS_2\left(J_{z_2} + \frac{bh^2dh}{4}\right)}{J_{z_2}}$$

$$= dM \cdot S_2 + \frac{dM \cdot bh\,dh}{4} - \frac{MS_2 bh^2dh}{4J_{z_2}} + \frac{Mbh\,dh}{4}$$

舍去二阶微量.

$$\tau b J_{z_2} dx + 0 = dM \cdot S_2 + 0 + \frac{Mbh}{4}\left[1 - \frac{hS_2}{J_{z_1}}\right] \cdot dh$$

$$J_{z_2}\tau b\,dx = dM\cdot S_2 + \frac{Mbh}{4}\left[1-\frac{hS_2}{J_{z_2}}\right]dh.$$

$$\therefore \tau = \frac{dM\cdot S_2}{bJ_{z_2}dx} + \frac{Mbh}{4bJ_{z_2}}\left[1-\frac{hS_2}{J_{z_2}}\right]\frac{dh}{dx}$$

$$= \frac{QS_2}{bJ_{z_2}} + \frac{Mh}{4J_{z_2}}\left(1-\frac{hS_2}{J_{z_2}}\right)\frac{dh}{dx}.$$

$$\therefore \tau = \frac{QS}{bJ_z} + \frac{Mh}{4J_z}\left(1-\frac{hS}{J_z}\right)\frac{dh}{dx}.$$

变截面梁的切应力公式

$h=ct.$ $\frac{dh}{dx}=0$

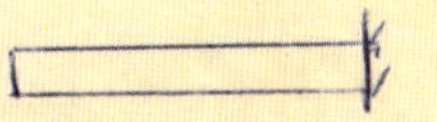

则 $\tau = \frac{QS}{bJ_z}$

$\frac{dh}{dx}=$很小

小锥度梁

$\tau \approx \frac{QS}{bJ_z}.$

$\frac{dh}{dx}$很大

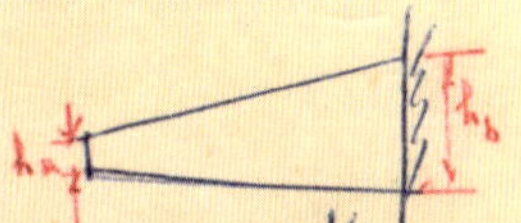

$\tau \approx \frac{QS}{bJ_z} + \frac{MS}{4J_z}\left(1-\frac{hS}{J_z}\right)\frac{dh}{dx}$

锥度影响的修正项

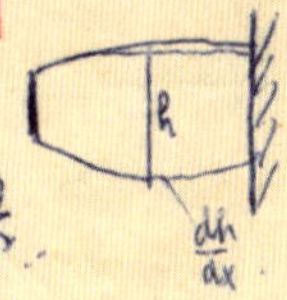

变截面梁

## 等强度梁 (fully stressed Design. 满应力设计)

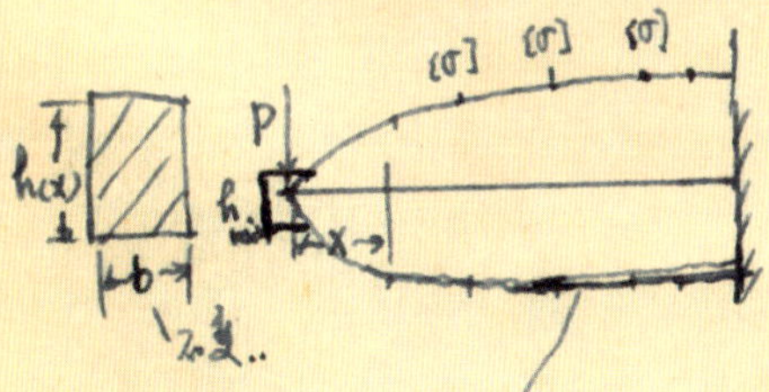

不变..

$h(x)$与$x$是抛物线关系

知其任一截面均已达到许可应力 $[\sigma]$ 即

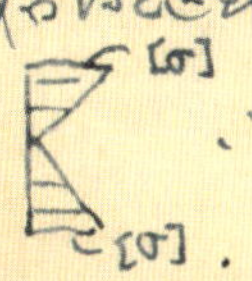

这种设计

是最省材的. 故设计叫最优化设计..

就是说,我们可以变化其横截面尺寸,以使各横截面保持相等的最大应力,在每个横截面处最大应力达到容许应力之这种理想情况中,我们的设计就称为满应力设计,或最优设计.

设截面为矩形.

$M = PX.$

$\sigma_{max} = \frac{M}{W} \le [\sigma]$

$W = \frac{bh^2(x)}{6}$

又 $W \ge \frac{M}{[\sigma]}.$

$\therefore h^2(x) \ge \frac{6M}{b[\sigma]}$

$\therefore h(x) \ge \sqrt{\frac{6PX}{b[\sigma]}} = \sqrt{\frac{6P}{b[\sigma]}}\cdot\sqrt{X}$

抛物线

在端点处应选一最小截面抵抗切应力.. $\because Q=P.$

$\tau_{max} = \frac{3}{2}\frac{Q}{bh_{min}} \le [\tau]$

$h_{min} = \frac{3Q}{2b[\tau]}$ (最小高度)

## 迭板簧(梁)

(车轮上的弹簧).

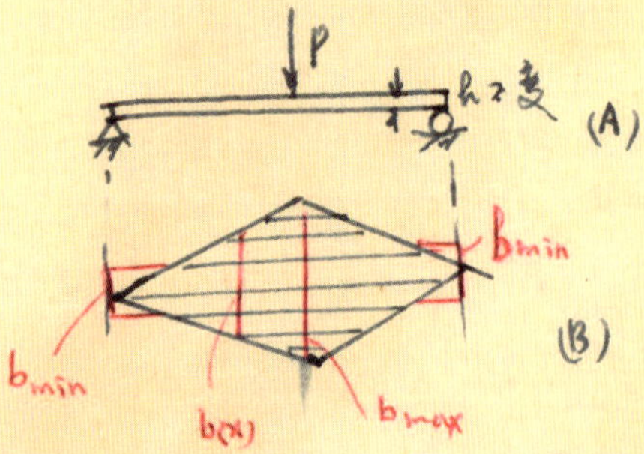


$$M=\frac{P}{2}x.\quad W=\frac{b(x)h^2}{6}$$

$$W=\frac{M}{[\sigma]}=\frac{Px}{2[\sigma]}$$

$$b(x)=\frac{6Px}{2[\sigma]h^2}$$

$$b_{max}=\frac{6P\ell}{2[\sigma]h^2}\cdot\frac{\ell}{2}=\frac{3}{2}\frac{P\ell}{[\sigma]h^2}$$

还应抵抗切应力,截面..

$$\tau_{max}=\frac{3}{2}\frac{Q}{b_{min}h}=\frac{3P}{4b_{min}h}\le[\tau]$$

$$\therefore b_{min}=\frac{3P}{4[\tau]h}$$ (承担一定的切力)

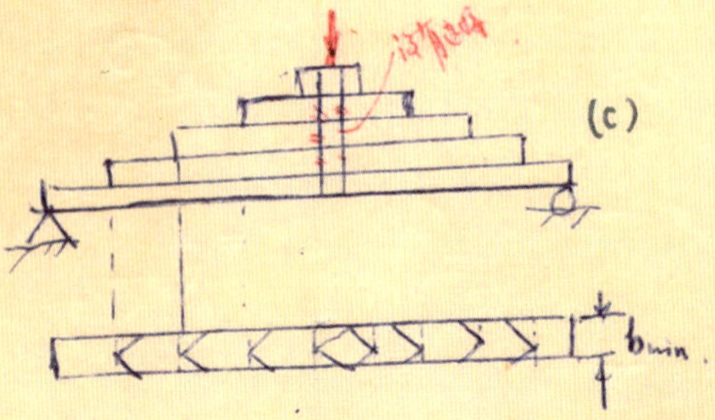


说明. 梁高按h不变,而宽按b(x)可变. ~~也可也叫等~~强度相等的。

[注. 在弯曲时梁截面已不保持平面了. 变更 应力也已不线性分布. 即在叠板处不连续].

$b(x)=\frac{3Px}{[\sigma]h^2}$ 表明梁宽按x变化. 这种梁在构造和安装时是不方便的.(B). 为了改变其强度的比较可代之以另一种形式. 设想将梁分成许多狭条. 如图(C)又将其叠加一起. 也略去板条之间的摩擦力. 梁的外形比较是不改变的。

## 鱼腹梁　宽按b不变. 高按h(x)变..

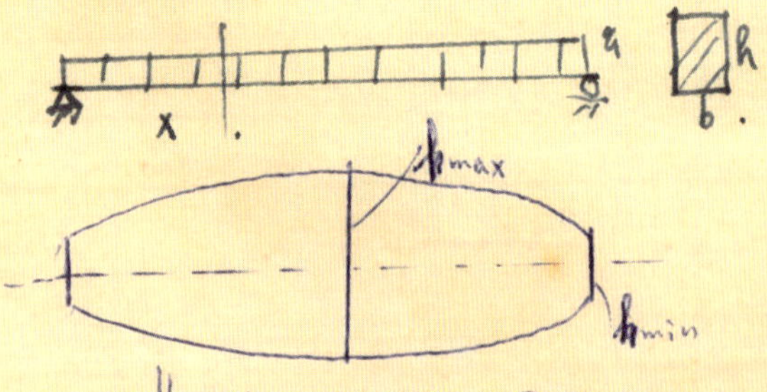


$$M=\frac{q\ell}{2}x-\frac{q}{2}x^2\qquad[\sigma]$$

$$W=\frac{bh^2(x)}{6}\ge\frac{M}{[\sigma]}$$

$$h(x)=\sqrt{\frac{6M}{b[\sigma]}}=\sqrt{\frac{3(q\ell x-qx^2)}{b[\sigma]}}$$

$$h_{max}=\sqrt{\frac{3q}{4b[\sigma]}}\,\ell.$$

$$\tau_{max}=\frac{3Q}{2bh_{min}}\le[\tau]$$

$$h_{min}=\frac{3q\ell}{4b[\tau]}$$

⇓ 为避免机械制造形状之困难

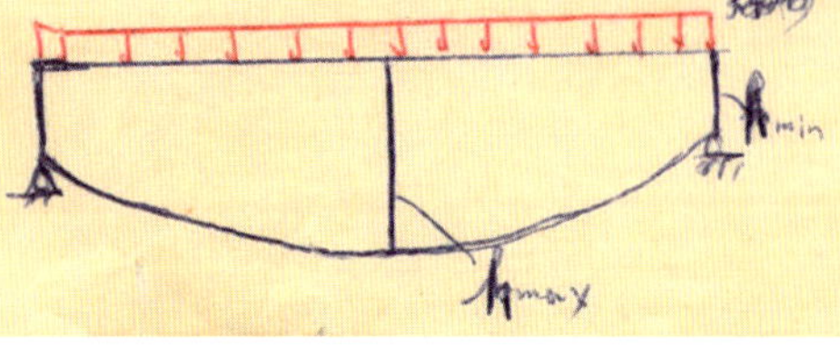

# §8-9. 组合梁（异料组合梁）Composite Beams

同一材料梁的应力和变形时所采用的各项假设
查适用于我们这里（因焊接良好）。

由于weld良好，ε变化是线性的（平面假设成立）。

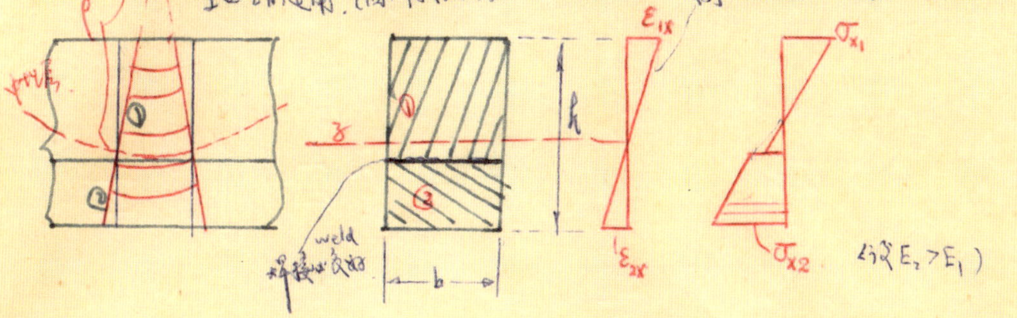


（设 $E_2 > E_1$）

$$\sigma_{x1} = E_1 \varepsilon_{x1} = E_1 \frac{y}{\rho}$$

$$\sigma_{x2} = E_2 \varepsilon_{x2} = E_2 \frac{y}{\rho}$$

（与单一材料梁不同，平面假设成立）。
（前面梁就如本书的定理，而组合梁如书的请看，抗弯的力是不同。）

由轴向平衡 $\Sigma X = 0$.

$$\int_{A_1} \sigma_{x1} dA + \int_{A_2} \sigma_{x2} dA = 0.$$

即 $$E_1 \int_{A_1} y dA + E_2 \int_{A_2} y dA = 0$$ （消去 $\rho$）

（如折合梁，$\rho_1 \neq \rho_2$ 则消不去 $\rho$）。

—该方程解得是中性轴的位置。

⇓

$\int_A y dA = 0$ 的广义形式

由 $\Sigma M_z = 0$.
$$M = \int_{A_1} y \sigma_{x1} dA + \int_{A_2} y \sigma_{x2} dA$$
$$= \frac{E_1}{\rho} \int_{A_1} y^2 dA + \frac{E_2}{\rho} \int_{A_2} y^2 dA = \frac{1}{\rho}[E_1 J_1 + E_2 J_2]$$

$$\therefore \frac{1}{\rho} = \frac{M}{E_1 J_1 + E_2 J_2}$$

这里 $J_1 \cdot J_2$ 表面积 $A_1, A_2$ 对中性轴的惯性矩。

$\therefore$ 组合梁应力
$$\begin{cases} \sigma_{x1} = \dfrac{E_1 M y}{E_1 J_1 + E_2 J_2} \\ \sigma_{x2} = \dfrac{E_2 M y}{E_1 J_1 + E_2 J_2} \end{cases}$$
—异种材料

$$\sigma_x = \frac{My}{J}$$
同种材料

注：对于组合梁的计算：
1°. 通过公式 $E_1 \int_{A_1} y dA + E_2 \int_{A_2} y dA = 0$ 确定中性轴位置（中性轴不一定过形心）
2°. 求出 $A_1$、$A_2$ 对于中性轴的惯性矩
3°. 求 $\sigma_{x1}$、$\sigma_{x2}$ .. $\sigma_{xi} = \dfrac{E_i M \cdot y}{\Sigma E_k J_{zk}}$ （y 由该求处，$E_i$ 为该处的模量）

组合梁切应力计算：
在 dx 上正应力之差：
$$d\sigma = \frac{E_i\, dM \cdot y}{\Sigma E_k J_{zk}} = \frac{E y Q}{\Sigma E_k J_{zk}} dx$$
$$\tau b dx = \int_{y_1}^{\frac{h}{2}} d\sigma \cdot dA = \frac{Q\, dx}{\Sigma E_k J_k} \int_{A_1} y E_i dA$$
$$\therefore \tau = \frac{Q}{b \Sigma E_k J_{zk}} \int_{y_1}^{边缘} E y dA$$
组合梁的切应力为一般的表达。

# 多层材料组合梁

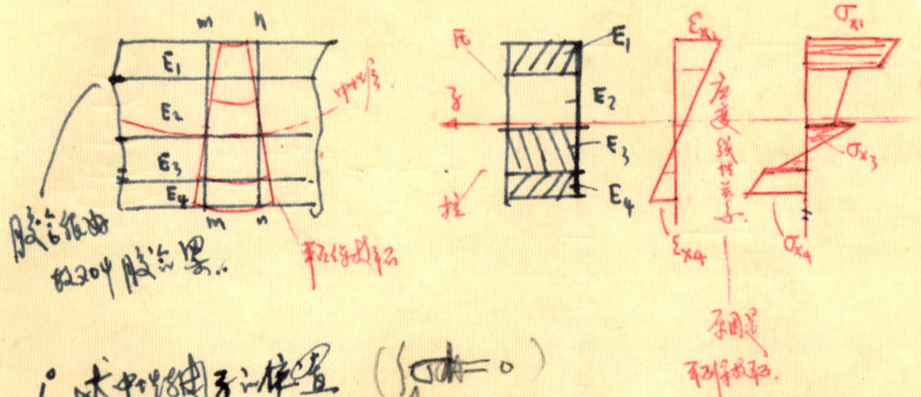


1°. 求中性轴的位置 $\left(\int_A \sigma\, dA = 0\right)$

$$E_1\int_{A_1} y\,dA + E_2\int_{A_2} y\,dA + E_3\int_{A_3} y\,dA + E_4\int_{A_4} y\,dA = 0$$

2°. 而 $J_1 = \int_{A_1} y^2 dA$. $J_2 = \int_{A_2} y^2 dA$. $J_3 = \int_{A_3} y^2 dA$.

$J_4 = \int_{A_4} y^2 dA$.

3°. $$\sigma_{x_i} = \frac{E_i M y}{E_1 J_1 + E_2 J_2 + \cdots + E_n J_n}$$ （如不只4层组合，是n层组合）

如宇航工程，夹层板。

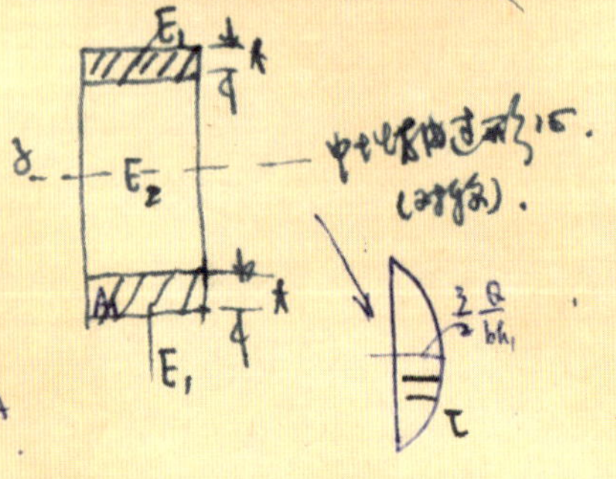


$J_1 = \int_{A_1} y\,dA$

$$\sigma_{x_1} = E_1 \frac{My}{2E_1J_1 + E_2J_2}$$ 上、下层承受弯矩

$$\sigma_{x_2} = E_2 \frac{My}{2E_1J_1 + E_2J_2}$$ $E_2$很小，夹心层不承受弯矩。

夹心层主承受切力，$\tau = \frac{Q}{bh_1}$（均匀分布）。

区别：

迭合梁

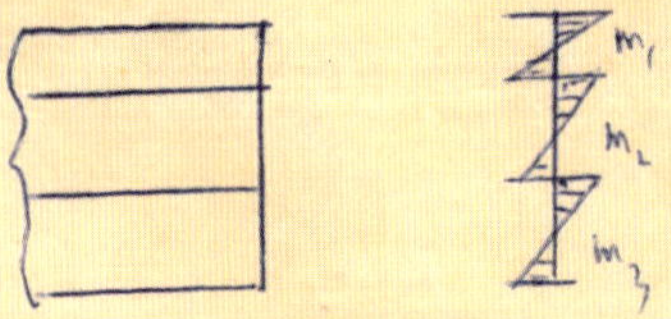


各层各自弯曲，

$M = m_1 + m_2 + m_3$

异材组合梁

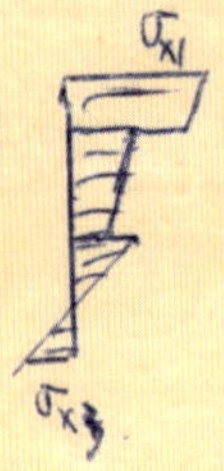


同材 Built-up Beams

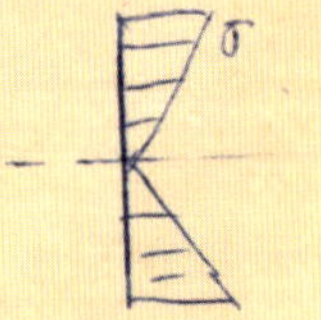

# §8-10. 弯曲和扭转组合变形

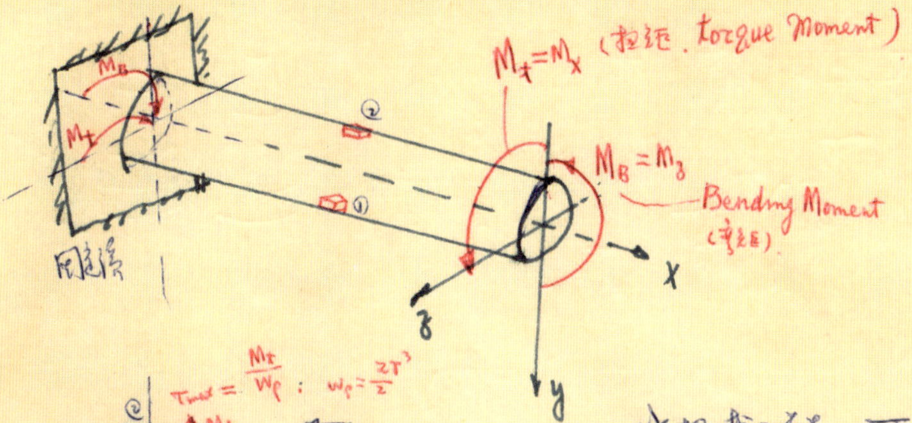


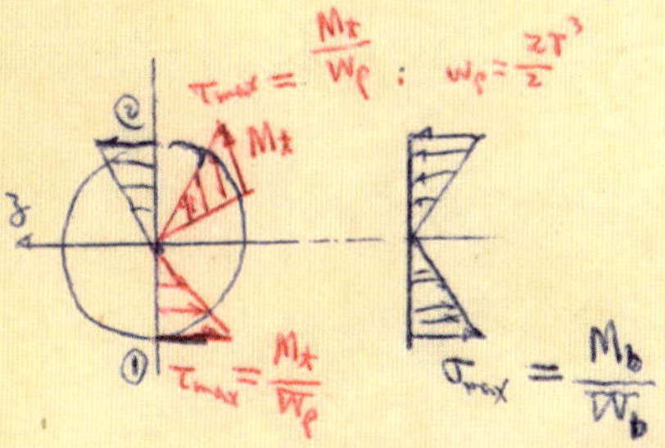


抗扭截面模量 $W_\rho = \frac{\pi r^3}{2}$

抗弯截面模量 $W_b = \frac{\pi r^3}{4}$

$$W_\rho = 2W_b$$

取柱杆上下表面两元素分析.（任取其一）
以拉压一致

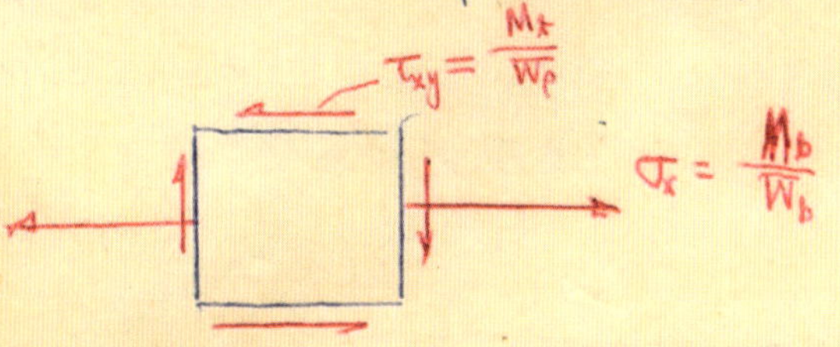


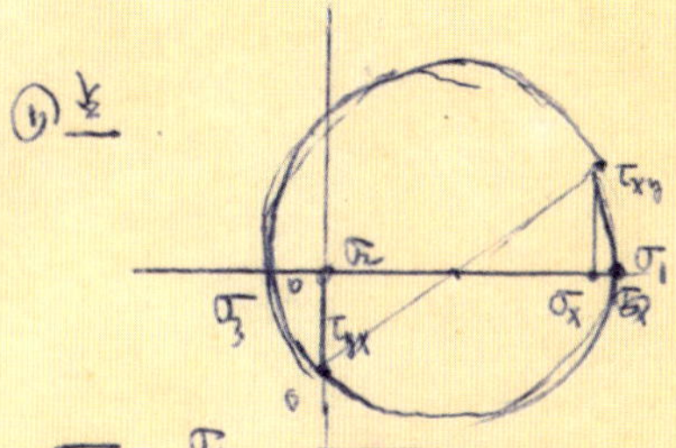


$$\sigma_1 = \frac{\sigma_x}{2} + \sqrt{\frac{\sigma_x^2}{4} + \tau_{xy}^2}$$

$$\sigma_2 = 0$$

$$\sigma_3 = \frac{\sigma_x}{2} - \sqrt{\frac{\sigma_x^2}{4} + \tau_{xy}^2}$$

由拉压强度一致 故考虑任一单元即可.

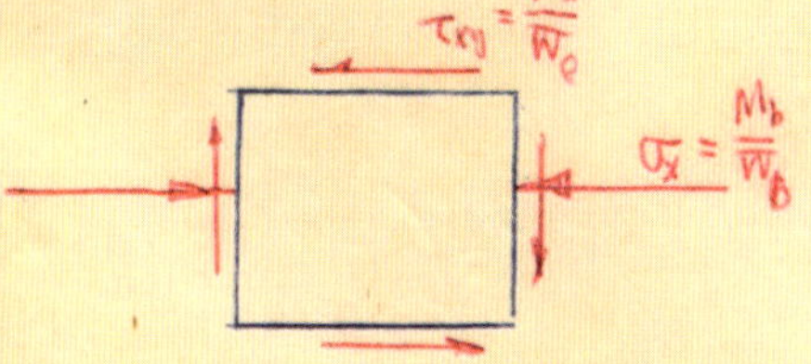


强度计算.

$$\sigma_{r3} = \sigma_1 - \sigma_3 \le [\sigma]$$

$$\sigma_{r3} = \sqrt{\sigma_x^2 + 4\tau_{xy}^2} \le [\sigma]$$

$$\therefore \sigma_{r3} = \sqrt{\left(\frac{M_b}{W_b}\right)^2 + 4\left(\frac{M_t}{2W_b}\right)^2} = \frac{\sqrt{M_b^2 + M_t^2}}{W_b} \le [\sigma]$$

（$2W_b = W_\rho$）

$$\therefore \sigma_{r3} = \frac{M_{r3}}{W_b} \le [\sigma]$$

其中 $M_{r3} = \sqrt{M_b^2 + M_t^2}$ → { 计算应力矩 或 相当力矩

用第四强度理论

$$\sigma_{r4} = \sqrt{\sigma_1^2 + \sigma_2^2 + \sigma_3^2 - \sigma_1\sigma_2 - \sigma_2\sigma_3 - \sigma_3\sigma_1} \le [\sigma]$$

$$\sigma_{r4} = \sqrt{\sigma_x^2 + 3\tau_{xy}^2} = \sqrt{\left(\frac{M_b}{W_b}\right)^2 + 3\left(\frac{M_t}{2W_b}\right)^2} \le [\sigma]$$

$$\sigma_{r4} = \frac{\sqrt{M_b^2 + \frac{3}{4}M_t^2}}{W_b} \le [\sigma]$$

$$M_{r4} = \sqrt{M_b^2 + \frac{3}{4}M_t^2}$$

相当力矩.

∴强度计算公式。

$$\left\{\begin{aligned} \sigma_{r3} &= \frac{M_{r3}}{W_b} = \frac{\sqrt{M_z^2+M_t^2}}{W_b} \le [\sigma] \\ \sigma_{r4} &= \frac{M_{r4}}{W_b} = \frac{\sqrt{M_z^2+\frac{3}{4}M_t^2}}{W_b} \le [\sigma] \end{aligned}\right.$$

对于圆截面。 $W_b = \frac{\pi r^3}{4}$  $W_b \ge \frac{M_{r}}{[\sigma]}$

$$r_3 \ge \sqrt[3]{\frac{4M_{r3}}{\pi[\sigma]}}$$

$$r_4 \ge \sqrt[3]{\frac{4M_{r4}}{\pi[\sigma]}}$$

} 第三强度理论计算半径略大于第四强度理论计算半径。

## §8-11. 偏心压缩.(弯曲与压缩的组合变形).
## 偏心拉伸.(弯曲与拉伸的组合变形).

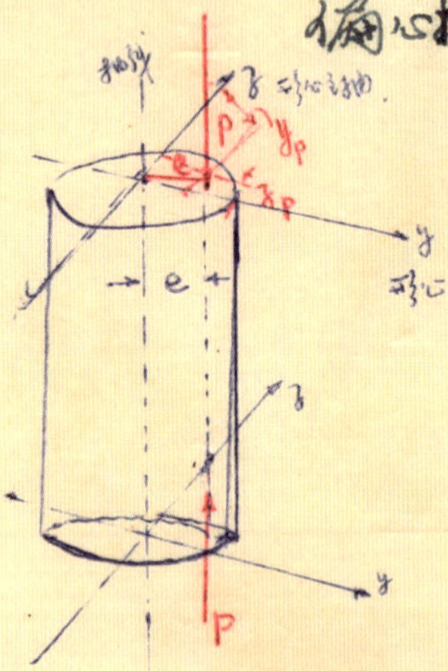


e 为偏心距。

形心主轴与轴线构成弯曲主平面。

P 不作用在弯曲主平面上，则可由理论力学方法向弯曲主平面平移。

$$\left\{\begin{aligned} P_y &= P \\ M_y &= P\cdot z_p = M_y \end{aligned}\right.$$ (在 z 平面 [illegible])

$P_y$ 再向形心平移。

$$\left\{\begin{aligned} P_0 &= P_y = P \quad \text{(轴向压)} \\ M_0 &= P\cdot y_p = M_z \end{aligned}\right.$$ ([illegible])

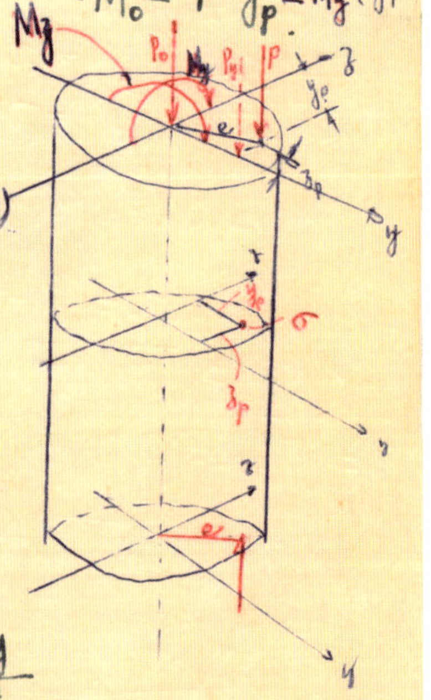


∴将偏心压缩 $\xrightarrow{\text{转化}}$ 轴向压缩时产生 $M_z$，$M_y$ 的两个平面弯曲。

$M_y = P z_p$  $M_z = P y_p$ （$M_y$ 表示力矩矢量的旋转轴）

双向弯曲
轴向压缩 } 组合。

$$\sigma = -\frac{P}{A} - \frac{M_y z}{J_y} - \frac{M_z y}{J_z}$$

代数量。(y. z. 有正负)。

$J_y = i_y^2 A$.  $J_z = i_z^2 A$

$i_y$. $i_z$ —— 惯性半径。

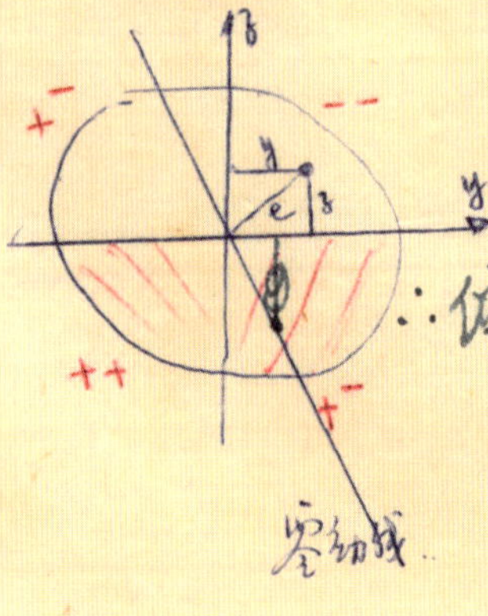


∴偏心压缩计算公式。

$$\sigma = -\frac{P}{A}\left(1+\frac{z_p z}{i_y^2}+\frac{y_p y}{i_z^2}\right)$$

求零应力线。 $1+\frac{z_p z}{i_y^2}+\frac{y_p y}{i_z^2} = 0$

零应力线与 y、z 轴的交点

$$\begin{cases} y=0. & a_z = \frac{i_y^2}{z_p}. \\ z=0. & a_y = \frac{i_z^2}{y_p}. \end{cases}$$

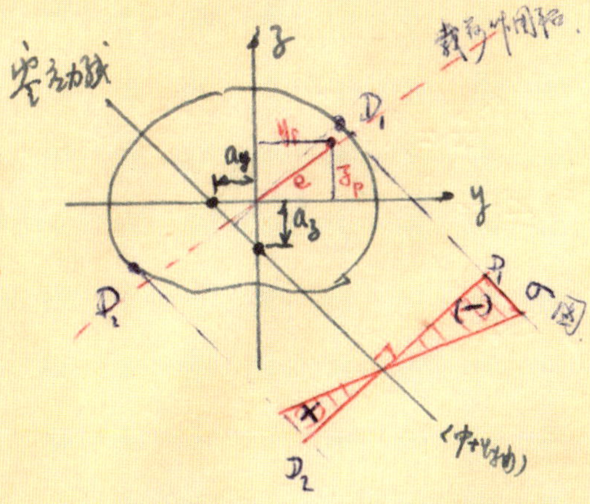


($D_1$、$D_2$ 构成弯曲平面)

从而可作 σ 分布图.

$D_1$ 点 — $D_1\ (y_1, z_1)$

$D_2$ 点 $D_2\ (-y_2, -z_2)$

$$\sigma_{max}^{(-)} = \sigma_{D_1} = -\frac{P}{A}\left(1+\frac{z_p z_1}{i_y^2}+\frac{y_p y_1}{i_z^2}\right) < 0$$

压应力最大.

$$\sigma_{min}^{(+)} = \sigma_{D_2} = -\frac{P}{A}\left[1+\frac{z_p(-z_2)}{i_y^2}+\frac{y_p(-y_2)}{i_z^2}\right]$$

$$= -\frac{P}{A}\left[1-\frac{z_p z_2}{i_y^2}-\frac{y_p y_2}{i_z^2}\right]$$

①. 拉压许用应力. $[\sigma^+] = [\sigma^-] = [\sigma]$.

强度计算. $\sigma_{max} = -\frac{P}{A}\left[1+\frac{y_p y_1}{i_z^2}+\frac{z_p z_1}{i_y^2}\right] \le [\sigma]$

②. $[\sigma^+] \ne [\sigma^-]$.

$$\sigma_{max}^{(-)} \le [\sigma^-]$$

$$\sigma_{max}^{(+)} \le [\sigma^+].$$

③. 让整个截面全部受压. 则必把零应力线移出截面. 移到截面下方. 不通过截面。~~移在截面外边~~

④. 载荷平面(力作用线与轴线组成的平面)与零应力线不相互垂直(叫非平面弯曲)叫斜弯曲。{弯曲平面 ⊥ 中性轴. 载荷平面 ⊥ 中性轴. 载荷平面与弯曲平面不重合}

载荷平面与零应力线(中性轴)相互垂直 叫平面弯曲. (对称和非对称的)

平面弯曲 {载荷平面与弯曲平面重合. 中性轴 ⊥ 载荷平面. 中性轴 ⊥ 弯曲平面.}

非平面弯曲问题 —一般情况→(分解) 二个平面弯曲的组合.

例.. 偏心受压柱..

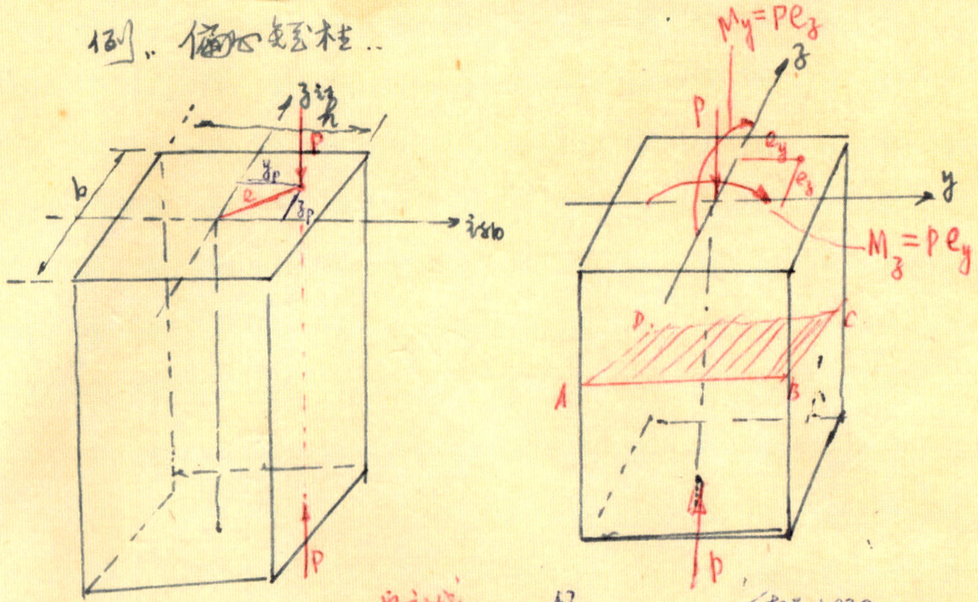


任取截面ABCD..

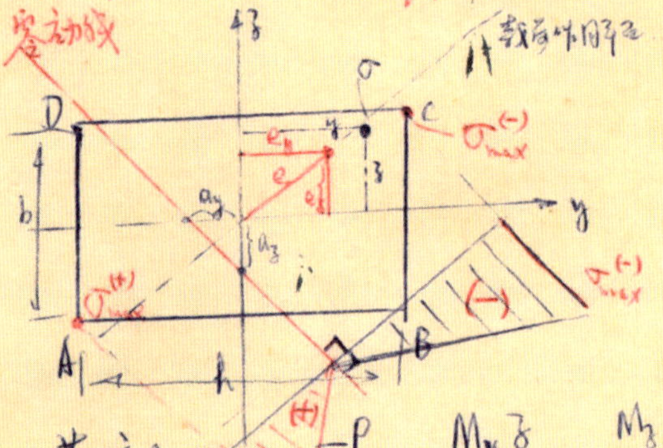


截面上任取一点. 其应力 $\sigma = \dfrac{-P}{A} - \dfrac{M_y z}{J_y} - \dfrac{M_z y}{J_z}$

$$A = bh. \quad J_y = \frac{hb^3}{12} = bh\left(\frac{b^2}{12}\right)$$

$$J_z = \frac{bh^3}{12} = bh\left(\frac{h^2}{12}\right)$$

$$\therefore \sigma = \frac{-P}{bh}\left[1 + \frac{e_z z}{\frac{b^2}{12}} + \frac{e_y y}{\frac{h^2}{12}}\right]$$

求零应力线. $1 + \dfrac{e_z z}{\frac{b^2}{12}} + \dfrac{e_y y}{\frac{h^2}{12}} = 0$ $\quad \begin{cases} y=0. & a_z = \dfrac{-b^2}{12e_z} \\ z=0. & a_y = \dfrac{-h^2}{12e_y} \end{cases}$

如前可画出应力分布.. (如上图). (零应力线上为压, 下为拉)

$$\therefore \sigma_{max}^{(-)} = -\frac{P}{bh}\left(1 + \frac{e_z \cdot \frac{b}{2}}{\frac{b^2}{12}} + \frac{e_y \frac{h}{2}}{\frac{h^2}{12}}\right) \le [\sigma^-]$$

$$\sigma_{max}^{(+)} = -\frac{P}{bh}\left[1 + \frac{e_z(-\frac{b}{2})}{\frac{b^2}{12}} + \frac{e_y(-\frac{h}{2})}{\frac{h^2}{12}}\right] \le [\sigma^+]$$

对于混泥土材料. 不能承担拉应力. 以把零应力线移出截面.. 即..

__截面核心.__ (力的作用线不超过一定的一个区域. 则保证零应力线不通过截面. 截面上只出现同号(拉或压)的应力. )

同理取柱—截面分析..

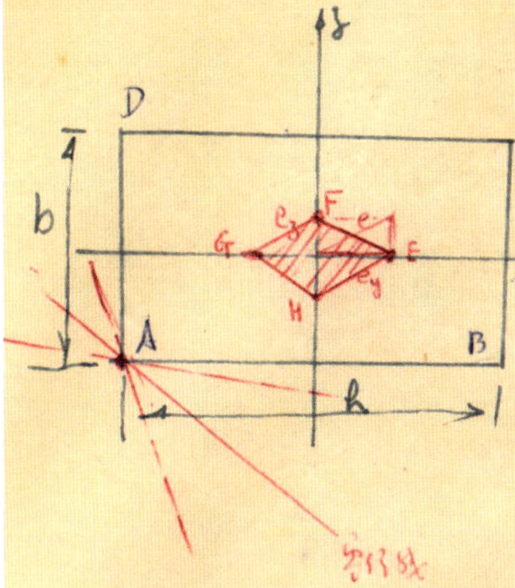


1°. 求$e_y$.（假设截面位于正的y轴上）.

$$\because \sigma = -\frac{P}{bh} - \frac{(Pe_y)\cdot y}{\frac{bh^3}{12}}$$

当 $a_y = \frac{-h}{2}$ （假设受压）

$$1 + \frac{e_y y}{\frac{h^2}{12}} = 0$$

$y = a_y = -\frac{h}{2}$ .  $\therefore e_y = \frac{h}{6}$ .

2°. 求$e_z$.  $\sigma = -\frac{P}{bh} - \frac{Pe_z z}{\frac{hb^3}{12}}$

$a_z = -\frac{b}{2}$ .  $e_z = \frac{b}{6} = \frac{b}{6}$

分析. 当零位线绕A点转时. P之作用点（$e_y$, $e_z$）在EF直线上

---- B点 ... ---— ---- 在FG 线上

- —---- C --- ---- -- · GH 线上

----

∴ EFGH所围面积为截面核心. 只要P力作用在区域EFGH内. 零应力线就不会通过截面. 故截面上受同号应力。

如圆截面.. 截面核心. $d = \frac{r}{4}$ .

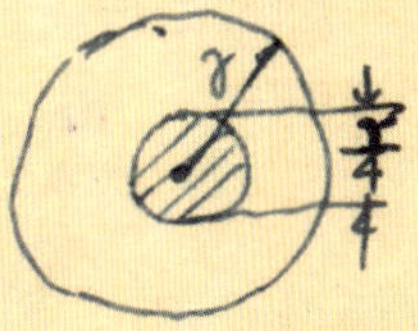

# 八章. 平面弯曲梁的应力小结 myself.

一. 三个假设.
- 1°. 平面保持平面. (故得. $\varepsilon_x$ 直线性分布)
- 2°. 纵向纤维互不挤压. (故得是单向应力状态)
- 3°. 距中性层同一高度变形相同. (说明正应力随高度而变化)

二. 基本公式. $\sigma_x = E\frac{y}{\rho} = \frac{My}{J_z}$ $\tau_{xy} = \frac{QS}{bJ_z}$. $\theta = \int_0^l \frac{Mdx}{EJ_z}$

As compared with:

拉. $\sigma_x = \frac{P}{A}$ $\sigma_{max} = \frac{P_{max}}{A}$; $\varepsilon_x = \frac{\Delta l}{l} = \frac{P}{EA}$. $d\delta = \frac{Pdx}{EA}$ $dU = \frac{N^2dx}{2EA}$

扭. $\sigma_x = \frac{M_t r}{J_\rho}$ ($J_\rho = J_z + J_y$) $\sigma_{max} = \frac{M_t}{W_\rho}$; $\gamma_{xy} = \frac{\phi}{l} = \frac{M_t}{GJ_\rho}$. $d\varphi = \frac{M_t dx}{GJ_\rho}$ $dU = \frac{M_t^2 dx}{2GJ_\rho}$

弯. $\sigma_x = \frac{My}{J_z}$ $\sigma_{max} = \frac{M}{W}$; $\varepsilon_x = \frac{y}{\rho} = \frac{My}{EJ_z}$. $d\theta = \frac{Mdx}{EJ_z}$ $dU = \frac{M^2dx}{2EJ_z}$

三. 强度计算.

1. $\sigma_{max} = \frac{M}{W} \le [\sigma]$, $\tau_{max} = \frac{QS}{bJ_z} \le [\tau]$

主应力计算. $\sigma_{1,3} = \frac{\sigma_x}{2} \pm \sqrt{(\frac{\sigma_x}{2})^2 + \tau_{xy}^2}$, $\tau_{max} = \sqrt{(\frac{\sigma_x}{2})^2 + \tau_{xy}^2}$

2. 主应力校核. $\begin{cases} \sigma_{r3} = \sqrt{\sigma_x^2 + 4\tau_{xy}^2} \le [\sigma] \\ \sigma_{r4} = \sqrt{\sigma_x^2 + 3\tau_{xy}^2} \le [\sigma]. \end{cases}$

四. 变截面梁的计算.

h随x变化的梁 $\begin{cases} \tau = \frac{QS}{bJ_z} + \frac{Mh}{4J_z}(1 - \frac{hS}{J_z})\frac{dh}{dx} \\ \sigma = \frac{My}{J_z} \end{cases}$

从基本公式 $\begin{cases} \sigma_x = \frac{My}{J_z} \\ \tau_{xy} = \frac{QS}{bJ_z} \end{cases}$ 可推得等强度梁. 鱼腹梁之形状曲线. (b不变 h(x)变)

五. 组合梁.

1. 同料组合梁 Built-up Beams.

$\begin{cases} \tau bS = 2[P] \\ \text{中性轴必过形心} \end{cases}$ (S为两连接物(铆钉)之间距离)

2. 异料组合梁 Compositive Beams.

1°. 通过 $E_1\int_{A_1} y dA + E_2\int_{A_2} y dA + \cdots = 0$ 确定中性轴位置 (中性轴不一定过形心).

2°. 求出 $A_1, A_2 \cdots A_K \cdots$ 对中性轴的惯性矩 $J_{z1}, J_{z2}, \cdots J_{zK} \cdots$

3°. 求. $\sigma_{xK} = \frac{E_K My}{\sum_{i=1}^{n} E_K J_{zK}}$.

$$\tau_{K(y_1)} = \frac{Q}{b\sum_{i=1}^{n} E_K J_{zK}} \int_{y_1}^{顶部} E_K y dA$$

六、弯扭组合变形。（纯弯、纯扭之组合）

$$\sigma_x = \frac{M_b}{W_b} \text{ —— Bending}$$

$$\tau_{xy} = \frac{M_t}{W_p} \text{ —— Torque}$$

$$\sigma_{1,3} = \frac{\sigma_x}{2} \pm \sqrt{\left(\frac{\sigma_x}{2}\right)^2 + \tau_{xy}^2}$$

$$\tau_{max} = \sqrt{\left(\frac{\sigma_x}{2}\right)^2 + \tau_{xy}^2}$$

（略去切力Q引起之作用）

由：$$\sigma_{r3} = \sqrt{\sigma_x^2 + 4\tau_{xy}^2} = \frac{M_{r3}}{W_b} = \frac{\sqrt{M_b^2 + M_t^2}}{W_b} \le [\sigma]$$

$$\sigma_{r4} = \sqrt{\sigma_x^2 + 3\tau_{xy}^2} = \frac{M_{r4}}{W_b} = \frac{\sqrt{M_b^2 + \frac{3}{4}M_t^2}}{W_b} \le [\sigma]$$

七、纵向弯曲、轴向压缩｝组合。（偏心拉、压、问）

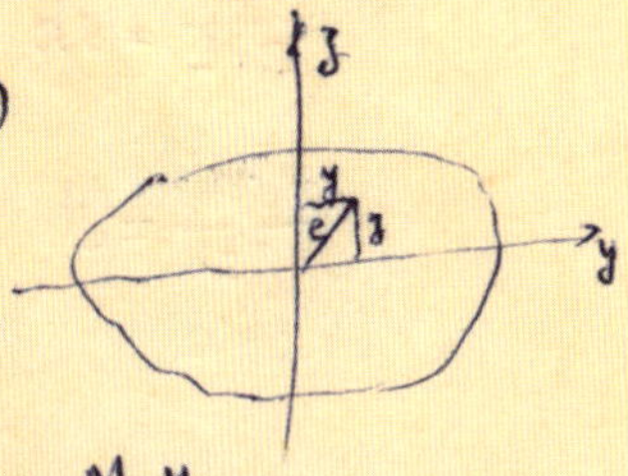


$$\sigma = -\frac{P}{A} - \frac{M_z y}{J_z} - \frac{M_y z}{J_z}$$ （由叠加原理）

中性线（零应力线） $\sigma = 0$，$$\frac{P}{A} + \frac{M_y z}{J_y} + \frac{M_z y}{J_z} = 0$$

截面核心——力作用区域使得零应力线不通过截面。

基于全章的分析方法，均是取单元体分析，建立力之平衡方程。

从 $\begin{cases}\Sigma X = 0 \\ \Sigma M_z = 0\end{cases} \Longrightarrow \sigma = \frac{My}{J_z} = \frac{My}{J_z}$

$\begin{cases}\Sigma X = 0 \\ dN = \tau b dx\end{cases} \Longrightarrow \tau = \frac{QS}{bJ_z}$

$d\left[\frac{My}{J_z} \cdot \int_A y\,dA\right] = \frac{dM}{J_z} \cdot S = \frac{S}{J_z} dM$

第九章 梁的变形

目的 (1) 梁的刚度计算方法 ② 解简单超静定梁

§9-1 梁的小挠度微分方程

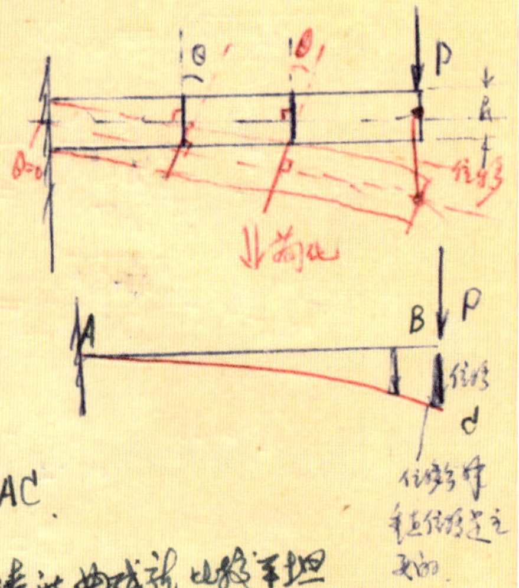

用截面形心的位移表示截面的位移

① 梁的变形很小，位移的主要是垂直方向的位移（位移分解垂直分水平，水平分量很小）

垂直方向的位移称为挠度，用y表示

只讨论挠度，梁的挠度计算

(2) 挠度曲线（或弹性曲线）— 曲线AC

(3) 挠度很小，$y \ll l$ 小挠度，则挠度曲线比较平坦

对于小挠度，挠度曲线 $\frac{dy}{dx} = tg\theta$，$\frac{dy}{dx} = \theta$ 小挠度时曲线斜率

④ 截面转角 截面转动角度 $\theta = \theta(x) = \frac{dy(x)}{dx}$ = 挠度曲线的切线斜率

⑤ 如果 $y(x)$ = 已知（挠度曲线方程）则挠度 $y(x)$ 截面转角 $\theta(x)$ 就均已知

推导曲线的微分关系

由前节 $\frac{1}{\rho} = \frac{M}{EJ_z}$ 又 $\frac{1}{\rho} = \frac{d\theta}{dx} = \frac{d(\frac{dy}{dx})}{dx}$（$\because \frac{dy}{dx} = \theta$）（小挠度）

$\therefore \frac{d^2y}{dx^2} = \frac{M}{EJ_z}$ — 已知函数之间的微分关系（小挠度）通过微分关系求 $y(x)$ 曲线

上式叫小挠度梁的挠曲线的微分方程

注意 精确曲率 $\frac{1}{\rho} = \frac{\pm\frac{d^2y}{dx^2}}{[1+(\frac{dy}{dx})^2]^{3/2}}$ 近似曲率 $\frac{1}{\rho} = \frac{d^2y}{dx^2}$

对于右手坐标系

$\frac{d^2y}{dx^2} = \frac{M}{EJ_z}$

$\frac{1}{\rho} = +$ $\frac{d^2y}{dx^2} = +$ $M = +$

$\frac{1}{\rho} = -$ $\frac{d^2y}{dx^2} = -$ $M = -$

$\therefore \frac{d^2y}{dx^2} = \frac{M}{EJ_z}$

左手坐标系

$\frac{d^2y}{dx^2} = -\frac{M}{EJ_z}$

$\frac{1}{\rho} = -$ $\frac{d^2y}{dx^2} = -$ $M = +$

$\frac{1}{\rho} = +$ $\frac{d^2y}{dx^2} = +$ $M = -$

$\therefore \frac{d^2y}{dx^2} = -\frac{M}{EJ_z}$

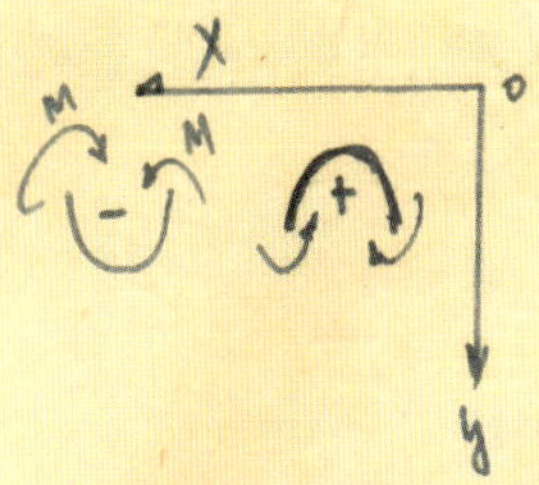


$\frac{d^2y}{dx^2}=-$ . $M=+$

$\frac{d^2y}{dx^2}=+$ . $M=-$ .

$\therefore \frac{d^2y}{dx^2}=-\frac{M}{EJ_z}$

由上，我们可以注意坐标轴之选取。

下面我们采用右手坐标系。

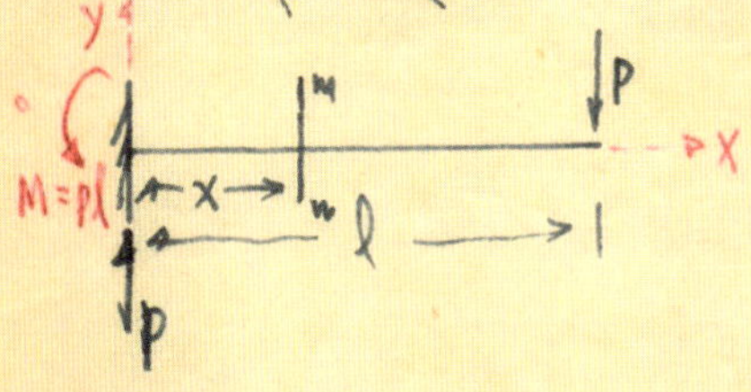


$EJ_z=$ constant . $M=px-pl$

$\frac{d^2y}{dx^2}=\frac{M}{EJ_z}=\frac{px-pl}{EJ_z}$

$EJ_z\frac{dy}{dx}=\frac{p}{2}x^2-plx+c$

$EJ_z y=\frac{p}{6}x^3-\frac{pl}{2}x^2+Cx+D$ .

C、D为积分常数，由定解条件决定。

本题，定解条件——边界条件。

$x=0$ . $y_0=0$ $x=0$ . $\theta_0=0$

初参数 $\begin{cases} C=EJ_z\theta_0 \\ D=EJ_z y_0 \end{cases}$

$\therefore EJ_z\theta=\frac{px^2}{2}-plx$

$EJ_z y=\frac{px^3}{6}-\frac{plx^2}{2}$

$x=l$ 时. $y_{max}=-\frac{pl^3}{3EJ_z}$

$\theta_{max}=-\frac{pl^2}{2EJ_z}$ .

定解条件：

① 边界条件（坐标函数）

② 初始条件（时间函数）

$EJ_z\frac{d^2y}{dx^2}=M$

$EJ_z\frac{dy}{dx}=\int Mdx+C$

$EJ_z y=\iint Mdx+Cx+D$

$C=EJ_z\theta_0$ .

$D=EJ_z y_0$ .

## §9-2 初参数法（Крылов法）挠度通用方程

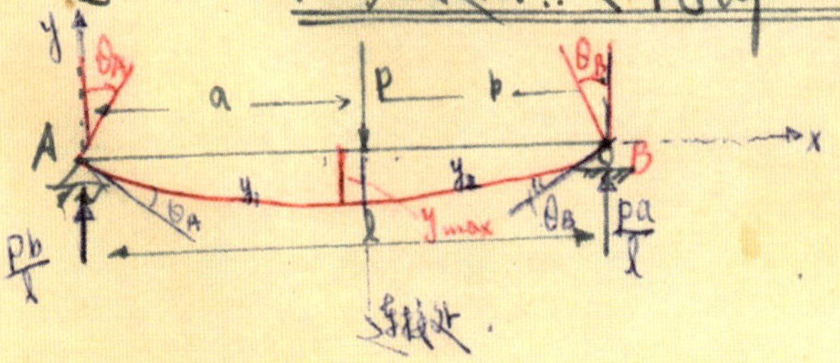


$M_1=\frac{pb}{l}x$ . $(0\le x\le a)$

$M_2=\frac{pb}{l}x-p(x-a)$ . $(a\le x\le l)$

$EJ_z\frac{d^2y_1}{dx_1^2}=M_1=\frac{pb}{l}x$

$EJ_z\frac{dy_1}{dx_1}=\frac{pb}{2l}x^2+C_1$

$EJ_z y_1=\frac{pb}{6l}x^3+C_1x+D_1$

又 $EJ\frac{d^2y_2}{dx_2^2}=M_2$

$EJ\frac{dy_2}{dx_2}=\frac{pb}{2l}x^2-\frac{p(x-a)^2}{2}+C_2$

$EJ y_2=\frac{pb}{6l}x^3-\frac{p}{6}(x-a)^3+C_2x+D_2$ .

现在有四个积分常数。 由挠度之连续性。 $\begin{cases} y_1\big|_{x=a}=y_2\big|_{x=a} \\ \frac{dy_1}{dx_1}\big|_{x=a}=\theta_1\big|_{x=a}=\frac{dy_2}{dx_2}\big|_{x=a}=\theta_2\big|_{x=a} \end{cases}$

即称之为连续条件（或连接条件）。 $\begin{cases} y_1\big|_{x=a}=y_2\big|_{x=a} \\ \theta_1\big|_{x=a}=\theta_2\big|_{x=a} \end{cases}$ .

利用连续条件，得 $C_1=C_2$　　$D_1=D_2$　　即：两个两个积分常数相当。

初始参数，$C_1=C_2=EJ_z\theta_0$

$D_1=D_2=EJ_z y_0$

注意：这里，$y_1$的方程里包含$y_1$，通用弯矩方程 $M=\underbrace{\frac{pb}{l}x}_{(M_1)}-p(x-a)$

（后段梁的弯矩包含了前段梁的弯矩）

通用挠度方程：

② $EJ_z y=EJ_z y_0+EJ_z\theta_0+\frac{pb}{l}\frac{x^3}{3\cdot2}-\frac{p(x-a)^3}{3\cdot2}$

挠度通用方程：由边界条件决定 $EJ_z y_0$ 和 $EJ_z\theta_0$。　$x=0$ $\begin{cases}EJ_z y_0=0\\ \theta=?\ 不知道\end{cases}$

由 $y=0$，$x=l$，决定 $EJ_z\theta_0$。　$EJ_z\theta_0=-\frac{pb}{6l}(l^2-b^2)$

$$\therefore\ EJ_z y=-\frac{pb}{6l}(l^2-b^2)x+\frac{pb}{l}\frac{x^3}{3\cdot2}-\frac{p(x-a)^3}{3\cdot2}$$ 通用方程

〈$x<a$，取前二项，即 $EJ_z y=-\frac{pb}{6l}(l^2-b^2)x+\frac{pb}{l}\frac{x^3}{3\cdot2}$〉　如 $a>b$，$y_{max}$ 在 $0\le x\le a$；如 $a<b$，$y_{max}$ 在 $a\le x\le l$

挠度通用方程——规定为达到各段积分常数相等，用一个通用方程来表示全梁的转角方程和用一个通用方程表示全梁的挠度方程。

为此，在计算时应遵守下列规则：

(1) 将坐标原点放在梁的端点处，梁截面的横标一律以同一坐标原点起计算（不一定是支承处，也可以是自由端）

(2) 列出各段的弯矩方程时，一律根据截面同一侧（一般采用左侧）的外力进行计算，这样可以使后段梁的弯矩方程内包含前段的各项，并保留因子$(x-a)$。

(3) 如梁上有均布载荷q未达到梁的末端，为使后段梁的弯矩方程包含前段梁的弯矩方程的各项，均将分布载荷q延长到梁末端，并在延长部分加上大小相等方向相反的均布载荷q对消之，如图所示。（这样保持各段的积分常数相等）

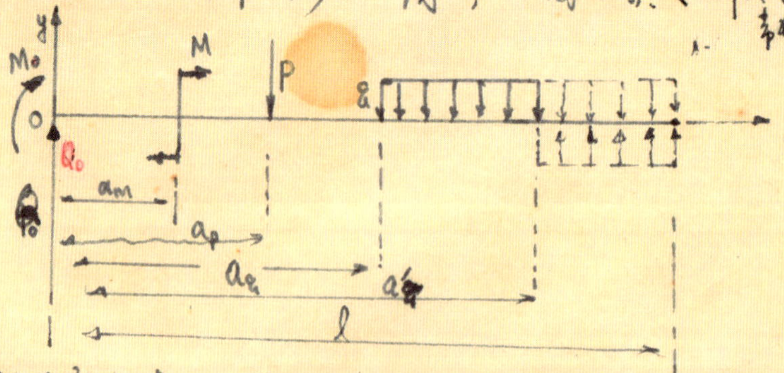


④ 如梁挠度中间有集中力偶的作用，力偶距坐标原点的距离为$a_M$，在列写弯矩方程时，不要写M一项，而应写为$M(x-a_M)^0$。

⑤ 积分微分方程时，将$(x-a)$一项看作一个变量来积分，不要把括号打开。

按此规律，我们写出上图梁的弯矩、转角和挠度方程如下。

弯矩通用方程：$M_{(x)} = M_0 + Q_0 x + M(x-a_m)^0 - P(x-a_p) - \frac{q(x-a_q)^2}{2!} + \frac{q(x-a'_q)^2}{2!}$

转角通用方程：$EJ_z\theta_{(x)} = Q_0\frac{x^2}{2!} + M_0 x + M(x-a_m) - P\frac{(x-a_p)^2}{2!} - \frac{q(x-a_q)^3}{3!} + \frac{q(x-a'_q)^3}{3!} + EJ_z\theta_0$

挠度通用方程：$EJ_z y_{(x)} = EJ_z y_0 + EJ\theta_0 x + M_0\frac{x^2}{2!} + Q_0\frac{x^3}{3!} + M\frac{(x-a_m)^2}{2!} - P\frac{(x-a_p)^3}{3!} - \frac{q(x-a_q)^4}{4!} + \frac{q(x-a'_q)^4}{4!}$

→这就是挠度曲线的通用方程。式中 $M_0$、$Q_0$ 为坐标原点的弯矩、剪力，其数值一般为已知。$\theta_0$、$y_0$ 为坐标原点处的转角和挠度，其数值可以根据挠曲线的已知条件确定之。（一般以 $\begin{cases} y|_{x=0}=0 & \text{定 } y_0 \\ y|_{x=l}=? & \text{定 } \theta_0 \end{cases}$）。

若需单独写出梁的某一段的转角和挠度方程，则在通用方程中略去（去掉）负项即可。［就是去掉 $(x-a_i)<0$ 的各项］。

对于任意梁承受任意载荷，我们有通用方程如下：

通用方程
$$\begin{cases} EJ\theta = EJ\theta_0 + M_0 x + Q_0\frac{x^2}{2!} + \sum M_i(x-a_{M_i}) + \sum P_i\frac{(x-a_{P_i})^2}{2!} + \sum q_i\left[\frac{(x-a_{q_i})^3}{3!} - \frac{(x-a'_{q_i})^3}{3!}\right] \\ EJy = EJy_0 + EJ\theta_0 x + M_0\frac{x^2}{2!} + Q_0\frac{x^3}{3!} + \sum M_i\frac{(x-a_{M_i})^2}{2} + \sum P_i\frac{(x-a_{P_i})^3}{3!} + \sum q_i\left[\frac{(x-a_{q_i})^4}{4!} - \frac{(x-a'_{q_i})^4}{4!}\right] \end{cases}$$

（应用注：1° $M_0$、$Q_0$、$M_i$、$P_i$、$q_i$ 均为代数量，$q_i$ 和 $P_i$（↓）为负值）
2° 如梁中有铰链连接，则仍分段进行用积分法，在 C 点处有 $y_1 = y_2$。）

最大挠度总是发生在靠近梁的中央处：

如本 9-2 的引例中，如 $a>b$，$y_{max}$ 在 $0\le x\le a$。（如 $a<b$，$y_{max}$ 在 $a\le x\le l$）

则：$EJy = -\frac{Pb}{6l}(l^2-b^2)x + \frac{Pb}{6l}\cdot\frac{x^3}{3?}$

$\frac{dy}{dx}=0$，（$\theta=0$），求：$x=\sqrt{\frac{l^2-b^2}{3}}$

$\therefore y_{max} = \frac{-Pb(l^2-b^2)^{3/2}}{9\sqrt{3}EJ}$

在 $x=\frac{l}{2}$，跨中（梁中），$a=b=\frac{l}{2}=0.5l$，$y_{max}=-\frac{Pl^2}{48EJ}$

当 P 右移时，$b\to0$，$y_{max}$ 的作用截面 $x=\sqrt{\frac{l^2-b^2}{3}} \xrightarrow{b\to0} \frac{l}{\sqrt{3}} = 0.577l$

## §9-3. 最小势能（位能）原理 （能量法）

挠度. $EJy=\iint M dx^2 + EJ\theta_0 x + EJy_0$.

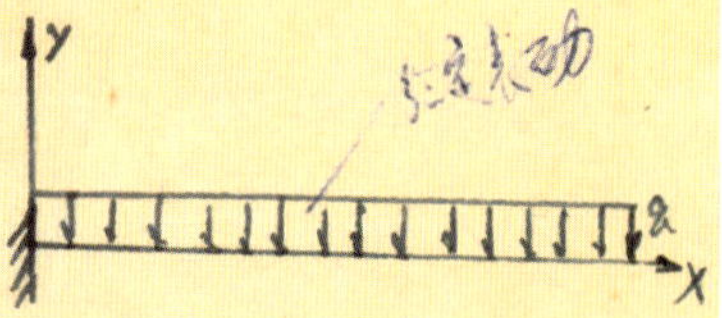


$EJ\theta = \int M dx + EJ\theta_0$

$EJ\frac{d^2y}{dx^2} = M_{(x)}$.

$EJ\frac{d^3y}{dx^3} = Q_{(x)}$ （$\frac{d^3y}{dx^3}$ 之几何意义）.

$EJ\frac{d^4y}{dx^4} = -q_{(x)}$. （四阶微分方程.）

给定位移边界条件. $y_0=0$. $\theta_0=0$ （固定端）

给定力的边界条件 $Q|_{x=l}=0$. $M|_{x=l}=0$. （自由端）

$EJ\frac{d^4y}{dx^4}=-q$. 要求y是$C^4$类函数. （4阶可微函数）

微分方程边界值问题 ⟺（等价） 泛函取极小.. （真正解要求）
Functional

应变能密度 $dU=\frac12 M\cdot(\frac{d\theta}{2})+\frac12 M(\frac{d\theta}{2})=\frac12 Md\theta$.

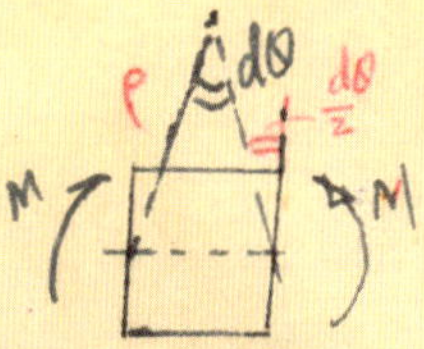


∵ $M=EJ\frac{d^2y}{dx^2}$. $d\theta=\frac{d^2y}{dx^2}\cdot dx$

∴ $dU=\frac12 EJ(\frac{d^2y}{dx^2})^2dx=\frac{M^2dx}{2EJ}$

> 如纯弯. $\theta=\frac{ML}{EJ}$. (∵ $L=\rho\theta$)
> $U=\Pi_p=\frac12 M\theta=\frac12\frac{M^2L}{EJ}$ …
> 不是纯弯: $d\theta=\frac{Mdx}{EJ}$
> $u=dU=\frac{M}{2}d\theta=\frac{M^2dx}{2EJ}$

外力的表面力所作功. $\int_0^l y\cdot q dx$.

∴ $\Pi_{p(y)}=\int_0^l\frac12EJ(\frac{d^2y}{dx^2})^2dx-\int_0^l yq dx$. （functional 泛函）

应变能.. 表面力功.. 只要求y是$C^2$函数

这里泛函 $\Pi_{p(y(x))}$ 要求 y是二阶可微平方可积 ${}^2H^2$.

当 $\Pi_{p(y)}=\min$ 就自动满足给定力的边界条件 $\left\{\begin{array}{l} Q_l=EJ\frac{d^3y}{dx^3}\Big|_{x=l}=0 \\ M_l=EJ\frac{d^2y}{dx^2}\Big|_{x=l}=0\end{array}\right.$

不能满足给定位移边界条件 $\left\{\begin{array}{l} y_0=0 \\ \theta_0=\frac{dy}{dx}\Big|_{x=0}=0\end{array}\right.$.

我们可选（无数个）可能y(x)中选个可能（容许）位移（挠度）. y(x)事先满足 $y_0=0$. $\frac{dy}{dx}\Big|_{x=0}=0$. （位移边界条件）. 使 $\Pi_{p(y)}=\min$. 那么 y(x)是正确解。

$\delta\Pi_p=0$

∴ $\Pi_{(p)}=\frac12\int_0^l EJ(\frac{d^2y}{dx^2})^2dx-\int_0^l qy dx$ ⟺ $EJ\frac{d^4y}{dx^4}=-q$ （在内积空间）

叫自伴随微分方程.（可以求对泛函的微分方程称为自伴随微分方程 反之称为非自伴随微分方程 如阻尼振动都是非自伴随..）

这里要求 $\Pi_p=\min\limits_{y\in{}^2H^2}\left[\frac12\int_0^l EI(\frac{d^2y}{dx^2})^2dx-\int_0^l qy dx\right]$. （$y\in{}^2H^2$ 是要求y二阶可微分的，可积）

摘要介绍：　$\frac{dy}{dx}$ 微分。　$\frac{\Delta y}{\Delta x}$ 差分。　$\delta$．变分。

关系：① $\delta\left(\frac{dy}{dx}\right) = \frac{d(\delta y)}{dx}$　即对微分的变分等于对变分的微分。

② $\delta\left[\int EJ\left(\frac{d^2y}{dx^2}\right)^2 dx\right] = \int EI\,\delta\left(\frac{d^2y}{dx^2}\right)^2 dx$

即：对积分的变分 ═ 对变分的积分。

证明：

① 由 $\delta\Pi_p = 0$．　$\delta\Pi_p = \frac{2}{2}EI\int_0^l \left(\frac{d^2y}{dx^2}\right)\delta\left(\frac{d^2y}{dx^2}\right)dx - \int_0^l q\,\delta y\,dx = 0$

$$EI\int_0^l \left(\frac{d^2y}{dx^2}\right)\delta\frac{d^2y}{dx^2}dx = EI\int_0^l \left(\frac{d^2y}{dx^2}\right)\frac{d}{dx}\left(\frac{d\delta y}{dx}\right)dx$$

分部积分
$$\left[EJ\cdot\frac{d^2y}{dx^2}\cdot\frac{d\delta y}{dx}\right]_0^l - EJ\int_0^l \frac{d^3y}{dx^3}\frac{d\delta y}{dx}\cdot dx$$

再分部积分
$$\left[EJ\frac{d^2y}{dx^2}\frac{d\delta y}{dx}\right]_0^l - EJ\left[\frac{d^3y}{dx^3}\delta y\right]_0^l + EJ\int_0^l \frac{d^4y}{dx^4}\delta y\cdot dx$$

代入边界条件（由于 $\frac{d\delta y}{dx}\Big|_{x=0}=0$．$\delta y_0=0$．）
$$EI\int_0^l \frac{d^4y}{dx^4}\delta y\,dx = \int_0^l EI\frac{d^4y}{dx^4}\delta y\cdot dx$$

$\therefore\ \delta\Pi_p = \int_0^l \left[EI\frac{d^4y}{dx^4} - q\right]\delta y\cdot dx = 0$．　$\therefore\ EI\frac{d^4y}{dx^4} = q$．

（通过泛函．找到微分公式）

反过来证明：

② 内积空间：

内积定义
$$\begin{cases}\left(-EI\frac{d^4y}{dx^4},\ y\right) = -\int_0^l EI\frac{d^4y}{dx^4}\cdot y\,dx \\ (q,\ y) = \int_0^l q\,y\,dx.\end{cases}$$

由．$\int_0^l EI\frac{d^4y}{dx^4}y\,dx = \int_0^l EI\frac{d\left(\frac{d^3y}{dx^3}\right)}{dx}\cdot y\,dx$

分部积分
$$\left[EI\frac{d^3y}{dx^3}y\right]_0^l - \int_0^l EI\left(\frac{d^3y}{dx^3}\right)\frac{dy}{dx}dx$$

代入边界条件
$$-\int_0^l EI\frac{d}{dx}\left(\frac{d^2y}{dx^2}\right)\frac{dy}{dx}dx$$

分部积分
$$-\left[EI\frac{d^2y}{dx^2}\cdot\frac{dy}{dx}\right]_0^l + \int_0^l EI\frac{d^2y}{dx^2}\cdot\frac{d^2y}{dx^2}\cdot dx$$

代入边界条件
$$\int_0^l EI\left(\frac{d^2y}{dx^2}\right)^2 dx$$

而 $\Pi_p = \frac{1}{2}\left(EI\frac{d^4y}{dx^4},\ y\right) - (q,\ y)$　（内积表示泛函）

$= \frac{1}{2}\int_0^l EI\left(\frac{d^2y}{dx^2}\right)^2 dx - \int_0^l q\,y\,dx$　（通过内积找到泛函）

这里加上"-"号是根据上面定义，为了与表达式一致

$\Pi_p = \min \overset{}{\Longleftrightarrow} -EI\frac{d^4y}{dx^4} = q$　等价

这里为拉伸是由平衡引起：弯矩转角

我们知道，在所有可能（容许）位移中，$y(x)$ 有无穷多个。找到 $y(x)$ 使 $\Pi_p = \min$ 成立，则这个 $y(x)$ 是静力学问题的正确解。这即最小位能原理。注意，对于一个处于稳定平衡条件的结构才是 $\Pi_p = \min$。就是最小位能原理，即，弹性杆件或结构处于稳定平衡状态下的必要充分条件是该杆件或结构在这种状态下的总势能为最小值。至于一个处于不稳定平衡状态下的杆件或结构，则其势能取驻值。（$\delta\Pi_p = 0$，$\Pi_p = \max$ / 中性值）即势能驻值原理。

**Rayleigh – Ritz 法**，（近似法，找 $y(x)$）

给一个不完备多项式，$y = a_1x^2 + a_2x^3 + a_3x^4$，（要求 1° 满足边界条件（位移）；2° $y \in {}^2H^2$）

$$\frac{dy}{dx} = 2a_1x + 3a_2x^2, \quad \frac{d^2y}{dx^2} = 2a_1 + 6a_2x.$$

由 
$$\Pi_p = \frac{1}{2}\int_0^l EI\left(\frac{d^2y}{dx^2}\right)^2 dx - \int_0^l q y\, dx$$
$$= \frac{1}{2}\int_0^l EI\,(2a_1 + 6a_2x)^2 dx - \int_0^l q\,(a_1x^2 + a_2x^3)\, dx$$

极小化原理，$\Pi_p(a_1, a_2) = \min$。

即 
$$\delta\Pi_p(a_1, a_2) = \frac{\partial \Pi_p(a_1, a_2)}{\partial a_1}\delta a_1 + \frac{\partial \Pi_p(a_1, a_2)}{\partial a_2}\delta a_2 = 0$$

$$\therefore \frac{\partial \Pi_p(a_1, a_2)}{\partial a_1} = 0, \qquad \frac{\partial \Pi_p(a_1, a_2)}{\partial a_2} = 0$$

$$\frac{\partial \Pi_p}{\partial a_1} = \frac{1}{2}\int_0^l EI\cdot 2\,(2a_1 + 6a_2x)\cdot 2\, dx - \int_0^l q\,(x^2)\, dx = 0$$

$$\frac{\partial \Pi_p}{\partial a_2} = \frac{1}{2}\int_0^l EI\, 2\,(2a_1 + 6a_2x)\, 6x\, dx - \int_0^l q x^3\, dx = 0$$

$$\therefore a_1 = \frac{ql^2}{4EI}, \qquad a_2 = -\frac{ql}{6EI}$$

$$\therefore y = \frac{qx^2}{24EI}\left(6l^2 - 4lx\right) \quad \text{（近似解）}$$

注，这里给的不完备多项式 $y(x) = a_1x^2 + a_2x^3 + a_3x^4 + \cdots\cdots$ 项数越多，所求的解就越精确。

例，Rayleigh – Ritz 法求解。

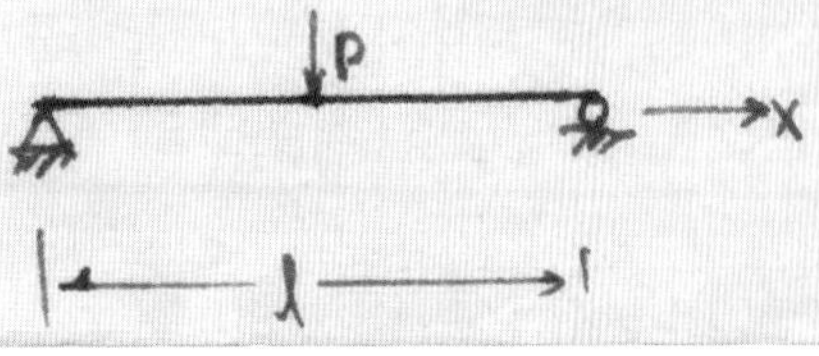


解，$\Pi_p = \int_0^l \frac{1}{2}EI\left(\frac{d^2y}{dx^2}\right)^2 dx - P y_{\frac{l}{2}}$

选多项式，$y = a\sin\frac{\pi x}{l}$。（只需满足位移边界条件 $y_0 = 0$，$y|_{x=l} = 0$，自然边界 $\left.\frac{d^2y}{dx^2}\right|_{x=0} = \left.\frac{d^2y}{dx^2}\right|_{x=l} = 0$）

我们选的函数 $y(x)=a\sin\frac{\pi x}{l}$，此函数满足位移边界条件 $\begin{cases} y_0=0 \\ y(l)=0 \end{cases}$

而力的边界条件 $\Pi_p=\min$ 是自动满足的 $\begin{cases} \left.\frac{d^2y}{dx^2}\right|_{x=0}=0 \\ \left.\frac{d^2y}{dx^2}\right|_{x=l}=0 \end{cases}$（可以不要求选的函数来满足）

从而 $y'=\frac{\pi a}{l}\cos\frac{\pi x}{l}$， $\frac{d^2y}{dx^2}=y''=-\frac{\pi^2 a}{l^2}\sin\frac{\pi x}{l}$

当 $x=\frac{l}{2}$ 时， $y\big|_{x=\frac{l}{2}}=a$

$$\therefore\ \Pi_p=\int_0^l \frac{1}{2}EI\left(-a\frac{\pi^2}{l^2}\sin\frac{\pi x}{l}\right)^2dx-Pa=\min$$

$$=\frac{\pi^2 EI}{4l^3}a^2-Pa=\min$$

$$\frac{\partial \Pi_p}{\partial a}=0. \qquad a=\frac{2Pl^3}{\pi^2 EI}=0.0205\frac{Pl^3}{EI}.$$

∴ 该梁挠度方程： $y=0.0205\frac{Pl^3}{EI}\sin\frac{\pi x}{l}$.

如再选 $y=a_1\sin\frac{\pi x}{l}+a_2\sin\frac{2\pi x}{l}+a_3\sin\frac{3\pi x}{l}$ 事先满足 $\begin{cases} y_0=0 \\ y(l)=0. \end{cases}$

$$y''=-\frac{a_1\pi^2}{l^2}\sin\frac{\pi x}{l}-\frac{a_2 4\pi^2}{l^2}\sin\frac{2\pi x}{l}-a_3\frac{9\pi^2}{l^2}\sin\frac{3\pi x}{l}$$

$$y\left(\tfrac{l}{2}\right)=a_1-a_3.$$

代入后 $\frac{\partial \Pi_p}{\partial a_1}=0.\qquad a_1=\frac{2Pl^3}{\pi^2 EI}.$

$\frac{\partial \Pi_p}{\partial a_2}=0.\qquad a_2=0.$

$\frac{\partial \Pi_p}{\partial a_3}=0.\qquad a_3=\frac{-2Pl^3}{81\pi^2 EI}$

$$\therefore\ y=\frac{2Pl^3}{\pi^2 EI}\left(\sin\frac{\pi x}{l}-\frac{1}{81}\sin\frac{3\pi x}{l}\right)$$

说明 1°. Rayleigh—Ritz 瑞利—李兹法和有限单元法同样可解超静定问题。该法的优越性在杆件或杆系中反映得并不突出，而在平板、薄壳等弹性问题时及用有限单元方法解弹性问题时，其优越性就充分显示出来了。

2°. Rayleigh—Ritz法也不过是势能驻值原理的一种应用，即选一个函数 $y(x)$（形状函数类似于实际挠曲线）代入势能泛函 $\Pi_p=\int_0^l\frac{1}{2}EI\left(\frac{d^2y}{dx^2}\right)^2dx-\int_0^l qy\,dx$ 以求取驻值，求得的 $y(x)$ 就是其近似解。

## §9-4 虚功原理

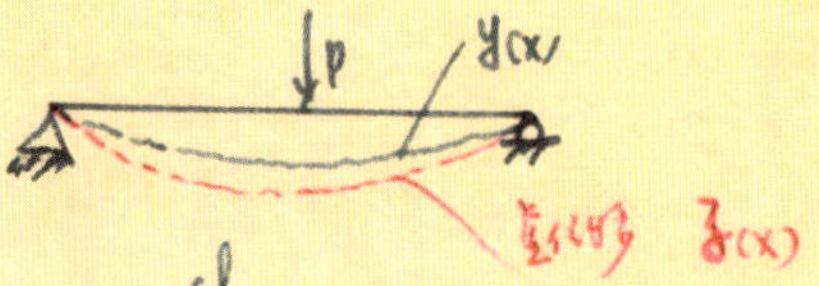


由平衡方程 $EI\frac{d^4y}{dx^4}=-q$

选虚位移 $\delta(x)$. 则 $-\int_0^l EI\frac{d^4y}{dx^4}\cdot\delta(x)\,dx=\int_0^l q\,\delta(x)\,dx$ （虚功之和为零）

这里选的 $\delta(x)$ 与方程的 $y(x)$ 均是 $x$ 的函数. 且 $\begin{cases}y_0=0\\ \delta_0=0\end{cases}$ 和 $\begin{cases}y_l=0\\ \delta_l=0\end{cases}$ 即 $y(x)$ 的边界条件等于 $\delta(x)$ 的边界条件.

从而引入 虚功泛函. $\left(+EI\frac{d^4y}{dx^4},\ \delta\right)=\int_0^l -EI\frac{d^4y}{dx^4}\delta\,dx$.

$(q,\ \delta)=\int_0^l q\delta\,d\delta$. （内积表示）

虚功泛函 $\Pi_p(y,\delta)=\left(+EI\frac{d^4y}{dx^4},\delta\right)-(q,\delta)=0$. （伽辽金泛函）

总势能 $\Pi_p(y,y)=\frac{1}{2}\left(EI\frac{d^4y}{dx^4},y\right)-(q,y)$

故有 $-EI\frac{d^4y}{dx^4}=q \Longleftrightarrow \Pi_p(y,\delta) \Longleftrightarrow \Pi_p(y,y)$.

虚功原理 $\Pi_p(y,\delta)=0$. 应用广泛. 适用于 {非线性. 大变形. 非弹性体或弹性体和刚体. 小变形等.

实际工作中计算虚功 $\Pi_p(y,\delta)$ 时. 是将实际荷载所引起的位移当作虚位移. [将δ当作的虚位移. $\delta(x)=y(x)$]

$$\Pi_p(y,\delta)=\int_l(M\,d\theta+Q\,d\lambda+N\,d\delta+M_t\,d\varphi)-\sum P_i\delta_i-\int_l qy\,dx=0$$

注意. M. Q. N. $M_t$ 均为内力(弯矩. 剪力. 轴力. 扭矩). 其中

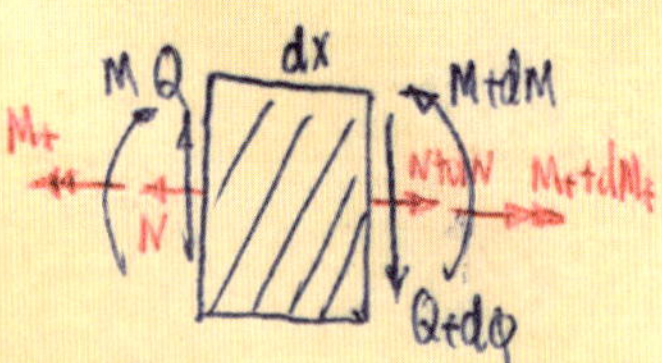


取一截面的受内力

$$d\theta=\frac{M\,dx}{EJ_z}$$

$$d\lambda=\frac{\alpha Q\cdot dx}{GA}$$

$$d\delta=\frac{N\,dx}{EA}$$

$$d\varphi=\frac{M_t\,dx}{GJ_\rho}$$

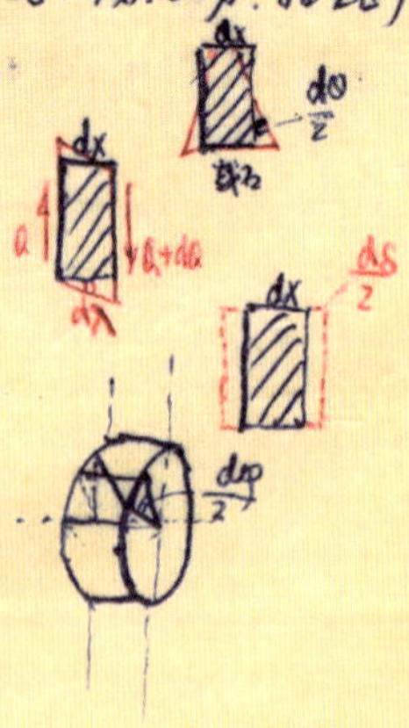

## §9-5 弯曲冲击。(由于冲击产生的挠度)。

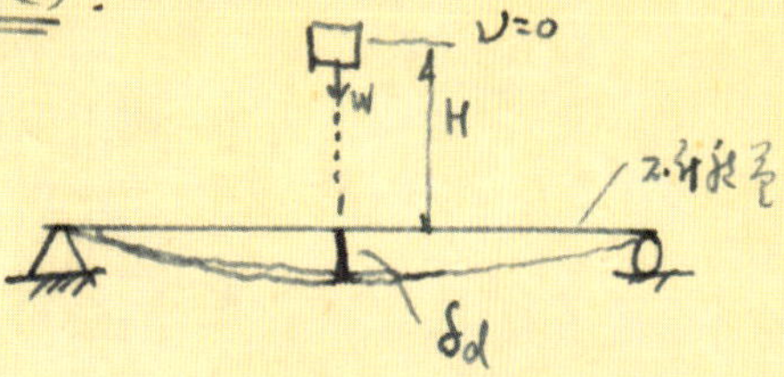


设 $\delta_d$ —— 动荷挠度.

$W$ —— 静荷.

$W_d$ —— 动荷.

动荷产生的应变能 $\frac{1}{2}W_d\cdot\delta_d$ 应等于外力作的功 $W(H+\delta_d)$.

即: $W(H+\delta_d) = \frac{1}{2}W_d\delta_d$.

借用静荷应变能的计算公式 $\delta_{max} = \frac{Wl^3}{48EI} = \delta_s$ $\therefore W = \frac{48EI}{l^3}\delta_s$

取 $\delta_d = \frac{W_d l^3}{48EI}$. $W_d = \frac{48EI}{l^3}\delta_d$

$\therefore \frac{48EI}{l^3}\delta_s(H+\delta_d) = \frac{1}{2}\cdot\frac{48EI}{l^3}\delta_d^2$. $\therefore 2\delta_s H + 2\delta_s\delta_d = \delta_d^2$

$\delta_d^2 - 2\delta_s\delta_d - 2\delta_s H = 0$. $\delta_d = \delta_s + \sqrt{\delta_s^2 + 2H\delta_s}$

$$\therefore \delta_d = \delta_s\left(1+\sqrt{1+\frac{2H}{\delta_s}}\right)$$

$\delta_d = K_d\delta_s$. $K_d = 1+\sqrt{1+2H/\delta_s}$ 叫动荷系数.

$\therefore W_d = K_d\cdot W$

$\sigma_d = K_d\sigma_s$

如 $H=0$ —— 叫突加载荷. $K_d = 2$. $\begin{cases} W_d = 2W \\ \sigma_d = 2\sigma_s \\ \delta_d = 2\delta_s \end{cases}$

这里 $K_d$ 的三种形式 $\begin{cases} K_d = 1+\sqrt{1+2H/\delta_s} \\ K_d = 1+\sqrt{1+\frac{v^2}{g\delta_s}} \\ K_d = 1+\sqrt{1+\frac{T_0}{U_s}} \end{cases}$

($v$ 为冲击物接触梁的速度)

($T_0$ 为冲击前动能. $U_s$ 为静荷下梁的应变能).

## §9-6. 求梁挠度的图解解析法

### 一. 虚梁法

$\frac{dQ}{dx}=q$. $\frac{dM}{dx}=Q$. $\frac{d^2M}{dx^2}=-q$.　　$EI\frac{d^2y}{dx^2}=M$. $EI\frac{d^3y}{dx^3}=Q$. $EI\frac{d^4y}{dx^4}=-q$

求Q.M可用积分　　$Q=\frac{dM}{dx}=\int -q\,dx+C$　　⇓ 积分

(平衡.外力分析)　　$M=\iint -q\,dx+Cx+D$　　$EI\frac{dy}{dx}=\int M\,dx+C$　　二重积分求得

$EIy=\iint M\,dx+Cx+D$.

方法 转换

(一) 变换 (思想)

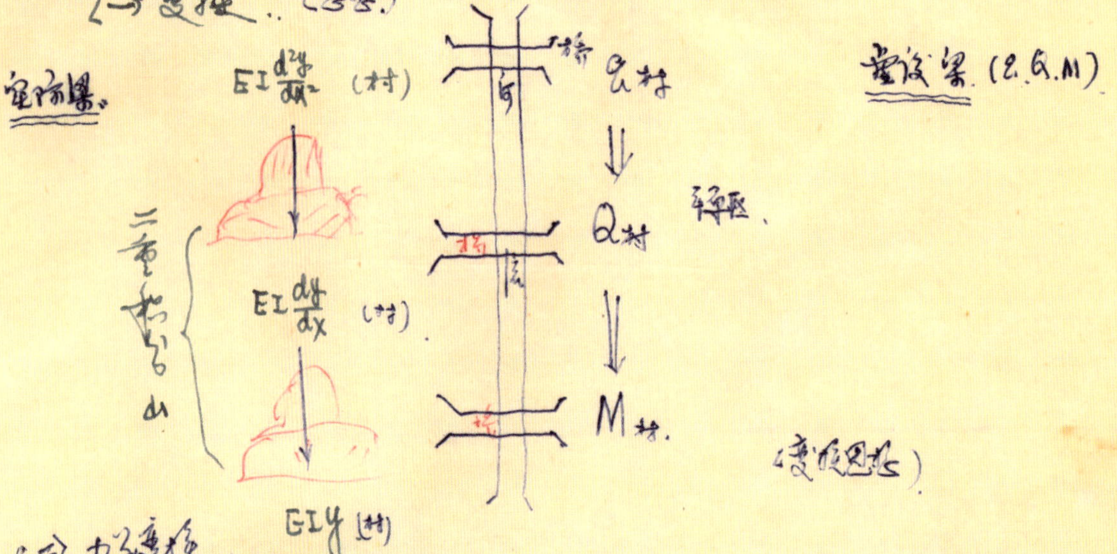


(二) 方法变换

即. 为要计算某一给定梁的转角θ和挠度y. 设给定梁的弯矩已求得为M(x). 这原有给定梁外. 假想另取一条其尺寸与原有梁相同的梁. 并令这一假想梁上作用着荷载 $q=\frac{M(x)}{EI}$ 的分布载荷(叫虚载荷). 为方便起见把给定梁叫实梁. 假想梁叫虚梁.

对应虚梁. $q_f=\frac{M(x)}{EI}$.　　则 $Q_f=\frac{dM_f}{dx}=\int q_f\,dx+C_1'=\int\frac{M}{EI}dx+C_1'$

$M_f=\iint\frac{M}{EI}dx^2+C_1'x+D_1'$

对应实梁. $\frac{d^2y}{dx^2}=\frac{M}{EI}$.　　$\theta=\frac{dy}{dx}=\int\frac{M}{EI}dx+C_1$

$y=\iint\frac{M}{EI}dx^2+C_1x+D_1$

若 $C_1=C_1'$. $D_1=D_1'$

则. $\theta=Q_f$.　　$y=M_f$..

二. 虚梁法理论根据.. 若取实梁的 $\frac{M}{EI}$ 图为虚梁的分布载荷图. 则. 且使得(强迫)实梁挠曲线微分方程的积分常数与虚梁的弯矩微分方程的积分常数相同. 则.
{ 实梁截面的转角等于虚梁上该截面的剪切力.
{ 实梁截面的挠度等于虚梁上该截面的弯矩

则. { $\theta=Q_f=\overline{Q}$
　　{ $y=M_f=\overline{M}$

(下面说怎样使 $C_1=C_1'$, $D_1=D_1'$)

$$\frac{d^2y}{dx^2}=\frac{M}{EI}$$

$$\theta=\int\frac{M}{EI}dx+C$$

$$y=\iint\frac{M}{EI}dx+Cx+D$$

$C=\theta_0$，$D=y_0$

$$\frac{d^2\bar{M}}{dx^2}=\bar{q}$$

$$\bar{Q}=\int\bar{q}dx+\bar{C}$$

$$\bar{M}=\iint\bar{q}dx+\bar{C}x+\bar{D}$$

$\bar{C}=\bar{Q}_0$，$\bar{D}=\bar{M}_0$

如：$\frac{M}{EI}≑\bar{q}$，

$C≑\bar{C}$ $\Rightarrow$ $\theta_0≑\bar{Q}_0$

$D≑\bar{D}$ $\Rightarrow$ $y_0≑\bar{M}_0$

那么 $\begin{cases}\theta≑\bar{Q}\\ y≑\bar{M}\end{cases}$

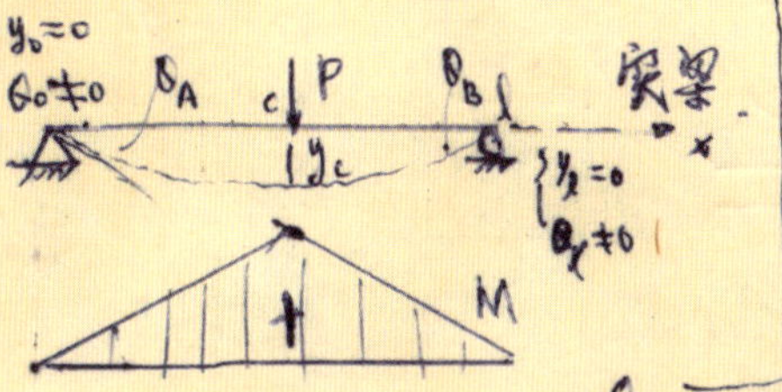


虚梁。

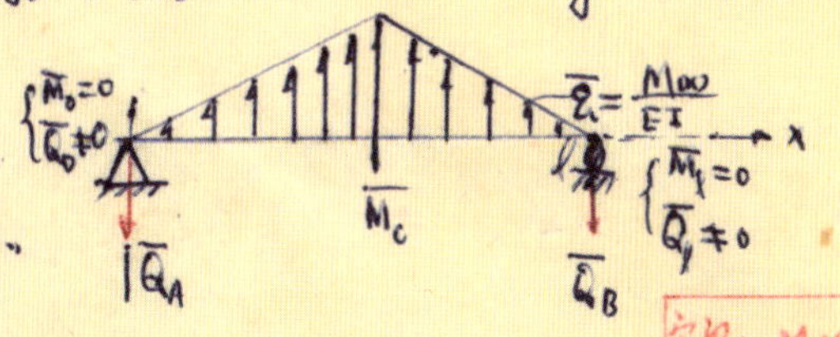


实梁的M为正
则 $\bar{q}=\frac{M}{EI}$ 向上

$\theta_A = \bar{Q}_A$

$\theta_B = \bar{Q}_B$

$y_c = \bar{M}_c$

几种常见梁转化为虚梁。

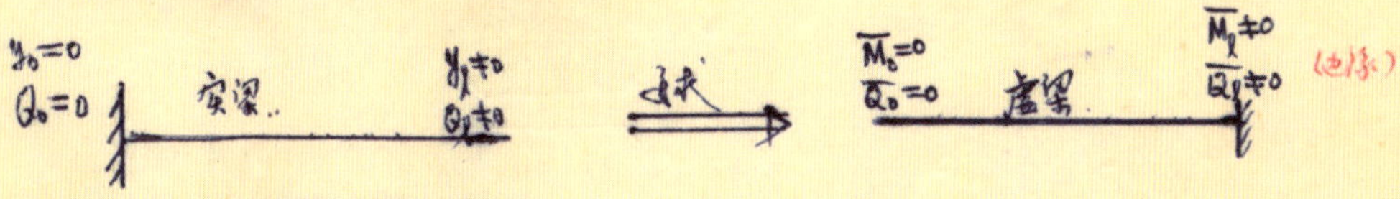


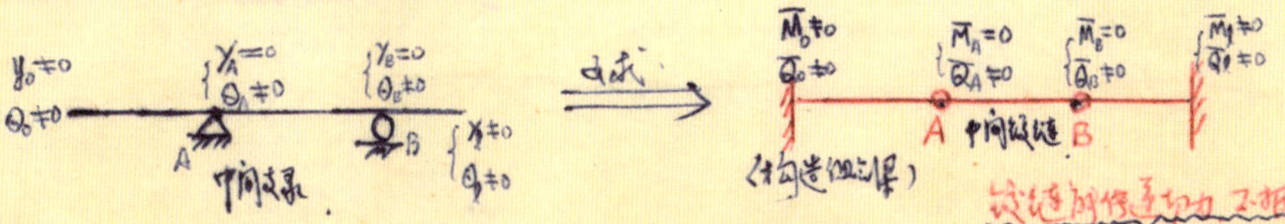


铰链只传递剪力 不抵抗弯矩

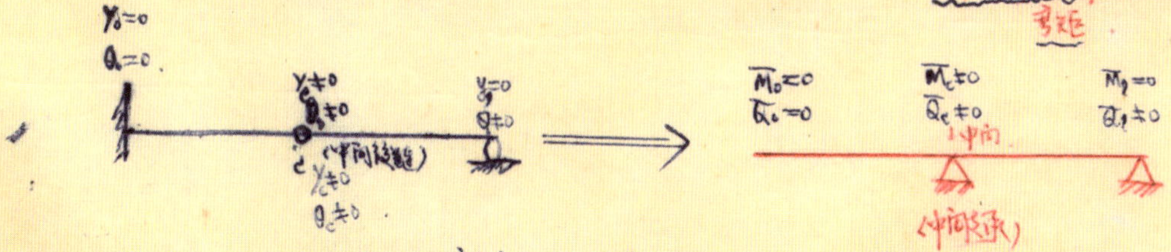


可见 中间铰链与中间支承互换（实⇔虚）。

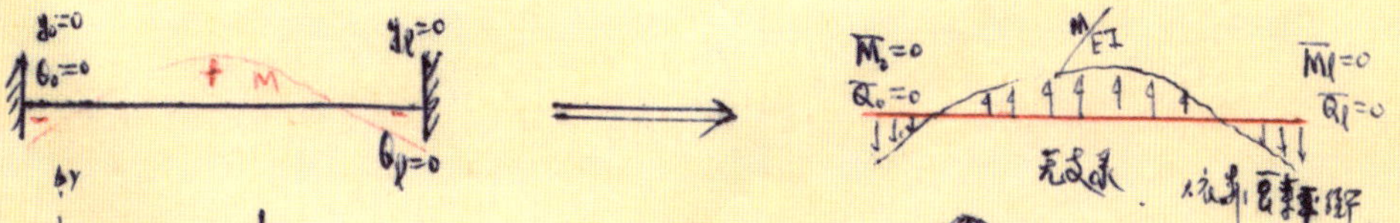


例1.

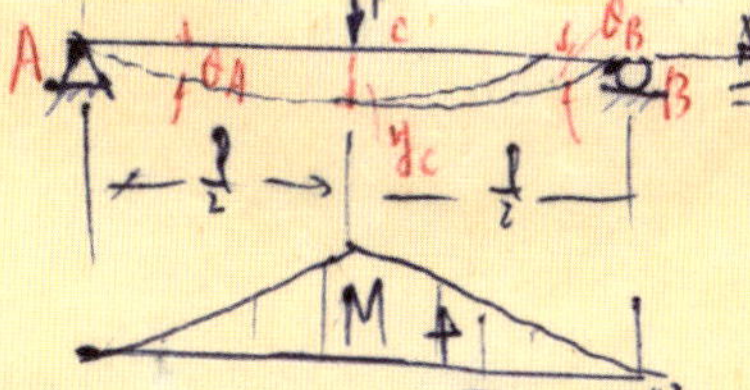


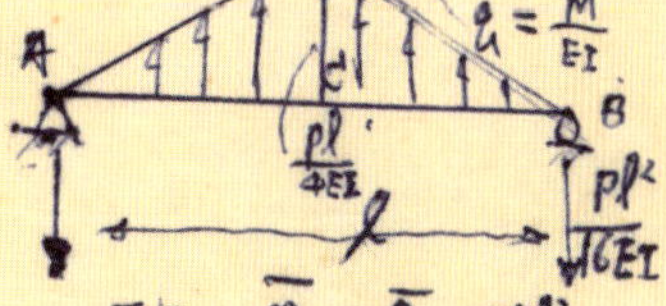


可见 $\bar{Q}_A=-\bar{Q}_B=\frac{-Pl^2}{16EI}$

$$\bar{M}_c=\frac{-Pl^2}{16EI}\times\frac{l}{2}+\frac{1}{2}\cdot\frac{Pl}{4EI}\cdot\frac{l}{2}\cdot\frac{1}{3}\left(\frac{l}{2}\right)=\frac{-Pl^3}{48EI}$$

∴ $\theta_A=\bar{Q}_A=\frac{-Pl^2}{16EI}$

$\theta_B=\bar{Q}_B=\frac{Pl^2}{16EI}$，$y_c=\bar{M}_c=\frac{-Pl^3}{48EI}$。

例2.

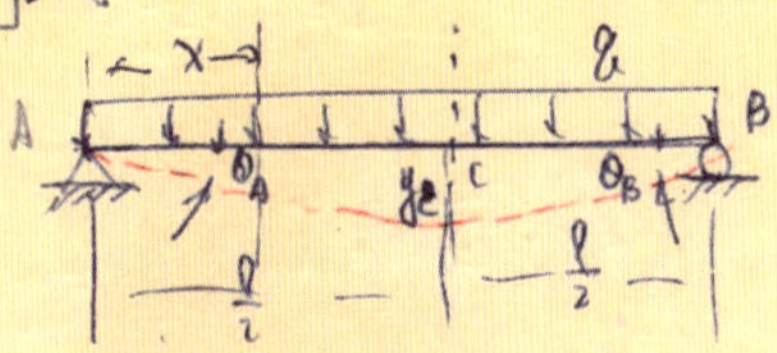

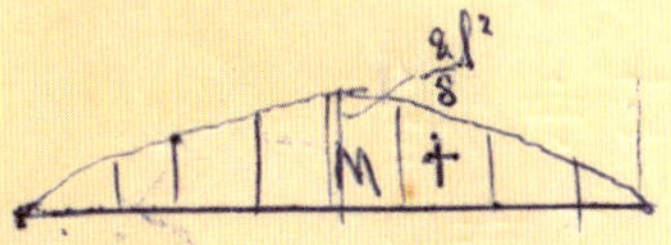

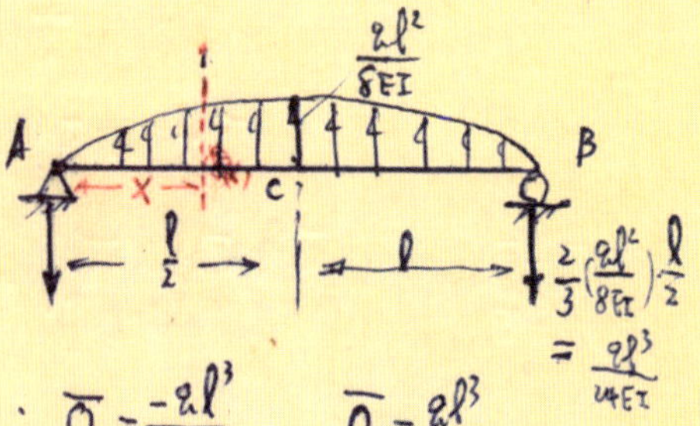

$\therefore \overline{Q}_A = \frac{-ql^3}{24EI}$ $\quad \overline{Q}_B = \frac{ql^3}{24EI}$

$\therefore \theta_A = \overline{Q}_A = \frac{-ql^3}{24EI}$

$\theta_B = \overline{Q}_B = \frac{ql^3}{24EI}$

$\overline{M}_c = -\frac{ql^3}{24EI}\times\frac{l}{2} + \frac{ql^3}{24EI}\cdot\frac{3}{8}\frac{l}{2} = -\frac{5ql^4}{384EI}$

$y_c = \overline{M}_c$

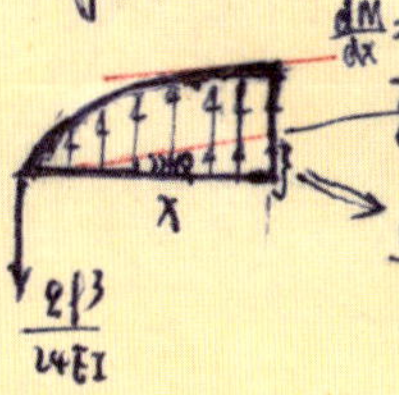

$\frac{dM}{dx} = q = \left(\frac{ql}{2} - qx\right)\frac{1}{EI}$

$\overline{q} = \left(\frac{qlx}{2} - \frac{qx^2}{2}\right)\frac{1}{EI} = \frac{qlx}{2EI}\left(1 - \frac{x}{l}\right)$

$\frac{\left(\frac{ql}{2} - qx\right)x}{EI} = \frac{dM}{dx}\cdot x \cdot \frac{1}{EI}$

求 $y(x)$ 就是求 $\overline{M}(x)$

先载荷按线分解……

$\therefore \overline{M}(x) = -\frac{ql^3}{24EI} + \frac{1}{2}x\left(\frac{dM}{dx}\cdot x\right)\cdot\frac{1}{3}(x)\frac{1}{EI}$

$+ \frac{2}{3}x\cdot\left[\overline{q}_{(x)} - \frac{dM}{dx}\cdot x\right]\cdot\frac{3}{8}(x)$

$= -\frac{ql^3}{24EI} + \frac{1}{6EI}\left[\frac{ql}{2}x^3 - qx^4\right] + \frac{1}{8EI}qx^4$

$\therefore$ 挠度方程 $y(x) = \overline{M}(x) = \frac{-ql^3x^3}{24EI}\left[\frac{x}{l} - \frac{2}{l^2} + \frac{1}{x^2}\right]$

例3.

注：计算过程中要用常用的简单图形（三角形、抛物线形）叠加图（or）计算方便。

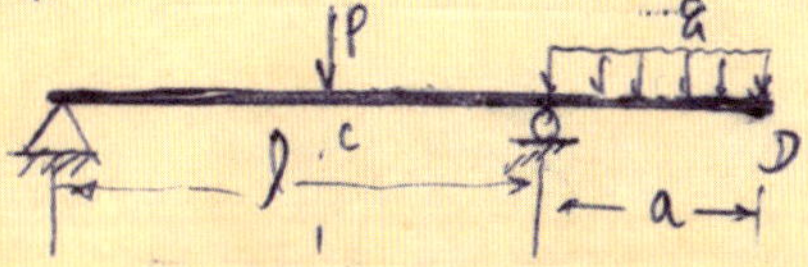

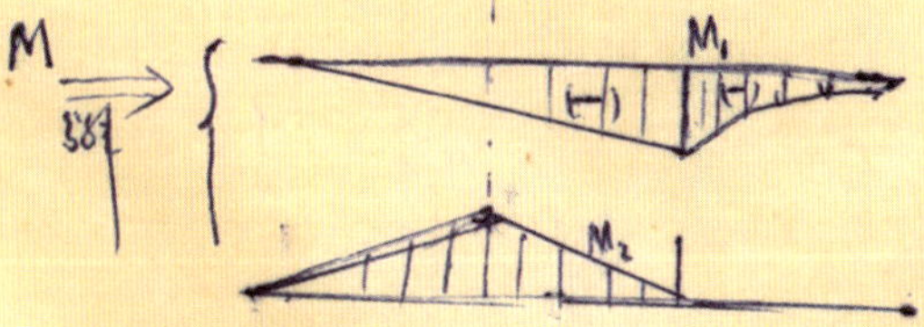

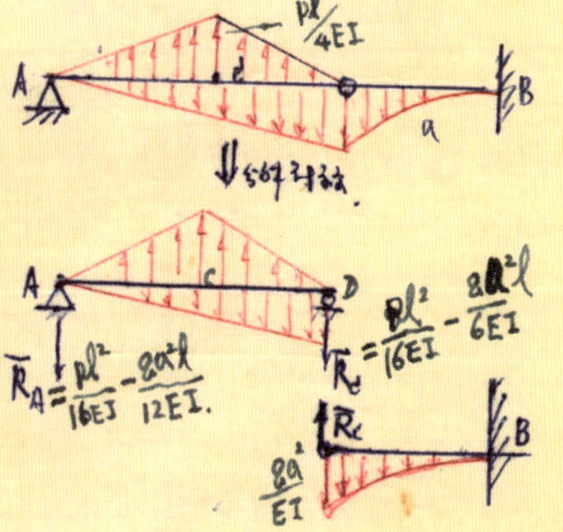

$\theta_A \doteq \overline{Q}_A = -\overline{R}_A = \frac{qa^2l}{12EI} - \frac{pl^2}{16EI}$

$\theta_B \doteq \overline{Q}_B = \overline{R}_B = \frac{pl^2}{16EI} - \frac{qa^2l}{6EI}$

$y_c \doteq \overline{M}_c = \frac{pl^3}{32EI} - \frac{pl^3}{24EI} - \frac{qa^2l^2}{48EI} = \frac{pl^3}{96EI} - \frac{3qa^2l^2}{48EI}$

$\theta_D \doteq \overline{Q}_D = -\frac{pl^2}{16EI} + \frac{qa^2l}{6EI} - \frac{qa^3}{6EI} = \frac{pl^2}{16EI} + \frac{pa^2}{6EI}(l-a)$

$y_D \doteq \overline{M}_D = -\frac{pl^2a}{16EI} + \frac{qa^3l}{6EI} - \frac{5qa^4}{48EI} = -$

# 面积—力矩法。Area-Moment method

（无支承的挠梁法）。

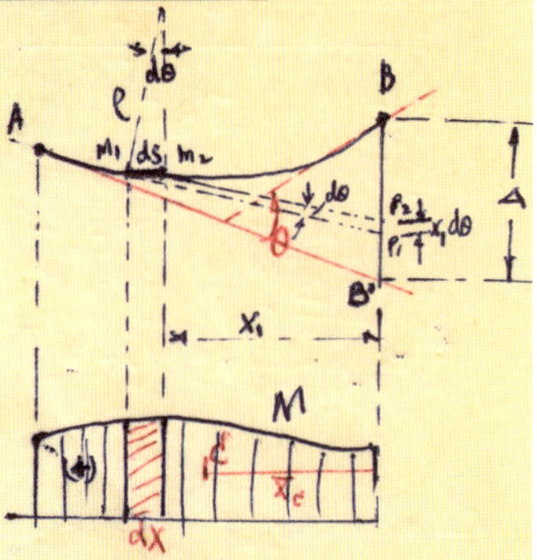


如图梁AB挠曲线，及对应之弯矩M，梁上相距ds之二点，其切线分别为$m_1$和$m_2$，其弯曲后将相交而成一等于$ds/\rho$之$d\theta$角。

$$d\theta = \frac{M\,dx}{EI} \quad \text{（不取正负）}.$$

其几何解析：$m_1p_1$为挠曲线$m_1$之切线，$m_2p_2$为在$m_2$之切线，两切线之夹角为$d\theta$。$d\theta$角等于弯矩图之面积$Mdx$被EI除。

$$\therefore \theta = \int_A^B \frac{M\,dx}{EI}.$$

定理I. A与B两点处挠曲线的切线夹角$\theta$，等于这两点间弯矩面积被EI来除。$\theta = \frac{1}{EI}\int_A^B M\,dx$

正负号规定：(1) 正弯矩$M^{(+)}$使梁之顶面产生压缩。

(2) 当B处之切线对于A处之切线为反时针方向旋转时，其$\theta$角为正，反之亦然。

(3) M为代数量，负弯矩面积部分应加上负号。

又 ∵ $\theta$很小，$\overline{P_1P_2} = x_1 d\theta = x_1\frac{M}{EI}dx$。 $x_1$为自微分单元至B点之距离。

$$\therefore \Delta = BB' = \int_A^B \frac{x_1 M}{EI}dx = \frac{1}{EI}\int_A^B M x_1\,dx \quad \text{（两切线之挠度）}$$

定理II. B点距A点切线之挠度$\Delta$，等于A和B之间弯矩图的面积对B点的一次矩被EI来除。$\Delta = \frac{1}{EI}\int_A^B M x_1\,dx$

这里$\int_A^B M x_1 dx$为对应弯矩图之面积与B点到形心C之距离$\bar{x}_c$相乘。正负由M之正负决定。注意当正面积时，意味着B位于A切线以上。反之，负力矩意味在A切线以下。

注：我们求得之$\Delta$、$\theta$是点对应A点切线之挠度、转角，并非真正的挠度、转角（相对挠度、转角）。

例：如图，求$\theta_a$、$\delta_p$、$\delta_{max}$。

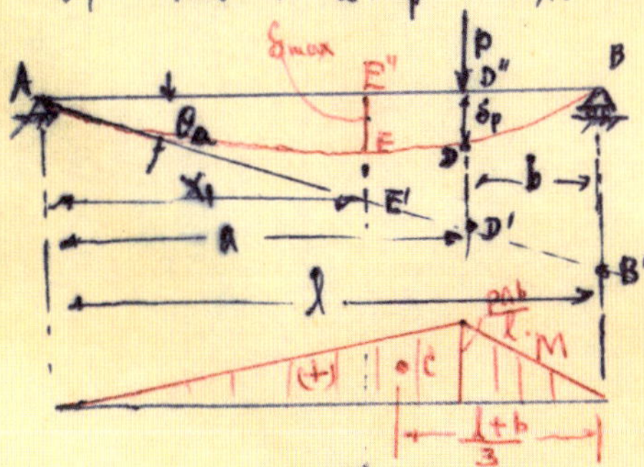


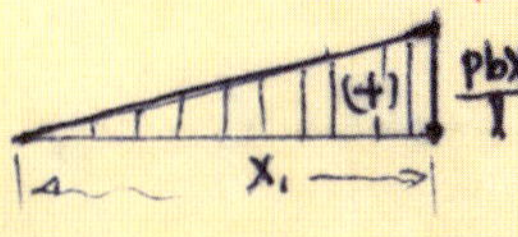


解：∵ $\theta_a = \frac{BB'}{l}$，而 $BB' = \Delta = \frac{1}{EI}\left(\frac{1}{2}l\cdot\frac{pab}{l}\right)\left(\frac{l+b}{3}\right)$
$= \frac{pab}{6EI}(l+b)$

$$\therefore \theta_a = \frac{pab}{6EI}\frac{(l+b)}{l}.$$

又 $\delta_p = a\theta_a - \overline{DD'}$.

$$DD' = \frac{1}{EI}\left(\frac{1}{2}a\cdot\frac{pab}{l}\right)\frac{a}{3} = \frac{pa^3b}{6EIl}$$

$$\therefore \delta_p = \frac{pa^2b^2}{3lEI}$$

求$\delta_{max}$。设$\delta_{max} = EE'$。∵ E处有水平切线

$$\theta_E = \theta_a = \frac{pab}{6EI}\frac{(l+b)}{l} = \frac{x_1}{2}\left(\frac{pbx_1}{l}\right)\cdot\frac{1}{EI}$$

$$\therefore x_1 = \sqrt{\frac{l^2-b^2}{3}}$$

求$\delta_{max}$可由：$\delta_{max} = E''E' - EE' = x_1\theta_a - \Delta_E$
$= x_1\theta_a - \frac{x_1}{2}\left(\frac{pbx_1}{l}\right)\cdot\frac{x_1}{3} = \frac{pb}{9\sqrt{3}lEI}(l^2-b^2)^{3/2}$

也可：$\delta_{max} = \Delta_A$ ∵ E处切线为水平。（A对于E之挠度）

$$\delta_{max} = \Delta_A = \left(\frac{x_1}{2}\cdot\frac{pbx_1}{l}\right)\left(\frac{2x_1}{3}\right)\frac{1}{EI} = \frac{pb}{9\sqrt{3}lEI}(l^2-b^2)^{3/2}.$$

## §9-7.. 挠度函数的迭加法..

转角、挠度与载荷（力偶、力、分布力）都是线性相关，线性关系都可以线性组合..（迭加法）.

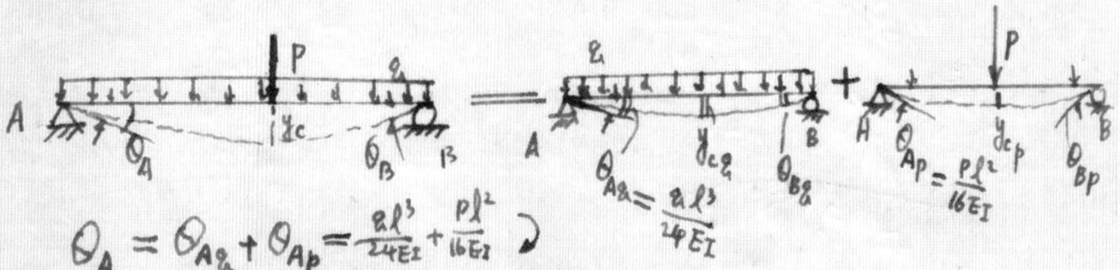


$$\theta_A=\theta_{Aq}+\theta_{Ap}=\frac{ql^3}{24EI}+\frac{pl^2}{16EI}$$

$$\theta_B=\theta_{Bq}+\theta_{Bp}=\frac{ql^3}{24EI}+\frac{pl^2}{16EI}$$

$$y_c=y_{cp}+y_{cq}=\frac{pl^3}{48EI}+\frac{5ql^4}{384EI}\ \downarrow$$

例..

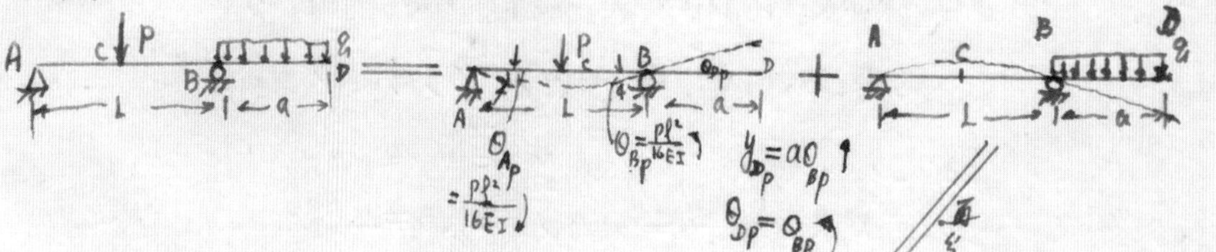


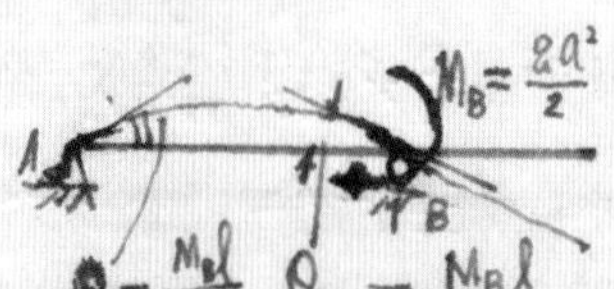


$\theta_{AM_B}=\frac{M_B l}{6EI}$，$\theta_{BM_B}=\frac{M_B l}{3EI}$（近端）

（力偶作用点的转角是远端转角的二倍）

$$\theta_{DM_B}=\theta_{BM_B}$$

$$y_{DM_B}=\theta_{BM_B}\cdot a$$

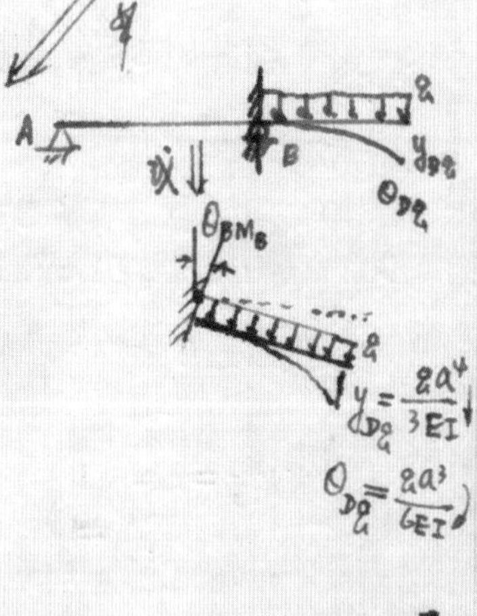


$$\therefore\ \theta_A=\theta_{Ap}+\theta_{AM_B}=\frac{pl^2}{16EI}-\frac{qa^2 l}{12EI}$$

$$\theta_B=\frac{pl^2}{16EI}-\frac{qa^2 l}{12EI}$$

$$\theta_D=\theta_{Dp}+\theta_{DM_B}+\theta_{Dq}=\frac{pl^2}{16EI}-\frac{qa^2 l}{12EI}-\frac{qa^3}{6EI}$$

$$y_D=\frac{pl^2 a}{16EI}-\frac{qa^3 l}{6EI}-\frac{qa^4}{3EI}\ (\uparrow)$$

例3..

求C挠度.

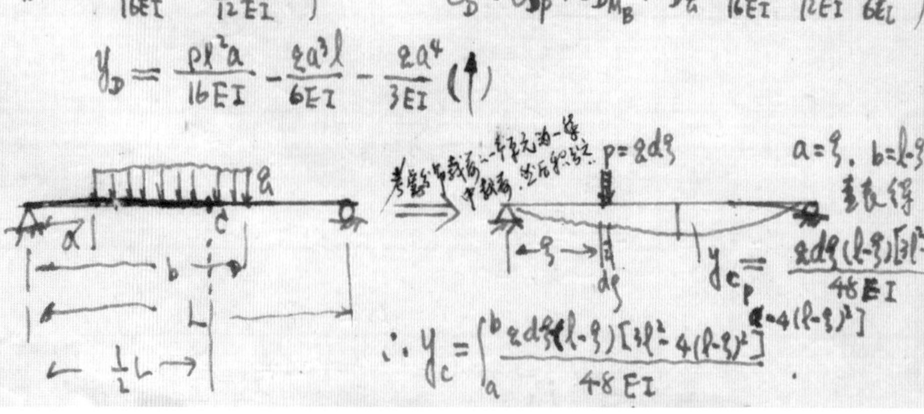


$$\therefore\ y_c=\int_a^b\frac{q\,d\xi(l-\xi)[3l^2-4(l-\xi)^2]}{48EI}$$

$$\therefore\ y=\frac{q}{48EI}\int_a^b(l-\xi)\left[3l^2-4(l-\xi)^2\right]d\xi .$$

求梁挠度方法小结。

① 二重积分法。

② 初参数法。（通用挠度方程）便于求梁之挠度方程，不便于求梁某一点之挠度或转角。

③ 求梁变位（转角、挠度）图解解析法。（虚梁法）

弯矩法。 —— 只便于求梁某一点之挠度和转角，不便于求梁之挠度方程。

④ 迭加法。（用表）

⑤ 能量法。

## §9-8 梁的刚度计算。

① 强度计算。 ② 刚度计算。

许可挠度 $\left[\frac{f}{l}\right]=\frac{1}{500}$ （或 $\frac{1}{2000}$）

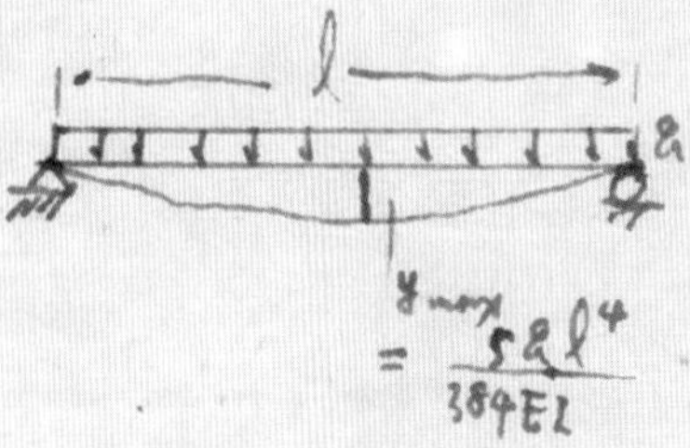


$f$ 为最大挠度 $y_{max}$，$l$ — 梁长。

$$\therefore\ \frac{y_{max}}{l}\le\left[\frac{f}{l}\right]$$

① 求截面尺寸 $I$ （$J_z$）。 例中 $I\ge\frac{5ql^3}{384E\left[\frac{f}{l}\right]}$

② 求许可载荷。 $q\le\left[\frac{f}{l}\right]\cdot\frac{384EI}{5l^3}$

③ 改变支承。 $l'\le\sqrt[3]{\left[\frac{f}{l}\right]\frac{384EI}{5q}}$ .

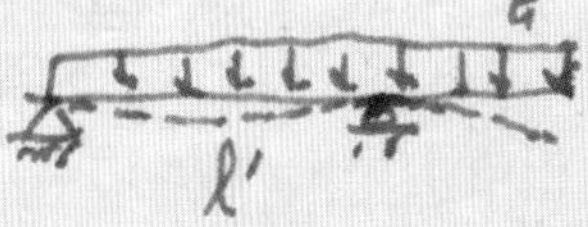


④ 增加支承。（减小截面尺寸）

# 有限差分法

有限差分法是一种数值法，可用于求梁之挠度。差分用于变截面杆则梁的非棱柱形的梁，方法更见优越。用挠度曲线之差分近似法（Δ）代替挠度曲线之微分方程，[$dx \approx \Delta x$] 和 [$\frac{dy}{dx} \approx \frac{\Delta y}{\Delta x}$]。然后建立代数方程求解沿梁长若干点处挠度的有限差分方程，方程之解由各个不同点处挠度之近似值所组成。

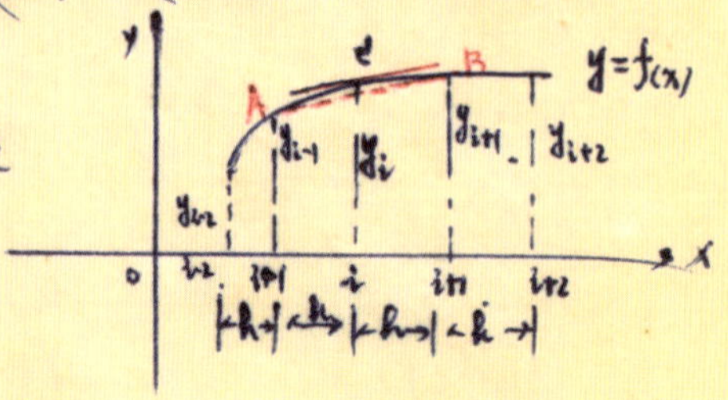


由计算简便 $\Delta x = h$（由实际需要，也不见得一定均得等于 $h$）

以 AB 之弦线斜率近似地代替 $i$ 点之斜率：

$$\left(\frac{dy}{dx}\right)_i \doteq \frac{y_{i+1}-y_{i-1}}{2h}$$

同理，二阶导数可近似地视为 $i$ 点右方之斜率减 $i$ 点左方之斜率被其区间长度去除。

$$\therefore \left(\frac{d^2y}{dx^2}\right)_i \doteq \frac{\frac{y_{i+1}-y_i}{h}-\frac{y_i-y_{i-1}}{h}}{h} = \frac{y_{i+1}-2y_i+y_{i-1}}{h^2}$$

由 $\left(\frac{dy}{dx}\right)_i = \theta_i$ ——曲线在 $i$ 点之斜率（或在 $i$ 点之转角）

$\left(\frac{d^2y}{dx^2}\right)_i = \frac{M_i}{EI}$ ——在 $i$ 点处梁之弯矩。

∴ 差分公式

$$\begin{cases} y_{i+1}-y_{i-1} = 2h\theta_i \quad \text{（利用边界条件）} \\ y_{i-1}-2y_i+y_{i+1} = +h^2\frac{M_i}{(EI)_i} \quad \text{（}I, M\text{均是}i\text{点之值）} \end{cases}$$

应用公式：需要沿梁选择一系列点，然后对这些点写出有限差分方程，所得之方程组可以求解所选择点处之挠度。

例：

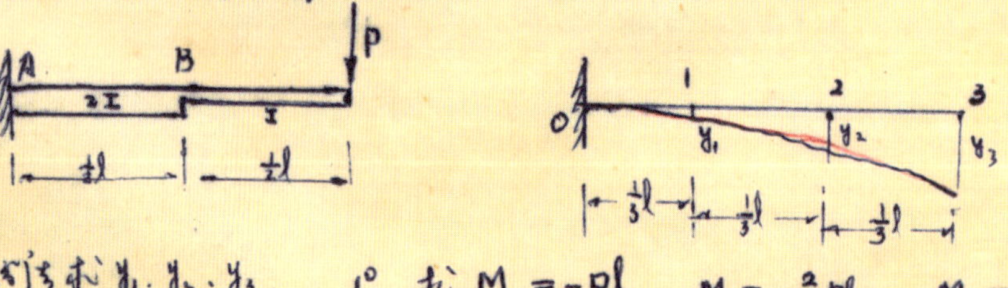


差分法求 $y_1$、$y_2$、$y_3$。 1°. 求 $M_0=-Pl$，$M_1=-\frac{2}{3}Pl$，$M_2=-\frac{1}{3}Pl$

可得：

$$2°\begin{cases} y_{-1}-2y_0+y_1 = +\left(\frac{l}{3}\right)^2\left(-\frac{Pl}{2EI}\right) \\ y_0-2y_1+y_2 = +\left(\frac{l}{3}\right)^2\left(-\frac{Pl}{3EI}\right) = -\left(\frac{l}{3}\right)^2\left(-\frac{Pl}{3EI}\right) \\ y_1-2y_2+y_3 = +\left(\frac{l}{3}\right)^2\left(-\frac{Pl}{3EI}\right) \end{cases}$$

（注 AB 之 $I_i = 2I$）

3°. 又由 $y_1 - y_{-1} = 2h\theta_0$。 {由固端 $\theta_0 = 0$；边界条件 $y_0 = 0$}  ∴ $y_1 = y_{-1}$

$$\therefore y_1 = \frac{-Pl^3}{36EI} \qquad y_2 = \frac{-5Pl^3}{54EI} \qquad y_3 = \frac{-7Pl^3}{36EI} \quad \text{（－表向下）}$$

# 九章、梁的变形小结

一、特点（分析方法）
$$\begin{cases} \text{梁的小变形} & \frac{1}{\rho} = \frac{d^2y}{dx^2} \quad \text{（略去高阶}\left(\frac{dy}{dx}\right)^2\text{项）} \\ \text{梁的大变形} & \frac{1}{\rho} = \frac{\frac{d^2y}{dx^2}}{\left[1+\left(\frac{dy}{dx}\right)^2\right]^{3/2}} \end{cases}$$

又由 $\frac{1}{\rho} = \frac{M}{EJ} = \frac{M}{EI}$ $\xrightarrow{\frac{1}{\rho}=\frac{d\theta}{dx}=\frac{d^2y}{dx^2}}$ 微分方程 $\frac{d^2y}{dx^2} = \frac{M}{EI}$ ∴ $y = \iint \frac{M}{EI}dx^2 + Cx + D$

二、通用方程
$$\begin{cases} M_{(x)} = M_0 + Q_0 x + M(x-a_m)^0 + \sum P(x-a_p) + \sum q_i\left[\frac{(x-a_i)^2}{2} - \frac{(x-a_i')^2}{2}\right] \\ EI\theta = EI\theta_0 + M_0 x + \frac{Q_0}{2!}x^2 + M(x-a_m) + \sum P\frac{(x-a_p)^2}{2!} + \sum q_i\left[\frac{(x-a_i)^3}{3!} - \frac{(x-a_i')^3}{3!}\right] \\ EIy = EIy_0 + EI\theta_0 x + \frac{M_0}{2!}x^2 + \frac{Q_0}{3!}x^3 + \frac{M}{2!}(x-a_m)^2 + \sum P\frac{(x-a_p)^3}{3!} + \sum q_i\left[\frac{(x-a_i)^4}{4!} - \frac{(x-a_i')^4}{4!}\right] \end{cases}$$

注意：1°坐标原点从梁的一端开始；2°计算时见负项（括号）舍去。3°梁中有铰时分段计算。

三、最小势能原理 应变能 $U = \int \frac{M^2}{2EI}dx + \int \frac{N^2}{2EA}dx + \int \frac{kQ^2}{2GA}dx + \int \frac{M_t^2\,dx}{2GJ_p}$

对梁来说 $U = \int \frac{M^2}{2EI}dx = \int \frac{EI}{2}\left(\frac{d^2y}{dx^2}\right)^2 dx$.

泛函 $\Pi_p = \int_l \frac{1}{2}EI\left(\frac{d^2y}{dx^2}\right)^2 dx - \int_l q y\,dx - \sum P_i \delta_i$

$\frac{\partial \Pi_p}{\partial a_i} = 0$，求得 $\delta_i$（注：U 必为变位的函数）

Ritz 法：——势能原理的一种应用。即选一个满足边界条件的位移函数 $y_{(x)}$ 代入势能泛函 $\Pi_p$，再对 $y_{(x)}$ 的待定常数求偏导 $\frac{\partial \Pi_p}{\partial a_i} = 0$ $(i = 1 \sim k)$ 从而确定待定常数，也即确定了 $y(x)$

四、虚梁法 实梁 ⇌ 虚梁 $\begin{cases} C \rightleftharpoons \bar{C} \\ D \rightleftharpoons \bar{D} \end{cases} \Longrightarrow \begin{cases} \theta = \bar{Q} \\ y = \bar{M} \end{cases}$

五、面积矩法（此法能求θ、挠度Δ均是对A点切线的相对转角和挠度）

$\theta = \frac{1}{EI}\int_A^B M\,dx$ = A-B 两点间弯矩面积被 EI 去除，

$y_{YA} = \Delta = \frac{1}{EI}\int_A^B Mx\,dx$ = A 和 B 之间弯矩图面积对 B 点的一次矩被 EI 去除。

六、挠度的叠加法。 对于转角、挠度、载荷都是线性相关，线性关系的线性组合，在设计计算中，先把复杂的载荷分解（仅考虑单纯一类力对梁的作用），并分别计算出在这些载荷下所求处的变位 $\delta_i$（挠度、或转角），然后求其代数和即可。 $\delta = \sum \delta_i$

优点能查表得出 $\delta_i$。

七、冲击法

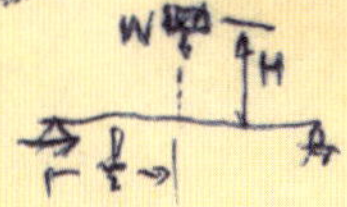


不考虑梁的质量，分析利用能量守恒 $W(H+\delta_d) = \frac{1}{2}(0+W_d)\cdot\delta_d$

利用 $\frac{Wl^3}{48EI} = \delta_{st}$ ⟶ $\frac{W_d l^3}{48EI} = \delta_d$

∴ $\delta_d^2 - 2\delta_s\delta_d - 2\delta_s H = 0$. ∴ $\delta_d = \delta_{st}\left(1+\sqrt{1+\frac{2H}{\delta_{st}}}\right)$

八、刚度计算 $y_{max} \le [f]$ 或 $\frac{y_{max}}{l} \le \left[\frac{f}{l}\right]$

几种典型载荷下的 $y_{max}$。

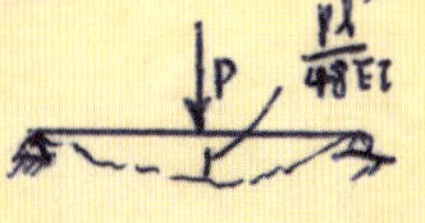


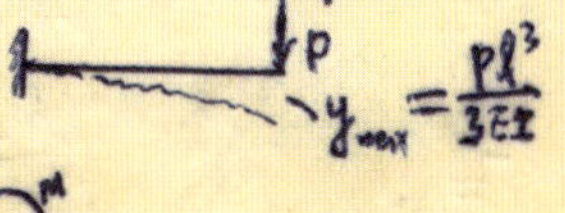


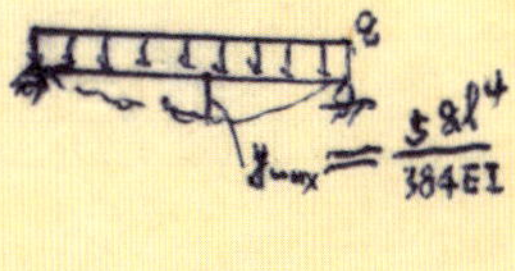


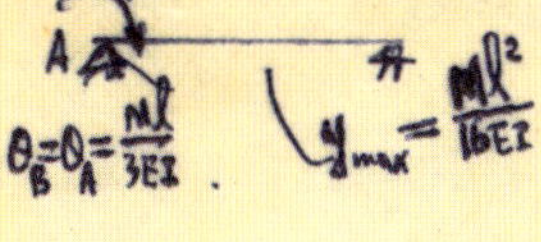

# 第十章 静不定梁（超静定梁）

## §10-1 引言

梁所受约束超过它维持平衡所必须的约束，称为~~多余约束~~超静定梁。

多余约束：超过它维持平衡所必须的约束。（赘余联系）

多余反力：相应的约束反力。（赘余反力）

多余也是相对的：
- 1° 力学观点：对于梁维持平衡是多余的。
- 2° 工程观点：对于工程结构说是必要的，不是多余。因为多支承能减小挠度，减小弯矩，节省材料。

—— 静定的几何不变的基本结构（梁）基本体系（系统）简称基本静定基。

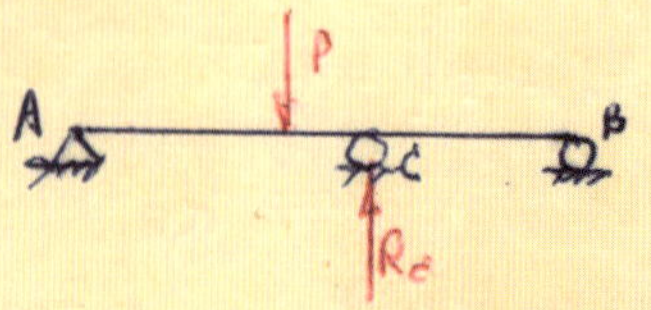


一次静不定梁：把AB约束看成静定基，则可去掉约束C，加上多余反力 $R_C$，补建立协调方程 $\Delta_C = \Delta_{CP} + \Delta_{CR_C} = 0$

也可把A、C作为静定基，去约束B加上多余反力 $R_B$，补建协调方程 $\Delta_B = \Delta_{BP} + \Delta_{BR_B} = 0$。以上二种取法可由简便情况而定。

静不定次数 ＝ 多余约束数目 ＝ 总约束数目 － 3

## §10-2 （迭加法、叠加）变形协调（比较）法

从右图可见，变形协调方程：

$$\Delta_B = \Delta_{Bq} + \Delta_{BR_B} = 0$$

$$= \frac{R_B l^3}{3EI} - \frac{ql^3}{8EI} = 0, \quad \therefore R_B = \frac{3}{8}ql\ (\uparrow)$$

$$\therefore R_A = ql - \frac{3}{8}ql = \frac{5}{8}ql\ (\uparrow)$$

$$M_A = \frac{3}{8}ql^2 - \frac{ql^2}{2} = -\frac{1}{8}ql^2\ (\curvearrowright)$$

从而可画Q、M图

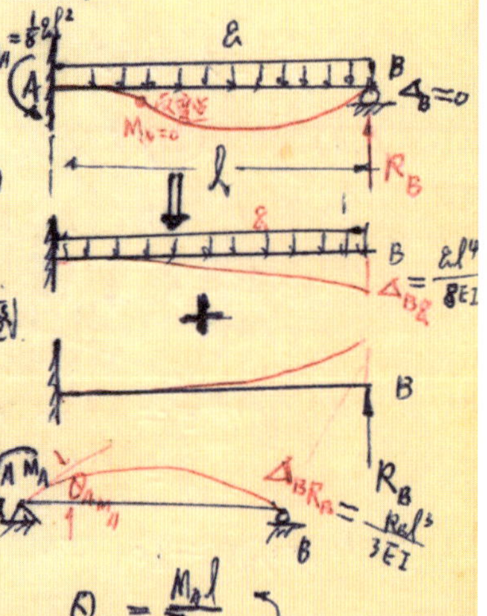


如下也可把 $M_A$ 作多余反力。

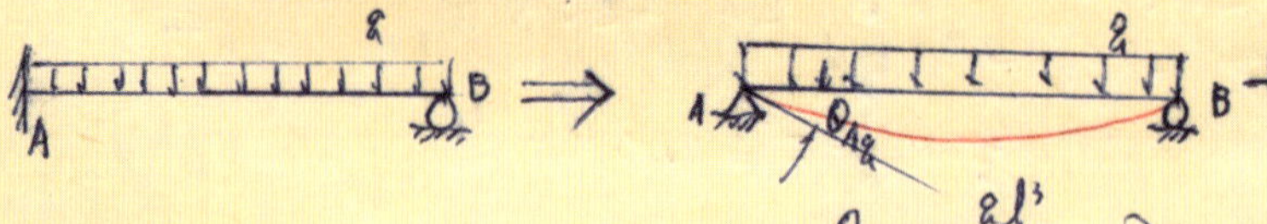


$$\theta_{Aq} = \frac{ql^3}{24EI} \qquad \theta_{AM_A} = \frac{M_A l}{3EI}$$

协调方程： $\theta_A = \theta_{Aq} + \theta_{AM_A} = 0$

$$\therefore M_A = \frac{1}{8}ql^2\ (\curvearrowright)$$

从而也可求反力，画M、Q图。

## §10-3 用挠曲线通用方程解超静定梁（初参数法）

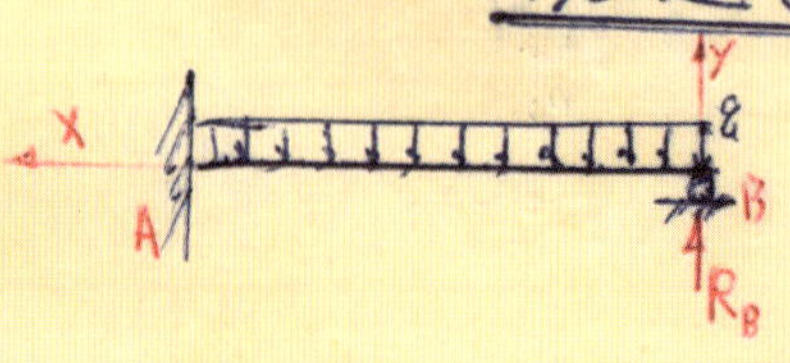


$$\begin{cases} M_x = R_B x - \frac{q}{2}x^2 \\ \therefore EI\theta = EI\theta_0 + \frac{R_B}{2}x^2 - \frac{1}{3\cdot 2}qx^3 \\ EIy = EIy_0 + EI\theta_0 x + \frac{R_B}{3!}x^3 - \frac{q}{4!}x^4 \end{cases}$$

边界条件：$y|_{x=l}=0$，$\theta|_{x=l}=0$。协调方程 $y|_{x=0}=0$

以后由此求得 $R_B = \frac{3}{8}ql$。

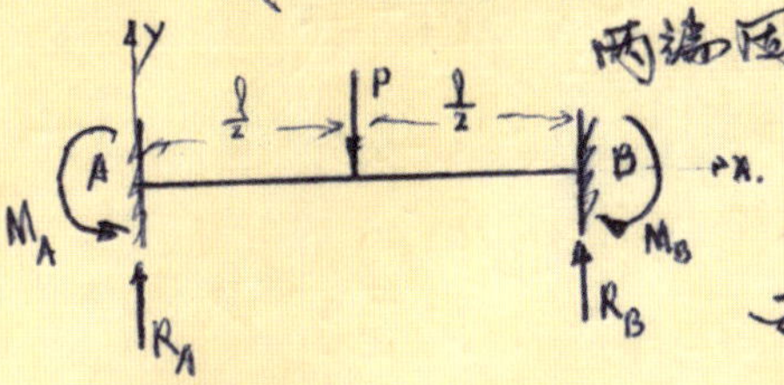

## 两端固定梁 或固端梁

$6-3=3$ 次静不定

由于水平方向位移小，不予考虑，通称就为二次静不定。

通用方程 $M = -M_A(x-0)^0 + R_A x - P(x-\frac{l}{2})$

$$EI\theta = EI\theta_0 - \frac{M_A}{1}(x-0) + \frac{R_A}{2!}x^2 - \frac{P}{2}(x-\frac{l}{2})^2$$

$$EIy = EIy_0 + EI\theta_0 x - \frac{M_A}{2!}x^2 + \frac{R_A}{3!}x^3 - \frac{P}{3!}(x-\frac{l}{2})^3$$

边界条件 $\begin{cases} y_l = 0 \\ \theta_l = 0 \end{cases}$

协调条件 $\begin{cases} y_0 = 0 \\ \theta_0 = 0 \end{cases}$ (支座位移) 多余力 $R_A$. $M_A$.

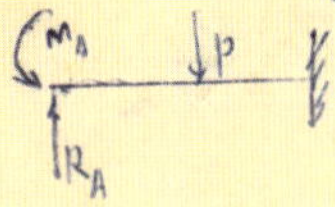

代入边界、协调条件，得 $y_0 = 0$. $\theta_0 = 0$.

$R_A = \frac{P}{2}(\uparrow)$ $M_A = \frac{1}{8}Pl$ (↺)

挠曲图

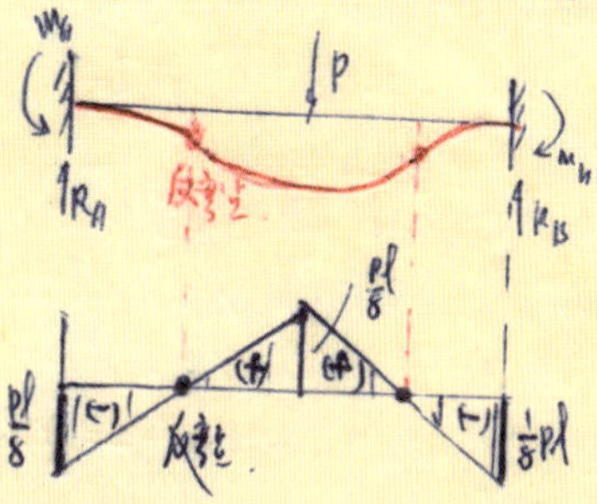

M图

## §.10-4. 用虚梁法(共轭梁法)解超静定问题

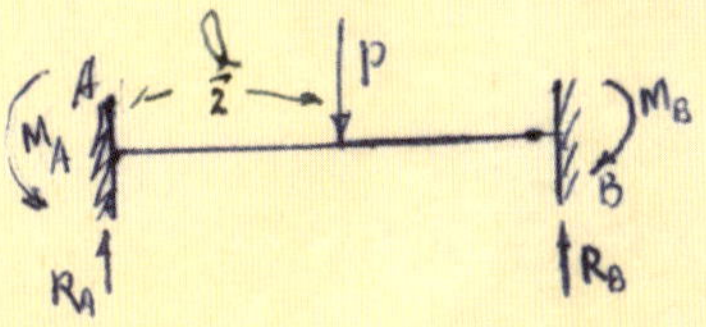

按共轭虚梁 $\frac{M}{EI} = \bar{q}$

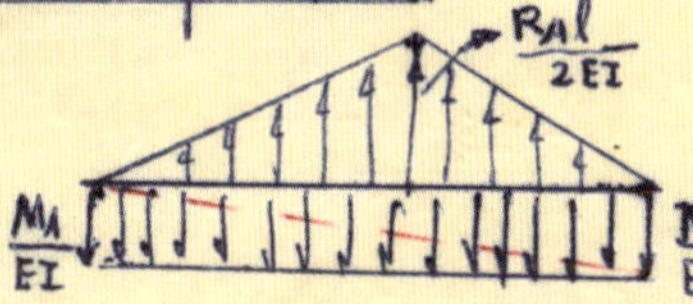

(无支承梁)

建立平衡方程. $\sum M_A = 0 = (\frac{1}{2}l\frac{R_Al}{2EI})\cdot\frac{l}{2} - (\frac{1}{2}l\frac{M_B}{EI})\frac{2}{3}l - (\frac{l}{2}\frac{M_A}{EI})\cdot\frac{1}{3}l = 0$

$$\sum M_B = 0 = (\frac{l}{2}\cdot\frac{R_Al}{2EI})\cdot\frac{l}{2} - (\frac{l}{2}\cdot\frac{M_A}{EI})\frac{2}{3}l - (\frac{l}{2}\frac{M_B}{EI})\frac{l}{3} = 0$$

$$\sum Y = 0 = (\frac{l}{2}\cdot\frac{R_Al}{2EI}) - \frac{1}{2}l\frac{M_B}{EI} - \frac{1}{2}l\frac{M_A}{EI} = 0$$

$\therefore$ $R_A = \frac{1}{2}P$. $M_A = M_B = \frac{Pl}{8}$

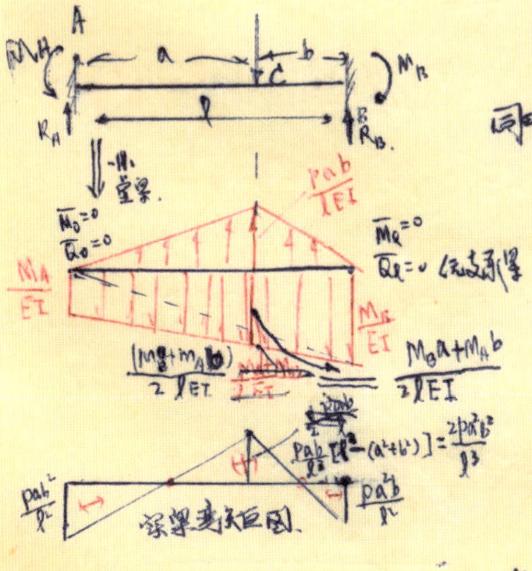


同理建立平衡方程. (把下面梯形分成二个三角形，再按静力矩的方法处理)

$$\sum M_A = 0 = \frac{Pab}{lEI}\cdot\frac{l}{2}\cdot\frac{(l+a)}{3} - \frac{M_B}{EI}\frac{l}{2}\cdot\frac{2}{3}l - \frac{l}{2}\frac{M_A}{EI}\cdot\frac{1}{3}l = 0$$

$$\sum M_B = 0 = \frac{Pab}{lEI}\frac{l}{2}(\frac{l+b}{3}) - \frac{M_B}{EI}\frac{l}{2}\frac{1}{3}l - \frac{l}{2}\frac{M_A}{EI}\frac{2}{3}l = 0$$

得 $\frac{Pab}{EI}(l+a) = 2\frac{M_B}{EI}l^2 + \frac{M_A}{EI}l^2$

$$\frac{Pab}{EI}(l+b) = 2\frac{M_Al^2}{EI} + \frac{M_Bl^2}{EI}$$

$\therefore$ $M_A = \frac{Pab^2}{l^2}$ $M_B = \frac{Pa^2b}{l^2}$

然后求支反力. $R_B = \frac{Pa}{l} + \frac{Pab(a-b)}{l^3}$

$$R_A = \frac{Pb}{l} - \frac{Pab(a-b)}{l^3}$$

求C点的挠度. 利用虚梁法.

$$y_c \doteq \bar{M}_c = \frac{M_A}{EI}\cdot\frac{a}{2}\cdot\frac{2}{3}a + \frac{(M_A+M_B)a}{2EIl}\cdot\frac{a}{2}\cdot\frac{a}{3} - \frac{a}{2}\cdot\frac{Pab}{lEI}\cdot\frac{a}{3} =$$

$$= \frac{pa^3b}{6l^3EI}(-2b^2)$$ ，（∵负号向下）。 $$\therefore y_c = \frac{pa^3b^3}{3l^3EI}(\downarrow)$$

法二、如果是在未去多余约束前把超静定梁变为静定梁后，再在去掉多余力后而变为静定梁的

§10-5. 卡氏第二定理与最小功原理 (P560.)

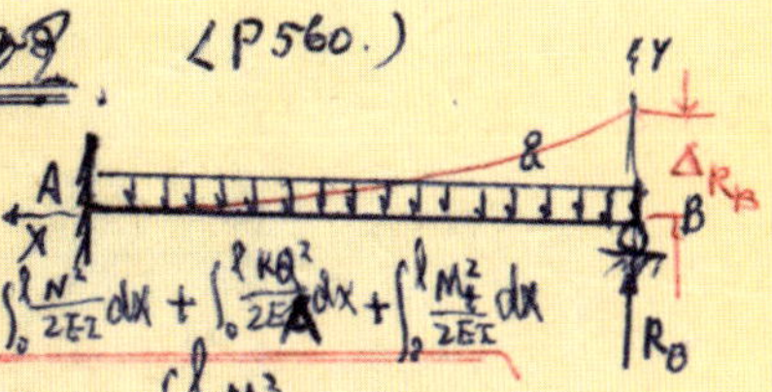

在弹性范围内，卡氏第二定律 $U_c = U_p = U_{(A)}$

(非线弹性范围 $U_c = U_c$ 余能)，一般 $U = \int_0^l \frac{M^2}{2EI}dx + \int_0^l \frac{N^2}{2EI}dx + \int_0^l \frac{kQ^2}{2EA}dx + \int_0^l \frac{M_t^2}{2EI}dx$

只考虑弯矩之路 $\therefore U_c = U_{[q, R_B]} \overset{线弹性}{=\!=} \int_0^l \frac{EI}{2}\left(\frac{d^2y}{dx^2}\right)^2 dx = \int_0^l \frac{M^2}{2EI}dx$

余能

$\because M = R_B x - \frac{q}{2}x^2$ $\therefore U_c = \frac{1}{2EI}\int_0^l \left[R_B x - \frac{q}{2}x^2\right]^2 dx$.

$\because \frac{\partial U_{(q,R_B)}}{\partial R_B} = \Delta_{R_B}$ —— 在 $R_B$ 方向上的位移。

$\therefore \frac{\partial U_{(q,R_B)}}{\partial R_B} = \frac{1}{2EI}\int_0^l 2\left[R_B x - \frac{q}{2}x^2\right]\cdot x\, dx = \frac{1}{EI}\left(R_B\frac{l^3}{3} - \frac{ql^4}{4\cdot 2}\right) = \Delta_{R_B}$

由协调方程 $\Delta_{R_B} = 0$. $\therefore \frac{\partial U_{(q,R_B)}}{\partial R_B} = 0$. (这种情况叫最小功原理)

最小功原理

$\therefore$ 求得 $R_B = \frac{3ql}{8}$

最小功原理，必须说 $\frac{\partial^2 U_{(q,R_B)}}{\partial R_B^2} > 0$. $\frac{\partial^2 U_{(q,R_B)}}{\partial R_B^2} = \frac{1}{EI}\int_0^l x^2 dx > 0$.

$\therefore U_{(q,R_B)} = \min. \Longrightarrow \frac{\partial^2 U}{\partial R_B^2} > 0$

求 $M_A$ 时，则加可转化为

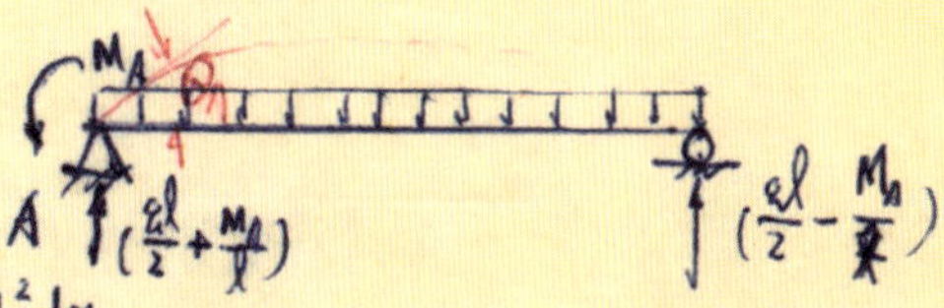

$M = \left(\frac{ql}{2} + \frac{M_A}{l}\right)x - M_A - \frac{qx^2}{2}$

$U_{(q, M_A)} = \frac{1}{2EI}\int_0^l \left[\left(\frac{ql}{2} + \frac{M_A}{l}\right)x - M_A - \frac{q}{2}x^2\right]^2 dx$.

$\frac{\partial U_{(q,M_A)}}{\partial M_A} = \theta_A$. —— $M_A$ 方向上的角位移 (A支的转角)

$\frac{\partial U}{\partial M_A} = \frac{1}{2EI}\int_0^l 2\left[\left(\frac{ql}{2} + \frac{M_A}{l}\right)x - M_A - \frac{qx^2}{2}\right]\left[\frac{x}{l} - 1\right]dx$

$= \frac{1}{EI}\left[\frac{M_A x^3}{3l^2} + \frac{qlx^3}{6l} - \frac{M_A x^2}{2l} - \frac{qx^4}{4\cdot 2l} - \frac{M_A x^2}{2l} - \frac{qlx^2}{4} + M_A x + \frac{qx^3}{6}\right]\Big|_0^l$

$= \frac{1}{EI}\left[\frac{M_A l}{3} + \frac{ql^3}{6} - \frac{M_A l}{2} - \frac{ql^3}{8} - \frac{M_A l}{2} - \frac{ql^3}{4} + M_A l + \frac{ql^3}{6}\right]$

$= \frac{1}{EI}\left[\frac{M_A l}{3} - \frac{ql^3}{24}\right] = \theta_A$.

固端 $\theta_A = 0$. $\therefore \frac{\partial U}{\partial M_A} = 0$ (最小功原理). $\therefore M_A = \frac{q}{8}l^2$

以上可见. $U_c = \int_0^l \frac{1}{2EI}M^2 dx$.

卡氏定理 $\frac{\partial U_c}{\partial P_i} = \int_0^l \frac{1}{2EI}\cdot 2M\frac{\partial M}{\partial P_i}\cdot dx = \frac{1}{EI}\int_0^l M\frac{\partial M}{\partial P_i}dx = \Delta_{P_i}$

这里 $\frac{\partial M}{\partial P_i}$ 为单位载荷 (所引起的广义力) $[M_0 = \frac{\partial M}{\partial M_A})$

如上.

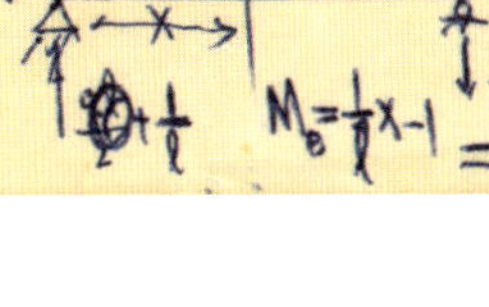

$M_0 = \frac{1}{l}x - 1 = \frac{1}{l}\left(\frac{x}{l} - 1\right) = \frac{\partial M}{\partial M_A} = M_0$

$\therefore$ Mohr 公式. $\Delta_\theta = \frac{1}{EI}\int_0^l M\frac{\partial M}{\partial M_0}dx$

$= \frac{1}{EI}\int_0^l M_0 M dx \Longleftrightarrow$ 卡氏二定律

## §10-6. 求变位的Mohr积分公式和图乘法 （单位荷载法）

由卡氏第二定律 $\Delta_x = \frac{\partial U(X)}{\partial X} = \frac{1}{EI}\int_0^l M\frac{\partial M}{\partial X}dx = \frac{1}{EI}\int_0^l MM^0 dx$

而 $\Delta_x = \frac{1}{EI}\int_0^l MM^0 dx$ 求梁变位的Mohr积分公式． {载荷为单位力（广义力）；变位是外力方向上的变位 $\frac{}{\partial X}$}

可见．卡氏二 ⟺ Mohr积分公式．

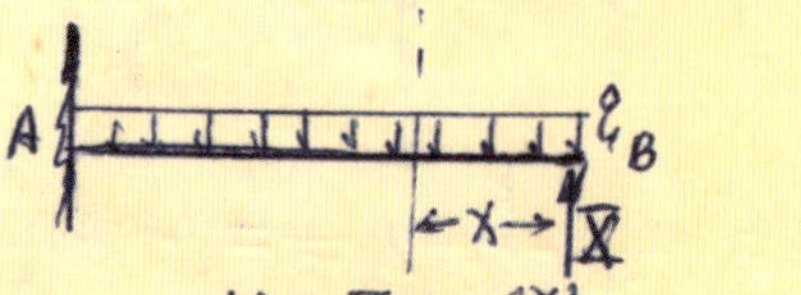

如图．求 $\Delta_x = \frac{1}{EI}\int_0^l M^0 M dx$

$M = Xx - \frac{qx^2}{2}$．

$M^0$ 为单位力作用下梁中力矩．$M^0 = x$

$M$ 为支承梁中的弯矩 $M = Xx - \frac{qx^2}{2}$

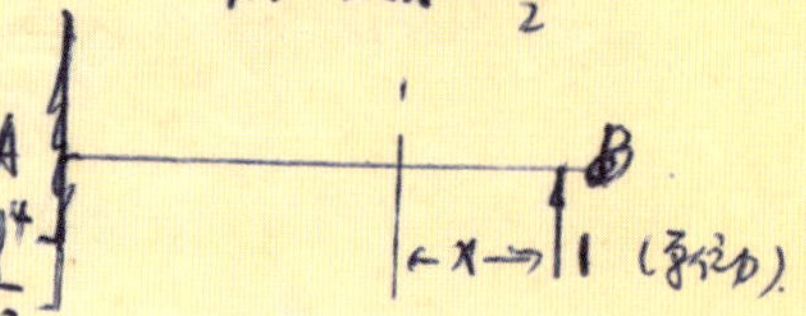

$\therefore \Delta_x = \frac{1}{EI}\int_0^l x\left(Xx - \frac{q}{2}x^2\right)dx = \frac{1}{EI}\left[\frac{Xl^3}{3} - \frac{ql^4}{4\cdot 2}\right]$．

1（单位力）．

$M^0 = x$

如求B的转角 $\theta_B = \frac{1}{EI}\int_0^l M^0 M dx$

则 $M^0$ —— 为单位力偶作用下梁中弯矩．

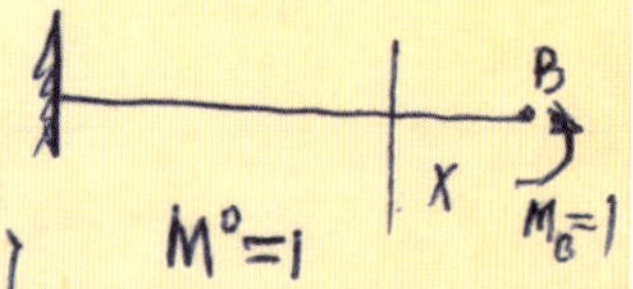

$\therefore \theta_B = \frac{1}{EI}\int_0^l 1\cdot\left(Xx - \frac{q}{2}x^2\right)dx = \frac{1}{EI}\left[\frac{Xl^2}{2} - \frac{ql^3}{6}\right]$ $\quad M^0 = 1$

单位荷载法在梁和平面框架中只计及弯曲变形是重要的．∴ $\Delta = \int_0^l \frac{M_0 M dx}{EI}$

一般地说．由原理 $\overline{W}_{int} = \overline{W}_{ext}$ $\quad W_{ext} = 1\cdot\Delta$．

$\therefore \Delta = \int N_0 dS + \int M_0 d\theta + \int Q_0 d\lambda + \int M_{t0} d\varphi$ （ds．dθ．dφ．dλ是实载荷作用下的变位）．

$= \int \frac{N_0 N}{EA}dx + \int \frac{M_0 M}{EI}dx + \int \frac{Q_0 k_s Q dx}{GA} + \int \frac{M_{t0} M_t}{GJ_\rho}dx$．

应用单位荷载法解题步骤．1°．确定实际载荷所引起结构中的应力合力 N．M．Q．$M_t$．2°．相应于所要求的位移Δ．在结构上置放单位载荷（广义力1）．3°．确定由单位载荷所引起的应力合力 $N_0$．$M_0$．$Q_0$．$M_{t0}$．4°．代入上方程式求解Δ（Δ为广义位移在单位力方向上之变位）．

温度效应．$d\delta = \alpha\Delta T dx$．

当温度沿梁的一侧至另一侧呈直线变化．但沿杆的长度为一常数时．其变形为 $d\theta = \frac{\alpha(T_2 - T_1)}{h}dx$．

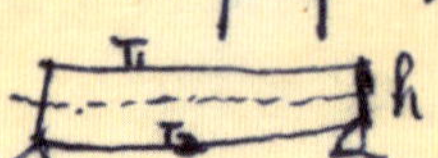

$\Delta = \int_0^l \frac{M_0\alpha(T_2 - T_1)}{h}dx$．

# 图形互乘法 · 图乘法（在单位载荷下之一种简便计算）（能力问题）

因此：把 $\frac{1}{EI}\int_0^l M^0 M dx \Longrightarrow$ M图与M°图之乘积。

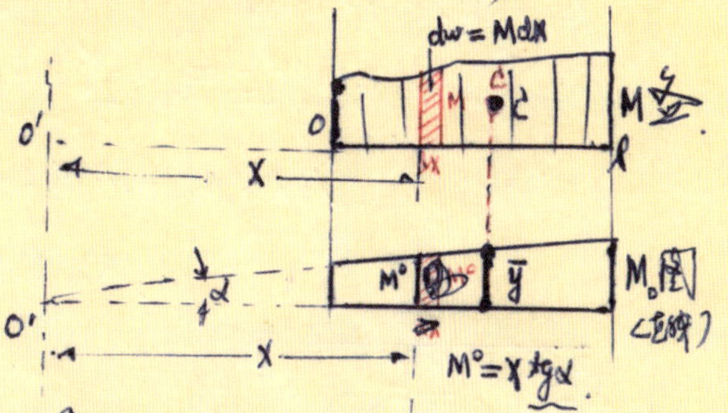

$$\Delta_x = \frac{1}{EI}\int_0^l M M^0 dx$$

$$= \frac{1}{EI}\int_0^l x\,tg\alpha\, d\omega$$

$$= \frac{tg\alpha}{EI}\int_0^l x\, d\omega \quad \text{（面矩）}$$

$$= \frac{tg\alpha}{EI}\bar{x}_c\cdot\omega$$

如图示 $\bar{x}_c\cdot tg\alpha = \bar{y}$

$$\therefore \Delta_x = \frac{1}{EI}\bar{y}\cdot\omega$$

$\omega$ —— M图之面积。
$\bar{y}$ —— M图之形心所对应之$M_0$图的竖直距离。

条件：其中有一图为折线形状，且在图乘中折线不连续之处要划为面积之分段线段

注意正负号：$M^0$ 与M图在同一侧（x轴之上侧或下侧）相乘为正。
$M^0$ 与M图在异侧相乘为负。

例. 如图：1°. 求出支座弯矩

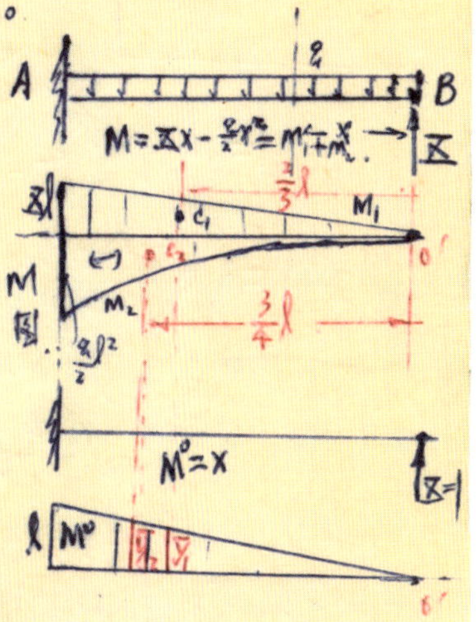

$M = Xx - \frac{1}{2}qx^2$. 为使M图易于图形，把 $M = M_1 + M_2$ 分别在右图画出。

2°. 加单位载荷（作用于所求$\Delta_x$处），求出$M^0$，并画出$M^0$图。

3°. 求$\Delta_x$. $\Delta_x = \frac{1}{EI}[\omega_1\bar{y}_1 + \omega_2\bar{y}_2]$

$$= \frac{1}{EI}[\omega_1\bar{y}_1 + \omega_2\bar{y}_2]$$

$$= \frac{1}{EI}\left[Xl\cdot\frac{l}{2}\cdot\frac{2}{3}l - \frac{1}{3}\left(\frac{ql^2}{2}l\right)\frac{3}{4}l\right]$$

$$= \frac{1}{EI}\left[\frac{Xl^3}{3} - \frac{ql^4}{4\cdot 2}\right]$$

（如B处放松，X为约束力，则$\Delta_x=0$求X）

例. 求$y_c$. 如下图。

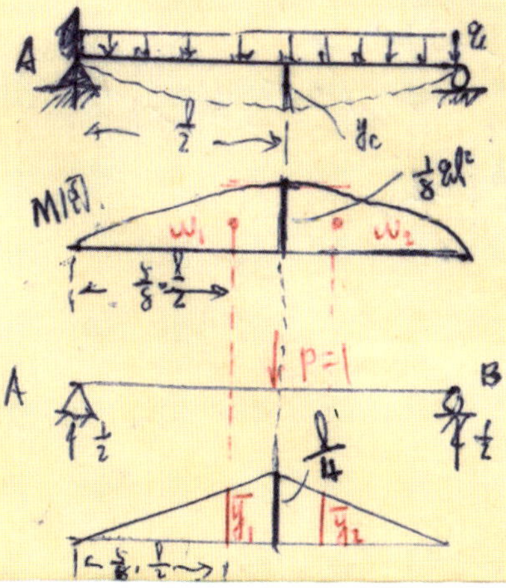

1°. 画出M图和，求出单位力（作用于求$y_c$处）之$M^0$，并画$M^0$图。

2°. 由于$M^0$图不连续（此处折线），故须分二段分开计算。

3°. 计算：$y_c = \frac{1}{EI}[\omega_1\bar{y}_1 + \omega_2\bar{y}_2]$

$$= \frac{1}{EI}\left[\frac{2}{3}\frac{ql^2}{8}\frac{l}{2}\cdot\left(\frac{5}{8}\cdot\frac{l}{4}\right) + \frac{2}{3}\frac{ql^2}{8}\frac{l}{2}\frac{5}{8}\frac{l}{4}\right]$$

$$= \frac{5ql^4}{384EI}$$

$\frac{\bar{y}_1}{\frac{l}{4}} = \frac{\frac{5}{8}\cdot\frac{l}{2}}{\frac{l}{2}}$ $\therefore \bar{y}_1 = \frac{5}{8}\cdot\frac{l}{4}$.

如上题求 $\theta_A$。则 $M_0$ 为作用于A处之单位力偶。

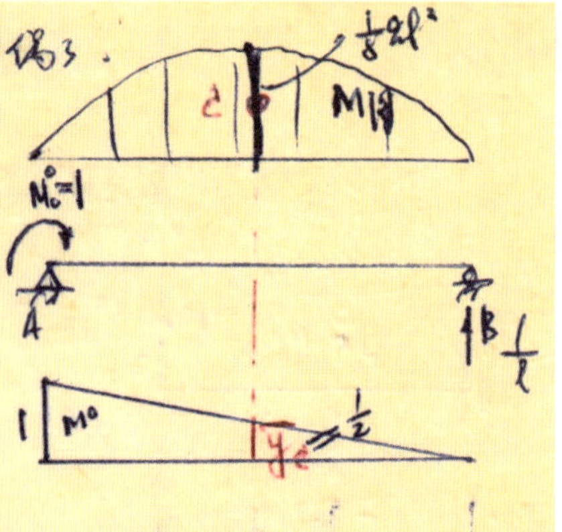


$$\text{则}\ \theta_A=\frac{1}{EI}(\omega\bar{y})=\frac{1}{EI}\left[\frac{ql^2}{8}l\cdot\frac{2}{3}\cdot\frac{1}{2}\right]=\frac{ql^3}{24EI}\ (\curvearrowright)$$

求相对变位。[虚单位力变为一对广义力。(相反、相等。)]

如上题，求相对角度 $\theta_A+\theta_B=?$（相对于A不动B转动了多少，反之亦可）

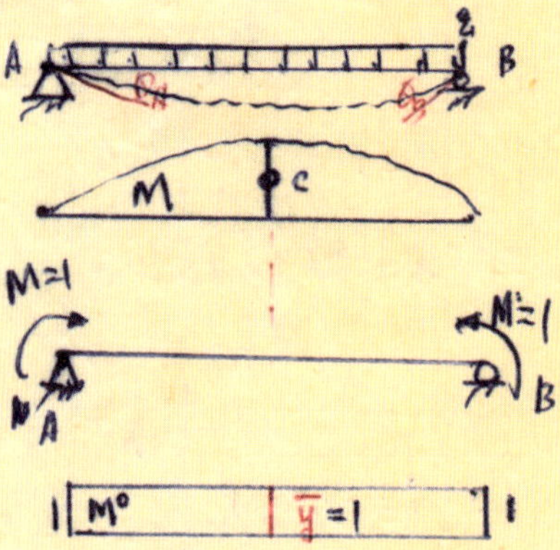


$$\theta_A+\theta_B=\frac{1}{EI}\omega\bar{y}=\frac{1}{EI}\left[\frac{2}{3}\cdot\frac{ql^2}{8}\cdot l\cdot 1\right]=\frac{ql^3}{12EI}$$

相对变位：

当加上一对力，求得（用Mohr积分）$\Delta_x$ 为相对线变位。

当加上一对力偶，求得之就是 $\Delta_x$ 是相对角变位。

（往往不限于直线）

注：应用Mohr积分图乘法时，$M^0$ 图必须连续，如不是则要分段进行图乘。（我们不会做非连续的这一点）

## §10-7. 力法。

以未知力为基本未知量，以变位协调为根据，求解未知力。

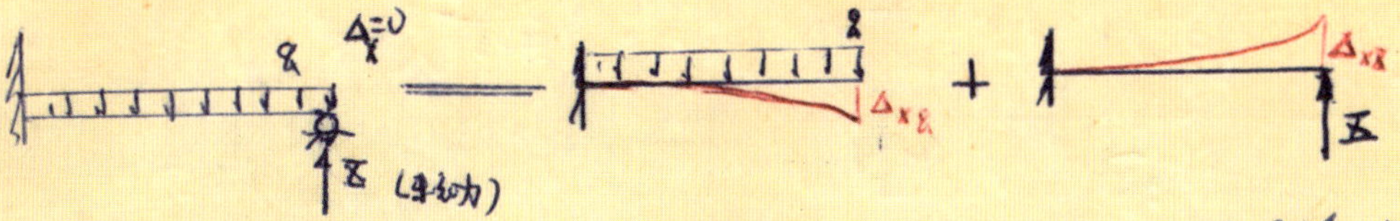

以 X 为未知力，以协调方程 $\Delta_x=\Delta_{xq}+\Delta_{xx}=0$ 为根据，求解未知力。

解法一：

1° 求 $\Delta_{xq}$

$\frac{y}{\frac{3}{4}l}=\frac{l}{l}$，∴ $y=\frac{3}{4}l$

$\Delta_{xq}=-\frac{1}{EI}\left[\frac{1}{3}\frac{ql^2}{2}\cdot l\cdot\frac{3}{4}l\right]$

$=-\frac{ql^4}{8EI}$

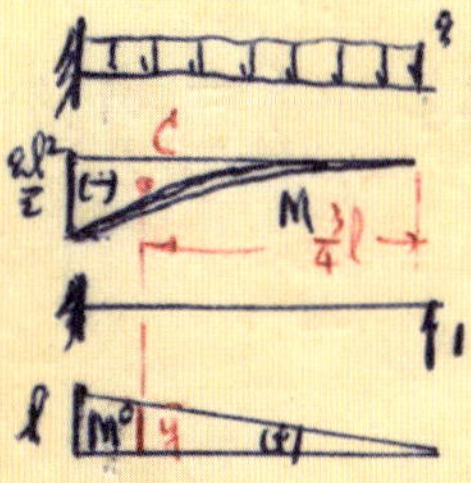

2° 求 $\Delta_{xx}$

$\Delta_{xx}=\frac{1}{EI}\left[Xl\cdot\frac{l}{2}\cdot\frac{2}{3}l\right]$

$=\frac{1}{EI}\left[X\frac{l^2}{2}\cdot\frac{2}{3}l\right]$

$=\frac{Xl^3}{3EI}$

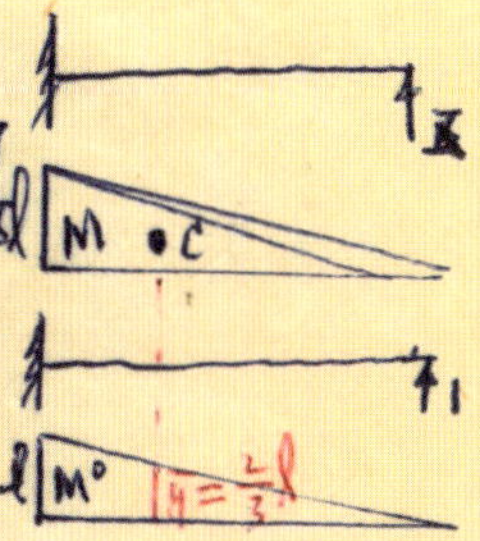

再利用：$\Delta_x=\Delta_{xq}+\Delta_{xx}=0$，求 $X=\frac{3}{8}ql$。

解法二：如设 $\delta_{11}$ 为单位力作用于 X 处的变位。

则 $\Delta_{xx}=\delta_{11}\cdot X$。

由变形协调，则：$X=\frac{-\Delta_{xq}}{\delta_{11}}$

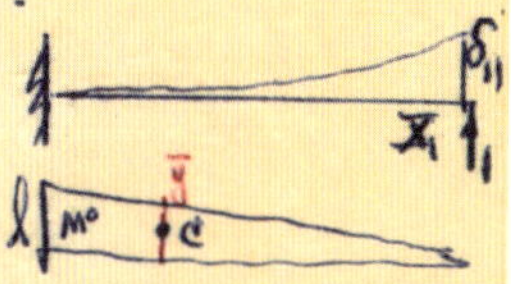

则 $\delta_{11}=\frac{1}{EI}$[图乘 $M^0$ 自乘] $=\frac{1}{EI}\left[\frac{l^2}{2}\cdot\frac{2}{3}l\right]=\frac{l^3}{3EI}$

（画图只要画二个，图乘二个）　∴ $X=-\frac{-\frac{ql^4}{8EI}}{\frac{l^3}{3EI}}=\frac{3}{8}ql$。

结论 ⟹ **静定组合梁解**（把上静定梁放于中间加上铰链）。

先求出铰链处的弯矩 $X_1$，如右图所示。

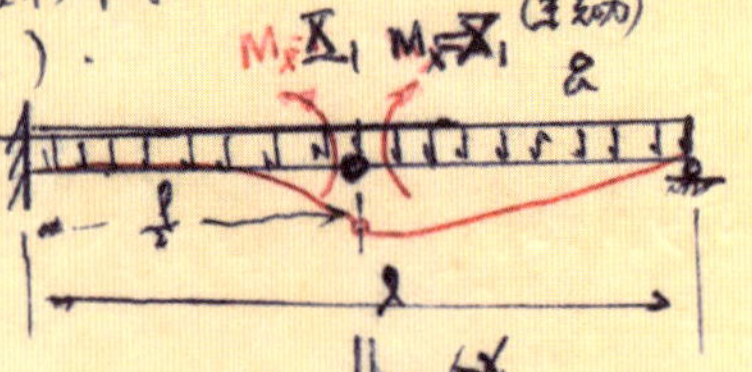


在铰处受附加的 $X_1$ 一对弯矩，因铰不传递弯矩

$\Delta_{1q} = \beta - \alpha$（相对转角）

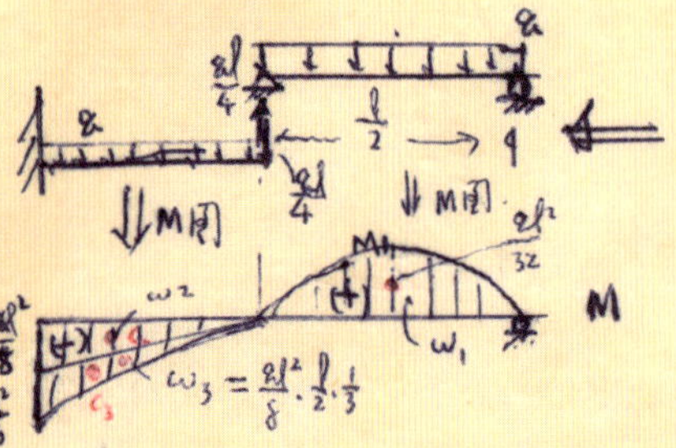


+

$\Delta_{11} = \beta - \alpha = \delta_{11} X_1$

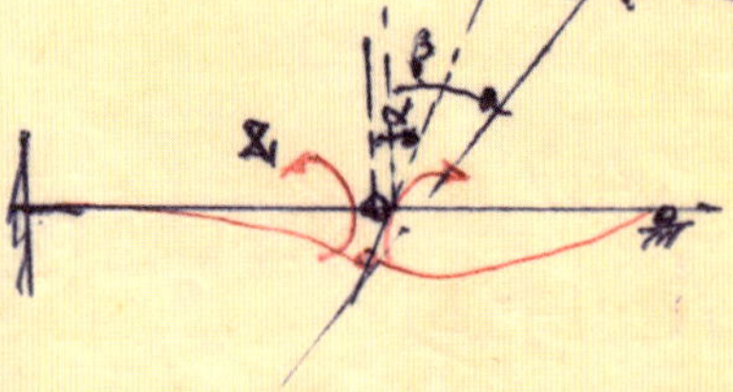


$$\delta_{11} = \frac{1}{EI}\int_0^l M^0 M^0 dx$$

（单位力产生单位载荷的相对转角位移 $\delta_{11}$）

$$= \frac{1}{EI}\left[\frac{1}{2}\cdot 2\cdot l\cdot\frac{2}{3}\cdot 2\right]$$

$$= \frac{4l}{3EI}$$

（$\delta_{11}$ 永远为正）

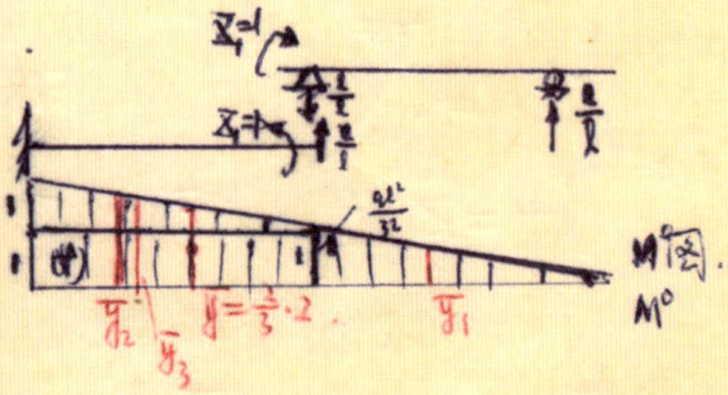


$$\Delta_{1q} = \frac{1}{EI}\int_0^l M M^0 dx$$

$$= \frac{1}{EI}\left[\omega_1\bar{y}_1 - \omega_2\bar{y}_2 - \omega_3\bar{y}_3\right]$$

$\omega_1 = \frac{2}{3}\cdot\frac{ql^2}{32}\cdot\frac{l}{2} = \frac{ql^3}{96}$，$\bar{y}_1 = \frac{1}{4}\cdot 2 = \frac{1}{2}$

$\omega_2 = \frac{1}{2}\cdot\frac{ql^2}{8}\cdot\frac{l}{2} = \frac{ql^3}{32}$，$\bar{y}_2 = 1 + \frac{2}{3} = \frac{5}{3}$

$\omega_3 = \frac{l}{2}\cdot\frac{ql^2}{8}\cdot\frac{1}{3} = \frac{ql^3}{48}$，$\bar{y}_3 = 1 + \frac{3}{4} = \frac{7}{4}$

$$\Delta_{1q} = \frac{1}{EI}\left[\omega_1\bar{y}_1 - \omega_2\bar{y}_2 - \omega_3\bar{y}_3\right] = \frac{1}{EI}\left[\frac{ql^3}{96}\cdot\frac{1}{2} - \frac{ql^3}{32}\cdot\frac{5}{3} - \frac{ql^3}{48}\cdot\frac{7}{4}\right] = -\frac{ql^3}{12EI}$$

由力法方程 $\Delta_1 = \Delta_{11} + \Delta_{1q} = 0 = \delta_{11} X_1 + \Delta_{1q} = 0$

$$X_1 = \frac{-\Delta_{1q}}{\delta_{11}} = \frac{\frac{ql^3}{12EI}}{4l/3EI} = \frac{ql^2}{16}$$

（说明 $X_1$ 假设正确）

最后弯矩图为 $M = M_q + X_1 M^0$（代数和，M 有正负）。

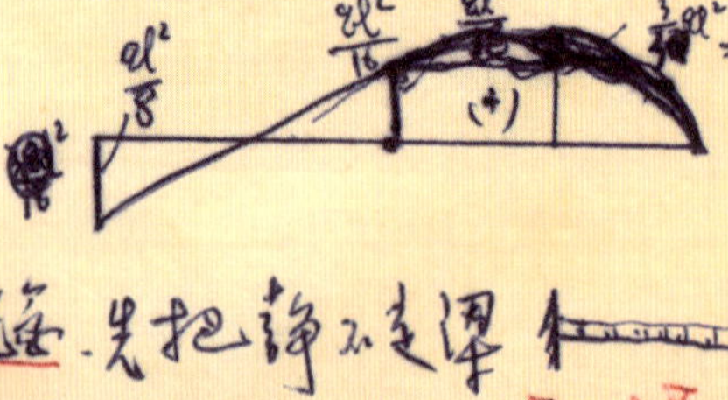


这就是相对位移的概念。先把静定梁

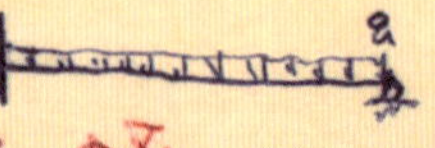

中间放开，加上铰链使变为静定组合梁

并在铰处加上一对未知力偶 $X_1$（∵铰不抵抗弯矩），这样可求出铰处的相对转角 $\Delta_1 = \Delta_{1q} + \Delta_{11} = \delta_{11} X_1 + \Delta_{1q}$，再由变形协调方程 $\Delta_1 = 0$ 求解之。

# 第十章 静不定梁小结

分析问题。—— 去约束（以方便为要）加上多余力 $R_i$，把多余力作为未知力，用表示平衡的方法求解之。只不过要加上与静不定次数一样多的协调方程组 $\Delta_1=\Delta_{1P_i}+\Delta_{1R_i}=0$

一、变形协调比较法。（迭加法）

把梁所受载荷分解为几个简单载荷作用（根据分解），并以此分别计算去约束处的转角、挠度，再进行叠加迭加，比较协调方程 $\Delta=\Delta_{1q}+\Delta_{1P}+\Delta_{1R}=0$ 求解。

二、用挠度通用方程求解（积分法）

建立通用方程，利用边界条件和协调方程，定出常数和多余力。

（此方法比较一般性，对于中间有铰之梁要分段进行）。

三、虚梁法。—— 把多余力所作为作用于实梁的载荷，画出实梁的弯矩图，并以实梁的弯矩图作为载荷作用于虚梁上（$\bar{q}=\frac{M}{EI}$），这样有 $\begin{cases}\theta_1=\bar{Q}_1\\ \Delta_1=\bar{M}_1\end{cases}$ 与协调方程比较，即可求解之。

四、卡氏第二定律。余能 $U_c=\int_l\frac{M^2}{2EI}dx+\int_l\frac{N^2dx}{2EA}+\int_l\frac{kQ^2dx}{2GA}+\int_l\frac{M_t^2dx}{2GJ_0}$

对于梁来说，主要是 $U_c=\int\frac{M^2}{2EI}dx$。

卡二：$\frac{\partial U}{\partial R_i}=\Delta_i$ —— 表示 $R_i$ 方向上的变位，也可写为 $\frac{\partial U}{\partial R_i}=\int\frac{M}{EI}\frac{\partial M}{\partial R_i}dx=\Delta_i$

根据协调方程令 $\Delta_i$=某求解。如0，$\Delta_i=0$ 则

$\frac{\partial U}{\partial R_i}=0$ —— 为最小功原理。

五、Mohr积分法 —— $\Delta=\int_l\frac{MM^0}{EI}dx$

（$M^0$图不连续时应分段积分）

证明：∵ $W_{ext}=W_{int}$（虚功）即 $P_i\Delta=\int M^0d\theta$。取 $P_i=1$，真实位移 $d\theta=\frac{Mdx}{EI}$ 得之实际位移，即得Mohr积分。

注：$P_i=1$ 为单位力——广义力（力、力偶）；$\Delta$——单位力方向上的广义变位（转角、挠度）

图乘法 —— 是Mohr积分法的一种简便计算方法。$\Delta=\int\frac{M}{EI}M^0dx=\frac{1}{EI}\bar{y}\omega$

其中：
- $\omega$ 为实际弯矩M图的面积，上侧为正。
- $\bar{y}$ 为实际弯矩M图面积形心C对应的 $M^0$ 图的竖直距离，在上侧为正。

六、力法。—— 以多余力为未知力，以协调方程 $\Delta_x=\delta_{11}X_1+\Delta_{xx}=0$ 为根据，从而可以求解未知力。

对于静不定梁，我们也可以把梁的中间放松，即加上一个铰链变成静定组合梁，由于铰链不能传递弯矩，必须在铰处加上一对相等相反的未知弯矩 $X_1$，作未知力求解，求出 $X_1$，再以静定组合梁的解题法求解反力。

同理也可以用三弯矩法、有限差分法求解之。

# 第十一章 非弹性弯曲 (极限设计)

分为：
- 非线性弹性弯曲
- 弹塑性弯曲

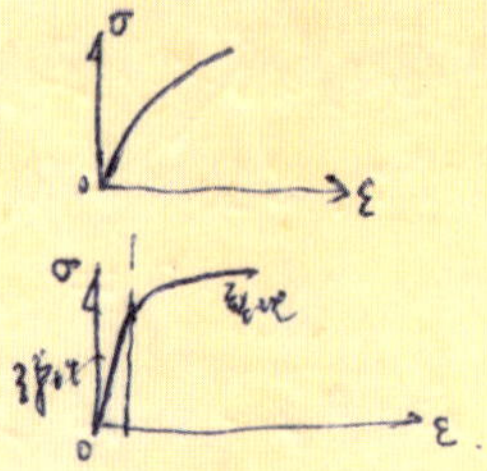


## §11-1 塑性弯曲

实验 —— 鲍辛格(Bauhinger)实验.

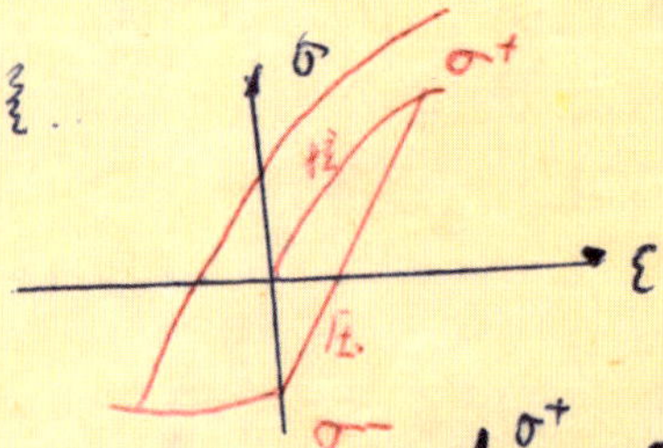


对梁来说

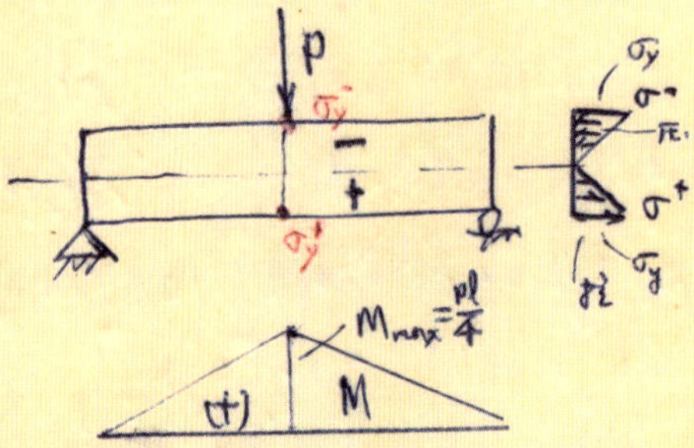


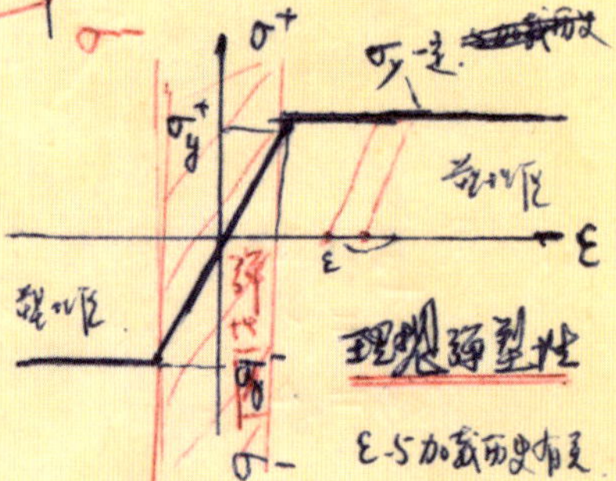


ε-σ 加载历史有关

1> 开始出现屈服点. 应力分布仍是线形
中性轴仍过形心

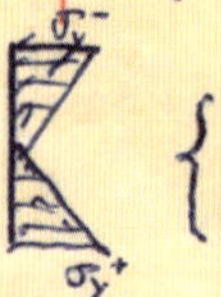

$$\begin{cases} \sigma_{max} = \dfrac{M_{max}}{W} = \sigma_y \\ M_y = \sigma_y W \end{cases}$$

屈服弯矩 (一边出现) yeild

∵仍是线形 W叫弹性截面模量 $W = \dfrac{J_z}{y}$

如矩形截面 $W = \dfrac{bh^2}{6}$

2> 弹塑性区出现. 应力分布

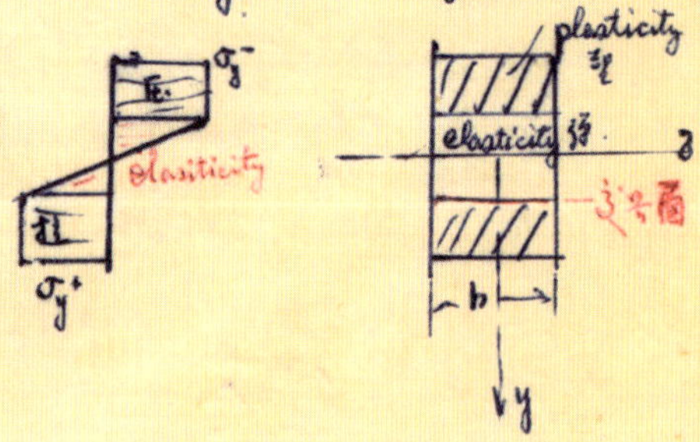


中性轴不一定过形心

由 $\int \sigma dA = 0$ 确定.

3) 完全塑性区出现 (perfect plasticity region)

确定中性轴 $\int \sigma dA = 0$

$\therefore T - C = 0.\ A_1 = A_2$

中性轴由拉压面积 $A_1 = A_2$.

应力分布

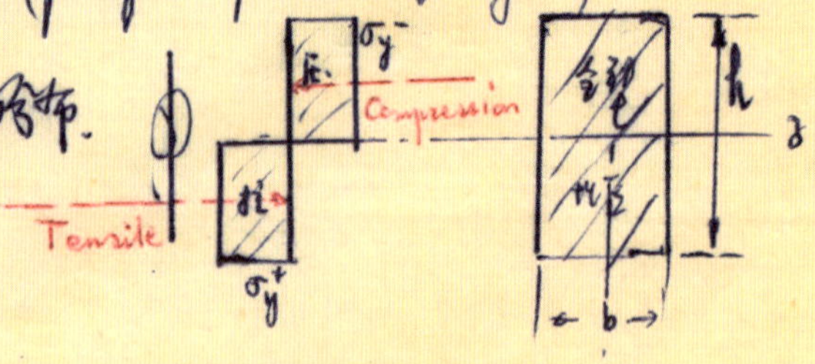


压力区总压力 $C = \sigma_y \dfrac{bh}{2}$

拉力区总拉力 $T = \sigma_y \dfrac{bh}{2}$

$T = C$ (大小) 组成一个力偶 —— $M_p$ 塑性弯矩.

可见 $M_p = \dfrac{h}{2} T = \sigma_y \dfrac{bh^2}{4}$　　$M_p = \sigma_y W_p$　　($W_p = \dfrac{bh^2}{4}$) 叫塑性截面模量

比较：$\frac{M_p}{M_y}=\frac{\sigma_y W_p}{\sigma_y W}$ 矩形截面 $\frac{3}{2}=1.5$

对于不同截面，这个比值不同。故 $f=\frac{M_p}{M_y}=\frac{W_p}{W}$ 为截面形状系数

矩形 $f=1.5$。　工字形 $f=1.1\sim1.2$。

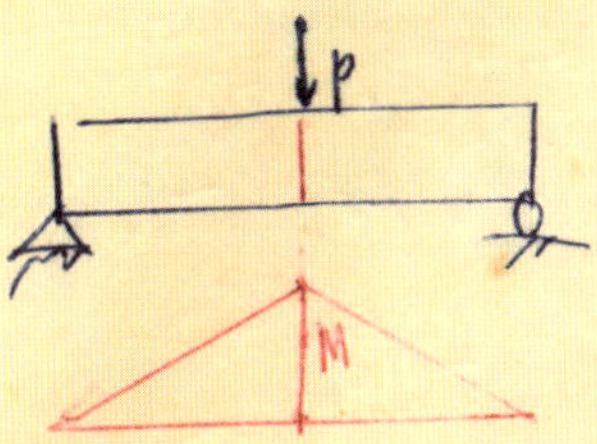


$$\Rightarrow\begin{cases}M_{max}=\frac{Pl}{4}\\ M_y=\frac{P_y l}{4}, & P_y=\frac{4M_y}{l}\ \text{屈服载荷}\\ M_p=\frac{P_p l}{4}, & P_p=\frac{4M_p}{l}\ \text{—极限载荷}\end{cases}$$

（塑性载荷，即破坏载荷）

其中 $M_p$ 的计算如下：

$\therefore M_p=\int\sigma_y y\,dA$

$$M_p=Cy_1+Ty_2$$
$$=\sigma_y A_1y_1+\sigma_y A_2y_2$$
$$=\sigma_y(A_1y_1+A_2y_2)$$

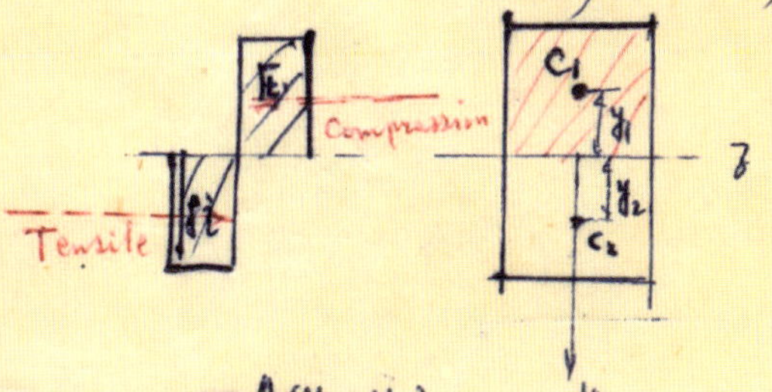


如 $A_1=A_2=\frac{A}{2}$ 则 $M_p=\frac{\sigma_y A(y_1+y_2)}{2}=\sigma_y Z$

在塑性弯曲中，我们确定中性轴 $\int\sigma\,dA=0$

则 $\sigma_yA_1-\sigma_yA_2=0$　$\therefore T-C=0$.　$A_1=A_2$

即：中性轴把横截面分为两个相等的面积。因此一般地说塑性弯矩 $M_p$ 作用下的中性轴与线性弹性弯曲的中性轴不相同。但是，如横截面为双向对称（如矩形、宽翼缘），其中性轴对于塑性弯曲和弹性弯曲都是相同的。

我们称 $Z=\frac{A(\bar{y}_1+\bar{y}_2)}{2}$ = 中性轴以上横截面面积对中性轴的一次矩加上中性轴以下面积对中性轴的一次矩

为塑性模量

## 弯矩与曲率的关系：

1）弹性弯矩曲率 $K=\frac{1}{\rho}=\frac{d\theta}{dx}=\frac{M}{EI}$（没有出现屈服时的曲率）。

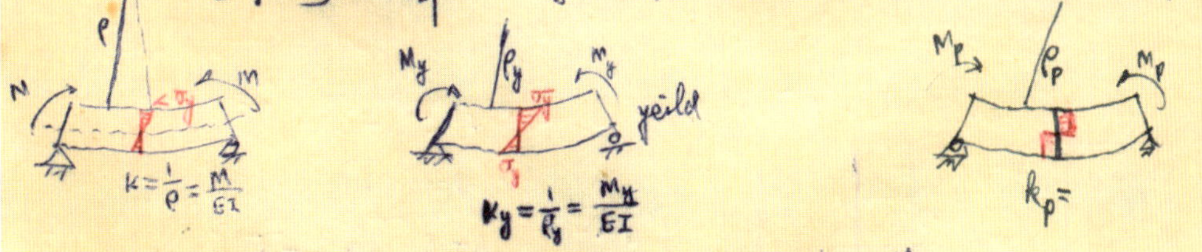


2）开始出现屈服　弯矩曲率关系。$k_y=\frac{1}{\rho_y}=\frac{M_y}{EI}$

比值 $\frac{K}{K_y}=\frac{M}{M_y}$。　讨论：

① $k=k_y$　$M=M_y$　$\frac{k}{k_y}=\frac{M}{M_y}=1$

②. $k<k_y$.　$M<M_y$　$0\le\frac{k}{k_y}=\frac{M}{M_y}<1$

③. $k=k_p$ 时　$M_p>M_y$.　$\frac{k_p}{k_y}=\frac{M_p}{M_y}>1$

④ $k_y < k < k_p$ 部分弹塑性.

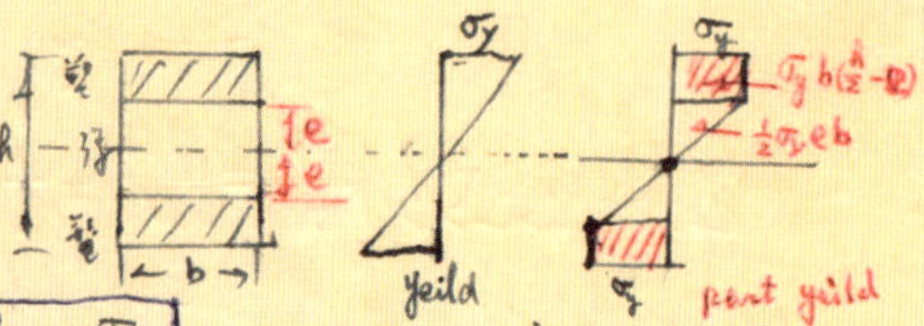


曲线的弹性段. $K=\frac{1}{\rho}=\frac{\varepsilon}{y}$

边界 $\varepsilon=\frac{\sigma_y}{E}$　　$y=e$　　∴ $k=\frac{1}{\rho}=\frac{\sigma_y}{Ee}$ (部分塑性的曲率)

部分弹塑性区的弯矩M. ∵ $M_y<M<M_p$

$$M=2\sigma_y b\left(\frac{h}{2}-e\right)\left[\frac12\left(\frac h2-e\right)+e\right]+2\cdot\frac12\sigma_y be\cdot\frac23 e$$
（塑性矩）（弹性矩）

$$=\sigma_y\frac{bh^2}{6}\left(\frac32-\frac{2e^2}{h^2}\right)=M_y\left(\frac32-\frac{2e^2}{h^2}\right)$$

由上式. 开始屈服时. $y=\frac h2=e$　$k_y=\frac{2\sigma_y}{Eh}$.　$M=M_y$

全屈服. $e=0$.　$M=\frac32M_y=M_p$

$\frac{k}{k_y}=\frac{h}{2e}$. (K为部分屈服时的曲率)

∴ $\frac{k_y^2}{k^2}=\left(\frac{2e}{h}\right)^2=\frac{2(2e^2)}{h^2}$　∴ $\frac{2e^2}{h^2}=\frac{k_y^2}{2k^2}$

∴ $M=M_y\left(\frac32-\frac{k_y^2}{2k^2}\right)$

$$\frac{M}{M_y}=\frac32-\frac{k_y^2}{2k^2}\quad\text{or}\quad\frac{k}{k_y}=\frac{1}{\sqrt{3-2M/M_y}}$$

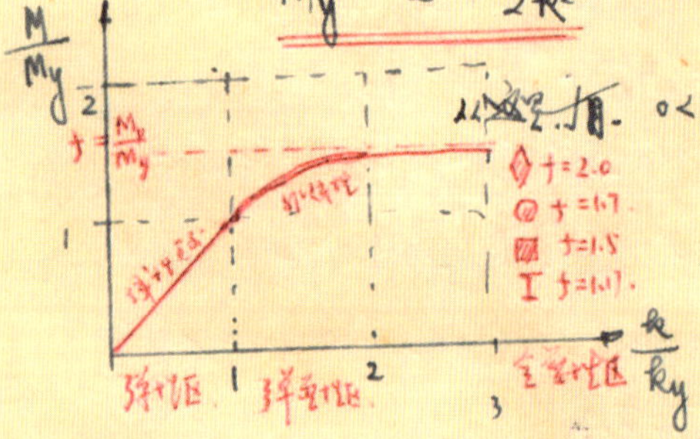


以上只有 $0<\frac{M}{M_y}\le1$ 则 $0<\frac{k}{k_y}\le1$. 线性关系

$\frac{M}{M_y}=1$.　$\frac{k}{k_y}=1$

$1<\frac{M}{M_y}<\frac{M_p}{M_y}$ 非线性..　$\frac{k}{k_y}\ge1$.

## §11-2. 塑性铰 plastic hinge

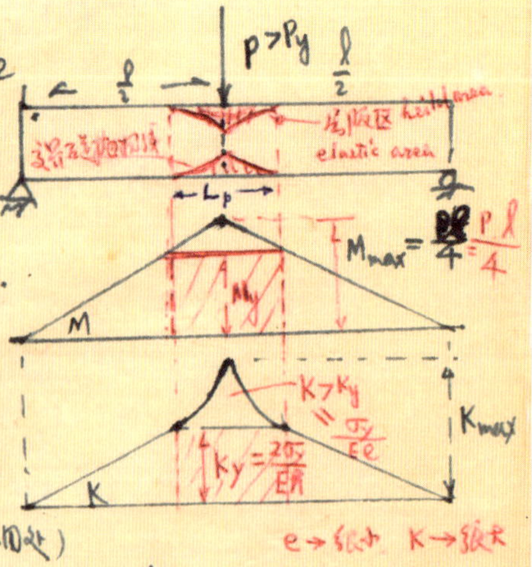


(一). 开始塑性..

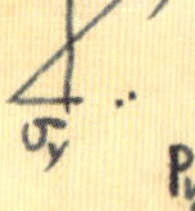

$M_y=\sigma_y\frac{bh^2}{6}=\frac{P_y l}{4}$

$P_y=\frac{4M_y}{l}=\frac{4\sigma_y bh^2}{6}$. 屈服载荷

二) 弹塑性区..　$P_y<P\le P_u$ 屈服区扩大

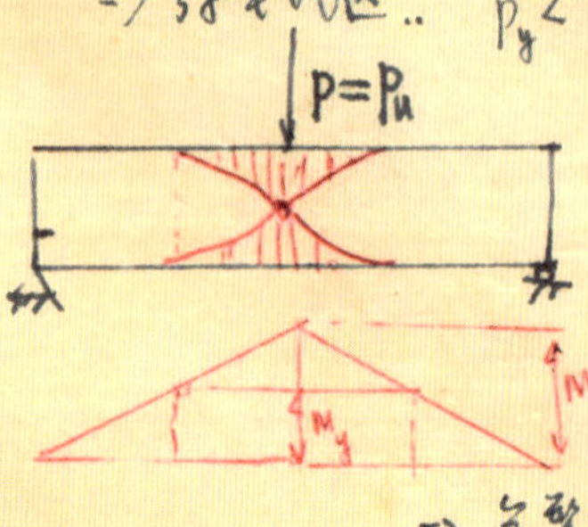


当 $P=P_u$. P作用截面全屈服

$M_{max}=M_p$. 最大弯矩

不再能增大了: 梁中央(P作用处)

就相当一个塑性铰 (铰不抵抗弯矩) 不能再抵抗弯矩了。

三). 全塑性区..　$M_p=\frac{P_u l}{4}=\sigma_y\frac{bh^2}{4}$.　$P_u=\frac{4M_p}{l}=\frac{\sigma_y bh^2}{l}$.

$\frac{P_u}{P_y}=1.5$

## §11-3. 梁的极限载荷 $P_u$ 的计算方法..

利用塑性铰之概念 ⟹ 极限载荷 $P_u$ 的计算..

1). 静定梁..—— 单铰之形成足以引起破坏. 产生铰的荷载之大小（亦即极限载荷 $P_u$）可由静力学求出..

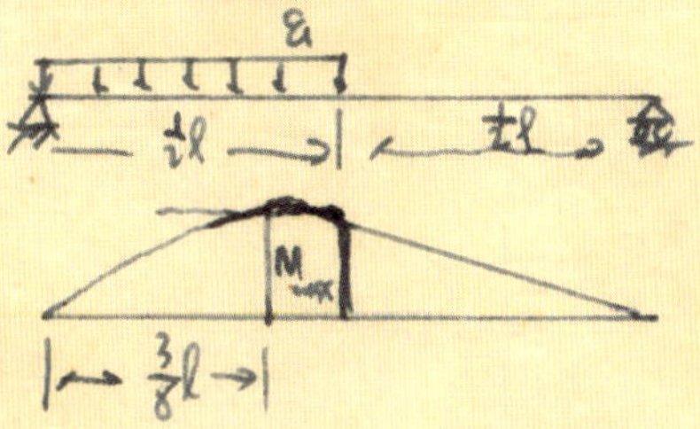


屈服.. $M_y=\frac{9q_yl^2}{128}$

∴ $q_y=\frac{128M_y}{9l^2}$

可查表 $M_y=\sigma_y\cdot\frac{bh^2}{6}$.

全塑性.. $M_p=\frac{9q_pl^2}{128}$  $q_u=\frac{128M_p}{9l^2}$

$M_p=\sigma_y\frac{bh^2}{4}$ 从而塑性铰之形成.

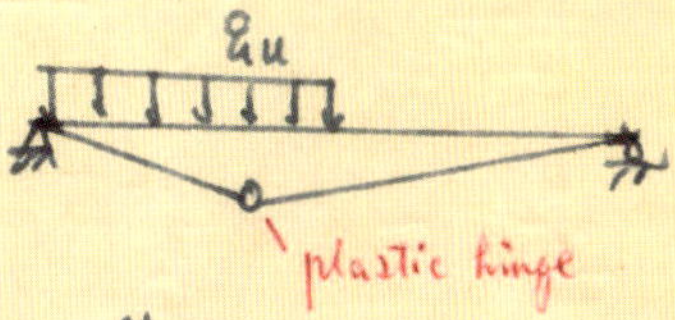


$\frac{q_u}{q_y}=1.5$. $f=\frac{M_p}{M_y}=1.5$.

静定结构 $\frac{P_u}{P_y}=\frac{M_p}{M_y}$.

2.. 超静定梁..—— 我们可直接对其破坏处（$M_{max}$处）用静力学计算 $P_u$. 由其破坏处 $M_p$ 之形成塑性铰. 从而得出机构图. 由平衡方程求得 $P_u$ 也可用虚功原理求解之..

（不需以静定梁方法计算）.

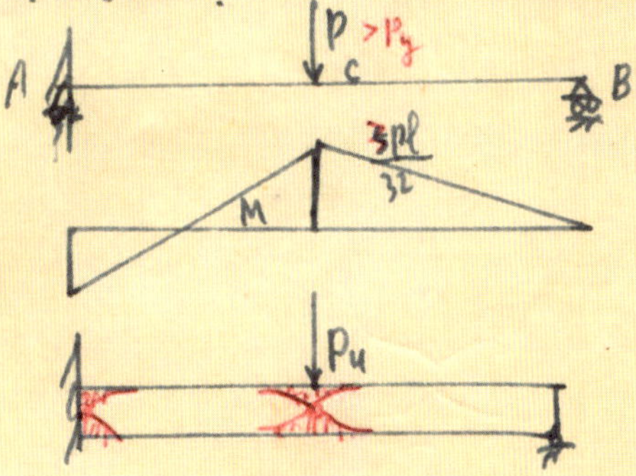


屈服弯矩.. $M_y=\frac{3}{16}P_yl$.

$P_y=\frac{16}{3l}M_y$.

计算极限载荷 $P_u$.

1). 静力计算.. $\Sigma M_A=0$

$M_p+R_Bl-P_u\frac{l}{2}=0$.

取CB分析

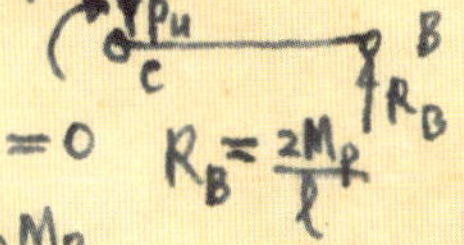


∵ $M_c=M_p$  $\Sigma M_c=0$  $R_B=\frac{2M_p}{l}$

∴ $P_u=\frac{6M_p}{l}$

$\frac{P_u}{P_y}=\frac{9M_p}{8M_y}$（超静定结构之特点.）

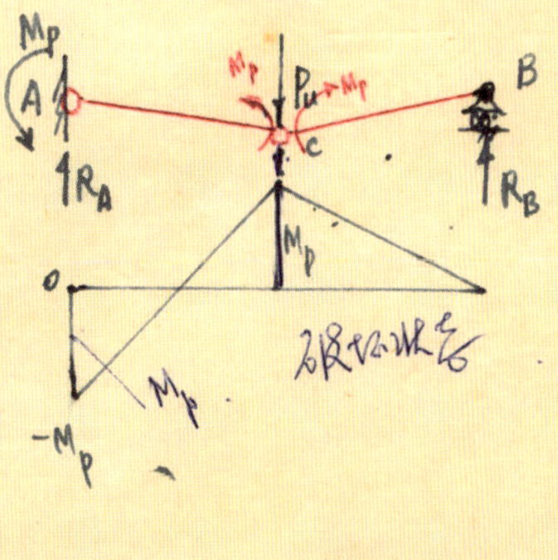

2) 用虚功原理计算极限载荷。

根据：

平衡了力系，由于某种原因的微小的虚功和为零。

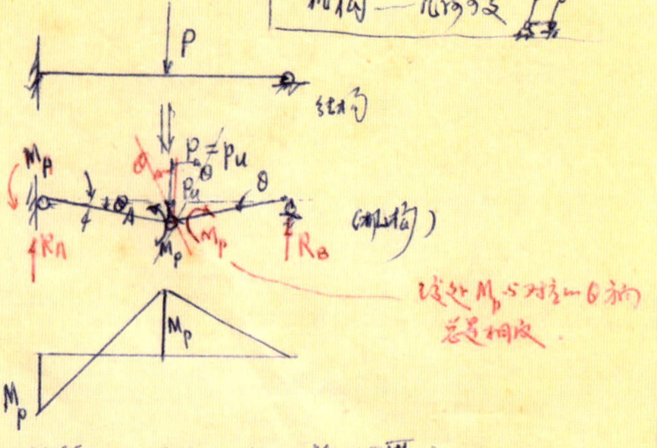


$$R_A\cdot 0 - M_p\theta_A - M_p\theta - M_p\theta + P_u\theta\cdot\frac{l}{2} + R_B\cdot 0 = 0$$

$(\theta_A=\theta)$

$$3M_p\theta = \frac{P_u}{2}l\theta$$

$\therefore\ P_u=\frac{6M_p}{l}$（极限载荷）　（$M_p$ 为已知，$M_p=\sigma_y W_p$）

极限载荷设计。 若安全系数为 n，许可载荷 $[P]=\frac{P_u}{n}$

例 如图

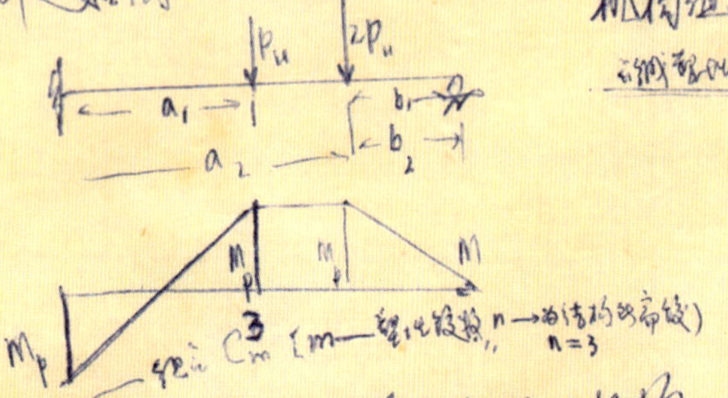


机构组合法

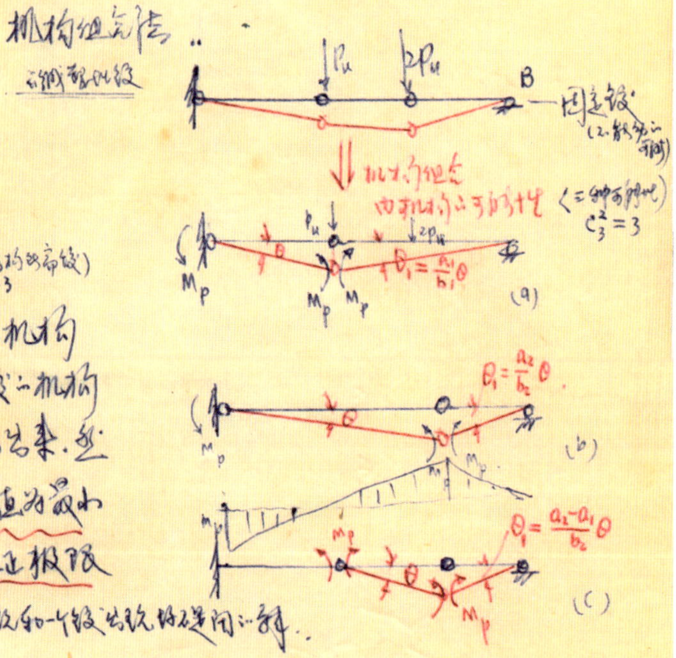


组合 $C_m^3$ (m——塑性铰数，n→为结构的静不定次数，n=3)

从上述已知机构出现的破坏机构的可能性有三种。对每一种假设的机构，其载荷 $P_u$ 之大小按虚功原理计算出来。然后，选择的破坏结构是载荷 $P_u$ 值为最小的机构，这种载荷为结构的真正极限载荷。在图(a)中，对于三个铰均出现和一个铰出现的情况计算。

计算(a)　$-M_p\theta - M_p\theta - M_p\theta_1 + P_u\theta a_1 + 2P_u b_2\theta_1 = 0$

$$-M_p\left(\theta+\theta+\frac{a_1}{b_1}\theta\right)+P_u\left(a_1\theta+2b_2\cdot\frac{a_1}{b_1}\theta\right)=0$$

$$\therefore\ P_{u(a)}=\frac{(2b_1+a_1)M_p}{a_1b_1+2a_1b_2}$$

同理计算(b)：　$-M_p\theta - M_p\theta - M_p\theta_1 + P_u a_1\theta + 2P_u b_2\theta_1 = 0$

$$P_{u(b)}=\frac{M_p(2b_2+a_2)}{b_2(a_1+2a_2)}$$

同理可计算 $P_{u(c)}$，比较 $P_{u(a)}$、$P_{u(b)}$、$P_{u(c)}$。

真正极限载荷是上面三个 $P_u$ 值的最小者。

## 静定梁均匀载荷..

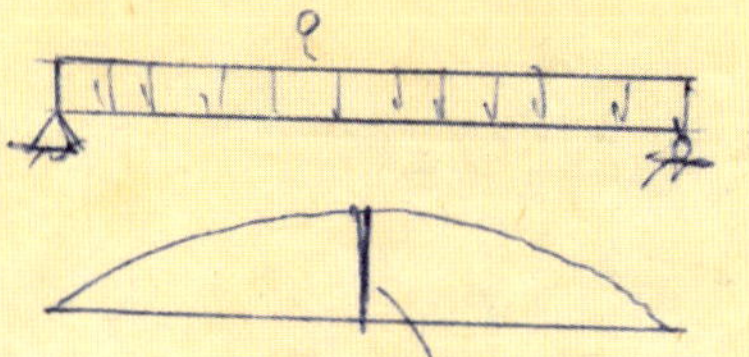

求屈服载荷 $\sigma_y=\frac{M_y}{W}$　$M_y=\sigma_y W$

$M_y=\frac{1}{8}q_y l^2$

∴ 屈服载荷 $q_y=\frac{8M_y}{l^2}=\frac{8\sigma_y W}{l^2}$

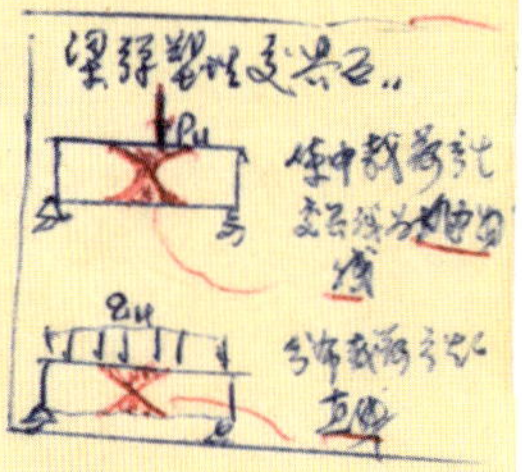


求破坏载荷。

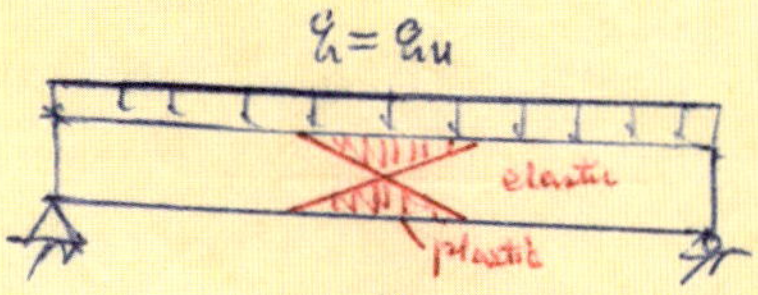


虚功和为0.

$R_A\theta+2\int_0^{\frac{l}{2}}q_u dx\cdot(x\theta)-2M_p\theta+R_B\theta$

$=0$

∴ $-2M_p\theta+\frac{q_u l^2}{4}\theta=0$

$q_u=\frac{8M_p}{l^2}$

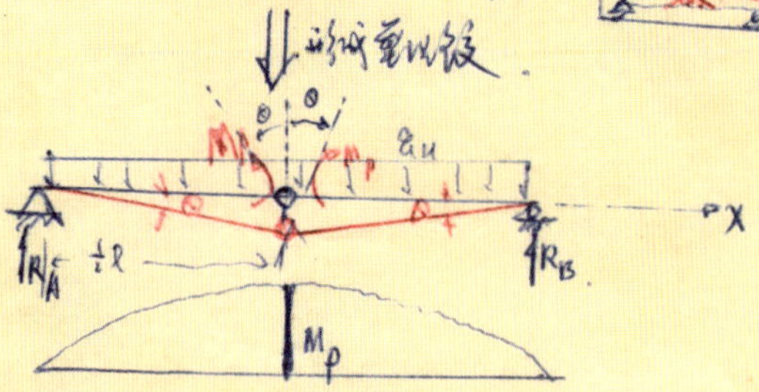


## 超静定梁均匀载荷作用

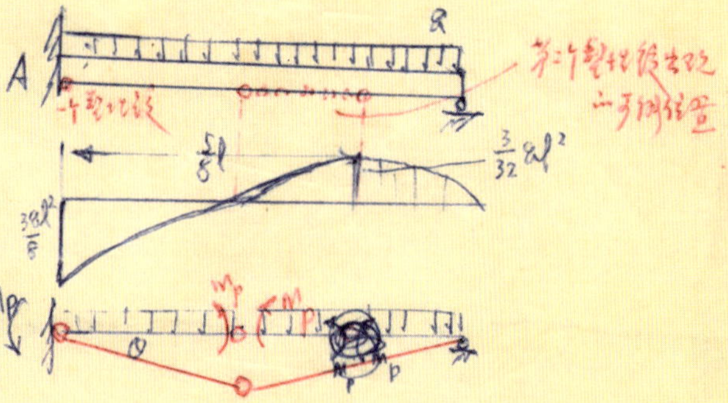


第一个塑性铰发生于A处.

第二个塑性铰发生于 $\frac{1}{2}l\sim0.625l$ 区域内.（之间确定）. $L_p$.（见P318）

但第二个塑性铰的位置X能使得 $q_u=min$. 确定

设 $x=\frac{l}{2}$ 时..

$$W_e=-M_p\theta-2M_p\theta+R_A\cdot0+R_B\cdot0+2\int_0^{\frac{l}{2}}q_u dx\cdot(x\theta)=0$$

$$q_u=\frac{12M_p}{l^2}>\frac{8M_p}{l^2}$$（超静定较静定结构承载力高些）

如 $x=\frac{5l}{8}$

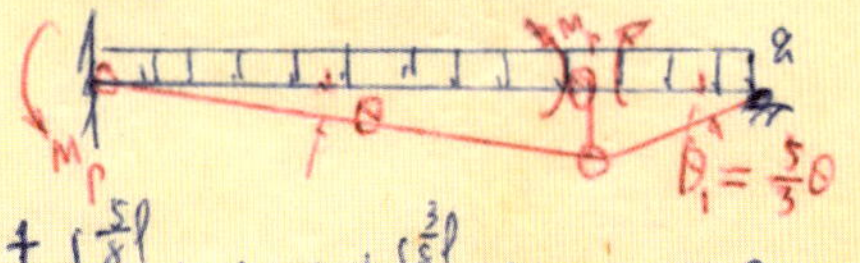


$$W_e=-M_p\theta-M_p\theta-M_p\cdot\frac{5}{3}\theta+\int_0^{\frac{5}{8}l}q_u dx(x\theta)+\int_0^{\frac{3}{8}l}q_u dx(x\theta_1)=0$$

∴ $q_u=11.73\frac{M_p}{l^2}$

~~∴ 极限载荷 $\frac{M_p}{l^2}11.73\leq q_u\leq12\frac{M_p}{l^2}$~~

### 确定X位置

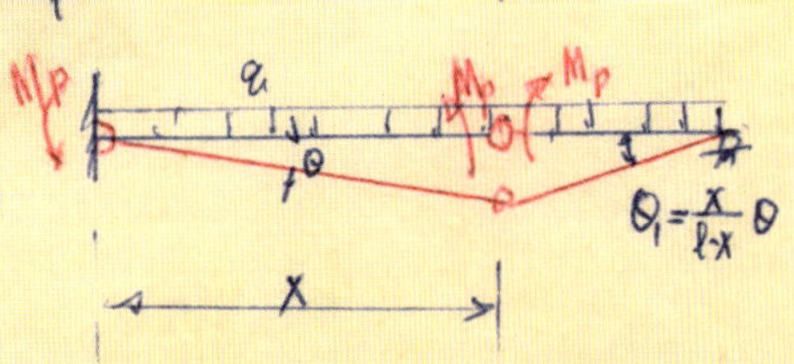


虚功原理 $W_e=-M_p\theta-M_p\theta-M_p\theta_1+\int_0^{x}q_u dx(x\theta)$

$+\int_0^{l-x}q_u dx(x\theta_1)=0$

$q_u=\frac{2M_p(2l-x)}{lx(l-x)}$.. $\frac{\partial q_u}{\partial x}=0$　$x=(2-\sqrt{2})l=0.586l$, $q_u=\frac{11.66M_p}{l^2}$

注．这时对于复杂的结构．我们可以从 $L_p$ 中任一移去一个余约束的位置 $x$ 就可了。

一般说来我们确定 $x$ 方法有二：

①．$\frac{\partial P_u}{\partial x}=0$ 求之得．（求 $P_u$ 时．由破坏结构建立虚功方程求得）

②．建立梁的弯矩表达式．然后求出最大弯矩的位置．这位置即为塑性铰的位置。

# 第十二章 压杆稳定 柱 (colum)

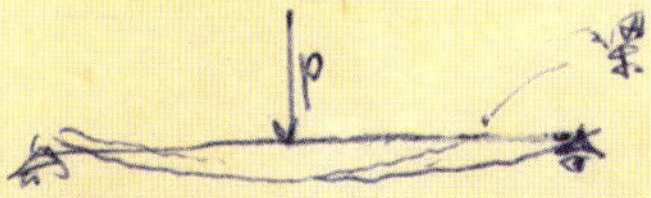


横向弯曲.

变形与力成线性关系.

柱

纵向弯曲.

轴向压力.

失稳，不能保持平衡的形式之平衡.

屈曲 Buckling

压曲.

变形与力不是线性关系

失稳是突然的，危害性大.

刚体的稳定

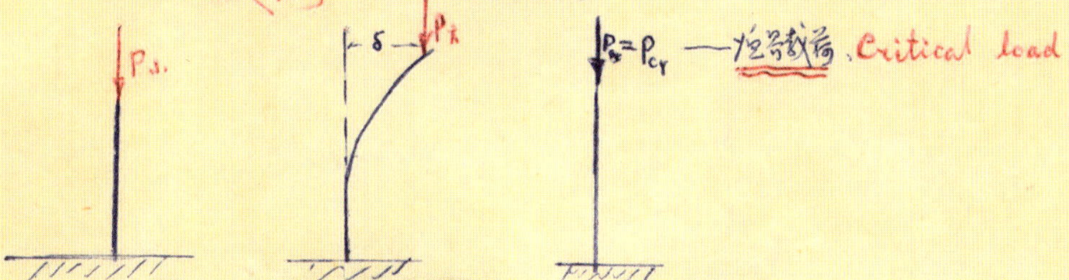


P小 稳定平衡　P大 不稳定平衡　P=Pcr ≡ Critical load 临界载荷 随机平衡.

## §12-1 柱的临界载荷 $P_{cr}$

### 一、一端固定一端自由端柱的临界载荷 $P_{cr}$ (悬臂柱)

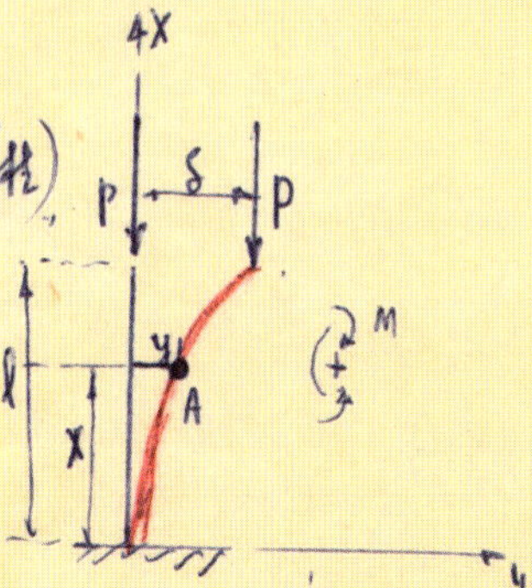


$$EI\frac{d^2y}{dx^2} = M \qquad I = I_{min}\ (弯曲面)$$

只在小挠度、弹性范围.

截面A处 $M = P(\delta - y)$

$$\frac{d^2y}{dx^2} = \frac{P}{EI}(\delta - y) \qquad 令\ k^2 = \frac{P}{EI_{min}}$$

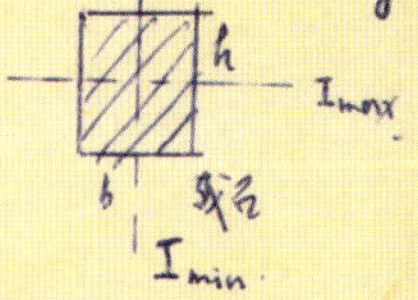


$$\therefore \frac{d^2y}{dx^2} + k^2y = k^2\delta$$ 二阶常系数常微分方程

齐次解 $y_1 = C_1\sin kx + C_2\cos kx$

非齐次解(特解) $y_2 = \delta$　通解 $y = C_1\sin kx + C_2\cos kx + \delta$.

定解条件(边界条件) $y|_{x=0} = 0$　$y'|_{x=0} = 0$

$\therefore C_2 = -\delta$　$C_1 = 0$.

$\therefore y = \delta(1-\cos kx)$　　　$k^2 = \dfrac{P}{EI_{min}}$

要满足 $x=l$ 时 $y=\delta$　则必　$\delta\cos kl = 0$　则 $\begin{cases} \delta=0,\ \cos kl \neq 0,\ 不是解 \\ \delta\neq 0,\ \cos kl = 0. \end{cases}$

$\therefore \cos kl = 0$　　则 $\boxed{kl = (2n+1)\dfrac{\pi}{2}}$　（$n=0,1,2,3,\cdots$ 正整数）.

从两方面看：　① $kl = (2n+1)\dfrac{\pi}{2}$

则　$k^2l^2 = (2n+1)^2\dfrac{\pi^2}{4}$　　$\because k^2 = \dfrac{P}{EI_{min}}$　$\therefore P = \dfrac{(2n+1)^2\pi^2 EI_{min}}{4l^2}$

$$\therefore P_{cr} = \frac{(2n+1)^2\pi^2 EI_{min}}{4l^2} \qquad (n=0,1,2,3\cdots)$$

② $kl = (2n+1)\dfrac{\pi}{2}$　　$k = \dfrac{(2n+1)\pi}{2l}$

$$\therefore y = \delta\left[1-\cos\frac{(2n+1)\pi}{2l}x\right] \qquad (n=0,1,2,3\cdots)$$

讨论：

$n=0$：　$P_{cr} = \dfrac{\pi^2 EI_{min}}{4l^2}$　（与δ无关，只与材料性质及E、$I_{min}$、$l$ 有关，是性质常数）.

$y = \delta(1-\cos\dfrac{\pi}{2l}x)$

$n=1$：　$P_{cr} = \dfrac{9\pi^2 EI_{min}}{4l^2}$　　$y = \delta(1-\cos\dfrac{3\pi}{2l}x)$.

$n=2$：　$P_{cr} = \dfrac{25\pi^2 EI_{min}}{4l^2}$　　$y = \delta(1-\cos\dfrac{5\pi x}{2l})$.

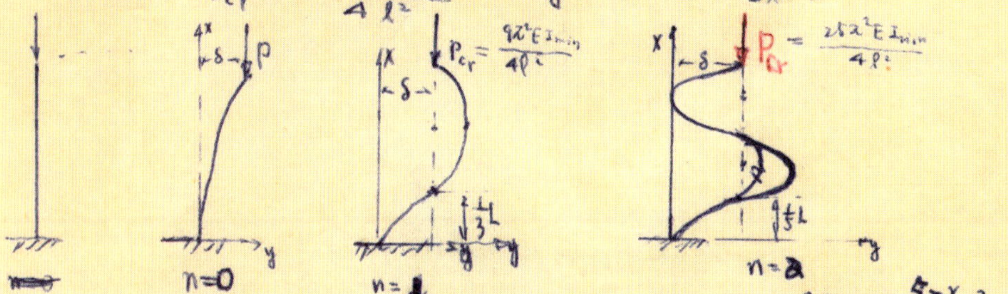


$n=0$　　$y=\delta(1-\cos\dfrac{\pi x}{2l})$，可能变形。

$n=1$　　$y=\delta(1-\cos\dfrac{3\pi x}{2l})$，不可能变形。

$n=2$　　$y=\delta(1-\cos\dfrac{5\pi x}{2l})$，不可能变形。

$\therefore n=0$，　$P_{cr} = \dfrac{\pi^2 EI_{min}}{4l^2}$　是其唯一解，叫 Euler 临界载荷。

只要柱保持弹性，我们就可以称临界荷载为柱的极限荷载。在临界载荷下，柱发生屈曲，处于不稳定。

## 二、两端铰链的临界力 $P_{cr}$.

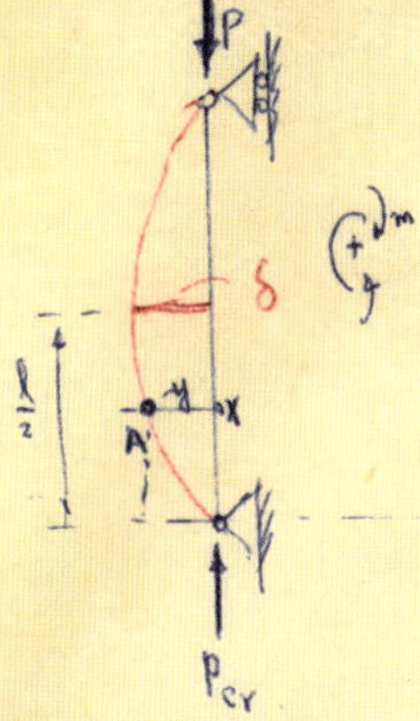


$M=P(-y)=-Py$.

$\frac{d^2y}{dx^2}=\frac{M}{EI_{min}}=\frac{-Py}{EI_{min}}$

$\frac{d^2y}{dx^2}+k^2y=0$.

比较法： 柱的每$\frac{1}{2}l$为悬臂柱 L

$\frac{l}{2}=L$.

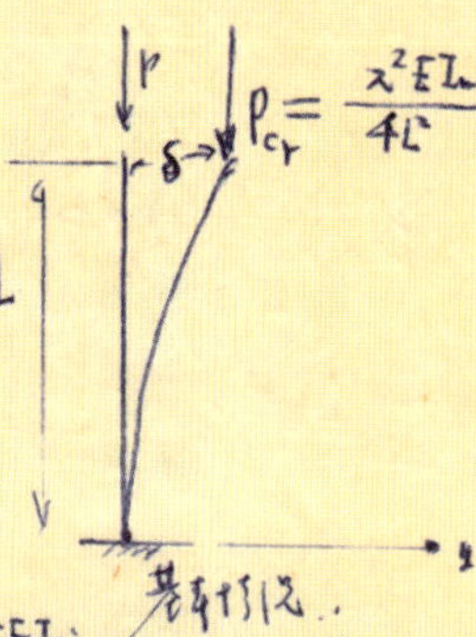


$P_{cr}=\frac{\pi^2EI_{min}}{4L^2}$

基本情况.

$$P_{cr}=\frac{\pi^2EI_{min}}{4L^2}=\frac{\pi^2EI_{min}}{4\left(\frac{l}{2}\right)^2}=\frac{\pi^2EI_{min}}{l^2}$$

$$\therefore P_{cr}=\frac{\pi^2EI_{min}}{l^2}$$

## 三、两端固定之柱临界力 $P_{cr}$

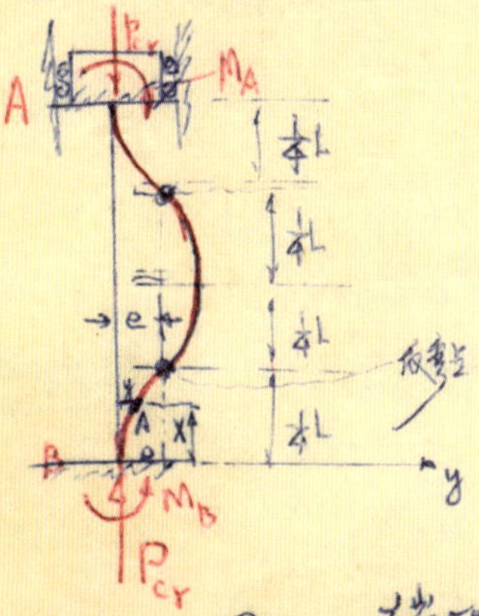


比较法： 柱之每四分之一长度为一悬臂柱.

$$P_{cr}=\frac{\pi^2EI_{min}}{4\left(\frac{1}{4}l\right)^2}=\frac{4\pi^2EI_{min}}{l^2}$$

如解方程可以： $EI_{min}\frac{d^2y}{dx^2}=M=P(e-y)$

## 四、一端固定一端铰接柱的临界力 $P_{cr}$.

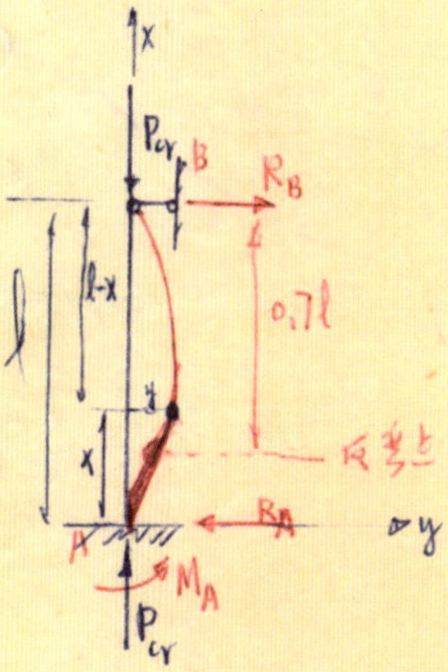


$$EI\frac{d^2y}{dx^2}=M=-Py+R_B(l-x)$$

$$P_{cr}=\frac{20.19EI_{min}}{l^2}$$

比较法： 上面两端铰链之L相当于是0.7l.

(因反弯点至B点距离为0.7l).

$$\therefore P_{cr}=\frac{\pi^2EI_{min}}{(0.7l)^2}\doteq\frac{20.19EI_{min}}{l^2}.$$

又可认为悬臂柱之L相当0.3l. (∵反弯点至A点为0.3l).

$$\therefore P_{cr}=\frac{\pi^2EI_{min}}{4(0.3l)^2}\approx\frac{20.19EI_{min}}{l^2}.$$

## 五、一端固定另一端可水平sliding.

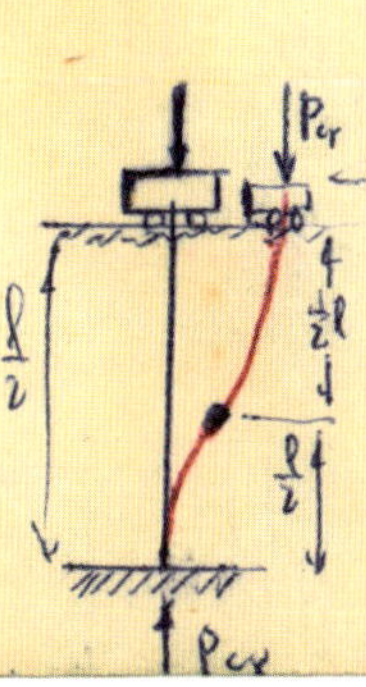


$$P_{cr}=\frac{\pi^2EI}{l^2}.$$

可视作为$L=\frac{l}{2}$之悬臂柱.

总结：由上述各种情况可归结为：

$$P_{cr}=\frac{\pi^2 E I_{min}}{(\mu l)^2}$$ ——欧拉临界力公式

$(\mu l)$ 是相当长度（折合长度）

双支：1°. 两端铰 $\mu=1$.
2°. 两端固定 $\mu=\frac{1}{2}$.
3°. 一端铰一端固定. $\mu=0.7$.
4°. 一端自由，一端固定 $\mu=2$.
5°. 两端固定，一端可以水平滑动. $\mu=1$

## §12-2. 欧拉（Euler）临界应力及临界应力总图

线性关系，小挠度：$\frac{d^2y}{dx^2}=\frac{M}{EI}$. $\sigma=E\varepsilon$. $P_{cr}=\frac{\pi^2 E I_{min}}{(\mu l)^2}$

$\because \sigma_{cr}=\frac{P_{cr}}{A}$ （A为压杆的截面积，局部不影响弯曲）

$\therefore \sigma_{cr}=\frac{\pi^2 E I_{min}}{(\mu l)^2 A}$

$\therefore \sigma_{cr}=\frac{\pi^2 E}{\left(\frac{\mu l}{r}\right)^2}=\frac{\pi^2 E}{\lambda^2}$

$I_{min}=Ar^2$ （r为惯性半径）

欧拉临界应力公式（适用于弹性范围）

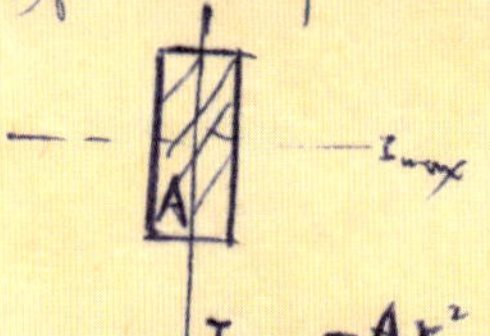

柔度：$\lambda=\frac{\mu l}{r}$ （r为惯性半径）——细长比（长细比）slender ratio.

（缩柔细比、$\lambda=\frac{\mu l}{r_{小}}$ 小.）

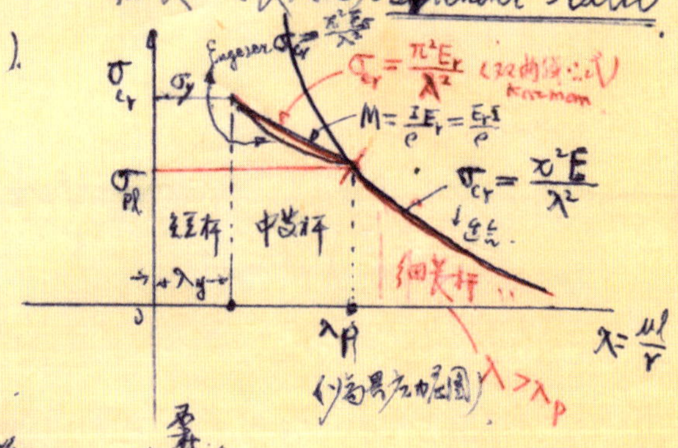


欧拉临界应力公式，在比例极限 $\sigma_p$（Property limit）以内是正确的，

$\sigma_{cr}=\frac{\pi^2 E}{\lambda^2}\le\sigma_p$ 才对。

$\lambda\ge\lambda_p=\sqrt{\frac{\pi^2 E}{\sigma_p}}=\pi\sqrt{\frac{E}{\sigma_p}}$ …对的.

$\therefore$ 欧拉公式适用于 $\lambda>\lambda_p$ 的细长杆.（大柔度杆）

讨论：

受压短杆：$\sigma=\frac{P}{A}=\sigma_s(\sigma_y)$ 屈服.

$l=(3\sim4)r$.

是一个强度破坏问题，无稳定问题.（小柔度杆）

$0<\lambda<\lambda_y$.

中长压杆：$\sigma_p\le\sigma\le\sigma_s$ $\lambda_s<\lambda\le\lambda_p$ （中柔度杆）

非弹性区应力分析

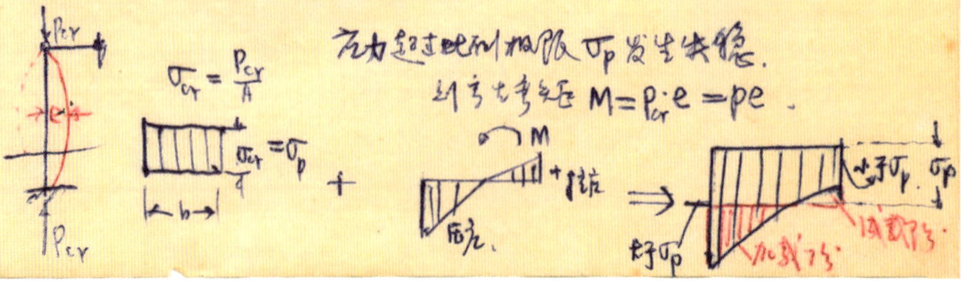


应力超过比例极限 $\sigma_p$ 发生失稳.

引起弯矩 $M=P_{cr}e=pe$.

画以σ-ε图。

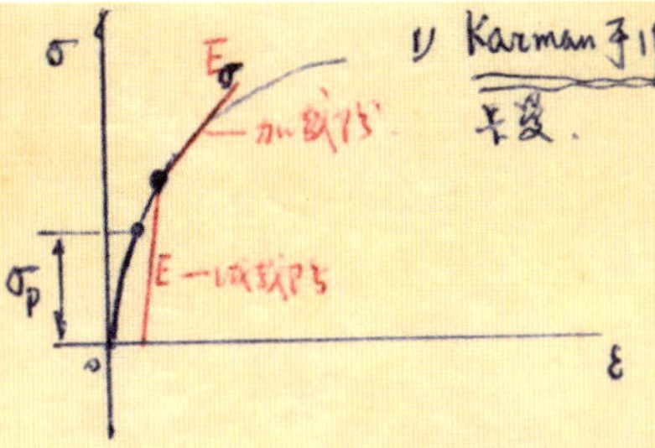


1) Karman于1910年 卡曼 ⇒ $\sigma_{cr} = \dfrac{\pi^2 E_r}{\lambda^2}$, $E_r = \dfrac{4EE_\sigma}{(\sqrt{E}+\sqrt{E_\sigma})^2}$

$E_r$ 为折减(约化)弹性模量。

(适用于弹塑性范围外)

2) Engeser (1889 · 安格塞) $\sigma_{cr} = \dfrac{\pi^2 E_\sigma}{\lambda^2}$　$E_\sigma < E_r < E$

$E_\sigma$ 切线模量

实验结果 Engeser 公式 [illegible] 受压杆件 [illegible]

中心受压杆。 $M = Pe$ (这里 $e = y_{max}$ 为未知量)

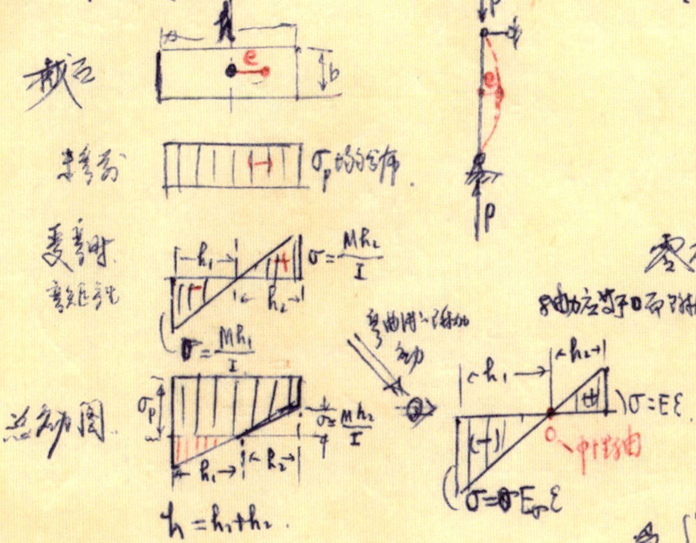


$h = h_1 + h_2$

∵ $\varepsilon = \dfrac{y}{\rho}$, $\dfrac{1}{\rho} = \dfrac{\varepsilon}{y}$

$\sigma = E\varepsilon = \dfrac{Ey}{\rho}$

在受压区 $\sigma_{com} = \dfrac{E_\sigma y}{\rho}$

在受拉区 $\sigma_{Ten} = \dfrac{Ey}{\rho}$

零应力线(中性轴)，由弯曲时所附加应力总和为0而附加弯矩为M(y)决定 $h_1$, $h_2$ (决定中性轴)

由 $\displaystyle\int_{-h_1}^{0} \sigma_{com}\, b\,dy + \int_{0}^{h_2} \sigma_{Ten}\, b\,dy = 0$

来决定

即 $\displaystyle\int_{-h_1}^{0} \frac{E_\sigma y}{\rho} b\,dy + \int_{0}^{h_2} \frac{Ey}{\rho} b\,dy = 0$ ……(a)

求总的相当弯矩(总应力合成拉·压区应力)。

$\displaystyle M = \int_{-h_1}^{0} y\cdot\sigma_{com}\cdot b\,dy + \int_{0}^{h_2} y\,\sigma_{Ten}\cdot b\,dy$　∴ $\displaystyle M = \int_{-h_1}^{0} y\frac{E_\sigma y}{\rho} b\,dy + \int_{0}^{h_1} y\cdot\frac{Ey}{\rho} b\,dy$ ……(b)

∴求得 $h_1 = \dfrac{\sqrt{E}}{\sqrt{E}+\sqrt{E_\sigma}} h$　$h_2 = \dfrac{\sqrt{E_\sigma}}{\sqrt{E}+\sqrt{E_\sigma}} h$

又求得 $M = \dfrac{I}{\rho}\left[\dfrac{4EE_\sigma}{(\sqrt{E}+\sqrt{E_\sigma})^2}\right] = \dfrac{I}{\rho} E_r$　$E_r$ 称为折减弹性系数

(适用于非弹性范围)

这里 $E_r = \dfrac{4EE_\sigma}{(\sqrt{E}+\sqrt{E_\sigma})^2}$ 是由矩形截面推得的。

一般地说 $E_r = \dfrac{1}{I}(I_1 E_\sigma + I_2 E)$

(总的 I) (受压区) (受拉区)

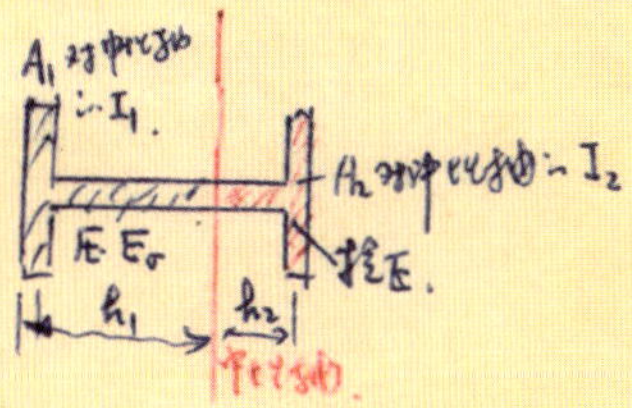


3) Ясинский 公式 $\sigma_{cr} = a - b\lambda$ (直线公式)

公式 a、b 取决于材料的两个材料常数

如低碳钢 $A_3$　$a = 3100$　$b = 11.4$，$61.4 \leq \lambda \leq 105$

均可查工程力学手册。

4). Ostenfeld （抛物线公式）

$\sigma_{cr} = \sigma_0 - c\lambda^2$.

$\sigma_0 = \sigma_b$. 脆性材料.

$\sigma_0 = \sigma_y$ 塑性材料.

（非弹性压段，中长杆 $\sigma_{cr}$）

对于 $\sigma_y = 2800$ kg/cm² 的钢，

$c = 0.09$ kg/cm

对于 $\sigma_b = 4700$ kg/cm² 的铸铁，$c = 0.44$ kg/cm

查手册.

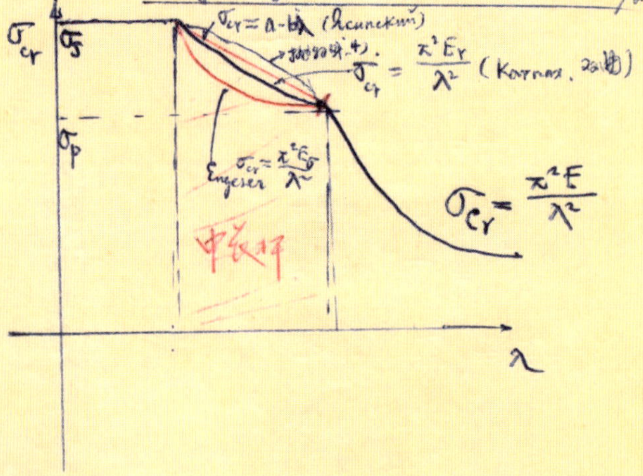


§12-3. 压杆的稳定计算.

$[\sigma] = \frac{\sigma_s}{n_s}$ — yield limit — 强度安全系数

① . $\sigma = \frac{P}{A} \le [\sigma]$ 强度计算.

② . $\sigma = \frac{P}{A} \le [\sigma_{cr}]$ 稳定计算. $[\sigma_{cr}] = \frac{\sigma_{cr}(\lambda)}{n_y(\lambda)}$ 安全系数

\ 许用临界应力.

实验. $\lambda$ 小时. $\lambda = 0 \sim 30 \sim 40$. $n_{y(\lambda)} = n_s$.

$\lambda$ 大时. $n_{y(\lambda)} > n_s$.

$$\frac{[\sigma_{cr}]}{[\sigma_0]} = \frac{\sigma_{cr(\lambda)}\ n_s}{n_{y(\lambda)} \cdot [\sigma]} = \frac{\sigma_{cr(\lambda)}}{[\sigma]} \cdot \frac{n_s}{n_{y(\lambda)}} = \varphi(\lambda) < 1$$

$0 < \varphi_{(\lambda)} < 1$. $\therefore [\sigma_{cr}] = \varphi_{(\lambda)} \cdot [\sigma]$. $\varphi(\lambda)$ — 折减系数

∴ 压杆的稳定计算公式为：

$\sigma = \frac{P}{A} \le \varphi[\sigma]$ 或 $\sigma = \frac{P}{\varphi \cdot A} \le [\sigma]$ $\begin{cases} \varphi = 1. \text{强度计算.} \\ \varphi < 1. \text{稳定计算,} \end{cases}$

例如：低碳钢.

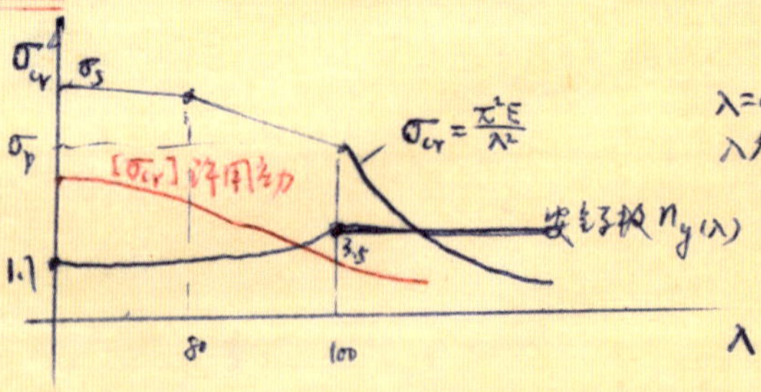


$\lambda = 0$. $n_s = n_{y(\lambda)} = 1.7$

$\lambda \uparrow$ $n_{y(\lambda)} \uparrow$.

$\lambda \ge \lambda_p$.

$n_{y(\lambda)} = 3.5$

$\varphi(\lambda)$表. $[\sigma_{cr}] = \varphi[\sigma]$. $\lambda = 0$ $\varphi = 1$.

—与材料有关. $A_3$ 或 $A_2$ $\lambda = 0.5$ $\varphi = 0.999$.

$\lambda = 80$. $\varphi = 0.732$ $\lambda = 1$. $\varphi = 0.993$. 均可查表.

$\lambda = 100$ $\varphi = 0.604$

$\lambda = 200$ $\varphi = 0.180$. $\lambda = 250$. $\varphi = 0.120$

已知 P，$[\sigma]$ 求面积 A，但 A，φ 均未知。

∵ $\varphi(\lambda) \rightarrow \frac{\mu l}{r} \rightarrow A$.

试凑法。先设 φ = □ $\xrightarrow{求}$ $A = \frac{P}{\varphi[\sigma]}$ 求 $\lambda = \frac{\mu l}{r} = \frac{\mu l}{\sqrt{\frac{I}{A}}} \xrightarrow{查表} \varphi$

（是否与原设之φ相近）

如：先设 φ=0.5，（查表为 φ=0.45）

又设 φ=0.45，（查表 φ=0.43）

又设 φ=0.43，（如查表结果为0.43，则就对了）

例：稳定计算。 已知 $P = 40^t$ $l = 1.5^m$ $[\sigma] = 1600\ kg/cm^2$，

试工字形截面尺寸 $A_3$。

求截面 A 之大小。

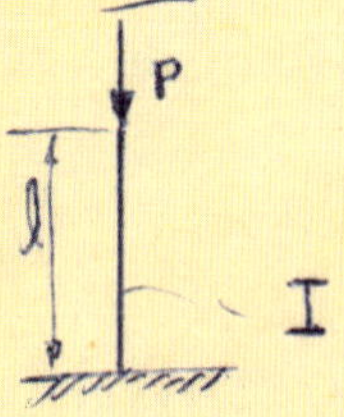

解：$\sigma = \frac{P}{A} \le \varphi[\sigma]$， $A \ge \frac{P}{\varphi[\sigma]}$

第一次设 φ=0.5， $A = \frac{P}{\varphi[\sigma]} = \frac{40000}{0.5 \times 1600} = 50\ cm^2$

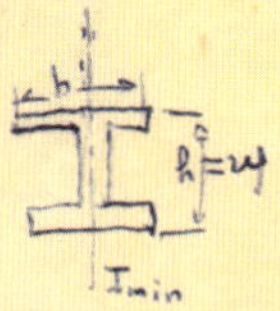

查表 选用工字钢 24b 供给 $A = 52.6\ cm^2$

$r_{min} = 2.38\ cm$ $\lambda = \frac{\mu l}{r} = \frac{2 \times 150}{2.38} = 126$.

查表 λ=126 （求λ=126之） ∴φ $\begin{cases} \lambda=120 & \varphi=0.45 \\ \lambda=130 & \varphi=0.4 \end{cases}$ ∴ $\varphi = 0.4 + \frac{0.05}{10} \times 6 = 0.43$

第二次 又设 φ=0.45， ~~$A = \frac{P}{0.45 \times [\sigma]}$~~

取 $A = 52.6\ cm^2$ $\sigma = \frac{P}{\varphi A} = \frac{40000}{0.45 \times 52.6} = 1650\ kg/cm^2$.

~~1650~~ $\frac{1600}{1650} = 3\%$

∴选 $A = 54.6\ cm^2$ φ=0.45.

$\sigma = \frac{P}{\varphi A} = 1610\ kg/cm^2$. 选用 I 27a （No. 27a）

讨论：A 大小，$r_{min} = \sqrt{\frac{I_{min}}{A}}$ $\lambda = \frac{\mu l}{r_{min}}$ 希望 λ 小（柔度小）

即 $r_{min}$ 大 —— $I_{min}$ 大

∴合理截面的形状。柱（Colum）

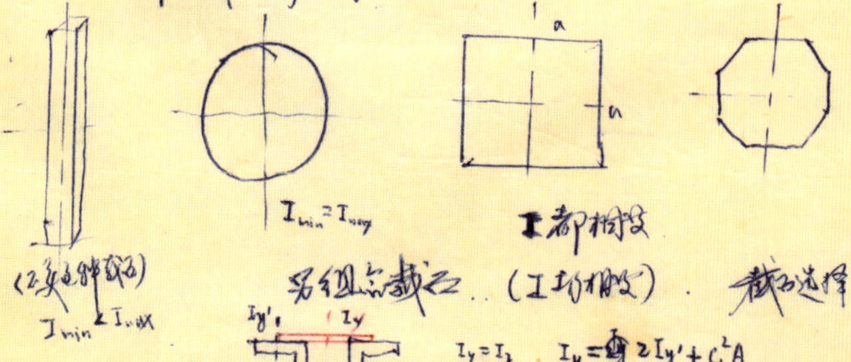


另组合截面（I 均相同）。 截面选择 $I_y = I_z$

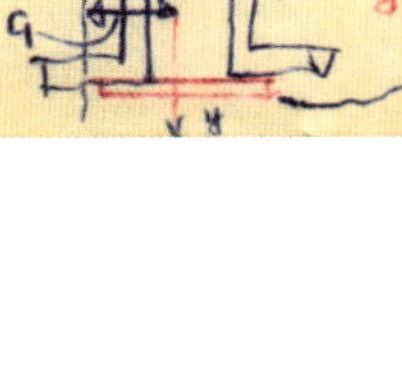


$I_y = I_z$. $I_y = 2I_y' + c_1^2 A$

缀板间距 $l_1$ 可由 $\lambda_1 = \frac{\mu l_1}{r_1} = \lambda = \frac{\mu l}{r}$.

求得 $r = \sqrt{\frac{I}{A}}$ $r_1 = \sqrt{\frac{I_{y1}}{A}}$

实际工程中，重型工大型……采用空心圆柱、空心柱。

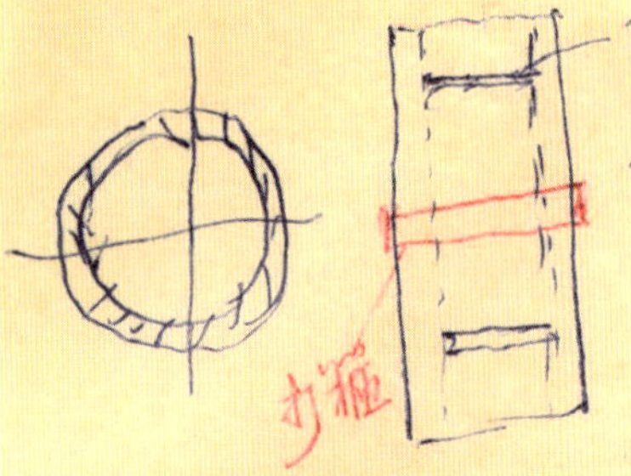


怕产生局部失稳，危险，
故加上隔板。

总之，截面选择，我们要考虑两端支承，两个平面弯曲的端头约束。

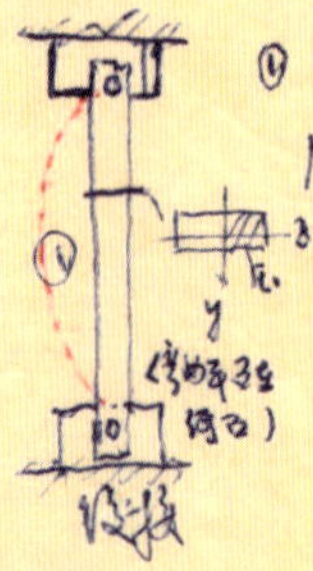


① $\mu l = l$.

$$P'_{cr} = \frac{\pi^2 E I_y}{l^2}$$

② $\mu l = \frac{1}{2} l$

$$P^2_{cr} = \frac{\pi^2 E I_z}{\frac{1}{4} l^2} = \frac{4\pi^2 E I_z}{l^2}$$

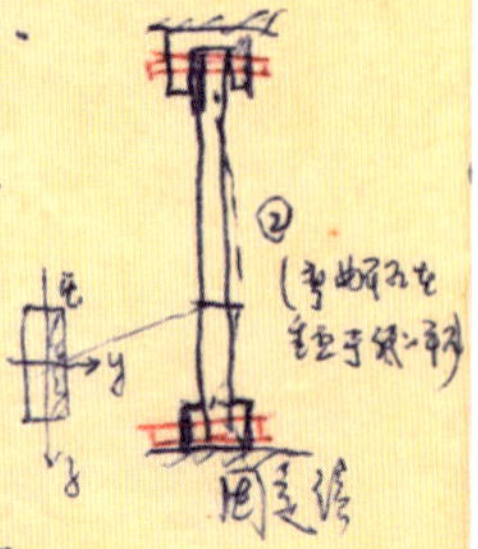


在设计中，结构合理，$P^1_{cr} = P^2_{cr}$．

$$\frac{\pi^2 E I_y}{l^2} = \frac{4\pi^2 E I_z}{l^2} \quad 即\ 4I_z = I_y$$

截面选择。

材料选择

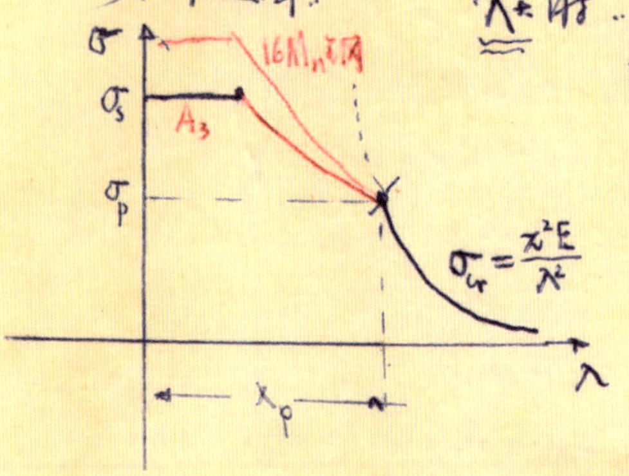


$\lambda$大时，材料用弹性系数大的，一般钢材弹性系数相差不大，不要采用高强度钢，应采用低强度钢。（是用低强度，不必强度要求）

$\lambda$小时，是强度问题，故应采用高强度钢。

$\lambda > \lambda_p$，$\sigma_{cr} = \frac{\pi^2 E}{\lambda^2}$　低强度钢。

$\lambda << \lambda_p$，强度问题，选高强度钢。

第十三章 交变应力、重复应力、交变应力下构件的强度计算

疲劳问题

交变应力 ——应力随时间不断的周期性的交替变化（重复变化）

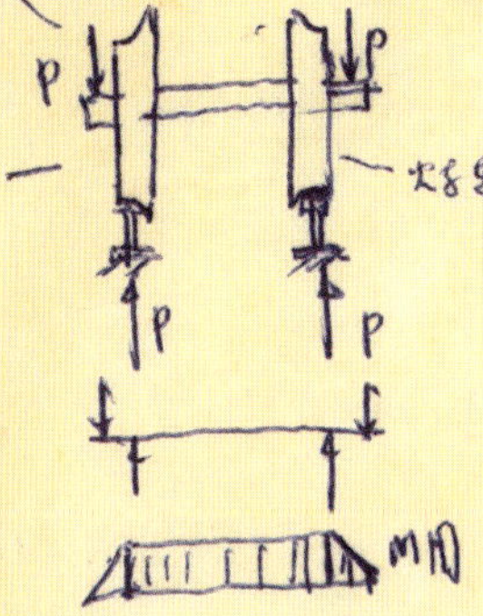


车轮车轴

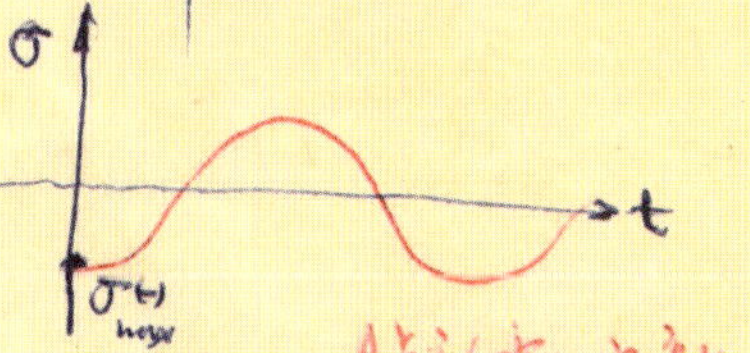


§13-1 疲劳问题

一、破坏很突然 没有明显的塑性变形就破坏。就如塑性很好的材料也是突然破坏的。

破坏后，是颗粒状的断口。（金属是纤维的，仍是呈颗粒状的断口）

过去的观点认为：金属材料在交变应力下变成脆性材料，发生了结构的变化。此种观点

现在认为：微细裂缝的不断扩大造成破坏。

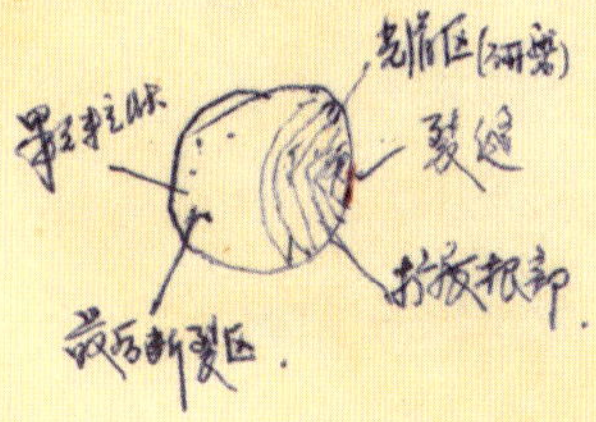


裂缝由于时而受拉时而受压，使之向周围扩展，且在裂缝根部是高应力区（三向受拉压、且应力很高）之又造成裂缝扩展。

应力交变特征 ——循环特征 r.

表征循环特征 $r=\frac{\sigma_{min}}{\sigma_{max}}$ 应力比

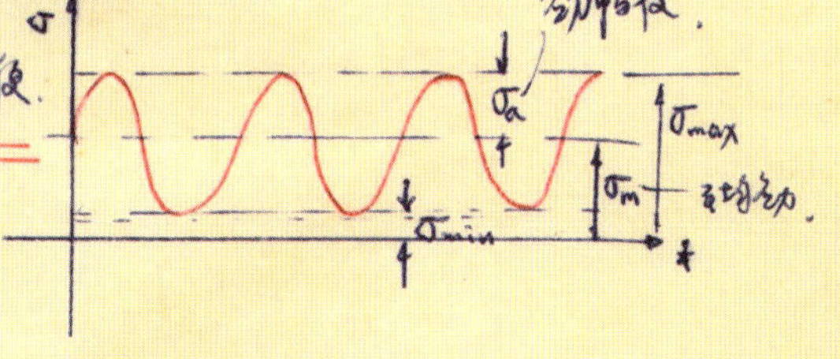


讨论 1° 对称循环

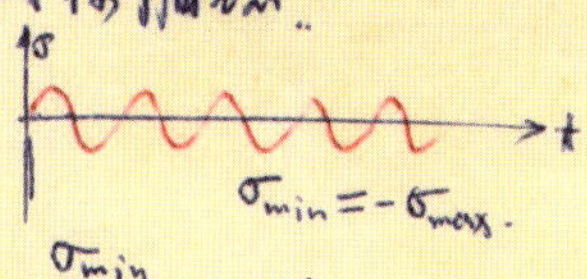


$r=\frac{\sigma_{min}}{\sigma_{max}}=-1$

2° 脉动循环 $\sigma_{min}=0$

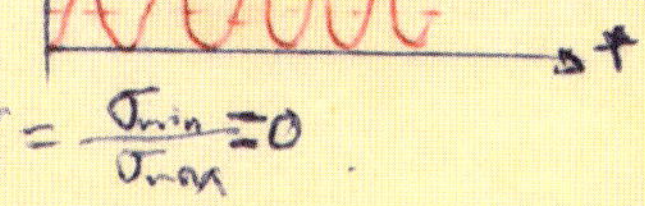


$r=\frac{\sigma_{min}}{\sigma_{max}}=0$

3° 静应力 $\sigma_{min}=\sigma_{max}=\sigma_m$ 
$\sigma_a=0$

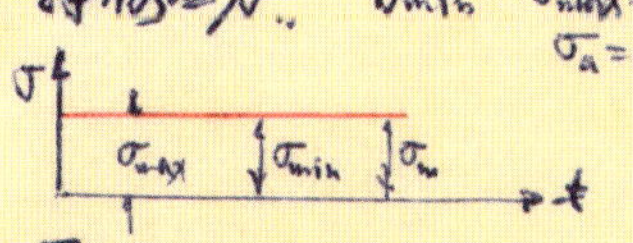


$r=\frac{\sigma_{min}}{\sigma_{max}}=1$

$\therefore\ -1\le r\le +1$

关系：
$$\sigma_{max}=\sigma_m+\sigma_a,\quad \sigma_{min}=\sigma_m-\sigma_a$$
$$\sigma_m=\frac{\sigma_{max}+\sigma_{min}}{2}\qquad \sigma_a=\frac{\sigma_{max}-\sigma_{min}}{2}$$

$$r=\frac{\sigma_{min}}{\sigma_{max}}=\frac{\sigma_m-\sigma_a}{\sigma_m+\sigma_a}=\frac{1-\frac{\sigma_a}{\sigma_m}}{1+\frac{\sigma_a}{\sigma_m}}=\frac{1-\Delta}{1+\Delta}\qquad \left(\Delta=\frac{\sigma_a}{\sigma_m}\right)$$

注：$\sigma_a$是动荷部分（交变振幅应力）　$\sigma_m$是静荷部分。

$\therefore\ \Delta=\frac{\sigma_a}{\sigma_m}$ ——反映动荷因素。

§13-2. 材料的持久极限（或疲劳强度）的测定。

循环次数无穷多次而不发生疲劳破坏的最大应力称为持久极限。（$N=10^7$次）

测定方法测定：

材料试件：7～10mm 直径的圆试件。

光滑试件，一组用10根试件。

1）对称循环，$r=-1$，弯曲疲劳试验。

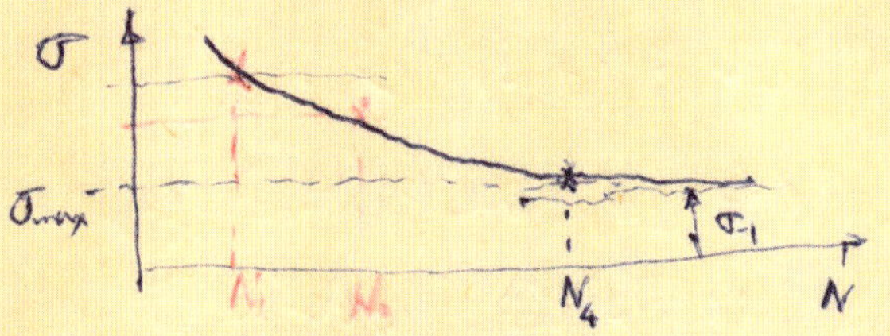


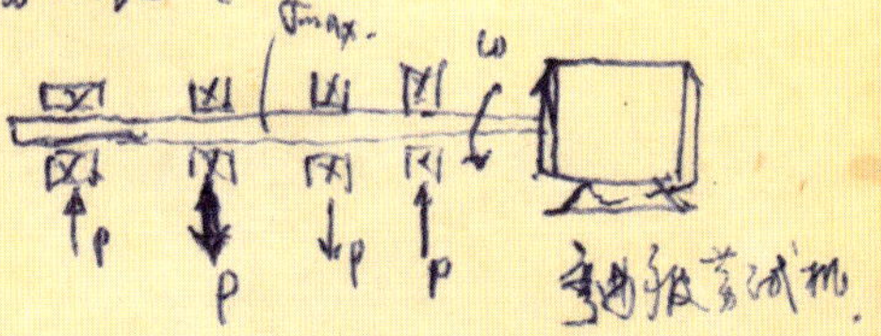


这样由试验试验，测得 $N_i>10^7$ 次没有破坏，故此时试件中的 $\sigma_{max}$ 就为持久极限应力。$\sigma_{-1}$ 为对称循环持久极限。

对于没有持久极限的材料，我们规定某循环次数是多少次就不用。这样得到 $\sigma_{max}$ 为条件持久极限。

2）非对称循环（$r=-1$除外）$-1<r\le+1$。$\begin{cases}r=0 & 脉动\\ r=1 & 静荷\end{cases}$

$r=0$，采用一般疲劳试验机。

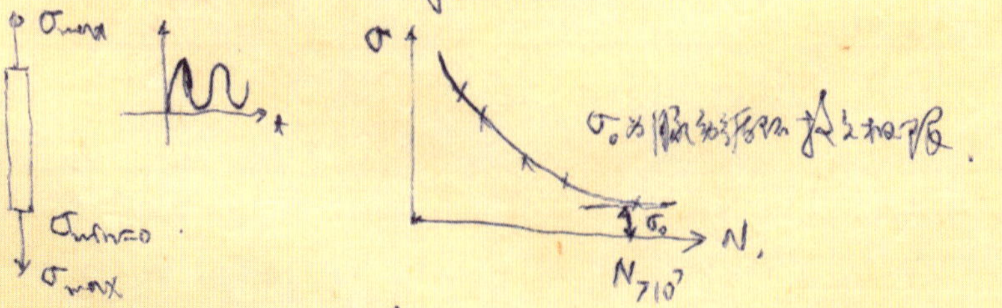


表示非对称循环持久极限 $\sigma_r$，如 $\sigma_0$，$\sigma_{0.5}$，$\sigma_{+1}=\sigma_b$（静荷强度极限）

## §13-3.. 材料持久极限总图及其简化..

$$\frac{\sigma_a}{\sigma_m}=\frac{\sigma_{max}-\sigma_{min}}{\sigma_{max}+\sigma_{min}}=\frac{1-r}{1+r}$$

$$tg\beta=\frac{\sigma_a}{\sigma_m}=\frac{1-r}{1+r}$$

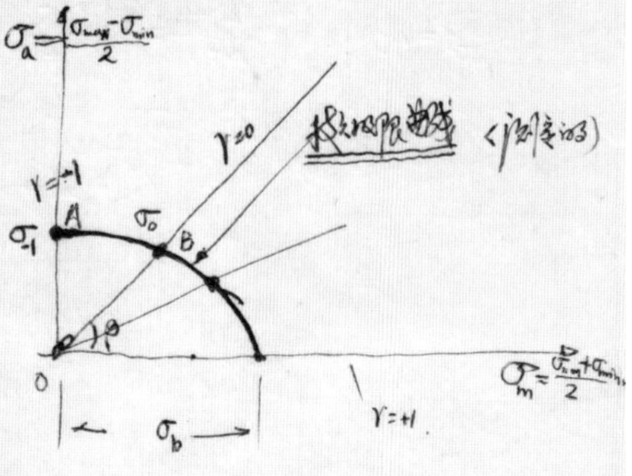


可见.. 射线之方向与r有关系.

$r=0$. $tg\beta=1$. $\beta=\frac{\pi}{4}$

$r=-1$. $tg\beta=\infty$. $\beta=\frac{\pi}{2}$

$r=+1$. $tg\beta=0$. $\beta=0°$

当 测定$\sigma_{-1}$.. $r=-1$

$\sigma_{min}=-\sigma_{max}$　　$\sigma_m=0$

$\sigma_a=\frac{\sigma_{max}-\sigma_{min}}{2}=\sigma_{max}=\sigma_{-1}$.　　（从之得到点A）

测 $\sigma_0$　　$r=0$ 时 即脉动循环. $r=0$. $\sigma_{min}=0$

$\therefore \sigma_a=\frac{\sigma_{max}-\sigma_{min}}{2}=\frac{\sigma_{max}}{2}=\frac{\sigma_0}{2}$

$\sigma_m=\frac{\sigma_{max}+\sigma_{min}}{2}=\frac{\sigma_0}{2}$.　　$\therefore B\left(\frac{\sigma_0}{2},\frac{\sigma_0}{2}\right)$

此外. 测出 $\sigma_r=\sigma_{max}$. 又给定 $r$=给定. $\sigma_{min}=r\sigma_{max}$.

$\sigma_a=\frac{\sigma_{max}-\sigma_{min}}{2}=\frac{(1-r)}{2}\sigma_r$

$\sigma_m=\frac{1+r}{2}\sigma_r$.　} 就描出（画）出持久极限曲线。

简化方法.. （有二种）.

A.. （一般材料）.

拉伸试验 测 $\sigma_b=\sigma_{+1}$. 及测出 $\sigma_{-1}$.

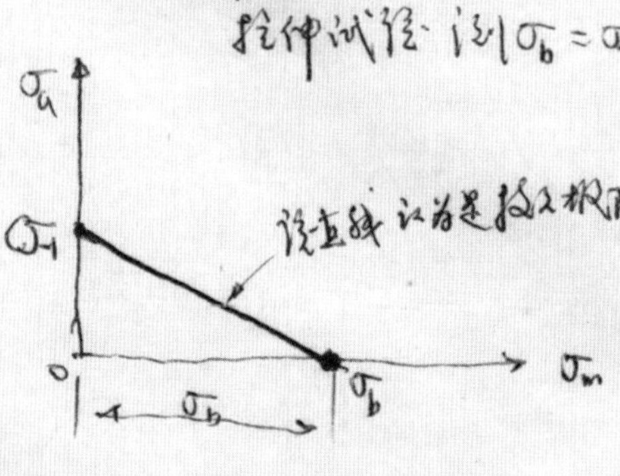


B.. （对于贵.或锋构合金钢）.

进行试验. 测 $\sigma_b$. $\sigma_{-1}$. $\sigma_0$.

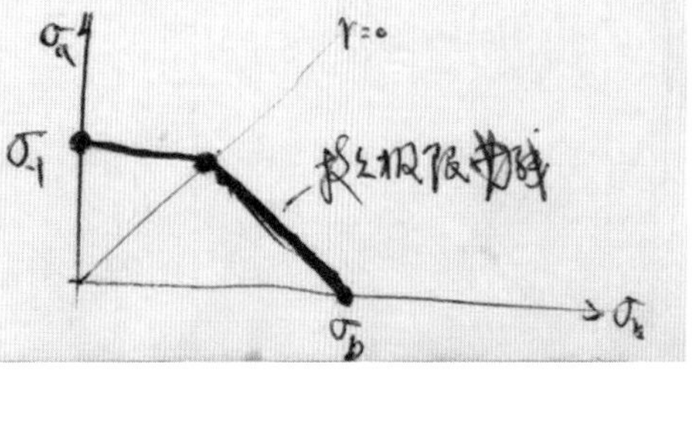

由于 $\sigma_y \approx \sigma_s < \sigma_b$，主设计中注意塑性屈服。

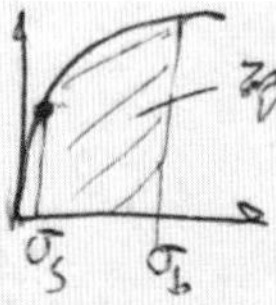


2、合我们就是把塑性屈服考虑……

$\sigma_{max} = \sigma_m + \sigma_a$

$\sigma_{min} = \sigma_m - \sigma_a$

$\sigma_r \le \sigma_s$

$\sigma_{max} = \sigma_s = \sigma_m + \sigma_a$

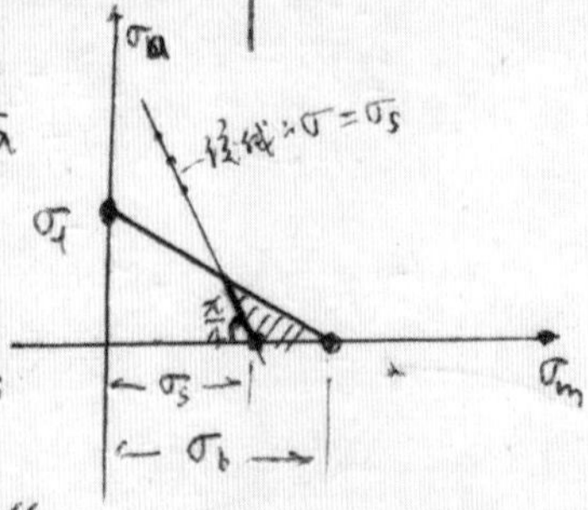


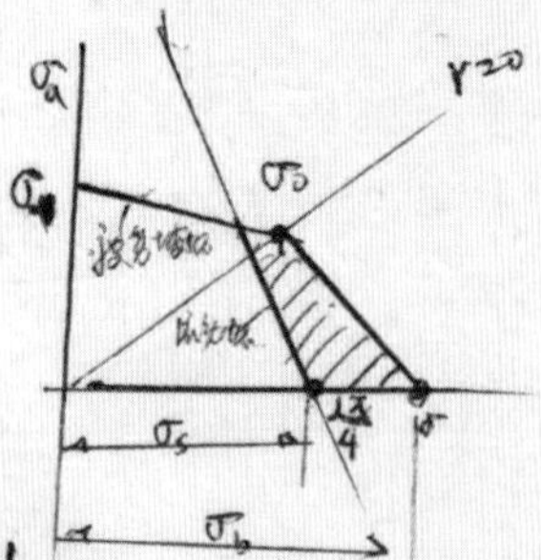


一般材料 的简化

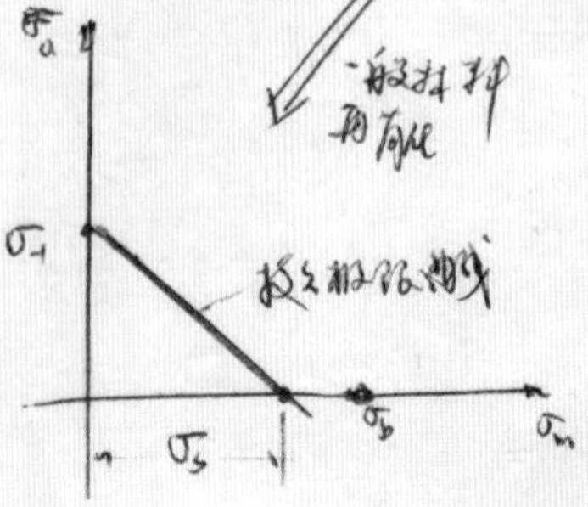


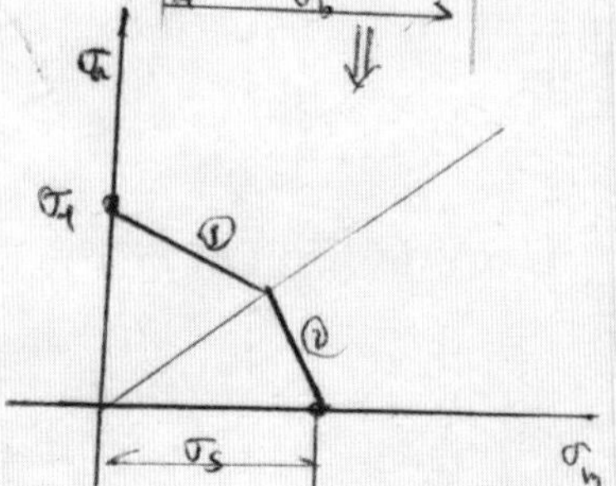


① 持久极限线，$-1 \le r < 0$，疲劳破坏。

② 屈服极限线，$\sigma_{max} \le \sigma_s$，$0 < r \le 1$ 发生塑性破坏。

§13-4 影响持久极限的因素

$\sigma_{-1}$ 材料，小试件，光滑。

机械零件：
- 不是小尺寸试件，
- 外形的影响（不光滑，如突变处）
- 加工工艺的影响，
- 尺寸影响，
- 工作条件的影响。

1、应力集中的影响（外形的影响）。

（一）应力集中系数：

$\alpha_\sigma$ 理论应力集中系数（理论、实验方法测定）

$K_\sigma$ 有效应力集中系数（疲劳试验测定）

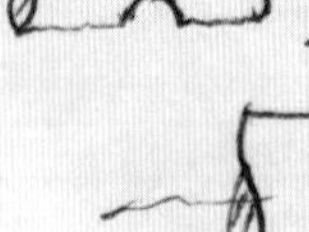

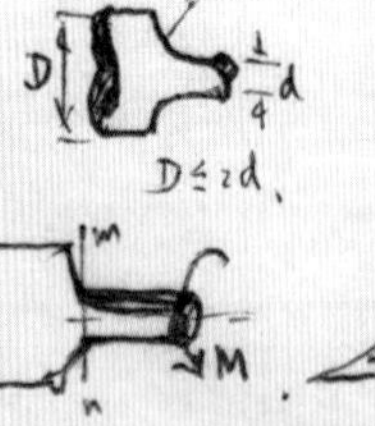


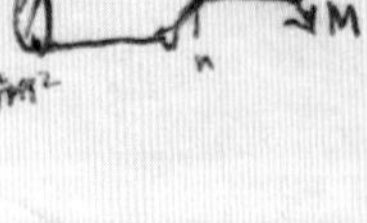

$$\alpha_\sigma = \frac{\sigma_{max}}{\sigma}$$

实验测定 $\sigma_{-1}$，对称循环。

$$K_\sigma = \frac{\sigma_{-1}}{\sigma_{-1}^K} > 1$$

$\sigma_{-1}^K$ 为有应力集中的持久极限

$\sigma_{-1}$ 为无……

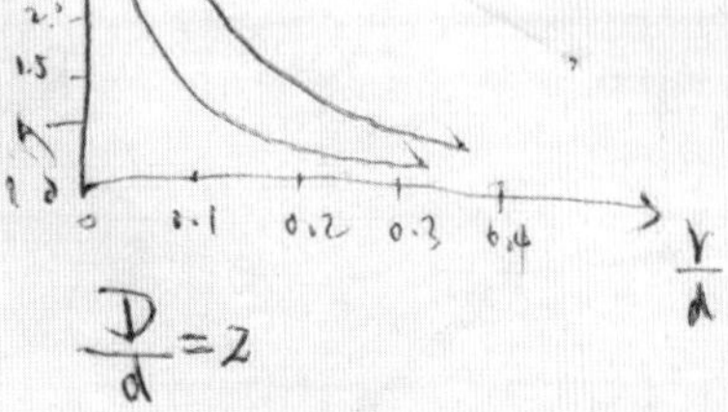


$\frac{D}{d} = 2$

当 $\frac{D}{d} < 2$，修正系数。

$K_\sigma = 1 + \xi[K_{\sigma 0} - 1]$

这 $K_{\sigma 0}$ 是 $\frac{D}{d} = 2$ 时有效应力集中系数。

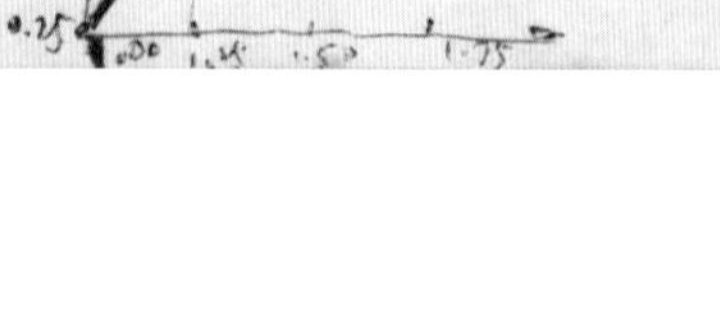

另一种形状敏感系数。 $K_\sigma = 1 + q(\alpha_\sigma - 1)$

（$q$：敏感系数）

$$q = \frac{K_\sigma - 1}{\alpha_\sigma - 1}$$

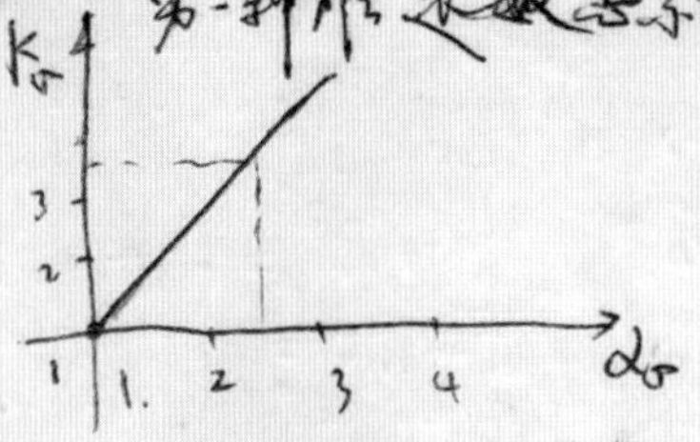


（二）绝对尺寸系数 $\varepsilon_尺$（尺寸影响系数）

小尺寸标准试件 $(\sigma_{-1})_{d_0}$ （大）

大尺寸标准试件 $(\sigma_{-1})_d$ （小）

$$\varepsilon_尺 = \frac{(\sigma_{-1})_d}{[\sigma_{-1}]_{d_0}} < 1$$

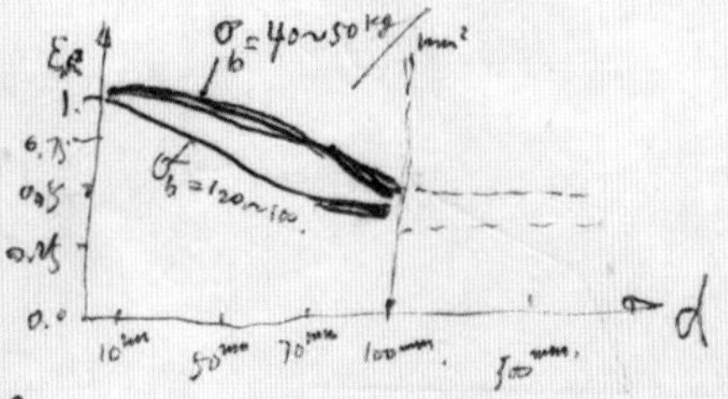


（三）加工系数 $\varepsilon_2$

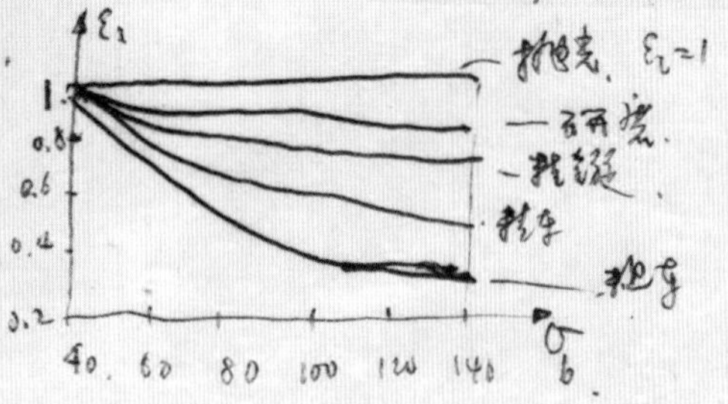


（四）腐蚀系数 $\varepsilon_{腐蚀} < 1$ 。 $(\sigma_{-1})_{无}$ （大） $[\sigma_{-1}]_{浸}$ （小）

$$\varepsilon_浸 = \frac{(\sigma_{-1})_浸}{[\sigma_{-1}]_无}$$

例. 30% 盐水中。

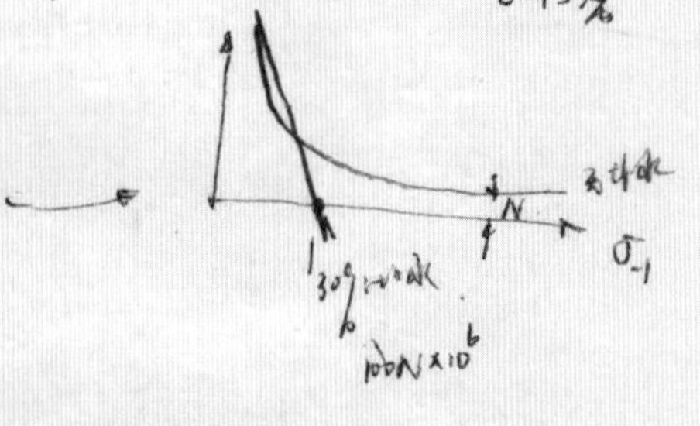

## §13-5. 零件的疲劳极限（耐久极限）线图。

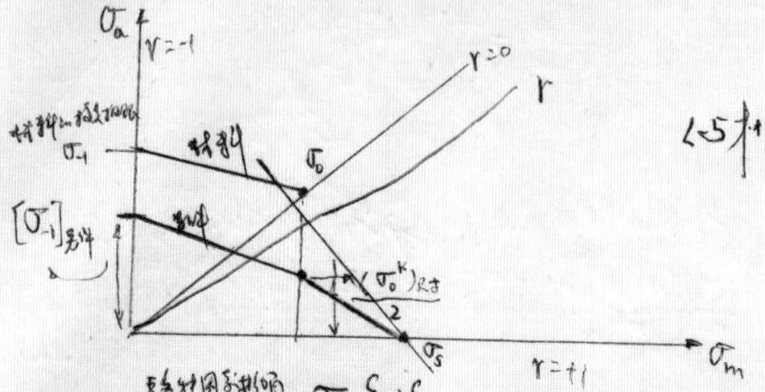


<5 材料的疲劳线图。

$[\sigma_{-1}]_{零件}$ 考虑到各种影响 $\frac{\sigma_{-1}\varepsilon_R\cdot\varepsilon_T}{K_\sigma}$ （零件疲劳极限）

零件 $[\sigma_0^K]_{尺寸}=\frac{\sigma_0}{K_\sigma}\varepsilon_R\varepsilon_T$.

零件疲劳极限图。

(拉、压、弯。)

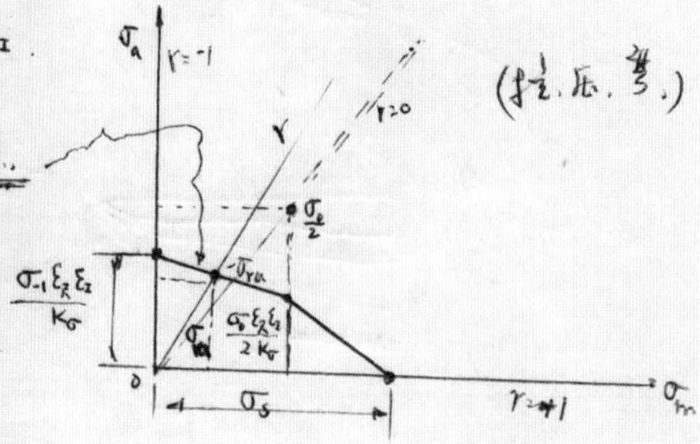


在图中：

给定 r，求出 $\sigma_{ra}$

$\sigma_{ra}$ 为疲劳极限的动荷部分。

对于实际零件，计算出 $\sigma_a$，给定 r，找到 $\sigma_{max}$ $\sigma_{min}$ 和 $\sigma_m$、$\sigma_a$。

如求得的 $\sigma_a<\sigma_{ra}$ 则零件不破坏。

$\sigma_a>\sigma_{ra}$ ……就破坏。

在强度计算中引入安全系数，$n_\sigma=\frac{\sigma_{ra}}{\sigma_a}$，则静强度 $n_\sigma=\frac{\sigma_s}{\sigma_{max}}$

同样有交变切应力问题（扭转）。

$$\begin{cases}\tau_a=\frac{\tau_{max}-\tau_{min}}{2}\\ \tau_m=\frac{\tau_{max}+\tau_{min}}{2}\end{cases}$$

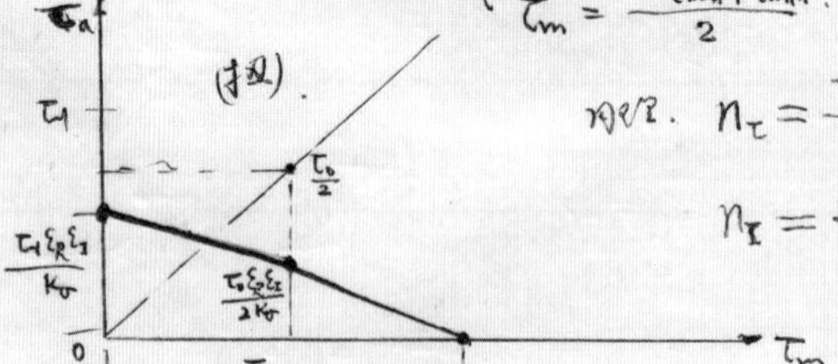


同理。$n_\tau=\frac{\tau_{ra}}{\tau_a}$

$n_\tau=\frac{\tau_s}{\tau_{max}}$

## §13-6 交变应力下，弯扭组合强度校核

应力状态复杂（交变），采用强度理论（交变没有）借用静态强度理论

求出 $\sigma_1, \sigma_2, \sigma_3$

$$\sigma_{r3} = \sigma_1 - \sigma_3 \le [\sigma] \qquad \sigma_{r3} = \sqrt{\sigma_{bend}^2 + 4\tau_{Torque}^2} \le [\sigma] = \frac{\sigma_s}{n_{\sigma\tau}}$$

$n_{\sigma,\tau}$ 为组合安全系数（弯扭组合）

$$\sigma_{r4} = \sqrt{\sigma_{bend}^2 + 3\tau_{Torque}^2} \le \frac{\sigma_s}{n_{\sigma,\tau}}$$

二边平方：

$$\begin{cases} \sigma_{bend}^2 + 4\tau_{torque}^2 = \dfrac{\sigma_s^2}{n_{\sigma\tau}^2} \\ \sigma_{bend}^2 + 3\tau_{torque}^2 = \dfrac{\sigma_s^2}{n_{\sigma\tau}^2} \end{cases}$$

在纯剪切中，第三强度理论 $\tau_s = \dfrac{\sigma_s}{2} = \dfrac{\sigma_s}{2}$ $\quad \sigma_s = 2\tau_s$

第四 —— $\tau_s = \dfrac{\sigma_s}{\sqrt{3}}$ $\quad \sigma_s = \sqrt{3}\,\tau_s$

$$\therefore \quad \frac{1}{\left(\dfrac{\sigma_s}{\sigma_{bend}}\right)^2} + \frac{1}{\left(\dfrac{\tau_s}{\tau_{torque}}\right)^2} = \frac{1}{n_{\sigma\tau}^2}$$

$$\frac{1}{\left(\dfrac{\sigma_s}{\sigma_{bend}}\right)^2} + \frac{1}{\left(\dfrac{\tau_s}{\tau_{torque}}\right)^2} = \frac{1}{n_{\sigma\tau}^2}$$

$$\because \quad n_\sigma = \frac{\sigma_s}{\sigma_{bend}} \qquad n_\tau = \frac{\tau_s}{\tau_{torque}}$$

$$\therefore \quad \frac{1}{n_\sigma^2} + \frac{1}{n_\tau^2} = \frac{1}{n_{\sigma\tau}^2} \Rightarrow \boxed{n_{\sigma\tau} = \frac{n_\sigma n_\tau}{\sqrt{n_\sigma^2 + n_\tau^2}}}$$

组合安全系数 $n_{\sigma\tau} = \dfrac{n_\sigma n_\tau}{\sqrt{n_\sigma^2 + n_\tau^2}} > n$ 安全（n为许可安全系数）

$$\begin{cases} n_\sigma = \dfrac{\sigma_{ra}}{\sigma_a} = \dfrac{\sigma_s}{\sigma_{bend}} \qquad n_\tau = \dfrac{\tau_{ra}}{\tau_a} = \dfrac{\tau_s}{\tau_{torque}} \end{cases}$$

# 材力基本内容复习小结

## 一、基本公式

| | 一、拉压 | 二、扭转 | 三、弯曲 |
|---|---|---|---|
| 应力 | $\sigma=\frac{N}{A}$ {拉 + ; 压 −}<br>$\sigma_{max}=\frac{N_{max}}{A}$ | $\tau=\frac{M_t r}{J_p}$ {$J_p$ 圆 $\frac{\pi r^4}{2}$; $J_p$ 环 [illegible]}<br>$\tau_{max}=\frac{M_t}{W_p}$ $W_p$ 圆 $\frac{\pi r^3}{2}$ | $\sigma=\frac{My}{J_z}$ ($J_z$ 圆 $\frac{\pi r^4}{4}$)<br>$J_z$ 方形 $\frac{bh^3}{12}$<br>$\sigma_{max}=\frac{M}{W}$<br>$W$ 圆 $\frac{\pi r^3}{4}$<br>$W$ 矩 $\frac{bh^2}{6}$ |
| 强度计算 | $\sigma_{max}=\frac{N_{max}}{A}\le[\sigma]$ | $\tau_{max}=\frac{M_t}{W_p}\le[\tau]$ | $\sigma_{max}=\frac{M}{W}\le[\sigma]$ |
| 变形公式 | $\Delta l=\frac{Nl}{EA}$<br>$\frac{d(\Delta l)}{dx}=\frac{N}{EA}$<br>$d\delta=\frac{Ndx}{EA}$ | $\varphi=\frac{M_t l}{GJ_p}$<br>$\frac{d\varphi}{dx}=\frac{M_t}{GJ_p}$<br>$\gamma=\frac{Mr}{GJ_p}$, $d\varphi=\frac{M_t dx}{GJ_p}$ | $\theta=\int\frac{Mdx}{EJ_z}$<br>$\frac{d\theta}{dx}=\frac{d^2y}{dx^2}=\frac{1}{\rho}=\frac{M}{EJ_z}$<br>$d\theta=\frac{Mdx}{EJ_z}$ |
| 刚度计算 | 无刚度问题计算 | $\theta=\frac{\varphi}{l}=\frac{M_t}{GJ_p}\cdot\frac{180^\circ}{\pi}\le[\theta]^\circ/m$ | $\frac{y_{max}}{l}\le[\frac{f}{l}]=\frac{1}{1000}\sim\frac{1}{10000}$ |

## 二、材料的机械性质

强度指标 {1°. $\sigma_s=\sigma_y$ (yeild limit)；2°. $\sigma_b=\sigma_u$ (ulternate limit)}

塑性指标 {1°. $\delta=\frac{\Delta l}{l}=\frac{l-l_0}{l_0}$ 伸长率；2°. $\psi=\frac{A_0-A}{A_0}$ 收缩率}

一般说 {塑性好（指标高）强度低；塑性差 强度高}

注：在塑性变形（如加工硬化）体积不变。$Al=\text{Constant}$。

（弹性常数、E、$\mu=\left|\frac{\varepsilon'}{\varepsilon}\right|$（ε'为纵向收缩率）。$G=\frac{E}{2(1+\mu)}$ $K=\frac{E}{3(1-2\mu)}$）

## 三、拉伸超静定问题（静定问题只用节点之平衡条件求解）

(一)、力法、位移法

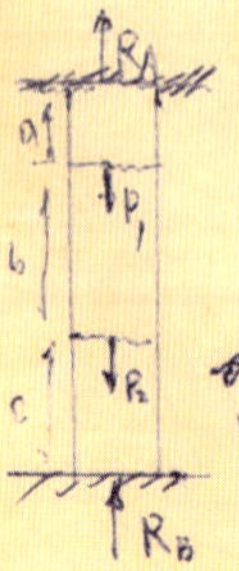


此法适用于简单结构。

截面法找 $N_a$、$N_b$、$N_c$。

协调方程：$\Delta l_a+\Delta l_b-\Delta l_c=0$

即 $\frac{N_a a}{EA}+\frac{N_b b}{EA}-\frac{N_c c}{EA}=0$。

(二)、广义位能原理（适用于协调方程较难找之问题）

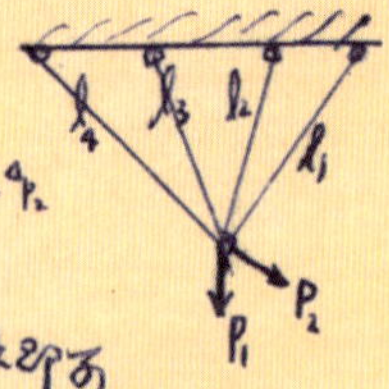


$\overline{\overline{U}}^{*}=U-\sum P_i\Delta_i+\lambda_i(\Psi_i)$

$=\frac{EA}{2}\left(\frac{1}{l_1}\Delta l_1^2+\frac{1}{l_2}\Delta l_2^2+\cdots\right)-P_1\Delta_{P_1}-P_2\Delta_{P_2}+\lambda_1(\Sigma Y)+\lambda_2(\Sigma X)$

极小化 $\frac{\partial\overline{\overline{U}}^{*}}{\partial\Delta l_i}=0$。求解之即可

如欲求某一指定方向之变位，可从该方向加上一假载荷Z（名假想载荷）。以 $-Z\Delta$ 加入 $\overline{U}^{*}$ 方程中，极小化求得Δ即为所求。（最后令Z=0。∵本来就没有）

{广义协调式——协调方程。
联立平衡方程求解。}

## 四、应力状态、应力圆

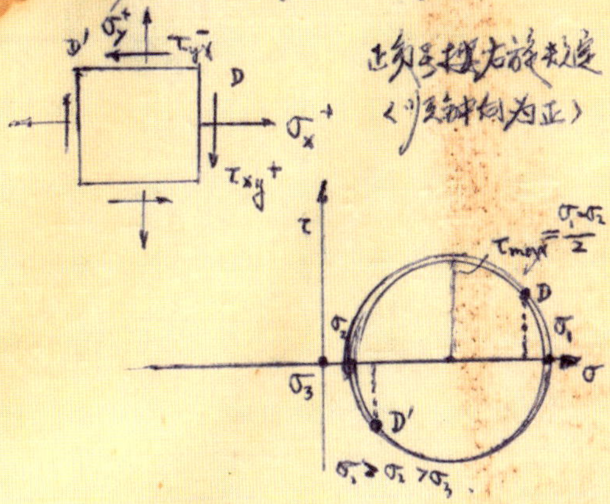


应力符号按右旋规定。（顺时针向为正）

注意：

1°. 应会在已知应力状态下确定主应力 $\sigma_1, \sigma_2, \sigma_3$ 之大小和方向，并确定在一般方向 $\alpha$ 上之应力状态。

2°. 掌握 Mohr 圆之做法，及其正负号规定。（按右手螺旋右旋规定，按符号规定绘出）。

3°. 公式
$$\begin{cases}\sigma_\alpha = \dfrac{\sigma_x+\sigma_y}{2} + \dfrac{\sigma_x-\sigma_y}{2}\cos 2\alpha - \tau_{xy}\sin 2\alpha \\ \tau_\alpha = \dfrac{\sigma_x-\sigma_y}{2}\sin 2\alpha + \tau_{xy}\cos 2\alpha\end{cases}$$

Tensor：张量表示

$$\begin{bmatrix}\sigma_\alpha & \tau_{\alpha\beta} \\ \tau_{\beta\alpha} & \sigma_\beta\end{bmatrix} = \begin{bmatrix} l_1 & m_1 \\ l_2 & m_2\end{bmatrix}\begin{bmatrix}\sigma_x & \tau_{xy} \\ \tau_{yx} & \sigma_y\end{bmatrix}\begin{bmatrix} l_1 & l_2 \\ m_1 & m_2\end{bmatrix}$$

主应力：$\sigma_{1,3} = \dfrac{\sigma_x+\sigma_y}{2} \pm \sqrt{\left(\dfrac{\sigma_x-\sigma_y}{2}\right)^2 + \tau_{xy}^2}$

$\tau_{max} = \sqrt{\left(\dfrac{\sigma_x-\sigma_y}{2}\right)^2 + \tau_{xy}^2}$　　$tg\, 2\alpha_0 = \dfrac{2\tau_{xy}}{\sigma_x-\sigma_y}$

## 五、强度理论

（拉应力）$\sigma_{r_1} = \sigma_1 \le [\sigma]$

（线应变）$\sigma_{r_2} = \sigma_1 - \mu(\sigma_2+\sigma_3) \le [\sigma]$

适用：1. 拉断破坏；2. 脆性材料。

（剪应力）$\sigma_{r_3} = \sigma_1 - \sigma_3 \le [\sigma]$

（畸变能）$\sigma_{r_4} = \sqrt{\sigma_1^2+\sigma_2^2+\sigma_3^2-\sigma_1\sigma_2-\sigma_2\sigma_3-\sigma_3\sigma_1} \le [\sigma]$

适用：1°. 流动破坏（剪应力）；2°. 塑性材料。

$\sigma_{r_5} = \sigma_1 - \dfrac{[\sigma^+]}{[\sigma^-]}\sigma_3 \le [\sigma^+]$

## 六、广义胡克定律 Generaly Hook's law

$\varepsilon_x = \dfrac{\sigma_x}{E} - \mu\dfrac{\sigma_y+\sigma_z}{E}$　　$\gamma_{yz} = \dfrac{\tau_{yz}}{G}$

$\varepsilon_y = \dfrac{\sigma_y}{E} - \mu\dfrac{\sigma_x+\sigma_z}{E}$　　$\gamma_{xz} = \dfrac{\tau_{xz}}{G}$

$\varepsilon_z = \dfrac{\sigma_z}{E} - \mu\dfrac{\sigma_x+\sigma_y}{E}$　　$\gamma_{xy} = \dfrac{\tau_{xy}}{G}$

Lame equations.

$\sigma_x = \lambda\theta + 2\mu\varepsilon_x$

$\sigma_y = \lambda\theta + 2\mu\varepsilon_y$

$\sigma_z = \lambda\theta + 2\mu\varepsilon_z$

$\theta = \varepsilon_x + \varepsilon_y + \varepsilon_z = \dfrac{\Delta V}{V_0} = \dfrac{1-2\mu}{E}(\sigma_x+\sigma_y+\sigma_z)$

## 七、切力图、弯矩图

三清楚：外力清楚；截面清楚；正负号规定清楚。

微分关系：$\dfrac{dQ}{dx} = -q$，$\dfrac{dM}{dx} = Q$、$\dfrac{d^2M}{dx^2} = -q$．　$\varepsilon_x = \dfrac{y}{\rho}$，$\dfrac{1}{\rho} = \dfrac{d\theta}{dx} = \dfrac{d^2y}{dx^2} = \dfrac{M}{EI}$

移动载荷（活动载荷）的计算。（区别于静定位载荷的计算）。

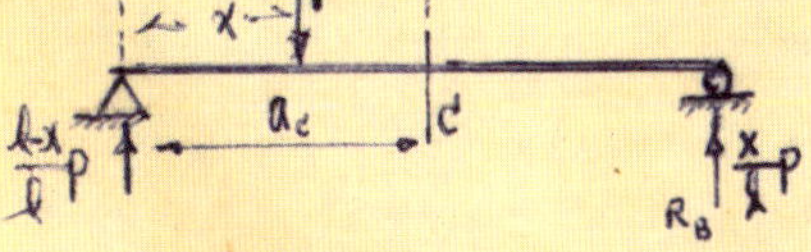


求每一指定截面的 $Q_c$，$M_c$。

$0 < x \le a_c$　$\begin{cases} Q_c = -R_B = -\dfrac{x}{l}P \\ M_c = R_B(l-a_c) = \dfrac{Px}{l}(l-a_c)\end{cases}$

$a_c \le x \le l$　$\begin{cases} Q_c = R_A = \dfrac{l-x}{l}P \\ M_c = R_A a_c = \dfrac{l-x}{l}Pa_c\end{cases}$

样条函数．（梁样条，Beam spline）．

$q = ct$．　$C^0$类．　$Q = \frac{1}{2}ql - qx$ —— $C^1$类．　$M = \frac{1}{2}qlx - \frac{1}{2}qx^2$ —— $C^2$类．

$EI\theta = \iiint Q\,dx^3$ —— $C^3$类　　$EIy = \iiiint(-q)\,dx^4$ —— $C^4$类，

∴ Beam spline 是 $C^4$类函数．

静定组合梁（例）

这时P力可任意地向铰两边分解

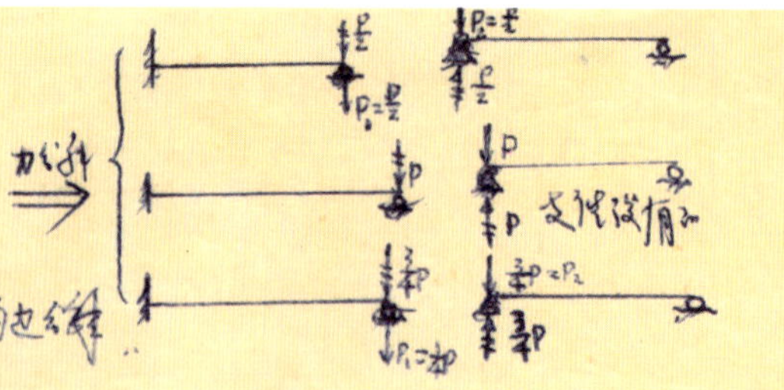


$P_1+P_2=P$

$\begin{cases}P_1=0\\P_2=P\end{cases}$

$\begin{cases}P_1=\frac{1}{4}P\\P_2=\frac{3}{4}P\end{cases}$

而铰上受力偶时之静力平衡（铰不传递力偶）。

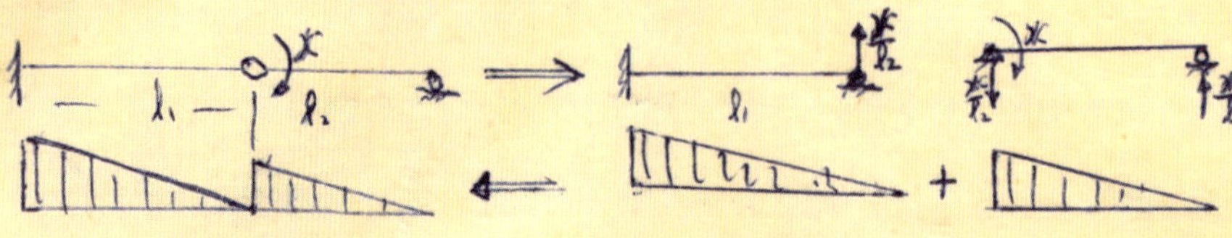


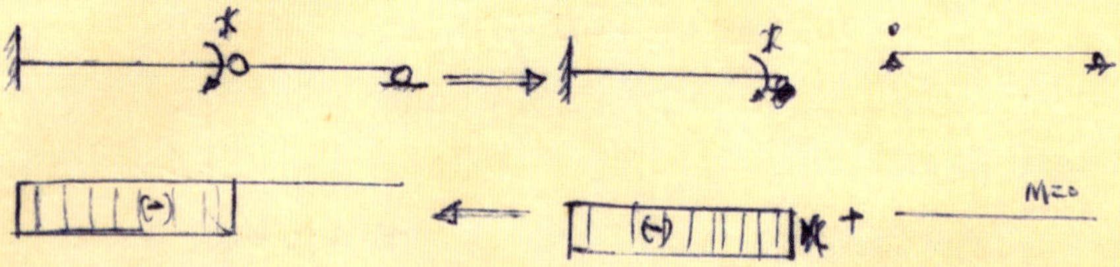


## 八、梁的剪应力

弯曲应力之基础上又作了二个假设：$\begin{cases}1°\ \text{剪应力方向与剪力方向一致}\\2°\ \text{在截面同一高度，剪力均匀分布}\end{cases}$

由单元 $\tau b dx = dN \Longrightarrow \tau = \frac{QS}{bJ_z}$. $[S=\int_A y\,dA]$

矩形截面

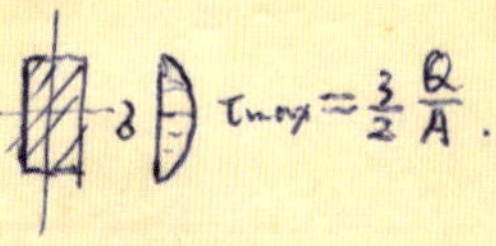

$\tau_{max}=\frac{3}{2}\frac{Q}{A}$.

圆截面：

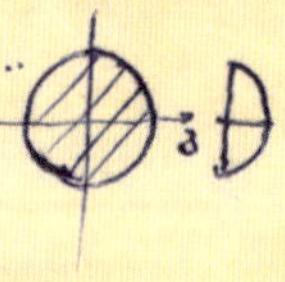

$\tau_{max}=\frac{4}{3}\frac{Q}{A}$.

## 九、梁的主应力计算

对于工字梁截面在翼缘、腹板交界处为危险处，故进行强度校核。

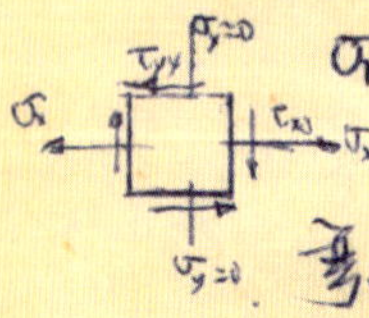


$\sigma_{1,3}=\frac{\sigma_x}{2}\pm\sqrt{\left(\frac{\sigma_x}{2}\right)^2+\tau_{xy}^2}$

$\begin{cases}\sigma_{r3}=\sqrt{\sigma_x^2+4\tau_{xy}^2}\le[\sigma].\\\sigma_{r4}=\sqrt{\sigma_x^2+3\tau_{xy}^2}\le[\sigma].\end{cases}$

其中：$\sigma_x=\frac{M}{W}$，$\tau=\frac{QS}{bJ_z}$

弯扭组合计算：$\sigma_x=\frac{M}{W}$. $\tau_{xy}=\frac{M_t}{W_p}$. 圆截面：$\begin{cases}\sigma_{r3}=\frac{\sqrt{M^2+M_t^2}}{W}\le[\sigma]\\\sigma_{r4}=\frac{\sqrt{M^2+\frac{3}{4}M_t^2}}{W}\le[\sigma]\end{cases}$

## 十、梁的变位

小挠度 $\frac{1}{\rho}=\frac{d\theta}{dx}=\frac{d^2y}{dx^2}=\frac{M}{EI}$.  $\varepsilon_x=\frac{y}{\rho}$. $\sigma=E\frac{y}{\rho}=\frac{My}{J_z}$.

通用方程 求任意挠度、转角：

$$\begin{cases}M=M_0+Q_0x-P(x-a_p)+M(x-a_m)^0-\frac{q(x-a_q)^2}{2!}+\frac{q(x-a_q')^2}{2!}\quad (q\downarrow)\\EI\theta=EI\theta_0+M_0x+\frac{Q_0}{2!}x^2-P\frac{(x-a_p)^2}{2!}+M(x-a_m)-\frac{q(x-a_q)^3}{3!}+\frac{q(x-a_q')^3}{3!}\\EIy=EIy_0+EI\theta_0x+M_0\frac{x^2}{2!}+\frac{Q_0x^3}{3!}-P\frac{(x-a_p)^3}{3!}+M\frac{(x-a_m)^2}{2}-\frac{q(x-a_q)^4}{4!}+\frac{q(x-a_q')^4}{4!}\end{cases}$$

求指定点挠度、转角：

$1°$ 虚梁法. $\bar{q}=\frac{M}{EI} \Longrightarrow \begin{cases}\theta=\bar{Q}\\y=\bar{M}\end{cases}$

$2°$ 面矩法. $\theta_{r_A}=\frac{1}{EI}\int_A^B M\,dx$  $\Delta_{r_A}=\frac{1}{EI}\int_A^B xM\,dx$.

$3°$ Mohr积分 $\Delta=\frac{1}{EI}\int MM^0dx=\frac{1}{EI}\sum[\Omega_i\cdot y_{C_{0i}}]$ —— 图乘法，$M^0$必须为直线

4°. 求位移.

5°. 卡二定律 $\Delta_x = \frac{\partial U(X, P)}{\partial X}$.

X为力（广义），Δx为线变位，
X为力偶，Δx为角变位，
X为一对力，Δx为相对线变位，
X为一对力偶，Δx为相对角变位。

X为广义力
类似于Mohr积分中
一单位广义力

## 十一、解超静不定问题。

(一) 虚梁法。

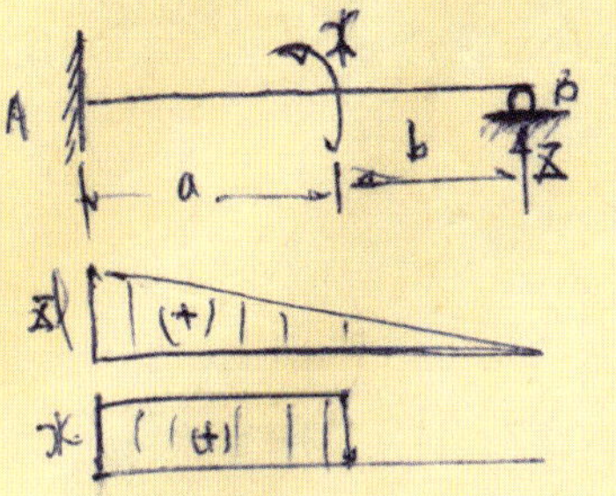


⟹

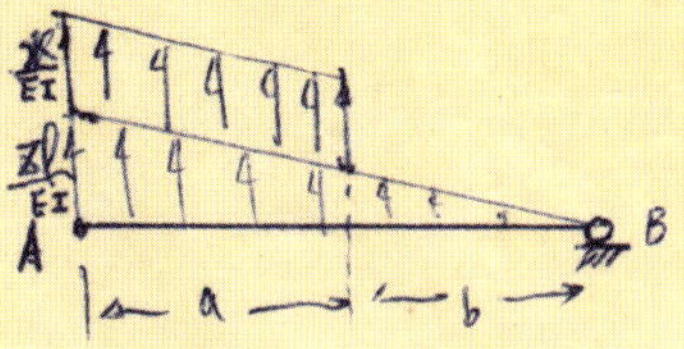


$y_B = \bar{M}_B = 0$ （补充方程）

从而求出 $X = R_B$.

(二) 卡二定理、支撑约束. $\frac{\partial U(X, P)}{\partial X} = \Delta_X$.

(三) Mohr积分法（最理想的方法，可用图乘前段讨论之）

$$\Delta_X = \frac{1}{EI}\int_0 M M^0 dx = \frac{1}{EI}\left[\Sigma \bar{y}_i^c \cdot \omega_i\right]$$

注意M°图不连续时应分段进行图乘。

当然类似于前面的方法尚很多用。一般地说，通用方程具有普遍性和一般性。其他如：三弯矩法、力法、协调变位比较法等均可解之。

# 单位力方法计算（梁指定点的挠度、转角、或桁架节点）

一、方法：

由虚位移原理： $\Sigma dW_e + \Sigma dW_i = 0$

$$\therefore \Sigma P_i \delta_i = \int_L (M d\theta + Q d\lambda + N d\delta + M_t d\varphi)$$

现将实际荷载所引起的位移作为虚位移，再设一单位力（$P=1$ kg. / kN）当作荷载：

则： $$1 \cdot \Delta = \int_L (N_0 d\delta + M_0 d\theta + Q_0 d\lambda + M_{t0} d\varphi)$$

$N_0$、$M_0$、$Q_0$、$M_{t0}$ 为由此单位力所引起的结构体任一横截面上的内力。

在线弹性范围内，我们有：

$$d\delta = \frac{N dx}{EA}$$

$$d\theta = \frac{M dx}{EJ}$$

$$d\lambda = \frac{\alpha_s Q dx}{GA}$$

$$d\varphi = \frac{M_t dx}{G J_\rho}$$

$$\alpha_s = \frac{A}{J^2}\int_A \frac{S^2}{b^2} dA$$

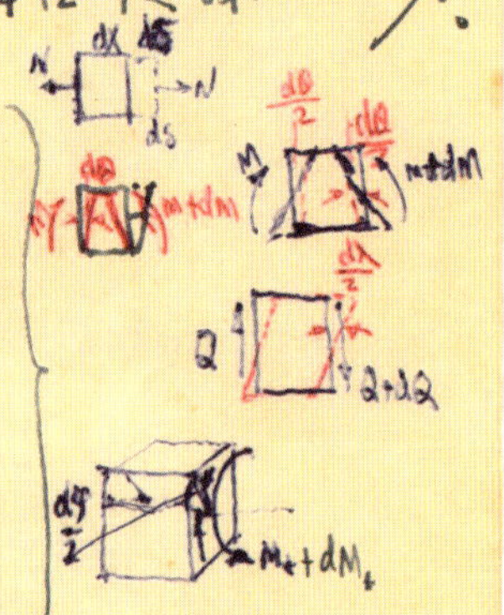


$$\therefore \Delta = \int_0^l N_0 \frac{N dx}{EA} + \int_0^l M_0 \frac{M dx}{EJ} + \int_0^l Q_0 \frac{\alpha_s Q}{GA} dx + \int_0^l M_{t0} \frac{M_t dx}{G J_\rho}$$

二、几点说明：

1. 公式是一般普遍式。由实际荷载引起截面内力并不一定均有 $N$、$M$、$Q$、$M_t$（有时也只有一些），单位力作用下也不一定均有 $N_0$、$Q_0$、$M_0$、$M_{t0}$，故由具体情况来决定。

2. 单位力是广义的力，视所要求的位移 $\Delta$ 的性质而定，而它也是有单位的量。若 $\Delta$ 为某点处的线位移，则单位力即为施加于该点处沿该线位移方向的力（1kN 或 1N）。若 $\Delta$ 为某一截面的转角或扭转角，则单位力为施加于该截面处的弯曲力偶或扭转力偶（1N·m 或 1kN·m）。若 $\Delta$ 为桁架两节点间的相对线位移，则单位力应是施加于两节点上一对大小相等（1N 或 1kN）方向相反的力，作用线与两点连线重合。等等。

3. 若结果为正值，则位移 $\Delta$ 指向与单位力指向一致，反之亦然。

十、在只受节点荷载作用的桁架中，由于各杆只截面上只有轴力 $N$，且各杆长为定值，故表达式为：$\Delta = \sum_{i=1}^{n} N_{0i}\dfrac{N_i L_i}{E_i A_i}$ （桁架）。

$N_i$、$L_i$、$A_i$ 分别为第 $i$ 根杆的轴力、杆长、截面面积。

$N_{0i}$ 为单位力作用下第 $i$ 根杆的内力（轴力）。

三、举例：$t_1 > t_2$，求 A 点挠度和转角。

解：由温度变化计算：

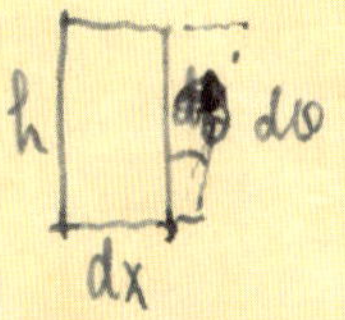


$$d\theta = \frac{\alpha(t_1 - t_2)dx}{h}$$

① 求 A 处挠度

在 A 加单位力。

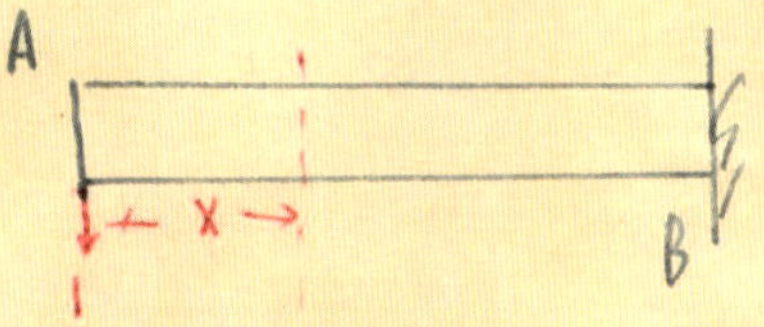


$M_0 = x \cdot 1$.

挠度 $\delta_A = \Delta = \int_l M_0 d\theta = \int_0^l x\dfrac{\alpha(t_1 - t_2)dx}{h} = \dfrac{\alpha(t_1 - t_2)l^2}{2h}$

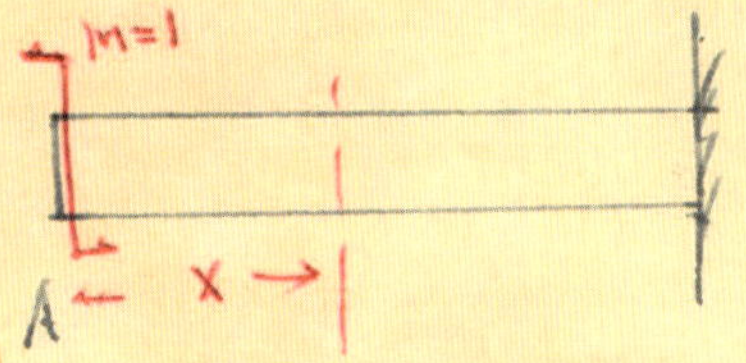


② 求 A 处转角，

在 A 处加单位弯矩，$M_0 = 1$

转角 $\theta_A = \Delta = \int_l M_0 d\theta$.

$= \int_0^l \dfrac{\alpha(t_1 - t_2)dx}{h} = \dfrac{\alpha(t_1 - t_2)l}{h}$.

∵ $\theta_A$ 为正，$\theta_A$ 与力偶转向一致

## 坐标轴转动时的惯矩与惯积，主惯轴、主惯矩

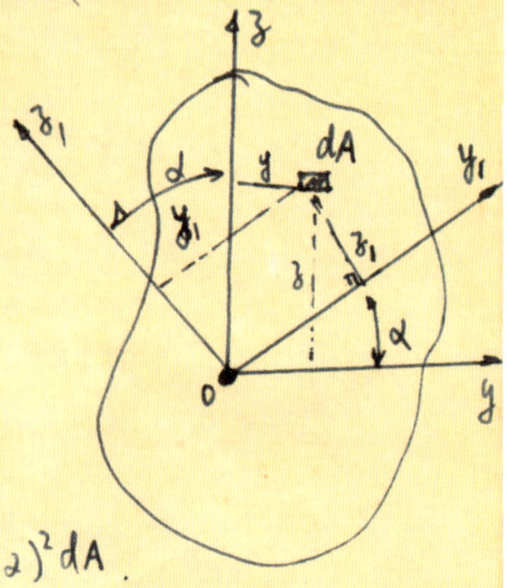


1. 转轴定理（一般）。

如已知如图形对于 $O_{yz}$ 的惯矩 $J_y$、$J_z$ 及惯积 $J_{yz}$，求对新的 $O_{y_1z_1}$ 之惯矩 $J_{y_1}$、$J_{z_1}$，$J_{y_1z_1}$。

由 $\begin{cases} y_1 = y\cos\alpha + z\sin\alpha \\ z_1 = z\cos\alpha - y\sin\alpha \end{cases}$

$$\therefore J_{z_1} = \int_A z_1^2 = \int_A (z\cos\alpha - y\sin\alpha)^2 dA$$

$$= J_y\sin^2\alpha + J_z\cos^2\alpha + J_{yz}\sin2\alpha.$$

同理 $J_{y_1} = J_y\cos^2\alpha + J_z\sin^2\alpha - J_{yz}\sin2\alpha$.

$J_{y_1z_1} = J_{yx}\cos2\alpha + \frac{1}{2}(J_y - J_z)\sin2\alpha$.

$$\therefore \begin{cases} J_{y_1} = \frac{J_y+J_z}{2} + \frac{J_y-J_z}{2}\cos2\alpha - J_{yz}\sin2\alpha \\ J_{z_1} = \frac{J_y+J_z}{2} - \frac{J_y-J_z}{2}\cos2\alpha + J_{yz}\sin2\alpha \\ J_{y_1z_1} = J_{yz}\cos2\alpha + \frac{1}{2}(J_y-J_z)\sin2\alpha. \end{cases}$$

显易看出：$J_{y_1} + J_{z_1} = J_y + J_z$. 这一告诉我们了转动规律。

二）、主惯轴与主惯矩。

a）、解析法：取 $J_{y_1z_1} = J_{y_0z_0} = 0$.（主惯轴概念）。

$$tg2\alpha_0 = \frac{-2J_{yz}}{J_y - J_z}$$

∴ 主惯矩 —— $\begin{cases} J_{y_0} = \frac{J_y+J_z}{2} + \frac{J_y-J_z}{2}\cos2\alpha_0 - J_{yz}\sin2\alpha_0 \\ J_{z_0} = \frac{J_y+J_z}{2} - \frac{J_y-J_z}{2}\cos2\alpha_0 + J_{yz}\sin2\alpha_0 \end{cases}$

为便利地求出最大最小主惯矩：

有 $\begin{cases} J_{max} = \frac{1}{2}(J_y+J_z) + \sqrt{\left(\frac{J_y-J_z}{2}\right)^2 + J_{yz}^2} \\ J_{min} = \frac{(J_y+J_z)}{2} - \sqrt{\left(\frac{J_y-J_z}{2}\right)^2 + J_{yz}^2} \end{cases}$

反之，如已知主惯矩 $J_{y_0}$、$J_{z_0}$ 可求出任一位置（α角）之 $J_y$、$J_z$、$J_{y_1z_1}$，如下

$$
\left.
\begin{aligned}
J_{y_1} &= \frac{J_{y_0}+J_{z_0}}{2} + \frac{J_{y_0}-J_{z_0}}{2}\cos 2\alpha \\
J_{z_1} &= \frac{J_{y_0}+J_{z_0}}{2} - \frac{J_{y_0}-J_{z_0}}{2}\cos 2\alpha \\
J_{y_1z_1} &= \frac{J_{y_0}-J_{z_0}}{2}\sin 2\alpha
\end{aligned}
\right\}
$$

$\alpha$ 为自 $Oy_0$ 转至 $Oy$ 轴．反时针向为正。

b)．图解法．

从上可见．$J_{y_1}$，$J_{z_1}$．$J_{y_1z_1}$ 之三个公式类同于 $\sigma_\alpha$．$\sigma_\beta$．$\tau_{\alpha\beta}$ 即 $\sigma_\xi$．$\sigma_\eta$．$\tau_{\xi\eta}$．同样也可同样以莫尔圆之方法来确定 $J_{y_1}$．$J_{z_1}$．$J_{y_1z_1}$ 之大小和方向．反之已知 $J_{y_1}$．$J_{z_1}$．$J_{y_1z_1}$ 亦可以作莫尔圆而定出主惯矩之大小和主惯轴之方位。

# 对于简单图形之面积、形心计算公式

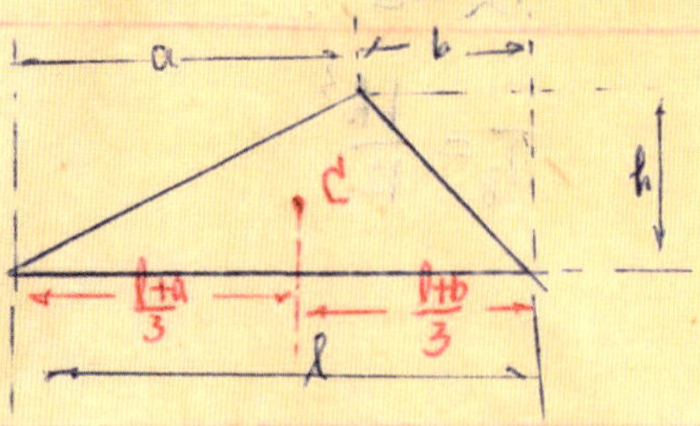


$A=\frac{1}{2}hl$

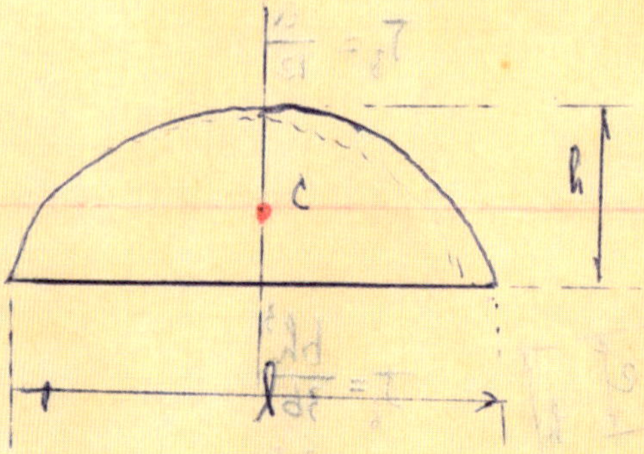


$A=\frac{2}{3}hl$

n次抛物线

$A=\frac{1}{n+1}l\cdot h$

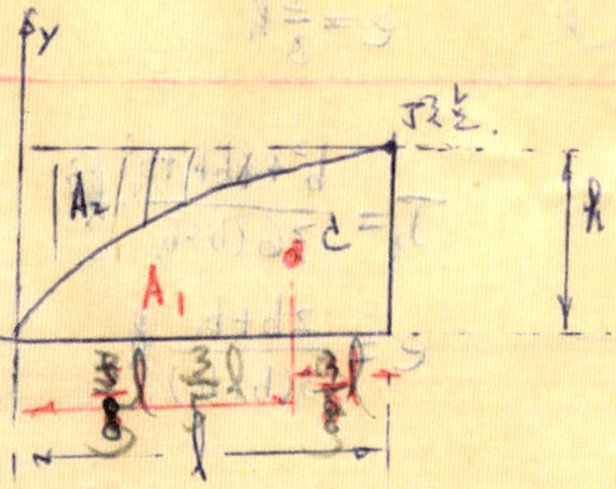


$A_1=\frac{2}{3}hl$

$A_2=\frac{1}{3}hl$

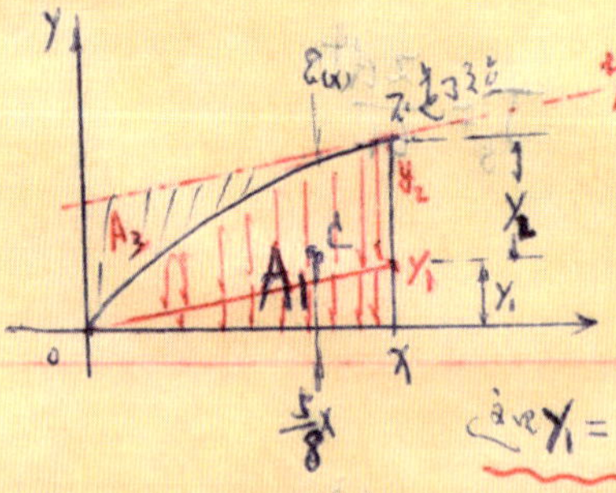


切线 $k=\frac{dq(x)}{dx}$ 不水平此点

$A_1=\frac{2}{3}xy_2+\frac{1}{2}xy_1$

$A_2=\frac{1}{3}xy_2$

这里 $y_1=x\frac{dq(x)}{dx}$　　$y_2=q(x)-y_1$

证明：∵ $q(x)$ 之方向垂直向下，则作用于水平横梁X轴上，我们可不改变其大小将其分解成（按值叠加法）

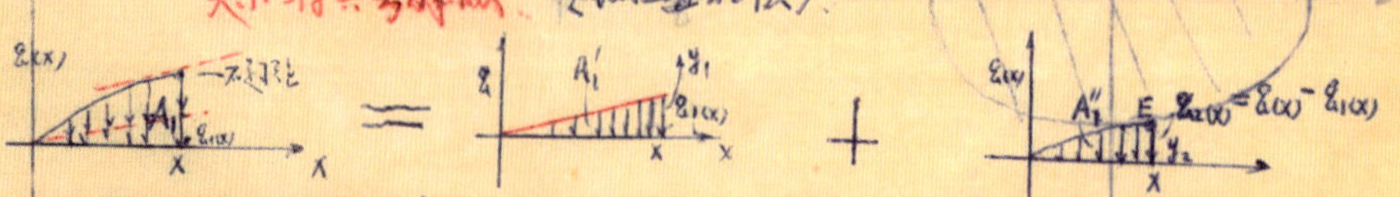


这里显然，载荷方向始终向下来假定，大小只是符合 $q(x)=q_1(x)+q_2(x)$，显然可见其作用效果(Q.M)未改变。

于是我们可从积分公式得：$A=\int_0^x q(x)dx \overset{\because q(x)=q_1(x)+q_2(x)}{=} \int_0^x q_1(x)dx+\int_0^x q_2(x)dx$.

而在第三图中，E是与斜直线相切之二次曲线抛物之顶点。$q_2(x)=q(x)-q_1(x)$．∴ $A_1''=\frac{2}{3}x\cdot y_2=\int_0^x q_2(x)$

## 简单断面的惯性半径

| | 惯矩 | 惯性半径 $\rho$ |
|---|---|---|
| 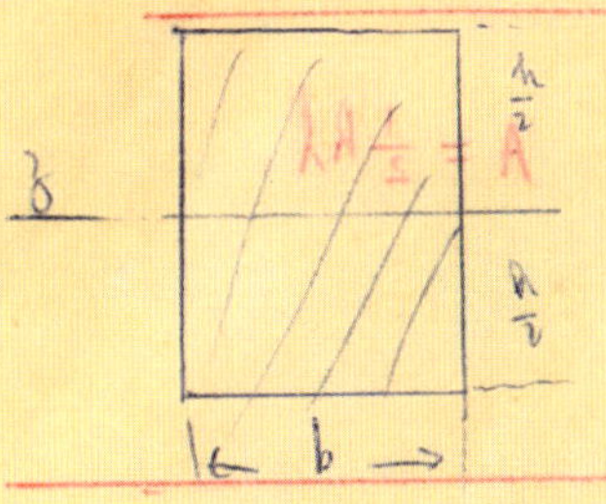 | $J_z=\frac{bh^3}{12}$ | $\rho=\frac{\sqrt{2}}{4}h$ |
| 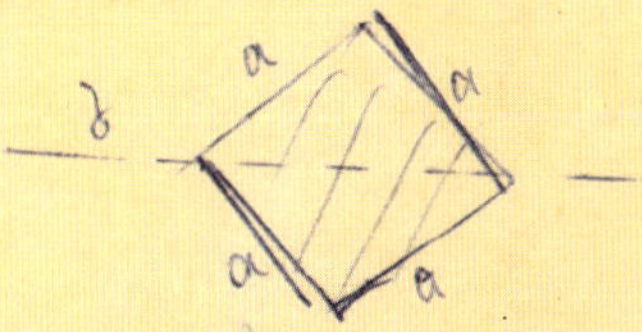 | $J_z=\frac{a^4}{12}$ | $\rho=\frac{\sqrt{3}}{6}b$ |
| 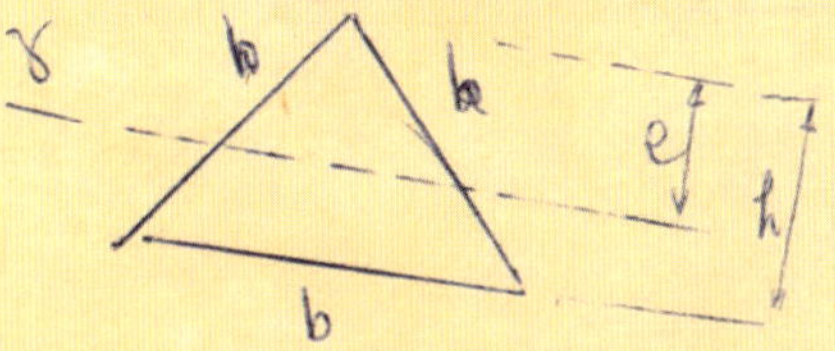 | $J_z=\frac{bh^3}{36}$, $e=\frac{2}{3}h$ | $\rho=\frac{\sqrt{2}}{6}h$ |
| 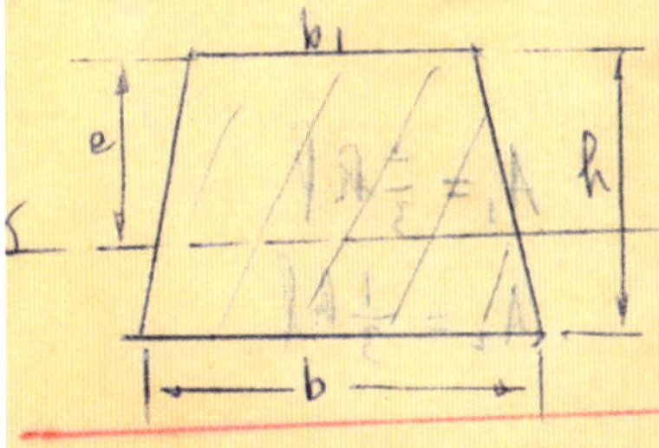 | $J_z=\frac{b^2+4bb_1+b_1^2}{36(b+b_1)}h^3$, $e=\frac{2b+b_1}{3(b+b_1)}h$ | $\rho=\frac{\sqrt{2}}{6}\sqrt{\frac{b^2+4bb_1+b_1^2}{b+b_1}}h$ |
| 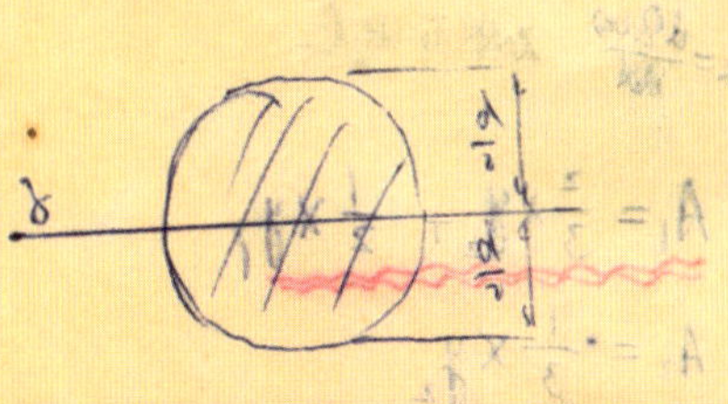 | $J_z=\frac{\pi d^4}{64}$ | $\rho=\frac{d}{4}$ |
| 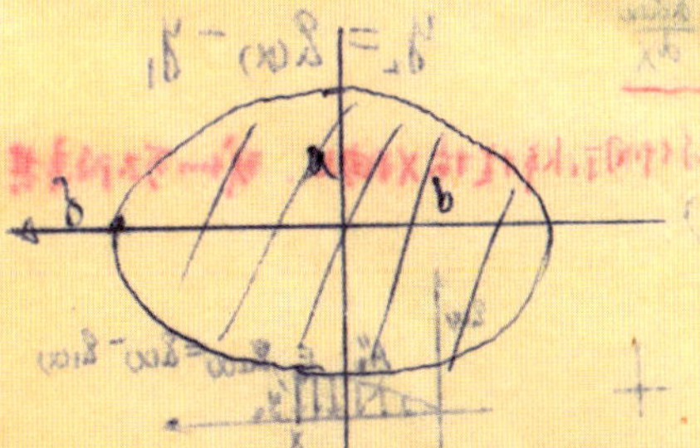 | $J_z=\frac{\pi ab^3}{4}$ | $\rho=\frac{b}{2}$ |

…一种材料来说，强度高一般塑性指标就低）

塑性指标说明了材料承受的塑性变形

而刚度是反映了材料在力作用下的变形。

一般说，强度高的，刚度也会略高些，但不是一致增加的

三向受拉，受压→纯拉压，只有体积改变，无形变

并无剪切应变（$\gamma_{xy}=0$）

应力集中实验。

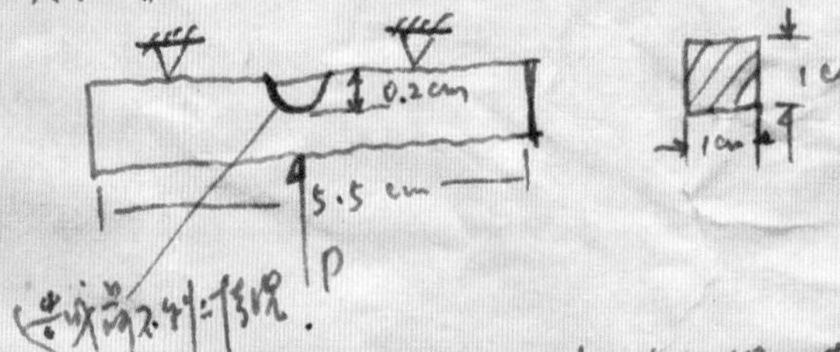


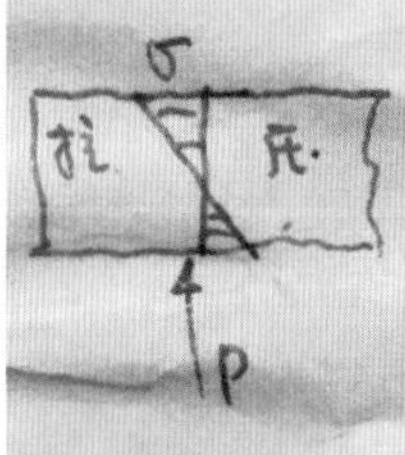


没缺口时。

$\sigma_{max}=32$.

有缺口但不考虑应力集中

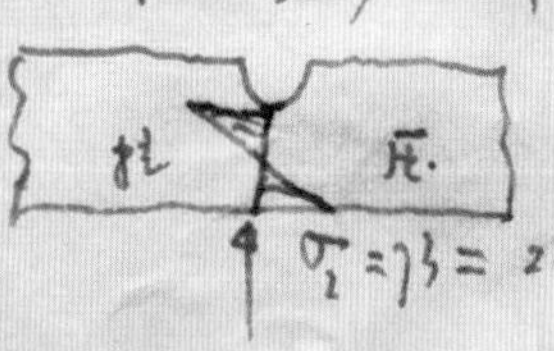


$\sigma_2=73=2.2\sigma_1$

实际上应力集中作用

$\sigma_{max}=169=5.22\sigma_1$

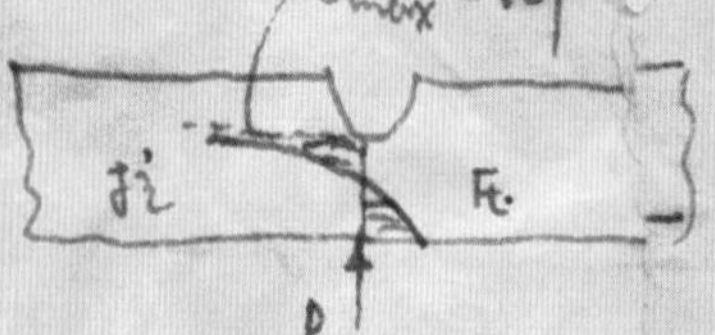

# “塑性力学”课堂笔记

同样作为固体力学的分支，塑性力学（Mechanics of Plasticity）又称塑性理论，主要研究固体受力后处于塑性变形状态时，塑性变形与外力的关系，以及物体中的应力场、应变场以及有关规律，及其相应的数值分析方法。发现塑性变形现象并进行力学研究是从1773年法国科学家库仑提出土压力理论开始的。1960年希腊裔德国科学家阿吉里斯提出初始荷载法，为有限单元求解弹塑性问题奠定了基础，这标志着塑性力学的发展达到定型阶段。

谢和平院士“塑性力学”课堂笔记主要包含以下内容：

绪论

第一章　金属材料在拉压作用下的力学性质

第二章　应力状态理论

第三章　应变分析

第四章　塑性基本理论

第五章　弹塑性的变形理论

第六章　梁的弹塑性弯曲

第七章　轴对称问题

第八章　平面变形的滑移场解法

# 塑性力学

谢和平

# 塑性力学

## 绪论

### §1. 塑性力学的任务和内容

一、任务：研究弹塑性作用下的应力和变形

解决的：(1) 寻找材料在塑性阶段的应力与应变关系——塑性基本规律

(2) 寻找塑性问题的解析解

二、研究方法

两大类

1) 理论的方法 （塑性理论）

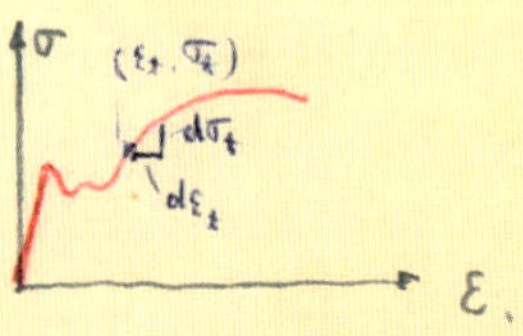


研究材料塑性变形的全过程

从开始到终结，包括 $\begin{cases} \sigma_t = f(\varepsilon_t) \\ d\sigma_t = f(d\varepsilon_t, \varepsilon_t) \end{cases}$

2) 工程的方法

研究材料塑性变形终结时的应力应变关系，求出构件的极限应力或极限载荷

三、研究内容

3. 研究的内容

①. 材料的塑性性质 σ-ε 曲线；屈服条件，加载卸载规则

② 建立问题的基本方程

包括：定义方程 $\begin{cases}\text{平衡方程} \\ \text{几何方程} \\ \text{物理方程} \\ \text{状态方程（即屈服条件或塑性条件）}\end{cases}$

边界条件 $\begin{cases}\text{边界条件（应力、位移）} \\ \text{连续条件}\end{cases}$

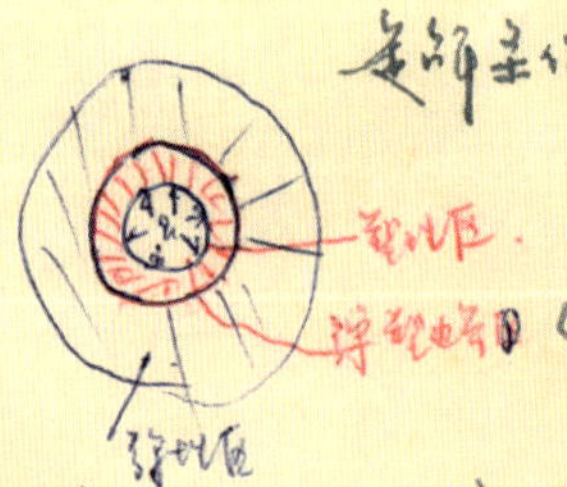


（构成连续条件）

③ 求解方法及其应用

简单拉伸与压缩

弯曲（纯弯与横向弯曲）

扭转

轴对称问题　　平面变形问题

四、弹性力学与塑性力学的比较

1. 相同之处

从连续介质力学的一般分析

一致 $\begin{cases}\text{(a) 一点的应力状态理论} \\ \text{(b) 一点的应变状态理论} \\ \text{(c) 质点的运动方程和平衡方程}\end{cases}$ $\frac{\partial \sigma_x}{\partial x} + \frac{\partial \tau_{xy}}{\partial y} + \frac{\partial \tau_{xz}}{\partial z} + X = \rho \frac{\partial^2 x}{\partial t^2}$ 运动方程

(d). 变形协调方程.

$$\frac{\partial^2 \varepsilon_x}{\partial y^2}+\frac{\partial^2 \varepsilon_y}{\partial x^2}=\frac{\partial^2 \gamma_{xy}}{\partial x \partial y}$$

或. $\nabla^2(\sigma_x+\sigma_y)=0$

$\nabla^2\nabla^2\varphi=0.$ | 弹力.

塑性. $\frac{\partial^2 \varepsilon_x}{\partial y^2}+\frac{\partial^2 \varepsilon_y}{\partial x^2}=\frac{\partial^2 \gamma_{xy}}{\partial x \partial y}$

2. 不同之处.

a. 物理方程.

弹性. $\varepsilon_z=\frac{1}{E}[\sigma_z-\mu(\sigma_y+\sigma_x)]$

⇓ 假定

①. 应力σ与应变ε之间是线性关系.

②. σ与ε之间是一一对应的关系.

~~$\varepsilon=f(\sigma)$ 或 $\sigma=\varphi(\varepsilon)$~~

③. 对于各向同性材料, 对任何材料 $\varepsilon_z$的形式均一致, 仅E随材料而变化。

塑性. $\sigma_i=\varphi(\varepsilon_i)$

是一个复杂的函数. 在屈服后加载状态, 大致能写成.

$\sigma_s=E(\varepsilon_i)\cdot\varepsilon_i$

在强化阶段. $\sigma_i=\varphi_i(\varepsilon_i)$

因此.

①. $\sigma_i$与$\varepsilon_i$之间不再是线性关系.

② $\sigma_i$与$\varepsilon_i$之间有时不存在一一对应的关系.

(卸载后应力减小, ε 可对应多个σ值)

③. 与材料有关.

b. 塑性力学引入了材料的塑性条件—屈服条件.

(屈服准则).

{ 单塑性破坏的屈服条件.
{ 非塑性破坏的屈服条件.

c. 解题方法不同.

弹性力学. { $\nabla^2\nabla^2\varphi=0$
{ 边界条件

$\sigma_x=\frac{\partial^2\varphi}{\partial y^2}$

⋮ ……

塑性力学. { 平衡方程
{ 塑性条件
{ 引入应力函数式

如不能的时候可引入几何方程、物理方程. 即 { 平衡.
{ 塑性条件.
{ 几何.
{ 物理.

对于弹塑性区域问题.

{ 弹性区域. { …
{ 塑性区域 { …

连续性条件

五. 塑性力学的困难性 (难点)

(1). $\sigma=f(\varepsilon)$的非线性和不可逆性.

塑性基本方程是非线性的 — 拟线性化

(2). 塑性区域的几何尺寸及移动不易确定.

(3). 材料内部的塑性变形是不均匀的.

§2. 塑性力学的发展概况.

# 第二章. 金属材料在拉压作用下的力学性质.

## §2-1. 材料的 $\sigma-\varepsilon$ 曲线.

一. 金属拉伸时的 $\sigma-\varepsilon$ 曲线.

1. $\sigma-\varepsilon$ 曲线的绘制.

2. 曲线的特点. 以低碳钢为例.

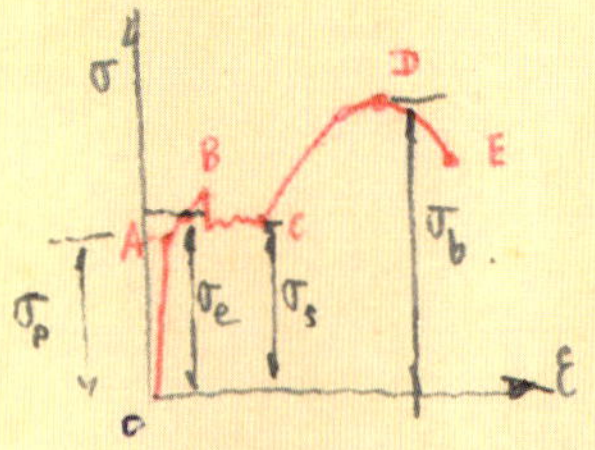


四个阶段.

OA —— 比例阶段. 应力与应变成比例.

OB —— 弹性阶段

弹性阶段. 应力应变关系包括比例关系的部分.

即卸载后没有残余变形的阶段.

B —— 上屈服点. (开始屈服)

BC —— 屈服阶段. (屈服状态)

卸载后材料有残余变形.

CD —— 强化阶段. (硬化阶段)

当材料进入塑性状态后, 只有在应力增大的情况下应变才能增加.

DE. 弱化阶段. (软化阶段)

应力降低时 应变还增加. (名义的应力和应变)

注. 低碳钢有上屈服点, 而高强钢则没有明显屈服阶段.

3. 特征值.

比例极限 $\sigma_p$.

弹性极限 $\sigma_e$ —— 定义: 一个受拉伸材料, 当第一个出现残余变形时的应力称为弹性极限 $\sigma_e$.

屈服极限 $\sigma_s$

强度极限 $\sigma_b$.

实际上: $\sigma_e$ 无意义. 只有条件弹性极限. (人为的) 规定. 残余应变为 0.001 ~ 0.05% 时的应力为 $\sigma_e$. (条件的)

4. $\sigma=f(\varepsilon)$ 的函数关系.

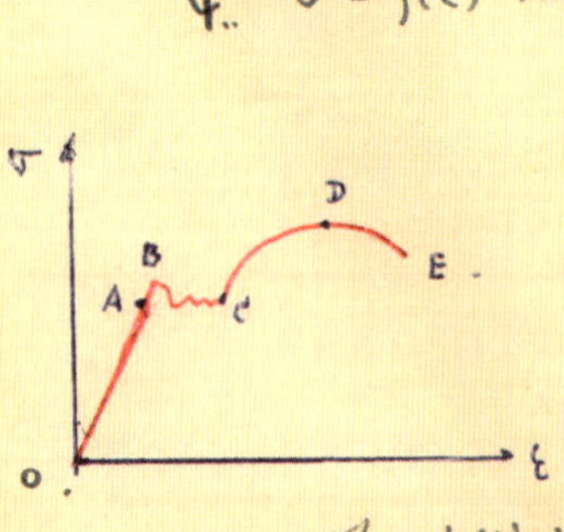


弹性阶段 $\sigma=f_1(\varepsilon)$.

屈服阶段 (BC) $\sigma=f_2(\varepsilon)$

强化阶段 (CD) $\sigma=f_3(\varepsilon)$

弱化阶段 (DE) $\sigma=f_4(\varepsilon)$.

5. 关于曲线形状的讨论.

①. 线性部分 — 只有在加载初始阶段.

②. 有的材料. 有屈服平台

定义. 材料进入塑性状态. $\sigma-\varepsilon$ 曲线具有平行于横轴的部分称为屈服平台.

③.. 曲线的凹凸方向问题.. 曲线是凸向上的

④.. 强化阶段曲线

一般实验机得到实验终止的曲线..

以刚性实验机得到一条延续达于0的曲线.

拉伸。假定产生颈缩以前是在单向应力状态的，在颈缩以后变形不再是均匀分布的，因为应力状态已经变成三向状态的了。

试件各部分拉伸体积不变.

二.. 拉伸实验现象..

1.. 弹性阶段..

①.. 变形可以恢复

②.. 出现弹性非完全性..

弹性完全性是指变形只与加载有关，而与时间、加载方向无关.

弹性非完全性..是弹性变形不仅与加载有关，还与时间、加载方向有关。

非完全性现象..

(a). Bauschinger Effect.. (鲍辛格效应).

(出现压应力的屈服极限降低的现象)

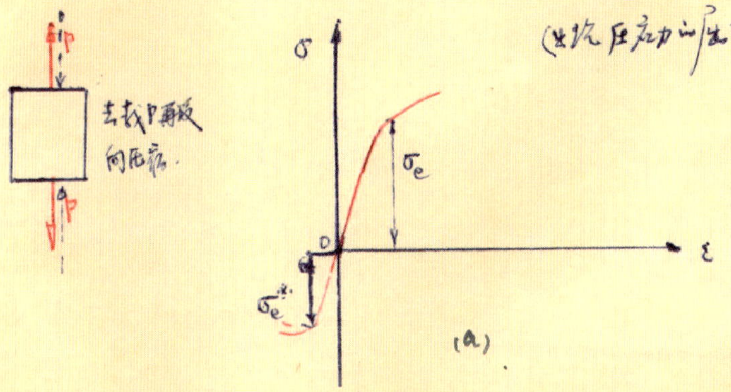


(b). 弹性后效..

一般来弹性变形比载荷落后，当加载时，变形要经历一段时间才达到最后值，卸载时，变形要经历一段时间才能消除。

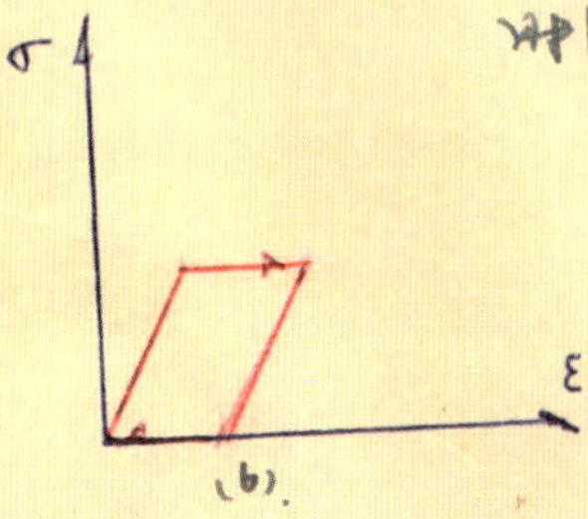


(c). 弹性滞后环..

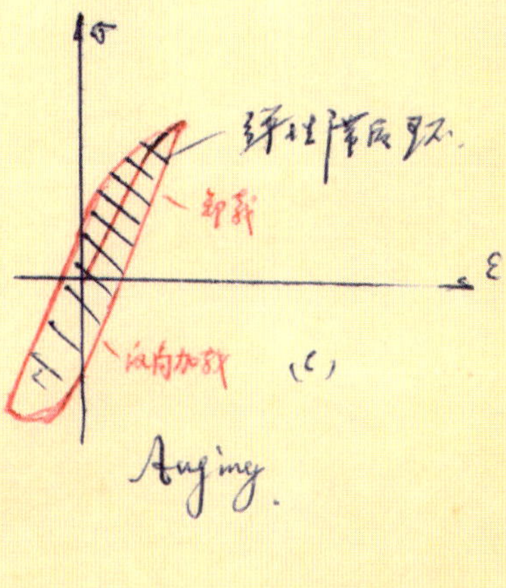


Aging.

2.. 塑性阶段.

①.. 有残余变形 (永久变形)

②.. 单纯伸长体积几乎不变 (认为不变). ∴ $\varepsilon_x+\varepsilon_y+\varepsilon_z=0$ 的特点

③ 伴随塑性变形出现。 ⓐ 蠕变。当 $\sigma = constant$ $\varepsilon$ 继续增加。

ⓑ 松弛。当 $\varepsilon = constant$。$\sigma$ 继续降低。

④ 滑移性。沿 $\tau_{max}$ 方向（shear）。晶粒位移的痕迹。

⑤ 屈服平台。

3. 强化阶段。

① 材料的强化作用（硬化）（局部屈服就局部强化使整个材料能抵抗加载能力）。

② 屈服平台的消失，及 $\sigma_s$ 的提高。

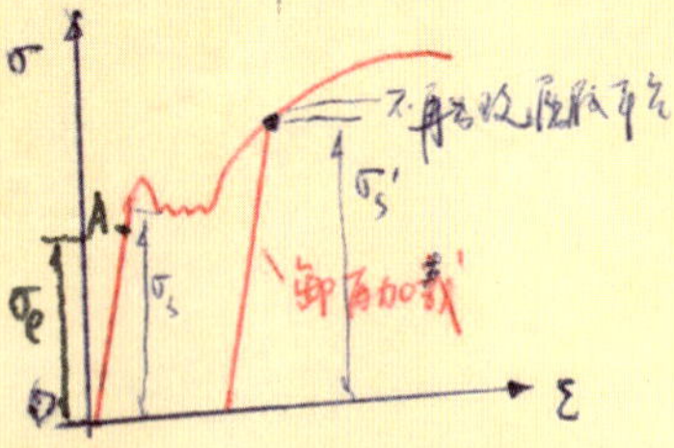


③ 进行加热至250℃（材料再结晶的作用）。

缓慢冷却。再加载则屈服平台重新出现。

二、一些概念

1. 比例极限（0至A。应力与应变成正比。图形为线性的。过了A点，应力与应变线性关系不再存在。A点为比例极限）

2. 弹性极限（过了A点。$\sigma \neq E\varepsilon$ 但仍是弹性的，即卸除外力后，变形完全消失。B点为弹性极限）

3. 物理屈服极限与条件屈服极限。

材料产生屈服变形时的应力（有明显的屈服点，如低碳钢），称为物理屈服极限。

材料没有明显的屈服变形（如高碳钢、有色金属），以产生一定的残余变形时的应力作为屈服极限，称条件屈服极限。

（以产生残余应变为0.2%的应力为条件屈服极限 记 $\sigma_{0.2}$）

4. 切线模量与割线模量。

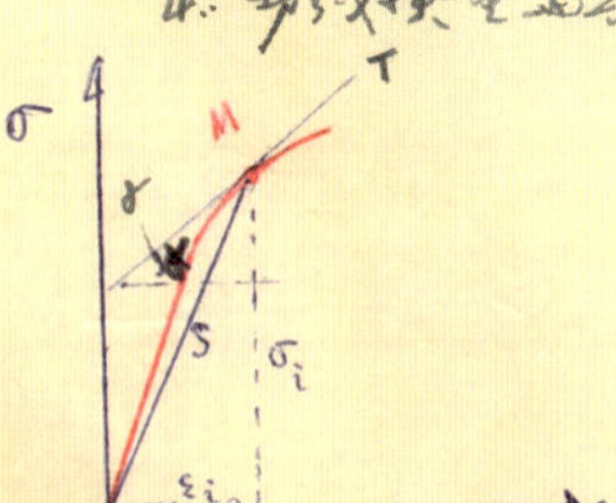


$M(\sigma_i, \varepsilon_i)$

切线模量 $E_t = tg\gamma \xlongequal{\sigma=f(\varepsilon)} \left(\frac{d\sigma}{d\varepsilon}\right)\Big|_{\sigma=\sigma_i, \varepsilon=\varepsilon_i}$

割线模量 $E_s = tg\beta = \frac{\sigma_i}{\varepsilon_i}$

5. 条件 $\sigma-\varepsilon$ 曲线与真应力—真应变曲线。

条件 $\sigma-\varepsilon$ $\begin{cases} \sigma = \frac{P}{F_0} \\ \varepsilon = \frac{l-l_0}{F_0} \end{cases}$ （按初始截面尺寸计算的应力）。 $F_0$—初始截面面积 $l_0$—初始长度

真 $\sigma-\varepsilon$ 曲线 $\begin{cases} \sigma_t = \frac{P_t}{F_t} \\ \varepsilon = \int_{l_0}^{l} \frac{dl}{l} \end{cases}$ $P_t$—瞬时载荷，$F_t$—瞬时面积，$\sigma_t$—瞬时应力

—— $\varepsilon$—瞬时应变（真应变）

$\sigma$ 与 $\sigma_t$，$\varepsilon$ 与 $\bar{\varepsilon}$ 之间存在下列关系。

$$\begin{cases} \sigma_t = (1+\varepsilon)\sigma \\ \bar{\varepsilon} = \ln(1+\varepsilon) \end{cases}$$

（具体见后计算..）

6.. 韧性.. —— 材料在断裂前所吸收的能量。
能量大，韧性强，不易断裂..

四.. 结论..

1）金属材料按塑性变形可以区分为两大类..

①.. 具有明显屈服（流动）阶段的材料。—— 通常用新的屈服点时的应力作为屈服极限 $\sigma_s$（称为物理屈服极限）。

② 没有明显屈服（流动）阶段的材料 —— 通常规定残余应变为 0.2% 的应力作为条件屈服极限，记为 $\sigma_{0.2}$。

2）.按名义应力（按原始截面计算的应力）所建立的条件拉伸曲线和按瞬时应力（按瞬时截面计算的应力）所建立的真拉伸曲线只是在大塑性变形阶段才呈现显著的区别。

3）.一般的金属材料，~~拉伸与压缩~~ 弹性变形是比塑性变形量小得多。

4）.对于一般的金属材料，拉伸与压缩曲线在微小弹塑性变形阶段基本重合..只有在大塑性变形阶段，两者才有显著区别。大多数材料，$\varepsilon < 10\%$ 时拉伸与压缩曲线是一致的。

5，.. 当 $\sigma > \sigma_e$ 后，对于大多数材料，$\varepsilon$ 增到 $2 \sim 3\,\varepsilon_e$ 时，切线模量 $E_t = \frac{d\sigma}{d\varepsilon}$ 迅速减到材料弹性系数的很小值，即 $E_t = \left(\frac{d\sigma}{d\varepsilon}\right)_i \approx \frac{1}{10}E$。
材料中的屈服（流动）阶段.. $E_t = \frac{d\sigma}{d\varepsilon} \approx 0$。

6. 在超过弹性极限后卸载，则在卸载过程中的应力应变关系曲线平行于原来的弹性线段，即..简单拉伸时的卸载定律为 $\sigma_{卸} = E\varepsilon_{卸}$，再加载使材料硬化。

7，.. 在完全卸载后，若继续作用符号相反的外应力（由拉变为压），试件发生压缩变形，并由弹性转变为塑性，达到压缩屈服状态..

鲍希格尔效应..

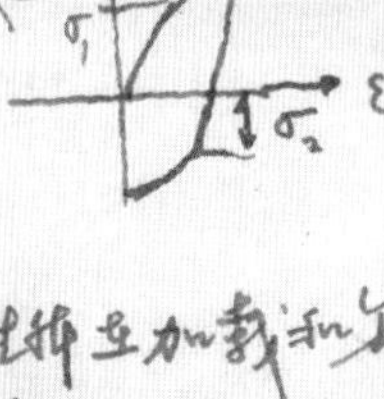


实验表明：符号相反的塑性变形，其塑性应力应变曲线大致平行于第一次拉伸塑性变形曲线，但屈服极限却要低一些..$\sigma_2 < \sigma_1$，这为鲍希格尔效应。

8）非线性弹性体在加载和卸载过程中，始终保持应力和应变一一对应的单值关系。

9.. 在塑性状态，材料的体积是不变的。（泊松比 $\nu = 0.5$）

总之..常温下静拉伸负载作用下的金属所表现的性质，当外在条件一定时取决于材料本身，当材料一定时则取决于外在条件影响。

五、一些指标

1、塑性指标 $\begin{cases} \delta = \frac{l-l_0}{l_0} \times 100\% \\ \psi = \frac{F_0 - F}{F_0} \times 100\% \end{cases}$

2、强度指标 $\begin{cases} \sigma_s \\ \sigma_b \\ \sigma_{断} \end{cases}$

3、模量 弹性模量 $E_e$；切线模量 $E_t$；割线模量 $E_s$；硬化指数 $n$　$(\sigma = A\varepsilon^n)$ $n \in (0,1)$.

4、伊留申系数 $\omega$　（Ильюшин）

$\sigma \overset{定义}{=} \sigma_e - \sigma_2$

$= E\varepsilon - \omega E\varepsilon$

$\therefore \sigma = E\varepsilon(1-\omega)$

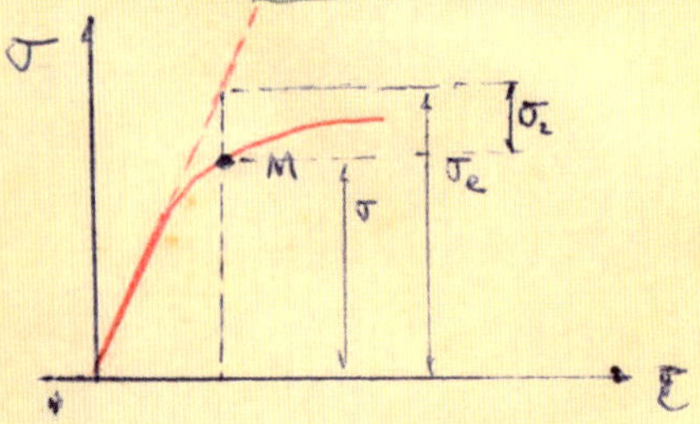


$\sigma_2 = \omega E\varepsilon$（即为材料由于塑性变形所降低的应力，$\omega$为无量纲参数）

$0 \le \omega \le 1$

$\omega$表示材料由于塑性变形引起的应力降低程度.

§1-2、材料的基本假设

一、材料的假设

1)、认为材料无粘性，即认为 $\varepsilon$ 与时间无关.

2)、材料具有无限的韧性，一般无限变形也不会断裂.

3)、总应变 $\varepsilon = \varepsilon^e + \varepsilon^p$.　$\varepsilon_0^p = \varepsilon_1^p + \varepsilon_2^p + \varepsilon_3^p = 0$

4)、$\varepsilon^e = \frac{\sigma}{E}$.　E不随材料的应力状态而变.

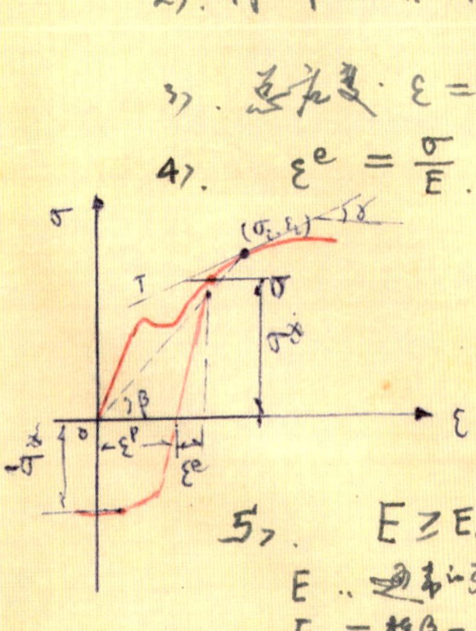


$\varepsilon^p$：若 $\sigma^* > \sigma_s$ 不论是 卸载、重新加载、反向加载 $\varepsilon^p$是一个常值.

即在区间 $-\sigma^* < \sigma < \sigma^*$ 内 $\varepsilon^p = constant$

5)、$E \ge E_c \ge E_t \ge 0$

（不论在任何情况下，在塑性变形中如继续增加变形，应力则更大）

E：通常的弹性模量.

$E_c = tg\beta = \frac{\sigma_i}{\varepsilon_i}$：割线模量.

$E_t = tg\gamma = \left.\frac{d\sigma}{d\varepsilon}\right|_i$：切线模量.

## 稳定变形与非稳定性变形之概念

一如：$d\sigma_i \cdot d\varepsilon_i > 0$　稳定变形　{当 $d\sigma_i = +$，$d\varepsilon_i = +$，即当 $\varepsilon$ 增加，$\sigma$ 也增；$d\sigma_i = -$，$d\varepsilon_i = -$，如 $\varepsilon$ 减，$\sigma$ 减，即卸载}

$d\sigma_i \cdot d\varepsilon_i < 0$　非稳定变形　{$d\sigma_i = +$，$d\varepsilon_i = -$；$d\sigma_i = -$，$d\varepsilon_i = +$（颈缩阶段）}

$d\sigma_i \cdot d\varepsilon_i = 0$　临界状态

∴ 塑性变形之稳定性条件是 $d\sigma \cdot d\varepsilon^p \geq 0$

## 二、$\sigma-\varepsilon$ 曲线之简化

1. 刚塑性材料（理想刚塑性体或完全塑性材料）。
认为材料具有无限之塑性，无弹性，无强化。

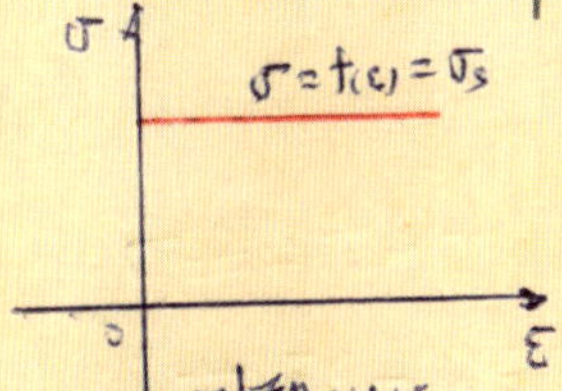

刚塑性材料

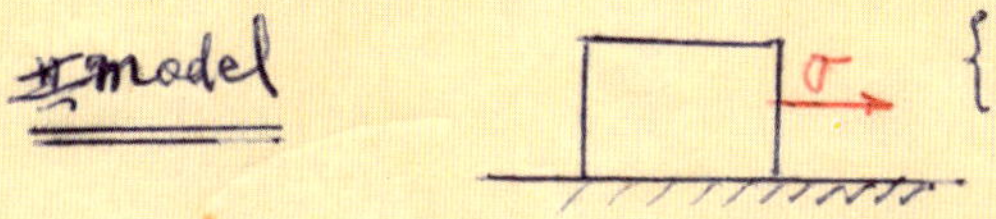


{$\sigma < \sigma_s$ 不滑动；$\sigma > \sigma_s$ 无休止地滑动。}

2. 理想弹塑性材料。认为材料具有弹性和无限之塑性，但无强化。

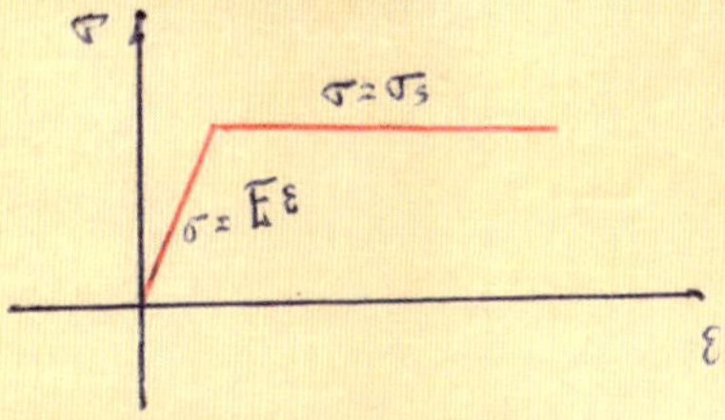


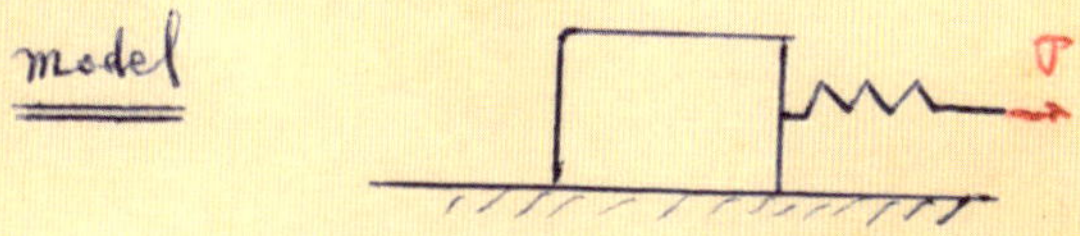


开始先服从弹性（弹簧）然后再滑一段（弹簧拉直后）

3. 理想强化材料。
假设：认为只有强化阶段之塑性变形。

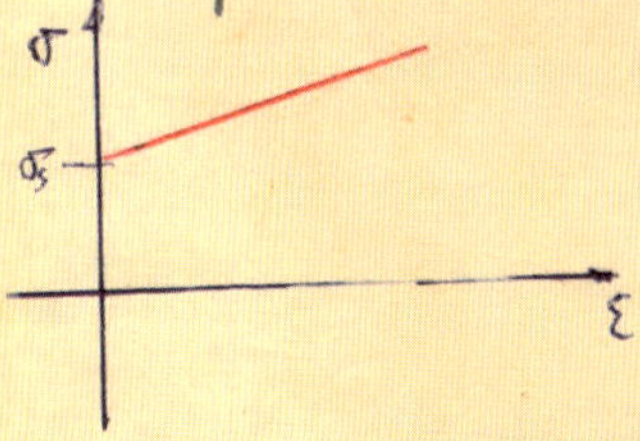


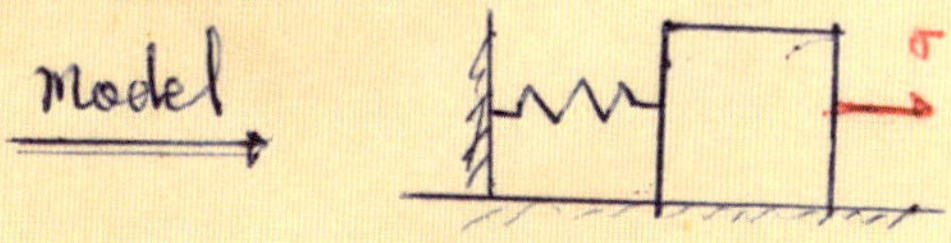


{$\sigma \leq \sigma_s$ 不移动；$\sigma > \sigma_s$ 才克服弹力而向前滑动。}

4) 弹性强化材料。
假设：具有弹性变形和强化阶段之塑变。

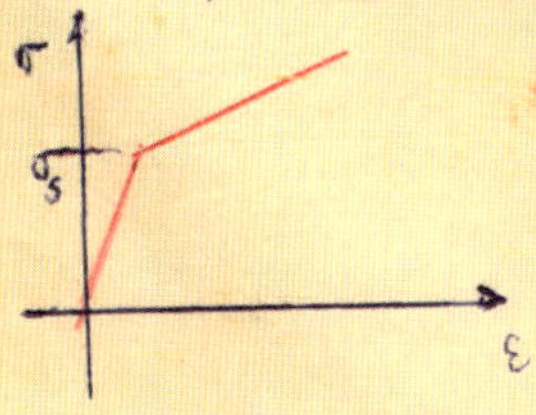


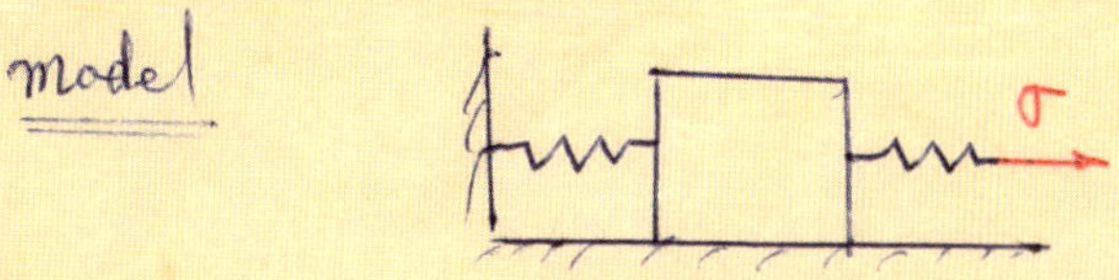

几个问题的补充……（myself）

1. 弹力、塑力区别……$\begin{cases} \text{elastics} & \text{不以时} f(\sigma,\varepsilon) \text{表征} \\ \text{plastics} & \text{以时} f(\sigma,\varepsilon,t) \text{表征} \end{cases}$。

2. 形变硬化……——标志金属抵抗继续塑性变形的抗力。

金属材料具有塑性变形，只具有形变硬化，这两种可贵的性质，那里塑性变化，那里就硬化，使变形分布到别的地方去，这样在受支持作用的结果，使我们可得到断截面变形均匀一致的冷加工产品。

3. 屈服点……

不可逆（塑性）形变开始出现时金属单位截面上最低作用力，定义为屈服点。标志着开始塑性变形的抗力，是工程技术上极为重要的机械性能指标。（∵机构不允许有塑变）

对单晶体说，应该是引起第一个滑移出现时，晶体单位截面上的外作用力。由于塑性变形是由切应力所引起的，所以更确切地说，当单晶体单位面积上外作用力渐增达到某些滑移面及滑移方向上的分切应力，并超过金属在该滑移面上的临界抗切应力时，此时的单位面积的外力即相当于该金属单晶体的屈服点。

对于多晶体仅出宏观屈服点（人为规定）。

# 第二章 Chapter II 应力状态理论

The theory of stress from.

Important point: 1) 八面体之应力.
2) 应力偏量之张量.
3) 应力强度之概念.

## §2-1 一点的应力状态

一、一点的应力状态的概念

一点的应力可用对称张量 T 表征. $T_\sigma = \begin{bmatrix} \sigma_x & \tau_{xy} & \tau_{xz} \\ \tau_{xy} & \sigma_y & \tau_{yz} \\ \tau_{xz} & \tau_{yz} & \sigma_z \end{bmatrix}$ (Tensor)

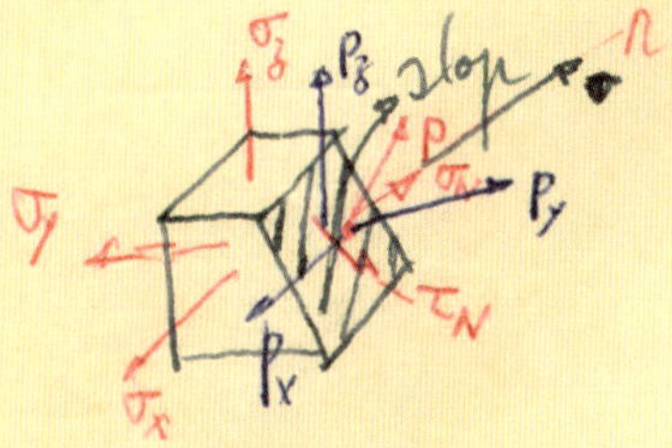


$$\begin{bmatrix} P_x \\ P_y \\ P_z \end{bmatrix} = \begin{bmatrix} \sigma_x & \tau_{xy} & \tau_{xz} \\ & \sigma_y & \tau_{yz} \\ & & \sigma_z \end{bmatrix} \begin{bmatrix} l \\ m \\ n \end{bmatrix}$$ 即 $P = T \cdot N$

$$\sigma_N = \sigma_x l^2 + \sigma_y m^2 + \sigma_z n^2 + 2\tau_{xy} lm + 2\tau_{yz} mn + 2\tau_{zx} nl.$$

$$\tau_N^2 = p^2 - \sigma_N^2$$

主应力: 设主应力 $\sigma_1, \sigma_2, \sigma_3$.

$\sigma_1$ 与 x. y. z 之方向余弦是 $l_1, m_1, n_1$

$\sigma_2$ — — — $l_2, m_2, n_2$

$\sigma_3$ — — — $l_3, m_3, n_3$

注意到 $P_x$、$P_y$、$P_z$ 是沿坐标轴上斜面上主应力 p 之分量.

则 $P_x = \sigma l$ . $P_y = \sigma m$. $P_z = \sigma n$. (这里 $p = \sigma$) 设σ主应力

而 σ为斜面上之主应力

$$则 \begin{bmatrix} \sigma l \\ \sigma m \\ \sigma n \end{bmatrix} = \begin{bmatrix} \sigma_x & \tau_{xy} & \tau_{xz} \\ & \sigma_y & \tau_{yz} \\ & & \sigma_z \end{bmatrix} \begin{bmatrix} l \\ m \\ n \end{bmatrix}.$$

线性方程组 转化为

$$\begin{bmatrix} \sigma_x - \sigma & \tau_{xy} & \tau_{xz} \\ & \sigma_y - \sigma & \tau_{yz} \\ & & \sigma_z - \sigma \end{bmatrix} \begin{bmatrix} l \\ m \\ n \end{bmatrix} = 0$$

由主应力σ与坐标选取无关. ($l. m. n$ 可以是变的)

∴ 方程组有非零解的条件是

$$\begin{vmatrix} \sigma_x - \sigma & \tau_{xy} & \tau_{xz} \\ & \sigma_y - \sigma & \tau_{yz} \\ & & \sigma_z - \sigma \end{vmatrix} = 0.$$ 展开. $\sigma^3 - I_1 \sigma^2 + I_2 \sigma - I_3 = 0$

其中 $I_1=\sigma_x+\sigma_y+\sigma_z=\sigma_1+\sigma_2+\sigma_3$

$$I_2=\sigma_x\sigma_y+\sigma_y\sigma_z+\sigma_z\sigma_x-\tau_{xy}^2-\tau_{yz}^2-\tau_{zx}^2=\sigma_1\sigma_2+\sigma_2\sigma_3+\sigma_3\sigma_1$$

$$I_3=\sigma_x\sigma_y\sigma_z+2\tau_{xy}\tau_{yz}\tau_{zx}-\sigma_x\tau_{yz}^2-\sigma_y\tau_{zx}^2-\sigma_z\tau_{xy}^2=\sigma_1\sigma_2\sigma_3$$

称主应力不变量　（从方程可见主应力 $\sigma$ 有三个值，三次方程）

主应力方向确定：

如设主应力 $\sigma_i$，方向 $l_i$、$m_i$、$n_i$。

则由以下方程确定：

$$\begin{cases}(\sigma_x-\sigma_i)l_i+\tau_{xy}m_i+\tau_{xz}n_i=0\\ \tau_{xy}l_i+(\sigma_y-\sigma_i)m_i+\tau_{yz}n_i=0\\ \tau_{xz}l_i+\tau_{yz}m_i+(\sigma_z-\sigma_i)n_i=0\\ l_i^2+m_i^2+n_i^2=1\end{cases}\qquad(2\text{-}8)$$

二、应力椭球：

用几何方法表示一点的应力状态 {应力椭球 / 三向应力圆。

选坐标轴为主应力 $\sigma_1$、$\sigma_2$、$\sigma_3$ 的方向。

斜截面上应力在坐标轴分量

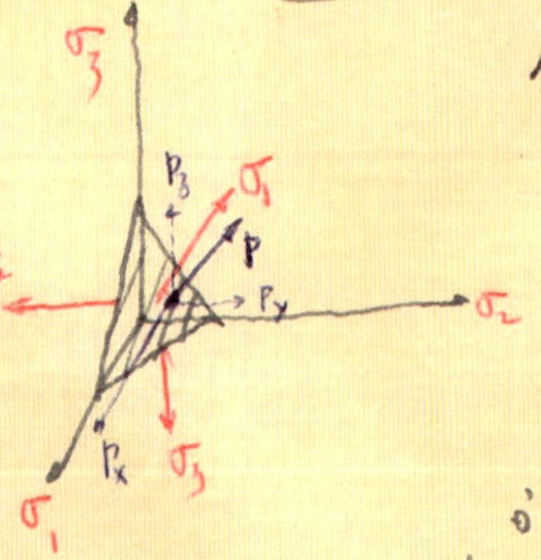


$$\left.\begin{aligned}P_x&=\sigma_1 l\\ P_y&=\sigma_2 m\\ P_z&=\sigma_3 n\end{aligned}\right\}\quad P=T\cdot N.\qquad \begin{cases}l=\dfrac{P_x}{\sigma_1}\\ m=\dfrac{P_y}{\sigma_2}\\ n=\dfrac{P_z}{\sigma_3}\end{cases}$$

∵ $\sigma_1$、$\sigma_2$、$\sigma_3$ 对于一定点来说是一定值，而 $P_x$、$P_y$、$P_z$ 随斜截面的位置而变化。

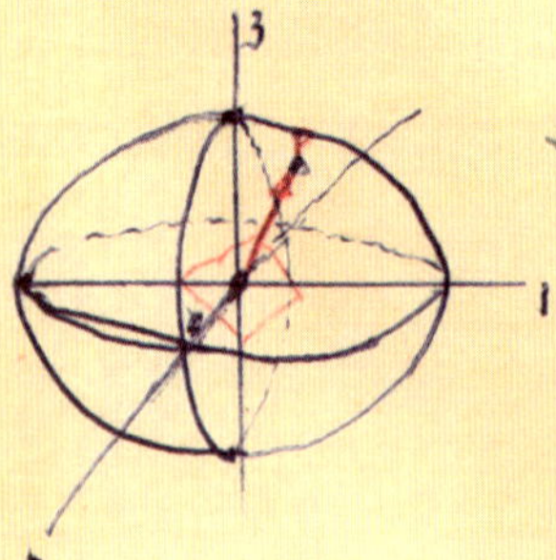


由 $l^2+m^2+n^2=1$

$$\therefore\ \frac{P_x^2}{\sigma_1^2}+\frac{P_y^2}{\sigma_2^2}+\frac{P_z^2}{\sigma_3^2}=1$$

椭球面上任意一点的矢径代表某个截面上的全应力

（此截面就是垂直任意点的矢径的截面）

三、三向应力圆：

1. 三向应力圆的绘制：设给定 $\sigma_1$、$\sigma_2$、$\sigma_3$。

① 分别以三个应力中任二个之差为直径作圆。（设 $\sigma_1>\sigma_2>\sigma_3$）

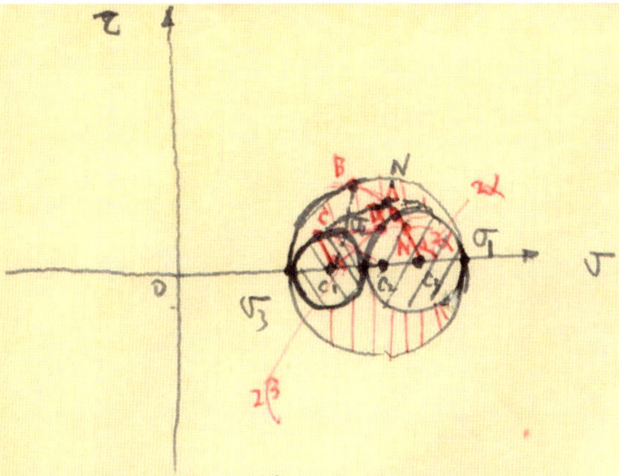


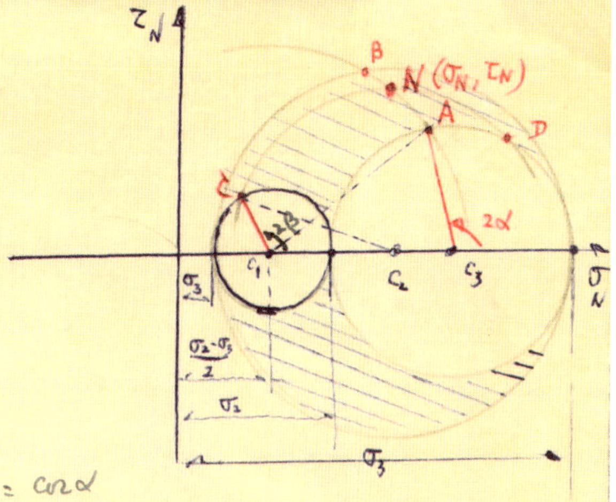


2. 求斜截面的应力：

设斜截面的方向余弦 $\begin{cases} l = \cos\alpha \\ m = \cos\beta \\ n = \cos\gamma \end{cases}$

N 与 $\sigma_1$、$\sigma_2$、$\sigma_3$ 之间的方向余弦为 $\alpha$、$\beta$、$\gamma$。

求 $\sigma_N$、$\tau_N = ?$ —— 斜截面的应力。

步骤：(1) 设圆心分别为

$\sigma_1 \sigma_2 \longrightarrow C_3$ (Ⅲ)

$\sigma_2 \sigma_3 \longrightarrow C_1$ (Ⅰ)

$\sigma_1 \sigma_3 \longrightarrow C_2$ (Ⅱ)

(2) 由 $C_3$ 作 $2\alpha$ 角（偏离于 $\sigma_1$ 轴之方向），与圆Ⅲ交于A点

③ 以 $C_1$ 为圆心，以 $\overline{C_1A}$ 为半径，作圆弧交圆Ⅱ于B点

④ 由 $C_1$ 作 $2\beta$ 角（与 $\sigma_2$ 轴之夹角）与圆Ⅰ交于C点

⑤ 以 $C_2$ 为圆心，$\overline{C_2C}$ 为半径作圆弧交圆Ⅲ于D点，且与弧 $\overline{AB}$ 交于N点。

⑥ N点在Mohr圆上的横纵坐标为 $\sigma_N$、$\tau_N$。

3. 任意斜截面之应力点必落在红色阴影线内。

即：$(\sigma_N, \tau_N)$ 满足 圆Ⅰ、圆Ⅲ $< (\sigma_N, \tau_N) <$ Ⅱ圆

证明：$\because l^2+m^2+n^2=1$ ——①

又 $p^2 = p_x^2+p_y^2+p_z^2$

$= \sigma_1^2 l^2 + \sigma_2^2 m^2 + \sigma_3^2 n^2 = \sigma_N^2+\tau_N^2$

又 $p^2 = \sigma_N^2+\tau_N^2$ （力的矢量合成）……②

又 $\sigma_N = \sigma_1 l^2 + \sigma_2 m^2 + \sigma_3 n^2$ ……③

以 $l^2, m^2, n^2$ 为三个未知量求解①、②、③式

则 $\begin{bmatrix} 1 & 1 & 1 \\ \sigma_1^2 & \sigma_2^2 & \sigma_3^2 \\ \sigma_1 & \sigma_2 & \sigma_3 \end{bmatrix} \begin{bmatrix} l^2 \\ m^2 \\ n^2 \end{bmatrix} = \begin{bmatrix} 1 \\ \sigma_N^2+\tau_N^2 \\ \sigma_N \end{bmatrix}$ ……④

矩阵表达：$A \cdot N = b$.　$N = A^{-1} b$

由方程组④ 求得：

$$l^2=\frac{\tau_N^2+(\sigma_N-\sigma_2)(\sigma_N-\sigma_3)}{(\sigma_2-\sigma_1)(\sigma_3-\sigma_1)}\geq 0$$

$$m^2=\frac{\tau_N^2+(\sigma_N-\sigma_1)(\sigma_N-\sigma_3)}{(\sigma_3-\sigma_2)(\sigma_1-\sigma_2)}\geq 0$$

$$n^2=\frac{\tau_N^2+(\sigma_N-\sigma_1)(\sigma_N-\sigma_2)}{(\sigma_1-\sigma_3)(\sigma_2-\sigma_3)}\geq 0.$$

∵ $\sigma_1\geq\sigma_2\geq\sigma_3$. 注意分母右边的符号.

∴ 
$$\begin{cases}\tau_N^2+(\sigma_N-\sigma_2)(\sigma_N-\sigma_3)\geq 0 & \cdots ① \\ \tau_N^2+(\sigma_N-\sigma_1)(\sigma_N-\sigma_3)\leq 0. & \cdots ② \\ \tau_N^2+(\sigma_N-\sigma_1)(\sigma_N-\sigma_2)\geq 0. & \cdots ③\end{cases}$$

配方 ⇓

$$\left.\begin{aligned}&\tau_N^2+\left(\sigma_N-\frac{\sigma_2+\sigma_3}{2}\right)^2\geq\left(\frac{\sigma_2-\sigma_3}{2}\right)^2 & \cdots ④\\ &\tau_N^2+\left(\sigma_N-\frac{\sigma_1+\sigma_3}{2}\right)^2\leq\left(\frac{\sigma_1-\sigma_3}{2}\right)^2 & \cdots ⑤\\ &\tau_N^2+\left(\sigma_N-\frac{\sigma_1+\sigma_2}{2}\right)^2\geq\left(\frac{\sigma_1-\sigma_2}{2}\right)^2 & \cdots ⑥\end{aligned}\right\}$$

由以上式可知．由④式．$(\sigma_N,\tau_N)$ 应在 $R=\frac{\sigma_2-\sigma_3}{2}$ 的圆外．

⑤式．$(\sigma_N,\tau_N)$ 应在 $R=\frac{\sigma_1-\sigma_3}{2}$ 的圆内．

⑥式．$(\sigma_N,\tau_N)$ 应在 $R=\frac{\sigma_1-\sigma_2}{2}$ 的圆外．

∴ 任意斜截面上的应力 $\sigma_N$, $\tau_N$ 必落在阴影区域内．

## 四．Lode－Nadai 参数．$\mu_\sigma$

定义．$\mu_\sigma=\dfrac{\overline{C_2\sigma_2}}{\overline{C_2\sigma_1}}=\dfrac{\sigma_2-\overline{OC_2}}{\frac{\sigma_1-\sigma_3}{2}}=\dfrac{\sigma_2-\frac{\sigma_1+\sigma_3}{2}}{\frac{\sigma_1-\sigma_3}{2}}=\dfrac{2\sigma_2-\sigma_1-\sigma_3}{\sigma_1-\sigma_3}$

$$=2\frac{\sigma_2-\sigma_3}{\sigma_1-\sigma_3}-1.$$

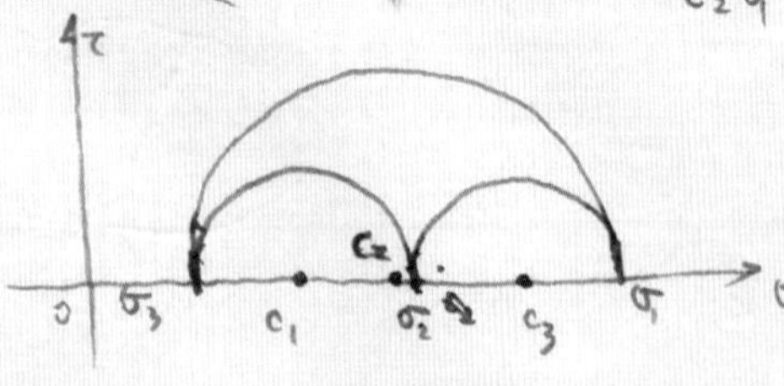


意义：(1) 假设 $=\frac{\tau_1-\tau_3}{-\tau_2}$

$$\begin{cases}\sigma_1^*=\sigma_1+\sigma_0\\ \sigma_2^*=\sigma_2+\sigma_0\\ \sigma_3^*=\sigma_3+\sigma_0\end{cases}\qquad \left(\sigma_0=\frac{1}{3}(\sigma_1+\sigma_2+\sigma_3)\right)$$

代入上式 $\mu_\sigma$ 不变．

这意味着

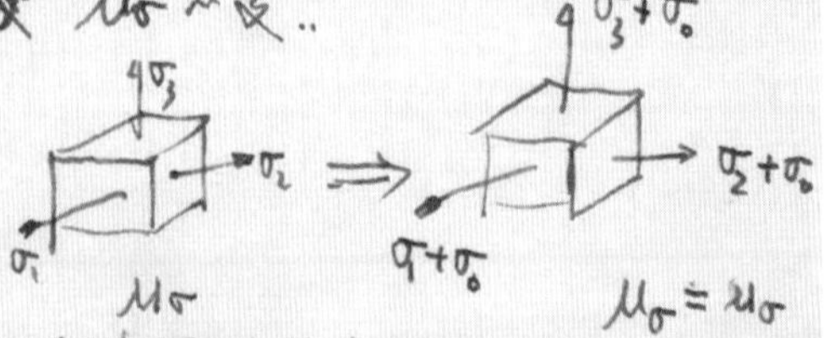


在应力mohr圆中．相当图形平移 $\sigma_0$

∴ $\mu_\sigma$不变，说明当Mohr圆仅沿σ轴向右或向左移动$\sigma_0$之距离，而应力圆之大小没相互关系，无任何变化。（即加上或减去一定拉压应力$\sigma_0$，不改变应力圆之大小）。

(2). 假定
$$\begin{cases}\sigma_1^* = \lambda\sigma_1 \\ \sigma_2^* = \lambda\sigma_2 \\ \sigma_3^* = \lambda\sigma_3\end{cases}$$
λ为比例常数

| |
|---|
| $\dfrac{\sigma_1-\sigma_3}{\sigma_S} = \dfrac{2}{\sqrt{3+\mu_\sigma^2}} = K$ |
| $\dfrac{\sigma_1^*-\sigma_3^*}{\sigma_S} = K$ |

代入公式 ⇒ $\mu_\sigma$仍不变

这就说明，如果在一定的应力状态中，各应力分量以同一比例地增加，则$\mu_\sigma$不变化。

由上可见，

(1). $\mu_\sigma$是代表应力偏量之作用(切力)（表明中间主应力$\sigma_2$与$\sigma_1$、$\sigma_3$之关系，与$\sigma_0$无关）

$\therefore \mu_\sigma = \dfrac{\tau_1-\tau_3}{\tau_2}$

(2). $\mu_\sigma$是指应力状态对材料塑性之参数。（∵剪起塑变是τ）

(3). 如果应力圆之半径按同一比例变化，不会改变引起塑性之应力状态。

(3). 假定
$$\begin{cases}\sigma_1^* = \sigma_1 \\ \sigma_3^* = \sigma_3 \\ \sigma_2^* = \sigma_2 + d\sigma_2\end{cases}$$
显然，$\mu_\sigma$有变化。

可见，$\mu_\sigma$是衡量中间应力$\sigma_2$对塑性之影响。

几种简单应力状态之$\mu_\sigma$值：

① 单向拉伸，$\sigma_1 = \sigma$，$\sigma_2 = 0$，$\sigma_3 = 0$。∴ $\mu_\sigma = -1$

② 单向压缩，$\sigma_1 = -\sigma$，$\sigma_2 = 0$，$\sigma_3 = 0$　　$\mu_\sigma = +1$

③ 纯剪，$\sigma_1 = 0$，$\sigma_2 = 0$，$\sigma_3 = 0$　　$\mu_\sigma = 0$

∴ $-1 \le \mu_\sigma \le 1$

## §2-2. 八面体面上的应力

Definition: 斜截面的法线与 $\sigma_1$, $\sigma_2$, $\sigma_3$ 方向成相等的倾角

$l=m=n=\frac{1}{\sqrt{3}}$ （注意：这是与主应力轴之方向相）

(This is define of Octagon)

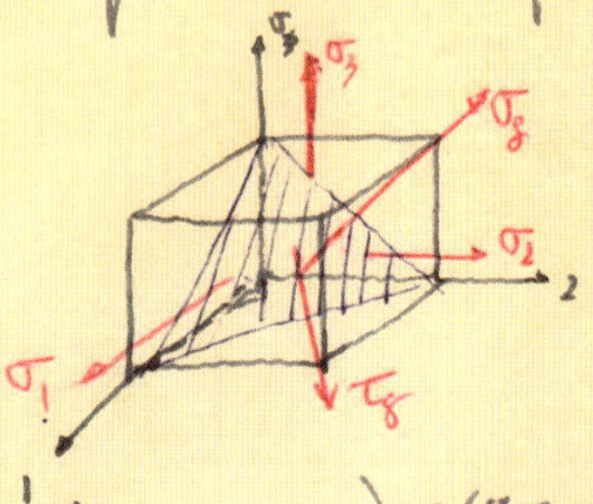


设：给出 $\sigma_1$, $\sigma_2$, $\sigma_3$，求 $\sigma_8$, $\tau_8$, $\omega_8$,

（$\omega_8$ 为 $\tau_8$ 之方位角）。

### 一、八面体面上的应力

设八面体上的总应力为 $p$，分量 $p_1$, $p_2$, $p_3$。

则
$$p_1=\sigma_1 l,\quad p_2=\sigma_2 m,\quad p_3=\sigma_3 n$$

$$\therefore \sigma_8=p_1 l+p_2 m+p_3 n=\frac{1}{3}[\sigma_1+\sigma_2+\sigma_3]$$

$$\tau_8=\sqrt{(p_1^2+p_2^2+p_3^2)-\sigma_8^2}$$

$$=\frac{1}{3}\sqrt{(\sigma_1-\sigma_2)^2+(\sigma_2-\sigma_3)^2+(\sigma_3-\sigma_1)^2}$$

### 二、求 $\tau_8$ 之方位角 $\omega_8$

$\pi$ 平面的概念：设一个平面其上之平均应力 $\sigma_0=\frac{1}{3}(\sigma_1+\sigma_2+\sigma_3)=0$ 则该面称之为 $\pi$ 平面。

证明：∵平面方程可写为 $\vec{n}\cdot\overrightarrow{MM_0}=0$ 可写为 $(\sigma_1+\sigma_2+\sigma_3)\frac{1}{3}=0$ ……  $\therefore l\sigma_1+m\sigma_2+n\sigma_3=0$  $\therefore l=m=n=\frac{1}{\sqrt{3}}$

$\therefore$ $\pi$ 平面之方程是 $\sigma_1+\sigma_2+\sigma_3=0$。

是通过原点O，~~平行于八面体~~，其法线之方向余弦为 $l=m=n=\frac{1}{\sqrt{3}}$。

$\therefore$ $\pi$ 平面与八面体第一象限的面平行。

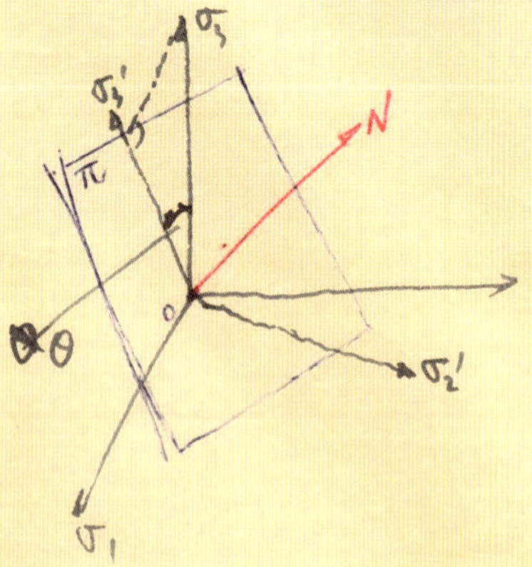


(1) 将 $\sigma_1$, $\sigma_2$, $\sigma_3$ 向 $\pi$ 平面投影为 $O\sigma_1'$, $O\sigma_2'$, $O\sigma_3'$ 相互之间为 $\frac{2}{3}\pi$ (120°)

选择，规定：$\tau_8$ 与 $O\sigma_3'$ 所成的夹角为 $\omega_\sigma=\omega_8$

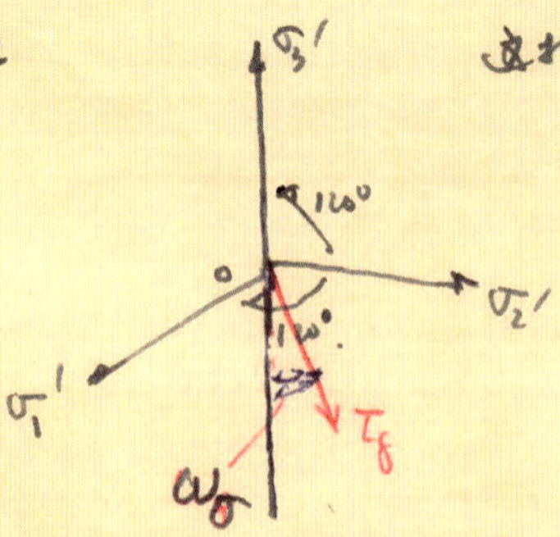


(2) 求 $\theta$ 角：$\theta$ 表示 $O\sigma_3$ 与 $O\sigma_3'$ 之间之夹角。

$\because \angle NO\sigma_3'=\pi/2$。 设 $\angle NO\sigma_3=\gamma=\cos^{-1}\frac{1}{\sqrt{3}}$

$$\therefore \theta=\frac{\pi}{2}-\cos^{-1}\frac{1}{\sqrt{3}}.$$

$\cos\theta = \cos(\frac{\pi}{2} - \gamma) = \sin\gamma = \sqrt{1-\cos^2\gamma} = \sqrt{\frac{2}{3}}$.

3) 求 $\sigma_1, \sigma_2, \sigma_3$ 在 π 平面上的投影 $\sigma_1', \sigma_2', \sigma_3'$.

∴ ~~$\sigma_1' = \sigma_1 \cos\theta$~~ 设在任一点应力为 P. 分解 $P_1, P_2, P_3$.（在 $\sigma_1, \sigma_2, \sigma_3$ 方向上）

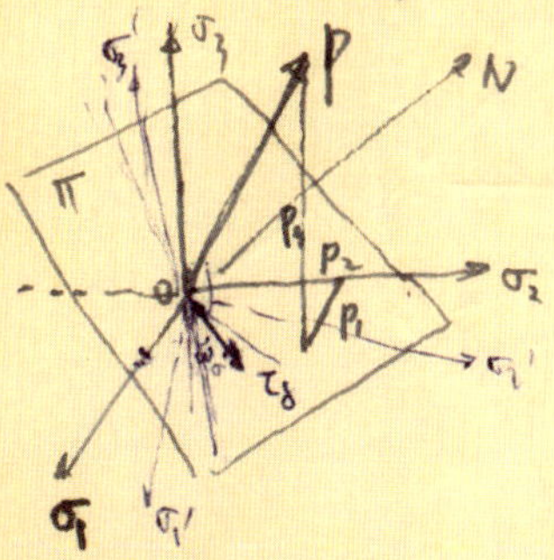


$$\left.\begin{array}{l} P_1 = \sigma_1 l \\ P_2 = \sigma_2 m \\ P_3 = \sigma_3 n \end{array}\right\} \xrightarrow{\text{向 π 投影}} \begin{array}{l} \sigma_1' = P_1 \cos\theta = \frac{\sqrt{2}}{3}\sigma_1 \\ \sigma_2' = P_2 \cos\theta = \frac{\sqrt{2}}{3}\sigma_2 \\ \sigma_3' = P_3 \cos\theta = \frac{\sqrt{2}}{3}\sigma_3. \end{array}$$

$$\tau_8 \xrightarrow{\text{投影到 π 面}} \tau_8' = \tau_8.$$

4) 由同一物理量在同一面（轴）上之投影必需相等.（力 P 之向量投影必相等）

向 $\sigma_3'$ 上投影.

$$\sigma_1' \cos\frac{2\pi}{3} + \sigma_2' \cos\frac{2\pi}{3} - \sigma_3' \cos 0° = \tau_8 \cdot \cos\omega_\sigma.$$

$$\therefore + \cos\omega_\sigma = \frac{(\sigma_1+\sigma_2) - 2\sigma_3}{3\sqrt{2}\,\tau_8}$$

§ 应力张量之分解.
2-3

一、应力球张量与应力偏量张量.

应力张量 $T_\sigma = \begin{bmatrix} \sigma_x & \tau_{xy} & \tau_{xz} \\ & \sigma_y & \tau_{yz} \\ & & \sigma_z \end{bmatrix}$

⇓

球张量 $T_{\sigma_0} = \sigma_0 \delta = \begin{bmatrix} 1 & & \\ & 1 & \\ & & 1 \end{bmatrix} \sigma_0 = \begin{bmatrix} \sigma_0 & & \\ & \sigma_0 & \\ & & \sigma_0 \end{bmatrix}$

偏张量 $D_\sigma = \begin{bmatrix} (\sigma_x - \sigma_0), & \tau_{xy}, & \tau_{xz} \\ & (\sigma_y - \sigma_0), & \tau_{yz} \\ & & (\sigma_z - \sigma_0) \end{bmatrix}$ ——偏量张量.

而之 $T_\sigma = T_{\sigma_0} + D_\sigma$.　　$\sigma_0 = \frac{1}{3}[\sigma_1 + \sigma_2 + \sigma_3]$.

应力偏量. $S_{ij} = \sigma_{ij} - \sigma_0 \delta_{ij}$.　　$\delta_{ij} = \begin{cases} 0 & i \neq j \\ 1 & i = j. \end{cases}$

$$\sigma_{ij} = \begin{cases} \sigma_x, \sigma_y, \sigma_z & i = j \\ \tau_{xy}, \tau_{yz}, \tau_{zx} & i \neq j. \end{cases}$$

二、应力偏量张量 $D_\sigma=[S_{ij}]$

性质1、$S_{xx}+S_{yy}+S_{zz}=0$。应力偏量第一不变量。

简记 $S_x=S_{xx}$，$S_y=S_{yy}$，$S_z=S_{zz}$。

性质2、存在三个主偏量，主应方向上有 $S_{xy}=S_{yz}=S_{zx}=0$。

由 $-S^3+I_2S+I_3=0$ 求出三个主偏量 定出 $S_1$、$S_2$、$S_3$。

$S_1=\sigma_1-\sigma_0$，$S_2=\sigma_2-\sigma_0$，$S_3=\sigma_3-\sigma_0$。

即 $S_j=\sigma_j-\sigma_0\delta_{ij}$ $(j=1,2,3)$

确定主应力偏量的方法：

$$\begin{bmatrix} S_x-S & \tau_{xy} & \tau_{xz} \\ \tau_{xy} & S_y-S & \tau_{yz} \\ \tau_{xz} & \tau_{yz} & S_z-S \end{bmatrix}\begin{bmatrix} l \\ m \\ n \end{bmatrix}=\begin{bmatrix} 0 \\ 0 \\ 0 \end{bmatrix}$$

$l$、$m$、$n$ 为变量，求解条件 $\det A=0$，$l$、$m$、$n$ 有非0解。

$$\begin{vmatrix} S_x-S & \tau_{xy} & \tau_{xz} \\ & S_y-S & \tau_{yz} \\ \text{对称} & & S_z-S \end{vmatrix}=0$$

$$\therefore S^3-I_{1(D_\sigma)}S^2+I_{2(D_\sigma)}S-I_{3(D_\sigma)}=0$$

其中三次方程：

$$\begin{cases} I_{1(D_\sigma)}=S_x+S_y+S_z=0 \\ I_{2(D_\sigma)}=-(S_xS_y+S_yS_z+S_zS_x-S_{yz}^2-S_{zx}^2-S_{xy}^2) \\ I_{3(D_\sigma)}=S_xS_yS_z+2S_{xy}S_{yz}S_{zx}-S_xS_{yz}^2-S_yS_{zx}^2-S_zS_{xy}^2 \end{cases}$$

性质3、应力偏量张量的主方向与应力张量的主方向重合。

三、剪应力强度

定义：金属的塑性变形是由于剪应力引起的，不产生体积改变。

在简单应力状态下，剪应力是很明确的（主45°处）。

在复杂应力状态下，对于各个方向都受综合作用所引起的剪应变相当于简单纯剪应力所引起的剪应变，因此将复杂应力状态下产生剪应变的相当剪应力称为剪应力强度 $T$。

$$T=\sqrt{I_2(D_\sigma)}=\frac{1}{\sqrt6}\sqrt{(\sigma_x-\sigma_y)^2+(\sigma_y-\sigma_z)^2+(\sigma_z-\sigma_x)^2+6(\tau_{xy}^2+\tau_{yz}^2+\tau_{zx}^2)}$$

$$=\frac{1}{\sqrt6}\sqrt{(\sigma_1-\sigma_2)^2+(\sigma_2-\sigma_3)^2+(\sigma_3-\sigma_1)^2}$$

## §2-4. 应力空间. π平面.

### 1. 应力空间之概念.

取坐标系: $\sigma_1$, $\sigma_2$, $\sigma_3$

物体内任意一点之应力$(\sigma_1, \sigma_2, \sigma_3)$在应力空间可以用一点代表.

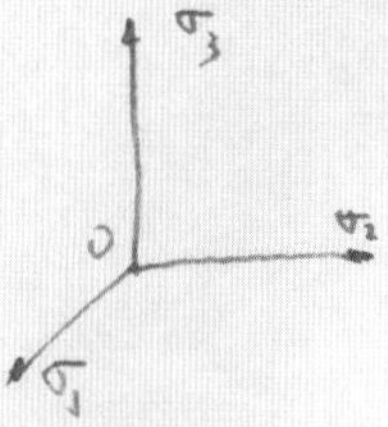

故应力空间即非几何空间(任意绘定的)或非物理空间, 仅(应力概念)之指定物体中一点之应力状态.

### 2. 等应力线 Λ.

取 $\sigma_1=\sigma_2=\sigma_3=\sigma_0$ 之点, 此种点组成之轨迹为等应力线, 用Λ表示.

过原点与 $\sigma_1$、$\sigma_2$、$\sigma_3$ 等倾斜之直线

∴ 其方向余弦 $l=m=n=\frac{1}{\sqrt{3}}$.

### 3. π平面(应力偏量平面).

取 $\sigma_1+\sigma_2+\sigma_3=0$, 此构成之平面, 即 $\sigma_0=0$, 称为π平面.

1°. 方程式 $\sigma_1+\sigma_2+\sigma_3=0$ 通过坐标原点.

2°. 与Λ线垂直, 即π平面与 $\sigma_1$, $\sigma_2$, $\sigma_3$ 等倾斜.

3°. (纯剪切状态) 在π平面上任何一点, $\begin{cases}\sigma_0=0\\ S_{ij}\neq 0\end{cases}$

4°. π'平面 —— 不通过原点 ∥于π平面 且垂直于Λ之平面为π'平面.

在π'平面上有: $\begin{cases}\sigma_1+\sigma_2+\sigma_3=c\\ 3\sigma_0=c\\ S_{ij}\neq 0\end{cases}$

### 5. 等应力偏量线 Λ'. (~~$S_1=S_2=S_3$~~)

将应力偏量张量相等之点, 联成之线, 称为等应力偏量线 用Λ'表示

Λ'线 与Λ线平行, 不通过坐标原点 (在应力空间中方程为 $\sigma_1-c_1=\sigma_2-c_2=\sigma_3-c_3=K$ 其中 $c_1$, $c_2$, $c_3$ 分别为Λ', Λ之间距离在 $\sigma_1$, $\sigma_2$, $\sigma_3$ 上之投影.)

### 6. 应力张量之分解.

$$T_\sigma = T_{\sigma_0} + D_\sigma.$$

$$\begin{bmatrix}\sigma_x & \tau_{xy} & \tau_{xz}\\ \cdot & \sigma_y & \tau_{yz}\\ \cdot & \cdot & \sigma_z\end{bmatrix}=\begin{bmatrix}\sigma_0 & & \\ & \sigma_0 & \\ & & \sigma_0\end{bmatrix}+\begin{bmatrix}\sigma_x-\sigma_0 & \tau_{xy} & \tau_{xz}\\ \cdot & \sigma_y-\sigma_0 & \tau_{yz}\\ \cdot & \cdot & \sigma_z-\sigma_0\end{bmatrix}$$

设物体内某点之应力为$(\sigma_1, \sigma_2, \sigma_3)$, 在应力空间用P表示. 由P作Λ

之平行线，交π平面于P′点。则P′点在应力空间中的坐标代表P的应力偏量$D_\sigma$。

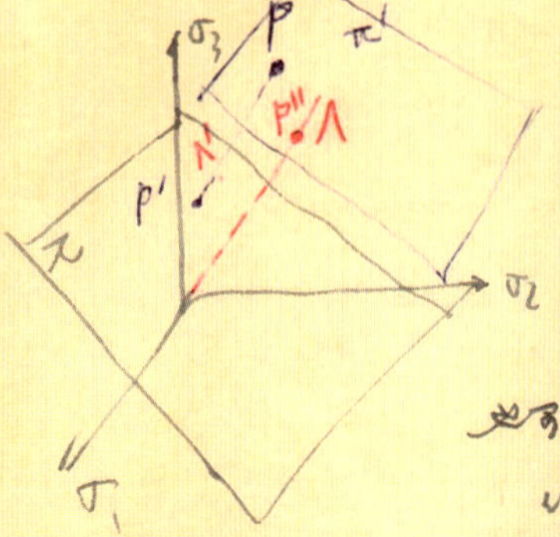


过P作一平面，平行于π（称之P的π′平面）作Λ线交于π′平面于P″点。则P″点的坐标代表P点的球张量$T_{\sigma_0}$

也可以这样理解：

作OP矢量 $\overrightarrow{OP} = \sigma_1\vec{i} + \sigma_2\vec{j} + \sigma_3\vec{k}$.

$(\overrightarrow{OP}, \vec{\Lambda}) = \sqrt{3}\sigma_0$.

作矢量 $\overrightarrow{OQ} = s_1\vec{i} + s_2\vec{j} + s_3\vec{k}$. 表征应力偏量$D_\sigma$

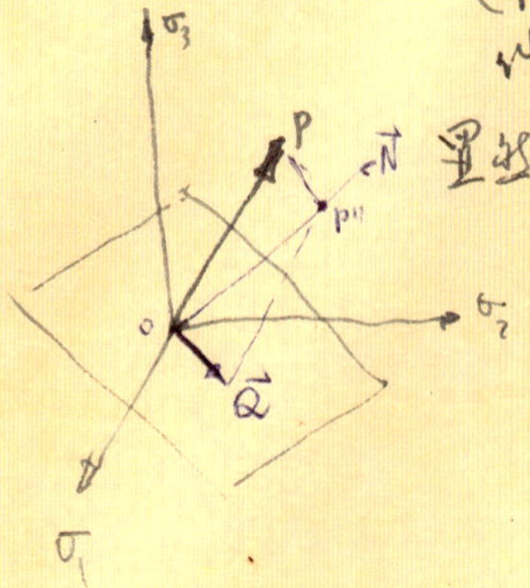


显然 $\overrightarrow{OP} = \overrightarrow{OQ} + \sqrt{3}\sigma\vec{N}$

$(\overrightarrow{OQ}, \vec{N}) = 0$.

# 第三章 应变分析

重点：1. 任意方向的应变 $\varepsilon_N$

2. 应变偏张量 (deviatoric)

3. 应变强度

## §3-1 一点的应变状态

一、一点的应变分量

$\varepsilon_x,\ \varepsilon_y,\ \varepsilon_z,\ \gamma_{xy},\ \gamma_{yz},\ \gamma_{zx}$

在物体中任找两点 $P(x,y,z)$  $N(x+dx,\ y+dy,\ z+dz)$

令物体产生变形，P、N的位移

$P \longrightarrow P'$： $u,\ v,\ w$

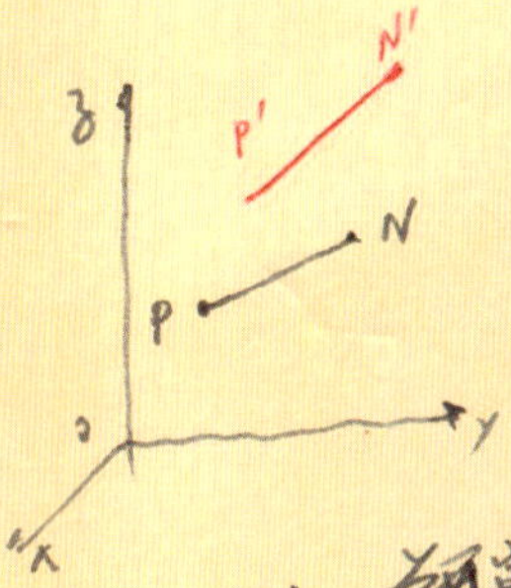


$N \longrightarrow N'$： $u+du,\ v+dv,\ w+dw$

∵ $u,\ v,\ w$ 均是 $x,\ y,\ z$ 的函数

$$\therefore\ du = \frac{\partial u}{\partial x}dx + \frac{\partial u}{\partial y}dy + \frac{\partial u}{\partial z}dz$$

$$dv = \frac{\partial v}{\partial x}dx + \cdots$$

$$dw = \frac{\partial w}{\partial x}dx + \cdots$$

$$\begin{bmatrix} du \\ dv \\ dw \end{bmatrix} = \begin{bmatrix} \frac{\partial u}{\partial x} & \frac{\partial u}{\partial y} & \frac{\partial u}{\partial z} \\ \frac{\partial v}{\partial x} & \frac{\partial v}{\partial y} & \frac{\partial v}{\partial z} \\ \frac{\partial w}{\partial x} & \frac{\partial w}{\partial y} & \frac{\partial w}{\partial z} \end{bmatrix} \begin{bmatrix} dx \\ dy \\ dz \end{bmatrix}$$

1. 研究沿坐标方向的应变 (小变形)

$$\begin{cases} \varepsilon_x = \dfrac{\partial u}{\partial x}, & \varepsilon_y = \dfrac{\partial v}{\partial y}, \quad \varepsilon_z = \dfrac{\partial w}{\partial z} \\ \gamma_{xy} = \dfrac{\partial u}{\partial y} + \dfrac{\partial v}{\partial x}, & \gamma_{yz} = \dfrac{\partial v}{\partial z} + \dfrac{\partial w}{\partial y}, \quad \gamma_{xz} = \dfrac{\partial w}{\partial x} + \dfrac{\partial u}{\partial z} \end{cases}$$

2. 研究考虑二阶微量时 $\varepsilon_x \cdots \gamma_{xz} = ?$

设 $PN = l_0$  变形后 $P'N' = l$

$$l^2 = dx'^2 + dy'^2 + dz'^2 + dx'dy' + dy'dz' + dz'dx'$$

$$l_0^2 = dx^2 + dy^2 + dz^2$$

又有关系 $= [(1+\varepsilon_x)dx]^2 + [(1+\varepsilon_y)dy]^2 + [(1+\varepsilon_z)dz]^2 + \cdots$

$$l^2 = (dx+du)^2 + (dy+dv)^2 + (dz+dw)^2$$

这里则

$$(dx+du)^2 = \left[\left(1+\frac{\partial u}{\partial x}\right)dx + \frac{\partial u}{\partial y}dy + \frac{\partial u}{\partial z}dz\right]^2$$

$$(dy+dv)^2 = \left[\left(1+\frac{\partial v}{\partial y}\right)dy + \frac{\partial v}{\partial x}dx + \frac{\partial v}{\partial z}dz\right]^2$$

$$(dz+dw)^2 = \left[\frac{\partial w}{\partial x}dx + \frac{\partial w}{\partial y}dy + \left(1+\frac{\partial w}{\partial z}\right)dz\right]^2$$

由比较

$$\therefore\ 2\varepsilon_x = 2\left(\frac{\partial u}{\partial x}\right) + \left(\frac{\partial u}{\partial x}\right)^2 + \left(\frac{\partial v}{\partial x}\right)^2 + \left(\frac{\partial w}{\partial x}\right)^2$$

$2\varepsilon_y = \cdots$

$2\varepsilon_z = \cdots$

$2\gamma_{xy} = \cdots$

$2\gamma_{yz} = \cdots$

$2\gamma_{zx} = \cdots$

$$l^2 = \left[1 + 2\left(\frac{\partial u}{\partial x}\right) + \left(\frac{\partial u}{\partial x}\right)^2 + \left(\frac{\partial v}{\partial y}\right)^2 + \left(\frac{\partial w}{\partial z}\right)^2\right]dx^2$$

（$1+2\varepsilon_x$）

$+ [\ \cdots\ ]\,dy^2$ （$1+2\varepsilon_y$）

$+ [\ \cdots\ ]\,dz^2$ （$1+2\varepsilon_z$）

$$+\left[2\left(\frac{\partial u}{\partial y} + \frac{\partial u}{\partial x}\frac{\partial u}{\partial y} + \frac{\partial v}{\partial x} + \frac{\partial v}{\partial x}\frac{\partial v}{\partial y} + \frac{\partial w}{\partial x}\frac{\partial w}{\partial y}\right)\right]dx\,dy$$

（$2\gamma_{xy}$）

$$+\left[2\left(\frac{\partial w}{\partial y} + \frac{\partial w}{\partial y}\frac{\partial w}{\partial z} + \frac{\partial v}{\partial z} + \cdots\right)\right]dy\,dz$$

$$+\left[\ \cdots\ \right]dz\,dx$$

四

3. 研究任意方向的线应变

给定 $\varepsilon_x,\ \varepsilon_y\ \cdots\ \gamma_{zx}$.

求任意方向的线应变 $\varepsilon_N$.

$\overline{PN}\ (l, m, n)$

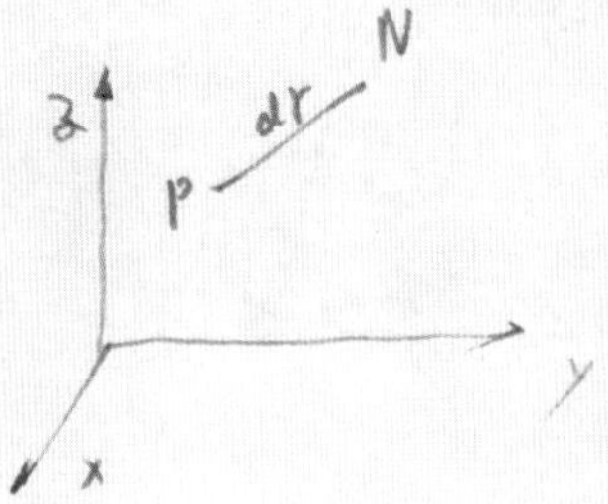


变形前 $PN = l_0 = dr$.

～后 $P'N' = l = dr'$

$$\therefore\ \varepsilon_N = \frac{dr' - dr}{dr} \Rightarrow dr' = (1+\varepsilon_N)\,dr.$$

$$(dr')^2 = (dx+du)^2 + (dy+dv)^2 + (dz+dw)^2 \qquad dr'^2 = [(1+\varepsilon_N)dr]^2$$

$$(1+\varepsilon_N)^2 dr^2 = \left[dx + \frac{\partial u}{\partial x}dx + \frac{\partial u}{\partial y}dy + \frac{\partial u}{\partial z}dz\right]^2$$
$$+ \left[\frac{\partial v}{\partial x}dx + dy + \frac{\partial v}{\partial y}dy + \frac{\partial v}{\partial z}dz\right]^2$$
$$+ [\qquad\qquad]^2$$

用 $dr^2$ 除两边，令 $\frac{dx}{dr} = l$，$\frac{dy}{dr} = m$，$\frac{dz}{dr} = n$.

且略去二阶微量，另外 $l^2+m^2+n^2 = 1$.

$$2\varepsilon_N + \varepsilon_N^2 = 2[l^2\varepsilon_x + m^2\varepsilon_y + n^2\varepsilon_z + lm\,\varepsilon_{xy} + mn\,\varepsilon_{yz} + nl\,\varepsilon_{zx}]$$

注意 $\varepsilon_x = \varepsilon_{xx}$，$\varepsilon_y = \varepsilon_{yy}$.

对于小变形，略去 $\varepsilon_N^2$.

$$\therefore\ \varepsilon_N = e_N\ (\text{表示小变形}) = l^2 e_x + m^2 e_y + n^2 e_z + lm\,e_{xy} + mn\,e_{yz} + nl\,e_{zx}.$$

（$\varepsilon_N$ 大变形，$e_N$ 小变形，大变形与小变形之间是略去二阶微量而已）.

## 二、应变张量

1. 应变张量的概念

设一点的应变分量 $\varepsilon_x\ \varepsilon_y\ \varepsilon_z\ \gamma_{xy}\ \gamma_{yz}\ \gamma_{zx}$，则应变张量

$$T_\varepsilon = \begin{bmatrix} \varepsilon_x & \frac{1}{2}\gamma_{xy} & \frac{1}{2}\gamma_{xz} \\ \frac{1}{2}\gamma_{yx} & \varepsilon_y & \frac{1}{2}\gamma_{yz} \\ \frac{1}{2}\gamma_{zx} & \frac{1}{2}\gamma_{zy} & \varepsilon_z \end{bmatrix}$$

对于小变形

$$T_e = \begin{bmatrix} e_x & \frac{1}{2}e_{xy} & \frac{1}{2}e_{xz} \\ - & - & - \\ - & - & - \end{bmatrix}$$

张量的定义：

一点 P，在 oxyz，给 $P_{rs}$

在 $ox'y'z'$ 给 $P'_{rs}$.

oxyz 与 $ox'y'z'$ 方向余弦为 $\alpha_{rl}$，$\alpha_{ks}$

如果 $P_{rs} = \sum\sum \alpha_{rl}\alpha_{ks} P'_{rs}$

$P'_{rs} = \sum\sum \alpha_{rl}\alpha_{ks} P_{rs}$

即 $P_{rs}$ 与 $P'_{rs}$ 随坐标变换一量的式服从坐标转换的量为张量。张量亦张量的运算法则，二阶张量如应变矩阵

对于主应变 $e_1, e_2, e_3$ 则:

$$T_e = \begin{bmatrix} e_1 & 0 & 0 \\ 0 & e_2 & 0 \\ 0 & 0 & e_3 \end{bmatrix}$$

二、应变张量的不变量.

设应变分量 $e_x, e_y, e_z, \gamma_{xy} \cdots\cdots$

求主应变. 由

$$\begin{vmatrix} e_x-e & \frac{1}{2}\gamma_{xy} & \frac{1}{2}\gamma_{xz} \\ \frac{1}{2}\gamma_{yx} & e_y-e & \frac{1}{2}\gamma_{yz} \\ \frac{1}{2}\gamma_{xz} & \frac{1}{2}\gamma_{yz} & e_z-e \end{vmatrix} = 0 \quad \cdots\cdots (A)$$

$$e^3 - I_{1(T_e)} e^2 - I_{2(T_e)} e - I_{3(T_e)} = 0.$$

(A) 证明如下:

若任意方向的应变 $e_N$, $e_N$ 在三个坐标轴上的投影为

$$\left.\begin{aligned} e_{Nx} &= e_N l \\ e_{Ny} &= e_N m \\ e_{Nz} &= e_N n \end{aligned}\right\} \cdots ①$$

类似于应力平衡条件(即边界条件). [ $p_x = \sigma_x l + \tau_{xy} m + \tau_{xz} n$ ]

$$\left\{\begin{aligned} e_{Nx} &= e_x l + \tfrac{1}{2}\gamma_{xy} m + \tfrac{1}{2}\gamma_{xz} n \\ e_{Ny} &= \tfrac{1}{2}\gamma_{xy} l + e_y m + \tfrac{1}{2}\gamma_{yz} n \\ e_{Nz} &= \tfrac{1}{2}\gamma_{zx} l + \tfrac{1}{2}\gamma_{yz} m + e_z n \end{aligned}\right. \cdots\cdots ②$$

(证明见工程弹性理论基础 U621.11.H576. P26)

设主应变为 $e_1, e_2, e_3$

写成一般式 $e_i$ $(i=1,2,3)$.

它对应的方向余弦为 $l_i, m_i, n_i$ $(i=1,2,3)$.

对任一个主应变 $e_i$, 由①式得.

$$\left.\begin{aligned} (e_{Nx})_i &= e_i l_i \\ (e_{Ny})_i &= e_i m_i \\ (e_{Nz})_i &= e_i n_i \end{aligned}\right\} \cdots\cdots ③$$

③代②式得, 且移项:

$$\begin{bmatrix} e_x-e_i & \frac{1}{2}\gamma_{xy} & \frac{1}{2}\gamma_{xz} \\ \cdot & e_y-e_i & \frac{1}{2}\gamma_{yz} \\ \cdot & \cdot & e_z-e_i \end{bmatrix} \begin{bmatrix} l_i \\ m_i \\ n_i \end{bmatrix} = \begin{bmatrix} 0 \\ 0 \\ 0 \end{bmatrix}.$$

由齐次线性方程有非零解的条件. ∴ (A) 成立.

即
$$\begin{vmatrix} e_x-e_i & \frac{1}{2}\gamma_{xy} & \frac{1}{2}\gamma_{xz} \\ \cdots & e_y-e_i & \frac{1}{2}\gamma_{yz} \\ \cdots & \cdots & e_z-e_i \end{vmatrix} = 0 \qquad e_i^3 - I_1 e_i^2 - I_2 e_i - I_3 = 0$$

展开: $e_i^3 - I_{1(T_e)} e_i^2 - I_{2(T_e)} e_i - I_{3(T_e)} = 0.$

$$\left.\begin{aligned} I_{1(T_e)} &= e_x + e_y + e_z \\ I_{2(T_e)} &= -(e_x e_y + e_y e_z + e_z e_x) + \tfrac{1}{4}(\gamma_{xy}^2 + \gamma_{yz}^2 + \gamma_{zx}^2) \\ I_{3(T_e)} &= \begin{vmatrix} e_{xx} & \frac{1}{2}\gamma_{xy} & \frac{1}{2}\gamma_{xz} \\ \cdots & e_{yy} & \frac{1}{2}\gamma_{yz} \\ \cdots & \cdots & e_{zz} \end{vmatrix}. \end{aligned}\right\} (3\text{-}13)$$

$I_1$、$I_2$、$I_3$ 分别为应变张量之第一、第二、第三不变量。

3. 应变之 Lode - Nadai 参数 (parameter)

$$\mu_e = 2\frac{e_2 - e_3}{e_1 - e_3} - 1$$

$$\mu_\varepsilon = 2\frac{\varepsilon_2 - \varepsilon_3}{\varepsilon_1 - \varepsilon_3} - 1$$

$\mu_e$ 表示中间主应变 $e_2$ 对塑变之影响。

## §3-2. 应变张量之分解

一. 应变之球张量和偏张量

球张量 $T_{e_0} = \begin{bmatrix} e_0 & & \\ & e_0 & \\ & & e_0 \end{bmatrix}$　　$e_0 = \frac{1}{3}(e_1 + e_2 + e_3)$

偏张量 Deviatoric $D_e = \begin{bmatrix} e_x - e_0 & \frac{1}{2}\gamma_{xy} & \frac{1}{2}\gamma_{xz} \\ \cdot & e_y - e_0 & \frac{1}{2}\gamma_{yz} \\ \cdot & \cdot & e_z - e_0 \end{bmatrix}$

应变之球张量表示一点的体积变形。

应变之偏张量表示一点之形状变形。

二. 应变偏张量讨论

1. 主应变偏张量

线应变偏量 $\overline{e_x} = e_x - e_0$

$\overline{e_y} = e_y - e_0$

$\overline{e_z} = e_z - e_0$

第一"—"表示偏量。

求 $\overline{e_1}$、$\overline{e_2}$、$\overline{e_3}$。

方法与步骤和推导求主应力偏量。

$$e_x l + \frac{1}{2}\gamma_{xy} m + \frac{1}{2}\gamma_{xz} n = e_i l$$

$$(e_x - e_0)l + \cdots \quad \cdots = (e_i - e_0)l$$

$$(\overline{e_x} - \overline{e_i})l + \cdots + \cdots = 0$$

类似地得到

$$\begin{vmatrix} \overline{e_x} - \overline{e_i} & \frac{1}{2}\gamma_{xy} & \frac{1}{2}\gamma_{xy} \\ \cdot & \overline{e_y} - \overline{e_i} & \frac{1}{2}\gamma_{yz} \\ \cdot & \cdot & \overline{e_z} - \overline{e_i} \end{vmatrix} = 0$$

得到 $-\overline{e_i}^3 + I_2(D_e)\overline{e_i} + I_3(D_e) = 0$，可求出 $\overline{e_1}$、$\overline{e_2}$、$\overline{e_3}$

得到三个偏应变张量不变量。

2. 应变偏张量的不变量

表明 应变偏量表示微分体积的形状变化，而球形应变张量则表示体积的变化

$$I_1(D_e) = \bar{e}_x + \bar{e}_y + \bar{e}_z = 0$$

$$I_2(D_e) = -(\bar{e}_x\bar{e}_y + \bar{e}_y\bar{e}_z + \bar{e}_z\bar{e}_x) + \frac{1}{4}(\gamma_{xy}^2 + \gamma_{yz}^2 + \gamma_{zx}^2)$$

$$I_3(D_e) = \begin{vmatrix} \bar{e}_x & \frac{1}{2}\gamma_{xy} & \frac{1}{2}\gamma_{xz} \\ \ddots & \bar{e}_y & \frac{1}{2}\gamma_{yz} \\ & \ddots & \bar{e}_z \end{vmatrix} = \det(D_e)$$

若用 $e_x, e_y, e_z, \gamma_{xy}$ …… 表示 则

$$I_2(D_e) = \frac{1}{6}\left[(e_1-e_2)^2 + (e_2-e_3)^2 + (e_3-e_1)^2\right]$$

$$= \frac{1}{6}\left[(e_x-e_y)^2 + (e_y-e_z)^2 + (e_z-e_x)^2 + \frac{3}{2}(\gamma_{xy}^2 + \gamma_{yz}^2 + \gamma_{zx}^2)\right]$$

3. 应变强度 $e_i$

定义：若是单向应变，一点的应变程度是很容易确定的。但是对于三向应变状态，由于各个应变分量所表示的应变效应是不同的，其总效应可以用一个相当的应变来代替。而后者即为单向应变（单轴拉伸）在与原复杂应变的效应等价的。把这个相当的应变称为应变强度（或叫相当应变）。

$$e_i = 2\sqrt{I_2(D_e)} = \sqrt{\frac{2}{3}}\sqrt{(e_1-e_2)^2 + (e_2-e_3)^2 + (e_3-e_1)^2}$$

$$= \sqrt{\frac{2}{3}}\sqrt{(e_x-e_y)^2 + (e_y-e_z)^2 + (e_z-e_x)^2 + \frac{3}{2}(\gamma_{xy}^2 + \gamma_{yz}^2 + \gamma_{zx}^2)}$$

[应力强度 $\sigma_i = \frac{1}{\sqrt{2}}\sqrt{(\sigma_2-\sigma_3)^2 + (\sigma_3-\sigma_1)^2 + (\sigma_1-\sigma_2)^2}$

$$= \sqrt{\frac{1}{2}}\sqrt{(\sigma_x-\sigma_y)^2 + (\sigma_y-\sigma_z)^2 + (\sigma_z-\sigma_x)^2 + 6(\tau_{xy}^2 + \tau_{yz}^2 + \tau_{zx}^2)}$$]

mises 条件 $\sigma_s = \sigma_i$.

§3-3. 应变速度

定义：单位时间应变之大小，称应变速度

∴ 应变速度分量为 $\xi_x = \dfrac{de_x}{dt}$ ……

$$\eta_{xy} = \frac{d\gamma_{xy}}{dt} \quad \cdots\cdots$$

∵ $e_x = \dfrac{\partial u}{\partial x}$

$$\frac{de_x}{dt} = \frac{d}{dt}\left[\frac{\partial u}{\partial x}\right] = \frac{\partial}{\partial x}\left[\frac{du}{dt}\right] = \frac{\partial V_x}{\partial x} \qquad \frac{du}{dt} = V_x$$

∴ $\dfrac{de_y}{dt} = \dfrac{d}{dt}\left[\dfrac{\partial v}{\partial y}\right] = \dfrac{\partial}{\partial y}\left(\dfrac{dv}{dt}\right) = \dfrac{\partial}{\partial y} V_y$ ……

∴ $$\begin{cases} \xi_x = \dfrac{\partial V_x}{\partial x} \\ \xi_y = \dfrac{\partial V_y}{\partial y} \\ \xi_z = \dfrac{\partial V_z}{\partial z} \end{cases}$$ 其他的剪切 $$\begin{cases} \eta_{xy} = \dfrac{\partial V_x}{\partial y} + \dfrac{\partial V_y}{\partial x} \\ \eta_{yz} = \dfrac{\partial V_y}{\partial z} + \dfrac{\partial V_z}{\partial y} \\ \eta_{zx} = \dfrac{\partial V_z}{\partial x} + \dfrac{\partial V_x}{\partial z} \end{cases}$$

采用应变速度张量表示

$$T_\xi = \begin{bmatrix} \xi_x & \frac{1}{2}\eta_{xy} & \frac{1}{2}\eta_{xz} \\ \frac{1}{2}\eta_{yx} & \xi_y & \frac{1}{2}\eta_{yz} \\ \frac{1}{2}\eta_{zx} & \frac{1}{2}\eta_{zy} & \xi_z \end{bmatrix}$$

其次可前节讨论……求主应变速度 $\xi_1$. $\xi_2$. $\xi_3$.

三个应变速度不变量
偏量

应变速度强度

$$\xi_i = 2\sqrt{I_2(D_\xi)}$$

§3-4. 应变分量增量

考虑应变的分数小变化

$de_x$. $de_y$ $de_z$. $d\gamma_{xy}$ $d\gamma_{yz}$ $d\gamma_{zx}$. 为应变分量增量.

在小变形下…… $de_x = d\left(\dfrac{\partial u}{\partial x}\right) = \dfrac{\partial}{\partial x}(du)$

$$de_y = \frac{\partial}{\partial y}(dv)$$

……

$$d\gamma_{xy} = \frac{\partial}{\partial x}(dv) + \frac{\partial}{\partial y}(du)$$

……

其张量

$$T_{de} = \begin{bmatrix} de_x & \frac{1}{2}d\gamma_{xy} & \frac{1}{2}d\gamma_{xz} \\ \frac{1}{2}d\gamma_{yx} & de_y & \frac{1}{2}d\gamma_{yz} \\ \frac{1}{2}d\gamma_{zx} & \frac{1}{2}d\gamma_{zy} & de_z \end{bmatrix}$$

第四章 塑性基本理论

重点： 1）材料的屈服条件
2）塑性变形的全量理论（形变理论）
3）塑性变形的流动理论（增量理论）

引言 Introduction

1. 问题提出

解决塑力问题应当首先建立 {① 屈服准则（条件） ② 平衡方程和协调方程 $\frac{\partial\sigma_x}{\partial x}+\frac{\partial\tau_{xy}}{\partial y}+X=0$，$\frac{\partial\tau_{xy}}{\partial x}+\frac{\partial\sigma_y}{\partial y}+Y=0$，$\nabla^2(\sigma_x+\sigma_y)=0$ 时应用到物

性方程 $[\varepsilon_x=\frac{1}{E}(\cdots)]$ 在塑加中物性方程之

形式又有所变化，$\varepsilon_{ij}=f(\sigma_{ij})$？或 $\sigma_{ij}=f(\varepsilon_{ij})$？

∴ 必须建立塑加的物性方程 $\varepsilon_{ij}=f(\sigma_{ij})$。

2. 塑性基本理论

研究材料的屈服准则及在塑性状态的应力应变关系的理论，称为塑性基本理论。

§4-1 质点的运动方程

如质点具有加速度，塑性体内质点的运动方程

$$\begin{bmatrix}\frac{\partial}{\partial x} & \frac{\partial}{\partial y} & \frac{\partial}{\partial z}\end{bmatrix}\begin{bmatrix}\sigma_x & \tau_{xy} & \tau_{xz}\\ \tau_{yx} & \sigma_y & \tau_{yz}\\ \tau_{zx} & \tau_{zy} & \sigma_z\end{bmatrix}+\begin{bmatrix}X\\ Y\\ Z\end{bmatrix}=\begin{bmatrix}\rho\frac{\partial^2 u}{\partial t^2}\\ \rho\frac{\partial^2 v}{\partial t^2}\\ \rho\frac{\partial^2 w}{\partial t^2}\end{bmatrix} \quad (4-1)$$

特例：质点处于静平衡状态

则 $\frac{\partial^2 u}{\partial t^2}=0$，$\frac{\partial^2 v}{\partial t^2}=0$，$\frac{\partial^2 w}{\partial t^2}=0$

则得（4-2）式。

对于不同的坐标系，有

（4-3）式 圆柱坐标（$r, \theta, z$）

（4-4）式 球坐标（$r, \theta, \varphi$）

边界条件（4-5）式 $\begin{bmatrix}\sigma_x & \tau_{xy} & \tau_{xz}\\ & \sigma_y & \tau_{yz}\\ & & \sigma_z\end{bmatrix}\begin{bmatrix}l\\ m\\ n\end{bmatrix}=\begin{bmatrix}\bar{X}\\ \bar{Y}\\ \bar{Z}\end{bmatrix}$

讨论：由上式的推导过程材料处于弹性状态 ∵ 无物性，

上述方程仅描述质点运动状态和静力平衡状态，即只是描述质点的运动状态而不涉及质点的应力之间的关系，而与它不涉及物体处于何种状态。因此这些方程对于塑性状态仍然适用。

(2). 边界条件。

对于弹塑性变形，可以仅由边界条件确定

（对于大塑性变形，边界条件是随时间而变化）

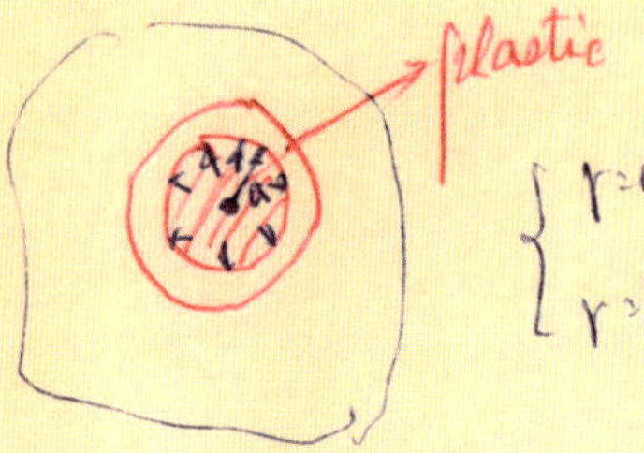


$$\begin{cases} r=a & \sigma_r = p \\ r=b & \sigma_r = 0 \end{cases}$$

§4-2 材料的屈服条件（Yield Criteria）屈服准则

一、屈服条件的意义（与外力的加载，仅与外力加载历程间接关系）

定义：在一点的应力状态作用下，该点由弹性状态转变为塑性状态的条件称为屈服条件（Yield Condition）。

Notice：(1) 屈服条件是对物体内一点（any point）而言的，而非整体。

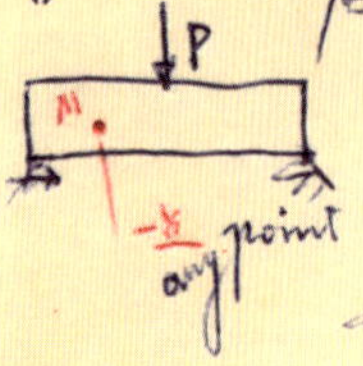


(2) 引起屈服的作用力是该点的应力状态，而非外加载荷的大小。（可能外加载荷增加，该点应力状态减小）

(3) 由弹性刚转变成塑性的状态。

1. 简单应力状态的屈服条件　Yield Criteria

单向拉伸 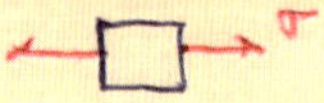 $|\sigma| = \sigma_s$

单向压缩 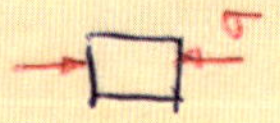 $|\sigma| = \sigma_s$

纯剪 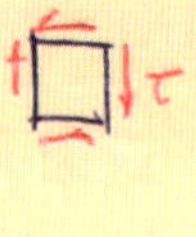 $|\tau| = \tau_s$

当作用的应力达到材料屈服时的应力，该点就进入塑性状态

2. 复杂应力状态

设一点的应力状态为：

$\sigma_x$, $\sigma_y$, $\sigma_z$, $\tau_{xy}$, $\tau_{zx}=\tau_{zy}=0$.

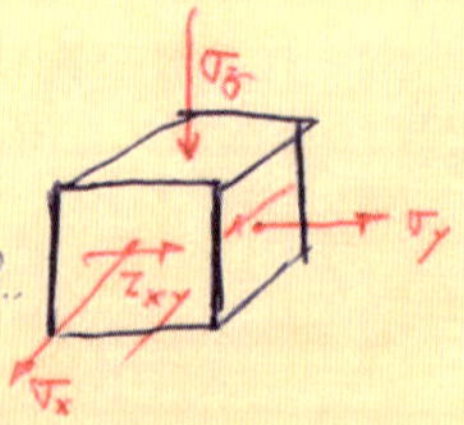


应力分量满足什么条件该点屈服。

回答下列三个问题：① 屈服条件是不是唯一的？（是唯一的）

② 应力分量对屈服条件的影响程度是否相同？

即 $\frac{\sigma_x}{\sigma_y}$, $\frac{\sigma_x}{\sigma_z}$, $\frac{\sigma_x}{\tau_{xy}}$ ……之比例改变对屈服有无影响？

③ 加载的先后次序有无影响？

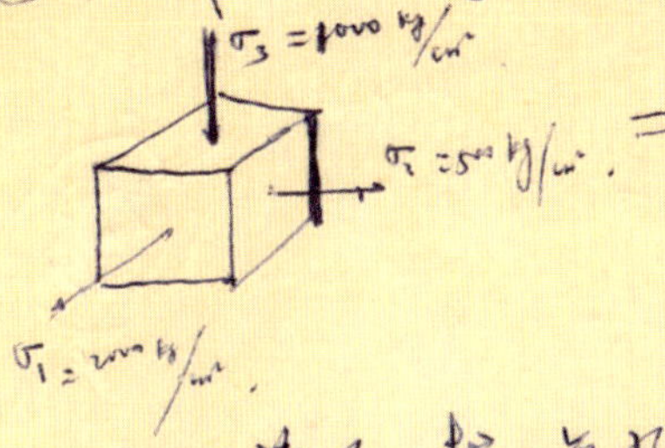


⟹ 设先加 $\sigma_2$ 到 $500\ kg/cm^2$，然后再加 $\sigma_1$、$\sigma_3$。

## 3、简单加载与复杂加载的概念。

1) 简单加载 (simple load)

设物体内任意一点在开始（不对应零应力状态）的应力为 $\sigma_x^*$、$\sigma_y^*$、$\sigma_z^*$……

按加载后，如果应力保持关系 $\sigma_x=\lambda\sigma_x^*$，$\sigma_y=\lambda\sigma_y^*$，……$\tau_{xy}=\lambda\tau_{xy}^*$……

$\lambda$ 为比例常数 (parameter)。

即应力按同一比例增大，称为简单加载。

2) 实现简单加载的条件

$P=\lambda P^*$，　$\delta=\lambda\delta^*$，　$M=\lambda M^*$

3) 复杂加载 (complicated load)

如果应力增大不保持同一比例，称为复杂加载。

第一步 先拉　P由 $P^*\to P$，$M=0$

第二步　$P=\text{const}$，M由 $M^*\to M$

} 复杂加载，加载路线为阶梯形折线

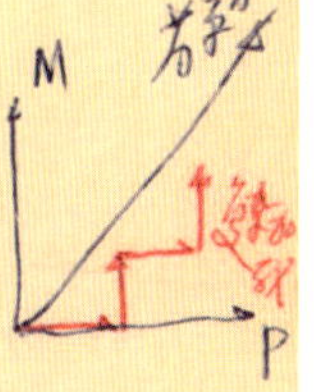


4) 为什么提出简单加载？

应力张量 $$T_\sigma=\begin{bmatrix}\sigma_x & \tau_{xy} & \tau_{xz}\\ \cdot & \sigma_y & \tau_{yz}\\ \cdot & \cdot & \sigma_z\end{bmatrix}=\lambda\begin{bmatrix}\sigma_x^* & \tau_{xy}^* & \tau_{xz}^*\\ \cdot & \sigma_y^* & \tau_{yz}^*\\ \cdot & \cdot & \sigma_z^*\end{bmatrix}$$

应力偏张量 $$D_\sigma=\begin{bmatrix}S_x & \tau_{xy} & \tau_{xz}\\ & S_y & \tau_{yz}\\ & & S_z\end{bmatrix}=\lambda\begin{bmatrix}S_x^* & \tau_{xy}^* & \tau_{xz}^*\\ \cdot & S_y^* & \tau_{yz}^*\\ & \cdot & S_z^*\end{bmatrix}$$

可见在简单加载下，应力的主方向始终保持不变。

∴ 屈服条件是指简单加载下的屈服条件

## 4. 屈服函数。

屈服条件 $f(\sigma_x,\sigma_y,\sigma_z,\tau_{xy},\tau_{yz},\tau_{zx})=C$

定义：设物体是均匀的、连续的，且是各向同性的，则屈服条件只是 $\sigma_x$……$\tau_{zx}$ 的连续函数，这函数称之为屈服函数。

研究屈服函数在应力空间（$\sigma_1, \sigma_2, \sigma_3$）中之一些性质。

假设(1)：$\sigma_x=\sigma(x, y, z)$

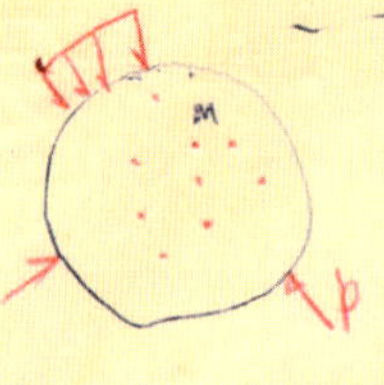

作用在一点应力状态所引起的材料之间的屈服。

∴ 是 f 是 (x, y, z) 之函数

而 C 应当是材料的一个性能常数，用以描述材料的塑性强度。不随点的位置而改变。

推论：对于一定材料，尽管 $\sigma_x, \sigma_y, \ldots \tau_{xy}$ 可以独立变化，但进入塑性应力（此态）应力分量必须遵循一个公共的准则，即 $C=\sigma_s$，或 $C=\tau_s$。

假设2：因为材料具有各向同性，

∴ f 应当无方向性，也就是 f 是一个对称于 $\sigma_1, \sigma_2, \sigma_3$ 坐标轴的函数。

If the components $s_1=a$, $s_2=b$, $s_3=c$ cause yielding, then so will any other combination of these components, such as $s_1=b$, $s_2=a$, $s_3=c$. similarly the reversed system $s_1=-a$, $s_2=-b$, $s_3=-c$, and all combinations will also cause yielding.

假设3：因为 $\sigma_0$ 不影响材料的屈服，

∴ 在 f 中不应包括静水应力分量，即 f 是偏量张量之函数。

∴ $f[I_3(D_\sigma), I_2(D_\sigma), \sigma_s]=0$

假设4：对于 $(\sigma_s)_拉=(\sigma_s)_压$ 的材料，即假设没有鲍辛格效应（Bauschinger effect）

∵ $I_2(D_\sigma)\geq 0$ 恒正（not negative）

$I_3(D_\sigma)=\sigma_1\sigma_2\sigma_3$ 却有正负。

而 $\sigma_s$ 拉压一样，所以 $I_3(D_\sigma)$ 应当除掉。

则有：$f[I_2(D_\sigma)]=\sigma_s$

假设4之成立，说明屈服轨迹不仅对称于轴线 $\sigma_1', \sigma_2', \sigma_3'$，且对称于这三个轴的分角线。

假设5：如果在应力空间用一个曲面来表示 f，该曲面是以等倾线为轴的柱体。它与π平面的截迹代表屈服曲线。

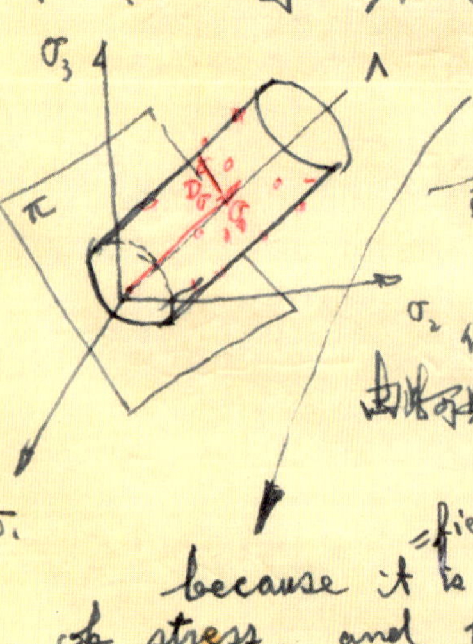


意义（sense）：位于曲面上的任何一点材料处于塑性，而在曲面内部的任何一点材料处于弹性。而位于曲面之外，可能处于强化（由材料而定）。

由此可见：在曲面表面上 $|\vec{D}_\sigma|=\sigma_s$（半径由材料而定）。

判断屈服仅与偏张量 $D_\sigma$ 有关。

because it (= yielding) is independent of hydrostatic component of stress, and hence of position along the axis. The yield surface is a prism of constant cross-section, and the yield criterion $f[I_2(D_\sigma)]=\sigma_s$ has to define the shape of the cross-section of the prism (i.e. the yield locus).

## 二、两种经典的屈服准则。

### 1. 最大剪应力理论 —— Tresca Criterica

① 基本观点：当物体内任何一点，若该点最大剪应力达到某个定值，该点的材料就进入屈服，即 $\tau_{max} = constant$.

Constant是材料性质的常数，对于某种材料是定值。

② 数学表达式：$|\sigma_1-\sigma_2| \le \sigma_s$ ---①

$|\sigma_2-\sigma_3| \le \sigma_s$ ---②

$|\sigma_3-\sigma_1| \le \sigma_s$ ---③

当三个不等式都取 <，该点处于弹性。

只要有一个取等号 =，该点材料进入屈服

取三个等号（同时）是不可能的。　　（$\sigma_s$是简单拉伸时yield stress）

③ 几何表示：

是一个正六边形的棱柱体，其轴线为等倾线Λ，且垂直于π平面。

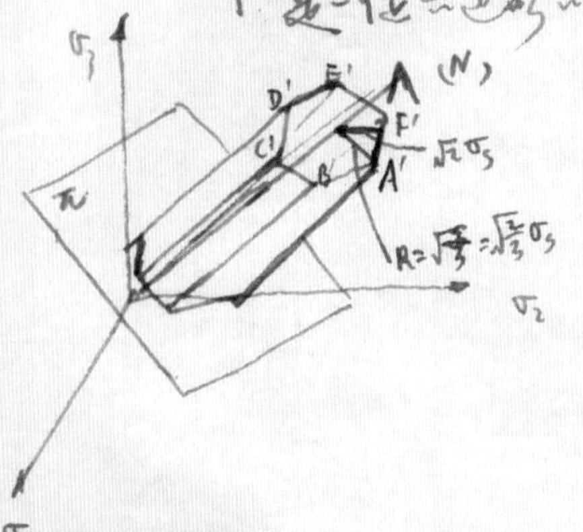


说明：(1) 六个角点（A'B'C'…F'）不是数学上的几何点，而是代表材料性质的物理点。

(2) 屈服曲面中每一对平行面都平行于某个轴，如A'B'BB'，D'DEE'平行于No $\sigma_2$，则该二平面代表等式 $|\sigma_3-\sigma_1| \le \sigma_s$.

### 2. Mises准则。

① 基本观点：用圆柱体将六个物理点相联，以圆柱代替直线，将六边棱柱变为圆柱，来表示材料的屈服曲面。

② 数学表达：

$$(\sigma_1-\sigma_2)^2+(\sigma_2-\sigma_3)^2+(\sigma_3-\sigma_1)^2 = 2\sigma_s^2$$

这里选取半径 $R=\sqrt{\frac{2}{3}}\sigma_s$.

③ 物理意义：

等式左边的物理意义：

1° 形状改变比能 $U_1=\frac{1}{12G}[(\sigma_1-\sigma_2)^2+(\sigma_2-\sigma_3)^2+(\sigma_3-\sigma_1)^2]$

2° 八面体剪应力 $\tau_8$

3° 应力强度 $\sigma_i$

4° 剪应力强度 $T$

5° 应力偏量第二不变量 $I_2(D_\sigma)$

## 三、试验验证

### 1、Lode-Nadai 试验

目的：验证中间主应力 $\sigma_2$ 对屈服的影响，从而判断两种理论的正确程度。

原理：

按 Tresca Criterica $\dfrac{\sigma_1-\sigma_3}{\sigma_s}=1$

按 Mises Criterica $\dfrac{\sigma_1-\sigma_3}{\sigma_s}=\dfrac{2}{\sqrt{3+\mu_\sigma^2}}$

其中 $\mu_\sigma=\dfrac{2\sigma_2-\sigma_3-\sigma_1}{\sigma_1-\sigma_3}$ （推导见教科书 P.. 第1-4）

比较：①、$\sigma_2$ 对 T.Y.C. 无影响

对 M.Y.C 有影响。

②、设若 $\mu_\sigma$ 改变，对 T.Y.C. 无影响，对应的 $\dfrac{\sigma_1-\sigma_3}{\sigma_s}$ 不变

对 M.Y.C 有影响，对应的 $\dfrac{\sigma_1-\sigma_3}{\sigma_s}$ 改变

试验设计：

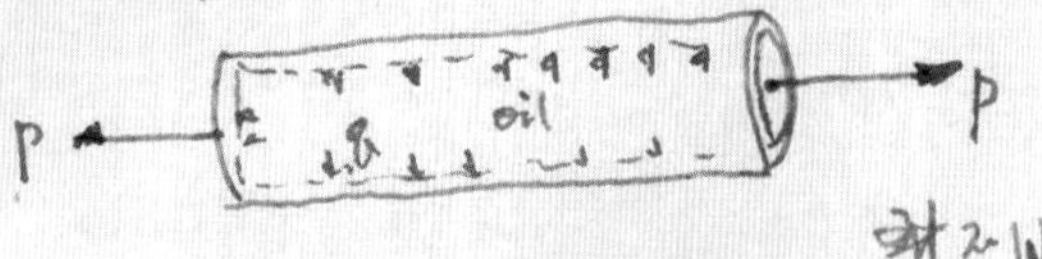


由试验的状态下，可求出 $\sigma_1$、$\sigma_2$、$\sigma_3$。改变 P-p 的关系，使 $\mu_\sigma$ 改变，得到不同的 $\mu_\sigma$ 值，然后达到屈服，才可知 $\dfrac{\sigma_1-\sigma_3}{\sigma_s}$ 是否发生改变。

结果表明

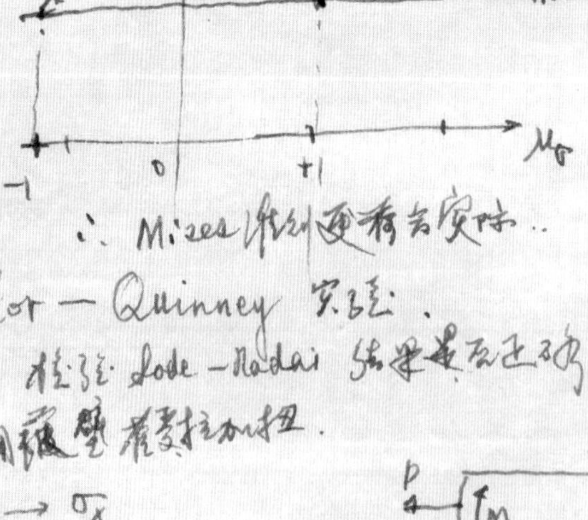


∴ Mises 准则更符合实际。

### 2、Taylor-Quinney 实验

目的：检验 Lode-Nadai 结果是否正确，按另一途径进行实验，用薄壁管受拉加扭。

则 $P \to \sigma_x$

$M \to \tau_{xy}$

按 T.Y.C. $\sigma_x^2+4\tau_{xy}^2=\sigma_s^2$ $\quad\left(\dfrac{\sigma_x}{\sigma_s}\right)^2+4\left(\dfrac{\tau_{xy}}{\sigma_s}\right)^2=1$

M.Y.C. $\sigma_x^2+3\tau_{xy}^2=\sigma_s^2$ $\quad\left(\dfrac{\sigma_x}{\sigma_s}\right)^2+3\left(\dfrac{\tau_{xy}}{\sigma_s}\right)^2=1$

结果

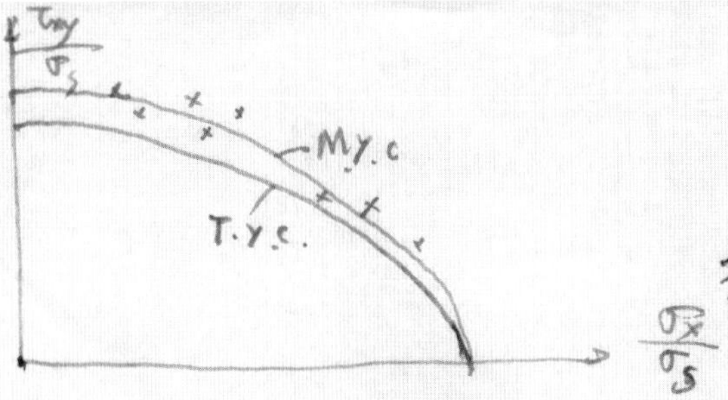


表明Mises条件更符合实际。

共同点：这两种塑性条件都不受平均应力$\sigma_0$的影响，在判断由主应力组合的任意应力状态下材料的塑性状态时，都只要求知道一个材料常数，即单向应力状态时的屈服极限（同时也假设拉压屈服极限相同）。

§4-3 加载准则与卸载准则

一、问题提出

1. 简单载荷，以简单拉伸为例

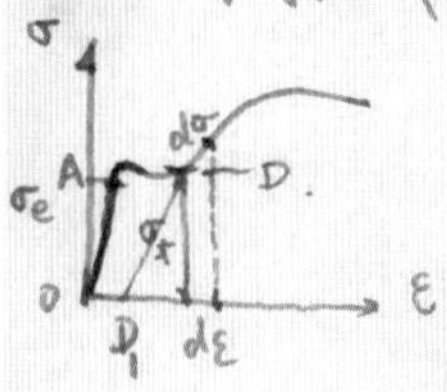

$P=0, 500, 1000, \cdots$

$\Delta l=0, 0.001, \cdots$

弹性状态：$P$由$0\to\sigma_e$，$\sigma-\varepsilon$曲线由$0\to A$ } $\sigma=E\varepsilon$ 加载

当$P$由$\sigma_e\to 0$，$\sigma-\varepsilon$曲线由$A\to 0$ } $\sigma=E\varepsilon$ 卸载

塑性状态：$P$由$0\nearrow\sigma_t$（任一点的应力状态）

$\sigma-\varepsilon$曲线由$0\to A\to D$ —— 加载

$$\sigma_t=\begin{cases}E\varepsilon & \text{弹性}\\ \sigma_s & \text{流动}\\ f(\varepsilon) & \text{强化}\end{cases}$$

当$P$由$\sigma_t\searrow 0$

$\sigma-\varepsilon$曲线沿$DD_1$到达$D_1$，到达零应力状态，它不服从原来的加载规律：$\sigma_t=E\varepsilon_t$

可见：(1) 在弹性阶段，加载和卸载的应力应变关系一致。

(2) 在塑性阶段，加载和卸载的应力应变关系不一样。

加载：沿$\sigma-\varepsilon$曲线

卸载：遵循虎克定律

因此，在上述应力应变关系时必须区分加载和卸载两种阶段。

从而提出：什么情况属于加载，什么是卸载？

对于简单应力状态：$\begin{cases} d\sigma>0 & \text{加载}\quad d\sigma>0 \\ d\sigma<0 & \text{卸载}\end{cases}$

标志：当$d\sigma>0$时，$d\varepsilon^p>0$

$d\sigma<0$时，$d\varepsilon^p<0$

复杂应力状态：

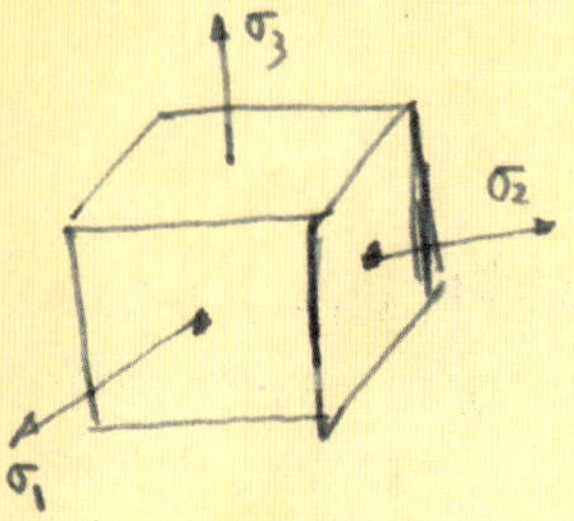


如 $\begin{cases}\sigma_1 = 4000 \\ \sigma_2 = 1000 \to 4000 \\ \sigma_3 = 100 \to 3000\end{cases}$ 此时：应变能不断增加（有时反之减少）

加载和卸载的情况就不是这么简单。但是由于加载和卸载的准则不一致，∴ 应进一步研究此状态的应力应变关系时，应当先明确加载和卸载。

## 二、加载和卸载准则

理论上讲，应通过实验确定。但目前关于这方面实验很少，还缺乏[illegible]的答案（因应力状态的组合很多）。只得由简单应力状态的加载和卸载准则加以推广到复杂应力状态。

简单应力状态：
$$\begin{cases}\sigma d\sigma > 0 & 加载（拉压）\\ \sigma d\sigma < 0 & 卸载 \quad \cdots ① \\ \sigma d\sigma = 0 & 保持载荷不变\end{cases}$$

由此推广到复杂应力状态的加载和卸载准则为式(2)

复杂应力状态：
$$\begin{cases}\sigma_{ij} d\sigma_{ij} > 0 & 加载 \\ \sigma_{ij} d\sigma_{ij} < 0 & 卸载 \quad \cdots ② \\ \sigma_{ij} d\sigma_{ij} = 0 & 中性变载\end{cases}$$
（主应力分量有变化但塑性应变不改变）

中性变载——个别应力分量有变化，但塑性变形不改变。

由②式建立应力应变关系判断准则，以上均中立。

注：$\sigma_{ij}$ 是张量下标表示。

这里 $\sigma_{ij} d\sigma_{ij} = \sigma_x d\sigma_x + \sigma_y d\sigma_y + \sigma_z d\sigma_z + 2(\tau_{xy} d\tau_{xy} + \cdots + \tau_{xz} d\tau_{xz})$

几何表示：

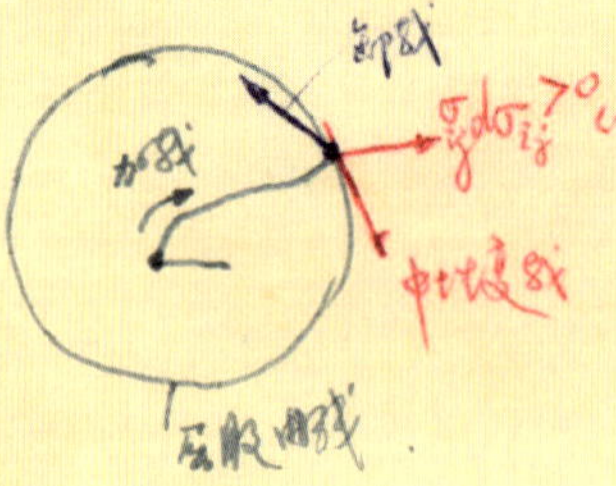


由于 $d\sigma_{ij} \cdot \sigma_{ij} = (s_{ij} + \sigma_0 \delta_{ij}) d(s_{ij} + \sigma_0 \delta_{ij})$
$= s_{ij} ds_{ij} + 3\sigma_0 d\sigma_0 + \sigma_0 \delta_{ij} ds_{ij} + \cdots$

∵ $\sigma_0$ 与塑性变形无关。

即为：复杂应力状态准则可表为

$$\begin{cases}s_{ij} ds_{ij} > 0, & 加载 \\ s_{ij} ds_{ij} < 0 & 卸载 \\ s_{ij} ds_{ij} = 0 & 中性变载\end{cases}$$

## §4-4 塑性理论概述

1. 概念

塑性理论（塑性本构方程）—— 材料在塑性状态的应力应变关系

复杂性 ① 应力应变关系不是1-1对应的

② 强化阶段，σ-ε曲线比较复杂（与材料本身有很大的关系）

③ 加载与卸载的σ-ε关系不一致

且如果加载路径不同，应力应变关系也不一样

④ 试验技术上的困难，困难及材料的内部结构

2. 几种典型理论（$P_{47}$ 讲义）

塑性理论分为两大类

A. 流动理论（增量理论）

B. 形变理论（全量理论）

主要特征

流动理论是：应变增量（$d\varepsilon_x$, $d\varepsilon_y$ … $d\gamma_{yz}$）与应力之间的关系

全量理论是：应变全量（$\varepsilon_x$, $\varepsilon_y$ … $\gamma_{yz}$）与应力之间的关系

几何表示

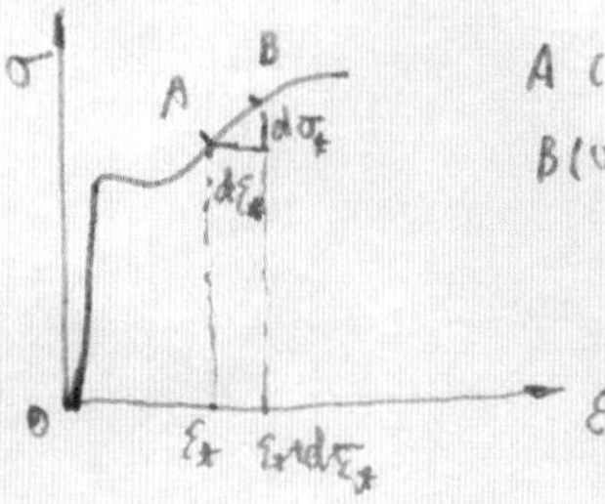


A $(\sigma_x, \varepsilon_x)$

B $(\sigma_x+d\sigma_x, \varepsilon_x+d\varepsilon_x)$ ⟹ $d\varepsilon_x = f(\sigma_x, \varepsilon_x)$ 流动（增量）

$\varepsilon_x = \varphi(\sigma_x)$ 形变（全量）

∴ 流动理论是描述瞬间的应力应变关系

形变理论是描述最后状态的应力应变关系

流动理论 —— 与加载次序（路径变量）无关（表达式变量）

形变理论 —— 仅考虑简单加载（变量加载，与变形无关）

## §4-5 塑性流动理论（增量理论）

一、Levy–Mises 理论（$d\varepsilon_x \propto S_x$）

1. 假设 ① 材料是理想刚塑性体，不考虑强化效应

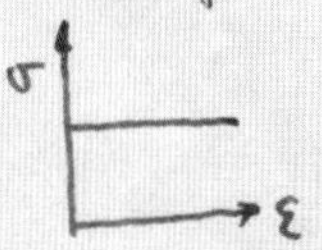


② 略去弹性应变，即认为 $\varepsilon^e_{ij}=0$ ∴ $\varepsilon_{ij}=\varepsilon^p_{ij}$

③ 材料的体积应变为零 即 $\varepsilon_{ij}=\varepsilon_0\delta_{ij}+\bar{\varepsilon}_{ij}=\bar{\varepsilon}_{ij}$（只有应变偏量）

∴ $\varepsilon_{ij}=\varepsilon^p_{ij}=\bar{\varepsilon}_{ij}=\bar{\varepsilon}^p_{ij}$（略去弹性变形的塑性应变的表达式）

2. 基本规律 (1) 材料是不可压缩的 ∴ $e_0=0$

或 $e=3e_0=0$

(2) 应变增量分量与应力偏量分量成比例.

$$d\varepsilon_x^p = (d\mu)\,S_x \quad \cdots\cdots$$
$$\frac{1}{2}d\gamma_{xy}^p = (d\mu)\,\tau_{xy}, \quad \cdots\cdots$$
} 六个方程式.

附注根据. 这一点在Mohr应力圆与一点的应变圆相似. (三个应力圆时也相似)

[Consideration of Mohr's stress and strain diagrams shows that this flow rule requires the stress circles and strain increment circles to be geometrically similar at any point and instant.]

$$\therefore \frac{\varepsilon_x}{S_x} = \frac{\varepsilon_y}{S_y} = \frac{\varepsilon_z}{S_z}.$$

(与 $S_x, S_y, S_z$ 相对应)

对于每一瞬间, 同时能够即得.

其中 $d\mu = f(x, y, z, p)$.

3. 确定 $d\mu$.

方法一. 用 $I_2$ 和 $H$ 表示.

由Mises条件出发. $(\sigma_1-\sigma_2)^2+(\sigma_2-\sigma_3)^2+(\sigma_3-\sigma_1)^2 = 2\sigma_s^2$

$$\left[\frac{1}{2}(S_x^2+S_y^2+S_z^2)+\tau_{xy}^2+\tau_{yz}^2+\tau_{zx}^2\right] = \left(\frac{\sigma_s}{\sqrt{3}}\right)^2 = k^2 = I_2$$

$$I_2 = k^2 = \left(\frac{\sigma_s}{\sqrt{3}}\right)^2$$

$$dI_2 = S_x dS_x + S_y dS_y + \cdots + 2\tau_{xy}d\tau_{xy} + \cdots + 2\tau_{zx}d\tau_{zx} = 0$$

将 $d\varepsilon_x = (d\mu)\cdot S_x \cdots$, $d\gamma_{xy} = (d\mu)\tau_{xy} \cdots$ } 代入上式.

取 $H = \frac{1}{2}[(d\varepsilon_x)^2+\cdots] + 4[(d\gamma_{xy})^2+\cdots]^2$

求出 $d\mu = \sqrt{\frac{H}{I_2}}$

$\therefore$ Levy-Mises理论.
$$\begin{cases} d\varepsilon_x = \sqrt{\frac{H}{I_2}}\,S_x \\ d\varepsilon_y = \sqrt{\frac{H}{I_2}}\,S_y \\ \cdots\cdots \\ \cdots\cdots \end{cases}$$

以及
$$\begin{cases} S_x = \sqrt{\frac{I_2}{H}}\,d\varepsilon_x^p \\ \cdots\cdots \\ \cdots\cdots \\ \tau_{xy} = \sqrt{\frac{I_2}{H}}\,\frac{d\gamma_{xy}^p}{2} \end{cases}$$

此方程表示已知应变增量 $d\varepsilon_{ij}$, 就可求得各应力偏量.

方法二. 用 $\varepsilon_i^p$ 表示 $d\mu$.

由Mises条件. $(\sigma_1-\sigma_2)^2+(\sigma_2-\sigma_3)^2+(\sigma_3-\sigma_1)^2 = 2\sigma_s^2$

即. $\sigma_i = \frac{1}{\sqrt{2}}\sqrt{(\sigma_1-\sigma_2)^2+\cdots} = \sigma_s$

由 $d\varepsilon_1 = (d\mu)S_1 = (d\mu)(\sigma_1-\sigma_0)$, $d\varepsilon_3 = (d\mu)(\sigma_3-\sigma_0)$ } $\Rightarrow$ $\begin{cases}\sigma_1-\sigma_2 = \frac{1}{d\mu}(d\varepsilon_1-d\varepsilon_2) \\ \cdots\cdots \\ \sigma_1-\sigma_3 = \frac{1}{d\mu}(d\varepsilon_1-d\varepsilon_3)\end{cases}$ 代入上式

张量符号.

1° $x_i\ (i=1,2,3)$ 表示点的坐标 $(x_1, x_2, x_3)$.

2° $u_i\ (i=1,2,3)$ 表示位移分量 $u, v, w$.

$n_i\ (i=1,2,3)$ 表示方向余弦 $l, m, n$.

3° $\sigma_{ij}\ (i, j=1,2,3)$ 表示应力张量的分量. 取 $i=1$, $j=1,2,3$, 得 $\sigma_{11}, \sigma_{12}, \sigma_{13}$. 类似得九个应力分量.

$\therefore \sigma_{ij}$ 表示一个应力张量

4° 同理 $\varepsilon_{ij}$ 表示一个应变张量

5° $\sigma_{,i}\ (i=1,2,3)$ 表示应力 $\sigma$ 对于 $x_1, x_2, x_3$ 的导数.

$$\sigma_{,1} = \frac{\partial\sigma}{\partial x_1}.$$
$$\sigma_{,i} = \frac{\partial\sigma}{\partial x_i}$$

6° $\sigma_{i,i}\ (1,2,3)$ 表示 $\sigma_i$ 对 $x_i$ 的偏导.

$$\sigma_{i,i} = \frac{\partial\sigma_1}{\partial x_1}+\frac{\partial\sigma_2}{\partial x_2}+\frac{\partial\sigma_3}{\partial x_3}$$

而 $\sigma_{i,j}$ 则表示九个应力偏导表示. $\frac{\partial\sigma_{11}}{\partial x_1}, \frac{\partial\sigma_{11}}{\partial x_2}, \frac{\partial\sigma_{11}}{\partial x_3}$

$\frac{\partial\sigma_{12}}{\partial x_1}, \frac{\partial\sigma_{12}}{\partial x_2}, \frac{\partial\sigma_{13}}{\partial x_3}$

7° 求和约定.

在同一项中如果某个指标重复出现, 则表示该项应当是将指标按顺序1, 2, 3. 轮换时得到的各项之和.

$a_i b_i = a_1b_1+a_2b_2+a_3b_3$ !

$a_{ij}b_j = a_{i1}b_1+a_{i2}b_2+a_{i3}b_3$ !

$\therefore$ 凡是在同项中重复出现的指标称之为哑指标 (Dummy Index)

而只出现一次的指标称为自由指标 (Free Index).

在自由指标中 $j=1,2,3$ 中可取任意一个数.

① 对于重复出现的指标(哑指标). 可以任意换成其他指标. 而不改变 $a_{ij}b_j = a_{ik}b_k$

② 求和只对指标出现两次. 对于三个指标无意义. $(\sigma_{ii} = \sigma_{11}+\sigma_{22}+\sigma_{33})$

主要例. 经常引用的符号: 1° $P_j = \sigma_{ij}n_i$ $\{P_1 = \sigma_{11}n_1+\sigma_{21}n_2+\sigma_{31}n_3$ 也可表示 …

2° $\sigma_N = \sigma_{ij}n_in_j$ 3° $\sigma_0 = \frac{1}{3}\sigma_{ii}$ 4° $S_{ij} = \sigma_{ij}-\sigma_0\delta_{ij}$

5° $T = \left[\frac{1}{2}(S_{ij}S_{ij})\right]^{\frac{1}{2}}$. 6° $\delta_{ij}\delta_{ij} = 3$. 7° 平衡方程 $\frac{\partial\sigma_{ij}}{\partial x_i}+\rho(F_j-W_j) = 0$

得 $\sigma_i = \frac{1}{\sqrt{2}(d\mu)}\left[(d\varepsilon_1-d\varepsilon_2)^2+(d\varepsilon_2-d\varepsilon_3)^2+(d\varepsilon_3-d\varepsilon_1)^2\right]^{\frac{1}{2}} = \sigma_s$

令 $d\varepsilon_i = \frac{\sqrt{2}}{3}\left[(d\varepsilon_1-d\varepsilon_2)^2+(d\varepsilon_2-d\varepsilon_3)^2+(d\varepsilon_3-d\varepsilon_1)^2\right]^{\frac{1}{2}}$.

比较：$d\mu = \frac{3}{2}\cdot\frac{d\varepsilon_i}{\sigma_s}$

∴ Levy-Mises 应力应变关系，可表为：

$$\begin{cases} d\varepsilon_x = \left(\frac{3}{2}\frac{d\varepsilon_i}{\sigma_s}\right)S_x \\ \cdots\cdots \\ \frac{d\gamma_{xy}}{2} = \left(\frac{3}{2}\frac{d\varepsilon_i}{\sigma_s}\right)\cdot\tau_{xy} \end{cases}$$

例题：Example：设某物体内一点的应力状态是 $\sigma_1=2\sigma$. $\sigma_2=\sigma$. $\sigma_3=0$.
求塑性应变分量。

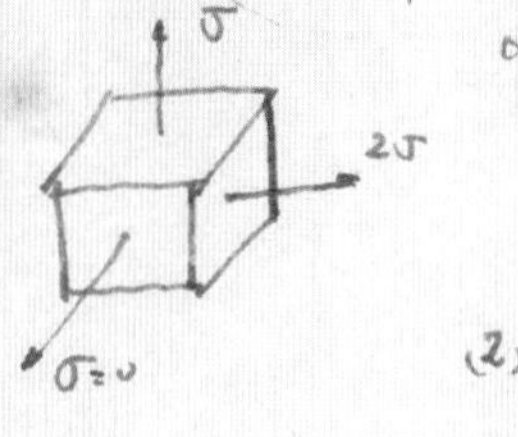


Resolve：① 先求 $S_{ij}$ ∵ $\sigma_0=\sigma$

∴ $S_1=\sigma$ $S_2=0$ $S_3=-\sigma$

(2) 求 $d\mu$ $d\mu = \frac{3}{2}\frac{d\varepsilon_i}{\sigma_s}$

——这里把 $d\varepsilon_i$ 作为未知参数。

(3) 由 Misses 条件：

$(\sigma_1-\sigma_2)^2+(\sigma_2-\sigma_3)^2+(\sigma_3-\sigma_1)^2 = 2\sigma_s^2$. ∴ $\sigma_s=\sqrt{3}\sigma$.

∴ Levy-Mises 关系：

$$\begin{cases} d\varepsilon_1 = (d\mu)S_1 = \frac{3}{2}\frac{d\varepsilon_i}{\sqrt{3}\sigma}\cdot\sigma = \frac{\sqrt{3}}{2}d\varepsilon_i \\ d\varepsilon_2 = 0 \\ d\varepsilon_3 = -\frac{\sqrt{3}}{2}d\varepsilon_i \end{cases}$$

讨论：(1) $d\varepsilon_i$ 式中内含有未知参数 $d\varepsilon_{ij}$. ∴ L-M 方程为非线性微分方程。

(2) 按照 L-M 方程只能求得塑性应变分量的比值，求不出具体表达式

(3) 应变分量之增量与应力分量之间不存在单值关系。

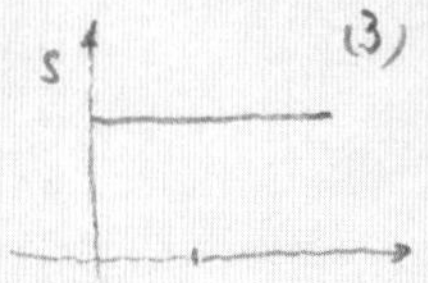


∵ 由假设 S-ε 关系如图所示。(给出应力不能确定应变大小之故)

关键：在塑变中，确定应力应变关系。如：$\begin{cases}\varepsilon_x = \frac{1}{E}[\sigma_x-\mu(\sigma_y+\sigma_z)] \\ \cdots\cdots\end{cases}$

## 二、Prandtl-Reuss 理论

与 L-M 理论比较，P-R 理论考虑了弹性应变增量。

1. 假设：$\begin{cases}\text{理想弹塑性材料} \\ \text{材料不可压缩（塑性部分）}\end{cases}$

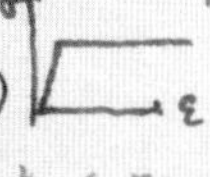


2. 基本规律：①总应变是弹性应变和塑性应变之和。

$\varepsilon_{ij} = \varepsilon_{ij}^p + \varepsilon_{ij}^e$

且塑性变形是等体积的 即 $\varepsilon_x^p+\varepsilon_y^p+\varepsilon_z^p\equiv 0$. ∴ $\varepsilon_x+\varepsilon_y+\varepsilon_z = \varepsilon_x^e+\varepsilon_y^e+\varepsilon_z^e$.

(2) 应力应变关系分两种情况：

弹性阶段：$S_{ij} = 2G\,\bar{\varepsilon}_{ij}^e$ （虎克定律）

塑性阶段：$d\bar{\varepsilon}_x = \left(\frac{d\lambda}{2G}\right)S_x$ $\begin{cases}\frac{d\lambda}{2G} \sim \text{比例系数}. \\ d\lambda — \text{参数}.\end{cases}$

## 有限元法练习题（一）

1。设单元轴线与结构整体标架的 $x$ 轴夹角为 $\varphi$。试写出平面桁架及平面刚架单元在整体标架下的刚度矩阵。

2。求图示三角形桁架的整体刚度矩阵，已知 $A_1=A_2=A_3=A$，$E_1=E_2=E_3=E$，$l_{1-2}=l_{1-3}=L$，$l_{2-3}=\sqrt{2}L$

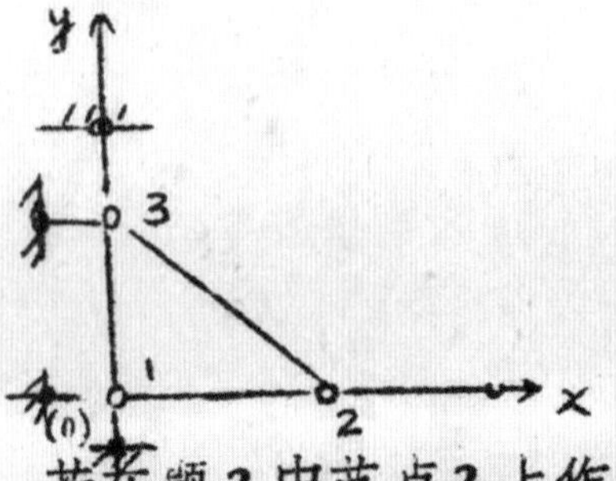


3。若在题2中节点2上作用水平及铅垂载荷 $P_x$（→）及 $P_y$（↑），试算出支座1、3的反力及各杆内力

4。若在题2中去掉节点3的 $y$ 向支承杆，则题2、题3的计算结果将发生什么变化？

又问若去掉题2中节点3的 $x$ 向支承杆，又会有什么变化。

5。求图示刚架的节点位移及各杆端弯矩，设各杆具有相同的弹性模量E，忽略轴力的影响。

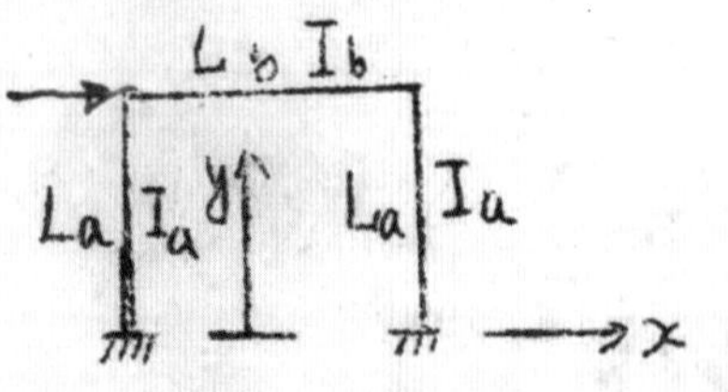

6．有均质等截面三跨连续梁，两端固支，在第一跨中央作用一集中荷载P，试分析节点位移及杆端内力，忽略不计轴力影响。

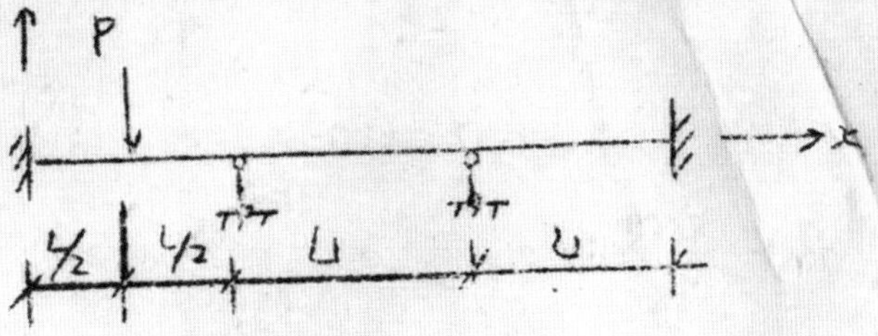

$d\lambda = f(x, y, z, P)$

b). 材料：屈服条件。Mises条件。

$(\sigma_1-\sigma_2)^2+(\sigma_2-\sigma_3)^2+(\sigma_3-\sigma_1)^2=2\sigma_s^2$

定比例系数 $d\lambda$。由 $I_2 = K^2 = \frac{1}{2}[S_x^2+S_y^2+S_z^2]+(\tau_{xy}^2+\tau_{yz}^2+\tau_{zx}^2)$

取导数。$dI_2 = S_x dS_x + S_y dS_y + S_z dS_z + 2(\tau_{xy}d\tau_{xy}+\tau_{yz}d\tau_{yz}+\tau_{zx}d\tau_{zx}) = 0$ ……①

由Mises条件 $K=\frac{\sigma_s}{\sqrt{3}}=T=\tau_i$

又 $\begin{cases}\bar{\varepsilon}_x=\bar{\varepsilon}_x^e+\bar{\varepsilon}_x^p; & \cdots\cdots \\ \gamma_{xy}=\gamma_{xy}^e+\gamma_{xy}^p; & \cdots\cdots\end{cases}$

取导数。

$\begin{cases}\dot{\varepsilon}_x=\dot{\varepsilon}_x^e+\dot{\varepsilon}_x^p & \cdots\cdots \\ \dot{\gamma}_{xy}=\dot{\gamma}_{xy}^e+\dot{\gamma}_{xy}^p; & \cdots\cdots\end{cases}$

$\dot{\varepsilon}_x$ —— 应变偏量速度分量（或叫应变偏量增量分量）。

而 $\dot{S}_{ij}=2G\dot{\varepsilon}_{ij}^e$
而 $S_{ij}=\frac{2G}{d\lambda}\dot{\varepsilon}_{ij}^p$ } （对时间比应变关系求导数）。⇒ 相加。$\dot{\varepsilon}_{ij}=\frac{1}{2G}\dot{S}_{ij}+\frac{d\lambda}{2G}S_{ij}$ ……

∴ $\dot{\varepsilon}_{ij}=\frac{1}{2G}\dot{S}_{ij}+\frac{d\lambda}{2G}S_{ij}$　$\begin{cases}\dot{\varepsilon}_x=\frac{1}{2G}\dot{S}_x+\frac{d\lambda}{2G}S_x; & \cdots \\ \frac{1}{2}\dot{\gamma}_{xy}=\frac{\dot{\tau}_{xy}}{2G}+\frac{d\lambda}{2G}\tau_{xy}; & \cdots\end{cases}$

写成一般式 ⇗

将上应力应变关系代入①式得

$\begin{cases}dW=S_x d\bar{\varepsilon}_x+S_y d\bar{\varepsilon}_y+S_z d\bar{\varepsilon}_z+\tau_{xy}d\gamma_{xy}+\tau_{xz}d\gamma_{xz}+\tau_{yz}d\gamma_{yz} \\ d\lambda=G\frac{dW}{K^2}=\frac{G}{T^2}dW=\frac{3d\varepsilon_i^p}{\sigma_i}G=E\frac{d\varepsilon_i^p}{\sigma_i}\end{cases}$

3). Prandtl-Reuss的应力应变方程。

$\begin{cases}dS_x=2G[d\bar{\varepsilon}_x-\frac{dW}{2K^2}S_x]; & \cdots\cdots \\ d\tau_{xy}=2G[\frac{d\gamma_{xy}}{2}-\frac{dW}{2K^2}\tau_{xy}]; & \cdots\cdots\end{cases}$　只适用于理想塑性材料。

说明。①. 由P-R方程 若给定应变及其增量，求以求出构件内之应力。

②. 由于dW内包含未知函数 $d\bar{\varepsilon}_x$，…… ∴P-R方程是非线性的，难以明
限函式表达。

③. 应用时，应当 先确定 $S_x$，……（横材力和弹力）。
其次，根据屈服条件(Mises)定dW和λ。
最后，解方程，求 $\varepsilon_x$，…。

举例　薄壁管 受P，M. 作用。

$\varepsilon=\frac{\sigma_s}{3G}$　$\gamma=\frac{\sigma_s}{\sqrt{3}G}$　求管内之应力。

① 先拉后扭。
② 先扭后拉。
③ 同时拉、扭。

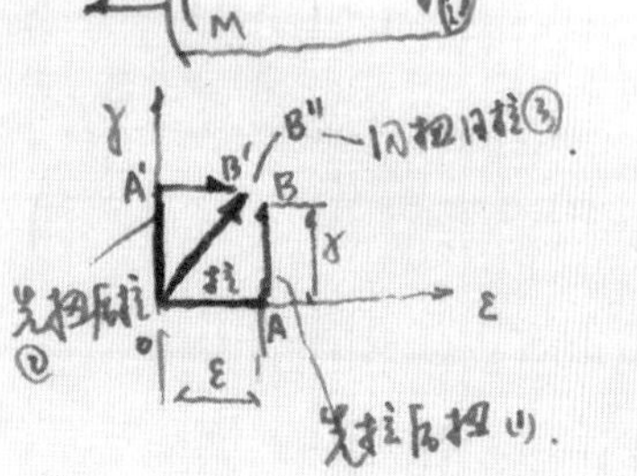


按P-R理论 假设，混凝土材料，材料不可压缩，

解：①. 1. 分析应力分量。

$\varepsilon=\frac{\sigma_s}{3G}$　$G=\frac{E}{2(1+\mu)}$。

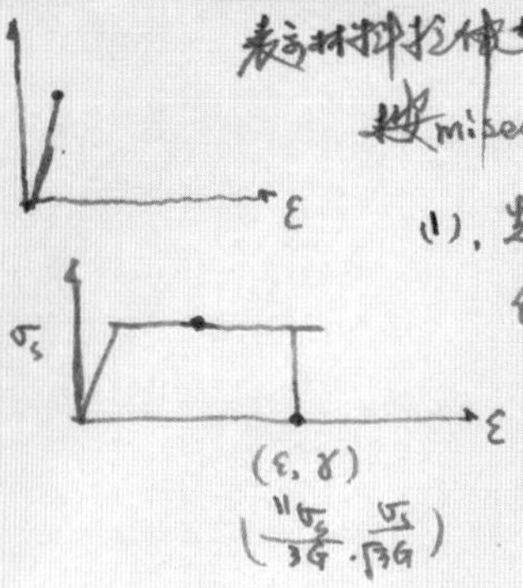


表示材料拉伸达到屈服。 再加扭，$\gamma=\frac{\sigma_s}{\sqrt{3}G}$ 表示扭转也达到屈服。

按Mises条件，作σ-τ曲线，$\sigma^2+3\tau^2=\sigma_s^2$

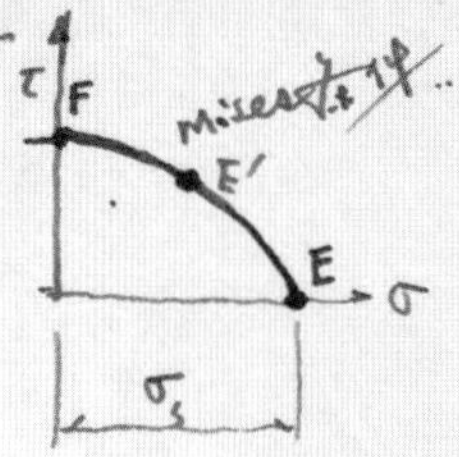


(1) 先拉后扭 (E→E′)

设 $\sigma = \sigma_s$ (拉伸到屈服)

然后加扭转，设拉伸应变增加(应力不变)

设之达到应变条件 $\begin{cases}\varepsilon=\frac{\sigma_s}{3G}\\ \gamma=\frac{\sigma_s}{\sqrt{3}G}\end{cases}$

(2) 若以比例加载之，先扭后拉，同时进行比例加载。

2. 应用P-R方程，采用柱坐标 (r, θ, z) 坐标系。

$$\dot{\bar\varepsilon}_r=\frac{1}{2G}\dot S_r+\left(\frac{d\lambda}{2Gdt}\right)S_r;\ \cdots\cdots= \qquad \left\{d\bar\varepsilon_{ij}=\frac{1}{2G}dS_{ij}+\frac{dW}{2k^2}S_{ij}\right.$$

$$\dot\gamma_{z\theta}=\frac{1}{G}\dot\tau_{z\theta}+2\left(\frac{d\lambda}{2Gdt}\right)\tau_{z\theta};\ \cdots$$

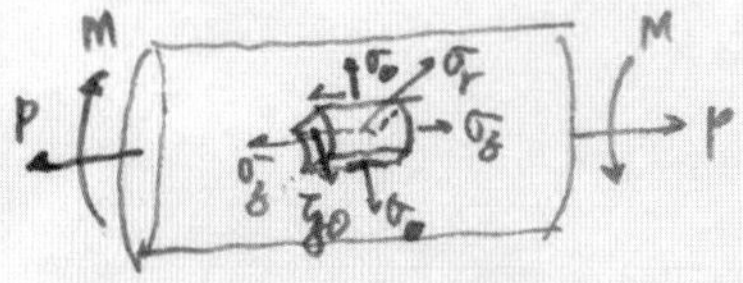


定参数 (a) 求 $\sigma_r, \sigma_\theta, \sigma_z$.

$\sigma_r=0,\ \sigma_\theta=0,\ \sigma_z=\frac{P}{F}=\sigma$

(b) 求 $\tau_{r\theta}, \tau_{z\theta}, \tau_{rz}$.

$\tau_{r\theta}=\tau_{rz}=0.\quad \tau_{z\theta}=\frac{M}{F\gamma}=\tau$.

(c) 求 $S_r, \cdots\cdots$,

$\sigma_0=\frac{P}{3F}=\frac{\sigma}{3}\qquad S_r=-\frac{\sigma}{3}=S_\theta,\quad S_z=\frac{2}{3}\sigma$.

(d) 求 $\dot{\bar\varepsilon}_r$ ……,

由变形时尺寸关系 $(\mu=\frac{1}{2})$ (∵材料不可压缩) $\therefore\ \varepsilon_r=-\frac12\varepsilon_z,\quad \varepsilon_\theta=-\frac12\varepsilon_z$

(问若没有这个关系？怎样求 $\bar\varepsilon_{ij}$) $\qquad \varepsilon_z=\varepsilon=\frac{\sigma_s}{3G},\qquad \gamma_{r\theta}=\gamma_{zr}=0$

$\gamma_{z\theta}=\gamma=\frac{\sigma_s}{\sqrt{3}G}$.

由材料不可压缩

$\therefore\ \varepsilon_0=0.\ \bar\varepsilon_r=\varepsilon_r+\varepsilon_0\ ?\ \therefore\ \bar\varepsilon_r=-\frac12\varepsilon_z=-\frac{\sigma_s}{6G}=\bar\varepsilon_\theta,\ \bar\varepsilon_z=\frac{\sigma_s}{3G}$

$\because\ \bar\varepsilon_r=\bar\varepsilon_r^e+\bar\varepsilon_r^p \qquad \gamma_{\theta z}=\frac{\sigma_s}{\sqrt3 G}$

(e) 将给出的 ε, γ 代入 求 dW.

$$dW=S_r d\bar\varepsilon_r+S_\theta d\bar\varepsilon_\theta+S_z d\bar\varepsilon_z+\tau_{z\theta}d\gamma_{z\theta}+\cdots\cdots$$

得

$$=\left(-\frac{\sigma}{3}\right)\left(\frac12 d\varepsilon_z\right)+\left(-\frac{\sigma}{3}\right)\left(-\frac12 d\varepsilon\right)+\cdots\cdots$$

$$=\sigma d\varepsilon+\tau d\gamma.$$

(f) 求 dλ.

$$\left(\frac{d\lambda}{2G}\right)=\frac{dW}{2k^2}=\frac{3}{2}\frac{\sigma\dot\varepsilon+\tau\dot\gamma}{\sigma_s^2}=\frac{3}{2}\frac{\sigma d\varepsilon+\tau d\gamma}{\sigma_s^2}$$

将上述参数代入P-R方程得.

$$\begin{cases}\dot\varepsilon=\frac{\dot\sigma}{3G}+\frac{(\tau\dot\gamma+\sigma\dot\varepsilon)\sigma}{\sigma_s^2} & \cdots\ (17)\\ \dot\gamma=\frac{\dot\tau}{G}+3\frac{(\tau\dot\gamma+\sigma\dot\varepsilon)\tau}{\sigma_s^2}\end{cases}$$

3. 求解.

小结..
按例题之步骤
求出第二种加载路径
之应力值..

按第一种加载路径.

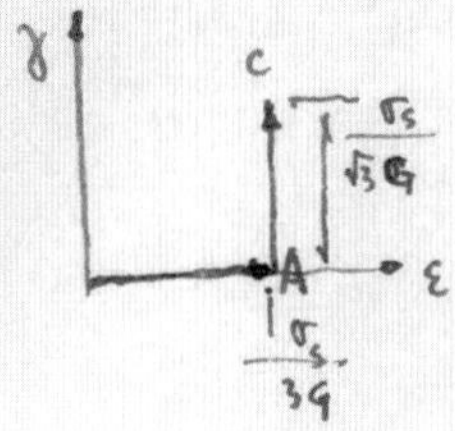


从0到A —— 是弹性阶段..
∴ P-R方程无效.
从A→C. 是塑性阶段. P-R方程适用..

$$\therefore\ \varepsilon = \frac{\sigma_s}{3G} = \text{Constant}.$$

$$\dot{\varepsilon} = 0.$$

于是P-R方程简化为：

$$\left.\begin{aligned} &\frac{\dot{\sigma}}{3G} + \frac{\tau\dot{\gamma}}{\sigma_s^2}\sigma = 0. \\ &\dot{\gamma} = \frac{\dot{\tau}}{G} + 3\frac{(\tau\dot{\gamma})}{\sigma_s^2}\tau \end{aligned}\right\} \quad (18)$$

解⑱第二式..

$$G\,d\gamma = \frac{d\tau}{1-\frac{3\tau^2}{\sigma_s^2}} \qquad \text{积分得.}\quad G\gamma = \int\frac{d\tau}{1-\left(\frac{\sqrt{3}\tau}{\sigma_s}\right)^2}$$

$$= \frac{1}{2}\frac{\sigma_s}{\sqrt{3}}\ln\frac{1+\frac{\sqrt{3}}{\sigma_s}\tau}{1-\frac{\sqrt{3}}{\sigma_s}\tau} + C$$

定常数C.　$\gamma|_{\tau=0} = 0$　$C = 0$

$$\therefore\ G\gamma = \frac{\sigma_s}{2\sqrt{3}}\ln\frac{1+\frac{\sqrt{3}}{\sigma_s}\tau}{1-\frac{\sqrt{3}}{\sigma_s}\tau} \quad \cdots(19).$$

将由⑲式先求出τ..　$G\gamma = \frac{\sigma_s}{\sqrt{3}}\,\text{arc}\,th\,\frac{\sqrt{3}}{\sigma_s}\tau.$

$$\therefore\ \tau = \frac{\sigma_s}{\sqrt{3}}th\frac{\sqrt{3}G\gamma}{\sigma_s} \quad \cdots(20)$$

⑳代入⑱第一式求σ.

$$\frac{d\sigma}{3G\sigma} = -\frac{\sqrt{3}\,d\gamma}{\sqrt{3}\,\sigma_s}\cdot th\frac{\sqrt{3}G\gamma}{\sigma_s} = -\frac{tgh\left(\frac{\sqrt{3}G\gamma}{\sigma_s}\right)d\gamma}{\sqrt{3}\,\sigma_s}$$

$$= -\frac{tgh\left(\frac{\sqrt{3}G}{\sigma_s}\gamma\right)d\left(\frac{\sqrt{3}G}{\sigma_s}\gamma\right)}{3G}$$

$$\therefore\ \ln\sigma = -\ln\cosh\left(\frac{\sqrt{3}G\gamma}{\sigma_s}\right) + \ln A$$

$$\therefore\ \sigma = \frac{A}{\cosh\left(\frac{\sqrt{3}G\gamma}{\sigma_s}\right)}$$

定积分常数A..　$\sigma|_{\gamma=0} = \sigma_s$　　$\therefore A = \sigma_s.$

$$\therefore\ \begin{cases} \sigma = \dfrac{\sigma_s}{\cosh\left(\frac{\sqrt{3}G\gamma}{\sigma_s}\right)} \\ \tau = \dfrac{\sigma_s}{\sqrt{3}}tgh\left(\frac{\sqrt{3}G\gamma}{\sigma_s}\right) \end{cases}$$

当 $\begin{cases} \varepsilon = \dfrac{\sigma_s}{\sqrt{3}G} \\ \gamma = \dfrac{\sigma_s}{\sqrt{3}G} \end{cases}$ 时　应力状态 $\begin{cases} \sigma = 0.648\,\sigma_s \\ \tau = 0.439\,\sigma_s \end{cases}$

说明.. 1°. 当 $\sigma_\gamma$ 由 $\sigma_s \sim \sigma_0$ 时.　$\varepsilon = \frac{\sigma_s}{3G}$ 为什么不降低.

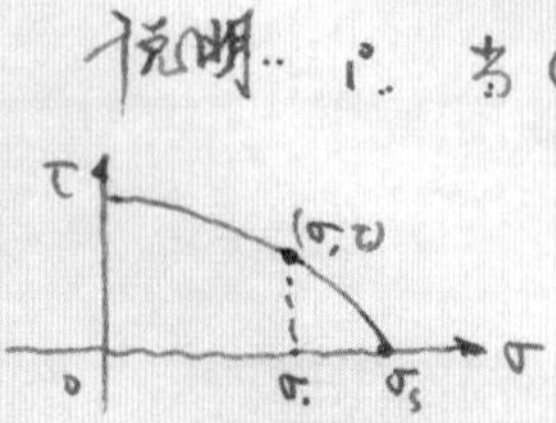


因在P, M作用下.

$$\sigma_i = \frac{1}{\sqrt{2}}\sqrt{(\sigma_x-\sigma_y)^2+(\ldots)^2+(\ )^2+6(\tau_{xy}^2+\tau_{yz}^2+\tau_{zx}^2)}$$

$$\varepsilon_i = \frac{\sqrt{2}}{3}\sqrt{(\varepsilon_x-\varepsilon_y)^2+(\ )^2+(\ )^2+\frac{3}{2}(\gamma_{xy}^2+\gamma_{yz}^2+\gamma_{zx}^2)}$$

代入应力得..　$\sigma_i = \sqrt{\sigma^2+3\tau^2}$

$$\varepsilon_i = \frac{\sqrt{2}}{3}\sqrt{\frac{9}{2}\varepsilon^2+\frac{3}{2}\gamma^2} = \frac{1}{\sqrt{3}}\sqrt{3\varepsilon^2+\gamma^2}$$

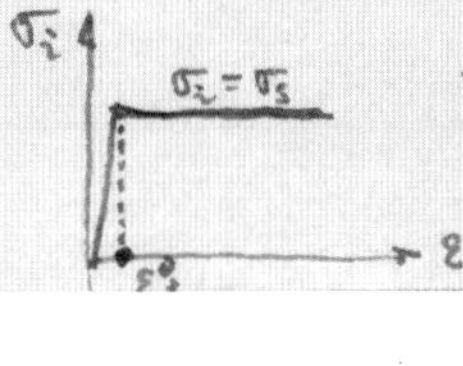


假如理想弹塑性的.
如 $\sigma_i = \sigma_s$ (不变) 则 $\varepsilon_i > \varepsilon_i^0$

$$\therefore\ \frac{1}{\sqrt{3}}\sqrt{3\varepsilon^2+\gamma^2} > \varepsilon_0$$

由此，若设 $\frac{1}{\sqrt{3}}\sqrt{3\varepsilon^2+\gamma^2} > \varepsilon$，只设有：

①. 当 $\varepsilon = constant$，而 $\gamma$ 不断增加，则设 $\varepsilon_i > \varepsilon$。

②. 当 $\varepsilon$、$\gamma$ 两者均变化，仍满足 $\varepsilon_i > \varepsilon$。

而对第二② 以按 P-R 方程计算时，$d\varepsilon \neq 0$，计算繁，故采用①，则 $d\varepsilon = 0$。

即以，$\varepsilon = constant$，$\gamma$ 变化，从而使 $\sigma_i = \sigma_s$，则 $\sigma$ 由 $\sigma_s \sim \sigma$（∵ $\tau$ 由 $0 \sim \tau$）

仍然 $\varepsilon = \frac{\sigma_s}{3G}$ 不变化了。

2°. 由此之结果，对应同一的应变状态，由于加载路径的不同，则应力分量也不同。

3°. 当材料已经进入屈服状态，应力应变关系就应当按 L-M 或 P-R 方程进行。不论每个应力分量是否达到屈服应力。（即总的应力状态是塑性状态时，计算也按 P-R 方程）

本节内容：

两个理论 {
1°. 基本假设、前提
2°. 具体应力应变关系
3°. 数学、应力应变关系、体积变化。

计算方法 {
1°. 求 $\sigma_i$，$\varepsilon_i$。
2°. 求相应的 $\varepsilon_{ij}$，$\bar{\varepsilon}_{ij}$。
3°. 分析加载路径是简单还是复杂性阶段。
4°. 分阶段采用 P-R 方程，求得应力应变关系。

## §4-6. 塑性形变理论

总的：提出了塑性应变（全应变，即非瞬时增量，是总个过程的总应变）与应力分量之间的关系。

塑性理论之附加条件：简单加载

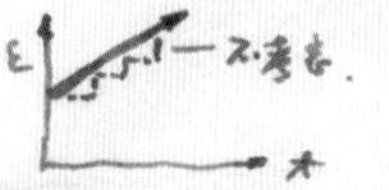

主要的理论：{
(1) Hencky ——
(2) Nadai —— 大变形
(3) Ильюшин（伊留申）—— 小变形

### 一、Hencky 理论

假设：材料 —— 理想弹塑性体（无强化）
材料 —— 不可压缩（$\varepsilon_{ii} = 0$）

基本规律：1) 材料的屈服，遵循形状改变比能条件，即

当 $A_\varphi = \frac{1}{6G}[\sigma_1^2+\sigma_2^2+\sigma_3^2-\sigma_1\sigma_2-\sigma_2\sigma_3-\sigma_3\sigma_1]$ 达到一定数值，则材料屈服

2) 在弹性变形，应力应变遵循虎克定律

$$\begin{cases} S_{ij} = 2G\,\bar{\varepsilon}_{ij}^{e} \\ \sigma_0 = 3K\,\varepsilon_0 \end{cases} \qquad K = \frac{E}{3(1-2\mu)} \qquad G = \frac{E}{2(1+\mu)}$$

3) 塑性变形阶段的应变偏量与应力偏量成比例。（该理论核心）

$$\bar{\varepsilon}_{ij}^{p} = \frac{\varphi}{2G} S_{ij} \quad \cdots\cdots ②$$

$\frac{\varphi}{2G}$ —— 比例系数，由各点的标量因子。

应力应变关系之推导：由 $\bar{\varepsilon}_{ij} = \bar{\varepsilon}_{ij}^{e} + \bar{\varepsilon}_{ij}^{p}$

∴ 应力应变关系.
$$\overline{\varepsilon_{ij}} = \left(\frac{1+\phi}{2G}\right) S_{ij}.$$

$$\varepsilon_{ij} = \overline{\varepsilon}_{ij} + \varepsilon_0 \delta_{ij} = \frac{1+\phi}{2G} S_{ij} + \frac{\sigma_0}{3K}\delta_{ij}$$

$\because S_{ij} = \sigma_{ij} - \sigma_0 \delta_{ij}$

$$\therefore \varepsilon_{ij} = \frac{1+\phi}{2G}(\sigma_{ij} - \sigma_0 \delta_{ij}) + \frac{\sigma_0}{3K}\delta_{ij} = \frac{1+\phi}{2G}\left[\sigma_{ij} - \frac{\phi + \frac{3}{m+1}}{1+\phi}\sigma_0 \delta_{ij}\right]$$

（注.这个四式全适用） 其中 $m = \frac{1}{\mu} = \frac{1}{\nu}$. （泊松比倒数）.

特例.. 且不可压缩时.. $\mu = \frac{1}{2}$. $m = 2$. （∵体积不变）.

$$\therefore \varepsilon_{ij} = \frac{1+\phi}{2G}[\sigma_{ij} - \sigma_0 \delta_{ij}] = \overline{\varepsilon}_{ij}.$$

$$\begin{cases} \varepsilon_x = \frac{1+\phi}{2G} S_x \quad \cdots\cdots \\ \cdots\cdots \\ \gamma_{xy} = \frac{1+\phi}{G}\tau_{xy} \quad \cdots\cdots \end{cases}$$

第一章到第四章小结..

I.. 问题 —— 建立塑性力学方程式..

1>. 平衡方程. $\frac{\partial \sigma_{ij}}{\partial x_j} + X_i = 0$.

2>. 几何方程..(导第三章). $\varepsilon_{ij} = \frac{1}{2}(u_{i,j} + u_{j,i})$

如果是大变形. 引入真应变 $\varepsilon = \int$ [illegible] 加 非线性二阶微量.

$\varepsilon_x = \frac{\partial u}{\partial x} + \frac{1}{2}\left[\left(\frac{\partial u}{\partial x}\right)^2 + \left(\frac{\partial v}{\partial x}\right)^2 + \left(\frac{\partial w}{\partial x}\right)^2\right]$

3>. 塑性条件..

Tresca 条件.. $\begin{cases} |\sigma_1-\sigma_2| \le \sigma_s \\ \cdots\cdots \end{cases}$

Misien 条件.. $(\sigma_1-\sigma_2)^2 + (\sigma_2-\sigma_3)^2 + (\sigma_3-\sigma_1)^2 = 2\sigma_s^2$

4>. 物理方程 —— 塑性状态下之应力应变关系

A.. 流动理论
- ① L-M 方程. $d\varepsilon_{ij}^p = (d\lambda) S_{ij}$. (不考虑弹性部分变)
- ② P-R 方程 $d\varepsilon_{ij} = \frac{dS_{ij}}{2G} + \left(\frac{d\lambda}{2G}\right) S_{ij}$.

B.. 形变理论.. ① Hencky 理论.

$$\varepsilon_{ij} = \frac{1+\phi}{2G}\left[\sigma_{ij} - \frac{\phi+3(m+1)^{-1}}{\phi+1}\sigma_0 \delta_{ij}\right]$$

②.. 伊留辛理论..

$$\sigma_{ij} - \sigma_0\delta_{ij} = \frac{2\sigma_i}{3\varepsilon_i}(\varepsilon_{ij} - \varepsilon_0\delta_{ij}).$$

5>. 边界条件..

①.. 物体边界之应力或位移条件. (与弹力一致)

②.. 在弹塑性区域分界线之连续条件..

II.. 系统性..

平衡方程、几何方程、边界条件 → 塑性力学基本方程 →
- 塑性条件 (Tresca.. Mises..)
  - 材料之塑性达屈服状态.
  - 一点之应力状态 {任意方向, 主方向, 八面体方向}
    - 八面体剪应力 $\tau_8$.
    - 应力偏量第II不变量 $I_2(D_\sigma) = T_i^2$
    - 剪应力强度..
  - ⇒ 描述: {理论基本观点, 数学表达式, 如何应用.}
- 物理方程
  - 材料达屈服后之力学性质 (σ-ε 图 若予应力下)
  - 材料在塑性状态时 应变与应力状态之力学性质
  - 理想塑性材料 — 强化材料.

→ 确定 $\sigma_i = f(\varepsilon_i)$ 之函数形式.

确定 $\sigma_i = f(\varepsilon_i)$
- 流动理论 (复杂加载) {L-M. (理想塑性材料); P-R. (弹塑性材料)}
- 形变理论 (简单加载) {Hencky; 伊留辛.}

掌握之点
- 1°. 理论之假设及基本条件.
- 2°. 应力应变关系之表达式.
- 3°. 如何应用.

III. 应力空间之概念

一、关于材料之力学性质

1）如何认识 $\sigma-\varepsilon$ 曲线

① 各个阶段 $\sigma-\varepsilon$ 曲线之特征

② 几个特征点之物理意义

③ 塑性变形（屈服）与强化变形之特征 ——｛强化曲线表示塑性变形之抗力和变形程度之间之关系。

2）$\sigma-\varepsilon$ 曲线与塑性理论之关系

① 塑性理论中之某些参数，由 $\sigma-\varepsilon$ 曲线确定。

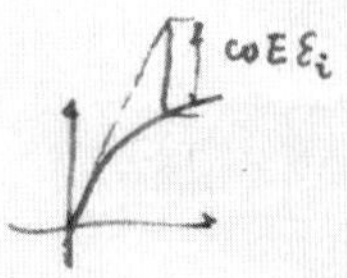


$\sigma_s$，$W(\varepsilon_i)$ —— 伊留申参数

强化塑性模量 $F$.（即 $\left(\frac{\sigma-\sigma_s}{F}\right)^n$ 表示强化阶段）

② 将简单应力之结果推广到复杂应力状态。

简单应力：

$\sigma=E\varepsilon$

$\sigma=f(\varepsilon)$

$\sigma d\sigma>0$

复杂应力：

$\sigma_i=E\varepsilon_i$（弹性阶段）

$\sigma_i=f(\varepsilon_i)$

$\sigma_{ij}d\sigma_{ij}>0$

③ 通过简单应力状态之试验结果提出一些假设。

(a) 体积不变

(b) 理想塑性体

(c) 拉伸与压缩之屈服状态相同

说明：屈服函数是 $\sigma_1$、$\sigma_2$、$\sigma_3$ 对称函数。

(d) 总之应变为弹性和塑性两部分之和

④ 提出复杂应力状态 $\sigma-\varepsilon$ 曲线简化形式：

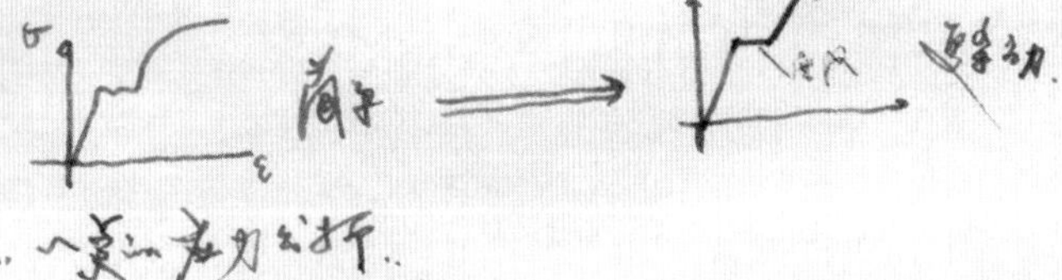


二、一点之应力分析

方法的步骤：

1）确定危险点（最早进入塑性之点）

2）围绕危险点截取单元体

3）计算该单元体之应力分量及其方向

4）求主应力及其方向

5）求八面体剪应力 $\tau_8$

6）确定 $I_2(D_\sigma)$ .. 定 $S_{ij}$ .. $J_2(D_\sigma)$

三、物理方程

1. 用弹性方程比较　　弹性　　　　　塑性

1）形式　　与之一致　$\sigma=E'\varepsilon$

2）加载、卸载　　一致　　　　不一致

3）简单加载、复杂加载

4）应变与时间历程，与应力主变关系

| | 弹性 | 塑性 |
|---|---|---|
| ⑤ 所用之应力量 | $\sigma_{ij}$（或 $S_{ij}$） | $S_{ij}$ |
| ⑥ 线弹性叠加原理之适用 | | 不适用 |
| ⑦ 体积变形之影响 | | 不考虑 $\mu=\frac{1}{2}$ |
| ⑧ 弹性常数 | | |

2> 几种常用之应力应变关系

※ ⑴ L-M 方程

※ ⑵ P-R 方程

⑶ Hencky 方程

※ ⑷ Ильюшин 方程

3> 应用物理方程解题

二.

# 第五章. 弹塑性小变形理论.

重点. 小变形下的应力应变关系.

$$\sigma_{ij}-\sigma_0\delta_{ij}=\frac{2\sigma_i}{3\varepsilon_i}(\varepsilon_{ij}-\varepsilon_0\delta_{ij})$$

## §2-1. 应力强度与应变强度之关系.

一. 应力强度与应变强度.

$$\begin{cases}\sigma_i=\frac{1}{\sqrt2}\sqrt{(\sigma_1-\sigma_2)^2+(\sigma_2-\sigma_3)^2+(\sigma_3-\sigma_1)^2}\\ \varepsilon_i=\frac{1}{\sqrt2(1+\mu)}\sqrt{(\varepsilon_1-\varepsilon_2)^2+(\varepsilon_2-\varepsilon_3)^2+(\varepsilon_3-\varepsilon_1)^2}\end{cases}$$

$$=\frac{1}{\sqrt2(1+\mu)}\sqrt{(\varepsilon_x-\varepsilon_y)^2+(\varepsilon_y-\varepsilon_z)^2+(\varepsilon_z-\varepsilon_x)^2+\frac32(\gamma_{xy}^2+\gamma_{yz}^2+\gamma_{zx}^2)}$$

根据前之分析之选择该系数单向拉伸时有 $\begin{cases}\sigma_x=\sigma_i\\ \varepsilon_x=\varepsilon_i\end{cases}$

二. 在塑性阶段$\sigma_i$与$\varepsilon_i$之关系表示方法. $\sigma_i=\Phi(\varepsilon_i)$之关系.

意义. 如果是单向应力状态.

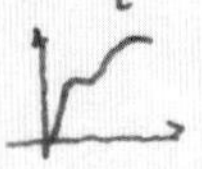

由实验 $\sigma=\Phi(\varepsilon)$ 是通过实验能完全确定.

即在单向应力状态. $\sigma=A\varepsilon^n$

A. n由实验决定.

如果是复杂应力状态.

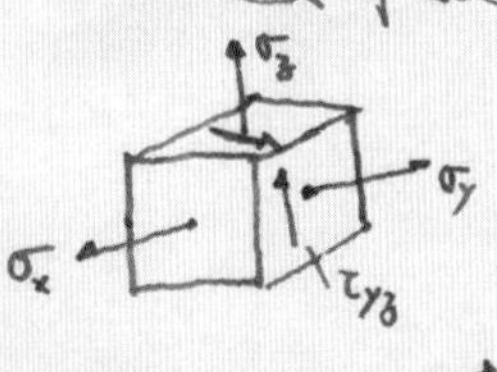


问. 对于这个应力分量是否存在与单向应力状态相同之应力应变关系? $\begin{cases}\sigma_x=A\varepsilon_x^n\\ \sigma_y=A\varepsilon_y^n\\ \cdots\end{cases}$ ?

如果不是这个关系那又存在着什么关系. 如何求得?

表达形式

基本困难. 将塑性状态的$\sigma_i=\Phi(\varepsilon_i)$关系变成与弹性定律相似的形式. 即将E变成一个变弹性模量.

将复杂应力状态转变为一个相当之单向应力状态$\sigma_i$. 应变也变化为$\varepsilon_i$

由弹性单向应力.

$\sigma=E\varepsilon$

对塑性状态(复杂应力)

$\sigma_i=E(\varepsilon_i)\cdot\varepsilon_i$

①. 按照弹性定律引入变弹性模量.

对于任意点$(\sigma,\varepsilon)$. 有 $E'=\mathrm{tg}\beta$ (随点M而变) —— 割线模量

依得 $\sigma=\mathrm{tg}\beta\cdot E$ $\therefore\ \sigma=E'\varepsilon$ (在单向应力下)

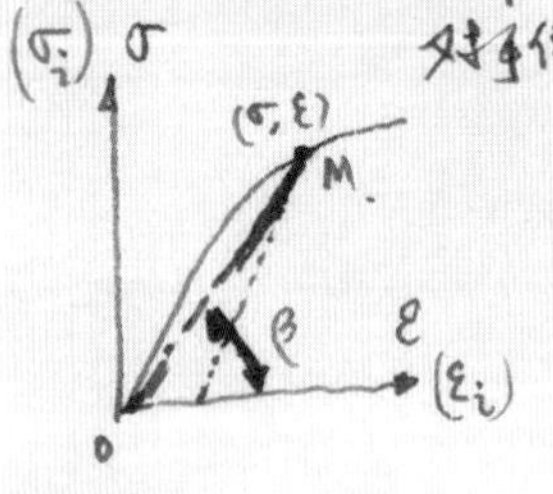


由实验试验.

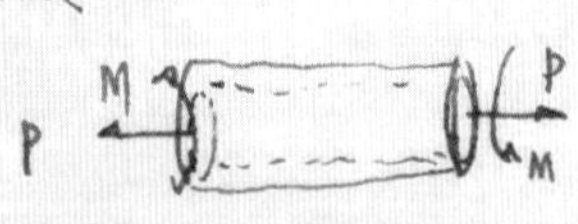


简单加载 $\begin{cases}P=\lambda P^{\circ}\\ M=\lambda M^{\circ}\end{cases}$

即 $\frac{P}{M}=\lambda_1$.

$$\therefore\begin{cases}\sigma=\frac{P}{F}\\ \tau=\frac{M}{2\pi r^2 t}\end{cases}\Longrightarrow 求\ \sigma_i=\frac{1}{\sqrt2}\sqrt{\ }$$

由试验测出各阶段的$\sigma$, $\tau$. 相应之$\varepsilon_x$. $\varepsilon_y$. $\gamma$. 求出 $\varepsilon_i=\frac{\sqrt2}{3}\sqrt{\ }$

这样得出$(\sigma_i,\varepsilon_i)$之一个数表. 画曲线. 得到与$\sigma-\varepsilon$曲线很相似.

从而也得到复杂应力下有关系 $\sigma_i=E'\varepsilon_i$

结论. $\sigma_i=\Phi(\varepsilon_i)$的形式与应力状态无关. 只由材料之性能来决定.

即单向应力下 $\sigma=A\varepsilon^n$. 则复杂应力下也有 $\sigma_i=A\varepsilon_i^n$

② 用幂函数表示. $\sigma_i=\sigma_s\left(\frac{\varepsilon_i}{\varepsilon_s}\right)^m$.

③. 引入伊留申参数.. 在任意时间 (σ, ε)

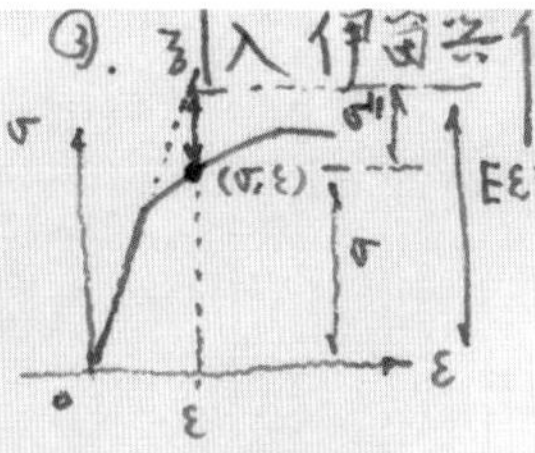


$$\sigma = E\varepsilon - \sigma''$$

伊留申引入参数 $\omega_{(\varepsilon)}$　使 $\sigma'' = E\omega\varepsilon$　$\omega_{(\varepsilon)}$——伊留申参数

$$\therefore \sigma = (1-\omega_{(\varepsilon)})E\varepsilon = E'\varepsilon.$$

这里有 $E' = E(1-\omega_{(\varepsilon)})$

## §2-2. 弹塑性小变形理论..

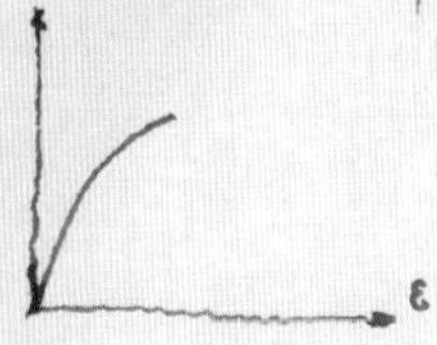


塑性变形.. ——卸载后可以有残余变形 $\varepsilon^p$.. 加载与卸载路径不同。

非线性弹性变形——应力应变是非线性关系，但加载与卸载路径相同，卸载后不存在残余变形。

### 一、基本规律..

1、小变形理论的基本论点..

①..体积变形是弹性的.. 塑性体积变形为0..

$$e = e^e + e^p = \varepsilon_x + \varepsilon_y + \varepsilon_z$$

$$\begin{cases} e & \text{——体积变形} \\ e^e & \text{——弹性体积变形} \\ e^p & \text{——塑性体积变形} \end{cases}$$

按照弹性变形定理..
$$\begin{cases} \sigma_0 = 3K\varepsilon_0 \\ K = \dfrac{E}{3(1-2\mu)} \\ \varepsilon_0 = \dfrac{1}{3}(\varepsilon_x+\varepsilon_y+\varepsilon_z) \end{cases}$$

令体积应力 $\Theta = \sigma_x + \sigma_y + \sigma_z$.　$\sigma_0 = \frac{1}{3}\Theta$..　$\therefore e = \dfrac{1-2\mu}{E}\Theta$

即 $\Theta = 3K\cdot e$

②. 由于简单加载，应力圆与应变圆相似.

则 $\mu_\sigma = \mu_\varepsilon$.　$\therefore \dfrac{\sigma_1-\sigma_2}{\varepsilon_1-\varepsilon_2} = \dfrac{\sigma_2-\sigma_3}{\varepsilon_2-\varepsilon_3} = \dfrac{\sigma_3-\sigma_1}{\varepsilon_3-\varepsilon_1} = \psi$..

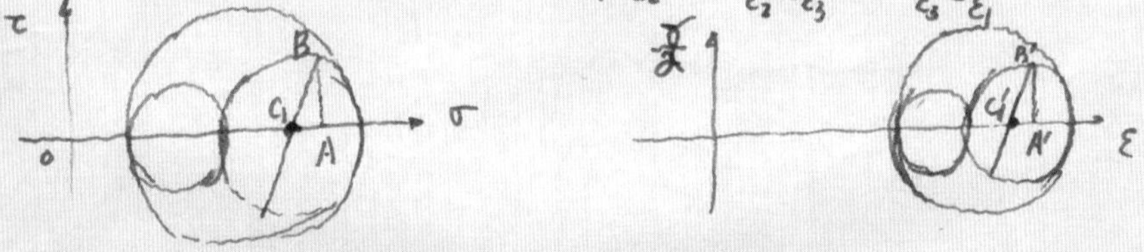


(以几何上也能推得上式 Δ ~ Δ'.)

③ $\sigma_i = \Phi(\varepsilon_i)$ 的关系，是单一的关系..

ⓐ.. $\sigma_i$是$\varepsilon_i$ / $\varepsilon_i$是$\sigma_i$ 的单值函数..

ⓑ. 对同一种材料，$\sigma_i$与$\varepsilon_i$之关系是一定的，即唯一的.

2.. 关于比例函数ψ..　$\dfrac{\sigma_1-\sigma_2}{\varepsilon_1-\varepsilon_2} = \psi$

其ψ是一个变函数..　$\psi = \psi(x, y, z, P)$.

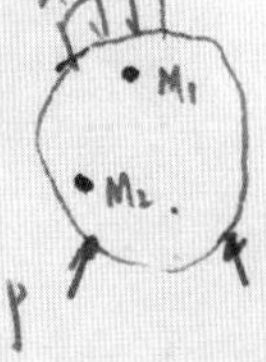


它只是在一定的荷载一定的位置才是常数..

$$\therefore \sigma_1-\sigma_2 = \psi(\varepsilon_1-\varepsilon_2) \cdots \Rightarrow \begin{cases} \sigma_1-\sigma_0 = \psi(\varepsilon_1-\varepsilon_0) \\ \sigma_2-\sigma_0 = \psi(\varepsilon_2-\varepsilon_0) \\ \cdots \end{cases}$$

用$\sigma_i$, $\varepsilon_i$表达ψ.

$$\because \sigma_i = \frac{1}{\sqrt{2}}\sqrt{(\sigma_1-\sigma_2)^2+(\sigma_2-\sigma_3)^2+(\sigma_3-\sigma_1)^2}$$

$$= \frac{1}{\sqrt{2}}\sqrt{\psi^2[(\varepsilon_1-\varepsilon_2)^2+(\varepsilon_2-\varepsilon_3)^2+(\varepsilon_3-\varepsilon_1)^2]}$$

$$= \frac{1}{\sqrt{2}}\psi\cdot\frac{3}{\sqrt{2}}\varepsilon_i. = \frac{3}{2}\psi\varepsilon_i$$

$$\therefore \varepsilon_i = \frac{2}{3}\psi'\sigma_i.\quad (\psi' = \frac{1}{\psi})\qquad \psi' = \frac{3}{2}\frac{\varepsilon_i}{\sigma_i}$$

当 $\sigma_i = \Phi(\varepsilon_i)$ 已知 则4可定..

3.. 应力应变方程.. ——— 伊留辛小变形理论..

$$\varepsilon_x - \varepsilon_0 = \left(\frac{3\varepsilon_i}{2\sigma_i}\right)(\sigma_x - \sigma_0) \quad \gamma_{xy} = \frac{3\varepsilon_i}{\sigma_i}\tau_{xy} \cdots\cdots \quad (2-12)$$

$$\tau_{xy} = \frac{\sigma_i}{3\varepsilon_i}\gamma_{xy} \cdots\cdots$$ 其中 $\varepsilon_i$. $\sigma_i$ 为不定值.

二.. 有关几个问题讨论..

1、由(2-12)式之进一步变换.. 目的..把塑性应力应变关系化成与弹性理论定律具有相同的形式,

$$\begin{cases} \varepsilon_x^p = \dfrac{\left(\dfrac{\varepsilon_i}{\sigma_i} - \dfrac{1}{3G}\right)}{\frac{1}{E^p}}\left[\sigma_x - \frac{1}{2}(\sigma_x + \sigma_y)\right] \\ \gamma_{xy}^p = \dfrac{\left(\dfrac{3\varepsilon_i}{\sigma_i} - \dfrac{1}{G}\right)}{\frac{1}{G^p}}\tau_{xy} \cdots\cdots \end{cases} \cdots\cdots (2-19)$$

推导过程..

a) 将 $\varepsilon_0$. $\sigma_0$ 变换用 $K$. $e$ 表示 $\begin{cases} e = \varepsilon_x + \varepsilon_y + \varepsilon_z = 3\varepsilon_0 \\ \sigma_0 = Ke \end{cases}$ ..①

将①代入(2-12)式 得.

$$\begin{cases} \varepsilon_x = \dfrac{3\varepsilon_i}{2\sigma_i}\sigma_x - \left(\dfrac{3\varepsilon_i}{2\sigma_i} - \dfrac{1}{3K}\right)\sigma_0, \cdots \\ \gamma_{xy} = \dfrac{3\varepsilon_i}{\sigma_i}\tau_{xy} \cdots\cdots \end{cases} \cdots ②$$

b) 将应变分成弹性部分和塑性部分. $\varepsilon_x = \varepsilon_x^e + \varepsilon_x^p$ $\quad \gamma_{xy} = \gamma_{xy}^e + \gamma_{xy}^p$

则求 $\varepsilon_x^e$ … $\varepsilon_x$ …

$\varepsilon_x^e = \frac{1}{E}[\sigma_x - \mu(\sigma_y + \sigma_z)] \cdots,$ 总应变. $\left.\begin{matrix}\varepsilon_x \cdots \\ \gamma_{xy} \cdots\end{matrix}\right\}$ 按②式求.

$\gamma_{xy}^e = \frac{1}{G}\tau_{xy} \cdots\cdots,$

塑性应变. $\begin{cases} \varepsilon_x^p = \varepsilon_x - \varepsilon_x^e = \left(\dfrac{\varepsilon_i}{\sigma_i} - \dfrac{1}{E} + \dfrac{1}{9K}\right)\sigma_x - \dfrac{1}{2}\left(\dfrac{\varepsilon_i}{\sigma_i} - \dfrac{2\mu}{E} - \dfrac{2}{9K}\right)(\sigma_y + \sigma_z) \\ \gamma_{xy}^p = \gamma_{xy} - \varepsilon_{xy}^e = \left(\dfrac{3\varepsilon_i}{\sigma_i} - \dfrac{1}{G}\right)\tau_{xy} \end{cases}$ — ③

c) 变换弹性常数. $\frac{1}{E} - \frac{1}{9K}$ 换成 $\qquad \frac{\mu}{E} + \frac{1}{9K} = \frac{1}{2} \cdot \frac{1}{3G}$

$\mu = \frac{1}{2}$. $\qquad \frac{1}{E} - \frac{1}{9K} = \frac{1}{3G}$. $\quad K = \frac{E}{3(1-2\mu)}$ ..④

d) 将④代入③. 可得..(2-19)式..

<2-19>式之简化.. (1).. 令 $\frac{1}{E^p} = \left(\frac{\varepsilon_i}{\sigma_i} - \frac{1}{3G}\right)$. $\qquad \frac{1}{G^p} = \frac{3\varepsilon_i}{\sigma_i} - \frac{1}{G}$.

则(2-19)式为 $\begin{cases} \varepsilon_x^p = \dfrac{1}{E^p}\left[\sigma_x - \dfrac{1}{2}(\sigma_y + \sigma_z)\right] \cdots \\ \gamma_{xy}^p = \dfrac{1}{G^p}\tau_{xy} \cdots \end{cases}$ 与弹性具相同的形式 (2-19)(a)

与弹性虎克定律比较 两者形式一致..

但..在塑性状态下 $\mu = \frac{1}{2}$. 塑性模量是应变的函数 < $E^p$. $G^p$ >

(2)..弹性应力应变关系是线性的.

塑性应力应变关系是非线性的. ($\because E^p$. $G^p$ 包括了 $\varepsilon_x^p$…. 诸量)

2..关于 $\sigma_i = \Phi(\varepsilon_i)$..

根据基本规律之试验. ①. 函数中之形式必须是一个单一函数. (1-1对应的),

且是光滑的连续函数..

②. 函数只是由材料本身性质决定其形状. 而与应力状态



无关..

中之思想形式之通过定义本构途径．适用于单向拉伸的定义都简单。

单向拉伸是这单应力的特例． $\sigma_x \neq 0$． $\varepsilon_x \neq 0$． $\varepsilon_y=\varepsilon_z=-\mu\varepsilon_x$．

由单向应力状态得到的 $\sigma=\Phi(\varepsilon)$ 曲线．同样适用于两向和三向应力状态，只要将 $\sigma\to\sigma_i$． $\varepsilon\to\varepsilon_i$ 即可。

(2). 不同的材料中的形式不同

如．． 钢材 $\sigma=A\varepsilon^{n}$． A.n 为材料常数

岩石 $\sigma=B\varepsilon^{\frac{n}{m}}$

(3) 卸载过程中．（卸载过程中．只有弹性变形的恢复．而塑性变形保持不变）

3.. 卸载规律

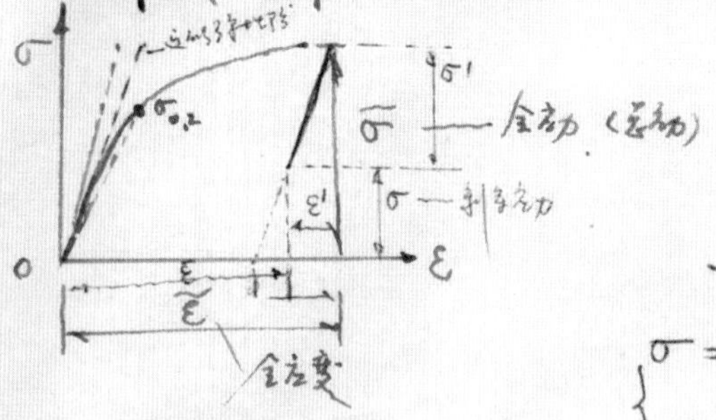


当应力加至 $\tilde\sigma$ 卸载．

| | 应力 | 应变 |
|---|---|---|
| 加载 | $\tilde\sigma$ | $\tilde\varepsilon$ |
| 卸载 | $\sigma'$ | $\varepsilon'=\frac{1}{E}\sigma'$ |
| 剩余 | $\sigma$ | $\varepsilon=\tilde\varepsilon-\varepsilon'=\tilde\varepsilon-\frac{1}{E}\sigma'$ |

简单卸载过程中．应力应变

$$\begin{cases}\sigma=\tilde\sigma-\sigma' \\ \varepsilon=\tilde\varepsilon-\frac{1}{E}\sigma'\end{cases}$$

= 残余变形

$\tilde\sigma$ $\tilde\varepsilon$ 为全应力应变状态． $\sigma'$ 为卸载应力数．

小结．(1). 小变形理论只是在简单加载条件下才符合实际．因此．只适用于简单加载

(2). 如果是简单加载．则由形变理论得到的结果与流动理论得到的结果一致．（作业44）

(3). 形变理论 (2-12)式，采用全应力 $\sigma_x$；⋯⋯和全应变 $\varepsilon_x$⋯⋯．

例．． 薄壁圆筒．受拉+扭．按比例加载 使 $\varepsilon=\frac{\sigma_s}{3G}$． $\gamma=\frac{\sigma_s}{\sqrt3 G}$．

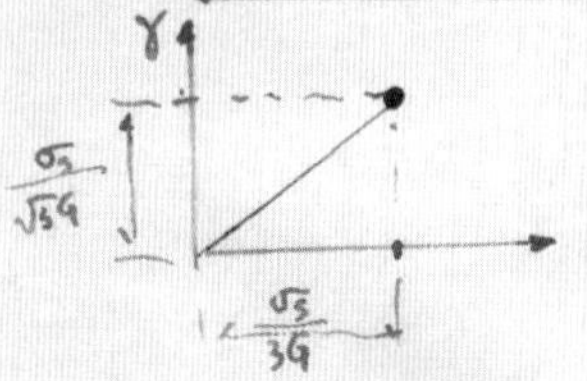


solve． 1). 求应力分量．

$\sigma_r=0$． $\sigma_\theta=0$． $\sigma_z=\frac{P}{F}=\sigma$

$\tau_{z\theta}=\frac{M}{W_p}=\frac{M}{2\pi r^2 t}=\tau$ $\tau_{zr}=\tau_{r\theta}=0$．

$\sigma_0=\frac{\sigma}{3}$． $\therefore\begin{cases}S_r=-\frac{1}{3}\sigma & S_\theta=-\frac{1}{3}\sigma \\ S_z=\frac{2}{3}\sigma & \tau_{z\theta}=\tau\end{cases}$

2). 列基本方程

由(2-15) $\begin{cases}\varepsilon_x=\frac{3\varepsilon_i}{2\sigma_i}\sigma_x-\left(\frac{3\varepsilon_i}{2\sigma_i}-\frac{1}{3K}\right)\sigma_0, \cdots \\ \gamma_{xy}=\frac{3\varepsilon_i}{\sigma_i}\tau_{xy} \cdots\end{cases}$

按圆柱坐标 $\begin{cases}\varepsilon_r=\frac{3\varepsilon_i}{2\sigma_i}\sigma_r-\left(\frac{3\varepsilon_i}{2\sigma_i}-\frac{1}{3K}\right)\sigma_0, \cdots \\ \gamma_{z\theta}=\frac{3\varepsilon_i}{\sigma_i}\tau_{z\theta} \cdots\end{cases}$ (A)．

求应力参数 ⓐ $\sigma_i=\frac{1}{\sqrt2}\sqrt{(\cdot)^2+(\cdot)^2+(\cdot)^2}$．

按Mises条件． $\sigma_i=\sqrt{\sigma_z^2+3\tau_{z\theta}^2}$ ~~$=\sigma_s$~~

ⓑ 求 $\varepsilon_i$． 设z方向应变 $\varepsilon_z=\varepsilon$． $\therefore\varepsilon_r=\varepsilon_\theta=-\mu\varepsilon_z=-\frac{1}{2}\varepsilon$ 不可压缩

$\therefore\varepsilon_i=\frac{\sqrt2}{3}\sqrt{(\varepsilon_r-\varepsilon_\theta)^2+\cdots+\frac{3}{2}(\gamma_{rz}^2+\gamma_{z\theta}^2+\gamma_{r\theta}^2)}=\frac{1}{\sqrt3}\sqrt{3\varepsilon_z^2+\gamma_{z\theta}^2}$

代入(A)式． $\varepsilon_z=\frac{3\frac{1}{\sqrt3}\sqrt{3\varepsilon_z^2+\gamma_{z\theta}^2}}{2\sqrt{\sigma_z^2+3\tau_{z\theta}^2}}\sigma_z-\left(\frac{3\cdot\frac{1}{\sqrt3}\sqrt{3\varepsilon_z^2+\gamma_{z\theta}^2}}{2\sqrt{\sigma_z^2+3\tau_{z\theta}^2}}-\frac{1}{3K}\right)\sigma_0$

$\gamma_{z\theta}=$

3). 将 $\sigma_z$、$\tau_{z\theta}$，设材料不可压，$\mu=\frac{1}{2}$，$K=\infty$，由Misses条件，$\sigma_i=\sigma_s$。

代入(A)式：

$$\begin{cases}\sigma=\dfrac{\sqrt{3}\,\sigma_s}{\sqrt{3\varepsilon^2+\gamma^2}}\,\varepsilon \\ \tau=\dfrac{\sqrt{3}\,\sigma_s}{3\sqrt{3\varepsilon^2+\gamma^2}}\,\gamma\end{cases} \quad \cdots\langle B\rangle$$

4). 以 $\varepsilon=\dfrac{\sigma_s}{3G}$，$\gamma=\dfrac{\sigma_s}{\sqrt{3}G}$ 代(B)式

$$\begin{cases}\sigma=0.707\,\sigma_s \\ \tau=0.408\,\sigma_s\end{cases}$$

可见，与前面第三种加载路径的结果一致。

## §2-3 塑性力学基本方程

一、基本方程

$$\begin{cases}\text{平衡} \\ \text{几何} \\ \text{物理} \\ \sigma_i=\Phi(\varepsilon_i)\end{cases}$$

二、塑性力学问题解法

分为两个方向

1). 力法：以应力作为基本未知量。1°当问题是静定问题——就是可以由平衡方程式

$$\begin{cases}\sigma_{ij,j}+F_j=0 \\ \sigma_i=\dfrac{1}{\sqrt{2}}\sqrt{(\sigma_x-\sigma_y)^2+\cdots+6(\tau_{xy}^2+\tau_{yz}^2+\tau_{zx}^2)}=\sigma_s\end{cases}$$

可以求解出单元体的各应力分量，而不需要塑性理论。这种就组成一类简单问题（纯扭、拉、弯）。

2°当问题是静不定问题——就需要建立变形协调条件，再利用物理方程（塑性理论）可找出应力应变关系（如结构中有弹性区和塑性区的问题）。

2) 位移法：以位移作为基本未知量（如压力加工类问题）。

3) 混合法。

注：如果是薄壁圆筒，截面应力均可假设均匀分布的，故均可由平衡方程确定其各应力分量 $\sigma_r$、$\sigma_\theta$、$\sigma_z$。所以，无论是在弹性状态或塑性状态，$\sigma_r$、$\sigma_\theta$、$\sigma_z$ 均可按弹力（平衡）方程求出，但求应变分量 $\varepsilon_r$、$\varepsilon_\theta$、$\varepsilon_z$ 时必须分清是否是塑性状态了（依不同理论而定）。

# 第六(三)章 梁的弹塑性弯曲

重点：1) 弹塑性梁弯曲的解法　2) 梁的极限状态

## §3-1 梁的纯弯曲

一、问题提出

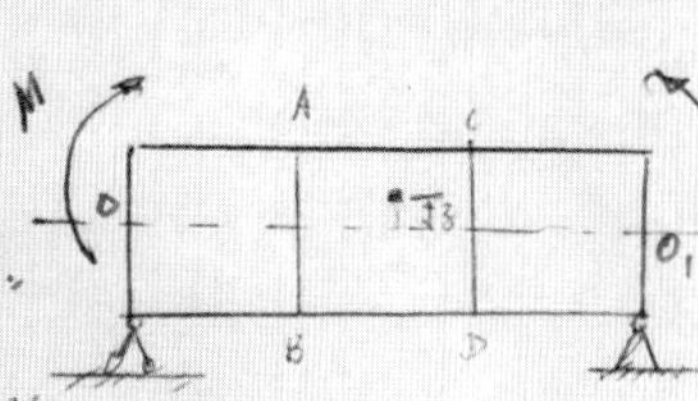


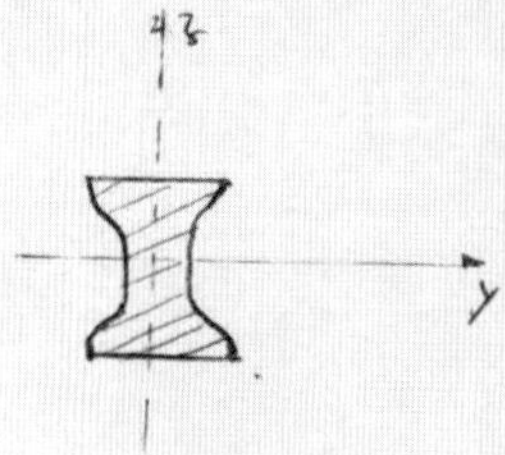


~~梁的假定条件~~

(1) 梁截面具有两个对称轴

假定：梁截面至少有一个对称轴

(2) 外加载荷作用在纵对称平面内

(3) $l >> b, h$，即梁以弯曲变形为主，剪切变形可以略去。

1) 纯弯曲的讨论　梁只受弯矩 M 作用

纯弯曲（无剪力）且 $M(x) = M = $ 常数

横向弯曲（有剪力）

讨论：1) 梁进入塑性状态后，应力沿截面的分布

2) 卸载后求梁内的残余应力？

3) 卸载后求梁内的残余变形？

4) 求梁的极限弯矩，或梁的承载能力

二、变形分析　1. 变形现象及假设（实验·推出）

取任意二条横直线 AB、CD 作为参考线，加载使梁的截面局部进入塑性状态

可以观察到：

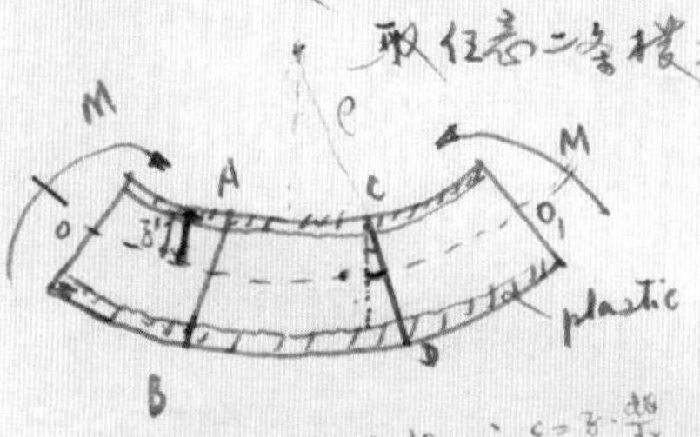


1° 横直线 AB、CD 仍保持直线，但相对地转动了一个角度

2° 直轴线变为弯曲线（挠曲线）$OO_1$，如截面上下左右对称（即梁的假设成立），则 $OO_1$ 的长度不变，即保持中性层位置不变。就是说，弹塑性状态中中性轴位置与弹性状态中中性轴位置是一致的

3° 中性层一侧的纤维伸长，另一侧……缩短。

由此推出

一些假设：平面假设 —— 截面进入塑性状态前、后，截面始终保持平面。

中性轴位置不变（与材力假设不同，材力是加载前后截面保持平面）

平面假设 —— 线性，ε 成线性分布
中性轴位置不变 —— $\rho = const$ ∴ $\varepsilon = \frac{z}{\rho}$ 成线性

2. 变形的几何关系

取距中性层为 z 的一点，设梁弯曲后，中性轴的曲率半径为 ρ，曲率为 $\frac{1}{\rho} = \eta$

该点的应变为 ε，则 $\varepsilon = \frac{z}{\rho}$；$\sigma = E\varepsilon = E\frac{z}{\rho}$

塑性区 z'，同样由几何关系 $\varepsilon' = \frac{z'}{\rho'}$；$\sigma' = \{$ 塑性理论

边缘：最大应变 $\varepsilon_{max} = \frac{h}{2\rho}$

进一步变换 $\frac{1}{\rho} = \frac{M}{EJ_z}$　$\eta = \frac{M}{EJ_z}$ …… (3-4)

(3-4) 式是梁处于弹性状态，曲率与弯矩之间的关系。

3. 梁进入塑性状态后的曲率关系

设作用 $M (> M_s)$，梁截面局部进入塑性，两侧对称地产生弹塑性分界面的

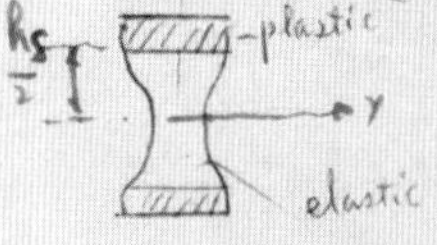


特征：
- 分界面的位置　$z = \pm\frac{h_s}{2}$
- 分界面的应变　$\varepsilon_s$
- …… 应力　$\sigma = \sigma_s$

根据弹、塑性分界面与截面的中性线重合……也即说明……

入塑性状态（弹性极限）。这种状态称为梁的弹性极限状态。

表示弹性极限状态用参数：

- 弹性极限弯矩 $M_s=\sigma_s W$。
- 弹性极限中性轴曲率半径为 $\rho_s$，或 $\eta_s=\frac{1}{\rho_s}=\frac{M_s}{EJ_z}$
- 弹性极限状态的最大应变为 $\varepsilon_s=\frac{h}{2\rho_s}=\frac{h}{2}\eta_s$
- ……应力 $\sigma_s$。

下面推导 $\eta_s$ 与 $\eta$ 的关系。当 $M>M_s$，梁的中性轴曲率半径为 $\rho$ 或（$\eta$）

$\rho<\rho_s$ （$\eta>\eta_s$）。（$M>M_s$ 之后塑性区域里面转移）

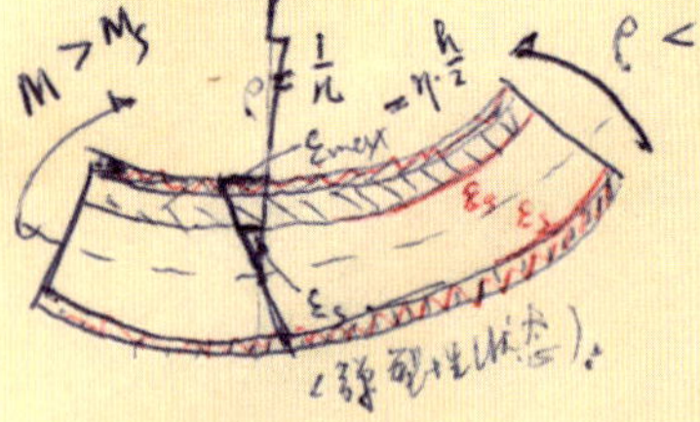


则最外边缘点应变最大，用 $\varepsilon_{max}$ 表示。

分界面的应变为 $\varepsilon_s$。

由几何关系 $$\frac{\varepsilon_s}{\varepsilon_{max}}=\frac{h_s/2}{h/2}=\frac{h_s}{h}\qquad(3\text{-}9)$$

∴ $\varepsilon_s$ 是 $h_s$ 的线性函数（由平面假设得到）。

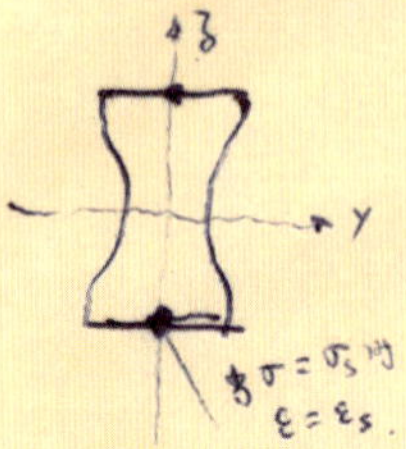


另一方面，$\varepsilon_s$ 表示弹性极限时的应变。

对于一定的截面及材料，$\varepsilon_s$ 是一定的值。 $\varepsilon_s=\eta_s\cdot\frac{h}{2}$（$\eta_s$ 为弹性极限状态的曲率）

（∵ $\varepsilon=\frac{z}{\rho}=\eta_s z$）代入(3-9)式，得

$$\frac{\eta_s\cdot\frac{h}{2}}{\eta\cdot\frac{h}{2}}=\frac{h_s}{h}$$

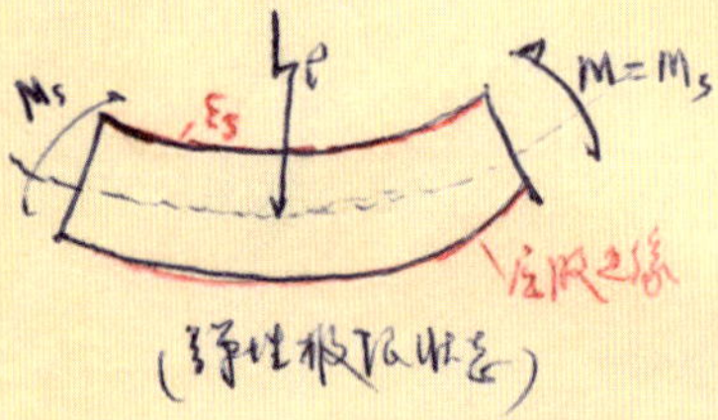


∴ $$\boxed{\frac{\eta_s}{\eta}=\frac{h_s}{h}}\qquad(3\text{-}10)$$

表明：弹性极限状态的曲率与弹塑性状态曲率之比等于梁的塑性区域高度与弹性区域高度之比。

简单地说：塑性区扩大得越大，曲率 $\eta$ 就变得越大，则 $h_s$ 就越小。

三、静力学分析

在梁中取截面，内力六个：

- $F_x$ 轴力　$M_x$ 扭矩
- $F_y$ 剪力　$M_y$ 弯矩
- $F_z$ 剪力　$M_z$ 弯矩。

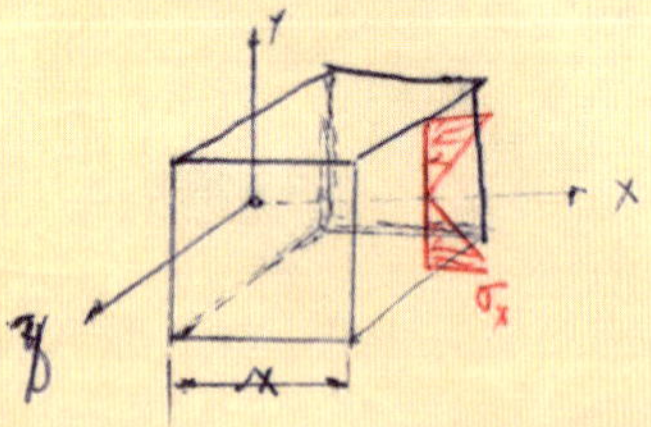


平衡方程：

$\sum X=0$　　$\int_F\sigma_x dF=0$。

$\sum Y=0$　　$0=0$

$\sum Z=0$　　$0=0$

$\sum M_x=0$　　$0=0$

$\sum M_y=0$　　$\int\sigma_x z\,dF=M$（说明 $M$ 与 $\eta$ 的关系）

$\sum M_z=0$　　$\int\sigma_x\cdot y\,dF=0$（定中性轴的位置）

由弹性状态 $\sigma_x=E\frac{y}{\rho}$ 代入，

得到

$\frac{E}{\rho}\int_F z\,dF=0$。（说明中性轴通过形心）

$\frac{E}{\rho}\int_F z^2dF=M$　惯性矩。∴ $\frac{EJ}{\rho}=M$。∴ $\frac{1}{\rho}=\frac{M}{EJ}=\eta$　(3-4)

$\frac{E}{\rho}\int zy\,dF=0$。（说明必须一轴为对称轴即主对称轴

惯性积。

弹塑性状态　$(M > M_s = \sigma_s W_0)$

〈1〉. 中性轴的位置

分几种情况：

a. 如截面形状对中性轴上下对称，载荷垂直作用。

此时，弹塑性状态的中性轴与弹性状态的中性轴位置一致。

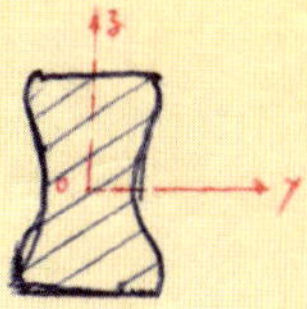

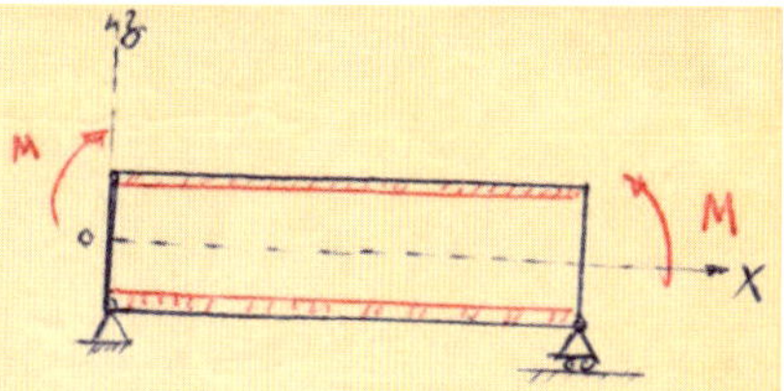

b. 如截面形状对中性轴上下不对称，载荷垂直作用，若下部先进入塑性，则由

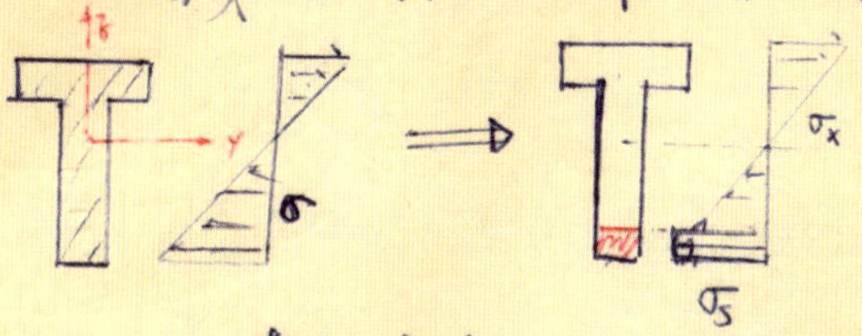

$\int_F \sigma_x dF = 0$

则 $\int_{F_1} \sigma_x dF + \int_{F_2} \sigma_x dF = 0$

则中性轴的位置要移动以使满足上式平衡条件。

c. 如载荷任意，截面任意，则中性轴位置不仅要移动且要旋转一个角度。

以下我们仅讨论第 (a) 种情况。

由 $\sum X = 0$　得　$\int_{F_1} \sigma_s dF + \int_{F_2} \tilde{\sigma} dF = 0$。
$\begin{cases} F_1 \text{ 表塑性区面积} \\ F_2 \text{ 表弹性区面积} \\ \tilde{\sigma} \text{ 表在弹性区的应力分布} \end{cases}$

$\sum M_y = 0$

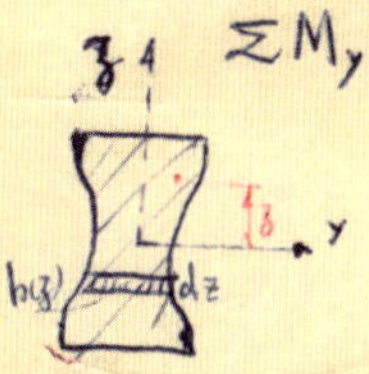

设距中心轴为 $z$ 的应力是 $\tilde{\sigma}$，则

$\int_F \tilde{\sigma} z dF = M$。进一步变换
$\begin{cases} dF = b(z) dz \\ \varepsilon = \eta \cdot z \quad \therefore z = \dfrac{\varepsilon}{\eta} \\ dz = \dfrac{d\varepsilon}{\eta} \end{cases}$
〈平截面假设，$\eta$ 不变〉

⇓ 代入

$$M = \frac{2}{\eta^2}\int_0^{\varepsilon_{max}} \tilde{\sigma}\, b(\varepsilon)\, \varepsilon\, d\varepsilon$$

〈因设 z 是对称 $\int_{-\frac{h}{2}}^{\frac{h}{2}} = 2\int_0^{\frac{h}{2}}$ 来〉

$$M = \frac{2}{\eta^2}\int_0^{\varepsilon_{max}} \tilde{\sigma}\, b(\varepsilon)\cdot \varepsilon\, d\varepsilon \qquad \langle 3-13 \rangle$$

由 3-13 式可见，当给定 M 和梁截面的尺寸，材料的应力应变关系即 $\sigma-\varepsilon$ 曲线，就完全确定梁的挠曲曲率 $\eta$，和确定应力的分布，和残余的变形。

对于理想塑性材料，(3-13) 式可简化为

$$M = 2\int_{h_1/2}^{h/2} \sigma_s b_{(z)} z dz + 2\int_0^{h_1/2} \tilde{\sigma} b_{(z)} z dz$$

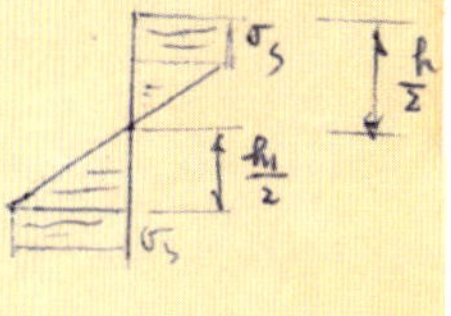

四. 线性硬化材料的解　〈无流动阶段〉

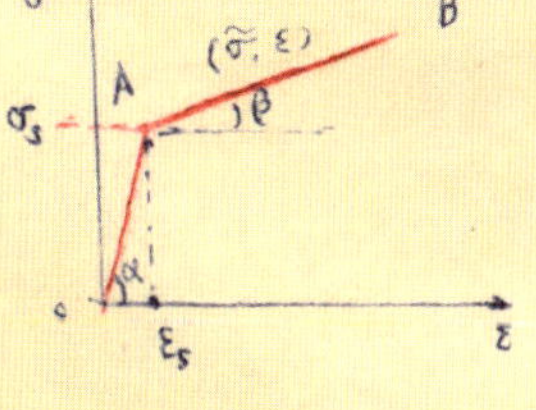

$\begin{cases} \varepsilon = \dfrac{\tilde{\sigma}}{E} & 0 < \varepsilon < \varepsilon_s \\ \tilde{\sigma} = \sigma_s + E_1(\varepsilon - \varepsilon_s) & \varepsilon_s < \varepsilon \end{cases}$

$E_1 = \tan\beta \qquad E = \tan\alpha$

求 M 与 $\eta$ 之间的关系

1. 解题的思路

$\begin{cases} \text{弹塑性梁要求应力分布} \\ \text{极限载荷或能力} \end{cases}$　应变分布，残余应力，残余变形

曲率关系

$\begin{cases} M = \dfrac{2}{\eta^2}\displaystyle\int_0^{\varepsilon_{max}} \tilde{\sigma}\cdot b(\varepsilon)\cdot \varepsilon\, d\varepsilon \\ \varepsilon_{max} = \dfrac{h}{2}\cdot \eta \quad \text{〈平面假设〉} \\ \tilde{\sigma} = f(\varepsilon) \end{cases}$

解题步骤。将 $\sigma$ 代入 $M$ 的公式，可得 $M-\eta$ 的关系式，绘出 $M-\eta$ 曲线。

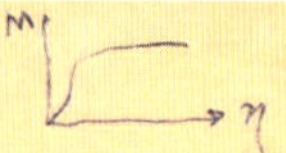

当 $M$ 已知时，即可定出 $\eta$，从而得到 $\varepsilon$ 的分布，利用应力应变关系得到截面上应力分布。

2. 导出 $M$ 与 $\eta$ 的关系式（线性强化材料）

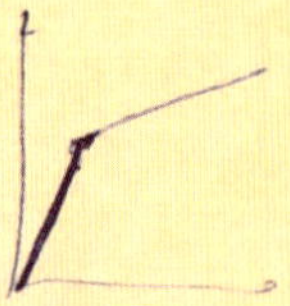

A. 推导过程

(a) 一般关系式 $M=\frac{2}{\eta^2}\int_0^{\varepsilon_{max}}\sigma\, b(\eta)\,\varepsilon d\varepsilon$ (3-13)

对于线性强化材料，3-13 式应由下述形式：

$\sigma = E\varepsilon$ 　$0\le\varepsilon\le\varepsilon_s$

$\sigma = \sigma_s + E_1(\varepsilon-\varepsilon_s)$ 　$\varepsilon>\varepsilon_s$ 　代入(3-13)式。

$$M=\frac{2}{\eta^2}\left\{\int_0^{\varepsilon_s}E\varepsilon\cdot b(\eta)\cdot\varepsilon d\varepsilon+\int_{\varepsilon_s}^{\varepsilon_{max}}[\sigma_s+E_1(\varepsilon-\varepsilon_s)]b(\eta)\varepsilon d\varepsilon\right\}$$

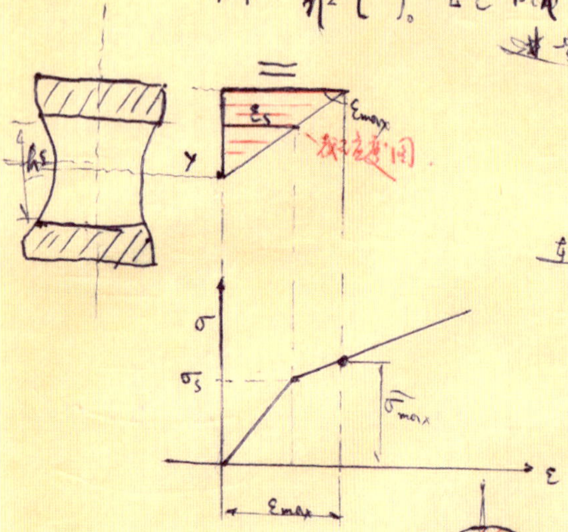


简化后

$\varepsilon_s=\frac{\sigma_s}{E}$ 或 $\varepsilon_s=\frac{1}{2}h\cdot\eta_s$

$\varepsilon_{max}=\frac{h}{2}\eta$

矩形截面 $W=\frac{1}{6}bh^2$

$M_s=\sigma_s W=\frac{\sigma_s bh^2}{6}$

在矩形截面梁，线性强化材料 $M$ 与 $\eta$ 的关系：

$$\frac{M}{M_s}=\frac{1}{2}\left\{2\frac{E_1}{E}\frac{\eta}{\eta_s}+\left(1-\frac{E_1}{E}\right)\left[3-\left(\frac{\eta_s}{\eta}\right)^2\right]\right\}$$ (3-19)

对于圆形截面，线性强化材料

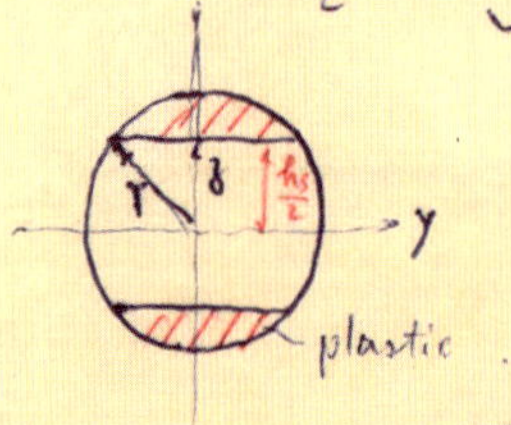


$b(z)=2\sqrt{(\frac{d}{2})^2-z^2}$

$W=\frac{\pi d^3}{32}$ 　$M_s=\sigma_s W$

代入(3-13)，得到

$$\frac{M}{M_s}=\frac{2}{3\pi}\left\{3\frac{\eta}{\eta_s}\left(\sin^{-1}\frac{\eta_s}{\eta}+\frac{E_1}{E}\cos^{-1}\frac{\eta_s}{\eta}\right)+\left(1-\frac{E_1}{E}\right)\left[5-2\left(\frac{\eta_s}{\eta}\right)^2\right]\sqrt{1-\left(\frac{\eta_s}{\eta}\right)^2}\right\}$$ (3-20)

该式与以前所得的 (3-12)式一致，其变换如下：

$\frac{\eta_s}{\eta}=\frac{h_s}{h}=\frac{2h_e}{h}$ 　$M_s=\frac{bh^2}{6}\sigma_s$

代入式(3-19)式 ⟶ (3-12)式

B. 说明：(1) 给定梁的几何尺寸、材料，则可定出 $M_s=\sigma_s W$，$\eta_s=\varepsilon_s/\frac{h}{2}$，于是由(3-19)或(3-20)可求出在任意 $M$ 作用下，梁的曲率。或者，根据所要求的曲率求出所需加的弯矩，即能得到 $M-\eta$ 关系。

(2) (3-19)或(3-20)仅仅适用于线性强化材料，特殊截面（矩、圆）

(3) 塑性极限状态，当 $M>>M_s$ 如梁达到全塑性状态，$h_s\to 0$，$\eta>>\eta_s$，$(\frac{\eta_s}{\eta})\to 0$，且(3-19)和(3-20)中可略去 $(\frac{\eta_s}{\eta})^2$ 项。

矩形截面进入塑性极限状态（全塑）　　　　（$E_1 = tg\beta$）

$$M = E_1 J_y \eta + \frac{3}{2} M_s \left(1 - \frac{E_1}{E}\right) \quad \cdots (3\text{-}21)$$

3、理想弹塑性材料

利用(3-19)和(3-20)式，$E_1 = 0$

矩形截面 $$\frac{M}{M_s} = \frac{1}{2}\left[3 - \left(\frac{\eta_s}{\eta}\right)^2\right] \quad \cdots (3\text{-}22)$$

圆形截面 $$\frac{M}{M_s} = \frac{2}{3\pi}\left\{3\frac{\eta}{\eta_s}\sin^{-1}\frac{\eta_s}{\eta} + \left[5 - 2\left(\frac{\eta_s}{\eta}\right)^2\right]\sqrt{1 - \left(\frac{\eta_s}{\eta}\right)^2}\right\} \quad (3\text{-}23)$$

当梁截面进入塑性极限状态（全塑 $\eta >> \eta_s$）

$\left(\frac{\eta_s}{\eta}\right)^2 \longrightarrow 0$

∴ 矩形截面界限极限弯矩 $$M_T = \frac{3}{2} M_s = \frac{\sigma_s b h^2}{4} \quad \cdots (3\text{-}24)$$

圆形截面界限极限弯矩 $$M_T = \frac{16}{3\pi} M_s = \frac{\sigma_s d^3}{6} \quad \cdots (3\text{-}25)$$

对于任意形状截面 塑性极限弯矩 $M_T$ 可求出为

$$M_T = 2\int_0^{\frac{h}{2}} \sigma_s b(z) z\, dz = 2\sigma_s \int_0^{\frac{h}{2}} z\, dF = 2\sigma_s S_y$$

例、18-5题 [例题可留意]

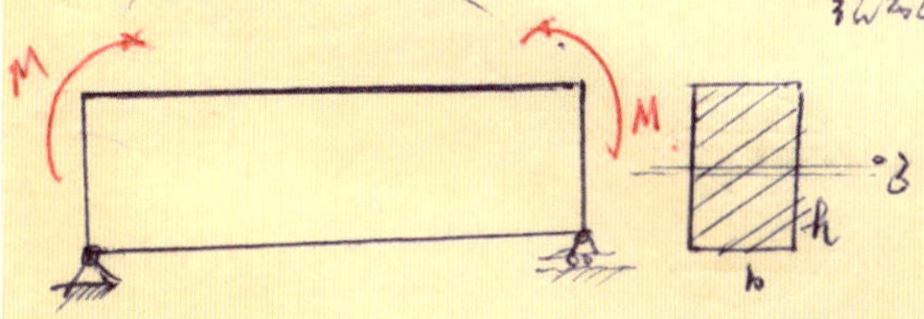


给出矩形($b \times h$)梁，

材料 $\sigma = F\varepsilon^n$ （F、n为常数）

受纯M作用

求 1)、M-ρ之关系

2)、截面上应力分布

认为 $M > M_s$ 时

解、1)、列出 M-η之一般式

由(3-13)式 $$M = \frac{2}{\eta^2}\int_0^{\varepsilon_{max}} \sigma b \varepsilon d\varepsilon = \frac{2}{\eta^2}\int_0^{\varepsilon_{max}} F\varepsilon^n b \varepsilon d\varepsilon$$

$$= \frac{2Fb}{\eta^2}\int_0^{\varepsilon_{max}} \varepsilon^{n+1} d\varepsilon$$

$$= \frac{2bF}{(n+2)\eta^2}\varepsilon_{max}^{n+2}$$

$\varepsilon_{max} = \frac{h}{2}\eta$ 　　∴ $M = \frac{2bF}{(n+2)\eta^2}\left(\frac{h}{2}\eta\right)^{n+2}$

$$\therefore M = \frac{2Fb}{n+2}\left(\frac{h}{2}\right)^{n+2} \cdot \left(\frac{1}{\rho}\right)^n$$ （η的方程……）

2) 应力分布　$\sigma = F\varepsilon^n$ 　　$\varepsilon = \frac{z}{\rho}$ （适用于弹、塑性状态）

$$\sigma = F z^n \cdot \left(\frac{1}{\rho}\right)^n = F z^n \cdot \frac{(n+2)M}{2Fb} \cdot \left(\frac{2}{h}\right)^{n+2}$$

## 五、残余曲率

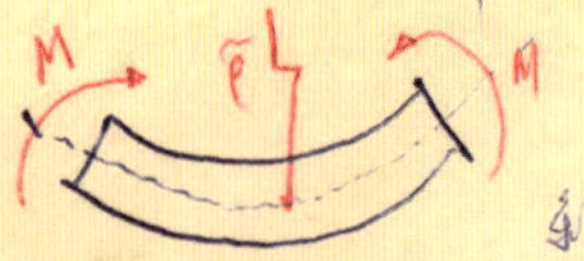


设梁在 $M>M_s$ 作用下，产生曲率 $\frac{1}{\tilde{\rho}}=\tilde{\eta}$。

然后卸去 $M$，由于卸载是按直线规律变化，恢复曲率为 $\eta_e=\frac{M}{EJ_y}$（弹性规律）。

剩余之曲率 $\eta=\tilde{\eta}-\eta_e$（∵变线性规律）。

$$\therefore \frac{1}{\rho}=\frac{1}{\tilde{\rho}}-\frac{M}{EJ_y}$$

例如：

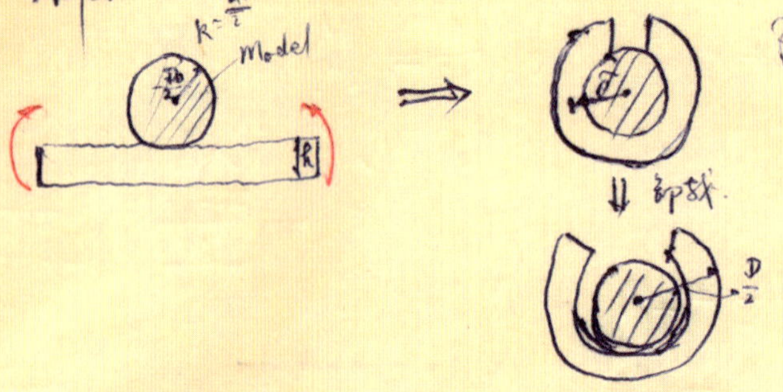


$$\tilde{\rho}=\frac{D_H}{2}=\frac{D_0}{2}+\frac{h}{2}$$

$$\rho=\frac{D}{2}$$

由 $\frac{1}{\rho}=\frac{1}{\tilde{\rho}}-\frac{M}{EJ_y}$

$$\frac{2}{D}=\frac{1}{D_H}-\frac{M}{EJ_y}$$

## 3、梁的横向弯曲

### 一、问题提出

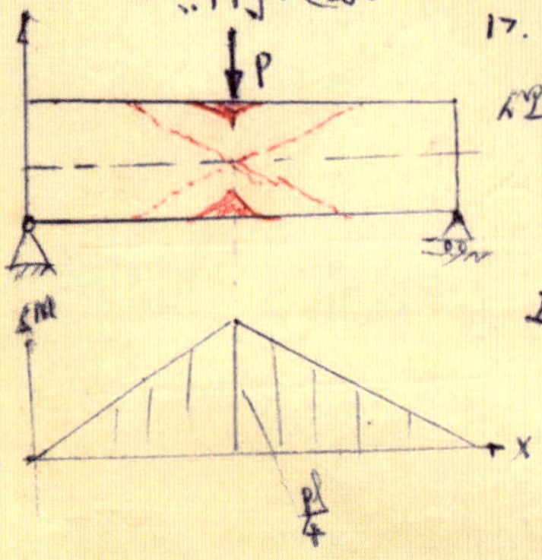


1) 横向弯曲、定义：除了有弯曲变形外，还伴随有剪切变形，但梁以弯曲为主。内力 $M(x)$、$Q(x)$ 同时存在。

其中弯矩 $M$ 是 $x$ 之函数。（纯弯曲 $M=\text{const}$）

2、其塑性变形：

中央截面：$M_{max}=Pl/4$。

略去 $Q$ 之影响。

梁首先在危险截面最边缘开始进入塑性。

若载荷继续增加，塑性区不仅向梁之深度发展而且也沿长度方向扩展。

当危险截面上、下两塑性区会合，则标志梁之塑性极限状态，此时之载荷称为塑性极限载荷，用 $P_T$、$M_T$ 表示。

3、试求

①、设梁之尺寸、形状、材料都给定，问在载荷 $P$ 之作用下（$P>P_s$，其中 $P_s$ 为弹性极限载荷），塑性区 $\Omega_p$ 之尺寸及形状。

② 求 $P_T$。

### 二、中央受集中载荷简支梁之解

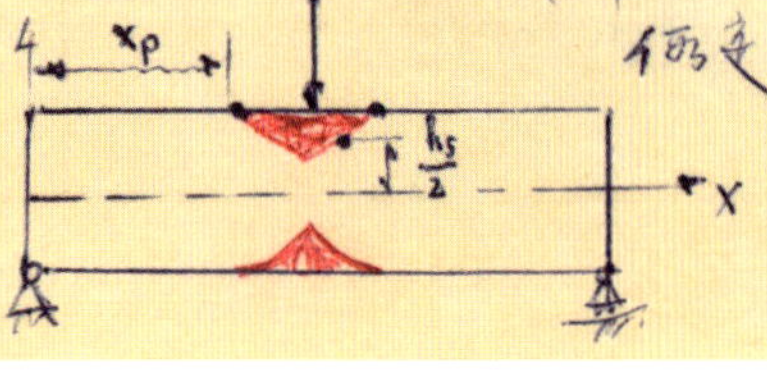


假定 $P_s<P<P_T$　梁处于弹塑性状态

一塑性区中的4个曲线定义 $\begin{cases}\text{边缘区：}x_p\\ \text{弹性核高度 } h_s=h_s(x)\end{cases}$

1)、求出 $x_p$ 与 $P$ 之关系。

$X_p$ 截面之弯矩 $M_{(x_p)} = \frac{P}{2} X_p = M_s$

$$M_s = \text{const} = \frac{P_s l}{4} = \frac{P_s l}{4} = \sigma_s W$$

$$\therefore \ x_p = \frac{P_s l}{2P}$$

2. 求 $h_s = h_s(x)$

根据理想塑性体 弯矩M与η的关系 (3-22)

$$\frac{M}{M_s} = \frac{1}{2}\left[3 - \left(\frac{\eta_s}{\eta}\right)^2\right] \quad \cdots\cdots (3\text{-}22)$$

即 $$\frac{\eta_s}{\eta} = \sqrt{3 - \frac{2M}{M_s}} \quad \cdots\cdots (A)$$

又 $$\frac{h_s}{h} = \frac{\eta_s}{\eta} \quad \cdots\cdots (3\text{-}12)$$

$M_s = \frac{P_s l}{4}$ $\quad M_{(x)} = \frac{P}{2}\cdot x$ $\quad$ 代入(A)

$$h_{s(x)} = h\sqrt{3 - \frac{4Px}{P_s l}}$$

（弹塑性区之分界面形状）

可见，塑性区沿长度呈抛物线变化

3. 求极限载荷 $P_T$

当 $x = \frac{l}{2}$，$h_s(\frac{l}{2}) = 0$ 梁达到塑性极限状态

$$\therefore \ 3 - \frac{4P_T \frac{l}{2}}{P_s l} = 0 \qquad P_T = \frac{3P_s}{2}$$

三、简支梁受均布载荷q，求极限载荷 $q_T$ 及弹塑性分界面形状

$$M = \frac{ql}{2}x - \frac{qx^2}{2} \quad \cdots\cdots (3\text{-}40)$$

最大弯矩在 $\frac{l}{2}$ 处 $M_{max} = \frac{ql^2}{8}$ $\quad \therefore \ q_s = \frac{8M_s}{l^2}$

$q_T = \frac{8M_T}{l^2}$ $\quad$ ∵极限弯矩 $M_t = \frac{3}{2}M_s$ $\quad \therefore \ q_T = \frac{12M_s}{l^2}$

$$\because \ M_s = \frac{ql}{2}x_s - \frac{q}{2}x_s^2 = \frac{q_s}{8}l^2$$

$$\therefore \ x_s = \frac{l}{2}\left[1 - \sqrt{1 - \frac{q_s}{q}}\right]$$

$$q_T = \frac{3}{2}q_s$$

由 $\frac{h_s}{h} = \sqrt{3 - \frac{2M}{M_s}}$ 代入 M 与 $M_s$

$$\therefore \ h_s = h\sqrt{3 - 8\frac{q}{q_s}\left(\frac{x}{l} - \frac{x^2}{l^2}\right)}$$

四、悬臂梁受端集中荷载求挠度。（例题和习题书 18-10）

已知 $b\times 2h\times l$，

受 $P$ 作用 求 $w_{(l)}=?$

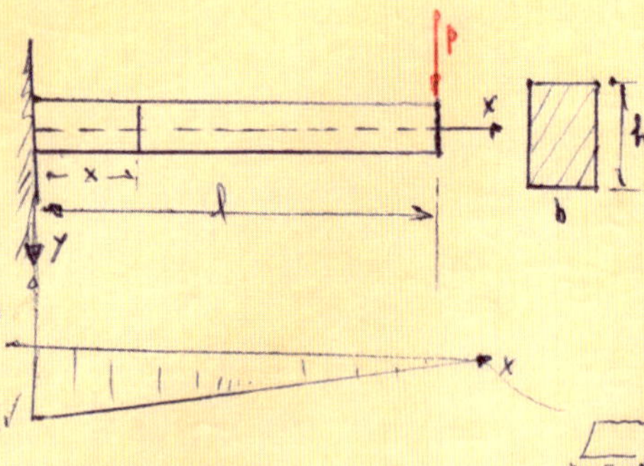


解：$M_{(x)}=-p(l-x)$

$M_{max}=-pl$

1. 塑性变形的特点。

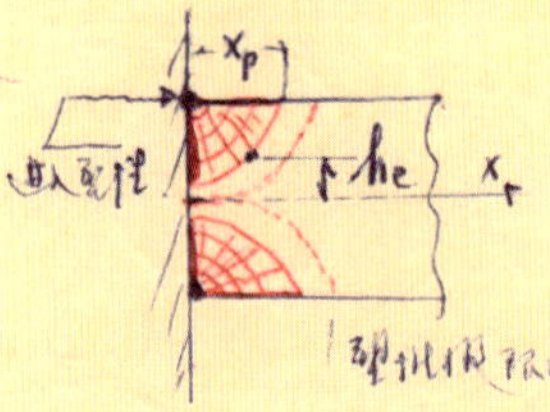


塑性是由固定端边缘点开始，并逐渐地向深度及长度扩展。（认为其余部分还是弹性，不再塑性）当上、下两个塑性区重合时，梁进入塑性极限状态，则梁的挠度成为不定值（很大值）。因此 $P_s<P<P_T$。

设在 $P$ 作用下，塑性区为：

$$\Omega_p\begin{cases}\text{由缘长 } x_p\\ \text{弹性核 } h_e\end{cases}$$（任一点方向也各不同）

$\Omega_p=[x_p,\ h_e]$　　找 $x_p$ 与 $h_e$ $(x)$ 与前面求法一致。

本问关键是：挠曲线微分方程的列出。（弹性的 $EJ\frac{d^2y}{dx^2}=\pm M_{(x)}$ 不适用）

2. 弹、塑性梁挠曲线微分方程。

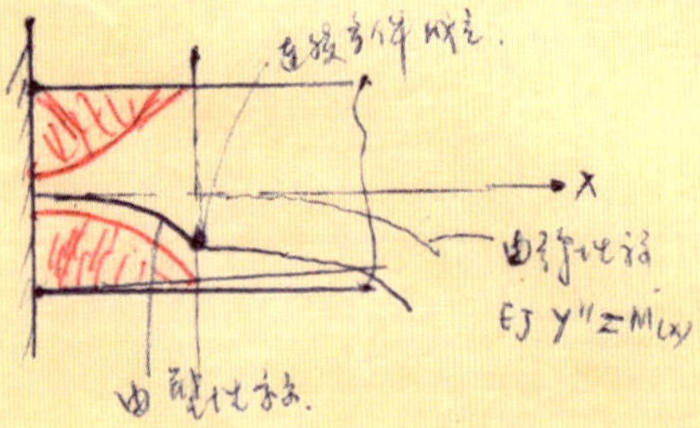


∵ 弹性区，$EJ\frac{d^2w}{dx^2}=-M(x)=p(l-x)$ ……（A）

$x_p\le x\le l$

塑性区：

$$\frac{M}{M_s}=\frac{1}{2}\left[3-\left(\frac{\rho_s}{\rho}\right)^2\right]=\frac{1}{2}\left[3-\left(\frac{\kappa_s}{w''}\right)^2\right]\quad\cdots\cdots(B)$$

现在用 $M_e$ 代 $M_s$，　　$x\in[0,x_p]$

$P_e$ 代 $P_s$，

$\rho_e$ 代 $\rho_s$，

$h_e$ 代 $h_s$。

$$\therefore\ \rho=\sqrt{3}\rho_e\sqrt{1-\frac{2}{3}\frac{M}{M_e}}$$

横截面数据　$I=\frac{2}{3}bh^3$，　$\rho_e=\frac{Eh}{\sigma_s}$，　$M_e=\frac{2bh^2}{3}\sigma_s$

代入（A）（B）。

$$\therefore\begin{cases}\text{弹性区：}\ \dfrac{d^2w_2}{dx^2}=\dfrac{3P(l-x)}{2Ebh^3} & x\in[x_p,l]\quad\cdots\cdots(C)\\[2ex] \text{塑性区：}\ \dfrac{d^2w_1}{dx^2}=\dfrac{\sigma_s}{Eh\sqrt{3}\sqrt{1-\dfrac{P(l-x)}{bh^2\sigma_s}}} & x\in[0,x_p]\quad\cdots\cdots(D)\end{cases}$$

3）分别进行积分求挠度。

弹性区：$w_2=\frac{3P}{2Ebh^3}\left[-\frac{1}{6}x^3+\frac{l}{2}x^2+C_2x+D_2\right]$，　$x\in[x_p,l]$

塑性区：$w_1=\frac{4}{3}A\left[1-\frac{P(l-x)}{bh^2\sigma_s}\right]^{3/2}+C_1x+D_1$，　$x\in[0,x_p]$

其中 $A=\frac{b^2h^3\sigma_s^3}{EP^2\sqrt{3}}$。

18-2. a), c), e)
18-6. 18-13.

4. 连条件.

$x=0$. $\begin{cases} w_1 = 0. \\ \dfrac{dw_1}{dx} = 0. \end{cases}$

$C_1 = \dfrac{2bh\sigma_s^2}{EP\sqrt{3}}\left(1-\dfrac{Pl}{bh^2\sigma_s}\right)^{\frac{1}{2}}$

$D_1 = -\dfrac{4b^2h^3\sigma_s^3}{3EP^2\sqrt{3}}\left(1-\dfrac{Pl}{bh^2\sigma_s}\right)^{\frac{3}{2}}$

$x = x_p$ $\begin{cases} w_1 = w_2 \\ \dfrac{dw_1}{dx} = \dfrac{dw_2}{dx} \end{cases}$

$C_2 =$

$D_2 =$

5. 求挠度.

试求: $w_{(l)} = w_2(l)$.

## 第七章（四） 轴对称问题

## 一. 厚壁圆筒弹塑性分析

轴对称：

$u=u(r)$，$v=w=0$

$$\begin{cases}\varepsilon_r=\dfrac{du}{dr} \quad \varepsilon_\theta=\dfrac{u}{r} \quad \varepsilon_z=0 \\ \gamma_{zr}=\gamma_{r\theta}=\gamma_{zr}=0\end{cases}$$

无论在什么应力状态下均如此

### §4-1. 理想塑性材料厚壁圆筒

一、问题提出

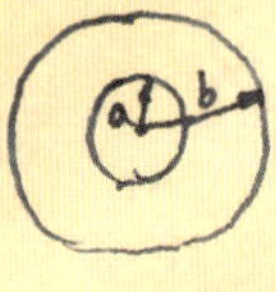

给定 a、b，材料是弹塑性材料，

承受均匀内压 $p$，

求 1）弹性极限压力 $p_s$

2）塑性分界半径 $r_s$

3）应力分布 $\sigma_r=\sigma_r(r)$

$\sigma_\theta=\sigma_\theta(r)$

4）塑性极限压力 $p_T=p^*$

二、解题步骤

认为厚壁有两端封闭

A. 弹性状态分析 $p<p_s$

应力分布按弹性分析

（即已知）

$$\begin{cases}\sigma_r=\dfrac{-pa^2}{b^2-a^2}\left(\dfrac{b^2}{r^2}-1\right) \\ \sigma_\theta=\dfrac{pa^2}{b^2-a^2}\left(\dfrac{b^2}{r^2}+1\right) \\ \sigma_z=\dfrac{p\pi a^2}{\pi(b^2-a^2)}=\dfrac{1}{2}(\sigma_r+\sigma_\theta)\end{cases}$$

（中间主应力）

应力强度 $\sigma_i=\dfrac{1}{\sqrt{2}}\sqrt{(\sigma_r-\sigma_\theta)^2+(\sigma_\theta-\sigma_z)^2+(\sigma_z-\sigma_r)^2}$

$=\dfrac{\sqrt{3}}{2}(\sigma_\theta-\sigma_r)=\dfrac{\sqrt{3}pb^2}{\frac{b^2}{a^2}-1}\dfrac{1}{r^2}$

显然，当圆筒内壁（$r=a$）进入塑性状态时应有

$(\sigma_i)_{r=a}=\sigma_s$ 令 $p=p_s$

得到 $p_s=\left(1-\dfrac{a^2}{b^2}\right)\dfrac{\sigma_s}{\sqrt{3}}$

B. 弹塑性状态分析

设 $p>p_s$ 塑性区扩展

并进入弹塑性状态（可以分成两个圆筒）

弹塑性分界线 $r_s$

弹塑性区之间压力 $q(r_s)$

分析塑性区应力，应该先求 $r_s$，找到一个公式可以连接 $r_s$ 与 $p$ 之关系，

分析方式，

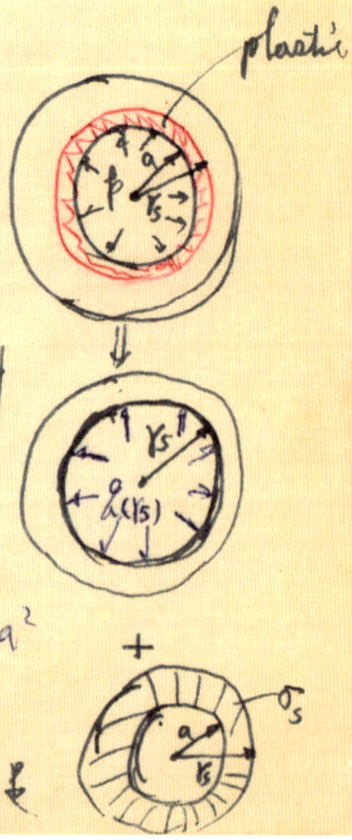


A. 找塑性区的应力分布公式

1）基本方程 平衡方程
$$\begin{cases}\dfrac{d\sigma_r}{dr}+\dfrac{\sigma_r-\sigma_\theta}{r}=0 \quad \cdots ① \\ \int_F \sigma_z dF=p\cdot\pi a^2\end{cases}$$

塑性条件 $\sigma_i=\dfrac{\sqrt{3}}{2}(\sigma_\theta-\sigma_r)=\sigma_s \quad \cdots ②$

∴ 两个方程解两个未知数… ∴ 理想塑性材料静定问题

经过积分求得 $\sigma_r = A + \frac{2}{\sqrt{3}}\sigma_s \ln r$ A为积分常数

$$\sigma_\theta = A + \frac{2}{\sqrt{3}}\sigma_s \ln r + \frac{2}{\sqrt{3}}\sigma_s$$

由边界条件.. $\sigma_r|_{r=a} = -p$. $A = -p - \frac{2}{\sqrt{3}}\sigma_s \ln a$.

于是得到塑性区的应力分量
$$\begin{cases}\sigma_r = -p + \frac{2}{\sqrt{3}}\sigma_s \ln \frac{r}{a} & \cdots(4-10)\\ \sigma_\theta = -p + \frac{2}{\sqrt{3}}\sigma_s\left(\ln\frac{r}{a} + 1\right)\end{cases}$$

B. 求弹性区的应力分量式.

取出弹性区作为厚壁筒分析.. 相当于 $a = r_s$. $b = b$. $p = q = -(\sigma_r)|_{r=r_s}$

$$\therefore \begin{cases}\sigma_{re} = \frac{-q r_s^2}{b^2 - r_s^2}\left(\frac{b^2}{r^2} - 1\right)\\ \sigma_{\theta e} = \frac{q r_s^2}{b^2 - r_s^2}\left(\frac{b^2}{r^2} + 1\right)\end{cases} \quad (4-12)$$

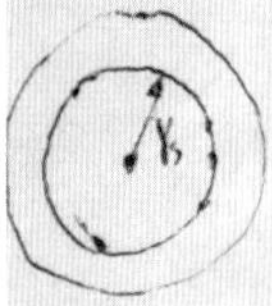


而弹塑性交界条件. ~~$q = -\sigma_r$~~
$$\begin{cases}(\sigma_{ie})_{r=r_s} = \sigma_s & \sigma_i|_{r=r_s} = \sigma_s \text{(屈服条件)}\\ q = (p_s)_{r_s \to a} = \left(1 - \frac{r_s^2}{b^2}\right)\frac{\sigma_s}{\sqrt{3}} & (4-13)\end{cases}$$

从弹性区应力分量的第二个边界条件 有

$r = r_s$. $(\sigma_r)_{r=r_s} = -q$ （弹塑性区交界条件）.

$$-p + \frac{2}{\sqrt{3}}\sigma_s \ln\frac{r_s}{a} = -\left(1 - \frac{r_s^2}{b^2}\right)\frac{\sigma_s}{\sqrt{3}}$$

由此可得 $r_s$ 与 $p$ 的关系式.

$$\ln\frac{r_s}{a} + \frac{1}{2}\left(1 - \frac{r_s^2}{b^2}\right) = \frac{\sqrt{3}p}{2\sigma_s} \quad (4-14)$$

求弹塑性厚壁筒应力的步骤是..

① 由给定的 $p$. 由(4-14)定 $r_s$

② 由(4-13)式定出 $q$.

③ 由(4-12). (4-10) 求各截面的应力分布..

C.. 全塑性状态.

在上面的结论中令 $r_s = b$ 即可得到相应结果

$$\ln\frac{b}{a} + \frac{1}{2}(1-1) = \frac{\sqrt{3}}{2\sigma_s}p^* \qquad \therefore p^* = p_T = \frac{2\sigma_s}{\sqrt{3}}\ln\frac{b}{a}$$

三 应力分布. 图4-3. P85.

§4-2.. 硬化材料厚壁圆筒..

一.. 问题提出 厚壁圆筒 a.b. 材料 - 硬化材料.

载荷..内压 $p$.

求(1)应力分布. 以及位移分量

(2)应变分量.

注意. $\begin{cases}\text{理想塑性材料. } \sigma_i = \sigma_s \text{ (常数)}\\ \text{硬化材料 } \sigma_i = f(\varepsilon_i).\end{cases}$

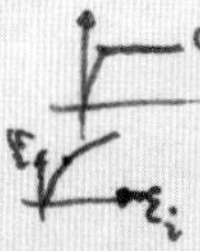


且 $\sigma_i$ 与弹塑性状态无关.

（$\sigma_i$ 不能由弹塑性状态确定）

这样由于硬化材料，构成了本问题的一些困难.

二、解题方法

1、研究厚壁筒之变形几何条件

假定条件：① $\varepsilon_z$ = 常数 （平面假设）

② 体积变形 $\varepsilon_0 = 0$。

根据作业32题结果

$$\begin{cases} \varepsilon_\theta = -\frac{1}{2}\varepsilon_z + \frac{c}{r^2} \\ \varepsilon_r = -\frac{1}{2}\varepsilon_z - \frac{c}{r^2} \end{cases} \quad (4\text{-}19)$$

C为常数。

∵ 几何方程 $\varepsilon_r = \frac{du_r}{dr}$　$\varepsilon_\theta = \frac{u_r}{r}$

$\varepsilon_0 = \varepsilon_r + \varepsilon_\theta + \varepsilon_z = 0$

$\frac{du_r}{dr} + \frac{u_r}{r} + \varepsilon_z = 0$

解之即得

应变强度

$$\varepsilon_i = \frac{\sqrt{2}}{3}\sqrt{(\varepsilon_r-\varepsilon_\theta)^2 + (\varepsilon_\theta-\varepsilon_z)^2 + (\varepsilon_z-\varepsilon_r)^2}$$

$$= \frac{2}{\sqrt{3}}\sqrt{\frac{3}{4}\varepsilon_z^2 + \frac{c^2}{r^4}} \quad \cdots (4\text{-}20)$$

将4-20变换成

$$\frac{4}{3}c^2 = r^4(\varepsilon_i^2 - \varepsilon_z^2) \quad \cdots (4\text{-}21)$$

采用记号，$(\varepsilon_i)_{r=a} = \varepsilon_{ia}$（内壁）　$(\varepsilon_i)_{r=b} = \varepsilon_{ib}$（外壁）　$(\varepsilon_i)_{r=r_s} = \varepsilon_s$（弹塑界 给定应变）

代入4-21，得到：

$$\begin{cases} \frac{4}{3}c^2 = a^4(\varepsilon_{ia}^2 - \varepsilon_z^2) \\ \frac{4}{3}c^2 = b^4(\varepsilon_{ib}^2 - \varepsilon_z^2) \\ \frac{4}{3}c^2 = r_s^4(\varepsilon_s^2 - \varepsilon_z^2) \end{cases}$$

$$\therefore a^4(\varepsilon_{ia}^2 - \varepsilon_z^2) = b^4(\varepsilon_{ib}^2 - \varepsilon_z^2) = r_s^4(\varepsilon_s^2 - \varepsilon_z^2) = r^4(\varepsilon_i^2 - \varepsilon_z^2)$$

4-22

2、平衡条件的分析

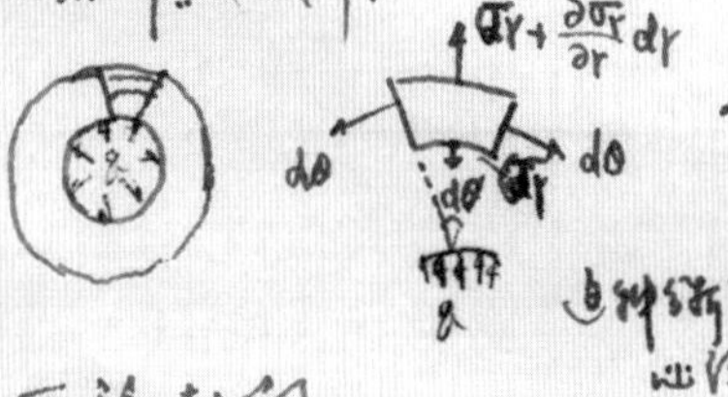

$\Sigma F_r = 0$.　$\frac{\partial \sigma_r}{\partial r} + \frac{\sigma_r - \sigma_\theta}{r} = 0$.　$(p_r = 0)$

$\Sigma F_\theta = 0$.　$\sigma_\theta = \sigma_\theta$.

这种分析方法是最基本的，必须掌握。

如两端封闭，

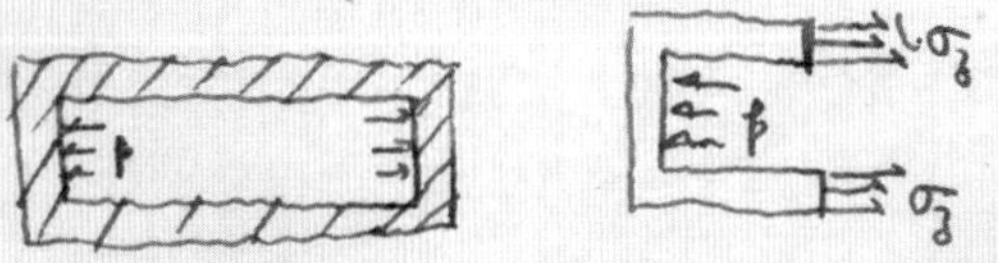

$\Sigma F_z = 0$.

$\int \sigma_z 2\pi r dr = F_x = N$.

$\sigma_z$ 为轴向分布。

从平衡方程可见，有三个未知量，二个方程。

∴ 应此材料厚壁筒是一次超静定问题。（如果没有 $\sigma_z = \sigma_s$ 之类的条件）

3、物理方程

按小弹塑性变形理论

$$\sigma_r - \sigma_0 = \frac{2\sigma_i}{3\varepsilon_i}(\varepsilon_r - \varepsilon_0) \quad \cdots ④$$

$$\sigma_\theta - \sigma_0 = \frac{2\sigma_i}{3\varepsilon_i}(\varepsilon_\theta - \varepsilon_0) \quad ⑤$$

$$\sigma_z - \sigma_0 = \frac{2\sigma_i}{3\varepsilon_i}(\varepsilon_z - \varepsilon_0) \quad ⑥$$

$$\Rightarrow \begin{cases} (\sigma_\theta - \sigma_r) = \frac{2\sigma_i}{3\varepsilon_i}(\varepsilon_\theta - \varepsilon_r) \quad ⑦ \\ (\sigma_z - \sigma_r) = \frac{2\sigma_i}{3\varepsilon_i}(\varepsilon_z - \varepsilon_r) \quad ⑧ \end{cases}$$

进一步变换：由(4-19)相减，$\varepsilon_\theta - \varepsilon_r = \frac{2c}{r^2} = 2\cdot\frac{c}{r^2} = 2\cdot\frac{\sqrt{3}}{2}\sqrt{\varepsilon_i^2 - \varepsilon_z^2}$（由4-21）

$\therefore \varepsilon_\theta - \varepsilon_r = \sqrt{3}\sqrt{\varepsilon_i^2 - \varepsilon_z^2}$　　$\varepsilon_r = -\frac{1}{2}\varepsilon_z - \frac{c}{r^2}$（即第二式4-19）——⑨

然后，由4-21：$\frac{c}{r^2}=\frac{\sqrt{3}}{2}\sqrt{\varepsilon_i^2-\varepsilon_z^2}$

微分：$\frac{dr}{r}=-\frac{1}{2}\frac{\varepsilon_i d\varepsilon_i}{(\varepsilon_i^2-\varepsilon_z^2)}$ ---(10)

把⑩代入⑦、⑧式：

$$\left.\begin{aligned}\sigma_\theta-\sigma_r&=\frac{2}{\sqrt{3}}\frac{\sigma_i}{\varepsilon_i}\sqrt{\varepsilon_i^2-\varepsilon_z^2}\\ \sigma_z-\sigma_r&=\frac{\sigma_i}{\varepsilon_i}\left[\frac{1}{\sqrt{3}}\sqrt{\varepsilon_i^2-\varepsilon_z^2}+\varepsilon_z\right]\end{aligned}\right\}\quad\text{---(4-31)}$$

4）积分：

对 $\frac{\partial\sigma_r}{\partial r}+\frac{\sigma_r-\sigma_\theta}{r}=0$ 积分

$$\sigma_r=c_1-\int^r\frac{\sigma_r-\sigma_\theta}{r}dr$$

将(4-31)式(10)式代入：

$$\sigma_r=c_1-\int\frac{1}{\sqrt{3}}\frac{\sigma_i d\varepsilon_i}{\sqrt{\varepsilon_i^2-\varepsilon_z^2}}=c_1-\frac{1}{\sqrt{3}}\int_0^{\varepsilon_i}\frac{\sigma_i d\varepsilon_i}{\sqrt{\varepsilon_i^2-\varepsilon_z^2}}\quad\text{---(4-33)}$$

这样只要知道 $\sigma_i=f(\varepsilon_i)$ 的关系即可定出 $\sigma_r$ 的表达式：

定积分常数 $c_1$。当 $r=a$ 时，$\begin{cases}\sigma_r=-p\\ \varepsilon_i=\varepsilon_{ia}\end{cases}$

求出：$c_1=-p+\frac{1}{\sqrt{3}}\int_0^{\varepsilon_{ia}}\frac{\sigma_i d\varepsilon_i}{\sqrt{\varepsilon_i^2-\varepsilon_z^2}}$ 再代入应力分量 $\sigma_r$。

$$\therefore\ \sigma_r=-p+\frac{1}{\sqrt{3}}\int_{\varepsilon_i}^{\varepsilon_{ia}}\frac{\sigma_i d\varepsilon_i}{\sqrt{\varepsilon_i^2-\varepsilon_z^2}}\quad\text{(4-34)}$$

又，由厚壁筒外壁的边界条件：

$r=b$ 时 $\sigma_r=0$，$\varepsilon_i=\varepsilon_{ib}$。

$$\therefore\ p=\frac{1}{\sqrt{3}}\int_{\varepsilon_{ib}}^{\varepsilon_{ia}}\frac{\sigma_i d\varepsilon_i}{\sqrt{\varepsilon_i^2-\varepsilon_z^2}}\quad\text{---(4-35)}$$

这就是 $\varepsilon_{ia}$、$\varepsilon_{ib}$ 与载荷 $p$ 的关系。

联立：$a^4(\varepsilon_{ia}^2-\varepsilon_z^2)=b^4(\varepsilon_{ib}^2-\varepsilon_z^2)$

定出 $\begin{cases}\varepsilon_{ia}=\varepsilon_{ia}(p)\\ \varepsilon_{ib}=\varepsilon_{ib}(p)\end{cases}$

可见，① 若 $\sigma_i=\phi(\varepsilon_i)$ 曲线给定，可定出 $\sigma_r$。

② 再由(4-31)求出 $\sigma_\theta$。

5）利用轴向平衡条件：$N=\int_a^b 2\pi r\sigma_z dr$。

由 $r^4(\varepsilon_i^2-\varepsilon_z^2)=a^4(\varepsilon_{ia}^2-\varepsilon_z^2)$，

$r^2=a^2\sqrt{\frac{\varepsilon_{ia}^2-\varepsilon_z^2}{\varepsilon_i^2-\varepsilon_z^2}}$ ——(由4-22)

微分：$rdr=-\frac{a^2}{2}\frac{(\varepsilon_{ia}^2-\varepsilon_z^2)^{\frac{1}{2}}}{(\varepsilon_i^2-\varepsilon_z^2)^{3/2}}\varepsilon_i d\varepsilon_i$

代入上式，经过化简后得到：

$$\frac{N-p\pi a^2}{\pi a^2}=\varepsilon_z\sqrt{\varepsilon_{ia}^2-\varepsilon_z^2}\int_{\varepsilon_{ib}}^{\varepsilon_{ia}}\frac{\sigma_i d\varepsilon_i}{(\varepsilon_i^2-\varepsilon_z^2)^{3/2}}\quad\text{---(4-37)}$$

这就给出了未知常数 $\varepsilon_{ia}$、$\varepsilon_{ib}$ 和 $N$ 及 $p$ 的关系

这样由(4-35)、(4-22)、(4-37)联立就可解得：$\varepsilon_{ia}$、$\varepsilon_{ib}$、$\varepsilon_z$ 三个参变量

解题步骤（强化材料）

(1) 由 (4-22)、(4-35)、(4-37) 联立解 $\varepsilon_{i\alpha}$、$\varepsilon_{ib}$、$\varepsilon_z$。

(2) 将 $p$、$\varepsilon_{i\alpha}$、$\varepsilon_z$ 代入 (4-34) 定出 $\sigma_r$。

(3) 由 (4-31) 定出 $\sigma_\theta$、$\sigma_z$。

三、举例　厚壁圆筒 a、b、p

给定 $\sigma_i = A\varepsilon_i^m$，认为 $\varepsilon_z = 0$。

求其应力与量以及应力的表达式。

解　1. 列出基本方程

1) 几何方程　由 (4-16) 式可知

$$\begin{cases} \varepsilon_0 = \frac{1}{3}(\varepsilon_\theta + \varepsilon_r + \varepsilon_z) = 0 \\ \varepsilon_r = \frac{du}{dr} \\ \varepsilon_\theta = \frac{u}{r} \\ \varepsilon_z = 0 \end{cases}$$

得 $$\left.\begin{aligned} u &= \frac{c}{r} \\ \varepsilon_\theta &= \frac{c}{r^2} \\ \varepsilon_r &= \frac{-c}{r^2} \end{aligned}\right\}$$

2) 平衡方程

$$\begin{cases} \frac{d\sigma_r}{dr} + \frac{\sigma_r - \sigma_\theta}{r} = 0 \\ N = \int_a^b 2\pi \sigma_z r\, dr \end{cases} \quad \text{—(4-23)}$$

3) 应力强度 $\sigma_i$，应变强度 $\varepsilon_i$

$$\sigma_i = \frac{1}{\sqrt{2}}\sqrt{\quad} = \frac{\sqrt{3}}{2}(\sigma_\theta - \sigma_r)$$
$$\varepsilon_i = \frac{\sqrt{2}}{3}\sqrt{\quad} = \frac{2}{\sqrt{3}}\frac{c}{r^2} \quad \cdots(4\text{-}20)$$

4) 应力应变关系

1° 按已给定 $\sigma_i = A\varepsilon_i^m$，将 $\sigma_i$ $\varepsilon_i$ 代入 (4-20) 式

$$\frac{\sqrt{3}}{2}(\sigma_\theta - \sigma_r) = A\left[\frac{2}{\sqrt{3}}\frac{c}{r^2}\right]^m \quad \cdots(4\text{-}26)$$

2° 又由 $\sigma_r - \sigma_\theta = \frac{2\sigma_i}{3\varepsilon_i}(\varepsilon_r - \varepsilon_0)$

伊留申理论 ⋮

可推得 $\frac{\sqrt{3}}{2}(\sigma_\theta - \sigma_r) = A\left[\frac{2}{\sqrt{3}}\frac{c}{r^2}\right]^m$

2. 解方程

由 (4-26) 代入 (4-23)，得到

$$\sigma_r = \left(\frac{2}{\sqrt{3}}\right)^{m+1} A c^m \int r^{-(2m+1)} dr = -\frac{1}{2m}\left(\frac{2}{\sqrt{3}}\right)^{m+1} A c^m \frac{1}{r^{2m}} + K$$

3. 边界条件

$r = b,\ \sigma_r = 0$　　$K = -\frac{1}{2m}\left(\frac{2}{\sqrt{3}}\right)^{m+1} A c^m \frac{1}{b^{2m}}$

$r = a\ \ \sigma_r = -p$　　$c = \left[-p \Big/ \frac{1}{2m}\left(\frac{2}{\sqrt{3}}\right)^{m+1} A\left(\frac{1}{b^{2m}} - \frac{1}{a^{2m}}\right)\right]^{\frac{1}{m}}$

$$\sigma_r = \frac{1}{2m}\left(\frac{2}{\sqrt{3}}\right)^{m+1} A c^m \left(\frac{1}{b^{2m}} - \frac{1}{r^{2m}}\right)$$

$$\sigma_\theta = \quad + \frac{2}{\sqrt{3}} A\left(\frac{2}{\sqrt{3}}\frac{c}{r^2}\right)^m. \qquad \sigma_z = \frac{1}{2}(\sigma_r + \sigma_\theta)$$

§4-3. 具有线性强化材料厚壁圆筒. 一假定厚壁圆筒是具有强化的强化材料. 受内压 $p$ $\begin{cases} N = \pi a^2 p \\ \varepsilon_z = 0 \end{cases}$

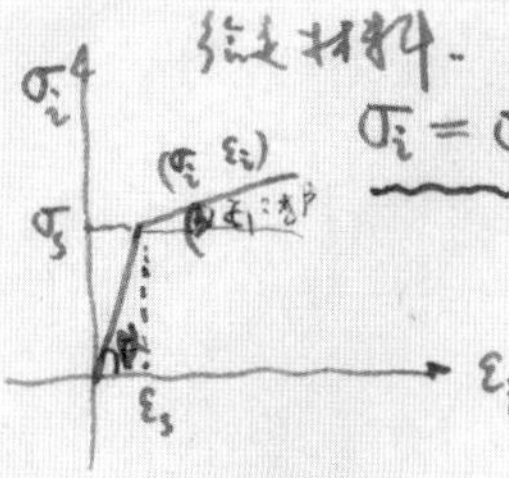


$\sigma_i = \sigma_s + E_1(\varepsilon_i - \varepsilon_s)$，求应力分布.

一. $\varepsilon_z = 0$.

$$\sigma_r = -p + \frac{1}{\sqrt{3}}\int_{\varepsilon_i}^{\varepsilon_{ia}} \frac{\sigma_i}{\varepsilon_i}\,d\varepsilon_i$$

$$\sigma_\theta = \qquad (4\text{-}40)$$

$$\sigma_z = \frac{1}{2}(\sigma_r + \sigma_\theta)$$

(只当 $\varepsilon_z = 0$ 和忽略弹性变形时成立…可化)

由 $\sigma_r|_{r=b} = 0$.

$$\therefore p = \frac{1}{\sqrt{3}}\int_{\varepsilon_{ib}}^{\varepsilon_{ia}} \frac{\sigma_i}{\varepsilon_i}\,d\varepsilon_i \qquad (4\text{-}42)$$

但对于 $\sigma_i = \varphi(\varepsilon_i)$ 没有具体的形式，不便于积分. 若只要给定 $\sigma_i = \varphi(\varepsilon_i)$ 的函数关系，上式仍可积分求出 $\sigma_r$, $\sigma_\theta$, $\sigma_z$ 的有限形式.

二. 确定 $r_s$ 与 $p$ 的关系.

由于弹性区与塑性区适合不同的应力应变关系，且积分限必须将弹性区与塑性区分开，故必须知道 $r_s$.

设弹塑性分界的半径为 $r_s$，引入参数 $\varepsilon_{ia}$, $\varepsilon_{ib}$, $\varepsilon_s$, $\varepsilon_i$ 和 $\xi_{ia}$, $\xi_{ib}$, $\xi_s$, $\xi_i$.

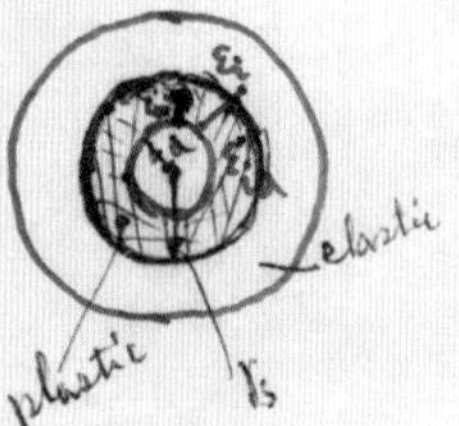


利用(4-42)式.

$$p = \frac{1}{\sqrt{3}}\int_{\varepsilon_{ib}}^{\varepsilon_{ia}} \frac{\sigma_i}{\varepsilon_i}\,d\varepsilon_i = \frac{1}{\sqrt{3}}\left[\int_{\varepsilon_{ib}}^{\varepsilon_s} \frac{E\varepsilon_i}{\varepsilon_i}\,d\varepsilon_i + \int_{\varepsilon_s}^{\varepsilon_{ia}} \frac{\sigma_s + E_1(\varepsilon_i - \varepsilon_s)}{\varepsilon_i}\,d\varepsilon_i\right]$$

(elastic) (plastic)

取 $E' = E\left[1 - \lambda\left(1 - \frac{\varepsilon_s}{\varepsilon_i}\right)\right]$. 其中 $\lambda = 1 - \frac{E_1}{E}$.

$E = \tan\alpha$. $E_1 = \tan\beta$.

$$\therefore p = \frac{1}{\sqrt{3}}\left[\int_{\varepsilon_{ib}}^{\varepsilon_s} E\,d\varepsilon_i + \int_{\varepsilon_s}^{\varepsilon_{ia}} E'\,d\varepsilon_i\right]$$

$$= \frac{E}{\sqrt{3}}\left[(\varepsilon_{ia} - \varepsilon_{ib}) - \lambda(\varepsilon_{ia} - \varepsilon_s) + \lambda\varepsilon_s \ln\frac{\varepsilon_{ia}}{\varepsilon_s}\right]$$

再结合 $\varepsilon_z = 0$

则 $a^2\varepsilon_{ia} = b^2\varepsilon_{ib} = r^2\varepsilon_i = r_s^2\varepsilon_s$.

消去 $\varepsilon_{ia}$, $r_s$, $\varepsilon_{ib}$.

$$\frac{\sqrt{3}p}{\sigma_s} = \left(1 - \lambda - \frac{a^2}{b^2}\right)\frac{r_s^2}{a^2} + \lambda + \lambda\ln\frac{r_s^2}{a^2} \qquad (4\text{-}60)$$

三. 求应力. A. 弹性区.

利用(4-39)式. $\sigma_r = -p + \frac{1}{\sqrt{3}}\int_{\varepsilon_i}^{\varepsilon_{ia}} \frac{\sigma_i}{\varepsilon_i}\,d\varepsilon_i$. 代入 $\sigma_i = \varphi(\varepsilon_i)$ 的关系式代入.

$$\sigma_r = -p + \frac{1}{\sqrt{3}}\left[\int_{\varepsilon_i}^{\varepsilon_s} \frac{E\varepsilon_i}{\varepsilon_i}\,d\varepsilon_i + \int_{\varepsilon_s}^{\varepsilon_{ia}} \frac{E'\varepsilon_i}{\varepsilon_i}\,d\varepsilon_i\right]$$

($\varepsilon_i$ 在弹性区内)

得到

$$\frac{\sigma_r}{\sigma_s} = -\frac{p}{\sigma_s} + \frac{1}{\sqrt{3}}\left[\xi_{ia} - \xi_i - \lambda(\xi_{ia} - 1 - \ln\xi_{ia})\right] \qquad (4\text{-}52)$$

其中 $\begin{cases} \xi_{ia} = \dfrac{\varepsilon_{ia}}{\varepsilon_s} \\ \xi_{ib} = \dfrac{\varepsilon_{ib}}{\varepsilon_s} \\ \xi_i = \dfrac{\varepsilon_i}{\varepsilon_s} \end{cases}$

再将 $\sigma_r$ 代入 $\sigma_\theta$, $\sigma_z$ 内.

$$\frac{\sigma_\theta}{\sigma_s} = -\frac{p}{\sigma_s} + \frac{1}{\sqrt{3}}\left[\xi_{ia} + \xi_i - \lambda(\xi_{ia} - 1 - \ln\xi_{ia})\right] \qquad (4\text{-}53)$$

$$\frac{\sigma_z}{\sigma_s} = -\frac{p}{\sigma_s} + \frac{1}{\sqrt{3}}\left[\xi_{ia} - \lambda(\xi_{ia} - 1 - \ln\xi_{ia})\right] \qquad (4\text{-}54)$$

B. 塑性区段

$$\sigma_r = -p + \frac{1}{\sqrt{3}}\int_{\varepsilon_i}^{\varepsilon_{ia}} \frac{\sigma_i}{\varepsilon_i}\, d\varepsilon_i .$$

$\varepsilon_i$ 沿筒壁而变化.

$$= -p + \frac{1}{\sqrt{3}}\int_{\varepsilon_i}^{\varepsilon_{ia}} \frac{E'\varepsilon_i}{\varepsilon_i}\, d\varepsilon_i .$$

$$\therefore \begin{cases} \dfrac{\sigma_r}{\sigma_s} = -\dfrac{p}{\sigma_s} + \dfrac{1}{\sqrt{3}}\left[(1-\lambda)(\xi_{ia}-\xi_i) + \lambda \ln\dfrac{\xi_{ia}}{\xi_i}\right] \quad \cdots (4-55) \\[2ex] \dfrac{\sigma_\theta}{\sigma_s} = \dfrac{-p}{\sigma_s} + \dfrac{1}{\sqrt{3}}\left[(1-\lambda)(\xi_{ia}-\xi_i) + \lambda \ln\dfrac{\xi_{ia}}{\xi_i}\right] + \dfrac{2}{3}\xi_i\left[1-\lambda\left(1-\dfrac{1}{\xi_i}\right)\right] \\[2ex] \dfrac{\sigma_z}{\sigma_s} = \dfrac{-p}{\sigma_s} + \dfrac{1}{\sqrt{3}}\left[(1-\lambda)\xi_{ia} + \lambda + \lambda \ln\dfrac{\xi_{ia}}{\xi_i}\right] . \end{cases}$$

plastic

四. 极限压力 $p^*$. —— 当管壁周边到全塑性. 即 $r_s = b$.

由此代入 $p$ 之公式 (4-48) 内，解出 $p$ 得到.

$$p^* = \frac{1}{\sqrt{3}}\left[(1-\lambda)\left(\frac{b^2}{a^2}-1\right) + 2\lambda \ln\frac{b}{a}\right]\sigma_s .$$

$$p_s\Big|_{r_s=a} = \frac{1}{\sqrt{3}}\left(1-\frac{a^2}{b^2}\right)\sigma_s$$

为什么平面应变下能用滑移线场呢？

可以这样理解..

∵ $\varepsilon_z = 0$

∴ $\sigma_z = \frac{1}{2}(\sigma_x + \sigma_y) \equiv \sigma_2$.

∴ 截取单元体总能得到

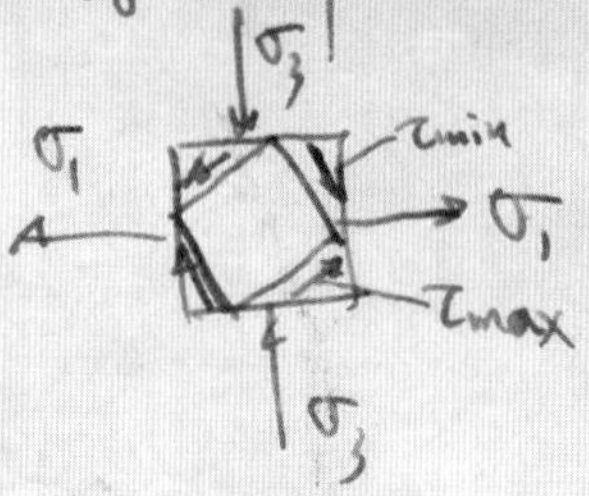


否则就不可能，也即不能使得 $\tau_{max}$ 与 $\tau_{min}$ 两个面在同一单元内。

第八章(上) 平面变形的滑移场解法.

§5-1. 平面变形.

一.. 概述..

实例.. 二中模的压力.

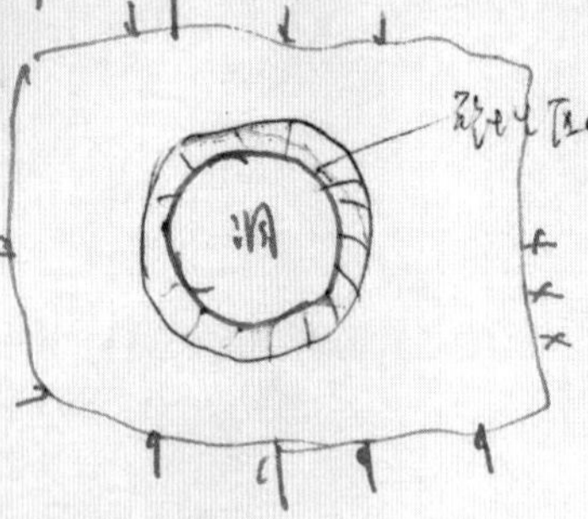


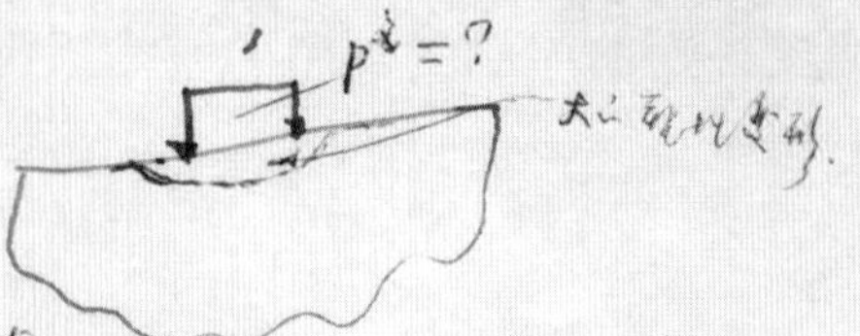


问题假定. 以荷载、物体几何形状与Z轴(带之情周)无关..

故设. $u=u(x,y)$

$v=v(x,y)$

$w=\begin{cases}0 & 平面变形.. \\ 常数.. & 广义平面变形.\end{cases}$

(或叫准平面变形)

$$\varepsilon_z=\begin{cases}0 & 平面应变 \\ 常数. & 广义平面应变\end{cases}$$

$\varepsilon_z=0$. 则 $\varepsilon_x=-\varepsilon_y$

$\varepsilon_x=\frac{\partial u}{\partial x}$. $\varepsilon_y=\frac{\partial v}{\partial y}$.

$\gamma_{xy}=\frac{\partial u}{\partial y}+\frac{\partial v}{\partial x}$

应力值..

$$\begin{cases}\sigma_x=\sigma_x(x,y) \\ \sigma_y=\sigma_y(x,y) \\ \sigma_z=f(\sigma_x,\sigma_y).\end{cases}$$

$\tau_{xy}=\tau_{xy}(x,y)$

$\tau_{xz}=\tau_{yz}=0$

解决问题的困难..

前二章.均属于简单变形理论 — 平面. 作用并元 (单变曲).

因为假设固有.. 传问题等需处理.

求解之问.. 在任意荷载下.. 变形后的形状是待确定.

(1). 塑性区的形状是待定的. 而且是不断变化.

(2) 变形的几何关系无法确定

(3) 塑性体的本构方程.. 仅只有.

$$\begin{bmatrix}\frac{\partial}{\partial x} & \frac{\partial}{\partial y}\end{bmatrix}\begin{bmatrix}\sigma_x & \tau_{xy} \\ \tau_{yx} & \sigma_y\end{bmatrix}+\begin{bmatrix}F_x \\ F_y\end{bmatrix}=0$$

平面问题的特点与影响.. (1). 由应力平衡方程.

(2). 找出平衡的解.

(3). 研究解的特性.

二 假定条件..

(1). 刚塑性体.

(2). 体积不变.

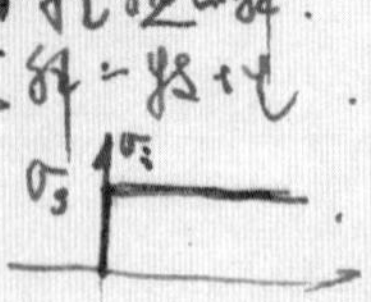


刚塑性之定义.. 在弹性区,变形为零,而应力不超过零.. 在塑性区 应力为定值 $\sigma_i=\sigma_s$. $\varepsilon_i$=不定

三.. 平面变形问题基本方程..

未知函数.. $\sigma_x$. $\sigma_y$. $\tau_{xy}$.

方程. 1.. 平衡. $\left.\begin{aligned}\frac{\partial\sigma_x}{\partial x}+\frac{\partial\tau_{xy}}{\partial y}=0 \\ \frac{\partial\tau_{yx}}{\partial x}+\frac{\partial\sigma_y}{\partial y}=0\end{aligned}\right\}$ 一阶偏微分方程组

2. 屈服条件.. 屈雷斯卡. mises条件.. $\}$ $(\sigma_x-\sigma_y)^2+4\tau_{xy}^2=4k^2$ $\begin{cases}k=\frac{\sigma_s}{2} \\ k=\frac{\sigma_s}{\sqrt{3}}\end{cases}$

Trasca.. $k=\frac{\sigma_s}{2}$

Mizes $k=\frac{\sigma_s}{\sqrt{3}}$

3.. 物理方程.. $\sigma_x-\sigma_0=\frac{2\sigma_i}{3\varepsilon_i}(\varepsilon_x-\varepsilon_0)$
\- - - - - - - - } 依为塑性理论..

由这物理方程.可推证出..

$\sigma_z=\frac{1}{2}(\sigma_x+\sigma_y)$. (平面应变.理想塑性体)

因此..由平衡方程和屈服条件.(塑性条件)就可求解 $\sigma_x.\sigma_y.\tau_{xy}$.

但数学上有困难..故采用特征线解法——滑移线.

$\because\sigma_z=\sigma_2$ $(\because\varepsilon_z=\gamma_{zx}=\gamma_{zy}=0)$
$=\sigma_0=\frac{1}{2}(\sigma_1+\sigma_3)=\frac{1}{2}(\sigma_x+\sigma_y)$
$\sigma_0=\frac{1}{3}(\sigma_1+\sigma_2+\sigma_3)$
$\sigma_2=\sigma_0$
$=\frac{1}{2}(\sigma_1+\sigma_3)$. $\therefore\sigma_0=\frac{1}{2}(\sigma_x+\sigma_y)$

## §5-2..滑移线及其性质.

1..滑移线的概念..
$$\begin{cases}\frac{\partial\sigma_x}{\partial x}+\frac{\partial\tau_{xy}}{\partial y}=0\\\frac{\partial\tau_{xy}}{\partial x}+\frac{\partial\sigma_y}{\partial y}=0\\\sigma_z=\sigma_s\end{cases}$$

塑性内任一点应力状态..

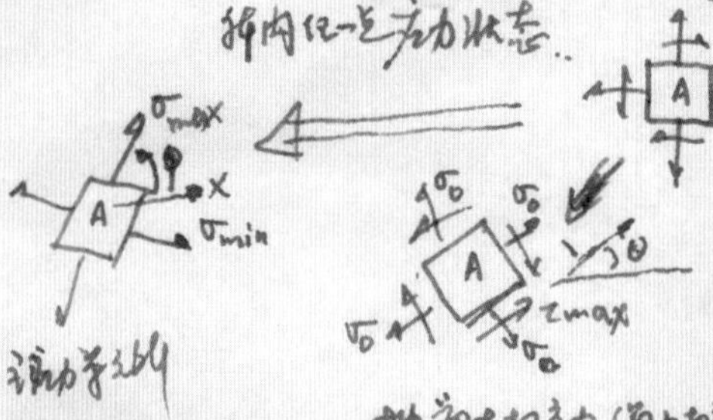


研究A点之应力状态..

$$\frac{\sigma_1}{\sigma_2}=\frac{\sigma_x+\sigma_y}{2}\pm\sqrt{\left(\frac{\sigma_x-\sigma_y}{2}\right)^2+\tau_{xy}^2}$$

$$\begin{cases}\frac{\tau_{max}}{\tau_{min}}=\pm\sqrt{\left(\frac{\sigma_x-\sigma_y}{2}\right)^2+\tau_{xy}^2}\\\sigma_0=\frac{1}{2}(\sigma_x+\sigma_y)\ (\text{平均应力})\end{cases}$$

按最大切应力(剪应力)表示之..

主应力方向 $\tan2\varphi=\frac{2\tau_{xy}}{\sigma_x-\sigma_y}$

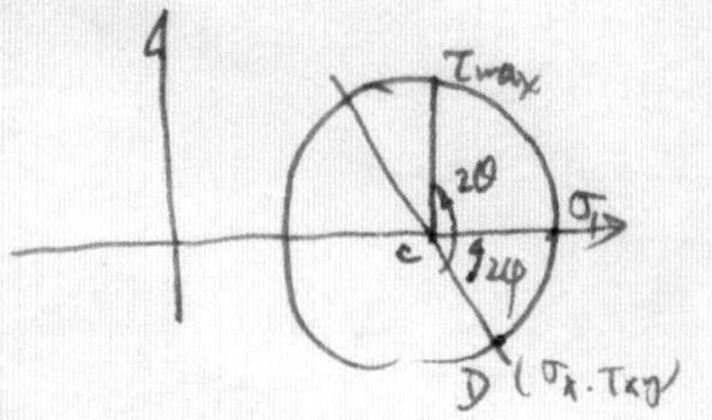


主剪应力方向 $\tan2\theta=-\frac{\sigma_x-\sigma_y}{2\tau_{xy}}$

~~$\varphi=\theta+\frac{\pi}{4}$~~. $\theta=\varphi+\frac{\pi}{4}$.

表示 $\theta.\varphi$ 之正向.

主应力迹线..~~某点~~联接主应力方向~~相同的各点的~~(曲线上各点之切线与主应力方向重合)
~~各点联接~~的曲线..

由于主应力有 $\sigma_{max}.\sigma_{min}$.所以主应力迹线有两条.且相互正交..

滑移线..~~凡是主剪应力方向相同的一些点连接起来的曲线~~..联接最大剪应力方向的曲线.

同理.滑移线也有两条.且正交..

①.滑移线上每点..$\tau_{min}$ 或 $\tau_{max}$ 都沿滑移线的切线方向.

②.滑移线代表剪切位错的方向..

③ 参数:用α参数.表示两族滑移线
β参数.

其方程式为 $\alpha=\alpha(x,y)$
$\beta=\beta(x,y)$

④.α、β的方向规定..
α的正方向与 $\tau_{max}$ 的正方向构成
右手坐标系..
而β与α又构成右手坐标系.

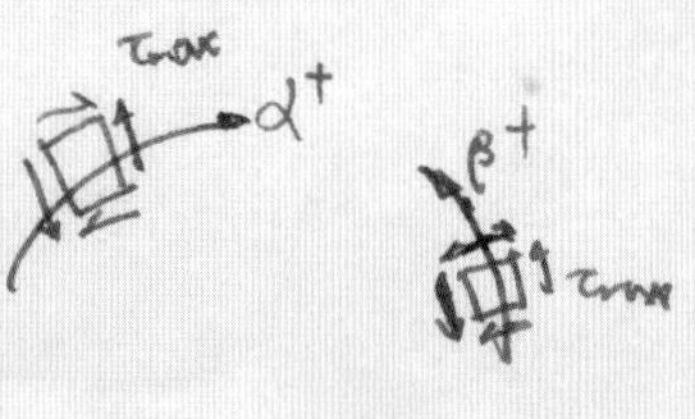

⑤ 用滑移线截取的应力单元体。

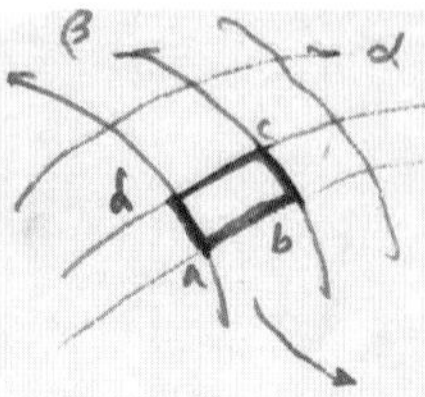


应力状态如右图所示。

$\tau_2 = \dfrac{\sigma_1-\sigma_3}{2}$ $\tau_1=\tau_3=\dfrac{\sigma_1-\sigma_3}{4}$ . $\sigma_0$

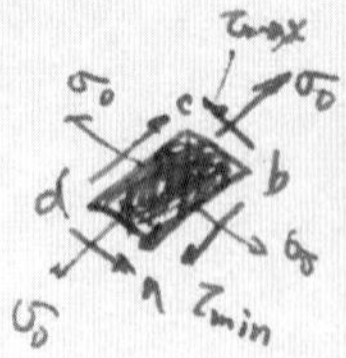


⑥ 滑移线上任一点A的切线与x轴之夹角 $\theta_A$ 叫

滑移切线角，简称为滑移线夹角。

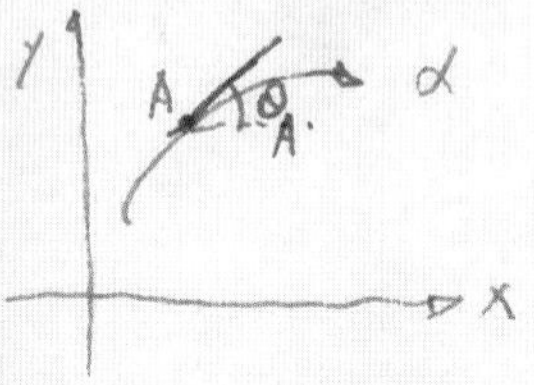


拉伸之滑移线是两组垂直之直线

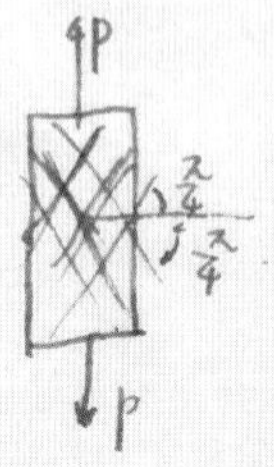


2 用滑移线的 $\sigma_0$, $\theta$ 表示应力分量

注：沿滑移线各点之 $\sigma_0$, $\theta$ 均是变化的.

$\sigma_0=\sigma_0(x,y)$. $\theta=\theta(x,y)$.

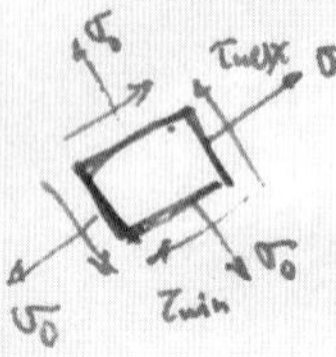


设材料进入塑性状态，需满足Mises或Tresca条件.

$\sigma_1-\sigma_3=\sigma_s$

或 $(\sigma_x-\sigma_y)^2+4\tau_{xy}^2=4K^2$ $\begin{cases}K=\dfrac{\sigma_s}{\sqrt3}\\ K=\dfrac{\sigma_s}{2}\end{cases}$ $K=\tau_{max}=\dfrac{\sigma_1-\sigma_3}{2}$

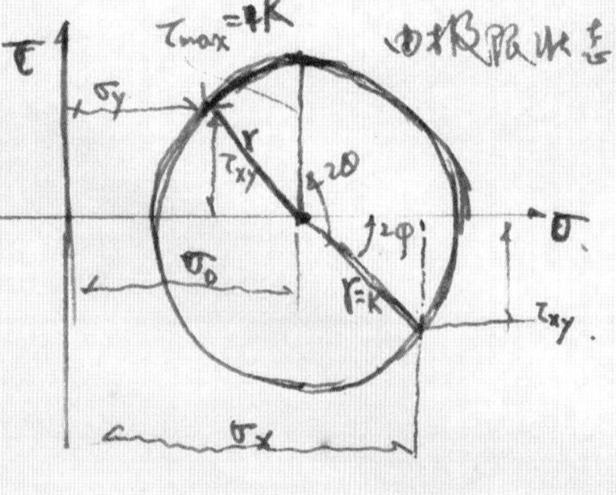


由极限状态画莫尔圆.（理想塑性）

$\left(\because\ 4K^2=\sigma_s^2.\quad 2K=\sigma_s\quad K=\dfrac{\sigma_s}{2}=\tau_{max}\right)$

取 $r=K=\tau_{max}$.

$$\begin{cases}\sigma_x=\sigma_0+K\cos2\varphi\\ \sigma_y=\sigma_0-K\cos2\varphi\\ \tau_{xy}=K\sin2\varphi\\ \varphi=\theta+\dfrac{\pi}{4}.\end{cases}$$

$(\because 2\theta = \dots(2\varphi+\frac{\pi}{2})$
$\therefore 2\theta=\pm(2\varphi+\frac{\pi}{2})$

⇓

$$\begin{cases}\sigma_x=\sigma_0-K\sin2\theta\\ \sigma_y=\sigma_0+K\sin2\theta\\ \tau_{xy}=K\cos2\theta.\end{cases}$$

这些应力分量之值总是满足塑性条件

将应力分量代入塑性条件. ($K=\frac{\sigma_s}{2}$ 或 $\frac{\sigma_s}{\sqrt3}$)

就能塑性条件自满足. . 因此. . 在塑性区内可不再考虑

塑性条件 仅需求解平衡方程. $\begin{rcases}\dfrac{\partial\sigma_x}{\partial x}+\dfrac{\partial\tau_{xy}}{\partial y}=0\\ \dfrac{\partial\tau_{xy}}{\partial x}+\dfrac{\partial\sigma_y}{\partial y}=0\end{rcases}$

3. . 按滑移线曲线坐标表示的平衡方程.

$$\left.\begin{aligned}&\frac{\partial\sigma_0}{\partial x}-2K\left(\cos2\theta\frac{\partial\theta}{\partial x}+\sin2\theta\frac{\partial\theta}{\partial y}\right)=0\\ &\frac{\partial\sigma_0}{\partial y}+2K\left(\cos2\theta\frac{\partial\theta}{\partial y}-\sin2\theta\frac{\partial\theta}{\partial y}\right)=0\end{aligned}\right\}\quad(5\text{-}7).$$

代表以 $\sigma_0$, $\theta$ 为未知函数的偏微分方程式. 自变量为 $(x,y)$（直角坐标）

该方程组为变系数 ($\cos2\theta$. $\sin2\theta$) 一阶 的非线性偏微分方程组. .

只有数值解法. .

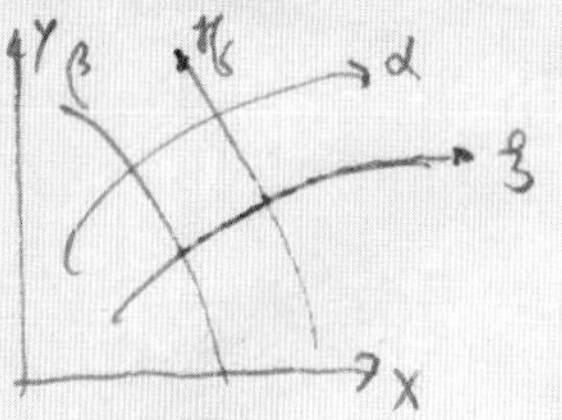


我们取滑移线作为曲线坐标，将平衡方程用曲线坐标表示。

取 $(\xi,\eta)$ 与 $(\alpha,\beta)$ 重合。

按曲线坐标系取应力单元体，建立微分方程式

同样可得 (5-7) 式。

这里 $\xi$ 代替 $x$ 轴，$\eta$ 代替 $y$ 轴。

$$\left.\begin{aligned}&\frac{\partial\sigma_0}{\partial\xi}-2k\left(\cos2\theta\frac{\partial\theta}{\partial\xi}+\sin2\theta\frac{\partial\theta}{\partial\eta}\right)=0\\&\frac{\partial\sigma_0}{\partial\eta}+2k\left(\cos2\theta\frac{\partial\theta}{\partial\eta}-\sin2\theta\frac{\partial\theta}{\partial\xi}\right)=0\end{aligned}\right\}\quad(5-8)$$

由 $\theta$ 之定义，当 $(x,y)\to(\xi,\eta)$ 时，$\theta\equiv0$，$\xi$-$\eta$ 曲线坐标永远重合。但 $\theta$ 沿 $\xi$、$\eta$ 轴是变化的，$\frac{\partial\theta}{\partial\xi}\neq0$，$\frac{\partial\theta}{\partial\eta}\neq0$。

∴ (5-8) 式简化为

$$\left\{\begin{aligned}&\frac{\partial\sigma_0}{\partial\xi}-2k\frac{\partial\theta}{\partial\xi}=0\\&\frac{\partial\sigma_0}{\partial\eta}+2k\frac{\partial\theta}{\partial\eta}=0\end{aligned}\right.\Rightarrow\left.\begin{aligned}&\frac{\partial}{\partial\xi}(\sigma_0-2k\theta)=0\\&\frac{\partial}{\partial\eta}(\sigma_0+2k\theta)=0\end{aligned}\right\}$$

θ是相对角的，是两点转角之差 $\theta=(\theta_b-\theta_a)|_{\xi,\eta}=(\theta_b-\theta_a)|_{x,y}$

$$\therefore\left.\begin{aligned}&\sigma_0-2k\theta=\varphi_1(\eta)\\&\sigma_0+2k\theta=\varphi_2(\xi)\end{aligned}\right\}\quad(5-9)$$

4. 滑移线场上解塑性力学问题的作用

$a_{11}\frac{\partial^2\varphi}{\partial x^2}+2a_{12}\frac{\partial^2\varphi}{\partial x\partial y}+a_{22}\frac{\partial^2\varphi}{\partial y^2}+\cdots=0$

⇓ 特征方程

$a_{11}dy^2-2a_{12}dxdy+a_{22}dx^2=0$

$\therefore\frac{dy}{dx}=\frac{a_{12}\pm\sqrt{a_{12}^2-a_{11}a_{22}}}{a_{11}}$

其中 $a_{12}^2-a_{11}a_{22}=\begin{cases}>0 & \text{双曲线型}\\ =0 & \text{抛物线型}\\ <0 & \text{椭圆型}\end{cases}$

判断特征线的形状。

这里 $\frac{dy}{dx}=\tan\theta\to\alpha$

$\frac{dy}{dx}=-\cot\theta\to\beta$

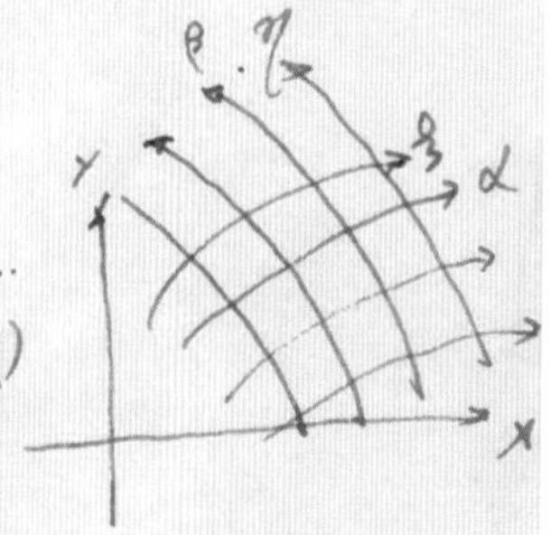


① 沿 $\alpha$ 线上，$\eta$ = 定值（如在 $x$ 线上 $y$ 为定值一样）

则 $\varphi_1(\eta)$ = 定值

∴ 沿 $\alpha$ 线上

$$\left.\begin{aligned}&\sigma_0-2k\theta=\text{定值}\\&\text{同理沿 }\beta\text{ 线上},\ \varphi_2(\xi)=\text{定值}\\&\sigma_0+2k\theta=\text{定值}\end{aligned}\right\}$$

求解应力：① 若滑移线的参数 $(\xi,\eta)$ 给定，$\theta$ 之值可定，则由滑移线任意一已知 $\sigma_0$ 之点（往往是边界点），则其他任一点之 $\sigma_0$ 均可定出。

例如 $\theta_a$，$\theta_b$，$\sigma_a$ 已知，求 $\sigma_b$。

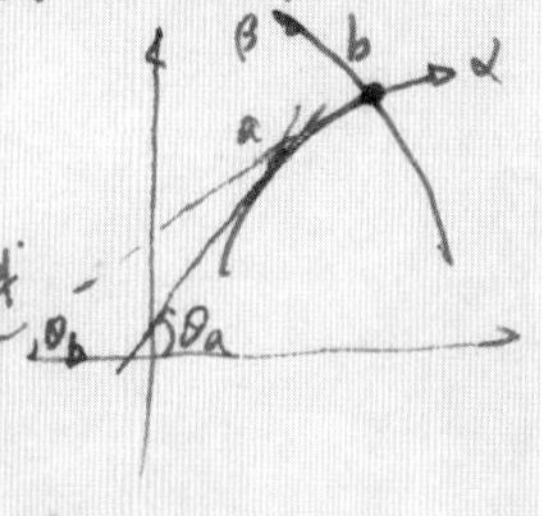


由 $\sigma_a-2k\theta_a=\sigma_b-2k\theta_a$

就求得 $\sigma_b=\sigma_a+2k(\theta_a-\sigma_b)$

再由 $\sigma_0+2k\theta$ = 定值可求出过 b 的 β 线上之应力

② 若滑移场内任意点的 $\sigma_0$，$\theta$ 求出，

则可由 $\begin{cases}\sigma_x=\sigma_0-k\sin2\theta\\ \sigma_y=\sigma_0+k\sin2\theta\\ \tau_{xy}=k\cos2\theta\end{cases}$ 求出场内任意点之应力分量。

结论.. 解塑性力学问题的方法可以转化为建立一个滑移场..

## 二.. 滑移线的性质..

性质1、 沿滑移线任意两点应力之差 $\sigma_a-\sigma_b=2k\theta_{ab}$ (α线上)

($\sigma_a$、$\sigma_b$ 为 a、b两点的平均应力, $\theta_{ab}=\theta_a-\theta_b$)

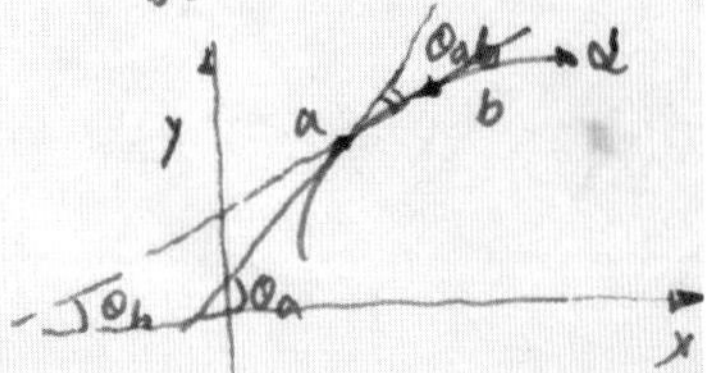


性质2.. 沿滑移线α,当由滑移线$\beta_1$转到$\beta_2$,
由转过的角度 $\theta_{AB}$ 与 $\theta_{DC}$ 是保持
不变的.. 即 $\theta_{AB}=\theta_{DC}$.

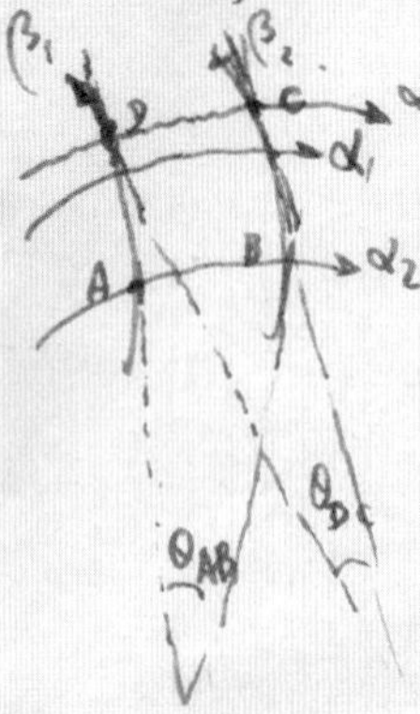


证明.. 沿$\beta_2$线.. $\sigma_c+2k\theta_c=\sigma_B+2k\theta_B=\xi_2$ …①

~~$\sigma_A+2k\theta_A$~~

$\sigma_c-2k\theta_c=\sigma_D-2k\theta_D=\eta_2$ ..②

$\sigma_A+2k\theta_A=\sigma_D+2k\theta_D=\xi_1$ ③

$\sigma_A-2k\theta_A=\sigma_B-2k\theta_B=\eta_1$ ④

由①~④ 解出 $\theta_A=\frac{1}{4k}(\xi_1-\eta_1)$

$\theta_B=\frac{1}{4k}(\xi_2-\eta_1)$

$\theta_C=\frac{1}{4k}(\xi_2-\eta_2)$

$\theta_D=\frac{1}{4k}(\xi_1-\eta_2)$.

所以. $\theta_{DC}=\theta_D-\theta_C=\theta_{AB}=\theta_A-\theta_B=\frac{1}{4k}(\xi_1-\xi_2)$

性质3.. 在滑移线场中,已知某点的$\sigma_0$,则可求出任意一点的$\sigma_0$。

性质4.. 沿直线的滑移线 $\sigma_0$、θ是不变的.. ($\sigma_0-2k\theta=\eta$)

性质5.. 对于一个均匀的应力场(各点的$\sigma_0$相同),则滑移场是两族正交的平行直线..

## 三.. 简单应力状态的滑移线..

1>. 均匀应力场..

两族正交的平行直线.

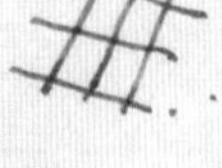

2>. 中心应力场 (中心场)

$\sigma_r=\sigma_\theta=\sigma_0$.

第一族是直线,汇交于O.

另一族是同心圆..

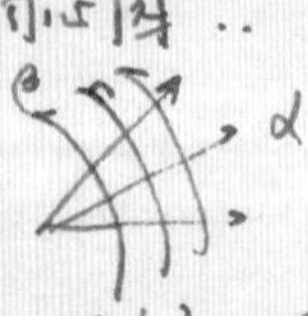


3>. 与均匀应力场相连的滑移场也是简单应力场..

## §5-3 由边界条件建立滑移场的图解法

### 一、边界条件的变换

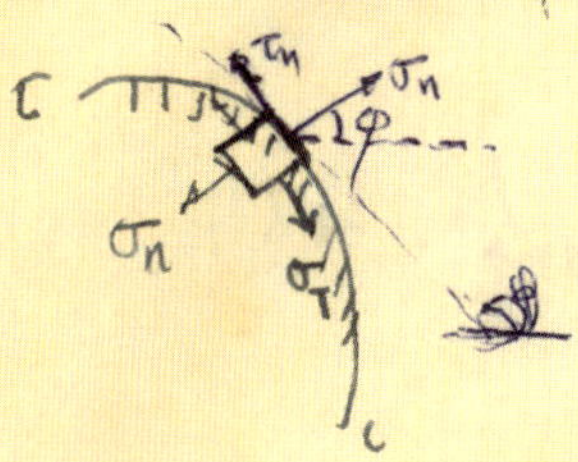

直边界C-C上，给出 $\sigma_n$, $\tau_n$, $\varphi$，求滑移场。

因为滑移线的未知函数是 $\sigma_0$, $\theta$，

∴ 应将边界条件换成用 $\sigma_0$, $\theta$ 来表示。

利用斜截面应力公式。（见教书 P116）

$$\begin{cases}\sigma_n = \sigma_0 - K\sin 2(\theta-\varphi)\\ \tau_n = K\cos 2(\theta-\varphi)\\ \sigma_t = 2\sigma_0 - \sigma_n\end{cases}$$

（∵ $\sigma_0 = \frac{1}{2}(\sigma_t+\sigma_n)$）

由上式可得出：

$$\begin{cases}\theta = \varphi \pm \frac{1}{2}\cos^{-1}\frac{\tau_n}{K}\\ \sigma_0 = \sigma_n + K\sin 2(\theta-\varphi)\end{cases} \quad (5-13)$$

### 二、建立滑移线场

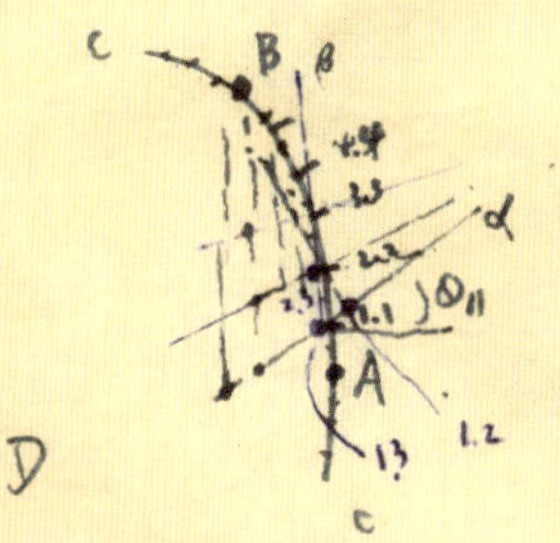

1）将BA段分成若干等分，编号。

2）由(5-13)计算各点的 $\sigma_0$, $\theta$

记为 $\sigma_{11}$, $\sigma_{22}$ ……

$\theta_{11}$, $\theta_{22}$ ……

3）从(1.1)点开始，按 $\theta_{11}$ 作切线（α线）

由(2,2)点按 $(\theta_{22}+\frac{1}{2}\pi)$ 作（β线）切线。

这两条直线必交于一点(1.2)，此点在滑移线上。

4）从(2,2)点按 $\theta_{22}$ 作切线

由(3,3)点按 $(\theta_{33}+\frac{\pi}{2})$ 作切线，得(2,3)，(1,3)点。

如此继续，得(3.4)，(4.5)……

5）计算(1.2)，(1.3)，(3.4)……各点的 $\sigma_0$, $\theta$ 值。

6）以第一批各点的 $\sigma_0$, $\theta$ 值重复(3)，(4)，(5)的步骤，得第二批各点……

最后得到ABD，为边界AB的滑移区。

$$\begin{cases}\sigma_{12} - 2K\theta_{12} = \sigma_{11} - 2K\theta_{11}\\ \sigma_{12} + 2K\theta_{12} = \sigma_{22} + 2K\theta_{22}\end{cases}$$

$$\therefore \begin{cases}\sigma_{12} = \frac{1}{2}(\sigma_{22}+\sigma_{11}) + K(\theta_{22}-\theta_{11})\\ \theta_{12} = \frac{1}{4K}(\sigma_{22}-\sigma_{11}) + \frac{1}{2}(\theta_{22}+\theta_{11})\end{cases}$$

### 滑移线的一般特点（结构力学书）

1. 滑移线是变形体进入塑性状态后的最大剪应力迹线，是二族正交的曲线族，过一点只能有两条滑移线。
2. 滑移线与主应力迹线相交成45°。
3. 滑移线场分布于塑性变形体中，一直延伸到塑性体的边界。
4. 应力场不同，滑移线场也不同。若滑移线场已确定，则应力场就确定。
5. 滑移线场中任意点的最大剪应力均相同，$\tau_{max} = k$，但各点的平均应力 $\sigma_0$ 则不同，而 $\sigma_0$ 仅与 $\theta$ 有关。

## §5-5、平头冲模的压入.

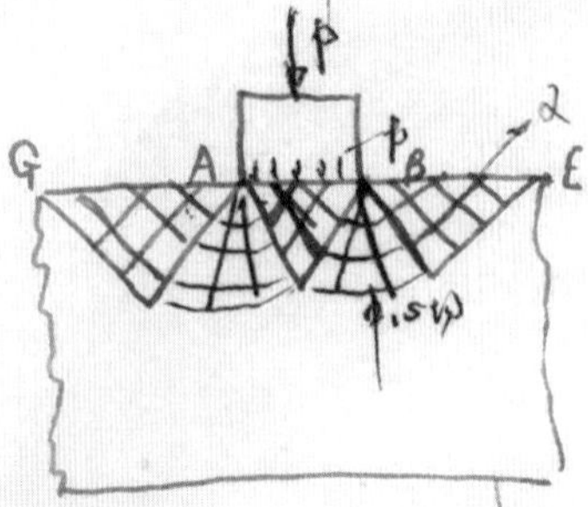


问..

(一)建立滑移场..

假定..当板刚进入塑性状态后，按场分布

1>. BE区域..

$\sigma_n = 0$

$\tau_n = 0$

$\varphi = \frac{\pi}{2}$ (N-S X轴的夹角)

按5-13式..求..

$$\begin{cases} \theta = \frac{\pi}{2} \pm \frac{\pi}{4} \\ \sigma_0 = \pm K \\ \sigma_t = \pm 2K \end{cases}$$

对BC

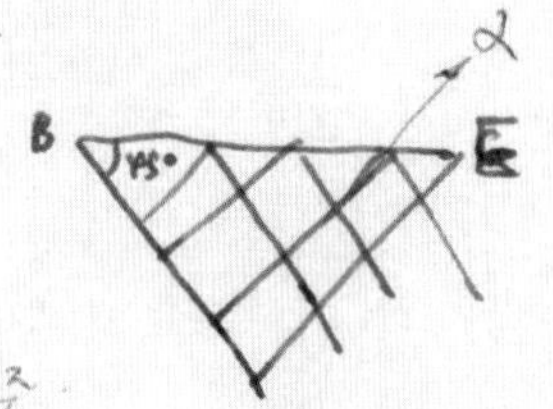


分析速度点. BE上.

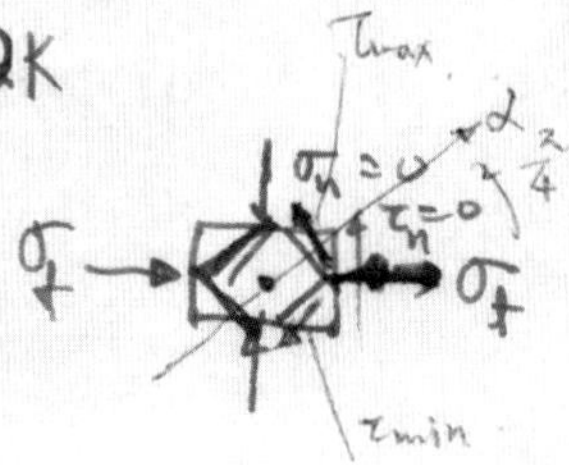


在BE上 $\sigma_t$ (压)

$\therefore \sigma_t = \sigma_2$.

$\sigma_n = \sigma_1$.

一般地说

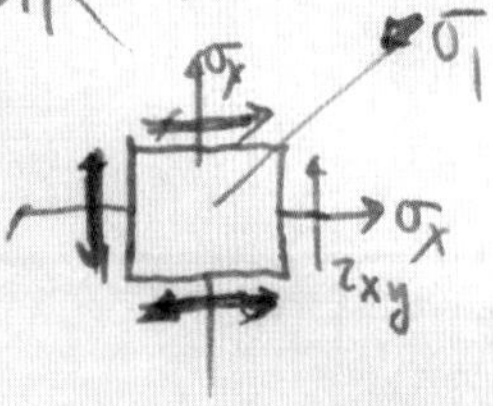


旋转σ后

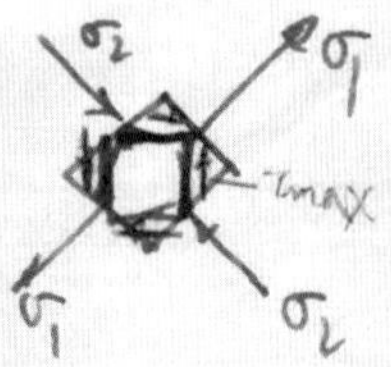


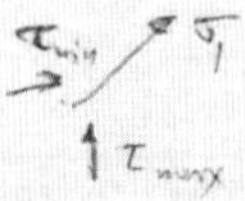

$\sigma_3 = \sigma_1'\cos\frac{\pi}{2} - \sigma_2'\sin\theta + \sigma_3'\cos\theta$.

⑤ 将 $\sigma_1$、$\sigma_2$、$\sigma_3$ 代入 Tresca, Mises 条件。

得到 $(\sigma_1', \sigma_2')$ 之间的方程 消去 $\sigma_3'$.. 得到屈服曲面的二维形状..

3、特种材料情况

1)、"若采用其他形式的屈服条件.. 类似地把 $\sigma_1$、$\sigma_2$、$\sigma_3$ 代入条件中

得到一个屈服面(柱体)的距离是随 $\sigma_0$ 而变化的曲面..

如. $f(\sigma) = (\sigma_1-\sigma_2)^2 + (\sigma_2-\sigma_3)^2 + (\sigma_3-\sigma_1)^2 + K\sigma_0$ 则

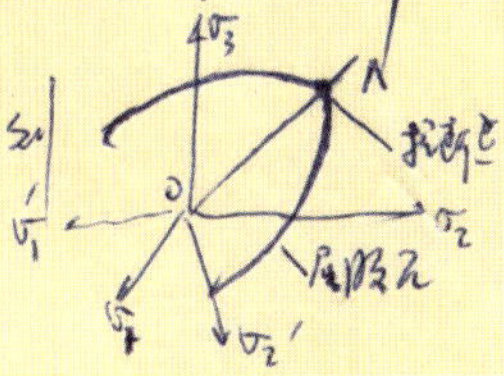


2)、若材料抗拉与抗压不等。

单向拉伸或单向压缩在屈服曲面上是哪些点?

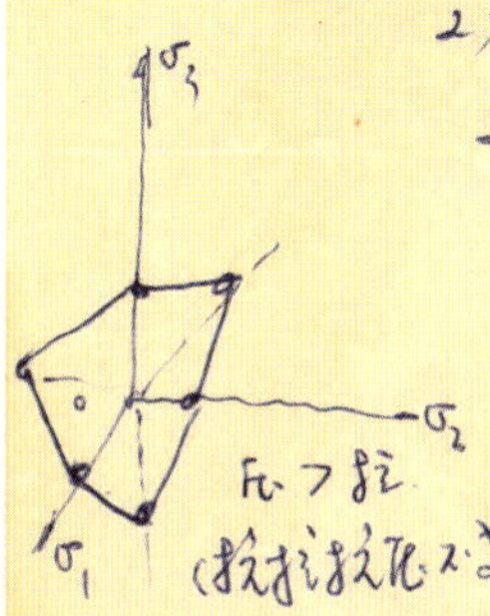


A, B C —— 单向拉伸点

A' B' C' —— 单向压缩点

EFG, HI —— 纯剪切屈服点

$\delta_1 \neq \delta_2$.. 抗拉抗压不等..

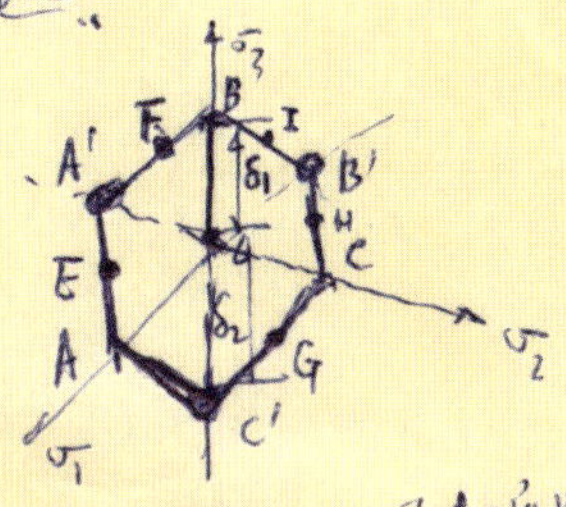


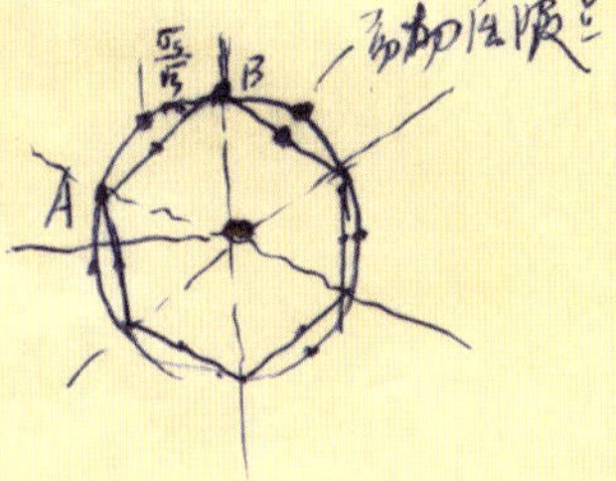

(13.14.15述)

7. 一点的应力状态

① 任意应力分量 $\sigma_x$. $\sigma_y$. $\tau_{xy}$ … 描述

② 主应力 $\sigma_1$. $\sigma_2$. $\sigma_3$ 描述

③ 应力圆 描述

④ 应力椭球 表述

⑤ 用 $\tau_8$. $\sigma_8$. $\omega_\sigma$ 描述

$$\begin{cases} S_1 = \frac{2}{\sqrt{3}} T \cos(\omega_\sigma - \frac{\pi}{3}) = \sqrt{2}\, \tau_8 \cos(\omega_\sigma - \frac{\pi}{3}) \\ S_2 = \frac{2}{\sqrt{3}} T \cos(\omega_\sigma + \frac{\pi}{3}) \\ S_3 = -\frac{2}{\sqrt{3}} T \sin\omega_\sigma \end{cases}$$

应力的投影关系

任意一点的应力状态，不论经过怎样的方式和步骤，其投影结果是一致。

步骤. 将 P ⟶ $P_1 P_2 P_3$ ⟶(向π平面投影) $\sigma_1'$. $\sigma_2'$. $\sigma_3'$. 再向 $O\sigma_1'$ 投影. 结果（投影相等）

再向 $O\sigma_2'$ 轴、$O\sigma_3'$ 轴

// gleich

P ⟶ $\sigma_N$. $\tau_N$ ⟶(在π平面) { 向 $O\sigma_1'$ 轴 / $O\sigma_2'$ 轴 / $O\sigma_3'$ 轴 } 投影

8) (20、21提交)

屈服曲面的几何形状与屈服条件的比较

屈服条件比较
① 与平均应力 $\sigma_0$ 无关
② 与 $\sigma_1$. $\sigma_2$. $\sigma_3$ 都是对称的（拉压一样）
③ 与材料的 $\sigma_s$ 有关
④ 仅与 $J_2$ 有关

屈服曲面的几何形状. 由① 推得，屈服曲面是平行于 Λ 线

由② 屈服曲面上的点到 Λ 线的距离对每个轴来说是对称的。

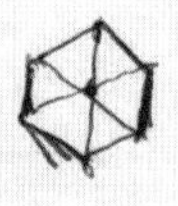

由③ 屈服曲面到 Λ 线的距离由 $\sigma_s$ 决定的，

由④ Λ 位于 $\sigma_s$ 距离之内，表示该点不屈服，Λ' 位于 $\sigma_s$ 距离之上，该点刚好进入屈服。

从而可判断屈服曲面的几何形状。

描述两种屈服条件的几何形状

1) Tresca 条件
$$\begin{cases} \sigma_1 - \sigma_2 \le \pm\sigma_s \\ \sigma_2 - \sigma_3 \le \pm\sigma_s \\ \sigma_3 - \sigma_1 \le \pm\sigma_s \end{cases}$$

2) 具体步骤（一般方法）

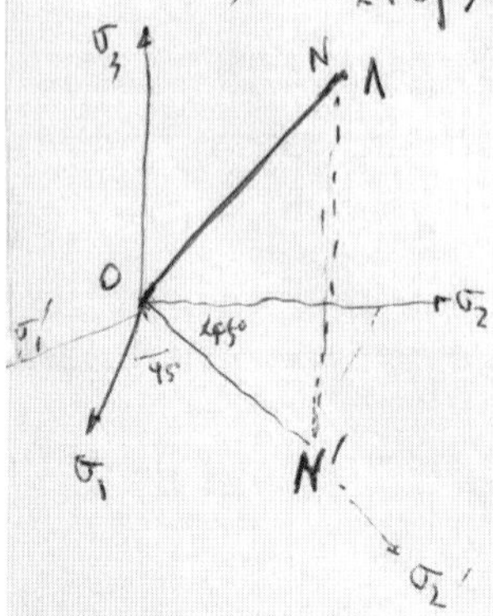


① 将 ON 投影到 $\sigma_1 O \sigma_2$ 平面得 ON'（与 $O\sigma_1$ 成 45°）

② 将 $O\sigma_1$, $O\sigma_2$ 绕 $O\sigma_3$ 旋转 45°，使 $O\sigma_2$ 与 ON' 重合。 $\psi = 45°$

③ 将 $O\sigma_3$, $O\sigma_2$ 绕 $O\sigma_1$ 旋转，使 $O\sigma_3$ 与 Λ 线重合

转角 $\theta = \cos^{-1}\frac{1}{\sqrt{3}} = 54°44'$

由此得新的坐标系 $O\sigma_1'\sigma_2'\sigma_3'$

④ 建立坐标变换 用 $\sigma_1'$, $\sigma_2'$, $\sigma_3'$ 表示 $\sigma_1$, $\sigma_2$, $\sigma_3$.

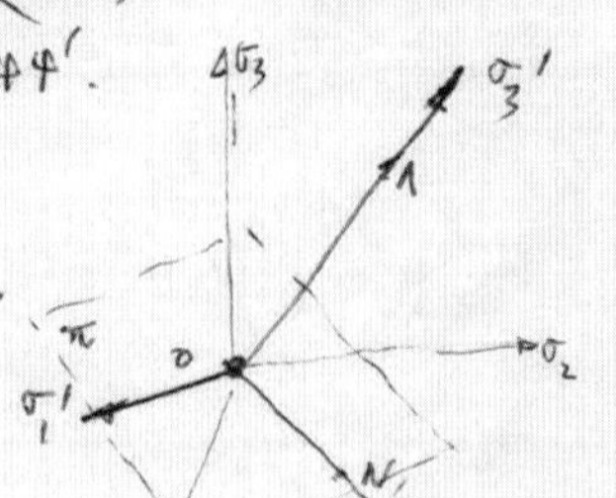


$\sigma_1 = \sigma_3' \frac{1}{\sqrt{3}} + \sigma_2' \cos\theta \sin\psi + \sigma_1' \cos\psi$

= $O\sigma_1'$, $O\sigma_2'$, $O\sigma_3'$ 向 $O\sigma_1$ 投影的代数和.

$\sigma_2 = -\sigma_1' \sin\psi + \sigma_2' \cos\theta \cos\psi + \sigma_3' \cos\theta$

4）八面体之剪应力 $\tau_8$

a）利用斜截面之应力 $\sigma_N$、$\tau_N$ 之公式求得

b）表达式

$$\tau_8 = \begin{cases} \frac{1}{3}\sqrt{(\sigma_x-\sigma_y)^2+(\sigma_y-\sigma_z)^2+(\sigma_z-\sigma_x)^2+6(\tau_{xy}^2+\tau_{yz}^2+\tau_{zx}^2)} & \text{任意坐标系} \quad \text{——(a)} \\ \frac{1}{3}\sqrt{(\sigma_1-\sigma_2)^2+(\sigma_2-\sigma_3)^2+(\sigma_3-\sigma_1)^2} & \text{主应力表示} \quad \text{——(b)} \\ \frac{1}{\sqrt{3}}\sqrt{S_x^2+S_y^2+S_z^2+6(\quad)} & \text{应力偏量} \quad \text{——(c)} \end{cases}$$

说明：
- 由ⓐ式仅能定出 $\tau_8$ 之大小。
- 由ⓑ式能定出 $\tau_8$ 之大小，且能定出 $\tau_8$ 之方向 $\omega_8$。
- 由ⓒ式可以定出公式中 $d\varepsilon_x=(d\mu)S_x$ 中之参数 $(d\mu)$。

c. $\tau_8$ 之特征和其重要性

①. $\tau_8$ 对于这点来说是定值，即与截面之方位无关。

②. $\tau_8$ 是应力偏量，如此仅只引起一点之塑性变形。

③. $\tau_8$ 又与平均应力 $\sigma_0$ 分开，即与 $\sigma_0$ 无关。（$\because \sigma_8=\sigma_0$）

∴ 取 $\tau_8$ 作为塑性变形之特性参数。

6. 讨论 $\Lambda$ 上之各点的偏量特性

在 $\sigma_1$、$\sigma_2$、$\sigma_3$ 坐标系下直线方程。

1）$\Lambda$，$\Lambda'$。

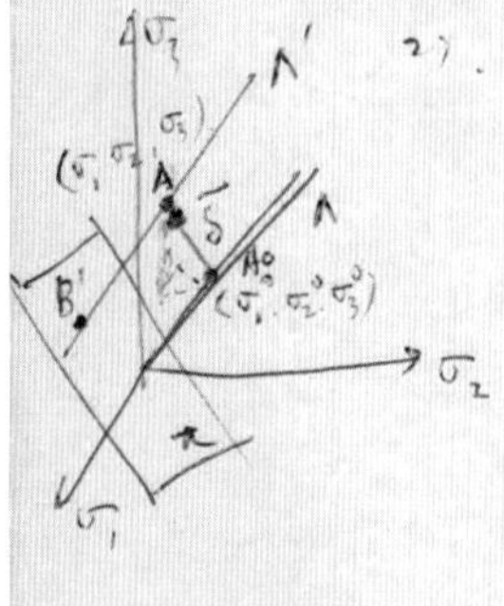


2）$\sigma_1-c_1=\sigma_2-c_2=\sigma_3-c_3=K$　的物理意义。

∵ 在 $\Lambda$ 上 M 点 $(\sigma_1^0, \sigma_2^0, \sigma_3^0)$ 为 $\left(\frac{\sigma_0}{3}, \frac{\sigma_0}{3}, \frac{\sigma_0}{3}\right)$

在 $\Lambda'$ 上 M' 点 $(\sigma_1, \sigma_2, \sigma_3)$。

取 $\overline{\delta}=\overline{MM'}$，在 $\sigma_1$、$\sigma_2$、$\sigma_3$ 上投影为 $(c_1, c_2, c_3)$

设 $\overline{MM'}\perp\Lambda$，$\Lambda'$。

则 $\Lambda'$ 在 $\pi$ 平面之交点 B' 坐标 $(c_1, c_2, c_3)$

∴ $\Lambda'$ 方程　$\frac{\sigma_1-c_1}{m}=\frac{\sigma_2-c_2}{n}=\frac{\sigma_3-c_3}{p}$

$$\left.\begin{aligned} \sigma_1&=\sigma_0+c_1 \\ \sigma_2&=\sigma_0+c_2 \\ \sigma_3&=\sigma_0+c_3 \end{aligned}\right\}$$

∴ $c_1$、$c_2$、$c_3$ 代表该点之应力偏量，即 $S_1=c_1$，$S_2=c_2$，$S_3=c_3$ 在 $\Lambda'$ 上

∴ $S_1=\frac{2c_1-c_2-c_3}{3}$，$S_2=\frac{2c_2-c_3-c_1}{3}$，$S_3=\frac{2c_3-c_1-c_2}{3}$

3. $\Lambda$ 与 $\Lambda'$ 之相互关系

A 点之应力 $(\sigma_{ij})_A=(\sigma_0)_A+(D_\sigma)_A$。

沿 ON 线取 $OA_0=(\sigma_0)_A$，与 $\Lambda'$ 之垂直距离 $AA_0=|\delta|=(D_\sigma)_A=$ 常数。

物理意义：所有位于 $\Lambda'$ 上之点之应力，其差别只是平均应力，而偏量部分都相同。

结论：材料是否屈服，取决于 $\Lambda'$ 线之位置。

(2) 阶梯加载

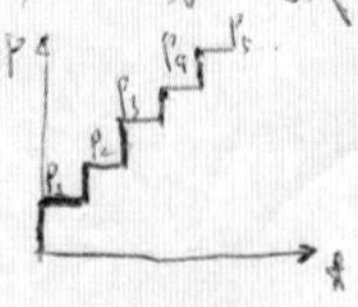

通过 $\varepsilon_3 = \varepsilon_总 - \varepsilon_1 - \varepsilon_2 - \varepsilon_4$

4. $\sigma-\varepsilon$ 图

1) 强化阶段

总应变 = 弹性应变 + 塑性应变

= 弹性应变 + 屈服状态的塑变 + 强化后的塑变

$$\varepsilon = \frac{\sigma}{E} + \varepsilon_K + \left(\frac{\sigma-\sigma_S}{F}\right)^{\frac{1}{n}} \text{—强塑}$$

($\varepsilon_K$ 屈塑)

2) 不同阶段，应力应变关系不同。

5. 应力状态中的几个概念：

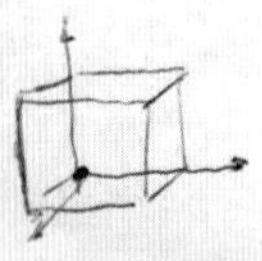

1) 关于一点应力分析的方法

a) 确定危险点（最早屈服点）

b) 过该点截取微元体 —— 计算应力，应力分量 $\sigma_x$ $\sigma_y$ $\tau_{xy}$ ……

方法：拉伸 $\sigma = \frac{P}{F}$

弯曲 $\sigma_x = \frac{My}{J_z} = \frac{M}{W_z}$

内压：薄壁圆筒、厚壁圆筒（径力）$\sigma_r$ $\sigma_\theta$

扭转 $\tau = \frac{M\rho}{J_\rho} = \frac{M}{W_\rho}$

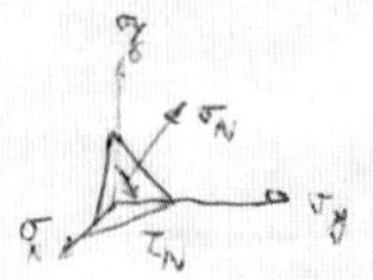

c) 任意斜截面的应力 $\sigma_N$, $\tau_N$

d) 主应力 $\sigma_1$, $\sigma_2$, $\sigma_3$ 及方向

$\tau_{max}$, $\tau_{min}$ 及方向

2) 从主应力 $\sigma_1$, $\sigma_2$, $\sigma_3$ 出发推导、建立

a. 八面体的剪应力 $\tau_8$，正应力 $\sigma_8$

b. 主应力偏量

c. 应力偏量第二不变量 $I_2(D_\sigma)$

由此可以求 $T$, $\sigma_i$

3) 应力偏量第二不变量

目的：$I_2(D_\sigma)$ 是很重要一点屈服的物理量

表示的形式：$I_2(D_\sigma) = -(S_1S_2+S_2S_3+S_3S_1)$ 应力偏量表示

$= \frac{1}{2}[S_1^2+S_2^2+S_3^2]$

$= \frac{1}{6}[(\sigma_1-\sigma_2)^2+(\sigma_2-\sigma_3)^2+(\sigma_3-\sigma_1)^2]$ → 主应力表示

$= \frac{2}{3}[\tau_1^2+\tau_2^2+\tau_3^2]$ → 主剪应力表示

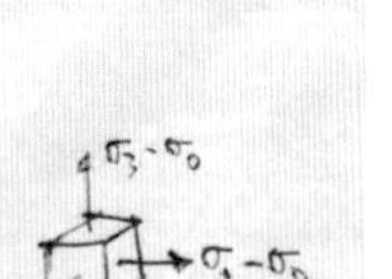

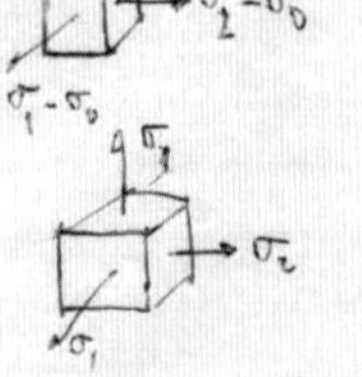

考虑三个应力状态对应一种不变量 $I_2(D_\sigma)$

概括起来：三者都表示的形状改变一致的。

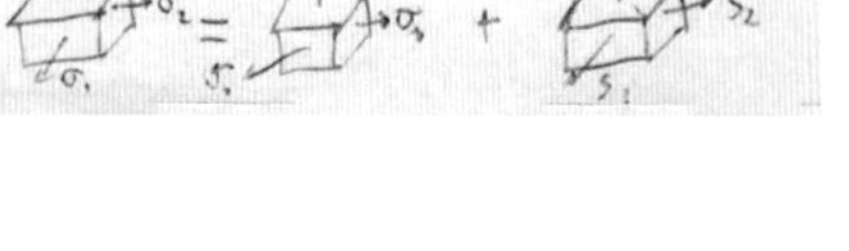

习题之课

1. 在弹加中 使用公式 $F_0 l_0 = F_t l_t$ 体积不变

在塑性中 是否有 $\varepsilon_{ij}^e \neq 0$ 为什么？

$$\because \frac{F_0 - F_t}{F_0} = \psi \to F_t = F_0(1+\psi)$$

$$\frac{l_t - l_0}{l_0} = \delta \to l_t = l_0(1+\delta)$$

$$\therefore F_t l_t = F_0 l_0 (1+\psi)(1+\delta)$$

$$\because \psi \ll 1 \quad \delta \ll 1$$

$$\therefore F_t l_t = F_0 l_0$$

但在塑加中 $\varepsilon_{ij} = \varepsilon_{ij}^e + \varepsilon_{ij}^p$

$\varepsilon_{ij}^e$ 与 $\varepsilon_{ij}^p$ 是同一量级无穷小

$\therefore \varepsilon_{ij}^e \neq 0$ （除非大塑性变形 $\varepsilon_{ij}^e \ll \varepsilon_{ij}^p$ 时，才可取 $\varepsilon_{ij}^e = 0$）

2、 $\sigma_t$ 随 $\varepsilon$ 之加大而增大，两者的比值

$$\frac{\sigma_t}{\sigma} = 1 + \varepsilon$$

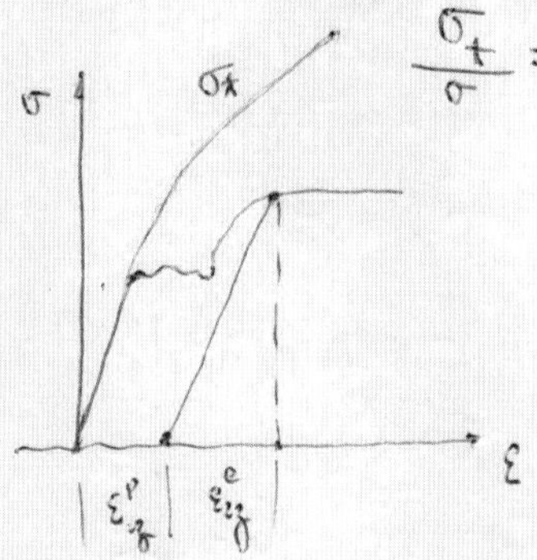


在压力加工中 必须采用 真应力

因应变很大时，两者区别很大，必须用真应力应变

3） 画 $\sigma_t = \sigma(1+\varepsilon)$ 曲线

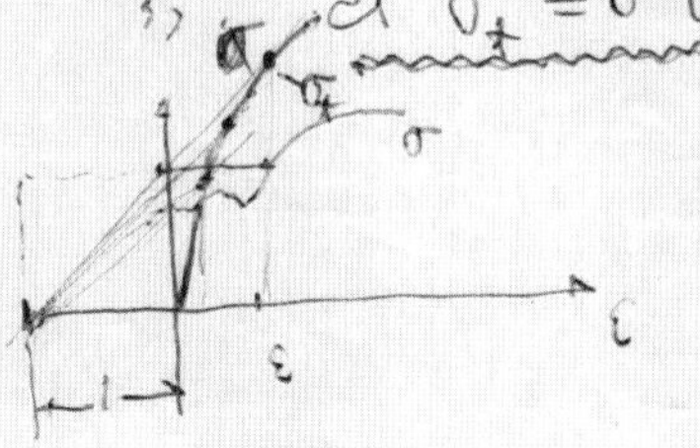


利用 $\frac{\sigma_t}{\sigma} = \frac{(1+\varepsilon)}{1}$ 相似三角形关系

3、可加物理量，不可加物理量

可加性 / 不可加性 } 在塑性变形中进行加载和卸载过程中，这个物理量是否能用各个阶段的该量之相加而得到

提出问题的目的：1）拉伸 a→b $\varepsilon_{p_1} = \frac{b-a}{a}$ $\bar{\varepsilon}_{p_1} = \ln\frac{b}{a}$

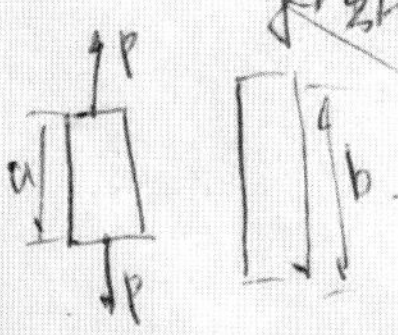


再压 b→a $\varepsilon_{p_2} = \frac{a-b}{b} = -\frac{b-a}{b}$ $\bar{\varepsilon}_{p_2} = \ln\frac{a}{b} = -\ln\frac{b}{a}$

显然 $\varepsilon_{p_1} \neq -\varepsilon_{p_2}$ 且名义应变不能同时表达加载、卸载的应变状态

$\bar{\varepsilon}_{p_1} = -\bar{\varepsilon}_{p_2}$ 真应变能够同时表达加载卸载的应变状态

(σ, ε) curve.

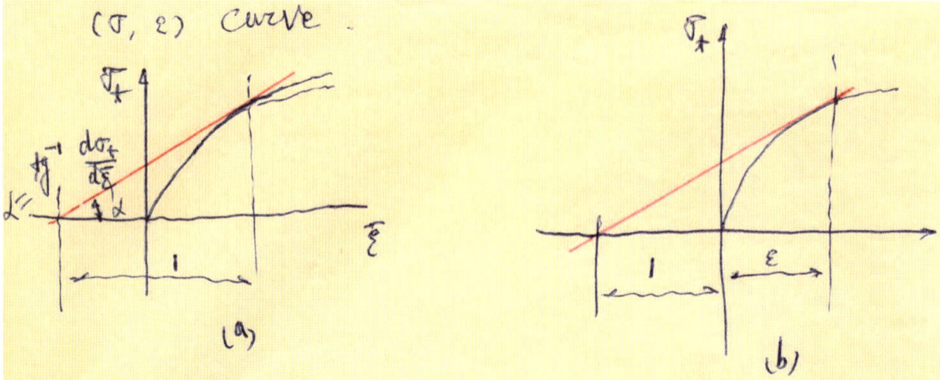


Note. Logarithmic strains are additive, whereas engineering strains are not. This follows from the definition, but we may illustrate this further by considering the simple example of a bar of material with gauge length $l_1$ being straind under uniaxial ~~stra~~ stress to a length $l_2$. The strain $\bar{\varepsilon}_1 = \ln\frac{l_2}{l_1}$. If later the bar is ~~future~~ further extended from length $l_2$ to length $l_3$, the further strain will be $\bar{\varepsilon}_2 = \ln\frac{l_3}{l_2}$, and the total ~~that a comparison~~ strain will be $\bar{\varepsilon} = \ln(l_2/l_1) + \ln(l_3/l_2) = \ln(l_3/l_1)$.

It will be shown later a comparison of stress-strain curves obtained under different stress-systems can be made on the basis of logarithmic strain, but not on a basis of engineering strain.

真实应力—真实应变曲线——第三类硬化曲线...

$F_0 l_0 = F l$. $\frac{l}{l_0} = \frac{F_0}{F}$ 在颈缩前均匀塑性变形阶段存在.

$\bar{\varepsilon} = \ln\frac{l}{l_0} = \ln\frac{F_0}{F} = \ln(1+\varepsilon) = \ln\frac{1}{1-\psi}$

$F = F_0 / e^{\bar{\varepsilon}}$ $\quad\therefore \sigma_t = \frac{P}{F} = \frac{P}{F_0/e^{\bar{\varepsilon}}} = \sigma e^{\bar{\varepsilon}}$

$$\frac{d\sigma_t}{d\bar{\varepsilon}} = \frac{\partial\sigma_t}{\partial\sigma}\cdot\frac{d\sigma}{d\bar{\varepsilon}} + \frac{\partial\sigma_t}{\partial\bar{\varepsilon}}\frac{d\bar{\varepsilon}}{d\bar{\varepsilon}} = e^{\bar{\varepsilon}}\cdot\frac{d\sigma}{d\bar{\varepsilon}} + \sigma e^{\bar{\varepsilon}}$$

$$\frac{d\sigma}{d\bar{\varepsilon}} = \frac{d\sigma}{d\varepsilon}\cdot\frac{d\varepsilon}{d\bar{\varepsilon}}. \quad \because \bar{\varepsilon} = \ln(1+\varepsilon).$$

$$\frac{d\varepsilon}{d\bar{\varepsilon}} = e^{\bar{\varepsilon}} \quad \therefore \frac{d\sigma_t}{d\bar{\varepsilon}} = e^{\bar{\varepsilon}}\left[\sigma + e^{\bar{\varepsilon}}\frac{d\sigma}{d\varepsilon}\right]$$

在颈缩时 $\bar{\varepsilon} = \bar{\varepsilon}_N$. $\quad \varepsilon = \varepsilon_N$.

$$\left.\frac{d\sigma}{d\varepsilon}\right|_{\varepsilon=\varepsilon_N} = 0. \quad \sigma = \sigma_b.$$

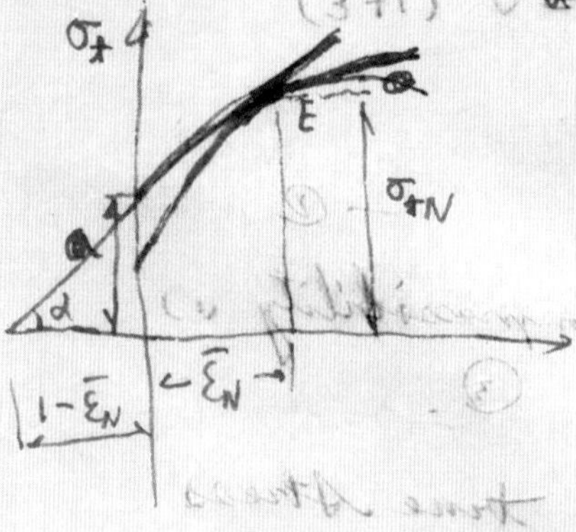


$$\therefore \left.\frac{d\sigma_t}{d\bar{\varepsilon}}\right|_{\bar{\varepsilon}=\bar{\varepsilon}_N} = \sigma_b e^{\bar{\varepsilon}_N}$$

由切线方程过颈缩点 $(\sigma_{tN}, \bar{\varepsilon}_N)$

$$\sigma_t = \sigma_b e^{\bar{\varepsilon}_N}\bar{\varepsilon} + a.$$

E点满足切线方程.

$$\sigma_{tN} = \sigma_b e^{\bar{\varepsilon}_N}\bar{\varepsilon}_N + a = \sigma_b e^{\bar{\varepsilon}_N}$$

$$\therefore a = \sigma_b e^{\bar{\varepsilon}_N}(1-\bar{\varepsilon}_N) = \sigma_{tN}(1-\bar{\varepsilon}_N)$$

$$\therefore \sigma_t = \sigma_b e^{\bar{\varepsilon}_N}(1+\bar{\varepsilon}-\bar{\varepsilon}_N) = \sigma_{tN}(1+\bar{\varepsilon}-\bar{\varepsilon}_N)$$

为切线方程. 这线上任意以此切线方程代表硬化曲线.

The True Stress-Strain Diagram in Simple Tension

We may proceed by neglecting the very small changes in volume that occur during a tensile test. If therefore the material is assumed to be incompressible

$$Fl = F_0 l_0 \quad \cdots (1)$$

If $p$ is ~~the~~ current load and $\sigma_t$ the true stress, then,

$$P = \sigma_t F . \qquad \sigma_t = \frac{pl}{F_0 l_0} = \sigma(1+\varepsilon)$$

At the maximum load $dp = 0$.

$$\sigma_t dF + F d\sigma_t = dp = 0 \quad \cdots (2)$$

Also from the condition of incompressibility (1)

$$l dF + F dl = 0 \quad \cdots (3)$$

From equations (2) and (3) the true stress at instability condition is given by

$$\frac{d\sigma_t}{\sigma_t} = \frac{dl}{l} = d\bar{\varepsilon} \quad \cdots (4)$$

At the maximum load therefore

$$\frac{d\sigma_t}{d\bar{\varepsilon}} = \sigma_t \quad \text{or} \quad \frac{d\sigma_t}{d\varepsilon} = \frac{\sigma_t}{1+\varepsilon} = \sigma_0 \quad (5)$$

If the true stress, $\sigma$, is plotted against the logarithmic strain, $\varepsilon$, ~~the~~ true stress and strain at instability will be found by drawing a tangent to the $(\sigma_t, \bar{\varepsilon})$ curve such that the length of the sub-tangent measured along the strain axis is unity. Fig (a). A similar construction, Fig (b), gives the instability strain $\varepsilon$, from the

由此可推得：

$$\sigma_{ж} = \sigma_{ж_0} + \frac{\sigma_b}{1-\psi_b}\psi$$

$$\sigma_{ж_0} = \sigma_{жb}\cdot\frac{1-2\psi_b}{1-\psi_b} \approx \sigma_{жb}(1-\psi_b) = \sigma_b$$

$$\therefore \sigma_{ж} = \sigma_b\left[1+\frac{1}{(1-\psi_b)^2}\right]\psi \qquad \text{（真应力应变方程）}$$

$$\sigma_{жk}\,(\text{断裂点}) = \sigma_b\left[1+\frac{1}{(1-\psi_b)^2}\right]\psi_k$$

说明 ① 过去在伸长曲线σ-ε曲线上，$\sigma_b$总是处于最高应力位置，被认为负载过程中最大应力值，即所谓"强度极限"，但在真实应力应变$\sigma_ж-\psi$曲线中，却刚刚处于曲线的转折点，和它相当的真实应力值$\sigma_{жb}$以及塑变后期最后断裂的$\sigma_k$值，都远远的高于它（$\sigma_b$）。

② 在颈缩前均匀变形阶段，σ-ε曲线已直接地告诉我们有形变硬化的存在，颈缩后由于该曲线下降，形变硬化的情况无从获知。而真实应力曲线$\sigma_ж-\psi$直接地指出B点（颈缩）前，形变硬化发展趋势及B点及B点后形变硬化能力~~[illegible]~~近于一常值的情况。这一结果就使我们有可能对任何材料形变硬化能力进行定量的测定。（如[illegible]的测定）从而做出材料的形变硬化能力作为比较的依据。

说明强度极限与承载能力的区别

强度极限——是单位截面上的承载。k点

承载能力——表明样件破坏时的力，即材料的承载能力。真正的承载能力应在C点。（即[illegible]之）

真正的强度极限应在

$\sigma=f(\varepsilon)$的C点前是[illegible]成分，这是说明在此阶段试件能承受的总荷载及当体应力σ的变化成分，这种成分是由于截面的缩小，而不是因材料自身强度的损失。

# 真应力-应变曲线问的简述

在塑性变形阶段，$\sigma_{真} > \sigma$ （$\because F_{真} < F_0$）

真应力应变曲线在均匀拉伸阶段能真实地表达应力应变而但准确反映颈缩现象，因此以断面收缩率ψ（真性指标）代替它作为应力应变关系的处理，即为 $\sigma_{真}-\psi$ 曲线

这里，$\psi = \int_{F_0}^{F} \frac{dF}{F} = \ln \frac{F}{F_0}$ （真实塑性指标）

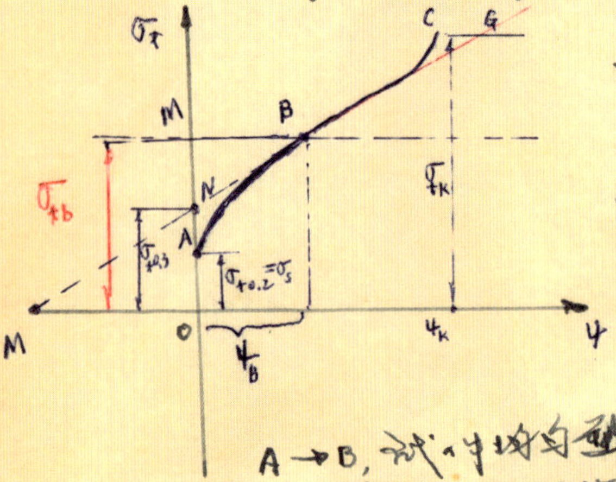


如图曲线上没有弹性应变一段是因为金属材料的弹性变形极小，ψ变化更小，几乎与纵轴相重合，故略去。图中 $\sigma_{真}$ 是真实的，但ψ是条件的，但反映实际的ψ与 $\psi_{真}$ 的结果一样，曲线形状无改变。

A→B，试件均匀塑性变形部分。

形变硬化模数 $E_b = \frac{d\sigma_{真}}{d\psi}$ 随均匀塑变形的增加而减少。

B点开始颈缩。

B→C，试件局部塑性变形阶段

实验多次证明，该线近似于直线，表明塑性模数 $E_p$ 从颈缩开始后为一常数，且是 $E_p$ 的最小极值，亦即形变硬化作用时趋于稳定。曲线最后一段的上翘现象，是由于颈缩形成至一定程度后，颈缩处三向应力的作用，不利于塑性变形带来几何硬化的结果。

$\because P = \sigma_{真} F$

$dP = F \cdot d\sigma_{真} + \sigma_{真} dF$

塑变中，由于硬化，$d\sigma_{真}$ 恒为正，$\therefore F d\sigma_{真} > 0$ 表明P增加，而 $\sigma_{真} dF < 0$（$\because$ 在塑变中F总是减小，$dF < 0$），表明力P减小。

实验指出，在颈缩点B以前P增长，以后P下降。

即 B点前　$F d\sigma > -\sigma dF$　$dP > 0$

B点后　$F d\sigma < -\sigma dF$　$dP < 0$

B点　$dP = 0$．　$\sigma_{真} = \sigma_b$．　$F = F_b$．

$\left(\frac{d\sigma_{真}}{dF}\right)_b = -\frac{\sigma_b}{F_b}$

# “断裂力学”课堂笔记

同样作为固体力学的一个分支，断裂力学（Mechanics of Fracture）是一门研究含裂纹物体的强度和裂纹扩展规律的学科。主要研究裂纹的起裂条件、裂纹在外部载荷和（或）其他因素作用下的扩展过程，以及裂纹扩展到什么程度物体会发生断裂。断裂力学起源于1921年英国科学家格里菲斯通过分析材料的低应力脆断现象时提出的裂纹失稳扩展准则——格里菲斯准则。

谢和平院士“断裂力学”课堂笔记主要包含以下内容：

第一章　绪论

第二章　裂纹尖端附近区域的应力场和位移场

第三章　应力强度因子 $K$ 的计算

第四章　具有小范围屈服时 $K$ 的修正

第五章　平面应变断裂韧性 KIC 的测试原理方法

第六章　复合型裂纹的断裂准则

第八章　裂纹张开位移原理和方法

第九章　J 积分原理

第十章　断裂力学在疲劳裂纹扩展中的应用

现存笔记缺少第七章。

# 断裂力學

Crack mechanics

# 断裂力学

谢和平

# 第一章. 绪论.

1. Griffith 能量平衡理论..

$\frac{\partial U}{\partial a} \; {<}\,{=}\,{>} \; \frac{\partial S}{\partial a}$　稳定 / 临界 / 失稳..

2. 能量释放率.　定义.. $G = \frac{\partial U}{\partial a}$.

意义.. 表示材料抵抗断裂的能力.

3. Orowan理论.

$U = \gamma + p$.　$p$ — 塑性变形能.

4. 三类裂纹.

Ⅰ型　张开型

Ⅱ型. 滑开型

Ⅲ型. 撕开型.

5. 应力强度因子..

定义.. 在裂纹尖端附近区域, 表示奇异性, 应力场强弱程度的参数.

如 $\sigma_y = \frac{K_I}{\sqrt{2\pi r}} [\cos\frac{\theta}{2} [1 + \sin\frac{\theta}{2} \sin\frac{3\theta}{2}]]$　　$r \to 0$. $\sigma_y \to \infty$ 奇异性..

$K_I = \sigma\sqrt{\pi a}$

影响$K_I$的因素是 $\sigma$, $a$.

6. 断裂韧性 $K_{IC}$.

定义. 表示材料的临界状态的应力强度因子值.. 它是材料常数.

意义. 材料抵抗断裂的能力

7. 断裂准则..

定义. 表示构件发生的裂纹失稳扩展的条件.

$K_I \geq K_{IC}$ 失稳扩展.

$K_I < K_{IC}$. 稳定扩展

8. 裂纹张开位移. (COD).

9. J积分　$J_I = \int (W dx_2 - T \frac{\partial u_i}{\partial x_1} ds)$

第二章. 裂纹尖端附近区域的应力场和位移场

内容提要.. 如何应用 Westergaard 应力函数求解裂纹尖端附近的应力和位移.

*第*一节 Ⅰ型裂纹..

§2-1. 平面弹性力学简介. (复习)

§2-2. 复变函数基础知识. (略).

如有一复变解析函数. $f(z)$, 则它可以写成 $f(z) = \mathrm{Re}f(z) + i\,\mathrm{Im}f(z)$.

由 C-R 条件

$$\begin{cases} \mathrm{Re}f'(z) = \dfrac{\partial \mathrm{Re}f(z)}{\partial x} = \dfrac{\partial \mathrm{Im}f(z)}{\partial y} \\ \mathrm{Im}f'(z) = \dfrac{\partial \mathrm{Im}f(z)}{\partial x} = -\dfrac{\partial \mathrm{Re}f(z)}{\partial y} \end{cases}$$

§2-3. Ⅰ型裂纹尖端附近的应力场和位移场.

一. 应力场..

问题是.. 由 $K_I$ 与 $K_{IC}$. $K_I$ 是什么. 为了求 $K_I$ 之表达式. 故应分析研究裂纹尖端的应力场和位移场.

研究方法.. 线弹性力学. 即用弹性力学复变函数法分析尖端附近区域的应力场.

1. 应力函数.. 选择合适的应力函数 $\varphi_1$ —— $\varphi_1$ 为Ⅰ型裂纹的应力函数

该函数. ① 满足相容方程.
② 满足边界条件
③ 满足对称性 {应力对称 / 位移对称}

按 Westergaard 的方法选取 $\varphi_I = \mathrm{Re}\bar{\bar{f}}_1(z) + y\,\mathrm{Im}\bar{f}_I(z)$

其中.

$$\begin{cases} \bar{\bar{f}}_I(z) = \dfrac{d\bar{\bar{f}}_I(z)}{dz} \\ f_I(z) = \dfrac{d\bar{f}_I(z)}{dz} = \dfrac{d\bar{f}(z)}{dz} \\ f'_I(z) = \dfrac{df_I(z)}{dz} \end{cases}$$

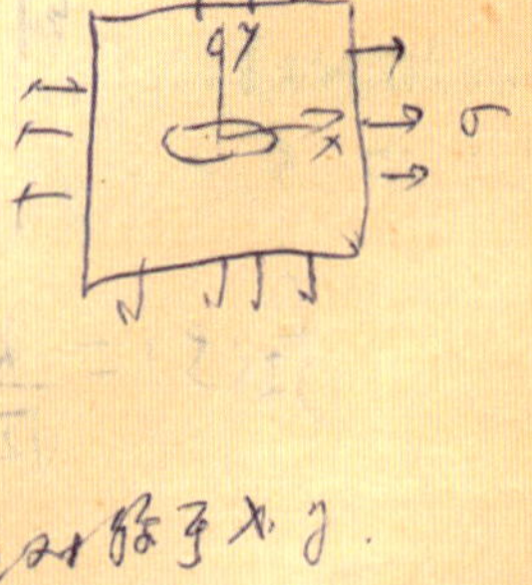

问题是. ① 将 $\varphi_1$ 求出 ⟶ $f_I(z)$

② ∵ 载荷, 结构对称, 应力分量 $\begin{cases}\sigma_x = \\ \sigma_y = \\ \tau_{xy}\end{cases}$ 应对称于 x 轴. —— 反对称.

③. ∵ 只研究裂纹尖端的应力. ∴ 令 $y = 0$

则 $\varphi_I = \mathrm{Re}f_I(z)$ —— 实变数

2、应力分量

$$\sigma_x=\frac{\partial^2\Phi_I}{\partial y^2}=\mathrm{Re}\,f_I(z)-y\,\mathrm{Im}\,f_I'(z)$$

$$\sigma_y=\frac{\partial^2\Phi_I}{\partial x^2}=\mathrm{Re}\,f_I(z)+y\,\mathrm{Im}\,f_I'(z) \qquad (2\text{-}36)$$

$$\tau_{xy}=-\frac{\partial^2\Phi_I}{\partial x\partial y}=-y\,\mathrm{Re}\,f_I'(z)$$

为找出治应力

关键问找 $f_I(z)$.（按照边界条件确定）即应该满足边界条件的 $f_I(z)$

边界条件　第一组，$z\to\infty$ $\begin{cases}\sigma_x=\sigma_y=\sigma\\ \tau_{xy}=0\end{cases}$

第二组，当 $y=0$，$-a<x<a$ 时 $\begin{cases}\sigma_y=0\\ \tau_{xy}=0\end{cases}$

（这里借引了物理图象，把孔认为是一条细线．$\sigma_x$ 不存在于孔的表面）

$$\therefore\ f_I(z)=\frac{\sigma z}{\sqrt{z^2-a^2}}$$（请试找〈　〉）

3、代换过程

① 借引坐标变换，将原点移至裂纹右尖端

令 $\xi=z-a$．即 $z=\xi+a$．　并 $\xi=re^{i\theta}$

则 $$f_I(\xi)=\frac{\sigma(\xi+a)}{\sqrt{\xi(\xi+2a)}} \quad \cdots\cdots(2\text{-}37)$$

$$=\frac{1}{\sqrt{\xi}}\frac{\sigma(\xi+a)}{\sqrt{\xi+2a}}$$　令 $P(\xi)=\dfrac{\sigma(\xi+a)}{\sqrt{\xi+2a}}$．

∵ 要研究裂纹尖端，$|\xi|\to0$

则 $$P(\xi)\Big|_{\xi\to0}\Rightarrow\frac{\sigma a}{\sqrt{2a}}\Rightarrow\frac{K_I}{\sqrt{2\pi}}$$

$$\therefore\ \lim_{|\xi|\to0}P(\xi)=\frac{K_I}{\sqrt{2\pi}}$$　代入(2-37)

$$f_I(\xi)=\frac{K_I}{\sqrt{2\pi\xi}}$$（当 $|\xi|$ 很小时，即在尖端附近）

$$\therefore\ K_I=\lim_{|\xi|\to0}\sqrt{2\pi}\,P(\xi)$$　〈$K_I$ 的一般表达式〉

或 $$K_I=\lim_{|\xi|\to0}\sqrt{2\pi\xi}\cdot f_I(\xi) \qquad (2\text{-}38)$$

1° 可见 $K_I$ 是描述尖端附近应力场的强弱．2° 当 $\xi\to0$，$f_I(\xi)$ 有奇异性．

的裂纹尖端是一个奇异性的应力场） 3°. 确定 $K_I$ 关键是先确定 $f_I(\zeta)$，而 $f_I(\zeta)$ 是按边界条件而定，故边界条件不同 $f_I(\zeta)$ 不同，故（2-39）式是普遍表达式。

选择引入 $K_I$ 参数：$f_I(\zeta)=\frac{K_I}{\sqrt{2\pi\zeta}}$.

又 $\zeta = re^{i\theta} = r(\cos\theta + i\sin\theta)$

$$f_I(\zeta) = \frac{K_I}{\sqrt{2\pi r}}\left(\cos\frac{\theta}{2} - i\sin\frac{\theta}{2}\right)$$

则得：$\mathrm{Re}\, f_I(\zeta) = \frac{K_I}{\sqrt{2\pi r}}\cos\frac{\theta}{2}$

$$\mathrm{Im}\, f_I(\zeta) = -\frac{K_I}{\sqrt{2\pi r}}\sin\frac{\theta}{2}.$$

$$f_I'(\zeta) = \left(\frac{K_I}{\sqrt{2\pi\zeta}}\right)' = -\frac{K_I}{2\sqrt{2\pi}}\zeta^{-\frac{3}{2}} = -\frac{K_I}{2\sqrt{2\pi}}r^{-\frac{3}{2}}\left(\cos\frac{3}{2}\theta - i\sin\frac{3}{2}\theta\right)$$

$\mathrm{Re}\, f_I'(\zeta) =$

$\mathrm{Im}\, f_I'(\zeta) =$

代入应力分量式：

$$\begin{cases}\left.\begin{matrix}\sigma_x\\ \sigma_y\end{matrix}\right\} = \frac{K_I}{\sqrt{2\pi r}}\cos\frac{\theta}{2}\left[1 \mp \sin\frac{\theta}{2}\sin\frac{3\theta}{2}\right]\\ \tau_{xy} = \frac{K_I}{\sqrt{2\pi r}}\cos\frac{\theta}{2}\sin\frac{\theta}{2}\cos\frac{3}{2}\theta.\end{cases}$$

小结：

(1). 关键的关系是：$f_I(\zeta) = \frac{1}{\sqrt{\zeta}}\cdot F(\zeta)$ （奇异的 / 是常数的）

令 $\lim_{|\zeta|\to 0} F(\zeta) = \frac{K_I}{2\pi}$.

(2). 为什么引进 $K_I$ 参数？

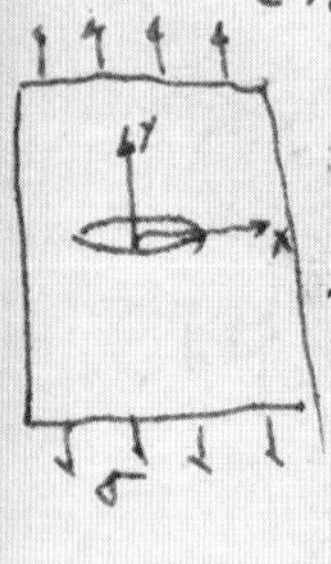


a). 从强度理论分析：

$$\sigma_y = \frac{K_I}{\sqrt{2\pi r}}\cos\frac{\theta}{2}\left[1+\sin\frac{\theta}{2}\sin\frac{3}{2}\theta\right]$$

令 $y=0$，$\theta=0$，$\sigma_y = \frac{K_I}{\sqrt{2\pi r}}$，如果 $r\to 0$，$\sigma_y\to\infty$。

从强度理论表明：构件的应力强度趋于无穷。

即 $\sigma_y >> [\sigma]$ 或 $\sigma_s$ ……（实际有裂纹，构件就会以裂纹形式破坏）

这里与事实不相符合，按照强度理论的应力强度条件 $\sigma_{max} \le \sigma_s$

对于裂纹尖端附近区域是不适用的。

b). 从应力分量式分析：

发现：$\sigma_x$，$\sigma_y$，$\tau_{xy}$ 都与 $K_I$ 有关。

$\sigma$ 由 1000 kg/cm² → 2000 kg/cm²，应力场仅随 $K_I$ 的变化而变化，$\sigma_{ij} = \frac{K_I}{\sqrt{2\pi r}}f(\theta)$

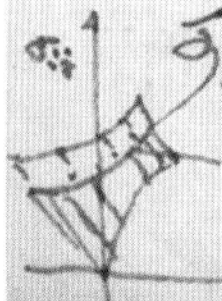

可见：不管载荷如何变化，在裂纹尖端，应力分布规律是相同的。（$f(\theta)$ 不随 $\sigma$ 变）

应力场是由 $K_I$ 来决定的。（当θ一定时）

意思就是说，尖端附近的应力场的强弱完全是由 $K_I$ 来控制的。

故传说 $K_I$ 是裂纹尖端附近应力场强弱的参数

注. $\sigma_{ij}$ 与 $K_I$ 成正比关系的线性关系.

C. 从实验结果进行分析.

$8a \rightarrow \sigma$ 开裂

$2a \rightarrow 2\sigma$ 开裂

代入 $K_I = \sigma\sqrt{\pi a}$

得两者的 $K_I$ 相同.

由此可见. 裂纹开裂并非由 $\sigma$. $a$ 来决定.

而是由 $K_I$ 来控制. ($\sigma$. $a$ 的组合)

从上面试验还可得出.

裂纹开裂是由外加载荷和裂纹长度两个因素来决定的, 并非某一单因素而决定. (它表征 $\sigma$. $a$ 的参数是 $K_I$.)

(3). $K_I$ 的表达式.

$$K_I = \lim_{|\zeta|\to 0}\sqrt{2\pi\zeta}\, f_I(\zeta)$$

1°. 这是 $K_I$ 是属于裂纹尖端附近的区域. $(\zeta\to 0)$

2°. $f_I(\zeta)$ 的特点.

除 $y=0$, $-a\le x\le a$. 外. $f_I(\zeta)$ 是解析的.

$f_I(\zeta)$ 必须满足全部的边界条件. 当 $z\to\infty$. $\{\sigma_x= \ \sigma_y= \ \tau_{xy}=$；当 $y=0$, $-a\le x\le a$. $\{\sigma_y= \ \tau_{xy}=$

如果将 $f_I(z)$ 代入应力函数中. 存在中描述的问题和方程.

二. 位移计算. 从平面应变为例.

1. 基本方程. 几何+物理.

$$\frac{\partial u}{\partial x} = \frac{1}{2G}[(1-\mu)\sigma_x - \mu\sigma_y]$$

$$\frac{\partial v}{\partial y} = \frac{1}{2G}[(1-\mu)\sigma_y - \mu\sigma_x]$$

不考虑刚性位移. $(f_1(y), f_2(x))$

$$\therefore \begin{cases} u = \dfrac{1}{2G}\int[(1-\mu)\sigma_x - \mu\sigma_y]dx \\ v = \dfrac{1}{2G}\int[(1-\mu)\sigma_y - \mu\sigma_x]dy \end{cases}$$

代入积分得：

$$\left.\begin{aligned} u&=\frac{1}{2G}\left[\int(1-2\mu)\mathrm{Re}f_I(\zeta)dx-\int y\,\mathrm{Im}f'_I(\zeta)dx\right]\\ v&=\frac{1}{2G}\left[\int(1-2\mu)\mathrm{Re}f_I(\zeta)dy+\int y\,\mathrm{Im}f'_I(\zeta)dy\right]\end{aligned}\right\}\quad(2-48)$$

进而将 $f_I(\zeta)=\frac{K_I}{\sqrt{2\pi\zeta}}$ 代入得：

$$\left.\begin{aligned} u&=\frac{1}{2G}\sqrt{\frac{r}{2\pi}}\cos\frac{\theta}{2}\left(k-1+2\sin^2\frac{\theta}{2}\right)\\ v&=\frac{1}{2G}\sqrt{\frac{r}{2\pi}}\sin\frac{\theta}{2}\left(k+1-2\cos^2\frac{\theta}{2}\right)\end{aligned}\right\}\quad(2-50)$$

其中 $k=3-4\mu$.

研究裂纹：裂纹上下表面的两点（$b=0$）此时 $\theta=\pm\pi$

则 $\begin{cases}u=0\\ v\neq 0\end{cases}$ 这也是I型裂纹的特点

§2-4. II型裂纹尖端附近的应力场和位移场

问题的提出：带有裂纹的无限板，受有均匀τ作用，求裂纹尖端的应力场与位移场。

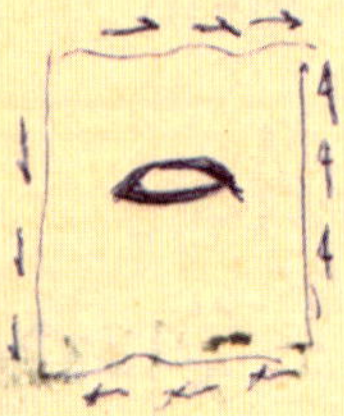

分析：① 能否也用I型裂纹的解法方法。

② II型裂纹与I型的主要区别是什么？

取 $f_{II}(z)=\frac{\tau\cdot z}{\sqrt{z^2-a^2}}$ （与 $\frac{z}{\sqrt{z^2-a^2}}$ 满足几何条件 边界也解析）

分析：① 从几何看来，两种问题完全相同。

② 从边界条件看，两种问题相似性 $\begin{cases}\text{I型是均匀拉伸}\sigma\\ \text{II型……剪切}\tau\end{cases}$

③ 变形方面 $\begin{cases}\text{I型是张开}\\ \text{II型是滑移}\end{cases}$

可以看出，这里应该从几何因素是一致 $f_{II}(z)=A\cdot\frac{z}{\sqrt{z^2-a^2}}$

然后满足边界条件　裂纹表面的边界条件（但与裂纹表面无关处的边界状态）

∴ $\tau_{xy}=\tau_{xy}|_{z\to\infty}=\tau$. 假取 $f_{II}(z)=\frac{\tau z}{\sqrt{z^2-a^2}}$

验证：这个 $f_{II}(z)=\frac{\tau z}{\sqrt{z^2-a^2}}$ 满足全部边界条件

在裂纹表面上，是自由的，从前面相应的分析可见。

当 $z\to\infty$ 时，$\tau_{xy}=\tau_{xy}|=\tau$.

∴ Ⅱ型问题会按照Ⅰ型问题的方法完全一致.

其中. $K_{II}=\lim_{|\beta|\to 0}\sqrt{2\pi\beta}\cdot f_{II}(\beta)$

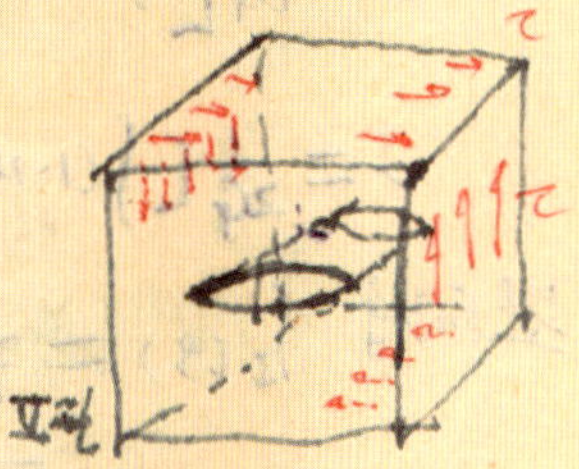


§2-5.. Ⅲ型裂纹问题的应力场和位移场..

问题分析..

裂纹表面轴线 指 OX轴.

裂纹轴线.. 指 OZ轴.

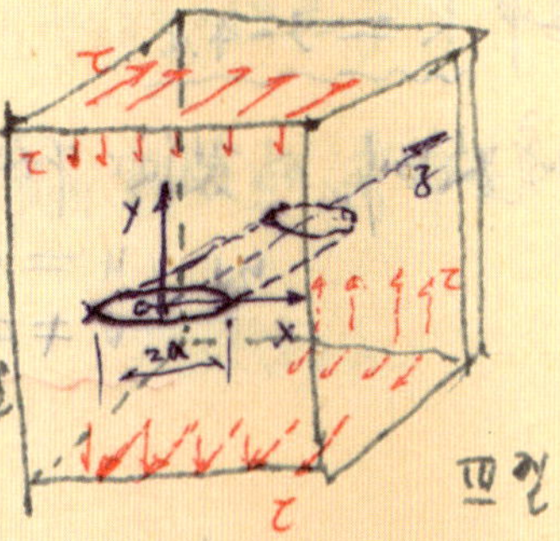


①. 变形特征..

在 xoy 平面内.. 裂纹表面 没有任何位移发生

即.. $u=0$. $v=0$.

仅只在 z方向有位移.. 即 $w\neq 0$..

且 w与z无关 (因任何平面 ox'y' 均一致)

故 $w=w(x,y)$.

②. 应力分量.. 取微体单元分析.. $\sigma_x=0$. $\sigma_y=0$. $\sigma_z=0$.

$\tau_{xy}=0$. $\tau_{yz}\neq 0$. $\tau_{zy}\neq 0$ $\tau_{xz}\overset{?}{\neq}0$ (不一定. ∵ τ 与剪切 $\tau_{yz}$ 一致)

注意这里 τ 以平衡Z轴 使 $\tau_{xy}=0$ 成立为第Ⅲ型. 但

τ 以剪切面向上(或向下)导致 $\tau_{xz}$ 不一定为零..

假设 $\tau_{xz}\neq 0$

则平衡条件.. $\begin{cases}\dfrac{\partial\tau_{xz}}{\partial x}+\dfrac{\partial\tau_{yz}}{\partial y}=0\\ 0=0\\ 0=0.\end{cases}$

因此.. 在 Ⅲ型裂纹 由此就不适用.

1.. 基本方程.. 几何 + 物理.

$\gamma_{xz}=\frac{1}{G}\tau_{xz}$. $\gamma_{yz}=\frac{1}{G}\tau_{yz}$.

∵ $u=v=0$.. ∴ $\frac{\partial w}{\partial x}=\frac{1}{G}\tau_{xz}$. $\frac{\partial w}{\partial y}=\frac{1}{G}\tau_{yz}$. 代入平衡

得到：$\frac{\partial^2 w}{\partial x^2}+\frac{\partial^2 w}{\partial y^2}=0$　即 $w$ 满足 Laplace 方程。

即 $\Delta w=0$　$(z-a^2)$

故 Ⅲ 型裂纹问题归结为求一个函数 $w$，使 $w$ 满足 Laplace 方程和边界条件

则 $\begin{cases}\tau_{xz}=G\cdot\frac{\partial w}{\partial x}\\ \tau_{yz}=G\cdot\frac{\partial w}{\partial y}\end{cases}$

2，选取 $w$

Westgaard 选用　$w=\frac{1}{G}I_m\widetilde{f_{Ⅲ}}(z)$　其中 $f_{Ⅲ}(z)\begin{cases}\text{在}\Omega\text{解析}\\ z=\pm a\text{奇异}\end{cases}$

则 $\begin{cases}\tau_{xz}=\frac{\partial I_m\widetilde{f_{Ⅲ}}(z)}{\partial x}=I_m f_{Ⅲ}(z)\\ \tau_{yz}=\frac{\partial I_m\widetilde{f_{Ⅲ}}(z)}{\partial y}=R_e f_{Ⅲ}(z)\end{cases}$

也就是　$f_{Ⅲ}(z)=\tau_{yz}+i\tau_{xz}$

由边界条件定 $f_{Ⅲ}(z)$

边界条件：当 $z\to\infty$ 时 $\begin{cases}\tau_{xz}=0\\ \tau_{yz}=\tau\end{cases}$

$\begin{array}{l}y=0\\ x\in(-a,a)\end{array}$ 时 $\begin{cases}\sigma_y=0\\ \tau_{xy}=0\end{cases}\to\frac{z}{\sqrt{z^2-a^2}}$

仍取 $f_{Ⅲ}=\frac{\tau z}{\sqrt{z^2-a^2}}=\tau_{yz}+i\tau_{xz}$　满足 $z\to\infty$ $\begin{cases}\tau_{xz}=0\\ \tau_{yz}=\tau\end{cases}$

其余计算与前同样的步骤一样。

$$\begin{cases}\tau_{xz}=-\frac{K_{Ⅲ}}{\sqrt{2\pi r}}\sin\frac{\theta}{2}\\ \tau_{yz}=\frac{K_{Ⅲ}}{\sqrt{2\pi r}}\cos\frac{\theta}{2}\\ W=\frac{2K_{Ⅲ}}{G}\sqrt{\frac{r}{2\pi}}\sin\frac{\theta}{2}\end{cases}$$

$$K_{Ⅲ}=\lim_{|\zeta|\to 0}\sqrt{2\pi\zeta}\cdot f_{Ⅲ}(\zeta)$$

本章重点在于研究应力强度因子 K，而不在于应力分量及位移分量的求解。

处理问题关键之步骤，是确定解析函数 $f_{Ⅰ}(\zeta)=\frac{\text{分解的奇异性}}{\text{奇异与解析部}}\frac{1}{\sqrt{\zeta}}\cdot h(\zeta)$

（应力集中点，奇异性）　满足边界条件

对I型穿透裂纹。

在裂纹稳态扩展阶段，裂纹扩展阻力曲线不断上升的原因与裂纹推进时裂纹顶端塑性区的逐渐增大有关。材料断裂韧性高低的本质，与微观断裂机制有关，它取决于断裂过程区中微观断裂过程是否易于发生。在断裂过程发生的临界条件达到之前，随载荷的增大，裂纹顶端塑性区尺寸和试件吸收的塑性功不断增大。所以开裂吸收塑性功的多少以及塑性区中应力、应变随载荷的大小，可以反映在不同变形条件下（$K_{II}/K_{I}$ 比值不同）断裂过程区中发生微观断裂过程的难易程度，这对于了解复合型裂纹扩展阻力的变化是十分有用的。

# 第三章 应力强度因子K的计算

内容提要：研究应力强度因子表达式 $K_I=\lim_{|\zeta|\to 0}\sqrt{2\pi\zeta}\cdot f_I(\zeta)$ 在各种载荷，构件的具体形状（1°无限板，2°有限板，3°复合型）的K的具体表达式。

方法：(1) 复变函数方法（Мусхелишвили）。

(2) 边界配位法。

## §3-1 三种基本型裂纹的K的计算

一) I型的 $K_I$ 计算（无限大）

基本关系式：$K_I=\lim_{|\zeta|\to 0}\sqrt{2\pi\zeta}\,f_I(\zeta)$ ……(a)

1) 无限大平板双向受拉时：

$$f_I(\zeta)=\frac{\sigma(\zeta+a)}{\sqrt{\zeta}\cdot\sqrt{\zeta+2a}}\quad\cdots(b)$$

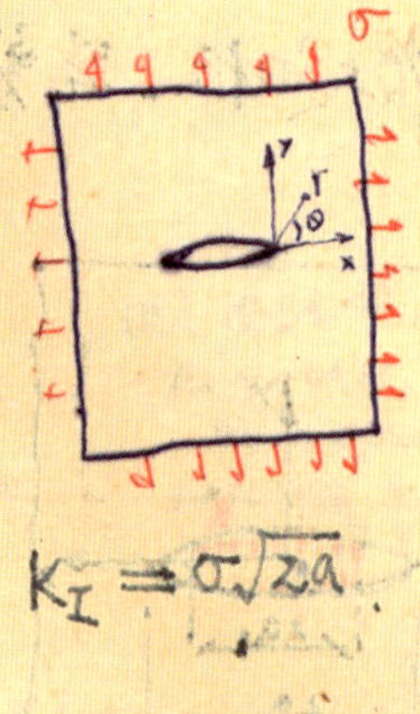

(b)代(a)得：

$$K_I=\lim_{|\zeta|\to 0}\sqrt{2\pi\zeta}\cdot\frac{\sigma(\zeta+a)}{\sqrt{\zeta(\zeta+2a)}}$$

$$=\sigma\cdot\sqrt{\pi a}$$

推广：对于单向拉伸（当拉）σ垂直于裂纹表面时 $K_I=\sigma\sqrt{\pi a}$。

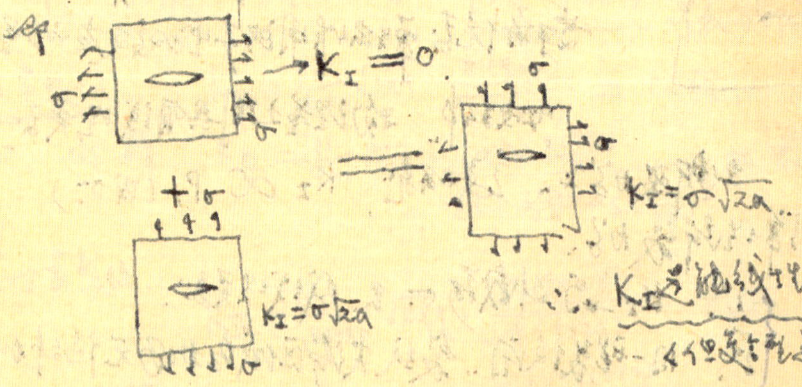

∴ $K_I$是能线性叠加的（但应力是不能的）。

2) 无限大平板，在裂纹表面 $x=\pm a$ 处有一对集中力时，求 $K_I$。

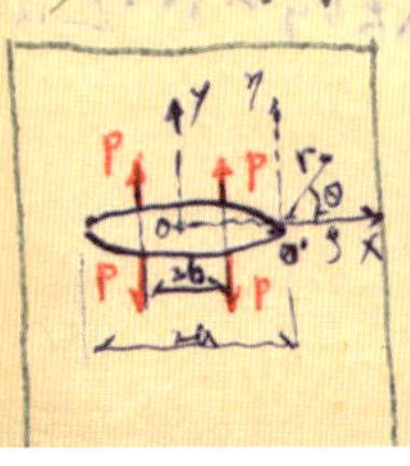

选 $f_I(z)=\dfrac{2Pz\sqrt{a^2-b^2}}{\pi(z^2-b^2)\sqrt{z^2-a^2}}$ （$\frac{z}{\sqrt{z^2-a^2}}$ 保证几何和 $z=\pm b$ 的集中力）

满足边界条件 ①. $z\to\infty$ $\begin{cases}\sigma_x=0\\ \sigma_y=0\end{cases}$ $\tau_{xy}=0$

②. $y=0$ $x\in(-a,a)$ $\begin{cases}x\in(-b,b) & \begin{cases}\sigma_y=0\\ \tau_{xy}=0\end{cases}\\ x\in(-b,b)\end{cases}$ 有

当 $y=0$　$x\in(-b,b)$ 时，满足本图 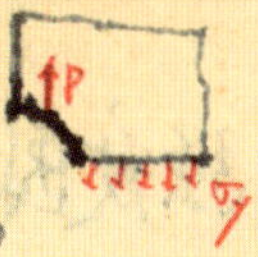



则有 $\int_0^{\infty}\sigma_y\cdot d(x\cdot x)=P$　集中力作用

∴选 $f_{\text{I}}(z)=\dfrac{2P\sqrt{a^2-b^2}}{\pi(z^2-b^2)}\dfrac{z}{\sqrt{z^2-a^2}}$

满足集中力作用　满足几何

进行坐标变换，$\xi=z-a$，

$$f_{\text{I}}(\xi)=\frac{2P\sqrt{a^2-b^2}}{\pi[(\xi+a)^2-a^2]}\frac{(\xi+a)}{\sqrt{\xi(\xi+2a)}}$$

由 $K_{\text{I}}=\lim\limits_{|\xi|\to 0}\sqrt{2\pi\xi}\,f_{\text{I}}(\xi)$

求得 $K_{\text{I}}=\dfrac{2P\sqrt{a}}{\sqrt{\pi(a^2-b^2)}}$

3. 无限大的板，沿裂纹表面 $[0,\pm a_1]$ 作用均布载荷 $q$，求 $K_{\text{I}}$。

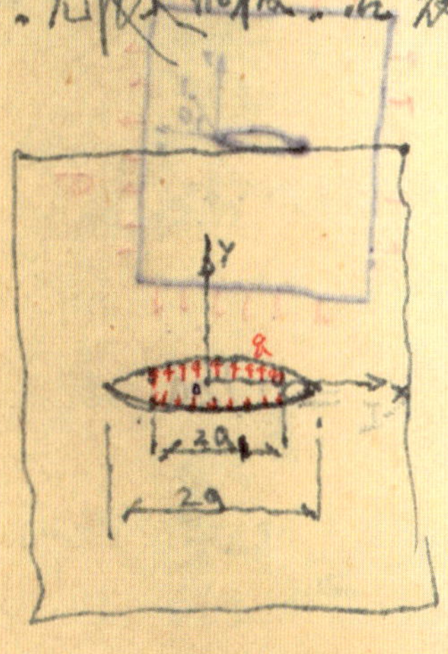



1) 叠加原理：

提出问题：

① 叠加原理应当满足哪些条件。

② 叠加原理在断裂力学中的应用。

原理内容：同一因素的几个元素所产生的总效应等于各元素单独作用所产生的效应的总和。

必要条件：物理量之间具有线性关系。

在断裂力学上，它表现为 $K_{\text{I}}\propto P$，(或 $\sigma$)

从线性弹性断裂力学：

$\left\{\begin{array}{l}1^{\circ}.\ K_{\text{I}}\text{ 与外载荷 }\sigma\text{ 成线性关系。}\\2^{\circ}.\ \text{同一型裂纹，裂纹尖端区域应力场无论外加载荷}\end{array}\right.$

的情况如何，与坐标 $r$, $\theta$ 的关系不变，仅只与 $K_{\text{I}}$ 成正比关系。

叠加法则：同一类型裂纹，几个载荷作用下所产生的裂纹尖端的 K 值等于每个载荷单独作用下所产生的 K 值之和。

限制条件：① 仅限线弹性体

② 同一类型裂纹。

其间可应用叠加原理。

取 $dl$ 微小段，令 $dp = \sigma(a_1)$ 可以用上一种情况的结果 $dK_I = \frac{2\sqrt{a}\,dp}{\sqrt{\pi}\sqrt{(a^2-b^2)}}$

$$\therefore K_I = \int_0^{a_1} \frac{2\sqrt{a}\,dp}{\sqrt{\pi(a^2-b^2)}} \xrightarrow{\text{积分}} 2\sigma\sqrt{\frac{a}{\pi}}\sin^{-1}\left(\frac{a_1}{a}\right) = 2\sigma\sqrt{\frac{a}{\pi}}\sin^{-1}\left(\frac{a_1}{a}\right)$$

如 $a_1 = a$，则 $K_I = \sigma\sqrt{\pi a}$。

作为叠加例子见后附。

4. 裂纹群

裂纹分布情况（假设）

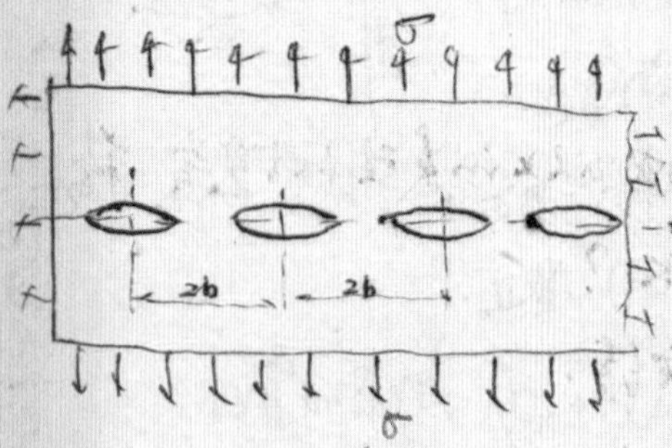

①. 裂纹表面位于同一直线上。

②. 裂纹以等间距分布。

③. 裂纹具有相同的形状和大小。

处理方法。可在裂纹群中截取一个单元(2b)进行分析。

对于单个裂纹。 $f_I(z) = \frac{\sigma z}{\sqrt{z^2-a^2}}$

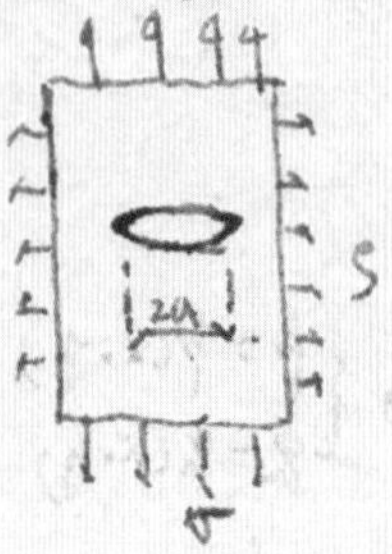

群与单个之差别是，1°. 周期性

2°. 裂纹与裂纹之间互相影响

故 $f_I(z)$ 也是周期函数。

$$z \longrightarrow \sin\frac{\pi}{2b}z$$

$$\therefore a \longrightarrow \sin\frac{\pi}{2b}a$$

故裂纹群 $f_I(z) = \frac{\sigma\sin\frac{\pi}{2b}z}{\sqrt{\sin^2\frac{\pi}{2b}z - \sin^2\frac{\pi}{2b}a}}$

满足边界条件：
$y=0$，$x\in(-a,a)$。$\mathrm{Re}\,f_I(z)=0$
$x\in(2b-a,2b+a)$ $\therefore \sigma_y = \tau_{xy} = 0$
$z\to\infty$ 时，$f_I(z)=\sigma$，$\begin{cases}\sigma_x=\sigma\\ \sigma_y=\sigma\end{cases}$

计算结果 $K_I = \sigma\sqrt{\pi a}\left[\frac{2b}{\pi a}\mathrm{tg}\frac{\pi a}{2b}\right]^{\frac{1}{2}}$ 代表对邻近裂纹的影响。

第二类裂纹。 $K_{II} = \lim_{\rho\to 0}\sqrt{2\pi\rho}\,\frac{\tau(\rho+a)}{\sqrt{\rho(\rho+2a)}} = \tau\sqrt{\pi a}$

对群。 $K_{II} = \lim_{\rho\to 0}\sqrt{2\pi\rho}\,\frac{\tau\sin\frac{\pi(\rho+a)}{2b}}{\left[\sin^2\frac{\pi(\rho+a)}{2b} - \sin^2\frac{\pi a}{2b}\right]^{\frac{1}{2}}} = \tau\sqrt{\pi a}\left[\frac{2b}{\pi a}\mathrm{tg}\frac{\pi a}{2b}\right]^{\frac{1}{2}}$

第三类裂纹。

$$K_{III} = \lim_{|\rho|\to 0}\sqrt{2\pi\rho}\cdot\frac{\tau(\rho+a)}{\sqrt{\rho(\rho+2a)}} = \tau\sqrt{\pi a}$$

对群 $K_{III} = \lim_{|\rho|\to 0}\sqrt{2\pi\rho}\,\frac{\tau\sin\frac{\pi(\rho+a)}{2b}}{\left[\sin^2\frac{\pi(\rho+a)}{2b} - \sin^2\frac{\pi a}{2b}\right]^{\frac{1}{2}}} = \tau\sqrt{\pi a}\left[\frac{2b}{\pi a}\mathrm{tg}\frac{\pi a}{2b}\right]^{\frac{1}{2}}$

## §3-2 复合型裂纹的K的计算

问题的提出：在§3-1所处理的问题限于

①、裂纹、结构均具有对称性。

②、载荷对称作用。

③、裂纹穿透板厚（贯穿裂纹）。

现在斜裂纹

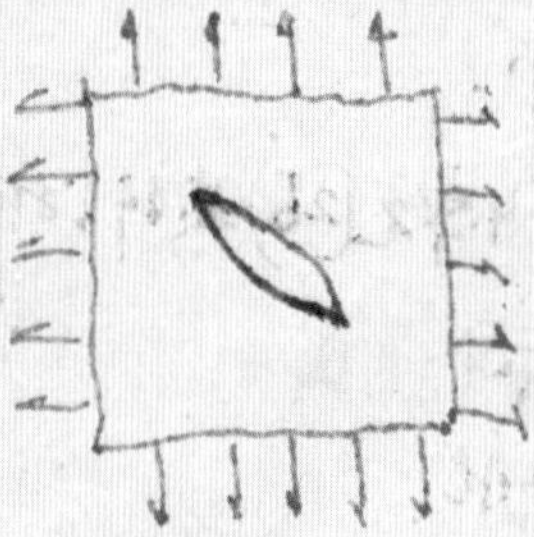

这种裂纹是二种或二种以上的类型的组合，称为复合型裂纹，如何求K？

方法：复变函数方法。

一、复变函数之普通形式（解析函数）

$\because f(x,y) = f(z,\bar{z})$

设有一个函数：$f(z) = p + iq$，其中 $\begin{cases} p = p(x,y) \\ q = q(x,y) \end{cases}$

$\bar{f}(\bar{z}) = p - iq$

弹性力学平面问题：$\nabla^2\nabla^2\varphi = 0$

设$\varphi$之复变函数是 $U(z,\bar{z})$

则 $\dfrac{\partial^4 f(z,\bar{z})}{\partial z^2 \partial \bar{z}^2} = 0$

$\varphi = f(z,\bar{z}) = f_1(\bar{z}) + z f_2(\bar{z}) + f_3(z) + \bar{z} f_4(z)$

~~$= \frac{1}{2}\left[\varphi_1(z) + \bar{\varphi}_1(z)\right]$~~

因为$\varphi$是实数 $= \frac{1}{2}\left[f_1(z) + \bar{f}_1(\bar{z}) + z\bar{f}_2(\bar{z}) + \bar{z} f_2(z)\right]$

（$f_1(z)$与$f_2(z)$二者均要求相同，则其实部必仅差一个实常数，而实常数不影响应力。故我们总可以找到……之共轭函数……）

令 $f_1(z) = \varphi(z) = p + iq$

$\bar{f}_1(\bar{z}) = \bar{\varphi}(\bar{z}) = p - iq$

$f_2(z) = \chi(z) = p_1 + iq_1$

$\bar{f}_2(\bar{z}) = \bar{\chi}(\bar{z}) = p_1 - iq_1$

$f(z,\bar{z}) = p + p_1 x$

$\therefore \varphi = f(z,\bar{z}) = \mathrm{Re}\left[\varphi(z) + \bar{z}\chi(z)\right]$

[illegible]

(二). Ⅰ—Ⅱ复合型的K的计算.

限制: ∵Ⅰ—Ⅱ型, 故裂纹应力, 位移都发生在同一平面, 故为平面问题.

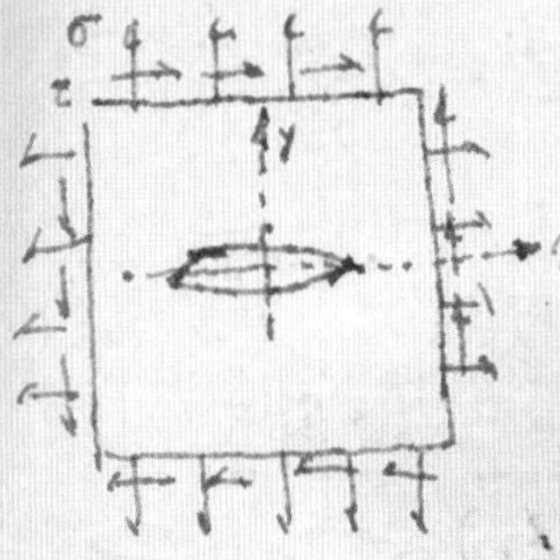


因此, 应力不变量$(\sigma_x+\sigma_y)$在σ, τ共同作用下应等于$(\sigma_x+\sigma_y)$分别在σ, τ单独作用下之和.

注意虽是$K_I$, $K_{II}$不是一类型不能叠加. 但$\sigma_x+\sigma_y$为载荷一定后应力不变量与坐标无关, 总可以叠加的.

Ⅰ型. (σ作用时). $(\sigma_x+\sigma_y)_I = 2\mathrm{Re}\, f_I(z) = 2\mathrm{Re}\frac{K_I}{\sqrt{2\pi\xi}}\Big|_{\xi\to 0}$.

Ⅱ型 (τ作用) $(\sigma_x+\sigma_y)_{II} = 2\mathrm{Im}\, f_{II}(z) = 2\mathrm{Im}\frac{K_{II}}{\sqrt{2\pi\xi}}\Big|_{\xi\to 0}$

由叠加原理. $(\sigma_x+\sigma_y)_{I+II} = (\sigma_x+\sigma_y)_I + (\sigma_x+\sigma_y)_{II}$

$$= 2\mathrm{Re}\frac{K_I}{\sqrt{2\pi\xi}}\Big|_{\xi\to 0} + 2\mathrm{Im}\frac{K_{II}}{\sqrt{2\pi\xi}}\Big|_{|\xi|\to 0}.$$

$$= 2\left[\mathrm{Re}\frac{K_I}{\sqrt{2\pi\xi}} + \mathrm{Im}\frac{K_{II}}{\sqrt{2\pi\xi}}\right]$$

$$= 2\left[\mathrm{Re}\frac{K_I}{\sqrt{2\pi\xi}} - i^2\,\mathrm{Im}\frac{K_{II}}{\sqrt{2\pi\xi}}\right]$$

$$= 2\left[\mathrm{Re}\frac{K_I}{\sqrt{2\pi\xi}} - i\,\mathrm{Re}\frac{K_{II}}{\sqrt{2\pi\xi}}\right]\Big|_{|\xi|\to 0}$$

$$= 2\mathrm{Re}\frac{1}{\sqrt{2\pi\xi}}\cdot\left[K_I - iK_{II}\right]\Big|_{|\xi|\to 0}$$

$$= 2\mathrm{Re}\frac{K}{\sqrt{2\pi\xi}}\Big|_{|\xi|\to 0}.$$

其中 $K = K_I - iK_{II}$ 称为复合型裂纹尖端的应力强度因子. 因此Ⅰ、Ⅱ型复合应力强度因子为 $K = K_I - iK_{II}$.

K也可以用解析函数 $\chi(z)$ 表示:

$$(\sigma_x+\sigma_y)_{I+II} = 2\mathrm{Re}\frac{K}{\sqrt{2\pi\xi}}\Big|_{|\xi|\to 0} = 4\mathrm{Re}\,\chi'(z)$$

$$\therefore K = \lim_{|\xi|\to 0} 2\sqrt{2\pi\xi}\cdot\chi'(z)$$

其中 $\chi(z)$ 需要满足问题的边界条件.

(三). 映射函数的应用.

将z平面的椭圆裂纹 $\xrightarrow{\text{映射}}$ ζ平面的单位圆.

映射函数 $z = \omega(\zeta) = \frac{R}{2}\left(\zeta + \frac{m}{\zeta}\right)$. $\begin{cases} R = \frac{a+b}{2} \\ m = \frac{a+b}{a-b} \end{cases}$

讨论 $b\to 0$. (即裂纹) 时 $z = \omega(\zeta) = \frac{a}{2}\left(\zeta + \frac{1}{\zeta}\right)$

则 $\chi(z) = \chi[\omega(\eta)] =$

$$\chi'(z) = \frac{d\chi(z)}{dz} = \frac{d\chi(\omega(\eta))}{d\eta}\cdot\frac{d\eta}{dz}$$

$$= \chi'(\eta)/\omega'(\eta).$$

$$\therefore\ K = \lim_{|\zeta|\to 0} 2\sqrt{2\pi\zeta}\,\frac{\chi'(\eta)}{\omega'(\eta)}$$

在变换过程中，注意：

$|\zeta|\to 0$ 为 $z\to z_1\ (=a)$ $\quad (\zeta = z - z_1)$

$$z = \omega(\zeta) = \frac{a}{2}\left(\eta+\frac{1}{\eta}\right)\to a \Rightarrow (\eta\to 1)$$

$$\therefore\ K = 2\sqrt{2\pi}\lim_{\eta\to 1}\sqrt{\frac{a}{2}\left[\eta+\frac{1}{\eta}-2\right]}\cdot\frac{\chi'(\eta)}{\omega'(\eta)}$$

$$= 2\sqrt{2\pi}\lim_{\eta\to 1}\sqrt{\frac{a}{2\eta}}\,(\eta-1)\cdot\frac{\chi'(\eta)}{\omega'(\eta)}$$

$$= 2\sqrt{\pi a}\lim_{\eta\to 1}(\eta-1)\frac{\chi'(\eta)}{\omega'(\eta)}$$

而 $\omega'(\eta) = \frac{a}{2}\left(1-\frac{1}{\eta^2}\right) = \frac{a}{2}\left(\frac{\eta^2-1}{\eta^2}\right) = \frac{a}{2}\,\frac{(\eta-1)(\eta+1)}{\eta^2}$

$$\therefore\ K = 2\sqrt{\pi a}\lim_{\eta\to 1}\frac{2\eta^2}{a(\eta+1)}\cdot\chi'(\eta)$$

$$= 2\sqrt{\frac{\pi}{a}}\lim_{\eta\to 1}\chi'(\eta) = 2\sqrt{\frac{\pi}{a}}\,\chi'(1)$$

$$\therefore\ K = 2\sqrt{\frac{\pi}{a}}\,\chi'(1).$$

[$\chi(\eta)$ 为单位圆上之 $\eta$ 平面之复变函数，仍是已知函数]

问：一、按照能量平衡原理得，裂纹开裂临界应力：

$$\sigma_c = \sqrt{\frac{2E\gamma}{\pi a}} \quad (\text{平面应力})$$

$$\sigma_c = \sqrt{\frac{2E\gamma}{\pi a(1-\mu^2)}} \quad (\text{平面应变})$$

$\mu<1$ ∴ $\sigma_c|_{平面应变} > \sigma_c|_{平面应力}$ ……①

而又 $K_{IC}|_{应变} < K_{IC}|_{应力}$ ……② 这是矛盾的。

原因是：在推导①式是认为材料是绝对脆性（玻璃、陶瓷）。在平面应力仍然无塑性变形。（三向拉不易被拉坏）。

而在推导$K_I$时，考虑材料的塑性变形，开裂前由于塑性变形必消耗能量。因为我们的$K_I$理论为线弹性理论……② → 没有考虑塑性影响。（故与σ规律相同）

线弹性理论：——对金属材料发生因裂纹扩展的脆性断裂时，是具有小量塑性变形的，我们可以暂不考虑这种局部地区的塑性变形，而把物体看成是有裂纹的弹性体，然后用弹性理论的方法去分析其应力和其变形。这种理论叫线性弹性断裂力学。

但$K_{IC}$是实验测定的。而任何材料在奇异点处的$K_{IC}$是已经有塑性影响（同体积值）。因理论上，在奇异点处应力无限大，实际上是不会这样的（发生屈服松弛应力），其原因就是产生了塑性变形。

故$\sigma_c$与$K_{IC}$不能推论一致性。

三、应用例。带裂纹无限大板，在裂纹表面 $z=b$ 处，作用集中力

$\begin{cases}X=Q\\ Y=P\end{cases}$，求 $K_I$, $K_{II}$

说明：关于无限大板的平衡条件：$\begin{cases}\Sigma X=0\\ \Sigma Y=0\end{cases}$ ?

作圆 $C_R$，令 $C_R$ 作用的应力为 $(\sigma_x)_{C_R}$, $(\sigma_y)_{C_R}$, $(\tau_{xy})_{C_R}$，当 $C_R$ 为某个有限值时，则 $\sigma_x$, $\sigma_y$, $\tau_{xy}$ 与 P、Q 处于平衡。

当令 $C_R\to\infty$，则 $(\sigma_x, \sigma_y, \tau_{xy})_{C_R}\Longrightarrow 0$

即"无限大"板的要求使得我们不能考虑周围无穷远处边界条件的处理。

1. 问题提出。

在 $z=b$ 处，从载荷来说是间断的，在此附近先研究分布载荷，去求裂纹附近应力场。再令 $pb=P$, $qb=Q$, $b\to 0$，就得到的就是集中力作用的解。

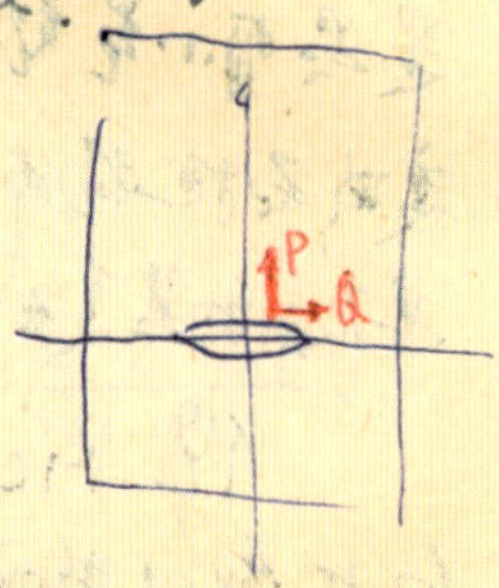


2. 用 F 表示 P、Q。 $F=P-iQ$.

设边界上单位长度 $X_n$, $Y_n$ 的值。

$$F=-i\int(X_n+iY_n)ds$$
$$=-i\left[\int X_n ds+i\int Y_n ds\right]$$
$$=-i[Q+iP]=P-iQ.$$

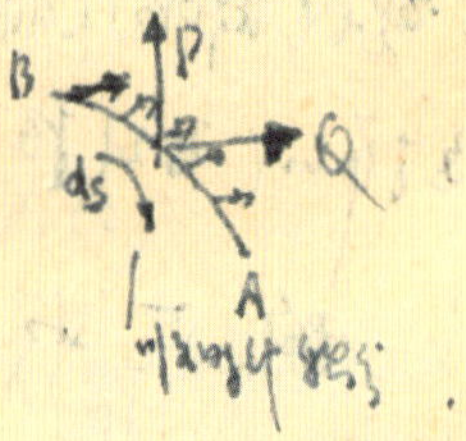


2. 取映射函数。

$\omega(\zeta)=$ (3-40) $P_{52}$

总的来说，利用复函数的边值问题。

$$\varphi(z)+z\overline{\varphi'(z)}+\overline{\psi(z)}=f.$$

通过映射变换后。

得到 $\varphi(\zeta)+\dfrac{\omega(\zeta)}{\overline{\omega'(\zeta)}}\overline{\varphi'(\zeta)}+\overline{\psi(\zeta)}=f$.

取 $\varphi(\zeta)=\dfrac{1+\kappa}{8\pi}(X+iY)\ln\zeta+B\omega(\zeta)+\varphi_0(\zeta)$

将 $\varphi(\zeta)$、$\psi(\zeta)$ 代入边界条件（边界条件方程）确定 $\varphi_0(\zeta)$、$\psi_0(\zeta)$ 的边值条件。

$\varphi_0(\varsigma)+\frac{\omega(\varsigma)}{\overline{\omega'(\varsigma)}}\overline{\varphi_0'(\varsigma)}+\overline{\psi_0(\varsigma)}=f_0$.

$f_0=i\int(X_n+iY_n)ds-\frac{X+iY}{2\pi}\ln\sigma-\frac{1+\mu}{8\pi}(X-iY)\frac{\omega(\sigma)}{\overline{\omega'(\sigma)}}\bar{\sigma}-2B\omega(\sigma)$ …②

$-(B'-iC)\overline{\omega(\sigma)}$

(1)和②式两边同乘以 $\frac{1}{2\pi i}\oint\frac{d\sigma}{\sigma-\varsigma}$

进行柯西积分..

$\frac{1}{2\pi i}\oint_\gamma\frac{\varphi_0(\sigma)d\sigma}{\sigma-\varsigma}+\frac{1}{2\pi i}\oint_\gamma\frac{\omega(\sigma)}{\overline{\omega'(\sigma)}}\overline{\varphi_0'(\sigma)}\frac{d\sigma}{\sigma-\varsigma}+\frac{1}{2\pi i}\oint_\gamma\frac{\overline{\psi_0(\sigma)}}{\sigma-\varsigma}d\sigma=\frac{1}{2\pi i}\oint\frac{f_0 d\sigma}{\sigma-\varsigma}$

求出 $\varphi_0$, $\psi_0$, 从而得到 $\varphi$, $\psi$.

直接求出的 $\varphi_0=X(\eta)$ ..(P52)

求出 $X(\eta)$. 就能求出 $K=2\sqrt{\frac{2}{\pi}}X'(1)$

$$\begin{cases}K_I=\frac{P}{2\sqrt{2a}}\left[\frac{a+b}{a-b}\right]^{\frac{1}{2}}+\frac{Q}{2\sqrt{2a}}\left(\frac{K-1}{K+1}\right)\\ K_{II}=-\frac{P}{2\sqrt{2a}}\left(\frac{K-1}{K+1}\right)+\frac{Q}{2\sqrt{2a}}\left[\frac{a+b}{a-b}\right]^{\frac{1}{2}}\end{cases}\qquad 3\text{-}44.$$

§3-3 有限宽平板具有穿透板厚的中心裂纹或边裂纹的应力强度因子K的计算.

问题提出.. 在无限宽板.. 边界状态对裂纹端无影响.

但是.. 在有限宽平板..

①. 边界状态对裂纹的应力场有影响..

②. 在自由边界, 应力有间断

③ 裂纹表面边界条件对自由边界的影响..

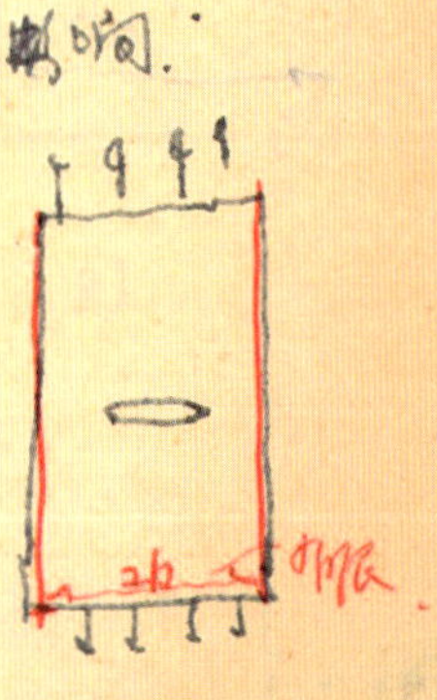


如前的解析函数. $f_I(\varsigma)=\frac{\sigma(\varsigma+a)}{\sqrt{\varsigma(\varsigma+a)}}$

它在有限平板中是不能满足边界条件的 (自由边界条件)

求解方法..

一、边界配位法..

1、原理.. 弹性力学问题归结为 $\nabla^2\nabla^2\varphi=0$.

以及边界条件 $\begin{cases}\sigma_x l+\tau_{xy}m=\bar{X}\\ \tau_{xy}l+\sigma_y m=\bar{Y}\end{cases}$

第一步.. 取一个函数.

$\varphi=C_1\varphi_1(x.y)+C_2\varphi_2(x.y)+\cdots+C_n\varphi_n(x.y)$

即双调和函数的无穷级数，令 $\varphi_i(x,y)$ 满足 $\nabla^4\varphi_i=0$

$C_1, C_2 \cdots C_n$ 是待定常数

如果按边界条件来确定 $C_1, C_2 \cdots C_n$，则 $\varphi(x,y)$ 就可确定了

取无穷个边界点满足边界条件，定出无穷个 $C_i$，则 $\varphi(x,y)$ 为真正解。但无穷是难办的。

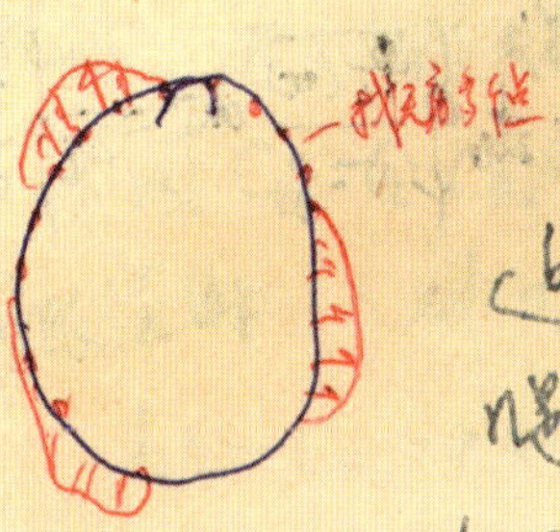


近似地：在边界上取有限个点 $(x_1, x_2) \cdots (x_n, y_n)$ 即有限个，满足这些点的边界条件，代入就得到有限个 $C_i$ $(i=1,\cdots n)$ 从而得到近似的 $\varphi(x,y)$。

这种方法为边界配位法。

2. 三点弯曲试件的K

问如下图示，求 $K_I$。

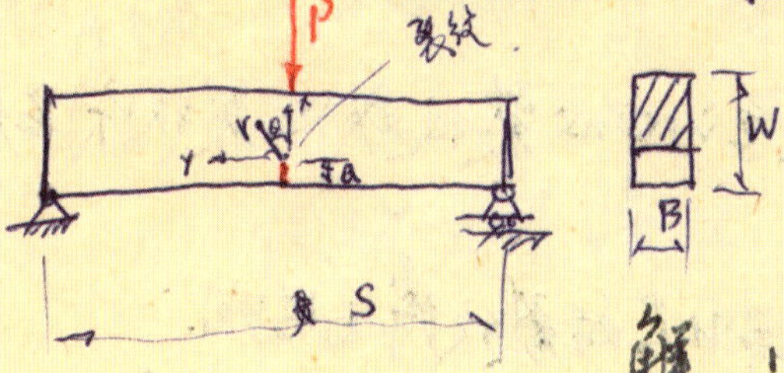


解：1）用φ表示 $K_I$。

$$K_I=\lim_{\zeta\to 0}\sqrt{2\pi\zeta}\,f_I(\zeta)$$

$$f_I(\zeta)=\mathrm{Re}f_I(\zeta)+i\,\mathrm{Im}f_I(\zeta)$$

∵求裂纹尖端的 $K_I$，∴ $y=0$，或 $\theta=0$

$$\zeta=re^{i\theta}=r$$

∴ $f_I(\zeta)$ = 实变函数，$\mathrm{Im}f_I(\zeta)=0$

∴ $f_I(\zeta)=\mathrm{Re}f_I(\zeta)$。

而 $\sigma_y=\mathrm{Re}f_I(\zeta)+y\,\mathrm{Im}f_I'(\zeta)$

∴ $f_I(\zeta)\big|_{y=0}=\sigma_y(r,0)$

因此 $K_I=\lim_{r\to 0}\sqrt{2\pi r}\,\sigma_y(r,0)$

从而把问题化为求 $\sigma_y$。而 $\sigma_y=\dfrac{\partial^2\varphi}{\partial x^2}$。

故问题归结为求φ的表达式。

2)、选择 $\varphi(r,\theta)$：

$$\varphi(r,\theta)=\sum_{j=1}^{\infty}c_j r^{\frac{j}{2}+1}\left\{-\cos\left[\left(\frac{j}{2}-1\right)\theta\right]+\frac{\frac{j}{2}+(-1)^j}{\frac{j}{2}+1}\cos\left[\left(\frac{j}{2}+1\right)\theta\right]\right\}$$

(3—51)

推导如下：

按复变函数表达式

$$\varphi(r,\theta)=R\left[\bar{z}\,\varphi(z)+\chi(z)\right]$$

$$\begin{cases}\Phi(z)=\varphi'(z)\\ \Phi'(z)=\varphi''(z)\end{cases}\qquad\begin{cases}\Psi(z)=\chi'(z)\\ \Psi'(z)=\chi''(z)\end{cases}$$

应力分量：
$$\begin{cases}\sigma_r+\sigma_\theta=4Re\left[\Phi(z)\right]\\ \sigma_\theta-\sigma_r+i2\tau_{r\theta}=2e^{2i\theta}\left[\bar{z}\Phi'(z)+\Psi(z)\right]\quad\cdots④\\ \sigma_\theta+i\tau_{r\theta}=\Phi(z)+\overline{\Phi(z)}+e^{2i\theta}\left[\bar{z}\Phi'(z)+\Psi(z)\right]\end{cases}$$

用无穷级数求解，选取：

$$\begin{cases}\varphi(z)=\sum_{n=0}^{\infty}A_n z^{\lambda_n}\\ \chi(z)=\sum_{n=0}^{\infty}B_n z^{\lambda_n+1}\end{cases}\Rightarrow\quad \begin{aligned}&\Phi(z)=\sum_{n=0}^{\infty}A_n\lambda_n z^{\lambda_n-1}\\ &\Phi'(z)=\sum_{n=0}^{\infty}A_n\lambda_n(\lambda_n-1)z^{\lambda_n-2}\\ &\Psi(z)=\chi'(z)=\sum_{n=0}^{\infty}B_n(\lambda_n+1)z^{\lambda_n}\\ &~~\Psi'(z)=\sum_{n=0}~~\end{aligned}$$

$z=re^{i\theta}$

代入④式得：

$$\sigma_\theta+i\tau_{r\theta}=\sum_{n=0}^{\infty}\lambda_n r^{\lambda_n-1}\left[\lambda_n e^{i(\lambda_n-1)\theta}A_n+e^{-i(\lambda_n-1)\theta}\bar{A}_n+(\lambda_n+1)e^{i(\lambda_n+1)\theta}B_n\right]$$

······(7)

设裂纹表面不受载，则应当满足条件：

当 $\theta=\pm\pi$：有 $(\sigma_\theta+i\tau_{r\theta})\Big|_{\theta=\pm\pi}=0$ ······(8)

将条件⑧代入⑦式，我们就得到：

$$\left.\begin{aligned}&\lambda_n e^{i(\lambda_n-1)\pi}A_n+e^{-i(\lambda_n-1)\pi}\bar{A}_n+(\lambda_n+1)e^{i(\lambda_n+1)\pi}B_n=0\\ &\lambda_n e^{-i(\lambda_n-1)\pi}A_n+e^{i(\lambda_n-1)\pi}\bar{A}_n+(\lambda_n+1)e^{-i(\lambda_n+1)\pi}B_n=0\end{aligned}\right\}\cdots(9)$$

按行展开，若使(9)式有非零解，必须满足：

$$~~e^{-2i(\lambda_n-1)\pi}=e^{i(\lambda_n-1)\pi 2}~~$$

$$\therefore\ e^{2i\lambda_n\pi}=e^{-2i\lambda_n\pi}\quad\cdots(10)\qquad(\because e^{i2\pi}=1)$$

或：（整理）$\sin 2\lambda_n\pi=0.$ ···(11)（特征方程）

$$\therefore\ \lambda_n=\frac{n}{2}\qquad n=0,1,2,\cdots\quad(12)$$

$\lambda_n=\frac{n}{2}$ 为特征值

说明：① ∵ $n$ 为负值应当抛弃，因为就出来的结果是不连续，不符合物理现象。

② $n=0$ 不影响应力分量，可以略去。

将(12)式代入(8)式，得出

$$B_n = -\frac{nA_n + (-1)^n \cdot 2\overline{A_n}}{n+2} \quad \cdots\cdots(13)$$

将(13)、(12)代入得，令 $A_n = \dot{A}_n + iA_n'$

$$\varphi(r,\theta) = \mathrm{Re}\left[\bar{z}\varphi(z) + \chi(z)\right]$$

$$\bar{z}\varphi(z) = \sum_{n=1}^{\infty} r^{\frac{n}{2}+1}\Big\{\left[\dot{A}_n\cos\left(\tfrac{n}{2}-1\right)\theta - A_n'\sin\left(\tfrac{n}{2}-1\right)\theta\right] + i\left[A_n'\cos\left(\tfrac{n}{2}-1\right)\theta + \dot{A}_n\sin\left(\tfrac{n}{2}-1\right)\theta\right]\Big\} \quad \cdots\cdots(14)$$

$$\begin{aligned}\chi(z) = \sum_{n=1}^{\infty} r^{\frac{n}{2}+1}\Big\{&\frac{-n}{n+2}\left[\dot{A}_n\cos\left(\tfrac{n}{2}+1\right)\theta - A_n'\sin\left(\tfrac{n}{2}+1\right)\theta\right] \\ &+ \frac{-n}{n+2}i\left[\dot{A}_n\sin\left(\tfrac{n}{2}+1\right)\theta + A_n'\cos\left(\tfrac{n}{2}+1\right)\theta\right] - \\ &- \frac{(-1)^n\cdot 2}{n+2}\left[\dot{A}_n\cos\left(\tfrac{n}{2}+1\right)\theta + A_n'\sin\left(\tfrac{n}{2}+1\right)\theta\right] - \\ &- \frac{(-1)^n\cdot 2}{n+2}i\left[\dot{A}_n\sin\left(\tfrac{n}{2}+1\right)\theta - A_n'\cos\left(\tfrac{n}{2}+1\right)\theta\right]\Big\} \quad \cdots\cdots(15)\end{aligned}$$

$$\begin{aligned}\therefore \varphi(r,\theta) = &\sum_{n=1}^{\infty} r^{\frac{n}{2}+1}\left[\dot{A}_n\cos\left(\tfrac{n}{2}-1\right)\theta - A_n'\sin\left(\tfrac{n}{2}-1\right)\theta\right] + \\ &+ \sum_{n=1}^{\infty} r^{\frac{n}{2}+1}\Big\{\frac{-n}{n+2}\left[\dot{A}_n\cos\left(\tfrac{n}{2}+1\right)\theta - A_n'\sin\left(\tfrac{n}{2}+1\right)\theta\right] \\ &- \frac{(-1)^n\cdot 2}{n+2}\left[\dot{A}\cos\left(\tfrac{n}{2}+1\right)\theta + A_n'\sin\left(\tfrac{n}{2}+1\right)\theta\right]\Big\}\end{aligned}$$

合理。令 $A_n'=0$，即 $A_n$ 为实常数 $(A_n = \dot{A}_n$

$$\begin{aligned}\therefore \varphi(r,\theta) &= \sum_{n=1}^{\infty} A_n r^{\frac{n}{2}+1}\left[\cos\left(\tfrac{n}{2}-1\right)\theta - \frac{n+(-1)^n 2}{n+2}\cos\left(\tfrac{n}{2}+1\right)\theta\right] \\ &= \sum_{n=1}^{\infty}(-A_n) r^{\frac{n}{2}+1}\left[-\cos\left(\tfrac{n}{2}-1\right)\theta + \frac{\frac{n}{2}+(-1)^n}{\frac{n}{2}+1}\cos\left(\tfrac{n}{2}+1\right)\theta\right]\end{aligned}$$

~~$A_n\sin\left(\tfrac{n}{2}+1\right)\theta$~~

3，求 $\sigma_y$.

$$\sigma_y = \frac{\partial^2\varphi}{\partial x^2} = \frac{\partial}{\partial x}\left[\frac{\partial\varphi}{\partial r}\frac{\partial r}{\partial x} + \frac{\partial\varphi}{\partial\theta}\frac{\partial\theta}{\partial x}\right]$$

引入无量纲参数 $x_j = C_j \dfrac{BW^{\frac{j}{2}}}{P}$ 令 $-A_n = C_j$ $n = j$

则 $\varphi(r,\theta) = \dfrac{PW}{B}\sum_{j=1}^{\infty} x_j \left(\dfrac{r}{W}\right)^{\frac{j}{2}+1}\left\{-\cos\left(\frac{j}{2}-1\right)\theta + \dfrac{\frac{j}{2}+(-1)^j}{\frac{j}{2}+1}\cos\left(\frac{j}{2}+1\right)\theta\right\}$ $\therefore (-A_n) = \dfrac{x_j P}{BW^{j/2}}$

即 $\varphi(r,\theta) = \dfrac{PW}{B}\sum_{n=1}^{\infty} x_j \left(\dfrac{r}{W}\right)^{\frac{j}{2}+1}\left\{-\cos\left(\frac{j}{2}-1\right)\theta + \dfrac{\frac{j}{2}+(-1)^j}{\frac{j}{2}+1}\cos\left(\frac{j}{2}+1\right)\theta\right\}$

任取一直角坐标 $(s,t)$ 与 $(x,y)$ 成 $\omega$ 角. 建立极坐标 $(r,\theta)$ 与 $(x,y)$ 关系.

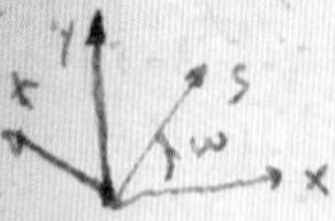


$$\frac{\partial r}{\partial x} = \cos\theta = \frac{x}{r} \qquad \frac{\partial r}{\partial y} = \sin\theta = \frac{y}{r}$$

$$\frac{\partial\theta}{\partial x} = \frac{-y}{r^2} = -\frac{\sin\theta}{r} \qquad \frac{\partial\theta}{\partial y} = \frac{\cos\theta}{r}$$

$$\begin{cases}\dfrac{\partial\varphi}{\partial x} = \dfrac{\partial\varphi}{\partial r}\cos\theta - \dfrac{1}{r}\dfrac{\partial\varphi}{\partial\theta}\sin\theta \\ \dfrac{\partial\varphi}{\partial y} = \dfrac{\partial\varphi}{\partial r}\sin\theta + \dfrac{1}{r}\dfrac{\partial\varphi}{\partial\theta}\cos\theta\end{cases}$$

而 $\dfrac{\partial\varphi}{\partial s} = \dfrac{\partial\varphi}{\partial x}\dfrac{\partial x}{\partial s} + \dfrac{\partial\varphi}{\partial y}\dfrac{\partial y}{\partial s}$ $\begin{cases}x = s\cos\omega \\ y = s\sin\omega\end{cases}$ s为任一方向.

$$\therefore \frac{\partial\varphi}{\partial s} = \frac{\partial\varphi}{\partial x}\cos\omega + \frac{\partial\varphi}{\partial y}\sin\omega$$

$$= \frac{\partial\varphi}{\partial r}\cos(\omega-\theta) + \frac{1}{r}\frac{\partial\varphi}{\partial\theta}\sin(\omega-\theta)$$

求出 $\dfrac{\partial\varphi}{\partial r}$, $\dfrac{\partial\varphi}{\partial\theta}$ 之后代入，得：

$$\frac{\partial\varphi}{\partial s} = \frac{P}{B}\sum_{j=1}^{\infty} x_j\left(\frac{r}{W}\right)^{\frac{j}{2}}\left\{-\cos\left(\frac{j}{2}\theta-\omega\right) - \frac{j}{2}\cos\left[\left(\frac{j}{2}-2\right)\theta+\omega\right] + \left[\frac{j}{2}+(-1)^j\right]\cos\left(\frac{j}{2}\theta+\omega\right)\right\} \quad \cdots\cdots(3\text{-}54)$$

再从此方程，再求一次导数

$$\frac{\partial^2\varphi}{\partial s^2} = \frac{\partial}{\partial r}\left\{\frac{\partial\varphi}{\partial s}\cos(\omega-\theta) + \frac{1}{r}\frac{\partial}{\partial\theta}\left(\frac{\partial\varphi}{\partial s}\right)\sin(\omega-\theta)\right]$$

$$= \frac{P}{BW}\sum_{j=1}^{\infty} x_j\left(\frac{r}{W}\right)^{\frac{j}{2}-1}\cdot\frac{j}{2}\left\{-2\cos\left(\frac{j}{2}-1\right)\theta - \left(\frac{j}{2}-1\right)\cos\left[\left(\frac{j}{2}-3\right)\theta+2\omega\right] + \left[\frac{j}{2}+(-1)^j\right]\cos\left[\left(\frac{j}{2}-1\right)\theta+2\omega\right]\right\} \cdots\cdots(3\text{-}55)$$

$$\frac{\partial^2\varphi}{\partial s\partial t} = \frac{\partial}{\partial t}\left(\frac{\partial\varphi}{\partial s}\right) = \frac{\partial}{\partial r}\left(\frac{\partial\varphi}{\partial s}\right)\sin(\theta-\omega) + \frac{1}{r}\frac{\partial}{\partial\theta}\left(\frac{\partial\varphi}{\partial s}\right)\cos(\theta-\omega)$$

$$\therefore \frac{\partial^2\varphi}{\partial s\partial t} = \frac{P}{BW}\sum_{j=1}^{\infty} x_j\left(\frac{r}{W}\right)^{\frac{j}{2}-1}\cdot\frac{j}{2}\left\{\left(\frac{j}{2}-1\right)\sin\left[\left(\frac{j}{2}-3\right)\theta+2\omega\right] - \left[\frac{j}{2}+(-1)^j\right]\sin\left[\left(\frac{j}{2}-1\right)\theta+2\omega\right]\right\} \cdots\cdots(3\text{-}56)$$

求应力分量. 令 $\omega=0$. 有 $\dfrac{\partial^2\varphi}{\partial x^2}=\dfrac{\partial^2\varphi}{\partial s^2}\Big|_{\omega=0}$

$$\frac{\partial^2\varphi}{\partial x\partial y}=\frac{\partial^2\varphi}{\partial s\partial t}\Big|_{\omega=0}$$

令 $\omega=\frac{\pi}{2}$ 有. $\dfrac{\partial^2\varphi}{\partial y^2}=\dfrac{\partial^2\varphi}{\partial s^2}\Big|_{\omega=\frac{\pi}{2}}$

$$\frac{\partial^2\varphi}{\partial x\partial y}=-\frac{\partial^2\varphi}{\partial s\partial t}\Big|_{\omega=\frac{\pi}{2}}$$

$$\sigma_x=\frac{\partial^2\varphi}{\partial y^2}=\frac{\partial^2\varphi}{\partial s^2}\Big|_{\omega=\frac{\pi}{2}}$$

$$=\frac{P}{BW}\sum_{j=1}^{\infty}x_j\left(\frac{r}{W}\right)^{\frac{j}{2}-1}\cdot\frac{j}{2}\left\{-\left[\frac{j}{2}+2+(-1)^j\right]\cos\left(\frac{j}{2}-1\right)\theta+\left(\frac{j}{2}-1\right)\cos\left(\frac{j}{2}-3\right)\theta\right\} \quad \cdots 3-57$$

$$\sigma_y=\frac{\partial^2\varphi}{\partial x^2}=\frac{\partial^2\varphi}{\partial s^2}\Big|_{\omega=0}$$

$$=\frac{P}{BW}\sum_{j=1}^{\infty}x_j\left(\frac{r}{W}\right)^{\frac{j}{2}-1}\cdot\frac{j}{2}\left\{\left[\frac{j}{2}-2+(-1)^j\right]\cos\left(\frac{j}{2}-1\right)\theta-\left(\frac{j}{2}-1\right)\cos\left(\frac{j}{2}-3\right)\theta\right\} \quad 3-58$$

$$\tau_{xy}=-\frac{\partial^2\varphi}{\partial x\partial y}=-\frac{\partial^2\varphi}{\partial t\partial s}\Big|_{\omega=0}.$$

$$=\frac{P}{BW}\sum_{j=1}^{\infty}x_j\left(\frac{r}{W}\right)^{\frac{j}{2}-1}\cdot\frac{j}{2}\left\{\left[\frac{j}{2}+(-1)^j\right]\sin\left(\frac{j}{2}-1\right)\theta-\left(\frac{j}{2}-1\right)\sin\left(\frac{j}{2}-3\right)\theta\right\}. \quad 3-59.$$

4. 求 $K_I$ 表达式. $K_I=\lim\limits_{r\to0}\sqrt{2\pi r}\,\sigma_y(r,0)$

$$=\lim_{r\to0}\sqrt{2\pi r}\cdot\frac{P}{BW}\sum_{j=1}^{\infty}x_j\left(\frac{r}{W}\right)^{\frac{j}{2}-1}\cdot\frac{j}{2}\left\{-\left[\frac{j}{2}+2+(-1)^j\right]+\left(\frac{j}{2}-1\right)\right]$$

从上可见. 除 $j=1$ 外. $j=2\cdots\infty$. 这些项乘 $\sqrt{2\pi r}$. $r\to0$ 均为

于零. 故.

$$K_I=-\sqrt{2\pi}\frac{P}{BW^{\frac{1}{2}}}X_1 \qquad (3-61)$$

现在关键在找系数 $X_1$.

5. 边界配位.

实际上要在边界上选定若干点. 使每个点的.

$$\left\{\begin{array}{l}1^\circ\ \varphi_0.\ \dfrac{\partial\varphi_0}{\partial n}\ 给定 \\ 2^\circ\ \dfrac{\partial\varphi_0}{\partial n},\ \dfrac{\partial\varphi_0}{\partial t}\ 给定 \\ 3^\circ\ .\ \sigma_y.\ \tau_{xy}\ 给定\end{array}\right.$$

(先求 $X_1$) 中的任一条件为已知, $\rightarrow X_1$

三种边界条件的定义。（如按φ的另一种意义，应注意其符号）。（一般第一种情况的问题比较简单）

以三点弯曲试件为例。

第一种。从边界力的观点考虑。

$\because \sigma_y = \frac{\partial^2 \varphi}{\partial x^2}$  $\frac{\partial \varphi}{\partial x} = \int \sigma_y dx + f_1(y)$.

取参考点 A $(x_0, y_0)$，动点 B $(x, y)$。

（可以在φ中加 $ax+by+c$ 使 $f_1(y)=0$ ∴ $ax+by+c$ 不影响应力）

$\frac{\partial \varphi}{\partial x}$ 的物理意义为沿着弧线 AB 前进，对于弧的右侧加于右侧边界上的面力的合力在 y 方向的投影 $\bar{Y} = \int \sigma_y dx$

$\frac{\partial \varphi}{\partial y}$ 为合力在 x 方向的投影。

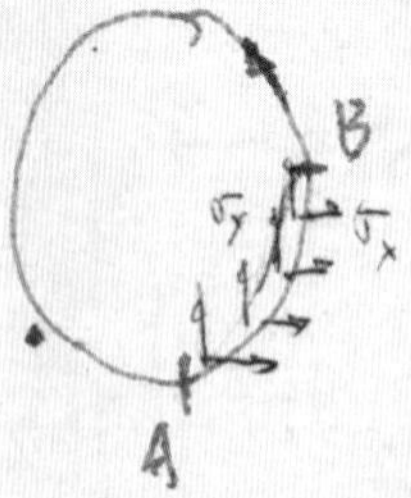


$\varphi = \iint \sigma_y dx\, dx + \int f_1(y) dx + f_2(y)$

φ 可以看成沿着弧线 AB 前进，物体右侧加于右侧边界面力，对 B 点的力矩。 $\varphi = \bar{M}_{AB}$.

考虑外法向和绕向。（逆时针）。

$\therefore \begin{cases} \frac{\partial \varphi}{\partial x} = -\bar{Y} \\ \varphi = \bar{M} \end{cases}$

$\begin{cases} [\varphi]_A^B = \text{外表面力的力矩从点A到点B的增量} \\ \left[\frac{\partial \varphi}{\partial n}\right]_A^B = \text{沿}(-\vec{t})\text{方向外表面力从点A到点B的合力} \\ \left[\frac{\partial \varphi}{\partial t}\right]_A^B = \text{沿}\vec{n}\text{方向外表面力从点A到点B的合力} \end{cases}$

① AB 边 $(x = -a,\ 0 \le y \le [\frac{l}{2} - \varepsilon])$

$\because \bar{X} = 0,\ \bar{Y} = 0$

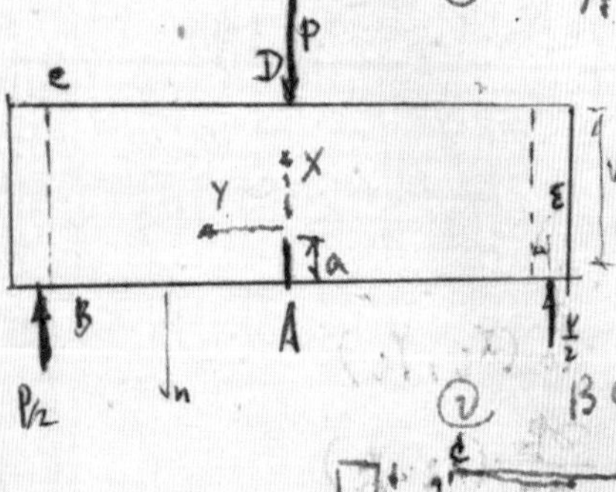


$\frac{\partial \varphi}{\partial n} = -\frac{\partial \varphi}{\partial x} = \int \bar{Y} dx = 0$

$\varphi = \bar{M} = 0$.

② BC 边

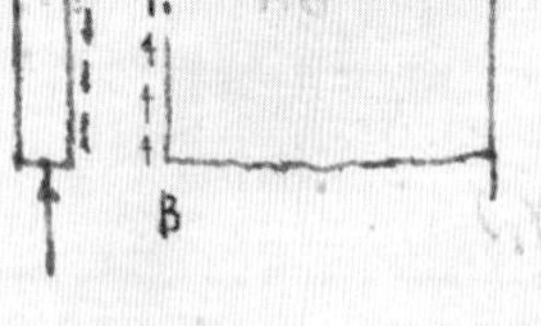


$(\because y = \frac{l}{2} - \varepsilon)$

取初等解（材力解）

若 ε 取得很小，$M \approx 0$，则 $\sigma_y = 0$ （由材力公式 2-18）

$Q = \frac{P}{2}$  $\tau_{yx} = \frac{QS}{2bJ_z}$

即 $\tau_{yx} = \frac{Q}{2J_z}\left[\frac{h^2}{4} - y^2\right]$ （抛物线分布）

$\left.\frac{\partial \varphi}{\partial n}\right|_{BC} = \frac{\partial \varphi}{\partial y} = \int_B^x \tau_{yx} dx$.

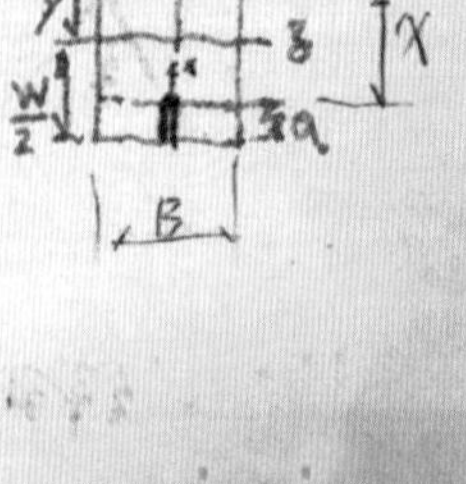


对于本例，$h = W$，$y = x - \frac{W}{2} + a$.

$\therefore \tau_{yx} = \frac{Q}{2J}\left[\frac{h^2}{4} - (x + a - \frac{W}{2})^2\right]$

BC 段 $\begin{cases} \frac{\partial \varphi}{\partial n} = \frac{P}{BW^2}\left[(x+a)^3 - \frac{3}{2}W(x+a)^2\right] \\ \varphi = \bar{M} = 0 \end{cases}$

③ CB段 $\frac{\partial\varphi}{\partial n}=\frac{\partial\varphi}{\partial x}=\int \bar{y}dx=0$

$$\varphi=M=\frac{P}{2B}\left(\frac{L}{2}-y\right)$$ (手写厚度)

第二种假定：按弹性解（认为物体无裂纹）造一个应力函数$\varphi$。

由材力（弯曲）$\varphi_0(x,y)=-\frac{P}{B}\left(\frac{L}{2}-y\right)\left[\left(\frac{x+a}{W}\right)^3-\frac{3}{2}\left(\frac{x+a}{W}\right)^2\right]$

满足边界条件 当$x=-a$，有 $\begin{cases}\sigma_x=0\\ \tau_{xy}=0\end{cases}$

以$\varphi_0$作为有裂纹的应力函数$\varphi$的边界值是很，

求边界条件：

① AB $(x=-a,\ 0\le y\le \frac{L}{2})$ $\begin{cases}\varphi_0=0\\ \frac{\partial\varphi_0}{\partial n}=-\frac{\partial\varphi_0}{\partial x}\Big|_{x=-a}=0\end{cases}$

② BC $(y=\frac{L}{2},\ -a\le x\le W-a)$ $\begin{cases}\varphi_0=0\\ \frac{\partial\varphi_0}{\partial n}=-\frac{\partial\varphi_0}{\partial y}=\frac{P}{BW^3}\left[(x+a)^3-\frac{3}{2}W(x+a)^2\right]\end{cases}$

③ CD边 $(x=W-a,\ 0\le y\le \frac{L}{2})$

$$\varphi_0\Big|_{x=W-a}=\frac{P}{2B}\left(\frac{L}{2}-y\right)$$

$$\frac{\partial\varphi_0}{\partial n}=\frac{\partial\varphi}{\partial x}=0$$

按边界的几何形状，选定配位点，$(x_i,y_i)$

将$(x_i,y_i)$代入$\varphi_0(x,y)$ 得到 $\varphi_0(x_i,y_i)$

$\frac{\partial\varphi_0}{\partial n}(x,y)$ …… $\frac{\partial\varphi_0}{\partial n}(x_i,y_i)$

就得到一系列数据：

$\varphi_{01}(x_1,y_1)$ $\frac{\partial\varphi_0}{\partial n_1}(x_1,y_1)$

$\varphi_{0i}(x_i,y_i)$ $\frac{\partial\varphi_0}{\partial n_i}(x_i,y_i)$

$$\begin{cases}\frac{\partial\varphi_0}{\partial n}(x_i,y_i)=\frac{\partial\varphi}{\partial n}(x_i,y_i) & i=1,2\cdots m\\ \varphi_0(x_i,y_i)=\varphi(x_i,y_i) & i=1,2\cdots m\end{cases}$$

得到$2m$个方程，其中$X_1,X_2\cdots X_{2m}$为待定系数

解方程组求出$X_j$（$j=1\cdots 2m$）中的一个$X_1$（其余不需要）。

再将求得的 $\alpha_1$ 代入 $K_I$ 的表达式中可定出我们所需的应力强度

因子。 $\frac{BW^{\frac{3}{2}}}{M}K_I = -\sqrt{2\pi}\,\alpha_1\left(\frac{4W}{L}\right)$ 　 $\langle M=\frac{1}{4}PL\rangle$

这样我们可以得出，对于任意三点弯曲的各种不同 a，W 的试件

$$K_I = \frac{PL}{BW^{3/2}}\left[2.9\left(\frac{a}{W}\right)^{\frac{1}{2}} - 4.6\left(\frac{a}{W}\right)^{3/2} + 21.8\left(\frac{a}{W}\right)^{5/2} - 37.6\left(\frac{a}{W}\right)^{7/2} + 38.7\left(\frac{a}{W}\right)^{9/2}\right]$$

6 边界配位法的要点

① 收敛性至今未得到理论证明。

② 配位点选择（数目）。对于三点弯曲，选点数目为 [illegible]～25 最好。

（二）有限宽板裂纹问题 K 的计算

有限宽板 板子上的封闭解得不到

① 有限边界的变换保角变换比较困难（较难用保角变换）

② 自由边界对裂缝的影响不易估计。

一般方法：数值解法和分析解法。

§3-4. 内部裂纹与表面裂纹

问题提法：原子三维裂纹问题

方法：Hamkel 积分变换

范天佑研究了一个圆柱裂纹在扭转时和载荷作用下K的计算

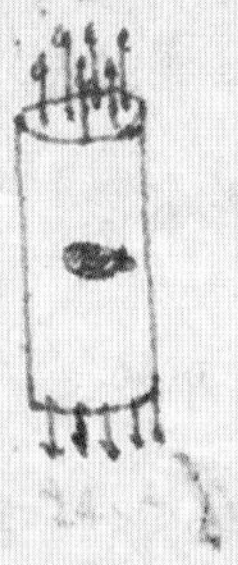

第三章 小结

重点：求各种构件、具有不同裂纹、在不同受载情况下的应力强度因子K。

提出假定：材料是线性弹性材料。

方法：1) Westgaard 应力函数

普通表达式：
$$\begin{cases} K_I = \lim_{|\zeta|\to 0}\sqrt{2\pi\zeta}\, f_I(\zeta) \\ K_{II} = \lim_{|\zeta|\to 0}\sqrt{2\pi\zeta}\, f_{II}(\zeta) \\ K_{III} = \lim\sqrt{2\pi\zeta}\, f_{III}(\zeta) \end{cases}$$

基本原理：寻求 $f_I(\zeta)$ 满足所有的边界条件 $\begin{cases} z\to\infty \text{ 应力是均匀的} \\ y=0,\ \tau_{xy}=0 \end{cases}$

2) 复应力函数映射法

基本原理：裂纹表面的边界条件是 $\varphi(z)+z\overline{\varphi'(z)}+\overline{\psi(z)}=i\int(\overline{X}+i\overline{Y})ds$

变换后：$\varphi_0(\zeta)+\frac{\omega(\zeta)}{\overline{\omega'(\zeta)}}\overline{\varphi_0'(\zeta)}+\overline{\psi_0(\zeta)}=$ ~~$i\int(\overline{X}+i\overline{Y})ds$~~ $f_0$

$f_0$ 中 B、B′、C′由无穷远的应力状态决定。

通过科西积分求得 $\varphi(\zeta)$

$$\frac{1}{2\pi i}\int\frac{\varphi_0(\sigma)}{\sigma-\zeta}d\sigma+\cdots=\frac{1}{2\pi i}\int\frac{f_0\,d\sigma}{\sigma-\zeta}$$

3. 边界配位法

基本原理：令边界上若干点满足边界条件，若干点不满足（应力）由此定出应力函数中的待定系数。

解决应力强度因子总的思路

根据边界条件定出合适的应力函数或复应力映射函数

代入K的普通式求得。

# 第四章 具有小范围屈服时K的修正

问题：当裂纹顶端有局部的塑性变形时，如何来求K。

方法：有效裂纹长度的方法……{如实际裂纹长度为a，塑性区尺寸为K，如认为有效裂纹长度 $a^*=a+\Delta a$ 则可以考虑塑性区的存在，仍可用线弹性断裂力学数据处理问题}

## §4-1 裂纹前端屈服区的形状和大小

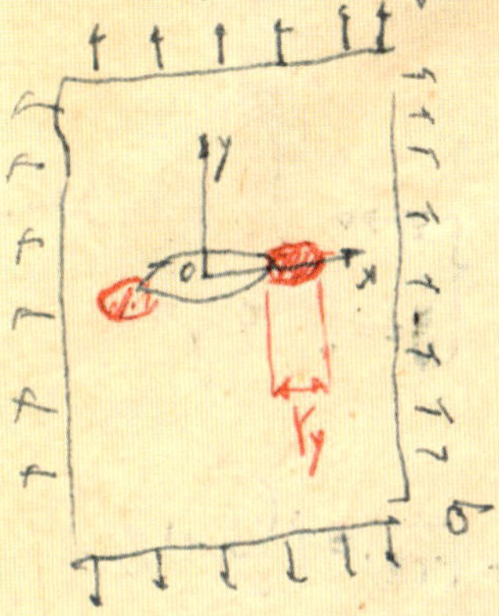

问：求出 $r_y=?$ $\quad r=f(\theta,\sigma,a)=?$

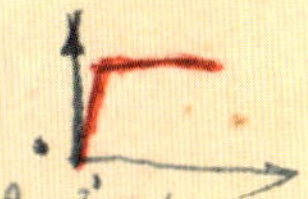

基本假设：① 材料是理想的弹塑性体

② 塑性区是局限于裂纹尖端部分

③ 塑性变形遵循 Von Mises 条件

步骤 1) 列写应力分量

认为在弹塑性交界面上，应力分量仍能是弹性的

$$\begin{matrix}\sigma_x\\ \sigma_y\end{matrix}=\frac{K_I}{\sqrt{2\pi r}}\cos\frac{\theta}{2}\left[1\mp\sin\frac{\theta}{2}\cdot\sin\frac{3\theta}{2}\right]$$

$$\tau_{xy}=\frac{K_I}{\sqrt{2\pi r}}\sin\frac{\theta}{2}\cos\frac{\theta}{2}\cos\frac{3\theta}{2}$$

且在交界面上，Mises屈服条件成立

$$\left[(\sigma_1-\sigma_2)^2+(\sigma_2-\sigma_3)^2+(\sigma_1-\sigma_3)^2\right]^{\frac{1}{2}}=\sqrt{2}\,\sigma_s$$

2) 求主应力

$$\begin{matrix}\sigma_1\\ \sigma_2\end{matrix}=\frac{\sigma_x+\sigma_y}{2}\pm\frac{1}{2}\sqrt{(\sigma_x-\sigma_y)^2+4\tau_{xy}^2}$$

⇓

$$\begin{matrix}\sigma_1\\ \sigma_2\end{matrix}=\frac{K_I}{\sqrt{2\pi r}}\cos\frac{\theta}{2}\left[1\pm\sin\frac{\theta}{2}\right]$$

3) 求 r 分两种情况

第一种 平面应力 $\sigma_3=0$

代入Mises条件 求得 $r=\frac{K_I^2}{2\pi\sigma_s^2}\cos^2\frac{\theta}{2}\left[1+3\sin^2\frac{\theta}{2}\right]$ ……(4-4)

(4-4)式是I型裂纹裂端在平面应力下屈服区边界曲线方程.

引入无量纲的量 $\bar{r} = \dfrac{r}{\dfrac{K_I^2}{2\pi\sigma_s^2}} = \cos^2\frac{\theta}{2}\left[1+3\sin^2\left(\frac{\theta}{2}\right)\right]$ (4-5)

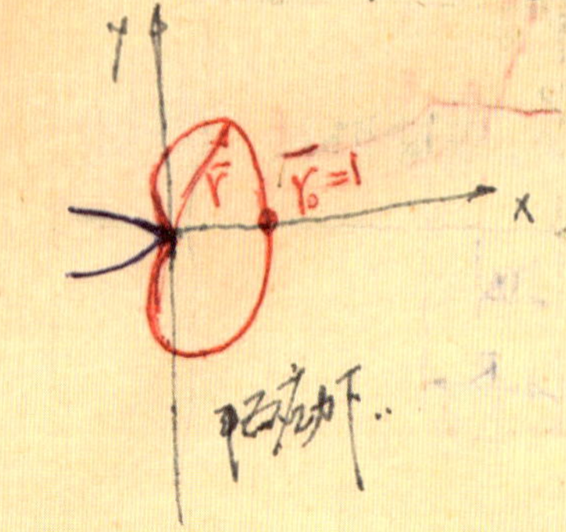


平面应力。

第二种，平面应变

$\sigma_3 = \mu(\sigma_1+\sigma_2)$

按上面相同步骤。

$\bar{r} = \cos^2\frac{\theta}{2}\left[(1-2\mu)^2+3\sin^2\frac{\theta}{2}\right]$.

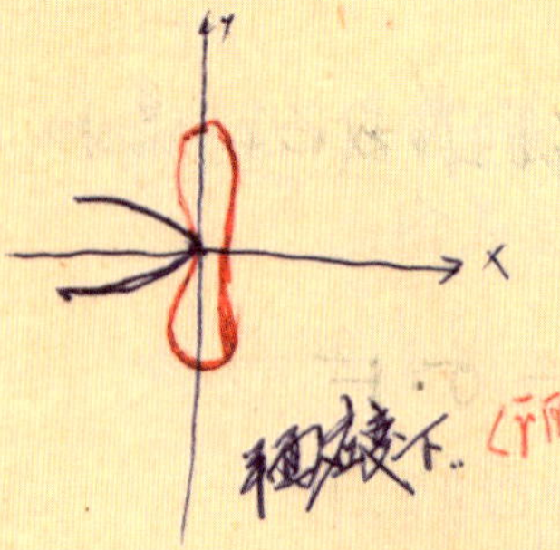


平面应变下。（塑性区比平面应力小）

§4-2 应力松弛对塑性区的影响。

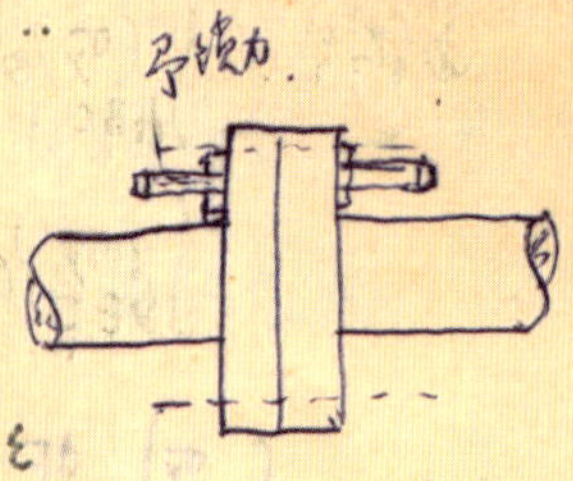


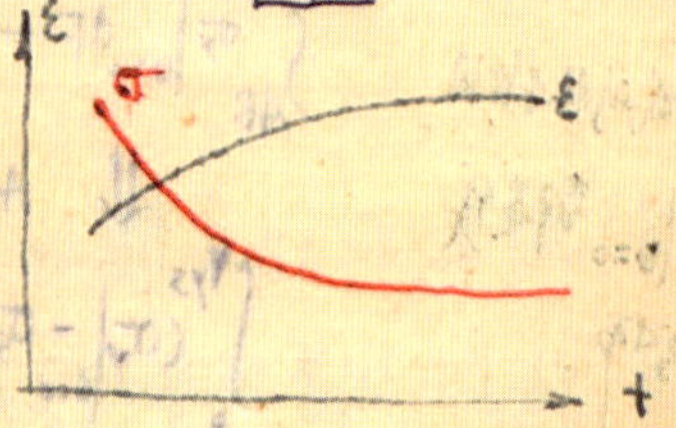


一、应力松弛的概念。

有些构件，为了防松，需要加以预加的拉紧力，如在螺栓中，预加初始的弹性恢复力。

设材料在（总变形）恒定不变的情况下，随着时间的增长塑性变形不断增加，而弹性恢复力随时间的增长不断减小。这种现象叫应力松弛。

这种变形是不可逆的塑性变形（蠕变或叫徐变）。

二、裂纹顶端的应力松弛现象。

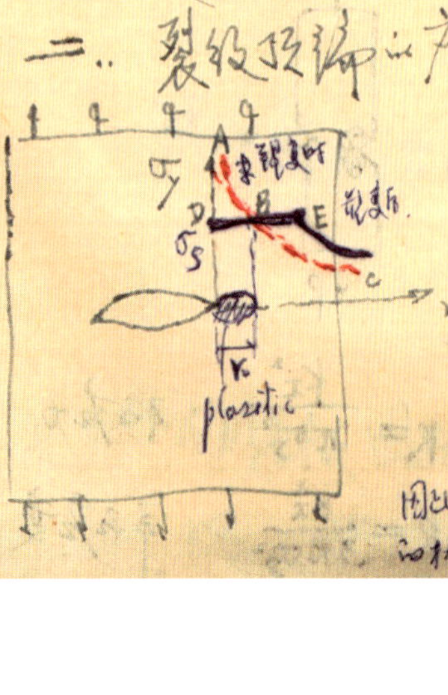


原来的应力 $\sigma_y$（弹性解中）按 ABC 曲线。由于塑性变形而导致的应力松弛，使屈服部分的弹性应力下降为 DB 曲线。∴在裂纹顶端形成一个松弛区。

一旦屈服，屈服区内的最大主应力恒等于屈服应力 $\sigma_s$（不考虑加工硬化）。因此在屈服区内多余的那部分应力（ABD 面积）就要松弛掉，$r\le r_0$ 区域内的松弛应力就传给 $r>r_0$ 的区域，这使 $r_0$ 前方附近区域的应力升高，从而促进阶屈服也发生屈服。即屈服区内应力松弛的结果导致屈服区进一步扩大。

三、松弛现象对裂纹塑性区的影响

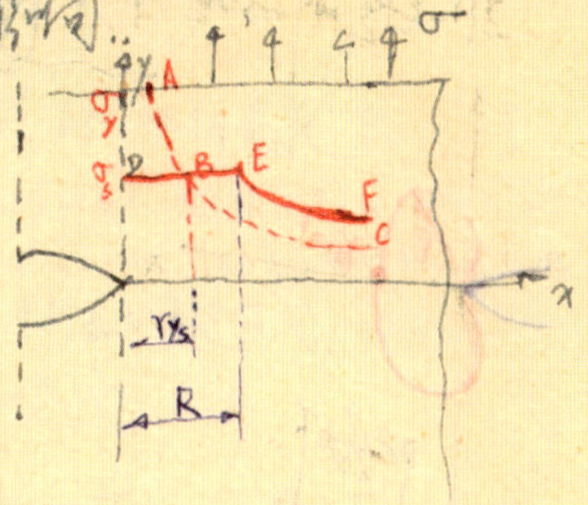


由于松弛现象的影响

塑性区由 $r_{ys} \longrightarrow R$

问：求 R 的大小。

$r_{ys}$ —— 表示在 $\sigma_y|_{\theta=0} = \sigma_{ys}$ 时的塑性区尺寸。

R —— 表示应力松弛后塑性区的尺寸。

基本原理：无论按 ABC 曲线还是按 DBEF 曲线，应力在净截面上的总和必须等于外力（一分外力相平衡了）。

$$\text{即}\quad \int_{ABC} (\sigma_y)_{\theta=0}\, dF = \int_{DEF} (\sigma_y)_{\theta=0}\, dF = \sigma \cdot F$$

$$\text{由积分}\quad \int_{ABC} (\sigma_y)_{\theta=0}\, dF = \int_{AB} (\sigma_y)_{\theta=0}\, dF + \int_{BC} (\sigma_y)_{\theta=0}\, dF$$

$$\int_{DEF} (\sigma_y)_{\theta=0}\, dF = \int_{DB} \sigma_y|_{\theta=0}\, dF + \int_{BEF} \sigma_y|_{\theta=0}\, dF$$

$$\int_{AB} \sigma_y|_{\theta=0}\, dF - \int_{DB} \sigma_y|_{\theta=0}\, dF = \int_{BEF} \sigma_y|_{\theta=0}\, dF - \int_{BC} \sigma_y|_{\theta=0}\, dF$$

ABC 曲线与 EF 曲线形状相同，$\sigma_y|_{\theta=0}$ 都是线弹性分布。

⇓ ABD 的面积　　　　⇓ 的面积相等　　∵ EF 曲线与 BC 曲线相同，EF 下的面积与 BC 下的面积相等

$$\int_0^{r_{ys}} \left(\sigma_y|_{\theta=0} - \sigma_s\right) dr = \int_0^{r_{ys}} \left[\frac{K_I}{\sqrt{2\pi r}} - \sigma_{ys}\right] dr = (R - r_{ys})\,\sigma_{ys} \quad \text{(求得 R)}$$

$$r_{ys} = \frac{K_I^2}{2\pi (\sigma_y)_s^2}$$

分两种情况求 R，设材料单向拉伸时的屈服极限为 $\sigma_s$，

而 $(\sigma_y)_s$ 是裂纹前沿材料的屈服极限

平面应力　$(\sigma_y)_s = \sigma_s$

平面应变　$(\sigma_y)_s = \sqrt{2\sqrt{2}}\,\sigma_s$

主要是由试验及缺口导出。

代入上述积分式：

$$\int_0^{r_{ys}} \frac{K_I}{\sqrt{2\pi r}}\, dF = \int_0^{R} (\sigma_y)_s\, dF$$

$$\text{解得}\quad \begin{cases} R = \dfrac{K_I^2}{\pi \sigma_s^2} & \text{平面应力} \\[2ex] R = \dfrac{K_I^2}{3\pi \sigma_s^2} & \text{平面应变} \end{cases}$$

由此可见.. ①平面应力的塑性区比平面应变大三倍. (3倍)

② 考虑松弛后，塑性区比不考虑松弛的大一倍 (1倍)

结论.. 具有塑性变形的裂纹体，$K_{IC}$ 增大..

## §4-3. 具有小范围塑性区对应力强度因子K的修正.

概述.. 当裂纹尖端有塑性区

从微观观点.. 消耗了释放的能量.. 从力的观点，引起应力重分布.

对 $K_I$ 的值都产生影响：如何估计这种影响.

1.. 有效裂纹长度的概念.

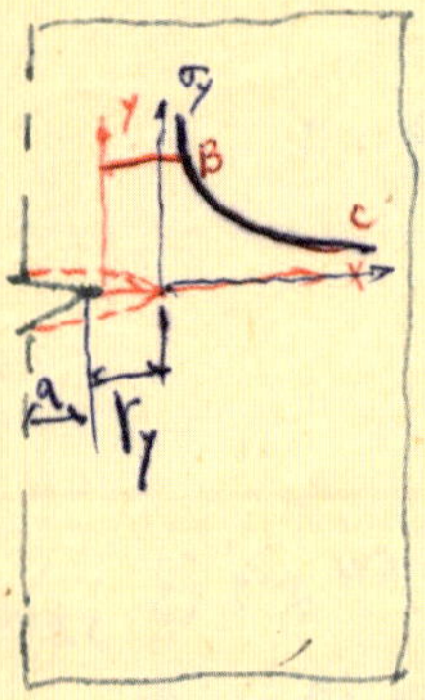


假想一个裂纹，其长度为 $2(a+r_y)$ 能真正处于弹性状态下都会与实际裂纹的分布相符合，适用于线弹性理论，该假想裂纹叫有效裂纹. $2(a+r_y)$ 称为有效裂纹长度..

2.. $r_y$ 的确定..

基本概念.. 首先应力分布曲线 ABC 段是线弹性的

$\sigma_y|_{\theta=0} = \frac{K_I}{\sqrt{2\pi r}}$ 确定. 假想有效裂纹的应力分布曲线

按线弹性理论，且B点应有 $r = R - r_y$ 时有 (屈服区)

$$\sigma_y|_{\theta=0} = (\sigma_y)_s$$

$$\therefore \frac{K_I}{\sqrt{2\pi(R-r_y)}} = \sigma_{ys} \Longrightarrow r_y = \frac{R}{2}$$

松弛后的一半.

联立解方程求出..

$$\begin{cases} r_y = \frac{K_I^2}{2\pi\sigma_s^2} & \text{平面应力.} \\ r_y = \frac{K_I^2}{4\sqrt{2}\pi\sigma_s^2} & \text{(平面应变).} \end{cases}$$

3.. 应力强度因子K的修正..

以 $2(a+r_y)$ 代 $2a$. 再代入 $K_I$ 的表达式即得..

$$K_{I} = \sigma\sqrt{\pi\left(a+\frac{K_{I}^{2}}{2\pi\sigma_{s}^{2}}\right)}$$ 平面应力.

$$K_{I} = \sigma\sqrt{\pi\left(a+\frac{K_{I}^{2}}{4\sqrt{2}\pi\sigma_{s}^{2}}\right)}$$ 平面应变..

# 第五章. 平面应变断裂韧性 $K_{IC}$ 的测试实验方法.

内容提要.. 0. $K_{IC}$ 的测试原理和方法.

1). 试件的准备.

2). 试验过程.

3). 试验结果的分析..

§5-1.. $K_{IC}$ 的意义和试件..

$K_I$ 的表达式..

一.. $K_{IC}$ 的意义..

$K_{IC}$ ——→ 指材料的一种断裂韧性. 表明材料抵抗裂纹失稳扩展之能力, 只有裂纹的构件试件, 在平面应变状态, 裂纹发生失稳扩展时的 $K_I$ 的临界值.

二. $K_{IC}$ 的试件有什么特点.. 厚度 $B \geq 2.5\left(\frac{K_{IC}}{\sigma_s}\right)^2$

①. 平面应变状态 ⟹ 二. 所以试件是够厚. 从而保证在平面应变条件下裂纹失稳扩展. 断裂韧性才是一个材料常数而和试件厚度无关. 这种平面应变断裂韧性..用 $K_{IC}$ 表示.

②. 是I型裂纹..

如试件很薄. 属平面应力状态. 塑性区变比平面应变条件大. 失稳扩展所需的塑性变形功大. 故平面应力断裂韧性 $K_C$ 比平面应变断裂韧性要大..

$K_{IC}$ 与 $K_I$ 的区别..

$K_{IC}$ 是材料的性质, 与外载无关.

$K_I$ 是裂纹体(构件)在外载荷作用下产生的应力强度因子.

略. 通用三点弯曲和紧凑拉伸试样..

三点弯曲 $K_I = \frac{PS}{BW^{3/2}} f\left(\frac{a}{W}\right)$ ...(5-1)

$f\left(\frac{a}{W}\right) = 2.9\left(\frac{a}{W}\right)^{1/2} - 4.6\left(\frac{a}{W}\right)^{3/2} + \cdots$

分析(5-1)式..

①. B. W. S. a 都是几何参量. 是可知的.

②. 试件一定. 则 S, W 一定都是定值. P是可变化的.

$K_I$ 也变化.. 因此.. 变P. 使裂纹失稳扩展

当开裂时之 $P_Q$，由公式可求出 $K_{IC}=\frac{P_Q S}{BW^{3/2}} f\left(\frac{a}{W}\right)$

提出问题：① 用什么原则来确定 $P_Q$？

② 曲线关系（三个参数关系）是否由材料唯一的确定？

根据 ASTM E399-74 号文件：

American Society of Test of Materials

① P-V 曲线比较理想。

（同 P-δ、P-Δa 均不很理想）

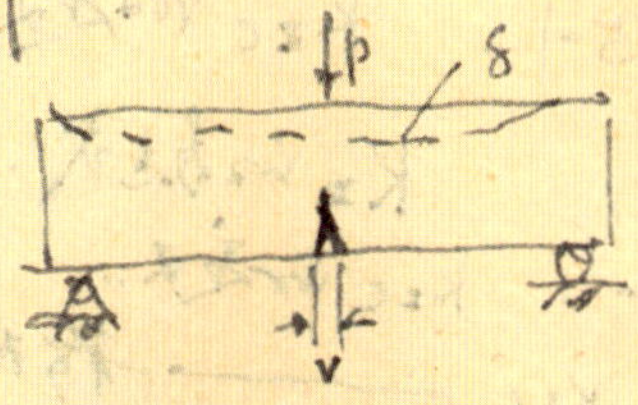


② P-V 曲线与板的厚度关系密切：

厚度 $B \ge 2.5\left(\frac{K_{IC}}{\sigma_s}\right)^2$

§5-2. 试验的简单过程

一、试验装置

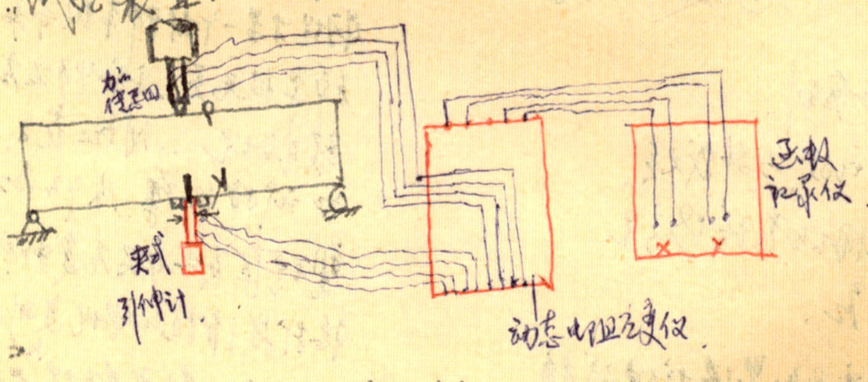


二、试验过程及试验曲线

压力传感器 —— 机械式

作用：传递压力的大小

双臂夹式引伸仪 将变形（位移）转变成电阻之变化

电阻应变仪 —— 将电流或电压放大的仪器

试验曲线

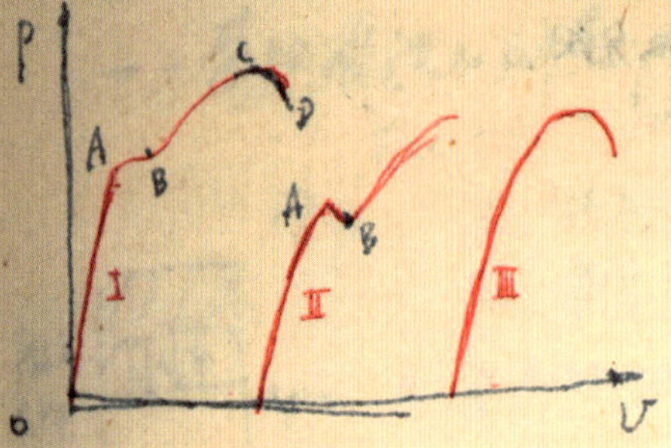


I类 OA为近似直线，至A点，曲线偏向于平缓，V比P增加得快，原因是裂纹尖端开裂，试件表面部分产生较大的塑性。过B点P随V增加，但是斜率小于OA段。用薄试件试验，得到此结果。

II类（中厚板试件）OA近似直线，至A点，载荷降低，而V继续增大。原因：板厚度中间部分是三向应力，呈脆性开裂，塑变较小。

III类（厚板试件）

P-V曲线一直上升至开裂前，稍有些平缓，至$P_{max}$时突然断裂，塑变极小。

关于I、II、III类$P_Q$的确定。

§5-4 试件的准备

一、试件的几何形状

①保证试件是处于平面应变状态，小塑性区域 $(\frac{B}{\sigma_y}, \frac{W-a}{\sigma_y}, \frac{a}{\sigma_y}) \geq C=45$

②根据构件的几何形状。

③试验方法。

二、试件的取向

材料的各向异性，轧制。

当裂纹面垂直于轧制方向 $K_{Ic}$ 较高。

当裂纹面平行于轧制方向 $K_{Ic}$ 较低。

注意试件的取向的标记。

① 六面体 L —— 主变形方向 (构件长度方向)

T —— 最小变形方向 (宽板方向.

S —— 厚度方向.

② 圆柱体.

L —— 长度方向

R ⟶ 半径方向

C —— 圆周方向或切线方向

第一个标明: 裂纹面的法向垂直方向

第二个标明 裂纹开裂方向.

如

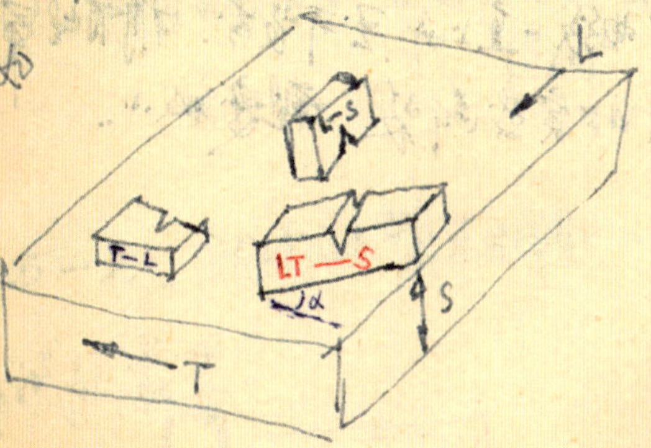


三、试件的尺寸:

应满足: ① 试件总是处于平面应变状态.

② 保证塑性区尺寸很小, 大部分区域是弹性.

而 $r_s = \frac{1}{4\sqrt{2}\pi}\left[\frac{K_{IC}}{\sigma_s}\right]^2$ (平面应变下的塑性区尺寸).

由 $\left(\frac{B}{r_y};\ \frac{a}{r_y},\ \frac{W-a}{r_y}\right) \geq C = 45$ (E399-74 规定)

$\therefore [B,\ a,\ W-a] \geq 2.5\left(\frac{K_{IC}}{\sigma_s}\right)^2$.

## §5-5. 试验数据的处理

### 一. 裂纹长度的测量

$K_{IC} = \sigma\sqrt{\pi a}$

方法: ① 工具显微镜 $10^{-6}$ mm

② 由P-V曲线计算 a.

如 $a=\frac{1}{3}(a_1+a_2+a_3)$

③ $BE\frac{\Delta}{P} = \alpha + \beta\, tg^2\left(\frac{\pi a}{2W}\right)$

Δ为支承力点间位移.

其 $\alpha = \frac{1}{4}\left(\frac{S}{W}\right)^3\left[1+3(1+\mu)\left(\frac{W}{S}\right)^2\right]$

$\beta = \frac{2}{\pi}\left(\frac{S}{4W}\right)^2\left[7.31+0.21\sqrt{\frac{S}{W}-2.9}\right]$

$BE\frac{\Delta}{P}$ 为 P—Δ曲线直线段之无量纲斜率.

对于 $\frac{S}{W}=4$ 时, $\frac{BEV}{P} = 7.8+35.4\,tg^2\left(\frac{\pi a}{2W}\right)$ 且 H=2.5

(这种方法测定 $P_Q$ 是有条件的, 即裂纹前沿能比较平直)

### 二. 确定 $P_Q$.

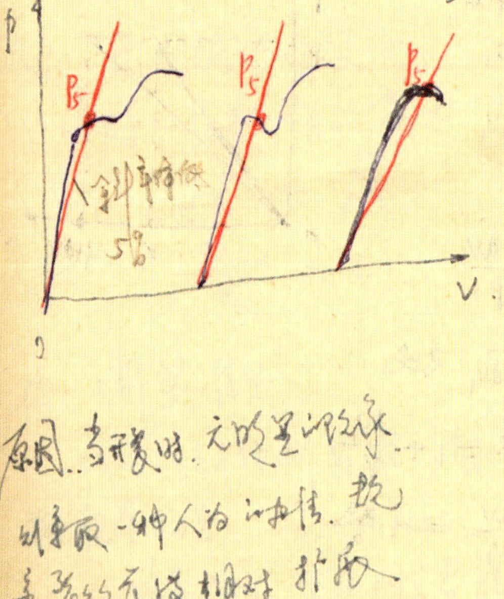

将直线段斜率降低5%作割线, 与原曲线交于点 $P_5$.

① 在 $P_5$ 之前, 每一点的载荷都低于 $P_5$, 则取 $P_Q=P_5$, 称为条件临界载荷.

② 在 $P_5$ 之前, 只有一个载荷 $P_B$ 高于 $P_5$, 则取 $P_Q=P_B$.

③ 在 $P_5$ 之前有许多载荷高于 $P_5$, 其中有一个最大的 $P_{max}$, 则取 $P_Q=P_{max}$.

原因: 当开裂时, 无明显的阶跃, 只采取一种人为的办法, 规定裂纹长度相对扩展为 $\frac{\Delta a}{a}=2\%$ 时的载荷称条件临界载荷. (此时阻力曲线和动力曲线相切之点)

三、条件断裂载荷

I表的曲线，按降低5%的斜率，找到交点$P_5$，则$P_Q=P_5$。

为什么降低5%，论证如下：

① 找到 $\frac{dV}{V}\sim\frac{da}{a}$

由试验结果，得到经验公式 $\frac{BEV}{P}=\alpha+\beta\,tg^2(\frac{\pi a}{2W})$ ……(A)

$$=g(\frac{a}{W})$$

对$(\frac{a}{W})$求导：

$$\frac{BE}{P}\frac{dV}{d(\frac{a}{W})}=g'(\frac{a}{W}) \quad \text{---(B)}$$

由此(A)与(B)相除，简化：$\frac{dV}{V}=\frac{g'(\frac{a}{W})}{g(\frac{a}{W})}\cdot(\frac{a}{W})\frac{da}{a}$

令 $H=\frac{g'(\frac{a}{W})}{g(\frac{a}{W})}\frac{a}{W}$ —称为标定因子

$$\therefore \frac{dV}{V}=H\cdot\frac{da}{a}$$

表明张开位移与裂纹扩展长度之间的关系

② 求P-V曲线斜率与$\frac{da}{a}$之间的关系

取二根试件：

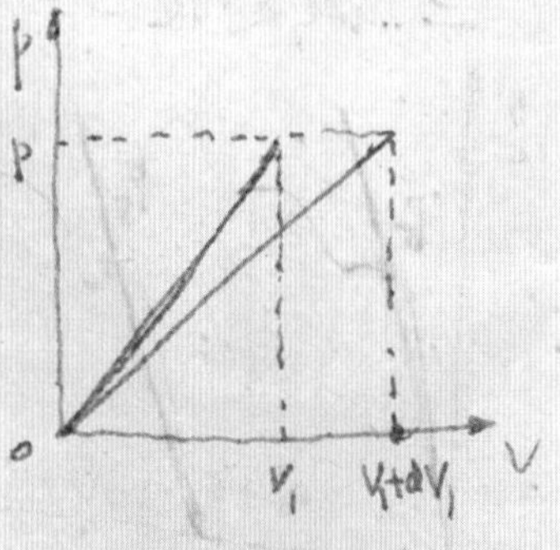


| | 1. 试件I | 2. 试件II |
|---|---|---|
| 裂纹长度 | $a$ | $a_1+da_1$ |
| 张开位移 | $V_1$ | $V_1+dV_1$ |
| 加载至P | $P$ | $P$ |
| P-V曲线斜率倒数 | $\frac{V_1}{P}$ | $\frac{V_1+dV_1}{P}$ |

两者斜率 $\alpha_1=\frac{P}{V_1}$，$\alpha_2=\frac{P}{V_1+dV_1}$ 之比

$$\frac{\alpha_1}{\alpha_2}=\frac{\frac{P}{V_1}}{\frac{P}{V_1+dV_1}}=\frac{V_1+dV_1}{V_1}=1+\frac{dV_1}{V_1}$$

又 $\frac{dV}{V_1}=H\frac{da}{a}$

$$\therefore \frac{\alpha_1}{\alpha_2}=1+H\frac{da}{a}$$

按规范：从有效预裂纹扩展的试件规定

$\frac{da}{a}=2\%$ 的对应载荷定为$P_Q$

$\therefore$ 应取 $\frac{da}{a}=0.02$

如取 $H=2.5$ $\therefore \frac{\alpha_1}{\alpha_2}=1+0.02H=1.05$

可见两斜率之差为5%.

注意. ~~如果实验~~ 所以的 $\frac{dV}{V}=H\frac{da}{a}$ 是在线弹性下的推得. 而实际的

实验过程中. 总会有一定的塑性区.. 在P-V曲线中

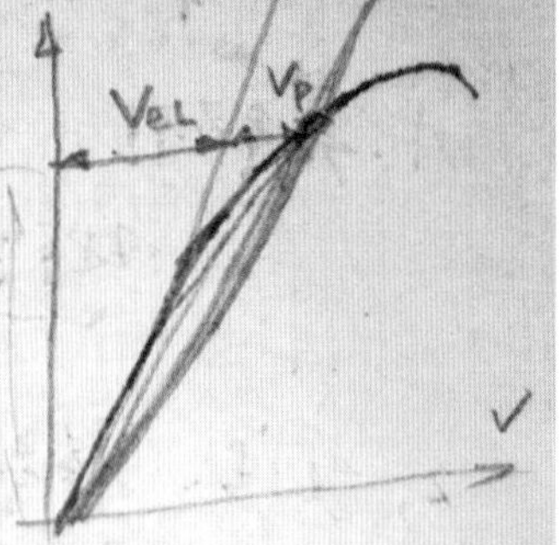


$V_{eL}$是试件弹性引起的位移. 而 $V_p$ 包括两部分..

其一是由da引起的位移. 其二是由前端塑性区域增大而

引起的裂纹扩展的位移. 而这一部分与裂纹真实扩展

量da无关. 通过实验的方法确定 $\frac{dV}{V}$ 和 $\frac{da}{a}$ 之间的

关系时. 只改变了裂纹长度. 因此上式公式并不

包括由于塑性区域增大的影响。

也就是 dV 与 $V_p$ 是两个根本不同的物理量..

故。用斜率下降5%的割线确定 $P_Q$ 的方法是有条件的

即裂纹前端附近塑性区足够小. 且标定因子 H=2.5. 当

H≠2.5 时 斜率降低的百分数为 $\frac{P}{V_1+dV}=\frac{P}{V_1+dV}=\frac{1}{1+0.02H}\left(\frac{P}{V_1}\right)$.

四.. $P_Q$ 判据的有效性。

求得的 $P_Q$ 是否有效需由下列条件判断..

①.. $\left[\frac{K_{IC}}{\sigma_s}\right]^2 \leq \frac{B}{2.5}$. （保持平面应变条件）.

② $\frac{P_{max}}{P_Q} \leq 1.1$. （保证裂纹前沿确实在扩展. 而不是塑性区扩大导致的裂纹扩展）.

五、断裂准则.

线弹性材料断裂准则有两种表示法.

按能量观点.. $G_I \leq G_{IC}$.

能量释放率小于临界能量释放率.

按应力观点. $K_I \leq K_{IC}$.

两者是等效的. $G_{I_C}=\frac{K_{IC}^2}{E'}$ $\begin{cases} E'=E & \text{平面应力} \\ E'=\frac{E}{1-\mu^2} & \text{平面应变} \end{cases}$

对于平面无限平板. $\sigma\sqrt{\pi a} \leq K_{IC}$ 可以解决三个问..

①. 确定构件抗断裂的能力. $K_I$是否满足要求..

②. 确定裂纹的容许尺寸. 求出临界裂纹长度 $a_c$

③ 预测构件的承载能力，求出临界应力 $\sigma_c$.

另外，作为改良材料的指标，进一步改进提高 $K_{IC}$.

第五章 小结

1. 基本原理。利用开裂的瞬间（失稳扩展时），

对于P-V曲线产生畸变，从而定 $P_Q$

2. 方法。将参量P和V分别测出（传感）加以放大，输入记录仪，直接绘出P-V曲线。

3. 试验设备及仪表

4. 试验程序 } 从略。

5. 试验方法要点。

①. 如何保证平面应变 从试件 加载 约束

②. 如何保证与真实情况相符。

试件取向、工作环境的条件 温度、腐蚀

加载状态、性质、速率的种类。

③ 如何保证塑性区最小。

④ 如何保证数据的稳定性。

6. 关于 $K_{IC}$ 测试中的存在问题。

1). 如何利用小试件测 $K_{IC}$.

2). 其他材料 $K_{IC}$ 的测试方法。

如复合材料、岩石

3. 环境对 $K_{IC}$ 的影响。温度、腐蚀、疲劳。

4) 试验方法。

① 予制裂纹，定P、a的合理性。

② $\frac{\Delta a}{a}=2\%$ 的适用性。

③. 试验数据离散较大。

一、几个物理量的关系

| | | 不致密型变 | 致密型变 |
|---|---|---|---|
| 轫应变 | 断裂性 $K_I$ | $K_{Ia}$ | $K'_{Ia} = \alpha K_{Ia}$ |
| | 临界状态 | $K_{Ica}$ | $K'_{Ica} = \alpha K_{Ica}$ |
| 轫应力 | 一般状态 $K_I$ | $K_{Ib}$ | $K'_{Ib} = \beta K_{Ib}$ |
| | 临界状态 | $K_{Icb}$ | $K'_{Icb} = \beta K_{Icb}$ |

二、~~[illegible]~~ 材料抗断裂能力的比较

∵ $\alpha < \beta$，$\alpha, \beta > 1$

①. $K_{Ica} < \alpha K_{Ica} < \beta K_{Icb}$

②. $K_{Ica} \le K_{Icb} < \beta K_{Icb}$

不致密型变 $K_{Ic}$ < 致密型变 $K_{Ic}$

三、~~材料~~设计（工作条件）的比较

④. 令 ~~$K_{Icb}$~~ $K'_{Ib} = K_{Ica}$ ~~安全储量最大~~ 储备最小

⑤. 令 $K_{Ia} = K_{Ica}$

可见④由于采用统一标准 $K_{Ica}$，如计算的 $K_I$ 愈高，储备量愈大。

（与材料抗断能力比较）

⑥. 轫应力与轫应变的比较

应力强度因子 K 的叠加原理

一、叠加原理

1. ~~应力强度因子K的叠加原理~~ 应力场的叠加原理

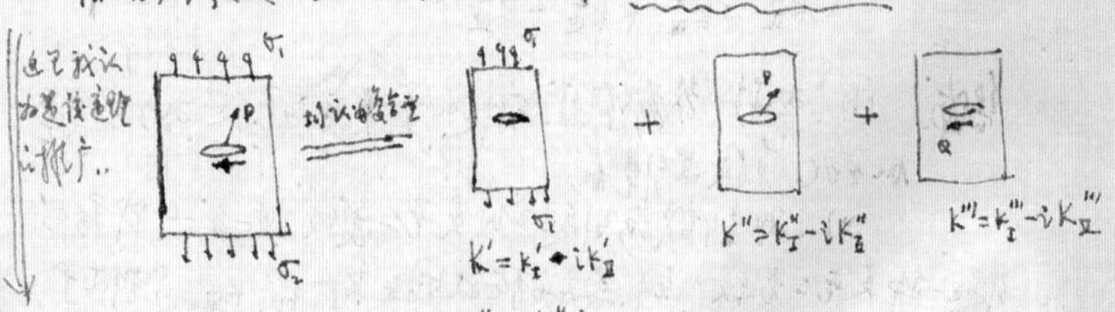

$K' = K'_I + iK'_{II}$　　$K'' = K''_I - iK''_{II}$　　$K''' = K'''_I - iK'''_{II}$

$$K = (K'_I + K''_I + K'''_I) - i(K'_{II} + K''_{II} + K'''_{II})$$

见：《断裂力学基础》P.17

2. 应力强度因子 $K_I$ 的叠加原理

在复杂载荷组合作用下，I型裂纹尖端处的总应力强度因子 $K_I$，等于各个载荷作用下，各应力场强度因子 $K_I^{(1)}, K_I^{(2)}$……的代数和，即 $K_I = K_I^{(1)} + K_I^{(2)}$……这就是 $K_I$ 的叠加原理。

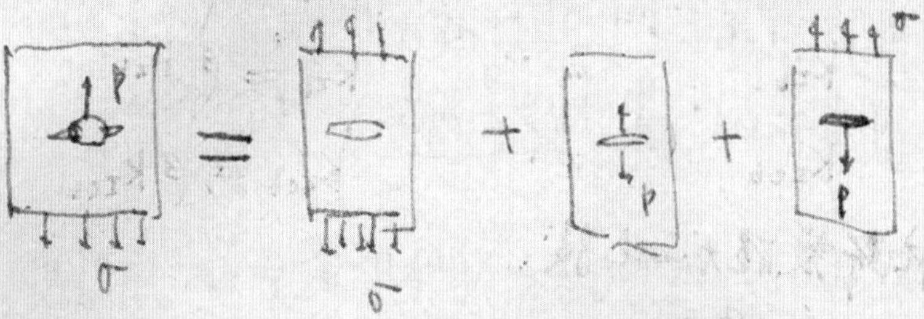

叠加原理条件：①. 线性弹性材料
②. 裂纹是同类型。

二. 多个载荷引起不同类型的裂纹问题

1. 特例。 $\sigma$ 引起 I型
$\tau$ —— II型
$\tau'$ —— III型

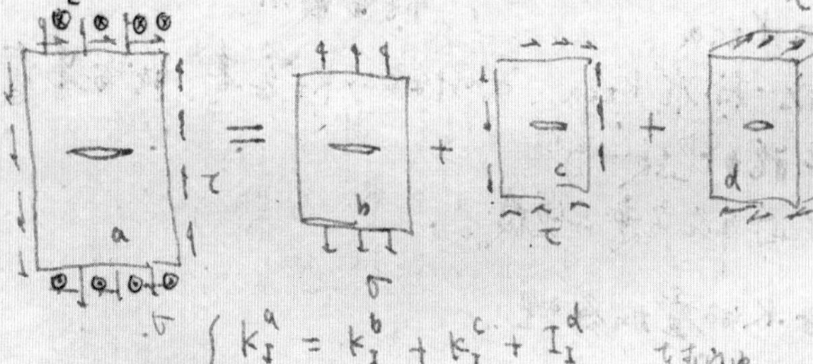

$$\begin{cases} K_I^a = K_I^b + K_I^c + K_I^d \\ K_{II}^a = K_{II}^b + K_{II}^c + K_{II}^d \\ K_{III}^a = K_{III}^b + K_{III}^c + K_{III}^d \end{cases} \xrightarrow{\text{显然由}} \begin{cases} K_I^a = K_I^b \\ K_{II}^a = K_{II}^c \\ K_{III}^a = K_{III}^d \end{cases}$$

结论：(1). 如多个载荷作用，只引起一种类型的裂纹，可以应用叠加原理直接进行叠加。

(2). 如多个载荷引起不同类型的裂纹，且每一个载荷只引起一种类型的裂纹，则总应力强度因子 $K_I$、$K_{II}$、$K_{III}$ 分别等于相应载荷引起的单一(纯)强度因子的值。（纯 $K_I$、$K_{II}$、$K_{III}$）

三、多个载荷引起复合型裂纹问题。

先应研究一个问题。

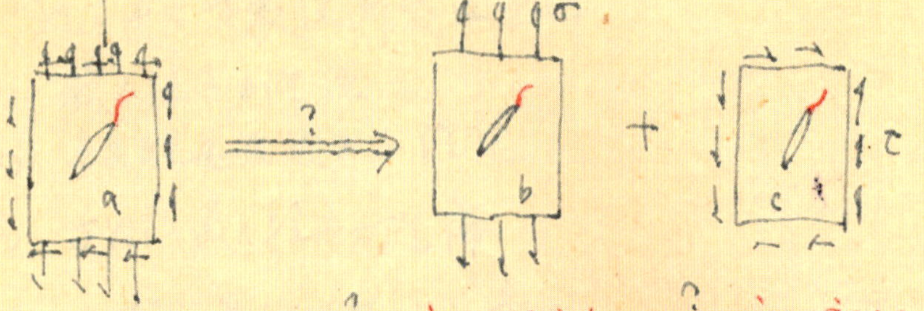


它的扩展方向 与 $\overset{?}{\Longrightarrow}$ 它的扩展方向 $\overset{?}{\Longrightarrow}$ 它的扩展方向 是否一致

即 $\theta_0^a \overset{?}{=} \theta_0^b \overset{?}{=} \theta_0^c$

但应力强度因子K是能够叠加的。

多个载荷引起的复合型裂纹的K，可分解成I型和II型，而把各载荷引起的复合型的K也分解成$K_I$和$K_{II}$，则多个载荷的$K_I$等于各个载荷下的$K_I$的代数和，$K_{II}$等于各个载荷的$K_{II}$的代数和。

证明：

$$\sigma_y^{I} = \frac{K_I^{P+Q}}{\sqrt{2\pi r}} f_I(\theta) \quad (\text{由}P\,Q\text{引起})$$

$$(\sigma_y^{I})_1 = \frac{K_I^{P}}{\sqrt{2\pi r}} f_I(\theta) \quad (\text{由}P\text{引起})$$

$$(\sigma_y^{I})_2 = \frac{K_I^{Q}}{\sqrt{2\pi r}} f_I(\theta) \quad (\text{由}Q\text{引起})$$

$$\because \sigma_y^{I} = (\sigma_y^{I})_1 + (\sigma_y^{I})_2 \qquad \therefore K_I^{P+Q} = K_I^{P} + K_I^{Q}$$

四、复合载荷是否可以分解。

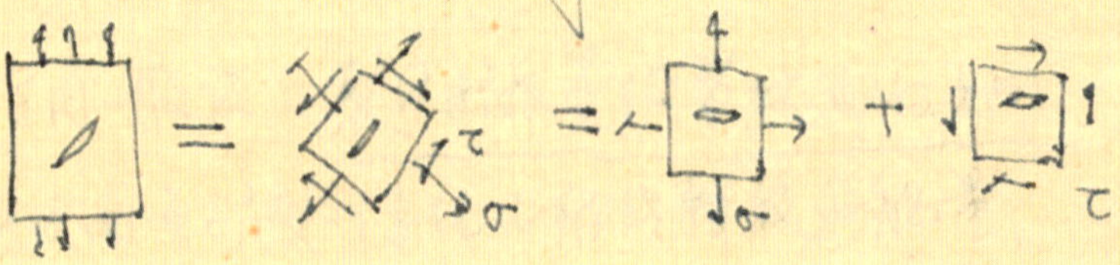

# 第六章 复合型裂纹的断裂准则

内容：建立复合型裂纹断裂的条件

1) 最大拉应力理论

2) 应变能密度因子 S 理论

3) 由W或最大拉应力理论

## §6-1 研究复合型裂纹的意义

1. 实例

复合型裂纹提出的问题：① 开裂方向是未知的

开裂方向与裂纹面之夹角为断裂角，用 $\theta_0$ 表示。

② $K_I$、$K_{II}$、$K_{III}$ 组合作用下，断裂的准则是什么？

对比强度理论

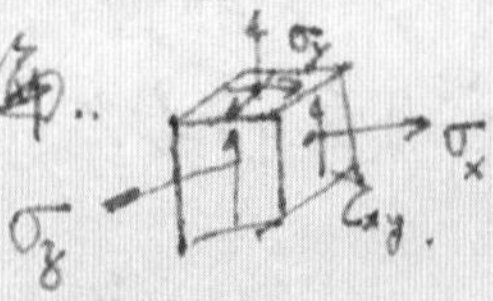


在材料中，应变力如图。

问：① 什么条件下达到破坏？

② 滑移方向如何确定。

2. 两种断裂准则

在线弹性中，断裂准则可以表示成二种形式：

① 能量观点：释放的应变能 $G_I$ 达到临界值 $G_{IC}$ 时，裂纹开始扩展。 $G_I \le G_{IC}$

② 应力观点： $K_I \le K_{IC}$

这两准则是等价的： $G_{IC} = \dfrac{K_{IC}^2}{E'}$ $\begin{cases} E' = E & \text{平面应力} \\ E' = \dfrac{E}{1-\mu^2} & \text{平面应变} \end{cases}$

都基于同一假设：裂纹扩展是沿裂纹面的方向。∴ $G_I = \dfrac{\partial U}{\partial A}$ 表示沿裂纹面每扩展一个单位面积所释放的能量。

3. Griffith-Irwin 准则的局限性

G-I 准则：倾向：① 裂纹的传播是沿着裂纹面。

② 认为多个应力强度因子同时作用……

如 $K_I$、$K_{II}$、$K_{III}$ 同时作用，则总效应是其和，

即 $G = G_I + G_{II} + G_{III}$

③ 当G达到某个临界值 $G_c$ 时，裂纹就会失稳扩展。

$$G = G_c$$

或 $G_I + G_{II} + G_{III} = G_c$

$$\frac{1}{E'}\left[K_I^2 + K_{II}^2 + \frac{E'K_{III}^2}{2G'}\right] = G_c \qquad \begin{cases} E' = E & \text{平面应力} \\ E' = \frac{E}{1-\mu^2} & \text{平面应变} \end{cases}$$

试验验证。（有机玻璃）

p63. Erdogan and Sih

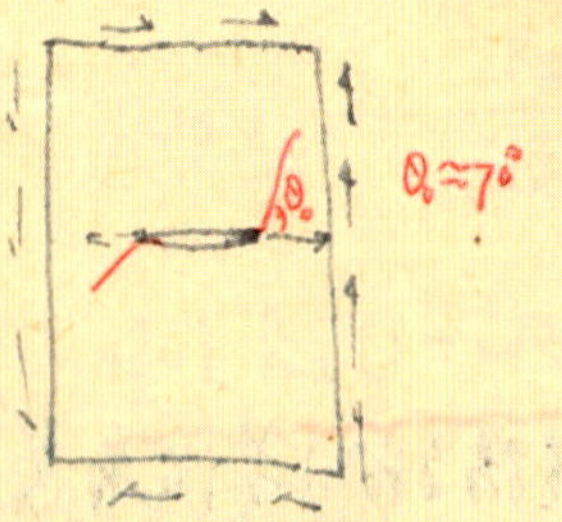


II型裂纹不是沿原裂纹面扩展。

∴ 凡是与II型组合的复合型都不能用G-I准则进行组合。（∵ $G=\frac{\partial U}{\partial A}$ A是裂纹面面积）

4. 复合型裂纹的准则。

① 开裂方向准则。

② 必须是在应力作用下能反映其裂纹传播情况。

## §6-2. 最大拉应力理论

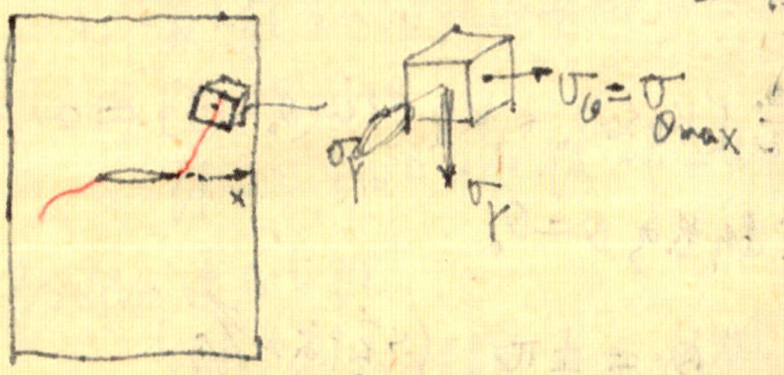


在有机玻璃试验中，发现在裂纹扩展方向上 $\sigma_\theta$ 有最大值。

一. 应力分量的极坐标表达式

$$\begin{cases} \varphi_I = \mathrm{Re}\,\bar{\bar{f}}_I + y\,\mathrm{Im}\,\bar{f}_I(z) \\ \sigma_\theta = \frac{\partial^2\varphi_I}{\partial y^2} \\ \text{又代入} \quad f_I(z) = \frac{K_I}{\sqrt{2\pi z}} \end{cases} \Rightarrow \sigma_\theta\Big|_I = \frac{K_I}{2\sqrt{2\pi r}}\cos\frac{\theta}{2}(1+\cos\theta)$$

同理求

$$\left.\begin{aligned} \varphi_{II} &= -y\,\mathrm{Re}\,\bar{f}_{II}(z) \\ \sigma_\theta &= \frac{\partial^2\varphi_{II}}{\partial y^2} \\ f_{II} &= \frac{K_{II}}{\sqrt{2\pi z}} \end{aligned}\right\} \Rightarrow \sigma_\theta\Big|_{II} = -\frac{3}{2}\frac{K_{II}}{\sqrt{2\pi r}}\cos\frac{\theta}{2}\sin\theta$$

总之，用此方法求得裂纹尖端区域的应力分量。

$$
\begin{cases}
\sigma_r = \dfrac{1}{2\sqrt{2\pi r}}\left[K_I(3-\cos\theta)\cos\dfrac{\theta}{2} + K_{II}(3\cos\theta-1)\sin\dfrac{\theta}{2}\right] \\
\sigma_\theta = \dfrac{1}{2\sqrt{2\pi r}}\cos\dfrac{\theta}{2}\left[K_I(1+\cos\theta) - 3K_{II}\sin\theta\right] \\
\tau_{r\theta} = \dfrac{1}{2\sqrt{2\pi r}}\cos\dfrac{\theta}{2}\left[K_I\sin\theta + K_{II}(3\cos\theta-1)\right]
\end{cases}
$$

二、最大拉应力理论。（I–II复合型）

1. 基本假设

(1) 对于复合型裂纹，其断裂角 $\theta_0$（传播方向）是沿着裂纹最大拉应力 $\sigma_\theta|_{max}$ 的方向

(2) 最大周向应力 $\sigma_\theta|_{max}$ 达到临界值 $\sigma_{\theta c}$ 时，裂纹失稳扩展。

∴ 复合型断裂准则是 $\sigma_\theta|_{max} = \sigma_\theta|_c$

2. 确定断裂角

由 $\dfrac{d\sigma_\theta}{d\theta} = 0$，$\cos\dfrac{\theta_0}{2}\left[K_I\sin\theta_0 + K_{II}(3\cos\theta_0 - 1)\right] = 0$

$\parallel$ $-\dfrac{3}{2}\tau_{r\theta} = 0$　令断裂角 $\theta = \theta_0$

则 $\cos\dfrac{\theta_0}{2} = 0$，$\theta_0 = \pm\pi$（不实际的解）

~~从此可知 $\tau_{r\theta} = 0$~~

则必有 $K_I\sin\theta_0 + K_{II}(3\cos\theta_0 - 1) = 0$

从而有 $\tau_{r\theta}\big|_{\theta=\theta_0} = 0$

因此开裂时由于 $\sigma_\theta$，相当于一个I型裂纹。

3. 断裂准则。将 $\theta = \theta_0$ 代入 $\sigma_\theta$ 公式

$$\sigma_\theta|_{max} = \sigma_\theta|_{\theta=\theta_0} = \frac{1}{2\sqrt{2\pi r_0}}\left[K_I(1+\cos\theta_0) - 3K_{II}\sin\theta_0\right]\cos\frac{\theta_0}{2}$$

存在问题，$r = r_0$ 取多大？（取裂纹尖端小的区域）

由$(\sigma_\theta)_c$是不是一个固定的材料之常数？由物理意义，对于同一材料无论裂纹或断如何应为一定值（即应与Ⅰ，Ⅱ。Ⅲ型无关）。

即$(\sigma_\theta)_c$是表征材料的固有之物理量。

故可取Ⅰ型情形，裂纹扩展总沿最大裂纹之方向，即$\sigma_\theta|_{max}$之$\theta_0=0$的位置

将$\theta_0=0$，$K_Ⅰ=K_{Ⅰc}$，$K_Ⅱ=0$。代入上式即得

$$(\sigma_\theta)_c=\frac{K_{Ⅰc}}{\sqrt{2\pi r_0}}$$

$$\therefore \quad \frac{1}{2}\left[K_Ⅰ(1+\cos\theta_0)-3K_Ⅱ\sin\theta_0\right]\cos\frac{\theta_0}{2}=K_{Ⅰc}$$ 最大拉应力理论

（适于Ⅰ－Ⅱ型） (6－20)

对于Ⅰ－Ⅲ型

$$K_Ⅰ^2+\frac{1}{1-\mu}K_Ⅲ^2=K_{Ⅰc}^2 \quad (\theta_0=0$$

故我们只要求出$K_Ⅰ$、$K_Ⅱ$、$\theta_0$代入(6-20)检验复合型裂纹是否会扩展

三、关于最大拉应力理论的讨论

1）最大拉应力理论与某些试验相符，如Ⅱ型之断裂方向。

说明有一定之适用性。

2）难考虑方向之差权作为断裂准则，因此也只用绝$K_Ⅰ$、$K_Ⅱ$作为准则更为合理。

3）作为脆性材料或者准脆性材料，能反映断裂之实质。因为这些材料大部是受拉拉断破坏。

## §6-3. 应变能密度因子理论、

简称 S 理论

一、引言

1973年由 G.C.Sih 提出。

优点：与 $\sigma_\theta|_{max}$ 理论一样能处理 I-II 型问题

设 I、II、III 型同时存在，$\sigma_\theta|_{max}$ 理论就没有用了

理论提出的因由：

对 Griffith、Irwin 理论进行分析。

1)．G氏理论：基本观点 $\frac{\partial U}{\partial A} = 2\gamma \Longrightarrow$ 临界应力 $\sigma_c = \sqrt{\frac{2E\gamma}{\pi a}}$

$$\sigma_c\sqrt{a} = \sqrt{\frac{2E\gamma}{\pi}}$$

其式右边：E是材料常数，γ是表面能变化的能力，也是材料常数，即表明其式右边是一个材料常数。

即 Griffith 理论表明一个问题：在临界情况下，在断裂时，裂纹表面的力学效应 $\sigma_c\sqrt{a}$ 是一个常数。

2)．Irwin 理论：

$$\begin{cases} K_I = \sigma\sqrt{\pi a} \\ K_{II} = \tau\sqrt{\pi a} \\ K_{III} = \tau\sqrt{\pi a} \end{cases} \longrightarrow \quad G_I = \frac{K_I^2}{E'},\quad G_{II} = \frac{K_{II}^2}{E'},\quad G_{III} = \frac{K_{III}^2}{2G}$$

Sih 提出：

①．Irwin 抓住了裂端的局部效应，是很重要的。

②．从本质来说，I氏理论仍然是能量平衡观点，引用了能量释放率的概念。

总的概念：上面两个理论的共同点在于：

1°．任何一个理论都要预测断裂的方向，而且假设沿原裂纹面方向。但实际裂纹断裂时是否一定沿裂纹面方向？

2°．裂纹扩展，从平衡观点来分析

把裂纹体看成一个受压的构件(frame)，当 $\sigma < \sigma_c$ (即 $P < P_{cr}$) 时，该构件是稳定的平衡，[illegible]

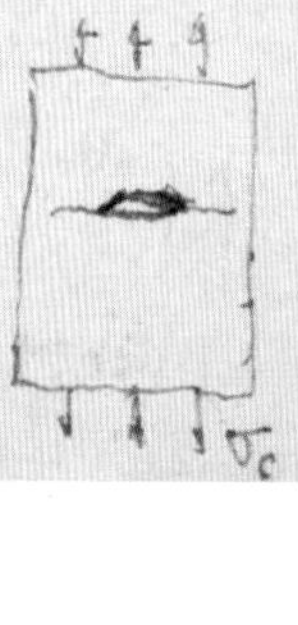

是稳定的扩展。则能量是稳定释放的。

当 $\sigma=\sigma_c$ （即 $P=P_r$ ）。则压杆处于临界状态。

当 $\sigma>\sigma_c$ （即 $P>P_r$ ）。构件处于弹性不稳定状态。裂纹将以弹性失稳扩展。

对于压杆的构件来说，当处于临界状态，载荷的任何变动（包括方向和位置）对于压杆的稳定有致命的影响。（主要的特点 distinguish）

把这概念引入到裂纹。即在临界下，裂纹面上的外载方位变化一下（　状态），裂纹面是否也会发生重要的影响。但这两个理论都未能表现出来。也就是，在临界下，载荷以裂纹面的相对位置变动一下，对裂纹扩展有否重要影响？如有影响又怎样反映出来？

因此，本文就放弃了能量释放率的概念，引进应变能密度因子的观点。

二、应变能密度因子。

1、一些基本概念。

1）应变能 —— 由于杆件的变形而储存的能量。

由于杆件的变形，使载荷作用点的位置发生变化（$\Delta l$），这时外力要作功。而这个功都变成了杆件的应变能。

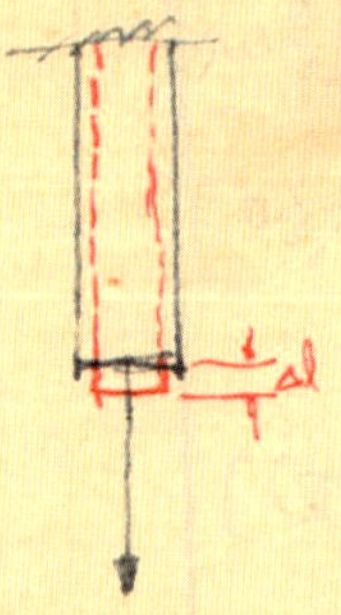

$U_{应变能} + W = U$ 。 $U = U - W$ 。

表达式 单向的： $dU=\frac{1}{2}(\sigma\varepsilon)dx$

三向的： $dU=\frac{1}{2}\sigma_{ij}\varepsilon_{ij}\,d\Omega$

$$dU=\frac{1}{2}\sigma_{ij}\varepsilon_{ij}\,d\Omega \xrightarrow{\text{物理方程}} \Big[\frac{1}{2E}(\sigma_x^2+\sigma_y^2+\sigma_z^2)-\frac{\nu}{E}(\sigma_x\sigma_y+\sigma_y\sigma_z+\sigma_z\sigma_x)+\frac{1}{2G}(\tau_{xy}^2+\tau_{yz}^2+\tau_{zx}^2)\Big]d\Omega$$

2）应变能密度 $W$ —— 单位体积内储存的应变能，称为应变能（密度）

$$dW=\frac{dU}{d\Omega}$$

物理概念。由 $W=\frac{1}{2E}(\sigma_x^2+\sigma_y^2+\sigma_z^2)-\frac{\nu}{E}(\sigma_x\sigma_y+\sigma_y\sigma_z+\sigma_z\sigma_x)+\frac{1}{2G}(\tau_{xy}^2+\tau_{yz}^2+\tau_{zx}^2)$ 。

表明任一单元体内，当有任意载荷作用时，将储存应变能单位体积内储存的应变能的多少，即应变能密度，表明弹性体储存弹性应变能的能力大小。由 $W=\lim_{\Delta V\to 0}\frac{\Delta U}{\Delta V}$ 可见。

应变能密度 表明弹性体的任一点应变能集中的程度

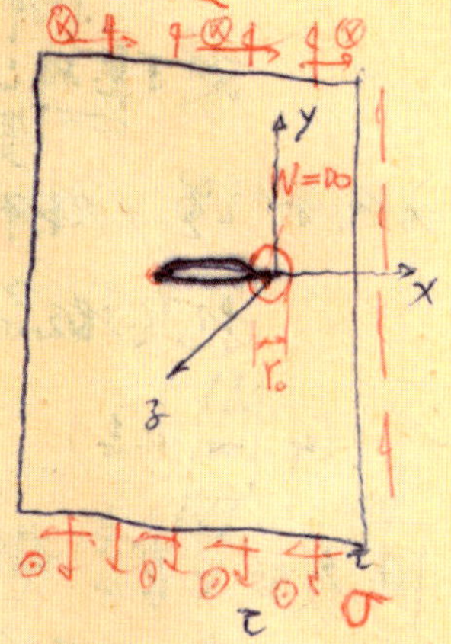


3）应变能密度因子。

定义：在裂纹前缘，$r=0$ 处，

$\sigma_{ij}\to\infty$，显然 $W\to\infty$。

总之，$W\propto\frac{1}{r}$

在 $r=0$，W值有奇异性，引入 S（表明）裂纹尖端奇异性大小，即 $W=\frac{S}{r}$，S叫应变能密度因子。——裂纹尖端应变能密度奇异性强弱的因子

4）应变能密度因子的表达式：

设裂纹是复合型 I—II—III 型，是平面应变状态，即 $\sigma_z=\mu(\sigma_x+\sigma_y)$

现取裂纹尖端为圆心，$r_0$ 为半径作一个小圆，在圆周上任意一点取应力单元体积微分

① 应力分量，可由应力场理论导出。

$$\sigma_x=\frac{1}{\sqrt{2\pi r}}\left[K_I\cos\frac{\theta}{2}\left(1-\sin\frac{\theta}{2}\sin\frac{3}{2}\theta\right)-K_{II}\sin\frac{\theta}{2}\left(2+\cos\frac{\theta}{2}\cos\frac{3}{2}\theta\right)\right]$$

$$\sigma_y=\frac{1}{\sqrt{2\pi r}}\left[K_I\cos\frac{\theta}{2}\left(1+\sin\frac{\theta}{2}\sin\frac{3}{2}\theta\right)+K_{II}\sin\frac{\theta}{2}\cos\frac{\theta}{2}\cos\frac{3}{2}\theta\right]$$

$$\sigma_z=\mu(\sigma_x+\sigma_y)=\frac{2\mu}{\sqrt{2\pi r}}\left[K_I\cos\frac{\theta}{2}-K_{II}\sin\frac{\theta}{2}\right]$$

$$\tau_{xy}=\frac{1}{\sqrt{2\pi r}}\left[K_I\cos\frac{\theta}{2}\sin\frac{\theta}{2}\cos\frac{3}{2}\theta+K_{II}\cos\frac{\theta}{2}\left(1-\sin\frac{\theta}{2}\sin\frac{3}{2}\theta\right)\right]$$

$$\tau_{yz}=\frac{K_{III}}{\sqrt{2\pi r}}\cos\frac{\theta}{2}$$

$$\tau_{zx}=-\frac{K_{III}}{\sqrt{2\pi r}}\sin\frac{\theta}{2}$$

代入 $W=\frac{dU}{dV}$ 式内得出：

$$W=\frac{1}{r}\left(a_{11}K_I^2+2a_{12}K_IK_{II}+a_{22}K_{II}^2+a_{33}K_{III}^2\right)\qquad(6\text{-}25)$$

由 $W=\frac{1}{r}S$ 可见裂纹前端的应变能密度，不仅依赖于材料的弹性强度，而且还与载荷和坐标位

显然：$S = a_{11}K_{I}^2 + 2a_{12}K_{I}K_{II} + a_{22}K_{II}^2 + a_{33}K_{III}^2$

其中

$$\begin{cases} a_{11} = \frac{1}{16\pi G}[(3-4\mu-\cos\theta)(1+\cos\theta)] \\ a_{12} = \frac{1}{16\pi G}(2\sin\theta)[\cos\theta-(1-2\mu)] \\ a_{22} = \frac{1}{16\pi G}[4(1-\mu)(1-\cos\theta)+(1+\cos\theta)(3\cos\theta-1)] \\ a_{33} = \frac{1}{4\pi G} \end{cases} \quad (6\text{-}26)$$

分析 6-25 —— ~~6-26~~ 6-26.

① W与材料常数有关.

② W是极角θ之函数.（即方向函数）*

因此可认为. W是一个向量. 且某一个方向上有最大值.

③ 由于W与$\frac{1}{r}$成正比. 当$r \to 0$. W函数具有奇异性.

由于③之存在. 取W作为材料抗断裂能力之参数是很不方便之

且无法进行研究.

取 $S = a_{11}k_{I}^2 + 2a_{12}k_{I}k_{II} + a_{22}k_{II}^2 + a_{33}k_{III}^2$ 作为

度量材料抗断裂之参数.

即保留了θ之函数之特点. 又去掉了奇异性. 即消除了

r之关系.（影响.）

S —— 称为应变能密度因子.

其物理意义. 表示应变能密度奇异性之强度之参数.

∴ $W = \frac{S}{r}$.

三. 应变能密度因子理论.

两个基本假设.

1. 设裂纹沿着 $S_{min}$ 之方向开裂.

2. 当S达到某个临界值 $S_c$. 裂纹会失稳扩展.

说明. 假设1. 所以是 $S_{min}$ 开裂. 如果将 S 看作裂纹扩展

抗断裂之阻力. 则在 $S_{min}$ 之抗断阻力最小.

另外. 可以. 外力之势能与 S 恰好相当和反号.

故 在 $S_{min}$ 方向上 外力之势能取最大值. 外力做功最容易

沿着方向开裂。

$$\text{由}\begin{cases}\dfrac{\partial S}{\partial \theta}=0 \\ \dfrac{\partial^2 S}{\partial \theta^2}>0\end{cases}\quad\text{定出裂纹断裂角。}$$

(25-3)

假设2. 断裂准则是 $S_{min}=S_c$

确定：① 对于2:1的载荷 ±σ，$S_c$ 应当是一个定值。

② 对于复合型与对于单独的Ⅰ型、Ⅱ型、Ⅲ型，$S_c$ 是否为定值？

由大量的试验证明上述两条均成立

讨论几种特殊情况：

(1) Ⅰ型

$$K_I=\sigma\sqrt{\pi a}\qquad K_{II}=K_{III}=0$$

$$\therefore S=a_{11}K_I^2$$

由此求出 $S=\dfrac{\sigma^2 a}{16G}\left[(3-4\mu-\cos\theta)(1+\cos\theta)\right]$

$$\frac{\partial S}{\partial \theta}=0\qquad \sin\theta(\cos\theta-1+2\mu)=0$$

断裂角 $\theta_0$ 应当是 $\begin{cases}\theta_{01}=0\\ \cos\theta_{02}=1-2\mu\end{cases}$

由 $\dfrac{\partial^2 S}{\partial \theta^2}>0$ 检验出 $\theta_{01}=0$ 为真正的断裂角

由 $\theta_0$ 求得 $S_{min}=\dfrac{(1-2\mu)a}{4G}\sigma^2$

按断裂准则 $S_{min}=S_c$

为便于试验：将 $S_c$ 换成相应的 $K_{IC}$

当 $S_{min}=S_c$ 则 $\sigma=\sigma_c$ 裂纹开始失稳扩展

$$\therefore S_c=\frac{(1-2\mu)a}{4G}\sigma_c^2 \quad\cdots\cdots ①$$

$$\sigma_c\sqrt{\pi a}=K_{IC}\quad\cdots\cdots ②$$

故 $S_c=\dfrac{(1+\mu)(1-2\mu)}{2\pi E}K_{IC}^2$

对于钢 $S_c=3.14\times10^{-6}K_{IC}^2$ kg/mm

2、Ⅱ型。 $\theta_0 = \cos^{-1}\frac{1-2\mu}{3}$.

说明，Ⅱ型裂纹不沿着裂纹面，而且开裂角与材料有关。

$$S_c = \frac{2(1-\mu)-\mu^2}{12\pi G}K_{IIc}^2$$

3、Ⅲ型。撕裂型。 $\theta_0$ = 无关。

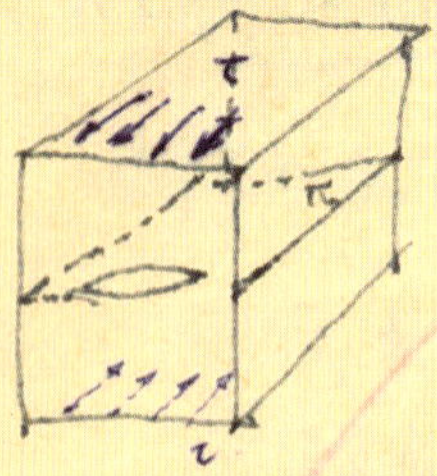

即此断裂面是垂直于原裂纹所在平面内。

其判据为 $S_c = \frac{1}{4\pi G}K_{IIIc}^2$

提问：

材料有三个断裂韧性参数 $K_{Ic}$、$K_{IIc}$、$K_{IIIc}$ 之间是相关的，还是各自独立的？

由 $S_c$ 是材料的常数，与应力状态无关，故由此S理论可推得，三者是相关的。

$$K_{IIc} = \left[\frac{3(1-2\mu)}{2(1-\mu)-\mu^2}\right]^{\frac{1}{2}} K_{Ic}$$

$$K_{IIIc} = (1-2\mu)^{\frac{1}{2}} K_{Ic}$$

这就说明：① $K_{Ic}$、$K_{IIc}$、$K_{IIIc}$ 不是相互独立的。

② 表征这种材料抗断裂的能力仅一个独立参数，即断裂的判据。

复合型裂纹（Ⅰ+Ⅱ型）。求① 开裂角

② 断裂准则。

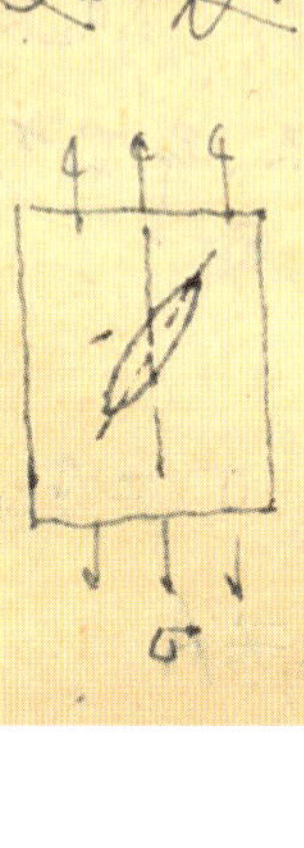

$K_I = \sigma\sqrt{\pi a}\sin^2\beta$

$K_{II} = \sigma\sqrt{\pi a}\sin\beta\cos\beta$，代入S式内，

$S = \pi a\sigma^2(a_{11}\sin^2\beta + 2a_{12}\sin\beta\cos\beta + a_{22}\cos^2\beta)\sin^2\beta$

$\frac{\partial S}{\partial\theta} = 0$，得

$2(1-2\mu)\sin(\theta-2\beta) - 2\sin[2(\theta-\beta)] - \sin 2\theta = 0$

解出 $\theta_0$（两个值）

讨论：1°由上可见，拉伸、压缩都能得到以下表达式，

故求出的 $\theta_0$ 是代表拉伸时还是压缩的断裂角？

注意到 $\theta_0$ 有两个值，其中一个负数表示拉伸，另一个 $\theta_0$ 代表压缩，其判断方法是

在拉应力作用下，裂纹扩展方向是趋向于垂直于拉应力方向，故在拉应力下的断裂角为负角，压应力的 $\theta_0$ 为正值。

2°. $\theta_0$ 与 $\beta$ 的相关。

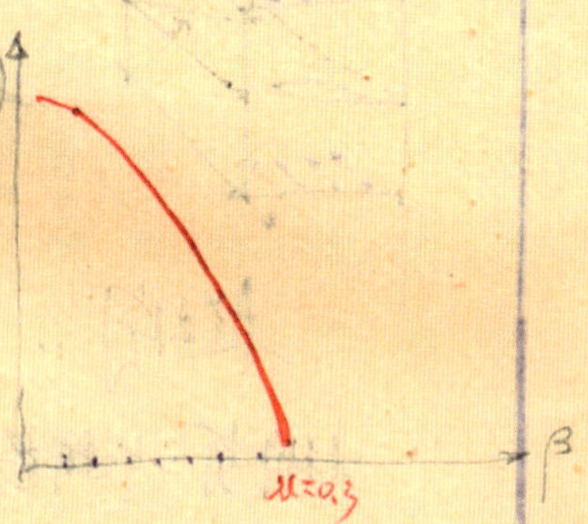


3°将 $\theta_0$ 代入 S 内，

就得到完全的断裂准则。

分两种情况：

a) 单向拉伸

$\theta_0$="—"，表示单向拉伸载荷使裂纹向垂直于载荷的方向发展

将 $\theta_0$ 代入②式 得

$$S_{min} = \sigma^2\pi a\left(a_{11}\sin^2\beta + 2a_{12}\sin\beta\cos\beta + a_{22}\cos^2\beta\right)\sin^2\beta \Big|_{\theta_0}$$

化成无量纲值

$$\frac{16GS_{min}}{\sigma^2\pi a} = 16G\left[\left(\overset{①}{a_{11}\sin^2\beta} + \overset{②}{2a_{12}\sin\beta\cos\beta} + \overset{③}{a_{22}\cos^2\beta}\right)\sin^2\beta\right]_{\theta=\theta_0}$$

分成四项画出曲线。

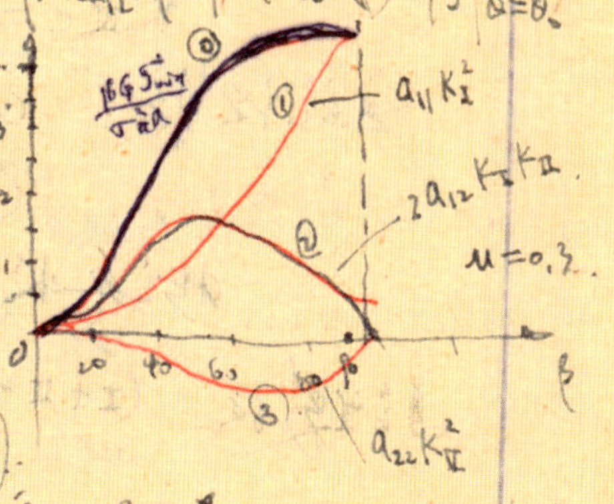


说明：① 当 $\beta=\frac{\pi}{2}$ 裂纹垂直于加载方向，第二项和第③项均趋于零，裂纹是 I 型断裂（II 型不产生影响）

② 在 $\beta\approx40°$ 左右，第②项和第③项之叠加最大，即 II 型的影响最大，裂纹断裂必须考虑第 II 型的影响。

③ 对于⓪项 $\frac{16S_{min}G}{\sigma^2\pi a}$

对于临界状态 $S_{min} = S_c$ $\sigma = \sigma_{cr}$

$$\frac{16S_{min}G}{\sigma^2\pi a} \longrightarrow \frac{16S_cG}{\sigma^2\pi a} = A$$

当β越小，A越小，则 $\sigma_{cr}$ 越大

β 大 … 大 … ↓

即 $\beta \propto \frac{1}{\sigma_{cr}}$ $\sigma_{cr} \propto \frac{1}{\beta}$

由 $P_{120}$ 当 $\beta > 60^\circ$ 时，S纤与最大拉应力轴线相近…

b) 单向压缩时

单向压缩使裂纹向截面方向扩展。（已由玻璃板实验证实）

断裂角 $\theta_0 =$ "+"

材料由拉力可知，应当有一相似性。

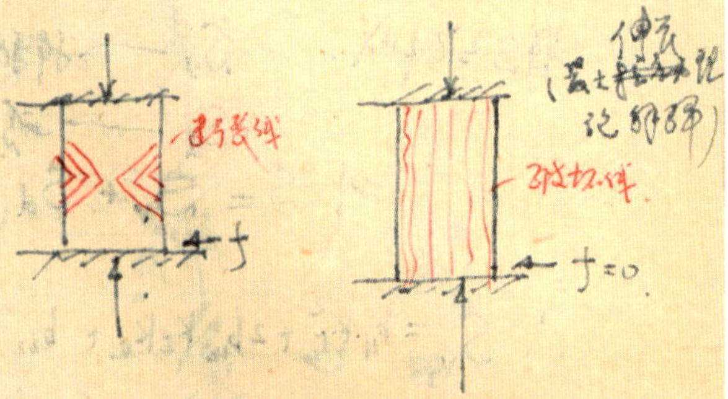

将 $\theta_0$ 代入 S 内得…

$$\frac{16G S_{min}}{\sigma^2 \pi a} = 16G\left[a_{11}\sin^2\beta + 2a_{12}\sin\beta\cos\beta + a_{22}\cos^2\beta\right]\sin^2\beta$$

该项曲线如右图所示…

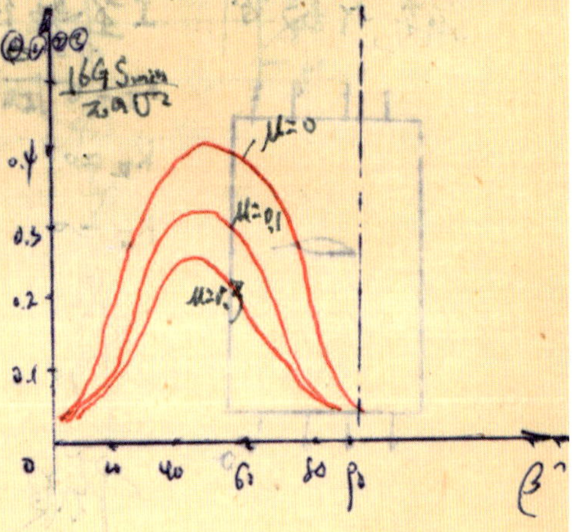


由曲线可以看出，

①. μ不同，$\frac{16G S_{min}}{\sigma^2 \pi a} = \beta$ 也不同…

②. 在 $\beta = 40^\circ$ 左右，β存在一个峰值，则临界压应力值最低，故最易破裂…

c) 比较拉伸和压缩情况…

(1) 比较其绝对值…

∵ a, G, $S_c$ 在拉压均一致…

取 $\mu = 0.3$ 时，$A >> B$。（从图上也可看出）

∴ $(\sigma_{cr})_{拉} << (\sigma_{cr})_{压}$

结论：按S理论，可以证明一种材料的拉伸强度极限远小于压缩的强度极限…（即压缩易坏）

(2) 当 $\beta > 80°$ A很大… 而 B 对拉伸剪切…

⇓ ⇓

$\sigma_{cr拉}$很小… $\sigma_{cr压}$ 很大.

可说明… 当线形变在裂纹尖端附近… 裂纹对拉伸是很敏感的. 对压缩则很迟钝…

关于S理论的物理意义

$$S = a_{11}K_I^2 + 2a_{12}K_IK_{II} + a_{22}K_{II}^2 + a_{33}K_{III}^2$$

将S分解成… $S_V$ —— 体积变形的 S

$S_d$ —— 形状改变的 S.

则 $S = S_V + S_d$ …… ①

$$\begin{cases} a_{11} = b_{11} + c_{11} \\ a_{12} = b_{12} + c_{12} \\ a_{22} = b_{22} + c_{22} \end{cases} \quad \cdots ②$$

$c_{33} = a_{33}$ 不变 (因只有形状改变)

∴ $S_V = b_{11}K_I^2 + 2b_{12}K_IK_{II} + b_{22}K_{II}^2$ …③

$S_d = c_{11}K_I^2 + 2c_{12}K_IK_{II} + c_{22}K_{II}^2 + c_{33}K_{III}^2$ —④

研究一个特例… I型裂纹…

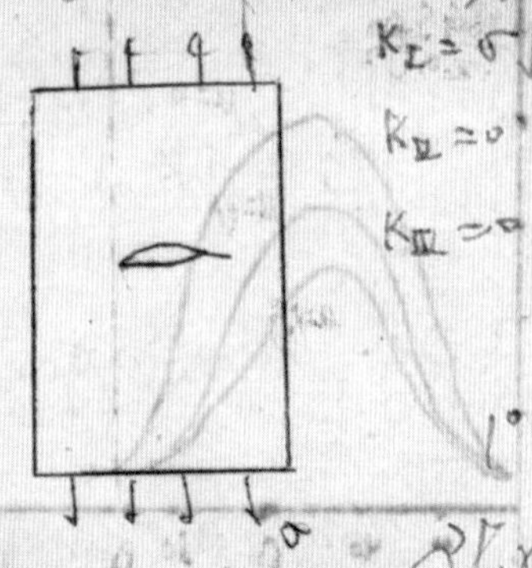

$K_I = \sigma\sqrt{\pi a}$

$K_{II} = 0$

$K_{III} = 0$

$$S = a_{11}K_I^2 = \frac{\sigma^2 a}{16G}[(3-4\mu-\cos\theta)(1+\cos\theta)] \quad \cdots ⑤$$

$\frac{\partial S}{\partial \theta} = 0$ 求断裂角… $\begin{cases} \sin\theta_0 = 0 \\ \cos\theta_0 = (1-2\mu) \end{cases}$

即 $\theta_0 = 0$. $\theta_0' = \cos^{-1}(1-2\mu)$

1°. 当 $\theta_0 = 0$ $\left.\frac{\partial^2 S}{\partial \theta^2}\right|_{\theta=\theta_0} > 0$

$S_{min} = \frac{1-2\mu}{4G}\sigma^2 a$

$b_{11} = \frac{(1+\mu)(1-2\mu)}{6\pi G}$

$b_{12} = b_{22} = 0$

说明 $\theta_0$ 是 $S_{min}$ 的方向…

我们也可求 $\theta_0$ 方向上相应的 $\begin{cases} S_V = \frac{0.42}{6G}\sigma^2 a \\ S_d = \frac{0.08}{6G}\sigma^2 a \end{cases}$ …⑦

$\mu = 0.3$

这表明… ∵ $S_V >> S_d$ 即在断裂角 $\theta_0$ 方向上的单元体积改变能比形状改变能大得多 (S值较大). 这材料是脆性断裂…(Britten)

2°. 当 $\theta_0' = \cos^{-1}(1-2\mu)$

可证明 $\left.\frac{\partial^2 S}{\partial \theta^2}\right|_{\theta=\theta_0'} < 0$ $S_{max} = \frac{(1-\mu)^2\sigma^2 a}{4G}$.

Sv、与Sd的作用：可由单向拉伸分为三向等拉（压）与纯剪……

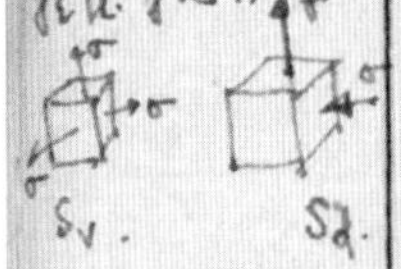


平面应变下：

$b_{11}=\frac{(1+\mu)(1-2\mu)}{12\pi G}\times(1+\cos2\theta)$

$b_{12}=\frac{(1+\mu)(1-2\mu)\sin2\theta}{12\pi G}$

$b_{22}=\frac{(1+\mu)(1-2\mu)}{12\pi G}(1+\cos2\theta)$

$b_{33}=0$

$c_{11}=\frac{1}{16\pi G}(1+\cos2\theta)\cdot\left[\frac{2(1-2\mu)^2}{3}+(1-\cos2\theta)\right]$

$c_{12}=\frac{\sin2\theta}{16\pi G}\left[2\cos2\theta-\frac{2(1-2\mu)^2}{3}\right]$

$c_{22}=\frac{1}{16\pi G}\left[\frac{2(1-2\mu)^2}{3}\times(1-\cos2\theta)-4-3\sin\theta\right]$

我们也可相应地求得

$$\begin{cases} S_v=\frac{0.364}{6G}\sigma^2 a \\ S_d=\frac{0.371}{6G}\sigma^2 a \end{cases}\quad(\mu=0.3)\quad\cdots\cdots(P)$$

$S_d>S_v$，即畸变能密度的影响比体积改变的影响更为重要。这说明 $\theta=0°$ 方向不会导致断裂，只会导致滑移，即只会引起塑性变化。

总结：S理论的物理意义是说明材料中的脆性断裂是由于体积的膨胀。

四、S理论的应用 P126—129

## §6-4 等W线最大拉应力理论..

一.. 概念.. 1976 由中国科学院力学所..

1. 等W线的概念..

定义.. 具有相等的W值的点所联成的曲线为等W线..

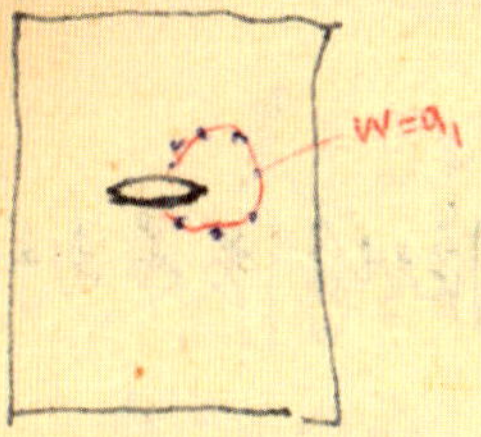


作图.. 令 $W=\frac{S}{r}=A$

A是一常数.(参量)

$\because \frac{S}{r}=A$ 或 $r=\frac{S}{A}$

$\therefore r=\frac{1}{A}\left[a_{11}k_{1}^{2}+2a_{12}k_{1}k_{2}+a_{22}k_{2}^{2}+a_{33}k_{3}^{2}\right]$

$=\frac{1}{A}S(\theta)$

取定一个A值, 由一系列的θ值可描点.. 即得等W线

| | S | r |
|---|---|---|
| $\theta_1$ | $S_1$ | $r_1$ |
| $\theta_2$ | $S_2$ | $r_2$ |
| ⋮ | ⋮ | ⋮ |
| $\theta_n$ | $S_n$ | $r_n$ |

2.. 为什么提出等W线 $(\sigma_\theta)_{max}$ 理论..

从两方面分析..

a) 分析原有的理论..

① 最大拉应力理论..

∵ 当 $r=0$ $\sigma_\theta=\infty$. 为此选取 $r_0$ 的圆. 比较圆周上各点的 $\sigma_\theta$ 值. (但 $r_0$ 取多大?)

② S理论.. 当 $r\to 0$. $W\to\infty$

在讨论 $W(S_{min})$ 时. 也作了一个 $r_0$ 的圆. 比较在该圆周上各点的 S..

存在问题.. 1°. $r_0$ 是一个不确切的数值..

2°. 在同一圆周上. 力学状态是不同的. 因此. 断裂往往缺乏比较的力学意义.. 即.. 当 $S_{min}=S_c$ 时就不一定有 $\sigma_\theta=\sigma_{max}$. 当然如 $\sigma_\theta=\sigma_{max}$ 不见得就有 $S_{min}=S_c$ 时同一数值. 两个理论就不协调. 也说明有些现象.

b) 分析等W线与断裂的关系。

由实验证明：① 裂纹开裂总是沿着一条射线方向。

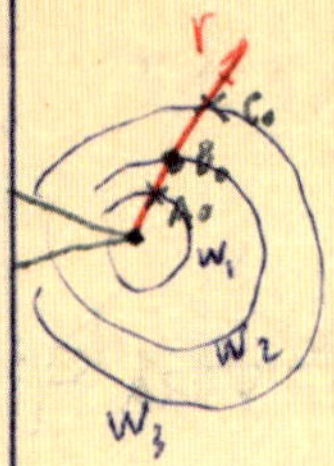


设开裂点通过 $B_0$，由 σθ|max 理论：

$$K_{I}\sin\theta_0+K_{II}(3\cos\theta_0-1)=0$$

故 $A_0$、$C_0$ 也一定是开裂点。（$\theta_0$ 与 $r$ 无关，$\theta_0$ 方向开裂）

当 $\theta_0$ 由 $\frac{\partial\sigma_\theta}{\partial\theta}=0$ 定出，任一等W线与 $\theta_0$ 线的交线即能确定为开裂点。（这就说明了 $r_0$ 的选取）

② 当取定一条W线，则开裂条件应当是相同的

结论

## 二、等W线最大拉应力理论

1. 基本假设

(1) 在等W线上，裂纹开裂的方向，是沿着 $\sigma_\theta|_{max}$ 的方向。

(2) 在 $\theta_0$ 的方向，当 $\lim_{r\to 0}\sqrt{2\pi r}\,\sigma_\theta\big|_{\theta=\theta_0}$ = 临界值，裂纹将发生失稳扩展。

2. 确定断裂角

由 $W=\frac{S}{r}=A$，$r=\frac{S}{A}$

代入 $\sigma_\theta=\frac{1}{2\sqrt{2\pi r}}\cos\frac{\theta}{2}\left[K_I(1+\cos\theta)-3K_{II}\sin\theta\right]$（在 $r_0$ 圆周上）

$$=\frac{\sqrt{A}}{2\sqrt{2\pi S}}\cos\frac{\theta}{2}\left[K_I(1+\cos\theta)-3K_{II}\sin\theta\right]$$（在 $W=a$ 线上）

由 $\frac{\partial\sigma_\theta}{\partial\theta}=0$，令 $f(\theta)=\frac{1}{\sqrt{S}}\cos\frac{\theta}{2}\left[K_I(1+\cos\theta)-3K_{II}\sin\theta\right]$

即 $\frac{\partial f(\theta)}{\partial\theta}=0$

讨论：(1) 纯I型　$K_I=\sigma\sqrt{\pi a}$

$$S=\frac{\sigma^2 a}{16G}\left[(1+\cos\theta)(k-\cos\theta)\right]$$

$$k=\begin{cases}3-4\mu & \text{平面应变}\\ \frac{3-\mu}{1+\mu} & \text{平面应力}\end{cases}$$

代入 $f(\theta)$ 内

$$f_I(\theta)=\frac{4\sqrt{\pi G}\,(1+\cos\theta)\cos\frac{\theta}{2}}{\sqrt{(1+\cos\theta)(k-\cos\theta)}}$$

$\frac{\partial f_I(\theta)}{\partial\theta}=0$，定出 $\theta_0$

(2) 纯II型. $K_I=0$, $K_{II}=\tau\sqrt{\pi a}$

$$S=\frac{\tau^2 a}{16G}\left[(k+1)(1-\cos\theta)+(1+\cos\theta)(3\cos\theta-1)\right]$$

代入 $f(\theta)$ 内得到:

$$f_{II}(\theta)=\frac{-12\sqrt{\pi G}\,\sin\theta\cos\frac{\theta}{2}}{\sqrt{(k+1)(1-\cos\theta)+(1+\cos\theta)(3\cos\theta-1)}}$$

(3) 斜裂纹的单向拉伸: $K_I=\sigma\sqrt{\pi a}\sin^2\beta$. $K_{II}=\sigma\sqrt{\pi a}\sin\beta\cos\beta$.

$$S=\sigma^2\pi a\left[a_{11}\sin^2\beta+2a_{12}\sin\beta\cos\beta+a_{22}\cos^2\beta\right]\sin^2\beta$$

$$f(\theta)=\frac{\left[\sin\beta(1+\cos\theta)-3\cos\beta\sin\theta\right]\cos\frac{\theta}{2}}{\sqrt{a_{11}\sin^2\beta+2a_{12}\sin\beta\cos\beta+a_{22}\cos^2\beta}}\quad\cdots\cdots(6-47)$$

(4) 斜裂纹的单向压缩. $K_I=-\sigma\sqrt{\pi a}\sin^2\beta$ $K_{II}=-\sigma\sqrt{\pi a}\sin\beta\cos\beta$.

$$f(\theta)=\frac{-\left[\sin\beta(1+\cos\theta)-3\cos\beta\sin\theta\right]\cos\frac{\theta}{2}}{\sqrt{a_{11}\sin^2\beta+2a_{12}\sin\beta\cos\beta+a_{22}\cos^2\beta}}\quad\cdots\cdots(6-48)$$

比较(6-47)与6-48式. 因此单向压缩的开裂方向与单向拉伸完全不同.

3. 断裂准则:

$$\lim_{r\to 0}\sqrt{2\pi r}\,\sigma_\theta\Big|_{\theta=\theta_0}=K_{Ic}$$

(1) 纯I型. $\theta_0=0^\circ$. $K_I=\sigma\sqrt{\pi a}=K_{Ic}$

(2) 纯II型. $K_I=0$. $K_{II}=\tau\sqrt{\pi a}$

$$\sigma_\theta=-\frac{3}{2}\frac{K_{II}}{\sqrt{2\pi r}}\cos\frac{\theta}{2}\sin\theta$$

$$\therefore\ \frac{d\sigma_\theta}{d\theta}=0$$

$$\cos\theta\cos\frac{\theta}{2}-\frac{1}{2}\sin\theta\sin\frac{\theta}{2}=0.$$ 其解为 $\begin{cases}\cos\frac{\theta_0}{2}=0, & \theta_0=\pm\pi\\ \cos\frac{\theta_0}{2}=\sqrt{\frac{2}{3}}, & \theta_0=\pm 2\cos^{-1}\sqrt{\frac{2}{3}}\end{cases}$

使 $\frac{\partial^2\sigma_\theta}{\partial\theta^2}<0$. 故 $\theta_0$ 取负值.

则II型的断裂准则. 将 $\theta_0$ 代入 $\sigma_\theta$ 内, 得.

$$2K_{II}=\sqrt{3}K_{Ic}$$

这就是最大拉应力理论

如果W: 则在 $\frac{d\sigma_\theta}{d\theta}\Big|_{r=常}=0$

比较：$K_I = K_{IC}$

$K_{II} = \frac{\sqrt{3}}{2} K_{IC}$

则：II型当 $0.866\,K_{IC}$ 就破坏，即比纯I型易坏。又实验否如此，按理，拉最易坏。??应由实验论证之。

4. 讨论：

(1) 这W线最大拉应力理论是综合了 $\sigma_{\theta max}$ 与 S 理论，由二个参量来描述断裂。

(2) 正因这W线上，r 之变化很大，而由其准则：

$\lim_{r\to 0}\sqrt{2\pi r}\,\sigma_\theta\Big|_{\theta_0} = K_{IC}$，则我们的应力分量 $\sigma_r = \frac{K_I}{\sqrt{2\pi r}} f_1(\theta) + O(r^{\frac{1}{2}})$ 即高阶项

当 r 较大时，应力中的高阶项就不能略去。

(3) 在 $r = r_0$ 的核心区内，W线理论与实际情况误差是较大。（由于塑变及硬化的现象）

## §6-5. 工程上应用的断裂准则

### 1. 一般概念

工程上断裂准则的要求。

① 简便。便于掌握。

② 与实际比较接近。并可提高构件的安全性。

复合型断裂准则。

目的。① 确定断裂角 $\theta_0$。

② 确定临界载荷或临界尺寸。

困难处。1° $K_I$ 与 $K_{II}$ 的组合可以有无穷多种。$\frac{\sigma}{\tau} = 1, 2, 3 \cdots$

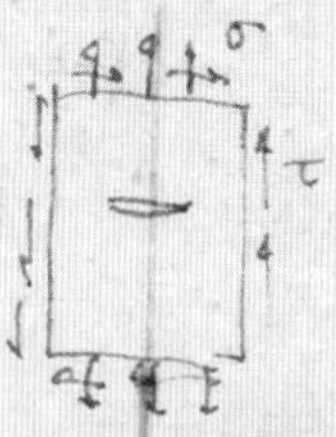

2° 材料从 $\theta_0$ 开展

与经典强度理论进行比较

| | 强度理论 as compared with | 断裂准则 |
|---|---|---|
| 提出问题 problem | 连续应力状态 / 的破坏准则 | 含裂纹体的 / 断裂准则 |
| 应力状态 | $\sigma_x\ \sigma_y\ \tau_{xy}$ | $K_I\ K_{II}\ K_{III}$ |
| 准则 | $\sigma_1-\sigma_3=\sigma_s$ <br> $(\sigma_1-\sigma_2)^2+(\sigma_2-\sigma_3)^2+(\sigma_3-\sigma_1)^2=2\sigma_s^2$ | $\sigma_\theta\vert_{max}=\sigma_\theta\vert_c$ <br> $S_{min}=S_c$ |
| 物理思路 | 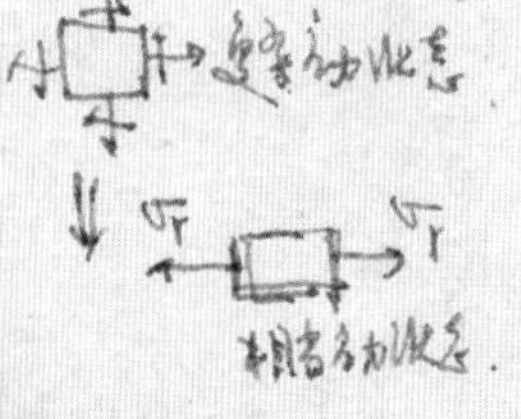 | 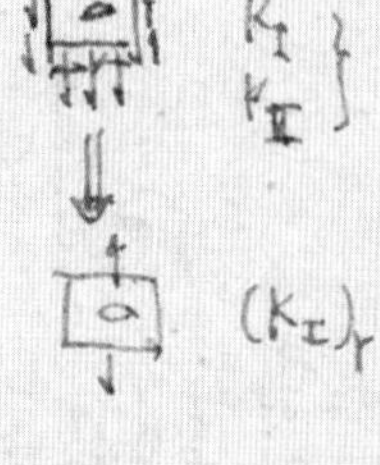 |
| 材料参数 | $\sigma_s$ | $K_{IC}$ |



### 2. I–II 型工程断裂准则。

由 $\sigma_\theta|_{max}$ 理论。

$$\frac{1}{2}\left[K_I(1+\cos\theta_0)-3K_{II}\sin\theta_0\right]\cos\frac{\theta_0}{2}=K_{IC}$$

由 $S_{min}$ 理论

$$a_{11}K_{I}^{2}+2a_{12}K_{I}K_{II}+a_{22}K_{II}^{2}=\frac{(1+\mu)(1-2\mu)}{2\pi E}K_{IC}^{2}$$

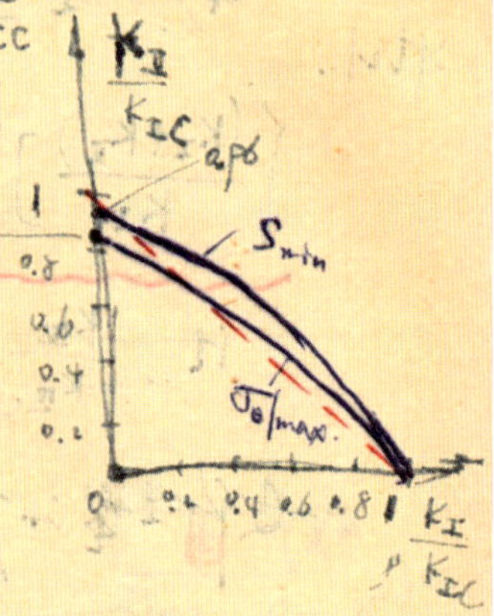


由 $\sigma_\theta|_{max}$ 和 $S_{min}$ 曲线比较，

两者相差不大，且都接近于1.0（纵轴）. 0.87

故，在工程上近似地采用

$$\frac{K_I}{K_{IC}}+\frac{K_{II}}{K_{IC}}=1$$ （偏于安全）

即 $K_I+K_{II}=K_{IC}$

3. I—III复合型

(a) 按能量释放率

断裂发生 $\theta_0=0$ 在裂纹延长线方向断裂

$$\therefore G=G_I+G_{III}=G_C$$

则 $$K_I^2+\frac{1}{1-\mu}K_{III}^2=K_{IC}^2$$

可写成 $$\left(\frac{K_I}{K_{IC}}\right)^2+\left(\frac{K_{III}}{\sqrt{1-\mu}\,K_{IC}}\right)^2=1$$

令 $K_{IIIC}=\sqrt{1-\mu}\,K_{IC}$

则 $$\left(\frac{K_I}{K_{IC}}\right)^2+\left(\frac{K_{III}}{K_{IIIC}}\right)^2=1 \quad (6-52)$$

椭圆断裂判据

(b) 按S理论 $S=a_{11}K_I^2+a_{33}K_{III}^2$

其中 $a_{11}=\frac{1-2\mu}{4\pi G}$ $a_{33}=\frac{1}{4\pi G}$

$$S=\frac{1}{4\pi G}\left[(1-2\mu)K_I^2+K_{III}^2\right]$$

当裂纹达到失稳扩展，纯I型 $S_c=\frac{1}{4\pi G}\left[(1-2\mu)K_{IC}^2\right]$

纯III型 $S_c=\frac{1}{4\pi G}K_{IIIC}^2$

$$\therefore K_{IIIC}=\sqrt{1-2\mu}\,K_{IC}$$

由S准则，得到 $$\left(\frac{K_I}{K_{IC}}\right)^2+\left(\frac{K_{III}}{K_{IIIC}}\right)^2=1 \quad (6-54)$$

$\frac{K_I}{K_{IC}}<7\%$ → 纯III型处理

$\frac{K_{III}}{K_{IIIC}}<7\%$ → 纯I型处理

47. I-II-III 复合型

准则：

$$\left[\frac{(K_I+K_{II})}{K_{Ic}}\right]^2+\left[\frac{K_{III}}{K_{IIIc}}\right]^2=1$$

~~计：$\frac{K_{III}}{K_{IIc}} < 7.6$~~

当量I型的应力强度因子 $K_I^*$

$\mu=0.3$

I-II：$K_I^*=K_I+K_{II}$

I-III：$K_I^*=\sqrt{K_I^2+2.5K_{III}^2}$

I-II-III：$K_I^*=\sqrt{(K_I+K_{II})^2+2.5K_{III}^2}$

准则：$K_I^*=K_{Ic}$

§6-6. 复合型断裂准则的比较

总结：①K准则

- 1°. $\sigma_\theta|_{max}$
- 2°. $S_{min}$
- 3°. 用W线上的$\sigma_\theta|_{max}$
- 4°. 最大能量释放率 $G_{max}$

一、理论与实验比较

1. 开裂角$\theta_0$ （分支问题）

1°. 纯Ⅱ型试件

$\mu=0.3$ 薄钢片 $\theta_0=-75.4°$

$\mu=0.4$ 有机玻璃试件 $\theta_0=-70.5°$

② 按$\sigma_\theta|_{max}$判据 $\theta_{01}=\theta_{02}=-70.5°$

③ 由$S_{min}$理论 $\theta_{01}=-82.3°$

$\theta_{02}=-86.2°$

④ 由$G_{max}$ $\theta_{01}=\theta_{02}=-76.2°$

⑤ 用W线 $\theta_{01}=-76.5°$ $\theta_{02}=-78.5°$

2°. 双向受拉斜裂纹试件

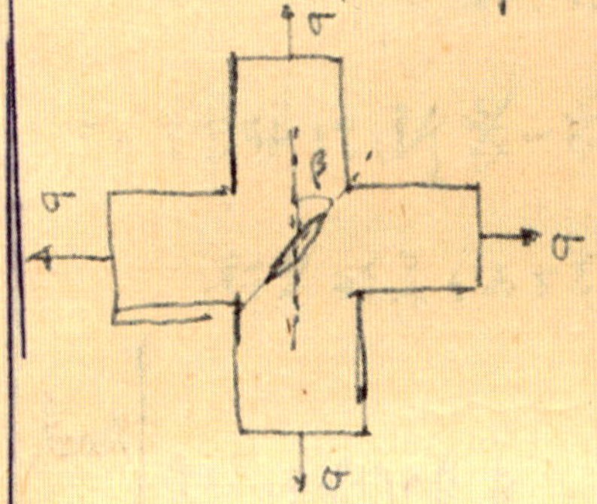


脆性材料

取$\beta=30°, 40°, \cdots\cdots 80°$

测得$\theta_0=-62.4°, -55.6°, \cdots\cdots$

理论计算

取$\beta=30°, 40°, \cdots\cdots 80°$

- $\sigma_\theta|_{max}$
- $S_{min}$
- $G$
- 用W

结论：① $\theta_0$是随$\mu$变化。

② $\sigma_\theta|_{max}$理论或$G_{max}$理论与第二次实验比较接近，但是与$\mu$无关的结论与实验不符。

③ $S_{min}$理论的$\theta_0$比实验值大些，偏差较大。

④ G理论预测的开裂方向是正确的。

2. 临界载荷

实验：中心斜裂纹

$\sigma_{cr} = f(\beta)$

$\mu = \frac{1}{3}$ ..

实验根据"x"的点在G曲线附近.

故 $G_{max}$ 对柱壳载荷的临界应力

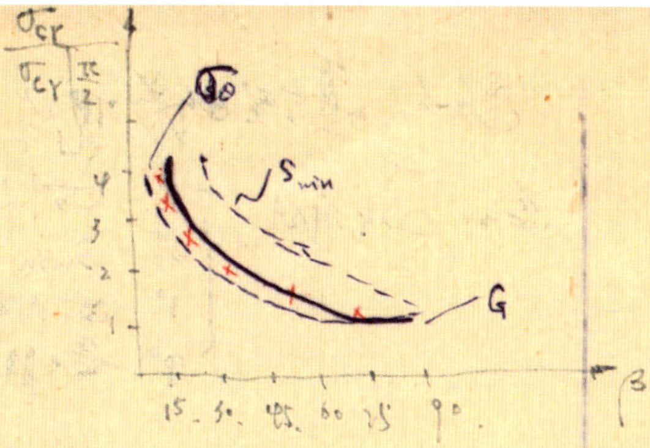

# 第八章 "裂纹张开位移" 原理和方法

提纲：1°弹塑性裂纹和开裂判据

2° δ准则及工程应用

§8-1 弹塑性断裂

前言

裂纹张开位移的定义

Crack opening displacement

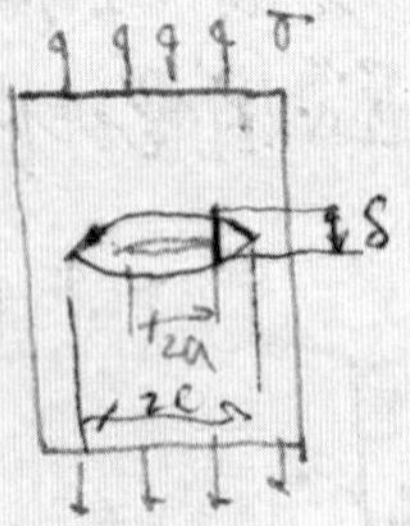


裂纹由 $2a \rightarrow 2c$，裂纹的上下表面产生法向位移，称为裂纹尖端的张开位移。

简称为 COD

$\therefore \delta = 2v|_{y=0}$

1961年，英国 Wells 提出……δ 理论

一、弹塑性断裂的特点

断裂破坏分为三类：

1° 脆性断裂——无明显塑性变形

2° 弹塑性断裂——塑性变形较大，塑性区尺寸接近或超过裂纹尺寸

3° 全塑性破坏断裂　仅适于韧性很好的材料，裂纹开裂后仍可保持稳定扩展。

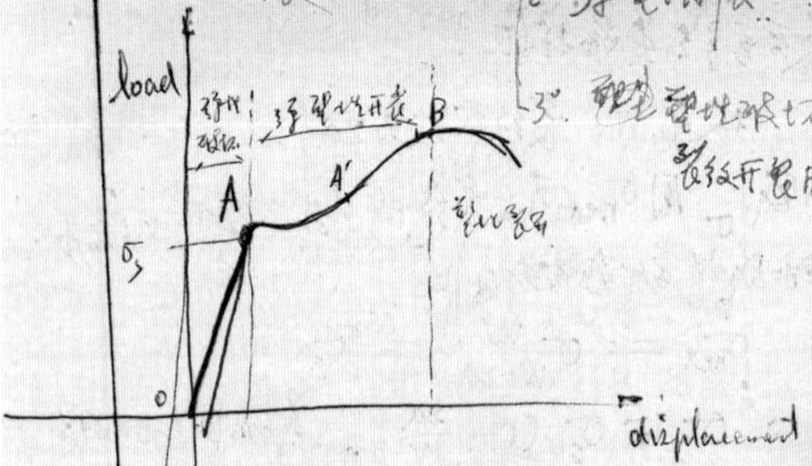

二、弹塑性断裂之特征

按照塑性区大小，弹塑性断裂可以分为三类

1) 韧带屈服断裂

韧带：沿着切口到下表面之间的韧带

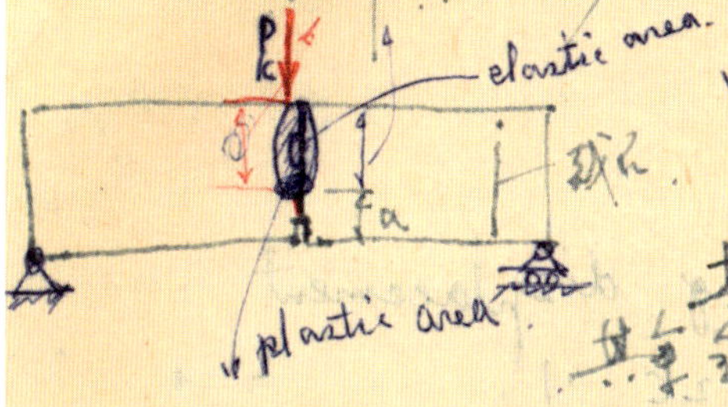


由 $P \to P_c$ 出现一个弹性核，随韧带产生一个塑性区。

其特点：其塑性区只发生在韧带附近，其余全为弹性区。（弹性区包围塑性区）

2) 全面屈服断裂（或普遍屈服断裂）

如薄板，带有切口

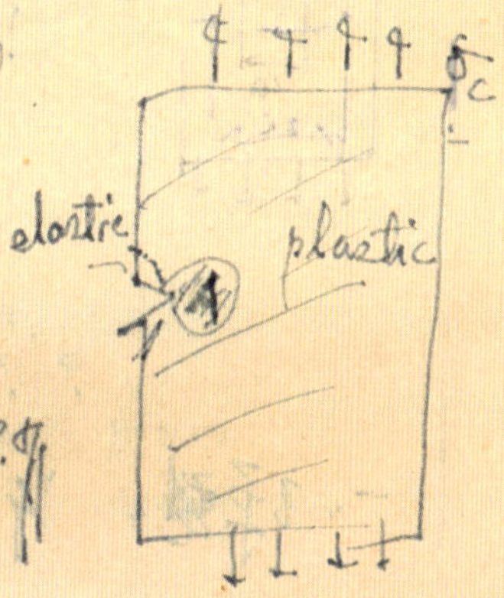


当 $\sigma \nearrow \sigma_c$ 产生塑性区 A

$\sigma_c \nearrow$ 整个截面均屈服，但只有

切口之局部仍存在一个弹性核

（塑性区包围弹性区）

问：裂纹是否会产生失稳扩展？

取一薄板，板宽 W，裂纹长度为 2a

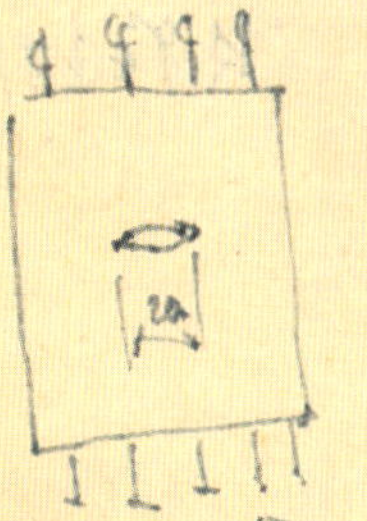


加载 $\sigma$，用 $\sigma_{net}$ 表示裂纹所在截面上的净应力

当加载到整个截面都屈服

$$\sigma_{net} = \sigma \frac{W}{W-2a} = \sigma_s$$

$$\therefore \sigma = \sigma_s \left(1 - \frac{2a}{W}\right)$$ （截面屈服应力准则）

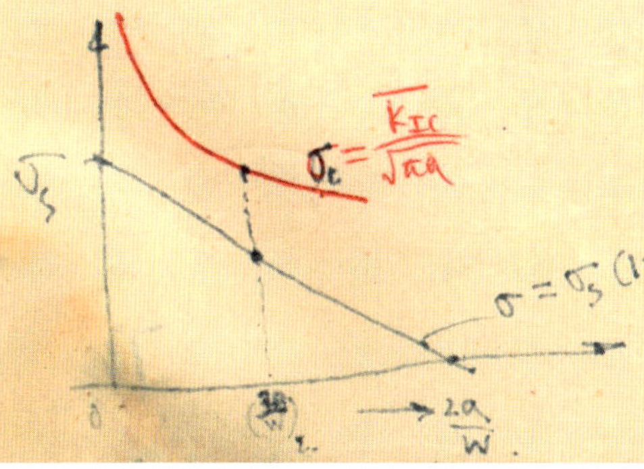


a) 高韧性 $\left\{ K_{Ic}\text{ 大}, \sigma_s\text{ 小} \right.$

$\left\{ K_{Ic}\text{ 大}, \sigma_s\text{ 低} \right.$

裂纹 $\sigma_c = \frac{K_{Ic}}{\sqrt{\pi a}}$（失稳条件）

进行比较

任取一个 2a 的裂纹板

$(\sigma_c)_{断} = \frac{K_{IC}}{\sqrt{\pi a}} > (\sigma_c)_{屈} = \sigma_s(1-\frac{2a}{W})$

说明：无论如何，裂纹都先屈服，后断裂。

b）低韧性材料 $\begin{cases}\sigma_s \text{ 大} \\ K_{IC} \text{ 小}\end{cases}$

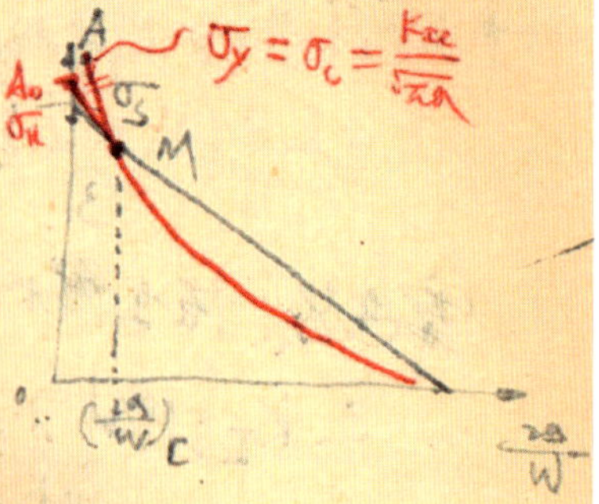


$\sigma_y = \frac{K_{IC}}{\sqrt{\pi a}}$

讨论：① 在M点以左，

$(\sigma_c)_{断} > (\sigma_c)_{屈}$ 故先屈服后断裂……（低应力屈服）

在 $(\frac{2a}{W})_c$ 有两种状态的临界情况

② 在M点以右，

$(\sigma_c)_{断} < (\sigma_c)_{屈}$ 故先断裂后屈服。（低应力断裂）

② MA部分应当修正。

当 $a \to 0$，$\sigma_y = \frac{K_{IC}}{\sqrt{\pi a}} \to \infty$，而实际上应当趋于无裂纹

裂纹时材料的强度极限，即 $\sigma = \sigma_u$（强度极限）

故 MA应以直线 AM代替。

3. 表裂纹的平面应力断裂

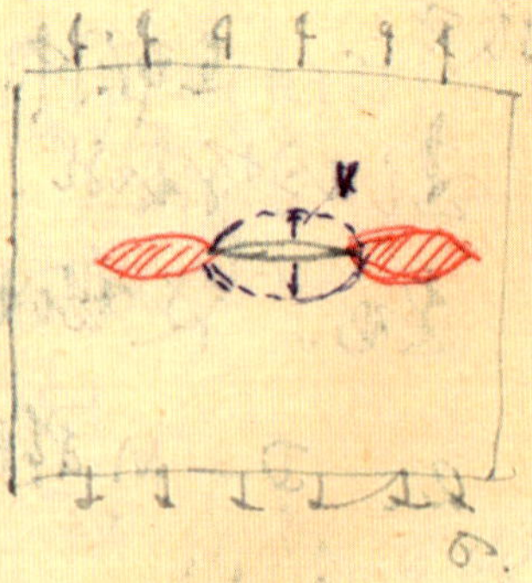


注记：试验条件 $\begin{cases}\text{平面应力} \\ \text{表裂纹}\end{cases}$

特点：沿裂纹方向塑性区形成穿透的带状

如同增大裂纹，致使裂纹不扩展而使

裂纹张开，发生较大的塑性变形……

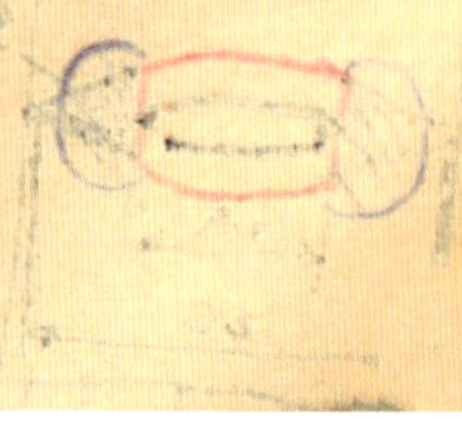

三、弹塑性断裂准则的提出。

共性：① 有一个比较大的塑性区。

② 应力与应变不成线性关系。线弹性理论不适用

③ 考虑弹塑性共存的状态。在界线上应力……

奇异性：在塑性区，应力达到屈服值。（应力强度因子失去意义）

∴ $K_I$准则不再有效。

④ 在塑性区内，应力基本不增加而变形却不断增长

$\sigma \to \sigma + \Delta\sigma$ —。

因此不宜采用应力参量表示裂端的应力应变状态，而需采用

变形。

## §8-2 COD的原理和应用

### 一、D-M模型 Dungdale-Mode

1. 问题提出：

目的：建立COD与外载荷$\sigma$、$a$的关系式

找出 $\delta = f(\sigma, a)$，提出一个简化模型。

设有一无限大板，中间有一条$2a$的穿透裂纹，在其垂直方向上有均匀的拉伸外加应力$\sigma$，在$\sigma$作用下，裂纹长度$2a$延长到$2c$，并在垂直方向张开。在其中，材料是不硬化，塑性区会伴随塑性变形的建立的理想化，故提出简化的模型，把塑性区加以理想化，设塑性弹塑性区 → 无弹性。

2. D-M模型。

假设：

1) 裂端有张开位移，但不扩展（a不变）

2) 塑性区成为带状

③ 将裂纹剖开（人为地把裂纹$2a \to 2c$去掉塑性）。

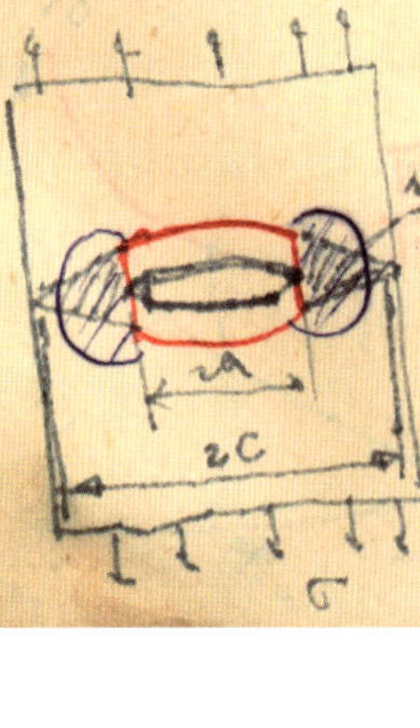


采用$\sigma_s$表示裂纹上下间的相互作用力

要修改

假定由于塑性区存在使裂纹 产生阻止裂纹扩展和张开的约束。假定此约束力作用在区域 $\rho=c-a$ 部

# 简化的力学模型

裂纹 $2c$
载荷 $\sigma$, $-\sigma_s$

为D-M Model.

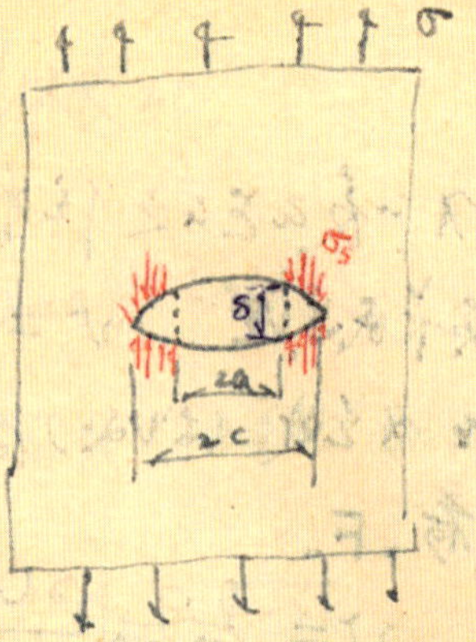


这个模型可求得外力与裂纹长度和裂纹张开位移δ之间的关系.

## 二、裂纹张开位移公式及塑性区的推导

$$\begin{cases} \delta = 2v = \dfrac{8}{\pi E}\sigma_s a \ln \sec\left(\dfrac{\pi\sigma}{2\sigma_s}\right) \\ \rho = \dfrac{\pi^2\sigma^2}{8\sigma_s^2} \simeq \dfrac{\pi K^2}{8\sigma_s^2} \end{cases}$$

paris公式推导.
复变函数推导.(讲义)

讨论:

一.1. 平面应变.

① 外场弹性应力场分布。

$$\sigma_y = \frac{K_I}{\sqrt{2\pi r}} f(\theta) + O\left(\frac{1}{r^2}\right)$$

非奇异项

当 $r\to 0$ $\sigma_y$ 有限 则必须 $K_I = 0$.

② 弹性位移

$$v = \frac{K_I}{2G}\sqrt{\frac{r}{2\pi}}\sin\frac{\theta}{2}\left(\kappa+1-2\cos^2\frac{\theta}{2}\right)$$

$\theta=\pi$ 代入. $v = \dfrac{K_I}{2G}\sqrt{\dfrac{r}{2\pi}}(\kappa+1)$

在弹性下 $\delta = 2v = \dfrac{K_I}{G}\sqrt{\dfrac{r}{2\pi}}(\kappa+1)$

如考虑小屈服. 由小屈服理论.

$$\left.\begin{aligned} r = r_y = \left(\frac{K_I}{\sigma_s}\right)^2\cdot\frac{1}{2\pi} \\ \theta=\pi \end{aligned}\right\}\text{代入 } v \text{ 公式}$$

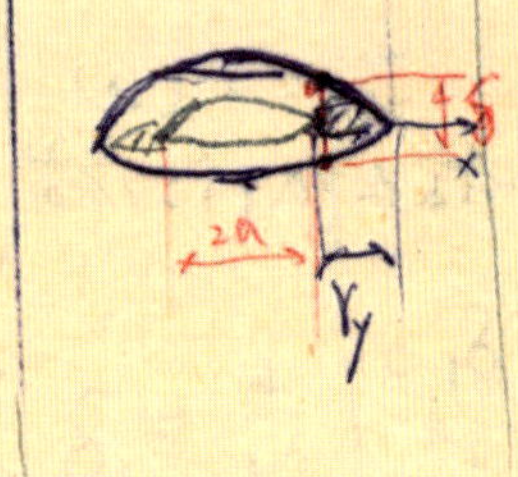


$$\therefore \delta = 2v = \frac{4K_I^2}{\pi E\sigma_s}$$

3. paris公式

求x处表面点之位移。

按卡氏定理 $v=\frac{\partial U}{\partial P}$

如在x点处（求V处）没有载荷，则加一个虚载荷 F。

$$v=\lim_{F\to 0}\frac{\partial U(F,\sigma)}{\partial F}$$

对于工程裂纹。

$$G_I=\frac{\partial U}{\partial a} \qquad U=U_0+\int_0^a G_I\,da$$

$$G_I=\frac{K_I^2}{E'} \qquad E'=\begin{cases}E & \text{（平面应力）}\\ \frac{E}{1-\mu^2} & \text{（平面应变）}\end{cases}$$

$$U=U_0+\int_0^a\frac{K_I^2}{E'}da$$

$K_I=K_I^\sigma+K_I^F$ $\begin{cases}K_I^\sigma \text{ 为外加载荷}\sigma\text{引起的应力强度因子}\\ K_I^F \text{ 为虚加 } F \text{ ……}\end{cases}$

$$\therefore U=U_0+\int_0^a\frac{(K_I^\sigma+K_I^F)^2}{E'}da$$

$U_0$ —— 表示无裂纹时的应变能（可以不考虑）
（由 $a=0$ 时而定）

代入卡氏定理

$$v=\frac{\partial U}{\partial F}\Big|_{F=0}=\lim_{F\to 0}\left[2\int_0^a\frac{(K_I^\sigma+K_I^F)}{E'}\cdot\frac{\partial K_I^F}{\partial F}da\right]$$

注意这里的V是施加力F两点之间的相对位移

也就是 $\delta=V$.

$$\therefore \delta=\lim_{F\to 0}\left[2\int_0^a\frac{K_I^\sigma+K_I^F}{E'}\frac{\partial K_I^F}{\partial F}da\right]$$

我们总可找出 $K_I^F=F f(a)$

显然 $\lim_{F\to 0}K_I^F=0$. $\lim_{F\to 0}\frac{\partial K_I^F}{\partial F}=f(a)\neq 0$

$$\therefore \delta=\frac{2}{E'}\int_0^a K_I^\sigma\frac{\partial K_I^F}{\partial F}da \quad \text{——(1)}$$

称为paris公式

2. 在均匀应力σ作用下，裂纹的位移$\delta_1$

给定条件：裂纹长 $2c$，

载荷：$\sigma$，

求原先裂纹 $x=a$ 处的位移 $\delta_1$。

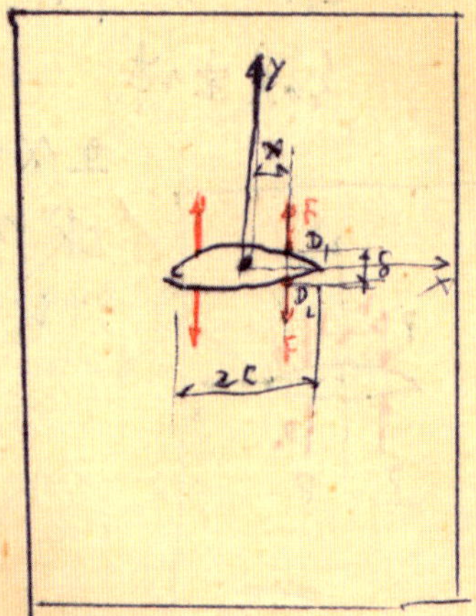


解：先取任意点 $x$，研究一对劈力 $F$

由前已知，$\left(K_I^F\right)_x=\dfrac{F}{\sqrt{\pi c}}\sqrt{\dfrac{c+x}{c-x}}$

$$K_I^\sigma=\sigma\sqrt{\pi c}$$

$\left(K_I^F\right)_{-x}=\dfrac{F}{\sqrt{\pi c}}\left(\dfrac{c-x}{c+x}\right)^{\frac{1}{2}}$：如在 $\pm x$ 处同时作用一对劈力 $F$ 时，

$$K_I^F=\left(K_I^F\right)_x+\left(K_I^F\right)_{-x}=\frac{2F}{\sqrt{\pi c}}\cdot\frac{c}{\sqrt{c^2-x^2}}$$

考虑裂纹在扩展过程中，$D_1$、$D_2$ 的张开位移，

则 $c$ 应变为变量，$c\longrightarrow$ 变量 $\xi$，

$dc\longrightarrow d\xi$。

$$\therefore K_I^F=\frac{2F}{\sqrt{\pi\xi}}\frac{\xi}{\sqrt{\xi^2-x^2}}$$

$$\frac{\partial K_I^F}{\partial F}=\frac{2\xi}{\sqrt{\pi\xi}\sqrt{\xi^2-x^2}}$$

由 Paris 公式，

（要说明 $F$ 不在 $x=-c$ 处加上，则积分限以 $\int_{-c}^{c}\neq2\int_0^c$）

$$\delta_1=\frac{2}{E'}\int_0^c K_I^\sigma\frac{\partial K_I^F}{\partial F}d\xi$$

$$=\frac{4}{E'}\int_0^c K_I^\sigma\frac{\xi}{\sqrt{\pi\xi}\sqrt{\xi^2-x^2}}d\xi$$

$$=\frac{4}{E'}\left[\int_0^x K_I^\sigma\frac{\xi}{\sqrt{\pi\xi}\sqrt{\xi^2-x^2}}d\xi+\int_x^c K_I^\sigma\frac{\xi}{\sqrt{\pi\xi}\sqrt{\xi^2-x^2}}d\xi\right]$$

因 $\xi<x$ 时，力 $F$ 等不作用在裂纹上下表面上，故 $K_I^F\equiv0$。

第一项：$I_1=\displaystyle\int_0^x K_I^\sigma\frac{\partial K_I^F}{\partial F}d\xi$

当 $\xi<x$，$K_I^F=0$

$I_1=0$

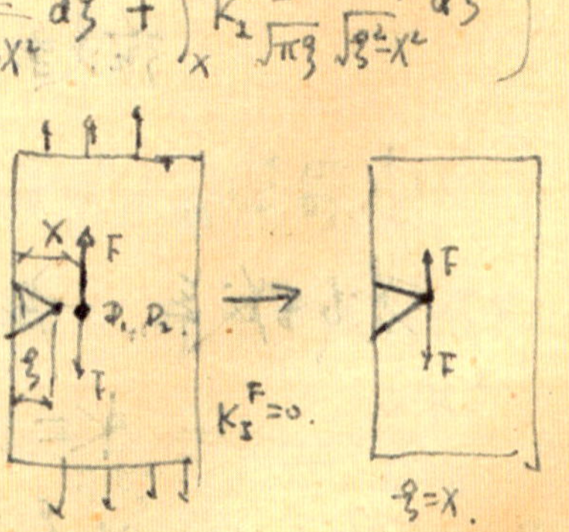


$K_I^F=0$

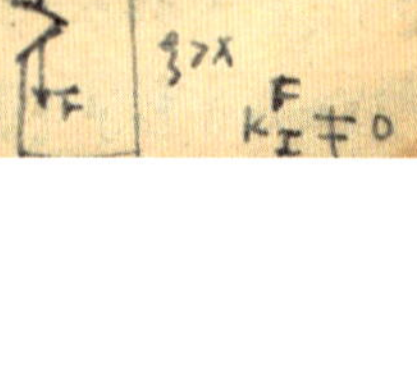


$$\delta_1=\frac{4}{E'}\int_x^c K_I^\sigma\frac{\xi}{\sqrt{\pi\xi}\sqrt{\xi^2-x^2}}d\xi$$

3. 集中力作用引起的δ.

边界条件.

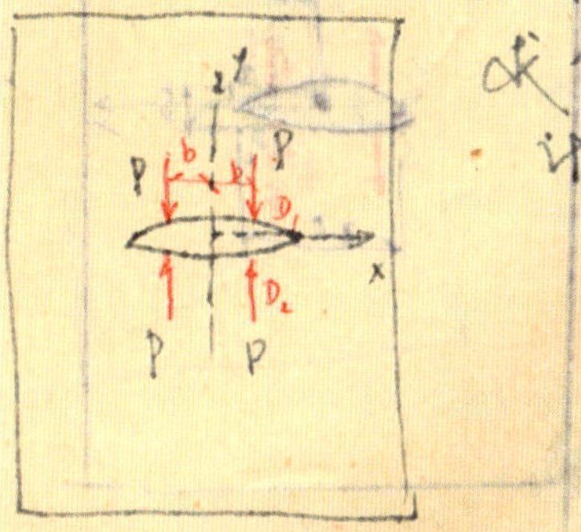

在 $x=\pm b$. 作用P.

求x处的张开位移 δ.

计算结果.

$$\delta_2=\frac{-8P}{E'\pi}\int_x^c\frac{\xi\,d\xi}{\sqrt{(\xi^2-b^2)(\xi^2-x^2)}}\qquad (b<x)$$

如果. $b>x$. 上式是否还成立? (请思考)

这次先讲到此 1.2.

4. 沿裂纹表面作用分布载荷.

边界条件. $p(x)=\begin{cases}-\sigma_s & 当\ -c\le x\le -a,\ a\le x\le c\\ 0 & 当\ -a<x<a\end{cases}$

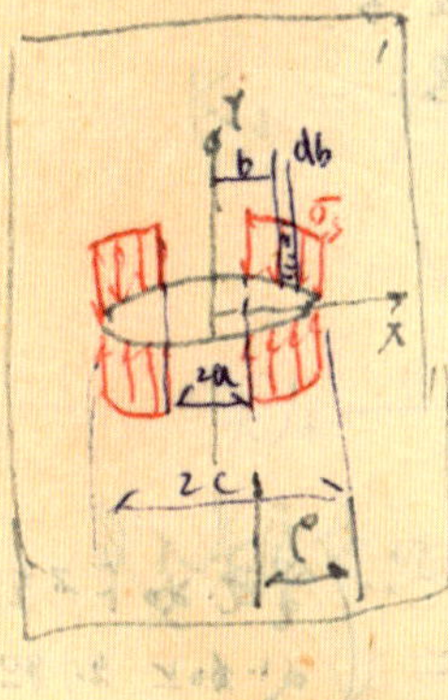

求x处的δ.

取 $\sigma\,db=p$.

$$\delta_2=\frac{-8}{E'\pi}\int_x^c\frac{\xi\,d\xi}{\sqrt{\xi^2-x^2}}\int_a^\xi\frac{\sigma\,db}{\sqrt{\xi^2-b^2}}.$$

$$\overset{\sigma=\sigma_s}{=\!=}\ -\frac{4\sigma_s}{\pi E'}\sqrt{c^2-a^2}+\frac{8\sigma_s}{\pi E'}\sqrt{c^2-a^2}\sin^{-1}\frac{a}{c}+\frac{8a\sigma_s}{\pi E'}\ln\frac{c}{a}$$

5. D-M模型的塑性区尺寸. 求ρ. $\rho=c-a$.

边界条件. 在 $y\to\infty$ 作用σ.

沿 $y=0$. 某段作用$\sigma_s$.

基本出发点: 应力强度因子由两部分引起.

$K=K^{\sigma}+K^{\sigma_s}$ 在 $x=c$ 时的应力强度因子

而在 $x=c$ 时是塑性区 $\sigma=\sigma_s$ 没有奇异性.

$$即\ K=\left(K^{\sigma}+K^{\sigma_s}\right)\Big|_{2c}\equiv 0$$

确定ρ的大小

$$K_I^{\sigma} = \sigma\sqrt{\pi c}$$

$$K_I^{\sigma_s} = \frac{-2\sigma_s}{\sqrt{\pi}}\sqrt{c}\,\cos^{-1}\frac{a}{c}$$

$$\therefore \quad \sigma\sqrt{\pi c} = \frac{2\sigma_s}{\sqrt{\pi}}\sqrt{c}\,\cos^{-1}\frac{a}{c}$$

$$\therefore \quad \frac{a}{c} = \cos\left(\frac{\pi\sigma}{2\sigma_s}\right) = \frac{a+\rho-\rho}{a+\rho} = 1-\frac{\rho}{a+\rho}$$

$$\therefore \quad \frac{\rho}{a+\rho} = 1-\cos\frac{\pi\sigma}{2\sigma_s} = \frac{\pi^2\sigma^2}{8\sigma_s^2} + \cdots\cdots \qquad \rho = \frac{\pi^2\sigma^2}{8\sigma_s^2}a$$

$$\therefore \quad \rho = \frac{\pi K^2}{8\sigma_s^2}$$

$$\frac{a}{c} = \cos\frac{\pi\sigma}{2\sigma_s} = 1 - \frac{\pi^2\sigma^2}{8\sigma_s^2} + \cdots\cdots$$

又

$$\frac{a}{c} = \frac{a}{a+\rho} = \left(1+\frac{\rho}{a}\right)^{-1} = 1-\frac{\rho}{a} + \cdots\cdots$$

比较 $\frac{a}{c}$ 二项

可得

$$\rho \approx a\cdot\frac{\pi^2\sigma^2}{8\sigma_s^2}$$

总的 $\delta$ 为两种情况之和.

$$\delta = \delta_1 + \delta_2$$

由

$$\sin^{-1}\frac{a}{c} + \cos^{-1}\frac{a}{c} = \frac{\pi}{2}$$

$$\sin^{-1}\frac{a}{c} - \frac{\pi}{2}\left(1-\frac{\sigma}{\sigma_s}\right) = 0 \qquad \sin^{-1}\frac{a}{c} = \frac{\pi}{2}\left(1-\frac{\sigma}{\sigma_s}\right)$$

$$\therefore \quad \delta = \frac{8a\sigma_s}{\pi E'}\ln\sec\frac{\pi\sigma}{2\sigma_s}$$

## 三、COD与 $K_I$ 的一致性

问：① $\delta$ 参量可否用来描述裂纹端部的场强？

② $\delta_c$ 能否作为断裂判据。(ductility)

$$\delta = \frac{8}{\pi E}\sigma_s a \ln\sec\frac{\pi\sigma}{2\sigma_s}$$

$$= \frac{8}{\pi E}\sigma_s a\left[\frac{1}{2}\left(\frac{\pi}{2}\frac{\sigma}{\sigma_s}\right)^2 + \frac{1}{12}\left(\frac{\pi}{2}\frac{\sigma}{\sigma_s}\right)^4 + \frac{1}{45}\left(\frac{\pi}{2}\frac{\sigma}{\sigma_s}\right)^6 + \cdots\right]$$

当 $\frac{\pi}{2}\frac{\sigma}{\sigma_s} \ll 1$ 时　　即 $\frac{\sigma}{\sigma_s} \ll 1$：即小范围屈服状态.

$$\delta \approx \frac{8}{\pi E}\sigma_s a\left[\frac{1}{2}\frac{\pi^2}{4}\frac{\sigma^2}{\sigma_s^2}\right] \doteq \frac{\pi a}{E\sigma_s}\sigma^2 = \frac{K_I^2}{E\sigma_s} \quad \text{※} \cdots\cdots ①$$

由

$$G_I = \frac{K_I^2}{E} \quad \therefore \quad G_I = \sigma_s\cdot\delta \quad \cdots\cdots ②$$

在 $\frac{\sigma}{\sigma_s} \ll 1$：① 已证式表明 1° $K_I$ 与 $\delta$ 等价地描述场强.

2° $G_I$ 等于用于塑性下应力强度的 $G_I = \sigma_s\cdot\delta$

然而，$\sigma \approx \sigma_s$ 时，①、②两式就不适用。

$\delta \to \infty$ 不适……塑性失稳。

四、COD 在压力容器中的应用。

Wells： 断裂准则 $\delta = \delta_c$

问题：

1. 这时 δ 是否能以前已推出的平板受拉的 δ 公式进行计算？

我们截出压力容器含裂纹的部分。

以 $N_1$ $N_2$ 截面……来截取

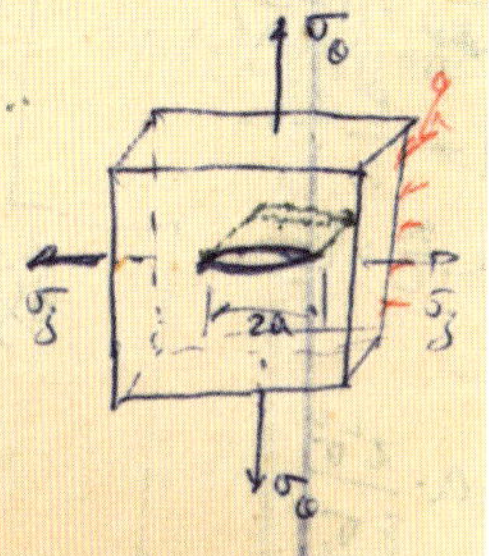


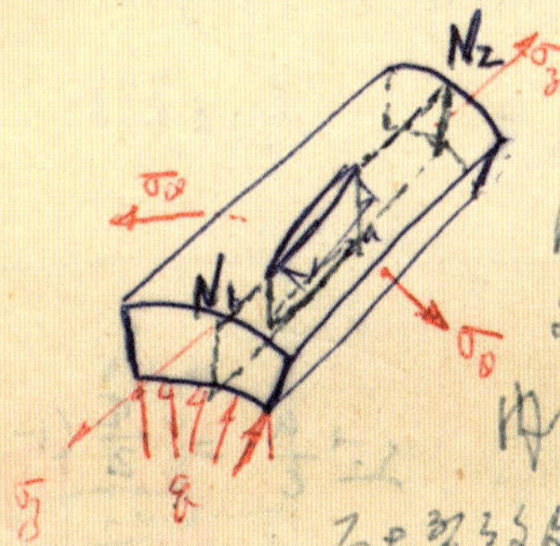


$N_1N_2$ 除裂纹处都均布内力及弯矩

而在裂纹处不平衡

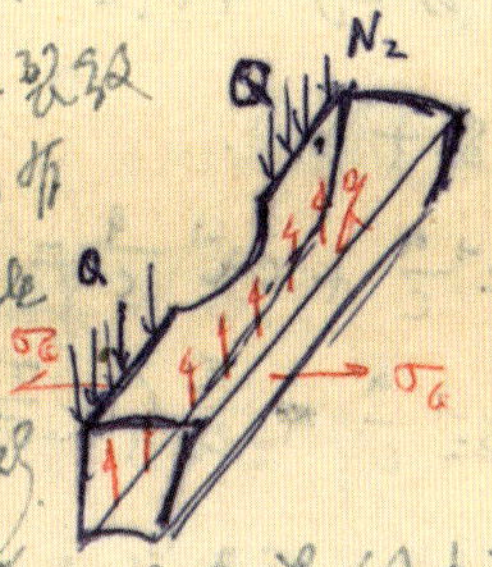


这就是说，对球壳，由于裂纹存在造成的……在裂纹端部引起一个附加弯曲应力，称为压力容器的“膨胀效应”。

引入系数 $M>1$，令 $\sigma' = M\sigma$ 名义应力…… M 见 P158

有效应力

当以 $\sigma'$ 代以 $\sigma$，则可应用板的公式求 δ

$$\delta = \frac{8\sigma_s a}{\pi E} \ln \sec\left(\frac{\pi M\sigma}{2\sigma_s}\right)$$

2. 全面屈服的塑性失稳。

当 $\sigma \to \sigma_s$，　$\delta \to \infty$ 不适……

显然， $\sigma \to \sigma + \Delta\sigma$

$\delta \to \delta + \Delta\delta$ 是比较大 不稳

这时，δ 的表达式就不能适用了，因为构件的设置 $\Delta\sigma$ 是随时变化的。

又为何建立新的δ表达式？

取 $\delta = \varphi(e)$　　$e$ —— 标距应变

定义：$e = \frac{2v}{L}$ —— 为 2v 同标距 L（任已定）下之平均应变，v 为 $m_1$ $m_2$ 点上之垂直位移

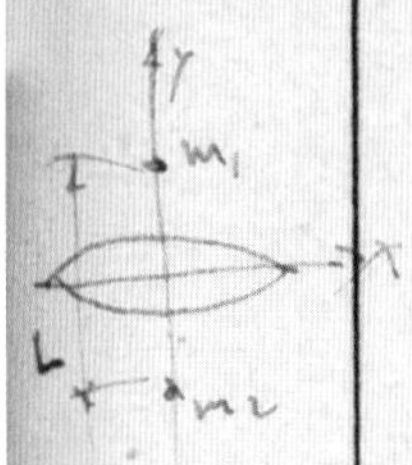


$e_s = \frac{\sigma_s}{E}$

$$\phi = \frac{\delta}{2\pi e_s a} = \frac{4}{\pi^2} \ln \sec\left(\frac{\pi\sigma}{2\sigma_s}\right)$$

$$\frac{e}{e_s} = \frac{2}{\pi}\left[2n\,\mathrm{cth}^{-1}\left(\frac{1}{n}\sqrt{\frac{n^2+k^2}{1-k^2}}\right) + (1-\mu)\,\mathrm{ctg}^{-1}\left(\sqrt{\frac{n^2+k^2}{1-k^2}}\right) + \mu \cos^{-1}(k)\right] \quad \text{—— 8-31}$$

这里：$n = \frac{2a}{L}$　　$k = \cos\frac{n\sigma}{2\sigma_s}$

§8-3. $\delta_c$的测定..

目的.. 测定$\delta_c$.

$\delta_c$与W. a..无关.. 试件的几何尺寸无关..

试件.. 三点弯曲.. 紧凑拉伸..

仪表.. 与$K_{IC}$相同..

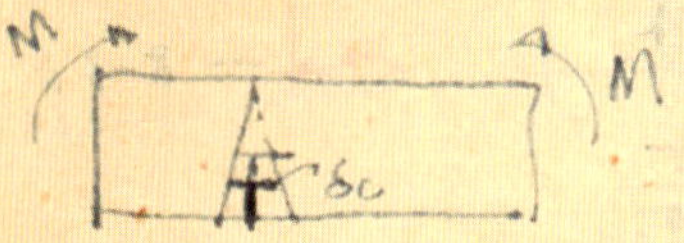


问: $\delta_c$的位置的确定?

方法.. 是通过几何关系 用间接测量.

M加载使裂纹产生塑性转动..

假定.. 当材料进入屈服后. 试件左右绕C点转动.. (C为转动中心)

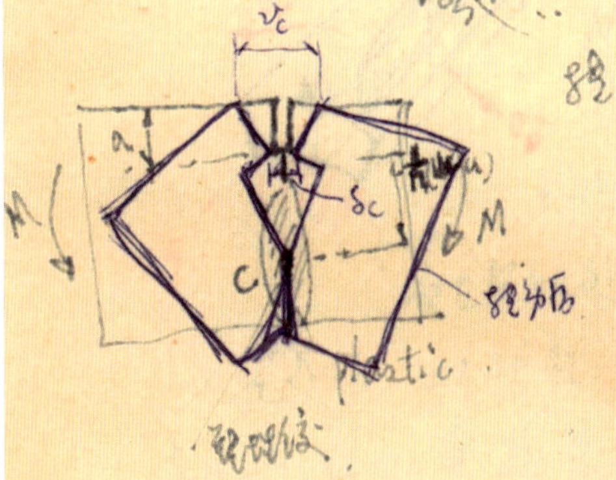


$V_c$ —— 切口张开位移

$\delta_c$ —— 裂纹顶端位移.

测定$V_c$ 再由几何关系求出$\delta_c$.

$$\delta_c = \frac{V_c}{1+\left[\frac{n(a+z)}{W-a}\right]}$$

n为转动因子.

寻找n 关键要决定C的位置..

1) 加载$P_1$. 产生塑变 卸载. 得$V_1$ $V_2$ ... $V_5$.

2) 加载$P_2$ ($P_2>P_1$)

卸载. 得. $(V_1 \cdots V_5)_2$.

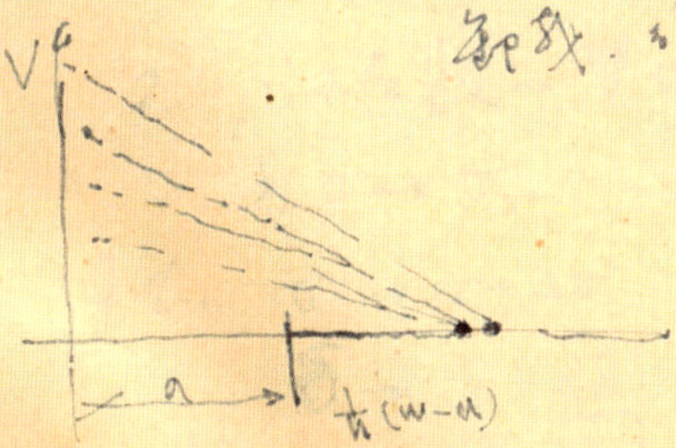


旋转中心的测定

试验结果

P—V 曲线

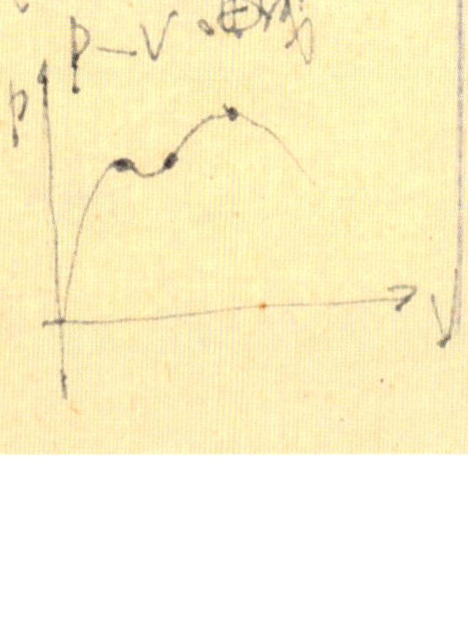

2°. 开裂δ如何定？ {电位法, 声发射法

§8-4. δ断裂准则.

一. δ准则.

对于线弹塑性材料

按δ建立断裂准则 则为 $\delta = \delta_c$.

$\delta_c$ —— 弹塑性材料的断裂韧性

应用 ①脆性或准脆性材料 $\delta = \delta_c$.

$\delta_c$ —— 脆断时的张开位移

② 对于塑性材料或韧性材料

$\delta = \delta_c$ $\delta_c$ —— 塑性断裂的韧性.

二 如何计算δ

1). 线弹性材料的张开位移. $\delta = \frac{4K_I^2}{\pi E \sigma_s}$ ... (小范围屈服)

2). 弹塑性材料. 按D—M模型的理论.

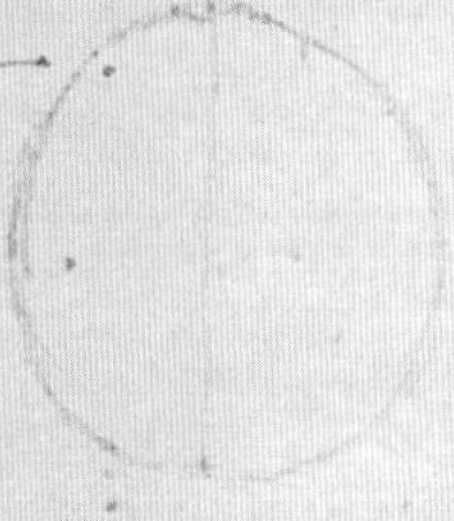

$$\delta = \frac{8\sigma_s a}{\pi E} \ln \sec\left(\frac{\pi\sigma}{2\sigma_s}\right)$$

3). 压力容器..

考虑"鼓胀效应". 引入修正系数M.

一般形式. $\delta = \frac{8\sigma_s a}{\pi E}\left\{\ln\sec\left(\frac{\pi M \sigma_h}{2\sigma_s}\right)\right\}$. $\sigma_h = \frac{pD}{2t}$

对于短裂纹. $\delta \approx \frac{8\sigma_s a}{\pi E}\left[\ln\sec\frac{\pi\sigma_h}{2\sigma_s}\right]M^2$

4. 压力容器的全面屈服状态..

用 $\delta = f(e)$.

$\therefore \phi = \frac{\delta}{2\pi e_s a} = \frac{4}{\pi^2}\ln\sec\left(\frac{\pi\sigma}{2\sigma_s}\right)$.

$\therefore \frac{e}{e_s} = \frac{2}{\pi}\left[\ln \operatorname{ctg}^{-1}(\quad) + \cdots\right]$

δ 准则可以解决的问题。

(1). 选材料的强韧性——

$\delta > \delta_c$.

(2). 确定裂纹的临界尺寸 $a_c$.

二.. 应用实例.

题目.. $1900\ M^3$ 乙烯球罐使用安全性的断裂分析..

单位.. 北京石油化工总厂..（前进化工厂）

主要参数.. 容积 $1912\ M^3$. 内径.. 15400 mm.

内压 $q = 21\ kg/cm^2$. 材料 Mo-V 高强钢. 钼. 钒.

$\sigma_s = 56\ kg/mm^2$. 壁厚 38..40 mm.

检测.. 用X光探伤 + 磁粉探伤.

……裂纹. 裂纹 + 未焊透 38处.

最大尺寸 $a \times 2c = 10 \times 10$ mm,

使用安全性. 裂纹 a、c 是否许可?

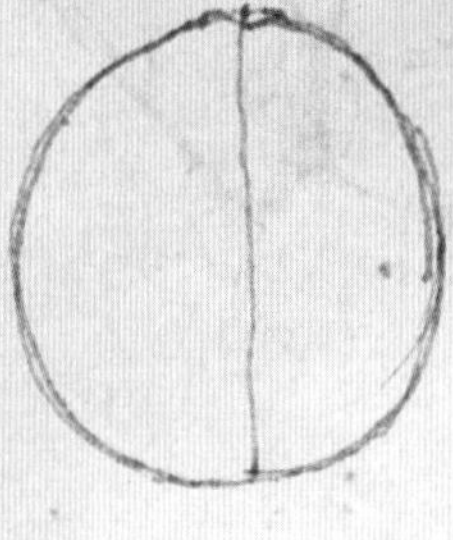

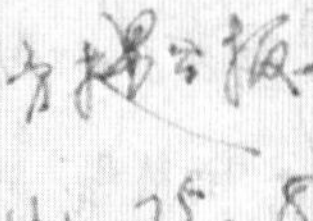


国内外报告..

(1). 75.8.10.（关于球罐的安全性）

基本观点.. 充分焊透. 冷却后产生的裂纹 就是最危险裂纹

是不可避免的

② 8月底.. 提供(1967~1975)国外制造的球罐使用的安全实况.

③ 9.28 《脆性断裂与球罐的安全问题》.

认为 $a_c \times 2C \leq 20 \times 283$. mm

其观点是.. 1°. Mo-V 高强钢焊接 $\delta_c|_{焊} = 2.58$ mm

2°. 使用伊藤田中公式 计算 比较 D-M 理

论来精确.

3° P-V曲线取 $P_{max}$ 作为开裂点

解决此问题之途径

1) 对材料之 $\delta_c$ 进行测试，结果 $\delta_c = 0.07 \sim 0.065$ mm

注意问题：a 取样之方法（取样横向法）

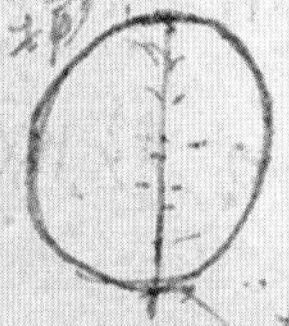

焊缝

[illegible]沿纵向取样

取样于裂缝尖端处

b 定义 $\delta_c$ 和开裂点之关系

2) 残余应力之测定

在焊缝附近存在一定之内应力，以影响测试 $\delta_c$

用X光应力测定仪 $\sigma = 32$ kg/mm²

自己作应力 $\sigma = 26$ kg/mm²

3) 断裂力学分析

a) 按 $K_I \leq K_{IC}$ 准则

b) $\delta \leq \delta_c$ 求δ

c) $J_I \leq J_{IC}$

讨论 δ 准则

① 计算工作应力，按弹性厚壁试验

$$\sigma_\theta = \frac{\frac{1}{2R^3} + \frac{1}{b^3}}{\frac{1}{a^3} - \frac{1}{b^3}} p$$

a = 内半径，b = 外……，R = 任一点半径

令 $R = a$ 时 $\sigma_\theta = 28$ kg/mm²

② 按测定，残余应力

③ 由于主焊接中产生：错边+错口变位

引起附加应力 $\sigma_{\theta附} = 30 \sim 32$ kg/mm²

④ 分析是否断裂？

按钢管材的断裂准则（因应力已很高 $\sigma_\theta \approx \sigma_s$）

$-\delta = f(e)$.

由经验公式：$$\frac{\delta}{2\pi e_s a} = \left(\beta\frac{e}{e_s} - \alpha\right)$$ β.α——常数

在本例中，β=1，α=0.25。

⑤ 将 σ 换成相应的应变代入求得

$$a_c = \frac{\delta_c E}{2\pi\left(\frac{e}{e_s} - 0.25\right)\sigma_s}$$

求得 $a_c \times 2C = 2 \times 14$ mm

或 $= 5 \times 9$ mm.

结论：对于 $a_c \times 2C = 10 \times 10$ mm，取决于其周围残余应力的高低。

# 第九章 J积分原理

本章内容提要

1. J积分之定义
2. J积分之守恒性
3. J积分可以作为材料之断裂判据
4. J积分可以用功率表示
5. J积分之测定

§9-1 J积分的基本概念

一、J积分之定义 $J=\int_C \left(w\,dx_2-T_i\cdot\frac{\partial u_i}{\partial x_1}ds\right)$

其中 $w=\int_0^{\varepsilon_{mn}}\sigma_{ij}\,d\varepsilon_{ij}$ —— 应变能密度

$\varepsilon_{mn}$ —— 终了时之应变　$T_i$ —— 作用物体侧面之面力

$u_i$ —— 边界上之位移　$x_1, x_2$ —— 是曲线S之几何坐标

取一个任意物体　Γ —— 不包裂纹面

$\Gamma^*$ —— 包括裂纹面之任何路径

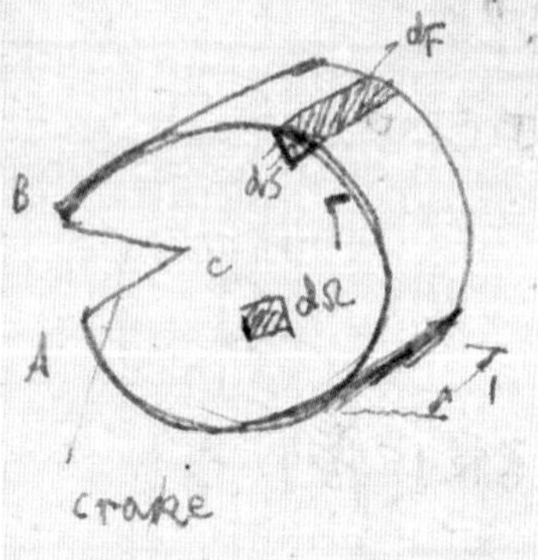


假设物体为平面变形

侧面积 $dF = ds\times 1 = ds$

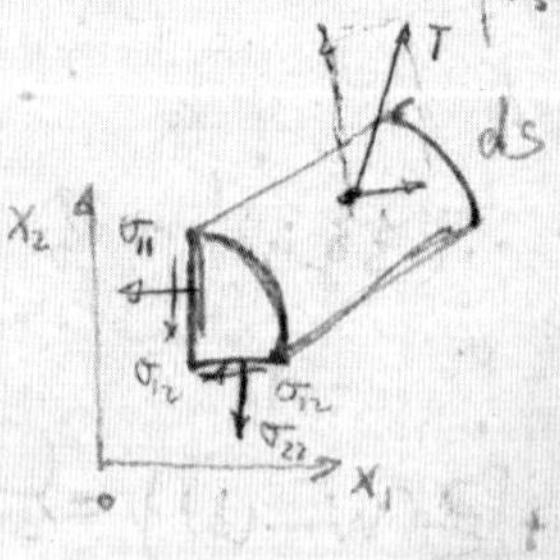


设物体之应变能为 $U$

在外围边界上发生位移，外力所作功为 $W$

系统之总势能

$E=U-W$

而 $dU = w\,dV$　$dV$ —— 物体积元

$dV = B\cdot dx_1 dx_2$　$\therefore dU = w\,dx_1 dx_2$

$\therefore U=\iint_\Omega w\,dx\,dy$

外功为 $W$　作用在 $dF$ 上之力 $\vec{T}$

$d\vec{P}=\vec{T}\cdot dF=\vec{T}ds$

设 ds 段上的边之位移 $\vec{u} = u_1\vec{i} + u_2\vec{j}$

之外力功

$$dW = d\vec{p}\cdot\vec{u} = \vec{T}\cdot\vec{u}\cdot ds$$

$$W = \int_{\Gamma^*} \vec{T}\cdot\vec{u}\,ds$$

$$\therefore\ E = \iint_{\Omega} w\,dx_1 dx_2 - \int_{\Gamma^*} \vec{T}\cdot\vec{u}\cdot ds$$

Ω — Γ所围之面积。

定义：$J = -\frac{1}{B}\frac{\partial E}{\partial a}$

$\begin{cases} a\text{ — 裂纹长度} \\ da\text{ — 裂纹扩展长度} \end{cases}$

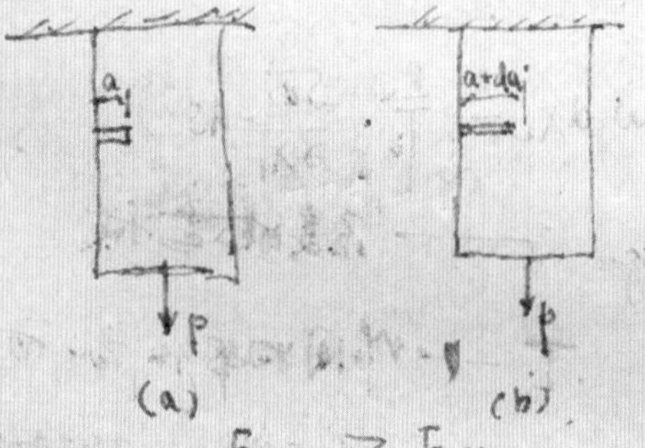


$E(a) > E(b)$

以物理意义而论

裂纹扩展或缺陷变形功比由于位移带来的高能量，也即此由于位移形成降低势能（固动能为0）来提供其所需

$$J = \lim_{\Delta a\to 0}\frac{E(a+\Delta a) - E(a)}{\Delta a} < 0$$

我们要求 J 为正，故应前加上负号使 $J > 0$。

$$\therefore\ J = -\frac{1}{B}\frac{\partial E}{\partial a} > 0$$

当 $a \longrightarrow a + da$

$dW > dU$ （当外力功大于……裂纹扩展）

$E = U - W < 0$

$$\therefore\ J = -\frac{\partial E}{\partial a} = +\left[\frac{\partial}{\partial a}(W - U)\right] = \lim_{\Delta a\to 0}\left(-\frac{\Delta E}{\Delta a}\right)$$

⇓ Talor展开

$$J = \int_{\Gamma^*} \vec{T}\frac{\partial \vec{u}}{\partial a}ds - \iint_{\Omega}\frac{\partial w}{\partial a}dx_1 dx_2$$

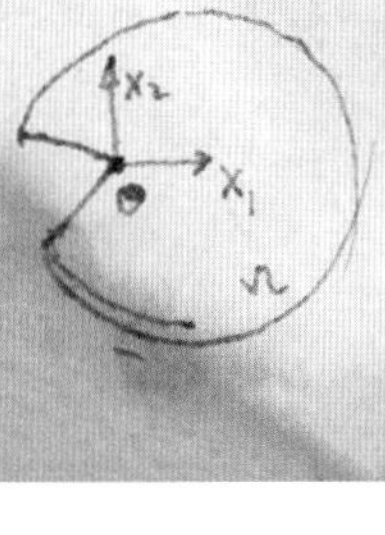


对于直裂纹 $x_1 = a \quad da = dx_1$

$$J = \int_{\Gamma^*} \vec{T}\frac{\partial \vec{u}}{\partial x_1}ds - \iint_{\Omega}\frac{\partial w}{\partial x_1}dx_1 dx_2$$

由格林公式： $\iint_{\Omega} \frac{\partial w}{\partial x_1} dx_1 dx_2 = \int_{\Gamma^*} w\, dx_2$

$\therefore J = \int_{\Gamma^*} w\, dx_2 - \int_{\Gamma^*} \vec{T} \frac{\partial \vec{u}}{\partial x_1} ds$

又 $\Gamma^* = \Gamma + BOA$

$\int_{BOA} w\, dx_2 \;\underset{\text{裂纹面已与积分路径平行（张开）}}{\overset{\because dx_2 = 0}{=\!=\!=}}\; 0$

$\int_{BOA} \vec{T} \frac{\partial \vec{u}}{\partial x_1} ds \;\underset{\text{裂纹面自由}}{\overset{\vec{T}=0}{=\!=\!=}}\; 0$

$\therefore J = \int_{\Gamma} w\, dx_2 - \vec{T} \frac{\partial \vec{u}}{\partial x_1} ds$ 　　见断裂研究讲义 $P_{306}$

说明：1° J积分的物理意义：J代表沿 Γ 之能量积分。

2° Γ选任意的，J是守恒积分值。（应为成立）

3° $r \to 0$ 应力具有奇异性，J能否反映此奇异性。

§9-2. J积分的守恒性

——J积分与积分路径无关，

$\int_{C_1} w\, dx_2 - \vec{T} \frac{\partial \vec{u}}{\partial x_1} ds = \int_{C_2} w\, dx_2 - \vec{T} \frac{\partial \vec{u}}{\partial x_1} ds$

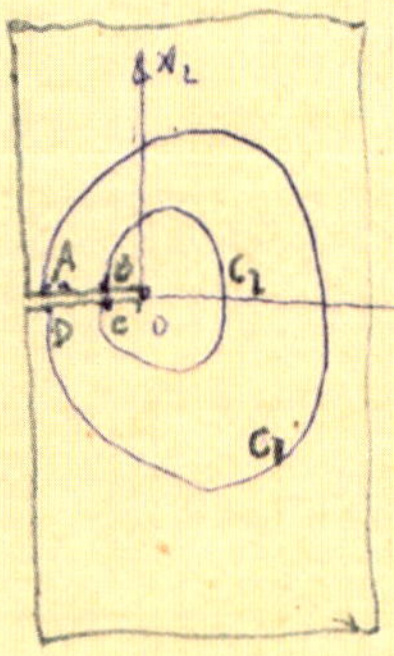


即 $\oint_C w\, dx_2 - \vec{T} \frac{\partial \vec{u}}{\partial x_1} ds = 0$ 　　$C = C_1^+ + C_2^- + AB + CD$

证明 $_{P176}$ 　取单元体（在 $C_1$、$C_2$ 上）进行受力分析

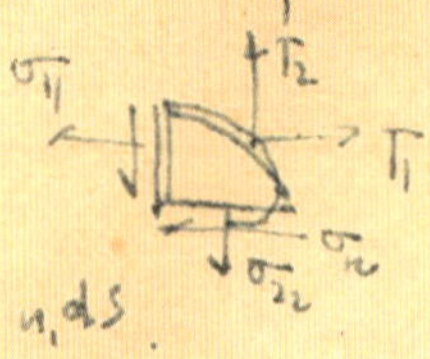


$T_1 = \sigma_{11} n_1 + \sigma_{12} n_2$

$T_2 = \sigma_{21} n_1 + \sigma_{22} n_2$.

$dx_1 = -n_2 ds$. 　　$dx_2 = n_1 ds$.

$\therefore \oint_C \vec{T}_2 \frac{\partial \vec{u}_2}{\partial x_2} ds = \oint_C \{[\sigma_{11} \frac{\partial u_1}{\partial x_1} + \sigma_{21} \frac{\partial u_2}{\partial x_1}] dx_2 - [\sigma_{12} \frac{\partial u_1}{\partial x_1} + \sigma_{22} \frac{\partial u_2}{\partial x_1}] dx_1\}$

$\underline{\underline{\text{格林公式}}}$ $\iint_{\Omega} [\sigma_{11} \frac{\partial^2 u_1}{\partial x_1^2} + \sigma_{12} \frac{\partial^2 u_1}{\partial x_1 \partial x_2} + \sigma_{21} \frac{\partial^2 u_2}{\partial x_1^2} + \sigma_{22} \frac{\partial^2 u_2}{\partial x_1 \partial x_2}] dx_1 dx_2$

注意平衡方程

$\frac{\partial \sigma_{11}}{\partial x_1} + \frac{\partial \sigma_{12}}{\partial x_2} = 0$ 　　$\frac{\partial \sigma_{21}}{\partial x} + \frac{\partial \sigma_{22}}{\partial x_2} = 0$

$$\therefore \oint_C T_i \frac{\partial u_i}{\partial x_1} ds = \iint_\Omega \sigma_{ij} \frac{\partial}{\partial x_1}\left[\frac{1}{2}\left(\frac{\partial u_i}{\partial x_j} + \frac{\partial u_j}{\partial x_i}\right)\right] dx_1 dx_2$$

再求：$\oint_c w\, dx_2 \xlongequal{\text{格林}} \iint_\Omega \frac{\partial w}{\partial x_1} dx_1 dx_2$

$$= \iint_\Omega \frac{\partial w}{\partial \varepsilon_{ij}} \cdot \frac{\partial \varepsilon_{ij}}{\partial x_1} dx_1 dx_2$$

在小变形下 $e_{ij} = \varepsilon_{ij} = \frac{1}{2}\left(\frac{\partial u_i}{\partial x_j} + \frac{\partial u_j}{\partial x_i}\right)$

$$= \iint_\Omega \sigma_{ij} \cdot \frac{\partial}{\partial x_1}\left[\frac{1}{2}\left(\frac{\partial u_i}{\partial x_j} + \frac{\partial u_j}{\partial x_i}\right)\right] dx_1 dx_2.$$

故之：$\oint_C w\, dx_2 - T \frac{\partial u}{\partial x_1} dS \equiv 0$

J积分与积分路径无关。

附注：上述推导中，J积分守恒性是根据以下条件：

1°、认为裂纹面无纵向位移 $(dx_2 = 0)$

2°、认为裂纹面是自由的 $(T = 0\ 4\ 0\ldots)$

3°、小变形。

守恒性的条件：(1) 小变形 $\varepsilon_{ij} = \frac{1}{2}\left(\frac{\partial u_i}{\partial x_j} + \frac{\partial u_j}{\partial x_i}\right)$（应该说明这一点）

(2) 裂纹表面是自由的。

(3) 应变能密度与应变之间存在位函数关系 $\sigma_{ij} = \frac{\partial w}{\partial \varepsilon_{ij}}$

§9-3. J积分是表征场强的参量

一. 概述

① J是否是唯一能表征弹塑性的应力场和应变场

② 当$r\to 0$ 用J表示的应力场公式. 与HRR奇异性

对线弹性材料 ∵ $K_I$ 作为场强参量. 如能找到J与$K_I$的关系. 即J与$K_I$的关系中仅只包含材料常数. 则可认为J与$K_I$是等价的

对幂硬化弹塑性材料.. 证明 $\sigma_{ij} = \frac{J}{AI} r^{-n} f_{ij}(\theta)$

二. J与$K_I$的关系.

$$J_I = \frac{K_I^2}{E'} \quad \begin{cases} \frac{1-\mu^2}{E} K_I^2 & \text{平面应变} \\ \frac{K_I^2}{E} & \text{平面应力} \end{cases}$$

证明如下..

$$\int_\Gamma W dx_2 = \int_\Gamma \frac{1}{2}\sigma_{ij}\varepsilon_{ij} dx_2 \quad \text{|| 按I型}$$

$$= \int_\Gamma \frac{1}{2}\frac{K_I}{\sqrt{2\pi r}} f_{ij}(\theta)\cdot\varepsilon_{ij} dx_2$$

$$=$$

同理.. $\int_\Gamma T_i \frac{\partial u_i}{\partial x_1} ds$ ∵ $T_i = \sigma_{ij} n_j$ || 按I型

$u_i =$

## 三、弹塑性材料的HRR理论

假设：(1) 材料是n指数硬化材料

$\sigma_{ij} = A(\varepsilon_{ij}^p)^{n}$　　A——材料常数

n——……，为应变的指数

$\varepsilon_{ij}^p$——……

(2) 采用形变理论（全量理论）

$$\sigma_{ij} - \frac{1}{3}\sigma_{kk}\delta_{ij} = \psi(\varepsilon_{ij} - \varepsilon_{kk}\delta_{ij})$$

(3) 平面应力状态

1968年由 Rice Rosengren Hutchinson 提出，理论如下：

一、基本方程式

平面问题

$$\sigma_r = \frac{\bar{\sigma}_r}{\sigma_s} \quad \text{------}$$

$$u = \frac{\bar{u}}{a} \quad \text{------} \qquad \Phi = \frac{1}{\sigma_s a^2}\bar{\varphi}$$

$$r = \frac{\bar{r}}{a} \qquad \text{---①}$$

$$\varepsilon_{ij} = \frac{\bar{\varepsilon}_{ij}}{e_s} \qquad \bar{e}_s = \frac{\sigma_s}{E}; \quad \varepsilon^p = \frac{\bar{\varepsilon}^p}{e_s}$$

在上述各式中，带"一"线的量表示实际物理量和几何量，

不带"一"号的量表示无因次的物理量。

$\bar{\varphi}$——实际的应力函数

$\Phi$——无因次的应力函数

令 $(\ )' = \frac{\partial}{\partial r}(\ )$

$(\ )^{\cdot} = \frac{\partial}{\partial\theta}(\ )$ ……(2)

1、平衡方程式写成如下：

$$\begin{cases} \dfrac{\partial\sigma_r}{\partial r} + \dfrac{1}{r}\dfrac{\partial\tau_{r\theta}}{\partial r} + \dfrac{\sigma_r - \sigma_\theta}{r} = 0 \\ \dfrac{1}{r}\dfrac{\partial\sigma_\theta}{\partial\theta} + \dfrac{\partial\tau_{r\theta}}{\partial r} + \dfrac{2\tau_{r\theta}}{r} = 0 \end{cases}$$

均是无因次的

引入应力函数 $\Phi = \Phi(r,\theta)$ ---③

令：$\sigma_r = \frac{1}{r}\Phi' + \frac{1}{r^2}\Phi^{\cdot\cdot}$

$\sigma_\theta = \Phi''$ —— (4)

$\tau_{r\theta} = -(\frac{1}{r}\Phi^*)'$

2. 几何方程..
$$\begin{cases} \bar{\varepsilon}_r = \frac{\partial u}{\partial r} \\ \bar{\varepsilon}_\theta = \frac{1}{r}\frac{\partial v}{\partial \theta} + \frac{u}{r} \\ \gamma_{r\theta} = \frac{1}{r}\frac{\partial u}{\partial \theta} + \frac{\partial v}{\partial r} - \frac{v}{r} \end{cases}$$ —— (5)

变形协调方程..

$$\frac{1}{r}(r\varepsilon_\theta)'' + \frac{1}{r^2}\varepsilon_r^{**} - \frac{1}{r}\varepsilon_r' - \frac{1}{r^2}(r\gamma_{r\theta})^{*\prime} = 0$$ —— (6)

重然. 本构适合以上协调. 以取出 $\sigma-\varepsilon$ 之关系式..(按照假设)

材料性方程.. $\bar{\varepsilon} = \frac{\bar{\sigma}}{E} + \alpha\bar{\sigma}^n$ (之假设)

化为无因次.. $\frac{\bar{\varepsilon}}{e_s} = \frac{1}{e_s}\left[\frac{\bar{\sigma}}{E} + \alpha\bar{\sigma}^n\right] = \sigma + \left(\frac{\alpha\bar{\sigma}_s^n}{e_s}\right)\sigma^n$

$= \sigma + \alpha\sigma^n$. 其 $\alpha = \frac{\alpha\bar{\sigma}_s^n}{e_s}$

$\therefore \varepsilon = \sigma + \alpha\sigma^n$ —— (7)

弹性部 塑性部

$\varepsilon = \varepsilon^e + \varepsilon^p$ $\begin{cases} \varepsilon^e = \sigma \\ \varepsilon^p = \alpha\sigma^n \end{cases}$ —— 8 (9)

屈服条件..(Mises条件)

$$\left[\bar{\sigma}_r^2 + \bar{\sigma}_\theta^2 - \bar{\sigma}_r\bar{\sigma}_\theta + 3\bar{\tau}_{r\theta}^2\right]^{\frac{1}{2}} = \bar{\sigma}_s$$ —— (10)

化为无因次.. 将(10)式改用偏量表示.

$\bar{S}_r = \bar{\sigma}_r - \bar{\sigma}_0 = \bar{\sigma}_r - \frac{1}{3}(\bar{\sigma}_r + \bar{\sigma}_\theta + 0)$

$\bar{S}_\theta = \bar{\sigma}_\theta - \bar{\sigma}_0$ $\bar{S}_z = 0 - \bar{\sigma}_0 = -\frac{1}{3}(\bar{\sigma}_r + \bar{\sigma}_\theta + 0)$

代入..

$\bar{S}_{r\theta} = \bar{\tau}_{r\theta}$

$$(\bar{\sigma}_r^2 + \bar{\sigma}_\theta^2 - \bar{\sigma}_r\bar{\sigma}_\theta + 3\bar{\tau}_{r\theta}^2) = \frac{3}{2}\left[\bar{S}_r^2 + \bar{S}_\theta^2 + \bar{S}_z^2 + 2\bar{S}_{r\theta}^2\right]$$

$$= \frac{3}{2}\left[\bar{S}_{ij}\cdot\bar{S}_{ij}\right] = \bar{\sigma}_s^2$$ —— (11)

代入Mises条件

$$\sqrt{\frac{3}{2}}\frac{\left[\bar{S}_{ij}\bar{S}_{ij}\right]^{\frac{1}{2}}}{\bar{\sigma}_s} = \frac{\bar{\sigma}_s}{\bar{\sigma}_s}$$ ……

$$\therefore \frac{3}{2}\left[S_{ij}\cdot S_{ij}\right] = 1$$ —— (14)

一、弹性广义虎克定律：

结论：
$$\bar{\varepsilon}_{ij}=\frac{1}{E}\left[(1+\mu)\bar{S}_{ij}+(1-2\mu)\frac{1}{3}\delta_{ij}\overline{\sigma_{kk}}\right]$$

证明：
$$\bar{\varepsilon}_r=\frac{1}{E}\left[\bar{\sigma}_r-\mu(\bar{\sigma}_\theta+\bar{\sigma}_z)+\mu\bar{\sigma}_r-\mu\bar{\sigma}_r\right]$$
$$=\frac{1}{E}\left[(1+\mu)\bar{\sigma}_r-3\mu\bar{\sigma}_0\right]$$
$$=\frac{1}{E}\left[(1+\mu)\bar{S}_r-3\mu\bar{\sigma}_0+(1+\mu)\bar{\sigma}_0\right]$$
$$=\frac{1}{E}\left[(1+\mu)\bar{S}_r+(1-2\mu)\bar{\sigma}_0\right]$$

注 $\bar{\sigma}_0=\frac{1}{3}\overline{\sigma_{kk}}\cdot\delta_{ij}\qquad(k=1,2,3)$

$$\therefore\ \bar{\varepsilon}_{ij}=\frac{1}{E}\left[(1+\mu)\bar{S}_{ij}+(1-2\mu)\frac{1}{3}\delta_{ij}\overline{\sigma_{kk}}\right]$$

塑性物理方程：

按全量理论：略去弹性变形 $e$。
$$\bar{\varepsilon}_r^{\,p}=\frac{3}{2}\frac{\bar{\varepsilon}_i}{\bar{\sigma}_i}(\bar{\sigma}_r-\bar{\sigma}_0)$$

$\bar{\varepsilon}_i$：应变强度，$\bar{\sigma}_i$ 应力强度。

化成无因次，得：
$$\varepsilon_{ij}^{p}=\frac{3}{2}\alpha\cdot\sigma_e^{\,n-1}\cdot S_{ij}$$
$$\bar{\varepsilon}=\bar{\alpha}\,\bar{\sigma}^{\,n}\quad(\text{单向拉伸})$$
$$\bar{\varepsilon}_i=\bar{\alpha}\,\bar{\sigma}_i^{\,n}\quad(\text{复杂应力状态})$$

$$\therefore\ \varepsilon_{ij}=\varepsilon_{ij}^{e}+\varepsilon_{ij}^{p}$$
$$=\left[(1+\mu)S_{ij}+\cdots\right]+\frac{3}{2}\alpha\sigma_e^{\,n-1}S_{ij}$$

$$\begin{cases}\sigma_r=\dfrac{1}{r}\Phi'+\dfrac{1}{r^2}\Phi^{\cdot\cdot}\\ \sigma_\theta=\Phi''\\ \tau_{r\theta}=\end{cases}$$

得出用 $\Phi$ 表示的 $\varepsilon_{ij}$ 的方程。

$$\begin{cases}\varepsilon_r=\alpha\sigma_e^{\,n-1}\left(\dfrac{1}{r}\Phi'+\dfrac{1}{r^2}\Phi^{\cdot\cdot}-\dfrac{1}{2}\Phi''\right)\\ \varepsilon_\theta=\\ \gamma_{r\theta}=\end{cases}$$

把 $\varepsilon_{ij}$ …… 代入协调方程，得出一个确定 $\Phi$ 的微分方程。

$$\nabla^2\nabla^2\Phi + \frac{\alpha}{2}\Big\{\frac{1}{r}\Big[\sigma_e^{n-1}\Big(2r\Phi'' - \Phi' - \frac{1}{r}\Phi^{**}\Big)\Big]'' + \frac{1}{r^2}\Big[\sigma_e^{n-1}\Big(\frac{2}{r}\Phi' + \frac{2}{r^2}\Phi^{**} - \Phi''\Big)\Big]^{**} + \frac{1}{r}\Big[\sigma_e^{n-1}\Big(-\frac{2}{r}\Phi' - \frac{2}{r^2}\Phi^{**} + \Phi''\Big)\Big]' + \frac{6}{r^2}\Big[r\sigma_e^{n-1}\big(\Phi^{*}\big)'\Big]^{*\prime}\Big\} = 0$$

该方程式，$\nabla^2\nabla^2\Phi$ 是表示弹性部分的，

后面部分表示塑性部分。

其中 $\sigma_e = \left[\sigma_r^2 + \sigma_\theta^2 - \sigma_r\sigma_\theta + 3\sigma_{r\theta}^2\right]^{\frac{1}{2}}$

是一个非线性的四阶偏微分方程

## 二、方程式的解法

Hutchinson 采用渐近展开的方法

设 $\Phi = r^s\tilde{\varphi}_1(\theta) + r^t\tilde{\varphi}_2(\theta) + \cdots$

$s < t < \cdots < \cdots$

作为近似，只取第一项

故取 $\Phi = K r^s \tilde{\varphi}_1(\theta)$ （$K$ 为待定常数）

问题是在确定 $s$、$K$、$\tilde{\varphi}_1(\theta)$

定解条件

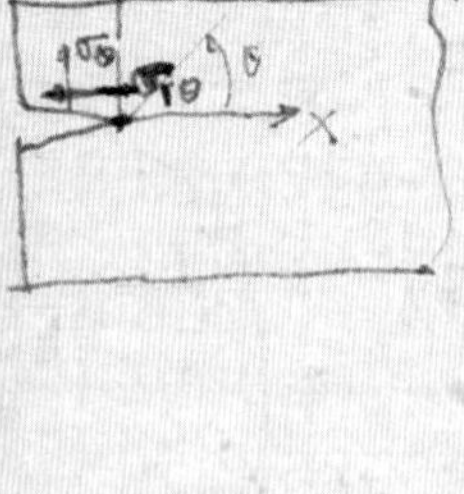


1° 边界条件

当 $\theta = \pm\pi$，$(\sigma_\theta)_{\pm\pi} = 0$，

$(\sigma_{r\theta})_{\pm\pi} = 0$

2° 对称 $\theta = 0$：$\begin{cases}\sigma_\theta(\theta) = \sigma_\theta(-\theta)\\ \sigma_r(+\theta) = \sigma_r(-\theta)\end{cases}$

3° 当 $r \to 0$ …… 应力奇异性：

由应力公式求得 $\begin{cases}\sigma_r = K r^{s-2}\left(\tilde{\varphi}_1(\theta)s + \tilde{\varphi}_1^{**}(\theta)\right)\\ \sigma_\theta = K r^{s-2}(s-1)s\,\tilde{\varphi}_1(\theta)\end{cases}$ （$\because s-2<0$）

4° 当 $r \to 0$ 时

$\iint w\,dx_1\,dx_2$ —— 有限值

最后可确定 $S = \dfrac{2n+1}{n+1}$　$K = \left(\dfrac{J}{2I}\right)^{\frac{1}{n+1}}\left(\dfrac{E}{\sigma_s^2 a}\right)$

确定$\tilde{\varphi}(\theta)$的方程：

$$\left[n(s-2)-\frac{\partial^2}{\partial\theta^2}\right]\left[\tilde{\sigma}_e^{n-1}\left\{s(s-3)\tilde{\varphi}-2\tilde{\varphi}^{**}\right\}\right]+$$

$$+\left\{n(s-2)+1\right\}\left\{n(s-2)\right\}\tilde{\sigma}_e^{n-1}\left\{s(2s-3)\tilde{\varphi}-\tilde{\varphi}^{**}\right\}+$$

$$+6\left\{n(s-2)+1\right\}(s-1)\left\{\tilde{\sigma}_e^{n-1}\tilde{\varphi}^{*}\right\}^{*}=0.$$

这里的$n$是由$\varepsilon=\sigma+\alpha\sigma^n$确定。

$\tilde{\sigma}_e$是由$\tilde{\varphi}(\theta)$确定的有效应力强度。

$$\tilde{\sigma}_e=\left[\tilde{\sigma}_r^{\,2}+\tilde{\sigma}_\theta^{\,2}-\tilde{\sigma}_r\tilde{\sigma}_\theta+3\tilde{\sigma}_{r\theta}^{\,2}\right]^{\frac{1}{2}}$$

$$\tilde{\sigma}_r=\tilde{\varphi}s+\tilde{\varphi}^{**}$$

$$\tilde{\sigma}_\theta=s(s-1)\tilde{\varphi}$$

$$\tilde{\sigma}_{r\theta}=(1-s)\tilde{\varphi}^{*}$$

直到求出$\tilde{\varphi}$，就求得$\tilde{\sigma}_r$、$\tilde{\sigma}_\theta$、$\tilde{\sigma}_{r\theta}$，再求得$\sigma_r$、$\sigma_\theta$、$\sigma_{r\theta}$。

$$J_I=\frac{1-\mu^2}{E}K_I^2$$

$$\sigma_{ij}=A\left(\frac{J}{\alpha I}\right)^{\frac{1}{n+1}}\tilde{\sigma}_{ij}\,r^{-\frac{1}{n+1}}$$

§9-4. J积分的形变功定义

定义 $J=-\frac{1}{B}\frac{dU}{da}+\frac{P}{B}\frac{d\Delta}{da}$ …… (9-25)

$U$ —— 应变能.

$\Delta$ —— 施力点的位移.

$$J=-\left[\frac{1}{B}\frac{dU}{da}-\frac{1}{B}\frac{d(P\Delta)}{da}\right]$$

$$J=-\frac{dE}{B\,da}.$$

推证过程.

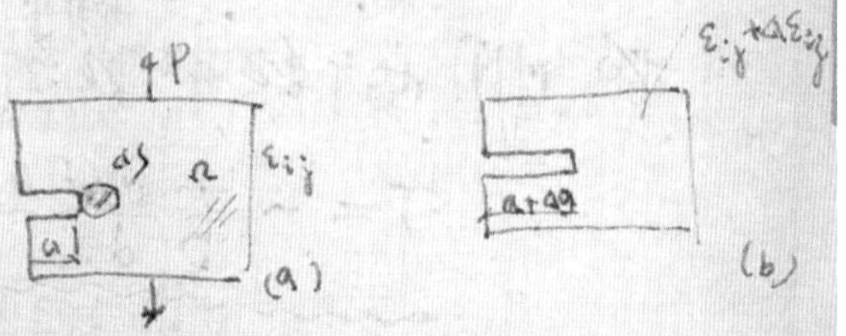


$$\frac{\Delta U}{B}=\frac{U_b-U_a}{B}$$

$\Delta U$ …… ① 模型(a)比(b)多3-4 $\Delta S$ ∴项 $\Delta U'$

② 由 $\Delta\varepsilon_{ij}$ 引起的 $\Delta U''$.

$$\lim_{\Delta a\to0}\left(\frac{\Delta U'}{\Delta a\cdot B}\right)=\lim_{\Delta a\to0}\frac{1}{\Delta a}\iint_{\Delta S}w(\varepsilon_{ij})\,dx_1dx_2=-\int_0^{\Delta x_2}w\,dx_2$$

$\because dx_1dx_2=\Delta a\cdot dx_2$

$$\Delta U''=\iint_{\Omega}\left[w(\varepsilon_{ij}+\Delta\varepsilon_{ij})-w(\varepsilon_{ij})\right]dx_1dx_2$$

$$\lim_{\Delta a\to0}\left(\frac{\Delta U''}{B\Delta a}\right)=\iint_S\frac{dW}{da}dx_1dx_2$$

$$\therefore\lim_{\Delta a\to0}\frac{\Delta U'+\Delta U''}{\Delta a}=\frac{1}{B}\frac{dU}{da}=\iint_S\frac{dW}{da}dx_1dx_2-\int_0^{\Delta x_2}w\,dx_2$$

$$=\oint_C T_i\frac{du_i}{da}ds-\oint_C\left[w\,dx_2-T_i\frac{\partial u_i}{\partial x_1}ds\right]-\int_0^{\Delta x_2}w\,dx_2$$

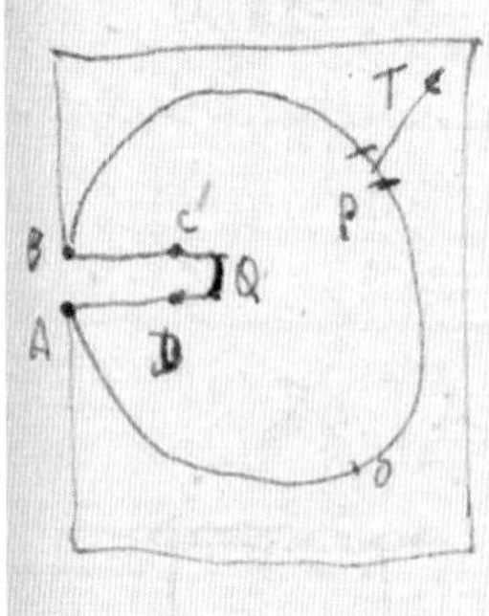


围线C为 $AOPBCDA=C_0+\overline{BC}+\overline{CQD}+\overline{DA}$

$C_0=\overline{AOPB}$.

沿 $\overline{BC}$, $\overline{DA}$, $T_i=0$, $dx_2=0$

在 $\overline{CQD}$ 上 $T_i=0$

$$\therefore\lim_{\Delta a\to0}\frac{\Delta U'+\Delta U''}{\Delta a\cdot B}=\frac{1}{B}\frac{dU}{da}=\oint_C T_i\frac{du_i}{da}ds-\int_{C_0}\left[w\,dx_2-T_i\frac{\partial u_i}{\partial x_1}ds\right]$$

(J)

$$\therefore J=-\frac{1}{B}\frac{dU}{da}+\oint_C T_i\frac{du_i}{da}dS$$

$\frac{P}{B}\frac{d\Delta}{da}$

关于J的形式的定义

先讨论 $J=\int_C \left[W\,dx_2 - T_i \frac{\partial u_i}{\partial x_1} ds\right]$ （原来定义）

在计算中 先要求 W 再沿路径 C 上的 W，而且找出

找出 C 上的 $\sigma_{ij}$、$\varepsilon_{ij}$、$T_i$、$u_i$。计算是相当大的……

且 $J_{IC}$ 由上式也很难定下来。

故利用两个试块的能量之间的关系来推算。

$$J=-\frac{1}{B}\frac{dU}{da}+\frac{P}{B}\frac{d\Delta}{da}$$

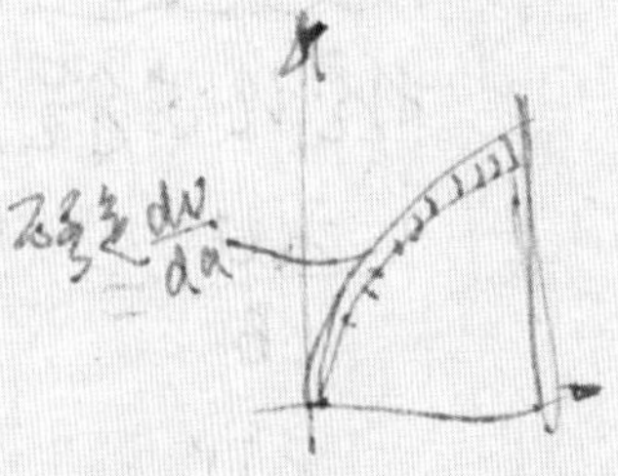

## §9-5.. J积分临界值的测定..

模型I.

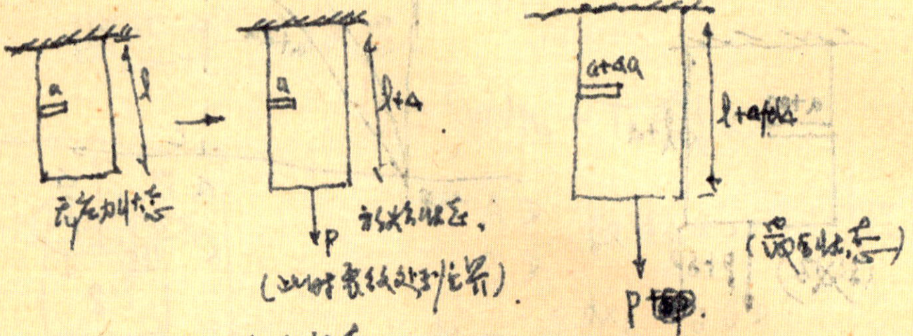


初始状态.. (P. Δ. a)

最后状态.. (P. Δ+dΔ. a+da)

1.. 恒载

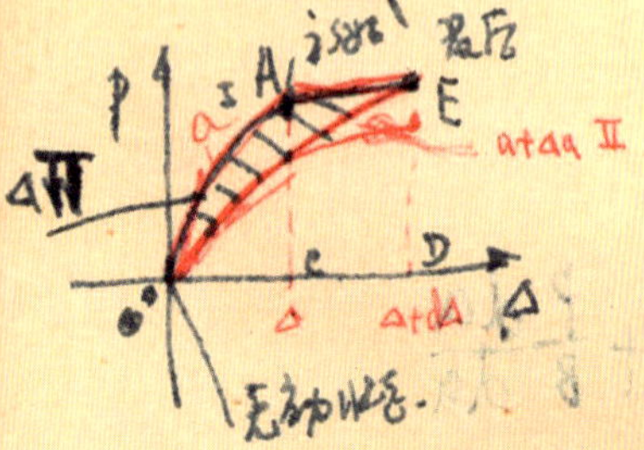


弹性系统势能 Π..

$$\Pi = U - W.$$

当裂纹由 $a \to a+\Delta a$ 时..

外力的总功 W为 OAEDCO 所围的面积.

这个功能在数字 第II模型情况..

第二模型内多生的应变能 U可用 OEDO 面积表示. $\left[U=\int \frac{1}{2}P\Delta\, da\right]$

∴ 从 $a \to a+\Delta a$

$$\Delta\Pi = -\delta\Pi = \text{OAEO 面积}.$$

$$\therefore\ J = -\frac{1}{B}\frac{dU}{da} + \frac{P}{B}\frac{d\Delta}{da}$$

$$= -\frac{1}{B}\frac{d}{da}(U - P\Delta)$$

$$= -\frac{1}{B}\frac{d\Pi}{da}.$$

$$J = -\frac{1}{B}\frac{\partial\Pi}{\partial a}$$

模型II.

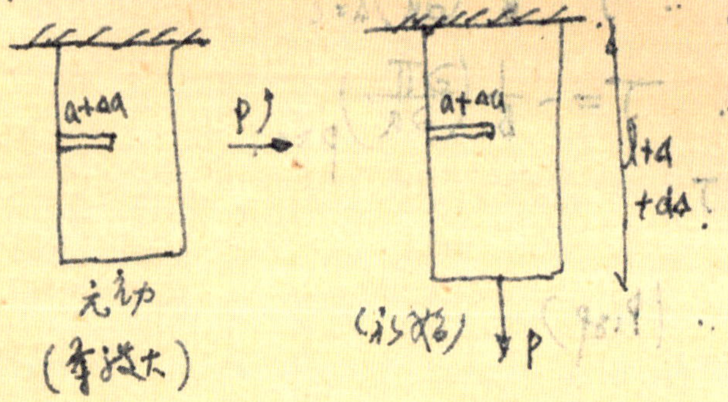


2.. 恒位移Δ.

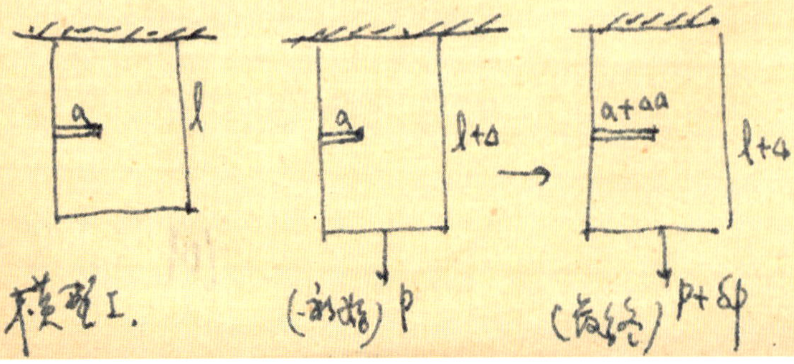


模型I.

第Ⅱ种情况..

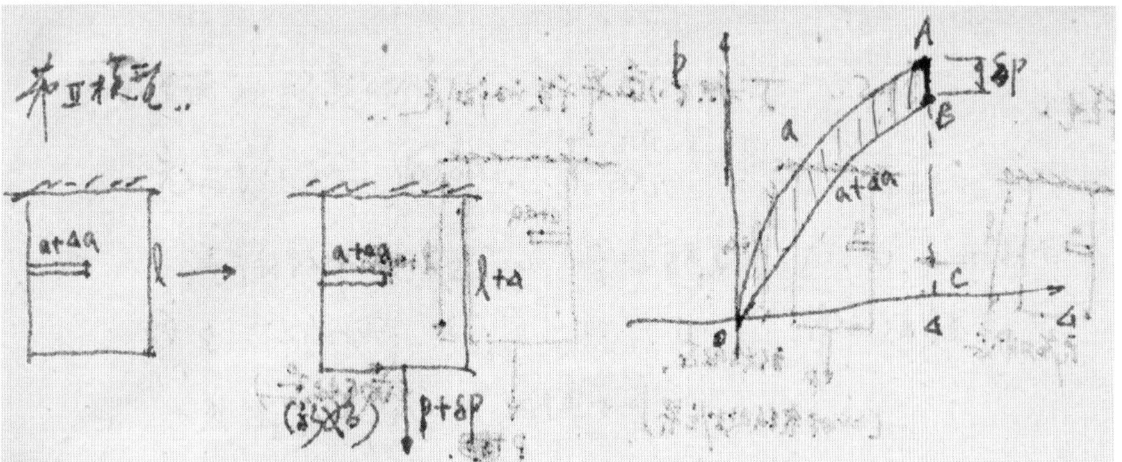


$\because\ d\Delta = 0.$

$$\delta\Pi = \delta U - \delta W.$$

$$\therefore\ J = -\frac{1}{B}\frac{\partial U}{\partial a}\Big|_{\Delta=\text{恒定}}.$$

二、J积分值的试验标定.. (P188)

由J积分的能量率定义 $J = -\frac{1}{B}\frac{dU}{da} + \frac{P}{B}\frac{d\Delta}{da}$.

当位移保持不变时.. $J = \frac{-1}{B}\left(\frac{\partial U}{\partial a}\right)_{\Delta=c}$

当载荷保持不变.. $J = -\frac{1}{B}\left(\frac{\partial \Pi}{\partial a}\right)_{P=c}$.

只须计算很易即能得到 J值.

大多是实验标定 J值.. (P189)

§9-6. J积分与裂纹尖端张开位移 δ 间的关系.

按照 D-M 模型.

$$J=\int w\,dx_2-T_i\frac{\partial u_i}{\partial x_1}ds$$

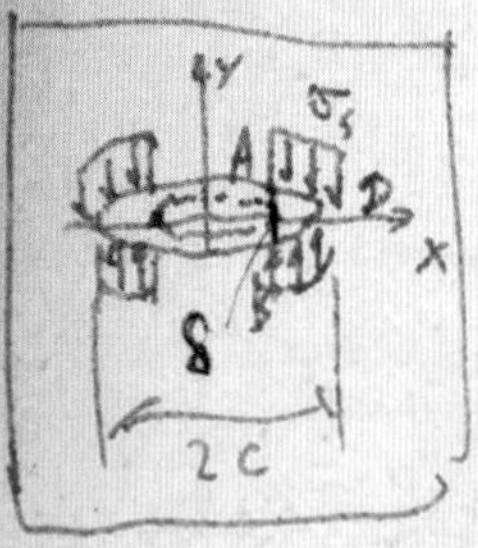


沿 AD
　 BD　取 $dx_2=0$.　　$T_1=0$ (沿 $x_1$ 方向)

$$ds=\begin{cases}dx_1 & \text{沿 } BD\\ -dx_1 & \text{沿 } DA.\end{cases}\qquad T_2=\begin{cases}\sigma_s & \text{沿 } BD\\ -\sigma_s & \text{沿 } AD\end{cases}$$

$u_1=0$.　$u_2=v$.

代入 J 内积分

$$J=2\sigma_s(V_A-V_D)\qquad (V_D=0)$$

$$=2\sigma_s V_A=\sigma_s\delta.\qquad (2V_A=\delta)$$

$$\therefore J=\sigma_s\cdot\delta.$$

# 第十章 断裂力学在疲劳裂纹扩展中的应用

内容提要. $\left(\frac{da}{dN}\right) = C(\Delta K)^n$.

C、n 的常数

$\Delta K$ —— 应力幅

$\left(\frac{da}{dN}\right)$ 为在交变应力下，裂纹扩展速率

补充：构件的疲劳强度

一、应力循环的概念

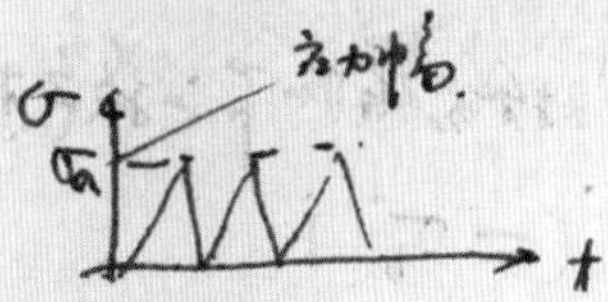


$\sigma_{max}$、$\sigma_{min}$

$\sigma_m = \frac{\sigma_{max}+\sigma_{min}}{2}$

$\sigma_a = \frac{\sigma_{max}-\sigma_{min}}{2}$ 应力幅

交变应力：$\sigma = \sigma(t)$，$\tau = \tau(t)$

产生交变应力 $\begin{cases} P = P(t) \\ P = const \end{cases}$ 机器的转动

循环特征 $r = \frac{\sigma_{min}}{\sigma_{max}} = \begin{cases} 0 & \text{脉动循环} \\ -1 & \text{对称循环} \\ 1 & \text{静载} \end{cases}$

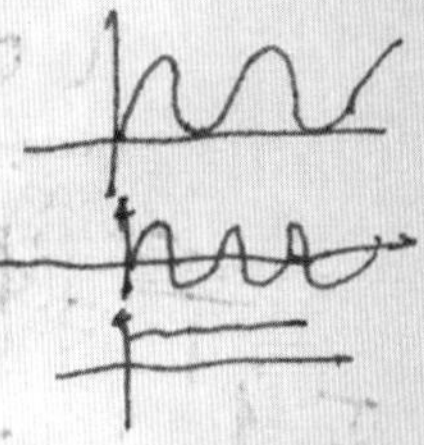

在疲劳问题中，主要参数是应力幅 $\sigma_a$.

二、材料的持久极限

定义：在 r 一定时，经过 $10^7$ 次循环而不破坏的最高应力 $\sigma_r$.

S－N 曲线的概念（确定 $10^7$ 次循环的依据）

$N_1 = 10^3$ 断裂

$\sigma_{1max} = \frac{P_1 a}{W}$

$P_1 \to P_2$

$P_2 < P_1$

$\sigma_{2max} < \sigma_{1max}$

$N_2 > N_1$

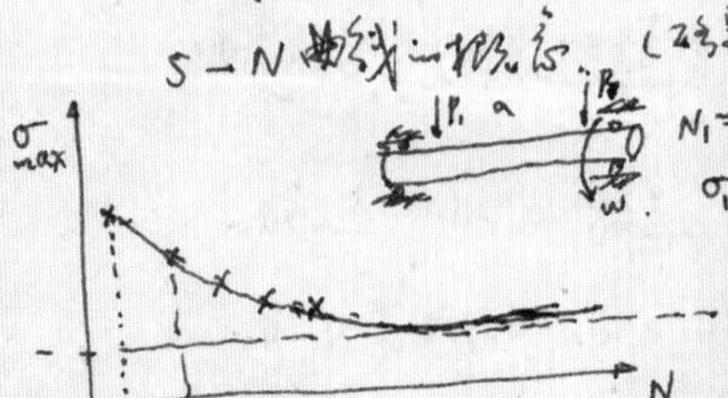


然后得到 N 曲线

找到其水平渐近线，此时 $N = 10^7$.

（S－N 曲线或材料的疲劳曲线）

$\sigma_a - \sigma_m$ 曲线的概念

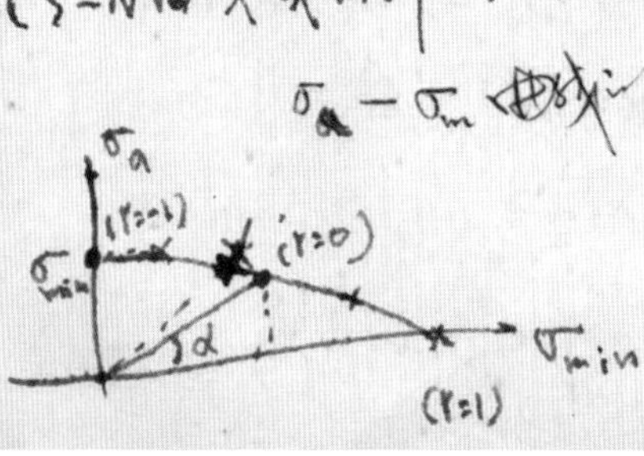


当 $r=-1$，$\sigma_{max} = -\sigma_{min}$ $\begin{cases} \sigma_a = \sigma_{max} \\ \sigma_m = 0 \end{cases}$

$r=1$，$\sigma_{max} = \sigma_{min}$ $\begin{cases} \sigma_m = \sigma_{max} \\ \sigma_a = 0 \end{cases}$

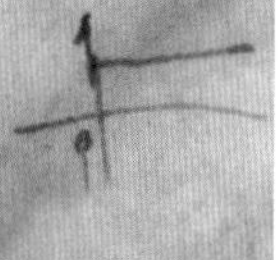

$r=0$ … $\begin{cases} \sigma_m = \frac{\sigma_{max}}{2} \\ \sigma_a = \sigma_m \end{cases}$

在$\sigma_a-\sigma_m$曲线上任一点的坐标之和为该状态的持久极限

$$\sigma_r=\sigma_a+\sigma_m.$$

$$tg\,\alpha=\frac{1-r}{1+r}.$$ 由已知r.. 就能找到它们之对

应的α上的$\sigma_a$与$\sigma_m$，而求得$\sigma_r$。 （$\alpha=tg^{-1}\frac{1-r}{1+r}$）

故$\sigma_a-\sigma_m$曲线也叫持久极限曲线

标志材料的疲劳特性 （两条曲线两个根据..）

- $\sigma_{-1}$（对称循环下的持久极限）
- $\sigma_{+1}$（$=\sigma_b$）
- S-N曲线..
- $\sigma_a-\sigma_m$曲线..

三.. 计算分析..

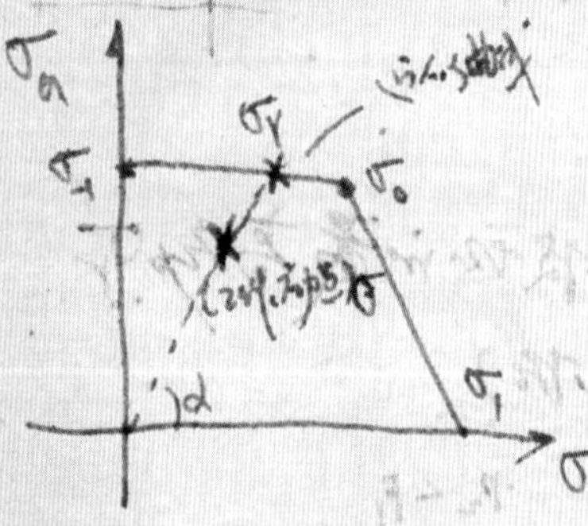


$tg\,\alpha=\frac{1-r}{1+r}$..

传统的疲劳强度计算.. $\frac{\sigma_r}{\sigma}\geq[n]$时一定是安全的..

基于两个假定.. ① 无裂纹

② 认为出现第一条裂纹为基准.

## §10-1. 亚临界裂纹扩展的规律

基本假设：材料内部存在裂纹

裂纹分类：
- 临界裂纹 —— $a_c$ （$K_{IC}=\sigma\sqrt{\pi a_c}$）
- 亚临界 —— $a<a_c$

亚临界裂纹扩展的四个阶段

1. 裂纹形核
2. 缓慢扩展（稳定扩展Ⅰ阶段）
3. 高速扩展（稳定扩展Ⅱ阶段）

（2、3 称为亚临界扩展状态）

4. 临界扩展

二. 疲劳裂纹扩展速率

$\frac{da}{dN}$（每循环一次，裂纹增长的长度）—— 疲劳裂纹扩展速率

Ⅰ 缓慢扩展 $Å$/1次 （$1Å=10^{-5}$ mm）

高速 $\mu m$/1次

决定因素：（扩展快慢）
- 1°. 由应力控制 —— 应力疲劳裂纹
- 2°. 应变控制 —— 应变疲劳裂纹

应力疲劳裂纹：寿命、高循环、低载荷、低扩展速率

应变疲劳裂纹：……低……高……高扩展速率

1. 应力疲劳裂纹扩展规律

令：
$$K_{max}=\sigma_{max}\sqrt{\pi a}$$
$$K_{min}=\sigma_{min}\sqrt{\pi a}$$
在一个循环里

应力强度因子幅：
$$\Delta K = K_{max}-K_{min} = (\sigma_{max}-\sigma_{min})\sqrt{\pi a} = \Delta\sigma\sqrt{\pi a}$$

这里 $\Delta\sigma$ 就为应力幅..

应力强度因子循环数据. （相当于循环应力）

$$R = \frac{K_{min}}{K_{max}}$$

Paris 由实验 提出一个应力疲劳扩展之公式..

$$\frac{da}{dN} = C(\Delta K)^n$$

$C$、$n$ 为材料常数

2.. 应变疲劳裂纹..

$$\Delta\varepsilon = \Delta\varepsilon_e + \Delta\varepsilon_p$$

由 Coffin – Manson 提出:

$$\Delta\varepsilon_p \cdot N_f^{c_1} = C_2$$

$N_f$ 表示疲劳断裂时的循环次数

$c_1$、$c_2$ 为常数.

按用张开位移..

$$\frac{da}{dN} = C'(\Delta\delta_t)^n$$

$\Delta\delta_t$ — 裂纹的张开位移幅.

剩余寿命

由 $$\int_{N_0}^{N_f} dN = \int_{a_0}^{a_f} \frac{da}{C(\Delta K)^n} \Longrightarrow N.. \overset{求}{\Longrightarrow} 使用寿命..$$

问题 $C$、$n$、$N_f$、$a_f$ 的确定.

故必知 $\frac{da}{dN}$ 的经验值..

或找出 $a_f \sim N_f$ 的关系.

or.. $\frac{da}{dN} \sim \Delta K$ 的关系..

## §10-2. 疲劳裂纹扩展速率的测试方法.

目的. 定 C. n. $\frac{da}{dN}$ — $\Delta K$ 关系.

或 $N_f$ — $a_f$ 曲线

试验的基本数据. $a$—$N$ 曲线.

初始 $a_0$ ⟶ $a_1$ ⟶

循环 $N_0$ ⟶ $N_1$ ⟶

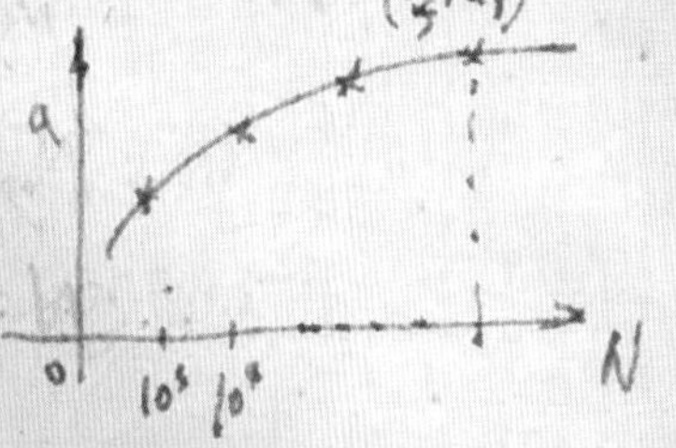


## §10-3. 影响疲劳裂纹扩展的因素.

1. $\frac{da}{dN}$ 与 $\Delta K$ 的关系.

$$\frac{da}{dN}=C(\Delta K)^n$$

$\frac{da}{dN}$ 由 $\Delta K$ 来确定.

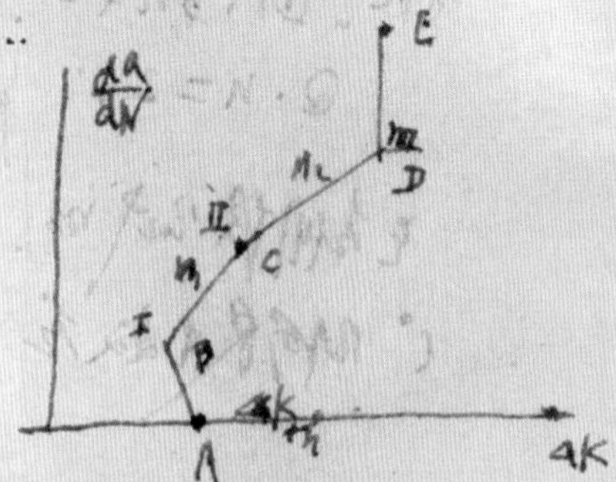


Ⅲ阶段 BC — 稳定裂纹扩展. CD. 高速... DE — 失稳扩展.

$\Delta K_{th}$ — 门槛值. (材料的疲劳断裂性能).

$n_1$. $n_2$. — 表征该材料裂纹扩展快慢.

2. $\frac{da}{dN}$ 与平均应力强度因子 $K_m$ 的关系.

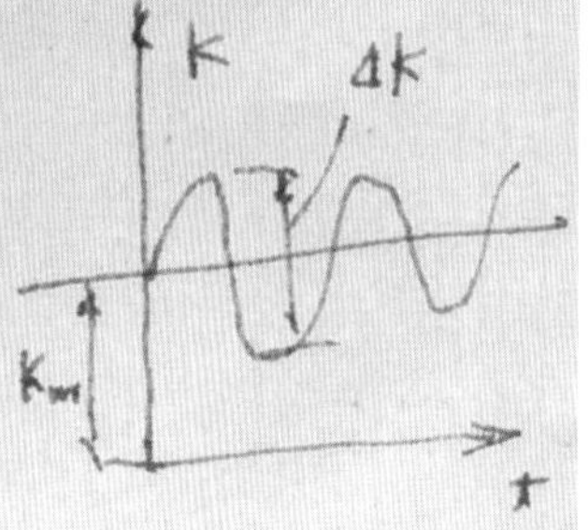


$$\frac{da}{dN}=\frac{C(\Delta K)^n}{(1-R)K_c-\Delta K}.$$

$$R=\frac{K_{min}}{K_{max}}.$$

3. 试件厚度的影响. (意见不一致)

4. 载荷谱的影响.

§10-4 断裂力学在船舶设计中的应用

1. 估计构件的疲劳寿命

$$\frac{da}{dN} = C(\Delta k)^n$$

$$\int_{N_0}^{N_f} dN = \int_{a_0}^{a_f} \frac{da}{C(\Delta k)^n} = \int_{a_0}^{a_f} \frac{da}{C[\Delta\sigma\sqrt{\pi a}]^n}$$

$$\therefore N = N_f - N_0 = \frac{1}{C\pi^{\frac{n}{2}}(\Delta\sigma)^n}\int_{a_0}^{a_f}\frac{da}{(\sqrt{a})^n}$$

$$= \frac{1}{C}\,\frac{2}{n-2}\,\frac{1}{(\Delta\sigma)^n}\left[\frac{a_0}{(\sqrt{\pi a_0})^n} - \frac{a_f}{(\sqrt{\pi a_f})^n}\right]$$

讨论：① 当 $n \neq 2$ 按此式算。

② $n = 2$ 时 $N = \frac{1}{C}\frac{1}{(\Delta\sigma\sqrt{\pi a})^2}\ln\frac{a_f}{a_0}$ $(a = a_f - a_0)$

在应用该公式时，注意：

$C$ 取何值才妥适。

$\Delta k = \alpha \cdot \Delta\sigma\sqrt{\pi a}$ $(\alpha > 1\ ?)$

③ 几段积成之区间。

$$\int_{a_0}^{a_f} = \int_{a_0}^{a_1} + \int_{a_1}^{a_2} \cdots + \int^{a_f}$$

# 断裂力学的动态

一、国际

1. 断裂机理
2. 断裂分析

   裂纹的扩展与闭合条件

   ……变形、弹塑性断裂分析

   三维裂纹问题

   动态裂纹问题

3. 断裂准则

   弹塑性裂纹的能量释放率准则

4. 应用
5. 非金属材料、复合材料的断裂

二、国内研究的动态

1. 几个断裂准则的研究
2. 测试方法
3. 在工程上的应用
4. 在岩石工程中的应用

三、我们的任务

1) 岩石断裂的规律
2) 具有裂纹的围岩的稳定性
3) 锚喷支护的机理
4) 模拟试验
5) 工程地质力学问题
6) 爆破力学应用

# 断裂力学

## 一、断力与材力的比较

| | 材力 | 断力 |
|---|---|---|
| 基本假设 | 均匀连续；小变形；各向同性 | 1°裂纹处不连续，其余均匀连续；2°小变形；3°各向同性 |
| 基本概念 | 内力；应力；应变 | 应力强度K；裂端张开位移δ；围绕裂端的J积分；$\left(\frac{da}{dN}\right)$ |
| 基本定律 | $\sigma=E\varepsilon$；$\tau=G\gamma$ | $\sigma=E\varepsilon$，$\tau=G\gamma$（弹性体）；$\varepsilon_{ij}=\varphi(\sigma_{ij})$（塑性体） |
| 强度条件 | $\sigma_{max}\le[\sigma]$；$\tau_{max}\le[\tau]$ | $K_I\le K_{IC}$（线弹性）；$\delta_I\le\delta_{IC}$（弹塑性）；$J_I\le J_{IC}$（弹塑性） |
| 材料性质 | $\sigma_s$，$\sigma_b$ | $K_{IC}$，$\delta_{IC}$，$J_{IC}$ |
| 复杂应力状态理论 | $\sigma_1-\sigma_3\le[\sigma]$（III）；$(\sigma_1-\sigma_2)^2+(\sigma_2-\sigma_3)^2+(\sigma_3-\sigma_1)^2=2\sigma_s^2$（IV） | $\sigma_\theta$最大理论；S最小理论；能量理论 |
| 强度计算 | 按载荷、构件计算工作应力$\sigma_{max}$ | 按载荷、裂纹，计算$K_I$，$\delta_I$，$J_I$ |

疲劳强度理论。 参数 $\sigma_{max}$ $\sigma_{min}$ $\sigma_m$·$\sigma_a$·$r$. 参数。 $K_{max}$. $K_{min}$. $\Delta K$. $R$

基本数据。。 $S$-$N$. $\sigma_a$-$\sigma_m$ 曲线 数据。。 $a$-$N$ 曲线

出发点。。无裂纹。。 出发点。。裂纹不可避免，研究扩展规律

$$\frac{da}{dN}=C(\Delta K)^n.$$

方法。。 平均应变。。 裂纹的寿命估算。

二、断裂力学的主要内容。。

1。。应力强度因子理论——线弹性问题。。

1）。基本概念。。对裂纹尖端的分析。

定义。

断裂控制应力强度因子 $\{1°. \sigma_y|_{r\to 0}\neq\infty$（主阶选择）

表达式。。 $K_I=\lim\limits_{|\xi|\to 0}\sqrt{2\pi\xi}\,f_I(\xi)$.

2）。计算K$_I$. K$_{II}$. K$_{III}$的方法。。

1°. westergaard方法。。 $f_I=\dfrac{\sigma\cdot\xi}{\sqrt{\xi^2-a^2}}$。。 $\begin{cases} r\to\infty.\ \sigma_x=\sigma_y=\sigma \\ 裂面。。\ \sigma_y=\tau_{xy}=0 \end{cases}$

2°. 复应力函数数值法。

3°. 叠加法。

4°. 边界配置法。

3）。应用K准则进行断裂力学分析。

①. $K_{IC}$的物理意义。及测试原理 $\begin{cases} 由P\text{-}V曲线定P_Q. \\ K_I=\alpha\cdot P\cdot f(\frac{a}{W}) \end{cases}$

②. 计算构件断裂的步骤。（略去）

三。。复合型裂纹问题。。

1）。复合型K的计算方法。。 $\begin{cases} 1°. 复应力函数数值法。 \\ K=\lim\limits_{|\xi|\to 0}\sqrt{2\pi\xi}\,X(\xi) \\ 2°. 叠加方法。。 \end{cases}$

2）。复合型断裂理论。

$(\sigma_\theta)_{max}$ 理论.. 基本假定.. 1°. 由 $\frac{\partial\sigma_\theta}{\partial\theta}=0$ 定 $\theta_0$ 开裂角.

2°. 当 $(\sigma_\theta)_{max}=\sigma_\theta|_{临}$ 开裂.

$S_{min}$ 理论.. 假定.. $\frac{\partial S}{\partial\theta}=0$. 确定 $\theta_0$.

$S|_{min}=S_c$ 开裂

3) 工程上复合型断裂理论..

4) 如何利用理论进行结构中的断裂分析..

3.. δ的原理和方法..

1) δ的原理..

弹塑性断裂的特点.. (是先断裂还是先屈服的问题).

※※

① 先断裂后屈服 ——→ D-M 模型.

先屈服后断裂 ——

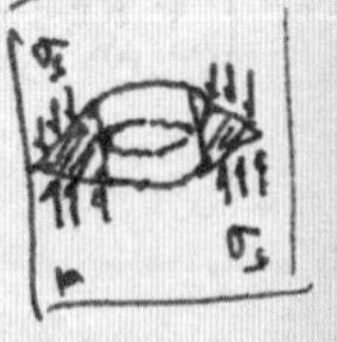

D-M模型. 认为. 1°. 裂纹仅只张开,而没有闭合..

②. 塑性区成尖劈形状.

2°. 沿裂纹尖端塑性区可用屈服极限代替.

2a → 2c

理想塑性.

应用线弹性.

塑性区尺寸.. $\rho\approx\frac{\pi K^2}{8\sigma_s^2}$. (如何确定)

裂纹张开位移计算方法.. $\delta=\frac{8\sigma_s a}{\pi E}\ln\sec(\frac{\pi\sigma}{2\sigma_s})$

(当 $\sigma\approx\sigma_s$. 不能用. 只仅适用小范围屈服)

δ与$K_I$的关系。

$$\delta = \frac{K_I^2}{E\sigma_s}$$ 线弹性时的物理含义. (∵ $K_I$ 时)

2). δ准则的应用. $\delta_I = \delta_{Ic}$.

4. J积分.

1). J积分的定义及其推论. $J = \int_\Gamma w\,dx_2 - T_i \frac{\partial u_i}{\partial x_1} ds$

①. 各符号意义.

②. 回路积分式的物理意义 在Γ上各点能量的总和.

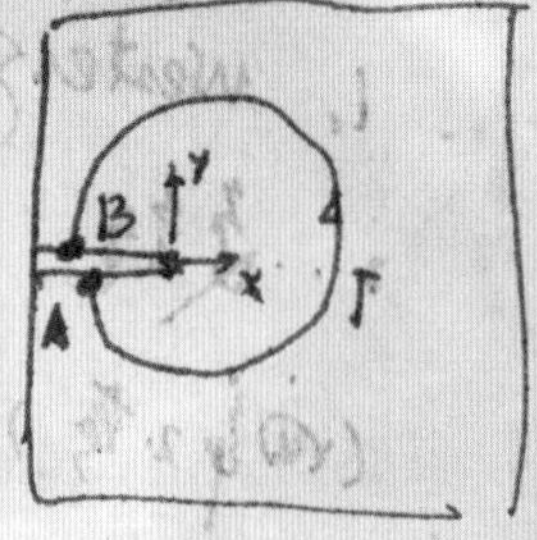


③. 定义推论思路.

$$J = -\frac{\partial E}{\partial a}$$

2). J积分的守恒性

①. 证明J的守恒.

②. 证明积分下守恒.

③. 总结讨论.

3). J积分是裂纹尖端场强的参量.

①. J与$K_I$. $J_I = \frac{K_I^2}{E'}$

②. J与δ的关系. $J_I = \sigma_s \delta$

4). J积分的形变功率定义.

$$J = -\frac{dU}{B\,da} + \frac{P}{B}\frac{d\Delta}{da}.$$

①. 测试时用形变功率定义J. (便于测定 $J_{Ic}$)

三、复习要求

1. 基本概念（定义、材料、物理含义、指标、应用）

2. 理论，出发点，思路，理论成立条件，结论？

3. 应用

4. 指出——误差

讲述内容

1. Westergaard，工程

2. 叠加——叠加法，给定 $Y(Z)$ 求 $K$

（四章不考）

第五章 $K_{IC}$ 试测原理

六章 $\begin{cases} \delta_{max} \\ S_{min} \end{cases}$

第八章 $\delta$ 理论

第九章 J 定义、守恒、等价 $\begin{cases} J_I(\delta) \\ J_I(K_I) \end{cases}$（对应表示了的概念）

Westgaard 应力函数与 N.H. 二元应力函数之关系.

由一般复变应力函数..

纯 I 型

$$\begin{cases}\sigma_{xx} = 2\mathrm{Re}[\varphi_1'(z)] - 2y\,\mathrm{Im}[\varphi_1''(z)] + A \\ \sigma_y = 2\mathrm{Re}[\varphi_1'(z)] + 2y\,\mathrm{Im}[\varphi_1''(z)] - A \\ \tau_{xy} = -2\mathrm{Re}[\varphi_1'(z)]\end{cases}$$

于是当 $A=0$ 则 $f_I(z) = 2\varphi_1'(z)$ 这里 $A$ 是一个同无穷远处边界条件相关之常数.

II 型.

$$\begin{cases}\sigma_x = 4\mathrm{Re}[\varphi_1'(z)] - 2y\,\mathrm{Im}[\varphi_1''(z)] \\ \sigma_y = 2y\,\mathrm{Im}[\varphi_1''(z)] \\ \tau_{xy} = -2\,\mathrm{Im}[\varphi_1'(z)] - 2y\,\mathrm{Re}[\varphi_1''(z)] - B\end{cases}$$

当 $B=0$ 时. $Z_{II}(z) = i2\varphi_1'(z)$. $B$ 为之常数与无穷远之边界有关.

但在一般情况下. $A\neq 0$. $B\neq 0$.

# 叠加原理举例

一、求  的 $K_I$

$\because$ 

$$K_{1a}=K_{1d}+K_{1e}=0$$

$$\therefore\quad K_{1e}=-K_{1d}=-\sigma\sqrt{\pi a}=K_I$$

二、求 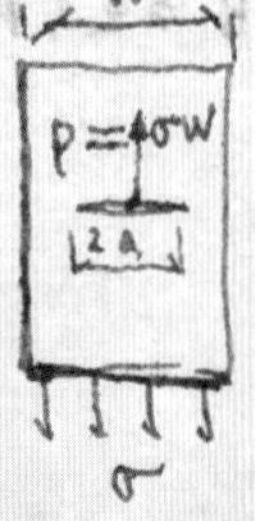 $K$

$\because$ 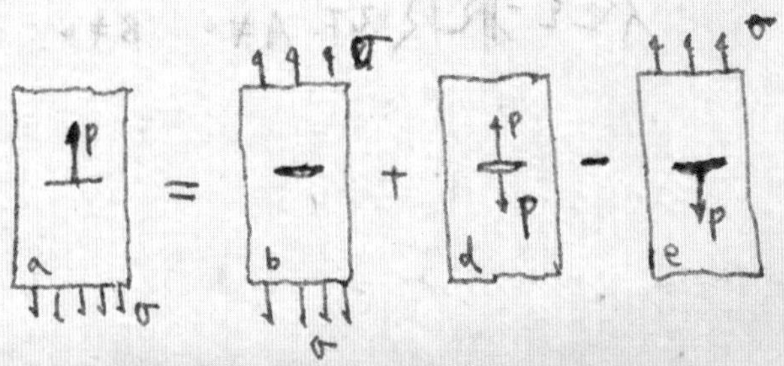

而 $K_{1a}=K_{1b}+K_{1d}-K_{1e}$.

$$K_1\xrightarrow{K_{1e}=K_{1a}}\frac{1}{2}[K_{1b}+K_{1d}]=\frac{1}{2}\sigma\sqrt{\pi a}+\frac{1}{2}\frac{\sigma W}{\sqrt{\pi a}}$$

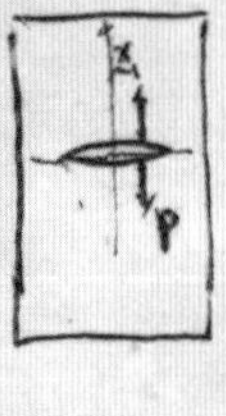

$$f_I(z)=\frac{P\sqrt{a^2-x^2}}{\pi(z-x)\sqrt{z^2-a^2}}$$

$$K_I(Q)=\frac{P}{\sqrt{\pi a}}\sqrt{\frac{a+x}{a-x}}.$$

$\Longrightarrow$

上下缝面作用一对集中剪力Q.

$$f_{II}(z)=\frac{Q\sqrt{a^2-x^2}}{\pi(z-x)\sqrt{z^2-a^2}}$$

$$K_{II}=\frac{Q}{\sqrt{\pi a}}\sqrt{\frac{a+x}{a-x}}$$

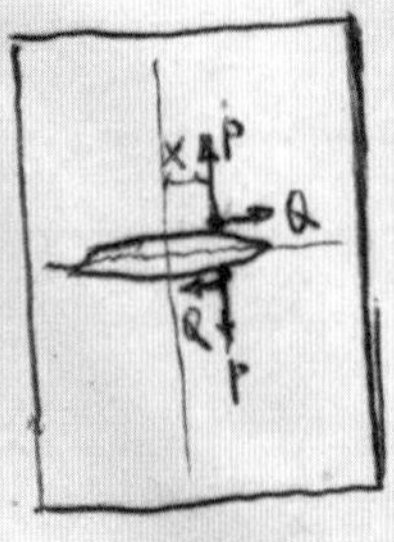

$$\begin{cases}K_I=\dfrac{P}{\sqrt{\pi a}}\sqrt{\dfrac{a+x}{a-x}}\\[2mm] K_{II}=\dfrac{Q}{\sqrt{\pi a}}\sqrt{\dfrac{a+x}{a-x}}.\end{cases}$$

# 受斜拉伸的Griffith裂纹问题

问：无穷远处受与裂纹成$\alpha$角的拉伸

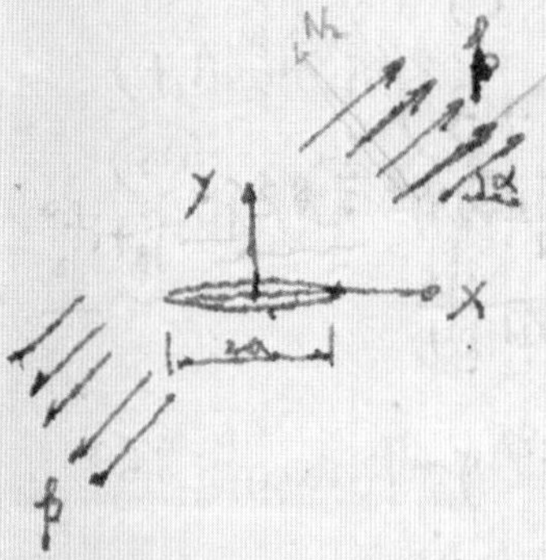


设力$p$方向的坐标轴为$ON_1$，与$ON_1$相垂直的另一坐标轴为$ON_2$。$OX$、$OY$与$ON_1$、$ON_2$的夹角为

| | $N_1$ | $N_2$ |
|---|---|---|
| $x$ | $\cos\alpha$ | $-\sin\alpha$ |
| $y$ | $\sin\alpha$ | $\cos\alpha$ |

在$XOY$坐标中的应力分量为 $\begin{cases}\sigma_x = p\cos^2\alpha \\ \sigma_y = p\sin^2\alpha \\ \tau_{xy} = p\sin\alpha\cos\alpha\end{cases}$

于是，边界条件可写为 $z=\sqrt{x^2+y^2}\to\infty$ 时 $\begin{cases}\sigma_x = p\cos^2\alpha \\ \sigma_y = p\sin^2\alpha \\ \tau_{xy} = p\sin\alpha\cos\alpha\end{cases}$ (3-5-2)

$y=0\ \ -a\le x\le a\quad \sigma_x=\sigma_y=0$ …… ③

现求满足边界条件的 $\varphi_1(z)$ $\psi_1(z)$

设无裂纹时的应力状态为$\sigma_{ij}^0$，由于裂纹存在，应力将重新分布，设$\sigma_{ij}^*$为由于裂纹存在引起的附加应力状态，总的应力状态为$\sigma_{ij}$

$\therefore\ \sigma_{ij} = \sigma_{ij}^0 + \sigma_{ij}^*$ …… ④

相应地，设 $\left.\begin{aligned}\varphi_1(z) &= \varphi_1^0(z) + \varphi_1^*(z) \\ \psi_1(z) &= \psi_1^0(z) + \psi_1^*(z)\end{aligned}\right\}$ —— ⑤

无裂纹时，$\sigma_x^0 = p\cos^2\alpha\quad \sigma_y^0 = p\sin^2\alpha\quad \tau_{xy}^0 = p\sin\alpha\cos\alpha$

$\therefore\ 4\,\mathrm{Re}\,\varphi_1^{0\prime}(z) = p\quad \therefore\ \mathrm{Re}\,\varphi^{0\prime}(z) = \text{const}.$

由C-R方程 $\mathrm{Im}\,\varphi^{0\prime}(z) = \text{const}.$

由于要求坐标原点的应力……，$\varphi^0(0)=0,\ \mathrm{Im}\,\varphi^{0\prime}(0)=0$ …… ⑦

则 $\varphi^{0\prime}(z) = \frac{p}{4}$ —(8)

$\psi^0(0)=0$

$\therefore$ 由⑧积分 $\varphi^0(z) = \frac{p}{4}z + d$ ⑨

由 $\varphi^0(0)=0$ 定出 $d=0$ $\therefore\ \varphi^0(z) = \frac{p}{4}z$ —— ⑩

又由 $\sigma_y^0 - \sigma_x^0 + i2\tau_{xy} = 2[\bar{z}\varphi^{0\prime\prime}(z) + \psi^{0\prime}(z)]$

$\therefore\ \psi^{0\prime}(z) = -\frac{p}{2}(\cos 2\alpha - i\sin 2\alpha) = -\frac{p}{2}e^{-i2\alpha}$ ⑪

积分得 $\psi^0(z) = -\frac{p}{2}e^{-i2\alpha}z$ …… ⑫ （由$\psi^0(0)=0$定出积分常数）

求附加应力状态 $\sigma^{*}_{ij}$

作为映射，$z=\omega(\varsigma)=\frac{a}{2}[\varsigma^{-1}+\varsigma]$ ⑬

显然，上面求出的 $\varphi_0(z)=\varphi^{0}[\omega(\varsigma)]=\frac{pa}{8}[\varsigma^{-1}+\varsigma]$ (14)

$\psi_0(z)=-\frac{pa}{4}e^{-i2\alpha}(\varsigma^{-1}+\frac{1}{\varsigma})$ (15)

由边界条件（在单位圆周上）作用于单位圆周上应力之合力之值 $f_1^0+if_2^0$

$$f_1^0+if_2^0=X+iY=\varphi_0(\sigma)+\frac{\omega(\sigma)}{\overline{\omega'(\sigma)}}\overline{\varphi_0'(\sigma)}+\overline{\psi_0(\sigma)}$$

$$=\frac{pa}{4}[(1-e^{i2\alpha})\frac{1}{\sigma}+(1-e^{i2\alpha})\sigma]\quad (16)$$

下面确定 $\varphi^{*}(z)$、$\psi^{*}(z)$

在 $\varsigma$ 平面上 $\varphi^{*}(z)=\varphi^{*}(\omega(\varsigma))=\varphi_{*}(\varsigma)$ ⑰

$\psi^{*}(z)=\psi_{*}(\varsigma)$

实际在 $\varsigma$ 平面上应力函数 $\begin{cases}\varphi_1(z)=\varphi(\varsigma)=\varphi_0(\varsigma)+\varphi_{*}(\varsigma)\\ \psi_1(z)=\psi(\varsigma)=\psi_0(\varsigma)+\psi_{*}(\varsigma)\end{cases}$ ⑱

因为问题的孔是自由的，则映射后单位圆的孔边也应是自由的，即孔边不受应力作用，则应该叠加一个与公式⑯相等而反号之值于孔边，以保证其上应力为零。记为

$$H(\sigma)=f_1^{*}+if_2^{*}=-(f_1^0+if_2^0)=\frac{pa}{4}[(e^{i2\alpha}-1)\frac{1}{\sigma}+(e^{i2\alpha}-1)\sigma]$$

$$=\varphi_{*}(\sigma)+\frac{\omega(\sigma)}{\overline{\omega'(\sigma)}}\overline{\varphi_{*}'(\sigma)}+\overline{\psi_{*}(\sigma)}\quad ⑲$$

⑲式为 $\varphi_{*}(\varsigma)$、$\psi_{*}(\varsigma)$ 之边值

函数 $\varphi_{*}(\varsigma)$ 和 $\psi_{*}(\varsigma)$ 在单位圆内解析，在圆周 $\sigma$ 上满足⑲式，由边值去确定解析函数之多种方法，以复变函数理论中之边值问题有两种方法确定。

方法一 将边值 $H(\sigma)$ 展开成级数，把 $\varphi_{*}(\varsigma)$、$\psi_{*}(\varsigma)$ 也展成幂级数，然后比较，得出待定系数

方法二 以积分方法定出 $\varphi_{*}(\varsigma)$ 和 $\psi_{*}(\varsigma)$

我们按方法二求解，对⑲两边 $\times\frac{1}{2\pi i}\frac{d\sigma}{\sigma-\varsigma}$ 然后积分 $\int_\sigma$，$\varsigma$ 为单位圆内之一点

$$\frac{1}{2\pi i}\int_\sigma\frac{\varphi_{*}(\sigma)}{\sigma-\varsigma}d\sigma+\frac{1}{2\pi i}\int_\sigma\frac{\omega(\sigma)}{\overline{\omega'(\sigma)}}\cdot\frac{\overline{\varphi_{*}'(\sigma)}}{\sigma-\varsigma}d\sigma+\frac{1}{2\pi i}\int_\sigma\frac{\overline{\psi_{*}(\sigma)}}{\sigma-\varsigma}d\sigma=\frac{1}{2\pi i}\int_\sigma\frac{H(\sigma)}{\sigma-\varsigma}d\sigma$$

(20)

由柯西积分公式，$\frac{1}{2\pi i}\int_\sigma \frac{\varphi_x(\sigma)}{\sigma-\zeta}d\sigma=\varphi_x(\zeta)$ ——(21)

$$\frac{1}{2\pi i}\int_\sigma \frac{\overline{\psi_x(\sigma)}}{\sigma-\zeta}d\sigma=\overline{\psi_{x}(0)} \quad (22)$$

将(20)代入，$\varphi_x(\zeta)+\frac{1}{2\pi i}\int_\sigma \frac{\omega(\sigma)}{\overline{\omega'(\sigma)}}\frac{\overline{\varphi'_x(\sigma)}}{\sigma-\zeta}d\sigma+\overline{\psi_x(0)}=\frac{1}{2\pi i}\int_\sigma\frac{H(\sigma)}{\sigma-\zeta}d\sigma$ ——(23)

对(19)共轭后积分，

$$\psi_x(\zeta)+\frac{1}{2\pi i}\int_\sigma \frac{\overline{\omega(\sigma)}}{\omega'(\sigma)}\cdot\frac{\varphi'_x(\sigma)}{\sigma-\zeta}d\sigma+\overline{\varphi_x(0)}=\frac{1}{2\pi i}\int\frac{\overline{H(\sigma)}}{\sigma-\zeta}d\sigma \quad (24)$$

(23)、(24)与通常的Fredholm积分方程不相同，因而不能直接用积分方程求解。不过当映射$\omega(\zeta)$为有理函数时，(23)(24)式是可以用初等的积分方法求解的。否则就把他们加以再求解。

这里$\omega(\zeta)$是一种简单的有理函数，求解更为简单。

$\because \omega(\sigma)=\frac{a}{2}(\sigma^{-1}+\sigma)$

$\overline{\omega'(\sigma)}=\frac{a}{2}(1-\sigma^2)$ $\quad\therefore \frac{\omega(\sigma)}{\overline{\omega'(\sigma)}}=\frac{1+\sigma^2}{\sigma(1-\sigma^2)}$ ——(25)

$\because \varphi_x(\zeta)$、$\psi_x(\zeta)$在单位圆内解析

$\therefore$可展开为级数 $\quad \varphi_x(\zeta)=\sum_{n=1}^{\infty}a_n\zeta^n$ ——(26)

$\qquad\qquad\qquad\qquad \psi_x(\zeta)=\sum_{n=0}^{\infty}b_n\zeta^n$ ——(27)

$|\zeta|<1$ $\zeta\in R'$，$\varphi'_x(\zeta)=\sum_{n=1}^{\infty}na_n\zeta^{n-1}$ ——(26′)

$\therefore \frac{\omega(\sigma)}{\overline{\omega'(\sigma)}}\overline{\varphi'_x(\sigma)}$ 可延为 $\frac{1+\zeta^2}{\zeta(1-\zeta^2)}\overline{\varphi'_x}\left(\frac{1}{\zeta}\right)$ 之值 ——(28)

故这 $\overline{\varphi'_x}\left(\frac{1}{\zeta}\right)=\sum_{n=1}^{\infty}n\overline{a_n}\left(\frac{1}{\zeta}\right)^{n-1}$，$(|\zeta|<1)$

成为单位圆外之解析函数

$\therefore \frac{1}{2\pi i}\int\frac{\omega(\sigma)}{\overline{\omega'(\sigma)}}\overline{\varphi'_x(\sigma)}\frac{d\sigma}{\sigma-\zeta}=\left[\frac{1+\zeta^2}{\zeta(1-\zeta^2)}\overline{\varphi'_x}\left(\frac{1}{\zeta}\right)\right]\Big|_{\zeta=\infty}=0$ ——(29)

$\therefore$式(23)为，$\varphi_x(\zeta)+\overline{\psi_x(0)}=\frac{1}{2\pi i}\int_\sigma\frac{H(\sigma)}{\sigma-\zeta}d\sigma$

$$=\frac{1}{2\pi i}\int_\sigma\frac{pa}{4}\left[(e^{i2\alpha}-1)\frac{1}{\sigma}+(e^{i2\alpha}-1)\sigma\right]\frac{d\sigma}{\sigma-\zeta}$$

$$=\frac{pa}{4}(e^{i2\alpha}-1)\zeta.$$

选常数$\overline{\psi_x(0)}$，$\varphi_x(\zeta)\big|_{\zeta=0}=0$ $\quad\therefore \overline{\psi_x(0)}=0.$

$\therefore\quad \varphi_{x_1}(\zeta)=\frac{pa}{4}(e^{i2\alpha}-1)\zeta$ —— ⑳

由此 ⑭ 与 ㉚ 得 $\varphi(\zeta)=\varphi_0(\zeta)+\varphi_x(\zeta)=\frac{pa}{8}[\zeta^{-1}+(2e^{i2\alpha}-1)\zeta]$ —— ㉛

式㉚ 代 ㉔，并且 $\overline{\varphi_{x_1}(0)}=0$。

则 $\psi_x(\zeta)=-\frac{1}{2\pi i}\int_\sigma\frac{pa}{4}(e^{i2\alpha}-1)\frac{\sigma^3+\sigma}{\sigma^2-1}\cdot\frac{d\sigma}{\sigma-\zeta}+\frac{1}{2\pi i}\int_\sigma\frac{pa}{4}[(e^{-i2\alpha}-1)\frac{1}{\sigma}+$

$+(e^{-i2\alpha}-1)\sigma]\frac{d\sigma}{\sigma-\zeta}$

$=-\frac{pa}{4}(e^{i2\alpha}-1)\frac{\zeta^3+\zeta}{\zeta^2-1}+\frac{pa}{4}(e^{-i2\alpha}-1)\zeta$ —— ㉜

$\therefore\quad \psi(\zeta)=\psi_0(\zeta)+\psi_x(\zeta)=-\frac{pa}{4}[\zeta+\frac{e^{-i2\alpha}}{\zeta}+(e^{i2\alpha}-1)\frac{\zeta^3+\zeta}{\zeta^2-1}]$ ㉝

我们只要把 $\varphi(\zeta)$、$\psi(\zeta)$ 代入公式即可求出全部的应力场位移场 $(\rho,\theta)$。

也可以直接取 $\zeta=\omega^{-1}(z)=\frac{1}{a}[z-\sqrt{z^2-a^2}]$ 再代公式求 $(x,y)$

现仅限于求 $K$，即只知道 $\varphi'(\zeta)$ 即可

$K=2\sqrt{2\pi}\lim_{\zeta\to\zeta_1}\{[\omega(\zeta)-\omega(\zeta_1)]^{\frac{1}{2}}\frac{\varphi'(\zeta)}{\omega'(\zeta)}\}$

$=-2\sqrt{\frac{\pi}{a}}\varphi'(1)$

$\therefore\quad K=K_1-iK_2=\frac{\sqrt{2a}}{2}p(1-e^{i2\alpha})$

$\therefore\quad \begin{cases}K_1=p\sqrt{2a}\sin^2\alpha\\ K_2=p\sqrt{2a}\sin\alpha\cos\alpha\end{cases}$

## 经典裂纹问题——集中力

无限板，2a长的裂纹，在 $\zeta_0 = x_0 + iy_0$ 点受 P力，Q力和力矩 M 作用。

厄多根（Erdogan）研究了共线裂纹的普遍情况，得出了许多有用的结果。

对本问题他得出A点的 $K_{I}$ 和 $K_{II}$ 为：

$$K_{I} - iK_{II} = \frac{1}{2\sqrt{\pi a}(1+\kappa)}\left\{(Q+iP)\left[\frac{a+\zeta_0}{\sqrt{\zeta_0^2-a^2}} - \kappa\frac{(a+\bar{\zeta}_0)}{\sqrt{\bar{\zeta}_0^2-a^2}} - 1 + \kappa\right] + \right.$$
$$\left. + \frac{a(Q-iP)(\bar{\zeta}_0-\zeta_0) + ai(1+\kappa)M}{(\bar{\zeta}_0-a)(\bar{\zeta}_0^2-a^2)^{\frac{1}{2}}}\right\}$$

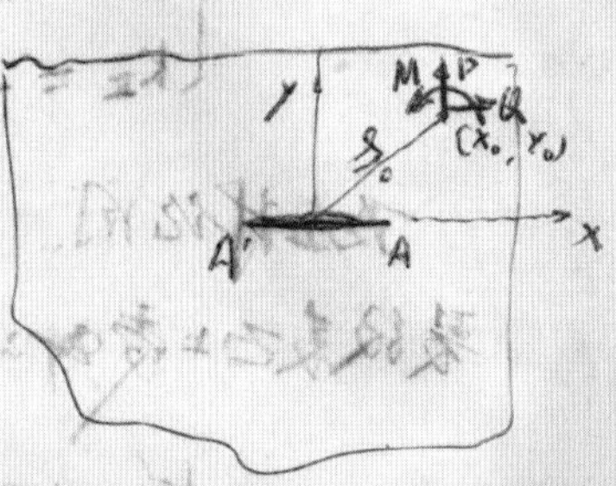


利用此结果可导出很多其他问题的结论。

令 $M=0$

$\zeta_0 = b$

Griffith裂纹的部分表面上受到均匀法向应力和切向应力作用下

K的求法。

根据Griffith裂纹表面受集中力作用之情形。

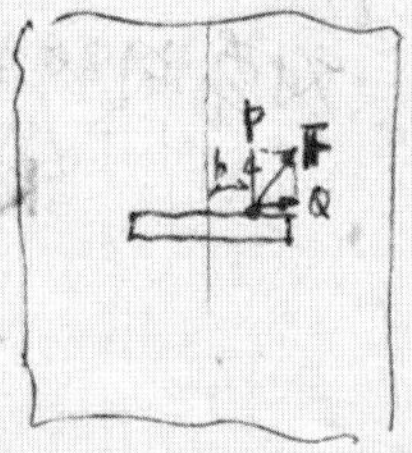


$$K=\frac{P-iQ}{2\sqrt{\pi a}}\left[\sqrt{\frac{a+b}{a-b}}+i\left(\frac{k-1}{k+1}\right)\right]$$

即

$$\begin{cases} K_{I}=\dfrac{P}{2\sqrt{\pi a}}\sqrt{\dfrac{a+b}{a-b}}+\dfrac{Q}{2\sqrt{\pi a}}\left(\dfrac{k-1}{k+1}\right) \\ K_{II}=-\dfrac{P}{2\sqrt{\pi a}}\left(\dfrac{k-1}{k+1}\right)+\dfrac{Q}{2\sqrt{\pi a}}\sqrt{\dfrac{a+b}{a-b}} \end{cases} \quad \cdots\cdots ①$$

（复变函数理论解得）

现在讨论：无板的边界为自由（即 $\sqrt{x^2+y^2}\to\infty$ 的 $\sigma_{ij}=0$）。Griffith裂纹表面上受到之应力为 $\sigma_y(x,0)$ 和 $\tau_{xy}(x,0)$，则，

$$K_{I}'=\frac{1}{2\sqrt{\pi a}}\int_{-a}^{a}\sigma_y(x,0)\left(\frac{a+x}{a-x}\right)^{\frac{1}{2}}dx$$

（单位深度的）

$$K_{II}'=\frac{1}{2\sqrt{\pi a}}\int_{-a}^{a}\tau_{xy}(x,0)\left(\frac{a+x}{a-x}\right)^{\frac{1}{2}}dx$$

人为裂纹间隔。

这里设为 $\sigma_y(x,0)$ 与 $\tau_{xy}(x,0)$ 单独作用之效应，如果共同作用于裂纹表面尚需考虑其相互作用（由①式考虑）

如 $\sigma_y(x,0)$，$\tau_{xy}(x,0)$ 同时作用于裂纹之表面

则有

$$\begin{cases} K_{I}=K_{I}'+\dfrac{\int\tau_{xy}(x,0)\,dx}{2\sqrt{\pi a}}\left(\dfrac{k-1}{k+1}\right) \\ K_{II}=K_{II}'+\dfrac{\int\sigma_y(x,0)\,dx}{2\sqrt{\pi a}}\left(\dfrac{k-1}{k+1}\right) \end{cases}$$

举例！当 $\sigma_y(x,0)=-\sigma$ 时，$\tau_{xy}(x,0)=0$

$$K_1'=\sigma\sqrt{\pi a}=K_{I}$$

例2，讨论裂纹表面上正应力和剪应力同时作用。

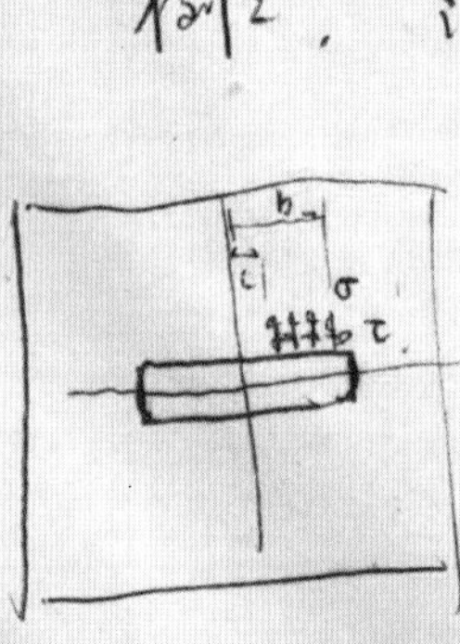


$$K_1'=\frac{\sigma a}{2\sqrt{\pi a}}\left[\sin^{-1}\frac{c}{a}-\sin^{-1}\frac{b}{a}+\sqrt{1-\left(\frac{b}{a}\right)^2}-\sqrt{1-\left(\frac{c}{a}\right)^2}\right]$$

$$K_{II}'=\frac{\tau a}{2\sqrt{\pi a}}\left[\sin^{-1}\frac{c}{a}-\sin^{-1}\frac{b}{a}+\sqrt{1-\left(\frac{b}{a}\right)^2}-\sqrt{1-\left(\frac{c}{a}\right)^2}\right]$$

$$\therefore K_{I}=K_1'+\frac{\tau(b-c)}{2\sqrt{\pi a}}\left(\frac{k-1}{k+1}\right)$$

$$K_{II}=K_{II}'+\frac{-\sigma(b-c)}{2\sqrt{\pi a}}\left(\frac{k-1}{k+1}\right)$$

对于复合型裂纹.

如仅是边界受力（边界包括裂纹表面和外边界）且平衡

，则复合型裂纹可根据单裂纹求出相应的应力强度因子.

（因此情况，解是唯一的）.

4. 在推导裂纹尖端附近的应力场时，为什么都假定是无限大平板？它的作用是什么？（位不需要考虑外加的条件）

$K_I \leq K_{IC}$ 不包括断裂韧性

断裂力学思考题

1. 什么是应力强度因子？它与应力集中有什么区别？应力强度因子与哪些因素有关？

应力强度因子$K_I$反映了裂纹前缘附近区域弹性应力场的强弱，与应力集中有区别，应力集中表示应力状态，而$K_I$是表示应力场强弱的参数。$K_I$仅与……有关。

2. 什么是断裂韧性？它与应力强度因子有何区别？它的大小取决于什么？

它是材料性能指标，断裂韧性是材料抵抗断裂的性能。断裂韧性 $G_{IC}=\frac{1-\nu^2}{E}K_{IC}^2$（平面应变状态下[illegible]）

3. 什么是断裂准则？在断裂准则中，哪个物理量是参数根据线弹性理论得出的？哪个物理量是由试验测定？

断裂准则反映材料发生断裂的条件，[illegible] $K_I \le K_{IC}$ —— 安全

断裂准则与材料力学的强度条件有何异同？

4. 三类裂纹的变形，受力各有什么特点？

变形：I、II 型裂纹 $u=0$；III 型 $u=v=0$

受力：I、II、III [illegible] $\sigma_y|_{y=0}$

5. 在推导应力强度因子$K_I$的表达式(2-35)时，为什么要取极限 $\lim_{r\to0}$？它求出的$K_I$是适用于整个平板还是只适用于裂纹尖端附近的局部区域？

∵ 我们研究的是裂纹尖端附近的场，（这些研究[illegible]）

所以取 $r\to0$ 的情况，取极限 $\lim_{r\to0}$。

$K_I$是适用于裂纹尖端附近局部区域。

思考题（二）

1. 试说明求解 I、II、III 型裂纹问题应力场的一般思路和步骤。

2. 如何理解应力强度因子定义的一般表达式 $K_I=\lim_{\xi\to0} f_I(\xi)\sqrt{2\pi\xi}$ 对 $f_I(\xi)$ 有何要求。

3. Westgaard应力函数 $\Phi_I=\mathrm{Re}\bar{\bar{f}}(z)+y\,\mathrm{Im}\bar{f}(z)$ 应当满足什么条件？

双调和方程和边界条件。且仅当对称于$y=0$即沿$x$轴处剪应力$\tau_{xy}$恒为零的情况。

$$\begin{cases}\sigma_x+\sigma_y=2\mathrm{Re}f_I\\ \sigma_y-\sigma_x+2i\tau_{xy}=-2iyf_I'\end{cases}$$

$$f'_{(z)} = \frac{\partial \mathrm{Re} f_{(z)}}{\partial x} + i \frac{\partial \mathrm{Im} f_{(z)}}{\partial x}$$

$$= \frac{1}{i}\left[ \frac{\partial \mathrm{Re} f_{(z)}}{\partial y} + i \frac{\partial \mathrm{Im} f_{(z)}}{\partial y} \right]$$

$$f'_{(z)} = \mathrm{Re} f'_{(z)} + i \, \mathrm{Im} f'_{(z)}$$

$$\therefore \begin{cases} \mathrm{Re} f'_{(z)} = \dfrac{\partial \mathrm{Re} f_{(z)}}{\partial x} = \dfrac{\partial \mathrm{Im} f_{(z)}}{\partial y} \\ \mathrm{Im} f'_{(z)} = \dfrac{\partial \mathrm{Im} f_{(z)}}{\partial x} = - \dfrac{\partial \mathrm{Re} f_{(z)}}{\partial y} \end{cases}$$

# “有限元法”课堂笔记

有限元法（Finite Element Analysis）是一种用于数值求解工程和数学建模中偏微分方程的常用方法，通过将复杂问题划分为简单的有限单元，然后组合成全局方程组求解。其思想可以追溯到魏晋数学家刘徽《九章算术注》中提出的“割圆术”；而现代有限元法发端于1941年俄罗斯裔加拿大结构工程师赫伦尼科夫用离散元素法求解弹性力学问题，以及1943年美国数学家柯朗提出用三角形区域多项式函数求解扭转问题近似解。

谢和平院士“有限元法”课堂笔记主要包含以下内容：

第一章　求泛函极值的一些基本概念

第二章　小位移弹性力学变分原理

第三章　分割插值和基函数

第四章　静态线性弹性力学有限元法

第五章　薄板有限元法

第七章　载荷阵的形成

第十章　非线性静力平衡方程的求解

现存笔记缺少第六章、第八章和第九章。

# 有限元法

谢和平

# 有限元法

## Finite Element Method

1) 矩阵结构 50年代

2) 泛函变分有限元法 (广义变分原理)

自伴随微分方程

3) 加权余量法 —— 虚功原理

非自伴随微分方程

力学分析方法

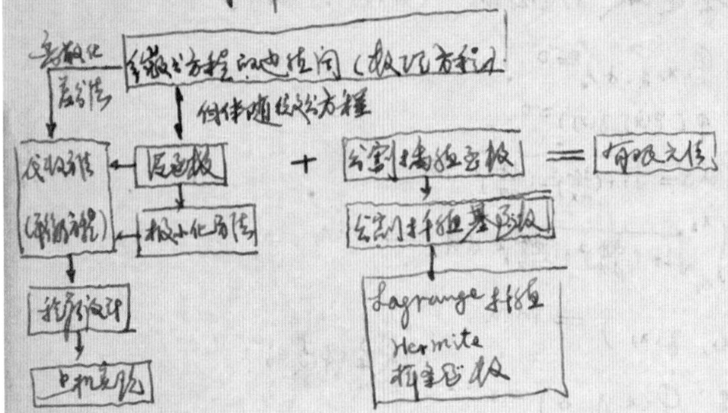


## 第一章 求泛函极值的一些基本概念

§1-1. 变分命题 泛函 (函数的函数 即 functional)

1) 最速降线问题 —— 求物体自由滑下时间最短的曲线是哪一条曲线.

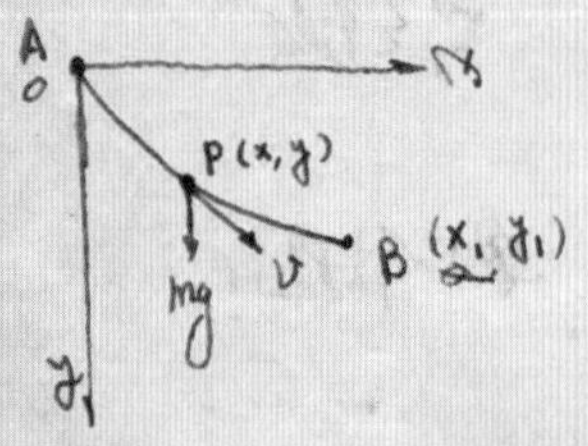


由能量守恒 $mgy=\frac{1}{2}mv^2$

用S表AB段弧长 $\frac{dS}{dt}=v$

$$dS=\sqrt{1+\left(\frac{dy}{dx}\right)^2}\,dx$$

$$\therefore dt=\frac{dS}{\sqrt{2gy}}=\frac{\sqrt{1+y'^2}}{\sqrt{2gy}}\,dx$$

$$T=\int_0^{x_1}\frac{\sqrt{1+y'^2}}{\sqrt{2gy}}\,dx=T(y(x)) \quad (泛函)$$

使T最小. 即求泛函的极值——变分

注意. ① 这问题是不变边界条件的泛函的变分. (A.B两点位置给定)

② 无条件的变分问题. (A.B两点间无其他约束)

③ $y(x)$是具有一阶导数的函数 即$C'$类.

最速降线(捷线)的计算结果是一条摆线.

2、等周问题

$L=$ 不变，求其围成的面积最大。（结果是圆）

（如：面积不变，围成的周长最小，为其对偶问题 Dual problem）

条件 $L=\int_{s_1}^{s_2}\sqrt{\left(\frac{dx}{ds}\right)^2+\left(\frac{dy}{ds}\right)^2}\,ds=\text{constant}$

3、测地线（短程线）

已 ①. 不变边界条件　　求两点 (A, B) 距离最小。

② 附条件变分（在曲面上）

——如曲面是球面，则计算结果是一个大圆弧。（过球心的圆弧）

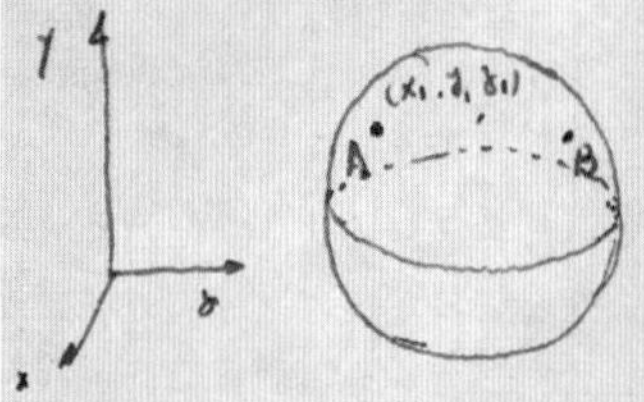



约束条件　$\varphi(x,y,z)=0$.

$\varphi(y(x),z(x))=0$.

$ds=\sqrt{1+\left(\frac{dy}{dx}\right)^2+\left(\frac{dz}{dx}\right)^2}\,dx$

$$L=\int_{x_1}^{x_2}\sqrt{1+\left(\frac{dy}{dx}\right)^2+\left(\frac{dz}{dx}\right)^2}\,dx=\min.$$

亦即 $\begin{cases} L(y(x),z(x))=\min \\ \text{且满足 } \varphi(x,y,z)=0. \end{cases}$　　求条件变分

§1-2. 泛函极值的必要条件 Euler 方程

$\Pi(y(x), z(x)) \xlongequal{\text{表示成}} \Pi(x, y, z)$　（$x$：自变量；$y, z$：自变函数）

$$\Pi=\int_{x_1}^{x_2}F(x, y(x), y'(x))\,dx=\min.\qquad C_1 \text{ 类函数}$$

$$\Pi=\int_{x_1}^{x_2}F(x, y(x), y'(x), y''(x))\,dx=\min.\qquad \text{梁的位能}$$

1. 变分的微分 = 微分的变分.

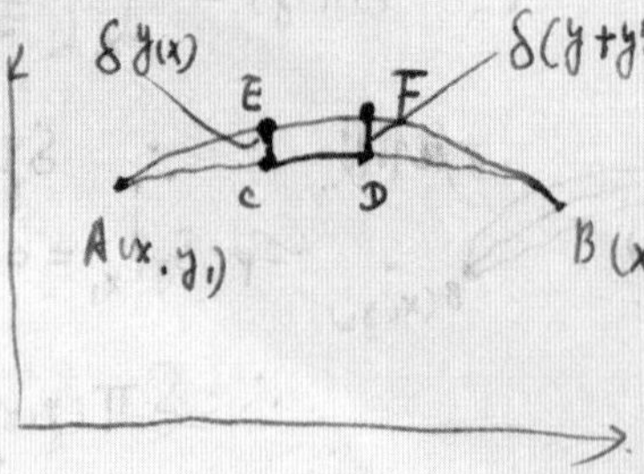


C之坐标 $y$.

D之…… $y+y'dx$

E之…… $y+\delta y$.

F之 $y+y'dx+\delta(y+y'dx)$

C → D → F. 先微分后变分. F. $y+y'dx+\delta(y+y'dx)=y+y'dx+\delta y+\delta y'dx$

C → E → F. 先变分后微分. $y+\delta y+(y+\delta y)'dx=y+\delta y+y'dx+(\delta y)'dx$

F之坐标一致.

$\because\ y+y'dx+\delta y+\delta y'dx=y+\delta y+y'dx+(\delta y)'dx$

$\therefore\ \delta y'=(\delta y)'$ 即 $\delta\dfrac{dy}{dx}=\dfrac{d\,\delta y}{dx}$.

高阶微分类推.. $\delta\dfrac{d^2y}{dx^2}=\dfrac{d^2\delta y}{dx^2}$.

$\delta\dfrac{d^3y}{dx^3}=\dfrac{d^3\delta y}{dx^3}$

$\delta\dfrac{d^ny}{dx^n}=\dfrac{d^n\delta y}{dx^n}$. 即δ可进入微分号..

与之相应的.. $\delta\Pi(y)=\delta\int_{x_1}^{x_2}F(x,y(x),y'(x))dx$ 对积分的变分.

⇓ 对变分进行积分.. $=\int_{x_1}^{x_2}\delta F(x,y,y')dx$.

2. 积分的变分 == 变分的积分..

## §1.2 Euler - Lagrange 公式..

A.B端点不变..

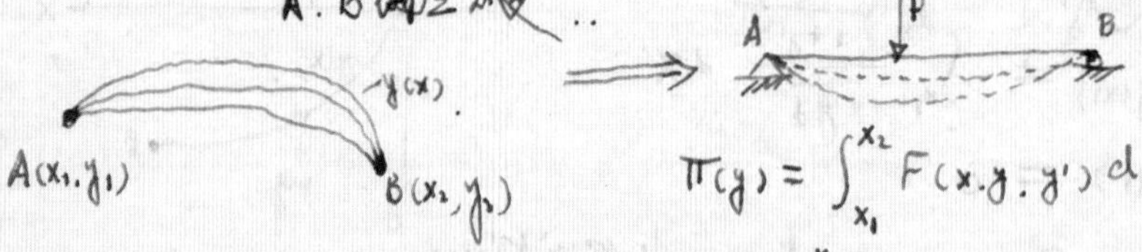


$\Pi(y)=\int_{x_1}^{x_2}F(x,y,y')dx$. (一般性的讨论).

$\Pi(y)+\delta\Pi(y)=\int_{x_1}^{x_2}F(x,y+\delta y,y'+\delta y')dx$

则 $\delta\Pi(y)=\int_{x_1}^{x_2}\left[F(x,y+\delta y,y'+\delta y')-F(x,y,y')\right]dx$.

$\overset{\text{Taylor展开}}{=}\int_{x_1}^{x_2}\left[\dfrac{\partial F}{\partial y}\delta y+\dfrac{\partial F}{\partial y'}\delta y'+\dfrac{\partial^2F}{\partial y^2}\dfrac{(\delta y)^2}{2!}+\dfrac{\partial^2F}{\partial y'^2}\dfrac{\delta y'^2}{2!}+\dfrac{\partial^2F}{\partial y\partial y'}\delta y\delta y'+\cdots\right]dx$

$\overset{\text{略去高阶}}{=}\int_{x_1}^{x_2}\left[\dfrac{\partial F}{\partial y}\delta y+\dfrac{\partial F}{\partial y'}\delta y'\right]dx$. (一阶变分)

δy 与 δy' 有内在联系..

用分步积分法求出.. $\int_{x_1}^{x_2}\dfrac{\partial F}{\partial y'}\delta y'dx=\int_{x_1}^{x_2}\dfrac{\partial F}{\partial y'}\cdot d(\delta y)\overset{\text{分步}}{=}\dfrac{\partial F}{\partial y'}\delta y\Big|_{x_1}^{x_2}-\int_{x_1}^{x_2}\delta y\cdot\dfrac{d}{dx}\left(\dfrac{\partial F}{\partial y'}\right)\cdot dx$

$$\therefore\ \delta\Pi(y) = \int_{x_1}^{x_2}\left[\frac{\partial F}{\partial y} - \frac{d}{dx}\frac{\partial F}{\partial y'}\right]\delta y \cdot dx + \frac{\partial F}{\partial y'}\delta y\Big|_{x_1}^{x_2}$$

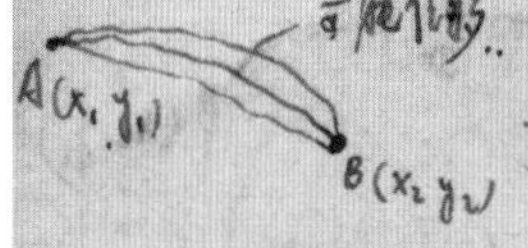


$\because$ $\delta y$ 在 A. B 中间是变量. 但在 A. B 端点 $\delta y = 0$. (固定端点)

即 $\delta y\big|_{x_1} = 0$. $\delta y\big|_{x_2} = 0$.

$$\therefore\ \delta\Pi(y(x)) = \int_{x_1}^{x_2}\left[\frac{\partial F}{\partial y} - \frac{d}{dx}\frac{\partial F}{\partial y'}\right]\delta y\, dx.$$

泛函的极值问题. (泛函的变分)

比较函数之极值问题.

| 函数 $y(x)$ 的极值问题.. | 泛函 $\Pi(y)$ 的极值. |
|---|---|
| 必要条件.. $\frac{d}{dx}y(x) = 0$ | 必要条件. $\delta\Pi(y) = 0$ |
| 极大的充分条件. $\frac{d^2y}{dx^2} = -$; $\frac{dy}{dx} = + \div -$ | 极大充分条件.. $\delta^2\Pi(y) = -$ |
| 极小的充分条件. $\frac{d^2y}{dx^2} = +$. $\frac{dy}{dx} = - \div +$. | 极小充分条件. $\delta^2\Pi(y) = +$. |

要使 $\delta\Pi(y) = 0$. $\because$ $\delta y$ 为任意之自变之极.

那么..必然..
$$\frac{\partial F}{\partial y} - \frac{d}{dx}\frac{\partial F}{\partial y'} = 0$$
(这就保证了 $\Pi(y)$ 取极值)

被称为 Euler – Lagrange 方程..

该方程 决定了 $\Pi(y(x)) = \int_{x_1}^{x_2} F(x, y, y')\,dx$ 取极值..

即微分方程..

18世纪已经把 变分问题 转化为 微分方程.

本世纪. 利用电计算机 解决之. 把微分方程 转变为 变分问题 求解.

Example 1.. 捷线问题..

$$T(y(x)) = \int_{x_1}^{x_2}\frac{\sqrt{1+y'^2}}{\sqrt{gy}}\,dx$$

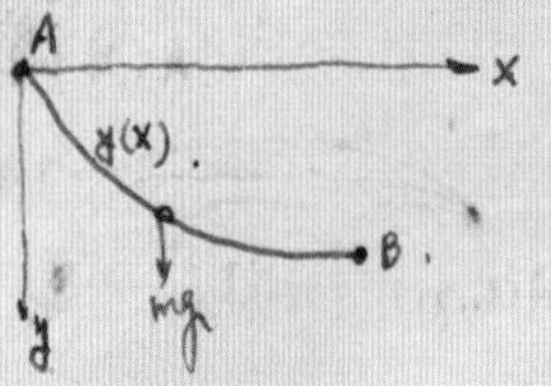


$$\delta T(y(x)) = 0.$$

在该问中.. 由于 $F(y, y')$ 不包含 $x$. 如何求解方便..

$$\because\ \frac{d}{dx}F(y, y') = \frac{\partial F}{\partial x}^{=0} + \frac{\partial F}{\partial y}y' + \frac{\partial F}{\partial y'}y''$$

$$-\quad \frac{d}{dx}\left(y'\frac{\partial F}{\partial y'}\right) = y'\frac{d}{dx}\left(\frac{\partial F}{\partial y'}\right) + \frac{\partial F}{\partial y'}y''$$

$$\frac{d}{dx}\left[-y'\frac{\partial F}{\partial y'} + F\right] = y'\underbrace{\left[\frac{\partial F}{\partial y} - \frac{d}{dx}\left(\frac{\partial F}{\partial y'}\right)\right]}_{\text{Euler}}$$

$$\therefore\ \frac{\partial F}{\partial y} - \frac{d}{dx}\frac{\partial F}{\partial y'} = \frac{d}{dx}\left[F - y'\frac{\partial F}{\partial y'}\right]\Big/ y' = 0$$

即求 $\frac{d}{dx}\left[F - y'\frac{\partial F}{\partial y'}\right] = 0 \Longrightarrow F - y'\frac{\partial F}{\partial y'} = C_1$

$$\therefore \frac{\sqrt{1+y'^2}}{\sqrt{y}} - y'\frac{y'}{\sqrt{y}\sqrt{1+y'^2}} = C_1$$

通分. $\frac{1}{\sqrt{y}\sqrt{1+y'^2}} = C_1 \implies y(1+y'^2) = C.$

$$\therefore y = \frac{C}{1+y'^2}$$

取 $y' = \frac{dy}{dx} = \mathrm{ctg}\,\theta.$ 则 $y = \frac{C}{1+\mathrm{ctg}^2\theta} = \frac{C}{2}[1-\cos 2\theta]$

$$\frac{dx}{dy} = \frac{1}{\mathrm{ctg}\,\theta} \qquad dx = \frac{dy}{\mathrm{ctg}\,\theta} = \frac{\frac{1}{2}C\sin 2\theta\cdot 2\,d\theta}{\mathrm{ctg}\,\theta}$$

$$= C(1-\cos 2\theta)\,d\theta.$$

$$\therefore x = C\theta - \frac{C}{2}\sin 2\theta + C_2 = \frac{C}{2}[2\theta - \sin 2\theta] + C_2.$$

由初始条件. $x=0.$ $y=0.$ $C_2=0$

$$\therefore \begin{cases} x = \frac{C}{2}(2\theta - \sin 2\theta) \\ y = \frac{C}{2}(1-\cos 2\theta). \end{cases}$$

是一组圆滚线族. $\frac{C}{2}$ 为滚圆半径. $C$ 是由圆滚线通过 $B(x_1, y_1)$ 决定.

所以捷线是摆线 $\begin{cases} x = R(2\theta - \sin 2\theta) \\ y = R(1-\cos 2\theta) \end{cases}$

Example 2: (两点距离以直线为最短)

$$S = \int ds = \int_{x_1}^{x_2}\sqrt{1+y'^2}\,dx$$

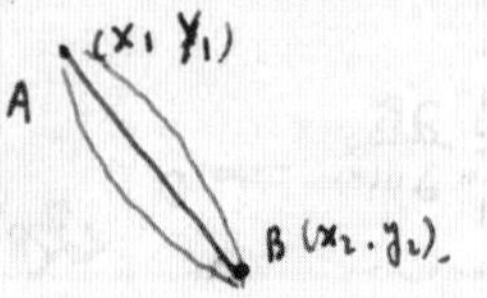


$$\delta S(y(x)) = 0.$$

$$\delta \Pi(y') = \int_{x_1}^{x_2}\frac{\partial F}{\partial y'}\delta y'\,dx. \qquad (F = F(y'))$$

$$= \int_{x_1}^{x_2}\frac{\partial F}{\partial y'}\frac{d}{dx}\delta y\cdot dx.$$

$$= \left[\frac{\partial F}{\partial y'}\delta y\right]\Big|_{x_1}^{x_2} - \int_{x_1}^{x_2}\frac{d}{dx}\frac{\partial F}{\partial y'}\delta y\,dx = 0$$

$$\therefore \frac{d}{dx}\frac{\partial F}{\partial y'} = 0. \qquad \therefore \frac{\partial F}{\partial y'} = \mathrm{Const}.$$

$$\therefore \left(\sqrt{1+y'^2}\right)_{y'} = \mathrm{const}.$$

$$\frac{1}{2}(1+y'^2)^{\frac{1}{2}-1}\cdot 2y' = C_1 = \frac{y'}{\sqrt{1+y'^2}}$$

$$y'^2 = C_1(1+y'^2) \qquad \therefore y'^2 = \frac{C_1}{1+C_1} = C^2.$$

$y = Cx + b.$ (直线)

## §1-3. 具有高阶导数泛函的极值问题.

$$\Pi(y)=\int_{x_1}^{x_2}F(x,y,y',y'',\cdots,y^{(n)})\,dx$$

$$\delta\Pi(y)=\int_{x_1}^{x_2}\left[\frac{\partial F}{\partial y}\delta y+\frac{\partial F}{\partial y'}\delta y'+\cdots+\frac{\partial F}{\partial y^{(n)}}\delta y^{(n)}\right]dx$$ (注. 对x变分为零. 即$\delta x=0$.)

$$=\int_{x_1}^{x_2}\left[\frac{\partial F}{\partial y}\delta y+\frac{\partial F}{\partial y'}\frac{d}{dx}\delta y+\frac{\partial F}{\partial y''}\frac{d^2}{dx^2}\delta y+\cdots+\frac{\partial F}{\partial y^{(n)}}\frac{d^n}{dx^n}\delta y\right]dx$$

各部分分部积分:

$$\int_{x_1}^{x_2}\frac{\partial F}{\partial y'}\frac{d}{dx}\delta y\cdot dx=-\int_{x_1}^{x_2}\frac{d}{dx}\left(\frac{\partial F}{\partial y'}\right)\delta y\,dx+\frac{\partial F}{\partial y'}\delta y\Big|_{x_1}^{x_2}$$

$$\int_{x_1}^{x_2}\frac{\partial F}{\partial y''}\frac{d^2}{dx^2}\delta y\,dx=\left[\frac{\partial F}{\partial y''}\frac{d}{dx}\delta y\right]\Big|_{x_1}^{x_2}-\int_{x_1}^{x_2}\frac{d}{dx}\left(\frac{\partial F}{\partial y''}\right)\frac{d}{dx}\delta y\cdot dx$$

$$=\int_{x_1}^{x_2}\frac{d^2}{dx^2}\left(\frac{\partial F}{\partial y''}\right)\delta y\,dx+\left[\frac{d}{dx}\frac{\partial F}{\partial y''}\delta y\right]\Big|_{x_1}^{x_2}+\left[\frac{\partial F}{\partial y''}\delta y'\right]\Big|_{x_1}^{x_2}$$

$$=\int_{x_1}^{x_2}\frac{d^2}{dx^2}\left(\frac{\partial F}{\partial y''}\right)\delta y\,dx.$$ (假定边界条件是固定的. $\delta y^{(n)}\Big|_{x_1}^{x_2}=0$).

$$\therefore\ \delta\Pi(y)=\int_{x_1}^{x_2}\left[\frac{\partial F}{\partial y}\delta y-\frac{d}{dx}\frac{\partial F}{\partial y'}\delta y+\frac{d^2}{dx^2}\frac{\partial F}{\partial y''}\delta y+\cdots+(-1)^n\frac{d^n}{dx^n}\frac{\partial F}{\partial y^{(n)}}\delta y\right]dx$$

$\therefore$ Euler-Lagrange 方程为:

$$\frac{\partial F}{\partial y}-\frac{d}{dx}\frac{\partial F}{\partial y'}+\frac{d^2}{dx^2}\frac{\partial F}{\partial y''}-\frac{d^3}{dx^3}\frac{\partial F}{\partial y'''}+\cdots+(-1)^n\frac{d^n}{dx^n}\frac{\partial F}{\partial y^{(n)}}=0$$ (高阶导数的微分方程)

Example 3.

$EI=ct.$ 位移边界条件. $\begin{cases}y_0=0, & y_0'=0\\ y_l=0 & y_l'=0.\end{cases}$

由 $EI\dfrac{d^2y}{dx^2}=M.$

及 $\dfrac{d^2M}{dx^2}=-q(x)$

$\therefore\ EI\dfrac{d^4y}{dx^4}=-q(x)$

转化为一个:泛函的极值问题:

$$\begin{cases}EI\dfrac{d^4y}{dx^4}=-q(x)\\ y_0=0\quad y_0'=0\\ y_l=0\quad y_l'=0.\end{cases}$$ (定解条件)

泛函:(总势能) $\Pi(y)=\underbrace{\frac{1}{2}\left(y,-EI\frac{d^4y}{dx^4}\right)}_{应变能}-\underbrace{(q,y)}_{外力势}=\min.$ (位能)

$$\frac{1}{2}\left(y,-EI\frac{d^4y}{dx^4}\right)=\frac{1}{2}\int_0^l\left(-EI\frac{d^4y}{dx^4}\right)\cdot y\,dx$$

$$(q,y)=\int_0^l q(x)\cdot y\,dx.$$

结构内外间力包括外载和内力. 内力的势能储存于变形结构中的应变能 $U=\frac{1}{2}\sum P_i\Delta_i$

总势能即位能

$\Pi=\underset{\text{应变能}}{U}-\underbrace{\sum_{i=1}^{n}P_i\delta_i}_{\text{外力势}}$

$\therefore\ \Pi(y) = -\int_0^l \frac{1}{2}EI\frac{d^4y}{dx^4}\cdot y\,dx - \int_0^l q\cdot y\,dx$.

$\frac{1}{2}\int_0^l EI\frac{d^4y}{dx^4}\cdot y\,dx \xlongequal{分部积分} \frac{1}{2}\int_0^l EI\frac{d}{dx}\left(\frac{d^3y}{dx^3}\right)\cdot y\,dx$

$= \frac{1}{2}EI\cdot\frac{d^3y}{dx^3}\cdot y\Big|_0^l - \frac{1}{2}EI\int_0^l \frac{d^3y}{dx^3}y'dx \quad = -\frac{1}{2}EI\int_0^l\frac{d}{dx}\left(\frac{d^2y}{dx^2}\right)y'dx$

$= \frac{EI}{2}\left[\frac{d^2y}{dx^2}y'\right]\Big|_0^l + \frac{1}{2}EI\int_0^l\left[\frac{d^2y}{dx^2}\right]^2dx + \frac{1}{2}EI\frac{d^3y}{dx^3}y\Big|_0^l$

$\because U_{弯曲能} = \frac{1}{2}Md\theta = \frac{1}{2}EI\left(\frac{d^2y}{dx^2}\right)^2dx$

$= \frac{1}{2}EI\int_0^l\left(\frac{d^2y}{dx^2}\right)^2dx + \frac{1}{2}M\theta\Big|_0^l + \frac{1}{2}Qy\Big|_0^l$

其实 这一部分就是应变能 $= \frac{1}{2}\int_0^l \frac{M^2}{EI}dx = \frac{1}{2}\int_0^l\frac{\left(EI\frac{d^2y}{dx^2}\right)^2}{EI}dx = \frac{1}{2}EI\int_0^l\left(\frac{d^2y}{dx^2}\right)^2dx$.

$\therefore\ \Pi(y) = -\frac{1}{2}\int_0^l EI\left(\frac{d^2y}{dx^2}\right)^2dx - \int_0^l qy\,dx = \min$. (最小位能原理)

(内能)

Rayleigh - Ritz法 —— 选一个可能位移函数 $y$ 去逼近位移函数的真值。

上面的过程: 微分方程 $\Longrightarrow$ 泛函. (降阶)

从变分回来 $\Longleftarrow$

$\Pi(y)$ 的一阶变分为零 就为平衡方程。

$\delta\Pi(y)=0$. $\quad \delta\Pi(y) = -\int_0^l\frac{1}{2}EI\cdot 2y''\cdot\delta y''dx - \int_0^l q\delta y\,dx$.

$= -\int_0^l EI\,y''\delta y''dx - \int_0^l q\delta y\,dx$.

其中 $\int_0^l EI\frac{d^2y}{dx^2}\frac{d}{dx}\delta y'dx = -\int_0^l EI\frac{d^3y}{dx^3}\cdot\delta y'dx + \left[EI\frac{d^2y}{dx^2}\delta y'\right]\Big|_0^l$.

$= \int_0^l EI\frac{d^4y}{dx^4}\delta y\,dx + M\delta y'\Big|_0^l + \left[-EI\frac{d^3y}{dx^3}\cdot\delta y\right]\Big|_0^l$.

$= \int_0^l EI\frac{d^4y}{dx^4}\delta y\,dx$. $\quad$ ($\because\ \delta y'\Big|_0^l = 0$ 由边界条件)

$\therefore\ \delta\Pi(y) = -\int_0^l EI\frac{d^4y}{dx^4}\delta y\,dx - \int_0^l q\delta y\,dx$.

$= \int_0^l\left[EI\frac{d^4y}{dx^4} - q\right]\delta y\cdot dx = 0$.

$\therefore\ EI\frac{d^4y}{dx^4} = -q(x)$

Example 4.. 非自伴随微分方程..

非保守力系振动微分方程. $\frac{d^2y}{dt^2} + a\frac{dy}{dt} + by = f(t)$ $\quad$ a, b 为常数, $f(t)$ 干扰力

$\because$ 有阻尼.. 力系为非保守力系. 故没有泛函. 即非自伴随微分算子..

而解法一般用加权余量法. (迦辽金法).

(1) 为什么找不到泛函..?

微分过程为 $\begin{cases} y''(t) + ay'(t) + by(t) = f(t) \\ y(0) = y'(0) = 0. \end{cases}$

仿前一段写.. $\Pi(y) = \frac{1}{2}(y, y'') + \frac{1}{2}(y, ay') + \frac{1}{2}(y, by) - (y, f(t))$ 外力功

内能..

$\frac{1}{2}(y, y'') = \frac{1}{2}\int_0^T\frac{d^2y}{dt^2}\cdot y(t)dt = \frac{1}{2}\left[\left(\frac{dy}{dt}y\right)\Big|_0^T - \int_0^T\left(\frac{dy}{dt}\right)^2dt\right]$. (动能)

$\frac{1}{2}(y, ay') = \frac{1}{2}\int_0^T a\frac{dy}{dt}\, y\, dt$ 物理意义不明 $\frac{1}{2}\int_0^T a\left(\frac{dy}{dt}\right)^2 dt$ 或 $\frac{1}{2}\int_0^T y^2 dt$

(就是一次破坏了泛函的算子)
破坏了对称性……

$\frac{1}{2}(y, by) = \frac{1}{2}b\int_0^T y^2 dt$.（弹性功的意义）

$(y, f(t)) = \int_0^T f(t)\cdot y\, dt$.

这样由于 $\frac{1}{2}(y, ay')$ 项破坏了对称性，不可能有泛函……

(2). 加权余量法……

设 $y''(t) + ay'(t) + by(t) = f(t)$

乘入加权函数 $\varphi(t)$.

$$\int_0^1 y''(t)\varphi(t)\, dt + \int_0^1 ay'(t)\cdot\varphi(t)\, dt + \int_0^1 by\,\varphi(t)\, dt = \int_0^1 f(t)\varphi(t)\, dt$$

（虚功方程）
或虚功泛函方程.

⇓ 转化为（已分部）

$$\int_0^1 y'(t)\varphi'(t)\, dt + \int_0^1 ay'(t)\varphi(t)\, dt + \int_0^1 by(t)\varphi(t)\, dt - \int_0^1 f(t)\varphi(t)\, dt = 0.$$

称 $y(t)$ 为描述函数.
$\varphi(t)$ 为描绘函数.
其中 $\varphi(t)$ 要求满足边值问题……

如果选定 $y(x)$ 不满足方程 $y'' + ay' + by - f(t) = 0$

可引余量 $R$

$$R = y''(t) + ay'(t) + by(t) - f(t)$$

则 $\int_0^1 R\varphi(t)\, dt = \int_0^1 [y''(t) + ay'(t) + by(t) - f(t)]\varphi(t)\, dt = \min$.

Example. 5. 虚功原理.

$$\begin{cases} -EI\frac{d^4y}{dx^4} = q & \text{（平衡方程）} \\ y(0) = y'(0) = y'_l = y_l = 0 \end{cases}$$

思考……梁处平衡……给一干扰（可能位移函数）看梁是否平衡．如是．则为真正的了……

虚功原理．$\Pi(y, \zeta) = \left(\zeta, -EI\frac{d^4y}{dx^4}\right) - (\zeta, q) \overset{\text{虚功}}{=} 0$

虚内功（无系数 $\frac{1}{2}$）（不是能量了）

$$\therefore \Pi(y, \zeta) = \int_0^l -EI\frac{d^4y}{dx^4}\cdot\zeta\, dx - \int_0^l q\zeta\, dx.$$

$$= -\left[EI\frac{d^3y}{dx^3}\zeta\right]\Big|_0^l + \left[EI\frac{d^2y}{dx^2}\zeta'\right]\Big|_0^l - \int_0^l EI\frac{d^2y}{dx^2}\cdot\frac{d^2\zeta}{dx^2}dx - \int_0^l q\zeta\, dx = 0$$

给定 $\zeta$．也要满足边界条件……则 $\zeta|_0 = 0 = \zeta_l = \zeta'|_l = \zeta'|_0 = 0$.

这后再满足平衡方程．即 R-R 法.

$$\Pi(y, \zeta) = -\int_0^l EI\frac{d^2y}{dx^2}\cdot\frac{d^2\zeta}{dx^2}dx - \int_0^l q\zeta\, dx, = 0$$

## §1-4. 重积分的极值问题

内积,(功) = (a, b).

$\frac{1}{2}(y, -EI\frac{d^4y}{dx^4})$ = 内功

(q, y) = 外功..

这是研究对象是物体..

泛函分析 → 无限维空间研究(偏微分方程的)

泛函变分. → 泛函极值.

$$\Pi(w)=\iint_{\Omega}F\left(x,y,w,\frac{\partial w}{\partial x},\frac{\partial w}{\partial y}\right)dxdy.$$

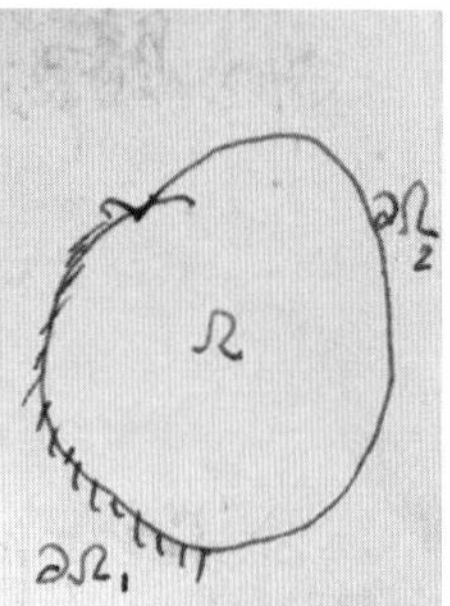


在固定边界 $\partial\Omega_1$ 上. $w=\overline{w_1}$ (已知)

自由边界 $\partial\Omega_2$ 上 $w=\overline{w_2}$ = 自由..

$\partial\Omega=\partial\Omega_1+\partial\Omega_2=\partial\Omega_1\cup\partial\Omega_2$.

$\Pi(w)=\iint_{\Omega}F(x,y,w,w_x,w_y)dxdy$ $\Leftrightarrow$ $\begin{cases}-\left(\frac{\partial^2 w}{\partial x^2}+\frac{\partial^2 w}{\partial y^2}\right)=0\\ -\left(\frac{\partial^2 w}{\partial x^2}+\frac{\partial^2 w}{\partial y^2}\right)=f(x,y)\\ \text{边界条件 第一类. } w=\overline{w}\\ \text{第二类. } \left.\frac{\partial w}{\partial n}\right|_{\partial\Omega}=0.\\ \text{第三类.. } \left.\frac{\partial w}{\partial n}\right|_{\partial\Omega}+\eta(s)\left.w\right|_{\partial\Omega}=0\end{cases}$

〈数理方程定义〉

使一阶变分为零.. $\delta\Pi(w)=0$

∵ x, y 均为其自变量其变分为零. 自变函数为 $w(x,y)$.

$$\delta\Pi(w)=\iint_{\Omega}\left[\frac{\partial F}{\partial w}\delta w+\frac{\partial F}{\partial w_x}\delta w_x+\frac{\partial F}{\partial w_y}\delta w_y\right]dxdy.$$

$$=\iint_{\Omega}\left[\frac{\partial F}{\partial w}\delta w+\frac{\partial F}{\partial w_x}\frac{\partial \delta w}{\partial x}+\frac{\partial F}{\partial w_y}\frac{\partial \delta w}{\partial y}\right]dxdy.$$

由Green或Gauss散度定理..

$$\iint_{\Omega}\left[\frac{\partial u}{\partial x}+\frac{\partial v}{\partial y}\right]dxdy=\oint_{\partial\Omega}(u\cos\alpha+v\cos\beta)ds=\oint_{\partial\Omega}[udx+vdy]=$$

式中α, β为边界法线与x, y轴之夹角.. S为弧长..

令 $u=u_1u_2$. $v=v_1v_2$.

则.. $\frac{\partial u}{\partial x}=u_1\frac{\partial u_2}{\partial x}+u_2\frac{\partial u_1}{\partial x}$. $\frac{\partial v}{\partial y}=v_1\frac{\partial v_2}{\partial y}+v_2\frac{\partial v_1}{\partial y}$.

以Green公式.. $\iint_{\Omega}\left(u_1\frac{\partial u_2}{\partial x}+u_2\frac{\partial u_1}{\partial x}+v_1\frac{\partial v_2}{\partial y}+v_2\frac{\partial v_1}{\partial y}\right)dxdy=\oint_{\partial\Omega}[u_1u_2\cos\alpha+v_1v_2\cos\beta]ds$.

移项.. $\iint_{\Omega}\left[u_1\frac{\partial u_2}{\partial x}+v_1\frac{\partial v_2}{\partial y}\right]dxdy=-\iint_{\Omega}\left[u_2\frac{\partial u_1}{\partial x}+v_2\frac{\partial v_1}{\partial y}\right]dxdy+\oint_{\partial\Omega}[u_1u_2\cos\alpha+v_1v_2\cos\beta]ds$

令 $u_1=\frac{\partial F}{\partial w_x}$. $u_2=\delta w$.

$v_1=\frac{\partial F}{\partial w_y}$ $v_2=\delta w$.

则有.. $\iint_{\Omega}\left[\frac{\partial F}{\partial w_x}\delta w_x+\frac{\partial F}{\partial w_y}\delta w_y\right]dxdy=-\iint_{\Omega}\left[\delta w\cdot\frac{\partial^2 F}{\partial w_x\partial x}+\delta w\frac{\partial^2 F}{\partial w_y\partial y}\right]dxdy$

$+\oint_{\partial\Omega}\left[\frac{\partial F}{\partial w_x}\cos\alpha+\frac{\partial F}{\partial w_y}\cos\beta\right]\delta w ds$.

$=-\iint_{\Omega}\left[\frac{\partial}{\partial x}\left(\frac{\partial F}{\partial w_x}\right)+\frac{\partial}{\partial y}\left(\frac{\partial F}{\partial w_y}\right)\right]\delta w\cdot dxdy+\oint_{\partial\Omega}\left[\frac{\partial F}{\partial w_x}\cos\alpha+\frac{\partial F}{\partial w_y}\cos\beta\right]\delta w ds$

$\therefore\ \delta\Pi(w)=\iint_{\Omega}\left[\frac{\partial F}{\partial w}-\frac{\partial}{\partial x}\left(\frac{\partial F}{\partial w_x}\right)-\frac{\partial}{\partial y}\left(\frac{\partial F}{\partial w_y}\right)\right]\delta w\cdot dxdy+\oint_{\partial\Omega}\left[\frac{\partial F}{\partial w_x}\cos\alpha+\frac{\partial F}{\partial w_y}\cos\beta\right]\delta w\cdot ds$

在 $\partial\Omega_1$ 上 $w=\overline{w}$ (已知). $\delta w=0$.

$\therefore\ \delta\Pi(w)=\iint_{\Omega}\left[\frac{\partial F}{\partial w}-\frac{\partial}{\partial x}\left(\frac{\partial F}{\partial w_x}\right)-\frac{\partial}{\partial y}\left(\frac{\partial F}{\partial w_y}\right)\right]\delta w dxdy+\int_{\partial\Omega_2}\left[\frac{\partial F}{\partial w_x}\cos\alpha+\frac{\partial F}{\partial w_y}\cos\beta\right]\delta w ds$,

由 $\delta\Pi(w)=0$. 则有. $\frac{\partial F}{\partial w}-\frac{\partial}{\partial x}\left(\frac{\partial F}{\partial w_x}\right)-\frac{\partial}{\partial y}\left(\frac{\partial F}{\partial w_y}\right)=0$ 〈Euler方程〉 〈还可推广到三维〉

在 $\partial\Omega_2$ 上. $\left.\left[\frac{\partial F}{\partial w_x}\cos\alpha+\frac{\partial F}{\partial w_y}\cos\beta\right]\right|_{\partial\Omega_2}=0$ 〈自然边界条件〉

$\partial\Omega_1$ 上 $W=\overline{W_1}$ (已知)

注意.. 第一边值问. $w=\overline{w}$ Dirichlet

第二边值问.. $\frac{\partial F}{\partial n}=0$. Newman

第三边值问 .. $\frac{\partial F}{\partial n}+\eta(s)w=0$. (弹性支承边界问).

Example 6.. 求 poisson 方程的泛函..

poisson 方程为. $-\left(\frac{\partial^2 w}{\partial x^2}+\frac{\partial^2 w}{\partial y^2}\right)=\rho(x,y)$. 在 $\Omega$..

在 $\partial\Omega_1$ 上 $w=\overline{w_1}$ (已知). $\partial\Omega$ 上 $w=\overline{w}$ (已知)

~~在 $\partial\Omega_2$ 上 $w=\overline{w_2}$ (已知).~~ $\partial\Omega=\partial\Omega_1\cup\partial\Omega_2$

(对 $w$ 要求一阶可导且平方可积. 即 $\in H_2^1$ 一阶可导, 平方可积. 满足边界条件 $w_2^1$)

$$\Pi(w)=\frac{1}{2}\left(w,-\left(\frac{\partial^2 w}{\partial x^2}+\frac{\partial^2 w}{\partial y^2}\right)\right)-(w,\rho)$$

(内能) (外力功)

$$=-\frac{1}{2}\iint_\Omega\left(\frac{\partial^2 w}{\partial x^2}+\frac{\partial^2 w}{\partial y^2}\right)\cdot w\,dxdy-\iint_\Omega\rho(x,y)\cdot w\,dxdy.$$

$$=-\frac{1}{2}\iint_\Omega\left[\frac{\partial}{\partial x}\left(\frac{\partial w}{\partial x}\right)+\frac{\partial}{\partial y}\left(\frac{\partial w}{\partial y}\right)\right]w\,dxdy-\iint_\Omega\rho(x,y)\cdot w\,dxdy$$

($\frac{\partial}{\partial x}\left(\frac{\partial w}{\partial x}w\right)+\frac{\partial}{\partial y}\left(\frac{\partial w}{\partial y}w\right)=\frac{\partial^2 w}{\partial x^2}w+\frac{\partial^2 w}{\partial y^2}w+\left(\frac{\partial w}{\partial x}\right)^2+\left(\frac{\partial w}{\partial y}\right)^2$)

$$=\frac{1}{2}\iint_\Omega\left[\left(\frac{\partial w}{\partial x}\right)^2+\left(\frac{\partial w}{\partial y}\right)^2\right]dxdy-\frac{1}{2}\iint_\Omega\left[\frac{\partial}{\partial x}\left(\frac{\partial w}{\partial x}w\right)+\frac{\partial}{\partial y}\left(\frac{\partial w}{\partial y}w\right)\right]dxdy-\iint_\Omega\rho(x,y)\cdot w\,dxdy.$$

$$\overset{\text{green}}{=}\frac{1}{2}\iint_\Omega\left[\left(\frac{\partial w}{\partial x}\right)^2+\left(\frac{\partial w}{\partial y}\right)^2\right]dxdy-\frac{1}{2}\oint_{\partial\Omega}\left[\frac{\partial w}{\partial x}w\cos\alpha+\frac{\partial w}{\partial y}\cdot w\cos\beta\right]ds-\iint_\Omega\rho(x,y)\,w\,dxdy$$

(决定了 Existence only solution) (在边界上满足条件才可以化为...)

反过来. 由此泛函来推导出 poisson 方程..

$\delta\Pi(w)=0$. $\delta\Pi(w)=\iint_\Omega\left[\frac{\partial w}{\partial x}\delta w_x+\frac{\partial w}{\partial y}\delta w_y\right]dxdy-\frac{1}{2}\oint_{\partial\Omega}[w\delta w_x\cos\alpha+w_x\delta w\cos\alpha$

$+w\delta w_y\cos\beta+w_y\delta w)ds-\iint_\Omega\rho(x,y)\delta w\,dxdy$

($\frac{\partial}{\partial x}\left(\frac{\partial w}{\partial x}\delta w\right)+\frac{\partial}{\partial y}\left(\frac{\partial w}{\partial y}\delta w\right)=\frac{\partial w}{\partial x}\delta w_x+\frac{\partial w}{\partial y}\delta w_y+\frac{\partial^2 w}{\partial x^2}\delta w+\frac{\partial^2 w}{\partial y^2}\delta w$)

$$\delta\Pi(w)=\iint_\Omega\left[\frac{\partial}{\partial x}\left(\frac{\partial w}{\partial x}\delta w\right)+\frac{\partial}{\partial y}\left(\frac{\partial w}{\partial y}\delta w\right)\right]dxdy-\iint_\Omega\left[\frac{\partial^2 w}{\partial x^2}+\frac{\partial^2 w}{\partial y^2}\right]\delta w\,dxdy$$

$$-\frac{1}{2}\oint_{\partial\Omega}[w\delta w_x\cos\alpha+\delta w_y\cdot w\cos\beta]ds-\frac{1}{2}\oint_{\partial\Omega}[w_x\delta w\cos\alpha+w_y\delta w\cos\beta]ds$$

$$-\iint_\Omega\rho(x,y)\delta w\,dxdy$$

$$\delta\Pi(w)=-\iint_\Omega\left[\frac{\partial^2 w}{\partial x^2}+\frac{\partial^2 w}{\partial y^2}\right]\delta w\,dxdy-\iint_\Omega\rho(x,y)\delta w\,dxdy$$

$$+\frac{1}{2}\oint_{\partial\Omega}w_x\delta w\cos\alpha+w_y\delta w\cos\beta]ds-\frac{1}{2}\oint[w\delta w_x\cos\alpha+\delta w_y\cdot w\cos\beta]ds$$

$$=-\iint_\Omega\left[\left(\frac{\partial^2 w}{\partial x^2}+\frac{\partial^2 w}{\partial y^2}+\rho(x,y)\right]\delta w\,dxdy+\frac{1}{2}\oint_{\partial\Omega}[(w_x\delta w-w\delta w_x)\cos\alpha+\right.$$

$$+(w_y\delta w-w\cdot\delta w_y)\cos\beta]ds$$

$$=-\iint_\Omega\left[\frac{\partial^2 w}{\partial x^2}+\frac{\partial^2 w}{\partial y^2}+\rho(x,y)\right]\delta w\,dxdy+\frac{1}{2}\oint_{\partial\Omega}\left[\frac{\partial w}{\partial n}\delta w-\frac{\partial\delta w}{\partial n}w\right]ds$$

于是. 在 $\Omega$ 上 $-\left(\frac{\partial^2 w}{\partial x^2}+\frac{\partial^2 w}{\partial y^2}\right)=\rho(x,y)$

在 $\partial\Omega$ 上 $\frac{\partial w}{\partial n}\delta w-\frac{\partial\delta w}{\partial n}w=0$. (在变分过程中保持满足此条件者称为...)

(self). Example 6. 说明，工程中往往要求解微分方程的边值问题。我们可以构造一个泛函，使它的欧拉方程就是我们需要求解的微分方程。这样就把求解微分方程的问题化为求泛函的极值的变分问题。

如：泛函 $\Pi(w)=\frac{1}{2}\iint_{\Omega}\left[\left(\frac{\partial w}{\partial x}\right)^2+\left(\frac{\partial w}{\partial y}\right)^2\right]dxdy-\iint_{\Omega}w\cdot f(x,y)\,dxdy$

其欧拉方程为 在Ω内 $-\left(\frac{\partial^2 w}{\partial x^2}+\frac{\partial^2 w}{\partial y^2}\right)=+f(x,y)$

在∂Ω上 $w=\overline{w}$（边界）

现在问题是如何求出变分极值的函数 $w(x,y)$？ {直接代值：里兹法；间接：欧拉方程法}

设 $w(x,y)=\sum_{i=1}^{n}a_i w_i(x,y)$（$w_i$ 是满足边界条件的函数序列）⇓ 使 $\Pi(w)=\Pi(\alpha_1,\cdots\alpha_n)$，$\delta\Pi=0$ ⇕ $\begin{cases}\frac{\partial\Pi}{\partial\alpha_1}=0\\ \cdots\\ \frac{\partial\Pi}{\partial\alpha_n}=0\end{cases}$

## A. Ritz法

R-Ritz（里兹）法求解工程问题的计算步骤如下：

1>. 把实际工程所提出的微分方程作为欧拉方程，找出其相应的泛函Π。

2>. 假设一组满足边界条件的坐标函数序列 $w_i(x,y)$ 并令 $w=\sum_{i=1}^{n}\alpha_i w_i(x,y)$

将此式代入泛函，使泛函 $\Pi(w)\Longrightarrow\Pi(\alpha_1,\alpha_2,\cdots\alpha_n)$（多元函数）

3>. 由极值条件 $\delta\Pi=0\Longrightarrow\begin{cases}\frac{\partial\Pi}{\partial\alpha_1}=0\\ \cdots\\ \frac{\partial\Pi}{\partial\alpha_n}=0\end{cases}$ 求出系数 $\alpha_i$。

4>. 把求得系数代回，就得出微分方程的近似解，即使泛函取极值的解。

Example. 一截面为 $(2a\times 2b)$ 弹性柱体的扭转问题。在分析扭矩引起的应力时，需求解下面微分方程 $\frac{\partial^2\varphi}{\partial x^2}+\frac{\partial^2\varphi}{\partial y^2}=-2$，这里 $\varphi=\varphi(x,y)$ 是应力函数，在边界上 $\varphi(x,y)=0$。

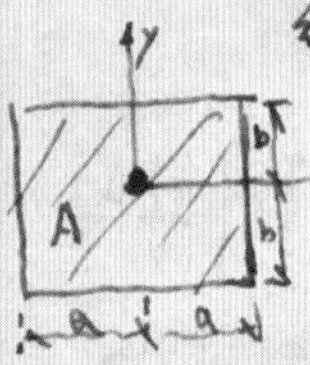


我们可找出相应的泛函 $\Pi(\varphi)=\iint_A\left[\left(\frac{\partial\varphi}{\partial x}\right)^2+\left(\frac{\partial\varphi}{\partial y}\right)^2\right]dxdy-2\iint_A 2\cdot\varphi\,dxdy$.

取解的近似式为 $\varphi=(x^2-a^2)(y^2-b^2)\sum_{j=0}\sum_{i=0}\alpha_{ij}x^{i}y^{j}$。显然满足边界条件。

由于截面对称于x，y轴，故上式中仅出现偶次项。

如我们只取其中一项，则 $\varphi_1=\alpha_1(x^2-a^2)(y^2-b^2)$

代入 $\Pi_1(\varphi)=4\int_{-a}^{a}\int_{-b}^{b}\{\alpha_1^2[x^2(y^2-b^2)^2+y^2(x^2-a^2)^2]-\alpha_1(x^2-a^2)(y^2-b^2)\}dxdy$.

$\frac{\partial\Pi_1}{\partial\alpha_1}=4\int_{-a}^{a}\int_{-b}^{b}\{2\alpha_1[x^2(y^2-b^2)^2+y^2(x^2-b^2)^2]-(x^2-a^2)(y^2-b^2)\}dxdy$.

积分后，令 $\frac{\partial\Pi_1}{\partial\alpha_1}=0$。 求得 $\alpha_1=\frac{5}{4}\frac{1}{a^2+b^2}$.

故得所求应力函数的近似解 $\varphi_1=\frac{5}{4}\frac{1}{a^2+b^2}(x^2-a^2)(y^2-b^2)$

类似地可以取φ中的三项 $\varphi_3=(x^2-a^2)(y^2-b^2)(\alpha_1+\alpha_2x^2+\alpha_3y^2)$ 或更多项…… 求出相应的近似解。

强加边界条件 —— 在边界B上，给定函数值φ必须先满足 $\varphi=\overline{\varphi}$，称之为强加边界条件。

自然边界条件 —— 在泛函极小化过程中使它被满足的边界条件。

## B、加权余量法。（self）

用变分法求近似解时，首先要找相应的泛函。对某些问题，相应的泛函尚未找到或根本不存在，就无法用变分方法，故引入加权余量法。

思想。 给微分方程边值问题 $\begin{cases} \text{在}\Omega\text{内} & L(u)=P \quad \cdots\cdots(1) \\ \text{在}\Omega\text{上} & B(u)=0 \quad \cdots\cdots(2) \end{cases}$ （L、B为算子）

找一个近似问题的近似解。 $u=\beta_1u_1+\beta_2u_2+\cdots+\beta_nu_n=\sum_{i=1}^{n}\beta_iu_i$ （$\beta_i$待定）

其中$u_i$满足边界条件，但不满足微分方程。 $u_i$应是线性独立的，并应取自完备函数集合，即任一函数都可用此集合表示。

由于$u_i$不满足微分方程①，将有余量 $R=L(u)-P$ ……③

对于精确解，在Ω内任一点，$R\equiv0$。

近似解，可选择$\beta_i$使在某种平均意义上余量R为零，令余量的加权积分值为零，即 $\int W_iR\,dV=0$ ……④

其中$W_i$为权函数。取n个权函数，得到n个方程，求出n个系数$\beta_i$ ($i=1\cdots n$)

并且取不同的权函数，得到不同的计算方法。

**1、配点法。** 选权函数为δ函数 $\begin{cases} \text{在n个离散点上} & W_i=1 \\ \text{在Ω域其余部分} & W_i=0. \end{cases}$

这就是要求近似解在n个离散点上满足微分方程。

也即使 $R_i=[L(u)-P]\big|_i=0$ $(i=1,2,\cdots n)$ 求解$\beta_i$，得到解u。

Example. 求边值问题 $\begin{cases} u''+u+x=0 \\ u|_{x=0}=u|_{x=1}=0 \end{cases}$

取近似解。 $u=x(1-x)(\beta_1+\beta_2x+\beta_3x^2+\cdots)$ （满足边界条件，不满足微分方程）

取两项 $u=x(1-x)(\beta_1+\beta_2x)$

则余量 $R(x)=x+\beta_1(-2+x-x^2)+\beta_2(2-6x+x^2-x^3)$

在区间0～1三等分，取$x=\frac{1}{3}$，$x=\frac{2}{3}$为配点，得

$\left.\begin{array}{l} R(\frac{1}{3})=0 \\ R(\frac{2}{3})=0 \end{array}\right\}$ 求得 $\beta_1=0.1948$，$\beta_2=0.1731$

$\therefore u=x(1-x)(0.1948+0.1731x)$

与精确解的最大误差只有3%。

**2、最小二乘法。**

思想。由$u=\sum\beta_iu_i$，得余量 $R=L(u)-P$。将余量的二次方$R^2$在区域Ω上积分，得到 $I=\int R^2dV$

要求选择系数$\beta_i$，使积分I值为极小，则要求

$$\frac{\partial I}{\partial\beta_i}=0 \quad i=1,2,\cdots n \qquad \text{（二乘法）}$$

也即要求 $\int R\cdot\frac{\partial R}{\partial\beta_i}dV=0$ $(i=1,2\cdots n)$

这是相当于权函数 $W_i=\frac{\partial R}{\partial\beta_i}$

如上例.. $R = x + \beta_1(-2+x-x^2) + \beta_2(2-6x+x^2-x^3)$ （取 $u = x(1-x)(\beta_1+\beta_2 x)$）

$$\int_0^1 R\frac{\partial R}{\partial \beta_1}dx = \int_0^1 [x+\beta_1(-2+x-x^2)+\beta_2(2-6x+x^2-x^3)](-2+x-x^2)\,dx = 0$$

$$\int_0^1 R\frac{\partial R}{\partial \beta_2}dx = \int_0^1 [x+\beta_1(-2+x-x^2)+\beta_2(2-6x+x^2-x^3)](2-6x+x^2-x^3)\,dx = 0.$$

得 $\beta_1 = 0.192$. $\beta_2 = 0.165$.

$\therefore\ u = x(1-x)(0.192+0.165x)$.

3). 矩法.. 取定 $u = \sum \beta_i u_i$ 后. 余量 $R = L(u) - P$ 等.

使选取权 $\beta_i$ 取决 $\int W_i R\,dV = 0$.

对于一维问题. 取 $W_i = x^{i-1}$ $(i=1, 2 \cdots n)$

即由
$$\left.\begin{aligned}&\int 1\, R\,dV = 0\\&\int x R\,dV = 0\\&\int x^2 R\,dV = 0\\&\cdots\cdots\\&\int x^{n-1} R\,dV = 0\end{aligned}\right\}$$
决定 $\beta_i$ $(i=1,2\cdots n)$

上例中取 $u = x(1-x)(\beta_1+\beta_2 x)$.

$$R = x+\beta_1(-2+x-x^2)+\beta_2(2-6x+x^2-x^3)$$

则有
$$\left.\begin{aligned}&\int_0^1 1\cdot R\,dx = 0.\\&\int_0^1 x\cdot R\,dx = 0\end{aligned}\right\}$$
求 $\beta_1 = 0.1878$, $\beta_2 = 0.1693$.

4). 加辽金方法.. 取定 $u = \sum \beta_i u_i$. 由 $\int W_i R\,dV = 0$ 决定系数 $\beta_i$ 时. 取

权系数取 $W_i = u_i$. 即由
$$\left.\begin{aligned}&\int u_1 R\,dV = 0\\&\int u_2 R\,dV = 0\\&\cdots\cdots\\&\int u_n R\,dV = 0\end{aligned}\right\}$$
决定 $\beta_i$ $(i=1,2\cdots n)$.

此法精度较高. 当存在相应泛函时. 此法将与变分法得到同样结果. 故应用广泛.

上例中. 取 $u = x(1-x)(\beta_1+\beta_2 x)$ $R = x+\beta_1(-2+x-x^2)+\beta_2(2-6x+x^2-x^3)$

则 $W_1 = x(1-x)$. $W_2 = x^2(1-x)$

$$\therefore\ \left.\begin{aligned}&\int_0^1 W_1 R\,dx = 0\\&\int_0^1 W_2 R\,dx = 0\end{aligned}\right\}$$
$\beta_1 = 0.1924$, $\beta_2 = 0.1707$.

$\therefore\ u = x(1-x)(0.1924+0.1707x)$.

poisson方程.

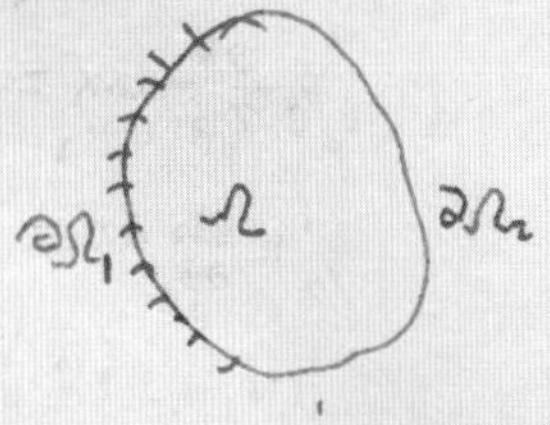


在 $\Omega$ 上. $-\left(\frac{\partial}{\partial x}\beta\frac{\partial u}{\partial x}+\frac{\partial}{\partial y}\beta\frac{\partial u}{\partial y}\right)=\rho(x,y)$

$\partial\Omega$ 上. 第一 $u=\bar{u}$ 在 $\partial\Omega_1$

第二 $\beta\frac{\partial u}{\partial n}=q$

第三 $\beta\frac{\partial u}{\partial n}+\eta u=q$ 在 $\partial\Omega_2$ $\Downarrow$ 找泛函.

$$\Pi(u)=\underbrace{\frac{1}{2}\left(u,-\left(\frac{\partial}{\partial x}\beta\frac{\partial u}{\partial x}+\frac{\partial}{\partial y}\beta\frac{\partial u}{\partial y}\right)\right)}_{\text{内力}}-\underbrace{(\rho(x,y)\ u)}_{\text{外力}}-\underbrace{\left(\beta\frac{\partial u}{\partial n}+\eta u-q,\ u\right)}_{\text{在}\partial\Omega_2\text{上之外力}}$$

$$=\iint_\Omega-\frac{1}{2}\left[\frac{\partial}{\partial x}\beta\frac{\partial u}{\partial x}+\frac{\partial}{\partial y}\beta\frac{\partial u}{\partial y}\right]u\,dxdy-\iint_\Omega\rho(x,y)\,u\,dxdy-\int_{\partial\Omega_2}\left[\beta\frac{\partial u}{\partial n}+\eta u-q\right]u\,ds$$

交换 $$=-\frac{1}{2}\iint_\Omega\left\{\left[\frac{\partial}{\partial x}\left(\beta\frac{\partial u}{\partial x}u\right)+\frac{\partial}{\partial y}\left(\beta\frac{\partial u}{\partial y}u\right)\right]-\left[\beta\left(\frac{\partial u}{\partial x}\right)^2+\beta\left(\frac{\partial u}{\partial y}\right)^2\right]\right\}dxdy$$

$$-\iint_\Omega\rho(x,y)\,u\,dxdy-\int_{\partial\Omega_2}$$

green $$=\frac{1}{2}\iint_\Omega\left[\beta\left(\frac{\partial u}{\partial x}\right)^2+\beta\left(\frac{\partial u}{\partial y}\right)^2\right]dxdy-\frac{1}{2}\oint_{\partial\Omega}\left[\beta\frac{\partial u}{\partial x}\cos\alpha+\beta\frac{\partial u}{\partial y}\cos\beta\right]u\,ds-\iint_\Omega\rho u\,dxdy-\int_{\partial\Omega_2}$$

$$=\frac{1}{2}\iint_\Omega\beta\left[\left(\frac{\partial u}{\partial x}\right)^2+\left(\frac{\partial u}{\partial y}\right)^2\right]dxdy-\frac{1}{2}\oint_{\partial\Omega}\beta\frac{\partial u}{\partial n}u\,ds-\iint_\Omega\rho\cdot u\,dxdy-\int_{\partial\Omega_2}\left[\beta\frac{\partial u}{\partial n}u+\eta u^2-qu\right]ds$$

$$=\frac{1}{2}\iint_\Omega\left[\left(\frac{\partial u}{\partial x}\right)^2+\left(\frac{\partial u}{\partial y}\right)^2-2\rho(x,y)u\right]dxdy-\frac{1}{2}\int_{\partial\Omega}\beta\frac{\partial u}{\partial n}\cdot u\,ds-\int_{\partial\Omega_2}\left[\beta\frac{\partial u}{\partial n}u+\eta u^2-qu\right]ds$$

$$=\frac{1}{2}\iint_\Omega\left[\left(\frac{\partial u}{\partial x}\right)^2+\left(\frac{\partial u}{\partial y}\right)^2-2\rho(x,y)u\right]dxdy-\frac{3}{2}\int_{\partial\Omega_2}\beta\frac{\partial u}{\partial n}u\,ds-\int_{\partial\Omega_2}\left[\eta u^2-qu\right]ds$$

$\eta u^2=qu-\beta\frac{\partial u}{\partial n}\cdot u$

例. 强加边界条件. 与自然边界条件.

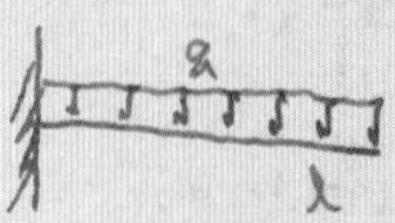


$-EI\frac{d^4y}{dx^4}=q \iff \Pi(y)=\frac{1}{2}\left(y,-EI\frac{d^4y}{dx^4}\right)-(q,y)$

$\begin{cases} y_0=y'_0=0 & y|_l=y'|_l=0 \\ Q_l=M_l=0 \end{cases}$

$$=-\frac{1}{2}\int_0^l y\,EI\frac{d^4y}{dx^4}dx-\int_0^l qy\,dx$$

$$=-\frac{1}{2}\int_0^l EI\left(\frac{d^2y}{dx^2}\right)^2dx-\int_0^l qy\,dx-\frac{1}{2}\left[EI\frac{d^3y}{dx^3}y\right]\Big|_0^l+\left[EI\frac{dy}{dx}\cdot\frac{d^2y}{dx^2}\right]\Big|_0^l$$

故要使 $\Pi(y)$ $\left[EI\frac{d^3y}{dx^3}y\right]\Big|_0^l=0$. 即 $Qy\big|_0^l=0$

$\left[EI\frac{dy}{dx}\frac{d^2y}{dx^2}\right]\Big|_0^l=0$. 即 $My'\big|_0^l=0$ } 自然边界条件

自然边界条件 — 自动满足之边界条件 (如 $Q|_l=0$. $M|_l=0$)

强加边界条件 — 强迫满足之边界条件. (如 $y_0=y'_0=0$.)

只需在强加边界条件 ($y_0=y'_0=0$) 的一切位移中 使泛函 $\Pi(y)$ 最小的解是它之真正解.

## §1-5. 泛函的条件极值问题..

stationary value

Lagrange multiple.（乘子法）

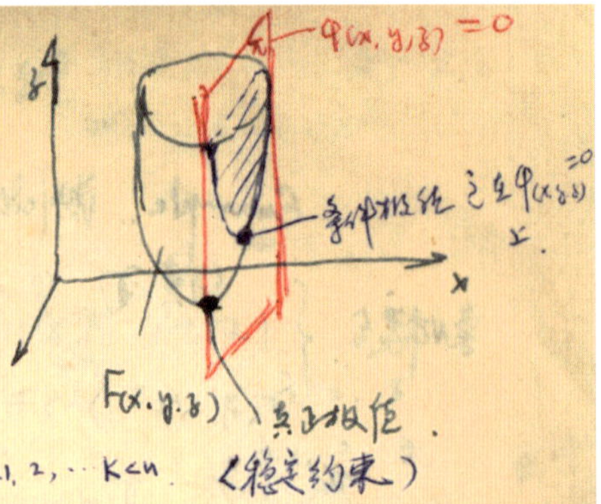


$$\begin{cases} \Pi_{(y)} = \int_{x_1}^{x_2} F(x, y_1, y_2, \cdots y_n, y_1', y_2' \cdots y_n') \quad \text{（n个自变函数）} \\ \text{条件约束.（可极值限制在）} \varphi_i(x, y_1, y_2 \cdots y_n, y_1', y_2' \cdots y_n') = 0 \quad i=1,2,\cdots k<n \end{cases}$$

这一类泛函极值问题转化为无条件泛函的求变分问题.

新泛函.. $\Pi^*_{(y,\lambda)} = \int_{x_1}^{x_2} F(x, y_j, y_j')\,dx + \sum_{i=1}^{k}\int_{x_1}^{x_2} \lambda_i \varphi_i(x, y_j, y_j')\,dx$. $(j=1 \cdots n)$

（这样求变分时，係得到和约束方程成为泛函中的相应充分条件）.

$\delta\Pi^*(y_j\lambda_j) = 0$.（取 stationary value 的必要条件）.

$$\delta\Pi^*(y_j\lambda_j) = \sum_{j=1}^{n}\int_{x_1}^{x_2}\left(\frac{\partial F}{\partial y_j}\delta y_j + \frac{\partial F}{\partial y_j'}\delta y_j'\right)dx + \sum_{i=1}^{k}\int_{x_1}^{x_2}\lambda_i \sum_{j=1}^{n}\left(\frac{\partial \varphi_i}{\partial y_j}\delta y_j + \frac{\partial \varphi_i}{\partial y_j'}\delta y_j'\right)dx + \sum_{i=1}^{k}\int_{x_1}^{x_2}\varphi_i(x, y_j, y_j')\,\delta\lambda_i\,dx = 0$$

分部积分后..

$$\therefore \delta\Pi^*(y_j, \lambda_j) = \sum_{j=1}^{n}\left\{\int_{x_1}^{x_2}\left[\frac{\partial F}{\partial y_j} - \frac{d}{dx}\left(\frac{\partial F}{\partial y_j'}\right)\right]\delta y_j\,dx + \sum_{i=1}^{k}\int_{x_1}^{x_2}\lambda_i\left(\frac{\partial \varphi_i}{\partial y_j} - \frac{d}{dx}\frac{\partial \varphi_i}{\partial y_j'}\right)\delta y_j\,dx\right\} + \sum_{i=1}^{k}\int_{x_1}^{x_2}\varphi_i(x, y_j, y_j')\,\delta\lambda_i\,dx$$

自动满足（约束条件）

$$= \sum_{j=1}^{n}\int_{x_1}^{x_2}\left[\frac{\partial F}{\partial y_j} - \frac{d}{dx}\left(\frac{\partial F}{\partial y_j'}\right) + \sum_{i=1}^{k}\lambda_i\left(\frac{\partial \varphi_i}{\partial y_j} - \frac{d}{dx}\frac{\partial \varphi_i}{\partial y_j'}\right)\right]\delta y_j\,dx = 0$$

$$\therefore \sum_{j=1}^{n}\left[\frac{\partial F}{\partial y_j} - \frac{d}{dx}\left(\frac{\partial F}{\partial y_j'}\right) + \sum_{i=1}^{k}\lambda_i\left(\frac{\partial \varphi_i}{\partial y_j} - \frac{d}{dx}\frac{\partial \varphi_i}{\partial y_j'}\right)\right]\delta y_j = 0$$

∵ $\delta y_j$ 是独立的 故得n个方程.. Euler方程

可视为. $A\lambda = b$.. 的一个代数方程. $A = \left(\frac{\partial F}{\partial y_j} - \frac{d}{dx}\left(\frac{\partial F}{\partial y_j'}\right)\right)$, $b = \sum_{i=1}^{k}\left(\frac{\partial \varphi_i}{\partial y_j} - \frac{d}{dx}\frac{\partial \varphi_i}{\partial y_j'}\right)$, $\lambda = \sum_{i=1}^{k}\lambda_i$

对每可建立. $j=1, \cdots n$ 个 $A\lambda = b$ 方程.

其中 k个λ，故可求出 y 的独立变量 $(n-k)$ 个. 即自由度为 $(n-k)$

n个方程.. $\frac{\partial F}{\partial y_j} - \frac{d}{dx}\left(\frac{\partial F}{\partial y_j'}\right) + \sum_{i=1}^{k}\lambda_i\left(\frac{\partial \varphi_i}{\partial y_j} - \frac{d}{dx}\frac{\partial \varphi_i}{\partial y_j'}\right) = 0$. $(j=1,2,\cdots n)$

要使 $\lambda_i$ 有非零解.. 必使系数行列式 $\left|\frac{\partial \varphi_i}{\partial y_j} - \frac{d}{dx}\frac{\partial \varphi_i}{\partial y_j'}\right|_{\substack{i=1\cdots k \\ j=1\cdots n}} \neq 0$

$$\begin{vmatrix} \frac{\partial \varphi_1}{\partial y_1} - \frac{d}{dx}\frac{\partial \varphi_1}{\partial y_1'}, & \frac{\partial \varphi_2}{\partial y_1} - \frac{d}{dx}\frac{\partial \varphi_2}{\partial y_1'}, & \cdots & \frac{\partial \varphi_k}{\partial y_1} - \frac{d}{dx}\frac{\partial \varphi_k}{\partial y_1'} \\ \frac{\partial \varphi_1}{\partial y_2} - \frac{d}{dx}\frac{\partial \varphi_1}{\partial y_2'}, & \frac{\partial \varphi_2}{\partial y_2} - \frac{d}{dx}\frac{\partial \varphi_2}{\partial y_2'}, & \cdots & \frac{\partial \varphi_k}{\partial y_2} - \frac{d}{dx}\frac{\partial \varphi_k}{\partial y_2'} \\ \cdots & \cdots & \cdots & \cdots \\ \frac{\partial \varphi_1}{\partial y_k} - \frac{d}{dx}\frac{\partial \varphi_1}{\partial y_k'}, & \frac{\partial \varphi_2}{\partial y_k} - \frac{d}{dx}\frac{\partial \varphi_2}{\partial y_k'}, & \cdots & \frac{\partial \varphi_k}{\partial y_k} - \frac{d}{dx}\frac{\partial \varphi_k}{\partial y_k'} \end{vmatrix} \neq 0. \Rightarrow$$

λ k个根

Example：测地线（最短路程）（条件极值）

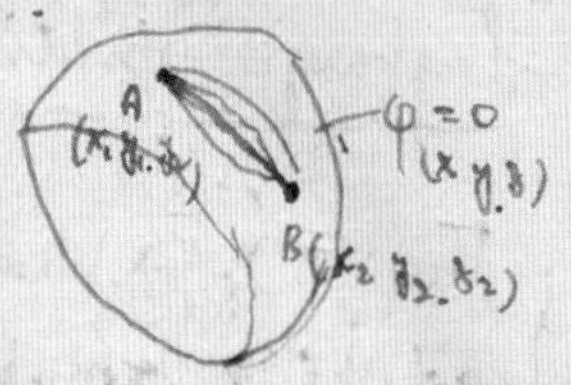


条件变分：
$$\begin{cases}\text{约束面 } \varphi(x,y,z)=0 \\ S(y',z')=\int ds=\int_{x_1}^{x_2}\sqrt{1+y'^2+z'^2}\,dx=\min\end{cases}$$

取泛函 $\Pi(y',z',\lambda)=\int_{x_1}^{x_2}\left[\sqrt{1+y'^2+z'^2}+\lambda\varphi(x,y,z)\right]dx$

$$\Pi(y,z,y',z',\lambda)=\int_{x_1}^{x_2}\left[\sqrt{1+y'^2+z'^2}+\lambda\varphi(x,y,z)\right]dx$$

$$\delta\Pi(y,z,y',z',\lambda)=0$$

$$\delta\Pi=\int_{x_1}^{x_2}\left[\frac{y'}{\sqrt{1+y'^2+z'^2}}\delta y'+\frac{z'}{\sqrt{1+y'^2+z'^2}}\delta z'+\lambda\frac{\partial\varphi}{\partial y}\delta y+\lambda\frac{\partial\varphi}{\partial z}\delta z+\varphi\delta\lambda\right]dx$$

分部积分 $\int_{x_1}^{x_2}\left[-\frac{d}{dx}\frac{y'}{\sqrt{1+y'^2+z'^2}}\delta y-\frac{d}{dx}\frac{z'}{\sqrt{1+y'^2+z'^2}}\delta z+\lambda\frac{\partial\varphi}{\partial y}\delta y+\lambda\frac{\partial\varphi}{\partial z}\delta z+\varphi\delta\lambda\right]dx$

$$+\left[\frac{y'\delta y+z'\delta z}{\sqrt{1+y'^2+z'^2}}\right]_{x_1}^{x_2}\ (=0)$$

$$=\int_{x_1}^{x_2}\left[\lambda\frac{\partial\varphi}{\partial y}-\frac{d}{dx}\frac{y'}{\sqrt{1+y'^2+z'^2}}\right]\delta y\,dx$$

$$+\int_{x_1}^{x_2}\left[\lambda\frac{\partial\varphi}{\partial z}-\frac{d}{dx}\frac{z'}{\sqrt{1+y'^2+z'^2}}\right]\delta z\,dx+\int_{x}\varphi\,\delta\lambda\,dx$$

∵ $\delta y$．$\delta z$．$\delta\lambda$ 为自独立变化，

∴ 得到三个方程：
$$\begin{cases}\lambda\frac{\partial\varphi}{\partial y}-\frac{d}{dx}\frac{y'}{\sqrt{1+y'^2+z'^2}}=0\\ \lambda\frac{\partial\varphi}{\partial z}-\frac{d}{dx}\frac{z'}{\sqrt{1+y'^2+z'^2}}=0\\ \varphi(x,y,z)=0\end{cases}$$
（约束在曲面中）

~~如 $\varphi=$~~ 令 $\varphi=z-\sqrt{1-x^2}=0$

~~约束条件 $y^2+z^2=R^2$~~

在圆柱面上：

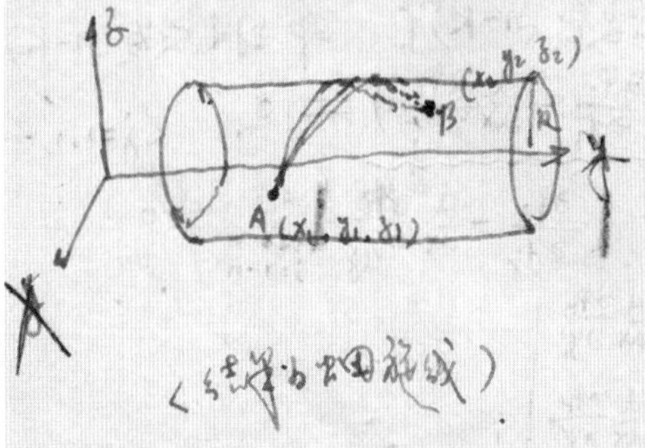


（结果为螺旋线）

~~则 $\Pi=\int_{x_1}^{x_2}\left[\sqrt{1+y'^2+z'^2}+\lambda(y^2+z^2-R^2)\right]dx$~~

则上式简为：
$$\begin{cases}\frac{d}{dx}\frac{y'}{\sqrt{1+y'^2+z'^2}}=0\\ \frac{d}{dx}\frac{z'}{\sqrt{1+y'^2+z'^2}}=\lambda(x)\\ z=\sqrt{1-x^2}\end{cases}$$

∵ $ds=\sqrt{1+y'^2+z'^2}\,dx$

∴ 化为 $\frac{dy}{ds}=a$（常数），$\frac{dz}{ds}=A(x)=\int\lambda(x)dx$

由 $z=\sqrt{1-x^2}$，$dx=-\frac{\sqrt{1-x^2}}{x}dz=-\frac{\sqrt{1-x^2}}{x}A(x)ds$

∵ $ds^2=dx^2+dy^2+dz^2=\left[\frac{1-x^2}{x^2}A(x)+a^2+A^2(x)\right]ds^2$　∴ $A(x)=\sqrt{1-a^2}\,x$

$dx=-\sqrt{1-x^2}\cdot\sqrt{1-a^2}\,ds$

∴ $x=\cos\left[\sqrt{1-a^2}\,s+d\right]$

其参数表示：
$$\begin{cases}x=\cos\left[\sqrt{1-a^2}\,s+d\right]\\ y=as+b\\ z=\sin\left[\sqrt{1-a^2}\,s+d\right]\end{cases}$$
（s 为参数）

# 第二章 小位移弹性力学变分原理

## §2-1 弹性力学单变量最小能原理

1. 基本方程

1) 平衡方程 (Navier方程，17世纪)

$$\frac{\partial \sigma_{ij}}{\partial x_j} + F_i = 0 \qquad i=1,2,3 \quad j=1,2,3$$

($\sigma_{ij}$ 9个应力分量)

或写成 $\sigma_{ij,j} + F_i = 0$ 　其中 $\sigma_{ij,j} = \frac{\partial \sigma_{ij}}{\partial x_j}$

2) 位移应变关系 (Cauchy小应变)

$\varepsilon_x = \frac{\partial u}{\partial x}$ .... (三个)

$\gamma_{xy} = \frac{\partial v}{\partial x} + \frac{\partial u}{\partial y}$ .... (三个)

张量式： $e_{ij} = \frac{1}{2}\left(\frac{\partial u_i}{\partial x_j} + \frac{\partial u_j}{\partial x_i}\right)$

$$e_{ij} = \begin{cases} \varepsilon_i & i=j \\ \frac{1}{2}\gamma_{ij} & i\neq j \end{cases}$$

3) 应力应变关系 → Lamé关系

$\sigma_{ij} = a_{ijkl}\cdot e_{kl}$ 　($i,j,k,l = 1,2,3$)

$e_{ij} = b_{ijkl}\,\sigma_{ij}$ — Hooke关系

极端各向异性，81个常数 $a_{ijkl}$，或 $b_{ijkl}$。

对称关系． $a_{ijkl} =$ ~~$a_{klij}$~~ $= a_{ijlk} = a_{jikl}$

故一般各向异性，弹性常数21个。

各向同性 $a_{ijkl} = a_{klij} = a_{ijlk} = a_{jikl}$． 　3个常数，而独立的两个。

4) 边界条件 $\begin{cases} \text{位移} & u=\bar{u} \quad \text{(假定已给定)} \\ \text{外力已给定} & \sigma_{ij}n_j = \bar{p}_i \quad \text{仍由已给条件} \end{cases}$

5) 应变能密度，应力能密度。

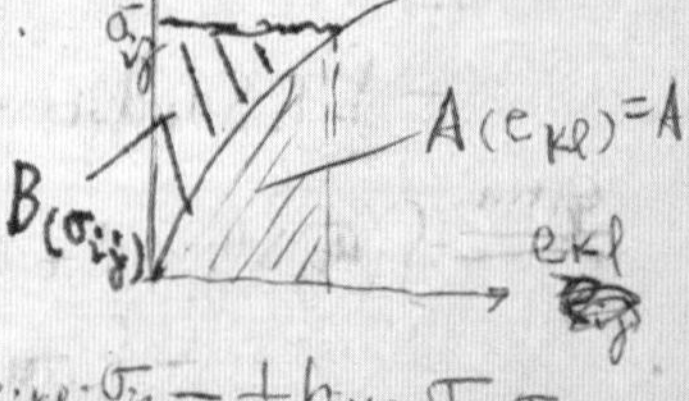


应变能 $A(e_{ij}) = \frac{1}{2}\sigma_{ij}e_{kl}$

$= \frac{1}{2}a_{ijkl}\,e_{kl}\cdot e_{kl}$

应力能 $B(\sigma_{ij}) = \frac{1}{2}\sigma_{ij}e_{kl} = \frac{1}{2}\sigma_{ij}\cdot b_{ijkl}\cdot\sigma_{ij} = \frac{1}{2}b_{ijkl}\,\sigma_{ij}\cdot\sigma_{ij}$

$A(e_{ij}) \; B(\sigma_{ij}) = \sigma_{ij}e_{ij}$

$\frac{\partial A(e_{ij})}{\partial e_{ij}} = \sigma_{ij}$ 　　$\frac{\partial B(\sigma_{ij})}{\partial \sigma_{ij}} = e_{ij}$ 　作成迭加

2. 最小位能原理

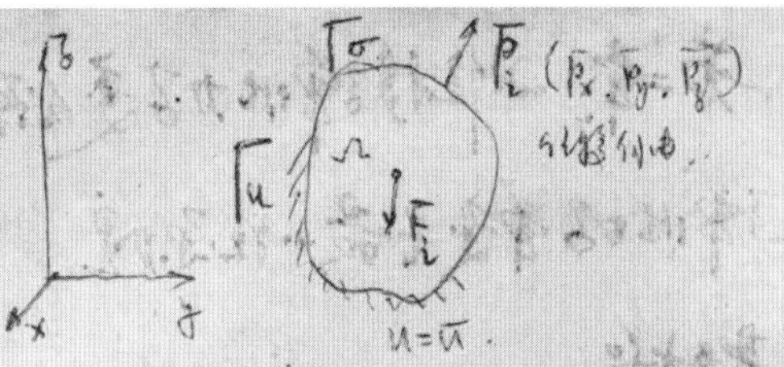


$$\Pi(u)=\int_\Omega A(e_{ij})\,d\Omega \quad (\text{内功})$$
$$-\int_\Omega F_i\cdot u_i\,d\Omega$$
$$-\int_{\Gamma_\sigma}\bar{P}_i\cdot u_i\cdot dS = \min \quad \overset{\text{等价}}{\Longleftrightarrow} \begin{cases} \text{在}\Omega\text{内} \quad \dfrac{\partial\sigma_{ij}}{\partial x_j}+F_i=0 \\ \text{在}\Gamma_\sigma\text{上}, \quad \sigma_{ij}n_j=\bar{P}_i \quad (\text{平衡条件}) \end{cases}$$

其中 $u=\bar{u}$ 在 $\Gamma_u$ 上
$\Omega$ 内 $e_{ij}=\frac{1}{2}\left[\frac{\partial u_i}{\partial x_j}+\frac{\partial u_j}{\partial x_i}\right]$ } 协调条件

是协调 $\Pi(u)$ 满足之条件

1) 位移 $u$ 为自变函数

要求: $u$ 先满足 $u_i=\bar{u}_i$ 在 $\Gamma_u$ 上 (协调条件)

2) 要求 $u$ 满足 Cauchy 关系 $e_{ij}=\frac{1}{2}\left(\frac{\partial u_i}{\partial x_j}+\frac{\partial u_j}{\partial x_i}\right)$

3) 从最小位能原理可推出平衡方程和外力边界条件

4) 在一切容许位移 $u$ (容许位移) 中, 真正的位移是使得 $\Pi(u)$ 为最小的位移. 这是问题之解.

$$\delta\Pi(u)=0$$

$$\delta\Pi(u)=\int_\Omega\frac{\partial A(e_{ij})}{\partial e_{ij}}\delta e_{ij}\,d\Omega-\int_\Omega F_i\cdot\delta u_i\,d\Omega-\int_{\Gamma_\sigma}\bar{P}_i\,\delta u_i\,dS=0$$

$$=\int_\Omega\sigma_{ij}\,\delta e_{ij}\,d\Omega-\int_\Omega F_i\,\delta u_i\,d\Omega-\int_{\Gamma_\sigma}\bar{P}_i\,\delta u_i\,dS$$

$$\because\ e_{ij}=\frac{1}{2}\left(\frac{\partial u_i}{\partial x_j}+\frac{\partial u_j}{\partial x_i}\right) \qquad \delta e_{ij}=\frac{1}{2}\left[\delta\left(\frac{\partial u_i}{\partial x_j}+\frac{\partial u_j}{\partial x_i}\right)\right]$$

$$\delta\Pi(u)=\int_\Omega\sigma_{ij}\frac{1}{2}\left[\frac{\partial\delta u_i}{\partial x_j}+\frac{\partial\delta u_j}{\partial x_i}\right]d\Omega-\int_\Omega F_i\,\delta u_i\,d\Omega-\int_{\Gamma_\sigma}\bar{P}_i\,\delta u_i\,dS=$$

变换
$$\frac{\partial}{\partial x_i}(u_{ij}\,\delta u_j)+\frac{\partial}{\partial x_j}(\sigma_{ij}\,\delta u_i)=\sigma_{ij}\frac{\partial\delta u_i}{\partial x_j}+\sigma_{ij}\frac{\partial\delta u_j}{\partial x_i}+\frac{\partial\sigma_{ij}}{\partial x_j}\delta u_j+\frac{\partial\sigma_{ij}}{\partial x_i}\delta u_i.$$

$$\therefore\ \delta\Pi(u)=\frac{1}{2}\int_\Omega\left[\frac{\partial}{\partial x_i}(\sigma_{ij}\delta u_j)+\frac{\partial}{\partial x_j}(\sigma_{ij}\delta u_i)\right]d\Omega-\frac{1}{2}\int_\Omega\left(\frac{\partial\sigma_{ij}}{\partial x_j}\delta u_j+\frac{\partial\sigma_{ij}}{\partial x_i}\delta u_i\right)d\Omega$$
$$-\int_\Omega F_i\,\delta u_i\,d\Omega-\int_{\Gamma_\sigma}\bar{P}_i\,\delta u_i\,dS \qquad \Downarrow\ \text{求和}$$

$$\overset{\text{Green}}{=}\frac{1}{2}\int(\sigma_{ij}\,\delta u_j\cos\alpha+\sigma_{ij}\,\delta u_i\cos\beta)\,dS-\int_\Omega\frac{\partial\sigma_{ij}}{\partial x_j}\delta u_i\,d\Omega-\int_\Omega F_i\,\delta u_i\,d\Omega$$
$$-\int_{\Gamma_\sigma}\bar{P}_i\,\delta u_i\,dS$$

$$=\int_{\Gamma_\sigma}\sigma_{ij}n_j\,\delta u_i\,dS-\int_\Omega\left(\frac{\partial\sigma_{ij}}{\partial x_j}+F_i\right)\delta u_i\,d\Omega-\int_{\Gamma_\sigma}\bar{P}_i\,\delta u_i\,dS=0$$

由 $\delta\Pi(u)=0 \Longrightarrow \begin{cases} \dfrac{\partial\sigma_{ij}}{\partial x_j}+F_i=0 & 在\Omega内 \\ \sigma_{ij}n_j - \bar{P}_i=0 & 在\Gamma_\sigma上 \end{cases}$

其中，在 $\begin{cases}\Gamma_u & u=\bar{u} \\ & \sigma_{ij}=\frac{1}{2}\left[\frac{\partial u_i}{\partial x_j}+\frac{\partial u_j}{\partial x_i}\right)\end{cases}$ 是强迫条件

广义变分（三变量）胡—鹫 Hu—washizu

$$\Pi(u,e_{ij},\sigma_{ij})=\int_\Omega A(e_{ij})d\Omega-\int_\Omega F_iu_id\Omega-\int_{\Gamma_\sigma}\bar{P}_iu_ids+\int_\Omega\lambda_{ij}\left[e_{ij}-\frac{1}{2}\left(\frac{\partial u_i}{\partial x_j}+\frac{\partial u_j}{\partial x_i}\right)\right]d\Omega$$

$$+\int_{\Gamma_u}g_i(u_i-\bar{u}_i)ds = \text{stational value}$$ 条件相关变分原理

$g_i=\sigma_{ij}n_j$（在 $\Gamma_u$ 上）

⇓ 变分后

在 $\Omega$ 上 $\dfrac{\partial\sigma_{ij}}{\partial x_j}+F_i=0$

$e_{ij}=\frac{1}{2}\left(\frac{\partial u_i}{\partial x_j}+\frac{\partial u_j}{\partial x_i}\right)$

在 $\Gamma_u$ 上 $u=\bar{u}$

在 $\Gamma_\sigma$ 上 $\sigma_{ij}n_j=\bar{P}_i$

这样，方程包括了弹性力学中的所有方程。

3. 最小余能原理、

{ 在结构内满足平衡条件及力学边界条件的所有可能应力中，真实的应力使余能取驻值 $\delta\Pi_c=0$，对于线性弹性体，使 $\Pi(\sigma_{ij})$ 取最小值。

1. 自变函数是应力函数 $\sigma_{ij}$，

$$\Pi(\sigma_{ij})=\int_\Omega B(\sigma_{ij})d\Omega-\int_{\Gamma_u}\sigma_{ij}n_j\bar{u}_ids = \min$$

$$\delta^2\Pi(\sigma_{ij})=\delta^2U^*-\delta^2V^*\geq 0$$

⇕

$\begin{cases} 在\Omega上 & e_{ij}=\frac{1}{2}\left[\frac{\partial u_i}{\partial x_j}+\frac{\partial u_j}{\partial x_i}\right] \\ 在\Gamma_u上 & u_i=\bar{u}_i \end{cases}$ 几何边界条件

$\begin{cases} \Omega & \dfrac{\partial\sigma_{ij}}{\partial x_j}+F_i=0 \\ 在\Gamma_\sigma & \sigma_{ij}n_j=\bar{P}_i \end{cases}$ 强加边界条件

注意与最小势能原理区别，

最小势能原理对应于结构的平衡条件，而最小余能原理对应于结构变形协调条件。最小势能原理以位移为变化量，最小余能原理以力为变化量。

特点：

1) 自变函数是应力函数 $\sigma_{ij}$

2) 自变函数 $\sigma_{ij}$ 必须先满足平衡条件和外力边界条件

3) 弹性体最小余能 $\delta\Pi(\sigma_{ij})=0$、$\delta^2\Pi(\sigma_{ij})\geq 0$

4) 在一切静力可能平衡状态中，真实平衡状态使总余能为最小，（在线性弹性体）

## 4、互补变分原理

1° 最小位能原理

$$\Pi(u) = \int_\Omega A(e_{ij})\, d\Omega - \int_\Omega F_i u_i\, d\Omega - \int_{\Gamma_\sigma} \bar{p}_i u_i\, dS = \min$$

$\Updownarrow$

$$\begin{cases} \Omega: & \dfrac{\partial \sigma_{ij}}{\partial x_j} + F_i = 0 \\ \Gamma_\sigma: & \sigma_{ij} n_j = \bar{p}_i \end{cases} \quad \text{自然边界条件}$$

$$\begin{cases} \Omega: & e_{ij} = \dfrac{1}{2}\left[\dfrac{\partial u_i}{\partial x_j} + \dfrac{\partial u_j}{\partial x_i}\right] \\ \Gamma_u: & u = \bar{u}_i \end{cases} \quad \text{强加边界条件}$$

2° 最小余能原理 （线性弹性体）

$$\Pi(\sigma_{ij}) = \int_\Omega B(\sigma_{ij})\, d\Omega - \int_{\Gamma_u} \sigma_{ij} n_j \bar{u}_i\, dS = \min$$

$\Updownarrow$

$$\begin{cases} \Omega: & e_{ij} = \dfrac{1}{2}\left[\dfrac{\partial u_i}{\partial x_j} + \dfrac{\partial u_j}{\partial x_i}\right] \\ \Gamma_u: & u_i = \bar{u}_i \end{cases} \quad \text{自然边界条件}$$

$$\begin{cases} \Omega: & \dfrac{\partial \sigma_{ij}}{\partial x_j} + F_i = 0 \\ \Gamma_\sigma: & \sigma_{ij} n_j = \bar{p}_i \end{cases} \quad \text{强加边界条件}$$

〈近似方法〉近似法：

Rayleigh-Ritz 法

1°. 选 $u_i$ 事先满足强加边界条件和协调关系，然后再满足位能最小。

—— 上限 就得真正解

Trefftz 法：

2°. 选 $\sigma_{ij}$ 事先满足强加边界条件和平衡方程，然后再满足余能最小。

—— 下限 —— 得到真正解

问真正解在这两种方法的上限与下限之间。（位能最小与余能最小相结合）

Complementary Energy（混合能量法）

potential Energy. $\Pi_{1p}(u_i) = U_\varepsilon - \Pi_{1c}(\sigma_{ij})$

$$\Pi_R = \Pi_{1p}(u_i) + \Pi_{1c}(\sigma_{ij}) = \int_\Omega [A(e_{ij})\, d\Omega + B(\sigma_{ij})\, d\Omega] - \int_\Omega F_i u_i\, d\Omega - \int_{\Gamma_u} \sigma_{ij} n_j \bar{u}_i\, ds - \int_{\Gamma_\sigma} \bar{p}_i u_i\, ds$$

$$= \int_\Omega [\sigma_{ij} e_{ij} - F_i u_i]\, d\Omega - \int_{\Gamma_\sigma} \bar{p}_i u_i\, ds$$

可见 $\delta\Pi_R = 0$ 仅为驻值，而不取极值，即既非极大也非极小。

广义的虚功原理：

$$\delta\Pi_R = \delta\Pi_{1p}(u_i) + \delta\Pi_{1c}(\sigma_{ij})$$

（$\delta\Pi_{1p}(u_i)$：$\sigma_{ij}$ 真实，$\delta u_i$ 是虚的；$\delta\Pi_{1c}(\sigma_{ij})$：$u_i$ 是真实，$\delta\sigma_{ij}$ 是虚的）（相当于余虚功 $\sigma_{ij}\delta u_i \to u_i \delta\sigma_{ij}$）

$$= \int_\Omega [\sigma_{ij}\, \delta e_{ij} - F_i\, \delta u_i]\, d\Omega - \int_{\Gamma_\sigma} \bar{p}_i\, \delta u_i\, ds$$

接下页 →

不放上此段，

Example：对偶变分原理 Dual variational principle.

问1：立线长度 $L = ct$. 求此包围之面积极大（圆）.

$$L = \int ds = \int_{x_1}^{x_2} \sqrt{1+y'^2}\, dx = \text{constant}.$$

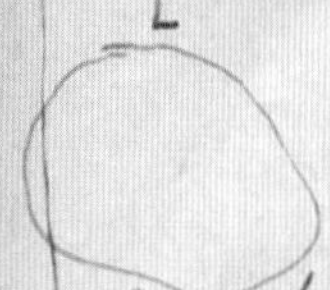

$$A = \int dx\,dy \xrightarrow{\text{格林公式}} \frac{1}{2}\oint_L \left(x\frac{dy}{ds} - y\frac{dx}{ds}\right) ds = \max.$$

问2：反问 ⇒ $A = \frac{1}{2}\oint_L \left(x\frac{dy}{ds} - y\frac{dx}{ds}\right) ds = \text{const}.$

（对偶问题） 求 $L = \int ds = \int_{x_1}^{x_2} \sqrt{1+y'^2}\, dx = \min.$

两个问题是同一个条件变分问题。

$$A = \frac{1}{2}\oint_L \left(x\frac{dy}{ds} - y\frac{dx}{ds}\right) ds = \max$$

用：

$$= \frac{1}{2}\int_0^S (xy' - yx')\, ds. \qquad (\because s \text{ 为自变量})$$

$$L = \int_0^S \sqrt{x'^2 + y'^2}\, ds$$

∴ 条件变分：$\Pi = \int_0^S \left\{\frac{1}{2}(xy' - yx') + \lambda (x'^2 + y'^2)^{\frac{1}{2}}\right\} ds - \lambda L$

$$F^* = \frac{1}{2}(xy' - yx') + \lambda (x'^2 + y'^2)^{\frac{1}{2}} = F^*(s, x, y, x', y')$$

$$\frac{\partial F^*}{\partial x} = \frac{1}{2}y' \qquad \frac{\partial F^*}{\partial y} = -\frac{1}{2}x'$$

$$\frac{\partial F^*}{\partial x'} = -\frac{1}{2}y + \frac{\lambda x'}{(x'^2+y'^2)^{\frac{1}{2}}} \qquad \frac{\partial F^*}{\partial y'} = \frac{1}{2}x + \frac{\lambda y'}{(x'^2+y'^2)^{\frac{1}{2}}}$$

注意到，s 为弧长之长，有 $\dot{x}^2 + \dot{y}^2 = 1$

∴ 欧拉方程为 $\begin{cases} y - \lambda x'' = 0 \\ x' + \lambda y'' = 0. \end{cases}$ ∴ $\left.\begin{matrix} y - \lambda x' = c_1 \\ x + y'\lambda = c_2 \end{matrix}\right\}$ 消去 y

$\lambda^2 x'' + x - c_2 = 0.$ ∴ $x = A\sin\frac{s}{\lambda} + B\cos\frac{s}{\lambda} + c_2$

$$y = A\cos\frac{s}{\lambda} - B\sin\frac{s}{\lambda} + c_1$$

圆线中 $x(L) = x(0)$. $y(L) = y(0)$

$$\therefore A\sin\frac{L}{\lambda} + B\left(\cos\frac{L}{\lambda} - 1\right) = 0$$

$$A\left(\cos\frac{L}{\lambda} - 1\right) - B\sin\frac{L}{\lambda} = 0.$$

设 A.B 不为0 此方程组系数行列式为0. $\begin{vmatrix} \sin\frac{L}{\lambda} & \cos\frac{L}{\lambda} - 1 \\ \cos\frac{L}{\lambda} - 1 & -\sin\frac{L}{\lambda} \end{vmatrix} = 0$

∴ $\left(\cos\frac{L}{\lambda} - 1\right)^2 + \sin^2\frac{L}{\lambda} = 0$ ∴ $\cos\frac{L}{\lambda} = 1$

$\frac{L}{\lambda} = 2\pi n$ $\lambda = \frac{L}{2n\pi}$. $(n = 1, 2 \cdots)$

故得 $B = \lim_{\frac{L}{\lambda} \to 2n\pi} \frac{\cos\frac{L}{\lambda} - 1}{\sin\frac{L}{\lambda}} A = -\lim_{\frac{L}{\lambda} \to 2n\pi} \frac{\sin\frac{L}{\lambda}}{\cos\frac{L}{\lambda}} A = 0$

∴ $\begin{cases} x = A\sin\frac{s}{L}2n\pi + c_2 \\ y = A\cos 2n\pi\frac{s}{L} - c_1 \end{cases}$ 消去 s

∴ $(x - c_2)^2 + (y + c_1)^2 = A^2$. 圆之方程.

Einstein 约定和哑指标号 dummy notation.

5°. 在一切可能位移中，使位能最小者是真正解。 — $\Pi_{1p} = \min$.

证明：$u_i^k = u_i + \delta u_i$ —— 为可能位移。

可能位移的 $\Pi_{1p}^k = \int_\Omega A(e_{ij}+\delta e_{ij})\,d\Omega - \int_\Omega F_i(u_i+\delta u_i)\,d\Omega - \int_{\Gamma_\sigma} \bar{p}_i(u_i+\delta u_i)\,dS$

只要证明：$\Pi_{1p}^k \geq \Pi_{1p}$. （将 $\Pi_{1p}^k$ 按Taylor级数展开）.

$$\Pi_{1p}^k = \Pi_{1p} + \delta\Pi_{1p} + \frac{1}{2}\delta^2\Pi_{1p} + \cdots\cdots$$

$\because \Pi_{1p} = \min \iff \begin{cases} \delta\Pi_{1p} = 0 \\ \delta^2\Pi_{1p} \geq 0 \end{cases}$ $\begin{cases} >0 \text{ 正定.} \\ =0. \text{ 半正定.} \end{cases}$

$\therefore \Pi_{1p}^k \geq \Pi_{1p}$.

$A(e_{ij}+\delta e_{ij}) = A(e_{ij}) + \frac{\partial A}{\partial e_{ij}}\delta e_{ij} + \frac{1}{2}\left[\frac{\partial^2 A}{\partial e_{ij}\partial e_{kl}}\delta e_{ij}\cdot\delta e_{kl}\right] + \cdots\cdots$

$\Pi_{1p}^k = \Pi_{1p} + \delta\Pi_{1p} + \frac{1}{2}\int_\Omega\left[\frac{\partial^2 A}{\partial e_{ij}\partial e_{kl}}\delta e_{ij}\cdot\delta e_{kl}\right]d\Omega - \frac{1}{2}\int_\Omega\frac{\partial^2 F_i}{\partial u_i^2}(\delta u_i)^2\,d\Omega - \frac{1}{2}\int_{\Gamma_\sigma}\cdots\,ds + \cdots\cdots$

$= \Pi_{1p} + \delta\Pi_{1p} + \frac{1}{2}\delta^2\Pi_{1p} + \cdots\cdots$

2° 在一切可能的应力中，使余能最小是真正解。

设 $\sigma_{ij}^k = \sigma_{ij} + \delta\sigma_{ij}$ 为(一切)可能应力.

$$\Pi_{1c}^k = \int_\Omega B(\sigma_{ij}+\delta\sigma_{ij})\,d\Omega - \int_{\Gamma_u}(\sigma_{ij}+\delta\sigma_{ij})n_j\bar{u}_i\,dS$$

⇓ Taylor展开

$$= \Pi_{1c}(\sigma_{ij}) + \underset{0}{\underset{\|}{\delta\Pi_{1c}(\sigma_{ij})}} + \frac{1}{2}\underset{0}{\underset{\geq}{\delta^2\Pi_{1c}(\sigma_{ij})}} + \cdots\cdots$$

$\therefore \Pi_{1c}^k \geq \Pi_{1c}$

$\left(\Pi_{1c}^k \overset{\text{展开}}{=\!=} \Pi_{1c} + \delta\Pi_{1c} + \frac{1}{2}\int_\Omega\frac{\partial^2 B}{\partial\sigma_{ij}\partial\sigma_{kl}}\cdot\delta\sigma_{ij}\cdot\delta\sigma_{kl}\,d\Omega + \cdots\cdots\right)$

## §2-2. 广义变分原理.

二变量广义变分原理 Hellinger(1914) – Reissner(1950) 广义余能原理.

由余能原理出发：

$\Pi_{1c} = \int_\Omega B(\sigma_{ij})\,d\Omega - \int_{\Gamma_u}\sigma_{ij}n_j\bar{u}_i\,dS = \min.$ $\overset{\text{导出}}{\Longrightarrow} \begin{cases} \Omega, & e_{ij} = \frac{1}{2}\left(\frac{\partial u_i}{\partial x_j} + \frac{\partial u_j}{\partial x_i}\right) \\ \Gamma_u. & u_i = \bar{u}_i . \end{cases}$

（自然条件）

强加条件 $\begin{cases} \Omega & \frac{\partial\sigma_{ij}}{\partial x_j} + F_i = 0 \\ \Gamma_\sigma. & \sigma_{ij}n_j = \bar{p}_i \end{cases}$

多变量 ⇓ 引入 Lagrange multiplier : $\lambda_i, g_i$.

$$\Pi_{2c} = \int_\Omega B(\sigma_{ij})\,d\Omega - \int_{\Gamma_u}\sigma_{ij}n_j\bar{u}_i\,dS + \int_\Omega\lambda_i\left(\frac{\partial\sigma_{ij}}{\partial x_j} + F_i\right)d\Omega + \int_{\Gamma_\sigma}g_i(\sigma_{ij}n_j - \bar{p}_i)\,dS$$

= stationary value.

$\delta\Pi_{2c} = 0.$ $\delta\Pi_{2c} = \int_\Omega\frac{\partial B(\sigma_{ij})}{\partial\sigma_{ij}}\delta\sigma_{ij}\,d\Omega - \int_{\Gamma_u}\delta\sigma_{ij}\cdot n_j\bar{u}_i\,dS + \int_\Omega\lambda_i\left(\frac{\partial\delta\sigma_{ij}}{\partial x_j} + F_i\right)d\Omega$

$+ \int_\Omega\left(\frac{\partial\sigma_{ij}}{\partial x_j} + F_i\right)\delta\lambda_i\,d\Omega + \int_{\Gamma_\sigma}\left[(\delta\sigma_{ij}\cdot n_j)g_i + \delta g_i(\sigma_{ij}n_j - \bar{p}_i)\right]dS$

记 $\frac{\partial B}{\partial\sigma_{ij}} = e_{ij}$. $\delta\Pi_{2c} = \frac{1}{2}\int_\Omega\left[\frac{\partial u_i}{\partial x_j} + \frac{\partial u_j}{\partial x_i}\right]\delta\sigma_{ij}\,d\Omega - \int_{\Gamma_u}\bar{u}_i n_j\delta\sigma_{ij}\,dS - \int_\Omega\lambda_i\left(\frac{\partial\delta\sigma_{ij}}{\partial x_j} + F_i\right)d\Omega$

$- \int_\Omega\left(\frac{\partial\sigma_{ij}}{\partial x_j} + F_i\right)\delta\lambda_i\,d\Omega - \int_{\Gamma_\sigma}\left[(\delta\sigma_{ij}\cdot n_j - p_i)g_i + (\sigma_{ij}n_j - p_i)\delta g_i\right]dS$

$$\delta\Pi_{2c} \overset{\text{定义}}{=\!=} \int_\Omega \frac{\partial u_i}{\partial x_j}\delta\sigma_{ij}\,d\Omega - \cdots$$

$$\overset{\text{分部}}{=\!=} \int_\Omega \left[\frac{\partial}{\partial x_j}(u_i\delta\sigma_{ij}) - u_i\frac{\partial\delta\sigma_{ij}}{\partial x_j}\right]d\Omega - \cdots$$

green公式

$$= -\int_\Omega u_i\frac{\partial\delta\sigma_{ij}}{\partial x_j}d\Omega + \int_\Gamma u_i\,\delta\sigma_{ij}\,n_j\,dS - \cdots$$

$$\int_\Omega \lambda_i\frac{\partial\delta\sigma_{ij}}{\partial x_j}d\Omega = \int_\Omega\frac{\partial}{\partial x_j}(\lambda_i\delta\sigma_{ij})d\Omega - \int_\Omega\frac{\partial\lambda_i}{\partial x_j}\delta\sigma_{ij}d\Omega = \int_\Gamma\lambda_i n_j\delta\sigma_{ij}dS - \int_\Omega\frac{\partial\lambda_i}{\partial x_j}\delta\sigma_{ij}d\Omega$$

$$\therefore\ \delta\Pi_{2c} = \int_\Omega\frac{\partial u_i}{\partial x_j}\delta\sigma_{ij}d\Omega - \int_\Omega\frac{\partial\lambda_i}{\partial x_j}\delta\sigma_{ij}d\Omega - \int_{\Gamma_u}\bar{u}_i n_j\delta\sigma_{ij}dS + \int_{\Gamma_u}\lambda_i n_j\delta\sigma_{ij}dS$$

$$+\int_{\Gamma_\sigma}g_i n_j\delta\sigma_{ij}dS + \int_{\Gamma_\sigma}\lambda_i n_j\delta\sigma_{ij}dS + \int_\Omega\left(\frac{\partial\sigma_{ij}}{\partial x_j}+F_i\right)\delta\lambda_i d\Omega + \int_{\Gamma_\sigma}(\sigma_{ij}n_j-\bar{p}_i)\delta g_i dS = 0$$

$$\delta\Pi_{2c} = \int_\Omega\left(\frac{\partial u_i}{\partial x_j}-\frac{\partial\lambda_i}{\partial x_j}\right)\delta\sigma_{ij}d\Omega + \int_{\Gamma_u}(\lambda_i-\bar{u}_i)n_j\delta\sigma_{ij}dS + \int_{\Gamma_\sigma}(\lambda_i+g_i)n_j\delta\sigma_{ij}dS$$

$$+\int_\Omega\left(\frac{\partial\sigma_{ij}}{\partial x_j}+F_i\right)\delta\lambda_i d\Omega + \int_{\Gamma_\sigma}(\sigma_{ij}n_j-\bar{p}_i)\delta g_i dS = 0$$

⇕ 等价

$\therefore$ 在 $\Omega$ 内, $\lambda_i = u_i$. $\quad \frac{\partial\sigma_{ij}}{\partial x_j}+F_i = 0$

$\Gamma_u$ 上. $\lambda_i = \bar{u}_i \quad \sigma_{ij}n_j = \bar{p}_i$

$\Gamma_\sigma$ 上, $g_i = -\lambda_i = -u_i$

例题..

$$-\left(\frac{\partial}{\partial x}\left(\beta\frac{\partial u}{\partial x}\right)+\frac{\partial}{\partial y}\left(\beta\frac{\partial u}{\partial y}\right)\right) = f(x,y)$$

① $u = \bar{u}_i = 0. \quad \Gamma_1$

② $\beta\frac{\partial u}{\partial n} = q_1. \quad \Gamma_2$

⇓

③ $\beta\frac{\partial u}{\partial n} + \eta u = q_1 \quad \Gamma_1+\Gamma_2$

$$\Pi(u,\lambda) = \int_\Omega\left\{\frac{\beta}{2}\left[\left(\frac{\partial u}{\partial x}\right)^2+\left(\frac{\partial u}{\partial y}\right)^2\right] - f(x,y)u\right\}d\Omega + \int_{\Gamma_1+\Gamma_2}\lambda\left(\beta\frac{\partial u}{\partial n}+\eta u - q_1\right)dS = st.$$

$$\Pi_{2c}(\sigma_{ij},u_i) = \int_\Omega B(\sigma_{ij})d\Omega - \int_{\Gamma_u}\sigma_{ij}n_j\bar{u}_i\,dS + \int_\Omega u_i\left(\frac{\partial\sigma_{ij}}{\partial x_j}+F_i\right)d\Omega - \int_{\Gamma_\sigma}u_i(\sigma_{ij}n_j-\bar{p}_i)dS = st$$

($u_i$ ⇓ $\lambda_i$; $u_i$ ⇓ $-g_i$)

三变量广义变分原理：$\Pi_{1p} = \int_\Omega [A(e_{ij}) - F_i u_i] d\Omega - \int_{\Gamma_\sigma} \bar{p}_i u_i dS = \min$

（广义化观念记）

$$\Updownarrow \begin{cases} \Omega . \ \frac{\partial \sigma_{ij}}{\partial x_j} + F_i = 0 \\ \Gamma_\sigma . \ \sigma_{ij} n_j = \bar{p}_i \end{cases}$$ 出应力

$$\begin{cases} \Omega . \ e_{ij} = \frac{1}{2}\left(\frac{\partial u_i}{\partial x_j} + \frac{\partial u_j}{\partial x_i}\right) \\ \Gamma_u . \ u = \bar{u}_i \end{cases}$$

$$\Pi_{3p(u,e,\sigma)} = \int_\Omega [A(e_{ij}) - F_i u_i] d\Omega - \int_{\Gamma_\sigma} \bar{p}_i u_i dS + \int_\Omega \lambda_i \left[\frac{1}{2}\left(\frac{\partial u_i}{\partial x_j} + \frac{\partial u_j}{\partial x_i}\right) - e_{ij}\right] d\Omega$$

$$+ \int_{\Gamma_u} g_i (u_i - \bar{u}_i) dS = \text{st} \Leftrightarrow$$ 静力方程和边界条件

$$\delta\Pi_{3p} = \int_\Omega \left[\frac{\partial A}{\partial e_{ij}} \delta e_{ij} - F_i \delta u_i\right] d\Omega - \int_{\Gamma_\sigma} \bar{p}_i \delta u_i dS + \int_\Omega \lambda_{ij} \left[\frac{1}{2}\left(\frac{\partial \delta u_i}{\partial x_j} + \frac{\partial \delta u_j}{\partial x_i}\right) - \delta e_{ij}\right] d\Omega$$

$$+ \int_\Omega \left[\frac{1}{2}\left(\frac{\partial u_i}{\partial x_j} + \frac{\partial u_j}{\partial x_i}\right) - e_{ij}\right] \delta\lambda_{ij} d\Omega + \int_{\Gamma_u} [g_i \delta u_i + (u_i - \bar{u}_i)\delta g_i] dS$$

注意：$\int_\Omega \lambda_{ij} \frac{1}{2}\left(\frac{\partial \delta u_i}{\partial x_j} + \frac{\partial \delta u_j}{\partial x_i}\right) d\Omega = \int_\Omega \lambda_{ij} \frac{\partial \delta u_i}{\partial x_j} d\Omega = \int_\Omega \frac{\partial}{\partial x_j}(\lambda_{ij} \delta u_i) d\Omega - \int_\Omega \frac{\partial \lambda_{ij}}{\partial x_j} \delta u_i d\Omega$

$$= \int_\Gamma \lambda_{ij} n_j \delta u_i dS - \int_\Omega \frac{\partial \lambda_{ij}}{\partial x_j} \delta u_i d\Omega$$

$$\int_\Omega \frac{\partial A}{\partial e_{ij}} \delta e_{ij} d\Omega = \int_\Omega \sigma_{ij} \delta e_{ij} d\Omega$$

$$\therefore \delta\Pi_{3p} = \int_\Omega [\sigma_{ij} - \lambda_{ij}] \delta e_{ij} d\Omega - \int_\Omega \frac{\partial \lambda_{ij}}{\partial x_j} \delta u_i d\Omega - \int_\Omega F_i \delta u_i d\Omega + \int_{\Gamma_u} (\lambda_{ij} n_j + g_i) \delta u_i dS$$

$$- \int_{\Gamma_\sigma} (\bar{p}_i - \lambda_{ij} n_j) \delta u_i dS + \int_\Omega \left[\frac{1}{2}\left(\frac{\partial u_i}{\partial x_j} + \frac{\partial u_j}{\partial x_i}\right) - e_{ij}\right] \delta\lambda_{ij} d\Omega + \int_{\Gamma_u} (u_i - \bar{u}_i) \delta g_i dS = 0$$

$$= \int_\Omega [\sigma_{ij} - \lambda_{ij}] \delta e_{ij} d\Omega - \int_\Omega \left[\frac{\partial \lambda_{ij}}{\partial x_j} + F_i\right] \delta u_i d\Omega + \int_{\Gamma_u} (\lambda_{ij} n_j + g_i) \delta u_i dS$$

$$+ \int_{\Gamma_\sigma} (\lambda_{ij} n_j - \bar{p}_i) \delta u_i dS + \int_\Omega \left[\frac{1}{2}\left(\frac{\partial u_i}{\partial x_j} + \frac{\partial u_j}{\partial x_i}\right) - e_{ij}\right] \delta\lambda_{ij} d\Omega + \int_{\Gamma_u} (u_i - \bar{u}_i) \delta g_i dS = 0$$

$\Updownarrow$ $\delta\Pi_{3p} = 0$ 等价

34 64

$\Omega$内 $\lambda_{ij} = \sigma_{ij}$ $\quad \frac{\partial \sigma_{ij}}{\partial x_j} + F_i = 0$ $\quad e_{ij} = \frac{1}{2}\left(\frac{\partial u_i}{\partial x_j} + \frac{\partial u_j}{\partial x_i}\right)$

$\Gamma_u$上 $g_{ij} = -\sigma_{ij} n_j$ $\quad u_i = \bar{u}_i$

$\Gamma_\sigma$上 $\sigma_{ij} n_j = \bar{p}_i$

67 物理方程包含在 $A(e_{ij})$ 内

完全的广义变分原理

Generalized principle of potential Energy

三变量 $\Pi_p^G = \Pi_{3p} = \int_\Omega [A(e_{ij}) - F_i u_i] d\Omega - \int_{\Gamma_\sigma} \bar{p}_i u_i dS + \int_\Omega \sigma_{ij} \left[\frac{1}{2}\left(\frac{\partial u_i}{\partial x_j} + \frac{\partial u_j}{\partial x_i}\right) - e_{ij}\right] d\Omega$ （$\sigma_{ij}$ 即 $\lambda_{ij}$）

$$- \int_{\Gamma_u} \bar{p}_i (u_i - \bar{u}_i) dS = \text{st}.$$ （$\bar{p}_i$ 即 $g_i$）

二变量 $\Pi_p^R = \Pi_{1p} = \int_\Omega [\sigma_{ij} e_{ij} - A(e_{ij})] d\Omega + \int_\Omega \lambda_i \left(\frac{\partial \sigma_{ij}}{\partial x_j} + F_i\right) d\Omega - \int_{\Gamma_u} \sigma_{ij} n_j \bar{u}_i dS - \int_{\Gamma_\sigma} u_i (p_i - \bar{p}_i) dS$

（$\sigma_{ij} e_{ij} - A(e_{ij})$ 即 $B(\sigma_{ij})$；$\lambda_i$ 即 $u_i$；$\sigma_{ij} n_j$ 即 $g_i$）

$= \text{st}.$

一 绝对恒互变定理（线性表）．（对偶互变定理）

证明：① $\Pi_p^G + \Pi_p^R = 0$． 或 $\Pi_{3p} = -\Pi_{2p}$．

$$\Pi_p^G + \Pi_p^R = \Pi_{3p} + \Pi_{2p} = \int_\Omega \sigma_{ij} \cdot \frac{1}{2}\left(\frac{\partial u_i}{\partial x_j} + \frac{\partial u_j}{\partial x_i}\right) d\Omega + \int_\Omega u_i \frac{\partial \sigma_{ij}}{\partial x_j} d\Omega - \int_\Gamma P_i u_i ds$$

（$P_i = \sigma_{ij} n_j$，Green）

$$= \int_\Omega \left[\sigma_{ij} \cdot \frac{\partial u_i}{\partial x_j} + u_i \frac{\partial \sigma_{ij}}{\partial x_j}\right] d\Omega - \int_\Omega \frac{\partial}{\partial x_j}(\sigma_{ij} u_i) d\Omega$$

$$= 0$$

这说明了虽然最小位能原理和最小余能原理在物理意义上是不同的，但由这建立的两个广义变分原理在物理本质上完全相同，其位置仅只差一个正负号

② 用虚功原理证．

a) 虚功原理． $\Pi_{1p} = \int_\Omega [A(e_{ij}) - F_i u_i] d\Omega - \int_{\Gamma_\sigma} \bar{P}_i u_i ds = \min$．　$\delta u_i \to \delta e_{ij} = \frac{1}{2}\left[\frac{\partial \delta u_i}{\partial x_j} + \frac{\partial \delta u_j}{\partial x_i}\right]$

$$\delta \Pi_{1p} = \int_\Omega [A(e_{ij}) - F_i u_i] d\Omega - \int_{\Gamma_\sigma}$$（此行划去）

$$= \int_\Omega [\sigma_{ij} \delta e_{ij} - F_i \delta u_i] d\Omega - \int_{\Gamma_\sigma} \bar{P}_i \delta u_i ds = 0$$． 虚功方程 virtual work

b) 余虚功原理． principle of complementary virtual work．

$$\Pi_{1c} = \int_\Omega B(\sigma_{ij}) d\Omega - \int_{\Gamma_u} \sigma_{ij} n_j \bar{u}_i ds = \min.$$　$\delta \sigma_{ij}$

$$\delta \Pi_{1c} = \int_\Omega e_{ij} \delta \sigma_{ij} d\Omega - \int_{\Gamma_u} \bar{u}_i n_j \delta \sigma_{ij} ds = 0.$$　余虚功方程．{虚功 / 实位移}．

c．广义虚功原理．

$$\Pi_{3p} = \int_\Omega (\sigma_{ij}^k e_{ij}^s - F_i^k u_i^s) d\Omega - \int_\Gamma P_i^k u_i^s ds = 0$$

{实：$\sigma_{ij}^k$　$F_i^k$　$P_i^k$ / 虚：$e_{ij}^s$　$u_i^s$}

（$u_i^s$：虚．）

$$\delta \Pi_{3p} = \int_\Omega [\sigma_{ij}^k \delta e_{ij}^s - F_i^k \delta u_i^s] d\Omega - \int_\Gamma P_i^k \delta u_i^s ds = 0$$

d．广义余虚功原理．

$$\Pi_{3c} = \int_\Omega [\sigma_{ij}^s e_{ij}^k - F_i^s u_i^k] d\Omega - \int_\Gamma P_i^s u_i^k ds$$

$$\delta \Pi_{3c} = 0.$$

由上． $\Pi_{1p} + \Pi_{1c} = \int [\sigma_{ij}^k e_{ij}^s - F_i^k u_i^s] d\Omega - \int_\Gamma P_i^k u_i^s ds = 0$

广义位能原理和广义余能原理，就是最小位能原理和最小余能原理的无条件变分原理

广义变分原理的优点，可以系统地采用拉格朗日乘子法，把一般有条件的变分原理化为无条件的变分原理，并唯一地决定。拉格朗日乘子的形式表示的物理意义可通过变分求驻值的过程求得。

虚功原理 ⟺ 最小位能原理 $\Pi_{1p}(u_i)$ —条件变分→ 三变量广义变分原理 (Hu-Washizu) $\Pi_{3p}$

$\begin{cases} e_{ij}=\frac{1}{2}\left(\frac{\partial u_i}{\partial x_j}+\frac{\partial u_j}{\partial x_i}\right) \\ u_i=\bar{u}_i \end{cases}$

⇕ 虚功原理.　　　　⇕ 约束位移适定理.

余虚功原理 ⟺ 最小余能原理 $\Pi_{1c}(\sigma_{ij})$ —条件变分→ 二变量广义变分原理 Hellinger-Reissner $\Pi_{2c}$

$\begin{cases} \frac{\partial \sigma_{ij}}{\partial x_j}+F_i=0 \\ \sigma_{ij}n_j=p_i \end{cases}$

§2-3. 各种不完全的广义变分原理（续）

（修正的广义变分原理.［?］）

Modified (generalized) variational principles.

非协调.（非保形）.

放松条件.. relaxed condition

$$\Pi_{2p}=\int_\Omega [A(e_{ij})-F_i u_i]d\Omega-\int_{\Gamma_\sigma}\bar{p}_i u_i ds.$$

强加条件 $\begin{cases} e_{ij}=\frac{1}{2}\left(\frac{\partial u_i}{\partial x_j}+\frac{\partial u_j}{\partial x_i}\right) \\ u_i=\bar{u}_i \end{cases}$ ↑ 这里放松这条件. 不再强制这个协调关系.（非协调）

⇓ 1964. Jones 提出..

$$\Pi_{2p}=\int_\Omega [A(e_{ij})-F_i u_i]d\Omega-\int_{\Gamma_\sigma}\bar{p}_i u_i ds-\int_{\Gamma_u}p_i(u_i-\bar{u}_i)ds=st$$

$\lambda_i=p_i$

这就不是完全的变分.（或修正的变分原理. 丢掉了一个条件变分）.

在 $\Omega$ 内. 先位移函数是自变函数 }
在 $\Gamma_u$ 上. 先应力函数为自变函数 }. 位移杂交模型 I（即 u. 边上力）.

Hybrid displacement model I.

最小余能 $\Pi_c=\int_\Omega B(\sigma_{ij})d\Omega-\int_{\Gamma_u}\sigma_{ij}n_j\bar{u}_i ds$.　强加条件 $\begin{cases} \frac{\partial \sigma_{ij}}{\partial x_j}+F_i=0 \\ \sigma_{ij}n_j=\bar{p}_i \end{cases}$

1964. F. Veubeke 提出.. 放松平衡条件.

[这同是否位移分配上[?]允许 $u_i$. $e_{ij}$. $\sigma_{ij}$ 中只除 $u_i$. $e_{ij}$. $\sigma_{ij}$ 必须下式分配的]

$$\Pi_{2mc}=\Pi_{2mc}=\int_\Omega B(\sigma_{ij})d\Omega-\int_{\Gamma_u}\sigma_{ij}n_j\bar{u}_i ds+\int_{\Gamma_\sigma}\lambda_i(p_i-\bar{p}_i)ds=st$$

$-u_i$

为二变量修正余能原理.

$$\Pi_{2mc}=\int_\Omega B(\sigma_{ij})d\Omega-\int_{\Gamma_u}\sigma_{ij}n_j\bar{u}_i ds-\int_{\Gamma_\sigma}u_i(\sigma_{ij}n_j-\bar{\sigma}_{ij}n_j)ds.$$

[$\Pi_{2mc}$ 是下学提出用于处理断裂力学中应力强度因子的变分原理]

在 $\Omega$ 内. 选应力为自变函数. }
在 $\Gamma_\sigma$ 上 选位移为自变函数. } 杂交位移模型 II.. Hybrid stress model II

修正位能原理

$\Pi_{2mp}$. 二变量. 单元内部位移 $u_i$, 边界上 $\sigma_{ij}$. 杂交位移模型 I (1964)

$\Pi_{3mp}$. 三变量. 单元内部位移, 边界上 $u_i, \sigma_{ij}$. 杂交位移模型 II. (1970. 英年)

修正余能原理

$\Pi_{1c}$ 选自由变量 $\sigma_{ij}$ 平衡模型 I.

$\Pi_{2mc}$. 二变. 单元内部 $\sigma_{ij}$, 边界上 $u_i$. 杂交应力模型 II. (平衡模型 II)

Hellinger-Reissner原理. 二变量 $(\sigma_{ij}, u_i)$. 叫混合模型

Hellinger-Reissner修正原理. mixed model

$H_{2m}^{H\text{-}R} \Longrightarrow$ 选 $u_i, \sigma_{ij}$. 混合模型. Mixed model I.

$\Pi_{4m}^{H\text{-}R} \Rightarrow$ 单元内选 $\sigma_{ij}, u_i$. 边界上选 $u_i, \sigma_{ij}n_j$

$\Pi_{3m}^{H\text{-}R} \Rightarrow$ 单元内选 $\sigma_{ij}, u_i$ 边界上选 $\sigma_{ij}$, Mixed Model II

Hu-washizu 元模型.

§2-4. 分割不完全的广义变分原理 .. (讲义 P107).

element NY面元

取一个典型元.

单元边界 $\Gamma_{ab}$. 左和右

边界元有位移边界和应力边界.

内部元无应力边界.

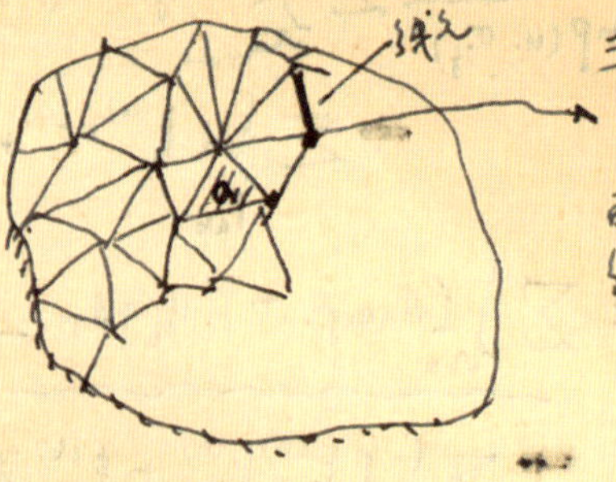


三角元. 四面体元

四边元 六面体元

面元

线元.

b. 位移杂交模型 I. Hybrid displacement model (1964 Jones. 1966 Yamamoto 山本善之)

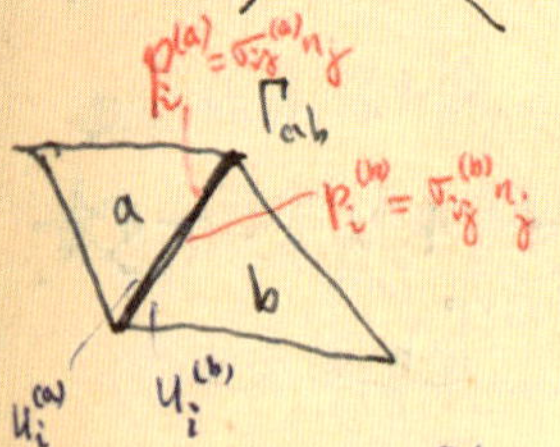


$u_i=[u.\ v\ \ w]^T \qquad i=1.2.3$

在 $\Gamma_{ab}$. 要求 requisite.. $u_i^{(a)}=u_i^{(b)}$ (位移连续) 强加条件.

强加边界条件:

在 $\Gamma_{ab}^*$ $\quad \sigma_{ij}^{(a)}n_j^{(a)}=\bar{p}_i^{(a)}$

$\Gamma_{ba}^*$ $\quad \sigma_{ij}^{(b)}n_j^{(b)}=\bar{p}_i^{(b)}$ $\Big\}$ 在 $\Gamma_{ab}$ 上 $p_i^{(a)}+p_i^{(b)}=0$. (自然边界条件) 自然条件.

$\Omega$. $\quad e_{ij}=\frac{1}{2}\left(\frac{\partial u_i}{\partial x_j}+\frac{\partial u_j}{\partial x_i}\right)$ (以上为放松条件)

$\Gamma_u$. $\quad u_i=\bar{u}_i$ 强加条件

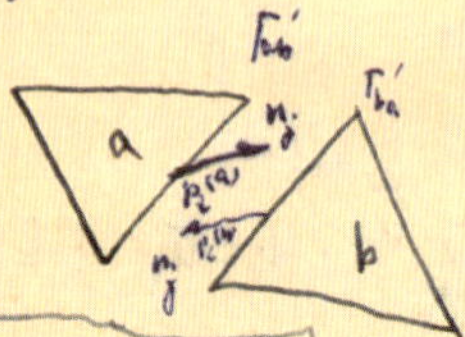


位移法 { Ω 上 $u_i$ 为变量; Γ 上 $\sigma_{ij}$ 为变量.

应力法.. { Ω 上 $\sigma_{ij}$ 为变量; Γ 上 $u_i$ 为变量.

混合. { Ω. 上 $\sigma_{ij}, u_i$ 为变量. Γ 上..

$$\Pi(u_i)=\sum_{a=1}^{N}\int_{\Omega_a}[A(e_{ij})-F_iu_i]d\Omega-\int_{\Gamma_\sigma}\bar{p}_i\cdot u_i\,dS+\int_{\Gamma_u}\lambda_i(u_i-\bar{u}_i)dS$$

外边界条件 ... 外部边界

$$+\sum_{a=1}^{N}\int_{\Gamma_{ab}}g_i(u_i^{(a)}-u_i^{(b)})dS = 驻$$

内部边界

$$\delta\Pi(u_i)=\sum\int_{\Omega_a}\left(\frac{\partial A(e_{ij})}{\partial e_{ij}}\delta e_{ij}-F_i\delta u_i\right)d\Omega-\int_{\Gamma_\sigma}\bar{p}_i\,\delta u_i\,dS+\int_{\Gamma_u}\lambda_i\,\delta u_i\,dS+\int_{\Gamma_u}\delta\lambda_i\cdot(u_i-\bar{u}_i)dS$$

$$+\sum\left\{\int_{\Gamma_{ab}}[u_i^{(a)}-u_i^{(b)}]\delta g_i\cdot dS+\int_{\Gamma_{ab}}g_i[\delta u_i^{(a)}-\delta u_i^{(b)}]dS\right\}=0.$$

$$\int_{\Omega_a}\frac{\partial A(e_{ij})}{\partial e_{ij}}\delta e_{ij}d\Omega=\int_{\Omega_a}\sigma_{ij}\frac{\partial\delta u_i}{\partial x_j}d\Omega=\int_{\Omega_a}\frac{\partial}{\partial x_j}(\sigma_{ij}\delta u_i)d\Omega-\int_{\Omega_a}\frac{\partial\sigma_{ij}}{\partial x_j}\delta u_i\,d\Omega$$

$$=\int_{\Gamma=\Gamma_\sigma+\Gamma_u+\Gamma_{ab}}\sigma_{ij}n_j\delta u_i\,dS-\int_{\Omega_a}\frac{\partial\sigma_{ij}}{\partial x_j}\delta u_i\,d\Omega.$$

$$\therefore\ \delta\Pi(u_i)=\sum\int_{\Omega_a}\left(-\frac{\partial\sigma_{ij}}{\partial x_j}-F_i\right)\delta u_i\,d\Omega+\int_{\Gamma_\sigma}(\sigma_{ij}n_j-\bar{p}_i)\delta u_i\,dS+\int_{\Gamma_u}[\sigma_{ij}n_j+\lambda_i]\delta u_i\,dS$$

$$+\int_{\Gamma_u}(u_i-\bar{u}_i)\delta\lambda_i\,dS+\sum\left\{\int_{\Gamma_{ab}}[p_i\delta u_i+g_i(\delta u_i^{(a)}-\delta u_i^{(b)})]dS+\int_{\Gamma_{ab}}(u_i^{(a)}-u_i^{(b)})\delta g_i\,dS\right\}$$

$=0$

$$\sum\int_{\Gamma_{ab}}p_i\delta u_i\,dS=\sum\int_{\Gamma_{ab}^*}p_i^{(a)}\cdot\delta u_i^{(a)}dS+\sum\int_{\Gamma_{ba}^*}p_i^{(b)}\delta u_i^{(b)}dS$$

$$\therefore\ \sum\left\{\int_{\Gamma_{ab}}[p_i\delta u_i+g_i(\delta u_i^{(a)}-\delta u_i^{(b)})]dS\right\}$$

$$=\sum\int_{\Gamma_{ab}^*}(p_i^{(a)}+g_i)\delta u_i^{(a)}dS+\sum\int_{\Gamma_{ba}^*}(p_i^{(b)}-g_i)\delta u_i^{(b)}dS$$

$\Gamma_u$.. $\lambda_i=-\sigma_{ij}n_j=p_i$

$\Omega_a$. $\frac{\partial\sigma_{ij}}{\partial x_j}+F_i=0$

$\Gamma_\sigma$.. $\sigma_{ij}n_j=\bar{p}_i$

$\Gamma_{ab}$. $u_i^{(a)}=u_i^{(b)}$ 单元边界位移协调..

在 $\Gamma_{ab}$. $\begin{cases}g_i=-p_i^{(a)}=-\sigma_{ij}^{(a)}n_j^{(a)} & \text{等于边界应力连续 (自然条件)}\\ g_i=p_i^{(b)}=\sigma_{ij}^{(b)}n_j^{(b)}\end{cases}$

由上计算结论

$$\therefore \Pi_{2mp(u_i,\sigma_{ij})} = \sum \int_{\Omega_a} [A(e_{ij}) - F_i u_i] d\Omega - \int_{\Gamma_\sigma} \bar{P}_i u_i ds - \int_{\Gamma_u} P_i (u_i - \bar{u}_i) ds \quad (\bar{\lambda}_i)$$

$$- \sum \int_{\Gamma_{ab}} [P_i^{(a)} u_i^{(a)} + P_i^{(b)} u_i^{(b)}] dS \quad (g_i)$$

$$\Pi_{2mp} = \underbrace{\sum \int_{\Omega_a} [A(e_{ij}) - F_i u_i] d\Omega - \int_{\Gamma_\sigma} \bar{P}_i u_i ds}_{\Pi_p} - \int_{\Gamma_u} P_i (u_i - \bar{u}_i) dS$$

$$- \sum \int_{\Gamma_{ab}} [P_i^{(a)} u_i^{(a)} + P_i^{(b)} u_i^{(b)}] dS = st.$$

（这就是由本真互补原理）

这里 $u_i$, $\sigma_{ij}$ 为自变函数. $\begin{cases} \text{在 } \Gamma_u, \Gamma_{ab} \text{ 是 } \sigma_{ij} \text{ 的函数} \\ \text{在 } \Omega_a \text{ 内, 是 } u_i \text{ 的函数} \end{cases}$

上式另一种表示式为. $\Pi_{2mp} = \Pi_p - \int_{\Gamma_u} P_i (u_i - \bar{u}_i) dS - \sum \int_{\Gamma_{ab}} P_i u_i dS = st.$

2) 杂交位移模型 II （董平 Tang Ping 1970）

$\Gamma_{ab}$. $u_i = \tilde{u}_i$ 自选位移函数

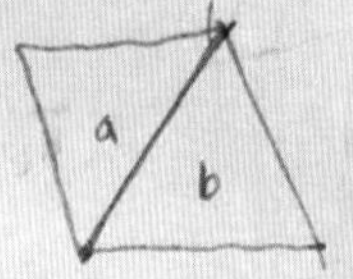


选假定函数

在 $\Omega_a$. $u_i$.

在 $\Gamma_u, \Gamma_{ab}$. $\sigma_{ij}$.

在 $\Gamma_{ab}$ 上 自选位移函数 $\tilde{u}_i$ （比上多此一事）.

这 $\Pi_p = \sum \int_{\Omega_a} [A(e_{ij}) - F_i u_i] d\Omega - \int_{\Gamma_\sigma} \bar{P}_i u_i dS = min$

约束条件. $\begin{cases} \Omega_a. \quad e_{ij} = \frac{1}{2}\left(\frac{\partial u_i}{\partial x_j} + \frac{\partial u_j}{\partial x_i}\right) \quad \text{([illegible])} \\ \Gamma_u. \quad u_i = \bar{u}_i \\ \Gamma_{ab}. \quad u_i^{(a)} = \tilde{u}_i. \quad u_i^{(b)} = \tilde{u}_i \end{cases}$

$$\therefore \Pi_{3mp(u_i,\sigma_{ij},\tilde{u}_i)} = \sum \int_{\Omega_a} (A(e_{ij}) - F_i u_i) d\Omega - \int_{\Gamma_\sigma} \bar{P}_i u_i dS + \int_{\Gamma_u} \lambda_i (u_i - \bar{u}_i) dS$$

$$+ \sum \int_{\Gamma_{ab}} [g_i (u_i^{(a)} - \tilde{u}_i) + \mu_i (u_i^{(b)} - \tilde{u}_i)] dS = st$$

杂交项.

其中 $\lambda_i$. $g_i$. $\mu_i$ 均为 Lagrange multiple.

由 $\delta \Pi_{3mp} = 0$ 可求出 $\lambda_i$. $g_i$. $\mu_i$ 的值. （即物理意义）

$$\Pi_{3mp} = \sum \int_{\Omega_a} [A(e_{ij}) - F_i u_i] d\Omega - \int_{\Gamma_\sigma} \bar{P}_i u_i ds - \int_{\Gamma_u} P_i (u_i - \bar{u}_i) ds$$

$$- \left[ \sum \int_{\Gamma_{ab}} P_i^{(a)} (u_i^{(a)} - \tilde{u}_i) ds + \sum \int_{\Gamma_{ba}} P_i^{(b)} (u_i^{(b)} - \tilde{u}_i) dS \right] = st.$$

3. ~~杂交应力模型 I~~ (平衡模型 I)

$$\Pi_{1c}(\sigma_{ij}) = \sum\int_{\Omega_a} B(\sigma_{ij})\,d\Omega - \int_{\Gamma_u}\sigma_{ij}n_j\bar{u}_i\,ds = \min.$$

应力选为自变数求解.

4. 平衡模型 II (杂交应力模型)　B. F. de Veubeke (1964).
卞学鐄. 等 (1964, 1965).

由余能原理出发.

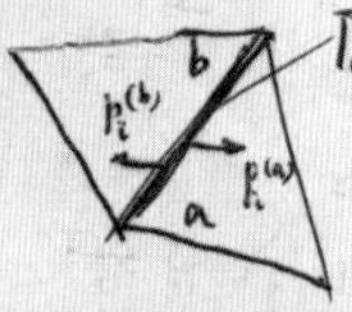


$\Gamma_{ab}$ 内. $p_i^{(a)}+p_i^{(b)}=0$ 放松应力平衡

$$\Pi(\sigma_{ij}) = \sum\int_{\Omega_a} B(\sigma_{ij})\,d\Omega - \int_{\Gamma_u}\sigma_{ij}n_j\bar{u}_i\,ds = \min$$

附加条件 $\begin{cases} \Omega_a. & \dfrac{\partial\sigma_{ij}}{\partial x_j}+F_i=0 \quad (\text{放松条件}) \\ \Gamma_\sigma. & \sigma_{ij}n_j=\bar{p}_i \\ \text{在}\ \Gamma_{ab}. & p_i^{(a)}+p_i^{(b)}=0 \end{cases}$

即 $\sigma_{ij}^{(a)}n_j^{(a)}+\sigma_{ij}^{(b)}n_j^{(b)}=0$

$$\Pi_{2mc} = \sum\int_{\Omega_a} B(\sigma_{ij})\,d\Omega - \int_{\Gamma_u}\sigma_{ij}n_j\bar{u}_i\,ds + \int_{\Gamma_\sigma}\lambda_i(\sigma_{ij}n_j-\bar{p}_i)\,ds + \sum\int_{\Gamma_{ab}} g_i[p_i^{(a)}+p_i^{(b)}]\,ds$$

由 $\delta\Pi_{2mc}=0$ 决定 $\lambda_i$. $g_i$ Lagrange multiple.

自变数. 在 $\Omega_a$ 内选 $\sigma_{ij}$

在 $\Gamma_{ab}$ 上选 $u_i$.

5. 混合模型 I. Mixed model I

Hellinger-Reissner 广义变分.

二变量的 H-R principle 以 $u_i$. $\sigma_{ij}$ 为变量 其中消掉了 $e_{ij}$.

过程. 从三变量出发消去 $e_{ij}$. 变为二变量.

$$\Pi_{3p} = \sum\int_{\Omega_a}\left[A(e_{ij}) - F_iu_i - \sigma_{ij}\left(e_{ij}-\tfrac{1}{2}\left(\frac{\partial u_i}{\partial x_j}+\frac{\partial u_j}{\partial x_i}\right)\right)\right]d\Omega - \int_{\Gamma_\sigma}\bar{p}_iu_i\,ds - \int_{\Gamma_u}p_i(u_i-\bar{u}_i)\,ds = st.$$

$$= \sum\int_{\Omega_a}\left\{\sigma_{ij}e_{ij} - B(\sigma_{ij}) - F_iu_i - \sigma_{ij}\left[e_{ij}-\tfrac{1}{2}\left(\frac{\partial u_i}{\partial x_j}+\frac{\partial u_j}{\partial x_i}\right)\right]\right\}d\Omega - \int_{\Gamma_\sigma}\bar{p}_iu_i\,ds - \int_{\Gamma_u}p_i(u_i-\bar{u}_i)\,ds$$

$$\therefore \Pi_{2\text{Reissner}} = \sum\int_{\Omega_a}\left[-B(\sigma_{ij}) - F_iu_i + \tfrac{1}{2}\sigma_{ij}\left(\frac{\partial u_i}{\partial x_j}+\frac{\partial u_j}{\partial x_i}\right)\right]d\Omega - \int_{\Gamma_\sigma}\bar{p}_iu_i\,ds - \int_{\Gamma_u}p_i(u_i-\bar{u}_i)\,ds$$

即. 在 $\Omega$ 内选 $u_i$. $\sigma_{ij}$ 为自变数 —— 混合模型 (应力 $\sigma_{ij}$ 位移 $u_i$ 混合)

混合模型 I 就是三变量中消去 $e_{ij}$.

另一形式. 由 $\displaystyle\int_{\Omega_a}\sigma_{ij}\tfrac{1}{2}\left(\frac{\partial u_i}{\partial x_j}+\frac{\partial u_j}{\partial x_i}\right)d\Omega = \int_{\Omega_a}\sigma_{ij}\frac{\partial u_i}{\partial x_j}\,d\Omega = \int_{\Gamma}\sigma_{ij}n_ju_i\,ds - \int_{\Omega_a}u_i\frac{\partial\sigma_{ij}}{\partial x_j}\,d\Omega$

$$\therefore \Pi_{2R} = \sum \int_{\Omega_a} \left[ -B(\sigma_{ij}) - \left( \frac{\partial \sigma_{ij}}{\partial x_j} + F_i \right) u_i \right] d\Omega + \int_{\Gamma_\sigma} (P_i - \bar{P}_i) u_i \, dS + \int_{\Gamma_u} P_i \bar{u}_i \, dS = st.$$

（其中 $\int_\Gamma \sigma_{ij} n_j u_i \, ds = \int_{\Gamma_u} \sigma_{ij} n_j u_i \, ds + \int_{\Gamma_\sigma} P_i u_i \, ds$ ）

$$-\Pi_{2R} = \sum \int_{\Omega_a} \left[ B(\sigma_{ij}) + \left( \frac{\partial \sigma_{ij}}{\partial x_j} + F_i \right) \right] d\Omega - \int_{\Gamma_\sigma} (P_i - \bar{P}_i) u_i \, ds - \int_{\Gamma_u} P_i \bar{u}_i \, ds = st.$$

——广义余能原理.

6）混合模型 II （修正的）abment Hellinger – Reissner principle

$$由\ \Pi_{2R} = \sum \int_{\Omega_a} \left[ -B(\sigma_{ij}) + \sigma_{ij} \frac{1}{2} \left( \frac{\partial u_i}{\partial x_j} + \frac{\partial u_j}{\partial x_i} \right) - F_i u_i \right] d\Omega - \int_{\Gamma_\sigma} \bar{P}_i u_i \, ds - \int_{\Gamma_u} P_i (u_i - \bar{u}_i) \, dS = st.$$

现在：在 $\Gamma_{ab}$，$u_i^{(a)} = u_i^{(b)}$ 添加约束条件.

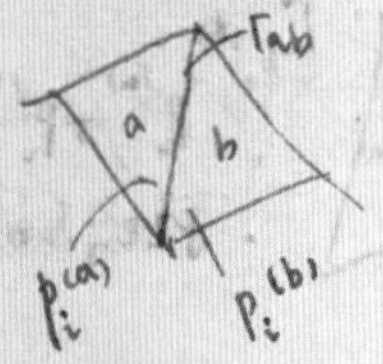


$$\Pi_{2mp(\sigma_{ij}, u_i)} = \sum \int_{\Omega_a} \left[ -B(\sigma_{ij}) + \sigma_{ij} \frac{1}{2} \left( \frac{\partial u_i}{\partial x_j} + \frac{\partial u_j}{\partial x_i} \right) - F_i u_i \right] d\Omega - \int_{\Gamma_\sigma} \bar{P}_i u_i \, ds - \int_{\Gamma_u} P_i (u_i - \bar{u}_i) \, dS$$
$$+ \sum \int_{\Gamma_{ab}} \lambda_i (u_i^{(a)} - u_i^{(b)}) \, ds = st.$$

$$\therefore \Pi_{2mp(\sigma_{ij}, u_i)} \overset{选出\lambda_i}{=\!=} \sum \int_{\Omega_a} \left[ -B(\sigma_{ij}) + \sigma_{ij} \frac{1}{2} \left( \frac{\partial u_i}{\partial x_j} + \frac{\partial u_j}{\partial x_i} \right) - F_i u_i \right] d\Omega - \int_{\Gamma_\sigma} \bar{P}_i u_i \, ds$$
$$- \int_{\Gamma_u} P_i (u_i - \bar{u}_i) \, dS - \sum \int_{\Gamma_{ab}} P_i u_i \, dS = st$$

混合项. $\Gamma_{ab}$ $P_i u_i = P_i^{(a)} u_i^{(a)} + P_i^{(b)} u_i^{(b)}$ 混合项.

对于单元间，

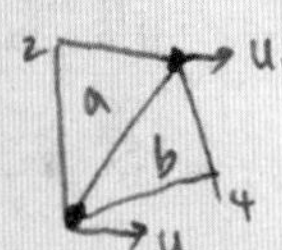


协调：$u_1^{(a)} = u_1^{(b)}$
$u_3^{(a)} = u_3^{(b)}$
沿 $\Gamma_{ab}$ 上 $u_i^{(a)} = u_i^{(b)}$

但对于板壳（弯）时，协调了 $\begin{cases} u_1^{(a)} = u_1^{(b)} \\ u_3^{(a)} = u_1^{(b)} \end{cases}$

不满足协调，$u_i^{(a)} = u_i^{(b)}$ 在 $\Gamma_{ab}$ 上

如薄膜挠度，

$$-\left( \frac{\partial^2 w}{\partial x^2} + \frac{\partial^2 w}{\partial y^2} \right) = \rho(x, y).$$

$$\begin{cases} \Pi = \int_\Omega \left\{ \left[ \left( \frac{\partial w}{\partial x} \right)^2 + \left( \frac{\partial w}{\partial y} \right)^2 \right] - 2\rho w \right\} d\Omega \\ \Gamma_u: \ u = \bar{u}_i \end{cases}$$

板壳

$$\begin{cases} -\left( \frac{\partial^4 w}{\partial x^4} + 2 \frac{\partial^4 w}{\partial x^2 \partial y^2} + \frac{\partial^4 w}{\partial y^4} \right) = \rho(x, y) \\ \Gamma_u: \ w = \bar{w}. \end{cases}$$

$$\begin{cases} \Pi = \int_\Omega \left\{ \left[ \left( \frac{\partial^2 w}{\partial x^2} \right)^2 + \left( \frac{\partial^2 w}{\partial y^2} \right)^2 \right] - \rho w \right\} d\Omega. \\ w = \bar{w} \end{cases}$$

7. 分区混合杂交..

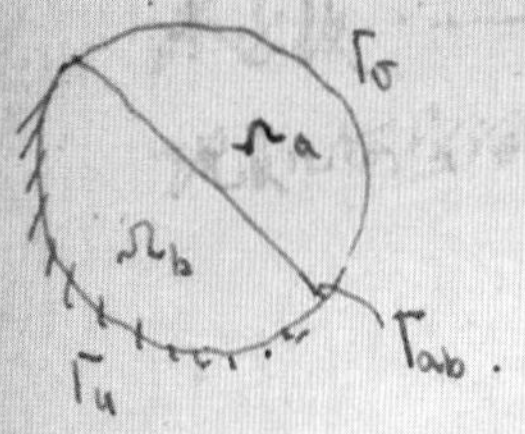


$$\Pi_p^{(a)}=\int_{\Omega_a}[A(e_{ij})-F_iu_i]d\Omega-\int_{\Gamma_\sigma}\bar{P}_iu_i\,ds \Longleftrightarrow \begin{cases}\Omega_a. & \frac{\partial\sigma_{ij}}{\partial x_j}+F_i=0\\ \Gamma_\sigma. & \sigma_{ij}n_j=\bar{P}_i\end{cases}$$

$$\not\Longleftrightarrow \begin{cases}\Omega_a. & e_{ij}=\frac{1}{2}\left(\frac{\partial u_i}{\partial x_j}+\frac{\partial u_j}{\partial x_i}\right)\\ \Gamma_u & u_i=\bar{u}_i\end{cases}$$

这样做对边界条件在 $\Omega_a$ 区没有. 位移边界条件 $\Gamma_u$.

如果用余能 $\Pi_c^{(a)}=\int_{\Omega_a}B(\sigma_{ij})d\Omega-\int_{\Gamma_u}P_i\bar{u}_i\,ds \Longleftrightarrow \begin{cases}\Omega_a. & e_{ij}=\frac{1}{2}(\quad)\\ \Gamma_u. & u_i=\bar{u}_i\end{cases}$

$\not\Longleftrightarrow \begin{cases}\Omega_a. & \frac{\partial\sigma_{ij}}{\partial x_j}+F_i=0\\ \Gamma_\sigma. & \sigma_{ij}n_j=\bar{P}_i\end{cases}$

故还需加上一项 $\int_{\Gamma_\sigma}\lambda_i(\sigma_{ij}n_j-\bar{P}_i)ds$.

故在a区取 $\Pi_p^{(a)}$ 是很合适的.

在b区.. 取余能.. (完全此..)

$$\Pi_{1c}^{(b)}=\int_{\Omega_b}B(\sigma_{ij})d\Omega-\int_{\Gamma_u}P_i\bar{u}_i\,ds \Longleftrightarrow \begin{cases}e_{ij}=\frac{1}{2}(\quad). & 在\ \Omega_b.\\ u_i=\bar{u}_i & \Gamma_u 上.\end{cases}$$

这样.. 在a区满足力边界 用位能式. 在b区满足位移边界 用余能式. 这样就使 [以至简单些]: 且自动地满足边界条件..

在 $\Gamma_{ab}$. 用混合能表示 $H_{pc}=\int_{\Gamma_{ab}}u_i^{(a)}\cdot\sigma_{ij}^{(b)}ds$ （$u_i^{(a)}$：a区位移；$\sigma_{ij}^{(b)}$：b区应力）.

分区混合广义变分原理..

$$\Pi_1=\Pi_{1p}^{(a)}-\Pi_{1c}^{(b)}+\int_{\Gamma_{ab}}u_i^{(a)}\sigma_{ij}^{(b)}ds$$

∴混合变分 $\Pi_1=\Pi_{1p}^{(a)}-\Pi_{1c}^{(b)}+H_{pc}$

同理 $\Pi_3=\Pi_{3p}^{(a)}-\Pi_{3c}^{(b)}+H_{3pc}$

$$\Pi_{3p}^{(a)}=\int_{\Omega_a}\left[A(e_{ij})-\sigma_{ij}\left(e_{ij}-\frac{1}{2}\left(\frac{\partial u_i}{\partial x_j}+\frac{\partial u_j}{\partial x_i}\right)\right)-F_iu_i\right]d\Omega-\int_{\Gamma_{\sigma(a)}}\bar{P}_iu_i\,ds-\int_{\Gamma_{u(a)}}P_i(u_i-\bar{u}_i)ds.$$

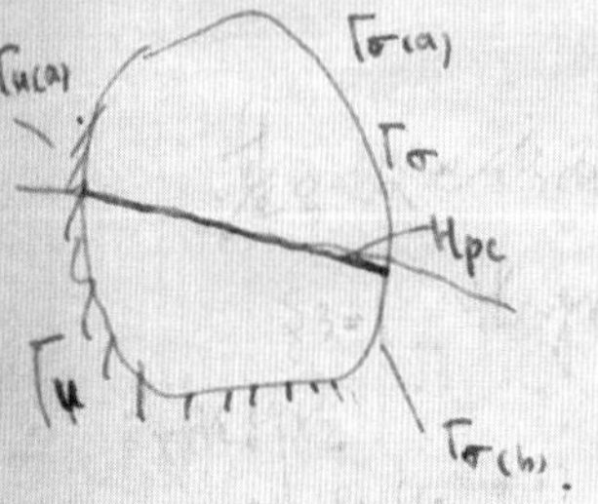


$$\Pi_{3c}^{(b)}=\int_{\Omega_b}\left[B(\sigma_{ij})+\left(\frac{\partial\sigma_{ij}}{\partial x_j}+F_i\right)u_i\right]d\Omega-\int_{\Gamma_u}\sigma_{ij}n_j\bar{u}_i\,ds-\int_{\Gamma_\sigma}u_i(P_i-\bar{P}_i)ds$$

$$\therefore \Pi_3=\Pi_{3p}^{(a)}-\Pi_{3c}^{(b)}+\sum\int_{ab}u_i^{(a)}\sigma_{ij}^{(b)}ds=st.$$

$$\delta\Pi_3=0 \Longleftrightarrow \begin{cases}全部弹力方程和边界条件.\\ \Gamma_{ab}.\ u_i^{(a)}=u_i^{(b)}\\ \qquad\ \sigma_{ij}=\sigma_{ij}^{(b)}\end{cases}$$

推广.. (充分利用已知条件)

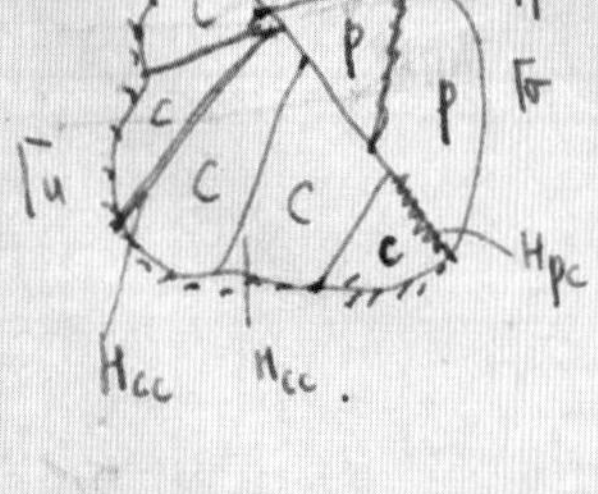


$$\Pi_3=\sum_{i=1}^{3}\Pi_{3p}^{(i)}-\sum_{s=1}^{5}\Pi_{3c}^{(s)}+\sum H_{pp}+\sum H_{pc}+\sum H_{cc}$$

$\delta\Pi_3=0 \Longleftrightarrow$ 全部弹力方程和边界条件.

小结：

①. 协调模型 (最小位能)

②. 位移杂交模型 Ⅱ. Ⅰ.

③. 平衡模型 Ⅰ. Ⅱ (应力杂交)
(最小余能)

④. 混合模型 Ⅰ. (H-R)
Ⅱ. (修正 H-R)

⑤. 分区混合模型.

# 第三章 分割插值和基函数

基函数 —— shape function

现实几何空间

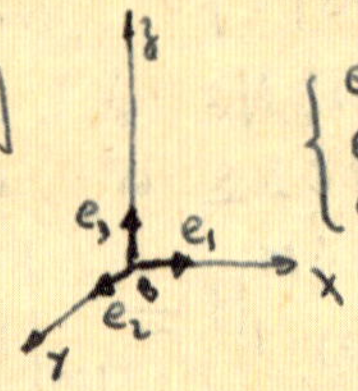

$$\begin{cases} e_1\ (1,0,0) \\ e_2\ (0,1,0) \\ e_3\ (0,0,1) \end{cases} \qquad \vec{f}=\vec{e}_1 f_1+\vec{e}_2 f_2+\vec{e}_3 f_3.$$

四维空间：

$$\begin{cases} e_1\ (1,0,0,0) \\ e_2\ (0,1,0,0) \\ e_3\ (0,0,1,0) \\ e_4\ (0,0,0,1) \end{cases}$$

抽象空间。

$$\bar{f}=\bar{e}_1 f_1+\bar{e}_2 f_2+\bar{e}_3 f_3+\bar{e}_4 f_4.$$

有限维空间。n维空间。$e_1, e_2, \cdots e_n$. —— 代数向量空间。

$$f=\begin{bmatrix} f_1 \\ f_2 \\ \vdots \\ f_n \end{bmatrix}$$ n维向量。离散的。

推广 ⟹ ⟸ 离散。

$$f=\begin{bmatrix} f_1 \\ f_2 \\ f_3 \\ \vdots \\ f_n \end{bmatrix}$$ 连续。函数向量空间、Hilbert空间。无限维代数量。

我们经常碰到的一般为连续量 $f_{(x)}$ —离散化（插值）→ 代数量（离散量）→ 上机实现 → 数值解（逐点近似）

↓ 用插值

解析解 $f_{(x)}$.（解析近似）

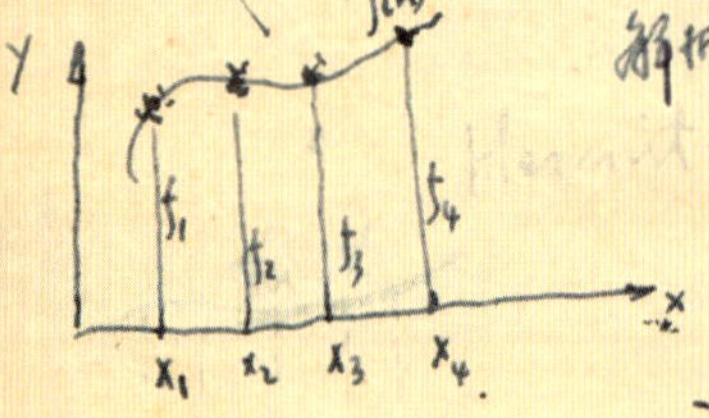

$$f_{(x)} \approx f=[e_1, e_2, e_3 \cdots e_n]\begin{bmatrix} f_1 \\ f_2 \\ \vdots \\ f_n \end{bmatrix}=\sum_{i=1}^{n} f_i e_i$$

把函数空间变为有限维空间。

在有限元中：$\begin{cases} u=\sum u_j e_j \\ v=\sum v_j e_j \end{cases}$ $e_j$ 叫位移函数。∴ $e_j$ 为 shape function

应力：$\sigma=\sum \sigma_i e_i$　$e_i$ 叫应力函数。

基函数也称为形函数。（函数空间内的坐标向量）

## §3-1. Lagrange 插值。$C^0$ 类函数（表示其一阶导数不连续，函数本身连续）

线性插值

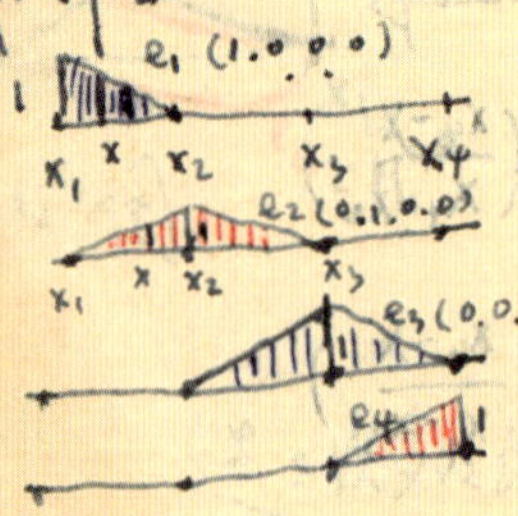

$e_i$ 线性时，也叫屋顶函数 roof-function，或帽函数 cap-functions

$$e_1=\frac{x_2-x}{x_2-x_1} \qquad x\in[x_1, x_2].$$

$$e_2=\begin{cases} \dfrac{x-x_1}{x_2-x_1} & x\in[x_1, x_2] \\ \dfrac{x_3-x}{x_3-x_2} & x\in[x_2, x_3] \end{cases}$$

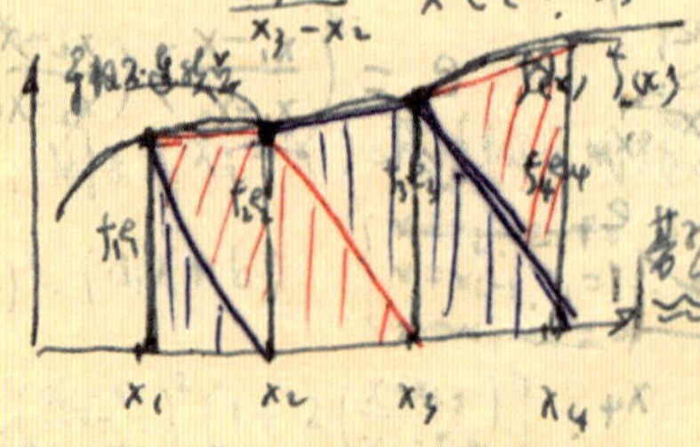

$$f_{(x)}=f_1 e_1+f_2 e_2+f_3 e_3+f_4 e_4$$

特点：基函数优点
- 离散化，得稀疏阵 sparse matrix
- 紧凑支集（局部支集）
- 稳定（解）
- 收敛性好，可比性好

如何函数 $f_{(x)}$ 以多项式表示，即是函数插值。（这是常用之种种方法）

则有：

$$\begin{bmatrix} 1 & x_1 & x_1^2 & x_1^3 \\ 1 & x_2 & x_2^2 & x_2^3 \\ \cdots & \cdots & \cdots & \cdots \\ 1 & x_4 & x_4^2 & x_4^3 \end{bmatrix} \begin{bmatrix} a_0 \\ a_1 \\ a_2 \\ a_3 \end{bmatrix} = \begin{bmatrix} f_1 \\ f_2 \\ f_3 \\ f_4 \end{bmatrix}$$

Hilbert阵，是病阵（一个很小的大）故为病态阵，求解不稳定，收敛性差。$1<x_i<x_i^2<x_i^3$

故改为均用基函数插值。

二次插值。

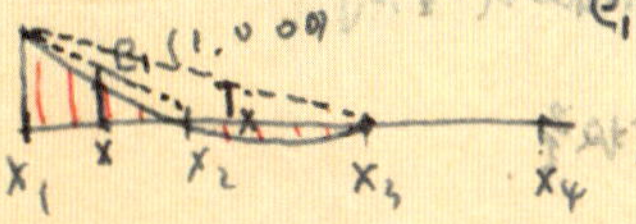


$$e_1=\left(\frac{x_2-x}{x_2-x_1}\right)\left(\frac{x_3-x}{x_3-x_1}\right)$$ [是两个三角形的高之积]

$$e_2=\left(\frac{x_1-x}{x_1-x_2}\right)\left(\frac{x_3-x}{x_3-x_2}\right)$$

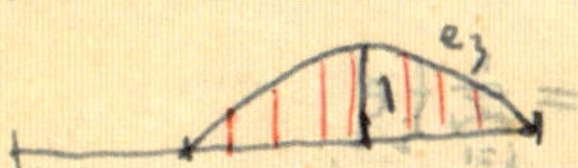


$e_3=$

$e_4=$

插值后函数在插点不光滑。

三次插值。

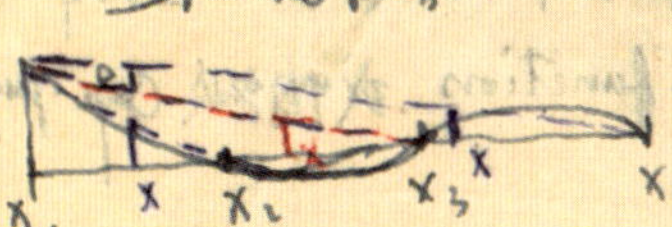


$$e_1=\left(\frac{x_2-x}{x_2-x_1}\right)\left(\frac{x_3-x}{x_3-x_1}\right)\cdot\left(\frac{x_4-x}{x_4-x_1}\right)$$

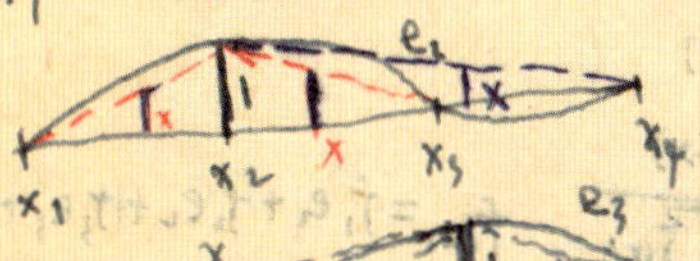


$$e_2=\left(\frac{x_1-x}{x_1-x_2}\right)\left(\frac{x_3-x}{x_3-x_2}\right)\cdot\left(\frac{x_4-x}{x_4-x_2}\right)$$

$$e_3=\left(\frac{x_1-x}{x_1-x_3}\right)\left(\frac{x_2-x}{x_2-x_3}\right)\left(\frac{x_4-x}{x_4-x_3}\right)$$

总之对于基函数的概念可用三角形法完整地表述出来。

首先，$e_i$ 对于其结点处 $=1$，与各结点连成直线形成 $n-1$ 个三角形，然后各三角形的高（以1表示）之乘积组合即为此基函数的表达式。（Lagrange插值之基函数）

§3-2. Hermite插值.

其函数为 $H_{2n+1}$（即在节点处，函数值相等且导数值也相等）.

$n=1$. 为 三次多项式.

$n=2$. 为 五次多项式..

表示 $H^{m,j}_{2n+1}\Big|_{n=1} = H_1^{m,j}$ (三次) 同理. $H^{m,j}_{2n+1}\Big|_{n=2} = H_2^{m,j}$ (五次多项式)

（$m$：导数阶数；$j$：插值位置.）

$H_1 \in C^1[a,b]$ $\;\bar{\in}\; C^2[a,b]$. 三次插值式为$C^1$类函数.

$H_2 \in C^2[a,b]$ $\;\bar{\in}\; C^3[a,b]$ 五次多项式为$C^2$类函数（可微性较低）→ 而七次多项式便是$C^3$类函数.

$H_3 \in C^3[a,b]$ $\;\bar{\in}\; C^4[a,b]$.

比样条函数 spline functions要求高阶.

三次样条 $S_3 \in C^2[a,b]$ (后证之)

四次样条 $S_4 \in C^3[a,b]$. 可微性比较高.

五次样条 $S_5 \in C^4[a,b]$.

在我们研究工程、梁、汽船曲中 $EI\left(\frac{d^2y}{dx^2}\right)=M$. 只需要二阶可微就足够了. 选择为三次$S_3$即可. 但是 Hermite插值必选五次多项式 $H_2$.

Hermit插值.

$f(x) \in C^1[a,b]$

即满足结点值，且满足该点导数值.

$$f(x) = f_{i-1} H_1^{0,i-1} + f'_{i-1} H_1^{1,i-1} + f_i H_1^{0,i} + f'_i H_1^{1,i}$$

$$= f_{i-1} e_1 + f'_{i-1} e_2 + f_i e_3 + f'_i e_4.$$

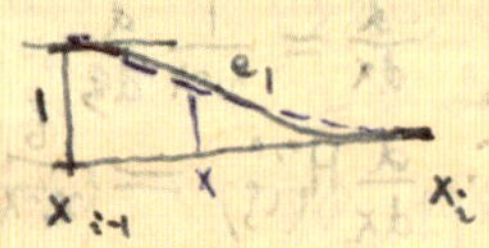

$e_1 = H_1^{0,i-1}$ $\quad e_2 = H_1^{1,i-1}$

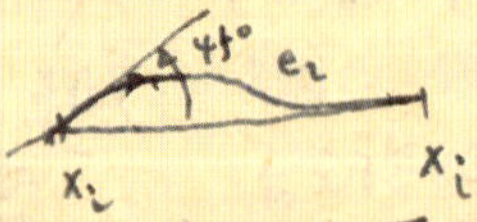

$e_3 = H_1^{0,i}$ $\quad e_4 = H_1^{1,i}$.

$H^{m,j}$（$m$：导数阶；$j$：结点）

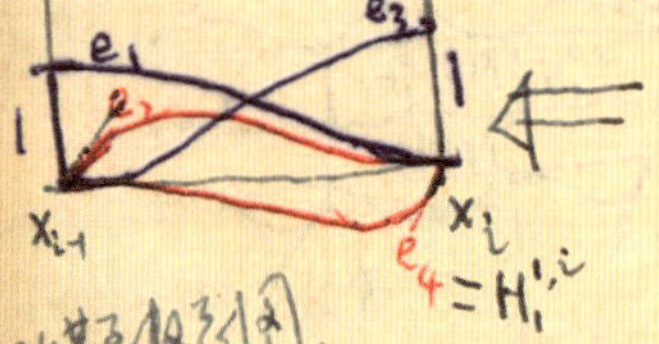

四个基函数图.

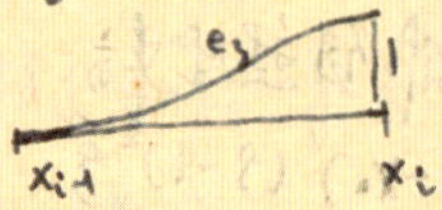

$e_1 = (1,0,0,0)$

$e_2 = (0,1,0,0)$

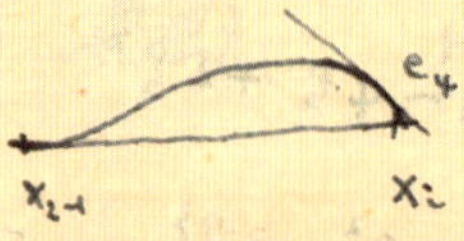

是三次多项式.., 因子 $(x_i - x)$ 以函数在同样只有 $(x_i-x)$ 项 则必有 $(x_i-x)^2$ 项.

$$\therefore\ e_1 = (x_i - x)^2 \cdot (ax + b) \quad \begin{cases} \sout{x=x_i,\ e_1=0} \\ x=x_{i-1}\ e_1=1.\ e_1'=0 \\ \sout{x=x_i\ e_1'=0} \end{cases} \quad 定出a.b.$$

$$e_1 = H_1^{0,i-1} = \left(\frac{x_i - x}{x_i - x_{i-1}}\right)^2 \left[1 + 2\left(\frac{x - x_{i-1}}{x_i - x_{i-1}}\right)\right]$$

$$e_2 = H_1^{1,i-1} =$$

$$e_3 = H_1^{0,i} =$$

$$e_4^{1,i} = -\left(\frac{x - x_{i-1}}{x_i - x_{i-1}}\right)^2 (x_i - x)$$

（约束问题）造五次多项式，要求 $C^2[a,b]$

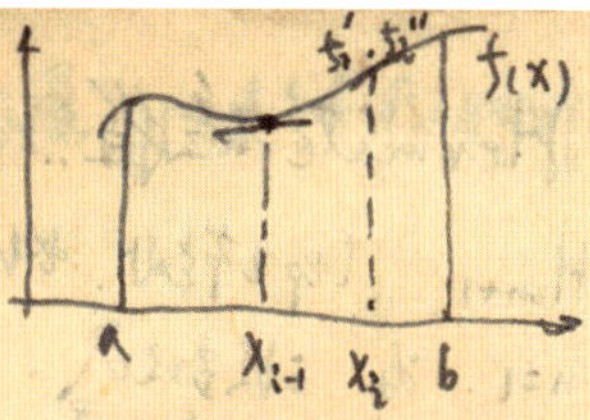

则保证在结点 $x_{i-1}$、$x_i$ 函数及其一阶、二阶导数均连续。

则 $f(x)=f_{i-1}H_2^{0,i-1}+f'_{i-1}H_2^{1,i-1}+f''_{i-1}H_2^{2,i-1}+f_iH_2^{0,i}+f'_iH_2^{1,i}+f''_iH_2^{2,i}$

$e_i=H_i^{0,i}=(x_i-x)^3(ax^2+bx+c)$. $\begin{cases}x=x_i,\ e_i=1\\ e_i'=e_i''=0\end{cases}$

开拓…（分段三次多项式…）

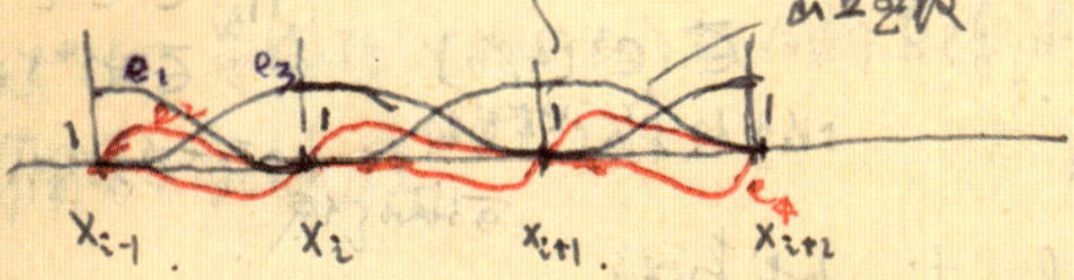

在有限元中，采用Hermit三次多项式计算梁板壳

对于梁：$EI\frac{d^2y}{dx^2}=M$ $\Rightarrow EI\frac{d^4y}{dx^4}=q$ $C^2[a,b]$

对于薄膜 $S\frac{d^2y}{dx^2}=-q$ （悬索，薄膜，用一阶导数）$C^1[a,b]$

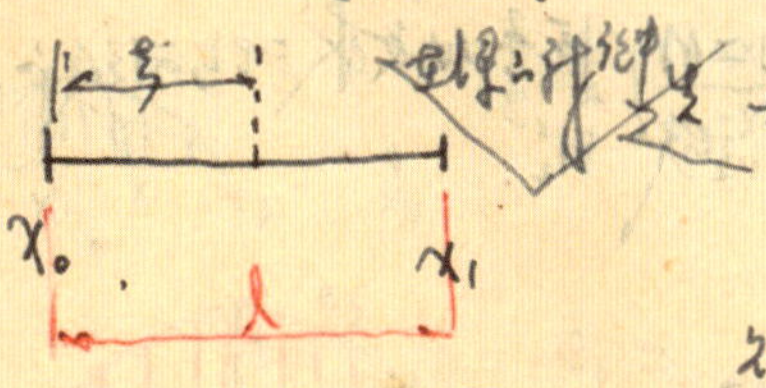

$\xi$ 为自然坐标 $\xi\in[0,1]$

$\xi=\frac{x-x_0}{x_1-x_0}=e_1$

则 基函数均可写成 $\xi$ 的函数。

$e_1=H_1^{0,0}(\xi)=1-3\xi^2+2\xi^3=\left(\frac{x_1-x}{x_1-x_0}\right)^2\left[1+2\left(\frac{x-x_0}{x_1-x_0}\right)\right]$

$e_1=\left(\frac{x_1-x}{x_1-x_0}\right)^2\left[1+2\left(\frac{x-x_0}{x_1-x_0}\right)\right]$

$=\left(\frac{x_0+L-x}{L}\right)^2\left[1+2\frac{x-x_0}{L}\right]$

$=\left[1-\frac{x-x_0}{L}\right]^2\left[1+2\frac{x-x_0}{L}\right]$

$=(1-\xi)^2[1+2\xi]$

$\frac{d}{dx}=\frac{1}{x_1-x_0}\frac{d}{d\xi}$

$\therefore \frac{d}{dx}H_1^{0,0}(\xi)=\frac{6}{x_1-x_0}(\xi^2-\xi)$

故在有限元中，以基函数作自然坐标

同理 $e_2=H_1^{1,0}=(x_1-x_0)(\xi-1)^2\xi$

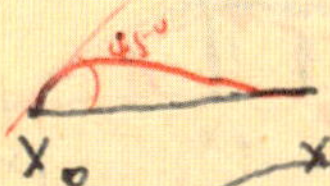

$\frac{d}{dx}H_1^{1,0}=1-4\xi+2\xi^2$

$e_3=H_1^{0,1}=3\xi^2-2\xi^3$. $\frac{d}{dx}H_1^{0,1}=\frac{6}{x_1-x_0}(\xi-\xi^2)$ （挠度）

$e_4=H_1^{1,1}=(x_1-x_0)(\xi^3-\xi^2)$

$\frac{d}{dx}H_1^{1,1}=3\xi^2-2\xi$ （转角）。

以上是梁元的4个基函数。

Example.. x方向无位移略去.. 挠度 $v$.

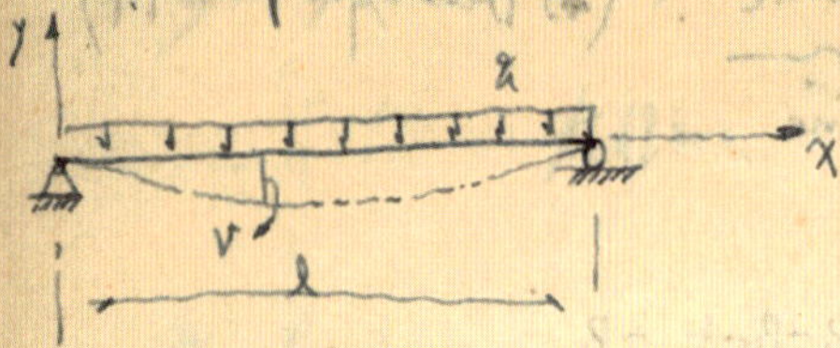


$v_0=0$. $v(l)=0$.

$EI\frac{d^4y}{dx^4}=-q$

$$\begin{cases} EI\frac{d^4v}{dx^4}=+q \\ v(0)=v(l)=0 \\ M(0)=0 \quad M(l)=0 \end{cases}$$

$\Updownarrow$

$$\begin{cases} \Pi(v)=\int_0^l\left[\frac{1}{2}EI\left(\frac{d^2v}{dx^2}\right)^2-qv\right]dx = \min \\ v(0)=v(l)=0 \quad \text{(强加条件)} \end{cases}$$

Rayleigh–Ritz 法求解..

选 $v$ 满足边界条件(强加) 然后使泛函达最小. Hilbert

$v=(x-l)x\cdot[a_1+a_2x(x-l)] \in {}^2H_2^0$

$\frac{d^2v}{dx^2}=2a_1+a_2(12x^2-12lx+2l^2)$

代入后.. $\Pi(a_1,a_2)=\int_0^l\left[\frac{1}{2}EI\{2a_1+a_2(12x^2-12lx+2l^2)\}^2-qx(x-l)(a_1+a_2x(x-l))\right]dx$

$\therefore \begin{cases}\frac{\partial\Pi}{\partial a_1}=0\\ \frac{\partial\Pi}{\partial a_2}=0\end{cases} \Longleftrightarrow \Pi(v)=\min.$ 定出 $a_1$ $a_2$

$\because \delta\Pi(v)=0 \Longrightarrow \delta\Pi(a_1,a_2)=\frac{\partial\Pi}{\partial a_1}\delta a_1+\frac{\partial\Pi}{\partial a_2}\delta a_2=0$

$\therefore \begin{cases}\frac{\partial\Pi}{\partial a_1}=0\\ \frac{\partial\Pi}{\partial a_2}=0\end{cases}$..

有限元改进的R–R法.

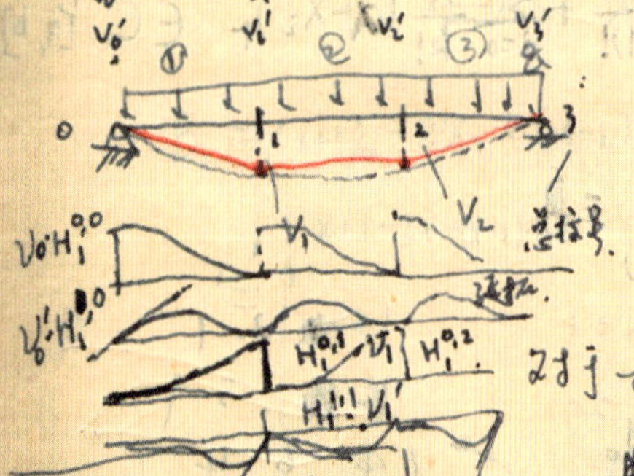


分单元③. ②. ①.

(一) Lagrange 插值.. (形函数低阶. 分割大量)

可见. 插值后折线代替挠曲线误差比较大的, 故分割要细. 但在节点处也必是相收敛..($v_1$. $v_2$).

分之愈细. 失之愈小.

对于 Lagrange 插值 使得 $f(x)$ 只能 $\in C^0[a,b]$

典型元..

第一个单元..

$v(x)=v_0H_1^{0,0}+v_0'H_1^{1,0}+v_1H_1^{0,1}+v_1'H_1^{1,1}$

第二单元.

$v(x)=v_1H_1^{0,1}+v_1'H_1^{1,1}+v_2H_1^{0,2}+v_2'H_1^{1,2}$

=与第一单元中之项后是优先.

插值与样条参考书

1) 苏步青. 计算几何第二章.

2) 冯康. 样条函数方法

3) 李岳生. 样条函数

§3-3.. B样条. Basic spline. (与Beam spline 区别)

或叫基样条. Cardinal spline:

1)、一般样条..

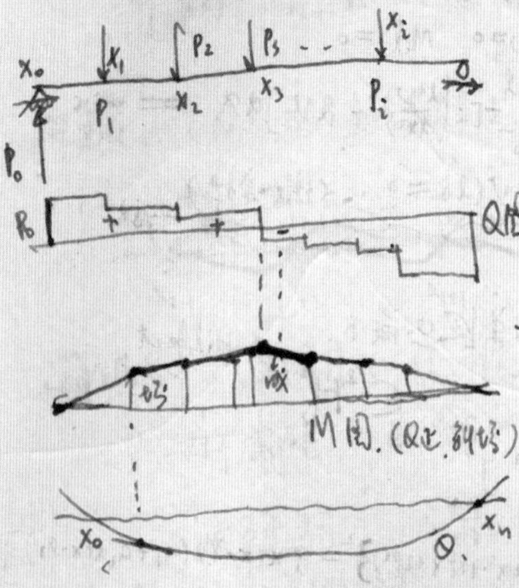


$Q = P_0 - P_1 - P_2 \cdots - P_i$

改写成

$Q = P_0(x-x_0)^0 - P_1(x-x_1)^0 - \cdots - P_i(x-x_i)^0$

为台阶函数（或阶梯函数）

取 $S_0 = Q$. —— 零次样条.

$\therefore S_0 = \sum_{i=0}^{n} P_i (x-x_i)_+^0 \in C^{-1}[x_0, x_n]$ $\quad \because \frac{dM}{dx} = Q.$

$S_1 = M = \sum_{i=0}^{n} P_i (x-x_i)_+ + C_1 \in C^0[x_0, x_n]$

$S_2 = \theta = \sum_{i=0}^{n} \frac{P_i}{2!}(x-x_i)_+^2 + C_1 x + C_2 \in C^1[x_0, x_n]$

（转角满足 $\frac{d\theta}{dx} = M$.）

$S_3 = v = \sum_{i=0}^{n} \frac{P_i}{3!}(x-x_i)_+^3 + \frac{C_1}{2!}x^2 + C_2 x + C_3 \in C^2[x_0, x_n]$

三次样条函数.（挠曲方程 $\frac{dv}{dx} = Q$）

$\therefore S_0 \in C^{-1}[x_0, x_n]$

$S_1 \in C^0[x_0, x_n]$

$S_2 \in C^1[x_0, x_n]$

$S_3 \in C^2[x_0, x_n]$

$S_k = \sum_{j=1}^{k} C_j \frac{x^{j-1}}{(j-1)!} + \sum_{i=0}^{n-1} \frac{P_i}{k!}(x-x_i)_+^k$

$= \sum_{j=1}^{k} C_j \frac{x^{j-1}}{(j-1)!} + \sum_{i=0}^{n-1} \frac{P_i}{k!}(x-x_i)_+^k \in C^{k-1}[a, b]$

2.. B样条..

差分.. 杨辉—pascal 三角.
（10世纪）（十三世纪）

⇓

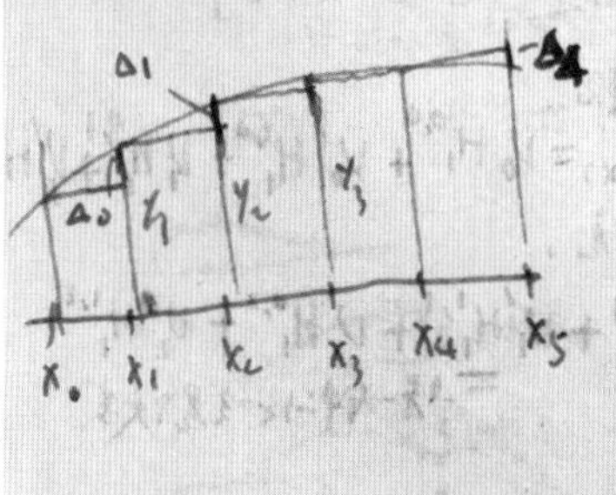


$\Delta_0 = y_1 - y_0$ $\quad \Delta_0^2 = y_2 - 2y_1 + y_0$

$\Delta_1 = y_2 - y_1$ $\quad \Delta_0^3 = y_3 - 3y_2 + 3y_1 - y_0$

$\Delta_2 = y_3 - y_2$ $\quad \Delta_0^4 = y_4 - 4y_3 + 6y_2 - 4y_1 + y_0$

$\Delta_3 = y_4 - y_3$ $\quad \cdots\cdots$（证见组合学记）

$\Delta_4 = y_5 - y_4$

$\Delta_i = y_{i+1} - y_i$.

1 1
1 2 1
1 3 3 1
1 4 6 4 1
1 5 10 10 5 1
1 6 15 20 15 6 1

截断幂函数（作法）或半截断幂（李岳生）

定义.. $x_+^m = \begin{cases} x^m & x \geq 0 \\ 0 & x < 0 \end{cases}$

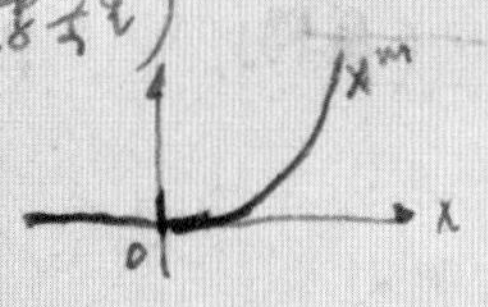

移位算子$E^{\lambda}$　左移一λ．．　$E^{\lambda}x_+^m=(x+\lambda)_+^m$．

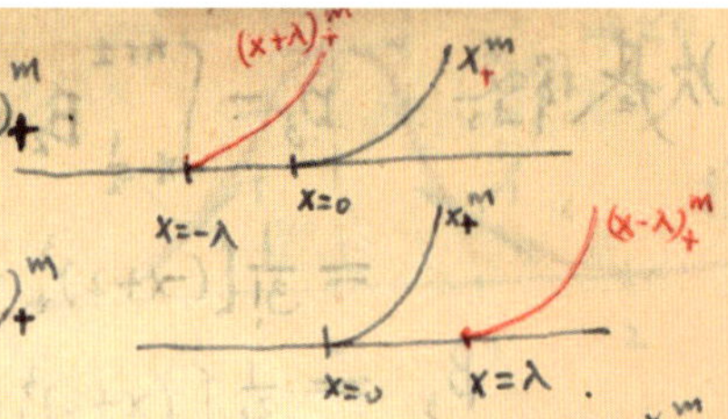


右移+λ．　$E^{-\lambda}x_+^m=(x-\lambda)_+^m$

中心差分算子 δ．．（不是变分算子）

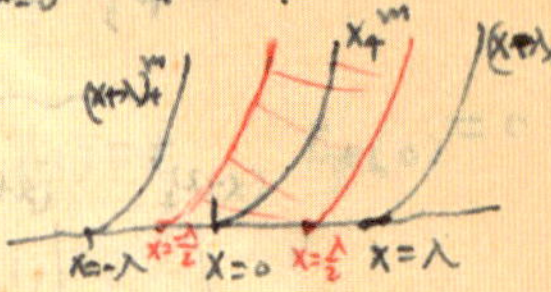


$$\delta x_+^m=\left(x+\frac{\lambda}{2}\right)_+^m-\left(x-\frac{\lambda}{2}\right)_+^m.$$

$$\delta x_+^0=\left(x+\frac{\lambda}{2}\right)_+^0-\left(x-\frac{\lambda}{2}\right)_+^0$$ 为δ函数．．

方波δ函数．．　$x_+^0=\begin{cases}1 & x\geqslant 0\\ 0 & x<0.\end{cases}$

$$E^1x_+^0=(x+1)_+^0$$

$$E^{-1}x_+^0=(x-1)_+^0.$$

中心差分为．

$$\delta x_+^0=\left(x+\tfrac{1}{2}\right)_+^0-\left(x-\tfrac{1}{2}\right)_+^0$$

定义为$B_0$次样条．

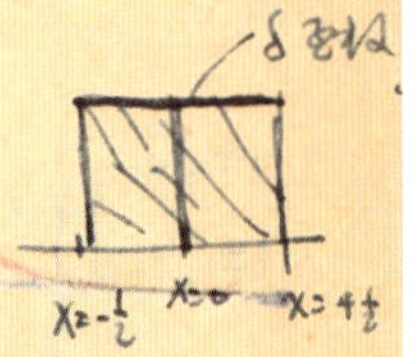


$$\therefore B_0=\delta x_+^0=\begin{cases}1 & -\frac{1}{2}\leqslant x\leqslant\frac{1}{2}\\ 0 & |x|>\frac{1}{2}\end{cases}$$ ——为单位1的阶跃函数．．

$$B_1\text{次样条}=\delta^2x_+^1=\int_{x-\frac{1}{2}}^{x+\frac{1}{2}}B_0\,dx=\int_{x-\frac{1}{2}}^{\frac{1}{2}+x}\left[\left(x+\tfrac{1}{2}\right)_+^0-\left(x-\tfrac{1}{2}\right)_+^0\right]dx=\left[\left(x+\tfrac{1}{2}\right)_+^1-\left(x-\tfrac{1}{2}\right)_+^1\right]_{x-\frac{1}{2}}^{x+\frac{1}{2}}$$
$$=(x+1)_+-2x_++(x-1)_+$$

$$B_2\text{次样条}=\delta^3x_+^2=\int_{x-\frac{1}{2}}^{x+\frac{1}{2}}B_1\,dx$$

$$B_3\text{次样条}=\delta^4x_+^3.$$

$$\cdots\cdots$$

$$B_K=\delta^{K+1}x_+^K$$

$(x+1)_+-x_+$

$x_+-(x-1)_+$

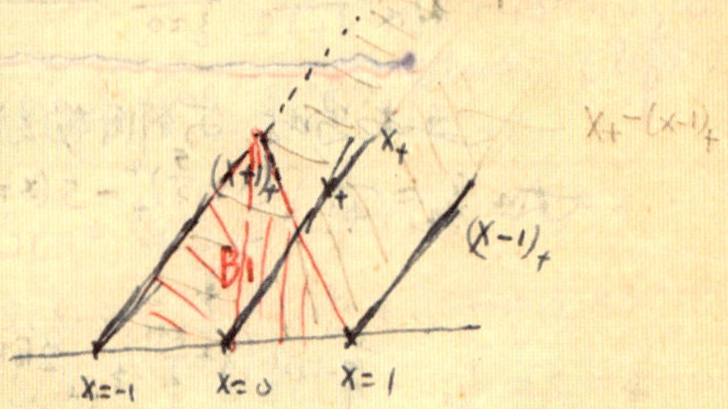


$$B_1=(x+1)_+-2x_++(x-1)_+$$

$$=\begin{cases}x+1-2x+(x-1)=0 & x>1\\ x+1 & -1\leqslant x\leqslant 0\quad [x_+=0,\ (x-1)_+=0]\\ 1-x & 0\leqslant x\leqslant 1\quad [1+x-2x]\\ 0 & x<-1\end{cases}$$

$$B_1=(x+1)_+-x_+-[x_+-(x-1)_+]$$

得到一个三角形函数

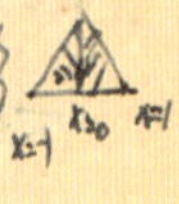


$$B_2=\int_{x-\frac{1}{2}}^{x+\frac{1}{2}}B_1\,dx=\frac{1}{2!}\left[(x+1)_+^2-2x_+^2+(x-1)_+^2\right]\Big|_{x-\frac{1}{2}}^{x+\frac{1}{2}}.$$
$$=\frac{1}{2!}\left[\left(x+\tfrac{3}{2}\right)_+^2-3\left(x+\tfrac{1}{2}\right)_+^2+3\left(x-\tfrac{1}{2}\right)_+^2-\left(x-\tfrac{3}{2}\right)_+^2\right]$$

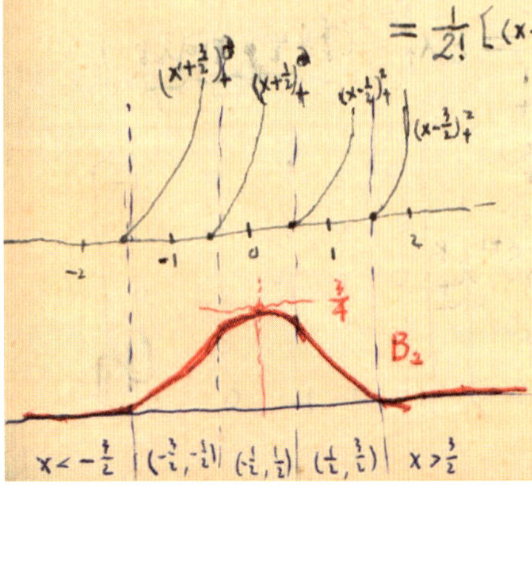


$$\therefore B_2=\frac{1}{2!}\begin{cases}\left(x+\frac{3}{2}\right)^2-3\left(x+\frac{1}{2}\right)^2+3\left(x-\frac{1}{2}\right)^2-\left(x-\frac{3}{2}\right)^2=0 & x>+\frac{3}{2}\\ 0 & x<-\frac{3}{2}\\ \left(x+\frac{3}{2}\right)^2 & -\frac{3}{2}\leqslant x\leqslant-\frac{1}{2}\\ \left(x+\frac{3}{2}\right)^2-3\left(x+\frac{1}{2}\right)^2=\frac{3}{2}-2x^2 & -\frac{1}{2}<x<\frac{1}{2}\\ \left(x+\frac{3}{2}\right)^2-3\left(x+\frac{1}{2}\right)^2+3\left(x-\frac{1}{2}\right)^2=\left(x-\frac{3}{2}\right)^2 & \frac{1}{2}\leqslant x\leqslant\frac{3}{2}\end{cases}$$

三次基样条：$B_3=\int_{x-\frac12}^{x+\frac12} B_2\,dx=\frac{1}{3!}\left[(x+\tfrac32)_+^3-3(x+\tfrac12)_+^3+3(x-\tfrac12)_+^3-(x-\tfrac32)_+^3\right]\Big|_{x-\frac12}^{x+\frac12}$

$$=\frac{1}{3!}\left[(x+2)_+^3-4(x+1)_+^3+6x_+^3-4(x-1)_+^3+(x-2)_+^3\right]$$

$$B_3=\frac{1}{3!}\left[(x+2)_+^3-4(x+1)_+^3+6x_+^3-4(x-1)_+^3+(x-2)_+^3\right]$$

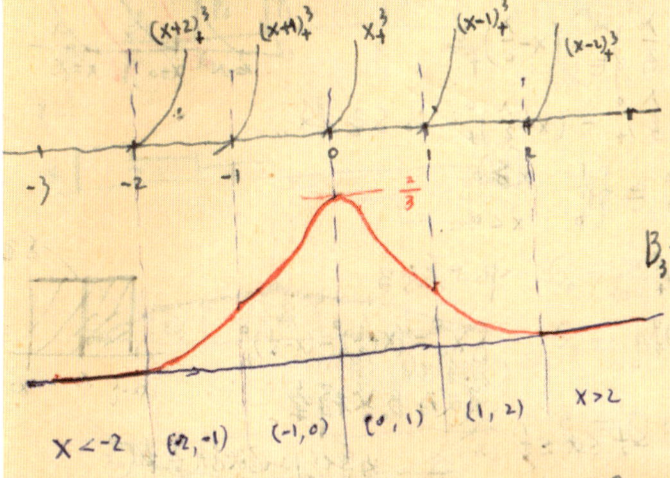


$$B_3=\frac{1}{3!}\begin{cases}0 & x<-2\\(x+2)^3 & -2\le x\le -1\\(x+2)^3-4(x+1)^3 & -1\le x\le 0\\(x+2)^3-4(x+1)^3+6x^3=(2-x)^3-4(1-x)^3 & 0\le x\le 1\\(2-x)^3 & 1\le x\le 2\\0=\text{各项之和} & x\ge 2\end{cases}$$

由上可见：利用半点和整点：
- 半点是偶次B样条。（半点 $\pm\frac12,\pm\frac32,\pm\frac52,\cdots$）
- 整点是奇次B样条。（整点 $0,\pm1,\pm2,\cdots$）

$$B_k=\sum_{j=0}^{k+1}\frac{(-1)^j\binom{k+1}{j}\left(x+\frac{k+1}{2}-j\right)_+^k}{k!}$$

具体写时，可利用杨辉—pascal三角形来写系数。（这是相间的系数）

如 $B_4=\frac{1}{4!}\left[(x+\tfrac52)_+^4-5(x+\tfrac32)_+^4+10(x+\tfrac12)_+^4-10(x-\tfrac12)_+^4+5(x-\tfrac32)_+^4-(x-\tfrac52)_+^4\right]$

↓

第一项以 $(x+\frac{k+1}{2})_+^k$，然后逐项相继下减成半点或整点（成整点）。

| | | | | | | |
|---|---|---|---|---|---|---|
| 1 | 1 | | | | | → $B_0$ |
| 1 | 2 | 1 | | | | → $B_1$ |
| 1 | 3 | 3 | 1 | | | → $B_2$ |
| 1 | 4 | 6 | 4 | 1 | | → $B_3$ |
| 1 | 5 | 10 | 10 | 5 | 1 | → $B_4$ |

如 $B_5=\frac{1}{5!}\left[(x+3)_+^5-6(x+2)_+^5+15(x+1)_+^5-20(x+0)_+^5+15(x-1)_+^5-6(x-2)_+^5+(x-3)_+^5\right]$

差分：$\Delta_0^5=y_6-6y_5+15y_4-20y_3+15y_2-6y_1+y_0=\delta^6$

∴ $B_0=\Delta^1 x_+^0$ （前移，前差） $=\delta x_+^0$ （半点上，中间差分）

$B_1=\Delta^2 x_+^1 = \delta^2 x_+^1$

$B_2=\frac{1}{2!}\Delta^3 x_+^2=\frac{1}{2!}\delta^3 x_+^2$

……

$B_k=\frac{1}{k!}\Delta^{k+1}x_+^k=\frac{1}{k!}\delta^{k+1}x_+^k$

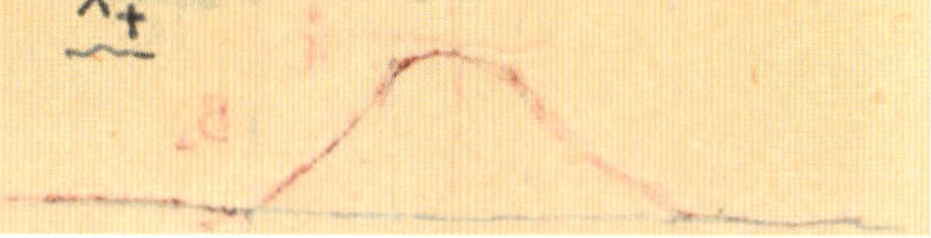

再看 $B_3$..

$$B_3=\frac{1}{3!}\begin{cases}0 & x<-2\\ (x+2)^3 & -2\le x\le -1\\ (x+2)^3-4(x+1)^3 & -1\le x\le 0\\ (2-x)^3-4(1-x)^3 & 0\le x<1\\ (2-x)^3 & 1\le x\le 2\\ 0 & x>2\end{cases}$$

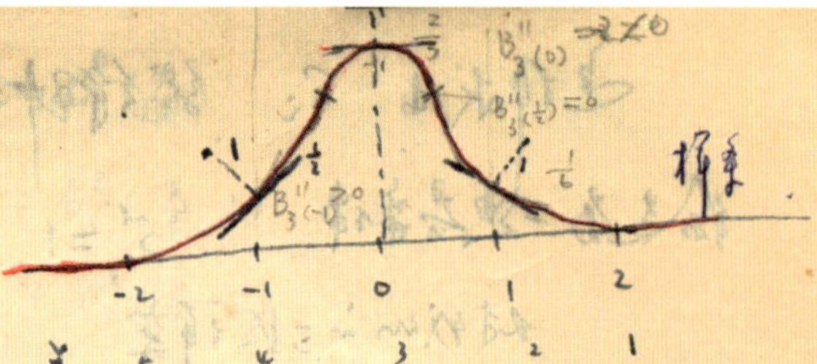


3.. 5 4 3 2 1

$B'_5(-2)=0$. $B'_5(-1)=\frac{1}{2}$ $B'_5(0)=0$

$B'_5(2)=0$. $B'_5(1)=-\frac{1}{2}$.

$B''_5(-2)=0$ $B''_5(-1)=1$. $B''_5(0)=-2$.

$B''_5(2)=0$. $B''_5(1)=1$.

Example 1.

spline points.. $x=0$. $S_0=2$.
$x_1=h$ $S_1=3$.
$x_2=2h$. $S_2=4$.

bound condition $\begin{cases}S'_0=1\\ S'_2=1.\end{cases}$

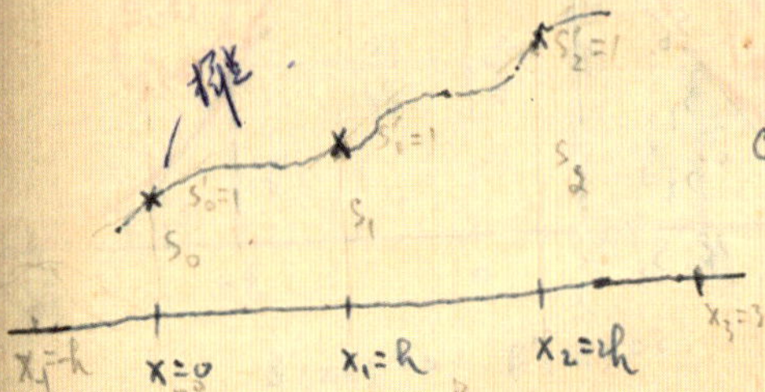


find $S(x)\in C^2[0,2h]$.

obvious.. $S(x)=S_3(x)\in C^2[0,2h]$.

suppose.. $S(x)=\sum_{i=-1}^{3}C_iB^i$
$=C_{-1}B^{-1}+C_0B^0+C_1B^1+C_2B^2+C_3B^3$

splining graph follow.. (left)

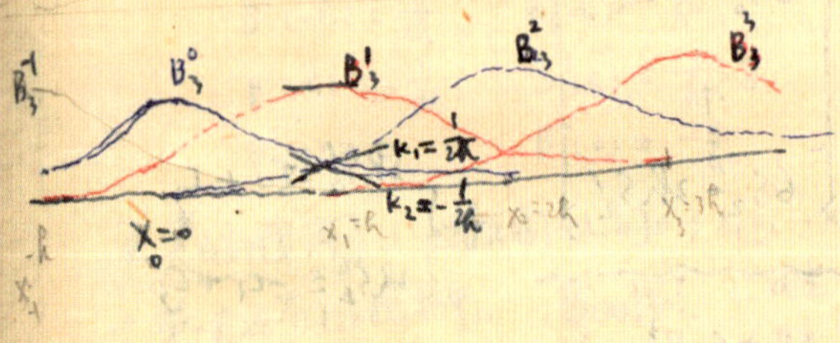


$$\begin{cases}S(0)=C_{-1}\frac{1}{6}+C_0\frac{4}{6}+C_1\frac{1}{6}=S_0=2 & \cdots ①\\ S(h)=C_0\frac{1}{6}+C_1\frac{4}{6}+C_2\frac{1}{6}=S_1=3 & \cdots ②\\ S(2h)=C_1\frac{1}{6}+C_2\frac{4}{6}+C_3\frac{1}{6}=S_2=4 & \cdots ③\end{cases}$$

⇓ 排矩阵.. 随排成中心.. 边由边界条件定出..

$$\begin{bmatrix}\text{首边}\\ 1&4&1&0&0\\ 0&1&4&1&0\\ 0&0&1&4&1\\ \text{末边}\end{bmatrix}\begin{bmatrix}C_{-1}\\ C_0\\ C_1\\ C_2\\ C_3\end{bmatrix}=\begin{bmatrix}1\times 2h\\ 2\times 6\\ 3\times 6\\ 4\times 6\end{bmatrix}$$

由边界条件. $\begin{cases}S'_0=1 & -\frac{1}{2h}C_{-1}+0+\frac{1}{2h}C_1=1=S'_0 & \cdots ④\\ S'_2=1. & -\frac{1}{2h}C_1+0+\frac{1}{2h}C_3=1=S'_2 & \cdots ⑤\end{cases}$

①~⑤ 排成总矩阵.

$$\begin{bmatrix}-1&0&1&0&0\\ 1&4&1&0&0\\ 0&1&4&1&0\\ 0&0&1&4&1\\ 0&0&-1&0&1\end{bmatrix}\begin{bmatrix}C_{-1}\\ C_0\\ C_1\\ C_2\\ C_3\end{bmatrix}=\begin{bmatrix}2hS'_0\\ 6S_0\\ 6S_1\\ 6S_2\\ 2hS'_2\end{bmatrix}=\begin{bmatrix}2h\\ 2\times 6\\ 3\times 6\\ 4\times 6\\ 2h\end{bmatrix}\xRightarrow{\text{求解}}\quad \begin{aligned}C_{-1}&=1\\ C_0&=\frac{5}{2}\\ C_1&=3\\ C_2&=\frac{7}{2}\\ C_3&=7\end{aligned}$$

这样求出 $C_i$ 就得到样条函数 $S(x)=\sum_{i=-1}^{3} C_i B^i \in C^2[a,b]$

给定第一边界条件. $S_0'=1$. $S_2''=1$

对我们的三次样条..

$S_2''=1 \Rightarrow \frac{1}{h^2}C_1 - \frac{2}{h^2}C_2 + \frac{1}{h^2}C_3 = 1$

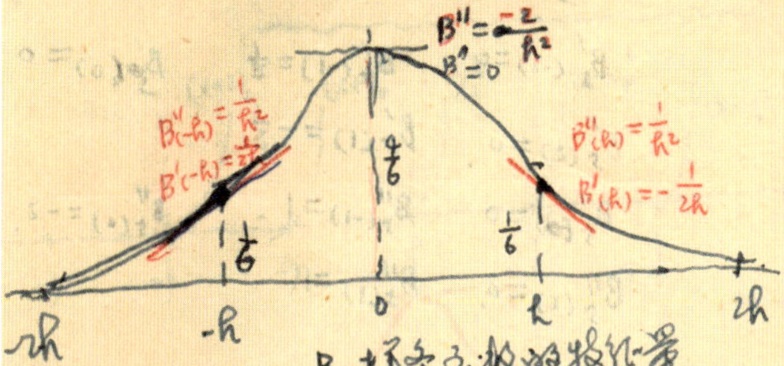


$B_3$ 样条函数的数值量..

则

$$\begin{bmatrix} -1 & 0 & 1 & 0 & 0 \\ 1 & 4 & 1 & 0 & 0 \\ 0 & 1 & 4 & 1 & 0 \\ 0 & 0 & 1 & 4 & 1 \\ 0 & 0 & 1 & -2 & 1 \end{bmatrix} \begin{bmatrix} c_{-1} \\ c_0 \\ c_1 \\ c_2 \\ c_3 \end{bmatrix} = \begin{bmatrix} 2hS_0' \\ 6S_0 \\ 6S_1 \\ 6S_2 \\ h^2 S_2'' \end{bmatrix}$$

对于方程组

$$\begin{bmatrix} -1 & 0 & 1 & & \\ 1 & 4 & 1 & & \\ & 1 & 4 & 1 & \\ & & 1 & 4 & 1 \\ & & -1 & 0 & 1 \end{bmatrix} \begin{bmatrix} c_{-1} \\ c_0 \\ c_1 \\ c_2 \\ c_3 \end{bmatrix} = \begin{bmatrix} 2hS_0' \\ S_0 \\ S_1 \\ S_2 \\ 2hS_2' \end{bmatrix}$$

⇓ 矩阵化简..

$$\begin{bmatrix} 4 & 2 & 0 \\ 1 & 4 & 1 \\ 0 & 2 & 4 \end{bmatrix} \begin{bmatrix} c_0 \\ c_1 \\ c_2 \end{bmatrix} = \begin{bmatrix} 6S_0 + 2hS_0' \\ 6S_1 \\ 6S_2 - 2hS_2' \end{bmatrix} + \begin{cases} 2hS_0' = -c_{-1} + c_1 \\ 2hS_2' = -c_1 + c_3 \end{cases}$$

$$\therefore S(x) = C_{-1}B^{-1} + C_0 B^0 + \dots + C_3 B^3$$

$$= -B_3^{-1} + \frac{5}{2}B_3^0 + 3B_3^1 + \frac{7}{2}B_3^2 + 7B_3^3$$

$B_3$ 的一般形式. 等距分割..

$$N = \frac{x_n - x_0}{h}$$

$$x_i = x_0 + ih \quad (i=1,2,\cdots N)$$

局部坐标 $e_i = \frac{x-x_i}{x_{i+1}-x_i} = \frac{x-x_i}{h}$

$$\therefore B_3 = B_3\left(\frac{x-x_i}{h}\right) = B_3\left(\frac{x-x_0-ih}{h}\right) = B_3\left[\frac{x-x_0}{h} - i\right]$$

$$\xlongequal{x_0=0} B_3\left[\frac{x}{h} - i\right]$$

当 $x_0=0$ 则 $i=0$，$B_3^0=B_3^0(\frac{x}{h})$

$i=1$　$B_3^1=B_3^1(\frac{x}{h}-1)$

$i=2$　$B_3^2=B_3^2(\frac{x}{h}-2)$

$i=3$　$B_3^3=B_3^3(\frac{x}{h}-3)$

$$\therefore\ S(x)=-B_3^{-1}(\frac{x}{h}+1)+\frac{5}{2}B_3^0(\frac{x}{h})+3B_3^1(\frac{x}{h}-1)+\frac{7}{2}B_3^2(\frac{x}{h}-2)+7B_3^3(\frac{x}{h}-3).$$

样条优点：{具体性好，具有高阶导数连续}

基函数优点{紧凑性，计算稳定性好，收敛性好。}

基样条优点{样条优点，基函数优点。}

讨论三次样条函数优点

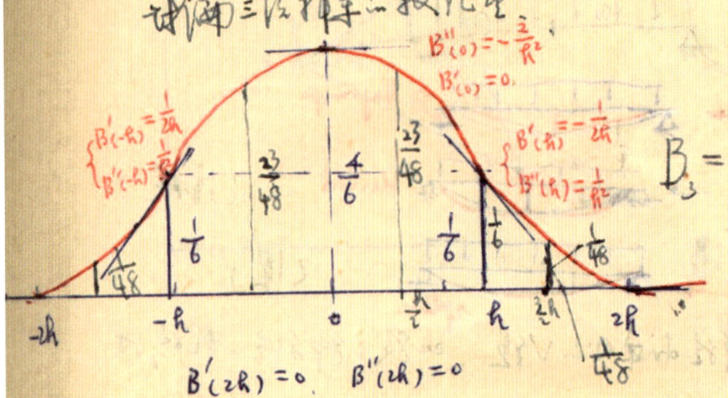


$$B_3=\frac{1}{3!}\begin{cases}0 & x<-2h\\ (\frac{x}{h}+2)^3 & -2h\le x\le -h\\ (\frac{x}{h}+2)^3-4(\frac{x}{h}+1)^3 & -h\le x\le 0\\ (2-\frac{x}{h})^3-4(1-\frac{x}{h})^3 & 0\le x\le h\\ (2-\frac{x}{h})^3 & h\le x\le 2h\\ 0 & x\ge 2h\end{cases}$$

$B'(2h)=0$　$B''(2h)=0$

$B'(-2h)=0$　$B''(-2h)=0$

$B'(-h)=\frac{1}{2h}$　$B''(-h)=\frac{1}{h^2}$

$B'(h)=-\frac{1}{2h}$　$B''(h)=\frac{1}{h^2}$

$B'(0)=0$　$B''(0)=-\frac{2}{h^2}$

五类插值问题：求区间$[a,b]$上以 $x_1,x_2\cdots x_{n-1}$ 为内结点的三次样条函数 $B_3(x)$ 满足如下五类插值条件。

1. 第一类边界插值条件：$B_3(x)$满足 1° 内点 $B_3(x_i)=y_i$ $(i=1,2\cdots N-1)$，

2° 边界——固支梁 $B_3(x_0)=y_0$，$B_3'(x_0)=y_0'$，$B_3(x_N)=y_N$，$B_3'(x_N)=y_N'$。

2 第二类边界插值条件

1° 内点 $\begin{cases}B_3(x_i)=y_i\\ i=1,2\cdots N-1\end{cases}$　2° 边界——简支梁 $\begin{cases}B_3(x_0)=y_0 & B_3''(x_0)=0\\ B_3(x_N)=y_N & B_3''(x_N)=0\end{cases}$

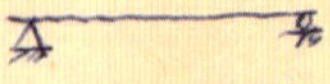

3 第三类边界插值条件　1° 内点 $B_3(x_i)=y_i$　2° 边界——周期性条件 $\begin{cases}B_3(x_0)=y_0,\ B_3^{(\alpha)}(x_N)=B_3^{(\alpha)}(x_0)\\ \alpha=0,1,2.\end{cases}$

4 第四类边界插值条件

1° 内点 $B_3(x_i)=y_i$　2° 边界——悬臂梁条件 $\begin{cases}B_3(x_0)=y_0, & B_3'(x_0)=y_0'\\ B_3''(x_N)=B_3'''(x_N-0)=0\end{cases}$

5 第五类边界插值

1° 内点 $B_3(x_i)=y_i$　2° 边界——弹性支撑梁条件 $\begin{cases}B_3''(x_0)=B_3''(x_N)=0\\ B_3'''(x_0+0)=-k_a B_3(x_0) & k_a>0\\ B_3'''(x_N-0)=k_b B_3(x_N). & k_b>0\end{cases}$

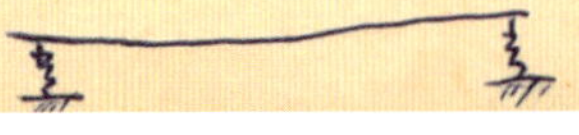

## 五次B样条 （续上）

$\in C^4[a,b]$

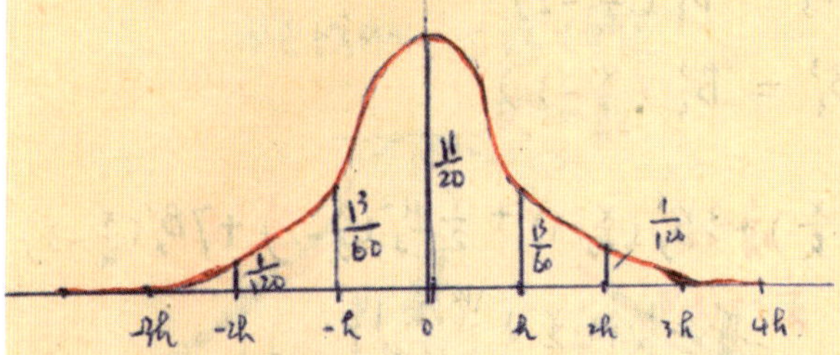


$B_5$ 样板.

| | | |
|---|---|---|
| $B_5(0)=\frac{11}{20}$ | $B'_{5(0)}=0$ | $B''_{5(0)}=\frac{-1}{h^2}$ |
| $B_5(h)=\frac{13}{60}$ | $B'_5(h)=-\frac{5}{12h}$ | $B''_5(h)=\frac{1}{3h^2}$ |
| $B_5(2h)=\frac{1}{120}$ | $B'_5(2h)=\frac{-1}{24h}$ | $B''_5(2h)=\frac{1}{6h^2}$ |
| $B_5(3h)=0$ | $B'_5(3h)=0$ | $B''_5(3h)=0$ |
| $B_5(-h)=\frac{13}{60}$ | $B'_5(h)=\frac{5}{12h}$ | $B''_5(-h)=\frac{1}{3h^2}$ |
| $B_5(-2h)=\frac{1}{120}$ | $B'_5(-2h)=\frac{1}{24h}$ | $B''_5(-2h)=\frac{1}{6h^2}$ |
| $B_5(-3h)=0$ | $B'_5(-3h)=0$ | $B''_5(-3h)=0$ |

习题.

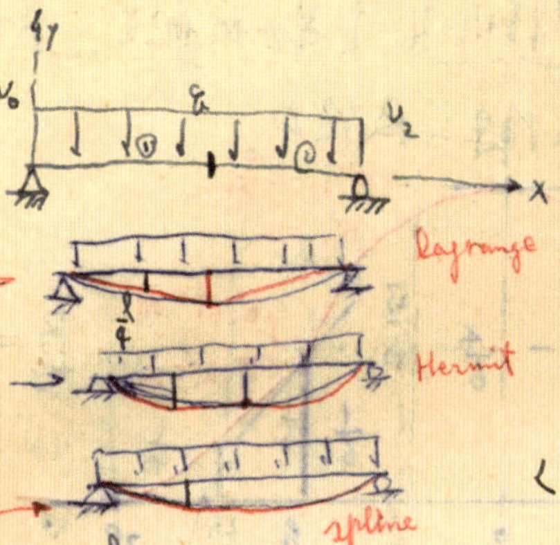


Lagrange family $\in C^0$

Hermite family $H_1 \in C^1$ （薄膜）

Spline family $B_3 \in C^2$. （梁）

用样条求出之V值．比较三种方法之精确性.

§3-4. 三角形元的线性插值（Lagrange family 插值 $\in C^0$）

分割原则：① 三角形元不能太扁。最好为等三角形之类。

② 分割三角形的粗细过渡不要太陡。

（即在重要之处网格分得细，如孔洞处、应力集中处；否则在其它次要之处网格分得粗，在过渡时要注意一些）。

三角元选择与其方位无关，与其面积大小有关。

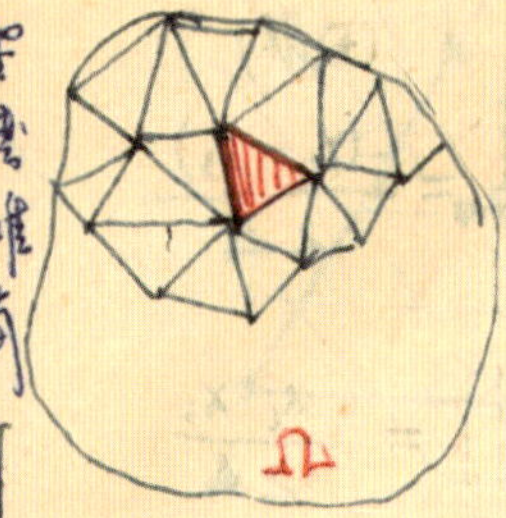


化整为零
以直代曲
以易代难
化繁为简

对于三角形区域时，一般都满足欧拉示性数。

可以利用这点。

选典型元（element）。 选节点编号。

$\circlearrowleft$ 1, 2, 3. 左旋，Δ面积为正。

$\curvearrowright$ 1, 2, 3. 右旋，Δ面积为负。

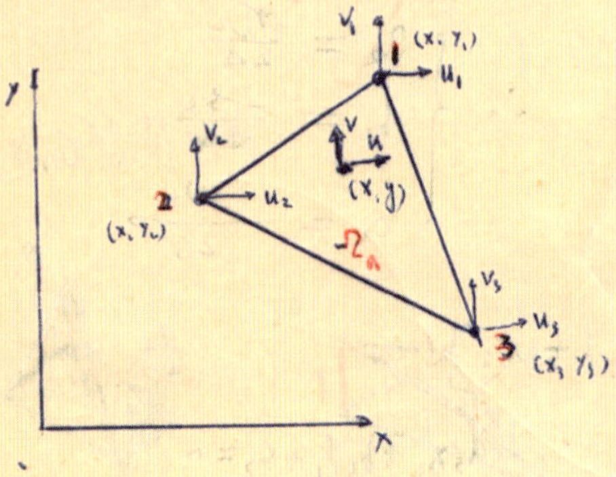


选基函数。
$$u(x,y) = u_1e_1 + u_2e_2 + u_3e_3 = \sum_{i=1}^{3} u_i e_i$$
$$v(x,y) = v_1e_1 + v_2e_2 + v_3e_3 = \sum_{i=1}^{3} v_i e_i.$$

取 $N_i = e_i$ 为位移形状函数。

则
$$\begin{cases} u(x,y) = \sum^{3} u_i N_i \\ v(x,y) = \sum^{3} u_i N_i. \end{cases}$$

$(x_1, y_1) \Rightarrow (u_1e_1, v_1e_1)$. $\therefore e_2 = 0,\ e_3 = 0.$ $e_1 = (1, 0, 0)$

$(x_2, y_2) \Rightarrow (u_2e_2, v_2e_2)$ $e_1 = 0$ $e_3 = 0$ $e_2 = (0, 1, 0)$

- - - - - - - - - $e_3 = (0, 0, 1)$

线性插值。

令 $e_1(x,y) = a_1x + b_1y + c_1$. $\Rightarrow \begin{cases} a_1x_1 + b_1y_1 + c_1 = 1 \\ a_1x_2 + b_1y_2 + c_1 = 0 \\ a_1x_3 + b_1y_3 + c_1 = 0. \end{cases}$ 解出系数 a, b, c，即求出了 $e_1$

杨辉三角-Pascal

Δ表示单元面积

1
x y ——线性
$x^2$ $xy$ $y^2$
$x^3$ $x^2y$ $y^2x$ $y^3$
$x^4$ $x^3y$ $x^2y^2$ $xy^3$ $y^4$
$x^5$ $x^4y$ $x^3y^2$ $x^2y^3$ $xy^4$ $y^5$

$$a_1 = \frac{\begin{vmatrix} 1 & y_1 & 1 \\ 0 & y_2 & 1 \\ 0 & y_3 & 1 \end{vmatrix}}{\begin{vmatrix} x_1 & y_1 & 1 \\ x_2 & y_2 & 1 \\ x_3 & y_3 & 1 \end{vmatrix}} = \frac{y_2 - y_3}{2\Delta}$$ —— 三角形面积

$$b_1 = \frac{\begin{vmatrix} x_1 & 1 & 1 \\ x_2 & 0 & 1 \\ x_3 & 0 & 1 \end{vmatrix}}{\begin{vmatrix} x_1 & y_1 & 1 \\ x_2 & y_2 & 1 \\ x_3 & y_3 & 1 \end{vmatrix}} = \frac{-(x_2 - x_3)}{2\Delta}$$

$$c_1 = \frac{\begin{vmatrix} x_1 & y_1 & 1 \\ x_2 & y_2 & 0 \\ x_3 & y_3 & 0 \end{vmatrix}}{\begin{vmatrix} x_1 & y_1 & 1 \\ x_2 & y_2 & 1 \\ x_3 & y_3 & 1 \end{vmatrix}} = \frac{x_2y_3 - y_2x_3}{2\Delta}$$

令：
$$\xi_1 = x_2 - x_3$$
$$\eta_1 = y_2 - y_3$$
$$\omega_1 = x_2y_3 - y_2x_3.$$

$$\therefore \begin{cases} a_1 = \dfrac{\eta_1}{2\Delta} \\ b_1 = \dfrac{-\xi_1}{2\Delta} \\ c_1 = \dfrac{\omega_1}{2\Delta} \end{cases}$$

$$\therefore\ e_1 = \frac{1}{2\Delta}\left[\eta_1 x + (-\xi_1) y + \omega_1\right] = \frac{1}{2\Delta}\left[\eta_1 x - \xi_1 y + \omega_1\right]$$

可见基函数与三角元面积有关，与三角形的方位无关（不变性）.

同理，$e_2 = a_2 x + b_2 y + c_2$.

$$\begin{cases} a_2 x_1 + b_2 y_1 + c_2 = 0 \\ a_2 x_2 + b_2 y_2 + c_2 = 1 \\ a_2 x_3 + b_2 y_3 + c_2 = 0 \end{cases}$$

$$a_2 = \frac{\begin{vmatrix} 0 & y_1 & 1 \\ 1 & y_2 & 1 \\ 0 & y_3 & 1 \end{vmatrix}}{\begin{vmatrix} x_1 & y_1 & 1 \\ x_2 & y_2 & 1 \\ x_3 & y_3 & 1 \end{vmatrix}} = \frac{-(y_1 - y_3)}{2\Delta}.$$

$$b_2 = \frac{\begin{vmatrix} x_1 & 0 & 1 \\ x_2 & 1 & 1 \\ x_3 & 0 & 1 \end{vmatrix}}{2\Delta} = \frac{x_1 - x_3}{2\Delta}$$

$$c_2 = \frac{\begin{vmatrix} x_1 & y_1 & 0 \\ x_2 & y_2 & 1 \\ x_3 & y_3 & 0 \end{vmatrix}}{2\Delta} = \frac{-(x_1 y_3 - y_1 x_3)}{2\Delta}$$

令 $\xi_2 = x_3 - x_1$

$\eta_2 = y_3 - y_1$

$\omega_2 = x_3 y_1 - y_3 x_1$

$$\therefore \begin{cases} a_2 = \dfrac{\eta_2}{2\Delta} \\ b_2 = \dfrac{-\xi_2}{2\Delta} \\ c_2 = \dfrac{\omega_2}{2\Delta} \end{cases}$$

$$\therefore\ e_2 = \frac{1}{2\Delta}\left[\eta_2 x - \xi_2 y + \omega_2\right]$$

类似地：

$$\begin{rcases} \xi_3 = x_1 - x_2 \\ \eta_3 = y_1 - y_2 \\ \omega_3 = x_1 y_2 - y_2 x_1 \end{rcases} \quad \begin{cases} a_3 x_1 + b_3 y_1 + c_3 = 0 \\ a_3 x_2 + b_3 y_2 + c_3 = 0 \\ a_3 x_3 + b_3 y_3 + c_3 = 1 \end{cases}$$

$$\therefore \begin{rcases} a_3 = \dfrac{\eta_3}{2\Delta} \\ b_3 = \dfrac{-\xi_3}{2\Delta} \\ c_3 = \dfrac{\omega_3}{2\Delta} \end{rcases} \quad e_3 = \frac{1}{2\Delta}\left[\eta_3 x - \xi_3 y + \omega_3\right].$$

写成矩阵式：

$$\begin{bmatrix} e_1 \\ e_2 \\ e_3 \end{bmatrix} = \frac{1}{2\Delta}\begin{bmatrix} \omega_1 & \eta_1 & -\xi_1 \\ \omega_2 & \eta_2 & -\xi_2 \\ \omega_3 & \eta_3 & -\xi_3 \end{bmatrix}\begin{bmatrix} 1 \\ x \\ y \end{bmatrix}$$

且 $e_1 + e_2 + e_3 = 1$

$$\therefore\ u(x, y) = [u_1,\ u_2,\ u_3]\cdot\begin{bmatrix} e_1 \\ e_2 \\ e_3 \end{bmatrix} = [u_i]\cdot[e_i]^T$$

$$V(x, y) = [V_i]\,[e_i]^T. \qquad (i = 1, 2, 3)$$

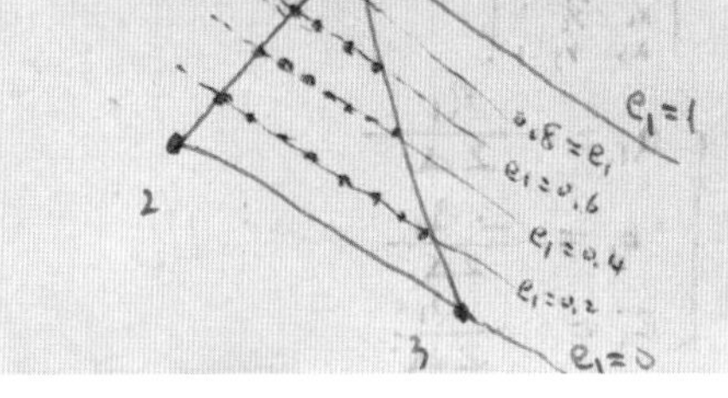

$e_i$ 的分布形状

($i=1.2.3$)

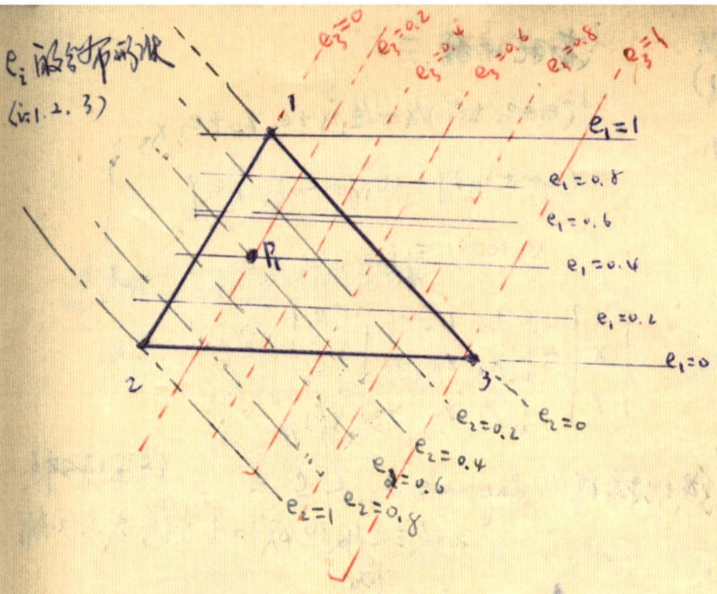


$P_1 = P_1(0.2,\ 0.4,\ 0.6)$

$e_1$, $e_2$, $e_3$ 也可以作为坐标（俗称重心坐标）。

互相空间的形状.

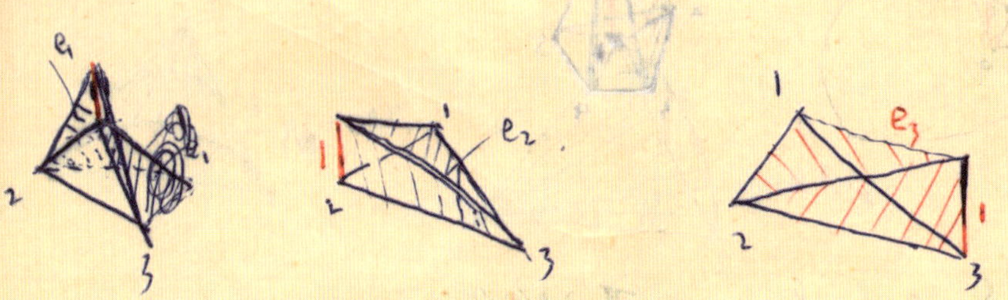


另一种求 $[e_i]$ 的办法..

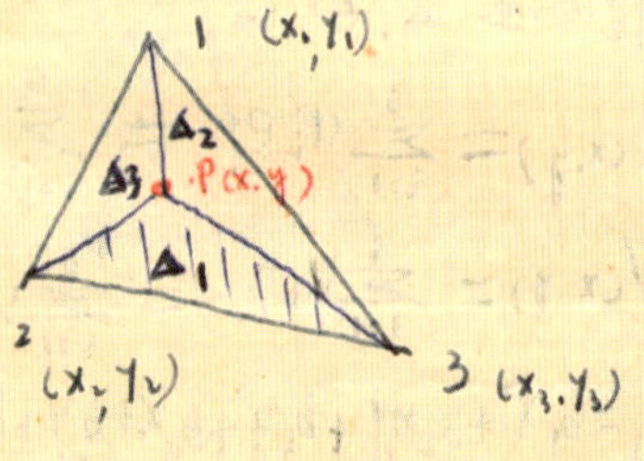


$$2\Delta = \begin{vmatrix} x_1 & y_1 & 1 \\ x_2 & y_2 & 1 \\ x_3 & y_3 & 1 \end{vmatrix}$$

$$2\Delta_1 = \begin{vmatrix} x & y & 1 \\ x_2 & y_2 & 1 \\ x_3 & y_3 & 1 \end{vmatrix}$$

$$e_1 = \frac{2\Delta_1}{2\Delta} = \frac{\begin{vmatrix} x & y & 1 \\ x_2 & y_2 & 1 \\ x_3 & y_3 & 1 \end{vmatrix}}{\begin{vmatrix} x_1 & y_1 & 1 \\ x_2 & y_2 & 1 \\ x_3 & y_3 & 1 \end{vmatrix}}$$

计算简便

$$e_2 = \frac{2\Delta_2}{2\Delta}$$

$$e_3 = \frac{2\Delta_3}{2\Delta}$$

$P(x, y)$ 为单元中任一点之坐标..

$\Delta_1$, $\Delta_2$, $\Delta_3$ 分别为三个小三角形面积.

用 $e_1$, $e_2$, $e_3$ 表示 $x$, $y$.

$$\because \begin{bmatrix} e_1 \\ e_2 \\ e_3 \end{bmatrix} = \frac{1}{2\Delta} \begin{bmatrix} \omega_1 & \eta_1 & -\xi_1 \\ \omega_2 & \eta_2 & -\xi_2 \\ \omega_3 & \eta_3 & -\xi_3 \end{bmatrix} \begin{bmatrix} 1 \\ x \\ y \end{bmatrix}$$

$$\therefore \begin{bmatrix} 1 \\ x \\ y \end{bmatrix} = \begin{bmatrix} 1 & 1 & 1 \\ x_1 & x_2 & x_3 \\ y_1 & y_2 & y_3 \end{bmatrix} \begin{bmatrix} e_1 \\ e_2 \\ e_3 \end{bmatrix}$$

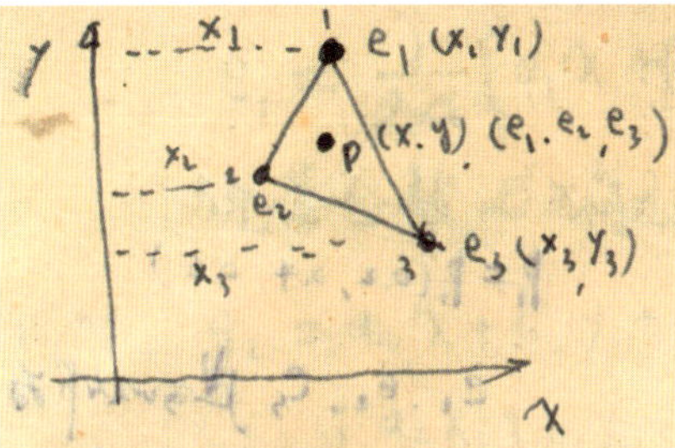


面积坐标..

$$\left.\begin{aligned}(e_1+e_2+e_3)x &= e_1x_1+e_2x_2+e_3x_3\\(e_1+e_2+e_3)y &= e_1y_1+e_2y_2+e_3y_3\\e_1+e_2+e_3 &= 1\end{aligned}\right\}$$

$$\begin{bmatrix}1\\x\\y\end{bmatrix}=\begin{bmatrix}1&1&1\\x_1&x_2&x_3\\y_1&y_2&y_3\end{bmatrix}\begin{bmatrix}e_1\\e_2\\e_3\end{bmatrix}$$

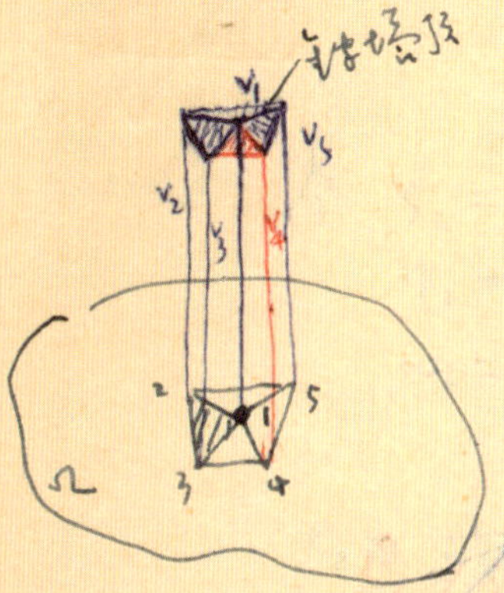


线性插值 (Lagrange) $\in C^0$ 类. 结果得到是无数三角板组成的包络式的不光滑曲面..

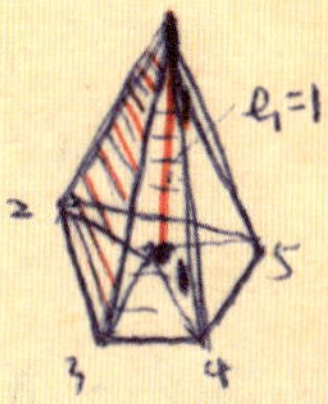


## §3-5.. Lagrange 高阶插值..

二阶 Lagrange 插值..

在各边中点加点 4.5.6.

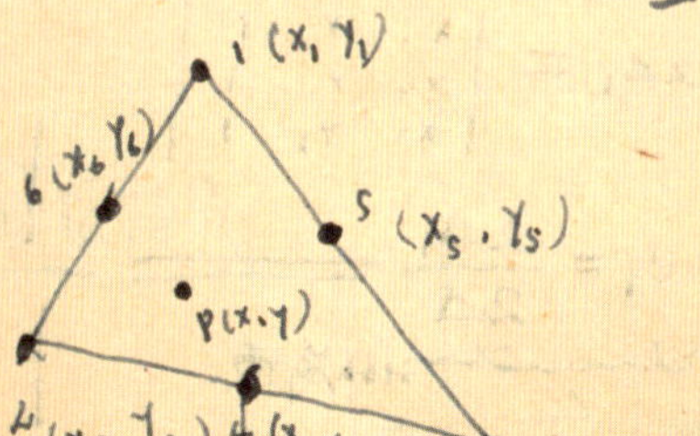


$$\begin{cases}U(x,y)=\sum_{i=1}^{6}u_ie_i=\sum_{i=1}^{6}u_iN_i\\V(x,y)=\sum_{i=1}^{6}v_ie_i=\sum_{i=1}^{6}v_iN_i\end{cases}$$

$$N_1=b_1x^2+b_2xy+b_3y^2+b_4x+b_5y+b_6$$

完备多项式..

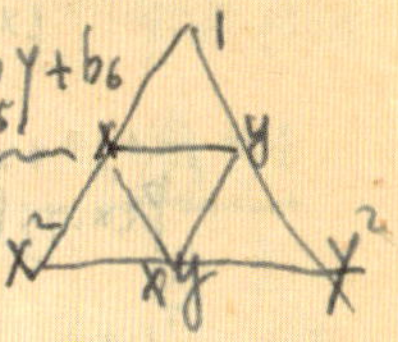


如直接上法求解的,计算太大

令 $N_1=(a_1x+a_2y+a_3)(a_4x+a_5y+a_6)$ <二次多项式>

$1,2,3\longrightarrow a_1x+a_2y+a_3=e_1$

$1,5,6\longrightarrow a_4x+a_5y+a_6=\begin{cases}a_4x_1+a_5y_1+a_6=1\\a_4x_5+a_5y_5+a_6=0\\a_4x_6+a_5y_6+a_6=0\end{cases}$

得 $\begin{cases}a_4x_1+a_5y_1+a_6=1\\\frac{1}{2}a_4(x_1+x_2)+\frac{1}{2}(y_1+y_2)a_5+a_6=0\\\frac{1}{2}a_4(x_1+x_3)+\frac{1}{2}(y_1+y_3)a_5+a_6=0\end{cases}$

$$\begin{cases}a_4=\dfrac{2(y_2-y_3)}{2\Delta}=\dfrac{2\eta_1}{2\Delta}\\a_5=\dfrac{-2(x_2-x_3)}{2\Delta}=\dfrac{-2\xi_1}{2\Delta}\\a_6=\dfrac{2(x_2y_3-x_3y_2)}{2\Delta}=\dfrac{\omega_1-\omega_2-\omega_3}{2\Delta}\end{cases}$$

$$a_6=\frac{\omega_1-\omega_2-\omega_3}{2\Delta}$$

$$\therefore \begin{cases} N_1 = e_1(2e_1-1) \\ N_2 = e_2(2e_2-1) \\ N_3 = e_3(2e_3-1) \end{cases} \qquad \begin{aligned} N_4 &= 4e_2e_3 \\ N_5 &= 4e_1e_3 \\ N_6 &= 4e_1e_2. \end{aligned}$$

均形成曲面为.（二次曲面）

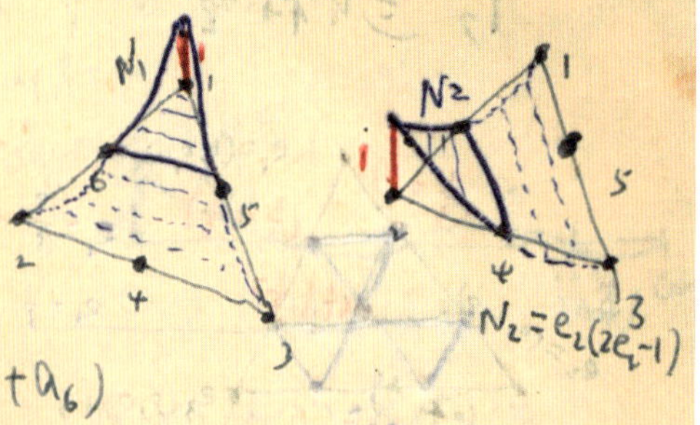


~~求二次Lagrange插值基函数~~

证：利用1.2.3点决定$a_1.a_2.a_3$，

利用4.5.6决定$a_4.a_5.a_6$.

求得 $N_1 = e_1(2e_1-1)$

再求 $N_4 = (a_1x+a_2y+a_3)(a_4x+a_5y+a_6)$

利用1.2.4点 决定$a_1.a_2.a_3$ }

1.3.4点 决定 $a_4.a_5.a_6$ } $N_4=4e_2e_3$

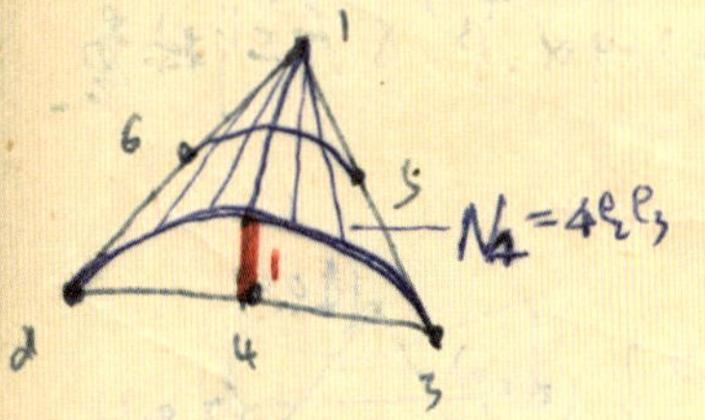


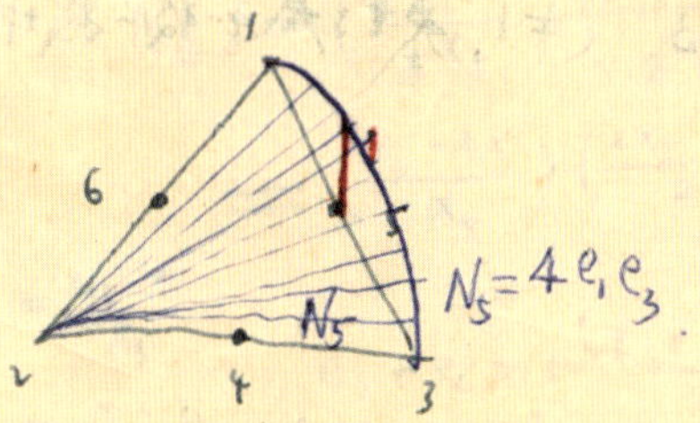


此方法对高次元间计算量太大.

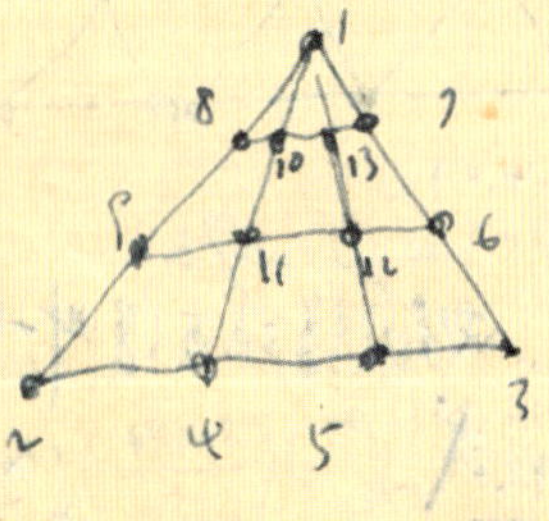


13个点 即13个自由度.

且不能取成不完备多项式.

## §3-5 Lagrange族插值三标量法

### Triple index number · Scheme

1) 三个标量 $\alpha.\beta.\gamma$.

三角形元中任一点均可由三个标量表示 $(\alpha,\beta,\gamma)$ 且 $\alpha+\beta+\gamma=3$

$e_1+e_2+e_3=1$

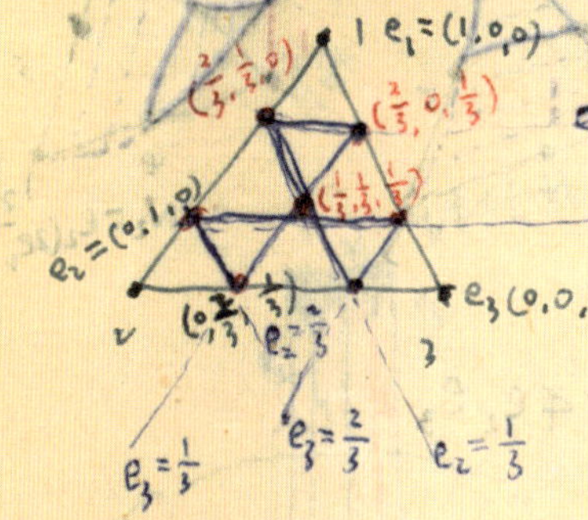


×3 扩大3倍

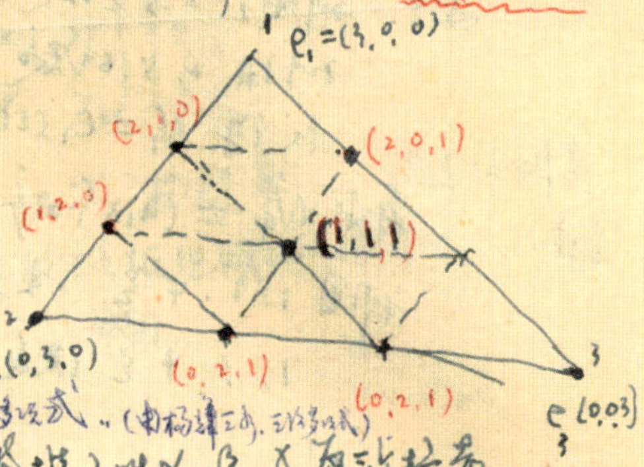


十个点: 三个角点. 六个边点. 一个内点 } 组成完备多项式.. (由杨辉三角. 三次多项式)

$\alpha+\beta+\gamma=3$ (非1. 只是为了求取二指数) 叫 $\alpha.\beta.\gamma$ 为三个标量.

如此也表四次的:

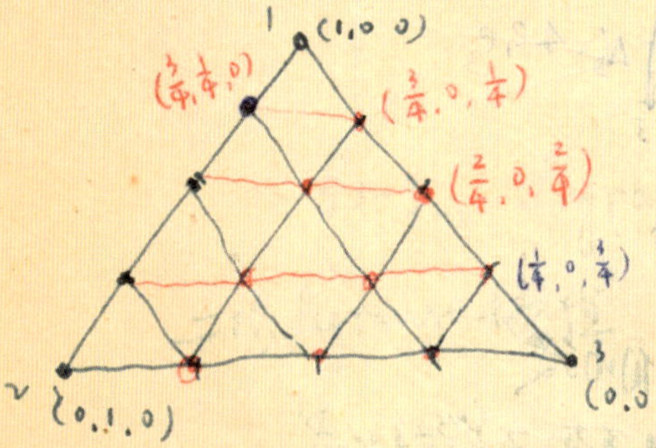


扩大四倍.

$\alpha+\beta+\gamma=4$

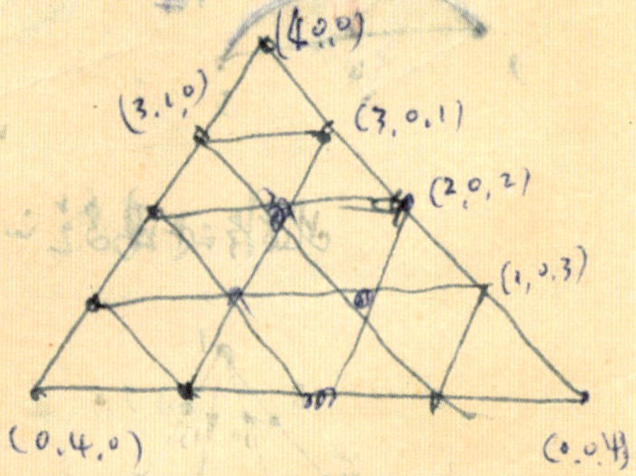


三个角点
九个边点
三个内点 } 十五个点构成15个自由度.. 由杨辉三角可得出一个 四次完备多项式.

$$
\begin{array}{ccccc}
 & & 1 & & \\
 & x & & y & \\
x^2 & & xy & & y^2 \\
x^3 & x^2y & & xy^2 & y^3 \\
x^4 & x^3y & x^2y^2 & xy^3 & y^4
\end{array}
$$

类推之 $\alpha+\beta+\gamma=5$. 则21个自由度 构成五次完备多项式.

$\alpha+\beta+\gamma=K$. 为K次完备多项式..

2) $\alpha+\beta+\gamma=n$

$n=1$. $\alpha+\beta+\gamma=1$

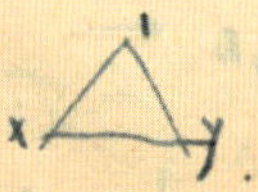


$n=2$. $\alpha+\beta+\gamma=2$.

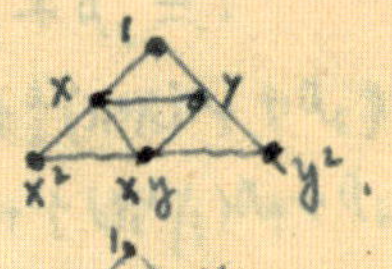


$n=3$. $\alpha+\beta+\gamma=3$

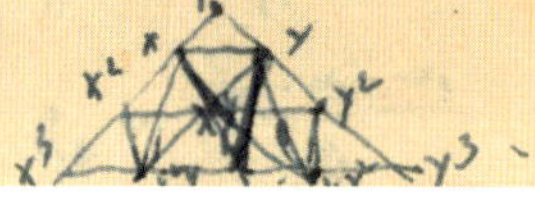

线元 ..（线单元）..（二标量）.

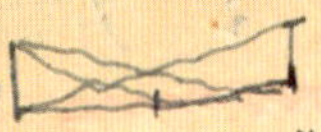


$$\begin{cases} e_1 = \dfrac{x-x_2}{x_1-x_2} \\ e_2 = \dfrac{x-x_1}{x_2-x_1} \end{cases}$$

(1, 0)　($\frac{1}{2}$, $\frac{1}{2}$)　(0, 1).

放大 2 倍 →

$\alpha+\beta=2$

$\alpha, \beta$.

$\alpha+\beta=3$.

Lagrang 三次插值.

$\alpha+\beta=4$

Lagrange 四次插值.

讨论 $\alpha+\beta=4$.

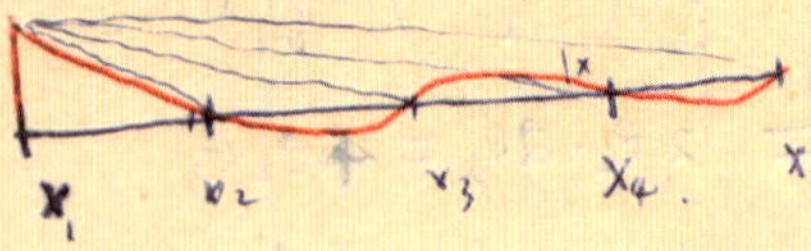


$$N_{\alpha\beta} = N_{4,0} = \left(\frac{x_2-x}{x_2-x_1}\right)\left(\frac{x_3-x}{x_3-x_1}\right)\left(\frac{x_4-x}{x_4-x_1}\right)\left(\frac{x_5-x}{x_5-x_1}\right)$$

取 $x_1=0$，$x_2=\frac{1}{4}x_5$，$x_3=\frac{2}{4}x_5$．$x_4=\frac{3}{4}x_5$．$x_5=x_5$

$$\therefore N_{4,0} = \left(\frac{\frac{1}{4}x_5-x}{\frac{1}{4}x_5}\right)\left(\frac{\frac{2}{4}x_5-x}{\frac{2}{4}x_5}\right)\left(\frac{\frac{3}{4}x_5-x}{\frac{3}{4}x_5}\right)\left(\frac{x_5-x}{x_5}\right)$$

$$= \left(\frac{x_5-4x}{x_5}\right)\left(\frac{2x_5-4x}{2x_5}\right)\left(\frac{3x_5-4x}{3x_5}\right)\left(\frac{4x_5-4x}{4x_5}\right)$$

$$\begin{cases} e_1 = \dfrac{x_5-x}{x_5} \\ e_2 = \dfrac{x}{x_5} \end{cases}$$

$e_1+e_2=1 \rightarrow e_1 = 1-e_2$

$$\text{由上}\ N_{4,0} = \left(1-\frac{4x}{x_5}\right)\left(1-\frac{2x}{x_5}\right)\left(1-\frac{4}{3}\frac{x}{x_5}\right)\left(1-\frac{x}{x_5}\right)$$

$$= (1-4e_2)(1-2e_2)\left(1-\tfrac{4}{3}e_2\right)(1-e_2)$$

$$= \left(1-\tfrac{4}{1}e_2\right)\left(1-\tfrac{4}{2}e_2\right)\left(1-\tfrac{4}{3}e_2\right)\left(1-\tfrac{4}{4}e_2\right)$$

代入 $e_2 = 1-e_1$

$$N_{4,0} = \left(\frac{4e_1-3}{1}\right)\left(\frac{4e_1-2}{2}\right)\left(\frac{4e_1-1}{3}\right)\left(\frac{4e_1-0}{4}\right)$$

因为连乘 $4\times3\times2\times1 = 1\times2\times3\times4$

$$N_{40} = \left(\frac{4e_1-3}{4}\right)\left(\frac{4e_1-2}{3}\right)\left(\frac{4e_1-1}{2}\right)\left(\frac{4e_1-0}{1}\right).$$

$$\therefore N_{4,0} = \prod_{i=1}^{4}\left(\frac{4e_1-i+1}{i}\right)$$

（注意对于 $x_1\neq0$，$x_1=x_1$ 也要小心地获得结果）.

$$\boxed{N_{\alpha,0} = \prod_{i=1}^{\alpha}\left(\frac{ne_1-i+1}{i}\right)}.$$

（其 $n=\alpha+\beta$）　$\alpha\geq1$

当 $\alpha=0$．$N_{\alpha\beta}=1$

$$\begin{cases} N_\alpha = \prod_{i=1}^{\alpha}\left(\dfrac{ne_1-i+1}{i}\right) & \alpha\geq1 \\ N_\alpha = 0 & \alpha=0. \end{cases}$$

$$\begin{cases} N_\beta = \prod_{i=1}^{\beta}\left(\dfrac{ne_2-i+1}{i}\right) & \beta\geq1 \\ N_\beta = 1 & \beta=0 \end{cases}$$

$$\begin{cases} N_\gamma = \prod_{i=1}^{\gamma}\left(\dfrac{ne_3-i+1}{i}\right) & \gamma\geq1 \\ N_\gamma = 1 & \gamma=0 \end{cases}$$

高阶Lagrange插值三角形公式.

$$N_{\alpha\beta\gamma} = \prod_{i=1}^{\alpha}\left(\frac{ne_1 - i+1}{i}\right)\cdot\prod_{i=1}^{\beta}\left(\frac{ne_2 - i+1}{i}\right)\cdot\prod_{i=1}^{\gamma}\left(\frac{ne_3 - i+1}{i}\right)$$

$n = \alpha+\beta+\gamma$

例.

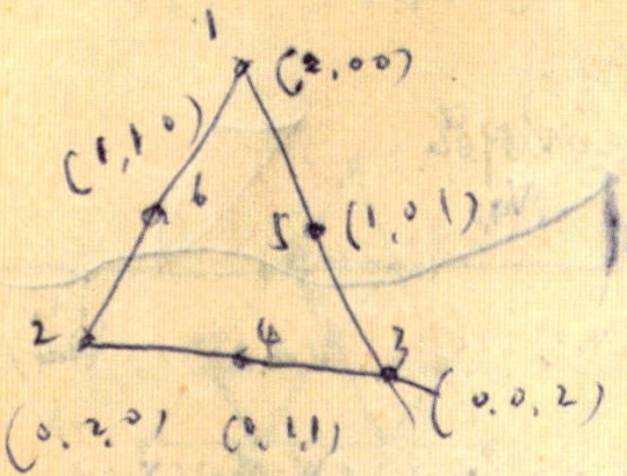


$$\begin{cases} e_1 = \frac{2\Delta_1}{2\Delta} \\ e_2 = \frac{2\Delta_2}{2\Delta} \\ e_3 = \frac{2\Delta_3}{2\Delta}. \end{cases}$$

$$N_1 = N_{200} = \prod_{i=1}^{2}\left(\frac{2e_1 - i+1}{i}\right) = 2e_1\left(\frac{2e_1-1}{2}\right)$$
$$= e_1(2e_1-1)$$

$$N_2 = N_{020} = \prod_{i=1}^{2}\left(\frac{2e_2 - i+1}{i}\right)$$
$$= 2e_2\left(\frac{2e_2-1}{2}\right) = e_2(2e_2-1)$$

$$N_4 = N_{011} = \prod_{i=1}^{1}\left(\frac{2e_2 - i+1}{i}\right)\cdot\prod_{i=1}^{1}\left(\frac{2e_3 - i+1}{i}\right)$$
$$= 2e_2\cdot 2e_3 = 4e_2e_3$$

$$N_5 = N_{101} = \prod_{i=1}^{1}\left(\frac{2e_1 - i+1}{i}\right)\cdot\prod_{i=1}^{1}\left(\frac{2e_3 - i+1}{i}\right)$$
$$= 4e_1e_3$$

例如.

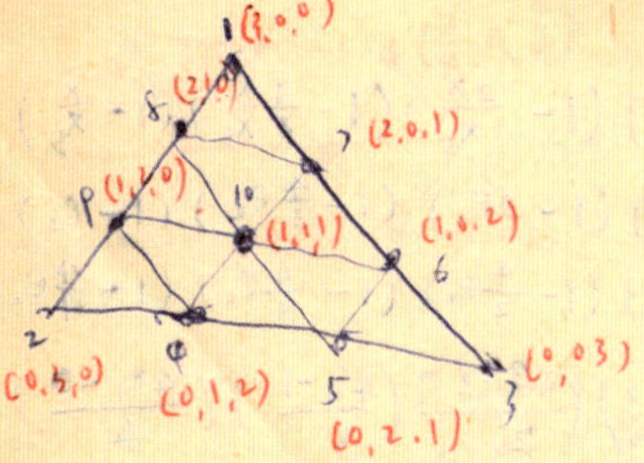


已求出
$$\begin{cases} e_1 = \frac{2\Delta_1}{2\Delta} \\ e_2 = \frac{2\Delta_2}{2\Delta} \\ e_3 = \frac{2\Delta_3}{2\Delta} \end{cases}$$

$$N_1 = N_{3,0,0} = \prod_{i=1}^{3}\left(\frac{3e_1 - i+1}{i}\right) = 3e_1\left(\frac{3e_1-1}{2}\right)\left(\frac{3e_1-2}{3}\right)$$
$$= \frac{1}{2}e_1(3e_1-1)(3e_1-2)$$

$$N_{10} = N_{1,1,1} = 27e_1e_2e_3.$$

$$N_2 = N_{0,3,0} = \frac{1}{2}e_2(3e_2-1)(3e_2-2).$$

$$N_4 = N_{012} = 3e_2\cdot 3e_3\cdot\frac{3e_3-1}{2}$$
$$= \frac{9}{2}e_2e_3(3e_3-1)$$

(四)标量法 ⟹ 三角形元 .. $e_1, e_2, e_3, e_4$ 可以作为局部坐标. local coordnate

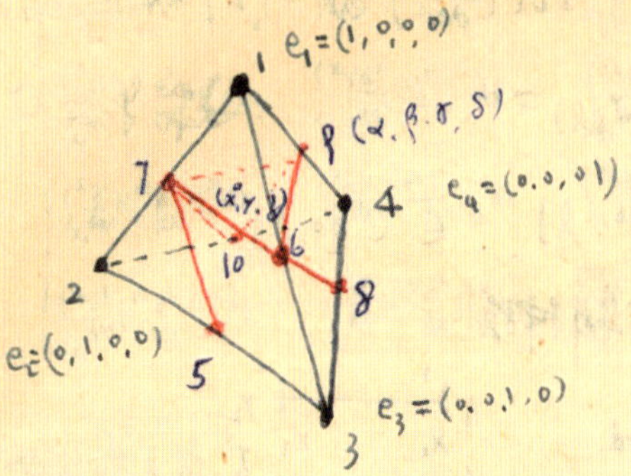


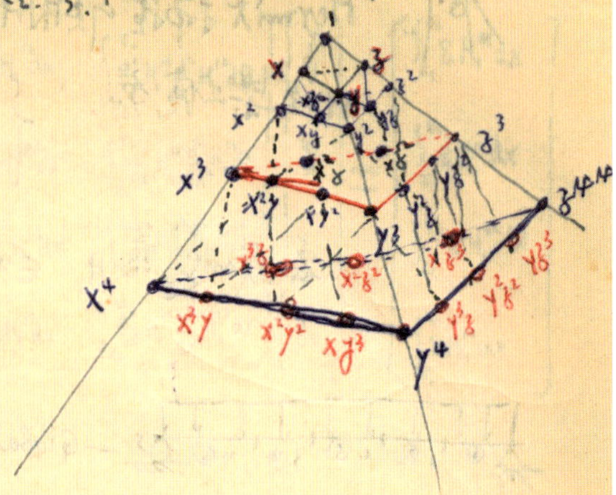

$e_1 = \dfrac{V_1}{V}$

$e_2 = \dfrac{V_2}{V}$

$e_3 = \dfrac{V_3}{V}$

$V = \dfrac{1}{6}\begin{vmatrix} 1 & 1 & 1 & 1 \\ x_1 & x_2 & x_3 & x_4 \\ y_1 & y_2 & y_3 & y_4 \\ z_1 & z_2 & z_3 & z_4 \end{vmatrix}$

$e_4 = \dfrac{V_4}{V}$

取 $e_1 = a_1 x + a_2 y + a_3 z + a_4$.

$$\begin{cases} e_1 = a_1 x_1 + a_2 y_1 + a_3 z_1 + a_4 = 1 \\ a_1 x_2 + a_2 y_2 + a_3 z_2 + a_4 = 0 \\ a_1 x_3 + a_2 y_3 + a_3 z_3 + a_4 = 0 \\ a_1 x_4 + a_2 y_4 + a_4 z_4 + a_4 = 0 \end{cases}$$

求解 $a_1, a_2, a_3, a_4$.

$x, y, z$. global coordnate 总坐标..

$e_1, e_2, e_3, e_3$ local coordnate. 局部坐标..

$$\begin{bmatrix} e_1 \\ e_2 \\ e_3 \\ e_4 \end{bmatrix} = \begin{bmatrix} 1 & 1 & 1 & 1 \\ x_1 & x_2 & x_3 & x_4 \\ y_1 & y_2 & y_3 & y_4 \\ z_1 & z_2 & z_3 & z_4 \end{bmatrix}^{-1} \begin{bmatrix} 1 \\ x \\ y \\ z \end{bmatrix}$$

$n = \alpha + \beta + \gamma + \delta$

求基函数为..

$$N_{\alpha\beta\gamma\delta} = \prod_{i=1}^{\alpha}\left(\frac{ne_1 - i + 1}{i}\right) \cdot \prod_{i=1}^{\beta}\left(\frac{ne_2 - i + 1}{i}\right) \prod_{i=1}^{\gamma}\left(\frac{ne_3 - i + 1}{i}\right) \prod_{i=1}^{\delta}\left(\frac{ne_4 - i + 1}{i}\right)$$

这里 $e_1 = \dfrac{V_1}{V}$, $e_2 = \dfrac{V_2}{V}$ ... $e_4 = \dfrac{V_4}{V}$

$$V = \frac{1}{6}\begin{vmatrix} 1 & 1 & 1 & 1 \\ x_1 & x_2 & x_3 & x_4 \\ y_1 & y_2 & y_3 & y_4 \\ z_1 & z_2 & z_3 & z_4 \end{vmatrix} = \frac{1}{6}(\vec{a} \times \vec{b}) \cdot \vec{c},$$

$$V_1 = \frac{1}{6}\begin{vmatrix} 1 & 1 & 1 & 1 \\ x_1 & x & x_3 & x_4 \\ y_1 & y & y_3 & y_4 \\ z_1 & z & z_3 & z_4 \end{vmatrix}$$

例1. Hermit插值 求解简支梁的位移.

计算梁的位移.
$$\begin{cases}\Pi = \int_0^l \frac{1}{2}EI\left(\frac{d^2y}{dx^2}\right)^2 dx - \int_0^l q y\, dx = \min \\ y_0 = y(l) = 0.\end{cases}$$
要求 $y \in C^2[0,l]$

而我们所选的 $H_1 \in C^1[0,l]$. $\bar{\in}$ $C^2[0,l]$

1) 分割插值.

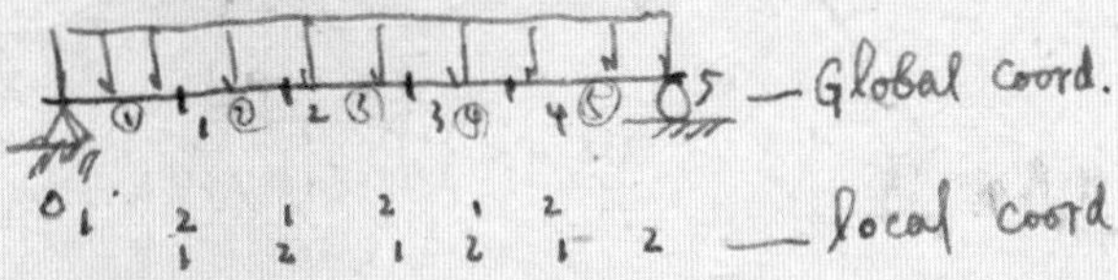


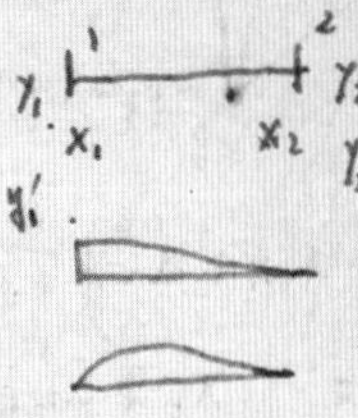

$$H_1^{01} = \left(\frac{x-x_2}{x_1-x_2}\right)^2\left[1+2\frac{x-x_1}{x_2-x_1}\right]$$
$$H_1^{11} = (x-x_1)\left(\frac{x-x_2}{x_1-x_2}\right)^2.$$

② 单元刚度矩阵.
$$\begin{cases}\Pi = \sum_{e=1}^{5}\left[\int_{x_1}^{x_2}\frac{1}{2}EI\left(\frac{d^2y}{dx^2}\right)^2 dx - \int_{x_1}^{x_2} q y\, dx\right] = \min \\ y(0) = y(l) = 0\end{cases}$$

这里. $y^e = y_1 \cdot H_1^{01} + y_1' H_1^{11} + y_2 H_1^{02} + y_2' H_1^{12}$.

求代数方程 $\begin{cases} y_0 \\ y_0' \\ y_1 \\ y_1' \\ \vdots \\ y_5 \\ y_5' \end{cases}$ global coordnate.

$$\left(\frac{d^2y^e}{dx^2}\right)^2 = \left[y_1\frac{d^2}{dx^2}H_1^{01} + y_1'\frac{d^2}{dx^2}H_1^{11} + y_2\frac{d^2}{dx^2}H_1^{02} + y_2'\frac{d^2}{dx^2}H_1^{12}\right]^2$$

$$\Pi^e = \int_{x_1}^{x_2}\frac{1}{2}EI\left[y_1\frac{d^2}{dx^2}H_1^{01} + y_1'\frac{d^2}{dx^2}H_1^{11} + y_2\frac{d^2}{dx^2}H_1^{02} + y_2'\frac{d^2}{dx^2}H_1^{12}\right]^2 dx$$
$$- \int_{x_1}^{x_2} q\left[y_1 H_1^{01} + y_1' H_1^{11} + y_2 H_1^{02} + y_2' H_1^{12}\right] dx = \min$$

$$\begin{cases}\frac{\partial \Pi^e}{\partial y_1} = 0 \quad \int_{x_1}^{x_2}EI\left(\frac{d^2}{dx^2}H_1^{01}\right)dx - \int_{x_1}^{x_2} q\cdot H_1^{01}\,dx = 0 \\ \qquad \int_{x_1}^{x_2}EI\,\frac{d^2y^e}{dx^2}\cdot\frac{d^2}{dx^2}H_1^{01}\,dx - \int_{x_1}^{x_2} q H_1^{01}\,dx = 0 \\ \frac{\partial \Pi^e}{\partial y_2} = 0 \\ \frac{\partial \Pi^e}{\partial y_1'} = 0 \\ \frac{\partial \Pi^e}{\partial y_2'} = 0\end{cases}$$

单刚矩阵..

$$EI\begin{bmatrix}
\int_{x_1}^{x_2}\left[\frac{d^2}{dx^2}H_1^{01}\right]^2dx, & \int_{x_1}^{x_2}\frac{d^2}{dx^2}H_1^{01}\cdot\frac{d^2}{dx^2}H_1^{11}dx, & \int_{x_1}^{x_2}\frac{d^2}{dx^2}H_1^{01}\cdot\frac{d^2}{dx^2}H_1^{02}dx, & \int_{x_1}^{x_2}\frac{d^2}{dx^2}H_1^{01}\cdot\frac{d^2}{dx^2}H_1^{12}dx \\
\int_{x_1}^{x_2}\frac{d^2}{dx^2}H_1^{11}\cdot\frac{d^2}{dx^2}H_1^{01}dx, & \int_{x_1}^{x_2}\left[\frac{d^2}{dx^2}H_1^{11}\right]^2dx, & \int_{x_1}^{x_2}\frac{d^2}{dx^2}H_1^{11}\cdot\frac{d^2}{dx^2}H_1^{02}dx, & \int_{x_1}^{x_2}\frac{d^2}{dx^2}H_1^{11}\cdot\frac{d^2}{dx^2}H_1^{12}dx \\
\int_{x_1}^{x_2}\frac{d^2}{dx^2}H_1^{02}\cdot\frac{d^2}{dx^2}H_1^{01}dx & \int_{x_1}^{x_2}\frac{d^2}{dx^2}H_1^{02}\cdot\frac{d^2}{dx^2}H_1^{11}dx & \int_{x_1}^{x_2}\frac{d^2}{dx^2}H_1^{02}\cdot\frac{d^2}{dx^2}H_1^{02}dx & \int_{x_1}^{x_2}\frac{d^2}{dx^2}H_1^{02}\cdot\frac{d^2}{dx^2}H_1^{12}dx \\
\int_{x_1}^{x_2}\frac{d^2}{dx^2}H_1^{12}\cdot\frac{d^2}{dx^2}H_1^{01}dx & \int_{x_1}^{x_2}\frac{d^2}{dx^2}H_1^{12}\cdot\frac{d^2}{dx^2}H_1^{11}dx & \int_{x_1}^{x_2}\frac{d^2}{dx^2}H_1^{12}\cdot\frac{d^2}{dx^2}H_1^{02}dx & \int_{x_1}^{x_2}\frac{d^2}{dx^2}H_1^{12}\cdot\frac{d^2}{dx^2}H_1^{12}dx
\end{bmatrix}
\begin{bmatrix} y_1 \\ y_1' \\ y_2 \\ y_2' \end{bmatrix}
=
\begin{bmatrix}
\int_{x_1}^{x_2} q H_1^{01}dx \\
\int_{x_1}^{x_2} q H_1^{11}dx \\
\int_{x_1}^{x_2} q H_1^{02}dx \\
\int_{x_1}^{x_2} q H_1^{12}dx
\end{bmatrix}$$

即可以写成为

$$\begin{bmatrix}
K_{11}^{(e)} & K_{12}^{(e)} & K_{13}^{(e)} & K_{14}^{(e)} \\
K_{21}^{(e)} & K_{22}^{(e)} & K_{23}^{(e)} & K_{24}^{(e)} \\
K_{31}^{(e)} & K_{32}^{(e)} & K_{33}^{(e)} & K_{34}^{(e)} \\
K_{41}^{(e)} & K_{42}^{(e)} & K_{43}^{(e)} & K_{44}^{(e)}
\end{bmatrix}
\cdot
\begin{bmatrix} y_1 \\ y_1' \\ y_2 \\ y_2' \end{bmatrix}
=
\begin{bmatrix} b_1^{(e)} \\ b_2^{(e)} \\ b_3^{(e)} \\ b_4^{(e)} \end{bmatrix}$$

一边生成单元阵，一边组合总刚阵。

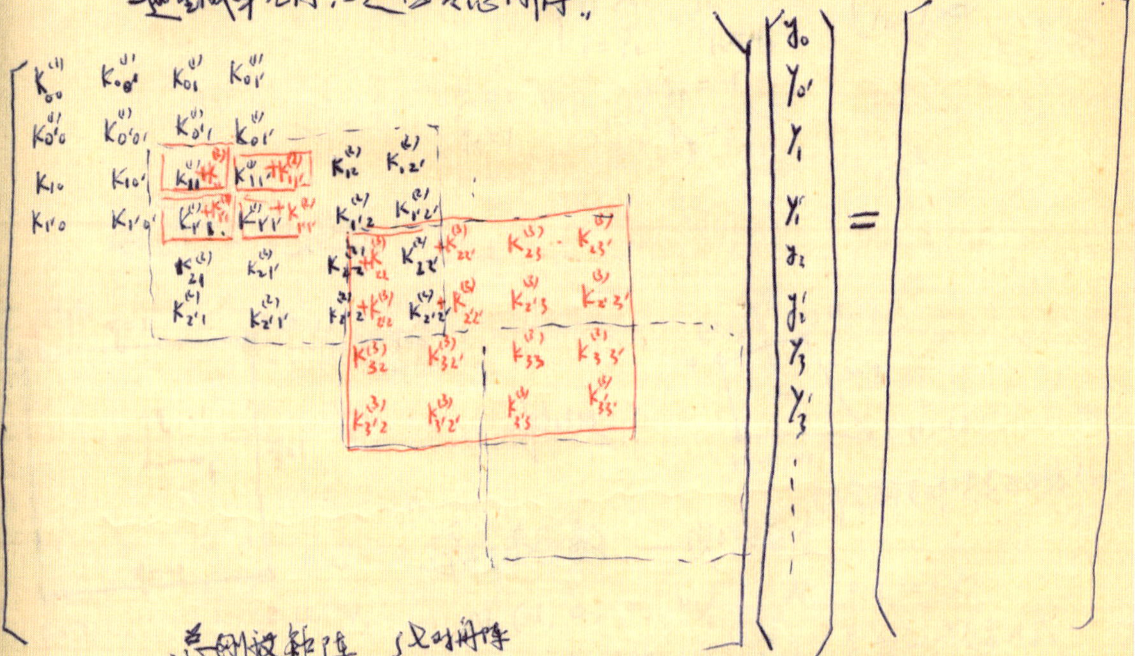

总刚度矩阵，{是对称阵
且半带宽为四.

总七行，

# §3-6 矩形元 Lagrange family 插值基函数..

对于三角元 Lagrange 插值.

...... Hermite 插值 (元)

spline 插值 (元).

(可以作为课题.. 如何构造这种元 spline interpolation; 是二维问题 插值曲面 Coons 曲面.)

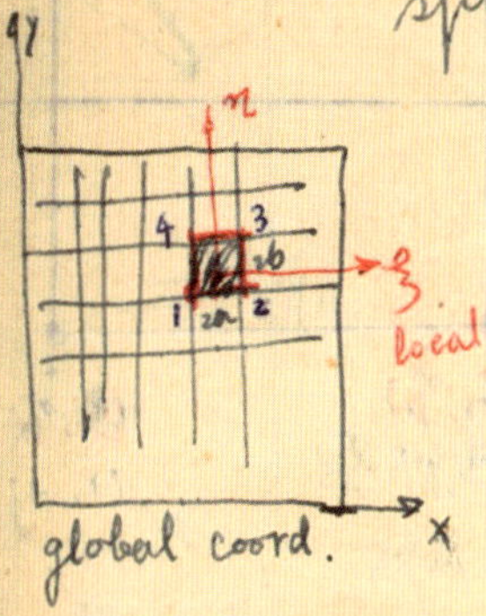


总坐标 $\begin{cases} x = x_1 + a + \xi \\ y = y_1 + b + \eta \end{cases}$

$\therefore \begin{cases} \xi = x - x_1 - a \\ \eta = y - y_1 - b \end{cases}$

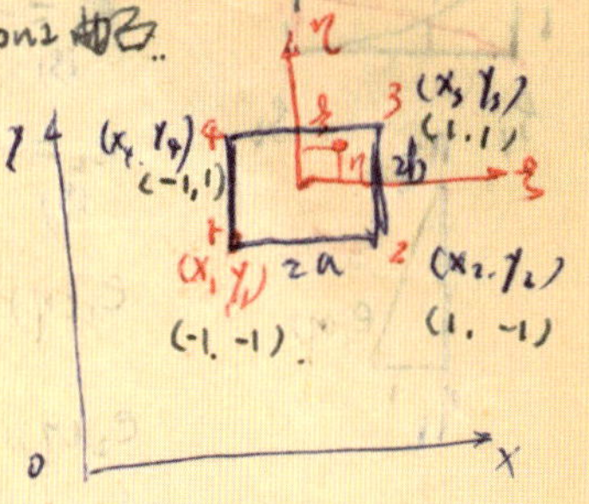


消除尺寸影响..

令 $\begin{cases} \xi = \dfrac{x - x_1}{a} - 1 \\ \eta = \dfrac{y - y_1}{b} - 1 \end{cases}$ (无量纲化).

$\therefore$ 在局部坐标. 1点 $\begin{cases} x = x_1 \\ y = y_1 \end{cases}$ $\begin{matrix} \xi_1 = -1 \\ \eta_1 = -1 \end{matrix}$

$\begin{cases} x = x_2 \\ y = y_2 \end{cases}$ $\begin{matrix} \xi_2 = 1 \\ \eta_2 = -1 \end{matrix}$ $\begin{cases} x_2 = x_1 + 2a \\ y_2 = y_1 + \ldots \end{cases}$

$\therefore \begin{cases} \xi_3 = 1 \\ \eta_3 = 1 \end{cases}$ $\begin{cases} \xi_4 = -1 \\ \eta_4 = 1 \end{cases}$

局部坐标. (双参数)

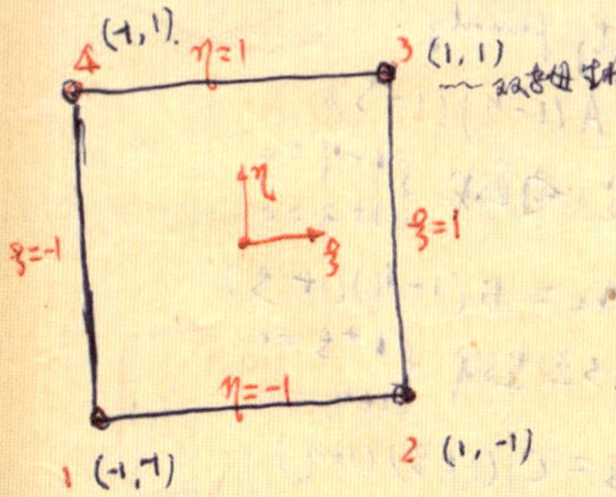


一般情况..

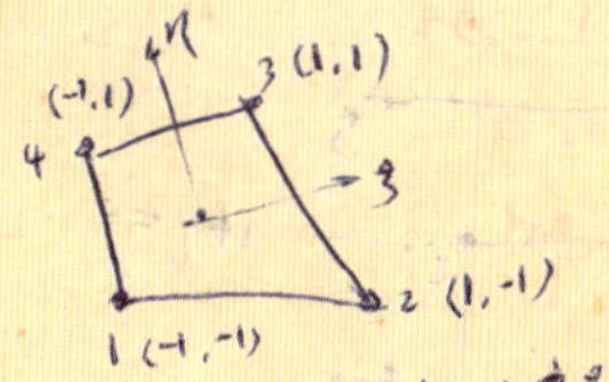


(可参看有限元一书是这么方法的)

寻找基函数..——线性插值.

$N_1(1, 0, 0, 0)$. $N_2(0, 1, 0, 0)$.

方法一.. 从杨辉三角选对称(线性的)不完备的二次多项式

$N_1 = a_1 + a_2\xi + a_3\eta + a_4\xi\eta$.

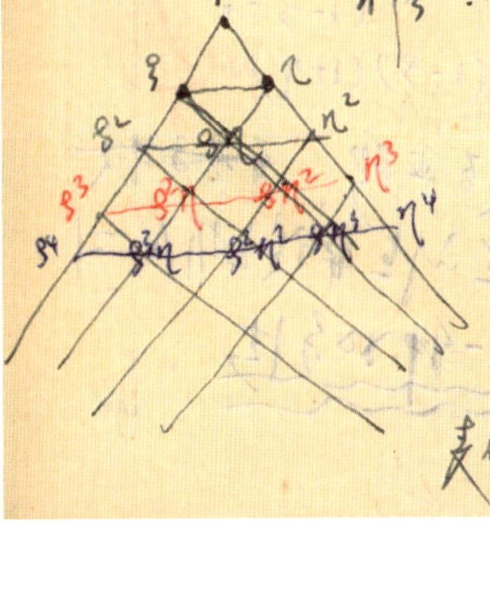


代入local coord. $\begin{cases} a_1 - a_2 - a_3 + a_4 = 1 \\ a_1 + a_2 - a_3 - a_4 = 0 \\ a_1 + a_2 + a_3 + a_4 = 0 \\ a_1 - a_2 + a_3 - a_4 = 0 \end{cases}$

$N_1 = \frac{1}{4}(1-\xi)(1-\eta)$. $N_3 = \frac{1}{4}(1+\xi)(1+\eta)$

类似地, $N_2 = \frac{1}{4}(1+\xi)(1-\eta)$ $N_4 = \frac{1}{4}(1-\xi)(1+\eta)$

方法二：双向 Lagrange 插值基函数计算

先寻找各线段上的 Lagrange 基函数．

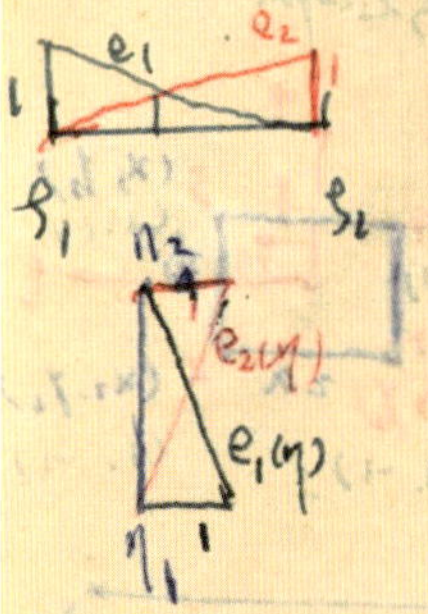

$$e_1(\xi) = \frac{\xi-\xi_2}{\xi_1-\xi_2} = \frac{1-\xi}{2}$$

$$e_2(\xi) = \frac{\xi-\xi_1}{\xi_2-\xi_1} = \frac{1+\xi}{2}$$

$$e_1(\eta) = \frac{\eta-\eta_2}{\eta_1-\eta_2} = \frac{1-\eta}{2}$$

$$e_2(\eta) = \frac{\eta-\eta_1}{\eta_2-\eta_1} = \frac{1+\eta}{2}$$

用双字母 $\begin{cases}\xi_1=-1 & \xi_2=1\\ \eta_1=-1 & \eta_2=1\end{cases}$

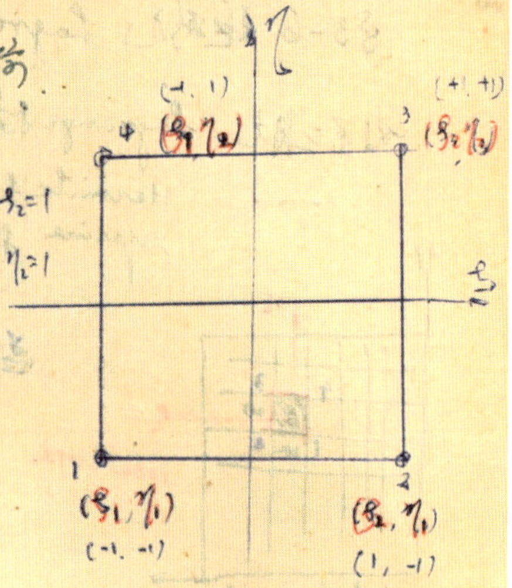

$$N_1 = N_{\xi_1\eta_1} = e_1(\xi)\cdot e_1(\eta) = \frac{1}{4}(1-\xi)(1-\eta).$$

$$N_2 = N_{\xi_2\eta_1} = e_2(\xi)\cdot e_1(\eta) = \frac{1}{4}(1+\xi)(1-\eta)$$

$$N_3 = N_{\xi_2\eta_2} = e_2(\xi)\cdot e_2(\eta) = \frac{1}{4}(1+\xi)(1+\eta).$$

$$N_4 = N_{\xi_1\eta_2} = e_1(\xi)\cdot e_2(\eta) = \frac{1}{4}(1-\xi)(1+\eta).$$

方法三：

serendipity 斯里兰卡 1754（王太子）  构造方法（荒法）

（中文名：浮遇良缘．收脱胶点式计算集）

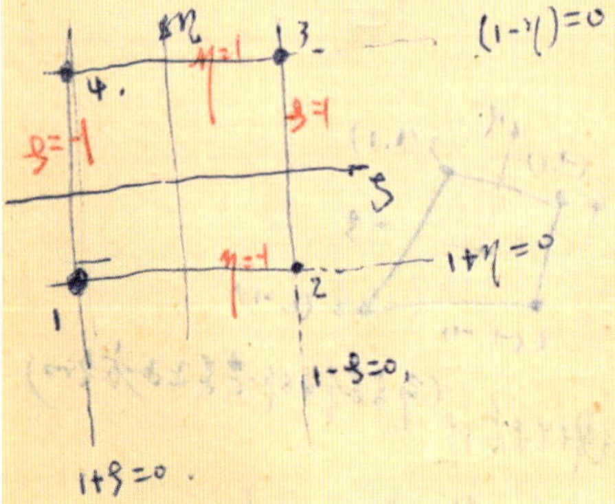

求1点：不通过1点两直线为 $\begin{cases}1-\eta=0\\ 1-\xi=0\end{cases}$

对1点 serendipity family

$$N_1 = A(1-\eta)(1-\xi)$$

2点：不通过2点两直线 $\begin{cases}1-\eta=0\\ 1+\xi=0\end{cases}$

$$\therefore N_2 = B(1-\eta)(1+\xi)$$

3点：不通过3点直线 $\begin{cases}1+\xi=0\\ 1+\eta=0\end{cases}$

$$\therefore N_3 = C(1+\xi)(1+\eta)$$

4点：不通过4点直线 $\begin{cases}1+\eta=0\\ 1-\xi=0\end{cases}$

$$N_4 = D(1-\xi)(1+\eta)$$

这种方法可用来检查其基函数是否正确，~~系数~~ ~~系数~~．系数可代入此点求之，代入使之有 $N_2=1$ 之系数，故是求基函数的一种好方法．

基函数曲面.

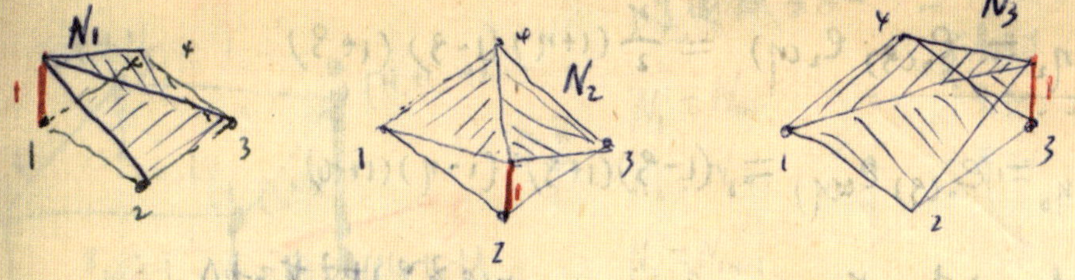


二次单元（八点插值..）

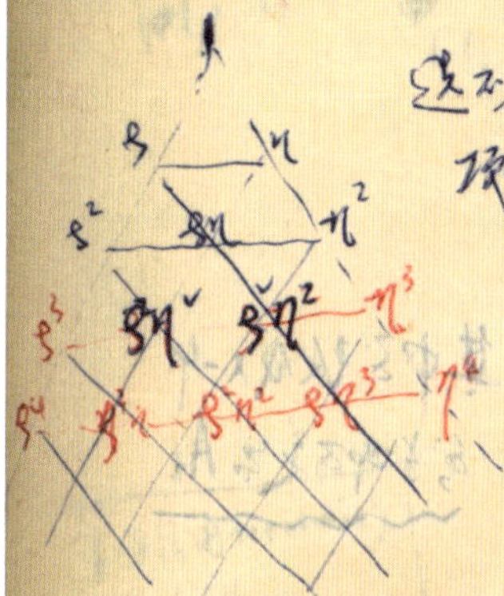

这不完备的三次多项式求解之

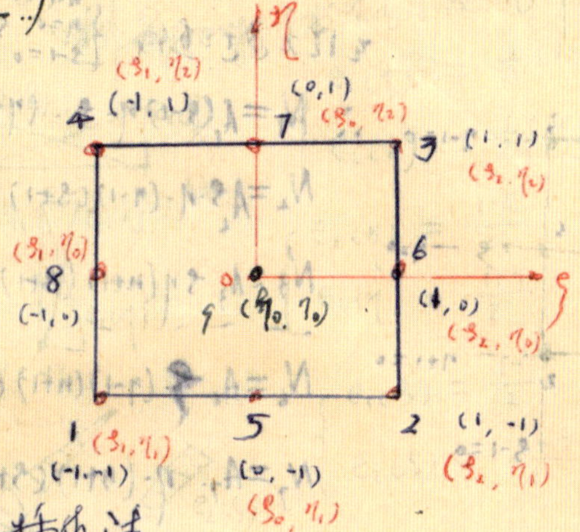


八点或九点插值.

双向Lagrange family插值法..

$$\begin{cases} \xi_2 = 1. & \xi_1 = -1. & \xi_0 = 0 \\ \eta_2 = 1 & \eta_1 = -1 & \eta_0 = 0 \end{cases}$$

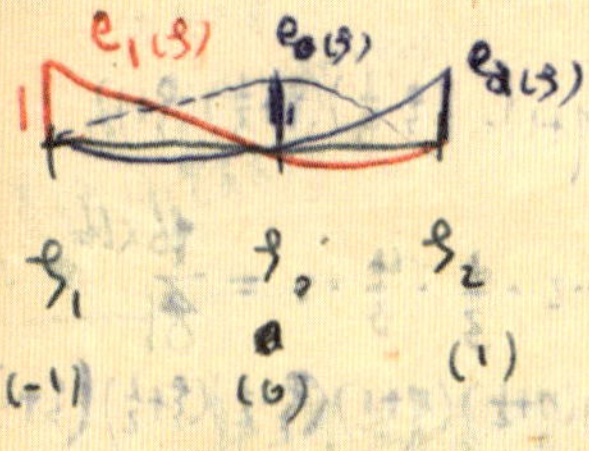


Lagrange基函数.

$$\begin{cases} e_1(\xi) = \dfrac{(\xi-\xi_0)(\xi-\xi_2)}{(\xi_1-\xi_0)(\xi_1-\xi_2)} = \dfrac{\xi(\xi-1)}{2} \\ e_0(\xi) = \dfrac{\xi-\xi_1}{\xi_0-\xi_1} \cdot \dfrac{\xi-\xi_2}{\xi_0-\xi_2} = \dfrac{(\xi+1)(\xi-1)}{-1} = (1-\xi)(1+\xi) \\ e_2(\xi) = \dfrac{\xi-\xi_0}{\xi_2-\xi_0} \cdot \dfrac{\xi-\xi_1}{\xi_2-\xi_1} = \dfrac{\xi(1+\xi)}{2} \end{cases}$$

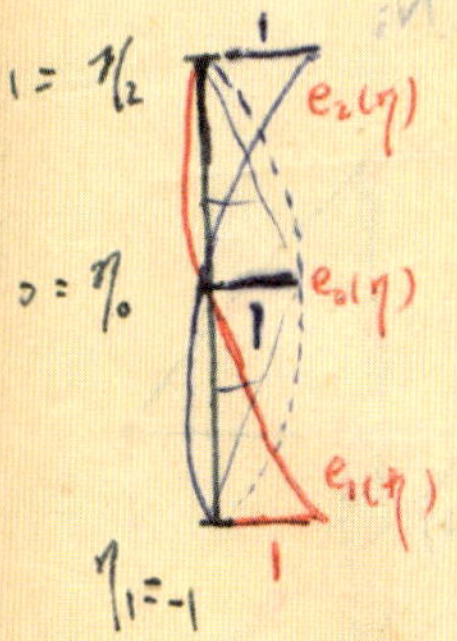


$$\begin{cases} e_1(\eta) = \dfrac{\eta(\eta-1)}{2} \\ e_2(\eta) = \dfrac{\eta(1+\eta)}{2} \\ e_0(\eta) = (1-\eta)(1+\eta). \end{cases}$$

$$N_1 = N_{\xi_1\eta_1} = e_1(\xi) \cdot e_1(\eta) = \frac{1}{4}\xi\eta(\xi-1)(\eta-1)$$

$$N_2 = N_{\xi_2\eta_1} = e_2(\xi) \cdot e_1(\eta) = \frac{1}{4}\xi(1+\xi)(\eta-1)\eta.$$
$$= \frac{1}{4}\xi\eta(1+\xi)(\eta-1).$$

$$N_3 = N_{\xi_2\eta_2} = e_2(\xi) \cdot e_2(\eta) = \frac{1}{4}\xi\eta(1+\xi)(1+\eta).$$

- - - - - .

$$N_5 = N_{\xi_0\eta_1} = e_0(\xi)\, e_1(\eta) = \frac{1}{2}\eta(\eta-1)(1-\xi)(1+\xi)$$

$$N_6 = N_{\xi_2,\eta_0} = e_2(\xi)\, e_0(\eta) = \frac{\xi}{2}(1+\xi)(1-\eta)(1+\eta).$$

$$N_7 = N_{\xi_0,\eta_2} = e_0(\xi)\, e_2(\eta) = \frac{\eta}{2}(1+\eta)(1-\xi)(1+\xi)$$

$$\cdots\cdots$$

$$N_9 = N_{\xi_0,\eta_0} = e_0(\xi)\, e_0(\eta) = (1-\xi)(1+\xi)(1-\eta)(1+\eta)$$

用serendipity构造上基函数的适用性 由很容易决定基函数.

各1点不通过之直线 $\begin{cases} \eta-1=0 \\ \eta=0,\ \xi=0 \\ \xi-1=0. \end{cases}$

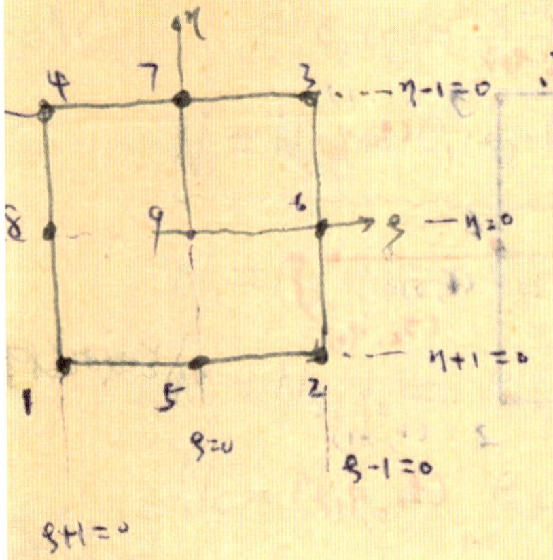


$$\therefore N_1 = A_1(\xi-1)\eta\cdot\xi\cdot(\eta-1)$$

$$N_2 = A_2\xi\cdot\eta\cdot(\eta-1)(\xi+1)$$

$$N_3 = A_3\,\xi\eta(\eta+1)(\xi+1)$$

$$\cdots\cdots$$

$$N_6 = A_6\,\xi(\eta-1)(\eta+1)(\xi+1)$$

$$N_7 = A_7\cdot\eta\cdot(\eta+1)(\xi+1)(\xi-1)$$

$$N_9 = A_9\cdot(\eta-1)(\eta+1)(\xi-1)(\xi+1)$$

其中系数成λ-μ 代之即可决定 $A_i$.

同理，十六点插值（三次元）类似地应用双向 Lagrange family 整体求取基函数 $N_i$

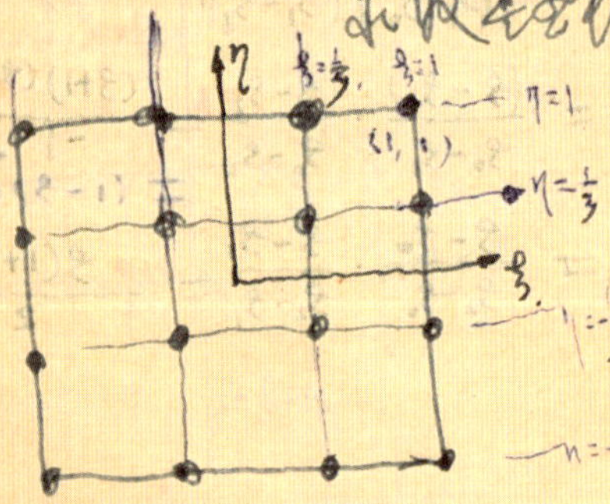


用serendipity方法

$$N_1 = N_{11} = A\left(\eta-\tfrac{1}{3}\right)\left(\eta+\tfrac{1}{3}\right)(\eta+1)\cdot\left(\xi-\tfrac{1}{3}\right)\left(\xi+\tfrac{1}{3}\right)(\xi+1)$$

代入 $(1,1)$, $N_1=1$

$$A = \frac{2}{3}\cdot\frac{4}{3}\cdot 2\cdot\frac{2}{3}\cdot\frac{4}{3}\cdot 2 = \frac{16\times 16}{81} \quad \therefore A = \frac{81}{16\times 16}$$

$$\therefore N_1 = \frac{81}{16\times 16}\left(\eta-\tfrac{1}{2}\right)\left(\eta+\tfrac{1}{2}\right)(\eta+1)\left(\xi-\tfrac{1}{2}\right)\left(\xi+\tfrac{1}{2}\right)(\xi+1)$$

同理可求出其他各点之基函数 $N_i$

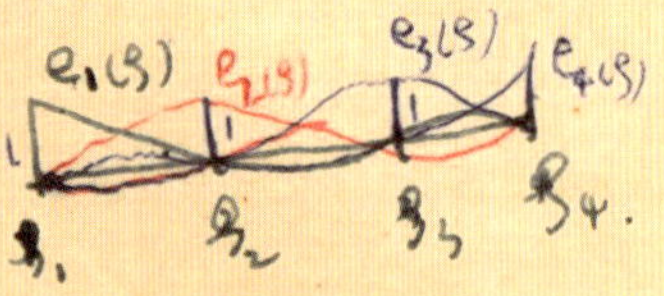

例：六面体元. 三向Lagrange插值.（八节点插值）

选用三个字母以表示坐标值.

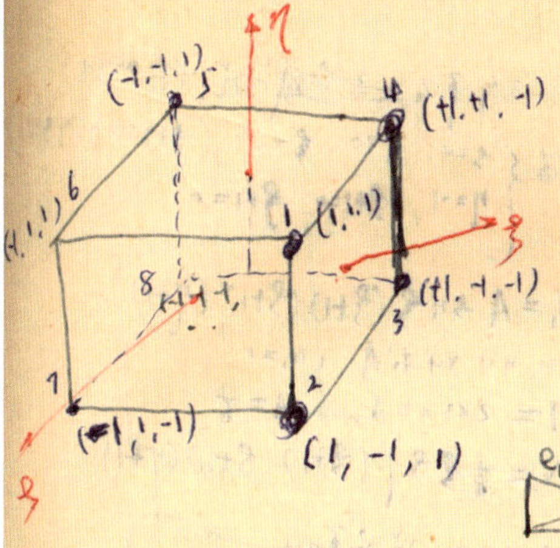


$N_1 = N_{111}$

$N_2 = N_{1-11}$

$N_3 = N_{1+1-1}$

$$\begin{cases} \xi_1=-1 & \xi_2=1 \\ \zeta_1=-1 & \zeta_2=1 \\ \eta_1=-1 & \eta_2=1 \end{cases}$$

选用Lagrange插值基函数.

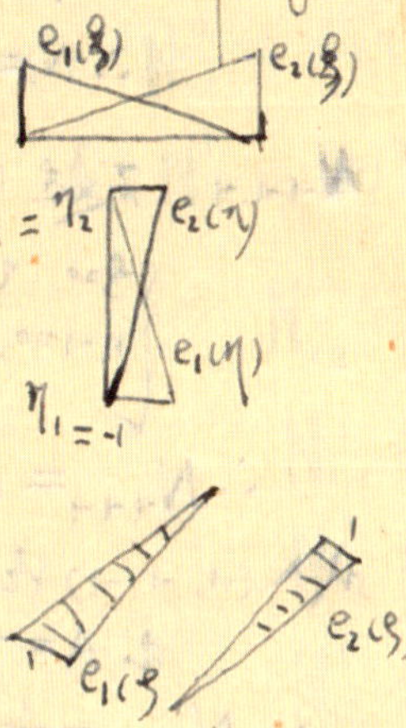


$$\begin{cases} e_1(\xi) = \frac{1}{2}(1-\xi) \\ e_2(\xi) = \frac{1}{2}(1+\xi) \end{cases}$$

$$\begin{cases} e_1(\eta) = \frac{1-\eta}{2} \\ e_2(\eta) = \frac{1+\eta}{2} \end{cases}$$

$$\begin{cases} e_1(\zeta) = \frac{1-\zeta}{2} \\ e_2(\zeta) = \frac{1+\zeta}{2} \end{cases}$$

第一节点用serendipity方法求取.
如：1点 不通过这三平面 $\begin{cases} \xi+1=0 \\ \zeta+1=0 \\ \eta+1=0 \end{cases}$
$\therefore N_1 = A(\xi+1)(\eta+1)(\zeta+1)$
代入(1,1,1) 得 $N_1=1$.
求 $A=\frac{1}{8}$.
$\therefore N_1 = \frac{1}{8}(\xi+1)(\zeta+1)(\eta+1)$
其余同理可求得 $N_2$.

$$\therefore N_1 = N_{\xi_2\zeta_2\eta_2} = e_2(\xi)\, e_2(\eta)\cdot e_2(\zeta) = \frac{1}{8}(1+\xi)(1+\eta)(1+\zeta)$$

$$N_2 = N_{\xi_1\eta_1\zeta_1} = e_1(\xi)\, e_1(\eta)\, e_1(\zeta) = \frac{1}{8}(1-\xi)(1-\eta)(1-\zeta)$$

$$N_3 = N_{\xi_2\zeta_1\eta_1} = e_2(\xi)\, e_1(\zeta)\, e_1(\eta) = \frac{1}{8}(1+\xi)(1-\zeta)(1-\eta).$$

廿七个节点插值（类似方法推得基函数）.

三字母 $\begin{cases} \xi_1=-1 & \xi_2=1 & \xi_0=0 \\ \zeta_1=-1 & \zeta_2=1 & \zeta_0=0 \\ \eta_1=-1 & \eta_2=1. & \eta_0=0 \end{cases}$

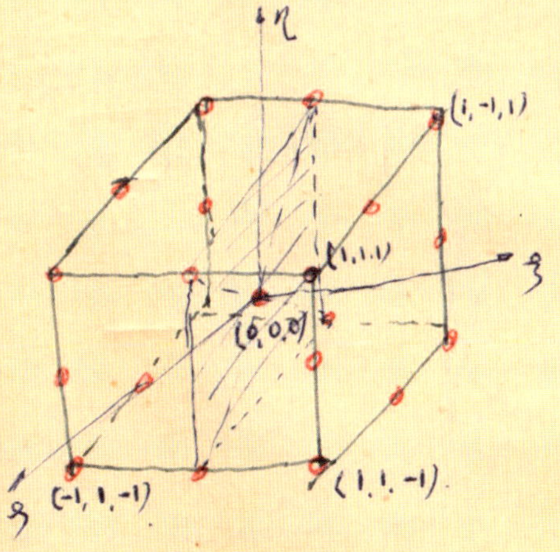


板壳 ⟹

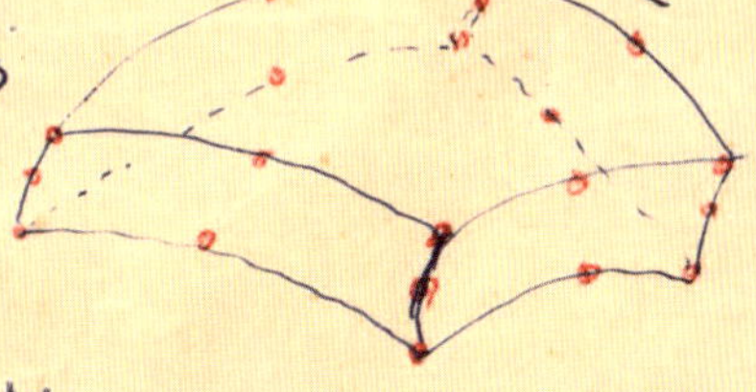

$$N_{ijk} = e_i(\xi)\, e_j(\zeta)\cdot e_k(\eta)$$

$$N_{111} = e_1(\xi)\, e_1(\zeta)\, e_1(\eta) = \frac{1}{8}\xi\zeta\eta(\xi-1)(\eta-1)(\zeta-1)$$

$$\begin{cases} e_1(\xi) = \frac{1}{2}(\xi-1)\xi \\ e_1(\zeta) = \frac{1}{2}(\zeta-1)\zeta \\ e_1(\eta) = \frac{1}{2}(\eta-1)\eta \\ e_2(\xi) = \frac{\xi(1+\xi)}{2} \\ e_2(\zeta) = \frac{\zeta(1+\zeta)}{2} \\ e_2(\eta) = \frac{\eta(1+\eta)}{2} \\ e_0(\xi) = (1-\xi)(1+\xi) \\ e_0(\zeta) = (1-\zeta)(1+\zeta) \\ e_0(\eta) = (1-\eta)(1+\eta) \end{cases}$$

方法二、serendipity 方法。（最好的方法）

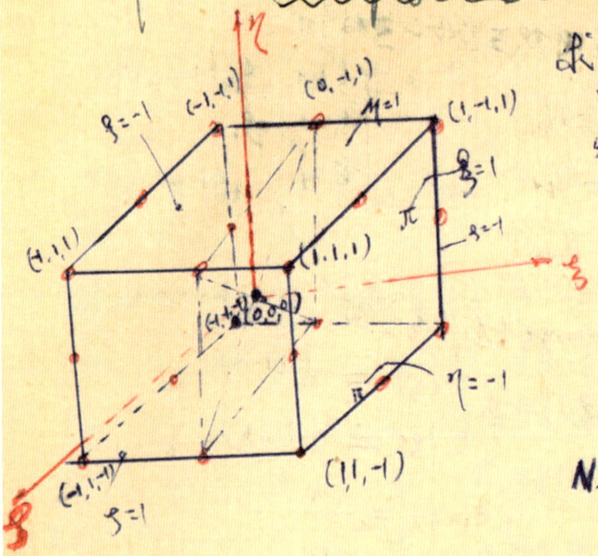


求 $N_1 \sim N_{111}$

选择不通过1点的三个平面 ~~二次线~~ 方程。（共八个平面）

则所有平面方程为 $\begin{cases} \xi=0, & \eta=0, \quad \zeta=0 \\ \eta=-1, & \xi+1=0, \quad \zeta+1=0 \end{cases}$ （也包括轴的三个平面）

$\therefore N_1 = A\,\xi\eta\zeta(\xi+1)(\zeta+1)(\eta+1)$

代入 $\xi=1,\ \eta=1,\ \zeta=1$ 求 $A$.（$N_1=1$）

$1 = 2\times2\times2A$. $\quad A=\frac{1}{8}$

$\therefore N_1 = \frac{1}{8}\xi\zeta\eta(\xi+1)(\zeta+1)(\eta+1)$

$N_{-1,-1,-1}$. 不通过 $(-1,-1,-1)$ 点的平面为

$\begin{cases} \xi=0, & \eta=0, \quad \zeta=0 \\ \eta-1=0, & \xi=1, \quad \zeta=1. \end{cases}$

$\therefore N_{-1-1-1} = A\,\xi\zeta\eta(\eta-1)(\xi-1)(\zeta-1)$

代入 $(-1,-1,-1)$ 使 $N_{-1-1-1}=1$

求 $A=\frac{1}{8}$.

$\therefore N_{-1-1-1} = \frac{1}{8}\xi\zeta\eta(\eta-1)(\xi-1)(\zeta-1)$

同理求出任一点的基函数、$N_i$。

## §3-7. 矩形元 Hermite插值.

Lagrange插值 { 函数值连续. / 一阶导数不连续

双向 Hermite插值

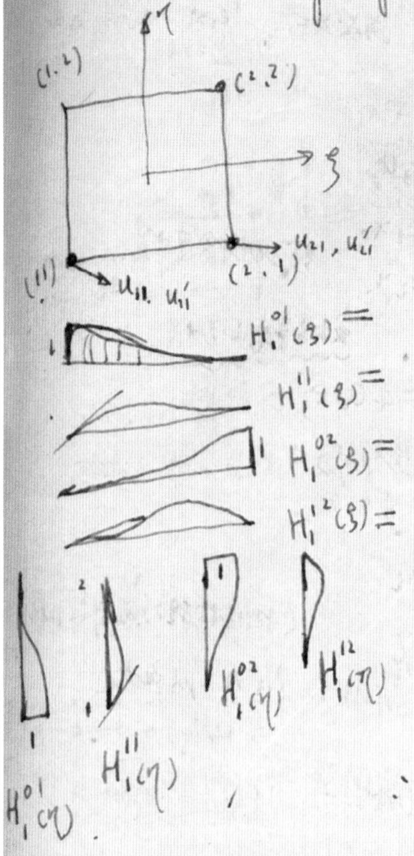


$$N_{11}^{0} = H_1^{01}(\xi,\eta) = H_1^{01}(\xi)\cdot H_1^{01}(\eta).$$

$$N_{11}^{1} = H_1^{11}(\xi,\eta) = H_1^{11}(\xi)\cdot H_1^{11}(\eta).$$

$$N_{21}^{0} = H_1^{02}(\xi)\cdot H_1^{01}(\eta)$$

$$N_{21}^{1} = H_1^{12}(\xi)\, H_1^{11}(\eta)$$

$$N_{22}^{0} = H_1^{02}(\xi)\, H_1^{02}(\eta)$$

$$N_{22}^{1} = H_1^{12}(\xi)\, H_1^{12}(\eta).$$

$$N_{12}^{0} = H_1^{01}(\xi)\cdot H_1^{02}(\eta)$$

$$N_{12}^{1} = H_1^{11}(\xi)\cdot H_1^{12}(\eta).$$

$$\therefore\ u(\xi,\eta) = N_{11}^{0}\cdot u_{11} + N_{11}^{1}\cdot u_{11}' + N_{21}^{0} u_{21} + N_{21}^{1} u_{21}' + \cdots + N_{12}^{0} u_{12} + N_{12}^{1} u_{12}'.$$

函数项改为..

在ξ方向转角. $\frac{\partial u_{11}}{\partial \xi}\cdot H_1^{01}(\eta)\, H_1^{11}(\xi).$

在η方向转角. $\frac{\partial u_{11}}{\partial \eta}\cdot H_1^{01}(\xi)\, H_1^{11}(\eta).$

四阶系数..

矩形元之二元样条插值..

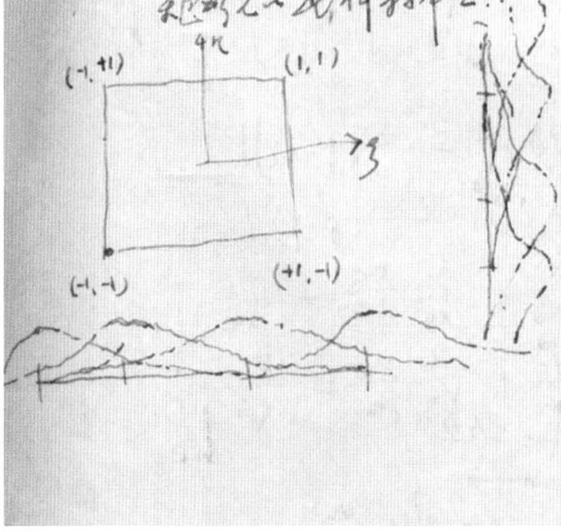

## §3-8. 等参数元. 坐标变换.

坐标变换的插值函数是相同的基函数.

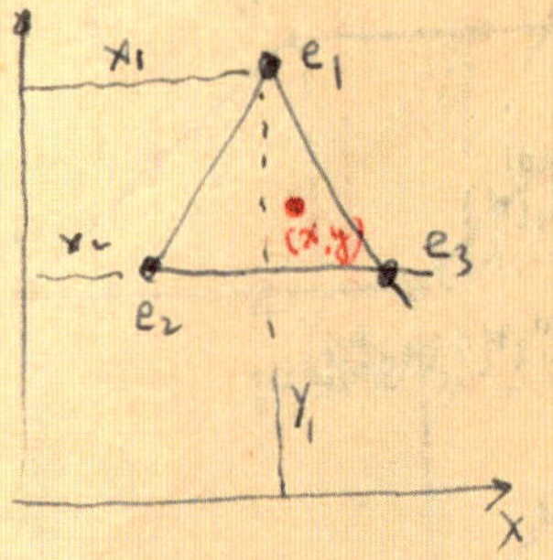


$$x = e_1x_1 + e_2x_2 + e_3x_3$$
$$y = e_1y_1 + e_2y_2 + e_3y_3$$

满足 $x = x_1$. $e_1 = 1$. $e_2 = 0$. $e_3 = 0$

$$u(x,y) = e_1u_1 + e_2u_2 + e_3u_3$$

坐标变换 $\begin{cases} x = \sum_{i=1}^{3} e_i x_i \\ y = \sum_{i=1}^{3} e_i y_i \end{cases}$ 线性坐标变换. $e_i = \frac{2\Delta_i}{2\Delta}$

表示子单元的坐标.

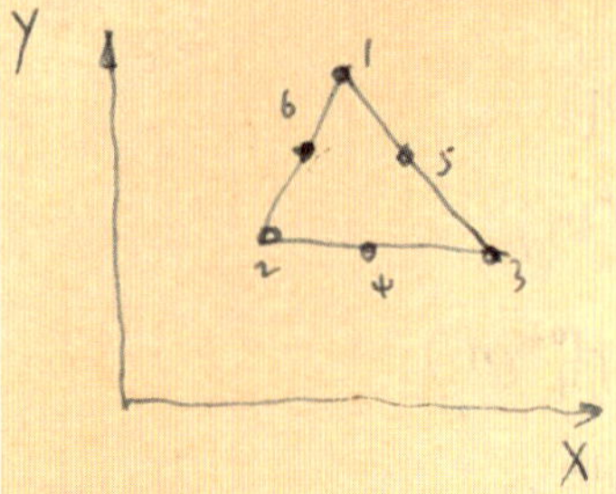


$N_1 = e_1(2e_1 - 1)$ $N_4 = 4e_2e_3$

$N_2 = e_2(2e_2 - 1)$. $N_5 = 4e_1 \cdot e_3$

$N_3 = e_3(2e_3 - 1)$ $N_6 = 4e_1e_2$.

坐标变换 $\begin{cases} x = \sum_{i=1}^{6} N_i x_i \\ y = \sum_{i=1}^{6} N_i y_i \end{cases}$. (把坐标转换成局部坐标)

$N_i$ 为二次函数.

二次曲线坐标 ⟷ 上坐标变换 ⟶ 直角坐标..

parent element.

母单元

$N_1 = \frac{1}{2}e_1(3e_1 - 1)(3e_1 - 2)$.
. . . . . . . . . . . } 三次曲线.

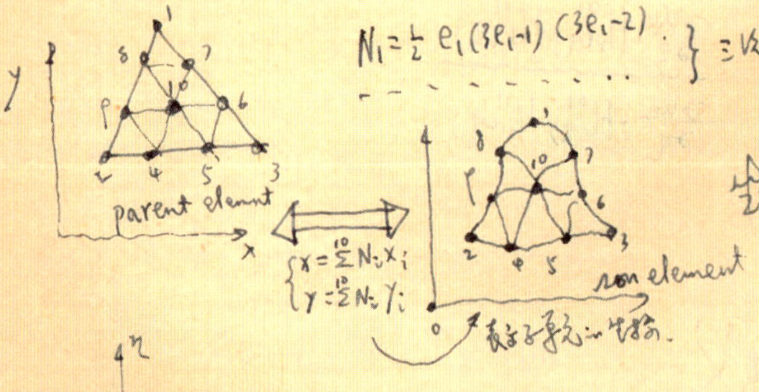


坐标变换 $\begin{cases} x = \sum_{i=1}^{10} N_i x_i \\ y = \sum_{i=1}^{10} N_i y_i \end{cases}$.

$$\begin{cases} x = \sum_{i=1}^{4} N_i x_i \\ y = \sum_{i=1}^{4} N_i y_i \end{cases}.$$

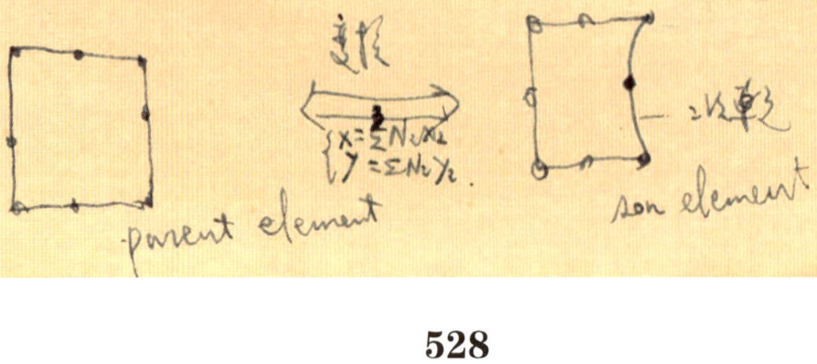

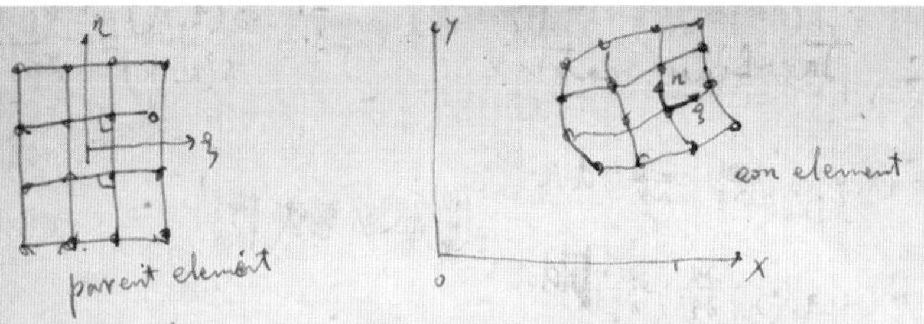


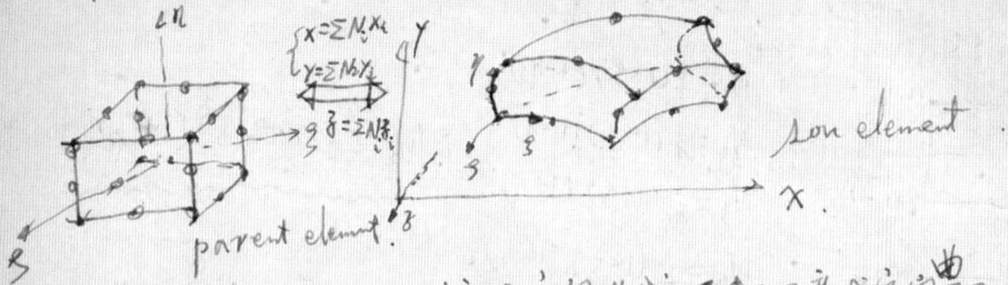


变换后 ⟹ 原来直线变成空间曲线，原来平面变成空间曲面。

这六面体的母单元变成曲面的六面体子单元。

坐标变换..

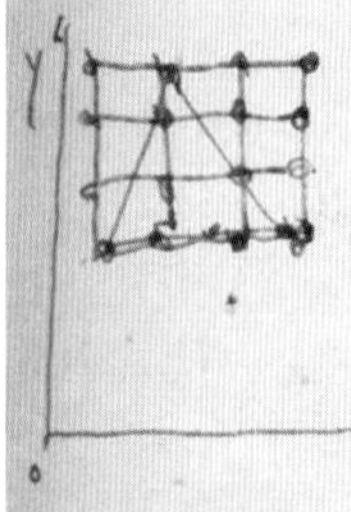

$$u(x,y)=\sum N_i(e_1,e_2,e_3)u_i$$
$$V(x,y)=\sum N_i(e_1,e_2,e_3)V_i$$

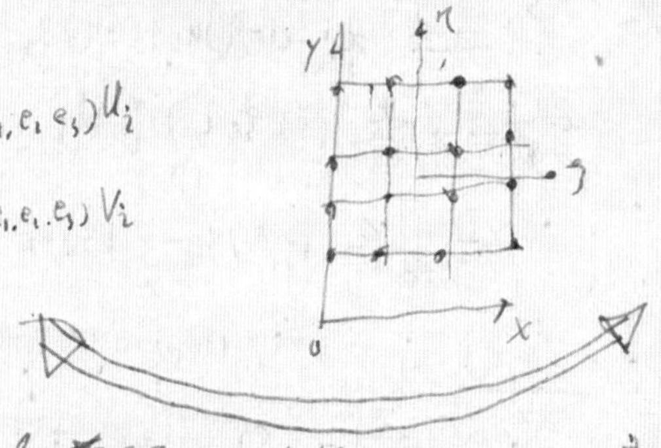

$$\begin{cases} u_{(x,y)}=\sum^m N_i(\xi,\eta)u_i \\ V_{(x,y)}=\sum^m N_i(\xi,\eta)V_i \end{cases}$$

前面所述的几种母单元，几何形状简单而且规则，便于计算。但为了适应实际工程中出现的各种结构的复杂形状.. 故要引进坐标变换，使在(ξ, η, ζ)系中形状简单的母单元，变成(x, y, z)系中为具有曲线(面)边界的形状复杂单元，即为子单元。子单元可以很好地适应较复杂结构的复杂外形。单元具有双重特性。一方面，子单元的几何特征、荷载等都来自实际结构，充分反映了实际情况。另一方面，大量的计算是在母单元内进行，计算较方便且便于编程，适用于计算机。

$$u(x,y)=\sum N_i(\xi,\eta)\,u_i$$
$$V(x,y)=\sum N_i[\xi(x,y),\eta(x,y)]\,V_i$$

$$\frac{\partial u}{\partial x}=\frac{\partial u}{\partial \xi}\frac{\partial \xi}{\partial x}+\frac{\partial u}{\partial \eta}\frac{\partial \eta}{\partial x}$$
$$\frac{\partial u}{\partial y}=\frac{\partial u}{\partial \xi}\frac{\partial \xi}{\partial y}+\frac{\partial u}{\partial \eta}\frac{\partial \eta}{\partial y}$$

$$\begin{bmatrix}\frac{\partial u}{\partial x}\\ \frac{\partial u}{\partial y}\end{bmatrix}=\begin{bmatrix}\frac{\partial \xi}{\partial x} & \frac{\partial \eta}{\partial x}\\ \frac{\partial \xi}{\partial y} & \frac{\partial \eta}{\partial y}\end{bmatrix}\begin{bmatrix}\frac{\partial u}{\partial \xi}\\ \frac{\partial u}{\partial \eta}\end{bmatrix}=[J]^{-1}\begin{bmatrix}\frac{\partial u}{\partial \xi}\\ \frac{\partial u}{\partial \eta}\end{bmatrix}$$

$[J]$ — Jacobian matrix .. $[J]^{-1} = \dfrac{\partial(\xi,\eta)}{\partial(x,y)}$

$\therefore \quad \Pi(u) = \int_\Omega F\left(x, y, u, \dfrac{\partial u}{\partial x}, \dfrac{\partial u}{\partial y}\right) d\Omega$     ⇓ 此外乘雅式 $|J|$

$= \int_\Omega F\left[u(\xi,\eta), \dfrac{\partial u}{\partial \xi}, \dfrac{\partial u}{\partial \eta}\right] |J| \, d\Omega$

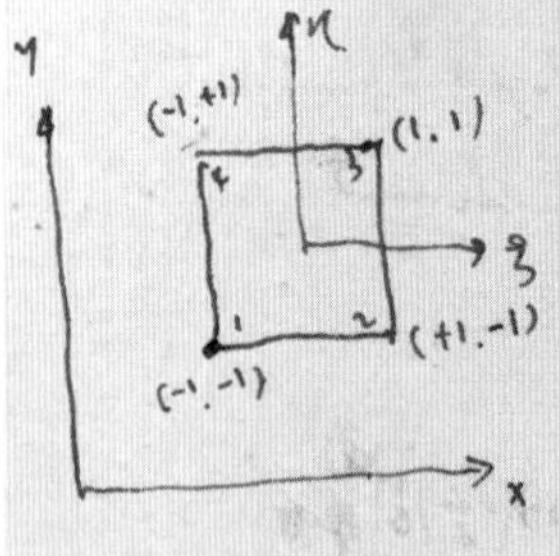


$N_1 = \frac{1}{4}(1-\xi)(1-\eta)$

$N_2 = \frac{1}{4}(1+\xi)(1-\eta)$

$N_3 = \frac{1}{4}(1+\xi)(1+\eta)$

$N_4 = \frac{1}{4}(1-\xi)(1+\eta)$

$N_i = \frac{1}{4}[1+\xi_i\xi][1+\eta_i\eta]$

$\begin{cases} u(x,y) = \sum_{i=1}^{4} N_i u_i \\ v(x,y) = \sum_{i=1}^{4} N_i v_i \end{cases}$

$\begin{bmatrix} \frac{\partial u}{\partial x} \\ \frac{\partial u}{\partial y} \end{bmatrix} = \begin{bmatrix} \frac{\partial \xi}{\partial x} & \frac{\partial \eta}{\partial x} \\ \frac{\partial \xi}{\partial y} & \frac{\partial \eta}{\partial y} \end{bmatrix} \begin{bmatrix} \frac{\partial u}{\partial \xi} \\ \frac{\partial u}{\partial \eta} \end{bmatrix}$

$\dfrac{\partial u}{\partial \xi} = \frac{1}{4}\sum_{i=1}^{4}(1+\eta_i\eta)\xi_i u_i$

$= \frac{1}{4}[-(1-\eta)u_1 + (1-\eta)u_1 + (1+\eta)u_3 - (1+\eta)u_4]$

$\dfrac{\partial u}{\partial \eta} = \frac{1}{4}\sum_{i=1}^{4}(1+\xi_i\xi)\eta_i u_i$

$= \frac{1}{4}[-(1-\xi)u_1 - (1+\xi)u_2 + (1+\xi)u_3 + (1-\xi)u_4]$

$\therefore \begin{bmatrix} \frac{\partial u}{\partial x} \\ \frac{\partial u}{\partial y} \end{bmatrix} = \dfrac{\partial(\xi,\eta)}{\partial(x,y)} \cdot \frac{1}{4} \begin{bmatrix} -(1-\eta), & (1-\eta) & (1+\eta), & -(1+\eta) \\ -(1-\xi), & -(1+\xi), & (1+\xi), & (1-\xi) \end{bmatrix} \begin{bmatrix} u_1 \\ u_2 \\ u_3 \\ u_4 \end{bmatrix}$

用局部坐标表示.. local coordinate ..

$u(\xi,\eta) = \sum_{i=1}^{4} N_i[x(\xi,\eta), y(\xi,\eta)] u_i$

$v(\xi,\eta) = \sum_{i=1}^{4} N_i[x(\xi,\eta), y(\xi,\eta)] v_i$

$\left.\begin{aligned} \frac{\partial u}{\partial \xi} &= \frac{\partial u}{\partial x}\frac{\partial x}{\partial \xi} + \frac{\partial u}{\partial y}\frac{\partial y}{\partial \xi} \\ \frac{\partial u}{\partial \eta} &= \frac{\partial u}{\partial x}\frac{\partial x}{\partial \eta} + \frac{\partial u}{\partial y}\frac{\partial y}{\partial \eta} \end{aligned}\right\}$    $\begin{bmatrix} \frac{\partial u}{\partial \xi} \\ \frac{\partial u}{\partial \eta} \end{bmatrix} = \begin{bmatrix} \frac{\partial x}{\partial \xi} & \frac{\partial y}{\partial \xi} \\ \frac{\partial x}{\partial \eta} & \frac{\partial y}{\partial \eta} \end{bmatrix} \begin{bmatrix} \frac{\partial u}{\partial x} \\ \frac{\partial u}{\partial y} \end{bmatrix}$

$= \dfrac{\partial(x,y)}{\partial(\xi,\eta)} \cdot \begin{bmatrix} \frac{\partial u}{\partial x} \\ \frac{\partial u}{\partial y} \end{bmatrix}$

用等参数变换 .. $\left.\begin{aligned} x &= \sum_{i=1}^{4} N_i x_i \\ y &= \sum_{i=1}^{4} N_i y_i \end{aligned}\right\}$    $\dfrac{\partial x}{\partial \xi} = \sum \dfrac{\partial N_i}{\partial \xi} x_i$    $\dfrac{\partial x}{\partial \eta} = \sum \dfrac{\partial N_i}{\partial \eta} x_i$.

$$\frac{\partial y}{\partial \xi}=\sum \frac{\partial N_i}{\partial \xi} y_i=\frac{1}{4}\left[-(1-\eta) y_1+(1-\eta) y_2+(1+\eta) y_3-(1-\eta) y_4\right]$$

$$\frac{\partial y}{\partial \eta}=\sum \frac{\partial N_i}{\partial \eta} y_i=\frac{1}{4}\left[-(1-\xi) y_1-(1+\xi) y_2+(1+\xi) y_3+(1-\xi) y_4\right]$$

$$[J]=\frac{\partial(x, y)}{\partial(\xi, \eta)}=\begin{bmatrix}\frac{\partial x}{\partial \xi} & \frac{\partial y}{\partial \xi} \\ \frac{\partial x}{\partial \eta} & \frac{\partial y}{\partial \eta}\end{bmatrix}=\sum\begin{bmatrix}\frac{\partial N_i}{\partial \xi} \\ \frac{\partial N_i}{\partial \eta}\end{bmatrix}\begin{bmatrix}x_i, y_i\end{bmatrix}$$

$$=\begin{bmatrix}-(1-\eta), (1-\eta) & (1+\eta), -(1-\eta) \\ -(1-\xi), -(1+\xi) & (1+\xi), (1-\xi)\end{bmatrix}\begin{bmatrix}x_1 & y_1 \\ x_2 & y_2 \\ x_3 & y_3 \\ x_4 & y_4\end{bmatrix}$$

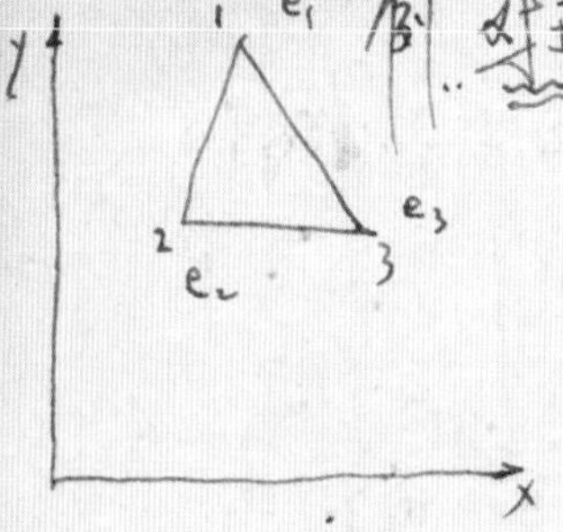


例. 对于三角元

$$U(x, y)=\sum N_i\left[e_i(x, y)\right] U_i$$

$$V(x, y)=\sum N_i\left[e_i(x, y)\right] V_i$$

$$\frac{\partial u}{\partial x}=\sum_{i, j}^{3} \frac{\partial N_i}{\partial e_j} \frac{\partial e_j}{\partial x} \cdot U_i=\sum_{i, j}^{3} \frac{\partial N_i}{\partial e_j} \frac{\partial e_j}{\partial x} U_i$$

$$=\frac{\partial u}{\partial e_1} \frac{\partial e_1}{\partial x}+\frac{\partial u}{\partial e_2} \cdot \frac{\partial e_2}{\partial x}+\frac{\partial u}{\partial e_3} \frac{\partial e_3}{\partial x}$$

$$\frac{\partial u}{\partial y}=\frac{\partial u}{\partial e_1} \frac{\partial e_1}{\partial y}+\frac{\partial u}{\partial e_2} \frac{\partial e_2}{\partial y}+\frac{\partial u}{\partial e_3} \frac{\partial e_3}{\partial y}$$

$$\therefore \begin{bmatrix}\frac{\partial u}{\partial x} \\ \frac{\partial u}{\partial y}\end{bmatrix}=\begin{bmatrix}\frac{\partial e_1}{\partial x} & \frac{\partial e_2}{\partial x} & \frac{\partial e_3}{\partial x} \\ \frac{\partial e_1}{\partial y} & \frac{\partial e_2}{\partial y} & \frac{\partial e_3}{\partial y}\end{bmatrix}\begin{bmatrix}\frac{\partial u}{\partial e_1} \\ \frac{\partial u}{\partial e_2} \\ \frac{\partial u}{\partial e_3}\end{bmatrix}$$

$$=\frac{1}{2 \Delta}\begin{bmatrix}\eta_1 & \eta_2 & \eta_3 \\ -\xi_1 & -\xi_2 & -\xi_3\end{bmatrix} \cdot \begin{bmatrix}\frac{\partial u}{\partial e_1} \\ \frac{\partial u}{\partial e_2} \\ \frac{\partial u}{\partial e_3}\end{bmatrix}$$

等参数变换

$$\begin{cases}x=\sum N_i\left[e_i(x, y)\right] x_i \\ y=\sum N_i\left[e_i(x, y)\right] y_i\end{cases}$$

$$\frac{\partial x}{\partial e_1}=\frac{\partial N_1}{\partial e_1} x_1+\frac{\partial N_2}{\partial e_1} x_2+\cdots+\frac{\partial N_k}{\partial e_1} x_k$$

$$=\left(4 e_1-1\right) x_1$$

$$\frac{\partial x}{\partial e_2}=\frac{\partial N_1}{\partial e_2} x_1+\frac{\partial N_2}{\partial e_2} x_2+\cdots+\frac{\partial N_k}{\partial e_2} x_k$$

$$=\left(4 e_2-1\right) x_2$$

$$\frac{\partial x}{\partial e_3}=\frac{\partial N_1}{\partial e_3} x_1+\frac{\partial N_2}{\partial e_3} x_2+\cdots+\frac{\partial N_k}{\partial e_3} x_k$$

$$[J]=\frac{\partial(x, y, z)}{\partial(\xi, \eta, \zeta)}=\begin{bmatrix}\frac{\partial x}{\partial \xi} & \frac{\partial y}{\partial \xi} & \frac{\partial z}{\partial \xi} \\ \frac{\partial x}{\partial \eta} & \frac{\partial y}{\partial \eta} & \frac{\partial z}{\partial \eta} \\ \frac{\partial x}{\partial \zeta} & \frac{\partial y}{\partial \zeta} & \frac{\partial z}{\partial \zeta}\end{bmatrix}=\begin{bmatrix}\sum \frac{\partial N_i}{\partial \xi} x_i & \sum \frac{\partial N_i}{\partial \xi} y_i & \sum \frac{\partial N_i}{\partial \xi} z_i \\ \sum \frac{\partial N_i}{\partial \eta} x_i & \sum \frac{\partial N_i}{\partial \eta} y_i & \sum \frac{\partial N_i}{\partial \eta} z_i \\ \sum \frac{\partial N_i}{\partial \zeta} x_i & \sum \frac{\partial N_i}{\partial \zeta} y_i & \sum \frac{\partial N_i}{\partial \zeta} z_i\end{bmatrix}$$

$$=\begin{bmatrix}\frac{\partial N_1}{\partial \xi} & \frac{\partial N_2}{\partial \xi} & \cdots \\ \frac{\partial N_1}{\partial \eta} & \frac{\partial N_2}{\partial \eta} & \cdots \\ \frac{\partial N_1}{\partial \zeta} & \frac{\partial N_2}{\partial \zeta} & \cdots\end{bmatrix}\begin{bmatrix}x_1 & y_1 & z_1 \\ x_2 & y_2 & z_2 \\ \vdots & \vdots & \vdots\end{bmatrix}$$

$$\therefore dx\,dy\,dz=|J|\, d\xi\, d\eta\, d\zeta$$

# 第四章. 静态线性弹性力学有限元法..

## §4-1.. 矩阵表示符号..

1.. 应力..
$$[\sigma]=\begin{bmatrix}\sigma_{xx}\\ \sigma_{yy}\\ \sigma_{zz}\\ \sigma_{yz}\\ \sigma_{zx}\\ \sigma_{xy}\end{bmatrix}=\begin{bmatrix}\sigma_x\\ \sigma_y\\ \vdots\\ \tau_{xy}\end{bmatrix}=\left[\sigma_x,\ \sigma_y,\ \sigma_z,\ \cdots\ \tau_{xy}\right]^T$$

2. 应变..
$$[e]=\begin{bmatrix}e_{xx}\\ e_{yy}\\ e_{zz}\\ e_{yz}\\ e_{zx}\\ e_{xy}\end{bmatrix}\qquad [e]^T=[e_x,\ e_y\ \cdots\ \gamma_{xy}]$$

3, 位移..
$$[U]=\begin{bmatrix}u_1\\ u_2\\ u_3\end{bmatrix}=\begin{bmatrix}u\\ v\\ w\end{bmatrix},\quad [U]^T=[u_1,\ u_2,\ u_3]$$

4.. 体力F, 外力P.
$$F=\begin{bmatrix}F_1\\ F_2\\ F_3\end{bmatrix}=\begin{bmatrix}F_x\\ F_y\\ F_z\end{bmatrix}\qquad P=\begin{bmatrix}P_1\\ P_2\\ P_3\end{bmatrix}=\begin{bmatrix}P_x\\ P_y\\ P_z\end{bmatrix}$$

5.. 应变位移关系..
$$[e]=\begin{bmatrix}e_x\\ e_y\\ \vdots\\ e_{xy}\end{bmatrix}=\begin{bmatrix}\frac{\partial}{\partial x}&0&0\\ 0&\frac{\partial}{\partial y}&0\\ 0&0&\frac{\partial}{\partial z}\\ 0&\frac{\partial}{\partial z}&\frac{\partial}{\partial y}\\ \frac{\partial}{\partial z}&0&\frac{\partial}{\partial x}\\ \frac{\partial}{\partial y}&\frac{\partial}{\partial x}&0\end{bmatrix}\cdot\begin{bmatrix}U_1\\ U_2\\ U_3\end{bmatrix}$$

$$=\begin{bmatrix}\frac{\partial}{\partial x}&0&0\\ 0&\frac{\partial}{\partial y}&0\\ 0&0&\frac{\partial}{\partial z}\\ 0&\frac{\partial}{\partial z}&\frac{\partial}{\partial y}\\ \frac{\partial}{\partial z}&0&\frac{\partial}{\partial x}\\ \frac{\partial}{\partial y}&\frac{\partial}{\partial x}&0\end{bmatrix}\begin{bmatrix}U_1\\ U_2\\ U_3\end{bmatrix}=[D][U]$$

"微分算子.

(6) 应力应变关系.
$$[\sigma]=\begin{bmatrix}\sigma_x\\ \sigma_y\\ \sigma_z\\ \vdots\\ \sigma_{xy}\end{bmatrix}=\begin{bmatrix}C_{1111}&C_{1122}&\cdots&C_{1112}\\ C_{2211}&C_{2222}&\cdots&C_{2212}\\ \cdots&\cdots&\cdots&\cdots\\ C_{1211}&C_{1222}&\cdots&C_{1212}\end{bmatrix}\begin{bmatrix}e_x\\ e_y\\ e_z\\ \vdots\\ e_{xy}\end{bmatrix}=[C]\cdot[e]$$

$$\sigma_{ij} = \underbrace{C_{ijkl}}_{\text{刚度矩阵}} e_{kl} \qquad (i \cdot j \cdot k l = 1 \sim 3)$$

平面问题：平面应力下．

$$\begin{bmatrix} \sigma_x \\ \sigma_y \\ \tau_{xy} \end{bmatrix} = \underbrace{\frac{E}{1-\mu^2}\begin{bmatrix} 1 & \mu & 0 \\ \mu & 1 & 0 \\ 0 & 0 & \frac{1-\mu}{2} \end{bmatrix}}_{C} \begin{bmatrix} \varepsilon_x - \varepsilon_{x0} \\ \varepsilon_y - \varepsilon_{y0} \\ \gamma_{xy} - \gamma_{xy0} \end{bmatrix}$$

$$[e] = \begin{bmatrix} e_x \\ e_y \\ e_z \\ \vdots \\ e_{xy} \end{bmatrix} = \begin{bmatrix} S_{1111} & S_{1122} & S_{1133} & \cdots & S_{1112} \\ S_{2211} & S_{2222} & S_{2233} & & S_{2212} \\ - & - & - & - & - \\ S_{1211} & S_{1222} & S_{1233} & \cdots & S_{1212} \end{bmatrix} \begin{bmatrix} \sigma_x \\ \sigma_y \\ \vdots \\ \sigma_{xy} \end{bmatrix}$$

$$e_{ij} = \underbrace{S_{ijkl}}_{\text{柔度系数}} \sigma_{kl}.$$

平面应力下．．

$$\begin{bmatrix} \varepsilon_x \\ \varepsilon_y \\ \gamma_{xy} \end{bmatrix} = \underbrace{\frac{1}{E}\begin{bmatrix} 1 & -\mu, & 0 \\ -\mu, & 1, & 0 \\ 0. & 0 & 2(1+\mu) \end{bmatrix}}_{S} \begin{bmatrix} \sigma_x \\ \sigma_y \\ \tau_{xy} \end{bmatrix} + \begin{bmatrix} \varepsilon_{x0} \\ \varepsilon_{y0} \\ \varepsilon_{xy0} \end{bmatrix}$$

故．．$[\sigma] = [C][e] \xlongequal{[e]=[D][u]} [C]\cdot[D]\cdot[u]$

1）．应变能密度．应力能密度．

$$A_{(e_{ij})} = \frac{1}{2}\sigma_{ij} e_{kl}\delta^{ij}_{kl} = \frac{1}{2}e_{ij}\cdot\sigma_{kl}\delta^{ij}_{kl} = \frac{1}{2}[e]^T[\sigma_{ij}]$$

$$\because \sigma_{kl} = C_{klij} e_{ij}.$$

$$A_{(e_{ij})} = \frac{1}{2}[e]^T\cdot[C]\cdot[e]$$

$$\downarrow$$

$$A(u_i) = \frac{1}{2}[u]^T[D]^T[C][D][u]$$

$$B_{(\sigma_{ij})} = \frac{1}{2}\sigma_{ij} e_{kl}\delta^{ij}_{kl} = \frac{1}{2}\sigma_{ij}\cdot S_{klij}\sigma_{ij} = \frac{1}{2}[\sigma]^T[S][\sigma]$$

$$B(\sigma_{ij}) = \frac{1}{2}[\sigma]^T[S].[\sigma]$$

§4-2. 最小位能原理与位移协调模型

$$\Pi(e_{ij}) = \int_\Omega [A(e_{ij}) - f_i u_i] d\Omega - \int_{\Gamma_\sigma} \bar{P}_i u_i dS = \min .$$

$$A(e_{ij}) = \frac{1}{2}[e]^T [C][e] \qquad [f] = \begin{bmatrix} f_1 \\ f_2 \\ f_3 \end{bmatrix} \qquad \bar{P} = \begin{bmatrix} \bar{P}_1 \\ \bar{P}_2 \\ \bar{P}_3 \end{bmatrix}$$

$$\therefore \Pi(e_{ij}) = \int_\Omega \left\{ \frac{1}{2}[e]^T [C][e] - [U]^T [f] \right\} d\Omega - \int_{\Gamma_\sigma} [U]^T [\bar{P}] dS = \min$$

$$\Pi(u_i) = \int_\Omega \left\{ \frac{1}{2}[U]^T [D]^T [C][D][U] - [U]^T [f] \right\} d\Omega - \int_{\Gamma_\sigma} [U]^T [\bar{P}] dS = \min .$$

$$\Pi(\sigma_{ij}) = \int_\Omega B(\sigma_{ij}) d\Omega - \int_{\Gamma_u} P_i \bar{u}_i dS = \min$$

$$= \int_\Omega \frac{1}{2}[\sigma]^T [S][\sigma] d\Omega - \int_{\Gamma_u} [P]^T [\bar{U}] dS$$

1> 分割及插值.

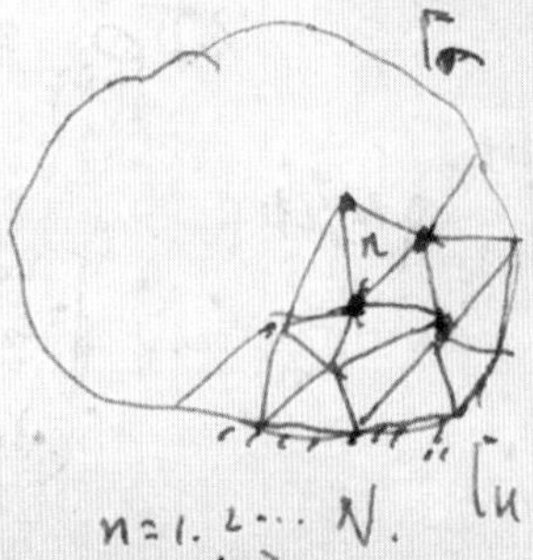


典型元.

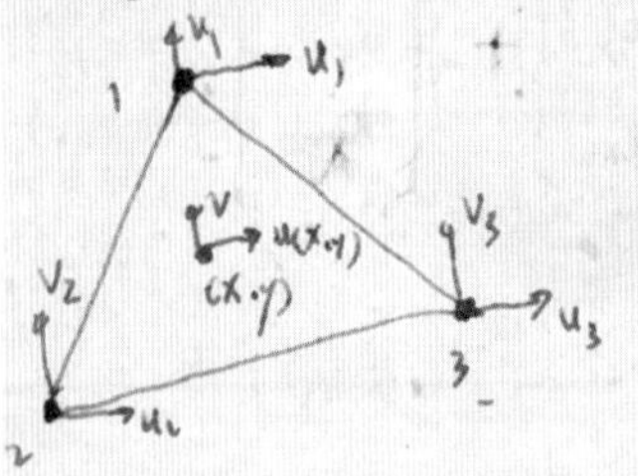


$$u(x,y) = \sum N_i u_i = N_1 u_1 + N_2 u_2 + N_3 u_3$$

$$v(x,y) = \sum N_i v_i = N_1 v_1 + N_2 v_2 + N_3 v_3 .$$

$n = 1, 2 \cdots N.$

$$[U] = \begin{bmatrix} u(x,y) \\ v(x,y) \end{bmatrix} = \begin{bmatrix} N_1 & 0 & N_2 & 0 & N_3 & 0 \\ 0 & N_1 & 0 & N_2 & 0 & N_3 \end{bmatrix} \begin{bmatrix} u_1 \\ v_1 \\ u_2 \\ v_2 \\ u_3 \\ v_3 \end{bmatrix}$$ 单元节点位移

全域内 $u = Nq$

$$[U] = [N] \cdot [q_n] .$$

$$N = \begin{bmatrix} N_1 & 0 & N_2 & 0 & N_3 & 0 \cdots \\ 0 & N_1 & 0 & N_2 & 0 & N_3 \cdots \end{bmatrix}$$ 为形函数矩阵.

$$[q_n] = \begin{bmatrix} u_1 \\ v_1 \\ \vdots \\ u_3 \\ v_3 \end{bmatrix}$$ 为单元位移矩阵 (已知)

∵ 各位移连续. 故 $\Pi = \sum_{n=1}^{N} \Pi^e = \sum_{n=1}^{N} \int_{\Omega_n} \left\{ \frac{1}{2}[U]^T [D]^T [C][D][U] - [U]^T [f] \right\} d\Omega$

$$- \int_{\Gamma_\sigma} [U]^T [\bar{P}] dS = \min .$$

这一项仅当在 $\Gamma_\sigma$ 边界单元才有

$$[U]^T = [q_n]^T \cdot [N]^T .$$

$$\therefore \Pi = \sum^{N}$$

2）单元刚度矩阵。

$$\int_{\Omega_n}\left(\frac{1}{2}[u]^T[D]^T[C][D][u]-[u]^T[f]\right)d\Omega-\int_{\Gamma_\sigma}[u]^T[\bar{p}]ds=\min.$$

即

$$\int_{\Omega_n}\left\{\frac{1}{2}[\delta_n]^T[N]^T[D]^T[C][D][N][\delta_n]-[\delta_n]^T[N]^T[f]\right\}d\Omega$$

$$-\int_{\Gamma_\sigma}[\delta_n]^T[N]^T[\bar{p}]dS = \min.$$

写

$$[D][N]=\begin{bmatrix}\frac{\partial}{\partial x} & 0 \\ 0 & \frac{\partial}{\partial y} \\ \frac{\partial}{\partial y} & \frac{\partial}{\partial x}\end{bmatrix}\begin{bmatrix}N_1 & 0 & N_2 & 0 & N_3 & 0 \\ 0 & N_1 & 0 & N_2 & 0 & N_3\end{bmatrix}=[DN]$$

即

$$[D][N]=[DN]=[B]$$

$$([D][N])^T=[DN]^T=[B]^T.$$

∴ 单元位能：

$$\int_{\Omega_n}\frac{1}{2}[\delta_n]^T\left\{[DN]^TC[DN][\delta_n]-2[N]^T[f]\right\}d\Omega-\int_{\Gamma_\sigma}[\delta_n]^T[N]^T[\bar{p}]ds$$

$$\Pi^e=\frac{1}{2}[\delta_n]^T\int_{\Omega_n}[DN]^TC[DN]d\Omega[\delta_n]-[\delta_n]^T\int_{\Omega_n}[N]^T[f]d\Omega-[\delta_n]^T\int_{\Gamma_\sigma}[N]^T[\bar{p}]ds.$$

典型元刚度阵：

$$[K_n]=\int_{\Omega_n}[B]^T[C][B]d\Omega=\int_{\Omega_n}[DN]^T[C][DN]d\Omega$$

单元载荷列

$$[Q_n]=\int_{\Omega_n}[N]^T[f]d\Omega+\int_{\Gamma_\sigma}[N]^T[\bar{p}]ds$$

∴ 单元位能：$\Pi^e=\frac{1}{2}[\delta_n]^T[K_n][\delta_n]-[\delta_n]^T[Q_n]=\min.$

根据变分

$$\delta\Pi^e=\frac{\partial\Pi^e}{\partial\delta_1}\delta\delta_1+\frac{\partial\Pi^e}{\partial\delta_2}\delta\delta_2+\cdots+\frac{\partial\Pi^e}{\partial\delta_i}\delta\delta_i+\cdots=0.$$

$$[K_n][\delta_n]-[Q_n]=0. \quad (n=1,2,\cdots N)$$

〈单元平衡方程——代数方程〉

3. 总刚度矩阵。

例如：

计算七个点十四个自由度。　从各单元中找出对应点的值相叠加而成

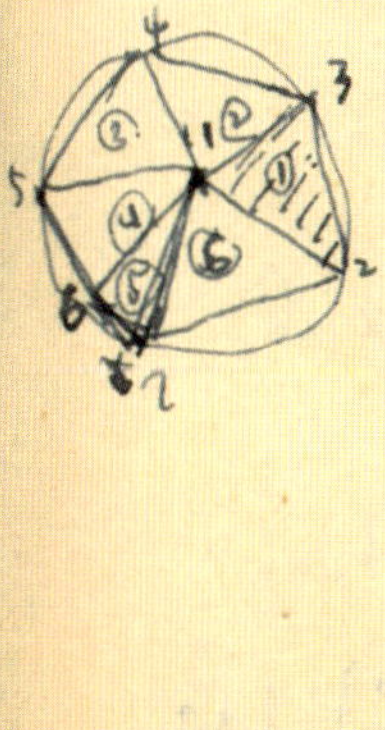

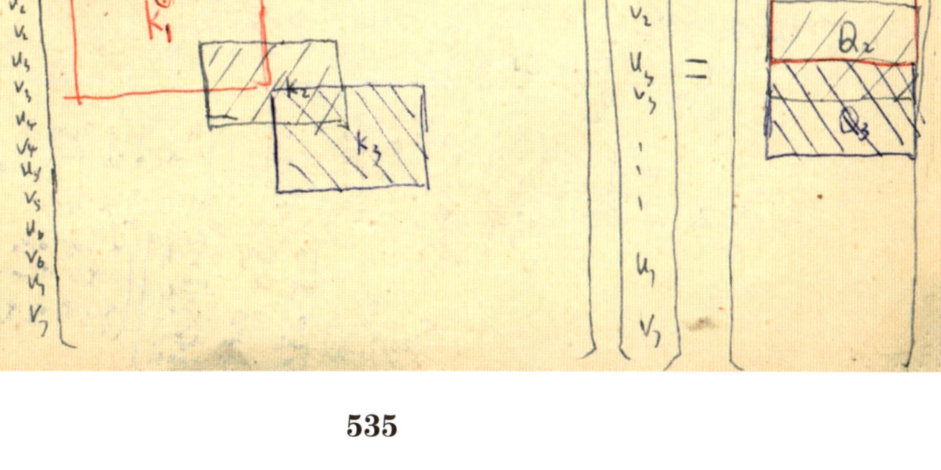

4. 上机实践。

例、平面弹性力学。

1) 分割插值，选典型元 《注明了分片插值方法》

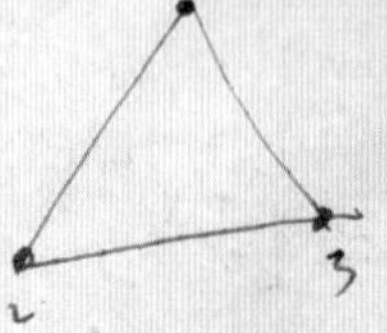


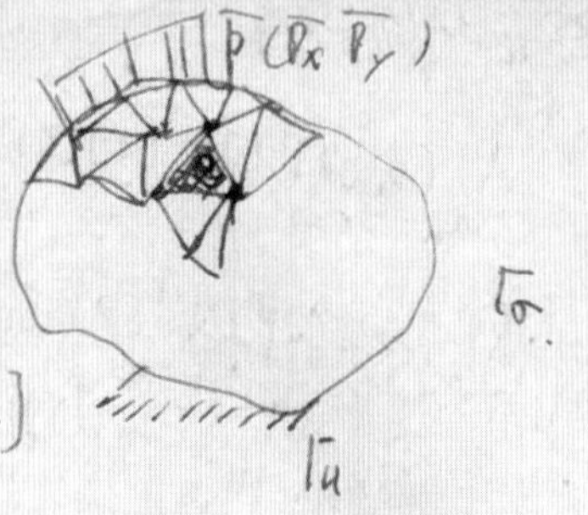


$$\begin{bmatrix} u \\ v \end{bmatrix} = \begin{bmatrix} N_1 & 0 & N_2 & 0 & N_3 & 0 \\ 0 & N_1 & 0 & N_2 & 0 & N_3 \end{bmatrix} \begin{bmatrix} u_1 \\ v_1 \\ u_2 \\ v_2 \\ u_3 \\ v_3 \end{bmatrix} = [N][g_n]$$

应变之

$$[DN] = \begin{bmatrix} \frac{\partial}{\partial x} & 0 \\ 0 & \frac{\partial}{\partial y} \\ \frac{\partial}{\partial y} & \frac{\partial}{\partial x} \end{bmatrix} \begin{bmatrix} N_1 & 0 & N_2 & 0 & N_3 & 0 \\ 0 & N_1 & 0 & N_2 & 0 & N_3 \end{bmatrix}$$

在单元中．$N_1 = e_1 = \dfrac{\eta_1 x - \xi_1 y + \omega_1}{2\Delta}$

$$N_2 = e_2 = \frac{\eta_2 x - \xi_2 y + \omega_2}{2\Delta}$$

$$N_3 = e_3 = \frac{\eta_3 x - \xi_3 y + \omega_3}{2\Delta}$$

$$\therefore\ [DN] = \frac{1}{2\Delta}\begin{bmatrix} \eta_1 & 0 & \eta_2 & 0 & \eta_3 & 0 \\ 0 & -\xi_1 & 0 & -\xi_2 & 0 & -\xi_3 \\ -\xi_1 & \eta_1 & -\xi_2 & \eta_2 & -\xi_3 & \eta_3 \end{bmatrix} = [B] = \begin{bmatrix} \frac{\partial N_1}{\partial x} & 0 & \frac{\partial N_2}{\partial x} & 0 & \frac{\partial N_3}{\partial x} & 0 \\ 0 & \frac{\partial N_1}{\partial y} & 0 & \frac{\partial N_2}{\partial y} & 0 & \frac{\partial N_3}{\partial y} \\ \frac{\partial N_1}{\partial y} & \frac{\partial N_1}{\partial x} & \frac{\partial N_2}{\partial y} & \frac{\partial N_2}{\partial x} & \frac{\partial N_3}{\partial y} & \frac{\partial N_3}{\partial x} \end{bmatrix}$$

弹量常数 $[C]$

一般各向异性．．

$$[\sigma] = \begin{bmatrix} \sigma_x \\ \sigma_y \\ \tau_{xy} \end{bmatrix} = \begin{bmatrix} C_{1111} & C_{1122} & C_{1112} \\ C_{2211} & C_{2222} & C_{2212} \\ C_{1211} & C_{1222} & C_{1212} \end{bmatrix} \begin{bmatrix} e_x \\ e_y \\ e_{xy} \end{bmatrix}$$

各向同性．．

$$[C] = \frac{E}{1-\mu^2}\begin{bmatrix} 1 & \mu & 0 \\ \mu & 1 & 0 \\ 0 & 0 & \frac{1-\mu}{2} \end{bmatrix}$$ 平面应力下．．

$$\begin{bmatrix} \sigma_x \\ \sigma_y \\ \tau_{xy} \end{bmatrix} = \frac{E}{1-\mu^2}\begin{bmatrix} 1 & \mu & 0 \\ \mu & 1 & 0 \\ 0 & 0 & \frac{1-\mu}{2} \end{bmatrix}\begin{bmatrix} e_x \\ e_y \\ e_{xy} \end{bmatrix} \qquad (e_{xy} \xlongequal{\text{定义}} \gamma_{xy})$$

$$\Downarrow \quad E \to \frac{E}{1-\mu^2},\quad \mu \to \frac{\mu}{1-\mu},\quad \alpha \to (1+\mu)\alpha$$

平面应变下．

$$[C] = \begin{bmatrix} 1 & \frac{\mu}{1-\mu} & 0 \\ \frac{\mu}{1-\mu} & 1 & 0 \\ 0 & 0 & \frac{1-2\mu}{2(1-\mu)} \end{bmatrix} \frac{E(1-\mu)}{(1+\mu)(1-2\mu)}$$

2) 单元刚度矩阵．．

$$[K_n] = \int_{\Omega_n} B^T C B \, d\Omega$$

$$= \int_{\Omega_n} \frac{1}{2\Delta}\begin{bmatrix} \eta_1 & 0 & -\xi_1 \\ 0 & -\xi_1 & \eta_1 \\ \eta_2 & 0 & -\xi_2 \\ 0 & -\xi_2 & \eta_2 \\ \eta_3 & 0 & -\xi_3 \\ 0 & -\xi_3 & \eta_3 \end{bmatrix} \frac{E}{1-\mu^2}\begin{bmatrix} 1 & \mu & 0 \\ \mu & 1 & 0 \\ 0 & 0 & \frac{1-\mu}{2} \end{bmatrix} \cdot \frac{1}{2\Delta}\begin{bmatrix} \eta_1 & 0 & \eta_2 & 0 & \eta_3 & 0 \\ 0 & -\xi_1 & 0 & -\xi_2 & 0 & -\xi_3 \\ -\xi_1 & \eta_1 & -\xi_2 & \eta_2 & -\xi_3 & \eta_3 \end{bmatrix} d\Omega$$

$$= \frac{E}{(2\Delta)^2(1-\mu^2)}\begin{bmatrix} \eta_1 & \eta_1\mu & -\frac{1-\mu}{2}\xi_1 \\ -\mu\xi_1 & -\xi_1 & \frac{1-\mu}{2}\eta_1 \\ \eta_2 & \mu\eta_2 & -\frac{1-\mu}{2}\xi_2 \\ -\mu\xi_2 & -\xi_2 & \frac{1-\mu}{2}\eta_2 \\ \eta_3 & \mu\eta_3 & -\frac{1-\mu}{2}\xi_3 \\ -\mu\xi_3 & -\xi_3 & \frac{1-\mu}{2}\eta_3 \end{bmatrix}\begin{bmatrix} \eta_1 & 0 & \eta_2 & 0 & \eta_3 & 0 \\ 0 & -\xi_1 & 0 & -\xi_2 & 0 & -\xi_3 \\ -\xi_1 & \eta_1 & -\xi_2 & \eta_2 & -\xi_3 & \eta_3 \end{bmatrix}\int_{\Omega_n} d\Omega$$

记作

$$[\varepsilon]=[DN][U]=[B][U]$$

$$=\begin{bmatrix}\frac{\partial N_i}{\partial x} & 0 & \frac{\partial N_j}{\partial x} & 0 & \frac{\partial N_m}{\partial x} & 0\\ 0 & \frac{\partial N_i}{\partial y} & 0 & \frac{\partial N_j}{\partial y} & 0 & \frac{\partial N_m}{\partial y}\\ \frac{\partial N_i}{\partial y} & \frac{\partial N_i}{\partial x} & \frac{\partial N_j}{\partial y} & \frac{\partial N_j}{\partial x} & \frac{\partial N_m}{\partial y} & \frac{\partial N_m}{\partial x}\end{bmatrix}\begin{bmatrix}u_i\\ v_i\\ u_j\\ v_j\\ u_m\\ v_m\end{bmatrix}$$

常应变. $e_{xx}=\frac{\partial u}{\partial x}=\sum\frac{\partial N_i}{\partial x}u_i$

$$=\frac{1}{2\Delta}[\eta_1,\eta_2,\eta_3]\begin{bmatrix}u_1\\ u_2\\ u_3\end{bmatrix}$$

$$e_{yy}=\frac{1}{2\Delta}[-\xi_1\ -\xi_2\ -\xi_3]\begin{bmatrix}v_1\\ v_2\\ v_3\end{bmatrix}$$

$$\therefore [K_n]=\int_\Omega [B]^T[C][B]\,d\Omega$$

与坐标无关 $[B]^T[C][B]\int_\Omega d\Omega$. （常应变和线性插值）

$$=\frac{E}{4\Delta(1-\mu^2)}\begin{bmatrix}\eta_1, & \mu\eta_1 & -\frac{1-\mu}{2}\xi_1\\ -\mu\xi_1 & -\xi_1 & \frac{1-\mu}{2}\eta_1\\ \eta_2 & \mu\eta_2 & -\frac{1-\mu}{2}\xi_2\\ -\mu\xi_2 & -\xi_2 & \frac{1-\mu}{2}\eta_2\\ \eta_3 & \mu\eta_3 & -\frac{1-\mu}{2}\xi_3\\ -\mu\xi_3 & -\xi_3 & \frac{1-\mu}{2}\eta_3\end{bmatrix}\begin{bmatrix}\eta_1 & 0 & \eta_2 & 0 & \eta_3 & 0\\ 0 & -\xi_1 & 0 & -\xi_2 & 0 & -\xi_3\\ -\xi_1 & \eta_1 & -\xi_2 & \eta_2 & -\xi_3 & \eta_3\end{bmatrix}$$

$$\therefore K_n=\frac{E}{4\Delta(1-\mu^2)}\begin{bmatrix}\eta_1^2+\frac{1-\mu}{2}\xi_1^2 & -\mu\xi_1\eta_1-\frac{1-\mu}{2}\xi_1\eta_1 & \cdots\\ \vdots & & \end{bmatrix}$$

∴单元刚度阵

$$\therefore [K_n]=\frac{E}{4\Delta(1-\mu^2)}\begin{bmatrix}\eta_1^2+\frac{1-\mu}{2}\xi_1^2, & -\mu\xi_1\eta_1-\frac{1-\mu}{2}\xi_1\eta_1 & \eta_1\eta_2+\frac{1-\mu}{2}\xi_1\xi_2, & -\mu\xi_2\eta_1-\frac{1-\mu}{2}\xi_1\eta_2 & \eta_1\eta_3+\frac{1-\mu}{2}\xi_1\xi_3 & -\mu\eta_1\xi_3-\frac{1-\mu}{2}\xi_1\eta_3\\ -\mu\xi_1\eta_1-\frac{1-\mu}{2}\xi_1\eta_1, & \xi_1^2+\frac{1-\mu}{2}\eta_1^2. & -\mu\xi_1\eta_2-\frac{1-\mu}{2}\eta_1\xi_2 & \xi_1\xi_2+\frac{1-\mu}{2}\eta_1\eta_2, & -\mu\xi_1\eta_3-\frac{1-\mu}{2}\eta_1\xi_3, & \xi_1\xi_3+\frac{1-\mu}{2}\eta_1\eta_3\\ & & \eta_2^2+\frac{1-\mu}{2}\xi_2^2 & -\mu\xi_2\eta_2-\frac{1-\mu}{2}\xi_2\eta_2, & \eta_2\eta_3+\frac{1-\mu}{2}\xi_2\xi_3 & -\mu\xi_3\eta_2-\frac{1-\mu}{2}\xi_2\eta_3\\ & & & \xi_2^2+\frac{1-\mu}{2}\eta_2^2 & -\mu\xi_2\eta_3-\frac{1-\mu}{2}\eta_2\xi_3 & \xi_2\xi_3+\frac{1-\mu}{2}\eta_2\eta_3\\ & \text{对称} & & & \eta_3^2+\frac{1-\mu}{2}\xi_3^2 & -\mu\eta_3\xi_3-\frac{1-\mu}{2}\xi_3\eta_3\\ & & & & & \xi_3^2+\frac{1-\mu}{2}\eta_3^2\end{bmatrix}$$

单元外载阵

$$[\delta_n]^T[Q_n]=\int_{\Omega_n}[u]^T[f]\,d\Omega+\int_{\Gamma_\sigma}[u]^T[\bar{p}]\,ds$$

$$=[\delta_n]^T\int_{\Omega_n}[N]^T[f]\,d\Omega+[\delta_n]^T\int_{\Gamma_\sigma}[N]^T[\bar{p}]\,ds$$

$$\therefore [Q_n]=\int_{\Omega_n}[N]^T[f]\,d\Omega+\int_{\Gamma_\sigma}[N]^T[\bar{p}]\,ds$$

$$[N]=\begin{bmatrix}N_1 & 0 & N_2 & 0 & N_3 & 0\\ 0 & N_1 & 0 & N_2 & 0 & N_3\end{bmatrix}=\begin{bmatrix}e_1 & 0 & e_2 & 0 & e_3 & 0\\ 0 & e_1 & 0 & e_2 & 0 & e_3\end{bmatrix}$$

$$\therefore [Q_n]=\int_{\Omega_n}\begin{bmatrix}e_1 & 0\\ 0 & e_1\\ e_2 & 0\\ 0 & e_2\\ e_3 & 0\\ 0 & e_3\end{bmatrix}\begin{bmatrix}f_x\\ f_y\end{bmatrix}d\Omega+\int_{\Gamma_\sigma}\begin{bmatrix}e_1 & 0\\ 0 & e_1\\ e_2 & 0\\ 0 & e_2\\ e_3 & 0\\ 0 & e_3\end{bmatrix}\begin{bmatrix}\bar{p}_x\\ \bar{p}_y\end{bmatrix}ds$$

$$[Q_n]=\int_{\Omega_n}[e_1f_x\ e_1f_y,\ e_2f_x,\ e_2f_y,\ e_3f_x\ e_3f_y]^T d\Omega+\int_{\Gamma_\sigma}[e_1\bar{p}_x,\ e_1\bar{p}_y,\ e_2\bar{p}_x,\ e_2\bar{p}_y,\ e_3\bar{p}_x\ e_3\bar{p}_y]^T ds$$

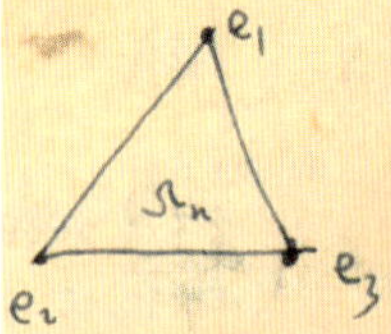


公式: $\int_{\Omega_n} e_1^{\alpha} \cdot e_2^{\beta} \cdot e_3^{\gamma}\, d\Omega = \frac{\alpha!\,\beta!\,\gamma!}{(\alpha+\beta+\gamma+2)!} \cdot 2\Delta$ 证明之下.

如 $f_x$ $f_y$ 均为常数.. $f = \begin{bmatrix} f_x \\ f_y \end{bmatrix}$

$$\therefore [Q_n] = \int_{\Omega} \begin{bmatrix} f e_1 \\ f e_2 \\ f e_3 \end{bmatrix} d\Omega + \int_{\Gamma_\sigma} \begin{bmatrix} p e_1 \\ p e_2 \\ p e_3 \end{bmatrix} ds$$

$\int_{\Omega} e_1 d\Omega = \int_{\Omega} e_1^1 e_2^0 e_3^0\, d\Omega = \frac{1}{3!} \cdot 2\Delta = \frac{\Delta}{3}$

$\int_{\Omega} e_2 d\Omega = \int_{\Omega} e_1^0 e_2^1 e_3^0\, d\Omega = \frac{\Delta}{3}$

$\int_{\Omega} e_3 d\Omega = \frac{\Delta}{3}$

$$= \begin{bmatrix} f\int_{\Omega} e_1 d\Omega \\ f\int_{\Omega} e_2 d\Omega \\ f\int_{\Omega} e_3 d\Omega \end{bmatrix} + \begin{bmatrix} p\int_{\Gamma_\sigma} e_1 ds \\ p\int_{\Gamma_\sigma} e_2 ds \\ p\int_{\Gamma_\sigma} e_3 ds \end{bmatrix}$$

$$= \begin{bmatrix} f\frac{\Delta}{3} \\ f\frac{\Delta}{3} \\ f\frac{\Delta}{3} \end{bmatrix} + \begin{bmatrix} p\int_{\Gamma_\sigma} e_1 ds \\ p\int_{\Gamma_\sigma} e_2 ds \\ p\int_{\Gamma_\sigma} e_3 ds \end{bmatrix}$$

——表面力项 求法如左下.

载荷分布问..

$\int_{\Omega_n} N_1 d\Omega = \int_{\Omega} e_1(2e_1 - 1) d\Omega = 0$

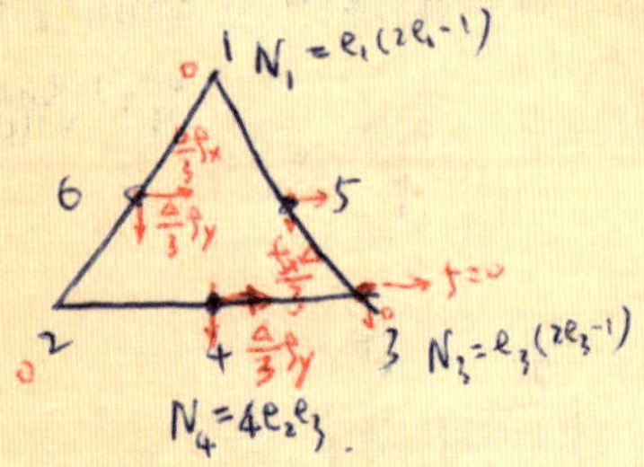


$\int_{\Omega} N_4 d\Omega = 4\int_{\Omega} e_2 e_3 d\Omega = \frac{\Delta}{3}$.

公式之证明. 设 $I = \int_{\Omega_n} e_1^{\alpha} e_2^{\beta} e_3^{\gamma}\, dxdy$.

选(曲线坐标) $e_1$ 和 $e_2$ 为独立变量, 则 $dxdy = |J|\, de_1 de_2 = 2\Delta\, de_1 de_2$

则 $I = 2\Delta \int_0^1 \left( \int_0^{1-e_1} e_2^{\beta} e_3^{\gamma}\, de_2 \right) e_1^{\alpha}\, de_1$

由公式 $\int_0^p x^b (p-x)^c dx = \frac{b!\,c!}{(b+c+1)!} p^{b+c+1}$

$\therefore \int_0^{1-e_1} e_2^{\beta} (1-e_1-e_2)^{\gamma} de_2 = \frac{\beta!\,\gamma!}{(\beta+\gamma+1)!} (1-e_1)^{\beta+\gamma+1}$

代入. $I = 2\Delta \frac{\beta!\,\gamma!}{(\beta+\gamma+1)!} \int_0^1 e_1^{\alpha} (1-e_1)^{\beta+\gamma+1} de_1 = 2\Delta \frac{\alpha!\,(\beta+\gamma+1)!}{(\beta+\gamma+\alpha+2)!} \cdot \frac{\beta!\,\gamma!}{(\beta+\gamma+1)!}$

$= 2\Delta \frac{\alpha!\,\beta!\,\gamma!}{(\alpha+\beta+\gamma+2)!}$

$$\therefore \int_{\Omega} e_1^{\alpha} e_2^{\beta} e_3^{\gamma}\, dxdy = \frac{\alpha!\,\beta!\,\gamma!}{(\alpha+\beta+\gamma+1)!} \cdot 2\Delta$$

注之. $\int_0^l e_1^{\alpha} e_2^{\beta} dx = \frac{\alpha!\,\beta!}{(\alpha+\beta+1)!} \cdot l$ (对线单元之公式)

同理，$\iiint_{\Omega} e_1^{\alpha} e_2^{\beta} e_3^{\gamma} e_4^{\delta} dxdydz = 6V \frac{\alpha!\beta!\gamma!\delta!}{(\alpha+\beta+\gamma+\delta+3)!}$ （对于体单元）

最后求总位能极小值

$[K_n][\delta_n]-[Q_n]=0$ （一个单元的平衡方程式）

$$\begin{bmatrix} \eta_1^2+\frac{1-\mu}{2}\xi_1^2 & \cdots & \cdots \\ & & \vdots \\ & & \xi_3^2+\frac{1-\mu^2}{2}\eta_3^2 \end{bmatrix}\begin{bmatrix} u_1 \\ v_1 \\ u_2 \\ v_2 \\ u_3 \\ v_3 \end{bmatrix} = \begin{bmatrix} f_x\int_{\Omega} N_1 d\Omega \\ f_y\int_{\Omega} N_1 d\Omega \\ f_x\int_{\Omega} N_2 d\Omega \\ f_y\int_{\Omega} N_2 d\Omega \\ f_x\int_{\Omega} N_3 d\Omega \\ f_y\int_{\Omega} N_3 d\Omega \end{bmatrix} + \begin{bmatrix} \int_{\Gamma_\sigma} p_x e_1 ds \\ \int_{\Gamma_\sigma} p_y e_1 ds \\ \vdots \\ \int_{\Gamma_\sigma} p_x e_3 ds \\ \int_{\Gamma_\sigma} p_y e_3 ds \end{bmatrix}$$

这一项在应力边界上之单元才具有。

3. 总刚度阵 $K\delta_N = Q_N$

$$[K][\delta_N]=[Q_N]$$

讨论：这上 $\begin{cases} u=\sum_{i=1}^{3} N_i u_i \\ v=\sum_{i=1}^{3} N_i v_i \end{cases}$ 常应变元（收敛在，但在应力域中不连续）（6个自由度）

但精度、收敛较慢。

⇓

高阶元 $\begin{cases} u=\sum_{i=1}^{6} N_i u_i \\ v=\sum_{i=1}^{6} N_i v_i \end{cases}$ （12个自由度）

$$[Q_N]=\iint_e [B]^T[D][\varepsilon_0]dxdy+\iint_e [N]^T[f]dxdy+\int_{\Gamma_e}[N]^T[p]ds+[R]$$

（初应变）（体力）（表面力）（集中力）

表面力求法：

单元的边界既然是总体边界时，才之是每个边界元素上有一条边在区域边界上。设元素 e 在 jm 上受力为 $[g]$。

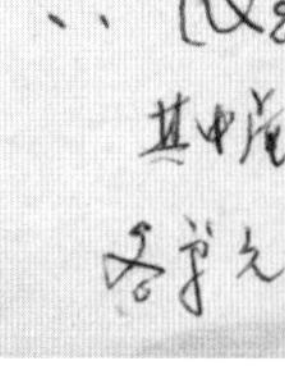

$[g]=\begin{bmatrix} g_x \\ g_y \end{bmatrix}$，则 $\int_{\Gamma_e}[N]^T[g]ds=\int_{jm}[N]^T[g]ds$

取 $\overline{jm}$ 的边长为 $S$

$$[Q_g^e]=\int_{\Gamma_e}[N]^T[g]ds=\int_{jm}[N]^T[g]ds$$

$$\therefore [Q_g^e]=\frac{S}{2}[\cdots,0,0,\cdots,g_x,g_y,\cdots,g_x,g_y,\cdots]^T$$

其中位置是指的零元素。

各单元叠加（对应位置）就得到总的表面力 $[Q_g]$

→ $\begin{bmatrix} dx \\ dy \end{bmatrix}=\begin{bmatrix} x_1-x_3 & x_2-x_3 \\ y_1-y_3 & y_2-y_3 \end{bmatrix}\begin{bmatrix} de_1 \\ de_2 \end{bmatrix}$

面积元之变换：

$dA=|J|de_1de_2$

$|J|=\begin{vmatrix} \frac{\partial x}{\partial e_1} & \frac{\partial x}{\partial e_2} \\ \frac{\partial y}{\partial e_1} & \frac{\partial y}{\partial e_2} \end{vmatrix}=\begin{vmatrix} x_1-x_3 & x_2-x_3 \\ y_1-y_3 & y_2-y_3 \end{vmatrix}=2\Delta$

空间体积元变换：

$dV=|J|de_1de_2de_3$

$|J|=\begin{vmatrix} \frac{\partial x}{\partial e_1} & \frac{\partial x}{\partial e_2} & \frac{\partial x}{\partial e_3} \\ \frac{\partial y}{\partial e_1} & \frac{\partial y}{\partial e_2} & \frac{\partial y}{\partial e_3} \\ \frac{\partial z}{\partial e_1} & \frac{\partial z}{\partial e_2} & \frac{\partial z}{\partial e_3} \end{vmatrix}$

见 P142～145.

总刚按矩阵叠加举例.

如. $K^{①} =$

| | $u_1$ | $v_1$ | $u_4$ | $v_4$ | $u_2$ | $v_2$ |
|---|---|---|---|---|---|---|
| $u_1$ | 1 | 2 | 3 | 4 | 0 | 5 |
| $v_1$ | 2 | 4 | 6 | — | — | — |
| $u_4$ | 3 | 6 | 9 | — | — | |
| $v_4$ | 4 | 8 | 12 | | | |
| $u_2$ | 0 | 10 | 15 | | | |
| $v_2$ | 5 | 12 | 18 | | | |

$K^{②} =$

| | $u_2$ | $v_2$ | $u_4$ | $v_4$ | $u_3$ | $v_3$ |
|---|---|---|---|---|---|---|
| $u_2$ | 7 | 8 | 10 | 0 | 1 | 2 |
| $v_2$ | 5 | 4 | 3 | 2 | 1 | 0 |
| $u_4$ | 4 | 4 | 6 | — | — | |
| $v_4$ | 3 | 5 | 7 | — | — | |
| $u_3$ | 2 | 1 | 5 | | | |
| $v_3$ | 1 | 2 | 3 | — | — | |

对号入座.

$\therefore [K] = K^{①} + K^{②} =$

| | $u_1$ | $v_1$ | $u_2$ | $v_2$ | $u_3$ | $v_3$ | $u_4$ | $v_4$ |
|---|---|---|---|---|---|---|---|---|
| $u_1$ | 1 | 2 | 0 | 5 | | | 3 | 4 |
| $v_1$ | 2 | 4 | | | | | 6 | |
| $u_2$ | | | 7 | 8 | | | 10 | 0 |
| $v_2$ | | | 5 | 4 | | | 3 | 2 |
| $u_3$ | | | | | | | | |
| $v_3$ | | | | | | | | |
| $u_4$ | | | | | | | | |
| $v_4$ | | | | | | | | |

整个思路. 先域内近似 $\begin{cases} u = \sum N_i \delta_i \\ v = \sum N_i \delta_i \end{cases}$ 即 $u = N\delta$

带入变分. 自动满足平衡方程和应力边界条件

强加条件 $u = \bar{u}$. 在最后总刚矩阵去修正..

计算单元刚度矩阵越来越大..（愈逼近）

例如说.. 计算单元的刚度矩阵 $\beta_1$—$\beta_7$ 与 $\beta_1 \cdots \beta_{12}$ 计算出来结果矩阵一样..（$\beta_1 \cdots \beta_{10}$ 计算的刚度矩阵收敛）

在单元边界上.. 应力.. 如单元边界力是线性分布..（可以选择为认为）

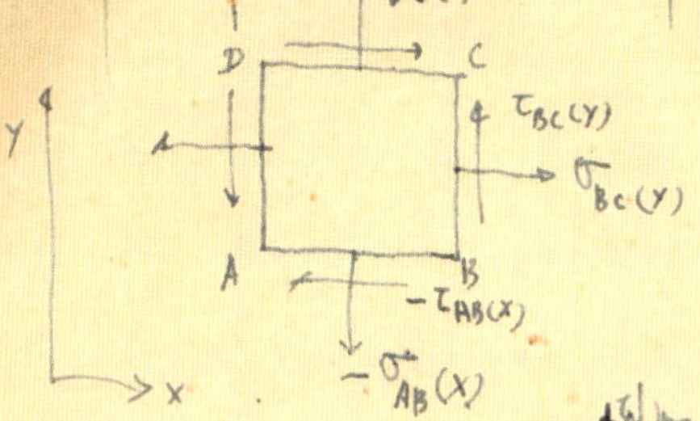

例如.. $-\sigma_{yAB}(x)=\beta_3+\beta_4 x$

$-\tau_{AB}(x)=\beta_5-\beta_7 x$

……

应力参数是七个 $\beta_1$——$\beta_7$.

如果单元边界力是按二次曲线分布.

例如. $-\sigma_{yAB}(x)=\beta_3+\beta_4 x+\beta_9 x^2$

$-\tau_{AB}(x)=\beta_5-\beta_7 x-\beta_{12}\frac{x^2}{2}$

$\sigma_{xBC}(y)=\beta_1+\beta_2 y+\beta_8 y^2$

……

应力参数是12个 $\beta_1 \cdots \beta_{12}$.

同理.. 如单元边界力是按三次曲线分布. 则应力参数 $\beta_1 \cdots \beta_{18}$

在单元边界位移..（Boundary）$u_B$

如边界位移线性分布

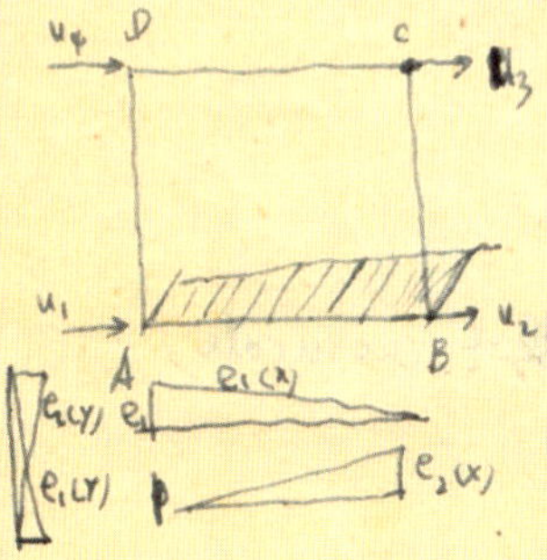


$u_{AB}=u_1e_1(x)+u_2e_2(x)$

$u_{BC}=u_2e_1(y)+u_3e_2(y)$

……

一般 $[u_B]=[U_B]=[L][q]$
x,y之函数

如边界位移二次曲线

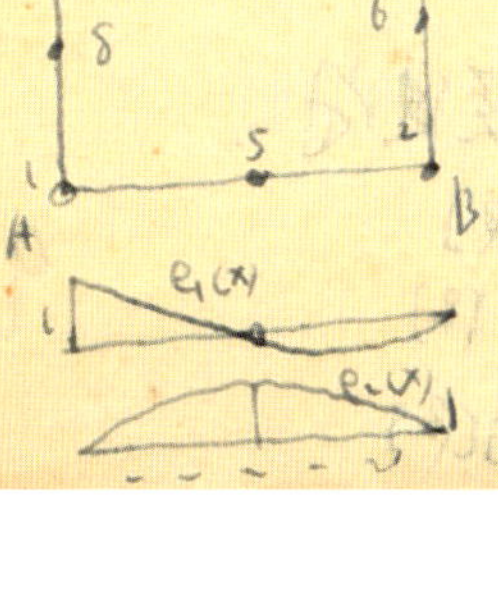


$u_{AB}=u_1e_1+u_5e_2+u_2e_3$

$[u_B]=[L][q]$
x,y之函数

如：位移是三次曲线者称子单元选择

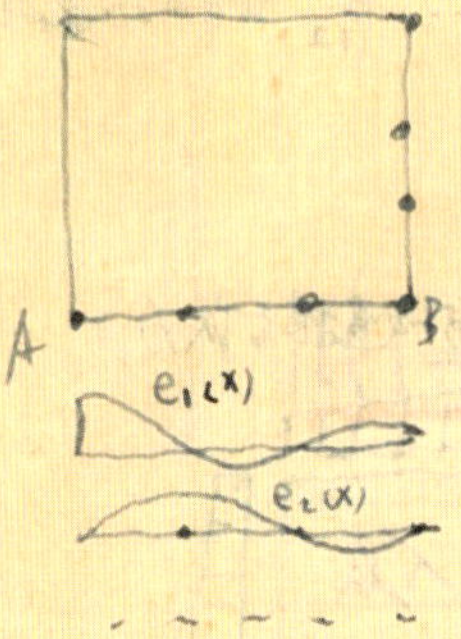


$[U_B] = [L][\beta]$

$x^3, y^3$之函数

应力模式和位移模式的选择

例如梁的应力模式 位移模式

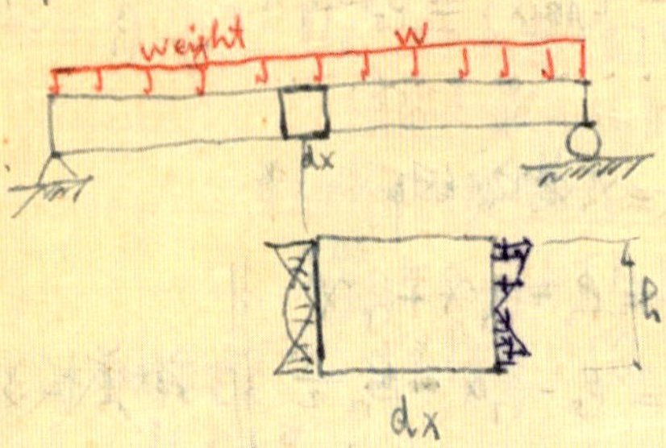


因为单元可取的应力是均布的

$\sigma_x$ 是线性的

故选

$$\begin{cases} \sigma_x = \beta_1 + \beta_2 y + \beta_6 x \\ \cdots\cdots \end{cases}$$

如材料不太清楚时，也可以选二次的

$$\begin{cases} \sigma_x = \beta_1 + \beta_2 y + \beta_6 x + 2\beta_8 xy \\ \sigma_y = \beta_3 + \beta_4 x + \beta_7 y \\ \tau_{xy} = \beta_5 - \beta_6 y - \beta_7 x - \beta_8 y^2 \end{cases}$$

（但只满足平衡方程）

位移

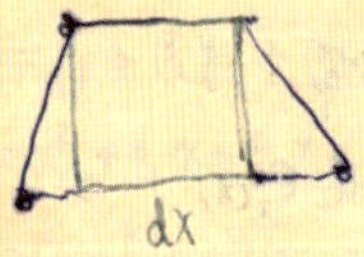


位移模式线性（刚性大，效果差，必要不多）

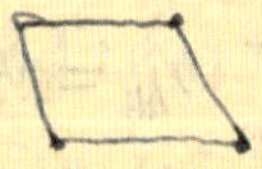

位移模式二次

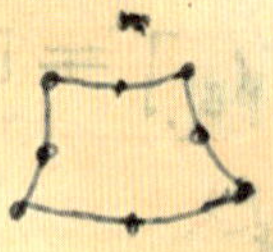

作法得可能比较好（accurate）

位移模式三次

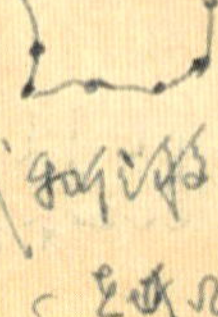

可能结果要得更高（刚度太小）

故总括选择应力模式和位移模式也是一个关键问题

故我们可以有的选择
- 应力元 $[\sigma] = [P][\beta]$
- 应力杂交元 $[U_B] = [L][\beta]$
- 杂交 $[P_B] = [R][\beta]$

如有体力 则平衡方程 $\begin{cases} \dfrac{\partial \sigma_x}{\partial x} + \dfrac{\partial \tau}{\partial y} + f_x = 0 \\ \dfrac{\partial \sigma_y}{\partial y} + \dfrac{\partial \tau}{\partial x} + f_y = 0. \end{cases}$

应力多项式之选择。

应力模式。

$$\begin{cases} \sigma_x = \beta_1 + \beta_2 y + \beta_6 x + \beta_8 f_x xy + \beta_{10} f_x x^2 + f_x x + 2 f_y \beta_{11} xy \\ \sigma_y = \beta_3 + \beta_4 x + \beta_7 y + \beta_9 f_y xy + \beta_{11} f_y y^2 + f_y y + 2 f_x \beta_{10} xy \\ \tau_{xy} = \beta_5 - \beta_6 y - \beta_7 x - \beta_8 f_x \dfrac{y^2}{2} - \beta_9 f_y \dfrac{x^2}{2} - \beta_{10} f_x 2xy - \beta_{11} f_y 2xy \end{cases}$$

$$\therefore [\sigma] = \begin{bmatrix} \sigma_x \\ \sigma_y \\ \tau_{xy} \end{bmatrix} = \begin{bmatrix} 1, & y. & 0 & 0 & 0 & 0. & x \\ & & & & & & \\ & & & & & & \end{bmatrix} \begin{bmatrix} \beta_1 \\ \beta_2 \\ \vdots \\ \beta_7 \end{bmatrix} + \begin{bmatrix} & & \\ & & \\ & & \end{bmatrix} \begin{bmatrix} \beta_8 \\ \beta_9 \\ \vdots \\ \beta \end{bmatrix}$$

$$\therefore [\sigma] = [P][\beta] + [P_f][\beta_f]$$ 含有体力之项。

二、最小余能原理。利用应力函数求解之有限元模型——平衡模型Ⅰ。

相似性。

原教之最小余能原理相似于弹性力学中之最小位能原理。

1. Cauchy 方程。

$$[\varepsilon] = \begin{bmatrix} e_{xx} \\ e_{yy} \\ e_{zz} \\ e_{yz} \\ e_{zx} \\ e_{xy} \end{bmatrix} = \begin{bmatrix} \frac{\partial}{\partial x} & 0 & 0 \\ 0 & \frac{\partial}{\partial y} & 0 \\ 0 & 0 & \frac{\partial}{\partial z} \\ & \cdots & \\ & & \\ \frac{\partial}{\partial y} & \frac{\partial}{\partial x} & 0 \end{bmatrix} \begin{bmatrix} u \\ v \\ w \end{bmatrix} = [D][u]$$

2. Navier 方程

平衡方程。

$$\begin{bmatrix} \frac{\partial}{\partial x} & 0 & 0 & 0 & \frac{\partial}{\partial z} & \frac{\partial}{\partial y} \\ 0 & \frac{\partial}{\partial y} & 0 & \frac{\partial}{\partial z} & 0 & \frac{\partial}{\partial x} \\ 0 & 0 & \frac{\partial}{\partial z} & \frac{\partial}{\partial y} & \frac{\partial}{\partial x} & 0 \end{bmatrix} \begin{bmatrix} \sigma_x \\ \sigma_y \\ \cdot \\ \cdot \\ \cdot \\ \tau_{xy} \end{bmatrix} = 0 - \begin{bmatrix} f_x \\ f_y \\ f_z \end{bmatrix}$$

即 $[D]^T[\sigma] = 0.$

满足平衡方程。

（相伴矩阵。

$$[\sigma_x \; \sigma_y \; \sigma_z \; \tau_{yz} \; \tau_{zx} \; \tau_{xy}] \begin{bmatrix} \frac{\partial}{\partial x} & 0 & 0 \\ 0 & \frac{\partial}{\partial y} & 0 \\ 0 & 0 & \frac{\partial}{\partial z} \\ 0 & \frac{\partial}{\partial z} & \frac{\partial}{\partial y} \\ \frac{\partial}{\partial z} & 0 & \frac{\partial}{\partial x} \\ \frac{\partial}{\partial y} & \frac{\partial}{\partial x} & 0 \end{bmatrix} \begin{bmatrix} u \\ v \\ w \end{bmatrix} = [-f_x \; -f_y \; -f_z] \begin{bmatrix} u \\ v \\ w \end{bmatrix}$$

Saint-Venant 协调方程

$$
\left\{
\begin{aligned}
&\frac{\partial^2 e_x}{\partial y^2}+\frac{\partial^2 e_y}{\partial x^2}=\frac{\partial^2\gamma_{xy}}{\partial x\partial y}, \quad 2\frac{\partial^2 e_x}{\partial y\partial z}=\frac{\partial}{\partial x}\left(-\frac{\partial\gamma_{yz}}{\partial x}+\frac{\partial\gamma_{zx}}{\partial y}+\frac{\partial\gamma_{xy}}{\partial z}\right)\\
&\frac{\partial^2 e_y}{\partial z^2}+\frac{\partial^2 e_z}{\partial y^2}=\frac{\partial^2\gamma_{yz}}{\partial y\partial z}, \quad 2\frac{\partial^2 e_y}{\partial z\partial x}=\frac{\partial}{\partial y}\left(-\frac{\partial\gamma_{zx}}{\partial y}+\frac{\partial\gamma_{xy}}{\partial z}+\frac{\partial\gamma_{yz}}{\partial x}\right)\\
&\frac{\partial^2 e_z}{\partial x^2}+\frac{\partial^2 e_x}{\partial z^2}=\frac{\partial^2\gamma_{zx}}{\partial z\partial x}, \quad 2\frac{\partial^2 e_z}{\partial x\partial y}=\frac{\partial}{\partial z}\left(-\frac{\partial\gamma_{xy}}{\partial z}+\frac{\partial\gamma_{yz}}{\partial x}+\frac{\partial\gamma_{zx}}{\partial y}\right)
\end{aligned}
\right.
$$

$\Downarrow$

$$
\begin{bmatrix}
\frac{\partial^2}{\partial y^2} & \frac{\partial^2}{\partial x^2} & 0 & 0 & 0 & -\frac{\partial^2}{\partial x\partial y}\\
0 & \frac{\partial^2}{\partial z^2} & \frac{\partial^2}{\partial y^2} & -\frac{\partial^2}{\partial y\partial z} & 0 & 0\\
\frac{\partial^2}{\partial z^2} & 0 & \frac{\partial^2}{\partial x^2} & 0 & \frac{\partial^2}{\partial z\partial x} & 0\\
-2\frac{\partial^2}{\partial y\partial z} & 0 & 0 & -\frac{\partial^2}{\partial x^2} & +\frac{\partial^2}{\partial x\partial y} & +\frac{\partial^2}{\partial x\partial z}\\
0 & -2\frac{\partial^2}{\partial z\partial x} & 0 & \frac{\partial^2}{\partial y\partial x} & -\frac{\partial^2}{\partial y^2} & +\frac{\partial^2}{\partial y\partial z}\\
0 & 0 & -2\frac{\partial^2}{\partial x\partial y} & \frac{\partial^2}{\partial z\partial x} & \frac{\partial^2}{\partial y\partial z} & -\frac{\partial^2}{\partial z^2}
\end{bmatrix}
\begin{bmatrix} e_x\\ e_y\\ e_z\\ \gamma_{yz}\\ \gamma_{zx}\\ \gamma_{xy}\end{bmatrix} = 0
$$

(协调方程)

即 $[\Gamma][\varepsilon]=0$

$[D^*]=[\Gamma]^T$

令 $[\sigma]=[D^*][\varphi]$ 相似于 $[\varepsilon]=[D][u]$

$$
\begin{bmatrix}\sigma_x\\ \sigma_y\\ \sigma_z\\ \tau_{yz}\\ \tau_{zx}\\ \tau_{xy}\end{bmatrix}
=
\begin{bmatrix}
\frac{\partial^2}{\partial y^2} & 0 & \frac{\partial^2}{\partial z^2} & -2\frac{\partial^2}{\partial y\partial z} & 0 & 0\\
\frac{\partial^2}{\partial x^2} & \frac{\partial^2}{\partial z^2} & 0 & 0 & -2\frac{\partial^2}{\partial z\partial x} & 0\\
0 & \frac{\partial^2}{\partial y^2} & \frac{\partial^2}{\partial x^2} & 0 & 0 & -2\frac{\partial^2}{\partial x\partial y}\\
0 & -\frac{\partial^2}{\partial y\partial z} & 0 & -\frac{\partial^2}{\partial x^2} & \frac{\partial^2}{\partial y\partial x} & \frac{\partial^2}{\partial z\partial x}\\
0 & 0 & \frac{\partial^2}{\partial z\partial x} & \frac{\partial^2}{\partial x\partial y} & -\frac{\partial^2}{\partial y^2} & \frac{\partial^2}{\partial y\partial z}\\
\frac{\partial^2}{\partial x\partial y} & 0 & 0 & \frac{\partial^2}{\partial x\partial z} & \frac{\partial^2}{\partial y\partial z} & -\frac{\partial^2}{\partial z^2}
\end{bmatrix}
\begin{bmatrix}\varphi_1\\ \varphi_2\\ \varphi_3\\ \varphi_4\\ \varphi_5\\ \varphi_6\end{bmatrix}
$$

here:

$[\varphi_1, \varphi_2 \cdots \varphi_6]$ is called E. Beltrami stress function (1892)

$[\varphi_1\ \varphi_2\ \varphi_3]$ is called C. Maxwell stress function (1870)

$[\varphi_4\ \varphi_5\ \varphi_6]$ is called G. Morera stress function (1892)

Maxwell 应力函数 $\varphi_1 . \varphi_2 . \varphi_3 .$

$$
\begin{cases}
\sigma_x = \dfrac{\partial^2 \varphi_2}{\partial y^2} + \dfrac{\partial^2 \varphi_3}{\partial z^2}, & \tau_{yz} = -\dfrac{\partial^2 \varphi_2}{\partial y \partial z} \\
\sigma_y = \dfrac{\partial^2 \varphi_3}{\partial z^2} + \dfrac{\partial^2 \varphi_1}{\partial x^2}, & \tau_{zx} = -\dfrac{\partial^2 \varphi_3}{\partial z \partial x} \\
\sigma_z = \dfrac{\partial^2 \varphi_3}{\partial x^2} + \dfrac{\partial^2 \varphi_2}{\partial y^2}, & \tau_{xy} = -\dfrac{\partial^2 \varphi_1}{\partial x \partial y}
\end{cases}
$$

它们是平衡方程..

$$
\begin{cases}
\dfrac{\partial \sigma_x}{\partial x} + \dfrac{\partial \tau_{xy}}{\partial y} + \dfrac{\partial \tau_{xz}}{\partial z} = 0 \\
\dfrac{\partial \sigma_y}{\partial y} + \dfrac{\partial \tau_{yz}}{\partial z} + \dfrac{\partial \tau_{yx}}{\partial x} = 0 \\
\dfrac{\partial \sigma_z}{\partial z} + \dfrac{\partial \tau_{zx}}{\partial x} + \dfrac{\partial \tau_{zy}}{\partial y} = 0
\end{cases}
$$

满足自成..

$\Downarrow$

$$
\begin{bmatrix} \sigma_x \\ \sigma_y \\ \sigma_z \\ \tau_{yz} \\ \tau_{zx} \\ \tau_{xy} \end{bmatrix}
=
\begin{bmatrix}
\frac{\partial^2}{\partial y^2} & \frac{\partial^2}{\partial z^2} & 0 \\
0 & \frac{\partial^2}{\partial z^2} & \frac{\partial^2}{\partial x^2} \\
\frac{\partial^2}{\partial y^2} & 0 & \frac{\partial^2}{\partial x^2} \\
0 & -\frac{\partial^2}{\partial y \partial z} & 0 \\
0 & 0 & -\frac{\partial^2}{\partial z \partial x} \\
-\frac{\partial^2}{\partial x \partial y} & 0 & 0
\end{bmatrix}
\begin{bmatrix} \varphi_1 \\ \varphi_2 \\ \varphi_3 \end{bmatrix}
= [D][\varphi]
$$

Morera 应力函数 ..(1892).. $\varphi_4 . \varphi_5 . \varphi_6 .$

$$
\sigma_x = 2\frac{\partial^2 \varphi_4}{\partial y \partial z}. \qquad \tau_{yz} = \frac{\partial}{\partial x}\left(\frac{\partial \varphi_4}{\partial x} - \frac{\partial \varphi_5}{\partial y} - \frac{\partial \varphi_6}{\partial z}\right)
$$

$$
\sigma_y = 2\frac{\partial^2 \varphi_5}{\partial z \partial x} \qquad \tau_{zx} = \frac{\partial}{\partial y}\left(\frac{\partial \varphi_5}{\partial y} - \frac{\partial \varphi_6}{\partial z} - \frac{\partial \varphi_4}{\partial x}\right)
$$

$$
\sigma_z = 2\frac{\partial^2 \varphi_6}{\partial x \partial y} \qquad \tau_{xy} = \frac{\partial}{\partial z}\left(\frac{\partial \varphi_6}{\partial z} - \frac{\partial \varphi_4}{\partial x} - \frac{\partial \varphi_5}{\partial y}\right)
$$

$\Downarrow$

$$
\begin{bmatrix} \sigma_x \\ \sigma_y \\ \sigma_z \\ \tau_{yz} \\ \tau_{zx} \\ \tau_{xy} \end{bmatrix}
=
\begin{bmatrix}
2\frac{\partial^2}{\partial y \partial z} & 0 & 0 \\
0 & 2\frac{\partial^2}{\partial z \partial x} & 0 \\
0 & 0 & 2\frac{\partial^2}{\partial x \partial y} \\
\frac{\partial^2}{\partial x^2} & -\frac{\partial^2}{\partial x \partial y} & -\frac{\partial^2}{\partial x \partial z} \\
-\frac{\partial^2}{\partial y \partial x} & \frac{\partial^2}{\partial y^2} & -\frac{\partial^2}{\partial y \partial z} \\
-\frac{\partial^2}{\partial z \partial x} & -\frac{\partial^2}{\partial z \partial y} & +\frac{\partial^2}{\partial z^2}
\end{bmatrix}
\begin{bmatrix} \varphi_4 \\ \varphi_5 \\ \varphi_6 \end{bmatrix}
= [D][\varphi]
$$

Beltrain 应力函数 (1892) $\varphi_1, \varphi_2, \varphi_3, \cdots \varphi_6$

$$\sigma_x = \frac{\partial^2\varphi_1}{\partial y^2} + \frac{\partial^2\varphi_3}{\partial z^2} + 2\frac{\partial^2\varphi_4}{\partial y\partial z}, \qquad \tau_{yz} = -\frac{\partial^2\varphi_2}{\partial y\partial z} + \frac{\partial}{\partial x}\left(\frac{\partial\varphi_4}{\partial x} - \frac{\partial\varphi_5}{\partial y} - \frac{\partial\varphi_6}{\partial z}\right)$$

$$\sigma_y = \frac{\partial^2\varphi_2}{\partial z^2} + \frac{\partial^2\varphi_4}{\partial x^2} + 2\frac{\partial^2\varphi_5}{\partial z\partial x}, \qquad \tau_{zx} = -\frac{\partial^2\varphi_3}{\partial z\partial x} + \frac{\partial}{\partial y}\left(\frac{\partial\varphi_5}{\partial y} - \frac{\partial\varphi_6}{\partial z} - \frac{\partial\varphi_1}{\partial x}\right)$$

$$\sigma_z = \frac{\partial^2\varphi_3}{\partial x^2} + \frac{\partial^2\varphi_5}{\partial y^2} + 2\frac{\partial^2\varphi_6}{\partial x\partial y}. \qquad \tau_{xy} = -\frac{\partial^2\varphi_4}{\partial x\partial y} + \frac{\partial}{\partial z}\left(\frac{\partial\varphi_6}{\partial z} - \frac{\partial\varphi_4}{\partial x} - \frac{\partial\varphi_2}{\partial y}\right)$$

⇓

$$\begin{bmatrix}\sigma_x\\ \sigma_y\\ \sigma_z\\ \tau_{yz}\\ \tau_{zx}\\ \tau_{xy}\end{bmatrix} = \begin{bmatrix}\frac{\partial^2}{\partial y^2} & 0 & \frac{\partial^2}{\partial z^2} & 2\frac{\partial^2}{\partial y\partial z} & 0 & 0\\ 0 & \frac{\partial^2}{\partial z^2} & 0 & \frac{\partial^2}{\partial x^2} & 2\frac{\partial^2}{\partial z\partial x} & 0\\ 0 & 0 & \frac{\partial^2}{\partial x^2} & 0 & \frac{\partial^2}{\partial y^2} & 2\frac{\partial^2}{\partial x\partial y}\\ 0 & -\frac{\partial^2}{\partial y\partial z} & 0 & \frac{\partial^2}{\partial x^2} & -\frac{\partial^2}{\partial x\partial y} & -\frac{\partial^2}{\partial x\partial z}\\ -\frac{\partial^2}{\partial y\partial x} & 0 & -\frac{\partial^2}{\partial z\partial x} & 0 & \frac{\partial^2}{\partial y^2} & -\frac{\partial^2}{\partial y\partial z}\\ -\frac{\partial^2}{\partial z\partial x} & -\frac{\partial^2}{\partial z\partial y} & 0 & -\frac{\partial^2}{\partial x\partial y} & 0 & \frac{\partial^2}{\partial z^2}\end{bmatrix} \begin{bmatrix}\varphi_1\\ \varphi_2\\ \varphi_3\\ \varphi_4\\ \varphi_5\\ \varphi_6\end{bmatrix} = [D][\varphi]$$

利用应力函数 我们均可找出相似之表达式..

$$[\sigma] = [D][\varphi]$$

最小余能原理.. 由虚功原理.. 由 Saint-Venant 协调方程进行变分

$$\int_\Omega [\sigma_x \delta e_x + \sigma_y \delta e_y + \cdots + \tau_{xy}\delta\gamma_{xy}]\, d\Omega - \int_\Omega \left[\varphi_1 \delta\left(\frac{\partial^2 e_x}{\partial y^2} + \frac{\partial^2 e_y}{\partial x^2} - \frac{\partial^2\gamma_{xy}}{\partial x\partial y}\right) + \right.$$

$$\left. + \varphi_2 \delta\left(\frac{\partial^2 e_y}{\partial z^2} + \frac{\partial^2 e_z}{\partial y^2} - \frac{\partial^2\gamma_{yz}}{\partial y\partial z}\right) + \varphi_3 \delta\left(\frac{\partial^2 e_z}{\partial x^2} + \frac{\partial^2 e_x}{\partial z^2} - \frac{\partial^2\gamma_{zx}}{\partial z\partial x}\right)\right] d\Omega +$$

$$+ \int_\Omega (\text{位移、边界}\ldots)\, dS = 0.$$

$\varphi_1, \varphi_2, \varphi_3$ 为 Lagrange multiple

Saint Venant
$$\begin{cases}\delta\left(\frac{\partial^2 e_x}{\partial y^2} + \frac{\partial^2 e_y}{\partial x^2} - \frac{\partial^2\gamma_{xy}}{\partial x\partial y}\right) = 0\\ \delta(\quad) = 0\\ \delta(\quad) = 0\end{cases}$$

经[illegible]后.. [illegible]

⇓

$$\int_\Omega \left\{\left[\sigma_x - \left(\frac{\partial^2\varphi_1}{\partial y^2} + \frac{\partial^2\varphi_3}{\partial z^2}\right)\right]\delta e_x + \left[\sigma_y - \left(\frac{\partial^2\varphi_2}{\partial z^2} + \frac{\partial^2\varphi_1}{\partial x^2}\right)\right]\delta e_y + \cdots + \left[\tau_{xy} + \frac{\partial^2\varphi_1}{\partial x\partial y}\right]\delta\gamma_{xy}\right\} d\Omega = 0$$

⇓ 推得 Maxwell 应力函数

$$\begin{cases}\sigma_x = \\ \sigma_y = \\ \tau_{xy} = \end{cases}$$

余能原理。引入 maxwell 函数的余功。 $e_x\cdot\delta(\sigma_x-\frac{\partial^2\varphi_1}{\partial y^2}-\frac{\partial^2\varphi_3}{\partial z^2})+\cdots\cdots$ 计算协调关系

$$\int_\Omega (e_x\delta\sigma_x+e_y\delta\sigma_y+\cdots+\gamma_{xy}\delta\tau_{xy})d\Omega-\int_\Omega\{e_x\delta[\sigma_x-(\frac{\partial^2\varphi_1}{\partial y^2}+\frac{\partial^2\varphi_3}{\partial z^2})]+$$

$$+e_y\delta[\sigma_y-(\frac{\partial^2\varphi_2}{\partial z^2}+\frac{\partial^2\varphi_1}{\partial x^2})]+e_z\delta[\sigma_z-(\frac{\partial^2\varphi_3}{\partial x^2}+\frac{\partial^2\varphi_2}{\partial y^2})]\}d\Omega-\int_{\partial\Omega}(\text{体力+面力})ds=0$$

$$+\gamma_{xy}\delta[\tau_{xy}-\frac{\partial^2\varphi_1}{\partial x\partial y}]+\text{另两项}$$

$$\gamma_{yz}\delta(\tau_{yz}-\frac{\partial^2\varphi_2}{\partial y\partial z})+\gamma_{zx}\delta(\tau_{zx}-\frac{\partial^2\varphi_3}{\partial z\partial x})$$

⇓ 经分部积分。 得到协调关系。

$$\int_\Omega[(\frac{\partial^2 e_z}{\partial y^2}+\frac{\partial^2 e_y}{\partial z^2}-\frac{\partial^2\gamma_{yz}}{\partial y\partial z})\delta\varphi_1+(\frac{\partial^2 e_x}{\partial z^2}+\frac{\partial^2 e_z}{\partial x^2}-\frac{\partial^2\gamma_{xz}}{\partial x\partial z})\delta\varphi_2+(\frac{\partial^2 e_y}{\partial x^2}+\frac{\partial^2 e_x}{\partial y^2}-\frac{\partial^2\gamma_{xy}}{\partial x\partial y})\delta\varphi_3]d\Omega-$$

$$-\int_{\partial\Omega}(\text{体力+面力项})ds=0 \Longrightarrow \text{推得变形协调关系。}$$

对 morera 应力函数和 Beltrami 应力函数的证明。

$$[D^T]\begin{bmatrix}e_x\\ \vdots\\ e_{xy}\end{bmatrix}=0 \quad\Longrightarrow\quad \{e\}=\begin{bmatrix}e_x\\ \vdots\\ e_{xy}\end{bmatrix}=[D]\begin{bmatrix}u\\ v\\ w\end{bmatrix}$$

$$\updownarrow$$

$$\begin{bmatrix}\sigma_x\\ \vdots\\ \tau_{xy}\end{bmatrix}=[D]\begin{bmatrix}\varphi_1\\ \varphi_2\\ \varphi_3\end{bmatrix}=[D]\{\varphi\}.$$

最小位能原理。

$$\Pi_p=\int_\Omega(A(e_{ij})-f_iu_i)d\Omega-\int_{\Gamma_\sigma}\bar{P}_iu_ids=\min. \Longleftrightarrow \begin{cases}\frac{\partial\sigma_{ij}}{\partial x_j}+f_i=0 & \Omega\text{ 内}\\ \sigma_{ij}n_j=\bar{P}_i & \Gamma_\sigma.\end{cases}$$

最小余能原理。

$$\Pi_c=\int_\Omega B(\sigma_{ij})d\Omega-\int_{\Gamma_u}P_i\bar{u}_ids=\min \underset{\text{乘数}}{\overset{\text{引入}}{\Longleftrightarrow}} \begin{cases}e_{ij}=\frac{1}{2}(\frac{\partial u_i}{\partial x_j}+\frac{\partial u_j}{\partial x_i})\\ u_i=\bar{u}_i.\end{cases}$$

平面问题.. Airy stress function (1801 ~ 1892)

$$\left.\begin{aligned}\sigma_x &= \frac{\partial^2\varphi}{\partial y^2}\\ \sigma_y &= \frac{\partial^2\varphi}{\partial y^2}\\ \tau_{xy} &= -\frac{\partial^2}{\partial x\partial y}\end{aligned}\right\}$$ 满足平衡方程.

有体力时. 引入势函数 $\Omega(x,y)$

$$f_x = -\frac{\partial\Omega}{\partial x}$$

$$f_y = -\frac{\partial\Omega}{\partial y}$$

$$\therefore \begin{cases}\sigma_x = \frac{\partial^2\varphi}{\partial y^2} + \Omega\\ \sigma_y = \frac{\partial^2\varphi}{\partial y^2} + \Omega.\\ \tau_{xy} = -\frac{\partial^2\varphi}{\partial x\partial y}\end{cases} \Rightarrow \begin{bmatrix}\sigma_x\\ \sigma_y\\ \tau_{xy}\end{bmatrix} = \begin{bmatrix}\frac{\partial^2}{\partial x^2}\\ \frac{\partial^2}{\partial y^2}\\ -\frac{\partial^2}{\partial x\partial y}\end{bmatrix}\varphi + \begin{bmatrix}\Omega\\ \Omega\\ 0\end{bmatrix}$$

$$= [D][\varphi] + [\Omega]$$

最小余能原理.. 单I..

$$\Pi_c^{e} = \int_{\Omega} \frac{1}{2}[\sigma]^T[S][\sigma]\,d\Omega - \int_{\Gamma_u}[P_i]^T[u]\,dS = \min.$$

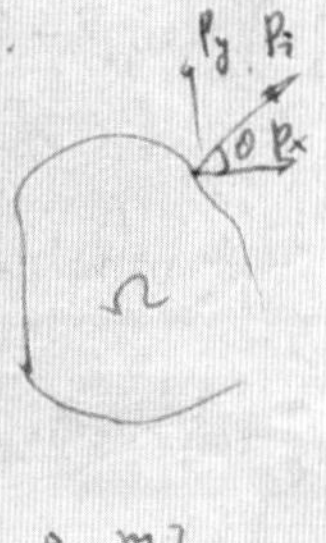


$[\sigma] = [D][\varphi] + [\Omega]$ 体力项.　　$[P_i] = \begin{bmatrix}P_x\\ P_y\end{bmatrix}$

$$[P_i] = \begin{bmatrix}P_x\\ P_y\end{bmatrix} = \begin{bmatrix}l, & 0, & m\\ 0 & m & l\end{bmatrix}\begin{bmatrix}\sigma_x\\ \sigma_y\\ \tau_{xy}\end{bmatrix} = [n][\sigma]$$

面力　　$[n] = \begin{bmatrix}l, & 0, & m\\ 0 & m, & l\end{bmatrix}$

取点.. $\varphi_i$. $\varphi_j$ $\varphi_m$ 为 i. j. m 点假定之应力函数为待求..

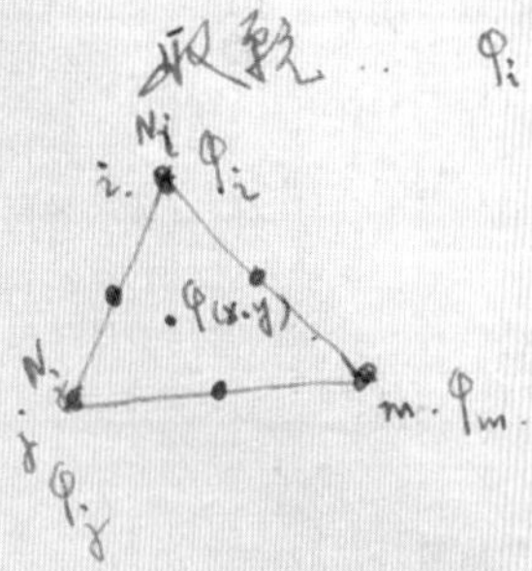


则 $\varphi(x.y) = \sum N_i\varphi_i$.　　要求 $N_i \in C^1$ 在 $\Omega$.

则 $[\sigma] = [D][N_i][\varphi_i]$ ⇐ 由 $[\sigma] = [D][\varphi]$

$$= [DN][\varphi_i]$$

$$\Pi_c^{(e)} = \int_{\Omega}[\varphi_i]^T[DN]^T[S][DN][\varphi_i]\,d\Omega -$$

$$-\int_{\Gamma_u}[\varphi_i]^T[DN]^T[n]^T[\bar{u}]\,dS = \min$$

$$\Pi_c^{(e)} = \frac{1}{2}[\varphi_i]^T[f][\varphi_i] - [\varphi_i]^T[R] = \min$$

$[f] = \int_{\Omega}[DN]^T[S][DN]\,d\Omega$

$[R] = \int_{\Gamma_u}[DN]^T[n]^T[\bar{u}]\,dS$　　$\because [\varphi_i]$ 是 [illegible]

使极小化后：$[f][\phi_i]-[R]=0$

## §4-4. 修正最小余能原理和平衡模型 II 及应力杂交模型

卞学鐄 1964

一. 应力杂交模型：

$$\Pi_c^e=\int_{\Omega_n}B(\sigma_{ij})d\Omega-\int_{\Gamma_u}P_i\bar{u}_i ds = \min$$

F. de. Veubeke 1964.

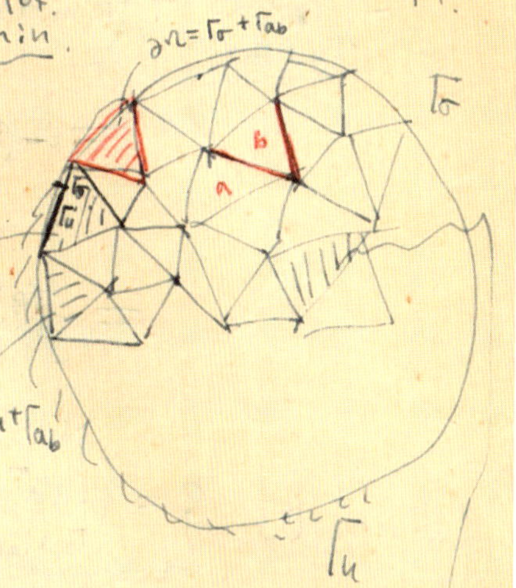


单元边界 $\partial\Omega_n$ {单元间边界 $\Gamma_{ab}$；单元外边界 $\Gamma_{\sigma_n}$；单元位移边界 $\Gamma_{u_n}$

单元边界公式

① $\partial\Omega_n=\Gamma_{ab}+\Gamma_{\sigma_n}+\Gamma_{u_n}$

② $\partial\Omega_n=\Gamma_{ab}+\Gamma_{\sigma_n}$

③ $\partial\Omega_n=\Gamma_{ab}+\Gamma_{u_n}$

④ $\partial\Omega_n=\Gamma_{ab}$

修正最小余能原理：

$$\Pi_{mc}^e=\int_{\Omega_n}B(\sigma_{ij})d\Omega-\int_{\Gamma_u}P_i\bar{u}_i ds-\int_{\Gamma_\sigma}(P_i-\bar{P}_i)u_i ds-$$

$u_i$ 由变分得到的 Lagrang multiple

$$-\int_{\Gamma_{ab}}u_i(P_i^{(a)}+P_i^{(b)})dS = st$$

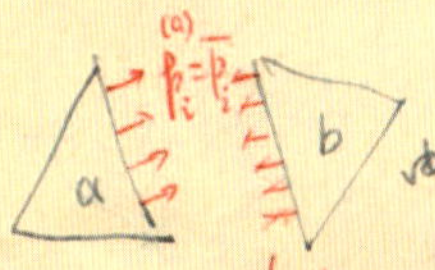


由连续条件 $P_i^{(a)}+P_i^{(b)}=0$.

$P_i^{(b)}=P_i=[R][\beta]$

其中：

$$\int_{\Gamma_{ab}}u_i(P_i^{(a)}+P_i^{(b)})ds=\int_{\Gamma_{ab}}u_iP_i ds\Big|_{a边}+\int_{\Gamma_{ab}}u_iP_i ds\Big|_{b边}=\int_{\Gamma_{ab}}P_iu_i ds$$

$$\therefore\ \Pi_{mc}^e=\int_{\Omega_n}B(\sigma_{ij})d\Omega-\int_{\Gamma_u}P_i\bar{u}_i ds+\int_{\Gamma_\sigma}\bar{P}_iu_i ds-\int_{\Gamma_\sigma+\Gamma_{ab}}P_iu_i ds = st.$$

修正项

$$或.\ \Pi_{mc}^e=\int_{\Omega_n}B(\sigma_{ij})d\Omega-\int_{\partial\Omega_n}P_iu_i ds+\int_{\Gamma_\sigma}\bar{P}_iu_i ds = st$$

选应力分量自满足平衡方程：

在 $\Omega_n$：$[\sigma]=[P][\beta]$. $[P]$ 是 x.y 之函数

在 $\Gamma_{ab}$ 边上 $[P_i]=[R][\beta]$ 　$[R]$ 是 x.y 之函数

$[u_b]=[L][q]$ 　$[q]$ 为广义节点参数.

$\Gamma_u$ 上：$[u_i]=[\bar{u}_i]$.

$\Gamma_\sigma$ 上：$[P_i]=[\bar{P}_i]$

其中：$[\beta]$, $[q]$ 均是待定参数，为二变量.

$$\int_{\Omega_n} B(\sigma_{ij})\,d\Omega = \int_{\Omega_n} \frac{1}{2}[\sigma]^T[S][\sigma]\,d\Omega \qquad [S] = \frac{1}{E}\begin{bmatrix} 1 & -\mu & 0 \\ -\mu & 1 & 0 \\ 0 & 0 & 2(1+\mu) \end{bmatrix}$$

$$= \frac{1}{2}[\beta]^T \underbrace{\int_{\Omega_n} [P]^T[S][P]\,d\Omega}_{[f]} [\beta]$$

$$= \frac{1}{2}[\beta]^T[f][\beta]$$

$$-\int_{\Gamma_u+\Gamma_\sigma+\Gamma_{ab}} p_i u_i\,ds + \int_{\Gamma_\sigma} \bar{p}_i u_i\,ds = \int_{\Gamma_\sigma} [\bar{P}_i]^T[u]\,ds - \int_{\Gamma_u} [P_i]^T[\bar{u}]\,ds - \int_{\Gamma_\sigma+\Gamma_{ab}} [P_i]^T[u_i]\,ds$$

$$= -[\beta]^T \int_{\Gamma_\sigma+\Gamma_{ab}} [R]^T[L][q]\,ds + \int_{\Gamma_\sigma} [\bar{P}_i]^T \underbrace{[L][q]}_{\text{对应}\bar{P}_i\text{值}} ds - \int_{\Gamma_u} [\beta]^T[R]^T[\bar{u}]\,ds$$

$[\bar{u}] \Downarrow [L][\bar{q}]$

$$= -[\beta]^T G[q] + \int_{\Gamma_\sigma} [\bar{P}_i]^T[L]\,ds\,[q] - ~~[\beta]^T\int_{\Gamma_u}[R]^T[L]\,ds\,[L][q]~~$$

$$-[\beta]^T \underbrace{\int_{\Gamma_u} [R]^T[L]\,ds\,[\bar{q}]}$$

对应于 $\bar{u}_i$ 之值.

表示. $G = \int_{\Gamma_\sigma+\Gamma_{ab}} [R]^T[L]\,ds$

$S^T = \int_{\Gamma_\sigma} [\bar{P}_i][L]\,ds$

$C_n = -~~[\beta]^T~~ \int_{\Gamma_u} [R]^T[L]\,ds\,[\bar{q}]$ —— 为常数项.

$[f] = \int_{\Omega_n} [P]^T[S][P]\,d\Omega.$

$$\therefore \Pi_{mc}^e = \frac{1}{2}\beta^T f\beta - \beta^T G q - \beta^T C_n + S^T q$$

$\begin{cases} \dfrac{\partial \Pi_{mc}^e}{\partial \beta} = 0 \to \text{求}\beta \\ \dfrac{\partial \Pi_{mc}^e}{\partial q} = 0 \to \text{求}q \end{cases}$ (因为 $\beta$、$q$ 是独立的)

~~下一步简化. 略去 $\beta^T C_n$ 项. 其推导过程为~~

$$\Pi_{me}^e = \int_{\Omega_m} \frac{1}{2}[\sigma]^T[S][\sigma]\,d\Omega - \int_{\partial\Omega} [P_i]^T[u]\,ds + \int_{\Gamma_\sigma} [\bar{P}_i][u]\,ds = \text{st}$$

$$= \frac{1}{2}\beta^T f\beta - \beta^T G q + S^T q.$$

$$\delta\Pi_{mc}^{(e)} = 0 \Rightarrow \frac{\partial \Pi_{mc}^{(e)}}{\partial \beta} = 0 \qquad [f][\beta] = [G][q]$$

$$\therefore [\beta] = [f]^{-1}[G][q]$$

代入泛函式

$$\Pi_{mc}^{(e)} = \frac{1}{2}[q]^T[G]^T[f^{-1}]^T[f][f]^{-1}[G][q] - [q]^T[G]^T[f^{-1}]^T[G][q] + [S]^T[q] = \text{st}$$

$$\therefore \Pi_{mc}^{(e)} = -\frac{1}{2}[q]^T[G]^T[f^{-1}]^T[G][q] + [S]^T[q] = \text{st}$$

单元刚度阵 $[K_n^e]=[G^T][f^{-1}]^T[G]$ （纯对称是也是推导。注意 $K_p^e$ 是刚度的）

令 $[Q]^T = S^T = \int_{\Gamma}[P_i][L]ds$，相当于载荷的节点广义力向量（已知力也是推导）
不是一般意义上节点广义力

$\therefore \Pi_{mc}^{(e)} = -\left(\frac{1}{2}[q]^T[K_n^e][q] - [Q]^T[q]\right) = st$ （杂交应力单元公式）
这里 $Q = S = \int_{\Gamma}L^T P_i ds$

$\Pi_{mc} = \sum \Pi_{mc}^{(e)} = -\left(\sum \frac{1}{2}[q]^T[K_n^e][q] - [Q]^T[q]\right) = st$

变分分析求出[q]，对于已知的项，再得总刚度矩阵 $[K_n][q]=[Q]$

（这样再去分析求出 q，再由 $\beta = f^{-1}Gq$ 求出 $\beta$）

杂交应力元与矩阵位移法

位移协调模型 ⟷(对比 compare) 杂交应力模型

矩阵位移法　　矩阵位移法

在 $\Omega_n$ 内 $\begin{cases} u(x,y)=\sum N_i u_i \\ V(x,y)=\sum N_i V_i \\ W(x,y)=\sum N_i W_i \end{cases}$

在 $\Omega_n$ 内：
在单元边界上 $\partial\Omega_n$ 内 $\begin{cases} \text{位移参数 } [U_B]=[L][q] \\ [\sigma]=[P][\beta] \end{cases}$

单元刚度矩阵推导：

$K_e=\int_{\Omega_n}[B]^T[C][B]d\Omega$

单元刚度阵，也是推导

$K_e=[G]^T[f^{-1}]^T[G]$

相当于：应力参数β增加，$\Pi_{mc}$ 减小。
位移参数q增加，$\Pi_{mc}$ 增加。
β 数目与 q 数目究竟取多少合适？

1969，卞 学 提出，β 与 q 在同一量级，比较好，成功地在单计算
中避免 出现 零能模式。

二、混合模型 II　F. de. Veubeke 1964 提出

与杂交应力元联系：　杂交应力 $\begin{cases} [\sigma]=[P][\beta] \\ [P_i]=[R][\beta] \\ [U_B]=[L][q] \end{cases}$ 边界一致

混合模型 II 的 $\begin{cases} [\sigma]=[P][\beta] \\ [P_i]=[R][\beta] \\ [P_i]=[\phi][Q] \end{cases}$ 节点广义力

在 $\begin{cases} \Omega_n \text{ 上：} [\sigma]=[P][\beta] \\ \text{在 } \partial\Omega_n \text{ 上：} [P_i]=[n][\sigma]=[n][P][\beta] \text{（边界条件）} \end{cases}$　其中 $[n]=\begin{bmatrix} l & 0 & m \\ 0 & m & l \end{bmatrix}$ 边界方向余弦

又另边 $[P_i]=[\Phi][Q]$ 中为插值基函数. $Q$ 为节点广义力.

以 $[q]$ 表示节点广义位移.

由节点平衡方程.

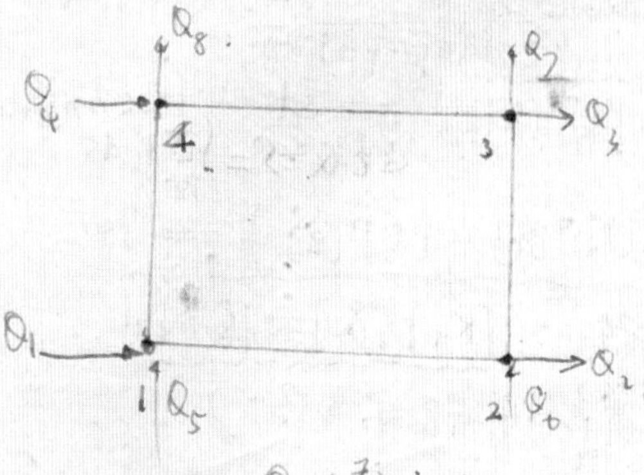


$Q$ 为节点广义力.

$$[Q]=[K_u][q]$$ —— 位移法中之刚度矩阵.

$$=[T]^T[\beta]$$

$$[T]=\int_{\Gamma_u}[R]^T[L]ds$$

这里之 $Q$ 是各个节点之广义力 (与前 $Q=S^T$ 之同) 即一般边界上之节点广义力

边界上的说来, 在 $\Omega_n$ 边 $[\sigma]=[P][\beta]$

在 $\partial\Omega_n$ 边 $[P_i]=[\Phi][T]^T[\beta]$ —— 与插值函数有关之差.

$$\therefore\ \Pi_{mc}^{(e)}=\frac{1}{2}[\beta]^T\int_{\Omega_n}[P]^T[S][P]d\Omega[\beta]-[\beta]^T\int_{\Gamma_\sigma+\Gamma_{ab}}[T][\Phi]^T[u_B]ds-[\beta]^T\int_{\Gamma_u}[T][\Phi]^T[\bar{u}_B]ds.$$

这里 $\int_{\Gamma_\sigma+\Gamma_{ab}}[T][\Phi]^T[u_B]ds=[T][q]$ —— 一般边界节点广义位移.

$\int_{\Gamma_u}[T][\Phi]^T[\bar{u}_B]ds=[T][\bar{q}]$ 位移边界上之节点广义位移.

$$\therefore\ \Pi_{mc}^{(e)}=\frac{1}{2}[\beta]^T[f][\beta]-[\beta]^T[T][q]-[\beta]^T[T][\bar{q}]=st.$$ [illegible]

则 Venbeke. $\Pi_{mc}^{(e)}=\frac{1}{2}\beta^T f\beta-\beta^T Tq=st.$

$\frac{\partial\Pi}{\partial\beta}=0$  $[f][\beta]=[T][q]$

$\therefore\ [\beta]=[f]^{-1}[T][q].$

再代入泛函 进行位移分析, 求出 $[q]$.

Constrast..

杂交应力元

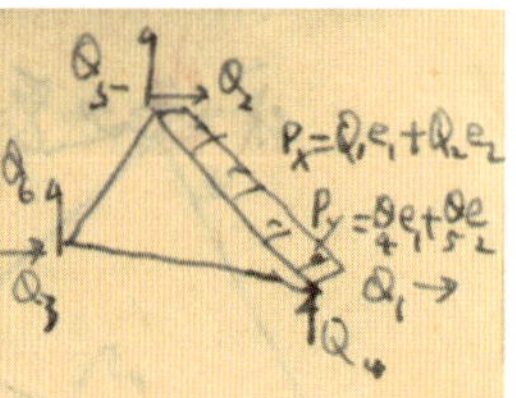


平衡模型 II..

$\Omega_n$, $[\sigma] = [P][\beta]$

$\Gamma_\sigma + \Gamma_{ab}$. $[P_i] = [n][\sigma] = [n][P][\beta]$

$\Gamma_{ab} + \Gamma_u$ $[U_B] = [L][q]$

$$S^T = \int_{\Gamma_\sigma} [\bar{P}_i]^T [L] \, dS$$

（给定应力边界上）

$$\Pi_{mc} = \frac{1}{2}\beta^T H \beta - \beta^T G q + S^T q = \text{st}..$$

$\Omega_n$. $[\sigma] = [P][\beta]$

$\Gamma_\sigma + \Gamma_u$. $[P_i] = [R][\beta] = [n]^T[P][\beta]$

$\Gamma_{ab}$. $[P_i] = \Phi Q = \Phi[T]^T[\beta] = \Phi[G]^T[\beta$

$S^T = 0$.

例题应用杂交（杂交应力元法）

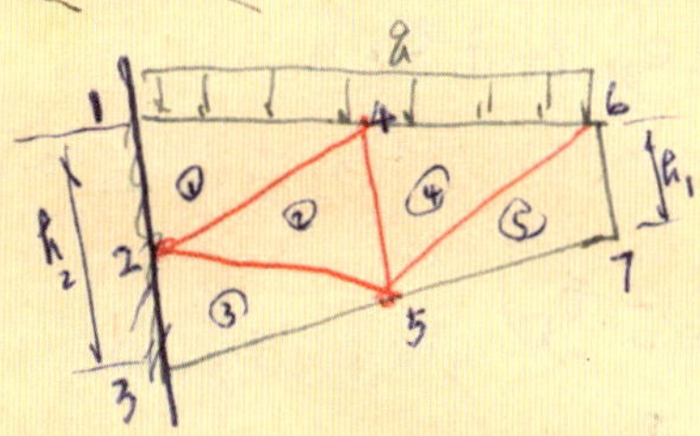


典型元..

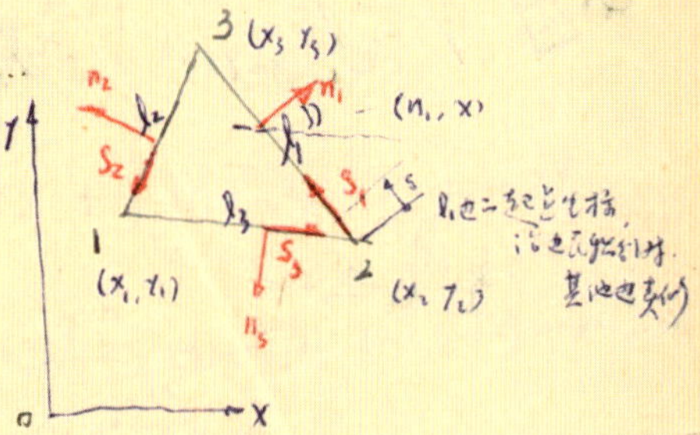


$l_1$边之正向与轴... 其边方向

在典型元中，边长设为 $l_1\ l_2\ l_3$.. 由两点距离公式

$$\begin{cases} l_1 = \sqrt{(x_2 - x_3)^2 + (y_2 - y_3)^2} = \sqrt{\xi_1^2 + \eta_1^2} \\ l_2 = \sqrt{\xi_2^2 + \eta_2^2} \\ l_3 = \sqrt{\xi_3^2 + \eta_3^2} \end{cases}$$

各边的方向余弦和法向余弦..　　　沿逆时针方向，正方向为右手规则

方向余弦
$$\begin{cases} (S_1, x) = \cos(\bar{l}_1, x) = \dfrac{x_2 - x_3}{l_1} = \dfrac{\xi_1}{l_1} \\ (S_1, y) = \dfrac{-\eta_1}{l_1} \\ (S_2\ x) = \dfrac{\xi_2}{l_2} \qquad (S_2\ y) = \dfrac{-\eta_2}{l_2} \\ (S_3\ x) = \dfrac{\xi_3}{l_2} \qquad (S_3\ y) = \dfrac{-\eta_3}{l_3} \end{cases}$$

法向余弦
$$\begin{cases} (n_1, x) = (S_1, y) = \dfrac{-\eta_1}{l_1} \\ (n_1, y) = (S_1\ x) = \dfrac{\xi_1}{l_1} \\ (n_2, x) = -\dfrac{\eta_2}{l_2} \qquad (n_2\ y) = \dfrac{\xi_2}{l_2} \\ (n_3\ x) = -\dfrac{\eta_3}{l_3} \qquad (n_3, y) = \dfrac{\xi_3}{l_3} \end{cases}$$

$$\begin{bmatrix} (n_1\ x) & (n_1, y) & (S_1, x) & (S_1\ y) \\ (n_2\ x) & (n_2\ y) & (S_2\ x) & (S_2\ y) \\ (n_3\ x) & (n_3\ y) & (S_3\ x) & (S_3\ y) \end{bmatrix} = \begin{bmatrix} -\dfrac{\eta_1}{l_1} & \dfrac{\xi_1}{l_1} & \dfrac{\xi_1}{l_1} & -\dfrac{\eta_1}{l_1} \\ -\dfrac{\eta_2}{l_2} & \dfrac{\xi_2}{l_2} & \dfrac{\xi_2}{l_2} & -\dfrac{\eta_2}{l_2} \\ -\dfrac{\eta_3}{l_3} & \dfrac{\xi_3}{l_3} & \dfrac{\xi_3}{l_3} & -\dfrac{\eta_3}{l_3} \end{bmatrix}$$

线性各边位移之基函数…

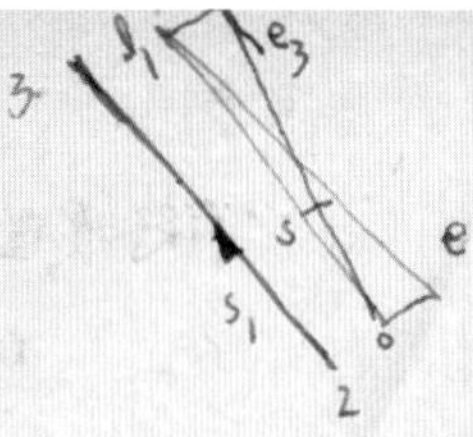


$$e_{21}=\frac{l_1-s}{l_1}=1-\frac{s}{l_1}$$

$$e_{31}=\frac{s}{l_1}.$$

结点　边

在 $l_1$ 边上之位移参数表达为

$$\begin{cases} x=e_{21}x_2+x_3e_{31}=\left(1-\frac{s}{l_1}\right)x_2+\frac{s}{l_1}x_3 \\ y=e_{21}y_2+e_{31}y_3=\left(1-\frac{s}{l_1}\right)y_2+\frac{s}{l_1}y_3 \end{cases}$$

同理在 $l_2$ 边之基函数…

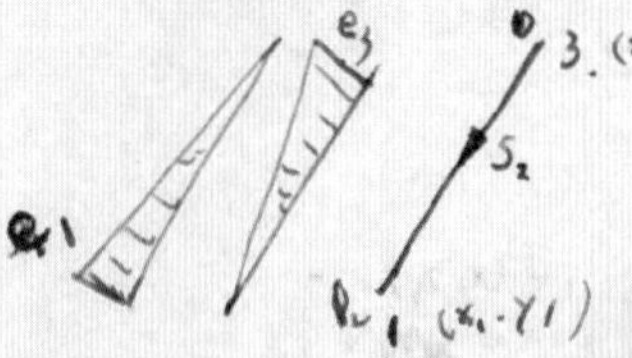


$$e_{32}=\left(1-\frac{s}{l_2}\right)$$

$$e_{12}=\frac{s}{l_2}.$$

边参数表达 $\begin{cases} x=e_{32}x_3+e_{12}x_1 \\ y=e_{32}y_3+e_{12}y_1 \end{cases}$

在 $l_3$ 边上

$$e_{13}=\left(1-\frac{s}{l_3}\right)$$

$$e_{23}=\frac{s}{l_3}$$

杂交应力元…

在 $\Omega_n$ 内 $[\sigma]=[P][\beta]$. $\begin{cases} \sigma_x=\beta_1+\beta_2 y+\beta_7 x \\ \sigma_y=\beta_3+\beta_4 x+\beta_6 y \\ \tau_{xy}=\beta_5-\beta_6 x-\beta_7 y. \end{cases}$ 满足平衡…

$$[\sigma]=\begin{bmatrix} 1. & y. & 0, & 0. & 0. & 0. & x \\ 0. & 0. & 1. & x. & 0. & y. & 0 \\ & & & & & & \\ 0 & 0. & 0. & 0. & 1 & -x. & -y \end{bmatrix}\begin{bmatrix} \beta_1 \\ \beta_2 \\ \vdots \\ \vdots \\ \beta_7 \end{bmatrix}=[P][\beta]$$

$\partial\Omega_n$ 上.. $[P_i]=\begin{bmatrix} l_j. & 0. & m_j \\ 0 & m_j. & l_j \end{bmatrix}\begin{bmatrix} \sigma_x \\ \sigma_y \\ \tau_{xy} \end{bmatrix}$ 　$l_j$ 表示对某边之方向余弦.

如在 $l_1$ 边上 $[P_i]=\begin{bmatrix} \frac{-\eta_1}{l_1} & 0. & \frac{\xi_1}{l_1} \\ 0. & \frac{\xi_1}{l_1}. & \frac{-\eta_1}{l_1} \end{bmatrix}[P]\begin{bmatrix} \beta_1 \\ \beta_2 \\ | \\ \beta_7 \end{bmatrix}$

在 $l_2$ 边界上. $[P_i] = \begin{bmatrix} -\frac{n_2}{l_2} & 0 & \frac{s_2}{l_2} \\ 0 & \frac{-s_2}{l_2} & -\frac{n_2}{l_2} \end{bmatrix} [P] \begin{bmatrix} \beta_1 \\ \vdots \\ \beta_7 \end{bmatrix}$

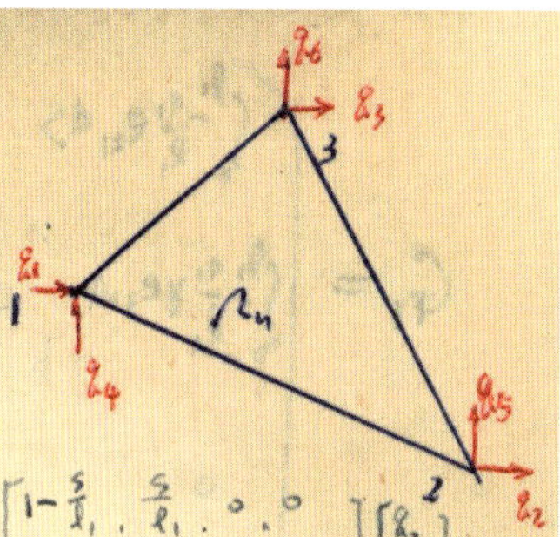


Boundary Condition

同理求之第 $l_3$ 边上之边界力.. 直接写之即可..

求边界位移, $u_B$..

在 $l_1$ 边上.. $u_B = \begin{bmatrix} u_1 \\ v_1 \end{bmatrix} = \begin{bmatrix} q_2 e_{21} + q_3 e_{31} \\ q_5 e_{21} + q_6 e_{31} \end{bmatrix} = \begin{bmatrix} 1-\frac{s}{l_1} & \frac{s}{l_1} & 0 & 0 \\ 0 & 0 & 1-\frac{s}{l_1} & \frac{s}{l_1} \end{bmatrix} \begin{bmatrix} q_2 \\ q_3 \\ q_5 \\ q_6 \end{bmatrix}$

$l_2$ 边上 $u_B = \begin{bmatrix} u_2 \\ v_2 \end{bmatrix} = \begin{bmatrix} q_3 e_{32} + q_1 e_{12} \\ q_6 e_{32} + q_4 e_{12} \end{bmatrix} = \begin{bmatrix} 1-\frac{s}{l_2} & \frac{s}{l_2} & 0 & 0 \\ 0 & 0 & 1-\frac{s}{l_2} & \frac{s}{l_2} \end{bmatrix} \begin{bmatrix} q_3 \\ q_1 \\ q_6 \\ q_4 \end{bmatrix}$

$l_3$ 边上 $u_B = \begin{bmatrix} u_3 \\ v_3 \end{bmatrix}$

$$= \begin{bmatrix} 1-\frac{s}{l_3} & \frac{s}{l_3} & 0 & 0 \\ 0 & 0 & 1-\frac{s}{l_3} & \frac{s}{l_3} \end{bmatrix} \begin{bmatrix} q_1 \\ q_2 \\ q_4 \\ q_5 \end{bmatrix} = [L][q]$$

$$\Pi_{mc}^e = \int_{\Omega_n} \frac{1}{2}[\sigma]^T[S][\sigma]\,d\Omega - \int_{\Gamma_u+\Gamma_{ab}+\Gamma_\sigma} [P_i]^T[u_B]\,dS + \int_{\Gamma_\sigma} [\bar{P}_i]^T[u_B]\,dS = 驻.$$
要变化.

〈 跟前面变分原理 $\Pi_{mc}^e = \int_{\Omega_n} \frac{1}{2}[\sigma]^T[S][\sigma]\,d\Omega - \int_{\Gamma_u} [P_i]^T[\bar{u}_i]\,dS$ 加入了 Lagrange 乘子
$-\int_{\Gamma_\sigma} u_i (P_i - \bar{P}_i)\,dS - \int_{\Gamma_{ab}} u_i [P_i^a + P_i^b]\,dS$ 之后要变化. 〉

我们该注意边界的计算..

那就是. $\int_{\Gamma_u+\Gamma_{ab}+\Gamma_\sigma} [P_i]^T[u_B]\,dS = \int_{l_1} + \int_{l_2} + \int_{l_3} + \cdots$ 沿着三个边界积分.

$$= \int_0^{l_1} + \int_0^{l_2} + \int_0^{l_3}$$

$$\int_0^{l_1} [P_i]^T[u_B]\,dS = \int_0^{l_1} [\beta]^T[P]^T[n]^T [L][q]\,dS = [\beta]^T \int_0^{l_1} [P]^T[n]^T[L]\,dS\,[q]$$

$$= [\beta]^T G_1 [q]$$

其中 $G_1 = \int_0^{l_1} [P]^T[n]^T[L]\,dS$.. $[q] = \begin{bmatrix} q_2 \\ q_3 \\ q_5 \\ q_6 \end{bmatrix}$

对于所有边界 $\int_{\Gamma_u+\Gamma_{ab}+\Gamma_\sigma} [P_i]^T[u_B]\,dS = [\beta]^T G [q]$

$$= [\beta]^T \left[ G_1 \begin{bmatrix} q_2 \\ q_3 \\ q_5 \\ q_6 \end{bmatrix} + G_2 \begin{bmatrix} q_3 \\ q_1 \\ q_6 \\ q_4 \end{bmatrix} + G_3 \begin{bmatrix} q_1 \\ q_2 \\ q_4 \\ q_5 \end{bmatrix} \right]$$

其中.

$$G_j = \int_0^{l_j} \begin{bmatrix} 1 & 0 & 0 \\ y & 0 & 0 \\ 0 & 1 & 0 \\ 0 & x & 0 \\ 0 & 0 & 1 \\ 0 & y & -x \\ x & 0 & -y \end{bmatrix} \begin{bmatrix} -\frac{n_j}{l_j} & 0 \\ 0 & \frac{s_j}{l_j} \\ \frac{s_j}{l_j} & -\frac{n_j}{l_j} \end{bmatrix} \begin{bmatrix} 1-\frac{s}{l_j} & \frac{s}{l_j} & 0 & 0 \\ 0 & 0 & 1-\frac{s}{l_j} & \frac{s}{l_j} \end{bmatrix} dS$$

$j = 1, 2, 3.$ 三个边取.

$$G_1=\begin{bmatrix}\int_0^{l_1}-\frac{\eta_1}{l_1}e_{21}ds & \int_0^{l_1}-y\frac{\eta_1}{l_1}e_{21}ds & 0 & 0 & \int_0^{l_1}\frac{\xi_1}{l_1}e_{21}ds & +\int_0^{l_1}\frac{\xi_1}{l_1}xe_{21}ds & -\int_0^{l_1}\frac{\eta_1}{l_1}xe_{21}ds\\ \int_0^{l_1}-\frac{\eta_1}{l_1}ye_{31}ds & -\int_0^{l_1}\frac{\eta_1}{l_1}ye_{31}ds & 0 & 0 & \int_0^{l_1}\frac{\xi_1}{l_1}e_{31}ds & \int_0^{l_1}\frac{\xi_1}{l_1}xe_{31}ds & -\int_0^{l_1}\frac{\eta_1}{l_1}xe_{31}ds\\ 0 & 0 & \int_0^{l_1}\frac{\xi_1}{l_1}e_{21}ds & \int_0^{l_1}\frac{\xi_1}{l_1}xe_{21}ds & \int_0^{l_1}-\frac{\eta_1}{l_1}e_{21}ds & -\int_0^{l_1}(\frac{\xi_1}{l_1}y+\frac{\eta_1}{l_1}x)e_{21}ds & \int_0^{l_2}\frac{\eta_1}{l_1}ye_{21}ds\\ 0 & 0 & \int_0^{l_1}\frac{\xi_1}{l_1}e_{31}ds & \int_0^{l_1}\frac{\xi_1}{l_1}xe_{31}ds & \int_0^{l_1}-\frac{\eta_1}{l_1}e_{31}ds & -\int_0^{l_1}(\frac{\xi_1}{l_1}y+\frac{\eta_1}{l_1}x)e_{31}ds & \int_0^{l_2}\frac{\eta_1}{l_2}ye_{31}ds\end{bmatrix}^T$$

这里不对，看下页

（这里好像不一定对）

里面的 x、y 由总体坐标代换.. $\begin{cases}x=e_{21}x_2+e_{31}x_3\\ y=e_{21}y_2+e_{31}y_3\end{cases}$ 下可得积分里全是 S 的函数

泛函中第一项 $+\int_{\Gamma_\sigma}[\bar{P}_i]^T[u_B]dS$ 讨论.

注意 $[\bar{P}_i]$ 为结点力，如在 $l_1$ 边上..

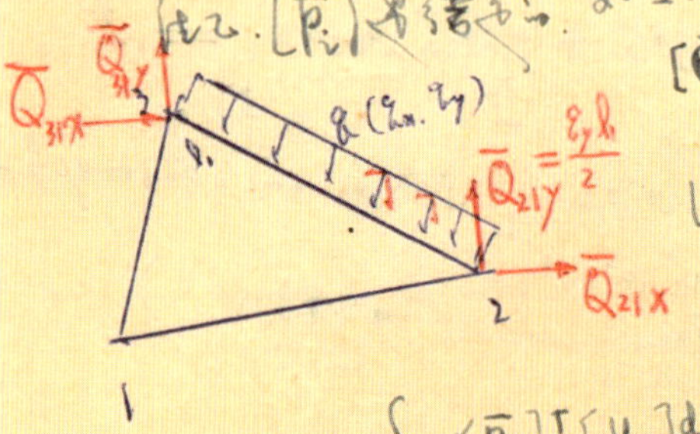


$$[\vec{P}_i]=[q_x,q_y]^T$$

$$u_B=\begin{bmatrix}u_1\\v_1\end{bmatrix}=\begin{bmatrix}1-\frac{s}{l_1} & \frac{s}{l_1} & 0 & 0\\ 0 & 0 & 1-\frac{s}{l_1} & \frac{s}{l_1}\end{bmatrix}\begin{bmatrix}q_2\\q_3\\q_5\\q_6\end{bmatrix}=[L][q]$$

$$+\int_{\Gamma_\sigma}[\bar{P}_i]^T[u_B]ds=\int_{\Gamma_\sigma}[q_x\ q_y][L][q]dS$$

$$=\int_0^{l_1}[q_x\ q_y]\begin{bmatrix}1-\frac{s}{l_1} & \frac{s}{l_1} & 0 & 0\\ 0 & 0 & 1-\frac{s}{l_1} & \frac{s}{l_1}\end{bmatrix}\begin{bmatrix}q_2\\q_3\\q_5\\q_6\end{bmatrix}ds$$

$$=\left[\int_0^{l_1}q_x(1-\frac{s}{l_1})ds,\ \int_0^{l_1}q_x\frac{s}{l_1}ds,\ \int_0^{l_1}q_y(1-\frac{s}{l_1})ds,\ \int_0^{l_1}q_y\frac{s}{l_1}ds\right]\begin{bmatrix}q_2\\q_3\\q_5\\q_6\end{bmatrix}$$

$$=\left[\frac{q_xl_1}{2},\ \frac{q_xl_1}{2},\ \frac{q_yl_1}{2},\ \frac{q_yl_1}{2}\right]\begin{bmatrix}q_2\\q_3\\q_5\\q_6\end{bmatrix}$$

$$=\left[\bar{Q}_{21x},\ \bar{Q}_{31x},\ \bar{Q}_{21y},\ \bar{Q}_{31y}\right]\begin{bmatrix}q_2\\q_3\\q_5\\q_6\end{bmatrix}=[\bar{S}]^T[q]$$

相当于 $\bar{S}_{21x}$. $\bar{S}_{31x}$. $\bar{S}_{21y}$. $\bar{S}_{31y}$ （注意 x. y 的顺序）

$$\therefore\ \Pi_{mc}^e=\frac{1}{2}[\beta]^T[f][\beta]-[\beta]^TG[q]+[S^T][q]=\text{st}.$$

$$[\beta]=[f]^{-1}[G][q]$$

$\left.\begin{array}{l}\frac{\partial\Pi_{mc}^e}{\partial\beta}=0\\ \frac{\partial\Pi_{mc}^e}{\partial q}=0\end{array}\right\}$ 求出 $[q]$, $[\beta]$.

其中 $G_1=\int_0^{l_1}[np]^T[L]\,ds$

$$
=\int_0^{l_1}\begin{bmatrix}1&0&0\\ y&0&0\\ 0&1&0\\ 0&x&0\\ 0&0&1\\ 0&y&-x\\ x&0&-y\end{bmatrix}\begin{bmatrix}-\frac{\eta_1}{l_1}&0\\ 0&\frac{\xi_1}{l_1}\\ \frac{\xi_1}{l_1}&-\frac{\eta_1}{l_1}\end{bmatrix}\begin{bmatrix}1-\frac{s}{l_1}&\frac{s}{l_1}&0&0\\ 0&0&1-\frac{s}{l_1}&\frac{s}{l_1}\end{bmatrix}ds
$$

$$
=\begin{bmatrix}
\int_0^{l_1}-\frac{\eta_1}{l_1}e_{21}ds & \int_0^{l_1}-\frac{\eta_1}{l_1}e_{31}ds & 0 & 0\\
\int_0^{l_1}\frac{\eta_1}{l_1}e_{21}(y_2e_{21}+y_3e_{31})ds & \int_0^{l_1}-\frac{\eta_1}{l_1}e_{31}(y_2e_{21}+y_3e_{31})ds & 0 & 0\\
0 & 0 & \int\frac{\xi_1}{l_1}e_{21}ds & \int\frac{\xi_1}{l_1}e_{31}ds\\
0 & 0 & \int\frac{\xi_1}{l_1}e_{21}(e_{21}x_2+x_3e_{31})ds & \int\frac{\xi_1}{l_1}e_{31}(x_2e_{21}+x_3e_{31})ds\\
\int_0^{l_1}\frac{\xi_1}{l_1}e_{21}ds & \int_0^{l_1}\frac{\xi_1}{l_1}e_{31}ds & \int-\frac{\eta_1}{l_1}e_{21}ds & \int-\frac{\eta_1}{l_1}e_{31}ds\\
\int_0^{l_1}-(x_2e_{21}+x_3e_{31})e_{21}\frac{\xi_1}{l_1}ds & \int_0^{l_1}-(x_2e_{21}+x_3e_{31})e_{31}\frac{\xi_1}{l_1}ds & \int[e_{21}(y_2\frac{\xi_1}{l_1}+x_2\frac{\eta_1}{l_1})+e_{21}e_{31}(y_3\frac{\xi_1}{l_1}+x_3\frac{\eta_1}{l_1})]ds & \int[e_{21}e_{31}(y_2\frac{\xi_1}{l_1}+x_2\frac{\eta_1}{l_1})+e_{31}^2(y_3\frac{\xi_1}{l_1}+x_3\frac{\eta_1}{l_1})]ds\\
-\int_0^{l_1}[e_{21}^2(x_2\frac{\eta_1}{l_1}+y_2\frac{\xi_1}{l_1})+e_{21}e_{31}(y_3\frac{\xi_1}{l_1}+x_3\frac{\eta_1}{l_1})]ds & -\int[e_{21}e_{31}(x_2\frac{\eta_1}{l_1}+y_2\frac{\xi_1}{l_1})+e_{31}^2(y_3\frac{\xi_1}{l_1}+x_3\frac{\eta_1}{l_1})]ds & \int\frac{\eta_1}{l_1}(y_2e_{21}+y_3e_{31})e_{21}ds & \int\frac{\eta_1}{l_1}(y_2e_{21}+y_3e_{31})e_{31}ds
\end{bmatrix}
$$

先要做代换.

$$
=\int_0^{l_1}\begin{bmatrix}
-\frac{\eta_1}{l_1}e_{21} & -\frac{\eta_1}{l_1}e_{31} & 0 & 0\\
-\frac{\eta_1}{l_1}y\,e_{21} & -\frac{\eta_1}{l_1}y\,e_{31} & 0 & 0\\
0 & 0 & \frac{\xi_1}{l_1}e_{21} & \frac{\xi_1}{l_1}e_{31}\\
0 & 0 & +\frac{\xi_1}{l_1}x\,e_{21} & \frac{\xi_1}{l_1}x\,e_{31}\\
\frac{\xi_1}{l_1}e_{21} & \frac{\xi_1}{l_1}e_{31} & -\frac{\eta_1}{l_1}e_{21} & -\frac{\eta_1}{l_1}e_{31}\\
-x\frac{\xi_1}{l_1}e_{21} & -x\frac{\xi_1}{l_1}e_{31} & (y\frac{\xi_1}{l_1}+x\frac{\eta_1}{l_1})e_{21} & (y\frac{\xi_1}{l_1}+x\frac{\eta_1}{l_1})e_{31}\\
-(\frac{\eta_1}{l_1}x+\frac{\xi_1}{l_1}y)e_{21} & -(\frac{\eta_1}{l_1}x+y\frac{\xi_1}{l_1})e_{31} & \frac{\eta_1}{l_1}y\,e_{21} & \frac{\eta_1}{l_1}y\,e_{31}
\end{bmatrix}ds
$$

同理可求 $G_2$，仅把指标1改为2，$e_{ij}$ 相应改变即可…

利用积分公式 $\int_0^{l}e_1^a e_2^b\,dx=\frac{a!\,b!}{(a+b+1)!}l$

将各项积分得出…

平衡模型II的作法..（仅以在边上节点取不同. $P_i=\Phi Q$）.

在 $\Omega$ 内. $[\sigma] = [P][\beta]$

$\partial\Omega$.. $[P_i] = [n][P][\beta]$ } 与单元应力元一致

$\Gamma_{ab}$ 间.. $[P_i] = \Phi[Q] \doteq \Phi G^T\beta$.（$[Q]$ 节点力）

$\therefore [n][P] = \Phi G^T$

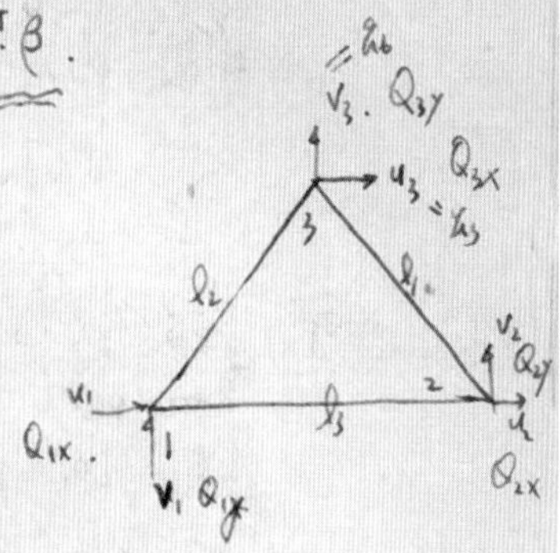


在边界中

[illegible]

在第 $l_1$ 边上. $P_i = \begin{bmatrix} P_x \\ P_y \end{bmatrix} = \begin{bmatrix} e_{21} & e_{31} & 0 & 0 \\ 0 & 0 & e_{21} & e_{31} \end{bmatrix} \begin{bmatrix} Q_{2x} \\ Q_{3x} \\ Q_{2y} \\ Q_{3y} \end{bmatrix}$ （$[\Phi][Q]$）

第 $l_2$ 边上 $P_i = \begin{bmatrix} e_{32} & e_{12} & 0 & 0 \\ 0 & 0 & e_{32} & e_{12} \end{bmatrix} \begin{bmatrix} Q_{3x} \\ Q_{1x} \\ Q_{3y} \\ Q_{1y} \end{bmatrix}$

第 $l_3$ 边上 $P_i = \begin{bmatrix} e_{13} & e_{23} & 0 & 0 \\ 0 & 0 & e_{13} & e_{23} \end{bmatrix} \begin{bmatrix} Q_{1x} \\ Q_{2x} \\ Q_{1y} \\ Q_{2y} \end{bmatrix} = [\Phi][Q]$.

$$-\int_{\Gamma_\sigma+\Gamma_{ab}+\Gamma_u=\partial\Omega}[P_i]^T[u_i]dS = -[Q]^T\int_{\partial\Omega}[\Phi]^T[u_i]dS$$ ⇒ 即为相应边节点位移.

$$= -[Q]^T[q_n] = -[Q]^T[q]$$ 即节点广义位移..

节点广义位移. $[q_n] = \int_{\partial\Omega}[\Phi]^T[u_B]dS$ 的计算..

在 $l_1$ 边上.. ~~$[q_n] = \int_{\partial\Omega}\begin{bmatrix} e_{21} & 0 \\ e_{31} & 0 \\ 0 & e_{21} \\ 0 & e_{31} \end{bmatrix}[$~~

$$\int_{\partial\Omega} P_i^T u_B dS = [Q_{2x}\ Q_{3x}\ Q_{2y}\ Q_{3y}] \begin{bmatrix} q_{n2} \\ q_{n3} \\ q_{n4} \\ q_{n6} \end{bmatrix}$$

$l_2$ 边上. $\int_{\partial\Omega} P_i^T u_B dS = [Q_{3x}\ Q_{1x}\ Q_{3y}\ Q_{1y}] \begin{bmatrix} q_{n3} \\ q_{n1} \\ q_{n6} \\ q_{n4} \end{bmatrix}$

.— — — .

平II.. 这里只保证节点力的平衡. 不能保证单元之间力的平衡..

只要放宽条件.. $\Gamma_{ab}$ 上. $u_B = Lq$.. 才能保证单元之间力的平衡..

注 $\Gamma_{ab}$ 上. $P_i = \Phi Q \longrightarrow Q^T q = \int P_i^T u_i dS$

$\partial\Omega$. $P_i = [n]P\beta$ . $\sigma = P\beta$.

则 $\int_{\partial\Omega} P_i^T u_i dS = \beta^T\int_{\partial\Omega}([n][P])^T u_i dS = \beta^T\int_{\partial\Omega}(nP)^T L\, dS\cdot q$

由定义 ∂Ω $p_i = n p \beta$.

于是 $\int_{\partial\Omega} p_i^T u_i \, ds = \beta^T \int_{\partial\Omega} (np)^T L \, ds \cdot q = \beta^T G \cdot q$. $\left(G = \int_{\partial\Omega} (np)^T L \, ds\right)$

则 $\int_{\partial\Omega} p_i^T u_i \, ds = Q^T q = \beta^T G q$

$\therefore Q^T = \beta^T G \Rightarrow Q = G^T \beta$ 建立了平衡⇔杂交元的关系.

即. 杂交元方法.

$\sigma = p\beta$

$p_{zi} = np\beta$

$u_B = Lq$

$\Longleftarrow Q = G^T\beta \Longrightarrow$

平衡II.

$\sigma = p\beta$

$p_i = n \cdot p \cdot \beta$ —— $\phi G^T \beta$

$p_i = \phi Q = \phi G^T \beta$

故混合公式. $\Pi_{mc}^e = \int_{\Omega_e} \frac{1}{2} \sigma^T S \sigma \, d\Omega - \int_{\Gamma_u + \Gamma_m + \Gamma_{ab}} p_i^T u_i \, ds + \int_{\Gamma_\sigma} \bar{p}_i^T u_i \, ds$ = 驻

但Q的作法不一致.

在杂交元方法中, $\begin{cases} \Omega_{内} \text{ 引入 } \sigma = p\beta \\ \Gamma \text{ 引入 } \begin{cases} p_i = np\beta \\ u_B = L \cdot q \end{cases} \end{cases}$ (两个独立参数 元力, 位移)

在平衡模型II. $\begin{cases} \Omega_{内} \text{ 引入 } \sigma = p\beta \\ \partial\Omega \; p_i = \phi Q \end{cases}$ (表示于 $u_B = L \cdot q$) (边界上仅用节点力平衡)

前者.

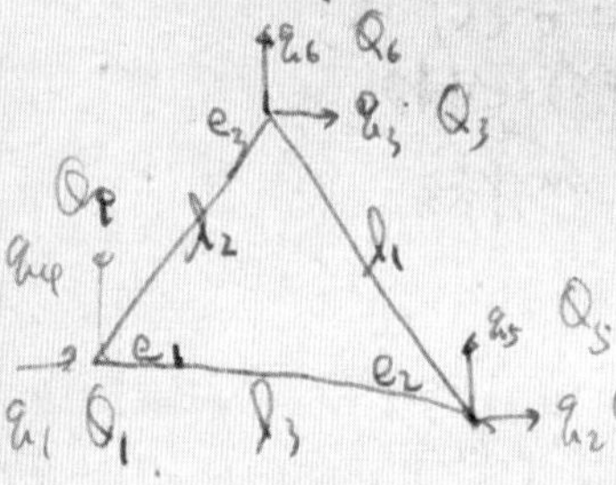


对 $l_1$ 边上. $p_i = [e_{21}, e_{41}, e_{31}, e_{31}] \begin{bmatrix} Q_2 \\ Q_4 \\ Q_3 \\ Q_6 \end{bmatrix}$

$l_2$ 边上 $p_i = [e_3 \; e_3, e_1 \; e_1]$

类似的平衡杂交元.

杂交元方法下.

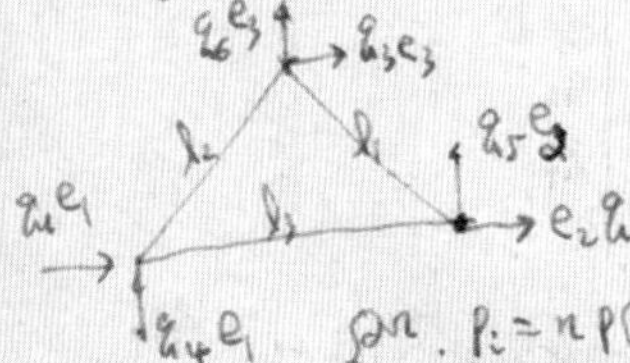


$\partial\Omega$. $p_i = np\beta$

$u_B = L \cdot q$

平衡II.

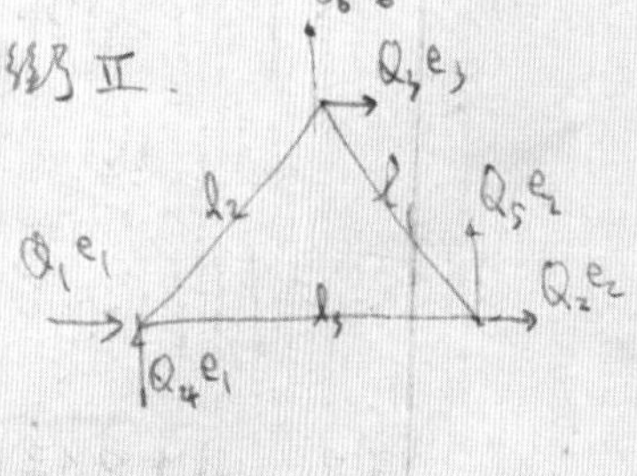


在1边上 $\int_{\partial\Omega} p_i^T u_B \, ds = \beta^T \int_{\partial\Omega} (np)^T L \, ds \cdot q$

$= \beta^T \int_{\partial\Omega} (np)^T \begin{bmatrix} e_2 e_3 & 0 & 0 \\ 0 & 0 & e_2 e_3 \end{bmatrix} ds \begin{bmatrix} q_2 \\ q_3 \\ q_5 \\ q_6 \end{bmatrix}$

$= \beta^T G \begin{bmatrix} q_2 \\ q_3 \\ q_5 \\ q_6 \end{bmatrix}$

$\int_{\partial\Omega} p_i^T u_i \, ds = Q^T q$

$= [e_2 Q_2, e_3 Q_3, e_2 Q_5, e_3 Q_6] \begin{bmatrix} q_2 \\ q_3 \\ q_5 \\ q_6 \end{bmatrix}$

杂交应力元给定单元边界力 $[P_i]=[n][p][\beta]$，及其边界位移 $u_B=Lq$，平衡模型Ⅱ给定单元边界力 $P_i=np\beta$，又给定 $P_i=\Phi Q$，以图示三角元为例，试推导 $P_i=\Phi Q=\Phi G^T\beta$，其中 $G=\int_{\partial\Omega}[np]^T L\,dS$

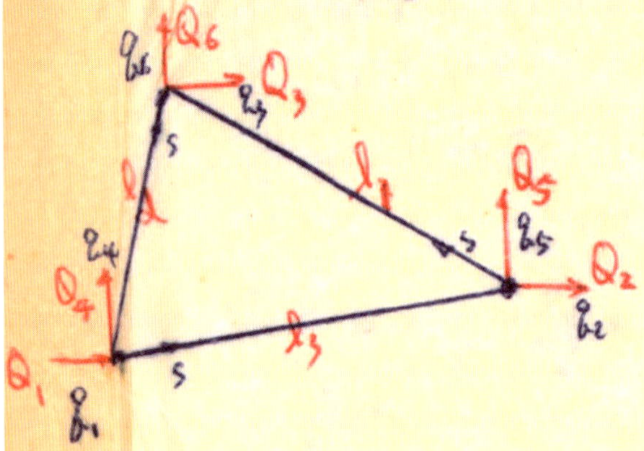


证明：由杂交应力元给定

$$\begin{cases} P_i=np\beta \\ u_B=Lq \end{cases}$$

则：

$$\int_{\partial\Omega} P_i^T u_B\,dS=\beta^T\int_{\partial\Omega}(np)^T L\,dS\cdot q$$

$$=\beta^T G q$$

这里 $G=\int_{\partial\Omega}(np)^T L\,dS$

由平衡模型Ⅱ：给定

$$\begin{cases} P_i=np\beta \\ P_i=\Phi Q \end{cases}$$

设函数 $\begin{cases} 在 l_1 边为 e_{21},\ e_{31} \\ 在 l_2 边为 e_{32},\ e_{12} \\ 在 l_3 边为 e_{13},\ e_{23} \end{cases}$

$$[P_i]=\begin{bmatrix} P_{1x} \\ P_{1y} \\ P_{2x} \\ P_{2y} \\ P_{3x} \\ P_{3y} \end{bmatrix}=\begin{bmatrix} 0 & e_{21} & e_{31} & 0 & 0 & 0 \\ 0 & 0 & 0 & 0 & e_{21} & e_{31} \\ e_{12} & 0 & e_{32} & 0 & 0 & 0 \\ 0 & 0 & 0 & e_{12} & 0 & e_{32} \\ e_{13} & e_{23} & 0 & 0 & 0 & 0 \\ 0 & 0 & 0 & e_{13} & e_{23} & 0 \end{bmatrix}\begin{bmatrix} Q_1 \\ Q_2 \\ Q_3 \\ Q_4 \\ Q_5 \\ Q_6 \end{bmatrix}=\Phi Q$$

$$u_i = [u_{1x},\ u_{1y},\ u_{2x}\ u_{2y}\ u_{3x}\ u_{3y}]^T$$

$$\int_{\partial\Omega} P_i^T u_B\, dS = \int_{\partial\Omega} P_i^T u_i\, ds = Q^T \int_{\partial\Omega} \Phi^T u_i\, ds$$

$$= Q^T \int_{\partial\Omega} \begin{bmatrix} 0 & 0 & e_{12} & 0 & e_{13} & 0 \\ e_{21} & 0 & 0 & 0 & e_{23} & 0 \\ e_{31} & 0 & e_{32} & 0 & 0 & 0 \\ 0 & 0 & 0 & e_{12} & 0 & e_{13} \\ 0 & e_{21} & 0 & 0 & 0 & e_{23} \\ 0 & e_{31} & 0 & e_{32} & 0 & 0 \end{bmatrix} \begin{bmatrix} u_{1x} \\ u_{1y} \\ \vdots \\ \vdots \\ u_{3x} \\ u_{3y} \end{bmatrix} ds = Q^T \int_{\partial\Omega} \begin{bmatrix} e_{12}u_{2x} + e_{13}u_{3x} \\ e_{21}u_{1x} + e_{23}u_{3x} \\ e_{31}u_{1x} + e_{32}u_{2x} \\ e_{12}u_{2y} + e_{13}u_{3y} \\ e_{21}u_{1y} + e_{23}u_{3y} \\ e_{31}u_{1y} + e_{32}u_{2y} \end{bmatrix}$$

这里 $e_{1j} = (1 - \frac{s}{l_j})$. $e_{2j} = \frac{s}{l_j}$ （$j$—边. 1表$s$之起点. 2表$s$终点）

注意 我们选线性的多项式.. 是位移 $u$ 是线性的.

$$\therefore \int_{\partial\Omega} [e_{12}u_{2x} + e_{13}u_{3x}]\, ds = \int_0^{l_2} \frac{s}{l_2} u_{2x}\, ds + \int_0^{l_3} u_{3x}(1 - \frac{s}{l_3})\, ds = \frac{u_{2x}l_2 \cdots}{2} = g_1$$

$$\int_{\partial\Omega} [e_{21}u_{1x} + e_{23}u_{3x}]\, ds = \int_0^{l_1} u_{1x}(1 - \frac{s}{l_1})\, ds + \int_0^{l_3} u_{3x}\frac{s}{l_3}\, ds$$

$$= \frac{u_{1x}l_1 + u_{3x}l_3}{2} = g_2$$

$$\cdots\cdots\cdots\cdots$$

$$\therefore \int_{\partial\Omega} P_i^T u_B\, dS = Q^T \int_{\partial\Omega} \Phi^T u_i\, ds = Q^T \begin{bmatrix} g_1 \\ g_2 \\ g_3 \\ g_4 \\ g_5 \\ g_6 \end{bmatrix} = Q^T g$$

[illegible]

$$\therefore \int_{\partial\Omega} P_i^T u_B\, dS = Q^T g = \beta^T G g$$

$$\therefore Q^T = \beta^T G$$

$$\therefore Q = (\beta^T G)^T = G^T \beta$$

$$\therefore P_i = \Phi Q = \Phi G^T \beta.$$

§4-5 修正位能原理和杂交位移模型 I (R.E. Jones 1964)

II (郑 1970).

Hybrid displacement model I, II,

由最小位能原理

$$\Pi_p = \int_{\Omega}\left(\frac{1}{2}[e]^T[C][e] - U^T f\right)d\Omega - \int_{\Gamma_\sigma} U^T[\bar{P}_i]\,ds \Longrightarrow \min.$$

⇓

$$\begin{cases} 在\ \Omega. & \dfrac{\partial \sigma_{ij}}{\partial x_j} + F_i = 0. \\ 在\ \Gamma_\sigma. & \sigma_{ij} n_j = \bar{P}_i \end{cases}$$

⇓ 不出现

$$\begin{cases} \Omega. & e_{ij} = \frac{1}{2}\left(\dfrac{\partial u_i}{\partial x_j} + \dfrac{\partial u_j}{\partial x_i}\right) \\ \Gamma_u. & u_i = \bar{u}_i. \end{cases}$$

放松.

位移函数选择放松元素协调限制.

分割后. $\Gamma_{ab}$. $u_i^{(a)}$ 不一定 $=$ $u_i^{(b)}$ (在板壳等不一定的.)

即要求 $u_i^a + u_i^b = 0$ (符号 $u_i^a$ 与 $u_i^b$ 反向)

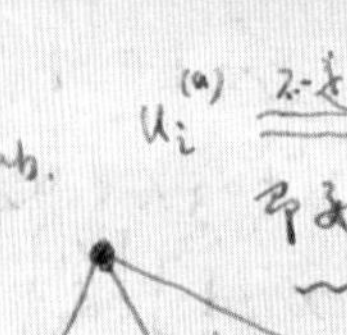


$u_i^{(a)} = u_i^{(b)}$.

$\dfrac{\partial u_i^{(a)}}{\partial s} \neq \dfrac{\partial u_i^{b}}{\partial s}$

即修正项 放在 $\Gamma_{ab}$ [和 $\Gamma_u$ 位移协调]. (主项. 放松 $e_{ij} = \left(\dfrac{\partial u_i}{\partial x_j} + \dfrac{\partial u_j}{\partial x_i}\right)\dfrac{1}{2}$ 之限制)

$$\therefore \Pi_{mp} = \sum \Pi_{mp}^e = \int_{\Omega_n}\left(\frac{1}{2}[e]^T[C][e] - [u]^T[f]\right)d\Omega - \int_{\Gamma_\sigma} U^T[\bar{P}_i]\,ds - \int_{\Gamma_{ab}} P_i(u_i^a + u_i^b)\,ds$$

$$- \int_{\Gamma_u} P_i(u_i - \bar{u}_i)\,dS \Longrightarrow 驻.$$

杂交位移 I.

$$= \int_{\Omega_n}\left(\frac{1}{2}[DU]^T[C][DU] - U^T f\right)d\Omega - \int_{\partial\Omega} U_B^T[P_i]\,ds + \int_{\Gamma_u} \bar{u}_i^T P_i\,ds \Longrightarrow 驻.$$

## 四、杂交位移模型 I

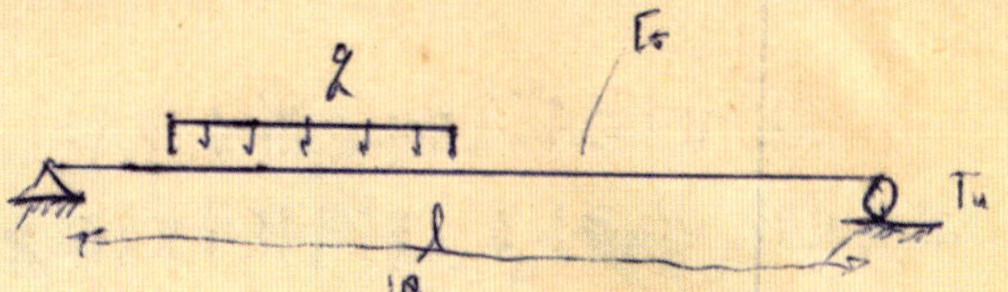


$$\Pi_{mp}^{(e)}=\int_{x_1}^{x_2}\frac{1}{2}EI\left(\frac{d^2w}{dx^2}\right)^2dx-\int_{x_1}^{x_2}q\,w\,dx-\int_{x_1}^{x_2}\left[F_1w_1+M_1\theta_1+F_2w_2+M_2\theta_2\right]dx$$

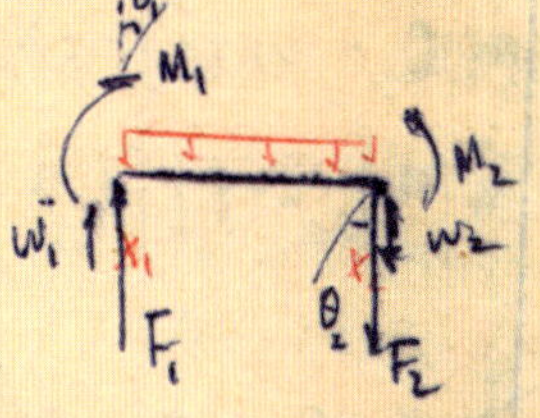


$$w(0)=w(l)=0 \quad \Gamma_u.$$

$$\Pi_{mp}^{(e)}=\int_{x_1}^{x_2}\frac{1}{2}EI\left(\frac{d^2w}{dx^2}\right)^2dx-\int_{x_1}^{x_2}w^T\bar{q}\,dx-\int_{\Gamma_{ab}}[w_1\ \theta_1\ w_2\ \theta_2]\begin{bmatrix}F_1\\M_1\\F_2\\M_2\end{bmatrix}dx$$

节点广义位移 $U_B=\begin{bmatrix}w_1\\\theta_1\\w_2\\\theta_2\end{bmatrix}=B\alpha$. $\alpha$ 为位移参数

$$P_i=\begin{bmatrix}F_1\\M_1\\F_2\\M_2\end{bmatrix}$$

在 $\Omega_n$ 内选 $w=\alpha_1x^3+\alpha_2x^2+\alpha_3x+\alpha_4$

$$=[x^3,\ x^2,\ x,\ 1]\begin{bmatrix}\alpha_1\\\alpha_2\\\alpha_3\\\alpha_4\end{bmatrix}=P\alpha$$

$$\theta=\frac{dw}{dx}=3\alpha_1x^2+2\alpha_2x+\alpha_3+0$$

$$=[3x^2,\ 2x,\ 1,\ 0]\begin{bmatrix}\alpha_1\\\alpha_2\\\alpha_3\\\alpha_4\end{bmatrix}=P'\alpha$$

$$\frac{d^2w}{dx^2}=6\alpha_1x+2\alpha_2+0+0$$

$$=[6x,\ 2,\ 0,\ 0]\begin{bmatrix}\alpha_1\\\alpha_2\\\alpha_3\\\alpha_4\end{bmatrix}=P''\alpha$$

在 $\partial\Omega_n$ 上：

$$U_B=\begin{bmatrix}w_1\\\theta_1\\w_2\\\theta_2\end{bmatrix}=\begin{bmatrix}x_1^3&x_1^2&x_1&1\\3x_1^2&2x_1&1&0\\x_2^3&x_2^2&x_2&1\\3x_2^2&2x_2&1&0\end{bmatrix}\begin{bmatrix}\alpha_1\\\alpha_2\\\alpha_3\\\alpha_4\end{bmatrix}=B\cdot\alpha$$

单元节点内力：

$$[P_i]=\begin{bmatrix}F_1\\M_1\\F_2\\M_2\end{bmatrix}=\begin{bmatrix}1&0\\0&1\\1&0\\-a&-1\end{bmatrix}\begin{bmatrix}R_1\\R_2\end{bmatrix}=\Phi R$$

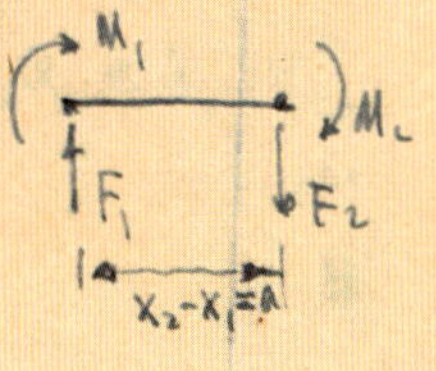


平衡：
$F_2=+F_1$
$M_2=-F_1a-M_1$

由平衡方程：
将单元节点力的所选 $F_1=R_1$, $M_1=R_2$

如考虑外载 $\bar{q}$ 下，则

$$[p_i] = \begin{bmatrix} 1 & 0 \\ 0 & 1 \\ 1 & 0 \\ -a & -1 \end{bmatrix} \begin{bmatrix} R_1 \\ R_2 \end{bmatrix} + \begin{bmatrix} 0 \\ 0 \\ -\bar{q}a \\ \frac{\bar{q}a^2}{2} \end{bmatrix} = \Phi R + [C_n]$$

$a = -(x_2 - x_1)$

可见，在 $\Omega_n$ $\quad W = P\alpha$

$\partial\Omega$ $\quad U_B = B\alpha$ } 位移场 ＞ 混合法

$p_i = \Phi R$ —— 力场

$$\Pi_{mp}^e = \int_{x_1}^{x_2} \frac{1}{2} EI (W'')^2 dx - \int_{x_1}^{x_2} W^T \bar{q}\, dx - \int_{\Gamma_{ab}} U_B^T P_i\, dx = st$$

$$= \int_{x_1}^{x_2} \frac{1}{2} [W'']^T EI [W''] dx - \cdots$$

$K_n = \int_{x_1}^{x_2} [P'']^T EI [P''] dx$

$$= \frac{1}{2}\alpha^T \int_{x_1}^{x_2} [P'']^T EI [P''] dx \cdot \alpha - \alpha^T \int_{x_1}^{x_2} P^T \bar{q}\, dx - \alpha^T \int_{\Gamma_{ab}} B^T \Phi\, dx \cdot R = st$$

$G = \int_{\Gamma_{ab}} B^T \Phi\, dx$ （线积分）

$\bar{Q} = \int_{x_1}^{x_2} P^T \bar{q}\, dx$

$$= \frac{1}{2}\alpha^T K_n \alpha - \alpha^T \bar{Q} - \alpha^T G R$$

$$\delta \Pi_{mp}^e = \frac{\partial \Pi^e}{\partial \alpha} \delta\alpha + \frac{\partial \Pi}{\partial R} \delta R = 0.$$

$$\frac{\partial \Pi_{mp}^e}{\partial \alpha} = 0 \qquad K_n\alpha - \bar{Q} - GR = 0$$

$$\frac{\partial \Pi_{mp}^e}{\partial R} = 0. \qquad -\alpha^T G = 0.$$

杂交位移 I：$\Pi_{mp_1}^e = \int_{\Omega_n} \left( \frac{1}{2}[DU]^T[C][DU] - U^T[f] \right) d\Omega - \int_{\partial\Omega} U_B^T P_i\, ds + \int_{\Gamma_u} \bar{U}_B^T P_i\, ds$

$\partial\Omega = \Gamma_{ab} + \Gamma_u + \Gamma_\sigma$

基於杂交混合法（矩阵）：

在 $\Omega_n$： $U = P\alpha$

$\partial\Omega$： $U_B = B\alpha$

节点[illegible] $p_i = \Phi R$. $R$ 为节点之间内力（未知力）。

$=$ 节点力.

$$\therefore \Pi_{mp_1}^e = \frac{1}{2}\alpha^T \int_{\Omega_n} [DP]^T [C][DP] d\Omega [\alpha] - \alpha^T \int_{\Omega_n} P^T f\, d\Omega -$$

$$- \alpha^T \int_{\Gamma_\sigma} B^T \bar{P}_i\, ds - \alpha^T \int_{\Gamma_{ab}+\Gamma_u} B^T \Phi\, ds\, R + \int_{\Gamma_u} \bar{U}_B \Phi\, ds\, R = st$$

$\bar{S}^T = \int_{\Gamma_u} \bar{U}_B \Phi\, ds$

$$= \frac{1}{2}\alpha^T K_n [\alpha] - \alpha^T \bar{Q} - \alpha^T G R + S^T R = st.$$

$$\frac{\partial \Pi_{mp}^e}{\partial \alpha} = 0. \qquad K_n\alpha - \bar{Q} - GR = 0 \quad \text{（位移场）}$$

$$\frac{\partial \Pi_{mp_1}^e}{\partial R} = 0 \qquad -\alpha^T G + \bar{S}^T = 0$$

$$\Downarrow$$

$$-G^T\alpha + \bar{S} = 0 \quad \text{（力场）}$$

$K_n = \int_{\Omega} [DP]^T C [DP] d\Omega$

$G = \int_{\Gamma_{ab}} B^T \Phi\, ds.$

位移场 ⟹ 力场

$$\therefore \begin{bmatrix} K_n & -G \\ +G^T & 0 \end{bmatrix} \begin{bmatrix} \alpha \\ R \end{bmatrix} = \begin{bmatrix} \bar{Q} \\ \bar{S} \end{bmatrix}$$

$\bar{Q}$ —— 已知载荷项

$\bar{S}$ —— 已知位移项

$$S = I\Phi_R = \begin{bmatrix}1 & & & \\ & 1 & & \\ & & 1 & \\ & & & 1\end{bmatrix}\begin{bmatrix}1 & 0\\ 0 & 1\\ 1 & 0\\ -a & -1\end{bmatrix} = \begin{bmatrix}1 & 0\\ 0 & 1\\ 1 & 0\\ -a & -1\end{bmatrix}$$

$$\Pi^e_{mp2} = \frac{1}{2}[\alpha_1\ \alpha_2\ \alpha_3\ \alpha_4]\begin{bmatrix}12a^3 & 6a^2 & 0 & 0\\ 6a^2 & 4a & 0 & 0\\ 0 & 0 & 0 & 0\\ 0 & 0 & 0 & 0\end{bmatrix}\begin{bmatrix}\alpha_1\\ \alpha_2\\ \alpha_3\\ \alpha_4\end{bmatrix}EI - [\alpha_1\ \alpha_2\ \alpha_3\ \alpha_4]\begin{bmatrix}\bar{q}\frac{a^4}{4}\\ \bar{q}\frac{a^3}{3}\\ \bar{q}\frac{a^2}{2}\\ \bar{q}a\end{bmatrix} -$$

$$-[\alpha_1\ \alpha_2\ \alpha_3\ \alpha_4]\begin{bmatrix}-2a^3 & -3a^2\\ -a^2 & -2a\\ 0 & 0\\ 0 & 0\end{bmatrix}\begin{bmatrix}F_1\\ M_1\end{bmatrix} + [W_1\ \theta_1\ W_2\ \theta_2]\begin{bmatrix}1 & 0\\ 0 & 1\\ 1 & 0\\ -a & -1\end{bmatrix}\begin{bmatrix}F_1\\ M_1\end{bmatrix} = st$$

写出 $\dfrac{\partial \Pi^e_{mp2}}{\partial \alpha} = 0$.
$$\begin{bmatrix}12a^3 & 6a^2\\ 6a^2 & 4a\end{bmatrix}\begin{bmatrix}\alpha_1\\ \alpha_2\end{bmatrix} - \begin{bmatrix}-2a^3 & -3a^2\\ -a^2 & -2a\end{bmatrix}\begin{bmatrix}F_1\\ M_1\end{bmatrix} = \begin{bmatrix}\bar{q}\frac{a^4}{4}\\ \bar{q}\frac{a^3}{3}\end{bmatrix}$$

$$\frac{\partial \Pi^e_{mp2}}{\partial R} = 0. \quad -\begin{bmatrix}-2a^3 & -3a^2\\ -a^2 & -2a\end{bmatrix}\begin{bmatrix}\alpha_1\\ \alpha_2\end{bmatrix} + \begin{bmatrix}1 & 0 & 1 & -a\\ 0 & 1 & 0 & 1\end{bmatrix}\begin{bmatrix}W_1\\ \theta_1\\ W_2\\ \theta_2\end{bmatrix} = 0.$$

杂交位移模型II一般关系式

$$\Pi_{mp2} = \frac{1}{2}\int_{\Omega_n}[DU]^T[C][DU]d\Omega - \int_{\Omega_n}U^T\bar{f}\,d\Omega - \int_{\Gamma_\sigma}U^T\bar{P}ds - \int_{\Gamma_{ab}}[P_2]^T[U-\tilde{U}]ds$$
$$-\oint_{\Gamma_u}[P_2]^T[\bar{U}-\tilde{U}]ds = st.$$

(mind)

$$= \frac{1}{2}\int_{\Omega_n}[DU]^T[C][DU]d\Omega - \int_{\Omega_n}U^T\bar{f}d\Omega - \int_{\Gamma_\sigma}U^T\bar{P}_2ds - \int_{\Gamma_{ab}+\Gamma_u}U^TP_2ds + \int_{\Gamma_{ab}+\Gamma_u}\tilde{U}^TP_2ds = st$$

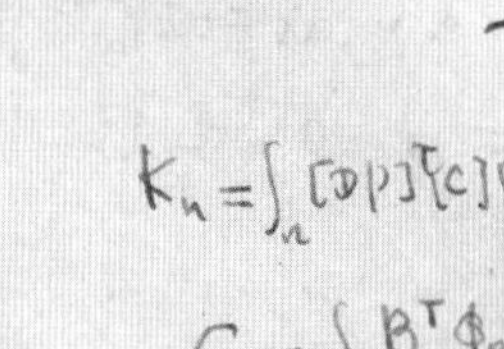


$\left\{\begin{array}{l}\text{在 }\Omega_n\text{ 选 } U = P\alpha.\\ \partial\Omega \quad U_B = B\alpha\\ \quad\ \tilde{U} = \Phi_q \cdot q \text{ —轮廓边位移}\\ \quad\ P_2 = \Phi_R \cdot R \text{ —边界上的内力（绕边界的）}\end{array}\right.$

$$\therefore \Pi^{(e)}_{mp2} = \frac{1}{2}\alpha^T\int_\Omega[DP]^T[C][DP]d\Omega\cdot[\alpha] - \alpha^T\left[\int_\Omega[P]^T\bar{f}d\Omega + \int_{\Gamma_\sigma}[B]^T\bar{P}_2ds\right]$$ 载荷项

$$-\alpha^T\int_{\Gamma_u+\Gamma_{ab}}B^T\Phi_R ds\cdot R + q^T\int_{\Gamma_{ab}+\Gamma_u}\Phi_q^T\Phi_R ds\cdot R = st.$$

$K_n = \int_\Omega[DP]^T[C][DP]d\Omega$ $\qquad \bar{Q} = \int_\Omega[P]^T\bar{f}d\Omega + \int_{\Gamma_\sigma}[B]^T\bar{P}_2 ds$

$G = \int_{\Gamma_u+\Gamma_{ab}}B^T\Phi_R dS$ $\qquad S = \int_{\Gamma_{ab}+\Gamma_u}\Phi_q^T\Phi_R dS$

$$\therefore \Pi^{(e)}_{mp2} = \frac{1}{2}\alpha^TK_n\alpha - \alpha^T\bar{Q} - \alpha^TGR + q^TSR$$

相似于杂交应力假设

$$\frac{\partial \Pi_{mp2}^{e}}{\partial \alpha} = 0. \qquad K_n \alpha - \bar{Q} - GR = 0$$

$$\frac{\partial \Pi_{mp2}^{(e)}}{\partial R} = 0 \qquad -G^T \alpha + S^T q = 0.$$

把 $\alpha$. $R$ 代入泛函.

得. $\Pi_{mp2}^{e} = \frac{1}{2} q^T \bar{K}_n q - q^T S G^{-1} \bar{Q}$ 其中 $\bar{K}_n = S G^{-1} K_n [G^T]^{-1} S^T$

变成了矩阵位移法……

# §4-6. Hellinger–Reissner 广义变分原理与混合模型

<Mixed model>.

从最小位能原理出发..

$$\Pi_p=\int_{\Omega}\left(\frac{1}{2}e^{T}Ce-u^{T}f\right)d\Omega-\int_{\Gamma_\sigma}u^{T}\bar{p}\,ds = \min$$

不满足 $\begin{cases}\Omega_n. & e=Du\\ \partial\Omega.. & u=\bar{u}_i\end{cases}$ $\qquad D=\begin{bmatrix}\frac{\partial}{\partial x} & 0 & 0\\ 0 & \frac{\partial}{\partial y} & 0\\ \frac{\partial}{\partial y} & \frac{\partial}{\partial x} & 0\end{bmatrix}$

$$\Pi_{HW}=\int_{\Omega}\left(\frac{1}{2}e^{T}Ce-u^{T}f\right)d\Omega-\int_{\Gamma_\sigma}u^{T}\bar{p}\,ds-\int_{\Omega}\sigma^{T}[e-Du]\,d\Omega-\int_{\Gamma_u}p_i^{T}(u-\bar{u}_i)\,ds = \text{st}$$

(三变量)

改成二变量..$(\sigma, u)$ 由 $\int_{\Omega}\sigma_{ij}e_{ij}\,d\Omega=\int_{\Omega}A(e_{ij})\,d\Omega+\int_{\Omega}B(\sigma_{ij})\,d\Omega$.

$$\Pi_R=\Pi_{H\text{-}R}$$

$$=\int_{\Omega}\left[\sigma^{T}e-\frac{1}{2}\sigma^{T}S\sigma\right]d\Omega-\int_{\Omega}u^{T}\bar{f}\,d\Omega-\int_{\Gamma_\sigma}u^{T}\bar{p}\,ds-\int_{\Omega}\sigma^{T}e\,d\Omega$$

$$+\int_{\Omega}\sigma^{T}Du\,d\Omega-\int_{\Gamma_u}p_i^{T}(u-\bar{u}_i)\,ds.$$

(或消去)

$$\therefore\ \Pi_{H\text{-}R}=-\int_{\Omega}\frac{1}{2}\sigma^{T}S\sigma\,d\Omega+\int_{\Omega}\sigma^{T}Du\,d\Omega-\int_{\Omega}u^{T}\bar{f}\,d\Omega-\int_{\Gamma_\sigma}u^{T}\bar{p}\,ds$$

$$-\int_{\Gamma_u}p_i^{T}(u-\bar{u}_i)\,dS = \text{st}. \quad \text{(二变量)} \quad \cdots\cdots(A)$$

再从最小余能原理出发也可推导出此式..

$$\Pi_c=\int_{\Omega}\frac{1}{2}\sigma^{T}S\sigma\,d\Omega-\int_{\Gamma_u}p_i^{T}\bar{u}_i\,ds \quad \not\Leftrightarrow \quad \begin{cases}\Omega.\ D^{T}\sigma+\bar{f}=0.\\ \partial\Omega.\ p_i=\bar{p}_i..\end{cases}$$

$$D^{T}=\begin{bmatrix}\frac{\partial}{\partial x} & 0 & \frac{\partial}{\partial y}\\ 0 & \frac{\partial}{\partial y} & \frac{\partial}{\partial x}\\ 0 & 0 & 0\end{bmatrix}$$

⇓ 广义变分

$$\Pi_{HP}=\int_{\Omega}\frac{1}{2}\sigma^{T}S\sigma\,d\Omega-\int_{\Gamma_u}p_i^{T}\bar{u}_i\,ds-\int_{\Omega}u^{T}(D^{T}\sigma+\bar{f})\,d\Omega-\int_{\Gamma_\sigma}u^{T}[p_i-\bar{p}_i]\,ds = \text{st} \quad \cdots\cdots(B)$$

($u^{T}$ = Lagrange multiple.)

此式与上式 $\Pi_R$ 形式上是一致的.(差个符号..)

我们改写 (A)式

在 $\Omega_n$. $\begin{cases}\text{选}\ \sigma=PR. & \text{(R为广义内力)}\\ u=\sum N_i u_i=\sum N_i q_i & \text{($q_i$为节点广义位移)}\end{cases}$

在 $\partial\Omega$ 上 $\begin{cases}\text{选. 边界力}\ p_i=BR.. & \text{(B是x.y的函数. $B=[n\cdot P]$)}\\ \text{边界位移}\ u_B=Lq\end{cases}$

就得到混合模型. $\Pi_{HR}(R, q)$

举例。梁元之混合模型。

把单截面认为是一条线。（缩成一根线）

则认为 $\sigma = M = F_1 x + M_1$.

选 $M_1\ M_2$ 为 $R$ 之未知量。　$R = \begin{bmatrix} M_1 \\ M_2 \end{bmatrix}$　（因之减小计算量）

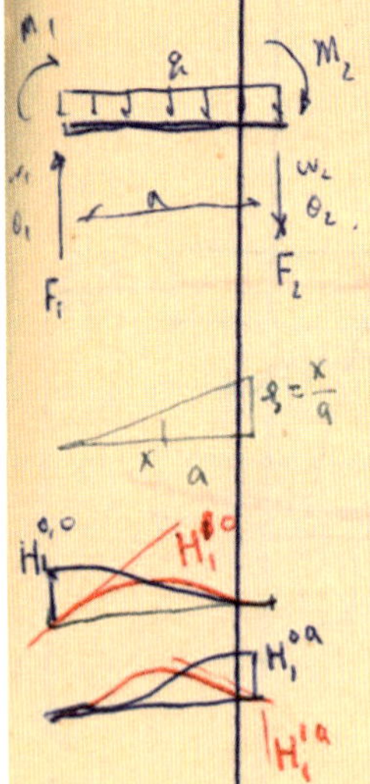


$\therefore F_1 = -\frac{1}{a}(M_1 + M_2)$

$F_2 = -\frac{1}{a}(M_1 + M_2)$　（由单元平衡 $\Sigma M_i = 0$ 求得）

$\therefore \sigma = \left[1-\frac{x}{a},\ -\frac{x}{a}\right] \begin{bmatrix} M_1 \\ M_2 \end{bmatrix} = [1-\xi,\ \xi] \begin{bmatrix} M_1 \\ M_2 \end{bmatrix} = P \cdot R$

$$u = \Sigma N_i \delta = H_1^{00} w_1 + H_1^{10}\theta_1 + H_1^{0a} w_2 + H_1^{1a}\theta_2$$

$$= \left[H_1^{00}\ H_1^{0a}\ H_1^{10}\ H_1^{1a}\right] \begin{bmatrix} w_1 \\ w_2 \\ \theta_1 \\ \theta_2 \end{bmatrix} = \left[H_1^{jm}\right][\delta]. \quad \begin{cases} j = 0, 1 \\ m = 0, a \end{cases}$$

由 H-R 之变分：

$$\therefore \Pi_R^e = -\frac{1}{2}\int_0^a \frac{1}{2} M^T \frac{1}{EI} M\,dx + \int_0^a M^T (Du)\,dx - \int_0^a u^T q\,dx - [F_1 w_1 + F_2 w_2 + M_1\theta_1 + M_2\theta_2]$$

~~注：对于梁来说，$e = Du = \frac{d^2 w}{dx^2}$.~~

$H_1^{00} = (1 + 2\xi^3 - 3\xi^2)$

$H_1^{0a} = (3\xi^2 - 2\xi^3)$

$H_1^{10} = -x(\xi - 1)^2$

$H_1^{1a} = -x(\xi^2 - \xi)$

由最小位能：

$$\Pi_p = \int_0^a \frac{1}{2} EI (w'')^2 dx - \int_0^a q\,w\,dx \iff \begin{cases} \Omega,\ e = Du = \frac{d^2 w}{dx^2} \\ \partial\Omega,\ u = \bar{u}_i \end{cases}$$

$$\therefore \Pi_p = \int_0^a \frac{1}{2} EI (w'')^2 dx - \int_0^a q\,w\,dx - \int_0^a M\left(e - \frac{d^2 w}{dx^2}\right) d\Omega - \int_{\Gamma_u} P_i^T (u - \bar{u})\,ds$$

$$= -\int_0^a \frac{M^2}{2EI} dx + \int_0^a M \frac{d^2 w}{dx^2} dx - \int_0^a w^T q\,dx - \int_{\Gamma_u} P_i^T (u - \bar{u})\,ds.$$

根本上与 $\Pi_{H-R}$ 一致。说明在单元分析中，外载 $\bar{q}$ 已含于广义内力 $R$ 之中，故单元分析之受力系仅是广义内力（节点力）之间，与没有一般意义之外载之功。

$M = \sigma = PR = [(1-\xi), -\xi] \begin{bmatrix} M_1 \\ M_2 \end{bmatrix}$

$u = w = \left[H_1^{jm}\right][\delta]$

$w'' = Du = D\left[H_1^{jm}\right][\delta]$

边界力：$P_i = \begin{bmatrix} F_1 \\ F_2 \\ M_1 \\ M_2 \end{bmatrix} = \begin{bmatrix} -\frac{1}{a} & -\frac{1}{a} \\ -\frac{1}{a} & -\frac{1}{a} \\ 1 & 0 \\ 0 & 1 \end{bmatrix} \begin{bmatrix} M_1 \\ M_2 \end{bmatrix} = B \cdot R$

边界位移：$u_B = \begin{bmatrix} w_1 \\ w_2 \\ \theta_1 \\ \theta_2 \end{bmatrix} = I\delta.$　（这是直线单元，如面单元，I 为某一种插值函数，$\because u_B = \Sigma N_i \delta_i$，边界位移唯一确定）

# 第五章 薄板弯曲之法 Flat-plate Bending

§5-1. 薄板小挠度基本方程. 即挠度比厚度尺寸为小.

假设: ① 中面应变略去不计 (不计中面伸长).

② 中面法线变形后仍为中面法线 ($e_{yz}=0$, $e_{xz}=0$)

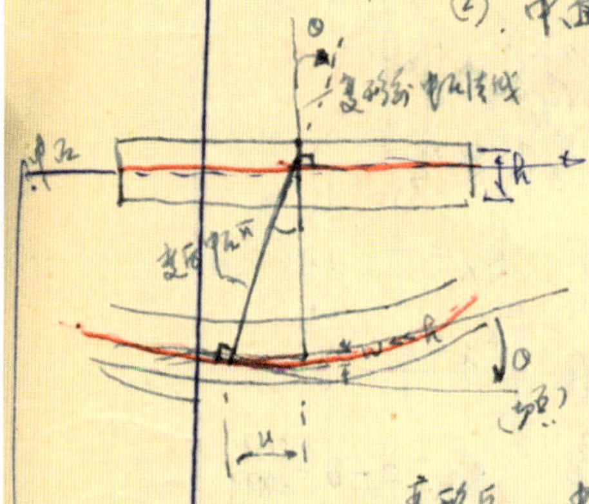


Kirchoff 假设:

① 薄板的厚度比其它二个尺寸为小.

② 挠度比厚度为小.

中面是平面之板

中面是曲面是壳

变形后 中面法线与法线切线仍然保持垂直

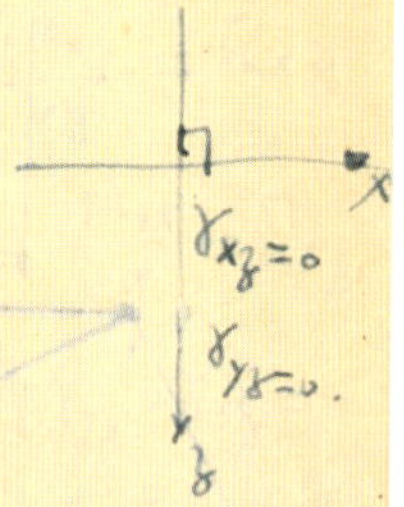


∴ $e_{xz}=0$, $e_{yz}=0$

但中面转角 $\theta=\frac{\partial w}{\partial x}$ (x面)

考虑B点之变形

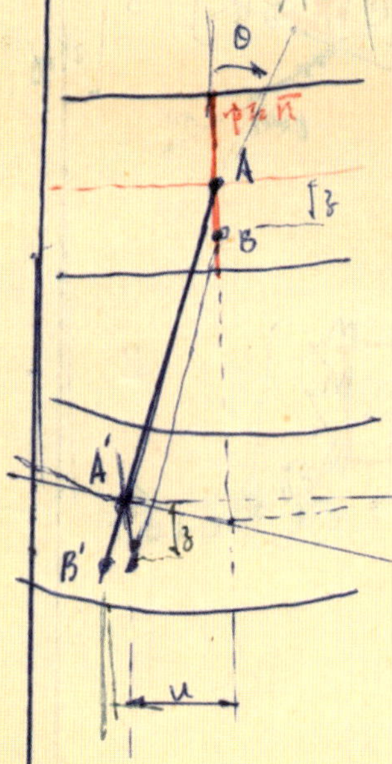


位移分量:

$$\begin{cases} u=-z\cdot\sin\theta=-z\frac{\partial w}{\partial x} \\ v=-z\frac{\partial w}{\partial y} \\ w=w(x,y) \end{cases}$$

薄板小挠度是一个大位移 $w(x,y)$.

应变分量:

$$e_x=\frac{\partial u}{\partial x}=-z\frac{\partial^2 w}{\partial x^2}$$

$$e_y=\frac{\partial v}{\partial y}=-z\frac{\partial^2 w}{\partial y^2}$$

$$e_{xy}=\gamma_{xy}=\frac{\partial u}{\partial y}+\frac{\partial v}{\partial x}=-2z\left[\frac{\partial^2 w}{\partial x\partial y}\right]=-2z\left(\frac{\partial^2 w}{\partial x\partial y}\right)$$

$e_z=0$ 很小

$e_{yz}=0$ 小应变二阶小量

$e_{zx}=0$ 小应变二阶小量

$$\therefore\ \sigma_z=\tau_{yz}=\tau_{zx}=0$$

$$\sigma=\begin{bmatrix}\sigma_x & \tau_{xy}\\ \tau_{yx} & \sigma_y\end{bmatrix}\xrightarrow{\text{薄板有}}\text{平面应力问题}$$

$$[\varepsilon]=\begin{bmatrix}\frac{\partial u}{\partial x}\\ \frac{\partial v}{\partial y}\\ \frac{\partial u}{\partial y}+\frac{\partial v}{\partial x}\end{bmatrix}=z\begin{bmatrix}-\frac{\partial^2 w}{\partial x^2}\\ -\frac{\partial^2 w}{\partial y^2}\\ -2\frac{\partial^2 w}{\partial x\partial y}\end{bmatrix}$$

板的挠曲率. 扭曲率. (这与梁不同. 梁仅只受弯 故有挠曲率. 而板 由于两个方向受 $\frac{\partial^2 w}{\partial x^2}$ $\frac{\partial^2 w}{\partial y^2}$.)

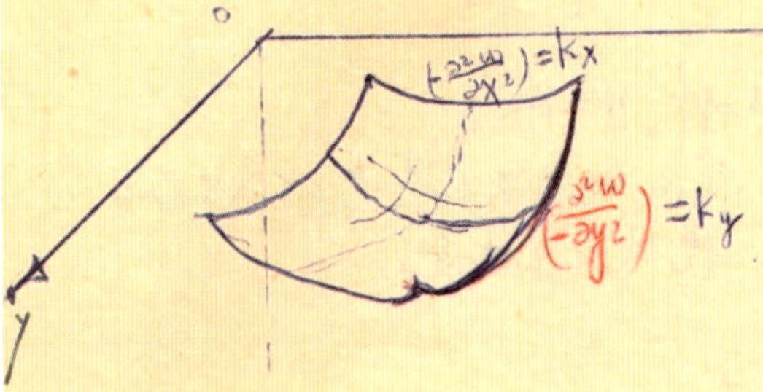


考虑小曲率

板在两个方向受弯.

其挠曲率 $K_x=-\frac{\partial^2 w}{\partial x^2}$

$K_y=-\frac{\partial^2 w}{\partial y^2}$

扭曲率 $K_{xy}=-\frac{\partial^2 w}{\partial x \partial y}$

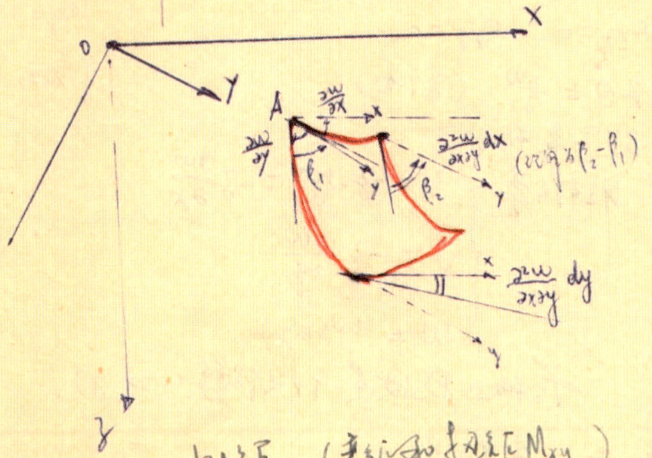


则 $[e]=z[K]=z\begin{bmatrix}K_x\\K_y\\2K_{xy}\end{bmatrix}$

内力矩.. (弯矩和扭矩 $M_{xy}$)  $M=\begin{bmatrix}M_x\\M_y\\M_{xy}\end{bmatrix}$

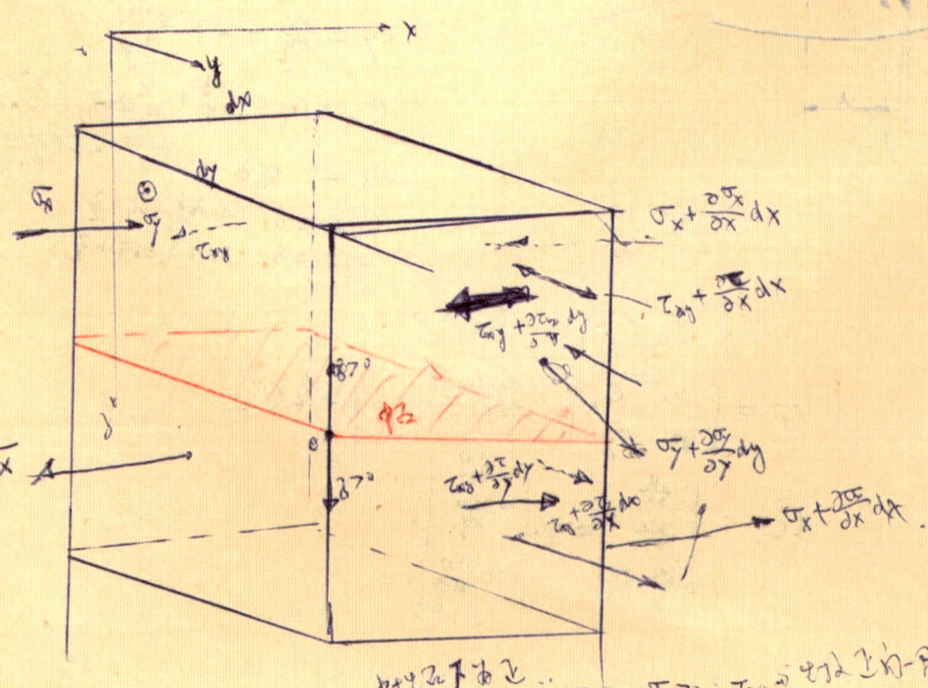


如此在下面正.. $\sigma_x>0$. $\sigma_y>0$. $\tau_{xy}$的 也以正向一段

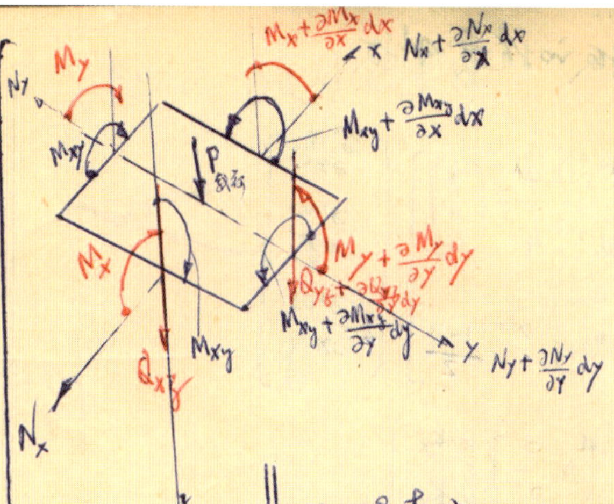


受力分析..

弯矩

扭

轴向力 $N_x$ $N_y$

略中面变形不考虑..则 $N_x=N_y=0$

用向量表示..

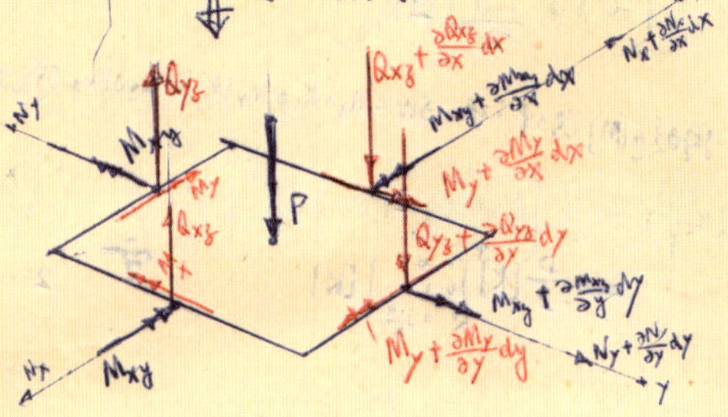


板的平衡方程

$$\begin{cases}\dfrac{\partial Q_{xz}}{\partial x}+\dfrac{\partial Q_{yz}}{\partial y}+P=0\\[2mm]\dfrac{\partial M_x}{\partial x}+\dfrac{\partial M_{xy}}{\partial y}=Q_{xz}\\[2mm]\dfrac{\partial M_y}{\partial y}+\dfrac{\partial M_{yx}}{\partial y}=Q_{yz}\end{cases}$$

注：剪切时 $\gamma_{yz}=\gamma_{xz}=0$

$Q_{xy}$、$Q_{yz}$ 是不会产生变形的，即不作功，它们仅只作为成[?]间[?]两[?]，不作功的切力..

消去 $Q_{xz}$、$Q_{yz}$ 就得到板的平衡方程式..

$$\boxed{\frac{\partial^2 M_x}{\partial x^2}+2\frac{\partial^2 M_{xy}}{\partial x\partial y}+\frac{\partial^2 M_y}{\partial y^2}+P=0}$$

应力应变关系.. 本构关系..

$$\{\sigma\}=\begin{bmatrix}\sigma_x\\ \sigma_y\\ \tau_{xy}\end{bmatrix}=\frac{E}{1-\mu^2}\begin{bmatrix}1&\mu&0\\ \mu&1&0\\ 0&0&\frac{1-\mu}{2}\end{bmatrix}\begin{bmatrix}\varepsilon_x\\ \varepsilon_y\\ \gamma_{xy}\end{bmatrix}$$

$$=\frac{E}{1-\mu^2}\begin{bmatrix}1&\mu&0\\ \mu&1&0\\ 0&0&\frac{1-\mu}{2}\end{bmatrix}z\begin{bmatrix}k_x\\ k_y\\ 2k_{xy}\end{bmatrix}$$

$$=\frac{Ez}{1-\mu^2}\begin{bmatrix}1&\mu&0\\ \mu&1&0\\ 0&0&\frac{1-\mu}{2}\end{bmatrix}\begin{bmatrix}-\frac{\partial^2 w}{\partial x^2}\\ -\frac{\partial^2 w}{\partial y^2}\\ -2\frac{\partial^2 w}{\partial x\partial y}\end{bmatrix}$$

内力矩 ($M_x$, $M_y$, $M_{xy}$) 与 $k_x$, $k_y$, $k_{xy}$ 之关系.

$$M_x=\int_{-\frac{h}{2}}^{\frac{h}{2}}\sigma_x\cdot z\,dz=-\frac{Eh^3}{12(1-\mu^2)}\left[\frac{\partial^2 w}{\partial x^2}+\mu\frac{\partial^2 w}{\partial y^2}\right]$$

$$M_y=\int_{-\frac{h}{2}}^{\frac{h}{2}}\sigma_y\,z\,dz=-\frac{Eh^3}{12(1-\mu^2)}\left[\mu\frac{\partial^2 w}{\partial x^2}+\frac{\partial^2 w}{\partial y^2}\right]$$

$$M_{xy}=\int_{-\frac{h}{2}}^{\frac{h}{2}}\tau_{xy}\,z\,dz=-\frac{Eh^3}{12(1-\mu^2)}\left[(1-\mu)\frac{\partial^2 w}{\partial x\partial y}\right]$$

$$D = \frac{Eh^3}{12(1-\mu^2)}$$ 为板的抗弯刚度

∴ $[M] = \begin{bmatrix} M_x \\ M_y \\ M_{xy} \end{bmatrix} = -D \begin{bmatrix} 1 & \mu & 0 \\ \mu & 1 & 0 \\ 0 & 0 & \frac{1-\mu}{2} \end{bmatrix} \begin{bmatrix} \frac{\partial^2 w}{\partial x^2} \\ \frac{\partial^2 w}{\partial y^2} \\ 2\frac{\partial^2 w}{\partial x \partial y} \end{bmatrix}$

应力向量

$$= D \begin{bmatrix} 1 & \mu & 0 \\ \mu & 1 & 0 \\ 0 & 0 & \frac{1-\mu}{2} \end{bmatrix} \begin{bmatrix} k_x \\ k_y \\ 2k_{xy} \end{bmatrix}$$

应变能密度　内力矩[M]作的功 $\delta W = M_x \delta k_x + M_y \delta k_y + 2M_{xy} \delta k_{xy}$ 转化为板之应变能

$$A(e_{ij}) = A(k_{ij}) = \frac{1}{2}\begin{bmatrix} k_x & k_y & 2k_{xy} \end{bmatrix} D \begin{bmatrix} 1 & \mu & 0 \\ \mu & 1 & 0 \\ 0 & 0 & \frac{1-\mu}{2} \end{bmatrix} \begin{bmatrix} k_x \\ k_y \\ 2k_{xy} \end{bmatrix}$$

$$= \frac{D}{2}[k]^T \begin{bmatrix} 1 & \mu & 0 \\ \mu & 1 & 0 \\ 0 & 0 & \frac{1-\mu}{2} \end{bmatrix} [k]$$

余能密度

$$B(\sigma_{ij}) = B(M_{ij})$$

$$= \frac{1}{2}[M]\begin{bmatrix} k_x \\ k_y \\ 2k_{xy} \end{bmatrix} = \frac{1}{2}[M_x, M_y, 2M_{xy}] \begin{bmatrix} 1 & \mu & 0 \\ \mu & 1 & 0 \\ 0 & 0 & \frac{1-\mu}{2} \end{bmatrix} \begin{bmatrix} M_x \\ M_y \\ 2M_{xy} \end{bmatrix}$$

平衡方程　$\frac{\partial^2 M_x}{\partial x^2} + 2\frac{\partial^2 M_x}{\partial x \partial y} + \frac{\partial^2 M_y}{\partial y^2} + P = 0$ $\xrightarrow{\text{类似}}$ $\frac{d^2 M}{dx^2} + q = 0$

$EI\frac{d^4 y}{dx^4} + q = 0$

挠曲面微分方程

把 $\begin{bmatrix} M_x \\ M_y \\ M_{xy} \end{bmatrix} = -D \begin{bmatrix} 1 & \nu & 0 \\ \nu & 1 & 0 \\ 0 & 0 & \frac{1-\mu}{2} \end{bmatrix} \begin{bmatrix} \frac{\partial^2 w}{\partial x^2} \\ \frac{\partial^2 w}{\partial y^2} \\ 2\frac{\partial^2 w}{\partial x \partial y} \end{bmatrix}$ 代入上平衡方程

⇓

$$D\left[\frac{\partial^4 w}{\partial x^4} + 2\frac{\partial^4 w}{\partial x^2 \partial y^2} + \frac{\partial^4 w}{\partial y^4}\right] = P$$

由微分算子 $\nabla^2 = \frac{\partial^2}{\partial x^2} + \frac{\partial^2}{\partial y^2}$

∴ 上式可写 $\nabla^4 w = \frac{P}{D}$

§5-2 旋转坐标变换

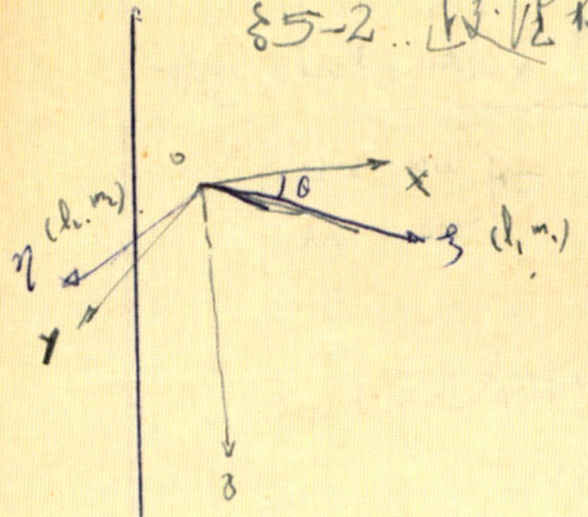


$$\begin{bmatrix}\xi\\ \eta\end{bmatrix}=\begin{bmatrix}l_1 & m_1\\ l_2 & m_2\end{bmatrix}\begin{bmatrix}x\\ y\end{bmatrix}$$

$$=\begin{bmatrix}\cos\theta & \sin\theta\\ -\sin\theta & \cos\theta\end{bmatrix}\begin{bmatrix}x\\ y\end{bmatrix}=A\begin{bmatrix}x\\ y\end{bmatrix}$$

$$\begin{bmatrix}x\\ y\end{bmatrix}=A^{-1}\begin{bmatrix}\xi\\ \eta\end{bmatrix}=A^{T}\begin{bmatrix}\xi\\ \eta\end{bmatrix}=\begin{bmatrix}\cos\theta, & -\sin\theta\\ \sin\theta, & \cos\theta\end{bmatrix}\begin{bmatrix}\xi\\ \eta\end{bmatrix}$$

$(\because AA^T=1 \quad \therefore A^{-1}=A^T)$

中面挠线导数

$$\begin{bmatrix}\frac{\partial w}{\partial \xi}\\ \frac{\partial w}{\partial \eta}\end{bmatrix}=\begin{bmatrix}\cos\theta, & \sin\theta\\ -\sin\theta & \cos\theta\end{bmatrix}\begin{bmatrix}\frac{\partial w}{\partial x}\\ \frac{\partial w}{\partial y}\end{bmatrix}=A\begin{bmatrix}\frac{\partial w}{\partial x}\\ \frac{\partial w}{\partial y}\end{bmatrix}$$

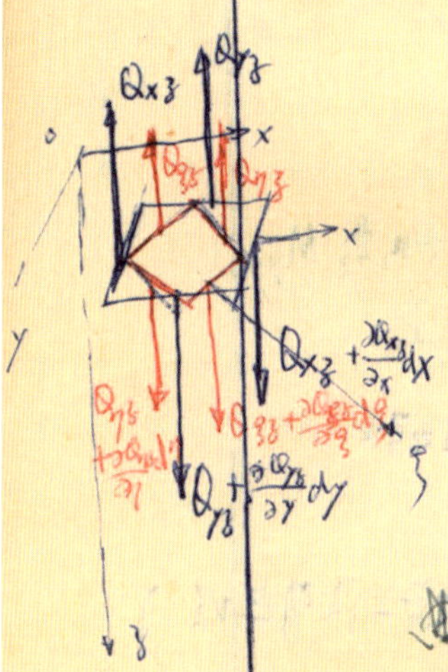


$$\begin{bmatrix}Q_{\xi z}\\ Q_{\eta z}\end{bmatrix}=\begin{bmatrix}\cos\theta & \sin\theta\\ -\sin\theta & \cos\theta\end{bmatrix}\cdot\begin{bmatrix}Q_{xz}\\ Q_{yz}\end{bmatrix}$$

曲率变换

曲率张量 $K=\begin{bmatrix}K_x. & K_{xy}\\ K_{xy} & K_y\end{bmatrix}$

主坐标下 $K'=\begin{bmatrix}K_\xi. & K_{\xi\eta}\\ K_{\xi\eta} & K_\eta\end{bmatrix}$

$\because$ K均为对称矩阵 $K^T=K \qquad K'^T=K'$

$$K'=AKA^T$$

$$\begin{bmatrix}K_\xi. & K_{\xi\eta}\\ K_{\eta\xi} & K_\eta\end{bmatrix}=\begin{bmatrix}\cos\theta & \sin\theta\\ -\sin\theta. & \cos\theta\end{bmatrix}\begin{bmatrix}K_x. & K_{xy}\\ K_{yx} & K_y\end{bmatrix}\begin{bmatrix}\cos\theta. & -\sin\theta\\ \sin\theta. & \cos\theta\end{bmatrix}$$

同理

$$\begin{bmatrix}M_\xi. & M_{\xi\eta}\\ M_{\eta\xi} & M_\eta\end{bmatrix}=\begin{bmatrix}\cos\theta. & \sin\theta\\ -\sin\theta & \cos\theta\end{bmatrix}\begin{bmatrix}M_x. & M_{xy}\\ M_{yx} & M_y\end{bmatrix}\begin{bmatrix}\cos\theta. & -\sin\theta\\ \sin\theta & \cos\theta\end{bmatrix}$$

例..

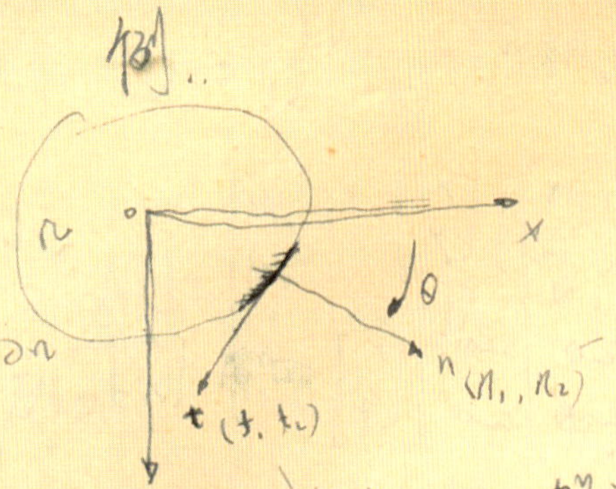


记 $A=\begin{bmatrix} n_1 & n_2 \\ t_1 & t_2 \end{bmatrix}$

$=\begin{bmatrix} \cos\theta & \sin\theta \\ -\sin\theta & \cos\theta \end{bmatrix}$

取出边界单元体.

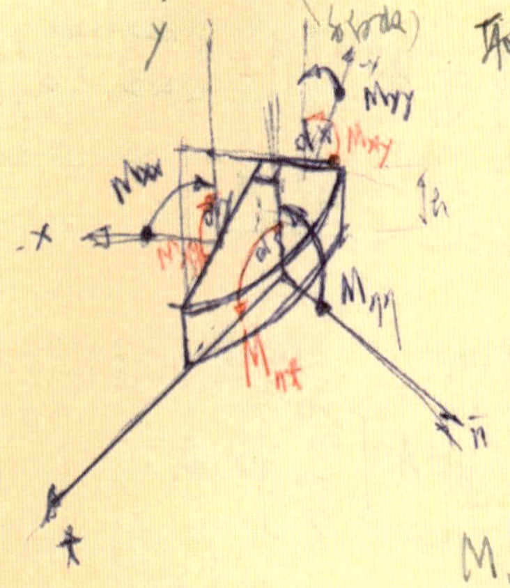


$$\begin{bmatrix} M_{nn} & M_{nt} \\ M_{nt} & M_{tt} \end{bmatrix} = \begin{bmatrix} M_{nn} & M_{nt} \\ M_{nt} & 0 \end{bmatrix} = A \begin{bmatrix} M_{xx} & M_{xy} \\ M_{xy} & M_{y} \end{bmatrix} A^T$$

在边界上为零.

展开..

$$M_{nn} = n_1^2 M_{xx} + 2 n_1 n_2 M_{xy} + n_2^2 M_{yy}$$

$$M_{nt} = n_1 t_1 M_{xx} + t_1 n_2 M_{xy} + n_1 t_2 M_{xy} + n_2 t_2 M_{yy}$$

用张量表示.. (弯矩) $M_{nn} = \sum_1^2 M_{ij} n_i n_j$ ; (扭矩) $M_{nt} = \sum_1^2 M_{ij} n_i t_j$ } 在边界上

$$M_{tt} = \sum_1^2 M_{ij} t_i t_j \quad (\text{在边界上没有意义})$$

## §5-3. 薄板的边界条件

一. 几何边界条件.. $\Gamma_u$. 位移边界条件..

1) 边界挠度. $w = \bar{w}$..

② 边界切向转角. $\omega_t = \bar{\omega}_t =$ 已知.. (表示绕 t 轴的转角.)

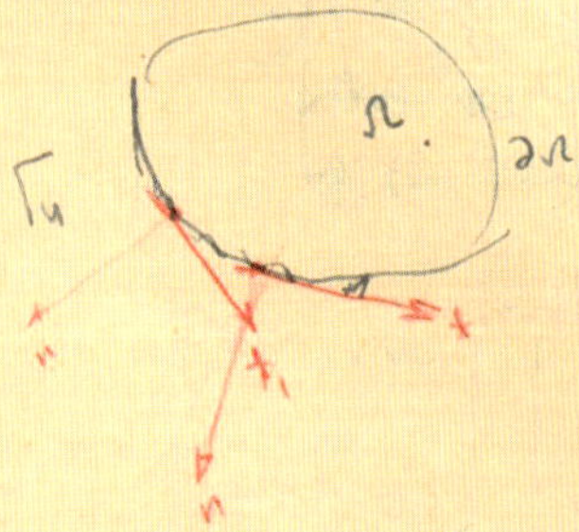


$$\omega_x = \frac{\partial w}{\partial y}, \quad \omega_y = -\frac{\partial w}{\partial x}, \quad \omega_z = 0$$

$$\begin{bmatrix} \omega_n \\ \omega_t \end{bmatrix} = \begin{bmatrix} n_1 & n_2 \\ t_1 & t_2 \end{bmatrix} \begin{bmatrix} \omega_x \\ \omega_y \end{bmatrix} \quad (\omega_n \text{ 在边界上为零})$$

$$\therefore \omega_t = \omega_x t_1 + \omega_y t_2 = \frac{\partial w}{\partial y}(-n_2) + \left(-\frac{\partial w}{\partial x}\right) n_1 = -\frac{\partial w}{\partial n}$$

$$\therefore \omega_t = -\frac{\partial w}{\partial n}$$ 这就是位移转角边界条件.

故我们把问题归结为：

$$\begin{cases} D\left[\frac{\partial^4 w}{\partial x^4}+2\frac{\partial^4 w}{\partial x^2\partial y^2}+\frac{\partial^4 w}{\partial y^4}\right]=p \\ w=\overline{w} \\ -\frac{\partial w}{\partial n}=\overline{w}_t \end{cases}$$ 在 $\partial\Omega_u$ 上。

二、力的边界条件。

1) 边界横向切力强度 $\overline{q}$

2) 边界弯矩 $\overline{M}_{nn}=\overline{M}_t$（沿着相应方向）

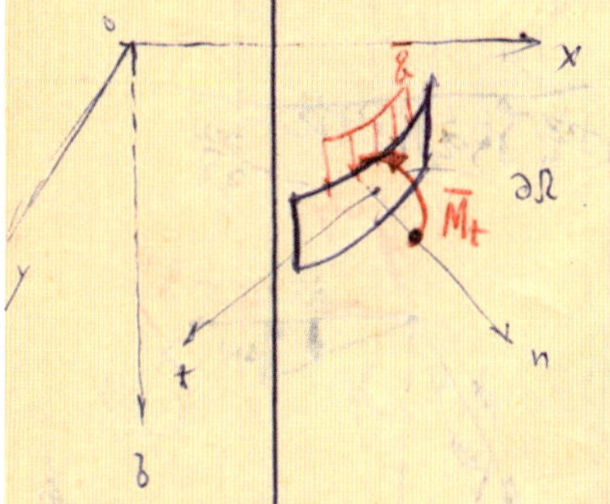


例：

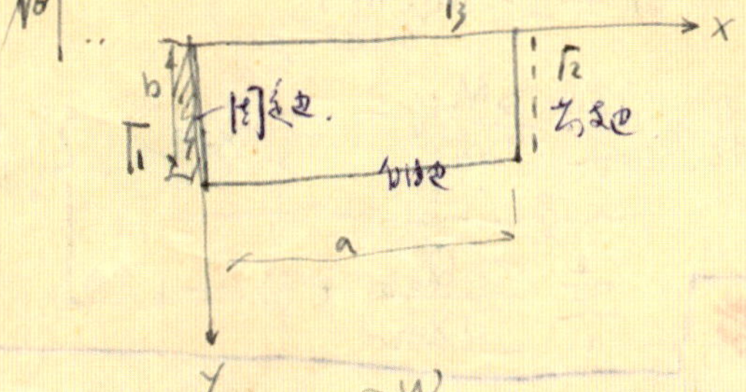


$\begin{cases}\Gamma_1 & 固支 \\ \Gamma_2 & 简支 \\ \Gamma_3 & 自由\end{cases}$

在 $\Gamma_1$：$w=0$，$\frac{\partial w}{\partial n}=\frac{\partial w}{\partial x}=0$

$\Gamma_2$：$w=0$，$M_n=M_x=0$　简支边 挠度、弯矩为零。

或 $w=0$，$\frac{\partial^2 w}{\partial x^2}+\nu\frac{\partial^2 w}{\partial y^2}=0$。

$\Gamma_3$ $x$：$\begin{cases}y=0\\y=b\end{cases}$ 在自由边上弯矩为零：$M_n=M_y=0$。

则对应 $\left(\frac{\partial^2 w}{\partial y^2}+\mu\frac{\partial^2 w}{\partial x^2}\right)=0$。

1820年 poisson 提出 $q=0$，$Q_n=0$。此条件对于薄板不对，对于厚板是正确的。

1850年 ~~poisson~~ kirchhoff 用变分原理说明在自由边上有

$$Q_y+\frac{\partial M_{xy}}{\partial y}=0.$$

因此在自由边上是 $\begin{cases}M_y=0\\ Q_y+\frac{\partial M_{xy}}{\partial y}=0\end{cases}$ $\Rightarrow Q_n+\frac{\partial M_{nt}}{\partial t}=0$

或 $\begin{cases}\frac{\partial^2 w}{\partial y^2}+\mu\frac{\partial^2 w}{\partial x^2}=0\\ \frac{\partial^2 w}{\partial y^2}+(2-\mu)\frac{\partial^2 w}{\partial y\partial x}=0\end{cases}$

下面：利用变分原理计算自由边界的力学条件（1850 Kirchhoff）

回顾导数：曲率张量 $K_{ij}(w)=-\frac{\partial^2 w}{\partial x_i\partial x_j}$（真曲率张量）

$K_{ij}(v)=-\frac{\partial^2 v}{\partial x_i\partial x_j}$（虚……）

内力之张量.. $M_{ij(w)}=$

$$M_x = -D\left(\frac{\partial^2 w}{\partial x^2} + \nu\frac{\partial^2 w}{\partial y^2}\right) = D\left[k_{xx} + \mu k_{yy}\right] = D\left[(1-\mu)k_{xx} + \mu(k_{xx}+k_{yy})\right]$$

$$M_y =$$

$$M_{xy} = -D\left[(1-\mu)\frac{\partial^2 w}{\partial x \partial y}\right] = D\left[(1-\mu)k_{xy} + \mu\cdot 0\right]$$

$$\therefore M_{ij}(w) = D\left[(1-\mu)k_{ij}(w) + \mu\sum_1^2 k_{ij}(w)\delta_{ij}\right]$$

在边界上.. $M_{nn} = \sum_1^2 M_{ij} n_i n_j$

$M_{nt} = \sum_1^2 M_{ij} n_i t_j$

平衡方程.. $\sum_1^2 \frac{\partial M_{ij}}{\partial x_j} = Q_i$

$\sum_1^2 \frac{\partial Q_i}{\partial x_i} + p = 0$

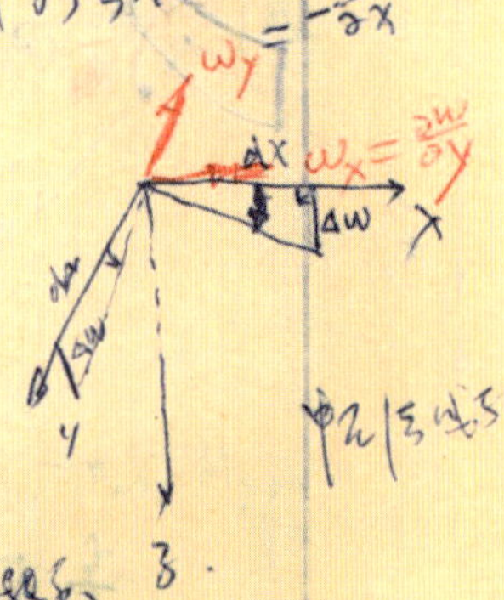


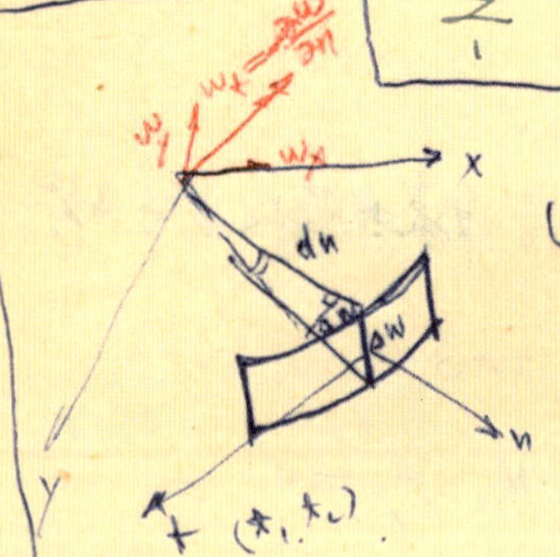


$(\omega_n = 0)$

$\overline{\omega_t} = \overline{\omega_y} + \overline{\omega_x}$ （边界方向转角）

$(n_1, n_2)$

$$\omega_t = \omega_x t_1 + \omega_y t_2$$

$$= -\omega_x n_2 + \omega_y(-n_1) = -\frac{\partial w}{\partial n}$$

$$\omega_n = 0$$

$n_1 = t_2$

$n_2 = -t_1$

补充

大挠度的小挠度问题

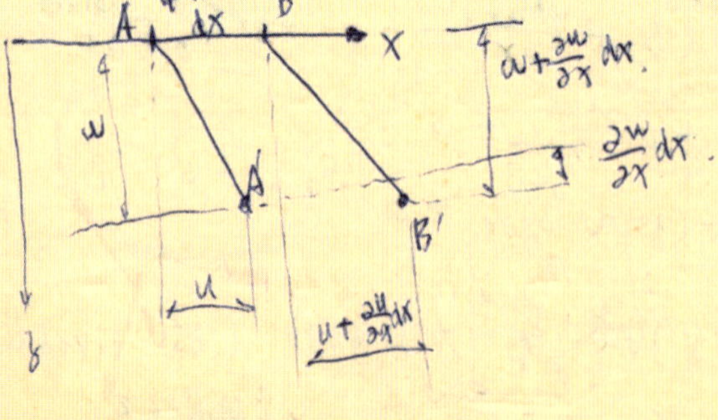


在大挠度下.. 考虑中面应变

中面应变 $e_x = \frac{\overline{A'B'} - \overline{AB}}{dx}$

$$= \frac{\sqrt{(1+\frac{\partial u}{\partial x})^2 dx^2 + (\frac{\partial w}{\partial x})^2 dx^2} - dx}{dx}$$

$$= \left[\left(1+\frac{\partial u}{\partial x}\right)^2 + \left(\frac{\partial w}{\partial x}\right)^2\right]^{\frac{1}{2}} - 1$$

$$= \frac{\partial u}{\partial x} + \frac{1}{2}\left(\frac{\partial u}{\partial x}\right)^2 + \frac{1}{2}\left(\frac{\partial w}{\partial x}\right)^2$$

$$= \frac{\partial u}{\partial x} + \frac{1}{2}\left(\frac{\partial w}{\partial x}\right)^2$$

$$e_y = \frac{\partial v}{\partial y} + \frac{1}{2}\left(\frac{\partial w}{\partial y}\right)^2$$

$$\gamma_{xy} = \frac{\partial u}{\partial y} + \frac{\partial v}{\partial x} + \frac{\partial^2 w}{\partial x \partial y}$$

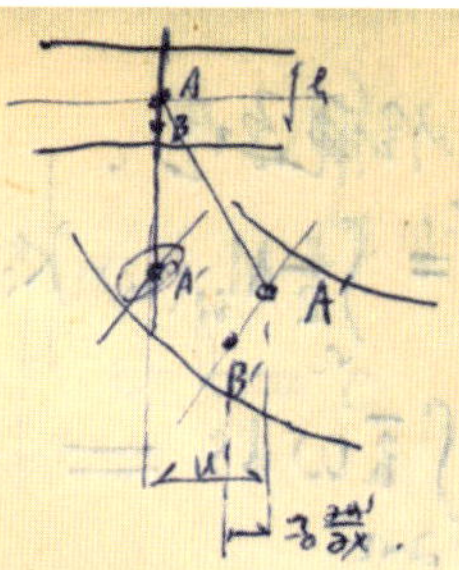

$u_B = u - z\frac{\partial w}{\partial x}$

$e_{Bx} = \frac{\partial u}{\partial x} + \frac{1}{2}\left(\frac{\partial w}{\partial x}\right)^2 - z\frac{\partial^2 w}{\partial x^2}$

（非线性）

在小挠度下，中面无变形去。

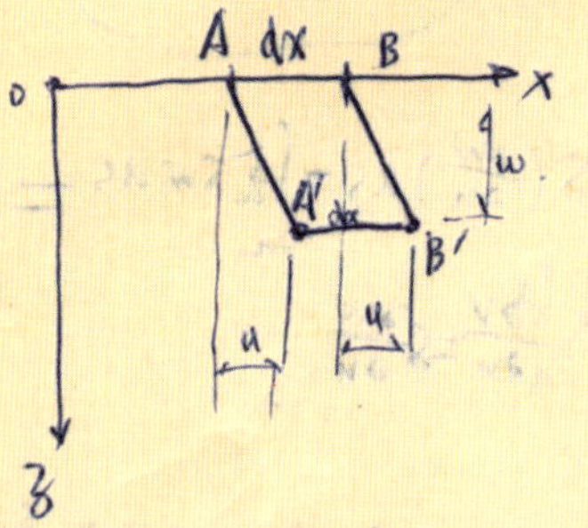

中面不伸长缩变。

如薄板

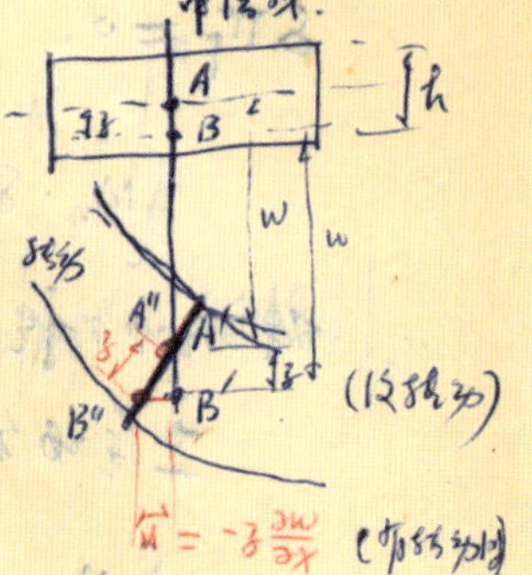

$u_B = -z\frac{\partial w}{\partial x}$

$e_{Bx} = -z\frac{\partial^2 w}{\partial x^2}$

（线性的）

续前：Kirchhoff 自由边之力学条件

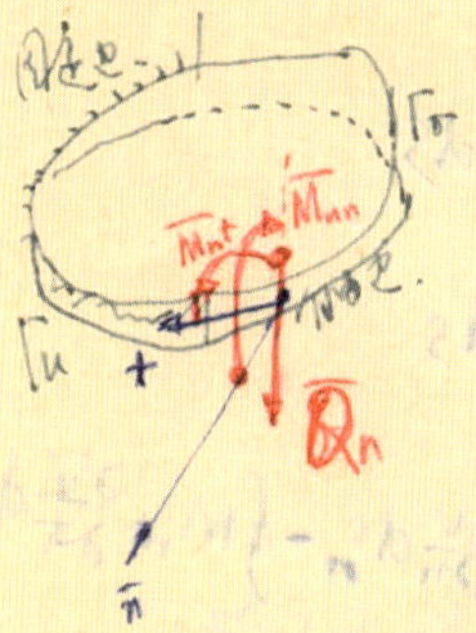

在 $\Gamma_3$ 上（自由边）设已知 $\begin{cases} Q_n = \bar{Q} \\ \bar{M}_{nn} \\ \bar{M}_{nt} \end{cases}$

曾经在此讨论问中

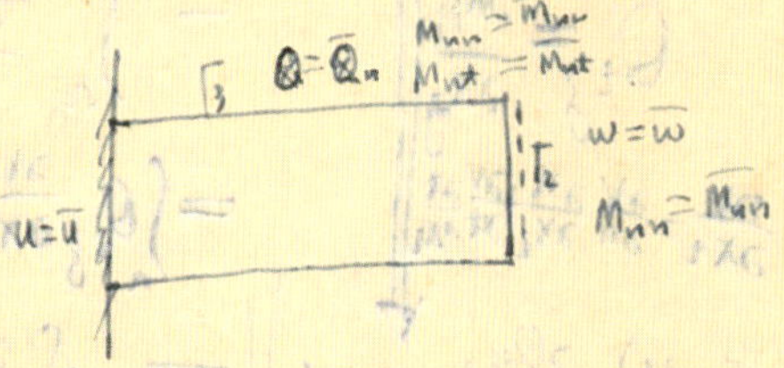

当时 1820

poisson 提出

在自由边 $\Gamma_3$ 上 $\begin{cases} Q_n = 0 \\ M_{nn} = 0 \\ M_{nt} = 0 \end{cases}$ （适用厚板）

1850年 Kirchhoff 提出 $\Gamma_3$ 上 $M_{nn} = 0$，$Q_n + \frac{\partial M_{nt}}{\partial t} = 0$

现在如已给定 $\bar{q}$，$\bar{M}_{nn}$

在对应 $\Gamma_3$ 上 $\begin{cases} M_{nn} = \bar{M}_{nn} \\ Q_n + \frac{\partial M_{nt}}{\partial t} = \bar{q} \end{cases}$

由最小位能原理 $\Longleftrightarrow$ $\begin{cases} \Omega 中 \\ \Gamma_3 \text{ 力边界条件} \end{cases}$

故我们用最小位能原理推出 Kirchhoff 自由边力学条件。

最小位能原理 $\Longleftrightarrow$ 虚功原理 $\xrightarrow{推出}$ 力边界条件

〃余〃 $\Longleftrightarrow$ 余虚功 $\Longrightarrow$ 位移边界条件

由虚功原理，在板中，取 $K_{ij}$ 为虚位移 $v$，外载 $P$，$\bar{q}$，$\bar{M}_{nn}$ 给定 $=0$

则 $\int_\Omega M_{ij}(w) K_{ij}(v)\, d\Omega - \int_\Omega P v\, d\Omega - \int_{\partial\Omega} \bar{M}_{nn}\left(-\frac{\partial v}{\partial n}\right) ds$

（$M_{ij}(w)$：实内力；$K_{ij}(v)$：虚应变；$P$：实外力；$v$：虚位移）

$- \int_{\Gamma_3} \bar{q} v\, ds = 0$ （虚功和变分）

（$\bar{q}$：实外力；$v$：虚位移）

由最小位能原理，

$$\Pi_p = \int_\Omega \frac{1}{2} M_{ij}(w) K_{ij}(w) d\Omega - \int_\Omega p w d\Omega - \int_{\partial\Omega} \overline{M}_{nn} \left(-\frac{\partial w}{\partial n}\right) ds - $$

$$- \int_{\partial\Omega} \bar{q} w ds = \min.$$ （假设力的边界条件）

$\delta \Pi_p = 0$. 得到虚功方程，

$$\int_\Omega M_{ij} \cdot \delta \frac{1}{2} K_{ij}(w) d\Omega - \int_\Omega p \delta w d\Omega + \int_{\partial\Omega} \overline{M}_{nn} \delta\left(\frac{\partial w}{\partial n}\right) ds - \int_{\partial\Omega} \bar{q} \delta w ds = 0.$$

对于虚功方程，$K_{ij}(v) = \frac{1}{2} K_{ij}(w)$. $v = \delta w$. $\frac{\partial v}{\partial n} = \delta \frac{\partial w}{\partial n}$.

先虚功方程中第一项，

$$\int_\Omega M_{ij}(w) K_{ij}(v) d\Omega = -\int_\Omega M_{ij}(w) \frac{\partial^2 v}{\partial x_i \partial x_j} d\Omega.$$ 这里含 $v$ 的二阶偏导数，应降为 $v$ 的一阶。

$$= -\int_\Omega \left[\frac{\partial}{\partial x_j}\left(M_{ij} \frac{\partial v}{\partial x_i}\right) - \frac{\partial M_{ij}}{\partial x_j} \frac{\partial v}{\partial x_i}\right] d\Omega$$

$Q_{ij} = \frac{\partial M_{ij}}{\partial x_j}$

$$= \int_\Omega \frac{\partial M_{ij}}{\partial x_j} \frac{\partial v}{\partial x_i} d\Omega - \oint_{\partial\Omega} M_{ij} n_j \frac{\partial v}{\partial x_i} ds$$

$\frac{\partial v}{\partial x_i} = \frac{\partial v}{\partial n} \frac{\partial n}{\partial x_i} + \frac{\partial v}{\partial t} \frac{\partial t}{\partial x_i}$

$$= \int_\Omega Q_{ij} \frac{\partial v}{\partial x_i} d\Omega - \oint_{\partial\Omega} \underbrace{M_{ij} n_j}_{M_{nn}} \frac{\partial v}{\partial n} ds - \int_{\partial\Omega} \underbrace{M_{ij} n_j}_{M_{nt}} \frac{\partial v}{\partial t} ds$$

$\frac{\partial}{\partial x_i}(Q_{ij} v) = \frac{\partial Q_{ij}}{\partial x_i} v + Q_{ij} \frac{\partial v}{\partial x_i}$

$$= -\int_\Omega \frac{\partial Q_{ij}}{\partial x_i} v d\Omega + \oint_{\partial\Omega} Q_{ij} n_i v ds - \int_{\partial\Omega} M_{nn} \frac{\partial v}{\partial n} ds_n - \oint_{\partial\Omega} M_{nt} \frac{\partial v}{\partial t} ds_t$$

代入虚功方程，

$$-\int_\Omega \frac{\partial Q_{ij}}{\partial x_i} v d\Omega + \int_{\partial\Omega} Q_{ij} n_i v ds - \int_{\partial\Omega} M_{ij} \frac{\partial v}{\partial n} ds_n - \oint_{\partial\Omega} M_{nt} \frac{\partial v}{\partial t} ds_t - \int_\Omega p v d\Omega +$$

$$+ \oint_{\partial\Omega} \overline{M}_{nn} \left(\frac{\partial v}{\partial n}\right) ds - \oint \bar{q} v ds = 0$$

注意到 $-\oint_{\partial\Omega} M_{nt} \frac{\partial v}{\partial t} ds \xlongequal{\text{分部积分}} \oint_{\partial\Omega} \frac{\partial M_{nt}}{\partial t} v ds - \sum_{i=1}^{n} M_{nt}(w) \Big|_{A_i^+}^{A_i^-} v_{pi}$

∴ 分部后虚功方程为

$$-\int_\Omega \left[\frac{\partial Q_{ij}}{\partial x_i} + p\right] v d\Omega + \oint_{\partial\Omega} \left[Q_n + \frac{\partial M_{nt}}{\partial t} - \bar{q}\right] v ds - \int_{\partial\Omega} (M_{nn} - \overline{M}_{nn}) \frac{\partial v}{\partial n} ds -$$

$$- \sum [M_{nt}(w)] \Big|_{A^+}^{A^-} v = 0$$

∴ 
$$\begin{cases} \text{在}\Omega, & \frac{\partial Q_{ij}}{\partial x_i} + p = 0 \\ \text{在}\partial\Omega_\sigma, & Q_n + \frac{\partial M_{nt}}{\partial t} = \bar{q} \\ \Gamma_\sigma^\theta, & M_{nn} = \overline{M}_{nn} \end{cases}$$ 
} 自然边界条件

如果边界是连续光滑的..

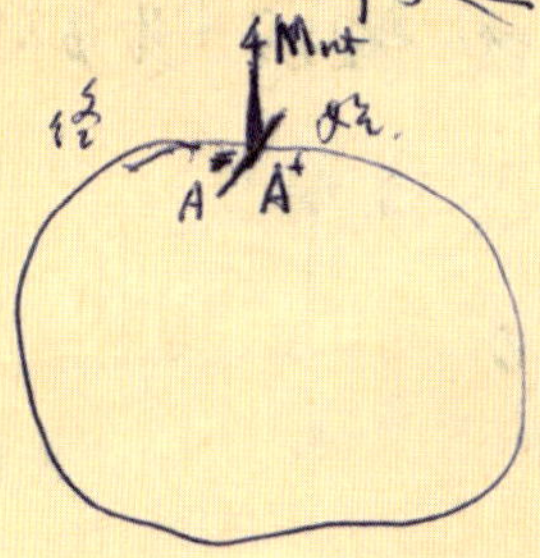


$M_{nt}\Big|_{A^+} = M_{nt}\Big|_{A^-}$ (是同一点上的值)

$\therefore \sum M_{nt}\Big|_{A^+}^{A^-} v = 0$ (能够满足连续)

如边界不光滑连续

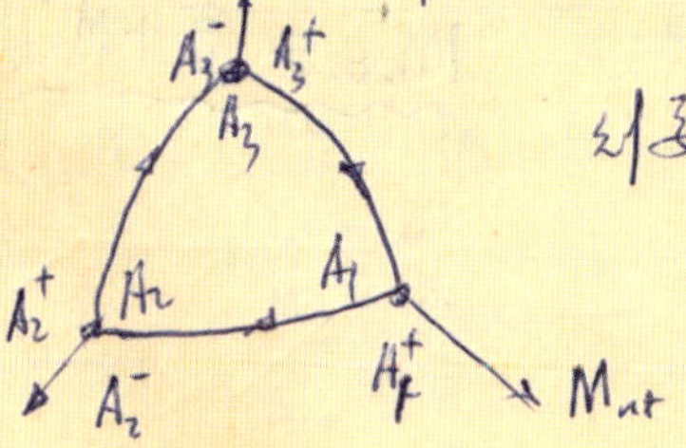


则要求有 $\sum M_{nt}\Big|_{A^+}^{A^-} = 0$

即 $\sum M_{nt}\Big|_{A_i^+} = \sum M_{nt}\Big|_{A_i^-}$

虚功原理..

$$\int_\Omega M_{ij}K_{ij}(v)\,d\Omega - \int_\Omega f\cdot v\,d\Omega - \int_\Omega p v\,d\Omega - \int_{\partial\Omega}\bar{q}\,v\,ds + \int_{\partial\Omega}\bar{M}_{nn}\frac{\partial v}{\partial n}\,ds = 0.$$

⇕ 等价

在 $\Omega$ 内 $\frac{\partial Q_i}{\partial x_i} + p = 0$

在 $\partial\Omega$ 上 $\begin{cases} Q_n + \frac{\partial M_{nt}}{\partial t} = \bar{q} \\ M_{nn} = \bar{M}_{nn} \\ [M_{nt}]_{A_i^-}^{A_i^+} = 0. \end{cases}$

1883年 Kelvin, Tait

$\frac{\partial M_{nt}}{\partial t}$ = 单位长度扭矩之改变..

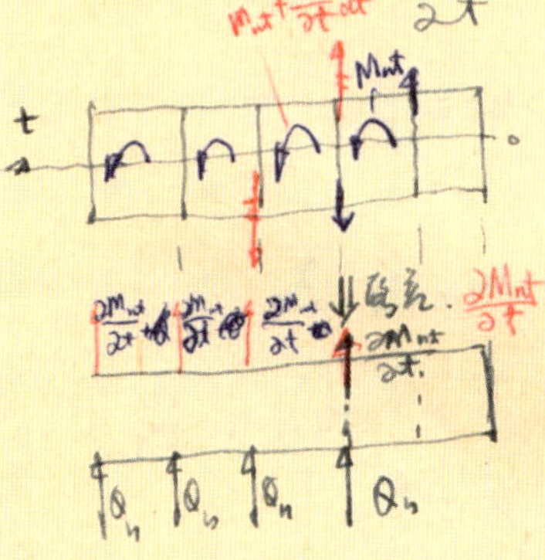


这就是对 $Q_n + \frac{\partial M_{nt}}{\partial t} = \bar{q}$ 之物理解释.

对条件 $M_{nt}\Big|_{A_i^-}^{A_i^+} = 0$ 之解释.

由 $\begin{bmatrix} M_{nn} & M_{nt}^- \\ M_{nt}^- & \end{bmatrix} = \begin{bmatrix} \cos\theta^- & \sin\theta^- \\ -\sin\theta^- & \cos\theta^- \end{bmatrix}\begin{bmatrix} M_x & M_{xy} \\ M_{xy} & M_y \end{bmatrix}\begin{bmatrix} \cos\theta^- & -\sin\theta^- \\ \sin\theta^- & \cos\theta^- \end{bmatrix}$

$\begin{bmatrix} M_{nn} & M_{nt}^+ \\ M_{nt}^+ & 0 \end{bmatrix} = \begin{bmatrix} \cos\theta^+ & \sin\theta^+ \\ -\sin\theta^+ & \cos\theta^+ \end{bmatrix}\begin{bmatrix} M_x & M_{xy} \\ M_{xy} & M_y \end{bmatrix}\begin{bmatrix} \cos\theta^+ & -\sin\theta^+ \\ \sin\theta^+ & \cos\theta^+ \end{bmatrix}$

$M_{nt}^+ = M_{nt}^-$ 即 $(M_x + M_y)\cos(\theta^+ + \theta^-) + 2M_{xy}\sin(\theta^+ + \theta^-) = 0$

如 $\theta^- = 0$, $\theta^+ = 90°$ $\longrightarrow M_{xy} = 0$

如接点有 $\bar{R}$

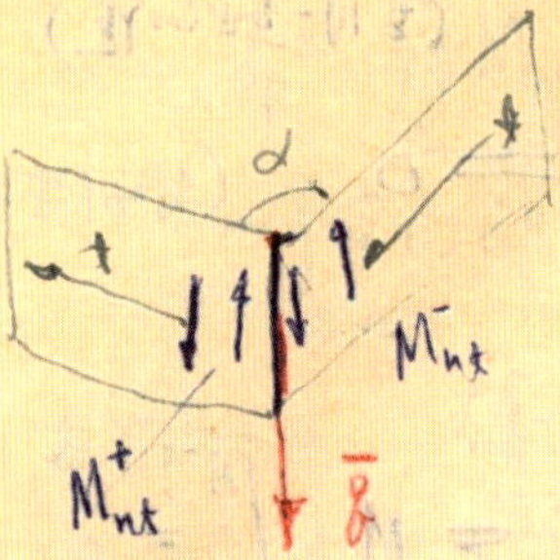


说明：∵ $M_{nt}$ 是单位长度之扭矩，是力之单位
kg-m/m.

则在接点之平衡方程为

$$M_{nt}^{+} = \bar{R} + M_{nt}^{-}$$

## §5-4. 薄板——变量变分原理

三种典型边界条件

| 代号 | 典型边界 | 给定边界条件 | 相应边界条件 |
|---|---|---|---|
| $\Gamma_1$ | 固定边界 | $w=\bar{w}$<br>$w_t=\bar{w}_t$ | $Q_n+\frac{\partial M_{nt}}{\partial t}$<br>$M_{nn}$ |
| $\Gamma_2$ | 简支边界 | $w=\bar{w}$<br>$M_{nn}=\bar{M}_{nn}$ | $Q_n+\frac{\partial M_{nt}}{\partial t}$<br>$w_t=-\frac{\partial w}{\partial n}$ |
| $\Gamma_3$ | 自由边 | $M_{nn}=\bar{M}_{nn}$<br>$Q_n+\frac{\partial M_{nt}}{\partial t}=\bar{q}$ | $w_t=-\frac{\partial w}{\partial n}$<br>$w$ |

最小位能原理. $\Pi_p=\int_\Omega[A(\varepsilon_{ij})-f_iu_i]d\Omega-\int_{\Gamma_\sigma}\bar{p}_iu_i ds=\min$

对于板. $\Pi_p=\int_\Omega[A(K_{ij}(w))-fw]d\Omega-\int_\Omega pw\,d\Omega-\int_{\Gamma_2+\Gamma_3}\bar{M}_{nn}w_t ds-$ (板面载荷)

$$-\int_{\Gamma_3}\left[Q_n+\frac{\partial M_{nt}}{\partial t}\right]w\,ds \quad \left(=\bar{q}\right)$$

$$\Pi_p=\int_\Omega[A(K_{ij})-fw-pw]d\Omega+\int_{\Gamma_2+\Gamma_3}\bar{M}_{nn}\frac{\partial w}{\partial n}ds-\int_{\Gamma_3}\bar{q}w\,ds$$

(对应 $\int_{\Gamma_\sigma}p_iu\,ds$ 一项.)

最小余能原理. $\Pi_c=\int_\Omega B(\sigma_{ij})d\Omega-\int_{\Gamma_u}p_i\bar{u}\,ds$

$$\Pi_c=\int_\Omega B(M_{ij})d\Omega-\int_{\Gamma_1+\Gamma_2}\left(Q_n+\frac{\partial M_{nt}}{\partial t}\right)\bar{w}\,ds-\int_{\Gamma_1}M_{nn}\bar{w}_t\,ds$$

其 $B(M_{ij})=\frac{1}{2D(1-\mu^2)}\left(M_x^2+M_y^2-2\mu M_xM_y+2(1+\mu)M_{xy}^2\right)$

虚功原理.

$$\int_\Omega M_{ij}K_{ij}(w)d\Omega=\int_\Omega pw\,d\Omega+\int_\Gamma\left(Q_n+\frac{\partial M_{nt}}{\partial t}\right)w\,ds+\int_\Gamma M_n w_t\,ds$$

其变量为 $M_{ij}$. $K_{ij}$. $w$. 其之间并有一定联系. 但在广义变分原理中可以认为三者相互独立.

## §5-5 薄板的广义变分原理

一) Hellinger - Reissner. 二变量

由 $\begin{cases} \Pi_c = \int_\Omega B(M_{ij})\,d\Omega - \int_{\Gamma_1+\Gamma_2} \left(Q_n + \frac{\partial M_{nt}}{\partial t}\right)\overline{w}\,ds - \int_{\Gamma_1} M_{nn}\overline{w_t}\,ds = \min \\ \Omega\text{内}.\quad \frac{\partial \sigma_{ij}}{\partial x_j} + f_i = 0 \\ \Gamma_\sigma \quad \sigma_{ij} n_j = \overline{p_i} \end{cases}$ } 强加条件　泛函

二) 薄板中 ∵ 强加条件 $\begin{cases} \Omega\text{内}. & \frac{\partial Q_{ij}}{\partial x_i} + p = 0 & \lambda_i = \omega \\ \Gamma_2+\Gamma_3 & M_{nn} = \overline{M_{nn}} & g_i = -\lambda_i = -\omega \\ \Gamma_3. & Q_n + \frac{\partial M_{nt}}{\partial t} = \overline{q} & \varphi_i = -\omega \end{cases}$

$$\therefore \Pi_{2c} = \underbrace{\int_\Omega B(M_{ij})\,d\Omega - \int_{\Gamma_1+\Gamma_2}\left(Q_n + \frac{\partial M_{nt}}{\partial t}\right)\overline{w}\,ds - \int_{\Gamma_1} M_{nn}\overline{w_t}\,ds}_{\text{原来}\Pi_c} -$$

$$+ \int_{\Gamma_2+\Gamma_3} g_i\left(M_{nn} - \overline{M_{nn}}\right)ds + \int_{\Gamma_3} \varphi_i\left(Q_n + \frac{\partial M_{nt}}{\partial t} - \overline{q}\right)ds + \int_\Omega \lambda_i\left(\frac{\partial Q_{ij}}{\partial x_i} + p\right)d\Omega = st$$

由 $\delta\Pi_{2c} = 0$. 求出 $\lambda_i = \omega \quad g_i = \varphi_i = -\omega$

$$\Pi_{2c} = \int_\Omega \left[B(M_{ij}) + \omega\left(\frac{\partial Q_{ij}}{\partial x_i} + p\right)\right]d\Omega - \int_{\Gamma_1+\Gamma_2}\left(Q_n + \frac{\partial M_{nt}}{\partial t}\right)\overline{w}\,ds -$$

$$- \int_{\Gamma_1} M_{nn}\overline{w_t}\,ds - \int_{\Gamma_2+\Gamma_3} \omega\left(M_{nn} - \overline{M_{nn}}\right)ds - \int_{\Gamma_3} \omega\left(Q_n + \frac{\partial M_{nt}}{\partial t} - \overline{q}\right)ds = st$$

二、解法.. 三变量. 强加条件 $\begin{cases} k_{ij} = -\frac{\partial^2 w}{\partial x_i \partial x_j} \quad (i = 1.2.\ \ j = 1.2) \quad \Omega\text{内}. \\ \Gamma_1+\Gamma_2. \quad w = \overline{w} \\ \Gamma_1 \quad w_t = \overline{w_t} \end{cases}$

$$\Pi_p^3 = \int_\Omega \left[A(k_{ij}) - f\omega\right]d\Omega + \int_{\Gamma_2+\Gamma_3} \overline{m_{nn}}\frac{\partial w}{\partial n}\,ds - \int_{\Gamma_3} \overline{q}\,w\,ds + \int_\Omega \lambda_{ij}\left(k_{ij} + \frac{\partial^2 w}{\partial x_i \partial x_j}\right)d\Omega$$

$$+ \int_{\Gamma_1+\Gamma_2} g_i\left(w - \overline{w}\right)ds + \int_{\Gamma_1} \varphi_i\left(w_t - \overline{w_t}\right)ds = st$$

变分 $\delta\Pi_p^3 = 0$. $\quad \lambda_{ij} = -M_{ij}$

$$g_i = -\left(Q_n + \frac{\partial M_{nt}}{\partial t}\right). \quad \varphi_i = -M_{nn}$$

$$\therefore \Pi_p^3 = \int_\Omega \left[A(k_{ij}) - f\omega\right]d\Omega + \int_{\Gamma_2+\Gamma_3} \overline{M_{nn}}\frac{\partial w}{\partial n}\,ds - \int_{\Gamma_3} \overline{q}\,w\,ds - \int_\Omega M_{ij}\left[k_{ij} + \frac{\partial^2 w}{\partial x_i \partial x_j}\right]d\Omega$$

$$- \int_{\Gamma_1+\Gamma_2}\left(Q_n + \frac{\partial M_{nt}}{\partial t}\right)\left(w - \overline{w}\right)ds - \int_{\Gamma_1} M_{nn}\left(w_t - \overline{w_t}\right)ds = st$$

记作..

$$\Pi_p^3=\int_\Omega[A(\kappa_{ij})-f w]d\Omega-\int_\Omega p w ds+\int_{\Gamma_1+\Gamma_3}\overline{M}_{nn}\frac{\partial w}{\partial n}ds-\int_{\Gamma_3}\bar{q}\, w ds+$$

$$+\int_\Omega\lambda_{ij}\left[\kappa_{ij}+\frac{\partial^2 w}{\partial x_i\partial x_j}\right]d\Omega+\int_{\Gamma_1+\Gamma_2}g_i(w_i-\overline{w}_i)ds+\int_{\Gamma_1}\varphi_i(w_t-\overline{w}_t)ds$$

$$\delta\Pi_p^3=\int_\Omega[M_{ij}\delta\kappa_{ij}-\overset{=0}{f}\delta w]d\Omega-\int_\Omega p\,\delta w ds+\int_{\Gamma_2+\Gamma_3}\overline{M}_{nn}\frac{\partial\delta w}{\partial n}ds-\int_{\Gamma_3}\bar{q}\,\delta w ds$$

$$+\int_\Omega\delta\lambda_{ij}\left[\kappa_{ij}+\frac{\partial^2 w}{\partial x_i\partial x_j}\right]d\Omega+\int_\Omega\lambda_{ij}\left[\delta\kappa_{ij}+\frac{\partial^2\delta w}{\partial x_i\partial x_j}\right]d\Omega+\int_{\Gamma_1+\Gamma_2}\delta g_i\cdot(w_i-\overline{w}_i)ds$$

$$+\int_{\Gamma_1+\Gamma_2}g_i\,\delta w ds+\int_{\Gamma_1}\varphi_i\,\delta w_t ds+\int_{\Gamma_1}\delta\varphi_i\cdot(w_t-\overline{w}_t)ds$$

~~其中~~

$$\int_\Omega\lambda_{ij}\frac{\partial^2\delta w}{\partial x_i\partial x_j}d\Omega=\int_\Omega\frac{\partial^2[\delta w\cdot\lambda_{ij}]}{\partial x_i\cdot\partial x_j}d\Omega-\int_\Omega\frac{\partial^2\lambda_{ij}}{\partial x_i\partial x_j}\delta w\cdot d\Omega$$

$$=-\int_\Omega\frac{\partial^2\lambda_{ij}}{\partial x_i\partial x_j}\delta w d\Omega+\int_{\partial\Omega}\frac{\partial(\delta w\cdot\lambda_{ij})}{\partial x_i}\eta_j ds$$

$$=\int_{\partial\Omega}\lambda_{ij}\cdot\frac{\partial\delta w}{\partial x_i}ds+\int_{\partial\Omega}\frac{\partial\lambda_{ij}}{\partial x_i}\eta_j\,\delta w ds-\int_\Omega\frac{\partial^2\lambda_{ij}}{\partial x_i\partial x_j}\delta w d\Omega$$

引λ之后..

$$\delta\Pi_p^3=\int_\Omega[M_{ij}\delta\kappa_{ij}+\lambda_{ij}\delta\kappa_{ij}]d\Omega-\int_\Omega\left[\frac{\partial^2\lambda_{ij}}{\partial x_i\partial x_j}+p\right]\delta w d\Omega$$

$$+\int_\Omega\delta\lambda_{ij}\cdot\left[\kappa_{ij}+\frac{\partial^2 w}{\partial x_i\partial x_j}\right]d\Omega+\int_{\Gamma_1+\Gamma_2}(w_i-\overline{w}_i)\delta g_i ds+\int_{\Gamma_1}(w_t-\overline{w}_t)\delta\varphi_i ds$$

$$+\int_{\Gamma_1}(\varphi_i+\lambda_{ij})\frac{\partial\delta w}{\partial x_i}\eta_j ds+\int_{\Gamma_1+\Gamma_2}\left[g_i+\frac{\partial\lambda_{ij}}{\partial x_i}\eta_j\right]\delta w ds+\int_{\Gamma_2+\Gamma_3}[\overline{M}_{nn}+\lambda_{ij}]\frac{\partial\delta w}{\partial x_i}\eta_j ds$$

$$+\int_{\Gamma_3}\left[-\bar{q}+\frac{\partial\lambda_{ij}}{\partial x_i}\eta_j\right]\delta w ds=0$$

$\therefore\ \Omega$.. $\lambda_{ij}=-M_{ij}$.

$$\begin{cases}\dfrac{\partial^2(M_{ij})}{\partial x_i\partial x_j}+p=0. \Rightarrow \dfrac{\partial Q_{ij}}{\partial x_i}+p=0\\[2mm] \dfrac{\partial^2 w}{\partial x_i\partial x_j}+\kappa_{ij}=0.\end{cases}$$

在 $\Gamma_1+\Gamma_2$. $w=\overline{w}$. $\Gamma_1$.. $w_t=\overline{w}_t$

$\Gamma_1$.. $\varphi_i=-\lambda_{ij}=-M_{ij}\big|_{\Gamma_1}=-M_{nn}$

$\Gamma_1+\Gamma_2$.. $g_i=-\dfrac{\partial\lambda_{ij}}{\partial x_i}\eta_j=-\left[\dfrac{\partial M_{nn}}{\partial n}\eta_t+\dfrac{\partial M_{nt}}{\partial t}\right]=-\left[Q_n+\dfrac{\partial M_{nt}}{\partial t}\right]$ (with $Q_n$ written above the circled term)

在 $\Gamma_2+\Gamma_3$. $\lambda_{ij}=-\overline{M}_{nn}$

## §5-6. 板的有限元法概述

1). 分割：三角元、四边元、矩形元、曲边元。

2). 插值问：一般插值。
分割三次插入法。
分次插入法。

3). 关于连续性问题。

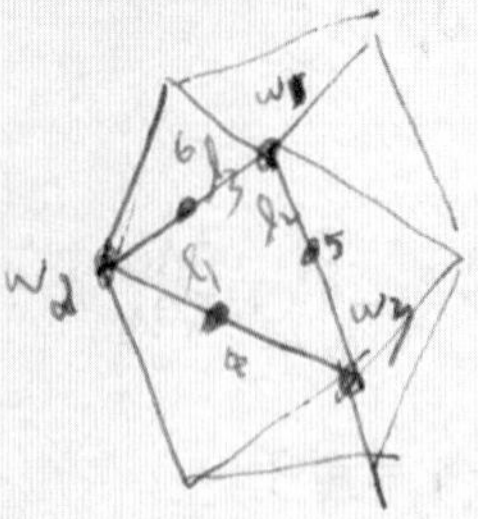


$w_1$. $w_2$. $w_3$ 由左部右部三节点连续

在单元边界上不保证位移 $w_2$ 连续。

选择在单元边界上再用插值（给边法向导数）位移连续 (4. 5. 6)

设 $\frac{\partial w_4}{\partial n_1}$. $\frac{\partial w_5}{\partial n_2}$. $\frac{\partial w_6}{\partial n_3}$ 在单元中心左右连续

但很难说 $\frac{\partial w}{\partial n_1}$. $\frac{\partial w}{\partial n_2}$. $\frac{\partial w}{\partial n_3}$ 连续。

定义：

协调元：满足变分原理连续性要求的一种协调元。

部分协调元：协调性……仅只在节点上保证其连续性，其中的一部分连续性要求满足，另一部分不满足。（简单）

过协调元：超过连续性要求的

另：关于变分原理。
- 单场：最小位能原理。
- 多场：最小余能原理。
- 混合：广义变分原理。

混合杂交元作法：
① 最小余能原理与最小位能原理比较
② 某种变分原理与另一种变分原理比较
③ 最小位能原理与驻值原理比较……

$\Pi_p = \min$
$\Pi_c = \min$ } 最小位能原理

$\Pi_{mp} = st$
$\Pi_{mc} = st$ } 驻值原理。

5) 关于坐标变换 $\frac{\partial w}{\partial x}$, $\frac{\partial w}{\partial y}$, $\frac{\partial^2 w}{\partial x^2}$ .. $\frac{\partial^2 w}{\partial x\partial y}$ 与 $\frac{\partial w}{\partial e_1}$, $\frac{\partial w}{\partial e_2}$, $\frac{\partial w}{\partial e_3}$ ...

$\frac{\partial^2 w}{\partial e_1\partial e_3}$ 之变..

总坐标 $x$, $y$..　　局部坐标 $e_1$, $e_2$, $e_3$.

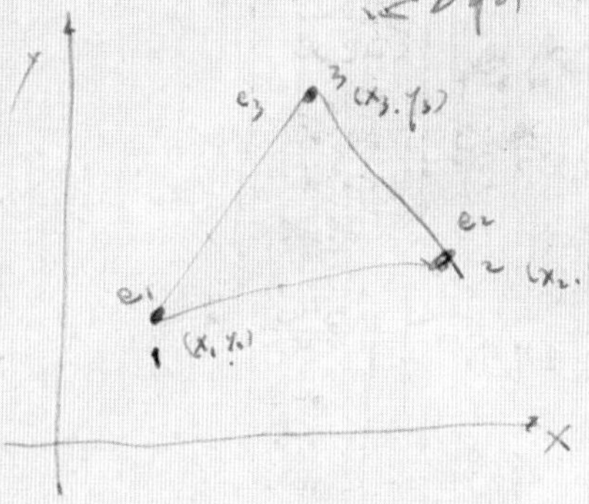


$$W = W(x, y) = W[e_1(x,y), e_2(x,y), e_3(x,y)]$$

$$\frac{\partial w}{\partial x} = \frac{\partial w}{\partial e_1}\frac{\partial e_1}{\partial x} + \frac{\partial w}{\partial e_2}\frac{\partial e_2}{\partial x} + \frac{\partial w}{\partial e_3}\frac{\partial e_3}{\partial x}$$

$$\frac{\partial w}{\partial y} = \frac{\partial w}{\partial e_1}\frac{\partial e_1}{\partial y} + \frac{\partial w}{\partial e_2}\frac{\partial e_2}{\partial y} + \frac{\partial w}{\partial e_3}\frac{\partial e_3}{\partial y}$$

$$\therefore \begin{bmatrix} \frac{\partial w}{\partial x} \\ \frac{\partial w}{\partial y} \end{bmatrix} = \begin{bmatrix} \frac{\partial e_1}{\partial x} & \frac{\partial e_2}{\partial x} & \frac{\partial e_3}{\partial x} \\ \frac{\partial e_1}{\partial y} & \frac{\partial e_2}{\partial y} & \frac{\partial e_3}{\partial y} \end{bmatrix} \begin{bmatrix} \frac{\partial w}{\partial e_1} \\ \frac{\partial w}{\partial e_2} \\ \frac{\partial w}{\partial e_3} \end{bmatrix}$$

$$= \frac{1}{2\Delta} \begin{bmatrix} \eta_1 & \eta_2 & \eta_3 \\ -\xi_1 & -\xi_2 & -\xi_3 \end{bmatrix} \begin{bmatrix} \frac{\partial w}{\partial e_1} \\ \frac{\partial w}{\partial e_2} \\ \frac{\partial w}{\partial e_3} \end{bmatrix}$$

注意 $\xi_1 = x_2 - x_3$, $\xi_2 = x_3 - x_1$.

一般取 $\xi_1 = x_3 - x_2$, $\xi_2 = x_1 - x_3$, $\xi_3 = x_2 - x_1$.

则 
$$\begin{bmatrix} \frac{\partial w}{\partial x} \\ \frac{\partial w}{\partial y} \end{bmatrix} = \frac{1}{2\Delta} \begin{bmatrix} \eta_1 & \eta_2 & \eta_3 \\ \xi_1 & \xi_2 & \xi_3 \end{bmatrix} \begin{bmatrix} \frac{\partial w}{\partial e_1} \\ \frac{\partial w}{\partial e_2} \\ \frac{\partial w}{\partial e_3} \end{bmatrix}$$

$$\frac{\partial^2 w}{\partial x^2} = \frac{\partial}{\partial x}\left(\frac{\partial w}{\partial x}\right) = \frac{\partial}{\partial x}\left(\frac{\partial w}{\partial e_1}\cdot\frac{\partial e_1}{\partial x}\right) + \frac{\partial}{\partial x}\left(\frac{\partial w}{\partial e_2}\cdot\frac{\partial e_2}{\partial x}\right) + \frac{\partial}{\partial x}\left(\frac{\partial w}{\partial e_3}\cdot\frac{\partial e_3}{\partial x}\right)$$

$$= \left(\frac{\partial^2 w}{\partial e_1^2}\left(\frac{\partial e_1}{\partial x}\right)^2 + \frac{\partial^2 w}{\partial e_1\partial e_2}\frac{\partial e_1}{\partial x}\frac{\partial e_2}{\partial x} + \frac{\partial^2 w}{\partial e_1\partial e_3}\frac{\partial e_1}{\partial x}\frac{\partial e_3}{\partial x}\right)$$

$$+ \left(\frac{\partial^2 w}{\partial e_2^2}\left(\frac{\partial e_2}{\partial x}\right)^2 + \frac{\partial^2 w}{\partial e_1\partial e_2}\frac{\partial e_1}{\partial x}\frac{\partial e_2}{\partial x} + \frac{\partial^2 w}{\partial e_2\partial e_3}\frac{\partial e_2}{\partial x}\frac{\partial e_3}{\partial x}\right)$$

$$+ \left(\frac{\partial^2 w}{\partial e_3^2}\left(\frac{\partial e_3}{\partial x}\right)^2 + \frac{\partial^2 w}{\partial e_1\partial e_3}\frac{\partial e_1}{\partial x}\frac{\partial e_3}{\partial x} + \frac{\partial^2 w}{\partial e_2\partial e_3}\frac{\partial e_3}{\partial x}\frac{\partial e_2}{\partial x}\right)$$

$$= \frac{\partial^2 w}{\partial e_1^2}\left(\frac{\partial e_1}{\partial x}\right)^2 + \frac{\partial^2 w}{\partial e_2^2}\left(\frac{\partial e_2}{\partial x}\right)^2 + \frac{\partial^2 w}{\partial e_3^2}\left(\frac{\partial e_3}{\partial x}\right)^2 + 2\left[\frac{\partial^2 w}{\partial e_1\partial e_2}\frac{\partial e_1}{\partial x}\frac{\partial e_2}{\partial x} + \frac{\partial^2 w}{\partial e_2\partial e_3}\frac{\partial e_2}{\partial x}\frac{\partial e_3}{\partial x} + \frac{\partial^2 w}{\partial e_3\partial e_1}\frac{\partial e_3}{\partial x}\frac{\partial e_1}{\partial x}\right]$$

$$\frac{\partial^2 w}{\partial y^2} =$$

$$\frac{\partial^2 w}{\partial y^2} = \frac{\partial^2 w}{\partial e_1^2}\left(\frac{\partial e_1}{\partial y}\right)^2 + \frac{\partial^2 w}{\partial e_2^2}\left(\frac{\partial e_2}{\partial y}\right)^2 + \frac{\partial^2 w}{\partial e_3^2}\left(\frac{\partial e_3}{\partial y}\right)^2 + 2\left[\frac{\partial^2 w}{\partial e_1\partial e_2}\frac{\partial e_1}{\partial y}\frac{\partial e_2}{\partial y} + \frac{\partial^2 w}{\partial e_2\partial e_3}\frac{\partial e_2}{\partial y}\frac{\partial e_3}{\partial y} + \frac{\partial^2 w}{\partial e_3\partial e_1}\frac{\partial e_3}{\partial y}\frac{\partial e_1}{\partial y}\right]$$

$$\frac{\partial^2 w}{\partial x\partial y} = \frac{\partial^2 w}{\partial e_1^2}\frac{\partial e_1}{\partial x}\frac{\partial e_1}{\partial y} + \frac{\partial^2 w}{\partial e_1\partial e_2}\frac{\partial e_1}{\partial x}\frac{\partial e_2}{\partial y} + \frac{\partial^2 w}{\partial e_1\partial e_3}\frac{\partial e_1}{\partial x}\frac{\partial e_3}{\partial y} + \frac{\partial^2 w}{\partial e_2^2}\frac{\partial e_2}{\partial x}\frac{\partial e_2}{\partial y} + \frac{\partial^2 w}{\partial e_1\partial e_2}\frac{\partial e_1}{\partial y}\frac{\partial e_2}{\partial x}$$

$$+ \frac{\partial^2 w}{\partial e_2\partial e_3}\frac{\partial e_2}{\partial x}\frac{\partial e_3}{\partial y} + \frac{\partial^2 w}{\partial e_3^2}\frac{\partial e_3}{\partial x}\frac{\partial e_3}{\partial y} + \frac{\partial^2 w}{\partial e_3\partial e_1}\frac{\partial e_3}{\partial x}\frac{\partial e_1}{\partial y} + \frac{\partial^2 w}{\partial e_3\partial e_2}\frac{\partial e_3}{\partial x}\frac{\partial e_2}{\partial y}$$

$$
\therefore \begin{bmatrix} \dfrac{\partial^2 w}{\partial x^2} \\ \dfrac{\partial^2 w}{\partial y^2} \\ \dfrac{\partial^2 w}{\partial x \partial y} \end{bmatrix} = \begin{bmatrix} \dfrac{\partial^2 e_1}{\partial x^2} & \dfrac{\partial^2 e_2}{\partial x^2} & \dfrac{\partial^2 e_3}{\partial x^2} & 2\dfrac{\partial e_2}{\partial x}\dfrac{\partial e_3}{\partial x} & 2\dfrac{\partial e_3}{\partial x}\dfrac{\partial e_1}{\partial x} & 2\dfrac{\partial e_1}{\partial x}\dfrac{\partial e_2}{\partial x} \\ \dfrac{\partial^2 e_1}{\partial y^2} & \dfrac{\partial^2 e_2}{\partial y^2} & \dfrac{\partial^2 e_3}{\partial y^2} & 2\dfrac{\partial e_2}{\partial y}\dfrac{\partial e_3}{\partial y} & 2\dfrac{\partial e_3}{\partial y}\dfrac{\partial e_1}{\partial y} & 2\dfrac{\partial e_1}{\partial y}\dfrac{\partial e_2}{\partial y} \\ \dfrac{\partial e_1}{\partial x}\dfrac{\partial e_1}{\partial y} & \dfrac{\partial e_2}{\partial x}\dfrac{\partial e_2}{\partial y} & \dfrac{\partial e_3}{\partial x}\dfrac{\partial e_3}{\partial y} & \dfrac{\partial e_2}{\partial x}\dfrac{\partial e_3}{\partial y}+\dfrac{\partial e_3}{\partial x}\dfrac{\partial e_2}{\partial y} & \dfrac{\partial e_3}{\partial x}\dfrac{\partial e_1}{\partial y}+\dfrac{\partial e_1}{\partial x}\dfrac{\partial e_3}{\partial y} & \dfrac{\partial e_1}{\partial x}\dfrac{\partial e_2}{\partial y}+\dfrac{\partial e_2}{\partial x}\dfrac{\partial e_1}{\partial y} \end{bmatrix} \begin{bmatrix} \dfrac{\partial^2 w}{\partial e_1^2} \\ \dfrac{\partial^2 w}{\partial e_2^2} \\ \dfrac{\partial^2 w}{\partial e_3^2} \\ \dfrac{\partial^2 w}{\partial e_2 \partial e_3} \\ \dfrac{\partial^2 w}{\partial e_3 \partial e_1} \\ \dfrac{\partial^2 w}{\partial e_1 \partial e_2} \end{bmatrix}
$$

$$
= \frac{1}{4\Delta^2} \begin{bmatrix} \eta_1^2 & \eta_2^2 & \eta_3^2 & 2\eta_2\eta_3 & 2\eta_3\eta_1 & 2\eta_1\eta_2 \\ \xi_1^2 & \xi_2^2 & \xi_3^2 & 2\xi_3\xi_2 & 2\xi_3\xi_1 & 2\xi_1\xi_2 \\ \eta_1\xi_1 & \eta_2\xi_2 & \eta_3\xi_3 & \eta_2\xi_3+\xi_2\eta_3 & \eta_3\xi_1+\xi_3\eta_1 & \xi_1\eta_2+\eta_1\xi_2 \end{bmatrix} \begin{bmatrix} \dfrac{\partial^2 w}{\partial e_1^2} \\ \dfrac{\partial^2 w}{\partial e_2^2} \\ \dfrac{\partial^2 w}{\partial e_3^2} \\ \dfrac{\partial^2 w}{\partial e_2 \partial e_3} \\ \dfrac{\partial^2 w}{\partial e_3 \partial e_1} \\ \dfrac{\partial^2 w}{\partial e_1 \partial e_2} \end{bmatrix}
$$

$$
= \gamma \begin{bmatrix} \dfrac{\partial^2 w}{\partial e_1^2} \\ \dfrac{\partial^2 w}{\partial e_2^2} \\ \vdots \\ \dfrac{\partial^2 w}{\partial e_1 \partial e_2} \end{bmatrix}
$$

(注：这里只分为几类二阶导数)

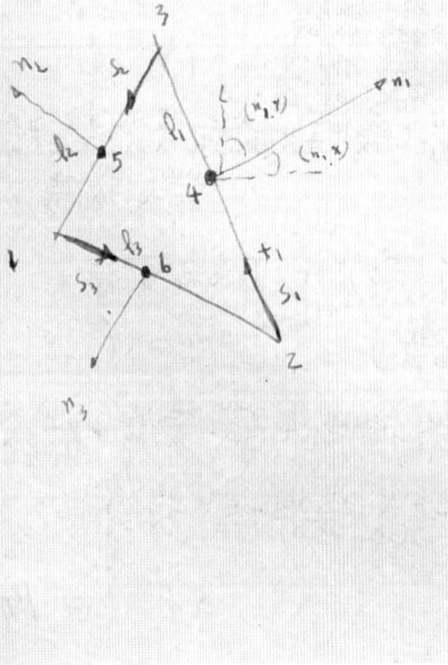


点4节点倾沿位移导数：

$$
\begin{bmatrix} \dfrac{\partial w_4}{\partial n_1} \\ \dfrac{\partial w_4}{\partial t_1} \end{bmatrix} = \begin{bmatrix} (n_1 x) & (n_1 y) \\ (n_1 y) & (n_1 x) \end{bmatrix} \begin{bmatrix} \dfrac{\partial w_4}{\partial x} \\ \dfrac{\partial w_4}{\partial y} \end{bmatrix}
$$

$$
= \begin{bmatrix} -\dfrac{\eta_1}{l_1} & -\dfrac{\xi_1}{l_1} \\ -\dfrac{\xi_1}{l_1} & -\dfrac{\eta_1}{l_1} \end{bmatrix} \begin{bmatrix} \dfrac{\partial w_4}{\partial x} \\ \dfrac{\partial w_4}{\partial y} \end{bmatrix}
$$

代入 $\dfrac{\partial w}{\partial x}$ 值

$$
= \frac{1}{2\Delta l_1} \begin{bmatrix} -\eta_1 & -\xi_1 \\ -\xi_1 & -\eta_1 \end{bmatrix} \begin{bmatrix} \eta_1 & \eta_2 & \eta_3 \\ \xi_1 & \xi_2 & \xi_3 \end{bmatrix} \begin{bmatrix} \dfrac{\partial w_4}{\partial e_1} \\ \dfrac{\partial w_4}{\partial e_2} \\ \dfrac{\partial w_4}{\partial e_3} \end{bmatrix}
$$

同理：

$$\begin{bmatrix}\frac{\partial w_5}{\partial n_2}\\ \frac{\partial w_5}{\partial t_2}\end{bmatrix}=\frac{1}{2\Delta l_2}\begin{bmatrix}-\eta_2 & -\xi_2\\ -\xi_2 & -\eta_2\end{bmatrix}\begin{bmatrix}\eta_1 & \eta_2 & \eta_3\\ \xi_1 & \xi_2 & \xi_3\end{bmatrix}\begin{bmatrix}\frac{\partial w_5}{\partial e_1}\\ \frac{\partial w_5}{\partial e_2}\\ \frac{\partial w_5}{\partial e_3}\end{bmatrix}$$

$$\begin{bmatrix}\frac{\partial w_6}{\partial n_3}\\ \frac{\partial w_6}{\partial t_3}\end{bmatrix}=\frac{1}{2\Delta l_3}\begin{bmatrix}-\eta_3 & -\xi_3\\ -\xi_3 & -\eta_3\end{bmatrix}\begin{bmatrix}\eta_1 & \eta_2 & \eta_3\\ \xi_1 & \xi_2 & \xi_3\end{bmatrix}\begin{bmatrix}\frac{\partial w_6}{\partial e_1}\\ \frac{\partial w_6}{\partial e_2}\\ \frac{\partial w_6}{\partial e_3}\end{bmatrix}$$

~~§6~~

## §5-7. 六个位移参数部分协调元. Morely元. (1971年)

最简单的一种三角元.

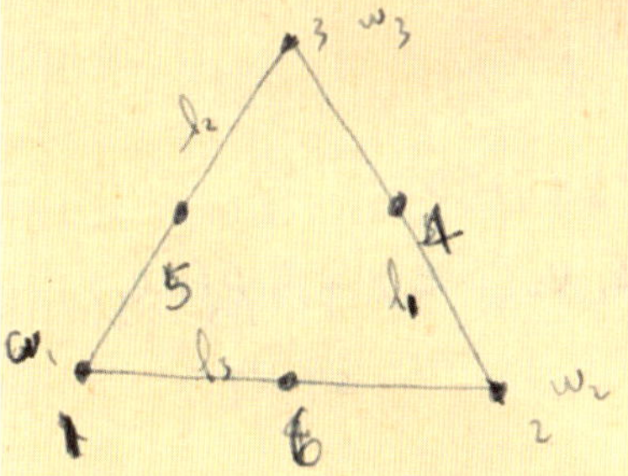


选六个位移参数 $\begin{bmatrix}w_1\\ w_2\\ w_3\\ \frac{\partial w_4}{\partial n_1}\\ \frac{\partial w_5}{\partial n_1}\\ \frac{\partial w_5}{\partial n_1}\end{bmatrix}$. 即保证: 1. 2. 3 节点位移连续 4. 5. 6. 节点转角(偏导)连续. 即仅为部分协调.

分级插入法.

设: 位移 $w=e_1w_1+e_2w_2+e_3w_3+A_1e_1(1-e_1)+$
$+A_2e_2(1-e_2)+A_3e_3(1-e_3)$
(由第二次多项式确定的)

$A_1, A_2, A_3$ 为待定参数.

由.

$$\begin{bmatrix}\frac{\partial w_4}{\partial n_1}\\ \frac{\partial w_4}{\partial t_1}\end{bmatrix}=\frac{1}{2\Delta l_1}\begin{bmatrix}-\eta_1 & -\xi_1\\ -\xi_1 & -\eta_1\end{bmatrix}\begin{bmatrix}\eta_1 & \eta_2 & \eta_3\\ \xi_1 & \xi_2 & \xi_3\end{bmatrix}\begin{bmatrix}\frac{\partial w_4}{\partial e_1}\\ \frac{\partial w_4}{\partial e_2}\\ \frac{\partial w_4}{\partial e_3}\end{bmatrix}$$

$$=\frac{1}{2\Delta l_1}\begin{bmatrix}-\eta_1 & -\xi_1\\ -\xi_1 & -\eta_1\end{bmatrix}\begin{bmatrix}\eta_1 & \eta_2 & \eta_3\\ \xi_1 & \xi_2 & \xi_3\end{bmatrix}\begin{bmatrix}\frac{\partial w}{\partial e_1}\\ \frac{\partial w}{\partial e_2}\\ \frac{\partial w}{\partial e_3}\end{bmatrix}=\frac{1}{2\Delta l_1}\begin{bmatrix}-\eta_1 & -\xi_1\\ -\xi_1 & -\eta_1\end{bmatrix}\begin{bmatrix}\eta_1 & \eta_2 & \eta_3\\ \xi_1 & \xi_2 & \xi_3\end{bmatrix}\begin{bmatrix}w_1+A_1(1-2e_1)\\ w_2+A_2(1-2e_2)\\ w_3+A_3(1-2e_3)\end{bmatrix}$$

∵ 在4点 $e_1=0$. $e_2=e_3=\frac{1}{2}$.

$$\therefore\ \begin{bmatrix}\frac{\partial w_4}{\partial n_1}\\ \frac{\partial w_4}{\partial t_1}\end{bmatrix}=\frac{1}{2\Delta l_1}\begin{bmatrix}-\eta_1 & -\xi_1\\ -\xi_1 & -\eta_1\end{bmatrix}\begin{bmatrix}\eta_1 & \eta_2 & \eta_3\\ \xi_1 & \xi_2 & \xi_3\end{bmatrix}\begin{bmatrix}w_1+A_1\\ w_2\\ w_3\end{bmatrix}$$

注: $\frac{\partial w_4}{\partial t_1}=0$ 求出 $A_1=\frac{-1}{l_1^2}[\eta_1^2,\xi_1^2]\begin{bmatrix}\eta_1^2 & \eta_2^2 & \eta_3^2\\ \xi_1^2 & \xi_2^2 & \xi_3^2\end{bmatrix}\begin{bmatrix}w_1\\ w_2\\ w_3\end{bmatrix}-\frac{2\Delta}{l_1}\left[\frac{\partial w_4}{\partial n_1}\right]$

同理可求出 $A_2$、$A_3$.

$$\begin{bmatrix} A_1 \\ A_2 \\ A_3 \end{bmatrix} = - \begin{bmatrix} \frac{\eta_1^2}{l_1^2} & \frac{\xi_1^2}{l_1^2} \\ \frac{\eta_2^2}{l_2^2} & \frac{\xi_2^2}{l_2^2} \\ \frac{\eta_3^2}{l_3^2} & \frac{\xi_3^2}{l_3^2} \end{bmatrix} \begin{bmatrix} \eta_1^2 & \eta_2^2 & \eta_3^2 \\ \xi_1^2 & \xi_2^2 & \xi_3^2 \end{bmatrix} \begin{bmatrix} w_1 \\ w_2 \\ w_3 \end{bmatrix} - 2\Delta \begin{bmatrix} \frac{1}{l_1}\frac{\partial w_4}{\partial n_1} \\ \frac{1}{l_2}\frac{\partial w_5}{\partial n_2} \\ \frac{1}{l_3}\frac{\partial w_6}{\partial n_3} \end{bmatrix}$$

板的最小位能原理。

$$\Pi_p^e = \int_{\Omega_n} \frac{1}{2}[K_x, K_y, 2K_{xy}] D \begin{bmatrix} 1 & \mu & 0 \\ \mu & 1 & 0 \\ 0 & 0 & \frac{1-\mu}{2} \end{bmatrix} \begin{bmatrix} K_x \\ K_y \\ 2K_{xy} \end{bmatrix} d\Omega - \int_{\Omega} p w \, d\Omega = \min.$$

由

$$\begin{bmatrix} +\frac{\partial^2 w}{\partial x^2} \\ +\frac{\partial^2 w}{\partial y^2} \\ +\frac{\partial^2 w}{\partial x \partial y} \end{bmatrix} = \gamma \begin{bmatrix} \frac{\partial^2 w}{\partial e_1^2} \\ \frac{\partial^2 w}{\partial e_2^2} \\ \frac{\partial^2 w}{\partial e_3^2} \\ \vdots \\ \frac{\partial^2 w}{\partial e_1 \partial e_2} \end{bmatrix}$$

$$w = w_1 e_1 + w_2 e_2 + w_3 e_3 + A_1 e_1(1-e_1) + A_2 e_2(1-e_2) + A_3 e_3(1-e_3)$$

$$\frac{\partial^2 w}{\partial e_1^2} = -2A_1 \qquad \frac{\partial^2 w}{\partial e_2 \partial e_3} = 0$$

$$\frac{\partial^2 w}{\partial e_2^2} = -2A_2 \qquad \frac{\partial^2 w}{\partial e_3 \partial e_1} = 0$$

$$\frac{\partial^2 w}{\partial e_3^2} = -2A_3. \qquad \frac{\partial^2 w}{\partial e_1 \partial e_2} = 0$$

$$\therefore \begin{bmatrix} \frac{\partial^2 w}{\partial x^2} \\ \frac{\partial^2 w}{\partial y^2} \\ \frac{\partial^2 w}{\partial x \partial y} \end{bmatrix} = \frac{-1}{2\Delta^2} \begin{bmatrix} \eta_1^2, & \eta_2^2 & \eta_3^2 \\ \xi_1^2 & \xi_2^2 & \xi_3^2 \\ \eta_1\xi_1, & \xi_2\eta_2 & \xi_3\eta_3 \end{bmatrix} \begin{bmatrix} A_1 \\ A_2 \\ A_3 \end{bmatrix} = -\gamma A.$$

$$\Pi_p^e = \frac{1}{2} A^T \underline{\int_n \gamma^T D \gamma \, d\Omega} A - \underline{\int_w P(w_1 e_1 + w_2 e_2 + w_3 e_3) \, d\Omega} = \min$$

然后积分公式

$$= \frac{1}{2} A^T K_n A - \frac{P\Delta}{3}(w_1 + w_2 + w_3) = \min.$$

附录：triangle-element 元.

T—6 ⟹

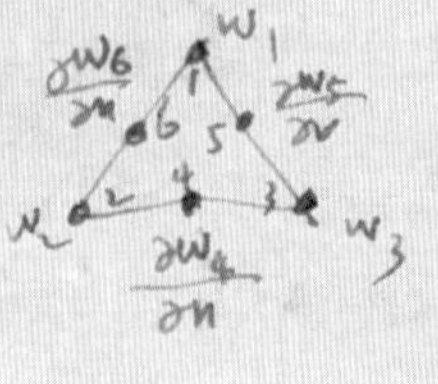


⟹ 部分协调元

讨论六位移参数.

T-9

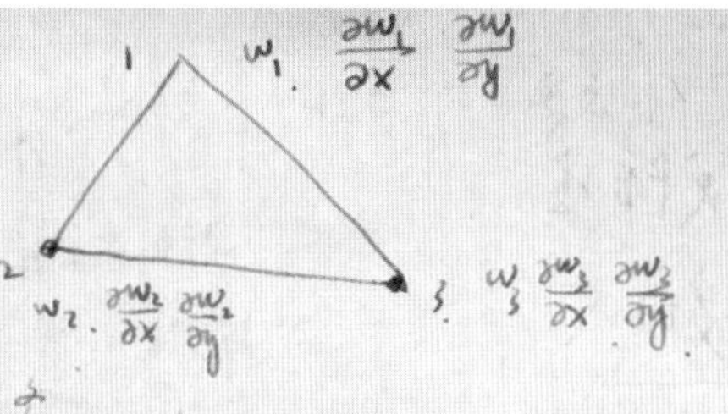


部分协调.

结点. 9个参数.

w为$e_1$. $e_2$ $e_3$. 用三次完全

多项式. 用10项.

$$w = \alpha_1 e_1 + \alpha_2 e_2 + \alpha_3 e_3 + \alpha_4 e_1^2 e_2 + \alpha_5 e_1^2 e_3 + \alpha_6 e_2^2 e_3 + \alpha_7 e_2^2 e_1 + \alpha_8 e_3^2 e_1 + \alpha_9 e_3^2 e_2 + \alpha_{10} e_1 e_2 e_3.$$

保证收敛性..

$$\alpha_{10} = \frac{1}{2}(\alpha_4 + \alpha_5 + \alpha_6 + \alpha_7 + \alpha_8 + \alpha_9)$$

$$W = \varphi^T \alpha$$

$$\alpha = [\alpha_1\ \alpha_2 \ldots \alpha_9]^T$$

$$\phi = [e_1.\ e_2.\ e_3\ \ e_1^2 e_2 + \tfrac{1}{2} e_1 e_2 e_3.\ \ e_1^2 e_3 + \tfrac{1}{2} e_1 e_2 e_3.\ \ e_2^2 e_3 + \tfrac{1}{2} e_1 e_2 e_3,$$
$$e_2^2 e_1 + \tfrac{1}{2} e_1 e_2 e_3.\ \ e_3^2 e_1 + \tfrac{1}{2} e_1 e_2 e_3,\ \ e_3^2 e_2 + \tfrac{1}{2} e_1 e_2 e_3\ ]^T.$$

T-12

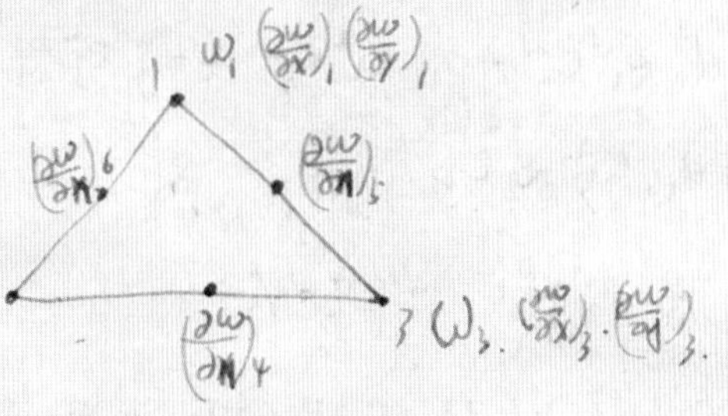


T-15.

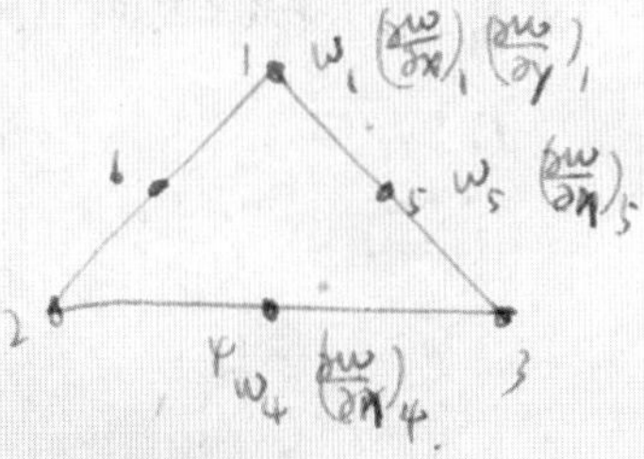


T-18.

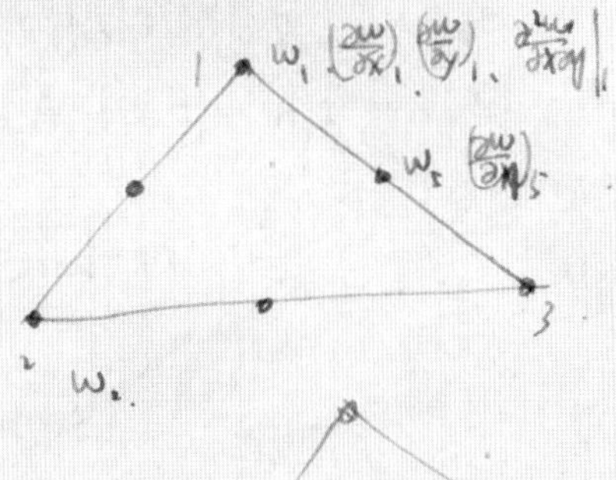


T-21.

是协调元..

插值法：1. 多项式插值

取用完备的多项式

不完备多项式出现问题：1° 计算结果刚度过硬。
2° 有时矩阵是奇异。

如 T-9：

$$W = a_1 + a_2 x + a_3 y + a_4 x^2 + a_5 xy + a_6 y^2 + a_7 x^3 + a_8 x^2 y + a_9 y^2 x + a_{10} y^3$$

Adini 略去 $xy$ 项 则 刚度太硬

Tocher 取 $a_8 = a_9$ 则 矩阵奇异

2）用局部坐标 $e_1\ e_2\ e_3$ 插值（local coordinate）

$$W = \alpha_1 e_1 + \alpha_2 e_2 + \alpha_3 e_3 + \alpha_4 e_1^2 e_2 + \alpha_5 e_2^2 e_3 + \alpha_6 e_3^2 e_1 + \alpha_7 e_2^2 e_1$$
$$+ \alpha_8 e_3^2 e_2 + \alpha_9 e_1^2 e_3 + \alpha_{10} e_1 e_2 e_3$$
$$+ \alpha_{11} e_1^2 e_2^2 + \alpha_{12} e_2^2 e_3^2 + \alpha_{13} e_3^2 e_1^2 + \alpha_{14} e_1^2 e_2 e_3 + \alpha_{15} e_2^2 e_1 e_3$$
$$+ \alpha_{16} e_3^2 e_1 e_2$$

W 在单元边界上协调（T-9 三次方

$\frac{\partial W}{\partial x}$, $\frac{\partial W}{\partial y}$ 边界上不协调。（边界上只两个 $\frac{\partial W}{\partial x}$, $\frac{\partial W}{\partial y}$，决定不了三次）

协调元.. 1) 再分割法 H.C.T 三角元.. (Hsieh-Clough-Tocher)

2) 杂交应力法.

3) 多件极值法.

4) 混合法.. Hellinger-Reissner

5) 样条元法 (Chang T.K. 张钧祐.)

§5-8. 21个、18个位移参数三角协调元..

Triangular element T-6, T-9, T-12, T-15 } 为部分协调元 (非协调元)

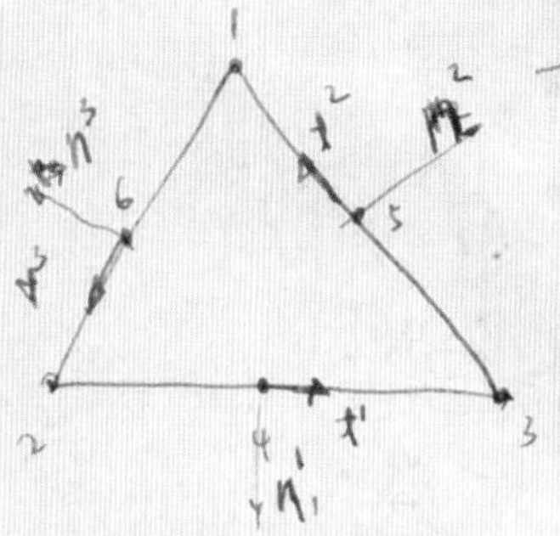

每个点六个位移参数.. $w_i$, $\left(\frac{\partial w}{\partial x}\right)_i$. $\left(\frac{\partial w}{\partial y}\right)_i$. $\left(\frac{\partial^2 w}{\partial x^2}\right)_i$. $\left(\frac{\partial^2 w}{\partial y^2}\right)_i$. $\left(\frac{\partial^2 w}{\partial x \partial y}\right)_i$. } $i=1.2.3.$

构成十八个位移参数..

又 $\left(\frac{\partial w}{\partial n}\right)_j$ $j=4.5.6$

与前十八相加即得 21个位移参数

构成一个完备的五次多项式..

$$w = a_1 + a_2 x + a_3 y + \cdots + a_{19} x^2 y^3 + a_{20} x^3 y^2 + a_{21} y^5$$

$$= [1,\ x,\ y,\ x^2,\ \cdots\cdots\ x^2y^3.\ x^3y^2.\ y^5] \begin{bmatrix} a_1 \\ a_2 \\ \vdots \\ a_{21} \end{bmatrix} \text{位移参数}$$

$$= W^T a..$$

$1$

$x \quad y$

$x^2 \quad xy \quad y^2$

$x^3 \quad x^2y \quad xy^2 \quad y^3$

$x^4 \quad x^3y \quad x^2y^2 \quad xy^3. \quad y^4$

$x^5 \quad x^4y \quad x^3y^2 \quad x^2y^3. \quad xy^4 \quad y^5$

现在证.. 为什么是协调元..

坐标变换.. $\begin{bmatrix} n' \\ t' \end{bmatrix} = \begin{bmatrix} n_1 & n_2 \\ t_1 & t_2 \end{bmatrix} \begin{bmatrix} x \\ y \end{bmatrix}$ .. $\begin{bmatrix} x \\ y \end{bmatrix} = \begin{bmatrix} n_1 & t_1 \\ n_2 & t_2 \end{bmatrix} \begin{bmatrix} n' \\ t' \end{bmatrix}$

又 w沿23边 W在此边上之值

$$W = A_1 + A_2 t + A_3 t^2 + A_4 t^3 + A_5 t^4 + A_6 t^5.$$

由. $w_2$. $\left(\frac{\partial w}{\partial t}\right)_2$. $\left(\frac{\partial^2 w}{\partial t^2}\right)_2$.
$w_3$. $\left(\frac{\partial w}{\partial t}\right)_3$. $\left(\frac{\partial^2 w}{\partial t^2}\right)_3$. } 这六可以定这六个待定参数

故W是唯一确定的

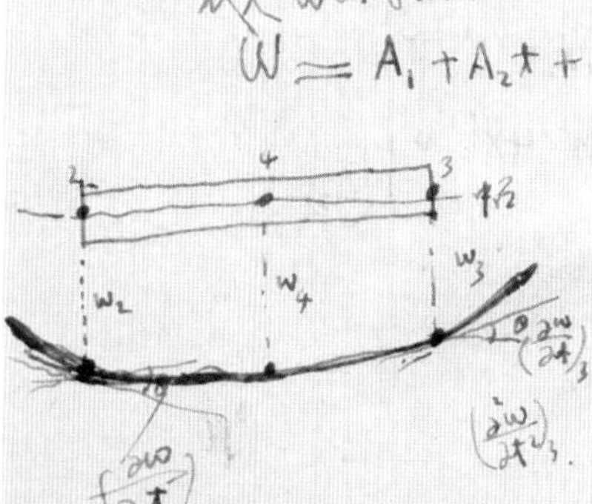

故我们说W是协调的..

$$\frac{\partial w}{\partial n'} = n_1'\frac{\partial w}{\partial x} + n_2'\frac{\partial w}{\partial y} \xrightarrow{\text{[illegible]}} B_1 + B_2 t + B_3 t^2 + B_4 t^3 + B_5 t^4$$

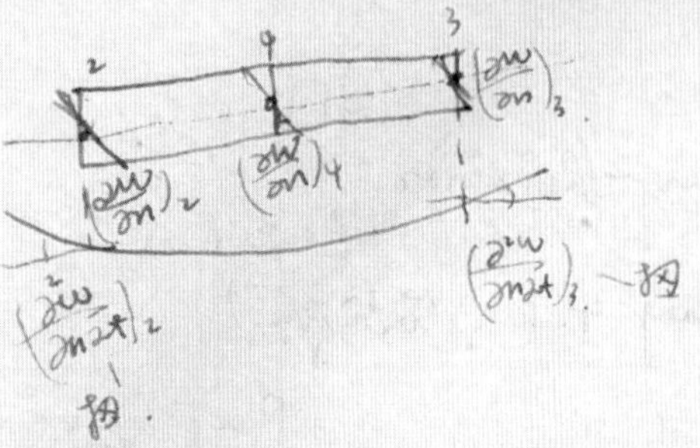

由 $\left(\frac{\partial w}{\partial n}\right)_2$、$\left(\frac{\partial w}{\partial n}\right)_4$、$\left(\frac{\partial w}{\partial n}\right)_3$、$\left(\frac{\partial^2 w}{\partial n\partial t}\right)_2$、$\left(\frac{\partial^2 w}{\partial n\partial t}\right)_2$.

可以完全地决定 $B_1$ $B_2$ … $B_5$ 这五个系数

故结点的 $\frac{\partial w}{\partial n}$ 是协调的.

最小位能原理

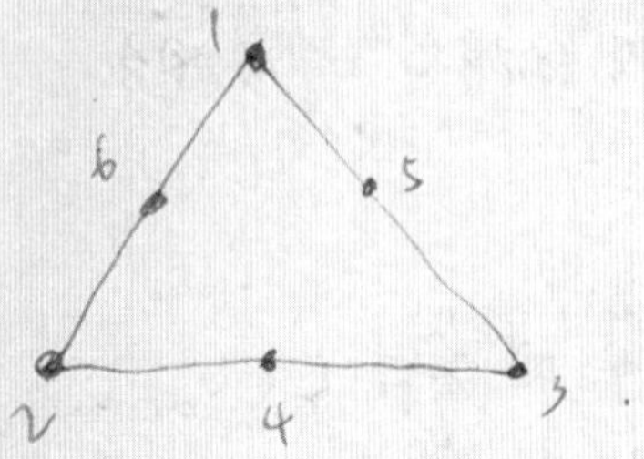

$w = W^T a$.

广义节点位移 $q_i = \begin{bmatrix} w_i \\ \left(\frac{\partial w}{\partial x}\right)_i \\ \left(\frac{\partial w}{\partial y}\right)_i \\ \left(\frac{\partial^2 w}{\partial x^2}\right)_i \\ \left(\frac{\partial^2 w}{\partial y^2}\right)_i \\ \left(\frac{\partial^2 w}{\partial x\partial y}\right)_i \end{bmatrix}$ $i=1,2,3$.

$q_j = \left[\left(\frac{\partial w}{\partial n}\right)_j\right]$ $j=4,5,6$.

$$q_{21} = \begin{bmatrix} q_1 \\ q_2 \\ q_3 \\ q_4 \\ q_5 \\ q_6 \end{bmatrix} = \begin{bmatrix} w_1 \\ \left(\frac{\partial w}{\partial x}\right)_1 \\ \vdots \\ w_2 \\ \vdots \\ w_3 \\ \vdots \\ w_4 \\ \vdots \\ w_5 \\ \vdots \\ w_6 \\ \vdots \end{bmatrix}$$

其 $q_1 = \begin{bmatrix} w_1 \\ \left(\frac{\partial w}{\partial x}\right)_1 \\ \left(\frac{\partial w}{\partial y}\right)_1 \\ \left(\frac{\partial^2 w}{\partial x^2}\right)_1 \\ \left(\frac{\partial^2 w}{\partial y^2}\right)_1 \\ \left(\frac{\partial^2 w}{\partial x\partial y}\right)_1 \end{bmatrix}$

$$q_1 = \begin{bmatrix} w_1 \\ \left(\frac{\partial w}{\partial x}\right)_1 \\ \left(\frac{\partial w}{\partial y}\right)_1 \\ \left(\frac{\partial^2 w}{\partial x^2}\right)_1 \\ \left(\frac{\partial^2 w}{\partial y^2}\right)_1 \\ \left(\frac{\partial^2 w}{\partial x\partial y}\right)_1 \end{bmatrix} = \begin{bmatrix} 1 & x_1 & y_1 & x_1^2 & \cdots & x_1^2y_1^3 & x_1y_1^4 & y_1^5 \\ 0 & 1 & 0 & 2x_1 & \cdots & 2x_1y_1^3 & y_1^4 & 0 \\ 0 & 0 & 1 & 0 & \cdots & 3x_1^2y_1^2 & 4x_1y_1^3 & 5y_1^4 \\ 0 & 0 & 0 & 2 & \cdots & 2y_1^3 & 0 & 0 \\ 0 & 0 & 0 & 0 & \cdots & 6x_1^2y_1 & 12x_1y_1^2 & 20y_1^3 \\ 0 & 0 & 0 & 0 & \cdots & 6x_1y_1^2 & 4y_1^3 & 0 \end{bmatrix} \begin{bmatrix} a_1 \\ a_2 \\ \vdots \\ a_{21} \end{bmatrix} = G_1^T a$$

故 $q_i = G_i^T a$ .. $i = 1, 2, 3$ ..

$$q_j=\left(\frac{\partial w}{\partial n}\right)_j = n_1^i\left(\frac{\partial w}{\partial x}\right)_j + n_2^i\left(\frac{\partial w}{\partial y}\right)_j \qquad \begin{cases} i=1,2,3 \\ j=4,5,6 \end{cases}$$

法向导数|连续的 仅只要一对么.

$$=\begin{bmatrix} n_1^i & n_2^i \end{bmatrix}\begin{bmatrix} 0 & 1 & 0 & 2x_j & \cdots & 2x_jy_j^3 & y_j^4 & 0 \\ 0 & 0 & 1 & 0 & \cdots & 3x_j^2y_j^2 & 4x_jy_j^3 & 5y_j^4 \end{bmatrix}\begin{bmatrix} a_1 \\ a_2 \\ \vdots \\ a_{21} \end{bmatrix}$$

$$= G_j^T a \qquad (j=4,5,6)$$

$$\therefore q_{21}=\begin{bmatrix} G_1^T \\ G_2^T \\ \vdots \\ G_{6}^T \end{bmatrix}\begin{bmatrix} a_1 \\ a_2 \\ \vdots \\ a_{21} \end{bmatrix}=G^T a$$

即 $a = \underline{\underline{G^{T^{-1}}}}\, q_{21}$

逆阵好算.

曲率：

$$K=-\begin{bmatrix} \frac{\partial^2 w}{\partial x^2} \\ \frac{\partial^2 w}{\partial y^2} \\ 2\frac{\partial^2 w}{\partial x\partial y} \end{bmatrix}=-\begin{bmatrix} 0 & 0 & 0 & 2 & \cdots & 2y^3 & 0 & 0 \\ 0 & 0 & 0 & 0 & \cdots & 6x^2y & 12xy^2 & 20y^3 \\ 0 & 0 & 0 & 0 & \cdots & 12xy^2 & 8y^3 & 0 \end{bmatrix}\begin{bmatrix} a_1 \\ a_2 \\ a_3 \\ \vdots \\ a_{21} \end{bmatrix}=-pa$$

$$\therefore K=-pa=-p\left(G^T\right)^{-1}q_{21}$$

$$\Pi_p^{(e)}=\frac{1}{2}q_{21}^T\int_{\Delta n}\left((G^T)^{-1}\right)^T p^T D p\, G^{T^{-1}}\,d\Omega\, q_{21}-\int_{\Delta n} w^T \bar{p}_i\, d\Omega$$

(绝对系统的功)

$$\underline{\underline{w=W^Ta}}\ \frac{1}{2}q_{21}^T\int_{\Delta n} G^{-1}p^TDp\,G^{T^{-1}}\,d\Omega\, q_{21}-q_{21}^T\int_{\Delta n} G^{-1}W\bar{p}_i\,d\Omega=\min$$

$$\therefore \Pi_p^{(e)}=\frac{1}{2}q_{21}^T K_{21} q_{21}-q_{21}^T\underline{\underline{\bar{Q}}}=\min.$$

载荷项.

$\delta\Pi_p^e=0$.

$$K_{21}q_{21}\quad \bar{Q}=0.$$

第廿二届 有限元和力学讲座. 北京. 地矿部计算机中心. 1983.3.18

ADINA 程序之单元部分..

## 第四章. 等参元.

### 一. 坐标变换函数.

对二维单元中,任意曲边四边形,转变成标准正方形,坐标变换函数

$$\left.\begin{aligned} x &= \sum_{j=1}^{n} N_j x_j \\ y &= \sum_{j=1}^{n} N_j y_j \end{aligned}\right\}$$

其中 $x_j$, $y_j$ 为节点坐标值,n 为参加坐标变换节点数. $N_j$ 为形函数.

当 $N_k = N_j$ (即位移插值函数等于坐标变换函数)时,且 $m = n$ (即位移插值节点数等于坐标变换之节点数)则称这种变换所得之单元为等参元.

而 $m > n$ 时称超参元

$m < n$ 时称次参元..

次参元一般用于单元内部位移变化复杂,某些边界又为直线之情况.

超参元用于[illegible]这一类几何形状较复杂之结构.

### 二. 线性情况下单元之刚度阵..质量..

二维应力状态.. $\{\varepsilon\} = [B]\{\delta\}$.

$$[B] = [B_1\ B_2 \cdots B_i \cdots] \quad [B_i] = \begin{bmatrix} \frac{\partial N_i}{\partial x} & 0 \\ 0 & \frac{\partial N_i}{\partial y} \\ \frac{\partial N_i}{\partial y} & \frac{\partial N_i}{\partial x} \end{bmatrix} \quad (i=1,2\cdots)$$

$$\begin{bmatrix} \frac{\partial N_i}{\partial x} \\ \frac{\partial N_i}{\partial y} \end{bmatrix} = [J]^{-1} \begin{bmatrix} \frac{\partial N_i}{\partial r} \\ \frac{\partial N_i}{\partial s} \end{bmatrix}$$

$[J]$ 为雅可比阵.

$$\begin{cases} \frac{\partial N_i}{\partial r} = \frac{\partial N_i}{\partial x}\frac{\partial x}{\partial r} + \frac{\partial N_i}{\partial y}\frac{\partial y}{\partial r} \\ \frac{\partial N_i}{\partial s} = \frac{\partial N_i}{\partial x}\frac{\partial x}{\partial s} + \frac{\partial N_i}{\partial y}\frac{\partial y}{\partial s} \end{cases}$$

$$[J] = \begin{bmatrix} \frac{\partial x}{\partial r} & \frac{\partial y}{\partial r} \\ \frac{\partial x}{\partial s} & \frac{\partial y}{\partial s} \end{bmatrix} = \begin{bmatrix} \sum_{j=1}^{n} \frac{\partial N_j}{\partial r} x_j & \sum \frac{\partial N_j}{\partial r} y_j \\ \sum \frac{\partial N_j}{\partial s} x_j & \sum \frac{\partial N_j}{\partial s} y_j \end{bmatrix}$$

n 为坐标变换节点数.

代入就可求出 B. 知道了弹性关系 $[C]$ 后,则单元刚度阵采用高斯积分后为.

$$[K] = h\int_s [B]^T[C][B]\,ds = \sum_{i=1}^{n_1}\sum_{j=1}^{n_2} [B]_{ij}^T [C] [B]_{ij} |J|_{ij} W_i W_j h$$

这里 $n_1$, $n_2$ 为 r, s 方向积分点数,h 为单位厚度. $|J|_{ij}$ 为雅可比行列式.

$W_i$, $W_j$ 为积分加权系数.

对一致质量[illegible]有..

$$[M] = h\int_s [N]^T \gamma [N]\,ds = \sum_{i=1}^{n_1}\sum_{j=1}^{n_2} [N]^T[N]\gamma |J|_{ij} W_i W_j h$$

对集中质量,假定对每一节点有相等值,且为 $M_0 = (\gamma h \sum_1^{n_1}\sum_1^{n_2} |J|_{ij} W_i W_j)/n$

式中K的按量表达。

四、非线性情况下有关矩阵的推导

1. 基本方程和有关公式

$$\{{}^{t+\Delta t}_{\ 0}U\}=\{{}^{t}_{0}U\}+\{{}_0U\}$$

t时刻的位移 $\quad {}^{t}_{0}u_i=\sum_{k=1}^{n}N_k\,{}^{t}_{0}u_i^k \qquad \{{}^{t}_{0}U\}=[N]\{{}^{t}_{0}U^k\}$

位移增量（t→t+Δt内）

$${}_0u_i=\sum_{k=1}^{n}N_k\,{}_0u_i^k \qquad \{{}_0U\}=[N]\{{}_0U^k\}$$

其中 $\{{}_0U^k\}$ 是节点的位移增量，n为单元节点的总数。

真实应变为 $\quad \{{}^{t+\Delta t}_{\ 0}\varepsilon\}=\{{}^{t}_{0}\varepsilon\}+\{{}_0\varepsilon\}$

$$\{{}_0\varepsilon\}=\{{}_0e\}+\{{}_0\eta\}$$

$${}_0e_{ij}=\frac{1}{2}\left[u_{i,j}+u_{j,i}+{}^{t}_{0}u_{k,i}\cdot{}_0u_{k,j}+{}^{t}_{0}u_{k,j}\cdot{}_0u_{k,i}\right]$$

$${}_0\eta_{ij}=\frac{1}{2}\,{}_0u_{k,i}\cdot{}_0u_{k,j}$$

完全Lagrange方程增量有限元基本方程为

$$\left([{}^{t}_{0}K]_L+[{}^{t}_{0}K]_{NL}\right)\{{}_0U^k\}=\{{}^{t+\Delta t}_{\ 0}R\}-\{{}^{t}_{0}F\}$$

增量形式的虚功原理的Total Lagrange方程为

$$\int_{{}^0V}\{\delta_0e\}^T[{}_0C]\{{}_0e\}\,{}^0dV+\int_{{}^0V}\{\delta_0\eta\}^T\{{}^{t}_{0}S\}\,{}^0dV={}^{t+\Delta t}_{\ 0}W-\int_{{}^0V}\{\delta_0e\}^T\{{}^{t}_{0}S\}\,{}^0dV$$

2. 线性部分刚度矩阵 $[{}^{t}_{0}K]_L$ 的推导

对平面问题

$$\{{}_0e\}=\begin{bmatrix}{}_0e_{11}\\ {}_0e_{22}\\ {}_0e_{12}\end{bmatrix}=\begin{bmatrix}\frac{\partial_0u_1}{\partial x_1}\\ \frac{\partial_0u_2}{\partial x_2}\\ \frac{\partial_0u_1}{\partial x_2}+\frac{\partial_0u_2}{\partial x_1}\end{bmatrix}+\begin{bmatrix}\frac{\partial{}^t_0u_1}{\partial x_1}\frac{\partial_0u_1}{\partial x_1}+\frac{\partial{}^t_0u_2}{\partial x_1}\frac{\partial_0u_2}{\partial x_1}\\ \frac{\partial{}^t_0u_1}{\partial x_2}\frac{\partial_0u_1}{\partial x_2}+\frac{\partial{}^t_0u_2}{\partial x_2}\frac{\partial_0u_2}{\partial x_2}\\ \frac{\partial{}^t_0u_1}{\partial x_1}\frac{\partial_0u_1}{\partial x_2}+\frac{\partial{}^t_0u_2}{\partial x_1}\frac{\partial_0u_2}{\partial x_2}+\frac{\partial{}^t_0u_1}{\partial x_2}\frac{\partial_0u_1}{\partial x_1}+\frac{\partial{}^t_0u_2}{\partial x_2}\frac{\partial_0u_2}{\partial x_1}\end{bmatrix}$$

小变形形式

代入位移插值函数

$$\begin{bmatrix}\frac{\partial_0u_1}{\partial x_1}\\ \frac{\partial_0u_2}{\partial x_2}\\ \frac{\partial_0u_1}{\partial x_2}+\frac{\partial_0u_2}{\partial x_1}\end{bmatrix}=\begin{bmatrix}\frac{\partial N_1}{\partial x_1} & 0 & \frac{\partial N_2}{\partial x_1} & 0 & \cdots & \frac{\partial N_n}{\partial x_1} & 0\\ 0 & \frac{\partial N_1}{\partial x_2} & 0 & \frac{\partial N_2}{\partial x_2} & \cdots & 0 & \frac{\partial N_n}{\partial x_2}\\ \frac{\partial N_1}{\partial x_2} & \frac{\partial N_1}{\partial x_1} & \frac{\partial N_2}{\partial x_2} & \frac{\partial N_2}{\partial x_1} & \cdots & \frac{\partial N_n}{\partial x_2} & \frac{\partial N_n}{\partial x_1}\end{bmatrix}\begin{bmatrix}{}_0u_1^1\\ {}_0u_2^1\\ {}_0u_1^2\\ {}_0u_2^2\\ \vdots\\ {}_0u_1^n\\ {}_0u_2^n\end{bmatrix}=[B]_{L0}\{{}_0U^k\}$$

$$\frac{\partial{}^t_0u_1}{\partial x_1}=\sum_{k=1}^{n}\frac{\partial N_k}{\partial x_1}\,{}^t_0u_1^k=l_{11}, \qquad \frac{\partial{}^t_0u_2}{\partial x_1}=\sum_{k=1}^{n}\frac{\partial N_k}{\partial x_1}\,{}^t_0u_2^k=l_{21}$$

$$\frac{\partial{}^t_0u_1}{\partial x_2}=\sum^{n}\frac{\partial N_k}{\partial x_2}\,{}^t_0u_1^k=l_{12}. \qquad \frac{\partial{}^t_0u_2}{\partial x_2}=\sum\frac{\partial N_k}{\partial x_2}\,{}^t_0u_2^k=l_{22}.$$

$$
\begin{bmatrix}
l_{11}\dfrac{\partial_0 u_1}{\partial x_1}+l_{21}\dfrac{\partial_0 u_2}{\partial x_1}\\
l_{12}\dfrac{\partial_0 u_1}{\partial x_2}+l_{22}\dfrac{\partial_0 u_2}{\partial x_2}\\
l_{11}\dfrac{\partial_0 u_1}{\partial x_2}+l_{21}\dfrac{\partial_0 u_2}{\partial x_2}+l_{12}\dfrac{\partial_0 u_1}{\partial x_1}+l_{22}\dfrac{\partial_0 u_2}{\partial x_1}
\end{bmatrix}
$$

$$
=\begin{bmatrix}
l_{11}\dfrac{\partial N_1}{\partial x_1}, & l_{21}\dfrac{\partial N_1}{\partial x_1} & \cdots\cdots & l_{11}\dfrac{\partial N_n}{\partial x_1}, & l_{21}\dfrac{\partial N_n}{\partial x_1}\\
l_{12}\dfrac{\partial N_1}{\partial x_2}, & l_{22}\dfrac{\partial N_1}{\partial x_2} & \cdots\cdots & l_{12}\dfrac{\partial N_n}{\partial x_2} & l_{22}\dfrac{\partial N_n}{\partial x_2}\\
l_{11}\dfrac{\partial N_1}{\partial x_2}+l_{12}\dfrac{\partial N_1}{\partial x_1}, & l_{21}\dfrac{\partial N_1}{\partial x_2}+l_{22}\dfrac{\partial N_1}{\partial x_1}, & \cdots\cdots & l_{11}\dfrac{\partial N_n}{\partial x_2}+l_{12}\dfrac{\partial N_n}{\partial x_1}, & l_{21}\dfrac{\partial N_n}{\partial x_2}+l_{22}\dfrac{\partial N_n}{\partial x_1}
\end{bmatrix}
\begin{Bmatrix} {}_0u_1^1\\ {}_0u_2^1\\ {}_0u_1^2\\ {}_0u_2^2\\ \vdots\\ {}_0u_1^n\\ {}_0u_2^n \end{Bmatrix}
=[B]_{L1}\{{}_0u^k\}
$$

$$\therefore\ \{{}_0e\}=([B]_{L0}+[B]_{L1})\{{}_0u^k\}=[{}^t_0B]_L\{{}_0u^k\}$$

$$[{}^t_0B]_L=[B]_{L0}+[B]_{L1}.$$

线性部分刚度阵 $[{}^t_0K]_L=\int[{}^t_0B]_L^T[{}_0C][{}^t_0B]_L\,{}^0dV$

3. 非线性部分的刚度阵 $[{}^t_0K]_{NL}$ 的推导：

单元应力下：

$$
\{{}_0\eta\}=\begin{Bmatrix}{}_0\eta_{11}\\ {}_0\eta_{12}\\ {}_0\eta_{21}\\ {}_0\eta_{22}\end{Bmatrix}
=\begin{Bmatrix}
\frac{1}{2}\left(\dfrac{\partial_0 u_1}{\partial x_1}\right)^2+\frac{1}{2}\left(\dfrac{\partial_0 u_2}{\partial x_1}\right)^2\\
\frac{1}{2}\dfrac{\partial_0 u_1}{\partial x_1}\dfrac{\partial_0 u_1}{\partial x_2}+\frac{1}{2}\dfrac{\partial_0 u_2}{\partial x_1}\dfrac{\partial_0 u_2}{\partial x_2}\\
\frac{1}{2}\dfrac{\partial_0 u_1}{\partial x_2}\dfrac{\partial_0 u_1}{\partial x_1}+\frac{1}{2}\dfrac{\partial_0 u_2}{\partial x_2}\dfrac{\partial_0 u_2}{\partial x_1}\\
\frac{1}{2}\dfrac{\partial_0 u_1}{\partial x_2}\dfrac{\partial_0 u_1}{\partial x_2}+\frac{1}{2}\dfrac{\partial_0 u_2}{\partial x_2}\dfrac{\partial_0 u_2}{\partial x_2}
\end{Bmatrix}
$$

$$
\{\delta_0\eta\}\overset{\text{[illegible]}}{=\!=}
\begin{bmatrix}
\dfrac{\partial_0 u_1}{\partial x_1}\dfrac{\partial}{\partial x_1}\delta_0u_1+\dfrac{\partial_0 u_2}{\partial x_1}\dfrac{\partial}{\partial x_1}\delta_0u_2\\
\frac{1}{2}\dfrac{\partial_0 u_1}{\partial x_1}\dfrac{\partial}{\partial x_2}\delta_0u_1+\frac{1}{2}\dfrac{\partial_0 u_1}{\partial x_2}\dfrac{\partial}{\partial x_1}\delta_0u_1+\frac{1}{2}\dfrac{\partial_0 u_2}{\partial x_1}\dfrac{\partial}{\partial x_2}\delta_0u_2+\frac{1}{2}\dfrac{\partial_0 u_2}{\partial x_2}\dfrac{\partial}{\partial x_1}\delta_0u_2\\
\frac{1}{2}\dfrac{\partial_0 u_1}{\partial x_2}\dfrac{\partial}{\partial x_1}\delta_0u_1+\frac{1}{2}\dfrac{\partial_0 u_1}{\partial x_1}\dfrac{\partial}{\partial x_2}\delta_0u_1+\frac{1}{2}\dfrac{\partial_0 u_2}{\partial x_2}\dfrac{\partial}{\partial x_1}\delta_0u_2+\frac{1}{2}\dfrac{\partial_0 u_2}{\partial x_1}\dfrac{\partial}{\partial x_2}\delta_0u_2\\
\dfrac{\partial_0 u_1}{\partial x_2}\dfrac{\partial}{\partial x_2}\delta_0u_1+\dfrac{\partial_0 u_2}{\partial x_2}\dfrac{\partial}{\partial x_2}\delta_0u_2
\end{bmatrix}
$$

t 时刻在单元里已存在的应力为：

$$\{{}^t_0S\}=[{}^t_0S_{11}\ \ {}^t_0S_{12}\ \ {}^t_0S_{21}\ \ {}^t_0S_{22}]^T$$

在虚功方程中 $\{\delta_0\eta\}^T\{{}^t_0S\}$ 项为.

展开加以整理：

$$
\{\delta_0\eta\}^T\{{}^t_0S\}=\left[\dfrac{\partial\delta_0u_1}{\partial x_1},\ \dfrac{\partial\delta_0u_1}{\partial x_2},\ \dfrac{\partial\delta_0u_2}{\partial x_1},\ \dfrac{\partial\delta_0u_2}{\partial x_2}\right]
\begin{bmatrix}
{}^t_0S_{11}, & {}^t_0S_{12} & 0 & 0\\
{}^t_0S_{21}, & {}^t_0S_{22} & 0 & 0\\
0 & 0 & {}^t_0S_{11} & {}^t_0S_{12}\\
0 & 0 & {}^t_0S_{21} & {}^t_0S_{22}
\end{bmatrix}
\begin{bmatrix}
\dfrac{\partial_0 u_1}{\partial x_1}\\ \dfrac{\partial_0 u_1}{\partial x_2}\\ \dfrac{\partial_0 u_2}{\partial x_1}\\ \dfrac{\partial_0 u_2}{\partial x_2}
\end{bmatrix}
$$

$$
\begin{Bmatrix}
\dfrac{\partial_0 u_1}{\partial x_1}\\ \dfrac{\partial_0 u_1}{\partial x_2}\\ \dfrac{\partial_0 u_2}{\partial x_1}\\ \dfrac{\partial_0 u_2}{\partial x_2}
\end{Bmatrix}
=\begin{bmatrix}
\dfrac{\partial N_1}{\partial x_1} & 0 & \dfrac{\partial N_2}{\partial x_1} & 0 & \cdots & \dfrac{\partial N_n}{\partial x_1} & 0\\
\dfrac{\partial N_1}{\partial x_2} & 0 & \dfrac{\partial N_2}{\partial x_2} & 0 & \cdots & \dfrac{\partial N_n}{\partial x_2} & 0\\
0 & \dfrac{\partial N_1}{\partial x_1} & 0 & \dfrac{\partial N_2}{\partial x_1} & \cdots & 0 & \dfrac{\partial N_n}{\partial x_1}\\
0 & \dfrac{\partial N_1}{\partial x_2} & 0 & \dfrac{\partial N_2}{\partial x_2} & \cdots & 0 & \dfrac{\partial N_n}{\partial x_2}
\end{bmatrix}
\begin{Bmatrix} {}_0u_1^1\\ {}_0u_2^1\\ {}_0u_1^2\\ {}_0u_2^2\\ \vdots\\ {}_0u_1^n\\ {}_0u_2^n \end{Bmatrix}
=[B]_{NL}\{{}_0u^k\}.
$$

同理 $\left[\frac{\partial \delta_0 u_1}{\partial x_1},\ \frac{\partial \delta_0 u_1}{\partial x_2},\ \frac{\partial \delta_0 u_2}{\partial x_1},\ \frac{\partial \delta_0 u_2}{\partial x_2}\right] = \{\delta_0 U^k\}^T [B]^T_{NL}$

这样 $\int_{0V} \{\delta_0 \eta\}^T \{{}^t_0 S\}\, {}^0dV = \{\delta_0 U^k\}^T \int_{0V} [B]^T_{NL}[S][B]_{NL}\, {}^0dV\ \{{}_0U^k\}$

$$= \{\delta_0 U^k\}^T [{}^t_0 K]_{NL} \{{}_0 U^k\}$$

这里 $[{}^t_0K]_{NL} = \int_{0V} [B]^T_{NL}[S][B]_{NL}\, {}^0dV$

$$[S] = \begin{bmatrix} S_0 & 0 \\ 0 & S_0 \end{bmatrix} \qquad [S_0] = \begin{bmatrix} {}^t_0S_{11} & {}^t_0S_{12} \\ {}^t_0S_{21} & {}^t_0S_{22} \end{bmatrix}$$ （平面问题）

4、初应力对等效节点力的贡献.

我们是已知 t 时刻的应力、位移，求 t+Δt 时刻的物理量.
在 t 时刻已经存在的应力 $\{{}^t_0S\}$ 对等效节点力的贡献.（相当于初应力）

$$\int_{0V} \{\delta_0 e\}^T \{{}^t_0S\}\, {}^0dV = \{\delta_0 U^k\}^T \int_{0V} [{}^t_0B]^T_L \{{}^t_0S\}\, {}^0dV$$

$$= \{\delta_0 U^k\}^T \{{}^t_0F\}$$

$$\{{}^t_0F\} = \int_{0V} [{}^t_0B]^T_L \{{}^t_0S\}\, {}^0dV$$

5、外载荷矢量.

外载荷所作的虚功 ${}^{t+\Delta t}_0W = \int_{0V} \{\delta_0 u\}^T \{{}^{t+\Delta t}_0 q_V\}\, {}^0dV + \int_{0S} \{\delta_0 u\}^T \{{}^{t+\Delta t}_0 q_S\}\, dS + \{\delta_0 U^k\}^T \{{}^{t+\Delta t}_0 R_c\}$ （集中力）

$$= \{\delta_0 U^k\}^T \{{}^{t+\Delta t}_0 R\}.$$

其中 $\{{}^{t+\Delta t}_0R\} = \int_{0V} [N]^T \{{}^{t+\Delta t}_0 q_V\}\, {}^0dV + \int_{0S} [N]^T \{{}^{t+\Delta t}_0 q_S\}\, dS + \{{}^{t+\Delta t}_0 R_c\}$

为外载引起的等效节点力.

6、非线性增量有限元方程.

$$([{}^t_0K]_L + [{}^t_0K]_{NL})\{{}_0U^k\} = \{{}^{t+\Delta t}_0R\} - \{{}^t_0F\}$$

一旦有了形函数矩阵 $[N]$，弹塑性关系矩阵 $[{}_0C]$、t 时刻的应力矢量 $\{{}^t_0S\}$ 和外载荷矢量 $\{{}^{t+\Delta t}_0R\}$ 后，就可以求出 t→t+Δt 时刻的节点位移的增量值 $\{{}_0U^k\}$.

对非线性动力分析问题，质量阵和阻尼阵的计算与线性分析中质量阵、阻尼阵的计算相同.

在求解计算中，刚度阵和等效节点力阵都是采用高斯积分法求积的，采用下列代换的格式.

Model
$$
\begin{cases}
[{}_0^tK]_L=\int_{{}^0V}[{}_0^tB_L]^T[{}_0C][{}_0^tB_L]\,{}^0dV=h\sum_{i=1}^{n_1}\sum_{j=1}^{n_2}[{}_0^tB_L]_{ij}^T[{}_0C][{}_0^tB_L]_{ij}|J|_{ij}W_iW_j \\
[{}_0^tK]_{NL}=\int_{{}^0V}[B_{NL}]^T[S][B_{NL}]\,{}^0dV=h\sum^{n_1}\sum^{n_2}[B_{NL}]_{ij}^T[S][B_{NL}]_{ij}|J|_{ij}W_iW_j \\
\{{}_0^tF\}=\int_{{}^0V}[{}_0^tB_L]^T\{{}_0^tS\}\,{}^0dV=h\sum^{n_1}\sum^{n_2}[{}_0^tB_L]_{ij}^T\{{}_0^tS\}_{ij}|J|_{ij}W_iW_j.
\end{cases}
$$

式中，$[\ ]_{ij}$、$|J|_{ij}$、$\{\ \}_{ij}$ 下标 $ij$ 是表示取 $i$、$j$ 号积分点上的值。

高斯积分的阶数要选择恰当，与单元的插值阶数和几何形状相称。为保证收敛，三维元的积分点最少取 $2\times2\times2$，二维元取 $2\times2$。对曲边特别扭曲或应力变化急剧处取 $3\times3\times3$，特别扭曲单元可取 $4\times4\times4$。但在考虑塑性时，一般应用材料非线性问题应取较高的积分阶数。

画分单元保证 $|J|$ 不为 0、∞ 或负值。交错的情况：1°. 四边形中有一内角为 0 或等于 180°；2°. 单元退化为直线的情况；3°. 长宽比太大，相对两边用到极值时，实际上相交了；4°. 上下两节点的编号方向反了……等。

应使 $|J|$ 尽可能使值在几何图形不宜比上去寻找，避免使用。

# 第五章 板壳元的单元

板壳元绝大多数是基于最小位能原理，采用位移为未知量的协调元与非协调元。为保证 $C^1$ 级连续性，于是又发展了基于最小余能以及其他广义变分原理的杂交元、混合元等。

板壳元按基本假设和板壳理论分成二大类。

(1). 基于克希霍夫经典板壳理论的板壳元。按古典理论公式的发展，即每个节点 6 个自由度，这些量都是通过位移 $u$、$v$、$w$ 和 $w$ 的导数来表示。采用两个基本假设 (a) 中法线假设 (b) 板厚度方向上正应力为 0（$\sigma_z=0$）。由于这种单元略去了剪切变形的影响，它对薄板可以得到很好的结果，对于厚板误差较大。但这种单元满足协调条件，自由度就很多，计算量大，若取不协调元则不保证。因此发展了一种离散克希霍夫理论元（DKT 元）。

(2). 基于三维元退化建立的板壳元。

1°. 以节点位移和转角分别作为独立变量，直接由连续介质三维理论推导出板壳元，这里不引入板壳理论的假设，可用于较厚板，不能用于薄板（$\sigma_z=0$）。

2°. Ahmad等人发展的壳板单元，同样以位移和转角作为节点之变量，但在节点上保留了克希霍夫的第二个假设（$\sigma_z=0$），将第一个假设作了改进，认为变形前垂直于中面的法线变形后仍为直线，但不一定再垂直中面了。这样在厚度方向上，按平均的观点考虑到了剪切变形的影响（在厚度方向各点的剪切变形认为相同）。这种单元的优点同时适用于厚壳（板）和薄壳，并被认为是最好的单元之一种，现在其它某些单元被淘汰。

在ADINA程序中选用了两种板壳元：

一种是9个自由度的三角形板元（DKT元）

另一种4—32节点板壳元，考虑了剪切影响和$\sigma_z=0$假设的等参数板壳元。

一、三节点三角形薄板元（DKT元）

1. 带横向剪切影响的小挠度板理论

在Reissner厚板理论中，两个假设：

① 变形前垂直中面的法线，变形后仍为直线，但不一定垂直变形后的中面

② 在板内$\sigma_z=0$ 且如果有正交各向异性的话，是横板平面正交异性。

由此推出有关中等厚度板的全部公式，它与Kirchhoff板的不同在于，由于假设①代替了原来的直法线假设，这就引进了厚度方向平均剪切变形的影响，因此它能处理较厚板的问题。

其位移：$u=z\beta_x(x,y)$，$v=z\beta_y(x,y)$，$w=w(x,y)$

其中$\beta_x$、$\beta_y$为中面法线在$x-z$平面和$y-z$平面内的转角。

弯曲应变 $\{\varepsilon_b\}=z\{k\}=z\begin{Bmatrix}\beta_{x,x}\\ \beta_{y,y}\\ \beta_{x,y}+\beta_{y,x}\end{Bmatrix}$

剪切引起的应变 $\{\varepsilon_s\}=\begin{Bmatrix}w_{,x}+\beta_x\\ w_{,y}+\beta_y\end{Bmatrix}$

我们这里一般$\{\varepsilon_s\}\neq 0$，所以$w_{,x}\neq-\beta_x$，$w_{,y}\neq-\beta_y$（注：在Kirchhoff板中$w_{,x}=-\beta_x$，$w_{,y}=-\beta_y$）

应力应变关系 $\{\sigma_b\}=z[\bar{C}_b][k]$，$[\sigma_s]=[\bar{C}_s]\{\varepsilon_s\}$

其中$[\sigma_s]=[\sigma_{xz},\sigma_{yz}]^T$为横向剪切应力，$[\bar{C}_b]$、$[\bar{C}_s]$为相应的弹性系数

能量：

应变能为：$U=U_s+U_b$

$U_b=\frac{1}{2}\int_A[k]^T[C_b][k]\,dxdy$  $U_s=\frac{1}{2}\int_A\{\varepsilon_b\}^T[C_s]\{\varepsilon_b\}\,dxdy$

对各向同性板弹性矩阵：

$[C_b]=\begin{bmatrix}1&\mu&0\\ \mu&1&0\\ 0&0&\frac{1-\mu}{2}\end{bmatrix}\frac{Eh^3}{12(1-\mu)}$  $[C_s]=\frac{Ehk}{2(1+\mu)}\begin{bmatrix}1&0\\ 0&1\end{bmatrix}$

$k$为横向剪切影响数之形状系数，对矩形板$k=5/6$。

或又写 $U_b=\frac{Eh^3}{24(1-\mu^2)}\int_A\{\beta_{x,x}^2+\beta_{y,y}^2+2\mu\beta_{y,y}\beta_{x,x}+\frac{1-\mu}{2}(\beta_{y,x}+\beta_{x,y})^2\}dxdy$.

$$U_s=\frac{Ehk}{4(1+\mu)}\int_A\{(w_{,x}+\beta_x)^2+(w_{,y}+\beta_y)^2\}dxdy$$

弯矩和剪力为 $[M]=\begin{bmatrix}M_x\\M_y\\M_{xy}\end{bmatrix}=\int_{-h/2}^{h/2}\{\sigma_b\}z\,dz=[C_b]\{K\}$

$$[Q]=\begin{Bmatrix}Q_x\\Q_y\end{Bmatrix}=k\int_{-h/2}^{h/2}\{\sigma_s\}dz\,h=[C_s]\{\varepsilon_s\}$$

以上就是Reissner板的主要公式，应用于厚板、中等厚度板、夹层板、多层板的有限元分析中。

2. 离散克希霍夫板单元(DKT元)

Discrete Kirchhoff Theory Element ⟹ DKT单元

它实际上是一种只适用于线性薄板分析并且单元边界上满足克希霍夫假设的薄板元，但能够从Reissner中厚板理论导出。

引进假设（以三结点三角元为例）

(1) 由于是薄板，忽略剪切变形能，也就是总能量只包含弯曲应变能。

$$U\doteq U_b=\frac12\int_A\{K\}^T[C_b]\{K\}dxdy$$

(2) U中只包含 $\beta_x,\beta_y$，若取其作独立变量，则只要求其满足 $C^0$ 级连续，单元就协调。故取插值函数。

$$\beta_x=\sum_i N_i\beta_{xi}\qquad \beta_y=\sum_i N_i\beta_{yi}$$

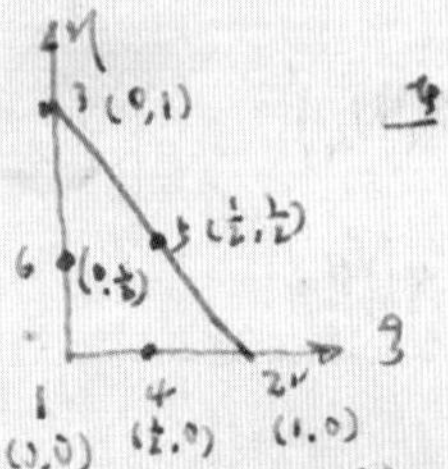


在标准坐标(ξ,η)中

$N_1=2(1-\xi-\eta)(\frac12-\xi-\eta)$ $\quad N_4=4\xi\eta$

$N_2=\xi(2\xi-1)$ $\quad N_5=4\eta(1-\xi-\eta)$

$N_3=\eta(2\eta-1)$ $\quad N_6=4\xi(1-\xi-\eta)$.

※ 有关插值函数的特性，详细推导见 O. C. Zienkiewicz "The Finite Element Method in Engineering Science".

(3) 有关结点的参数是挠度、转角和弯矩 (w, θ, M)，为和其它单元衔接，节点只取挠度和转角。

取 $[u]^e=[w_1,\theta_{x1},\theta_{y1},w_2,\theta_{x2},\theta_{y2},w_3,\theta_{x3},\theta_{y3}]^T$.（三个角节点作为基本参量）

(4) 确定 $\beta_{xi},\beta_{yi}$ 与 $[u]$ 的关系，DKT元作了三个假设。

1°. $[\varepsilon_s]=\begin{bmatrix}\beta_x+w_{,x}\\ \beta_y+w_{,y}\end{bmatrix}=0$.（在角节点 i=1,2,3上）

由于 $\begin{cases}\theta_x=w_{,y}\\ \theta_y=-w_{,x}\end{cases}$ ∴ $\begin{cases}\beta_x=\theta_y\\ \beta_y=-\theta_x\end{cases}$ （$\theta_x$中下标表示绕x轴的转动，$\beta_x$下标表示在x方向的转动）.

在三边中点上(4,5,6) $\beta_{sk}+w_{,sk}=0$ (k=4,5,6)

$\beta_{sk}$ 是在边中点法线在S方向上的转角。

2°. 在三角形各边 ij 边上，假设 $w$ 按三次方变化。$w = a_1 + a_2 s + a_3 s^2 + a_4 s^3$

$$w_{,sk} = -\frac{3}{2l_{ij}} w_i - \frac{1}{4} w_{,si} + \frac{3}{2l_{ij}} w_j - \frac{1}{4} w_{,sj} \quad (k = 4, 5, 6)$$

$l_{ij}$ 为 $i-j$ 之边长。

3°. 沿三角形各边 $\beta_n$ 按线性变化。即 $\beta_{nk} = \frac{1}{2}(\beta_{ni} + \beta_{nj}) \quad (k = 4, 5, 6)$

这样单元是可比较的 $w, w_{,s}, \beta_s$ 连续，$\beta_n$ 在两单元间也连续。坐标变换（对 $\beta_n, \beta_s$）

$$\begin{bmatrix} w_{,s} \\ w_{,n} \end{bmatrix} = \begin{bmatrix} \cos(\bar{x}, \bar{n}_{ij}) & \sin(\bar{x}, \bar{n}_{ij}) \\ -\sin(\bar{x}, \bar{n}_{ij}) & +\cos(\bar{x}, \bar{n}_{ij}) \end{bmatrix} \begin{bmatrix} \theta_x \\ \theta_y \end{bmatrix}$$

$$\begin{Bmatrix} \beta_x \\ \beta_y \end{Bmatrix} = \begin{bmatrix} \cos(\bar{x}, \bar{n}_{ij}) & -\sin(\bar{x}, \bar{n}_{ij}) \\ \sin(\bar{x}, \bar{n}_{ij}) & \cos(\bar{x}, \bar{n}_{ij}) \end{bmatrix} \begin{Bmatrix} \beta_n \\ \beta_s \end{Bmatrix}$$

代节点参数 $\{u\}$，依图上面之一些关系：

$$[u] \rightarrow \begin{bmatrix} w_{,si} \\ w_{,ni} \\ \beta_{ni}\ \beta_{si} \end{bmatrix} \rightarrow \begin{bmatrix} w_{,sk} \\ \beta_{nk} \\ \beta_{sk} \end{bmatrix} \rightarrow \begin{bmatrix} \beta_x \\ \beta_y \end{bmatrix}$$

$$\begin{Bmatrix} \beta_x \\ \beta_y \end{Bmatrix} = \begin{bmatrix} H_{x1}\ H_{x2}\ H_{x3} \cdots H_{x9} \\ H_{y1}\ H_{y2}\ H_{y3} \cdots H_{y9} \end{bmatrix} \begin{bmatrix} w_1 \\ \theta_{x1} \\ \theta_{y1} \\ \vdots \\ \theta_{y3} \end{bmatrix} = \begin{bmatrix} (H)_x \\ (H)_y \end{bmatrix} \{u\}$$

$$\{\beta\} = [H]\{u\}$$

其中

$H_{x1} = 1.5(a_6 N_6 - a_5 N_5)$　　$H_{y1} = 1.5(d_6 N_6 - d_5 N_5)$

$H_{x2} = b_5 N_5 + b_6 N_6$　　$H_{y2} = -N_1 + e_5 N_5 + e_6 N_6$

$H_{x3} = N_1 - c_5 N_5 - c_6 N_6$　　$H_{y3} = -H_{x2}$

$H_{x4} = 1.5(a_4 N_4 - a_6 N_6)$　　$H_{y4} = 1.5(d_4 N_4 - d_6 N_6)$

$H_{x5} = b_6 N_6 + b_4 N_4$　　$H_{y5} = -N_2 + e_6 N_6 + e_4 N_4$

$H_{x6} = N_2 - c_6 N_6 - c_4 N_4$　　$H_{y6} = -H_{x5}$

$H_{x7} = 1.5(a_5 N_5 - a_4 N_4)$　　$H_{y7} = 1.5(d_5 N_5 - d_4 N_4)$

$H_{x8} = b_4 N_4 + b_5 N_5$　　$H_{y8} = -N_3 + e_4 N_4 + e_5 N_5$

$H_{x9} = N_3 - c_4 N_4 - c_5 N_5$　　$H_{y9} = -H_{x8}$.

这里，$a_k = -x_{ij}/l_{ij}^2$　　$b_k = \frac{3}{4} x_{ij} y_{ij}/l_{ij}^2$

$c_k = (\frac{1}{4} x_{ij}^2 - \frac{1}{2} y_{ij}^2)/l_{ij}^2$　　$d_k = -y_{ij}/l_{ij}^2$

$e_k = (\frac{1}{4} y_{ij}^2 - \frac{1}{2} x_{ij}^2)/l_{ij}^2$　　$l_{ij}^2 = (x_{ij}^2 + y_{ij}^2)$

$k = 4, 5, 6$.　　$ij = 23, 31, 12$.　　$i, j = 1, 2, 3$.

$$\{K\} = [B]\{u\}$$

$$[B] = [B(\xi, \eta)] = \frac{1}{2A} \begin{bmatrix} y_{31}[H]_{x,\xi} + y_{12}[H]_{x,\eta} \\ -x_{31}[H]_{y,\xi} - x_{12}[H]_{y,\eta} \\ -x_{31}[H]_{x,\xi} - x_{12}[H]_{x,\eta} + y_{31}[H]_{y,\xi} + y_{12}[H]_{y,\eta} \end{bmatrix}$$

最后得到 DKT 单元刚度阵。

$$[K] = 2A \int_0^1 \int_0^{1-\eta} [B]^T [C_b] [B] \, d\xi \, d\eta \quad (A \text{ 为单元中面之面积})$$

单元由变温的布横向应力是等的地分配在三个节点上之外载荷之集点力为

$$\{R\}^T = A/3\,[q,0,0,q,0,0,q,0,0]$$

这样就可求得 $\{u\}$. $\Longrightarrow$ 求 $[M] = [C_b]\{K\} = [C_b][B]\{u\}$

该单元特别适用于薄板（壳）之计算.

## 二. 4—32节点板壳元.

属于超参数元. 其特点在反映了中面法线之连续性.

### 1. 几何和位移插值函数.

板中面某点 $A_0$ 之位移 $u^{A_0}$ 用单元节点位移 $u_i^k$ 可以表示为.

$$u_i^{A_0} = \sum_{k=1}^{n} N_k u_i^k.$$

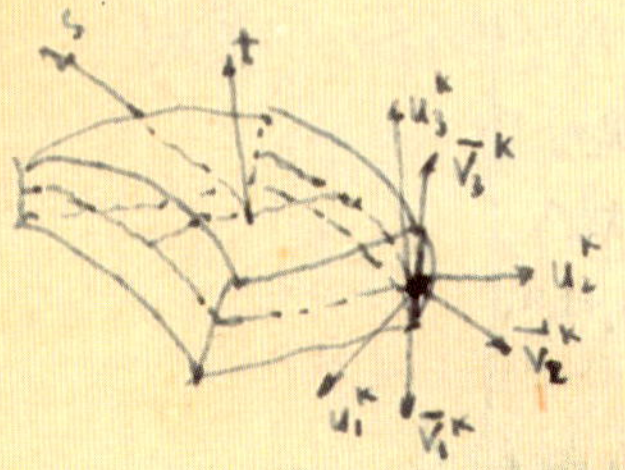


现在研究 $A_0$ 点中面法线上之一点 A 之位移. 设变形前单位中面法线为 $^0\vec V_n$. 变形后为 $\vec V_n$. 则由于变形而引起单位中面法线变化为 $\Delta\vec V_n$

$\Delta\vec V_n$ 在全局坐标 $(x_1, x_2, x_3)$

三个方向的分量为 $\Delta V_{ni}$.

$\Delta V_{ni}$ 相当于离 $A_0$ 点在法线单位距离处

A 在 $x_i$ 方向之位移 $u_i$.

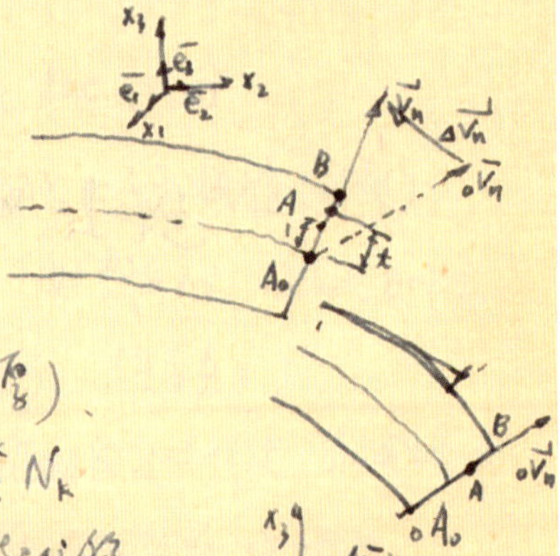


显然在顶面上 B 点之位移则为 $\frac{a}{2}\Delta V_{ni}$.（$a$ 为板厚）

如用插值函数表示. $\frac{a}{2}\Delta V_{ni} = \sum_{k=1}^{n} \frac{a_k}{2}\Delta V_{ni}^k N_k$

对于沿 AB 方向任一点线上由于中面法线变化引起的位移.

$$\frac{at}{2}\Delta V_{ni} = \frac{t}{2}\sum_{k=1}^{n} N_k a_k \Delta V_{ni}^k$$

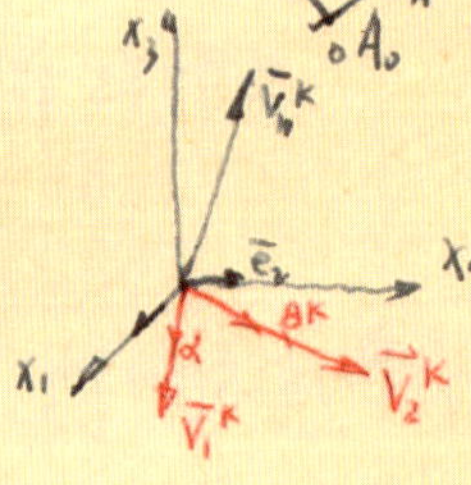


板内任一点之位移. 可表示为.

$$u_i = \sum_{k=1}^{n} N_k u_i^k + \frac{t}{2}\sum_{k=1}^{n} N_k a_k \Delta V_{ni}^k.$$

第一项表示该点对应中面点上位移值. 第二项表示中面法线变化引起在厚度方向上位移之差别. 因 $\Delta V_{ni}^k$ 表示位移不是很方便. 并且它也没有很好地反映板沿法线方向上无伸长变化之特点. 因此我们设法用板平面内之转角来反映 $\Delta V_{ni}^k$ 之变化. 先找 $\Delta V_{ni}^k$ 与 $^0\vec V_n^k$ 垂直之二个板平面内之两根轴. 由 $x_2$ 方向单位矢 $\vec e_2$.

定义
$$\begin{cases} \vec V_1^k = (\vec e_2 \times {}^0\vec V_n^k)/|\vec e_2 \times {}^0\vec V_n^k| & (\vec V_1^k \perp \vec V_n^k) \\ \vec V_2^k = {}^0\vec V_n^k \times \vec V_1^k \end{cases}$$

这样. 垂直于 $^0\vec V_n^k$ 之两个单位矢量 $\vec V_1^k$. $\vec V_2^k$. 而 $\Delta\vec V_n^k$ 垂直于 $^0\vec V_n^k$. 故可在 $(\vec V_1^k, \vec V_2^k)$ 平面上分解.

这样可以将中面法线之变化用绕 $\vec V_1^k$. $\vec V_2^k$ 轴之转角来表示.

$$\Delta\vec V_n^k = -\alpha^k \vec V_2^k + \beta^k \vec V_1^k$$

这样，每个节点最多五个节点未知数（$u_1^k$，$u_2^k$，$u_3^k$，$\alpha^k$，$\beta^k$）。

$$\therefore u_i = \sum_{k=1}^{n} N_k u_i^k + \frac{t}{2}\sum_{k=1}^{n} a_k N_k \left(-\alpha^k V_{2i}^k + \beta^k V_{1i}^k\right)$$

对于坐标变换公式，采用一般等参元设计方法，可以采用

$$x_i = \sum_{k=1}^{n} N_k x_i^k + \frac{t}{2}\sum_{k=1}^{n} a_k N_k V_{ni}^k.$$

应力（应变）在整体与局部坐标中之关系

$$[\bar{\sigma}] = [T][\sigma], \quad [\bar{\varepsilon}] = [T][\varepsilon] \text{ 向量}.$$

$$[T] = \begin{bmatrix} l_1^2 & m_1^2 & n_1^2 & l_1m_1 & m_1n_1 & l_1n_1 \\ l_2^2 & m_2^2 & n_2^2 & l_2m_2 & m_2n_2 & l_2n_2 \\ l_3^2 & m_3^2 & n_3^2 & l_3m_3 & m_3n_3 & l_3m_3 \\ 2l_1l_2 & 2m_1m_2 & 2n_1n_2 & l_1m_2+l_2m_1 & m_1n_2+n_1m_2 & l_1n_2+l_2n_1 \\ 2l_2l_3 & 2m_2m_3 & 2n_2n_3 & l_2m_3+l_3m_2 & m_2n_3+n_2m_3 & l_2n_3+l_3n_2 \\ 2l_1l_3 & 2m_1m_3 & 2n_1n_3 & l_1m_3+m_3l_1 & m_1n_3+n_1m_3 & l_1n_3+l_3n_1 \end{bmatrix}$$

这里 $l_i$、$m_i$、$n_i$ 为整体和局部坐标之间之方向余弦。

第七章 载荷矩阵的形成

为了反映载荷随时间变化的情况，采用了时间函数的方法，把载荷看作时间的函数。载荷—时间曲线根据加载情况输入，供集中力、动、压力……等载荷计算时使用。

一、时间函数曲线的使用

输入K个点$(t_i, f(t_i))$ $t_i=1,2\cdots K$ $(K\geq 2)$ 将这些点之间用直线连接就得到我们所需要的时间函数曲线。

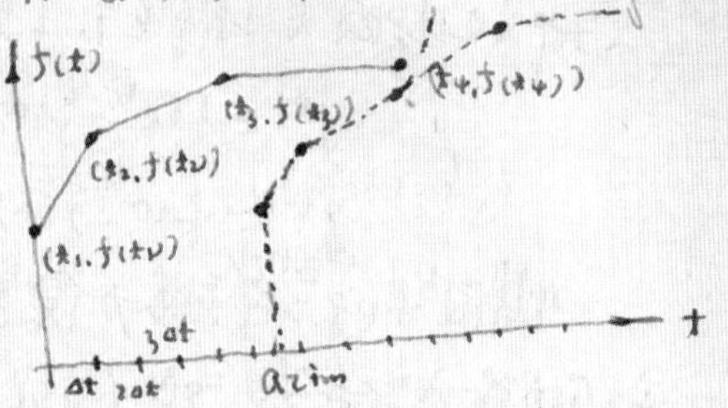


注意：时间函数曲线可以任意，根据实际分析需要决定。输入时$t_1$必须等于0，$t_K$必须大于等于计算的结束时间。

f(t)的值可以与实际的载荷值相差一个比例因子fac.（fact）

由时间函数曲线，程序用线性插值求得所有时间步上的函数值（载荷）$f(\Delta t)$，$f(2\Delta t)$ …… $f(n\Delta t)$，来供计算时使用。如载荷不是一开始就施加上去，而是在某个时刻atim开始的，此时只须将曲线平移即可。（见上页图）

时间函数曲线可以反映动分析中载荷随时间变化的情况，非线性中分析的增量加载过程，可以描述线性静力分析中多种载荷工况情况。

二、节点集中力

如果在某节点的某个自由度方向施加集中力，这时通过读入相应的时间函数曲线，程序已计算得到所有的时间步上的函数值$f(\Delta t)$，$f(2\Delta t)$ ……，

则$fac*f(\Delta t)$，$fac\cdot f(2\Delta t)$，……，$fac\cdot f(n\Delta t)$就是在各个时间步上该自由度上的集中载荷值，只须将它加在载荷列阵中相应于该自由度的位置上即可。

如果是相关自由度上施加了集中力，程序根据位移约束方程中的比例因子，将相关自由度上的集中力转换到相应的独立自由度上。如：

$u_i$为相关自由度，约束方程：$u_i=\beta_e u_e+\beta_m u_m+\beta_n u_n$

在$u_i$上集中载荷值为$fac^{(i)}\cdot f(t)$

那么程序就将载荷$\beta_e\cdot fac^{(i)}\cdot f(t)$，$\beta_m\cdot fac^{(i)}\cdot f(t)$，$\beta_n fac^{(i)}\cdot f(t)$分别加在$u_e$，$u_m$，$u_n$的自由度上。

## 三、二维单元的面力

本程序中允许二维单元的任一边上作用垂直压力，并且以压为正。假定该边上压力值的大小可以线性分布，然后根据静力等效的原理计算相应的节点力。

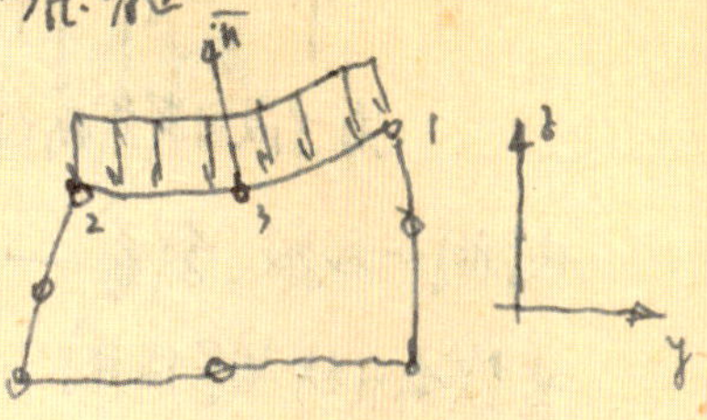


### 1. 节点压力值的确定

首先选定所用的时间函数曲线，并输入节点1、2的载荷比例因子 $fac^{(1)}$、$fac^{(2)}$。那么在时间 $t$ 时节点1、2上的压力值 $q^{(1)}$、$q^{(2)}$ 即为：

$$\left.\begin{aligned} q^{(1)} &= fac^{(1)} \cdot f(t) \\ q^{(2)} &= fac^{(2)} \cdot f(t) \end{aligned}\right\}$$

时间 $t$ 时的节点压力值 $q^{(1)}$、$q^{(2)}$ 确定以后，沿该单元边上任一点的 $t$ 时刻的压力值就可由 $q^{(1)}$、$q^{(2)}$ 线性插值决定。

### 2. 节点力的计算

节点力向量 $\{PR\}$ 的计算公式为：$\{PR\} = \int_S [H]^T \{q\}_S \cdot T\,ds$，其中 $T$ 表示单元厚度。在ADINA程序中二维单元是4～8个节点的等参元，所以加载边上可能有二个或三个节点。

加载边上二个节点时：$[H] = [IH_1, IH_2]$　（$I$ 为 $2\times2$）

$$H_1 = \frac{1+r}{2} \qquad H_2 = \frac{1-r}{2}$$

（$I$ 为 $2\times2$）

加载边上三个节点时：$[H] = [IH_1, IH_2, IH_3]$

$$H_1 = \frac{r(1+r)}{2} \qquad H_2 = \frac{-r(1-r)}{2} \qquad H_3 = 1-r^2$$

对节点力向量 $\{PR\}$ 的数值积分：

a) 积分点上的法向压力值 $q(r)$

$$q(r) = G_1 q^{(1)} + G_2 q^{(2)} \qquad G_1 = \frac{1+r}{2},\quad G_2 = \frac{1-r}{2}$$

$r$ 为积分变量

b) 积分点上的表面力向量：$\{q\}_S = -q(r)\cdot\vec{n}$

积分点处的切线方向为 $[y'(r), z'(r)]^T$

$$\therefore \vec{n} = \frac{1}{\sqrt{(y'(r))^2 + (z'(r))^2}}\left(-z'(r),\ y'(r)\right)^T$$

$$\therefore \{q\}_S = \frac{q(r)}{\sqrt{[y'(r)]^2 + [z'(r)]^2}}\begin{Bmatrix} -z'(r) \\ y'(r) \end{Bmatrix}$$

c) 面力引起的节点力：$ds = \sqrt{[y'(r)]^2 + [z'(r)]^2}\,dr$

$$\therefore \{PR\} = \int_{-1}^{1} [H]^T q(r)\begin{Bmatrix} z'(r) \\ y'(r) \end{Bmatrix} T\,dr = \sum_{j=1}^{3} [H]^T \begin{Bmatrix} z'(r_j) \\ -y'(r_j) \end{Bmatrix} q(r_j)\cdot T\cdot W_j$$

$r_j$ 为积分点的局部坐标。在平面应变单元时 $T=1$，轴对称单元时，$T$ 等于积分点

的y坐标（径向坐标）即 $\sum H_i y_i$

## 四、三维单元的面力

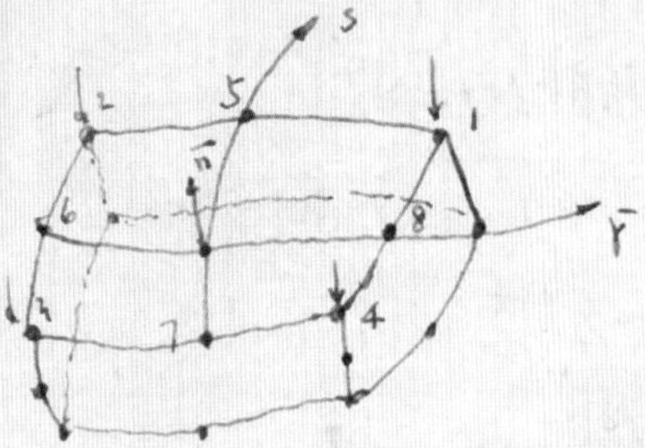


1. 节点压力值确定

与二维单元的面力计算时类似，也利用了 $fac^{(i)}$。

$$q^{(i)} = fac^{(i)} \cdot f(t) \qquad i=1,2,3,4.$$

这样其余各节点的压力值可插值求得。

2. 节点力阵的计算

$$\{PR\} = \int_{\Omega} [H]^T \{q\}_{\Omega}\, d\Omega.$$

$$[H] = [I H_1,\ I H_2 \cdots I H_8] \qquad (I \text{ 为 } 3\times 3)$$

$$H_1 = \frac{(1+r)(1+s)}{4} - \frac{1}{2}H_5 - \frac{1}{2}H_8, \qquad H_2 = \frac{(1-r)(1+s)}{4} - \frac{1}{2}H_5 - \frac{1}{2}H_6.$$

$$H_3 = \frac{(1-r)(1-s)}{4} - \frac{1}{2}H_6 - \frac{1}{2}H_7, \qquad H_4 = \frac{(1+r)(1-s)}{4} - \frac{1}{2}H_7 - \frac{1}{2}H_8$$

$$H_5 = \frac{1}{2}(1-r^2)(1+s) \qquad H_6 = \frac{1}{2}(1-s^2)(1-r)$$

$$H_7 = \frac{1}{2}(1-r^2)(1-s) \qquad H_8 = \frac{1}{2}(1-s^2)(1+r)$$

因为程序中的单元是8~21节点的变节点单元，所以受压面上可以有4~8个节点。如果某一节点没有，则相应的函数取为0。如仅有节点1、2、3、4、7、8，则 $H_5 = H_6 = 0$。

3、数值积分求 $\{PR\}$。

a) 积分点上法向压力值q的计算

$$q(r,s) = G_1 q^{(1)} + G_2 q^{(2)} + G_3 q^{(3)} + G_4 q^{(4)}$$

$$G_1 = \frac{(1+r)(1+s)}{4} \qquad G_2 = \frac{(1-r)(1+s)}{4}$$

$$G_3 = \frac{(1-r)(1-s)}{4} \qquad G_4 = \frac{(1+r)(1-s)}{4}$$

b) 积分点处表面法线 $\vec{n}$ 的方向余弦。

$$\begin{vmatrix} \vec{i} & \vec{j} & \vec{k} \\ \frac{\partial x}{\partial r} & \frac{\partial y}{\partial r} & \frac{\partial z}{\partial r} \\ \frac{\partial x}{\partial s} & \frac{\partial y}{\partial s} & \frac{\partial z}{\partial r} \end{vmatrix} = A_1\vec{i} + A_2\vec{j} + A_3\vec{k}.$$

$$\begin{cases} \cos\alpha = A_1/\sqrt{A_1^2+A_2^2+A_3^2} \\ \cos\beta = A_2/\sqrt{\phantom{A}} \\ \cos\gamma = A_3/\sqrt{\phantom{A}} \end{cases}$$

$$\vec{n} = (\cos\alpha,\ \cos\beta,\ \cos\gamma).$$

$$\therefore \{q\}_{\Omega} = -q(r,s)\begin{Bmatrix} \cos\alpha \\ \cos\beta \\ \cos\gamma \end{Bmatrix} \qquad (r,s) \text{ 为局部坐标}.$$

微面积，$d\Omega = \sqrt{EG - F^2}\, dr\, ds$. $\quad E = \left(\frac{\partial x}{\partial r}\right)^2 + \left(\frac{\partial y}{\partial r}\right)^2 + \left(\frac{\partial z}{\partial r}\right)^2$

$$G = \left(\frac{\partial x}{\partial s}\right)^2 + \left(\frac{\partial y}{\partial s}\right)^2 + \left(\frac{\partial z}{\partial s}\right)^2. \qquad F = \frac{\partial x}{\partial r}\cdot\frac{\partial x}{\partial s} + \frac{\partial y}{\partial r}\frac{\partial y}{\partial s} + \frac{\partial z}{\partial r}\frac{\partial z}{\partial s}$$

$$\therefore \{PR\} = \int_{-1}^{1}\int_{-1}^{1} -[H]^T \begin{Bmatrix} \cos\alpha \\ \cos\beta \\ \cos\gamma \end{Bmatrix} q(r,s)\sqrt{EG-F^2}\, dr\, ds$$

$$= \sum_i \sum_j -[H]^T \begin{Bmatrix} \cos\alpha \\ \cos\beta \\ \cos\gamma \end{Bmatrix} q(r_i, s_j)\sqrt{EG-F^2}\, W_i W_j. \qquad (r_i, s_j) \text{ 为积分点局部坐标}$$

# 第十章　非线性静动力平衡方程之求解

## 二、牛顿迭代法和修正的牛顿迭代法

在非线性有限元分析中，根据位移法得到的非线性方程就是对应于某一时刻（如 $t+\Delta t$）的平衡方程（在静力分析中时间步表示载荷步）。

即：$^{t+\Delta t}R - {}^{t+\Delta t}F(u) = 0$

外载　　（与单元应力相对应的节点力）

### 一、牛顿迭代法：

$$\left.\frac{\partial F}{\partial u}\right|_{^{t+\Delta t}u^{(i-1)}} \left(u^{*} - {}^{t+\Delta t}u^{(i-1)}\right) = {}^{t+\Delta t}R - {}^{t+\Delta t}F^{(i-1)}$$

$$\left.\frac{\partial F}{\partial u}\right|_{^{t+\Delta t}u^{(i-1)}} \equiv {}^{t+\Delta t}K^{(i-1)}$$

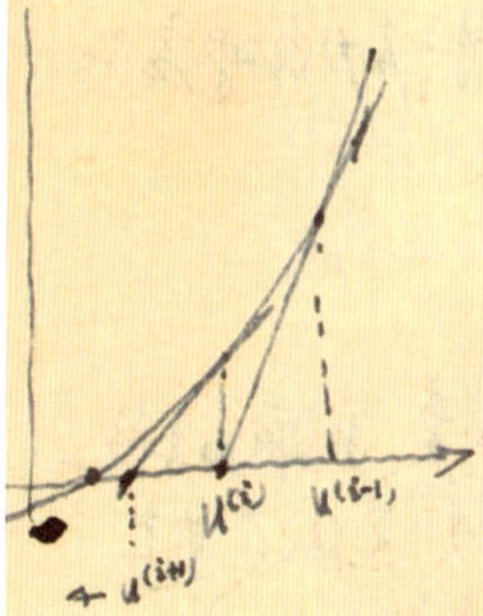


并记：$\Delta u^{(i)} = u^{*} - {}^{t+\Delta t}u^{(i-1)}$

$$\left.\begin{aligned} &{}^{t+\Delta t}K^{(i-1)}\,\Delta u^{(i)} = {}^{t+\Delta t}R - {}^{t+\Delta t}F^{(i-1)} \\ &{}^{t+\Delta t}u^{(i)} = {}^{t+\Delta t}u^{(i-1)} + \Delta u^{(i)} \end{aligned}\right\}\text{迭代方程}$$

迭代初值：$^{t+\Delta t}K^{(0)} = {}^{t}K$，$^{t+\Delta t}F^{(0)} = {}^{t}F$，$^{t+\Delta t}u^{(0)} = {}^{t}u$。

显然，在这种完全的牛顿迭代法中，每次迭代时都要重新形成刚度阵并进行刚度矩阵的分解求 $\Delta u^{(i)}$，运算工作量相当大。为提高求解效率，除非采用相当大的载荷增量。但是在材料非线性或动力非线性响应的分析中，由于数值稳定性和精度，需要限制载荷增量的尺寸。因此在一般的几何和材料非线性响应分析中，完全的牛顿迭代法是不够有效的。

### 二、修正的牛顿迭代法

基本方程

$$\left.\begin{aligned} &{}^{t}K\,\Delta u^{(i)} = {}^{t+\Delta t}R - {}^{t+\Delta t}F^{(i-1)} \\ &{}^{t+\Delta t}u^{(i)} = {}^{t+\Delta t}u^{(i-1)} + \Delta u^{(i)} \end{aligned}\right\}$$

初始条件同前。

几何意义：

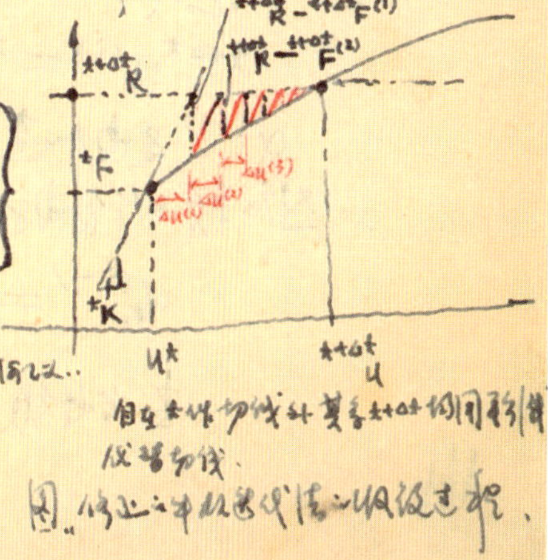


用在 $t$ 时刻切线替代 $t+\Delta t$ 时刻的切线。

图：修正的牛顿迭代法的收敛过程。

这样，刚度阵只在每次加载步开始时需要重新形成和分解（甚至在几个加载步中都保持不变），而在迭代过程中刚度阵不再重新形成，这样

迭代过程中刚度阵不再重新形成，这样刚度阵被三角化分解后，保存起来，在每次迭代中，只须计算右端项及回代。

注意 ${}^{t+\Delta t}F^{(i-1)}$ 的计算是：

$$ {}^{t+\Delta t}\sigma^{(i-1)} = {}^{t}\sigma + \int_{{}^{t}\varepsilon}^{{}^{t+\Delta t}\varepsilon^{(i-1)}} C \cdot d\varepsilon $$

其中C是材料的应力——应变矩阵，在积分过程中，总是以常规进行积分时，总是从t时刻的最后的收敛的应变（即 ${}^{t}\varepsilon$）开始来计算的应变，因此这样最后收敛结果不受迭代过程中遇到的位移和应变的误差的影响。

这样 $\underline{{}^{t+\Delta t}F^{(i-1)}} = \int_V B^T\, {}^{t+\Delta t}\sigma^{(i-1)}\, dV$

表示，在 $t+\Delta t$ 时对应于 $(i-1)$ 次迭代状态，单元内的应力所对应的节点力。

修正的牛顿迭代法的两种极端的类型：

①. ${}^{t}K = {}^{0}K$ 即在所有的加载步中刚度阵都保持不变，就取为系统的初始状态的弹性刚度阵，在计算过程中只修正右端项，这就是通常的初应力法。

②. 刚度阵逐步修正，但不迭代，这样 $i=1$。

迭代方程：
$$ \begin{cases} {}^{t}K\Delta u = {}^{t+\Delta t}R - {}^{t}F \\ {}^{t+\Delta t}u = {}^{t}u + \Delta u \end{cases} $$

三、关于修正的牛顿迭代的收敛性和发散的问题。

在修正的牛顿迭代法中，常遇到收敛速度慢和发散的问题。

A. 加速迭代：Aitken加速。

$$ {}^{t+\Delta t}u^{(i)} = {}^{t+\Delta t}u^{(i-1)} + \alpha^{(i-1)}\Delta u^{(i)} $$

$\alpha^{(i-1)}$ 是由加速因子组成的 $n\times n$ 阶的对角阵。（n是自由度数）

对应于第K个自由度的加速因子按下式求得：

$$ \alpha_K^{(i-1)} = \frac{\Delta u_K^{(i-1)}}{\Delta u_K^{(i-1)} - \Delta u_K^{(i)}} $$

当分母很小时，这种加速停止使用。

B. 发散处理

当处理发散时，迭代停止，然后仍取 $t$ 时间的几何性状和基础的弹性刚度矩阵 $^{t}K^{e}$ 代替原迭代中的刚度矩阵 $^{t}K$。这样做处理实际上硬化的问题（即刚度矩阵增大）。同时将载荷步长缩小，即将载荷增量乘因子 $\lambda_1$（$\lambda_1 \le 1$）。

接续 这样就能处理接触硬化问题。此时基本方程为

$$^{t}K^{e}\Delta U^{(i)} = {}^{t+\Delta t}R - {}^{t+\lambda_1\Delta t}F^{(i-1)} - (1-\lambda_1)({}^{t+\Delta t}R - {}^{t}F)$$

即

$$^{t+\lambda_1\Delta t}R = {}^{t+\Delta t}R - (1-\lambda_1)({}^{t+\Delta t}R - {}^{t}F)$$

再进行迭代，直到求出 $t+\lambda_1\Delta t$ 时的解。如仍然发散，$\lambda_1$ 就继续减小，直到收敛为止。

$t+\lambda_1\Delta t$ 时的解求得后，选择第二个因子 $\lambda_2$，按 $t+\lambda_1\Delta t$ 时状态重新形成刚度阵，用类似的方法求出 $t+(\lambda_1+\lambda_2)\Delta t$ 时的位移。这时求解方程为：

$$^{t+\lambda_1\Delta t}K\,\Delta U^{(i)} = {}^{t+\Delta t}R - {}^{t+(\lambda_1+\lambda_2)\Delta t}F^{(i-1)} - (1-\lambda_1-\lambda_2)({}^{t+\Delta t}R - {}^{t}F)$$

这样一直继续下去，直到 $\sum_{k=1}^{m}\lambda_k = 1$，就求得了 $t+\Delta t$ 时刻的位移。

这里说明一点：发散时，将迭代的刚度矩阵改换成弹性刚度矩阵，这对于真实硬化的情况是保证收敛所必要的；而对于软化的情况，虽不是必要的，但对加速收敛有帮助。故一般不区分了。这样一般的处理办法，实际上包含由于"硬化""软化"的判断不是那么容易的，更不必说事先区分真实硬化和接触硬化了。

（注：一般 $\lambda_1 = 0.5$，$\lambda_{K\,min} = 0.0625$）

四.. BFGS法..

复习。

一、变分原理和广义变分原理

二、插值基函数

三、固体力学中的有限元方法

四、板的有限元方法。

重点：（一）利用内积空间，把微分方程变成泛函。

如：

$$-\left(\frac{\partial^2 w}{\partial x^2}+\frac{\partial^2 w}{\partial y^2}\right)=f(x,y)$$

$$\left\{\begin{array}{l} w=\bar{w} \\ \frac{\partial w}{\partial n}=\bar{\Psi} \end{array}\right\} \Gamma_u \quad \Rightarrow \quad \Pi(w) = \frac{1}{2}(Aw, w)-(f, w)$$

$$=\int_\Omega -\frac{1}{2}\left(\frac{\partial^2 w}{\partial x^2}+\frac{\partial^2 w}{\partial y^2}\right) w \, d\Omega - \int_\Omega f(x,y)\, w \, d\Omega$$

在$\Gamma_u$上：$\left\{\begin{array}{l} w=\bar{w} \\ \frac{\partial w}{\partial n}=\bar{\Psi} \end{array}\right.$

广义泛函：

$$\Pi_{(w,\lambda,g)}=\frac{1}{2}(Aw, w)-(f, w)-\int_{\Gamma_u}\lambda(w-\bar{w})ds-\int_{\Gamma_u} g\left(\frac{\partial w}{\partial n}-\bar{\Psi}\right)ds = 驻$$

$$\Pi_p=\int_\Omega \frac{1}{2}\left[\left(\frac{\partial w}{\partial x}\right)^2+\left(\frac{\partial w}{\partial y}\right)^2\right]d\Omega-\int_\Omega f w \, d\Omega-\int_{\Gamma_u} P_i(w-\bar{w})ds - \int_{\Gamma_u} M_i\left(\frac{\partial w}{\partial n}-\bar{\Psi}\right)ds = 驻$$

（二）固体力学中的广义变分原理

虚功原理 ⟺ 最小位能原理 ⟺ $\left\{\begin{array}{l} \Omega: \frac{\partial \sigma_{ij}}{\partial x_j}+F_i=0 \\ \Gamma_\sigma: \sigma_{ij} n_j=\bar{p}_i \end{array}\right.$

余虚功原理 ⟺ 最小余能原理 ⟺ $\left\{\begin{array}{l} \Omega: e_{ij}=\frac{1}{2}\left(\frac{\partial u_i}{\partial x_j}+\frac{\partial u_j}{\partial x_i}\right) \text{ 或 } e=Du \\ \Gamma_u: u_i=\bar{u}_i \end{array}\right.$

广义变分原理

胡—鹫津三类变量（以后小作业检验）：

$$\Pi_{3p}=\int_\Omega\{[A(e_{ij})]d\Omega-f u \, d\Omega\}-\int_{\Gamma_\sigma}\bar{p}_i u_i ds-\int_\Omega \sigma_{ij}(e-Du)d\Omega-\int_{\Gamma_u} P_i(u_i-\bar{u}_i)ds = 驻$$

H-R 二类变量：

$$\Pi_{2c}=\int_\Omega B(\sigma_{ij})d\Omega-\int_{\Gamma_u} p_i \bar{u}_i ds-\int_\Omega u_i\left(\frac{\partial \sigma_{ij}}{\partial x_j}+f_i\right)d\Omega-\int_{\Gamma_\sigma} u_i(p_i-\bar{p}_i)ds = 驻$$

(三). 插值基函数..

1). Lagrange插值..

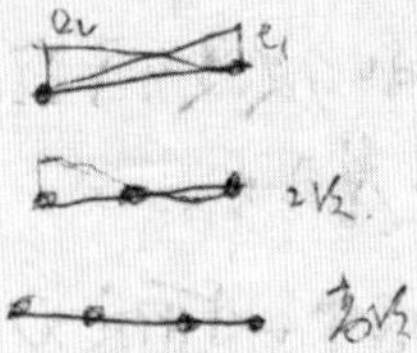

a). 一维 Lagrange插值 {线性 二次 高次

b). 二维Lagrange插值.

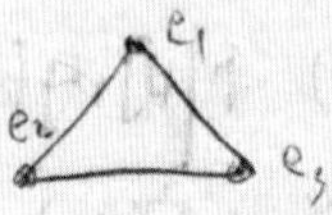

线性 ⟹ 三角元 ⟹ {线性.. 二次.. 高次.. 用三棱形法..

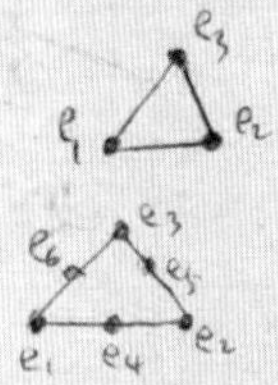

$e_i = \frac{2\Delta_i}{2\Delta}$

$N_i = e_i(2e_i - 1)$ $i = 1, 2, 3$

$N_j = 4e_k e_n$ $j = 4, 5, 6$ $k = 1, 2, 3$ $n = 2, 3, 1$

$N_{\alpha\beta\gamma} = \Pi$

c). 三维 (不考虑) {线性.. 二次 高次..} 四棱形法..

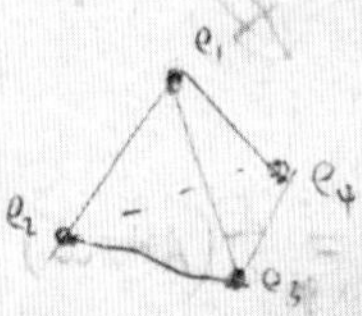

d). 二维.. 四边元. 矩形元.. 采用双向 Lagrange插值.

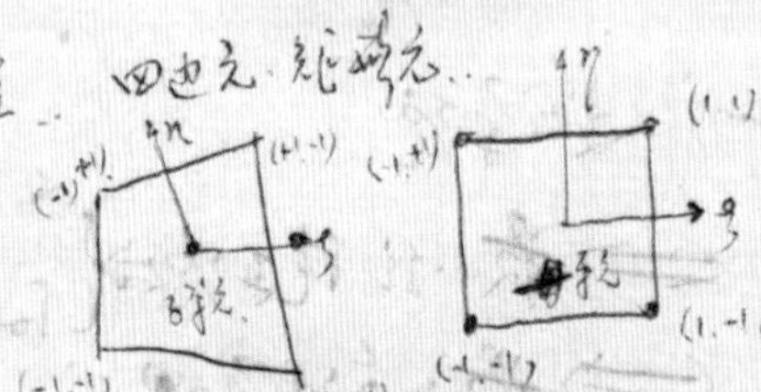

2. Hermite插值.. 一维.. $H_1^{00}$. $H_1^{01}$. $H_1^{10}$. $H_1^{11}$

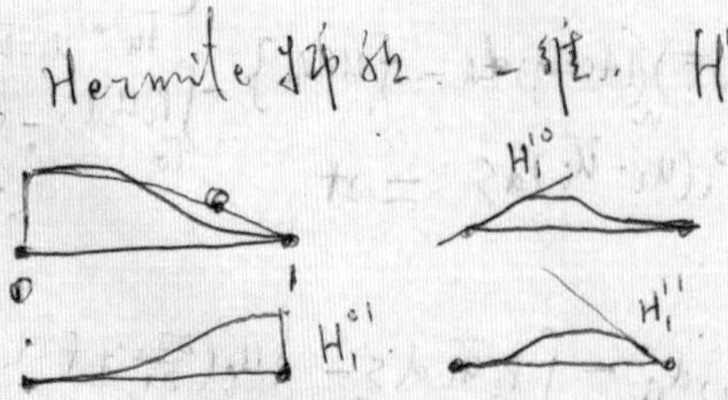

二维 矩形元. 采用双向Hermite插值.

四、断裂力学有限元模型

1) 最小位能原理 —— 位移协调模型

$$\Pi_p = \int_\Omega \frac{1}{2} e^T C e \, d\Omega - \int_\Omega u^T \bar{f} \, d\Omega - \int_{\Gamma_\sigma} u^T \bar{p} \, d\Omega = \min$$

选：在 $\Omega_n$ 位移场 $u_i$ 为变量

2) 杂交法（或假定应力法）：{单元内用最小余能原理，即选 应力场；总体用最小位能原理

选：$\sigma = P\beta$，$u = L q$，$p_i = N P \beta$

$$\Pi^e = \int_{\Omega_n} B(\sigma_{ij}) \, d\Omega - \int_{\Gamma_u} p_i^T u \, ds = \min \quad \text{（最小余能原理）}$$

$$= \int_{\Omega_n} \frac{1}{2} \sigma^T S \sigma \, d\Omega - \int_{\Gamma_u} p_i^T u \, ds$$

⇓

总体 $\Pi = \sum \Pi^e = \frac{1}{2} q^T K_n q - q^T Q = \min$ 最小位能原理

3) 杂交应力法（杂交应力模型）

在 $\Omega_n$ $\sigma = P\beta$ ⇓ 杂交

$\Gamma$ $\begin{cases} u_B = L q \\ p_i = N P \beta \end{cases}$

从修正余能出发：

$$\Pi_{mc}^e = \int B(\sigma_{ij}) \, d\Omega - \int_{\Gamma_u} \bar{p}^T \bar{u} \, ds + \int_{\Gamma_{ab}} u_i (p_i^{(a)} + p_i^{(b)}) \, ds - \int_{\Gamma_\sigma} u_i (p_i - \bar{p}_i) \, ds = st$$

$$= \int \frac{1}{2} \sigma^T S \sigma \, d\Omega - \int_{\Gamma_u} p_i^T \bar{u} \, ds - \int_{\Gamma_{ab}} p^T u \, ds - \int_{\Gamma_\sigma} p_i^T u \, ds + \int_{\Gamma_\sigma} \bar{p}_i^T u \, ds$$

$$= \int_{\Omega_n} \frac{1}{2} \sigma^T S \sigma \, d\Omega - \int_{\Gamma_u + \Gamma_{ab} + \Gamma_\sigma} p_i^T u \, ds + \int_{\Gamma_\sigma} \bar{p}_i^T u \, ds = st$$

$\Omega_n$ 给定 $\sigma = P\beta$ —— 满足平衡方程式。故为不完全的杂交变分原理。

4) 杂交位移 (I), (II) Jones 解

从修正的最小位能原理出发 (交界位移连续 $u_i^a = u_i^b$)

$$\Pi^e_{mp1} = \int_{\Omega_n} \left( A(e_{ij}) - \bar{f}_i u_i \right) d\Omega - \int_{\Gamma_\sigma} u_i \bar{p}_i ds - \int_{\Gamma_{ab}} p_i \left( u_i^a - u_i^b \right) ds - \int_{\Gamma_u} p_i (u_i - \bar{u}_i) ds = st$$

$$\Pi^e_{mp1} = \int_{\Omega_n} [A(e_{ij}) - \bar{f}_i u_i] d\Omega - \int_{\Gamma_\sigma} u^T \bar{p} ds - \int_{\Gamma_{ab}+\Gamma_u} u^T p ds + \int_{\Gamma_u} p_i \bar{u}_i ds = st$$

载荷项

在 $\Omega$ 内 $u = P\alpha$

$\partial\Omega$ $u_B = B\alpha$

$p_i = \Phi_R R$

$\alpha, R$ 为变量 → 杂交应力法

杂交位移 II $\Pi^e_{mp2} = \int_{\Omega_n} (A(e_{ij}) - \bar{f}_i u_i) d\Omega - \int_{\Gamma_\sigma} u_i \bar{p}_i ds - \int_{\Gamma_{ab}} p_i (u_i - \tilde{u}_i) ds - \int_{\Gamma_u} p_i (\bar{u}_i - \tilde{u}_i) ds$

$\Omega_n$ $u = P\alpha$

$\partial\Omega$ $u_B = B\alpha$

$\tilde{u} = \Phi_q q$ $(\Gamma_{ab})$

$p_i = \Phi_R R$

① 最小位能, 位移协调

② 杂交应力法

习题一. 杂交应力元给定单元边界力 $[P_i]=[n][P][\beta]$ 及其边界位移 $[u_B]=[L][q]$. 平衡模型II给定单元边界力 $[P_i]=[n][P][\beta]$, 又给 $[P_i]=[\Phi][Q]$ 以图示三角元为例. 试推导 $[P_i]=[\Phi][Q]=[\Phi]G^T[\beta]$ 其中

$$G=\int_{\partial\Omega}[nP]^T[L]\,dS.$$

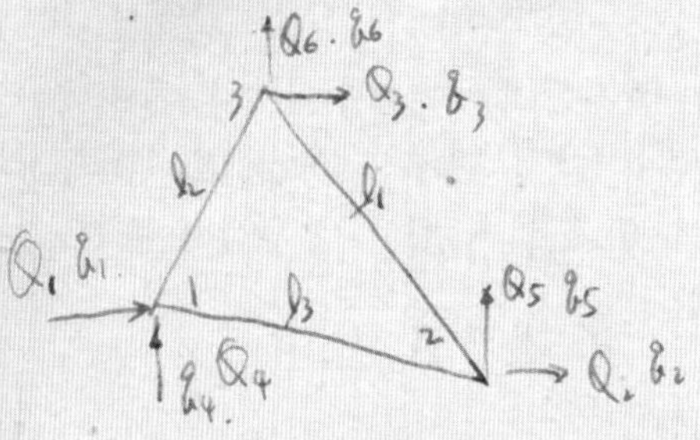


图中 $q_1, q_2 \cdots q_6$ 为节点位移.

$Q_1, Q_2 \cdots Q_6$ 为节点广义力.

习题二. 用平衡模型II, 求解图示弹性力学平面应力问题. (提示: 分割成三个三角元计算)

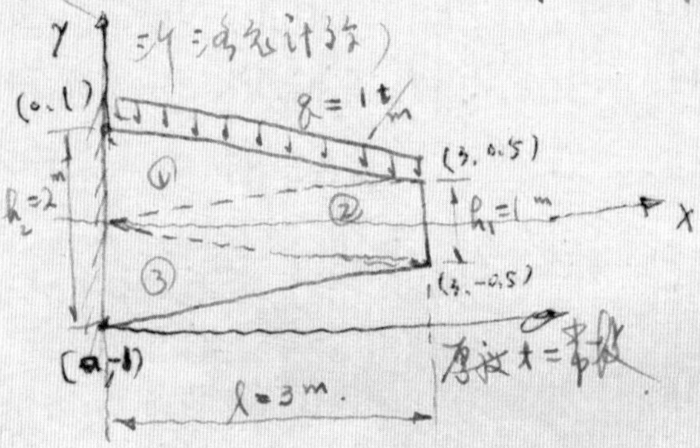

# 总结

最小位能原理：

$$\begin{cases}\Pi_{1p}=\int_\Omega [A(e_{ij})-F_i u_i]\,d\Omega \\ \Omega:\ e_{ij}=\frac{1}{2}\left[\frac{\partial u_i}{\partial x_j}+\frac{\partial u_j}{\partial x_i}\right] \\ \Gamma_u:\ u_i=\bar{u}_i \quad \text{强加}\end{cases}$$

虚功方程 ⟷ 虚位移原理

最小余能原理：

$$\begin{cases}\Pi_{1c}=\int_\Omega B(\sigma_{ij})\,d\Omega-\int_{\Gamma_u} P_i \bar{u}_i\,dS \\ \Omega:\ \frac{\partial \sigma_{ij}}{\partial x_j}+F_i=0 \\ \Gamma_\sigma:\ \sigma_{ij} n_j=\bar{P}_i\end{cases}$$

$$\Pi_{2c}^{G}=\int_\Omega \left[B(\sigma_{ij})+u_i\left(\frac{\partial \sigma_{ij}}{\partial x_j}+F_i\right)\right] d\Omega-\int_{\Gamma_u}\sigma_{ij} n_j \bar{u}_i\,dS-\int_{\Gamma_\sigma} u_i(\sigma_{ij} n_j-\bar{P}_i)\,dS$$

绝对值相等

H-R

选 $\Omega$ 内，$\sigma_{ij}$ 为函数

$\Gamma_\sigma$ 上，$u_i$ 为函数

$$\Pi_{3mc}=\int_\Omega B(\sigma_{ij})\,d\Omega-\int_{\Gamma_u} P_i \bar{u}_i\,dS-\int_{\Gamma_\sigma} u_i(\sigma_{ij} n_j-\bar{P}_i)\,dS$$

Hybrid stress model II

胡鹫合

$$\Pi_{3p}^{G}=\int_\Omega \left\{A(e_{ij})-F_i u_i-\sigma_{ij}\left[e_{ij}-\frac{1}{2}\left(\frac{\partial u_i}{\partial x_j}+\frac{\partial u_j}{\partial x_i}\right)\right]\right\} d\Omega-\int_{\Gamma_\sigma}\bar{P}_i u_i\,dS-\int_{\Gamma_u} P_i(u_i-\bar{u}_i)\,dS$$

在 $\Omega$ 内选 $u_i$ 为自变量

$\Gamma_{ab}$ 选 $\tilde{u}_i$ $\sigma_{ij}$

Hybrid displacement model II

$$\Pi_{3mp}=\sum\int_{\Omega_a}[A(e_{ij})-F_i u_i]\,d\Omega-\int_{\Gamma_\sigma}\bar{P}_i u_i\,dS-\int_{\Gamma_u} P_i(u_i-\bar{u}_i)\,dS-\left[\sum\int_{\Gamma_{ab}} P_i^{(a)}(u_i^{(a)}-\tilde{u}_i)\,dS+\sum\int_{\Gamma_{ab}} P_i^{(b)}(u_i^{(b)}-\tilde{u}_i)\,dS\right]$$

选 $\Omega$ 内，$u_i$ 为自变函数。Hybrid displacement model I。

$\Gamma_u$ 上，选 $\sigma_{ij}$ 为自变函数

$$\Pi_{2p}=\sum\int_{\Omega_a}[A(e_{ij})-F_i u_i]\,d\Omega-\int_{\Gamma_\sigma}\bar{P}_i u_i\,dS-\int_{\Gamma_u} P_i(u_i-\bar{u}_i)\,dS-\sum\int_{\Gamma_{ab}}[P_i^{(a)}u_i^{(a)}+P_i^{(b)}u_i^{(b)}]\,dS$$

Mixed model I：

$$\begin{cases}\Omega\ \text{选}\ u_i,\ \sigma_{ij}\ \text{为变量} \\ \Gamma:\ \sigma_{ij}\end{cases}$$

$$\Pi_{2R}^{H-R}=\sum\int_{\Omega_a}\left[-B(\sigma_{ij})-u_i\left(\frac{\partial \sigma_{ij}}{\partial x_j}+F_i\right)\right] d\Omega+\int_{\Gamma_\sigma} u_i(P_i-\bar{P}_i)\,dS+\int_{\Gamma_u} P_i \bar{u}_i\,dS$$

⇓ 强加变分条件，$\Gamma_{ab}$：$u_i^{(a)}=u_i^{(b)}$（内部边界位移协调）

Amend Hellinger-Reissner principle. Mixed model II

$$\Pi_{2mp}=\sum\int_{\Omega_a}\left[-B(\sigma_{ij})-F_i u_i+\sigma_{ij}\frac{1}{2}\left(\frac{\partial u_i}{\partial x_j}+\frac{\partial u_j}{\partial x_i}\right)\right] d\Omega-\int_{\Gamma_\sigma}\bar{P}_i u_i\,dS-\int_{\Gamma_u} P_i(u_i-\bar{u}_i)\,dS-\sum\int_{\Gamma_{ab}} P_i u_i\,dS$$

有限元 一维问题举例..

$y_0$ $y_1$ $y_2$ $y_3$ $y_5$ $y_6$ → 结点上未知量..

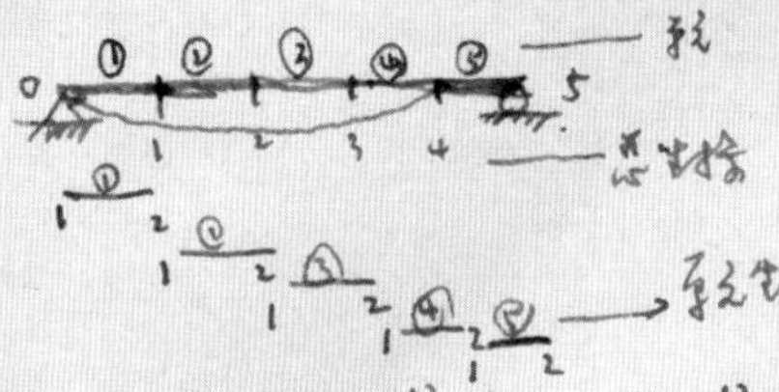


由泛函 + 分割法 → 代数方程.

$$\begin{bmatrix} \text{stiffness matrix} \\ \text{总刚度} \end{bmatrix}\begin{bmatrix} y_0 \\ y_1 \\ \vdots \\ y_6 \end{bmatrix} = \begin{bmatrix} \text{载} \end{bmatrix}$$

总之.. $\begin{cases} S\dfrac{d^2y}{dx^2} = g \\ y_0 = y_l = 0. \end{cases} \iff \begin{cases} \int_0^l [\frac{1}{2} S(\frac{dy}{dx})^2 - gy]dx = \min. \\ y_0 = y_l = 0 \end{cases}$

取典型元.. $\Pi = \sum_{①}^{⑤} \Pi^e = \sum_{①}^{⑤} \int_{x_1}^{x_2} [\frac{1}{2} S(\frac{dy}{dx})^2 - gy]dx = \min$

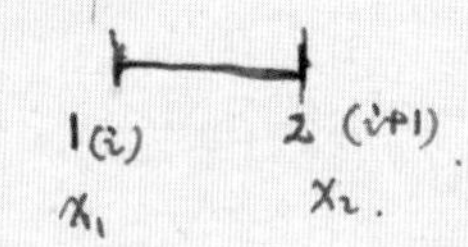

1°. Lagrange插值..

$$e_1 = \frac{x - x_2}{x_1 - x_2}$$

$$e_2 = \frac{x - x_1}{x_2 - x_1}$$

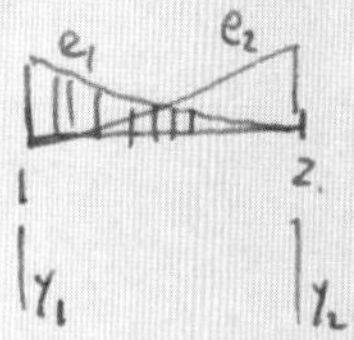

$$\therefore\ y(x) = y_1 e_1 + y_2 e_2 = \sum_{i=1}^{2} y_i e_i.$$

$$\Pi^e = \int_{x_1}^{x_2} \frac{1}{2} S(\frac{dy}{dx})^2 dx - \int_{x_1}^{x_2} gy\,dx$$

$$= \int_{x_1}^{x_2} \frac{1}{2} S[y_1 e_1' + y_2 e_2']^2 dx - \int_{x_1}^{x_2} g(y_1 e_1 + y_2 e_2)dx.$$

$$== \Pi^e(y_1, y_2) = \min.$$

则 $\frac{\partial \Pi^e}{\partial y_1}\delta y_1 + \frac{\partial \Pi^e}{\partial y_2}\delta y_2 = 0$. ∵ $\delta y_1$ 与 $\delta y_2$ 是任意的.

$$\therefore \begin{cases} \dfrac{\partial \Pi^e}{\partial y_1} = 0 & \int_{x_1}^{x_2} S[y_1 e_1' + y_2 e_2'] e_1' dx - \int_{x_1}^{x_2} g e_1 dx = 0 \\ \dfrac{\partial \Pi^e}{\partial y_2} = 0. & \int_{x_1}^{x_2} S[y_1 e_1' + y_2 e_2'] e_2' dx - \int_{x_1}^{x_2} g e_2 dx = 0. \end{cases}$$

如记.. {是已权.任选. 节点$y_i$由它们决定. 可写成矩阵.

$$\begin{bmatrix} \int_{x_1}^{x_2} S e_1'^2 dx, & \int_{x_1}^{x_2} S e_1' e_2' dx \\ \int_{x_1}^{x_2} S e_1' e_2' dx & \int_{x_1}^{x_2} S e_2'^2 dx \end{bmatrix} \begin{bmatrix} y_1 \\ y_2 \end{bmatrix} = \begin{bmatrix} \int_{x_1}^{x_2} g e_1 dx \\ \int_{x_1}^{x_2} g e_2 dx \end{bmatrix}$$

典型

令.. 单元刚度矩阵 $\begin{bmatrix} K_{11}^{(e)}, & K_{12}^e \\ K_{21}^e & K_{22}^e \end{bmatrix} = \begin{bmatrix} \int_{x_1}^{x_2} S e_1'^2 dx, & \int_{x_1}^{x_2} S e_1' e_2' dx \\ \int_{x_1}^{x_2} S e_2' e_1' dx. & \int_{x_1}^{x_2} S e_2'^2 dx \end{bmatrix}$ (与坐标的选择有关) 其他单元$K^e$也是这样的.

$$\begin{bmatrix} b_1^e \\ b_2^e \end{bmatrix} = \begin{bmatrix} \int_{x_1}^{x_2} g e_1 dx \\ \int_{x_1}^{x_2} g e_2 dx \end{bmatrix}$$ 与坐标选择有关.

∴ 典型元为 $\begin{bmatrix} K_{11}^e. & K_{12}^e \\ K_{21}^e. & K_{22}^e \end{bmatrix} \begin{bmatrix} y_1 \\ y_2 \end{bmatrix} = \begin{bmatrix} b_1^e \\ b_2^e \end{bmatrix}$

得到各单元 $K^e$ 后形成总体..

总刚度矩阵..　　把单元矩阵扩成总矩阵.

$$
\begin{array}{c}
 \\ 0 \\ 1 \\ 2 \\ 3 \\ 4 \\ 5
\end{array}
\begin{bmatrix}
K_{00}^{(1)} & K_{01}^{(1)} & & & & \\
K_{10}^{(1)} & K_{11}^{(1)}+K_{11}^{(2)} & K_{12}^{(2)} & & 0 & \\
 & K_{21}^{(2)} & K_{22}^{(2)}+K_{22}^{(3)} & K_{23}^{(3)} & & \\
 & & K_{32}^{(3)} & K_{33}^{(3)}+K_{33}^{(4)} & K_{34}^{(4)} & \\
 & 0 & & K_{43}^{(4)} & K_{44}^{(4)}+K_{44}^{(5)} & K_{45}^{(5)} \\
 & & & & K_{54}^{(5)} & K_{55}^{(5)}
\end{bmatrix}
\begin{bmatrix} y_0 \\ y_1 \\ y_2 \\ y_3 \\ y_4 \\ y_5 \end{bmatrix}
=
\begin{bmatrix} b_1^{(1)} \\ b_2^{(1)}+b_1^{(2)} \\ b_2^{(2)}+b_1^{(3)} \\ b_2^{(3)}+b_1^{(4)} \\ b_2^{(4)}+b_1^{(5)} \\ b_2^{(5)} \end{bmatrix}
$$

(列号：0. 1. 2. 3. 4. 5；单元编号 ①②③④⑤)

⇓

带状正定对称矩阵.

总刚度矩阵..

$$
K=\begin{bmatrix}
K_{00} & K_{01} & & & & \\
K_{10} & K_{11} & K_{12} & & 0 & \\
 & K_{21} & K_{22} & K_{23} & & \\
 & & K_{32} & K_{33} & K_{34} & \\
 & 0 & & K_{43} & K_{44} & K_{45} \\
 & & & & K_{54} & K_{55}
\end{bmatrix}
$$

其 $K_{ii}=K_{ii}^{(i)}+K_{ii}^{(i+1)}$

$i=1,2,\cdots N-1$

由 $y(0)=0$.　$y(l)=0$

即 $y_0=0$　　$y_5=0$

为满足边界条件 我们修正总刚度矩阵.

① 置1法.

如..

$$
\begin{bmatrix} K_{11} & K_{12} & 0 \\ K_{21} & K_{22} & K_{23} \\ 0 & K_{23} & K_{33} \end{bmatrix}\cdot\begin{bmatrix} y_1 \\ \bar{y}_2 \\ y_3 \end{bmatrix}=\begin{bmatrix} b_1 \\ b_2 \\ b_3 \end{bmatrix}
$$

其中 $\bar{y}_2$ 是已知. $y_2=\bar{y}_2$.

展开.
$$
\begin{cases}
K_{11}y_1+K_{12}\bar{y}_2=b_1 \\
K_{21}y_1+K_{22}\bar{y}_2+K_{23}y_3=b_2 \\
K_{23}\bar{y}_2+K_{33}y_3=b_3 .
\end{cases}
$$

$K_{11}y_1=b_1-\bar{y}_2K_{12}$

$y_2=\bar{y}_2$

$K_{33}y_3=b_3-K_{23}\bar{y}_2$

$$
\begin{bmatrix} K_{11} & 0 & 0 \\ 0 & 1 & 0 \\ 0 & 0 & K_{33} \end{bmatrix}\begin{bmatrix} y_1 \\ y_2 \\ y_3 \end{bmatrix}=\begin{bmatrix} b_1-\bar{y}_2\cdot K_{12} \\ \bar{y}_2 \\ b_3-\bar{y}_2K_{23} \end{bmatrix}=\begin{bmatrix} b_1-K_{12}\bar{y}_2 \\ \bar{y}_2 \\ b_3-\bar{y}_2K_{23} \end{bmatrix}
$$

我们已有.. $y_0=0$ . $y_5=0$.

$$
\begin{bmatrix}
1 & 0 & 0 & 0 & 0 & 0 \\
0 & K_{11} & K_{12} & & & \\
0 & K_{21} & K_{22} & K_{23} & & \\
 & & K_{32} & K_{33} & K_{34} & 0 \\
 & 0 & & K_{43} & K_{44} & 0 \\
0 & 0 & 0 & 0 & 0 & 1
\end{bmatrix}\cdot\begin{bmatrix} y_0 \\ y_1 \\ y_2 \\ y_3 \\ y_4 \\ y_5 \end{bmatrix}=\begin{bmatrix} 0=\bar{y}_0 \\ b_1-K_{01}\bar{y}_0 \\ b_2 \\ b_3 \\ b_4-K_{45}\bar{y}_5 \\ \bar{y}_5 \end{bmatrix}
$$

②. 电算.. 对应项放大法..

例如..

$$\begin{bmatrix} K_{11} & K_{12} & K_{13} \\ K_{21} & K_{22} & K_{23} \\ K_{31} & K_{32} & K_{33} \end{bmatrix} \begin{bmatrix} Y_1 \\ Y_2 \\ Y_3 \end{bmatrix} = \begin{bmatrix} b_1 \\ b_2 \\ b_3 \end{bmatrix}$$

⇓ ~~修改~~.

$$\begin{bmatrix} K_{11} & 0 & K_{13} \\ 0 & 1 & K_{23} \\ K_{13} & 0 & K_{33} \end{bmatrix} \begin{bmatrix} Y_1 \\ Y_2 \\ Y_3 \end{bmatrix}$$

$$\Rightarrow \begin{bmatrix} K_{11} & K_{12} & K_{13} \\ K_{21} & K_{22}\times 10^6 & K_{23} \\ K_{31} & K_{32} & K_{33} \end{bmatrix} \begin{bmatrix} Y_1 \\ Y_2 \\ Y_3 \end{bmatrix} \begin{bmatrix} b_1 \\ b_2\times 10^6 \\ b_3 \end{bmatrix}$$

总之.. 步骤..

一) 分割结构. 寻找基本板.

二). 单元刚度阵.

三). 总刚阵.

四).. 上机实现.

习题1.. 图示简支梁 中点挠度为 $\frac{5ql^4}{384EI}$，分割为两个单元，用泛函

$$\Pi(y)=\sum_{i=1}^{2}\int_0^{l/2}\frac{1}{2}EI\left(\frac{d^2y}{dx^2}\right)^2dx-\int_0^l qy\,dx=\min$$

边界条件 $y(0)=y(l)=0$，分别用 Lagrange、三次 Hermite 插值求梁的中点挠度，并比较插值函数选择的合理性..

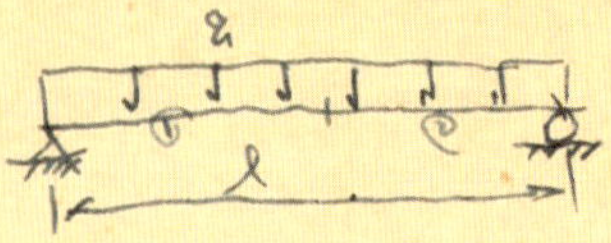


习题2.. 悬索的平衡方程为

$$\begin{cases} s\dfrac{d^2y}{dx^2}=q \\ y(0)=y(l)=0. \end{cases}$$

s 拉力。

其泛函为

$$\begin{cases} \Pi(y)=\int_0^l \frac{1}{2}s\left(\frac{dy}{dx}\right)^2dx-\int_0^l qy\,dx=\min. \\ y(0)=y(l)=0. \end{cases}$$

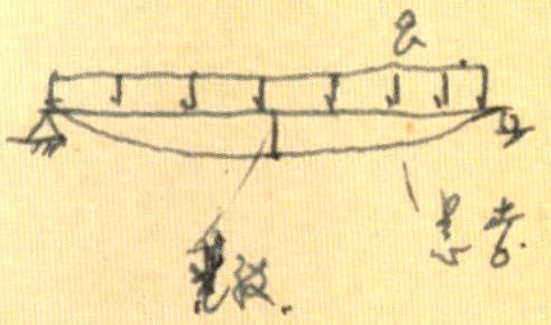


用Hermit 三次多项式求解中点垂度..

求矩形元十六点插值基函数.

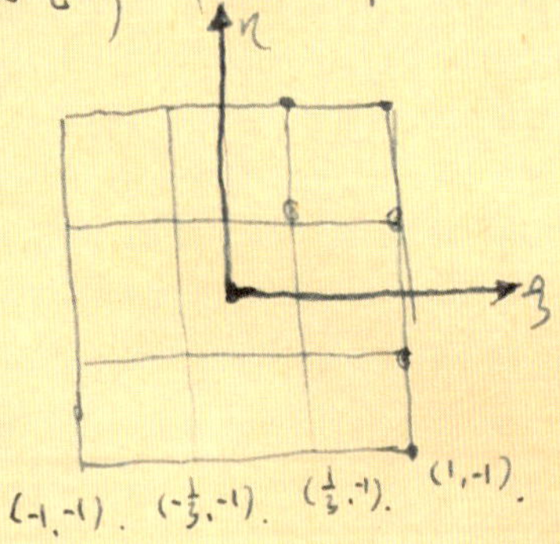


求三维八节点插值基函数.

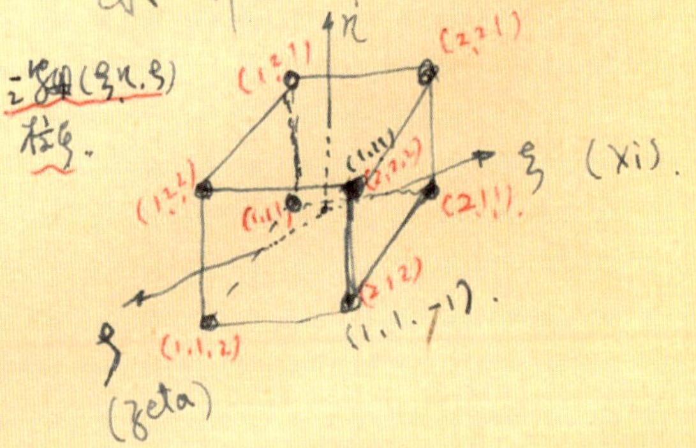


习题. 图示梁假定应力多项式求最小余能原理的杂交元解.

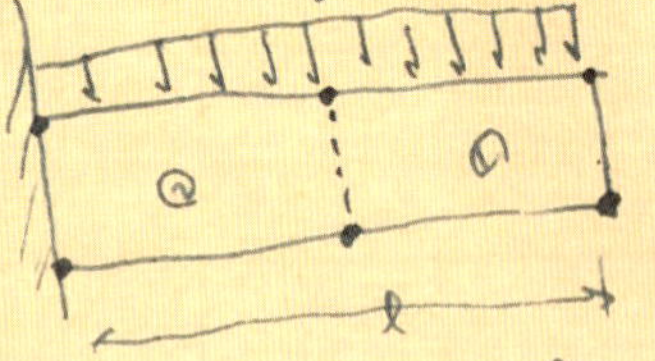


典型单元

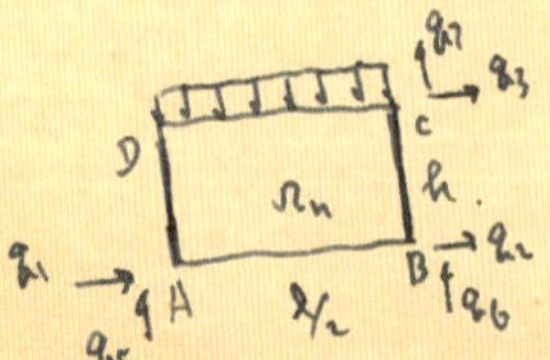


设应力场

$$\begin{cases} \sigma_x=\beta_1+\beta_2y+\beta_6x+2\beta_8xy \\ \sigma_y=\beta_3+\beta_4x+\beta_7y \\ \tau_{xy}=\beta_5-\beta_6y-\beta_7x-\beta_8y^2 \end{cases}$$

$$[\sigma]=\begin{bmatrix}\sigma_x\\ \sigma_y\\ \tau_{xy}\end{bmatrix}=\begin{bmatrix}1, & y, & 0, & 0, & 0, & x, & 0, & 2xy\\ 0, & 0, & 1, & x, & 0, & 0, & y, & 0\\ 0, & 0, & 0, & 0, & 1, & -y, & -x, & -y^2\end{bmatrix}\begin{bmatrix}\beta_1\\ \beta_2\\ \vdots\\ \beta_8\end{bmatrix}=[P][\beta]$$

单元边界位移.

$$U_{AB} = q_1 e_1 + q_2 e_2 = q_1\left(1-\frac{2x}{l}\right) + q_2\frac{2x}{l}$$

$$V_{AB} = q_5 e_{1(x)} + q_6 e_2(x) = q_5\left(1-\frac{2x}{l}\right) + q_6\frac{2x}{l}$$

$$U_{BC} = q_2 e_1(y) + q_3 e_2(y) = q_2\left(1-\frac{y}{h}\right) + q_3\frac{y}{h}$$

$$V_{BC} = q_6 e_1(y) + q_7 e_2(y) = q_6\left(1-\frac{y}{h}\right) + q_7\frac{y}{h}$$

- - - - - - - - - - - -

$$[U_B] = \begin{bmatrix} U_{AB} \\ U_{BC} \\ \vdots \\ V_{AB} \\ V_{BC} \\ V_{DA} \end{bmatrix} = [L]\begin{bmatrix} q_1 \\ \vdots \\ q_8 \end{bmatrix}$$

单元边界力.

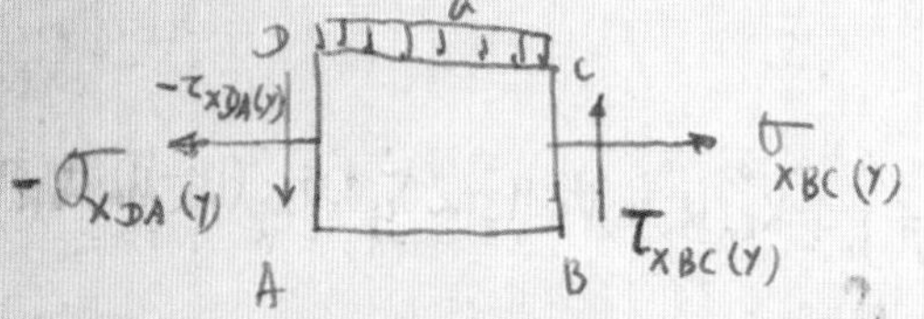


$$\sigma_{xBC}(y) = \beta_1 + \beta_2 y$$

$$\tau_{xBC}(y) = \beta_5 - \beta_6 y - \beta_8 y^2$$

$$-\sigma_{xDA}(y) = \beta_1 + \beta_2 y$$

$$-\tau_{xDA}(y) = \beta_5 - \beta_6 y - \beta_8 y^2$$

$$\Pi_c^e = \int_{\Omega_n} \frac{1}{2}[\sigma]^T[S][\sigma]\,d\Omega - \int_{AB+BC+CD+DA} p u\,ds = \min$$

$$[P_i] = \begin{bmatrix} -\tau_{AB} \\ -\sigma_{AB} \\ \sigma_{BC} \\ \tau_{BC} \\ \tau_{CD} \\ \sigma_{CD} \\ -\sigma_{DA} \\ -\tau_{DA} \end{bmatrix} = [R][\beta]$$

$$\int_{\Gamma_u} p u\,ds = \int_{BC} + \int_{CD} + \int_{DA} p u\,ds$$

其中 BC.与DA为单元边界. AB. CD 为自由边界.

$$= \int_{BC}\begin{bmatrix} \sigma_{xBC}(y) \\ \tau_{xBC}(y) \end{bmatrix}^T \cdot \begin{bmatrix} U_{BC} \\ V_{BC} \end{bmatrix} ds + \int_{CD}\begin{bmatrix} 0 \\ -q \end{bmatrix}^T \cdot \begin{bmatrix} U_{CD} \\ V_{CD} \end{bmatrix} ds + \int_{DA}\begin{bmatrix} -\sigma_{xDA}(y) \\ -\tau_{xDA}(y) \end{bmatrix}^T \begin{bmatrix} U_{DA} \\ V_{DA} \end{bmatrix} ds$$

在单元边界上 $\Gamma_{ab}$

$$[P] = \begin{bmatrix} \sigma_{xBC}(y) \\ \tau_{xBC}(y) \\ -\sigma_{xDA}(y) \\ -\tau_{xDA}(y) \end{bmatrix} = \begin{bmatrix} 1 & y & 0 & 0 & 0 & 0 & 0 & 0 \\ 0 & 0 & 0 & 0 & 1 & -y & 0 & -y^2 \\ 1 & y & 0 & 0 & 0 & 0 & 0 & 0 \\ 0 & 0 & 0 & 0 & 1 & -y & 0 & -y^2 \end{bmatrix}\begin{bmatrix} \beta_1 \\ \beta_2 \\ \vdots \\ \beta_8 \end{bmatrix} = [R][\beta]$$

$$[U] = \begin{bmatrix} U_{BC} \\ V_{BC} \\ U_{DA} \\ V_{DA} \end{bmatrix} = \begin{bmatrix} q_2\left(1-\frac{y}{h}\right) + q_3\frac{y}{h} \\ q_6\left(1-\frac{y}{h}\right) + q_7 y/h \\ q_1\left(1-\frac{y}{h}\right) + q_4 y/h \\ q_5\left(1-y/h\right) + q_8 y/h \end{bmatrix} = [L][q]$$

$$\therefore \Pi_c^e = \int_{\Omega_n} \frac{1}{2}[\sigma]^T[S][\sigma]\,d\Omega - \int_{CD}(-q)V_{CD}\,ds - \int_{\Gamma_{ab}}[P]^T[U]\,ds$$

$\Gamma_{ab} = \Gamma_{BC}$

# 各种混合边界条件下的泛函项

| 表面 | 边界条件 | 泛函的有关项 |
| --- | --- | --- |
| $\Gamma_{pn} \sim \Gamma_{\sigma n}$ | $\begin{cases} \sigma_{ij} n_i n_j = \bar{p}_i n_i \\ u_k t_{\alpha k} = \bar{u}_k t_{\alpha k} \end{cases}$ | $-\iint_{\Gamma_{pn}} [\bar{p}_i n_i u_k n_k + \sigma_{ij} n_i t_{\alpha j} (u_k - \bar{u}_k) t_{\alpha k}] dS$ |
| $S_{pt} \sim \Gamma_{\sigma t}$ | $\begin{cases} u_k n_k = \bar{u}_k n_k \\ \sigma_{ij} n_i t_{\alpha j} = p_j t_{\alpha j} \end{cases}$ | $-\iint_{S_{pt}} [\sigma_{ij} n_i n_j (u_k - \bar{u}_k) n_k + \bar{p}_i t_{\alpha i} u_j t_{\alpha j}] dS$ |
| $S_K^*$ | $\begin{cases} \sigma_{ij} n_i n_j = -K^*_{nn} u_i n_i \\ \sigma_{ij} n_j t_{\alpha i} = -K^*_{\alpha\beta} u_i t_{\beta i} \end{cases}$ | $+\frac{1}{2}\iint_{S_K^*} [K^*_{nn} u_i n_i u_k n_k + K^*_{\alpha\beta} u_i t_{\alpha i} u_j t_{\beta j}] dS$ |
| $S_{kn_2}$ | $\begin{cases} \sigma_{ij} n_i n_j = -K^*_{nn} u_i n_i \\ u_i t_{\alpha i} = \bar{u}_i t_{\alpha i} \end{cases}$ | $+\frac{1}{2}\iint_{S_{kn_2}} [K^*_{nn} u_i n_i u_k n_k - 2\sigma_{ij} n_i t_{\alpha j} (u_k - \bar{u}_k) t_{\alpha k}] dS$ |
| $S_{kt_1}$ | $\begin{cases} \sigma_{ij} n_i n_j = \bar{p}_i n_i \\ \sigma_{ij} n_i t_{\alpha j} = -K^*_{\alpha\beta} u_i t_{\beta i} \end{cases}$ | $\iint_{S_{kt_1}} [-\bar{p}_i n_i u_k n_k + \frac{1}{2} K^*_{\alpha\beta} u_i t_{\alpha i} u_k t_{\beta k}] dS$ |
| $S_{kn_1}$ | $\begin{cases} \sigma_{ij} n_i n_j = -K^*_{nn} u_i n_i \\ \sigma_{ij} n_i t_{\alpha j} = \bar{p}_i t_{\alpha i} \end{cases}$ | $\frac{1}{2}\iint_{S_{kn_1}} [K^*_{nn} u_i n_i u_k n_k - 2\bar{p}_i t_{\alpha i} t_{\alpha k}] dS$ |
| $S_{kt_2}$ | $\begin{cases} u_i n_i = \bar{u}_i n_i \\ \sigma_{ij} n_i t_{\alpha j} = -K^*_{\alpha\beta} u_i t_{\beta i} \end{cases}$ | $\iint_{S_{kt_2}} [-\sigma_{ij} n_i n_j (u_k - \bar{u}_k) n_k + \frac{1}{2} K^*_{\alpha\beta} u_i t_{\alpha i} u_j t_{\beta j}] dS$ |

注：$n_i$ 为单位法向矢量，$t_{\alpha i}$ 为单位切向矢量 $(\alpha=1,2)$，$t_{\alpha i} = t_{切}$ —— 切向对称。

$S_K$，$S_{kn_1}$，$S_{kt_2}$ 等为相当于一个弹簧弹性支承作用下的各种可能的边界条件。

Example..

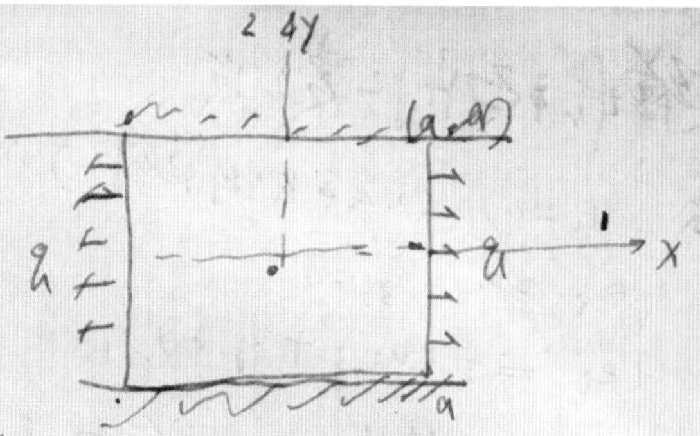


已知.. $y=\pm a$ . $u_1=u_2=0$

$x=\pm a$ . $\sigma_1=q$ .

用最小位能原理.. 取 $\begin{cases} u_1=(a^2-y^2)\,U(x) \\ v_1=(a^2-y^2)\,V(x) \end{cases}$ 由对称.. ~~是对称的~~

$e_{11}=(a^2-y^2)U'(x)$ . $e_{22}=-2yV(x)$

$e_{12}=-yU(x)+\frac{1}{2}(a^2-y^2)V'(x)$

$e_{ii}e_{jj}=[e_{11}e_{11}+2e_{12}e_{21}+e_{22}e_{22}]$

$\therefore A_{(e)}=\frac{E}{2(1-\nu^2)}\Big\{[(a^2-y^2)U'(x)-2yV(x)]^2+2(1-\nu)[(a^2-y^2)2yV(x)U'(x)+$

$+\frac{1}{4}(a^2-y^2)^2(V'(x))^2-y(a^2-y^2)U(x)V'(x)+y^2U^2(x)]\Big\}$.

$\therefore \Pi_{1p}=\iint_{-a}^{a}A_{(e)}\,dx\,dy-\int_{-a}^{a}q(a^2-y^2)U(a)\,dy-\int_{-a}^{a}(-q)(a^2-y^2)U(-a)\,dy$

$\delta\Pi_{1p}=0$ 、 $\Longrightarrow \begin{cases} \frac{4}{3}a^3(1-\nu)U-\frac{16}{15}a^5U''=0 \\ \frac{8}{3}a^2V-\frac{8}{15}a^5(1-\nu)V''=0 \end{cases}$

边界条件. $\begin{cases} \frac{16}{15}a^5U'(a)=\frac{4}{3}a^3q \\ \frac{16}{15}a^5U'(-a)=\frac{4}{3}a^3q \\ V'(a)=V'(-a)=0 \end{cases}$

从而可解出 $\begin{cases} U=\frac{q}{a}\sqrt{\frac{5}{4(1-\nu)}}\dfrac{\sinh\sqrt{\frac{5(1-\nu)}{4}}\frac{x}{a}}{\cosh\sqrt{\frac{5(1-\nu)}{4}}} \\ V=0 \end{cases}$.

注意到 $A_{(e)}$ 是正定的

$e_{ii}e_{jj}\Big|_{i=1,2;\ j=1,2}=(e_{11}+e_{22})^2$

$e_{ii}e_{jj}-e_{ij}e_{ij}$

$=(e_{11}+e_{22})^2-(e_{11}e_{11}+2e_{12}e_{21}+e_{22}e_{22})$

$=2e_{11}e_{22}-2e_{12}e_{21}$

$i=1,2$

$j=1,2$

同样对于余能原理. 可取 $\varphi(x,y)=-\frac{1}{2}q(a^2-y^2)+A\{x^4-6x^2y^2+y^4+48\sum Q_{(x)}\frac{\sin\beta x}{\beta^n}\}$

由此求出 $B(\sigma)$. 代入余能求之即可

# 弹性平面问题之变分问题

$\begin{cases} u_1 = u_1(x_1, x_2) \\ u_2 = u_2(x_1, x_2) \end{cases}$

1 平面应变问题：$u_3 = 0$（不考虑刚性位移）

应变关系 $\begin{cases} e_{i3} = 0, \quad e_{33} = 0 \\ e_{ij} = \frac{1}{2}(u_{i,j} + u_{j,i}) \end{cases}$ $(i, j = 1.2.3)$

物理方程 $e_{ij} = \frac{1+\nu_1}{E_1}\sigma_{ij} - \frac{\nu_1}{E_1}\sigma_{kk}\delta_{ij}$

平衡 $\sigma_{ij,j} + F_i = 0$

协调 $e_{11,22} + e_{22,11} - 2e_{12,12} = 0$

或 $\sigma_{11,22} + \sigma_{22,11} - 2\sigma_{12,12} = \nu\nabla^2\sigma_{kk}$

K 在此是指标和之意
$\sigma_{kk} = \sigma_{11} + \sigma_{22} + \sigma_{33}$
与 $i, j$ 之同 $i = 1.2.3$, $j = 1.2.3$

或引入应力函数 $\phi_{,iijj} = 0$

2. 平面应力：$e_{ij} = \frac{1+\nu}{E}\sigma_{ij} - \frac{\nu}{E}\sigma_{kk}\delta_{ij}$

$\sigma_{11,22} + \sigma_{22,11} - 2\sigma_{12,12} = \frac{2}{1+\nu}\nabla^2(\sigma_{kk})$

最小位能原理：在满足小位移应变关系和边界位移已知条件 $u_i = \bar{u}_i$ 在 $\Gamma_u$ 上的所有允许的应变 $e_{ij}$ 位移 $u_i$ 中，真实的 $e_{ij}$ 和 $u_i$ 必使弹性体单位

应变的总位能 $\Pi_{1p} = \iint_\Omega (A(e_{ij}) - F_i u_i)\,d\Omega - \int_{\Gamma_\sigma} \bar{P}_i u_i\,ds$ 为最小。

其 $\bar{P}_i = \sigma_{ij} n_j$ 在 $\Gamma_\sigma$ 上应力边界条件。

最小余能原理——即强加定义

在满足小位移变形的平衡方程式和边界外力已知条件的所有允许的应力 $\sigma_{ij}$ 中，真实应力 $\sigma_{ij}$ 必使单位厚度的弹性余能

$\Pi_{1c} = \iint_\Omega B(\sigma_{ij})\,ds - \int_{\Gamma_u} \bar{u}_i \sigma_{ij} n_j\,ds$ 为最小。

弹性体单位体积的应变能密度及余能密度

1. 平面应变：$\begin{cases} A(e_{ij}) = \frac{E_1}{2(1-\nu_1^2)} e_{ii}e_{jj} - \frac{E_1}{2(1+\nu_1)}(e_{ii}e_{jj} - e_{ij}e_{ij}) \\ B(\sigma_{ij}) = \frac{1}{2E_1}[\sigma_{ii}\sigma_{jj} - (1+\nu_1)(\sigma_{ii}\sigma_{jj} - \sigma_{ij}\sigma_{ij})] \end{cases}$

2. 平面应力：$\begin{cases} A(e_{ij}) = \frac{E}{2(1-\nu^2)} e_{ii}e_{jj} - \frac{E}{2(1+\nu)}(e_{ii}e_{jj} - e_{ij}e_{ij}) \\ B(\sigma_{ij}) = \frac{1}{2E}[\sigma_{ii}\sigma_{jj} - (1+\nu)(\sigma_{ii}\sigma_{jj} - \sigma_{ij}\sigma_{ij})] \end{cases}$

单工.. 元加宽板.. 要求元加宽板为单位宽板以达到[illegible]

是什么?　　　　(还不引入位置变化中去)

晶粒.. 晶界的位置.. 了解晶界的变化与能量及其关系.

也是有关的理论问题..

实验法.. {运动元加宽板. 位错的出现与消失. → 元加宽板的实验理论.. 可研究.

Mones利用最小能量原理.造元加宽板计算 [illegible]由内(错位)与[illegible]能力学

最小能量原理相似. 但是我们人[illegible]出发以[illegible]

理论..

Concepts and application

of ~~Elemen~~ finite Element Method.

Lagrange 插值.

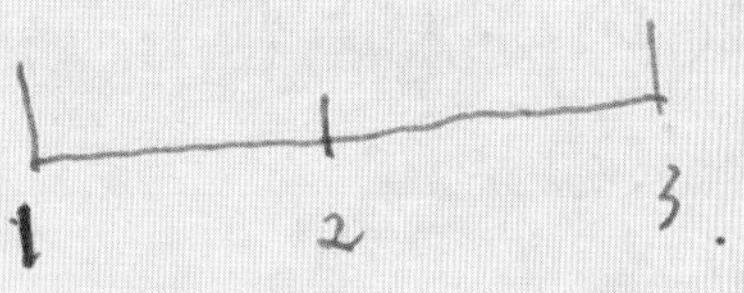


$$\begin{cases} e_1 = \dfrac{(x-x_2)(x-x_3)}{(x_1-x_2)(x_1-x_3)} \\ e_2 = \dfrac{(x-x_1)(x-x_3)}{(x_2-x_1)(x_2-x_3)} \\ e_3 = \dfrac{(x-x_2)(x-x_1)}{(x_3-x_1)(x_3-x_2)} \\ e_k = \dfrac{(x-x_1)(x-x_2)\cdots(x-x_{k-1})(x-x_{k+1})(x-x_{k+2})\cdots}{(x_k-x_1)(x_k-x_2)\cdots(x_k-x_{k-1})(x_k-x_{k+1})\cdots} \end{cases}$$

Hermit 插值.

$$\begin{cases} H_1^{01} = (x-x_2)^2\left[1+2\dfrac{x-x_1}{x_2-x_1}\right] \\ H_1^{11} = (x-x_1)\left(\dfrac{x-x_2}{x_1-x_2}\right)^2 \\ H_1^{02} = (x-x_1)^2\left[1+2\dfrac{x-x_2}{x_1-x_2}\right] \\ H_1^{12} = (x-x_2)\left(\dfrac{x-x_1}{x_2-x_1}\right)^2. \end{cases}$$

斯脱姆—刘维耳微分方程（二阶）

$$\frac{d}{dx}(py')+(\lambda w-q)y=0$$

$$\Updownarrow$$

在 $J=\int_{x_1}^{x_2} w(x)y^2\,dx$ 下

求泛函 $\pi=\int_{x_1}^{x_2}(py'^2+qy^2)\,dx$ 的极值之变分问题

或者作为无条件变分

$$\pi^*=\lambda J+\int_{x_1}^{x_2}\left[py'^2+(q-\lambda w)y^2\right]dx$$

薄板的弯曲应变能

$$U=-\iint_S \frac{1}{2}\left[M_x\frac{\partial^2 w}{\partial x^2}+M_y\frac{\partial^2 w}{\partial y^2}+2M_{xy}\frac{\partial^2 w}{\partial x\partial y}\right]dx\,dy$$

梁受横向载荷和轴向力时的弯曲

方程：

$$\frac{d^2}{dx^2}\left(EI\frac{d^2w}{dx^2}\right)-N\frac{d^2w}{dx^2}=q$$

# 附　录

## 校长谢和平院士
## 致全校教授和专家的一封信

尊敬的各位教授和专家：

大家好。在新的一年即将到来之际，我谨向大家表示衷心的感谢并致以亲切的问候。祝您和您的家人新年快乐，阖家幸福。

近年来，四川大学总体发展势头很好，各项核心竞争力指标得到快速提升，正在步入又好又快的良性发展轨道。所有这些成就的取得是全校师生员工共同努力的结果，同样凝结着你们的心血和智慧。作为四川大学的历史见证者和发展贡献者，你们是学校昨天和今天发展的重要功臣，更是学校明天发展的宝贵财富。

今年和明年都是学校的改革建设年，我们面临着更加繁重的任务和更加严峻的挑战。党的十七大再次强调，“办好人民满意的教育”。对于四川大学来说，全面提高教育教学质量是办好人民满意的教育的根本需要，是适应社会发展和经济建设的迫切需要，是增强核心竞争力的现实需要，必须作为学校又好又快发展的重要前提和大事要事来抓。为此，今年学校正式出台了《四川大学关于构建研究型大学本科创新人才培养体系的方案》。作为落实方案的具体措施之一，我提议并推进教务处、人事处和档案馆联合在校史展览馆长期举办《四川大学教案展》，面向全校师生开放。全校青年教师与学生通过观摩学习《四川大学教案展》，将进一步提升他们的知识、能力和素质，进一步推进学校教学内容和方法的改革和创新，进一步提高学校教育教学的质量和水平。

我们深知，优秀教案的形成并非一朝一夕之功。它不仅是教师专业知识和文化素养的客观反映，而且是教师教学思维和教学方法的具体呈现，更是教师创造性劳动和教学艺术的综合体现。为努力使《四川大学教案展》成为每一个青年教师进校的“第一课”，成为每一个教师提高教学水平的“讲习所”，特恳请各位教授和专家将早年保存下来的教案（包括讲义、讲稿、本科或研究生课堂笔记等教学资料）捐赠给学校或由学校复制，提供给青年教师与学生观摩和学习，以充分发挥你们在学校改革发展、青年教师成长与学生成才过程中启示教育和传帮带的重要作用。

翰墨余香，手泽可挹；大师作范，高山景行。我们共同期待着更多、更好的优秀教案展现在四川大学广大师生的面前。我们相信，全校青年教师和学生一定能够汲取各位教授和专家在自身学业阶段与长期教学实践中积累的有益经验，特别是发扬你们无私的奉献精神、求实的治学风尚、大爱的育人传统，为学校发展做出更大、更新的贡献。

再一次感谢各位教授和专家对学校工作一如既往的大力支持。祝你们身体健康，万事如意。

四川大学校长
中国工程院院士 谢和平

2007年12月18日

# 笔记、教案，来看老师们的那些年
## ——四川大学教案展在校史展览馆隆重开展

陈爽　钟燕

（《四川大学报》，2012 年 10 月 9 日）

“非礼之礼，非义之义，大人弗为。”工整的毛笔字抄写《孟子·离娄》，以朱笔标示句逗和重点，这是 20 世纪初郭沫若在四川大学学习时写下的笔记。刚过 20 岁的郭沫若，和今天的大学生一样，需学习各科知识。在一本几何作业本上，可以看到今天仍然在使用的符号和推算过程；而在另一本笔记的扉页，除了各式签名，郭沫若给自己画了一张铅笔自画像。自画像上的他侧着脸，戴着瓜皮小帽，辫子向后扬起，几乎只能算是涂鸦。正是这些细节，生动地展示了百年前一个认真而又活泼的大学生形象。

“2–1 非线性的一般分析方法：材料非线性、几何非线性”，在这条关于非线性分析的笔记条目下，还辅以图示和公式，对于公式中的每个符号均作详细说明。这是谢和平校长在大学求学期间的笔记。每一门课均有一本自己装订的笔记本，扉页上用毛笔写上课程名称和自己的名字。翻看这些笔记，除了工整的字迹和清晰的图示说明，更让人感受到的是在课堂上的认真态度。

时光飞逝，新时代的各种先进技术也进入了校园。虽然老师的板书渐渐被 PPT 取代，大篇的文字和图例也可用拇指盖大小的 U 盘拷贝回去慢慢研究，但是，抄笔记，这种传统的学习方式却并没有离开教室。文科同学“抄到手软”、理工科同学抄下的各种图示和公式、医科同学的解剖图像……提笔写一写，仿佛是最好的辅助记忆方式。当然，在抄笔记的过程中，也不乏“创新”和“改造”。

每个班总有一两个同学的笔记是“范本”，不一定是最完全、最工整，但至少是最有参考价值。每每考前文印店里排起的长龙，人人举着一本漂亮、整齐、图示清晰的笔记，有的是为考试突击，有的是为借鉴参考，总而言之，都是为了学习。

看着郭大师的墨笔朱批、谢校长的步步推演，再翻看今天你在课堂上辛苦记录的笔记，可知作为学生，我们仍保留着课堂的老传统。

**四川大学教案展**

由教务处和档案馆联合主办的《翰墨飘香：四川大学教师教案展》正在校史馆三楼明远厅展出，本次教案展既展示我校首届优秀教案评比的部分获奖成果，又展示了张铨、张洪沅、毛坤等部分知名教授早年的教案和讲义。

曾任四川大学图书馆馆长的毛坤教授，用挥毫写下《西洋史部目录纲要》，中国古典韵味十足的墨迹，让我们仿佛回到古代的私塾、近代的学堂；文学与新闻学院王红教授的《中国文学讲稿》，字迹如行云流水，讲稿上圈点勾画，红笔划出重点部分，拼音注释难字难词，在难点处还辅以细致入微的教材分析；哲学系张国祺教授的讲稿字迹工工整整，“彼亦一是非，此亦一是非”，在明晰的讲稿上我们可以看出他的备课态度；药学院陶海鹏教授在教案里作业的设置、化学方程式的推导无不体现思维的跳跃与智慧的火花的碰撞。

儿科学家、原华西协合大学杜顺德教授的全英文教案在众多教案里显得尤为显眼，其在展的教材字迹工整，丝毫不逊色于当今的印刷体，一气呵成，流利顺畅，有张有弛，展现了大家风范。在教案上他还标注了神经学、儿科学方面的图示，均出自他的一笔一画勾勒，且在空白处细致地写了画图的比例，不难想象这位学者在当时是多么认真严谨地准备着教案。

不同于其他学科的老师，化工机械系古大田教授的教案更是展现了机械类学科对于画图的严格要求。在小小的两页纸上，就整整齐齐排列了各式各样的机械设备的图解，图虽小却五脏俱全，线条的起折转承将焊接、对焊、锻铸铸造工艺描摹得活灵活现。

原国立四川大学教材《中国上古史》《国文读钞》为繁体、竖排、线装本，更多了一份历史厚重感；医科类教案上用照片展示人体结构，体现了教学随着时代的发展；化学发展史的幻灯片，体现传统教学正向多媒体教学过渡。

对于教案的记忆可追溯到小学，那时的老师上课总会带着一本备课本，上面手写了教学纲要及讲课内容。如今，在这个人才济济的大学殿堂，虽然上课方式越来越现代化，依然有许多老师准备了传统教案。

# 川大向全校征集手写版教案笔记

董　亮

（《成都晚报》，2012 年 11 月 23 日）

校长倡议　希望每位老师捐赠讲义、讲稿、本科或研究生课堂笔记等教学资料，充分发挥传帮带作用。

教师响应　已有六七位退休教授捐赠了他们的教案和笔记，将在“川大记忆”网站上呈现。

学生支持　这些文字知识的广度和深度非同一般，教授们的钻研精神及严谨的治学态度，催人奋进。

“希望每位老师都能把自己早年保存下来的教案、笔记捐赠给学校，供广大青年教师和学生观摩、学习。”四川大学校长谢和平在致全校教师的一封公开信中，号召教师捐赠有着“历史味道”的教案和笔记，在青年老师逐渐偏爱于“电子教案”、学生记笔记的习惯被逐渐“遗忘”之时，这一举动引起了广泛关注。

教案向全校师生开放

校长率先捐赠笔记

珍贵笔记之一

捐赠时间：2007 年

记录时间：20 世纪 80 年代

记录内容：与力学相关的内容

笔记描述：4 本笔记，均为捐赠者读大学时所记

——川大校长谢和平捐赠

“珍贵的教案和课堂笔记体现着各位老师优秀的精神品质、严谨的治学态度

和求实的教风学风，是学校一笔宝贵的精神和文化财富。”在信中，川大校长谢和平对老师们的教案给予了极高赞扬。据他在信中介绍，自2007年以来，校史展览馆就举办了《四川大学教案展》，面向全校师生开放。为了扩大教案展的规模，学校决定由档案馆（校史办公室）、教务处、人事处、学生处等有关部门，全面实施《教师优秀教案、笔记采集示范工程》。据了解，作为活动倡导者，当年谢和平也率先捐赠了自己大学时期的笔记。谢和平在信中写道，希望每位老师将讲义、讲稿、本科或研究生课堂笔记等教学资料，捐赠给学校或由学校复印，充分发挥自己在促进青年教师成长与学生成才过程中的传帮带作用。各学院通过举办体现自身特色的“优秀教案和课堂笔记展”，真正使校、院两级教学笔记展成为每个青年老师进校上岗的“第一课”，同时希望每位师生从《四川大学教案展》中感悟对知识的渴望、对真理的执着、对梦想的追求和对责任的担当。

退休教师积极响应
捐赠64年前珍贵笔记

珍贵笔记之二
捐赠时间：2012年
记录时间：1948年，是目前笔记中最“年长”的
讲课人：中国著名学者、川大博导杨明照
笔记描述：采用毛笔书写
——川大教授、《汉语大字典》编撰者之一赵振铎捐赠

“目前，已有六七位退休教授捐赠了他们的教案和笔记。”四川大学档案馆馆长党跃武说，前期收集的教案以历史文化学院、文学与新闻学院为主，偏重于文科。据他介绍，川大教授、《汉语大字典》编撰者之一赵振铎在此次收集活动开始之后，第一时间捐赠了自己1948年的珍贵笔记，记录了他在听中国著名学者、川大博导杨明照讲课时所学的内容。“目前主要是以展览的形式推广。”党跃武说，20世纪90年代以后，手写教案的习惯逐渐被电子产品所代替，但是教案展却受到了广大中青年老师的“追捧”，部分复印的教案“几乎被翻烂了”。据他介绍，为了收集更多的珍贵教案，档案馆已经给每一位在职老师发送了电子邮件，并且将校长的信邮寄给了退休老师；同时安排老师专门在全校逐步搜寻贵重的、具有历史感的教案与笔记，然后面向校内外师生开放。

**○教师意见**

数字化教学：上课效果更好

手写版教案：体现治学精神

成都晚报记者了解到，目前高校中的中青年教师多采用计算机备课，教案多以电子文档的形式存在。教龄 7 年的川大轻纺与食品学院老师李慧的教案中，就加入了 PPT 的形式。在她看来，教学方式随着时代的发展而变化，同时与学科的性质有关。“纯粹手写的教案，对学生来说，可能接受不了。”李慧说，“图片、音频会让上课的效果更好，所以不少老师就相应地减少了手写。”她同时认为，老教授们的手写版教案虽然能传达刻苦钻研的精神和态度，但纸张不易保存，后人研究时也有一定难度。从事教育工作近 20 年的川大计算机学院院长章毅也认同李慧的看法，但他同时表示：“看前辈们的笔记，能够学到认真的精神。”党跃武称，目前档案馆正在建设数字化平台“川大记忆”网站，老师的教案、笔记及川大的老照片都将在网络上呈现，初步计划明年 1 月正式开通；而青年教师的教学笔记，将会在教务处建立的课程资源网进行分享。

**○学生反应**

尴尬现状：手写笔记越来越少

盛赞举措：便于重新认识传统

川大学生张艳阳告诉成都晚报记者，与老教师珍贵的手写笔记、中青年教师规范的电子文档相对应，出现了一个尴尬问题：目前同学中手写笔记的越来越少。造成此种情况的原因，一是网络上“研究生笔记”“高考状元笔记”等产品层出不穷，只需要花少量的钱就可以购得；二是遇到不懂的问题，大家的第一反应几乎都是上网寻找答案。对于学校推出的收集老教师教案、笔记这一举措，学生李剑雄表示，这些珍贵教案的公开、公布，有利于激励学生改变学习模式，重新认识传统。“记录下来的文字，都是教授们日积月累的积淀，知识的广度和深度非同一般。”李剑雄说，“光是教案的内容以及字迹，就能看出教授们的钻研精神及严谨的治学态度。这对我们而言，是一种反思和激励，催人奋进。”

# 编后记

为开办《四川大学教案展》，2007 年时任四川大学校长谢和平院士给全校教师致信，恳请各位教授和专家将早年保存下来的教案（包括讲义、讲稿、本科或研究生课堂笔记等教学资料）捐赠给学校档案馆。他指出，优秀教案“不仅是教师专业知识和文化素养的客观反映,而且是教师教学思维和教学方法的具体呈现，更是教师创造性劳动和教学艺术的综合体现”，希望各位教授和专家把优秀教案等资料“提供给青年教师与学生观摩和学习”，以充分发挥他们“在学校改革发展、青年教师成长与学生成才过程中启示教育和传帮带的重要作用”。为此，他带头将自己在大学期间的“材料力学”“塑性力学”“断裂力学”“有限元法”四门课程的课堂笔记捐赠出来，并永久保藏在四川大学校史展览馆，让广大师生尤其是青年学生“感悟对知识的渴望、对真理的执着、对梦想的追求和对责任的担当”。

为进一步弘扬老一代科学家的精神风范，激励广大师生乐于学习、勤于学习、善于学习，作为四川大学“阅读+”与写作能力提升行动的重要内容，同时作为“四川大学馆藏精品集萃丛书”之一，四川大学教务处特将谢和平院士大学课堂笔记扫描复制并汇编成册，供大家学习参考。需要说明的是，虽然笔记原稿年代较为久远，部分章节有缺失；由于书写工具与纸质的原因，部分字迹也较为模糊，但后学者仍然可以从中学习到许多有益的思想和方法。

本书由四川大学教务处处长党跃武主编，参与编辑的有邓屹立、李金中、陈涛、王昌宇、李存宝等。

编者

2025 年 5 月